NomosGesetze

Landesrecht Hamburg

Textsammlung

Herausgegeben von

Prof. Dr. Wolfgang Hoffmann-Riem, Richter des Bundesverfassungsgerichts a. D., Universität und Bucerius Law School Hamburg

Prof. Dr. Holger Schwemer, Rechtsanwalt und Fachanwalt für Verwaltungsrecht, Hamburg

31. Auflage

Stand: 15. Juli 2021

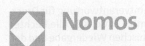 Nomos

 schweitzer
Fachinformationen

boysen+mauke

Die Deutsche Nationalbibliothek verzeichnet diese Publikation in der Deutschen Nationalbibliografie; detaillierte bibliografische Daten sind im Internet über http://dnb.d-nb.de abrufbar.

ISBN 978-3-8487-8293-2

31. Auflage 2021

Vorwort

Die nunmehr in 31. Auflage erscheinende Sammlung soll den Studierenden sowie der öffentlichen Verwaltung, den Gerichten, der Rechtsanwaltschaft, Verbänden und sonstigen Rechtsuchenden häufig genutzte und besonders bedeutsame Gesetze und Verordnungen der Freien und Hansestadt Hamburg leicht zugänglich machen. Die Neuauflage befindet sich auf dem Stand der Gesetzgebung vom 15. Juli 2021.

Erwähnt sei, dass zwischenzeitlich die 4. Auflage von: „Landesrecht Hamburg. Staats- und Verwaltungsrecht", herausgegeben von Wolfgang Hoffmann-Riem und Hans-Joachim Koch, Nomos Verlagsgesellschaft, erschienen ist. Dieser Band enthält Erläuterungen und Analysen eines Großteils der in der Textsammlung abgedruckten Vorschriften.

Allen, darunter der Justizbehörde und den Prüfungsämtern, die den Band stets mit Anregungen begleitet und bei der Auswahl der Gesetze und Verordnungen geholfen haben, danken wir erneut.

Vom Hamburgischen Prüfungsamt und dem Gemeinsamen Prüfungsamt der Länder Freie und Hansestadt Bremen, Freie und Hansestadt Hamburg und Schleswig-Holstein ist diese Ausgabe als Arbeitsgrundlage für die Prüfungen zugelassen.

Hamburg, im Juli 2021   Wolfgang Hoffmann-Riem
                                                                Holger Schwemer

7

Inhalt

Inhalt

Verfassung
der Freien und Hansestadt Hamburg

Vom 6. Juni 1952 (HmbGVBl. S. 117)
(BS Hbg 100–a)

zuletzt geändert durch Art. 1 G zur Weiterentwicklung und Stärkung einer dem Allgemeinwohl, der Bürgernähe und Transparenz verpflichteten Verwaltung vom 3. November 2020 (HmbGVBl. S. 559)

Nichtamtliche Inhaltsübersicht

VII.
Haushalts- und Finanzwesen

Artikel 66	[Haushaltsplan]
Artikel 67	[Haushaltsvorgriff]
Artikel 68	[Nachbewilligung]
Artikel 69	[Ausgabenerhöhung]
Artikel 70	[Rechnungslegung]
Artikel 71	[Rechnungshof]
Artikel 72	[Kredite; Sicherheitsleistungen; Veräußerung von Staatsgut]

Artikel 72a	[Verminderung der Nettokreditaufnahme]

VIII.
Schluß- und Übergangsbestimmungen

Artikel 73	[Schutz öffentlicher Ehrenämter]
Artikel 74	[Vereidigung von Beamten]
Artikel 75	[Eidesverweigerung]
Artikel 76	[Vorkonstitutionelle Gesetze]
Artikel 77	[Inkrafttreten]

Der Senat verkündet das nachstehende, von der Bürgerschaft beschlossene Gesetz:
Die Freie und Hansestadt Hamburg hat als Welthafenstadt eine ihr durch Geschichte und Lage zugewiesene besondere Aufgabe gegenüber dem deutschen Volke zu erfüllen. Sie will im Geiste des Friedens eine Mittlerin zwischen allen Erdteilen und Völkern der Welt sein.

Durch Förderung und Lenkung befähigt sie ihre Wirtschaft zur Erfüllung dieser Aufgaben und zur Deckung des wirtschaftlichen Bedarfs aller. Auch Freiheit des Wettbewerbs und genossenschaftliche Selbsthilfe sollen diesem Ziele dienen.

Jedermann hat die sittliche Pflicht, für das Wohl des Ganzen zu wirken. Die Allgemeinheit hilft in Fällen der Not den wirtschaftlich Schwachen und ist bestrebt, den Aufstieg der Tüchtigen zu fördern. Die Arbeitskraft steht unter dem Schutze des Staates.

Um die politische, soziale und wirtschaftliche Gleichberechtigung zu verwirklichen, verbindet sich die politische Demokratie mit den Ideen der wirtschaftlichen Demokratie.

Die natürlichen Lebensgrundlagen stehen unter dem besonderen Schutz des Staates. Insbesondere nimmt die Freie und Hansestadt Hamburg ihre Verantwortung für die Begrenzung der Erderwärmung wahr.

In diesem Geiste gibt sich die Freie und Hansestadt Hamburg durch ihre Bürgerschaft diese Verfassung.

I.
Die staatlichen Grundlagen

Artikel 1 [Status]
Die Freie und Hansestadt Hamburg ist ein Land der Bundesrepublik Deutschland.

Artikel 2 [Hoheitsgebiet; Ländereinrichtungen]
(1) [1]Das Hoheitsgebiet der Freien und Hansestadt Hamburg umfaßt das bisherige durch Herkommen und Gesetz festgelegte Gebiet. [2]Gebietsveränderungen bedürfen eines die Verfassung ändernden Gesetzes.

(2) [1]Durch Staatsvertrag können Einrichtungen, insbesondere Behörden, geschaffen werden, die der Freien und Hansestadt Hamburg und anderen Ländern gemeinsam sind. [2]Ebenso kann die Freie und Hansestadt Hamburg sich an solchen Einrichtungen beteiligen.

Artikel 3 [Rechtsstaat; Sozialstaat; Demokratie]
(1) Die Freie und Hansestadt Hamburg ist ein demokratischer und sozialer Rechtsstaat.

(2) [1]Alle Staatsgewalt geht vom Volke aus. [2]Sie wird nach Maßgabe der Verfassung und der Gesetze ausgeübt. [3]Sie hat auch die Aufgabe, die rechtliche und tatsächliche Gleichstellung von Frauen und Männern zu fördern. [4]Insbesondere wirkt sie daraufhin, daß Frauen und Männer in kollegialen öffentlich-rechtlichen Beschluß- und Beratungsorganen gleichberechtigt vertreten sind.

Artikel 4 [Einheit der Verwaltung; Bezirke]
(1) In der Freien und Hansestadt Hamburg werden staatliche und gemeindliche Tätigkeit nicht getrennt.

(2) [1]Durch Gesetz sind für Teilgebiete (Bezirke) Bezirksämter zu bilden, denen die selbstständige Erledigung übertragener Aufgaben obliegt. [2]An der Aufgabenerledigung wirken die Bezirksversammlungen nach Maßgabe des Gesetzes mit.

(3) [1]Die Bezirksversammlungen werden in allgemeiner, unmittelbarer, freier, gleicher und geheimer Wahl gewählt. [2]Wahlvorschläge, nach deren Ergebnis sich die Sitzanteile in den Bezirksversammlungen bestimmen, werden nur berücksichtigt, wenn sie mindestens drei vom Hundert der insgesamt auf solche Wahlvorschläge abgegebenen gültigen Stimmen erhalten haben. [3]Das Gesetz bestimmt das

Nähere; für gesetzliche Bestimmungen über die Wahl der Bezirksversammlungen gilt Artikel 6 Absatz 4 Sätze 2 bis 4 entsprechend.

Artikel 5 [Landesfarben; Landeswappen; Landesflagge]
(1) Die Landesfarben sind weiß-rot.
(2) Das Landeswappen zeigt auf rotem Schild die weiße dreitürmige Burg mit geschlossenem Tor.
(3) Die Landesflagge trägt die weiße Burg des Landeswappens auf rotem Grund.
(4) Das Gesetz bestimmt das Nähere über die Flagge und das Wappen.

II.

Die Bürgerschaft

Artikel 6 [Bürgerschaft; Zusammensetzung; Wahl]
(1) Die Bürgerschaft ist das Landesparlament.
(2) [1]Die Bürgerschaft besteht aus mindestens 120 Abgeordneten, die in allgemeiner, unmittelbarer, freier, gleicher und geheimer Wahl gewählt werden. [2]Wahlvorschläge, nach deren Ergebnis sich die Sitzanteile in der Bürgerschaft bestimmen, werden nur berücksichtigt, wenn sie mindestens fünf vom Hundert der insgesamt auf solche Wahlvorschläge abgegebenen gültigen Stimmen erhalten haben.
(3) Der Wahltag muß ein Sonntag oder öffentlicher Feiertag sein.
(4) [1]Das Gesetz bestimmt das Nähere. [2]Gesetzesbeschlüsse der Bürgerschaft bedürfen einer Mehrheit von zwei Dritteln der abgegebenen Stimmen. [3]Auf die so beschlossenen Gesetze ist Artikel 50 Absatz 4 Sätze 1 bis 4 und Absatz 3 Sätze 5, 7, 9, 11 und 12 mit der Maßgabe anzuwenden, dass das Gesetz im Fall des Satzes 9 einer Mehrheit von zwei Dritteln der Abstimmenden und der Zustimmung von mindestens einem Fünftel der Wahlberechtigten bedarf. [4]Für durch Volksbegehren eingebrachte Gesetzesvorlagen gilt Artikel 50 Absatz 3 Satz 11 entsprechend; Artikel 50 Absatz 3 Satz 8 ist nicht anzuwenden.
(5) [1]Niemand ist verpflichtet, die Wahl anzunehmen. [2]Die Gewählten können jederzeit aus der Bürgerschaft ausscheiden.

Artikel 7 [Abgeordnete]
(1) [1]Die Abgeordneten sind Vertreterinnen und Vertreter des ganzen Volkes. [2]Sie sind nur ihrem Gewissen unterworfen und an Aufträge nicht gebunden.
(2) [1]Abgeordnete können durch Beschluß der Bürgerschaft ausgeschlossen werden, wenn sie
1. ihr Amt mißbrauchen, um sich oder anderen persönliche Vorteile zu schaffen oder
2. ihre Pflichten als Abgeordnete aus eigennützigen Gründen gröblich vernachlässigen oder
3. der Pflicht zur Verschwiegenheit gröblich zuwiderhandeln.
[2]Der Beschluß bedarf der Zustimmung einer Mehrheit von drei Vierteln der gesetzlichen Mitgliederzahl.
(3) Die Geschäftsordnung der Bürgerschaft kann vorsehen, daß Abgeordnete bei grober Ungebühr oder wiederholtem Zuwiderhandeln gegen Vorschriften zur Aufrechterhaltung der Ordnung von einer oder mehreren, höchstens von drei Sitzungen ausgeschlossen werden können.

Artikel 8 [Mandatsverlust]
Abgeordnete, die ihre Wählbarkeit verlieren, scheiden aus der Bürgerschaft aus.

Artikel 9 [Wahl- und Mandatsprüfung]
(1) Die Bürgerschaft entscheidet über die Gültigkeit der Wahl und befindet darüber, ob Abgeordnete die Mitgliedschaft verloren haben.
(2) [1]Gegen die Entscheidung kann die oder der Betroffene das Hamburgische Verfassungsgericht anrufen. [2]Das Gesetz bestimmt das Nähere.

Artikel 10 [Wahlperiode]
(1) [1]Die Bürgerschaft wird auf fünf Jahre gewählt. [2]Ihre Wahlperiode endet mit dem Zusammentritt der neuen Bürgerschaft.
(2) Die Bürgerschaft wird frühestens 57 und spätestens 60 Monate nach Beginn der laufenden Wahlperiode neu gewählt.

Artikel 11 [Vorzeitige Beendigung der Wahlperiode]

(1) [1]Die Bürgerschaft kann die vorzeitige Beendigung der Wahlperiode beschließen. [2]Der Antrag muß von wenigstens einem Viertel der Abgeordneten gestellt und mindestens zwei Wochen vor der Sitzung, auf deren Tagesordnung er gebracht wird, allen Abgeordneten und dem Senat mitgeteilt werden. [3]Der Beschluß bedarf der Zustimmung der Mehrheit der gesetzlichen Mitgliederzahl.

(2) [1]Hat die Bürgerschaft die vorzeitige Beendigung der Wahlperiode beschlossen, so finden innerhalb von zehn Wochen Neuwahlen statt. [2]Der Senat bestimmt den Wahltag.

Artikel 12 [Wahl]

(1) [1]Die Bürgerschaft bestimmt auf Vorschlag des Senats den Wahltag mit der Mehrheit ihrer gesetzlichen Mitgliederzahl. [2]Kommt eine Festlegung nicht rechtzeitig zustande, entscheidet die Präsidentin oder der Präsident der Bürgerschaft. [3]Das Gesetz bestimmt das Nähere.

(2) Der Senat hat die Wahlen auszuschreiben.

(3) Die erste Sitzung findet spätestens vier Wochen nach der Wahl statt; sie ist von der Präsidentin oder dem Präsidenten der bisherigen Bürgerschaft einzuberufen.

(4) Die alte Bürgerschaft führt die Geschäfte bis zur ersten Sitzung der neuen Bürgerschaft weiter.

Artikel 13 [Diäten; Berufstätigkeit]

(1) [1]Die Abgeordneten haben Anspruch auf ein angemessenes, ihre Unabhängigkeit sicherndes Entgelt. [2]Das Gesetz bestimmt das Nähere.

(2) [1]Die Vereinbarkeit des Amtes einer oder eines Abgeordneten mit einer Berufstätigkeit ist gewährleistet. [2]Das Gesetz kann für Angehörige des hamburgischen öffentlichen Dienstes und für leitende Angestellte in Unternehmen, an denen die Freie und Hansestadt Hamburg unmittelbar oder mittelbar beteiligt ist, Beschränkung der Wählbarkeit vorsehen.

(3) [1]Niemand darf gehindert werden, das Amt einer oder eines Abgeordneten zu übernehmen und auszuüben; insbesondere ist Arbeitnehmerinnen und Arbeitnehmern die dafür nötige freie Zeit zu gewähren. [2]Eine Kündigung oder Entlassung aus einem Arbeits- oder Dienstverhältnis aus diesem Grunde ist unzulässig. [3]Das Gesetz bestimmt das Nähere.

Artikel 14 [Indemnität der Abgeordneten]

(1) Abgeordnete dürfen zu keiner Zeit wegen Abstimmungen oder Äußerungen, die sie in der Bürgerschaft oder einem ihrer Ausschüsse getan haben, gerichtlich oder dienstlich verfolgt oder sonst außerhalb der Versammlung zur Verantwortung gezogen werden.

(2) Verleumderische Beleidigungen können mit Genehmigung der Bürgerschaft verfolgt werden.

Artikel 15 [Immunität der Abgeordneten]

(1) Abgeordnete dürfen ohne Einwilligung der Bürgerschaft während der Dauer ihres Mandats nicht verhaftet oder sonstigen ihre Freiheit und die Ausübung ihres Mandats beschränkenden Maßnahmen unterworfen werden, es sei denn, sie werden bei der Ausübung einer Straftat oder spätestens im Laufe des folgenden Tages festgenommen.

(2) Auf Verlangen der Bürgerschaft wird jedes gegen Abgeordnete gerichtete Straf- oder Ermittlungsverfahren sowie jede Haft oder sonstige Beschränkung ihrer persönlichen Freiheit für die Dauer ihres Mandats aufgehoben.

Artikel 16 [Wahrheitsgetreue Berichte]

Wahrheitsgetreue Berichte über die Verhandlungen in den öffentlichen Sitzungen der Bürgerschaft oder eines anderen deutschen Landtages bleiben von jeder Verantwortlichkeit frei.

Artikel 17 [Zeugnisverweigerungsrecht]

[1]Die Abgeordneten sind berechtigt, über Personen, die ihnen in ihrer Eigenschaft als Abgeordnete oder denen sie in dieser Eigenschaft Tatsachen anvertraut haben, sowie über diese Tatsachen selbst das Zeugnis zu verweigern. [2]So weit dieses Zeugnisverweigerungsrecht reicht, ist die Beschlagnahme von Schriftstücken unzulässig.

Artikel 18 [Präsidium; Befugnisse des Präsidenten]

(1) [1]Die Bürgerschaft wählt ihre Präsidentin oder ihren Präsidenten, die Vizepräsidentinnen und Vizepräsidenten und die Schriftführerinnen und Schriftführer. [2]Sie gibt sich eine Geschäftsordnung.

(2) [1]Die Präsidentin oder der Präsident übt das Hausrecht und die Polizeigewalt in den von der Bürgerschaft benutzten Räumen aus; ihr oder ihm untersteht die Bürgerschaftskanzlei. [2]Sie oder er verfügt

nach Maßgabe des Haushaltsplanes (Artikel 66) über Einnahmen und Ausgaben der Bürgerschaft und vertritt die Freie und Hansestadt Hamburg in allen Rechtsgeschäften und Rechtsstreitigkeiten der Bürgerschaft. [3]Abweichend von Art. 45 ernennt und entläßt die Präsidentin oder der Präsident die Beamtinnen und Beamten der Bürgerschaft.

(3) Eine Durchsuchung oder Beschlagnahme in den Räumen der Bürgerschaft darf nur mit Einwilligung der Präsidentin oder des Präsidenten vorgenommen werden.

Artikel 19 [Beschlussfassung]
Zu einem Beschluß der Bürgerschaft ist einfache Stimmenmehrheit erforderlich, sofern die Verfassung nicht ein anderes Stimmenverhältnis vorschreibt.

Artikel 20 [Beschlussfähigkeit]
(1) [1]Die Bürgerschaft ist beschlußfähig, wenn mehr als die Hälfte der Mitglieder anwesend sind. [2]Jedoch sind alle Beschlüsse gültig, die gefaßt werden, ohne daß die Beschlußfähigkeit vor der Abstimmung oder Wahlhandlung angezweifelt worden ist.

(2) Die Beschlußfähigkeit für die Anberaumung der Sitzungen, für die Feststellung der Tagesordnung und der Niederschrift sowie für andere die Geschäftsbehandlung betreffende Fragen wird durch die Geschäftsordnung geregelt.

(3) Die Geschäftsordnung regelt die Art der Abstimmung.

Artikel 21 [Öffentlichkeit der Sitzungen]
[1]Die Sitzungen der Bürgerschaft sind öffentlich. [2]Beantragt ein Zehntel der Abgeordneten oder der Senat, die Beratung und Abstimmung in geheimer Sitzung stattfinden zu lassen, so beschließt die Bürgerschaft darüber in nicht öffentlicher Verhandlung.

Artikel 22 [Pflichten des Präsidenten]
[1]Die Bürgerschaft wird durch die Präsidentin oder den Präsidenten einberufen. [2]Sie oder er ist dazu verpflichtet,
1. auf Beschluß der Bürgerschaft,
2. auf Verlangen von einem Zehntel der Abgeordneten, wenn seit der letzten Sitzung mehr als ein Monat verflossen ist,
3. auf Verlangen des Senats.

Artikel 23 [Anwesenheit und Rederecht der Senatsmitglieder]
(1) [1]Die Mitglieder des Senats haben zu allen Verhandlungen der Bürgerschaft und ihrer Ausschüsse Zutritt; der Senat hat das Recht, auch andere Vertreterinnen und Vertreter zu entsenden. [2]Das gilt nicht für Untersuchungsausschüsse (Artikel 26). [3]Die Bürgerschaft und ihre Ausschüsse können die Entsendung des für die zur Beratung anstehende Angelegenheit zuständigen Mitglieds des Senats verlangen. [4]Es kann sich durch seine Vertreterinnen oder seinen Vertreter, in einem Ausschuß auch durch den zuständigen Senatssyndicus, vertreten lassen.

(2) [1]Den Vertreterinnen und Vertretern des Senats ist auf ihr Verlangen jederzeit das Wort zu erteilen. [2]Sie unterstehen der Ordnungsgewalt der oder des Vorsitzenden.

(3) Von den Sitzungen der Ausschüsse ist dem Senat, soweit tunlich, vorher Kenntnis zu geben.

(4) Anträge des Senats, die er als dringlich bezeichnet, darf die Bürgerschaft nicht vertagen.

Artikel 24 [Opposition]
(1) Die Opposition ist ein wesentlicher Bestandteil der parlamentarischen Demokratie.

(2) [1]Sie hat die ständige Aufgabe, die Kritik am Regierungsprogramm im Grundsatz und im Einzelfall öffentlich zu vertreten. [2]Sie ist die politische Alternative zur Regierungsmehrheit.

Artikel 25 [Anfragen]
(1) Die Abgeordneten sind berechtigt, in öffentlichen Angelegenheiten große und kleine Anfragen an den Senat zu richten.

(2) [1]Große Anfragen sind schriftlich zu stellen und müssen von einer in der Geschäftsordnung der Bürgerschaft zu bestimmenden Mindestzahl von Abgeordneten, die nicht höher als 10 sein darf, unterzeichnet sein. [2]Sie sind binnen vier Wochen durch eine Vertreterin oder einen Vertreter des Senats in der Sitzung der Bürgerschaft zu beantworten. [3]Auf Verlangen von einem Drittel der anwesenden Abgeordneten folgt der Antwort eine Besprechung.

(2a) Abweichend von Absatz 2 Satz 3 folgt für die Dauer der 22. Wahlperiode der Bürgerschaft der Antwort auf Verlangen von einem Fünftel der anwesenden Abgeordneten eine Besprechung.

(3) [1]Kleine Anfragen können von einer oder einem Abgeordneten schriftlich gestellt werden. [2]Sie sind vom Senat binnen acht Tagen schriftlich zu beantworten.

(4) Die Geschäftsordnung der Bürgerschaft bestimmt das Nähere.

Artikel 26 [Untersuchungsausschüsse]

(1) [1]Die Bürgerschaft hat das Recht und auf Antrag eines Viertels der Abgeordneten die Pflicht, Untersuchungsausschüsse einzusetzen. [2]Die Ausschüsse erheben Beweis in öffentlicher Verhandlung, soweit sie nichts anderes beschließen. [3]Beantragte Beweise sind zu erheben, wenn es ein Viertel der Ausschußmitglieder verlangt.

(1a) [1]Abweichend von Absatz 1 Satz 1 hat die Bürgerschaft für die Dauer der 22. Wahlperiode auf Antrag eines Fünftels der Abgeordneten die Pflicht, Untersuchungsausschüsse einzusetzen. [2]Beantragte Beweise sind abweichend von Absatz 1 Satz 3 zu erheben, wenn es ein Fünftel der Ausschussmitglieder verlangt.

(2) [1]Für die Beweiserhebung gelten die Vorschriften über den Strafprozeß sinngemäß. [2]Brief-, Post- und Fernmeldegeheimnis bleiben unberührt.

(3) Das Gesetz und die Geschäftsordnung der Bürgerschaft bestimmen das Nähere über die Einsetzung, die Befugnisse und das Verfahren von Untersuchungsausschüssen.

(4) [1]Hamburgische Gerichte und Behörden sind zu Rechts- und Amtshilfe verpflichtet. [2]Der Senat stellt den Untersuchungsausschüssen auf Ersuchen die zu ihrer Unterstützung erforderlichen und von ihnen ausgewählten Bediensteten zur Verfügung.

(5) [1]Die Beschlüsse der Untersuchungsausschüsse sind der richterlichen Erörterung entzogen.[1] [2]In der Würdigung und Beurteilung des der Untersuchung zugrunde liegenden Sachverhalts sind die Gerichte frei.

(6) Die Mitglieder von Untersuchungsausschüssen sind zur Verschwiegenheit verpflichtet, soweit es sich um Tatsachen handelt, die sie bei ihrer Tätigkeit im Untersuchungsausschuß erfahren haben und die nicht Gegenstand der öffentlichen Verhandlung gewesen sind.

Artikel 27 [Enquete-Kommissionen]

(1) [1]Die Bürgerschaft hat das Recht und auf Antrag eines Fünftels der Abgeordneten die Pflicht, zur Vorbereitung von Entscheidungen über umfangreiche und bedeutsame Sachkomplexe Enquete-Kommissionen einzusetzen. [2]Ihnen gehören als sachverständige Mitglieder auch Personen an, die nicht Mitglied der Bürgerschaft sind. [3]Der Antrag muß den Auftrag der Kommission bezeichnen.

(2) [1]Artikel 23 Absatz 1 Satz 1 findet entsprechende Anwendung. [2]Den Vertreterinnen und Vertretern des Senats ist auf ihr Verlangen das Wort zu erteilen.

(3) Artikel 26 Absatz 4 Satz 2 findet entsprechende Anwendung.

Artikel 28 [Eingabenausschuss]

(1) Die Bürgerschaft bestellt einen Eingabenausschuß, dem die Behandlung der an die Bürgerschaft gerichteten Bitten und Beschwerden obliegt.

(2) [1]Bei der Überprüfung von Beschwerden wird der Eingabenausschuß als parlamentarisches Kontrollorgan tätig. [2]Das Gesetz bestimmt das Nähere.

Artikel 29 [Volkspetition]

[1]Werden an die Bürgerschaft gerichtete Bitten und Beschwerden durch die Unterschrift von 10 000 Einwohnerinnen und Einwohnern unterstützt (Volkspetition), so befaßt sich die Bürgerschaft mit dem

---

1) Auf Grund von § 15 Absatz 2 Sätze 1 und 3 des Gesetzes über das Hamburgische Verfassungsgericht in der Fassung vom 23. März 1982 (HmbGVBl. S. 59), zuletzt geändert am 3. Juni 2015 (HmbGVBl. S. 105, 107), wird nachstehend die Entscheidungsformel des Urteils des Hamburgischen Verfassungsgerichts vom 15. September 2015 – HVerfG 5/14 – veröffentlicht:

„Der Rechtsweg ist nach Artikel 26 Absatz 5 Satz 1 Verfassung der Freien und Hansestadt Hamburg insoweit ausgeschlossen, als das Recht der Untersuchungsausschüsse auf autonome Abfassung eines Abschlussberichts nicht nach dem Grundsatz der praktischen Konkordanz durch Grundrechte oder andere Verfassungsgüter eingeschränkt wird." Der vorstehende Entscheidungssatz hat nach § 15 Absatz 1 Satz 2 des Gesetzes über das Hamburgische Verfassungsgericht Gesetzeskraft. Vgl. Bek. v. 17.9.2015 (HmbGVBl. S. 219).

Anliegen. [2]Eine Vertreterin oder ein Vertreter der Petentinnen und Petenten erhält Gelegenheit, das Anliegen in einem Ausschuß zu erläutern. [3]Das Gesetz bestimmt das Nähere.

Artikel 30 [Auskunftspflicht des Senats]

Der Senat hat der Bürgerschaft und den von ihr eingesetzten Ausschüssen auf Verlangen Auskünfte zu erteilen sowie auf Verlangen eines Fünftels der jeweils vorgesehenen Mitglieder Akten vorzulegen, soweit dem Bekanntwerden des Inhaltes nicht gesetzliche Vorschriften oder das Staatswohl entgegenstehen.

Artikel 31 [Unterrichtungspflicht des Senats]

(1) Der Senat unterrichtet die Bürgerschaft über

1. Gegenstände von Gesetzgebungsvorhaben, sobald er ihre Förderung beschlossen hat,
2. Gesetzentwürfe, sobald er sie der Öffentlichkeit oder ehrenamtlichen Gremien bekannt gibt,
3. Senatsbeschlüsse zur Standortplanung,
4. Staatsverträge nach ihrer Paraphierung,
5. Angelegenheiten der Europäischen Union, insbesondere über Initiativen gegenüber den für diese Angelegenheiten zuständigen Institutionen und Gremien,

soweit sie für die Freie und Hansestadt Hamburg von grundsätzlicher Bedeutung sind oder erhebliche finanzielle Auswirkungen haben.

(2) Die Grenzen des Artikels 30 gelten entsprechend.

Artikel 32 *[weggefallen]*

III.
Der Senat

Artikel 33 [Zusammensetzung; Aufgaben; Größe]

(1) Die Erste Bürgermeisterin (Präsidentin des Senats) oder der Erste Bürgermeister (Präsident des Senats) und die Senatorinnen und Senatoren bilden den Senat.

(2) [1]Der Senat ist die Landesregierung. [2]Er führt und beaufsichtigt die Verwaltung.

(3) Das Gesetz bestimmt die Höchstzahl der Senatsmitglieder.

Artikel 34 [Wahl; Wählbarkeit]

(1) Die Bürgerschaft wählt die Erste Bürgermeisterin oder den Ersten Bürgermeister mit der Mehrheit ihrer gesetzlichen Mitgliederzahl.

(2) [1]Die Erste Bürgermeisterin oder der Erste Bürgermeister beruft und entläßt die Stellvertreterin (Zweite Bürgermeisterin) oder den Stellvertreter (Zweiter Bürgermeister) und die übrigen Senatorinnen und Senatoren. [2]Die Erste Bürgermeisterin oder der Erste Bürgermeister beantragt die gemeinsame Bestätigung durch die Bürgerschaft; bei der späteren Berufung von Senatorinnen und Senatoren kann sie oder er auch deren gesonderte Bestätigung beantragen.

(3) [1]Mitglied des Senats kann werden, wer zur Bürgerschaft wählbar ist. [2]Mitglied kann auch werden, wer bei Antritt seines Amtes keine Wohnung in der Freien und Hansestadt Hamburg innehat; es muß sie in angemessener Zeit dort nehmen.

Artikel 35 [Rücktritt, konstruktives Misstrauensvotum]

(1) Die Amtszeit der Ersten Bürgermeisterin oder des Ersten Bürgermeisters und die der Senatorinnen und Senatoren enden mit dem Zusammentritt einer neuen Bürgerschaft, die Amtszeit einer Senatorin oder eines Senators auch mit jeder anderen Erledigung des Amtes der Ersten Bürgermeisterin oder des Ersten Bürgermeisters.

(2) Der Senat und einzelne seiner Mitglieder können jederzeit zurücktreten.

(3) [1]Die Amtszeit der Ersten Bürgermeisterin oder des Ersten Bürgermeisters endet auch, wenn die Bürgerschaft ihr oder ihm das Vertrauen dadurch entzieht, daß sie mit der Mehrheit ihrer gesetzlichen Mitgliederzahl eine Nachfolgerin oder einen Nachfolger wählt. [2]Der Antrag muß den Abgeordneten und dem Senat mindestens eine Woche vor der Beschlußfassung mitgeteilt werden; er muß von einem Viertel der Abgeordneten unterzeichnet sein.

Artikel 36 [Vertrauensfrage]

(1) [1]Findet ein Antrag der Ersten Bürgermeisterin oder des Ersten Bürgermeisters, ihr oder ihm das Vertrauen auszusprechen, nicht die Zustimmung der Mehrheit der gesetzlichen Mitgliederzahl der Bürgerschaft, so kann die Bürgerschaft binnen eines Monats nach Eingang des Antrags

1. mit der Mehrheit ihrer gesetzlichen Mitgliederzahl eine neue Erste Bürgermeisterin oder einen neuen Ersten Bürgermeister wählen oder

2. der ersten Bürgermeisterin oder dem Ersten Bürgermeister nachträglich das Vertrauen aussprechen oder

3. die vorzeitige Beendigung der Wahlperiode beschließen.

[2]Macht die Bürgerschaft von diesen Befugnissen keinen Gebrauch, so kann der Senat binnen zwei Wochen die Wahlperiode für vorzeitig beendet erklären.

(2) Der Antrag der Ersten Bürgermeisterin oder des Ersten Bürgermeisters, ihr oder ihm das Vertrauen auszusprechen, muß mindestens eine Woche vor der Abstimmung eingebracht werden.

(3) Artikel 11 Absatz 2 findet Anwendung.

Artikel 37 [Weiterführen der Geschäfte]

(1) [1]Bei Beendigung der Amtszeit der Ersten Bürgermeisterin oder des Ersten Bürgermeisters oder bei Rücktritt des Senats führt der Senat die Geschäfte bis zur Wahl einer neuen Ersten Bürgermeisterin oder eines neuen Ersten Bürgermeisters weiter. [2]Auf ihr oder sein Ersuchen führen die Senatorinnen und Senatoren bis zur Berufung und Bestätigung ihrer Nachfolgerinnen und Nachfolger die Geschäfte weiter.

(2) Beim Rücktritt einzelner Senatorinnen oder Senatoren entscheidet der Senat, ob sie die Geschäfte bis zur Berufung und Bestätigung ihrer Nachfolgerinnen oder Nachfolger weiterzuführen oder sofort aus dem Senat auszuscheiden haben.

Artikel 38 [Amtseid]

(1) Die Mitglieder des Senats haben vor Antritt ihres Amtes vor der Bürgerschaft folgenden Eid zu leisten:

Ich schwöre, daß ich Deutschland, dem Grundgesetz der Bundesrepublik Deutschland und der hamburgischen Verfassung die Treue halten, die Gesetze beachten, die mir als Mitglied des Senats obliegenden Pflichten gewissenhaft erfüllen und das Wohl der Freien und Hansestadt Hamburg, soviel ich vermag, fördern will.

(2) Die Beifügung einer religiösen Beteuerung ist zulässig.

Artikel 39 [Ruhen des Bürgerschaftsmandats]

(1) Mitglieder des Senats dürfen kein Bürgerschaftsmandat ausüben.

(2) Das Bürgerschaftsmandat eines Mitglieds des Senats ruht während der Amtszeit als Mitglied des Senats.

(3) Das Gesetz bestimmt, wer das Mandat während dieser Zeit ausübt.

Artikel 40 [Berufsverbot]

(1) Mit dem Amt der Mitglieder des Senats ist die Ausübung jedes anderen besoldeten Amtes und jeder sonstigen Berufstätigkeit unvereinbar.

(2) Im Einvernehmen mit der Bürgerschaft kann der Senat genehmigen, daß die Mitglieder des Senats dem Verwaltungs- oder Aufsichtsrat eines den Gelderwerb bezweckenden Unternehmens angehören dürfen.

Artikel 41 [Rechtsstellung der Mitglieder des Senats]

Das Gesetz bestimmt das Nähere über die Wahl der Ersten Bürgermeisterin oder des Ersten Bürgermeisters, die Berufung und Entlassung der Senatorinnen und Senatoren sowie über die rechtliche Stellung und die Bezüge der Mitglieder des Senats.

Artikel 42 [Befugnisse des Ersten Bürgermeisters; Beschlussfassung durch den Senat]

(1) [1]Die Erste Bürgermeisterin oder der Erste Bürgermeister leitet die Senatsgeschäfte. [2]Sie oder er bestimmt die Richtlinien der Politik und trägt dafür die Verantwortung gegenüber der Bürgerschaft.

(2) [1]Die Mitglieder des Senats tragen nach einer vom Senat zu beschließenden Geschäftsverteilung die Verantwortung für die einzelnen Verwaltungsbehörden und Senatsämter. [2]Sie haben dem Senat zur Beschlußfassung vorzulegen:

1. alle an die Bürgerschaft zu richtenden Anträge;
2. Angelegenheiten, die mit Organen des Bundes, anderer Länder oder des Auslandes verhandelt werden;
3. Angelegenheiten, für welche die Entscheidung des Senats durch die Verfassung oder ein Gesetz vorgeschrieben ist;
4. Angelegenheiten, die von grundsätzlicher oder allgemeiner Bedeutung sind oder die gesamte Verwaltung betreffen;
5. Meinungsverschiedenheiten über Fragen, die den Geschäftsbereich mehrerer Verwaltungsbehörden oder Senatsämter berühren.

(3) ¹Der Senat faßt seine Beschlüsse mit Stimmenmehrheit; jedem Mitglied des Senats steht es frei, seine abweichende Auffassung in die Niederschrift aufnehmen zu lassen. ²Bei Stimmengleichheit entscheidet die Stimme der oder des Vorsitzenden.

Artikel 43 [Aufgaben des Senats]
¹Der Senat vertritt die Freie und Hansestadt Hamburg gegenüber der Bundesrepublik Deutschland, den deutschen Ländern und dem Ausland. ²Ihm obliegt die Ratifikation der Staatsverträge. ³Sie bedarf der Zustimmung der Bürgerschaft, sofern die Verträge Gegenstände der Gesetzgebung betreffen oder Aufwendungen erfordern, für die Haushaltsmittel nicht vorgesehen sind.

Artikel 44 [Amnestie]
(1) Dem Senat steht das Begnadigungsrecht zu.
(2) ¹Amnestien bedürfen eines Gesetzes. ²Strafverfahren darf der Senat nur auf Grund gesetzlicher Ermächtigung niederschlagen.

Artikel 45 [Ernennung, Beförderung und Entlassung von Beamten]
¹Der Senat ernennt und entläßt die Beamtinnen und Beamten. ²Er kann dieses Recht auf andere Stellen übertragen.

Artikel 46 [Abnahme von Eiden]
¹Der Senat nimmt die dem Staate zu leistenden Eide ab, soweit die Gesetze nichts anderes bestimmen. ²Er kann die Abnahme von Eiden anderen Stellen übertragen.

Artikel 47 [Senatssyndicus]
(1) ¹Der Senat kann zu seiner Beratung und zur Bearbeitung seiner Angelegenheiten beamtete Senatssyndici ernennen. ²Sie sollen in der Regel die Befähigung zum höheren Verwaltungsdienst besitzen.
(2) Die Senatssyndici nehmen, wenn der Senat im Einzelfall nichts anderes beschließt, an seinen Sitzungen mit beratender Stimme teil.
(3) Werden einem Senatssyndicus Aufgaben innerhalb einer Verwaltungsbehörde oder eines Senatsamtes übertragen, so ist er insoweit unbeschadet des Absatzes 2 an die Weisungen des zuständigen Mitglieds des Senats gebunden.

IV.
Die Gesetzgebung

Artikel 48 [Zuständigkeit]
(1) Die Gesetzesvorlagen werden vom Senat, aus der Mitte der Bürgerschaft oder durch Volksbegehren eingebracht.
(2) Die Gesetze werden von der Bürgerschaft oder durch Volksentscheid beschlossen.

Artikel 49 [Lesungen]
(1) Gesetzesvorlagen bedürfen einer zweimaligen Lesung der Bürgerschaft (Beratung und Abstimmung).
(2) ¹Zwischen der ersten und der zweiten Abstimmung müssen mindestens sechs Tage liegen. ²Dem Senat ist das Ergebnis der ersten Lesung unverzüglich mitzuteilen. ³Mit seinem Einverständnis kann die zweite Lesung zu einem früheren Zeitpunkt stattfinden.
(3) ¹Die zweite Lesung darf nur dann am gleichen Tage stattfinden, wenn sich kein Widerspruch erhebt. ²Widerspruch kann nur von einem Fünftel der anwesenden Abgeordneten erhoben werden.

Artikel 50 [Volksbegehren; Volksentscheid]

(1) [1]Das Volk kann den Erlass, die Änderung oder die Aufhebung eines Gesetzes oder eine Befassung mit bestimmten Gegenständen der politischen Willensbildung (andere Vorlage) beantragen. [2]Bundesratsinitiativen, Haushaltspläne, Abgaben, Tarife der öffentlichen Unternehmen sowie Dienst- und Versorgungsbezüge können nicht Gegenstand einer Volksinitiative sein. [3]Die Volksinitiative ist zustande gekommen, wenn mindestens 10.000 zur Bürgerschaft Wahlberechtigte den Gesetzentwurf oder die andere Vorlage unterstützen.

(2) [1]Die Bürgerschaft befasst sich mit dem Anliegen der Volksinitiative. [2]Sie oder ein Fünftel ihrer Mitglieder kann ein Prüfungs- und Berichtsersuchen zu den finanziellen Auswirkungen an den Rechnungshof richten. [3]Die Volksinitiatoren erhalten Gelegenheit, das Anliegen in einem Ausschuss zu erläutern. [4]Sofern die Bürgerschaft nicht innerhalb von vier Monaten nach Einreichung der Unterschriften das von der Volksinitiative beantragte Gesetz verabschiedet oder einen Beschluss gefasst hat, der der anderen Vorlage vollständig entspricht, können die Volksinitiatoren die Durchführung eines Volksbegehrens beantragen. [5]Sie können den Gesetzentwurf oder die andere Vorlage hierzu in überarbeiteter Form einreichen. [6]Der Senat führt das Volksbegehren durch. [7]Die Volksinitiatoren sind berechtigt, Unterschriften auf eigenen Listen zu sammeln. [8]Das Volksbegehren ist zustande gekommen, wenn es von mindestens einem Zwanzigstel der Wahlberechtigten unterstützt wird.

(3) [1]Die Bürgerschaft befasst sich mit dem Anliegen des Volksbegehrens. [2]Die Volksinitiatoren erhalten Gelegenheit, das Anliegen in einem Ausschuss zu erläutern. [3]Sofern die Bürgerschaft nicht innerhalb von vier Monaten nach Einreichung der Unterschriften das vom Volksbegehren eingebrachte Gesetz verabschiedet oder einen Beschluss gefasst hat, der der anderen Vorlage vollständig entspricht, können die Volksinitiatoren die Durchführung eines Volksentscheides beantragen. [4]Sie können den Gesetzentwurf oder die andere Vorlage hierzu in überarbeiteter Form einreichen. [5]Der Senat legt den Gesetzentwurf oder die andere Vorlage dem Volk zur Entscheidung vor. [6]Die Bürgerschaft kann einen eigenen Gesetzentwurf oder eine eigene andere Vorlage beifügen. [7]Der Volksentscheid findet am Tag der Wahl zur Bürgerschaft oder zum Deutschen Bundestag statt. [8]Auf Antrag der Volksinitiative kann der Volksentscheid über einfache Gesetze und andere Vorlagen auch an einem anderen Tag stattfinden. [9]Dasselbe gilt, wenn die Bürgerschaft dies im Falle eines Volksentscheides nach Absatz 4 oder 4 a beantragt. [10]Findet der Volksentscheid am Tag der Wahl zur Bürgerschaft oder zum Deutschen Bundestag statt, so ist ein Gesetzentwurf oder eine andere Vorlage angenommen, wenn die Mehrheit der Abstimmenden zustimmt und auf den Gesetzentwurf oder die andere Vorlage mindestens die Zahl von Stimmen entfällt, die der Mehrheit der in dem gleichzeitig gewählten Parlament repräsentierten Hamburger Stimmen entspricht. [11]Verfassungsänderungen bedürfen einer Mehrheit von zwei Dritteln der Abstimmenden und mindestens zwei Dritteln der in dem gleichzeitig gewählten Parlament repräsentierten Hamburger Stimmen. [12]Steht den Wahlberechtigten nach dem jeweils geltenden Wahlrecht mehr als eine Stimme zu, so ist für die Ermittlung der Zahl der im Parlament repräsentierten Hamburger Stimmen nach den Sätzen 10 und 11 die tatsächliche Stimmenzahl so umzurechnen, dass jeder Wahlberechtigten und jedem Wahlberechtigten nur eine Stimme entspricht. [13]Findet der Volksentscheid nicht am Tag der Wahl zur Bürgerschaft oder zum Deutschen Bundestag statt, so ist er angenommen, wenn die Mehrheit der Abstimmenden und mindestens ein Fünftel der Wahlberechtigten zustimmt.

(4) [1]Ein von der Bürgerschaft beschlossenes Gesetz, durch das ein vom Volk beschlossenes Gesetz aufgehoben oder geändert wird (Änderungsgesetz), tritt nicht vor Ablauf von drei Monaten nach seiner Verkündung in Kraft. [2]Innerhalb dieser Frist können zweieinhalb vom Hundert der Wahlberechtigten einen Volksentscheid über das Änderungsgesetz verlangen. [3]In diesem Fall tritt das Änderungsgesetz nicht vor Durchführung des Volksentscheids in Kraft. [4]Das Volk entscheidet über das Änderungsgesetz. [5]Absatz 3 Sätze 5, 7 und 10 bis 13 ist sinngemäß anzuwenden.

(4a) [1]Ein Volksentscheid über eine andere Vorlage bindet Bürgerschaft und Senat. [2]Die Bindung kann durch einen Beschluss der Bürgerschaft beseitigt werden. [3]Der Beschluss ist im Hamburgischen Gesetz- und Verordnungsblatt zu verkünden. [4]Er wird nicht vor Ablauf von drei Monaten nach seiner Verkündung wirksam. [5]Absatz 4 Sätze 2 bis 5 ist sinngemäß anzuwenden.

(4b) [1]Die Bürgerschaft kann auf Vorschlag des Senats oder mit dessen Zustimmung einen Gesetzentwurf oder eine andere Vorlage von grundsätzlicher und gesamtstädtischer Bedeutung zum Volksentscheid stellen (Bürgerschaftsreferendum). [2]Beschlüsse der Bürgerschaft nach Satz 1 bedürfen einer Mehrheit von zwei Dritteln der gesetzlichen Mitgliederzahl. [3]Anträge nach Satz 1 aus der Mitte der

Bürgerschaft sind von zwei Dritteln der Abgeordneten der Bürgerschaft einzubringen. [4]Die Bürgerschaft beschließt auf Vorschlag des Senats mit einer Mehrheit von zwei Dritteln der gesetzlichen Mitgliederzahl über den Termin des Bürgerschaftsreferendums. [5]Ein zum Zeitpunkt der Beschlussfassung der Bürgerschaft nach Satz 1 mit der erforderlichen Zahl von Unterschriften unterstütztes Volksbegehren zum selben Gegenstand ist dem zum Volksentscheid gestellten Gesetzentwurf oder der zum Volksentscheid gestellten anderen Vorlage auf Antrag der Volksinitiatoren als Gegenvorlage beizufügen. [6]Dasselbe gilt für eine zum Zeitpunkt der Beschlussfassung der Bürgerschaft nach Satz 1 zustande gekommene zulässige Volksinitiative, wenn sie im Rahmen einer Sammlung von Unterschriften zwischen dem 14. und 35. Tag nach der Beschlussfassung der Bürgerschaft nach Satz 1 von einem Zwanzigstel der Wahlberechtigten unterstützt wird. [7]Der Gesetzentwurf, die andere Vorlage oder die Gegenvorlage ist angenommen, wenn sie die in Absatz 3 Sätze 10 bis 13 genannten Mehrheiten erreicht. [8]Eine außerhalb des Tages der Wahl zur Bürgerschaft oder zum Deutschen Bundestag zur Abstimmung stehende Verfassungsänderung ist angenommen, wenn zwei Drittel der an der Abstimmung und mindestens die Hälfte der Wahlberechtigten zustimmen. [9]Gesetze und Beschlüsse über andere Vorlagen, die durch Bürgerschaftsreferendum zustande gekommen sind, können innerhalb der laufenden Wahlperiode der Bürgerschaft, mindestens aber für einen Zeitraum von drei Jahren, nicht im Wege von Volksinitiative, Volksbegehren und Volksentscheid geändert werden. [10]Volksabstimmungsverfahren zum selben Gegenstand, die nicht als Gegenvorlage beigefügt werden, ruhen bis zum Ablauf der Frist nach Satz 9. [11]Im Übrigen gelten Absätze 4 und 4a entsprechend.

(5) Während eines Zeitraumes von drei Monaten vor dem Tag einer allgemeinen Wahl in Hamburg finden keine Volksbegehren und Volksentscheide statt.

(6) [1]Das Hamburgische Verfassungsgericht entscheidet auf Antrag des Senats, der Bürgerschaft, eines Fünftels der Abgeordneten der Bürgerschaft oder der Volksinitiatoren über die Durchführung von Volksbegehren, Volksentscheid und Bürgerschaftsreferendum. [2]Volksbegehren und Volksentscheid ruhen während des Verfahrens.

(7) [1]Das Gesetz bestimmt das Nähere. [2]Es kann auch Zeiträume bestimmen, in denen die Fristen nach Absatz 2 Satz 4, Absatz 3 Satz 3 und Absatz 4b Satz 6 wegen sitzungsfreier Zeiten der Bürgerschaft oder eines von der Bürgerschaft auf Vorschlag der Volksinitiatoren gefassten Beschlusses nicht laufen.

Artikel 51 [Änderung der Verfassung]

(1) Die Verfassung kann nur durch ein Gesetz geändert werden, das den Wortlaut der Verfassung ausdrücklich ändert oder ergänzt.

(2) [1]Zu einem die Verfassung ändernden Gesetz der Bürgerschaft sind zwei übereinstimmende Beschlüsse erforderlich, zwischen denen ein Zeitraum von mindestens dreizehn Tagen liegen muß. [2]Beide Beschlüsse müssen bei Anwesenheit von drei Vierteln der gesetzlichen Mitgliederzahl und mit einer Mehrheit von zwei Dritteln der anwesenden Abgeordneten gefaßt werden.

Artikel 52 [Ausfertigung und Verkündung]

[1]Der Senat hat die endgültig beschlossenen Gesetze innerhalb eines Monats auszufertigen und im Hamburgischen Gesetz- und Verordnungsblatt zu verkünden. [2]Die Verkündung von Plänen, Karten und Zeichnungen im Hamburgischen Gesetz- und Verordnungsblatt kann dadurch ersetzt werden, daß das maßgebliche Stück beim Staatsarchiv zu kostenfreier Einsicht durch jedermann niedergelegt und hierauf im Gesetz hingewiesen wird.

Artikel 53 [Verordnungen]

(1) [1]Der Senat kann durch Gesetz ermächtigt werden, Rechtsverordnungen zu erlassen. [2]Dabei müssen Inhalt, Zweck und Ausmaß der erteilten Ermächtigung im Gesetz bestimmt werden.

(2) [1]Die Rechtsgrundlage ist in der Verordnung anzugeben. [2]Ist durch Gesetz vorgesehen, daß eine Ermächtigung weiter übertragen werden kann, so bedarf es zur Übertragung einer Rechtsverordnung.

Artikel 54 [Inkrafttreten von Gesetzen und Verordnungen]

[1]Gesetze und Verordnungen treten, soweit in ihnen nichts anderes bestimmt ist, mit dem auf die Ausgabe des Hamburgischen Gesetz- und Verordnungsblattes folgenden Tag in Kraft. [2]Das gilt auch in den Fällen des Artikels 52 Satz 2, wenn der Plan, die Karte oder die Zeichnung spätestens mit der Ausgabe des Hamburgischen Gesetz- und Verordnungsblattes beim Staatsarchiv niedergelegt ist.

V.
Die Verwaltung

Artikel 55 [Leitung]
Die Mitglieder des Senats leiten die einzelnen Verwaltungszweige, für die sie die Verantwortung tragen (Artikel 42 Absatz 2 Satz 1).

Artikel 56 [Verwaltung]
[1]Die Verwaltung ist an Gesetz und Recht gebunden. [2]Sie ist dem Wohl der Allgemeinheit und den Grundsätzen der Bürgernähe und Transparenz verpflichtet. [3]Sie macht die bei ihr vorhandenen Informationen zugänglich und veröffentlicht gesetzlich bestimmte Informationen, soweit dem nicht öffentliche Interessen, Rechte Dritter oder gesetzliche Vorschriften entgegenstehen. [4]Das Nähere regelt ein Gesetz.

Artikel 57 [Gliederung]
[1]Das Gesetz regelt Gliederung und Aufbau der Verwaltung. [2]Der Senat grenzt die einzelnen Verwaltungszweige gegeneinander ab.

Artikel 58 [Unparteiische Amtsführung]
Wer im Dienste der Freien und Hansestadt Hamburg steht, dient der Gesamtheit und hat seine Aufgabe unparteiisch und ohne Rücksicht auf die Person nur nach sachlichen Gesichtspunkten wahrzunehmen.

Artikel 59 [Staatsbürgerliche Rechte, Berufsbeamte]
(1) Jede Deutsche und jeder Deutsche hat nach Eignung, Befähigung und fachlichen Leistung gleichen Zugang zu jedem öffentlichen Amt.

(2) [1]Die Beamtinnen und Beamten werden auf Lebenszeit ernannt, soweit nicht durch Gesetz etwas anderes bestimmt ist. [2]Das Gesetz regelt die rechtlichen Grundlagen des Beamtenverhältnisses, insbesondere die Dienst- und Versorgungsbezüge. [3]Für die vermögensrechtlichen Ansprüche der Beamten steht der Rechtsweg offen.

(3) Die Beamtinnen und Beamten können vorläufig oder endgültig nur unter den gesetzlich bestimmten Voraussetzungen und in dem gesetzlich geregelten Verfahren ihres Amtes enthoben, in den Ruhe- oder Wartestand oder in ein anderes Amt mit geringerem Gehalt versetzt werden.

Artikel 60 [Bezüge aus Unternehmen]
Bezüge, die jemand von einem wirtschaftlichen Unternehmen als Vertreterin oder Vertreter der Freien und Hansestadt Hamburg erhält, stehen dieser zu.

Artikel 60a [Beauftragter für Datenschutz und Informationsfreiheit]
(1) Die Einhaltung der Vorschriften über den Datenschutz und die Informationsfreiheit überwacht eine Hamburgische Beauftragte beziehungsweise ein Hamburgischer Beauftragter für Datenschutz und Informationsfreiheit.

(2) [1]Die beziehungsweise der Hamburgische Beauftragte für Datenschutz und Informationsfreiheit ist unabhängig und nur dem Gesetz unterworfen. [2]Artikel 33 Absatz 2 Satz 2 und Artikel 57 Satz 2 finden auf sie beziehungsweise ihn keine Anwendung.

(3) [1]Die Bürgerschaft wählt die Hamburgische Beauftragte beziehungsweise den Hamburgischen Beauftragten für Datenschutz und Informationsfreiheit mit der Mehrheit ihrer gesetzlichen Mitglieder. [2]Vorschlagsberechtigt für die Wahl sind die Fraktionen der Bürgerschaft. [3]Die Amtszeit der beziehungsweise des Hamburgischen Beauftragten für Datenschutz und Informationsfreiheit beträgt sechs Jahre. [4]Eine einmalige Wiederwahl ist zulässig. [5]Die Präsidentin oder der Präsident der Bürgerschaft ernennt die Gewählte oder den Gewählten.

(4) [1]Die beziehungsweise der Hamburgische Beauftragte für Datenschutz und Informationsfreiheit berichtet der Bürgerschaft und dem Senat über ihre oder seine Tätigkeit. [2]Die Abgeordneten der Bürgerschaft sind berechtigt, Anfragen an die Hamburgische Beauftragte beziehungsweise den Hamburgischen Beauftragten für Datenschutz und Informationsfreiheit zu richten, soweit dadurch nicht ihre beziehungsweise seine Unabhängigkeit beeinträchtigt wird.

(5) [1]Vor Ablauf der Amtszeit kann die beziehungsweise der Hamburgische Beauftragte für Datenschutz und Informationsfreiheit auf ihren beziehungsweise seinen Antrag entlassen werden. [2]Ohne ihre beziehungsweise seine Zustimmung kann sie beziehungsweise er vor Ablauf der Amtszeit nur aufgrund

eines Beschlusses der Bürgerschaft entlassen werden, wenn sie beziehungsweise er eine schwere Verfehlung begangen hat oder die Voraussetzungen für die Wahrnehmung ihrer beziehungsweise seiner Aufgaben nicht mehr erfüllt. [3]Ein Beschluss nach Satz 2 muss bei Anwesenheit von drei Vierteln der gesetzlichen Mitgliederzahl und mit einer Mehrheit von zwei Dritteln der anwesenden Abgeordneten der Bürgerschaft gefasst werden. [4]Die Entlassung wird durch die Präsidentin beziehungsweise den Präsidenten der Bürgerschaft verfügt.

(6) Abweichend von Artikel 45 ernennt und entlässt die beziehungsweise der Hamburgische Beauftragte für Datenschutz und Informationsfreiheit die Beamtinnen und Beamten seiner Behörde.

(7) Das Gesetz bestimmt das Nähere.

Artikel 61 [Verwaltungsrechtsweg]
Wird jemand durch die öffentliche Gewalt in seinen Rechten verletzt, so steht ihm der Verwaltungsrechtsweg offen, soweit ein anderer Rechtsweg nicht gegeben ist.

VI.
Die Rechtsprechung

Artikel 62 [Unabhängigkeit; Laienrichter]
[1]Die Gerichtsbarkeit wird in allen ihren Zweigen durch unabhängige, nur dem Gesetz unterworfene Gerichte ausgeübt. [2]An der Rechtsprechung sind Männer und Frauen aus dem Volke nach Maßgabe der Gesetze beteiligt.

Artikel 63 [Richterernennung, Richteranklage]
(1) [1]Die Berufsrichterinnen und Berufsrichter werden vom Senat auf Vorschlag eines Richterwahlausschusses ernannt. [2]Artikel 45 findet Anwendung. [3]Der Richterwahlausschuß besteht aus drei Mitgliedern des Senats oder Senatssyndici, sechs bürgerlichen Mitgliedern, drei Richterinnen oder Richtern und zwei Rechtsanwältinnen oder Rechtsanwälten. [4]Das Nähere bestimmt das Gesetz. [5]Es kann vorsehen, daß für eine bestimmte Gerichtsbarkeit die Rechtsanwältinnen oder Rechtsanwälte durch Personen ersetzt werden, die mit dieser Gerichtsbarkeit in besonderem Maße vertraut sind.

(2) [1]Die Berufsrichterinnen und Berufsrichter werden auf Lebenszeit ernannt. [2]Sie müssen nach ihrer Persönlichkeit und nach ihren Fähigkeiten die Gewähr dafür bieten, daß sie den Aufgaben ihres Amtes gewachsen sind und insbesondere im Amte und außerhalb des Amtes nicht gegen die Grundsätze des Grundgesetzes für die Bundesrepublik Deutschland und dieser Verfassung verstoßen werden. [3]Sie können vor ihrer Ernennung zur Überprüfung der Persönlichkeit und der fachlichen Eignung vom Senat auf Zeit oder Widerruf bestellt werden, es sei denn, daß der Richterwahlausschuß sie als Bewerberinnen oder Bewerber für ein Richteramt ablehnt.

(3) [1]Wenn eine Richterin oder ein Richter im Amt oder außerhalb des Amtes gegen die Grundsätze des Grundgesetzes für die Bundesrepublik Deutschland oder dieser Verfassung verstößt, so kann die Bürgerschaft gegen sie oder ihn mit der Mehrheit ihrer gesetzlichen Mitgliederzahl nach Stellungnahme des Richterwahlausschusses beim Bundesverfassungsgericht eine Entscheidung gemäß Artikel 98 Absatz 2 des Grundgesetzes für die Bundesrepublik Deutschland beantragen. [2]Das gilt auch für ehrenamtlich angestellte Richterinnen und Richter.

(4) Absatz 3 findet auch auf die bereits ernannten Richterinnen und Richter Anwendung.

Artikel 64 [Rechtssatzbindung; konkrete Normenkontrolle]
(1) Bei der Rechtsanwendung durch die Gerichte sind Landesgesetze und im Rahmen gesetzlicher Ermächtigung ergangene Rechtsverordnungen des Landes, die ordnungsgemäß verkündet worden sind, als verbindlich anzusehen.

(2) [1]Ist ein Gericht der Auffassung, daß ein hamburgisches Gesetz oder eine im Rahmen eines solchen Gesetzes ergangene Rechtsverordnung gegen diese Verfassung verstößt, so ist das Verfahren auszusetzen und die Entscheidung des Hamburgischen Verfassungsgerichts einzuholen, sofern es auf die Gültigkeit der Vorschrift bei der Entscheidung ankommt. [2]Artikel 100 des Grundgesetzes für die Bundesrepublik Deutschland bleibt unberührt.

Artikel 65 [Verfassungsgericht]
(1) [1]Das Hamburgische Verfassungsgericht besteht aus der Präsidentin oder dem Präsidenten und acht weiteren Mitgliedern. [2]Die Präsidentin oder der Präsident und drei weitere Mitglieder müssen ham-

burgische Richterinnen oder Richter auf Lebenszeit sein. [3]Zwei weitere Mitglieder müssen die Befähigung zum Richteramt besitzen. [4]Mitglieder der Bürgerschaft, des Senats, des Bundestages, des Bundesrates, der Bundesregierung oder entsprechender Organe eines anderen Landes oder der Europäischen Gemeinschaften dürfen nicht Mitglieder des Verfassungsgerichts sein.

(2) [1]Die Bürgerschaft wählt die Mitglieder des Verfassungsgerichts auf sechs Jahre. [2]Eine Wiederwahl ist nur einmal zulässig. [3]Für jedes Mitglied ist eine ständige Vertreterin oder ein ständiger Vertreter zu wählen. [4]Der Senat schlägt die Präsidentin oder den Präsidenten und ein weiteres Mitglied des Hamburgischen Verfassungsgerichts, das hamburgische Richterinnen oder hamburgischer Richter auf Lebenszeit ist, sowie deren Vertreterinnen oder Vertreter zur Wahl vor.

(3) Das Verfassungsgericht entscheidet

1. auf Antrag des Senats oder eines Fünftels der Abgeordneten der Bürgerschaft über Streitigkeiten, die sich aus der Auslegung der Verfassung ergeben;

2. über die Auslegung der Verfassung aus Anlaß von Streitigkeiten über den Umfang der Rechte und Pflichten eines Verfassungsorgans oder anderer Beteiligter, die durch die Verfassung mit eigenen Rechten ausgestattet sind;

3. auf Antrag des Senats oder eines Fünftels der Abgeordneten der Bürgerschaft über Meinungsverschiedenheiten oder Zweifel, welche die Vereinbarkeit von Landesrecht mit der Verfassung oder von abgeleitetem Landesrecht mit den Landesgesetzen betreffen;

4. auf Antrag des Senats oder eines Fünftels der Abgeordneten der Bürgerschaft, wenn Meinungsverschiedenheiten oder Zweifel über die Auslegung oder Anwendung des Landesrechtes herrschen;

5. auf Antrag des Senats, der Bürgerschaft, eines Fünftels der Abgeordneten der Bürgerschaft oder auf Antrag der Volksinitiatoren über die Durchführung von Volksbegehren und Volksentscheid (Artikel 50 Absatz 6);

6. auf Antrag eines Gerichts über die Verfassungsmäßigkeit eines Gesetzes oder einer Rechtsverordnung (Artikel 64 Absatz 2);

7. über Beschwerden über Entscheidungen der Bürgerschaft, welche die Gültigkeit der Wahl oder den Verlust der Mitgliedschaft einer oder eines Abgeordneten betreffen (Artikel 9 Absatz 2);

8. auf Antrag der Bürgerschaft über die Frage, ob ein Mitglied des Rechnungshofes innerhalb oder außerhalb des Amtes gegen die Grundsätze des Grundgesetzes für die Bundesrepublik Deutschland oder gegen die Grundsätze dieser Verfassung verstoßen hat, und über die Folgen, die sich hieraus bei sinngemäßer Anwendung des Artikels 98 Absatz 2 des Grundgesetzes für die Bundesrepublik Deutschland ergeben (Artikel 71 Absatz 5 Satz 2).

(4) Durch Gesetz können dem Verfassungsgericht weitere Aufgaben übertragen werden.

(5) [1]Die Entscheidungen des Verfassungsgerichts sind für Gerichte und Verwaltung bindend. [2]Entscheidungen nach Absatz 3 Nummern 1, 3, 4 und 6 haben Gesetzeskraft.

(6) [1]Die in Absatz 5 Satz 2 genannten Entscheidungen sind im Hamburgischen Gesetz- und Verordnungsblatt zu veröffentlichen. [2]Bei anderen Entscheidungen kann das Verfassungsgericht die Veröffentlichung beschließen.

(7) Das Gesetz bestimmt das Nähere über die Zusammensetzung des Verfassungsgerichts, die Wählbarkeit, die Wahl, die Zuständigkeit und das Verfahren.

VII.
Haushalts- und Finanzwesen

Artikel 66 [Haushaltsplan]

(1) [1]Alle Einnahmen und Ausgaben der Freien und Hansestadt Hamburg müssen für jedes Rechnungsjahr veranschlagt und in den Haushaltsplan eingestellt werden. [2]Der Haushaltsplan ist in Einnahmen und Ausgaben auszugleichen.

(2) [1]Der Haushaltsplan wird vom Senat für je ein Rechnungsjahr der Bürgerschaft vorgelegt und durch Beschluß der Bürgerschaft festgestellt. [2]Artikel 49 Absatz 2 findet entsprechende Anwendung.

Artikel 67 [Haushaltsvorgriff]

(1) Ist bis zum Schluß eines Rechnungsjahres der Haushaltsplan für das folgende Jahr nicht festgestellt worden, so kann die Bürgerschaft den Senat ermächtigen, bis zum Inkrafttreten des Haushaltsplanes

1. alle Ausgaben zu leisten, die nötig sind, um
    a) bestehende Einrichtungen zu erhalten und beschlossene Maßnahmen durchzuführen,
    b) die rechtlich begründeten Verpflichtungen der Freien und Hansestadt Hamburg zu erfüllen,
    c) Bauten, Beschaffungen und sonstige Leistungen fortzusetzen oder Beihilfen für diese Zwecke weiterzugewähren, sofern durch den Haushaltsplan eines Vorjahres bereits Mittel bewilligt waren;
2. die feststehenden Einnahmen und die Einnahmen aus den für ein Rechnungsjahr festzusetzenden Steuern und anderen Abgaben fortzuerheben, soweit gesetzlich nichts anderes bestimmt ist;
3. für die nach Ziffer 1 zulässigen Ausgaben Kassenkredite aufzunehmen, soweit nicht der Geldbedarf durch Steuern und andere Abgaben, die auf Gesetz beruhen, oder aus sonstigen Einnahmen gedeckt werden kann.

(2) Wird im Falle des Artikels 36 die Vertrauensfrage mit einer Vorlage nach Absatz 1 verbunden, und macht die Bürgerschaft von keiner der in Artikel 36 Absatz 1 Satz 1 genannten Befugnisse Gebrauch, so ist der Senat nach Ablauf der Monatsfrist, spätestens aber mit Beginn des neuen Rechnungsjahres, im Umfange des Absatzes 1 zur Fortführung des Haushaltsplanes ermächtigt.

Artikel 68 [Nachbewilligung]
(1) Nachbewilligungen von Haushaltsmitteln bedürfen eines Beschlusses der Bürgerschaft.
(2) [1]Im Falle eines unvorhergesehenen und unabweisbaren Bedürfnisses dürfen mit Zustimmung des Senats über- und außerplanmäßige Ausgaben geleistet werden. [2]Die nachträgliche Genehmigung der Bürgerschaft ist einzuholen.

Artikel 69 [Ausgabenerhöhung]
Auf Beschlüsse der Bürgerschaft, die auf Anträgen aus der Mitte der Bürgerschaft beruhen und die Ausgaben in sich schließen oder für die Zukunft mit sich bringen, für die Mittel im Haushaltsplan nicht vorgesehen sind, sowie auf Beschlüsse der Bürgerschaft, die vom Senat eingebrachte Anträge auf Nachbewilligung ändern, findet Artikel 49 entsprechende Anwendung.

Artikel 70 [Rechnungslegung]
[1]Der Senat hat der Bürgerschaft über alle Einnahmen und Ausgaben im Laufe des nächsten Rechnungsjahres zur Erteilung der Entlastung Rechnung zu legen. [2]Der Haushaltsrechnung ist eine Übersicht über das Vermögen und die Schulden der Freien und Hansestadt Hamburg beizufügen.

Artikel 71 [Rechnungshof]
(1) [1]Die gesamte Haushalts- und Wirtschaftsführung wird durch einen unabhängigen, nur dem Gesetz unterworfenen Rechnungshof überwacht. [2]Der Rechnungshof hat zur Erteilung der Entlastung des Senats der Bürgerschaft über das Ergebnis seiner Prüfungen jährlich zu berichten; gleichzeitig unterrichtet er den Senat.
(2) [1]Die Bürgerschaft, der Senat oder dessen für die Finanzbehörde zuständiges Mitglied kann den Rechnungshof ersuchen, sich auf Grund von Prüfungserfahrungen gutachtlich zu äußern. [2]In bedeutsamen Einzelfällen können sie oder ein Fünftel der Mitglieder der Bürgerschaft ein Prüfungs- und Berichtsersuchen an den Rechnungshof richten. [3]Der Rechnungshof entscheidet unabhängig, ob er dem Ersuchen entspricht.
(3) Der Rechnungshof besteht aus der Präsidentin oder dem Präsidenten, der Vizepräsidentin oder dem Vizepräsidenten und weiteren Mitgliedern.
(4) [1]Die Bürgerschaft wählt auf Vorschlag des Senats mit einer Mehrheit von zwei Dritteln ihrer gesetzlichen Mitgliederzahl die Mitglieder des Rechnungshofes. [2]Der Senat ernennt die Gewählten.
(5) [1]Auf die Mitglieder des Rechnungshofes finden die für Berufsrichterinnen und Berufsrichter geltenden Bestimmungen dieser Verfassung außer Artikel 63 Absatz 1 entsprechende Anwendung. [2]Für das der Richteranklage entsprechende Verfahren ist das Hamburgische Verfassungsgericht zuständig.
(6) Abweichend von Artikel 45 ernennt und entläßt die Präsidentin oder der Präsident die weiteren Beamtinnen und Beamten des Rechnungshofes.
(7) Das Gesetz bestimmt das Nähere.

Artikel 72 [Kredite; Sicherheitsleistungen; Veräußerung von Staatsgut]
(1) Einnahmen und Ausgaben sind grundsätzlich ohne Einnahmen aus Krediten auszugleichen.

(2) [1]Bei einer von der Normallage abweichenden konjunkturellen Entwicklung kann von Absatz 1 abgewichen werden. [2]In diesem Fall sind die Auswirkungen auf den Haushalt im Auf- und Abschwung symmetrisch zu berücksichtigen.

(3) [1]Bei Naturkatastrophen oder außergewöhnlichen Notsituationen, die sich der Kontrolle der Freien und Hansestadt Hamburg entziehen und deren Finanzlage erheblich beeinträchtigen, kann von Absatz 1 abgewichen werden, wenn die Bürgerschaft das Vorliegen eines solchen Falles mit einer Mehrheit von zwei Dritteln der abgegebenen Stimmen feststellt. [2]Die Abweichung ist mit einer Tilgungsregelung zu verbinden. [3]Die Kredite sind binnen eines angemessenen Zeitraums zurückzuführen.

(4) Das Gesetz bestimmt das Nähere, insbesondere die Bereinigung der Einnahmen und Ausgaben um finanzielle Transaktionen sowie Grundsätze der symmetrischen Berücksichtigung konjunkturell bedingter Schwankungen gemäß Absatz 2.

(5) Die Aufnahme von Krediten sowie die Übernahme von Sicherheitsleistungen zu Lasten der Freien und Hansestadt Hamburg, deren Wirkung über ein Rechnungsjahr hinausgeht oder die nicht zum regelmäßigen Gang der Verwaltung gehört, bedarf eines Beschlusses der Bürgerschaft.

(6) Ebenso ist die Veräußerung von Staatsgut, die nicht zum regelmäßigen Gang der Verwaltung gehört, nur auf Beschluß der Bürgerschaft zulässig.

(7) Artikel 49 findet entsprechende Anwendung.

Artikel 72a [Verminderung der Nettokreditaufnahme]
[1]Ab dem Haushaltsjahr 2013 sind die jährlichen Haushaltspläne so aufzustellen, dass spätestens mit Ablauf des Haushaltsjahres 2019 die Vorgaben des Artikels 72 Absätze 1 bis 4 in der am 1. Januar 2020 geltenden Fassung erfüllt werden. [2]Hierfür ist in den Haushaltsplänen ein kontinuierlicher, möglichst gleichmäßiger Abbau des strukturellen Defizits vorzusehen. [3]Zur Sicherstellung der in Satz 1 genannten Vorgaben soll bereits im Haushaltsjahr 2019 eine Nettokreditaufnahme vermieden werden. [4]In den Jahren 2013 bis 2018 ist eine Verminderung der Nettokreditaufnahme anzustreben. [5]Das Gesetz regelt das Nähere, insbesondere im Hinblick auf eine diese Zielsetzungen berücksichtigende Finanzplanung mit gesetzlich festgelegten Ausgabenobergrenzen.

VIII.
Schluß- und Übergangsbestimmungen

Artikel 73 [Schutz öffentlicher Ehrenämter]
[1]Die Wahrnehmung staatsbürgerlicher Rechte und Pflichten in öffentlichen Ehrenämtern darf nicht behindert werden, insbesondere nicht durch ein Arbeits- oder Dienstverhältnis. [2]Den Arbeitnehmerinnen und Arbeitnehmern ist die dafür nötige freie Zeit zu gewähren. [3]Wieweit der Anspruch auf Vergütung erhalten bleibt, bestimmt das Gesetz.

Artikel 74 [Vereidigung der Beamten]
[1]Alle hamburgischen Beamtinnen und Beamten sowie Richterinnen und Richter sind auf diese Verfassung zu vereidigen. [2]Der Senat beschließt das Nähere

Artikel 75 [Eidesverweigerung]
(1) [1]Beamtinnen und Beamte sowie Richterinnen und Richter, die den Eid auf die Verfassung verweigern, sind zu entlassen. [2]Leisten sie den Eid, glauben aber später, ihn nicht aus innerer Überzeugung erfüllen zu können, so haben sie ihre Entlassung zu beantragen.

(2) Ein Ruhegehalt kann bewilligt werden.

Artikel 76 [Vorkonstitutionelle Gesetze]
Die Anforderungen des Artikels 51 gelten nicht für Gesetze, die vor seinem Inkrafttreten verkündet wurden.

Artikel 77 [Inkrafttreten]
(1) Die Vorläufige Verfassung der Hansestadt Hamburg vom 15. Mai 1946 (Hamburgisches Gesetz- und Verordnungsblatt Seite 51) in der Fassung der Gesetze vom 8. Oktober und 7. Dezember 1946 (Hamburgisches Gesetz- und Verordnungsblatt Seiten 103 und 123) wird aufgehoben.

(2) Diese Verfassung tritt am 1. Juli 1952 in Kraft.

Hamburgisches Gesetz
über Volksinitiative, Volksbegehren und Volksentscheid
(Volksabstimmungsgesetz – VAbstG)[1)]

Vom 20. Juni 1996 (HmbGVBl. S. 136)
(BS Hbg 100-2)
zuletzt geändert durch Art. 1 Zweites G zur Stärkung der direkten Demokratie vom 25. Mai 2021
(HmbGVBl. S. 347)

Der Senat verkündet das nachstehende von der Bürgerschaft beschlossene Gesetz:

Inhaltsübersicht

---

1) Inkrafttreten gemäß Art. 54 der Verfassung der Freien und Hansestadt Hamburg v. 6.6.1952 (HmGVBl. S. 117) am
   26.6.1996.

Erster Abschnitt
Allgemeines

§ 1 Anwendungsbereich

[1]Das Volk kann den Erlass, die Änderung oder die Aufhebung eines Gesetzes oder eine Befassung mit bestimmten Gegenständen der politischen Willensbildung (andere Vorlage) beantragen. [2]Bundesratsinitiativen, Haushaltspläne, Abgaben, Tarife der öffentlichen Unternehmen sowie Dienst- und Versorgungsbezüge können nicht Gegenstand einer Volksinitiative sein.

§ 1a Beratung

[1]Die Initiatoren einer beabsichtigten oder angezeigten Volksinitiative können sich insbesondere durch die Landesabstimmungsleitung unabhängig und umfassend beraten lassen; die Landesabstimmungsleitung beteiligt hierzu die betroffenen Fachbehörden und Senatsämter sowie die Hamburgische Beauftragte bzw. den Hamburgischen Beauftragten für Datenschutz und Informationsfreiheit. [2]Die Beratung soll verfassungs-, haushalts- und verfahrensrechtliche Voraussetzungen und Fragen umfassen. [3]Bedenken sind unverzüglich mitzuteilen. [4]Gebühren und Auslagen werden nicht erhoben.

Zweiter Abschnitt
Volksinitiative

§ 2 Gegenstände einer Volksinitiative

(1) [1]Mit der Volksinitiative kann der Erlass eines Gesetzes oder die Befassung mit einer anderen Vorlage durch das Volk eingeleitet werden. [2]Das Gesetz kann auch die Änderung oder Aufhebung eines geltenden Gesetzes zum Gegenstand haben.

(2) [1]Ein Gesetzentwurf oder eine andere Vorlage müssen eine Begründung enthalten. [2]Einem Gesetzentwurf oder einer anderen Vorlage, der oder die im Haushaltsplan enthaltene Ausgaben erhöht, neue Ausgaben oder Einnahmeminderungen mit sich bringt, soll ein Deckungsvorschlag beigefügt werden.

§ 3 Anzeige

(1) Der Beginn der Sammlung von Unterschriften für den Gesetzentwurf oder eine andere Vorlage nach § 2 Absatz 1 Satz 1 (§ 4 Absatz l) ist dem Senat schriftlich anzuzeigen.

(2) Die Anzeige darf nur durch nach § 4 Absatz 2 unterzeichnungsberechtigte Personen erfolgen und muss enthalten

1. einen Gesetzentwurf oder eine andere Vorlage jeweils mit Begründung,

2. ein Muster der Unterschriftsliste nach § 4 Absatz 1 und

3. die Namen von drei nach § 4 Absatz 2 unterzeichnungsberechtigten Vertrauenspersonen, die einzeln berechtigt sind, für die Initiatoren Erklärungen entgegenzunehmen und durch zwei Vertrauenspersonen Erklärungen übereinstimmend abzugeben; im Falle des Ausscheidens von Vertrauenspersonen ist ein Ersatz zu benennen; Form und Inhalt der Übertragung der Vertretungsberechtigung durch die Initiatoren sind nachzuweisen.

(3) Der Senat teilt der Bürgerschaft unverzüglich Eingang und Inhalt der Anzeige mit.

§ 4 Unterstützung der Volksinitiative

(1) [1]Die Unterstützung der Volksinitiative gemäß Artikel 50 Absatz 1 Satz 3 der Verfassung erfolgt durch eigenhändige Unterzeichnung in Unterschriftslisten. [2]Die Unterschriftslisten müssen eine zweifelsfreie Bezugnahme auf den Gesetzentwurf oder die andere Vorlage (§ 3 Absatz 2 Nummer 1) enthalten. [3]Den Unterzeichnerinnen und Unterzeichnern ist bei der Eintragung in die Unterschriftslisten Gelegenheit zur Kenntnisnahme des vollständigen Wortlauts des Gesetzentwurfs oder der anderen Vorlage zu geben. [4]Ihnen ist ferner Gelegenheit zu geben, von den Vor- und Familiennamen der drei Vertrauenspersonen und deren Befugnisse nach diesem Gesetz Kenntnis zu nehmen.

(2) Unterzeichnen darf, wer bei der Einreichung der Unterschriftslisten zur Bürgerschaft wahlberechtigt ist.

(3) [1]Die Eintragung in der Unterschriftsliste muss den Vor- und Familiennamen, das Geburtsjahr, die Anschrift und die Unterschrift der unterstützungsberechtigten Person sowie das Datum der Unter-

schriftsleistung enthalten. [2]Die Eintragung ist auch gültig, wenn trotz einer fehlenden Angabe zum Vor- oder Familiennamen, zum Geburtsjahr oder zur Anschrift die Identität eindeutig feststellbar ist oder die fristgemäße Unterschriftsleistung trotz fehlender Datumsangabe feststellbar ist.

§ 5 Zustandekommen der Volksinitiative
(1) [1]Die Unterschriftslisten sind spätestens sechs Monate nach Eingang der Anzeige beim Senat einzureichen. [2]Der Senat teilt der Bürgerschaft die Einreichung unverzüglich mit.

(2) Der Senat stellt binnen eines Monats nach Einreichung der Unterschriftslisten fest, ob die Volksinitiative von mindestens 10 000 zur Bürgerschaft Wahlberechtigten unterstützt worden und damit zustande gekommen ist.

(3) Die Feststellung des Senats ist unverzüglich einer Vertrauensperson zuzustellen und der Bürgerschaft mitzuteilen.

(4) Bei erheblichen Zweifeln daran, ob eine zustande gekommene Volksinitiative die Grenzen des Artikels 50 Absatz 1 Satz 2 der Verfassung wahrt oder mit sonstigem höherrangigem Recht vereinbar ist, führt der Senat die Entscheidung des Hamburgischen Verfassungsgerichts nach § 26 Absatz 1 Nummer 1 herbei.

§ 5a Befassung der Bürgerschaft mit dem Anliegen der Volksinitiative
(1) [1]Die Bürgerschaft befasst sich in öffentlicher Sitzung mit dem Anliegen der Volksinitiative. [2]Sie oder ein Fünftel ihrer Mitglieder können ein Prüfungs- und Berichtsersuchen zu den finanziellen Auswirkungen an den Rechnungshof richten. [3]Die Initiatoren erhalten Gelegenheit, das Anliegen in einem Ausschuss in öffentlicher Sitzung zu erläutern.

(2) Verabschiedet die Bürgerschaft das von der Volksinitiative vorgelegte Gesetz oder fasst sie einen der anderen Vorlage vollständig entsprechenden Beschluss, stellt sie den jeweiligen Beschluss einer Vertrauensperson zu und teilt ihn dem Senat mit.

Dritter Abschnitt
Volksbegehren

§ 6 Durchführung des Volksbegehrens
(1) [1]Hat die Bürgerschaft nicht innerhalb von vier Monaten nach Einreichung der Unterschriftslisten das von der Volksinitiative beantragte Gesetz verabschiedet oder einen der anderen Vorlage vollständig entsprechenden Beschluss gefasst, können die Initiatoren die Durchführung des Volksbegehrens beantragen. [2]Der Antrag ist innerhalb von einem Monat schriftlich bei dem Senat einzureichen. [3]Mit dem Antrag oder innerhalb von zwei Monaten nach der Antragstellung kann der Gesetzentwurf oder die andere Vorlage in überarbeiteter Form eingereicht werden. [4]Im Falle einer Überarbeitung dürfen Grundcharakter, Zulässigkeit und Zielsetzung des Anliegens nicht verändert werden. [5]Der Senat teilt der Bürgerschaft die Antragstellung und eine Überarbeitung unverzüglich mit.

(2) [1]Der Senat führt das Volksbegehren durch. [2]Die Eintragungsfrist beginnt vier Monate nach Antragstellung und beträgt drei Wochen. [3]Die Frist zur Briefeintragung beträgt sechs Wochen und endet mit der Eintragungsfrist. [4]Fällt ein Tag der Briefeintragungsfrist in einen Zeitraum von drei Monaten vor oder einem Monat nach dem Tag einer Wahl zur Bürgerschaft, zum Deutschen Bundestag oder zum Europäischen Parlament, ist die Durchführung für diesen Zeitraum gehemmt.

(3) [1]Die in Absatz 1 Satz 1 genannte Frist läuft nicht in der Zeit vom 15. Juni bis zum 15. August. [2]Sie läuft ferner für bis zu drei Monate nicht, wenn die Bürgerschaft dies auf Vorschlag der Initiatoren beschließt; unter denselben Bedingungen kann die Frist einmalig verlängert werden. [3]Der Vorschlag nach Satz 2 ist schriftlich an die Präsidentin oder den Präsidenten der Bürgerschaft zu richten.

§ 7 Öffentliche Bekanntmachung
[1]Die Landesabstimmungsleitung macht das Volksbegehren spätestens einen Monat vor Beginn der Eintragungsfrist öffentlich bekannt. [2]Die Bekanntmachung enthält
1. den Wortlaut des Gesetzentwurfs mit Begründung oder der anderen Vorlage,
2. Vor- und Familiennamen sowie Erreichbarkeitsanschrift der Vertrauenspersonen,
3. Beginn und Ende der Frist zur Eintragung in die Eintragungslisten,
4. die Eintragungsstellen und die Eintragungszeiten sowie alle anderen Möglichkeiten der Eintragung gemäß § 9 Absatz 1.

§ 8 Rücknahme der Volksinitiative

(1) Die Initiatoren können den Gesetzentwurf oder die andere Vorlage bis zum Beginn der Eintragungsfrist durch schriftliche Erklärung gegenüber dem Senat zurücknehmen.

(2) [1]Der Senat stellt die Rücknahme fest. [2]Sie ist der Bürgerschaft mitzuteilen und, falls das Volksbegehren bereits bekannt gemacht worden ist, in gleicher Weise bekannt zu machen.

§ 9 Eintragung

[1]Das Volksbegehren wird durch eigenhändige Unterzeichnung in Eintragungslisten bei den Eintragungsstellen oder in freier Sammlung durch die Initiatoren unterstützt. [2]Die Eintragungen erfolgen auch durch andere Verfahren, die den Vorgaben einer rechtsverbindlichen Authentifizierung und der Schriftform auf der Grundlage bestehender bundes- und landesrechtlicher Regelungen entsprechen.

§ 10 Eintragungslisten

(1) [1]Die Eintragungslisten müssen eine zweifelsfreie Bezugnahme auf den Gesetzentwurf oder die andere Vorlage (§ 3 Absatz 2 Nummer 1) enthalten. [2]Der Wortlaut des Gesetzentwurfs oder der anderen Vorlage muss beigefügt sein. [3]Sie müssen ferner die Angabe der Namen der drei Vertrauenspersonen und ihrer Befugnisse nach diesem Gesetz enthalten.

(2) Die Eintragungsräume und -orte sind so zu bestimmen, dass alle Eintragungsberechtigten ausreichend Gelegenheit haben, sich an dem Volksbegehren zu beteiligen.

§ 11 Eintragungsberechtigung

[1]Eintragungsberechtigt ist, wer am Tage des Ablaufs der Eintragungsfrist zur Bürgerschaft wahlberechtigt ist. [2]Zur Prüfung der Eintragungsberechtigung im Rahmen der Feststellung über das Zustandekommen des Volksbegehrens wird ein elektronisches Eintragungsverzeichnis erstellt.

§ 12 Inhalt der Eintragung

(1) [1]Die Eintragung muss den Vor- und Familiennamen, das Geburtsjahr, die Anschrift und die Unterschrift der eintragungsberechtigten Person sowie das Datum der Unterschriftsleistung enthalten. [2]§ 4 Absatz 3 Satz 2 gilt entsprechend. [3]Die Unterschrift muss eigenhändig geleistet werden. [4]Erklärt eine eintragungsberechtigte Person gegenüber einer Eintragungsstelle, dass sie nicht schreiben kann, so wird die Unterschrift durch die Feststellung dieser Erklärung ersetzt.

(2) Die Eintragung kann nicht zurückgenommen werden.

§ 13 Briefeintragung

(1) Eintragungsberechtigte können die Briefeintragung schriftlich oder in einem zugelassenen elektronischen Verfahren beantragen.

(2) [1]Zur Briefeintragung erhält die eintragungsberechtigte Person ein Eintragungsformular, das den Anforderungen des § 10 Absatz 1 entspricht. [2]Auf dem Eintragungsformular hat die eintragungsberechtigte Person eidesstattlich zu versichern, dass sie die Eintragung eigenhändig unterschrieben hat.

(3) Die Eintragung per Brief oder durch andere in § 9 Absatz 1 Satz 2 genannte Verfahren muss der zuständigen Eintragungsstelle bis zum Ende der Eintragungsfrist vorliegen.

§ 14 Ungültige Eintragungen

(1) Eintragungen, die nicht den Vorschriften dieses Gesetzes entsprechen, sind ungültig.

(2) Über die Ungültigkeit von Eintragungen entscheidet die Bezirksabstimmungsleitung.

§ 15 Abschluss und Einreichung der Eintragungslisten

[1]Nach dem Ablauf der Eintragungsfrist schließen die Eintragungsstellen und die Initiatoren die Eintragungslisten. [2]Sie übermitteln die Eintragungslisten bis spätestens 12.00 Uhr des Folgetages an die zuständige Stelle.

§ 16 Zustandekommen des Volksbegehrens

(1) [1]Der Senat stellt innerhalb von sechs Wochen nach Ablauf der Eintragungsfrist fest, ob das Volksbegehren von mindestens einem Zwanzigstel der Wahlberechtigten unterstützt worden ist. [2]Dabei ist die Zahl der Wahlberechtigten aus der vorangegangenen Bürgerschaftswahl zugrunde zu legen.

(2) [1]Die Feststellung ist öffentlich bekannt zu machen. [2]Sie ist unverzüglich einer Vertrauensperson zuzustellen und der Bürgerschaft mitzuteilen.

§ 17 Befassung der Bürgerschaft mit dem Anliegen des Volksbegehrens

(1) ¹Die Bürgerschaft befasst sich in öffentlicher Sitzung mit dem Anliegen des Volksbegehrens. ²Die Initiatoren erhalten Gelegenheit, das Anliegen in einem Ausschuss in öffentlicher Sitzung zu erläutern.

(2) Verabschiedet die Bürgerschaft das von dem Volksbegehren vorgelegte Gesetz oder fasst sie einen der anderen Vorlage vollständig entsprechenden Beschluss, stellt sie den jeweiligen Beschluss einer Vertrauensperson zu und teilt ihn dem Senat mit.

§ 18 Durchführung des Volksentscheids

(1) ¹Hat die Bürgerschaft nicht innerhalb von vier Monaten nach Ende der Eintragungsfrist das vom Volksbegehren eingebrachte Gesetz verabschiedet oder die andere Vorlage beschlossen, können die Initiatoren die Durchführung des Volksentscheids beantragen. ²Der Antrag ist innerhalb von einem Monat schriftlich beim Senat einzureichen. ³Mit dem Antrag kann der Gesetzentwurf oder die andere Vorlage in überarbeiteter Form eingereicht werden. ⁴Der Senat teilt der Bürgerschaft die Antragstellung und eine Überarbeitung unverzüglich mit; § 6 Absatz 1 Satz 4 gilt entsprechend.

(2) Der Senat führt den Volksentscheid am Tag der folgenden Wahl zur Bürgerschaft oder zum Deutschen Bundestag durch, frühestens jedoch vier Monate nach Antragstellung.

(3) ¹Mit Ausnahme eines Volksentscheids über einen Gesetzentwurf zum Wahlrecht kann der Antrag nach Absatz 1 mit einem Antrag verbunden werden, den Volksentscheid über ein einfaches Gesetz oder eine andere Vorlage an einem anderen Tag als nach Absatz 2 durchzuführen. ²In diesem Fall findet der Volksentscheid vier bis sieben Monate nach der Antragstellung an einem in dem Antrag zu bestimmenden Sonntag oder gesetzlichen Feiertag statt. ³Drei Monate vor und einen Monat nach der Wahl zur Bürgerschaft, zum Deutschen Bundestag oder zum Europäischen Parlament findet ein Volksentscheid nicht statt.

(4) ¹Die in Absatz 1 Satz 1 genannte Frist läuft nicht in der Zeit vom 15. Juni bis zum 15. August. ²Sie läuft ferner für bis zu drei Monate nicht, wenn die Bürgerschaft dies auf Vorschlag der Initiatoren beschließt; unter denselben Bedingungen kann die Frist einmalig verlängert werden. ³Der Vorschlag nach Satz 2 ist schriftlich an die Präsidentin oder den Präsidenten der Bürgerschaft zu richten.

§ 19 Bekanntmachung des Volksentscheids

(1) ¹Der Senat gibt spätestens drei Wochen vor Beginn der Versendung der Abstimmungsbenachrichtigungen Tag und Gegenstand des Volksentscheids öffentlich bekannt. ²Sofern die Initiatoren einen überarbeiteten Gesetzentwurf oder eine überarbeitete andere Vorlage oder die Bürgerschaft einen eigenen Gesetzentwurf oder eine eigene andere Vorlage zum Gegenstand des Volksentscheides vorlegen, sind diese mit Begründung in die Bekanntmachung aufzunehmen.

(2) ¹Jede wahlberechtigte Person erhält mit der Abstimmungsbenachrichtigung den Wortlaut der Vorlage (Gesetzentwurf oder andere Vorlage) der Volksinitiative und gegebenenfalls den Wortlaut der Vorlage (Gesetzentwurf oder andere Vorlage) der Bürgerschaft sowie ein Informationsheft, welches allgemeine Hinweise enthält und in dem die Initiatoren der Volksinitiative und die Bürgerschaft auf jeweils bis zu acht Seiten Stellung nehmen können. ²Die Bürgerschaft nimmt als Ganze oder nach Fraktionen getrennt Stellung. ³Der Anteil der Stellungnahmen der Fraktionen an der gesamten Stellungnahme der Bürgerschaft entspricht der Sitzverteilung der Fraktionen in der Bürgerschaft. ⁴Für den Wortlaut der Vorlage der Volksinitiative und ihrer Stellungnahme tragen die Initiatoren die Verantwortung, die Bürgerschaft ist für ihre Vorlage und für ihre Stellungnahme verantwortlich. ⁵Das Hamburgische Pressegesetz vom 29. Januar 1965 (HmbGVBl. S. 15), zuletzt geändert am 15. Dezember 2009 (HmbGVBl. S. 444, 447), in der jeweils geltenden Fassung findet auf das Informationsheft keine Anwendung.

§ 19a Rücknahme des Volksbegehrens

(1) Die Initiatoren können den Gesetzentwurf oder die andere Vorlage nach Zustandekommen des Volksbegehrens bis zur Bekanntmachung des Volksentscheids durch schriftliche Erklärung gegenüber dem Senat zurücknehmen.

(2) ¹Der Senat stellt die Rücknahme fest. ²Sie ist der Bürgerschaft mitzuteilen.

§ 20 Stimmrecht

(1) ¹Stimmberechtigt ist, wer am Abstimmungstag zur Bürgerschaft wahlberechtigt ist. ²Die Abstimmungsberechtigten werden zur Prüfung der Stimmberechtigung im Rahmen der Ermittlung des Er-

gebnisses des Volksentscheids in ein Abstimmungsverzeichnis eingetragen. [3]Das Abstimmungsverzeichnis kann elektronisch geführt werden.

(2) Alle Abstimmungsberechtigten haben so viele Stimmen, wie Gesetzentwürfe oder andere Vorlagen zur Abstimmung gestellt sind.

§ 21 Stimmzettel

(1) [1]Inhalt und Form des Stimmzettels bestimmt die Landesabstimmungsleitung. [2]Die Abstimmungsfrage ist so zu stellen, dass sie mit „Ja" oder „Nein" beantwortet werden kann. [3]Wird die Vorlage wegen ihres Umfangs nicht mit vollem Wortlaut in den Stimmzettel aufgenommen, so wird der in der Vorlage angegebene Titel des Gesetzentwurfs oder die dort angegebene Kurzbezeichnung der anderen Vorlage aufgeführt. [4]Ist kein Titel oder keine Kurzbezeichnung angegeben, wird nur der Gegenstand der Vorlage mit der Bezeichnung der Volksinitiative aufgenommen.

(2) [1]Stehen mehrere Vorlagen, die den gleichen Gegenstand betreffen, zur Abstimmung, so sind sie auf einem Stimmzettel aufzuführen. [2]Ihre Reihenfolge richtet sich nach dem Zeitpunkt der Anzeige der Volksinitiative. [3]Stellt die Bürgerschaft eine eigene Vorlage zur Abstimmung, so wird diese nach den mit dem Volksbegehren gestellten Vorlagen aufgeführt. [4]Absatz 1 ist für jede dieser Vorlagen entsprechend anzuwenden.

(3) Muster der Stimmzettel werden unverzüglich nach ihrer Fertigstellung den Blindenvereinen, die ihre Bereitschaft zur Herstellung von Stimmzettelschablonen erklärt haben, zur Verfügung gestellt.

(4) Die Stimmzettel und die dazugehörigen Abstimmungsunterlagen werden amtlich hergestellt.

§ 22 Stimmabgabe

(1) [1]Die Stimmabgabe erfolgt durch Abstimmung in den Abstimmungsstellen oder durch Briefabstimmung. [2]Die Briefabstimmungsunterlagen müssen bei der zuständigen Bezirksabstimmungsleitung spätestens am Abstimmungstag bis zum Ende der bekannt gegebenen Öffnungszeit der Abstimmungsstellen eingehen.

(2) [1]Die Abstimmenden kennzeichnen durch ein Kreuz oder auf andere Weise auf dem Stimmzettel, ob sie die gestellte Frage mit Ja oder Nein beantworten.

(3) [1]Die Abstimmung ist geheim. [2]Eine Vertretung bei der Stimmabgabe ist unzulässig. [3]Die Einhaltung dieses Grundsatzes haben die Abstimmenden bei der Briefabstimmung auf dem Abstimmungsschein an Eides statt zu versichern.

(4) [1]Stimmabgaben, die nicht den Vorschriften des Gesetzes entsprechen, sind ungültig.

§ 23 Ergebnis des Volksentscheids

(1) [1]Findet der Volksentscheid am Tag der Wahl zur Bürgerschaft oder zum Deutschen Bundestag statt, so ist der Gesetzentwurf oder die andere Vorlage angenommen, wenn er oder sie die Mehrheit der abgegebenen gültigen Stimmen erhalten hat und auf den Gesetzentwurf oder die andere Vorlage mindestens die Zahl von Stimmen entfällt, die der Mehrheit der in dem gleichzeitig gewählten Parlament repräsentierten Hamburger Stimmen entspricht (Artikel 50 Absatz 3 Satz 10 der Verfassung). [2]Verfassungsänderungen und Änderungen der Gesetze über die Wahlen zur Hamburgischen Bürgerschaft oder zu den Bezirksversammlungen bedürfen einer Mehrheit von zwei Dritteln der abgegebenen gültigen Stimmen und mindestens zwei Dritteln der in dem gleichzeitig gewählten Parlament repräsentierten Hamburger Stimmen (Artikel 50 Absatz 3 Satz 11 der Verfassung beziehungsweise Artikel 6 Absatz 4 Satz 4 in Verbindung mit Artikel 50 Absatz 3 Satz 11 der Verfassung).

(2) [1]Findet der Volksentscheid am Tag der Wahl zur Bürgerschaft statt, wird die Anzahl der in der Bürgerschaft repräsentierten Stimmen im Sinne des Absatzes 1 durch ein mathematisches Verfahren auf der Grundlage des nach § 31 Absatz 1 des Gesetzes über die Wahl zur Hamburgischen Bürgerschaft festgestellten Wahlergebnisses bestimmt. [2]Hierzu wird die Anzahl der auf die bei der Sitzverteilung zu berücksichtigenden Landeslisten abgegebenen Gesamtstimmen durch die Anzahl der insgesamt abgegebenen Gesamtstimmen dividiert und mit der Anzahl der insgesamt abgegebenen gültigen Landeslistenstimmzettel multipliziert. [3]Das Produkt nach Satz 2 wird auf eine ganze Zahl standardgerundet der Berechnung des Quorums nach Absatz 1 zugrunde gelegt. [4]§ 36 Absatz 3 des Gesetzes über die Wahl zur Hamburgischen Bürgerschaft ist entsprechend anzuwenden.

(3) [1]Findet der Volksentscheid am Tag der Wahl zum Deutschen Bundestag statt, wird die Anzahl der im Deutschen Bundestag repräsentierten Hamburger Stimmen im Sinne des Absatzes 1 durch ein mathematisches Verfahren auf der Grundlage des nach § 42 des Bundeswahlgesetzes in der Fassung

vom 23. Juli 1993 (BGBl. I S. 1289, 1594), zuletzt geändert am 12. April 2012 (BGBl. I S. 518), festgestellten Wahlergebnisses bestimmt. [2]Die Anzahl der in Hamburg auf die im neu gewählten Deutschen Bundestag vertretenen Parteien abgegebenen Zweitstimmen wird um den der Wahlbeteiligung entsprechenden Vom-Hundert-Satz der Differenzen zwischen der Anzahl der Wahlberechtigten nach dem Wählerverzeichnis und der Anzahl der Abstimmungsberechtigten nach dem Abstimmungsverzeichnis reduziert und auf eine ganze Zahl standardgerundet der Berechnung des Quorums nach Absatz 1 zugrunde gelegt. [3]§ 43 Absatz 4 des Bundeswahlgesetzes ist entsprechend anzuwenden.

(4) [1]Findet der Volksentscheid nicht am Tag der Wahl zur Bürgerschaft oder zum Deutschen Bundestag statt, so ist er angenommen, wenn er die Mehrheit der abgegebenen gültigen Stimmen erhält und mindestens ein Fünftel der Wahlberechtigten zustimmt; dies gilt auch, wenn der Volksentscheid am Tag der Wahlen zum Europäischen Parlament stattfindet. [2]Die Zahl der Wahlberechtigten ist nach dem Ergebnis der vorangegangenen Bürgerschaftswahl zu bestimmen.

(5) [1]Sind bei einer gleichzeitigen Abstimmung zu dem gleichen Gegenstand über mehrere Gesetzentwürfe oder mehrere andere Vorlagen nicht nur für einen Gesetzentwurf oder eine andere Vorlage mehr gültige Ja- als Nein-Stimmen abgegeben worden, so ist der Gesetzentwurf oder die andere Vorlage angenommen, der oder die die meisten Ja-Stimmen erhalten hat. [2]Ist die Zahl der gültigen Ja-Stimmen für mehrere Gesetzentwürfe oder mehrere andere Vorlagen gleich, so ist derjenige oder diejenige angenommen, der oder die nach Abzug der auf ihn oder sie entfallenden Nein-Stimmen die größte Zahl der Ja-Stimmen auf sich vereinigt.

(6) [1]Der Senat stellt das Ergebnis des Volksentscheids fest und gibt es unverzüglich öffentlich bekannt. [2]Die Feststellung des Senats ist unverzüglich einer Vertrauensperson zuzustellen und der Bürgerschaft mitzuteilen. [3]§ 36 Absatz 3 des Gesetzes über die Wahl zur Hamburgischen Bürgerschaft ist entsprechend anzuwenden.

§ 23a Ausfertigung und Verkündung

Ein durch Volksentscheid beschlossenes Gesetz hat der Senat innerhalb eines Monats nach Feststellung des Abstimmungsergebnisses auszufertigen und im Hamburgischen Gesetz- und Verordnungsblatt zu verkünden.

§ 24 Anwendung des Bürgerschaftswahlrechts

(1) [1]Die Vorschriften des Gesetzes über die Wahl zur Hamburgischen Bürgerschaft und der hierzu erlassenen Rechtsverordnungen über
1. Wahlorgane mit Ausnahme der Landeswahl- und Bezirkswahlausschüsse,
2. Wahlbezirke,
3. Wählerverzeichnisse und Wahlscheine,
4. Wahlhandlungen, Sonderwahlbezirke, bewegliche Wahlvorstände und Briefwahl,
5. Ermittlung und Feststellung der Wahlergebnisse,
6. Sicherung und Vernichtung der Wahlunterlagen

sind entsprechend anzuwenden, soweit in diesem Gesetz oder in einer auf Grund von § 32 erlassenen Rechtsverordnung nichts anderes bestimmt ist. [2]§ 31 Absatz 3 des Gesetzes über die Wahl zur Hamburgischen Bürgerschaft findet mit der Maßgabe Anwendung, dass an die Stelle des Bezirkswahlausschusses die Bezirksabstimmungsleitung tritt.

(2) Findet ein Volksentscheid am Tag einer Wahl zur Bürgerschaft, zum Deutschen Bundestag oder zum Europäischen Parlament statt,
1. werden die Wahl- und Abstimmungsunterlagen gemeinsam an die Wahl- und Abstimmungsberechtigten verschickt,
2. werden die Wahlergebnisse vor den Abstimmungsergebnissen ermittelt,
3. kann die Ermittlung der Abstimmungsergebnisse durch hierfür von den Bezirksabstimmungsleitungen bestellte Auszählvorstände durchgeführt werden, in die auch nicht zur Hamburgischen Bürgerschaft wahlberechtigte Bedienstete der Freien und Hansestadt Hamburg berufen werden dürfen.

(3) [1]Findet ein Volksentscheid nicht am Tag einer Wahl nach Absatz 2 statt, wird abweichend von den Bestimmungen des Absatzes 1 wie folgt verfahren:

1. alle Abstimmungsberechtigten erhalten spätestens drei Wochen vor dem Tag des Volksentscheids die Abstimmungsbenachrichtigungskarte und die Briefabstimmungsunterlagen gemeinsam mit dem Informationsheft gemäß § 19 Absatz 2,

2. die Abstimmungsstellen sind so zu bestimmen, dass alle Abstimmungsberechtigten ausreichend Gelegenheit haben, sich am Volksentscheid zu beteiligen; die Vorschriften über Sonderwahlbezirke und bewegliche Wahlvorstände finden keine Anwendung.

Fünfter Abschnitt
Volksentscheide über Änderungsgesetze und -beschlüsse

§ 25 Änderungsgesetz und Referendumsbegehren

(1) [1]Ein von der Bürgerschaft beschlossenes Gesetz, durch das ein vom Volk beschlossenes Gesetz aufgehoben oder geändert wird (Änderungsgesetz), tritt nicht vor Ablauf von drei Monaten nach seiner Verkündung in Kraft. [2]Innerhalb dieser Frist können zweieinhalb vom Hundert der Wahlberechtigten einen Volksentscheid über das Änderungsgesetz verlangen (Referendumsbegehren). [3]Bis zum Zeitpunkt der Feststellung über das Zustandekommen des Referendumsbegehrens tritt das Änderungsgesetz nicht in Kraft.

(2) [1]Das Zustandekommen eines Referendumsbegehrens ist innerhalb eines Monats nach der Feststellung über das Zustandekommen im Hamburgischen Gesetz- und Verordnungsblatt bekannt zu machen. [2]Das Änderungsgesetz tritt in diesem Fall nicht vor Durchführung des Referendums in Kraft. [3]Gegenstand des Referendums ist das Änderungsgesetz.

(3) [1]Das Nichtzustandekommen eines Referendumsbegehrens ist innerhalb eines Monats nach der Feststellung über das Nichtzustandekommen im Hamburgischen Gesetz- und Verordnungsblatt bekannt zu machen. [2]Soweit in dem Änderungsgesetz kein späterer Zeitpunkt für das Inkrafttreten bestimmt ist, tritt es mit dem auf die Ausgabe des Hamburgischen Gesetz- und Verordnungsblattes folgenden Tag, jedoch nicht vor Ablauf von drei Monaten nach seiner Verkündung in Kraft.

§ 25a Anzeige

(1) [1]Der Beginn der Sammlung der Unterschriften für ein Referendumsbegehren ist dem Senat schriftlich anzuzeigen. [2]§ 1a sowie § 3 Absatz 2 Nummer 3 und Absatz 3 gelten entsprechend.

(2) [1]Die Landesabstimmungsleitung macht die Unterschriftensammlung unverzüglich, spätestens jedoch innerhalb eines Monats nach der Anzeige nach Absatz 1 öffentlich bekannt. [2]Die Bekanntmachung enthält

1. das Änderungsgesetz und das durch Volksentscheid beschlossene Gesetz,
2. Vor- und Familiennamen sowie Erreichbarkeitsanschrift der Vertrauenspersonen,
3. den Ablauf der Frist zur Unterstützung des Referendumsbegehrens,
4. die Möglichkeiten der Eintragung.

§ 25b Unterstützung des Referendumsbegehrens

(1) [1]Das Referendumsbegehren gemäß Artikel 50 Absatz 4 der Verfassung wird durch eigenhändige Unterzeichnung in Eintragungslisten in freier Sammlung der Initiatoren unterstützt. [2]Ist die Sammlung nach § 25a Absatz 2 bekannt gemacht worden, soll auch die Eintragung bei Eintragungsstellen oder durch Briefeintragung ermöglicht werden; § 9 Satz 2 gilt entsprechend.

(2) [1]Die Eintragungslisten müssen eine zweifelsfreie Bezugnahme auf das Änderungsgesetz und das durch Volksentscheid beschlossene Gesetz enthalten. [2]Den Unterzeichnerinnen und Unterzeichnern ist bei der Eintragung in die Eintragungslisten Gelegenheit zur Kenntnisnahme des vollständigen Wortlauts des Änderungsgesetzes, des durch Volksentscheid beschlossenen Gesetzes und einer Begründung des Referendumsbegehrens zu geben. [3]Die §§ 11, 12 und 14 gelten entsprechend.

(3) Für die Einrichtung von Eintragungsstellen gilt § 10 Absatz 2 und für ein Briefeintragungsverfahren gilt § 13 entsprechend.

§ 25c Zustandekommen des Referendumsbegehrens

(1) [1]Die Eintragungslisten sind innerhalb von drei Monaten nach der Verkündung des Änderungsgesetzes beim Senat einzureichen. [2]Der Senat teilt der Bürgerschaft die Einreichung der Unterschriftslisten unverzüglich mit.

(2) Der Senat stellt binnen vier Monaten nach Verkündung des Änderungsgesetzes fest, ob das Referendumsbegehren zu einem Änderungsgesetz insgesamt von mindestens zweieinhalb vom Hundert der zur letzten Bürgerschaft Wahlberechtigten unterstützt wurde und damit zustande gekommen ist.

(3) Die Feststellung des Senats ist unverzüglich einer Vertrauensperson zu jeder angezeigten Unterschriftensammlung, die Unterschriften eingereicht hat, zuzustellen und der Bürgerschaft mitzuteilen.

§ 25d Durchführung des Referendums
(1) [1]Der Senat führt das Referendum über das Änderungsgesetz am Tag der folgenden Wahl zur Bürgerschaft oder zum Deutschen Bundestag durch, frühestens jedoch vier Monate nach der Feststellung des Zustandekommens des Referendumsbegehrens (§ 25c Absatz 2). [2]Mit Ausnahme eines Referendums über ein Änderungsgesetz zur Verfassung führt der Senat das Referendum auf Antrag der Bürgerschaft vier bis sieben Monate nach Antragstellung an einem von der Bürgerschaft zu bestimmenden Sonntag oder gesetzlichen Feiertag durch.

(2) § 18 Absatz 3 Sätze 2 und 3 ist entsprechend anwendbar.

§ 25e Aufhebung des Änderungsgesetzes
[1]Mit einer Aufhebung des Änderungsgesetzes endet das Verfahren. [2]Ein Referendum findet nicht statt.

§ 25f Anwendbarkeit der Regelungen des Vierten Abschnitts
[1]§ 19 Absatz 1 Satz 1, § 20, § 21 Absätze 1, 3 und 4 sowie §§ 22 bis 24 sind mit Ausnahme des § 23 Absatz 5 entsprechend anzuwenden. [2]Bei einem Referendum über ein Änderungsgesetz zum Gesetz über die Wahl zur Hamburgischen Bürgerschaft oder zum Gesetz über die Wahl zu den Bezirksversammlungen, das an einem anderen Tag als einem Tag zur Wahl zur Hamburgischen Bürgerschaft oder zum Deutschen Bundestag durchgeführt wird, findet § 23 Absatz 1 mit der Maßgabe Anwendung, dass das jeweilige Änderungsgesetz einer Mehrheit von zwei Dritteln der Abstimmenden und der Zustimmung von mindestens einem Fünftel der Wahlberechtigten bedarf. [3]§ 19 Absatz 2 ist mit der Maßgabe anzuwenden, dass in dem Informationsheft neben allgemeinen Hinweisen das durch Volksentscheid beschlossene Gesetz und das Änderungsgesetz nebst Begründungen aufgeführt werden.

§ 25g Änderungsbeschluss und Referendumsbegehren
(1) [1]Ein Volksentscheid über eine andere Vorlage bindet Bürgerschaft und Senat. [2]Die Bindung kann durch einen Beschluss der Bürgerschaft beseitigt werden (Änderungsbeschluss). [3]Der Beschluss ist im Hamburgischen Gesetz- und Verordnungsblatt zu verkünden.

(2) Der Änderungsbeschluss wird nicht vor Ablauf von drei Monaten nach seiner Verkündung wirksam.

(3) Mit einem Referendumsbegehren können zweieinhalb vom Hundert der Wahlberechtigten ein Referendum über einen Änderungsbeschluss verlangen.

(4) [1]Kommt ein Referendumsbegehren zustande, tritt der Änderungsbeschluss nicht vor Durchführung des Referendums in Kraft. [2]Gegenstand des Referendumsbegehrens ist der Änderungsbeschluss.

(5) §§ 25 bis 25f sind entsprechend anzuwenden.

Sechster Abschnitt
Bürgerschaftsreferendum

§ 25h Bürgerschaftsreferendum
(1) Hat die Bürgerschaft auf Vorschlag des Senats oder mit dessen Zustimmung nach Artikel 50 Absatz 4 b Satz 1 der Verfassung beschlossen, einen Gesetzentwurf oder eine andere Vorlage zum Volksentscheid zu stellen (Bürgerschaftsreferendum), sind die Vorschriften dieses Abschnitts anzuwenden.

(2) [1]Senat beziehungsweise Bürgerschaft haben bereits frühzeitig, mindestens sechs Monate vor einem Beschluss nach Absatz 1, in geeigneter Weise die Öffentlichkeit über ihre Absicht zu informieren, ein Bürgerschaftsreferendum zu initiieren beziehungsweise durchzuführen, um eine Meinungsbildung über den Abstimmungsgegenstand und über die Beifügung einer Gegenvorlage zu fördern.[1] [2]Senat

---

1) Die Verpflichtungen von Senat und Bürgerschaft aus § 25h Absatz 2 Satz 1 des Volksabstimmungsgesetzes in der Fassung vom 10.6.2015 gelten im Hinblick auf ein von der Bürgerschaft vor dem 1. August 2015 beschlossenes Bürgerschaftsreferendum über die Bewerbung Hamburgs für olympische und paralympische Spiele als erfüllt. Vgl. Art. 3 2. ÄndG v. 3.6.2015 (HmbGVBl., S. 105).

und Bürgerschaft gewährleisten eine neutrale Fragestellung und eine faire Verfahrensgestaltung beim Bürgerschaftsreferendum; Fristverkürzungen im parlamentarischen Verfahren haben zu unterbleiben.

§ 25i Tag der Abstimmung
[1]Die Bürgerschaft bestimmt auf Vorschlag des Senats den Tag der Abstimmung. [2]Der Beschluss bedarf einer Mehrheit von zwei Dritteln der gesetzlichen Mitgliederzahl und muss zeitlich mit dem Beschluss nach § 25h Absatz 1 zusammenfallen. [3]Bei der Bestimmung des Abstimmungstags ist zugrunde zu legen, dass unter Berücksichtigung der Briefabstimmung eine möglichst hohe Abstimmungsbeteiligung zu erwarten ist und dass ein angemessener Zeitraum zur Meinungsbildung über den Abstimmungsgegenstand und über die Beifügung einer Gegenvorlage gewährleistet ist. [4]Dieser Zeitraum darf vier Monate ab dem Beschluss nach § 25h Absatz 1 nicht unterschreiten.

§ 25j Gegenvorlage
(1) [1]Dem von der Bürgerschaft zur Abstimmung gestellten Gesetzentwurf oder der anderen Vorlage (Bürgerschaftsvorlage) wird auf Antrag der Initiatoren einer nach § 5 Absatz 2 zustande gekommenen Volksinitiative oder eines Volksbegehrens der Gesetzentwurf oder die andere Vorlage des von ihnen initiierten Volksabstimmungsverfahrens als Gegenvorlage beigefügt, wenn dieser Gesetzentwurf oder diese andere Vorlage denselben Gegenstand betrifft sowie von mindestens einem Zwanzigstel der zur Bürgerschaft Wahlberechtigten unterstützt wird. [2]Dabei ist die Zahl der Wahlberechtigten aus der vorangegangenen Bürgerschaftswahl zugrunde zu legen.

(2) Der Antrag nach Absatz 1 Satz 1 ist schriftlich bis zum 14. Tag nach der Beschlussfassung der Bürgerschaft nach § 25h Absatz 1 beim Senat zu stellen.

(3) [1]Ist ein Antrag nach Absatz 1 Satz 1 fristgerecht gestellt, können die Initiatoren einer zustande gekommenen Volksinitiative innerhalb von 21 Tagen die nach Absatz 1 Satz 1 erforderliche Anzahl von Unterschriften zur Unterstützung ihrer Gegenvorlage sammeln; § 4 ist entsprechend anzuwenden. [2]Die Frist nach Satz 1 beginnt am 14. Tag nach der Beschlussfassung der Bürgerschaft nach § 25h Absatz 1. [3]Fällt ein Tag der Sammlungsfrist nach Satz 1 in die sitzungsfreie Zeit der Bürgerschaft wegen allgemeiner Schulferien, beginnt die Frist an dem auf den letzten Tag der sitzungsfreien Zeit der Bürgerschaft folgenden Werktag. [4]Die Unterstützungsunterschriften sind an dem auf den Ablauf der Sammlungsfrist folgenden Tag bis 12 Uhr bei der Landesabstimmungsleitung einzureichen.

(4) Absatz 3 findet keine Anwendung auf Volksbegehren, deren Zustandekommen festgestellt worden ist (§ 16 Absatz 1) oder deren Eintragungsfrist (§ 6 Absatz 2) in der Zeit zwischen dem 7. Tag vor und dem 35. Tag nach Beschlussfassung der Bürgerschaft nach § 25h Absatz 1 endet.

(5) [1]Der Senat stellt innerhalb von 30 Tagen nach Ablauf der Sammlungsfrist nach Absatz 3 Satz 1 fest, ob die beantragte Gegenvorlage beizufügen ist. [2]Die Feststellung ist unverzüglich einer Vertrauensperson der Volksinitiative zuzustellen und der Bürgerschaft mitzuteilen.

§ 25k Abstimmungsbenachrichtigung
(1) Die Abstimmungsberechtigten sollen bis zum 21. Tag vor der Abstimmung schriftlich über die Durchführung des Bürgerschaftsreferendums benachrichtigt werden.

(2) [1]Die Abstimmungsbenachrichtigung umfasst
1. die Information über den Abstimmungstag, die Abstimmungszeit und die Abstimmungshandlung,
2. den Wortlaut der Bürgerschaftsvorlage,
3. ein Informationsheft.

[2]In dem Informationsheft nach Satz 1 Nummer 3 dürfen Bürgerschaft und Senat zu dem Gegenstand des Bürgerschaftsreferendums Stellung nehmen. [3]Eine weitere Stellungnahme ist aufzunehmen, wenn sie innerhalb der Frist nach § 25j Absatz 3 von mindestens 10.000 zur Bürgerschaft Wahlberechtigten unterstützt wird; § 3 Absätze 1 und 2 sowie § 4 und § 5 Absätze 1 bis 3 sind entsprechend anzuwenden. [4]Eine weitere Stellungnahme ist aufzunehmen, wenn die Bürgerschaft es zur Sicherstellung der Meinungsvielfalt im Informationsheft mit einer Mehrheit von zwei Dritteln der gesetzlichen Mitgliederzahl beschließt.

(3) [1]Stellungnahmen nach Absatz 2 Sätze 2, 3 und 4 dürfen jeweils acht Seiten nicht überschreiten. [2]Äußerungen der Bürgerschaft können nach Fraktionen getrennt abgegeben werden. [3]Der Anteil von Äußerungen der Fraktionen an der gesamten Äußerung der Bürgerschaft entspricht in diesem Fall der Sitzverteilung der Fraktionen in der Bürgerschaft; Fraktionen können auch eine gemeinsame Stellungnahme abgeben. [4]Die Bürgerschaft und der Senat sind jeweils für den Inhalt ihrer Stellungnahme

verantwortlich, Initiatoren einer Stellungnahme nach Absatz 2 Sätze 3 und 4 für diese. [5]Das Hamburgische Pressegesetz vom 29. Januar 1965 (HmbGVBl. S. 15), zuletzt geändert am 15. Dezember 2009 (HmbGVBl. S. 444, 447), in der jeweils geltenden Fassung findet keine Anwendung.

(4) Auf eine Gegenvorlage finden Absatz 2 Satz 1 Nummer 2 und Satz 2 sowie Absatz 3 Sätze 1 und 3 bis 5 entsprechende Anwendung.

§ 25l Anwendbarkeit der Regelungen des Vierten Abschnitts

(1) § 20, § 21 Absätze 1, 3 und 4, §§ 22, 23a und 24 sind entsprechend anzuwenden.

(2) § 21 Absatz 2 ist mit der Maßgabe anzuwenden, dass eine Gegenvorlage auf dem Stimmzettel nach dem Gesetzentwurf oder der anderen Vorlage aufgeführt wird; bei mehreren Gegenvorlagen richtet sich deren Reihenfolge nach dem Zeitpunkt der Antragstellung nach § 25j Absatz 2.

(3) [1]§ 23 ist entsprechend anzuwenden, soweit nachfolgend nichts anderes bestimmt ist. [2]Findet ein Bürgerschaftsreferendum nicht am Tag einer Wahl zum Deutschen Bundestag oder zur Bürgerschaft statt, ist die Bürgerschaftsvorlage oder eine Gegenvorlage angenommen, wenn bei einem die Verfassung ändernden Gesetz eine Mehrheit von zwei Dritteln der Abstimmenden und mindestens die Hälfte der Wahlberechtigten zustimmen.

§ 25m Sperrfrist und Ruhen von Volksabstimmungsverfahren

(1) Innerhalb der laufenden Wahlperiode der Bürgerschaft, mindestens aber für einen Zeitraum von drei Jahren nach der Feststellung des Senats gemäß § 25l in Verbindung mit § 23 Absatz 6, ist die Anzeige der Sammlung von Unterschriften für eine Volksinitiative (§ 3 Absatz 1) zum selben Gegenstand eines durch Bürgerschaftsreferendum beschlossenen Gesetzes oder einer durch Bürgerschaftsreferendum beschlossenen anderen Vorlage unwirksam (Artikel 50 Absatz 4 b Satz 9 der Verfassung).

(2) [1]Volksabstimmungsverfahren zum selben Gegenstand eines Bürgerschaftsreferendums, die dem Bürgerschaftsreferendum nicht als Gegenvorlage beigefügt wurden, ruhen während der Sperrfrist nach Absatz 1. [2]Das Ruhen eines Volksabstimmungsverfahrens stellt der Senat fest; die Feststellung stellt der Senat einer Vertrauensperson des Volksabstimmungsverfahrens zu und teilt sie der Bürgerschaft mit.

Siebenter Abschnitt
Anrufung des Hamburgischen Verfassungsgerichts

§ 26 Anrufung durch Senat oder Bürgerschaft

(1) Auf Antrag des Senats, der Bürgerschaft oder eines Fünftels der Abgeordneten der Bürgerschaft entscheidet das Hamburgische Verfassungsgericht

1. über die Durchführung des Volksbegehrens, insbesondere ob eine zustande gekommene Volksinitiative die Grenzen des Artikels 50 Absatz 1 Satz 2 der Verfassung wahrt oder mit sonstigem höherrangigem Recht vereinbar ist,

2. ob die Überarbeitung eines Gesetzentwurfs oder einer anderen Vorlage nach § 6 Absatz 1 Satz 1 und § 18 Absatz 1 Satz 3 die Grenzen einer gemäß § 6 Absatz 1 Satz 4 zulässigen Überarbeitung und des Artikels 50 Absatz 1 Satz 2 der Verfassung wahrt oder mit sonstigem höherrangigem Recht vereinbar ist,

3. ob ein Änderungsgesetz oder ein Änderungsbeschluss im Sinne von Artikel 50 Absatz 4 oder 4a der Verfassung vorliegt,

4. über die Durchführung eines Referendums, insbesondere ob es mit höherrangigem Recht vereinbar ist,

5. über die Durchführung eines Bürgerschaftsreferendums, insbesondere ob eine als Gegenvorlage beizufügende Volksinitiative die Grenzen des Artikels 50 Absatz 1 Satz 2 der Verfassung wahrt oder mit sonstigem höherrangigem Recht vereinbar ist.

(2) [1]Die Anträge nach Absatz 1 Nummer 1 sind binnen eines Monats nach Ablauf der Antragsfrist auf Durchführung eines Volksbegehrens nach § 6 Absatz 1 Satz 2, die Anträge nach Absatz 1 Nummer 2 sind binnen eines Monats nach Einreichung der überarbeiteten Gesetzentwürfe oder überarbeiteten anderen Vorlagen (§ 6 Absatz 1 Satz 3 und § 18 Absatz 1 Satz 3), die Anträge nach Absatz 1 Nummer 3 sind binnen eines Monats nach der Beschlussfassung, die Anträge nach Absatz 1 Nummer 4 sind jeweils binnen eines Monats nach der Feststellung des Senats über das Zustandekommen eines Referendumsbegehrens (§ 25c Absatz 2, § 25g Absatz 5 in Verbindung mit § 25c Absatz 2), die Anträge

nach Absatz 1 Nummer 5 sind binnen eines Monats nach Beschlussfassung der Bürgerschaft (§ 25h Absatz 1) zu stellen. [2]Das Bürgerschaftsreferendum ruht während des Verfahrens nach Absatz 1 Nummer 5. [3]Bei erheblichen Zweifeln daran, ob ein Änderungsgesetz oder ein Änderungsbeschluss vorliegt, führt der Senat die Entscheidung des Hamburgischen Verfassungsgerichts nach Absatz 1 Nummer 3 herbei.

§ 27 Anrufung gegen Entscheidungen von Senat und Bürgerschaft

(1) [1]Auf Antrag der Initiatoren der Volksinitiative entscheidet das Hamburgische Verfassungsgericht, ob

1. Volksinitiative (§ 5 Absatz 2) und Volksbegehren (§ 16 Absatz 1) zustande gekommen sind,
2. ein von der Volksinitiative beantragtes oder von dem Volksbegehren eingebrachtes Gesetz von der Bürgerschaft beschlossen wurde oder der Beschluss der Bürgerschaft über einen bestimmten Gegenstand der politischen Willensbildung der Vorlage der Volksinitiative oder des Volksbegehrens vollständig entspricht (§ 6 Absatz 1 Satz 1 und § 18 Absatz 1 Satz 1),
3. dem Bürgerschaftsreferendum ein Gesetzentwurf oder eine andere Vorlage nach § 25j Absatz 1 als Gegenvorlage beizufügen ist oder ein Volksabstimmungsverfahren nach § 25m Absatz 2 ruht.

[2]Auf Antrag der Initiatoren eines Referendumsbegehrens entscheidet das Hamburgische Verfassungsgericht, ob ein Referendumsbegehren zustande gekommen ist (§ 25c Absatz 2, § 25g Absatz 5 in Verbindung mit § 25c Absatz 2). [3]Die Anträge nach Satz 1 Nummern 1 und 3 sowie Satz 2 sind binnen eines Monats nach Zustellung der Feststellungen des Senats (§ 5 Absatz 3, § 16 Absatz 2 Satz 2, § 25c Absatz 3, § 25g Absatz 5 in Verbindung mit § 25c Absatz 3, § 25j Absatz 5, § 25m Absatz 2 Satz 2), die Anträge nach Satz 1 Nummer 2 binnen eines Monats nach dem Gesetzesbeschluss oder dem Beschluss der Bürgerschaft über die andere Vorlage zu stellen.

(2) [1]Auf Antrag der Bürgerschaft oder eines Fünftels der Abgeordneten der Bürgerschaft, der Initiatoren der Volksinitiative oder des Referendumsbegehrens, einzelner Stimmberechtigter und jeder Gruppe von Stimmberechtigten entscheidet das Hamburgische Verfassungsgericht über das Verfahren und das Ergebnis des jeweiligen Volksentscheids (§ 23 Absätze 1 bis 5), des Bürgerschaftsreferendums (§ 25l Absatz 3 in Verbindung mit § 23 Absätze 1 bis 5) oder des Referendums (§ 25g in Verbindung mit § 23 Absätze 1 bis 5). [2]Der Antrag ist binnen zwei Monaten nach dem Abstimmungstag zu stellen.

§ 28 Ruhen von Volksbegehren, Volksentscheid und Referendum

[1]Volksbegehren, Volksentscheid und Referendum ruhen während des Verfahrens vor dem Hamburgischen Verfassungsgericht (Artikel 50 Absatz 6 Satz 2 der Verfassung).

Achter Abschnitt
Schlussbestimmungen

§ 29 Datenverarbeitung

[1]Die mit der Durchführung eines Volksabstimmungsverfahrens befassten Personen und Stellen dürfen personenbezogene Daten nur erheben, speichern und übermitteln, soweit es für die Durchführung des jeweiligen Verfahrens erforderlich ist. [2]Das Eintragungsverzeichnis (§ 11 Satz 2) und das Abstimmungsverzeichnis (§ 20 Absatz 1 Satz 2) darf jeweils folgende personenbezogenen Daten der Wahlberechtigten enthalten:

1. Familienname,
2. Vornamen,
3. Geburtsdatum,
4. Wohnanschrift,
5. Hinweise auf die Ausstellung eines Abstimmungsscheins und zur Abstimmungsberechtigung.

[3]Das Nähere wird durch Rechtsverordnung geregelt.

§ 29a Auswertung von Unterschriften- und Eintragungslisten

[1]Die Zahl gültiger Eintragungen für das Zustandekommen von Volksinitiative, Volksbegehren und Referendumsbegehren kann mit Hilfe von Stichproben ermittelt werden. [2]Diese Prüfung kann abgebrochen werden, wenn die dafür notwendige Zahl von Eintragungen eindeutig erreicht ist. [3]Wird die notwendige Zahl nicht erreicht, ist auf Antrag der Initiatoren eine Gesamtauswertung der Eintragungen vorzunehmen. [4]Die Auswertung ist öffentlich.

§ 30 Rechenschaftslegung

(1) [1]Die Initiatoren haben die Pflicht, innerhalb von zwei Monaten nach Stellung des Antrags auf Durchführung des Volksentscheids (§ 18 Absatz 1) über die Herkunft und drei Monate nach Zustellung des Ergebnisses des Volksentscheids (§ 23 Absatz 6) über die Herkunft und Verwendung der Mittel, die ihnen zum Zweck der Durchführung der Volksinitiative, des Volksbegehrens und des Volksentscheids zugeflossen sind, gegenüber der Landesabstimmungsleitung Rechenschaft zu legen. [2]§ 25 Absatz 2 Nummern 1 und 6 des Parteiengesetzes in der Fassung vom 31. Januar 1994 (BGBl. I S. 150), zuletzt geändert am 23. August 2011 (BGBl. I S. 1748), gilt entsprechend. [3]Eine unzulässig angenommene Spende ist spätestens bei Abgabe der Rechenschaftslegung an die zuständige Behörde weiterzuleiten.

(2) [1]Die Initiatoren eines Referendumsbegehrens haben innerhalb von drei Monaten nach dem Abstimmungstag des Referendums gegenüber der Landesabstimmungsleitung Rechenschaft über die Herkunft und die Verwendung der Mittel zu legen, die ihnen zum Zweck der Durchführung des Referendumsbegehrens und des Referendums zugeflossen sind. [2]Absatz 1 Sätze 2 und 3 ist entsprechend anzuwenden. [3]Findet auf Grund der Aufhebung eines Änderungsgesetzes oder Änderungsbeschlusses ein Referendum nicht statt, gilt für die Rechenschaftslegung abweichend von Satz 1 eine Frist von drei Monaten nach Verkündung des Aufhebungsgesetzes oder des Aufhebungsbeschlusses.

(3) [1]Die Initiatoren einer Gegenvorlage in einem Bürgerschaftsreferendum haben innerhalb von drei Monaten nach dem Abstimmungstag gegenüber der Landesabstimmungsleitung Rechenschaft über die Herkunft und Verwendung der Mittel zu legen, die ihnen zum Zweck der Durchführung der Gegenvorlage zugeflossen sind. [2]Absatz 1 Sätze 2 und 3 ist entsprechend anzuwenden.

(4) [1]Die Landesabstimmungsleitung erstattet der Präsidentin oder dem Präsidenten der Bürgerschaft unverzüglich über die Angaben nach den Absätzen 1 und 2 Bericht. [2]Der Bericht wird als Bürgerschaftsdrucksache verteilt.

§ 30a Kostenerstattung

(1) [1]Findet ein Volksentscheid statt (§ 18), so haben die Initiatoren der Volksinitiative Anspruch auf Erstattung der nachgewiesenen Kosten einer angemessenen Information der Öffentlichkeit über die Ziele von Volksbegehren und Volksentscheid. [2]Die Volksinitiative wird von den Initiatoren auf eigene Kosten durchgeführt.

(2) Die Höhe der Erstattung ist auf 0,10 Euro für jede gültige Ja-Stimme begrenzt; es werden höchstens 400 000 Stimmen berücksichtigt.

(3) Der Anspruch nach Absatz 1 ist ausgeschlossen, wenn die Initiatoren der Volksinitiative der Pflicht zur Rechenschaftslegung nach § 30 Absatz 1 nicht nachgekommen sind.

(4) [1]Die Initiatoren des Referendumsbegehrens haben nach Durchführung eines Referendums Anspruch auf Erstattung der nachgewiesenen Kosten einer angemessenen Information der Öffentlichkeit. [2]Absätze 2 und 3 sind mit der Maßgabe entsprechend anzuwenden, dass anstelle von Ja-Stimmen die gültigen Nein-Stimmen heranzuziehen sind. [3]Stellen die Vertrauenspersonen mehrerer angezeigter Unterschriftensammlungen einen Kostenerstattungsantrag, reduziert sich der Erstattungshöchstbetrag für jede der Initiativen entsprechend zu dem Verhältnis der jeweils von den einzelnen Initiativen eingereichten Unterstützungsunterschriften zum Referendumsbegehren.

(5) [1]Findet auf Grund der Aufhebung eines Änderungsgesetzes oder Änderungsbeschlusses ein Referendum nicht statt, haben die Initiatoren eines zustande gekommenen Referendumsbegehrens Anspruch auf Erstattung der nachgewiesenen Kosten einer angemessenen Information der Öffentlichkeit in Höhe von bis zu 20.000 Euro. [2]Absatz 3 und Absatz 4 Satz 2 sind entsprechend anzuwenden.

(6) Absätze 1 bis 3 sind auf Gegenvorlagen in einem Bürgerschaftsreferendum entsprechend anzuwenden.

§ 31 Gleichbehandlung

(1) Die Auffassung der Bürgerschaft und der Initiatoren zu dem Gegenstand des Volksentscheids und des Referendums dürfen in Veröffentlichungen des Senats und seiner Behörden nur in gleichem Umfang dargestellt werden.

(2) Die Initiatoren sind bei der Inanspruchnahme öffentlichen Grundes zum Zwecke der Information der Öffentlichkeit über das Anliegen der Volksinitiative, des Volksbegehrens, des Volksentscheids,

des Referendumsbegehrens und des Referendums sowie der Gegenvorlage in einem Bürgerschaftsreferendum gegenüber Parteien wegerechtlich gleich zu behandeln.

§ 31a Fristberechnung

(1) [1]Für die Fristberechnung finden die Vorschriften des Bürgerlichen Gesetzbuchs Anwendung. [2]Fristen werden nach Tagen berechnet.

(2) [1]Die in diesem Gesetz vorgesehenen Fristen und Termine, ausgenommen die Einreichfrist nach § 15 Satz 2 sowie die Fristen nach §§ 26 und 27, verlängern oder ändern sich nicht dadurch, dass der letzte Tag der Frist oder ein Termin auf einen Sonnabend, einen Sonntag oder einen gesetzlichen oder staatlichen geschützten Feiertag fällt. [2]Mit Ausnahme des Siebenten Abschnitts ist eine Wiedereinsetzung in den vorherigen Stand ausgeschlossen.

§ 31b Abstimmungsleitung

[1]Die Funktion der Landesabstimmungsleitung wird von der Landeswahlleitung für die Wahl zur Hamburgischen Bürgerschaft wahrgenommen. [2]Für die Stellvertretung sowie für die Bezirksabstimmungsleitungen und deren Stellvertretungen gilt Entsprechendes.

§ 31c Ausnahmevorschrift

(1) Ist das Sammeln von Unterschriften für eine Volksinitiative oder ein Volksbegehren oder die Meinungsbildung zu einer Volksabstimmung aufgrund einer Naturkatastrophe oder eines ähnlichen Ereignisses höherer Gewalt erheblich und nicht nur kurzfristig erschwert, kann die Bürgerschaft über die Hemmung der Fristen nach § 5 Absatz 1, § 6 Absatz 1 Satz 2 und Absatz 2 Satz 2 sowie § 18 Absatz 1 Satz 2 einen Beschluss fassen.

(2) [1]In dem Beschluss nach Absatz 1 ist der Tag des Beginns der Hemmung zu bestimmen. [2]Über den Tag des Endes ist ein gesonderter Beschluss zu fassen. [3]Die Hemmung der Frist nach § 5 Absatz 1 endet spätestens nach sechs Monaten, auch wenn kein Beschluss nach Satz 2 gefasst wird.

(3) Ein Beschluss der Bürgerschaft nach Absatz 1 und Absatz 2 ist den Initiatoren der betroffenen Volksabstimmungsverfahren durch den Senat mitzuteilen.

§ 32 Durchführung

[1]Der Senat wird ermächtigt, durch Rechtsverordnung die zur Durchführung des Gesetzes erforderlichen Bestimmungen zu treffen. [2]Die Rechtsverordnung kann insbesondere Vorschriften enthalten über

1. die Form und den Inhalt der Unterschriftslisten und Eintragungslisten sowie deren Sammlung,
2. die Eintragungsstellen, die Ausübung des Eintragungsrechts, die Eintragungszeit und den Eintragungsraum,
3. die Eintragung per Brief und über andere in § 9 Absatz 1 Satz 2 genannte Verfahren,
3a. die Führung, die Einsichtnahme, die Berichtigung und den Abschluss des Eintragungsverzeichnisses unter Berücksichtigung melderechtlicher Auskunftssperren für eintragungsberechtigte Personen,
4. die Feststellung der Unterschriften- und Eintragungsergebnisse und ihre Weiterleitung,
5. das Verfahren der Kostenerstattung,
6. den Inhalt des Rechenschaftsberichts der Initiatoren einschließlich der Darstellung von Spenden sowie das Verfahren der Rechenschaftslegung,
7. die Erstellung und Verteilung des Informationsheftes,
8. die Stimmzettel und Abstimmungsunterlagen,
9. die Führung, das Einsehen, die Berichtigung und den Abschluss der Abstimmungsverzeichnisse unter Berücksichtigung melderechtlicher Auskunftssperren für stimmberechtigte Personen,
10. das Abstimmungsverfahren, insbesondere die Festlegung der örtlich zuständigen Abstimmungsstellen, deren Öffnungszeit und der Briefabstimmung,
11. die Feststellung des Ergebnisses des Volksentscheids und über die Ungültigkeit von Stimmabgaben und
12. die Sicherung und Vernichtung von Unterlagen.

Gesetz
über das Hamburgische Verfassungsgericht

In der Fassung der Bekanntmachung vom 23. März 1982[1] (HmbGVBl. S. 59)
(BS Hbg 1104-1)

zuletzt geändert durch Art. 10 G zur Weiterentwicklung und Stärkung einer dem Allgemeinwohl, der Bürgernähe und Transparenz verpflichteten Verwaltung vom 3. November 2020 (HmbGVBl. S. 559)

Nichtamtliche Inhaltsübersicht

---

1) Neubekanntmachung des Verfassungsgerichtsgesetzes v. 2.10.1953 (HmbGVBl. S. 231) in der ab **16.3.1982** geltenden Fassung.

I. Teil
Verfassung und Zuständigkeit

1. Abschnitt
Verfassung

§ 1 [Zusammensetzung]
(1) Das Hamburgische Verfassungsgericht besteht aus der Präsidentin bzw. dem Präsidenten und acht weiteren Mitgliedern.
(2) Die Präsidentin bzw. der Präsident führt den Vorsitz und nimmt außerhalb der Sitzungen die Befugnisse des Verfassungsgerichts wahr.

§ 2 [Persönliche Voraussetzungen]
(1) Die Mitglieder des Verfassungsgerichts müssen das vierzigste Lebensjahr vollendet haben, im öffentlichen Leben erfahren sein und die Wählbarkeit zur Bürgerschaft der Freien und Hansestadt Hamburg besitzen.
(2) [1]Die Präsidentin bzw. der Präsident und drei weitere Mitglieder des Verfassungsgerichts müssen hamburgische Richterinnen oder Richter auf Lebenszeit sein und sich durch Kenntnisse im öffentlichen Recht auszeichnen. [2]Zwei weitere Mitglieder müssen die Befähigung zum Richteramt nach dem Deutschen Richtergesetz in der Fassung vom 19. April 1972 (Bundesgesetzblatt I Seite 714), zuletzt geändert am 2. September 1994 (Bundesgesetzblatt I Seiten 2278, 2292), in der jeweils geltenden Fassung besitzen.
(3) Die Tätigkeit als Mitglied des Verfassungsgerichts geht grundsätzlich jeder anderen Tätigkeit vor.

§ 3 [Wählbare Personen]
(1) [1]Die in Artikel 65 Absatz 1 Satz 4 der Verfassung der Freien und Hansestadt Hamburg genannten Personen und Verwaltungsangehörige sind nicht wählbar. [2]Verwaltungsangehörige sind auch die Mitglieder der Bezirksversammlungen einschließlich ihrer Ausschüsse.
(2) Als Verwaltungsangehörige gelten nicht Professorinnen und Professoren, die an einer Hamburger Hochschule lehren, sowie Ruhestandsbeamtinnen und -beamte und entpflichtete Professorinnen und Professoren.

§ 4 [Wahl]
(1) [1]Die Bürgerschaft wählt die Mitglieder des Verfassungsgerichts ohne Aussprache in geheimer Wahl. [2]Scheidet ein Mitglied vorzeitig aus, so findet unverzüglich eine Ersatzwahl statt.

(2) Der Senat schlägt die Präsidentin oder den Präsidenten und ein weiteres Mitglied des Verfassungsgerichts, das hamburgische Richterin bzw. hamburgischer Richter auf Lebenszeit ist, zur Wahl vor.

§ 5 [Vertretende Mitglieder]

[1]Für jedes Mitglied des Verfassungsgerichts ist eine ständige Vertreterin oder ein ständiger Vertreter (vertretendes Mitglied) zu wählen. [2]Die für die Mitglieder des Verfassungsgerichts geltenden Vorschriften sind auf die vertretenden Mitglieder entsprechend anzuwenden, soweit dieses Gesetz nichts anderes bestimmt. [3]Amtszeiten in dem einen Amt werden bei der Anwendung der für das andere Amt geltenden Vorschriften nicht berücksichtigt.

§ 6 [Amtszeit; Wiederwahl]

[1]Die Amtszeit der Mitglieder des Verfassungsgerichts beträgt sechs Jahre. [2]Eine einmalige Wiederwahl ist zulässig.

§ 7 [Eidesformel]

(1) [1]Die Mitglieder des Verfassungsgerichts leisten vor Antritt ihres Amtes vor der Bürgerschaft den folgenden Eid:

„Ich schwöre, dass ich als gerechte Richterin alle Zeit das Grundgesetz der Bundesrepublik Deutschland, die Verfassung und die Gesetze getreulich wahren und meine richterlichen Pflichten gegenüber jedermann gewissenhaft erfüllen werde." [2]Richter leisten den Eid mit der Formulierung „gerechter Richter".

(2) Der Eid kann mit religiöser Beteuerungsformel geleistet werden.

§ 8 [Ausscheiden]

(1) Die Mitglieder des Verfassungsgerichts scheiden aus dem Verfassungsgericht aus, wenn sie ihre Wählbarkeit nach den §§ 2 und 3 verlieren.

(2) Das Verfassungsgericht stellt das Ausscheiden durch Beschluss fest, an dem das betroffene Mitglied und das dieses vertretende Mitglied nicht mitwirken.

§ 9 [Entlassung; Enthebung]

(1) [1]Die Mitglieder des Verfassungsgerichts können jederzeit ihre Entlassung beantragen. [2]Die Entlassung hat die Präsidentin bzw. der Präsident des Verfassungsgerichts alsbald auszusprechen. [3]Die Entlassung der Präsidentin bzw. des Präsidenten spricht die Vertreterin bzw. der Vertreter aus.

(2) [1]Die Mitglieder des Verfassungsgerichts sind zu entlassen, wenn sie sich innerhalb oder außerhalb ihrer richterlichen Tätigkeit einer so groben Pflichtverletzung schuldig gemacht haben, dass ihr Verbleiben im Amt ausgeschlossen erscheint. [2]Sie sind von ihrem Amt zu entbinden, wenn sie infolge körperlicher oder geistiger Behinderung zur Ausübung der richterlichen Tätigkeit dauernd unfähig sind. [3]Die Entlassung oder die Entbindung vom Amte spricht das Verfassungsgericht auf Antrag von Senat oder Bürgerschaft durch Beschluss aus; der Senat unterrichtet die Bürgerschaft von der Antragstellung. [4]§ 8 Absatz 2 zweiter Halbsatz findet entsprechende Anwendung.

(3) [1]Nach Einleitung eines Verfahrens gemäß Absatz 2 kann das Verfassungsgericht das Mitglied vorläufig des Amtes entheben. [2]Die vorläufige Enthebung bedarf der Zustimmung von zwei Dritteln der Mitglieder des Gerichts.

§ 10 [Entscheidungsfindung]

(1) [1]Das Verfassungsgericht entscheidet mit Stimmenmehrheit, soweit dieses Gesetz nichts anderes bestimmt. [2]Bei Stimmengleichheit gibt die Stimme der bzw. des Vorsitzenden den Ausschlag.

(2) Sind die bzw. der Vorsitzende und das vertretende Mitglied verhindert, so nimmt das dienstälteste berufsrichterliche Mitglied des Verfassungsgerichts den Vorsitz wahr.

(3) Sind Mitglieder des Verfassungsgerichts und die sie vertretenden Mitglieder verhindert, bei der Verhandlung und Entscheidung einer Sache mitzuwirken, ist das Verfassungsgericht beschlussfähig, wenn mindestens fünf Mitglieder oder vertretende Mitglieder anwesend sind.

§ 11 [Dienstsitz; Geschäftsordnung; Etat]

(1) Das Verfassungsgericht hat seinen Sitz in Hamburg.

(2) [1]Das Verfassungsgericht hat eine Geschäftsstelle und einen wissenschaftlichen Dienst. [2]Deren Aufgaben werden durch eigene oder abgeordnete hamburgische Beschäftigte oder im Wege der Amtshilfe (§ 30) wahrgenommen. [3]Die wissenschaftlichen Mitarbeiterinnen oder Mitarbeiter sollen hamburgische Richterinnen oder Richter auf Lebenszeit sein und sich durch besondere Kenntnisse im

öffentlichen Recht auszeichnen. [4]Sie werden von der Präsidentin oder dem Präsidenten des Verfassungsgerichts bestimmt. [5]§ 2 Absatz 3 gilt entsprechend.

(3) [1]Die Einrichtung und der Geschäftsgang werden durch eine Geschäftsordnung geregelt, die das Verfassungsgericht in der für die Entscheidung von Streitfällen vorgesehenen Besetzung beschließt. [2]Die Geschäftsordnung ist im Hamburgischen Gesetz- und Verordnungsblatt zu veröffentlichen.

(4) Das Verfassungsgericht erhält zur Wahrnehmung seiner Aufgaben die erforderliche sachliche und personelle Ausstattung.

§ 12 [Siegel]

Das Verfassungsgericht führt ein Siegel mit dem Landeswappen und der Umschrift „Das Hamburgische Verfassungsgericht".

§ 13 [Aufwandsentschädigung]

(1) Die Mitglieder des Verfassungsgerichts erhalten eine monatliche Aufwandsentschädigung, und zwar

die Präsidentin bzw. der Präsident	306,78 Euro,
das sie bzw. ihn vertretende Mitglied	230,08 Euro,
die übrigen Mitglieder des Verfassungsgerichts	204,52 Euro,
die übrigen vertretenden Mitglieder	102,26 Euro.

(2) Wer für das Verfassungsgericht eine Dienstreise unternimmt, erhält eine Reisekostenentschädigung, deren Höhe sich für Mitglieder des Verfassungsgerichts nach den für die Mitglieder der Bürgerschaft und im Übrigen nach den für hamburgische Richterinnen und Richter geltenden Vorschriften bestimmt.

2. Abschnitt
Zuständigkeit

§ 14 [Entscheidungsbefugnis]

Das Verfassungsgericht entscheidet

1. auf Antrag des Senats oder eines Fünftels der Abgeordneten der Bürgerschaft über Streitigkeiten, die sich aus der Auslegung der Verfassung ergeben (Artikel 65 Absatz 3 Nummer 1 der Verfassung);

2. über die Auslegung der Verfassung aus Anlass von Streitigkeiten über den Umfang der Rechte und Pflichten eines Verfassungsorgans oder anderer Beteiligter, die durch die Verfassung mit eigenen Rechten ausgestattet sind (Artikel 65 Absatz 3 Nummer 2 der Verfassung);

3. auf Antrag des Senats oder eines Fünftels der Abgeordneten der Bürgerschaft über Meinungsverschiedenheiten oder Zweifel, welche über die Vereinbarkeit von Landesrecht mit der Verfassung oder von abgeleitetem Landesrecht mit den Landesgesetzen bestehen (Artikel 65 Absatz 3 Nummer 3 der Verfassung);

4. auf Antrag des Senats oder eines Fünftels der Abgeordneten der Bürgerschaft, wenn Meinungsverschiedenheiten oder Zweifel über die Auslegung oder Anwendung des Landesrechts herrschen (Artikel 65 Absatz 3 Nummer 4 der Verfassung);

5. in den Fällen der §§ 26 und 27 des Volksabstimmungsgesetzes vom 20. Juni 1996 (HmbGVBl. S. 136), zuletzt geändert am 9. Oktober 2012 (HmbGVBl. S. 440), in der jeweils geltenden Fassung;

6. auf Antrag eines Gerichts über die Verfassungsmäßigkeit eines Gesetzes oder einer Rechtsverordnung (Artikel 65 Absatz 3 Nummer 6 der Verfassung);

7. über Beschwerden gegen Entscheidungen der Bürgerschaft, welche die Gültigkeit der Wahl oder den Verlust der Mitgliedschaft von Abgeordneten betreffen (Artikel 65 Absatz 3 Nummer 7 der Verfassung) oder welche den Erwerb dieser Mitgliedschaft zum Inhalt haben;

8. auf Antrag der Bürgerschaft über die Frage, ob ein Mitglied des Rechnungshofes innerhalb oder außerhalb des Amtes gegen die Grundsätze des Grundgesetzes für die Bundesrepublik Deutschland oder gegen die Grundsätze der Verfassung verstoßen hat, und über die Folgen, die sich hieraus bei sinngemäßer Anwendung des Artikels 98 Absatz 2 des Grundgesetzes für die Bundesrepublik Deutschland ergeben (Artikel 65 Absatz 3 Nummer 8 der Verfassung);

9. auf Antrag des Senats über die Aberkennung von Übergangsgeld, Ruhegehalt und Hinterbliebenenversorgung für ausgeschiedene Mitglieder des Senats (§ 17 des Senatsgesetzes);
10. in den ihm sonst durch Gesetz zugewiesenen Fällen.

§ 15 [Bindungswirkung; Veröffentlichung]
(1) [1]Die Entscheidungen des Verfassungsgerichts sind für Gerichte und Verwaltung bindend. [2]Entscheidungen nach § 14 Nummern 1, 3, 4 und 6 haben Gesetzeskraft.

(2) [1]Die in Absatz 1 Satz 2 genannten Entscheidungen sind im Hamburgischen Gesetz- und Verordnungsblatt zu veröffentlichen. [2]Bei anderen Entscheidungen kann das Verfassungsgericht die Veröffentlichung beschließen. [3]Die Veröffentlichung obliegt dem Senat.

II. Teil
Allgemeine Verfahrensvorschriften

§ 16 [Verfahrensvorschriften]
(1) Soweit in diesem Gesetz nichts anderes bestimmt ist, finden auf das Verfahren diejenigen Vorschriften entsprechende Anwendung, die für das Verfahren vor dem Verwaltungsgericht Hamburg gelten.

(2) Die Vorschriften des Gerichtsverfassungsgesetzes über Öffentlichkeit, Sitzungspolizei, Gerichtssprache, Beratung und Abstimmung sind anzuwenden, soweit dieses Gesetz nichts anderes bestimmt.

§ 16a [Ton- und Filmaufnahmen]
(1) Abweichend von § 169 Satz 2 des Gerichtsverfassungsgesetzes sind Ton- und Fernseh-Rundfunkaufnahmen sowie Ton- und Filmaufnahmen zum Zwecke der öffentlichen Vorführung oder der Veröffentlichung ihres Inhalts zulässig
1. in der mündlichen Verhandlung, bis das Gericht die Anwesenheit der Beteiligten festgestellt hat,
2. bei der öffentlichen Verkündung von Entscheidungen.

(2) Zur Wahrung schutzwürdiger Interessen der Beteiligten oder Dritter sowie eines ordnungsgemäßen Ablaufs des Verfahrens kann das Verfassungsgericht die Aufnahmen nach Absatz 1 oder deren Übertragung ganz oder teilweise ausschließen oder von der Einhaltung von Auflagen abhängig machen.

§ 17 [Mündliche Verhandlung]
(1) [1]Das Verfassungsgericht entscheidet, soweit dieses Gesetz nichts anderes bestimmt, auf Grund mündlicher Verhandlung. [2]Es kann von einer mündlichen Verhandlung absehen, wenn alle Beteiligten auf sie verzichten; in den Verfahren nach § 14 Nummern 8 und 9 ist ein Verzicht nicht zulässig. [3]In Verfahren nach § 14 Nummer 6 kann das Verfassungsgericht auch dann von einer mündlichen Verhandlung absehen, wenn Beteiligte nicht vorhanden sind.

(2) [1]Die Präsidentin bzw. der Präsident bestimmt Ort und Zeit der Verhandlung und veranlasst die Ladung. [2]Sie bzw. er ist befugt, vorbereitende Anordnungen zu treffen; § 273 Absatz 2, Absatz 3 Satz 1 und Absatz 4 Satz 1 der Zivilprozessordnung findet entsprechende Anwendung. [3]Eine Abschrift der vorbereitenden Anordnung ist allen in der Sache mitwirkenden Verfassungsrichterinnen und Verfassungsrichtern zu übersenden.

§ 18 [Durchführung der Verhandlung; Protokoll]
(1) [1]Die mündliche Verhandlung ist in der Besetzung durchzuführen, in der sie begonnen hat. [2]Ist ein Mitglied des Verfassungsgerichts verhindert, an der weiteren Verhandlung teilzunehmen, ist die Verhandlung von neuem zu beginnen.

(2) Über die mündliche Verhandlung ist eine Niederschrift aufzunehmen, die von der Präsidentin bzw. dem Präsidenten und der Protokollführerin bzw. dem Protokollführer zu unterzeichnen ist.

(3) Zur Protokollführung zieht die Präsidentin bzw. der Präsident am Sitz des Verfassungsgerichts tätige Bedienstete heran.

§ 19 [Abstimmung]
(1) Entscheidungen, die auf Grund mündlicher Verhandlung ergehen, können nur von denjenigen Mitgliedern des Verfassungsgerichts gefällt werden, die dieser Verhandlung ununterbrochen beigewohnt haben.

(2) Schriftliche Abstimmung, insbesondere im Wege des Umlaufs bei den zur Entscheidung berufenen Mitgliedern, ist unzulässig.

(3) Das Verfassungsgericht entscheidet in geheimer Beratung nach seiner freien, aus dem Inhalt der Verhandlung und dem Ergebnis der Beweisaufnahme geschöpften Überzeugung.

§ 20 [Urteil; Beschluss]

(1) Die Entscheidungen auf Grund mündlicher Verhandlung ergehen als Urteil, die Entscheidungen ohne mündliche Verhandlung als Beschluss.

(2) Teil- und Zwischenentscheidungen sind zulässig.

(3) Die Entscheidungen des Verfassungsgerichts ergehen im Namen des Volkes.

§ 21 [Schriftform; Verkündung; Zustellung]

(1) Die Entscheidungen sind schriftlich abzufassen, zu begründen und von den Mitgliedern des Verfassungsgerichts, die bei ihnen mitgewirkt haben, zu unterzeichnen.

(2) Urteile sind sodann unter Mitteilung der wesentlichen Entscheidungsgründe in öffentlicher Sitzung zu verkünden.

(3) Alle Urteile und Beschlüsse sind den Beteiligten von Amts wegen zuzustellen.

§ 22 [Abstimmungsverfahren; Beratungsgeheimnis]

(1) [1]Die Mitglieder stimmen nach dem Lebensalter ab; die Jüngeren stimmen vor den Älteren. [2]Berichterstatterinnen bzw. Berichterstatter stimmen zuerst. [3]Zuletzt stimmt die bzw. der Vorsitzende. [4]Stimmenthaltung ist unzulässig.

(2) [1]Alle bei der Beratung Anwesenden sind verpflichtet, über den Hergang der Beratung Stillschweigen gegen jedermann zu bewahren. [2]Das gilt auch für das Abstimmungsverhältnis, sofern es nicht in der Entscheidung mitgeteilt wird.

(3) Jedes Mitglied des Verfassungsgerichts kann seine in der Beratung vertretene abweichende Meinung zu der Entscheidung oder zu deren Begründung in einem Sondervotum niederlegen; das Sondervotum ist der Entscheidung anzuschließen.

(4) Das Verfassungsgericht kann in seinen Entscheidungen das Stimmenverhältnis mitteilen.

§ 23 [Ausschlüsse]

(1) Ein Mitglied des Verfassungsgerichts ist von der Ausübung des Richteramtes ausgeschlossen, wenn in seiner Person die Voraussetzungen des § 41 der Zivilprozessordnung erfüllt sind.

(2) [1]Ein Mitglied ist ferner ausgeschlossen, wenn es in derselben Sache schon von Amts oder Berufs wegen tätig gewesen ist. [2]Als Tätigkeit in diesem Sinne gilt nicht die Mitwirkung im Gesetzgebungsverfahren oder in einem parlamentarischen Beschlussverfahren.

§ 24 [Befangenheit]

(1) Ein Mitglied des Verfassungsgerichts kann wegen Besorgnis der Befangenheit abgelehnt werden.

(2) [1]Die Ablehnung ist zu begründen. [2]Das abgelehnte Mitglied hat sich dazu zu äußern. [3]Beteiligte können ein Mitglied des Verfassungsgerichts wegen Besorgnis der Befangenheit nicht mehr ablehnen, wenn sie sich, ohne den ihnen bekannten Ablehnungsgrund geltend gemacht zu haben, in eine Verhandlung eingelassen haben.

(3) [1]Über die Ablehnung entscheidet das Verfassungsgericht ohne mündliche Verhandlung durch Beschluss, an dem das abgelehnte Mitglied und das dieses vertretende Mitglied nicht mitwirken. [2]Sind mehrere Mitglieder des Verfassungsgerichtes abgelehnt, entscheidet das Verfassungsgericht über jedes einzelne Ablehnungsgesuch in der Reihenfolge des Eingangs gesondert.

(4) Erklärt sich ein Mitglied, das nicht abgelehnt worden ist, selbst für befangen, so gilt Absatz 3 entsprechend.

§ 25 [Anwaltliche Vertretung]

(1) Die Beteiligten können sich in jeder Lage des Verfahrens durch eine Rechtsanwältin bzw. einen Rechtsanwalt oder eine Rechtslehrerin bzw. einen Rechtslehrer an einer staatlichen oder staatlich anerkannten Hochschule eines Mitgliedstaates der Europäischen Union, eines anderen Vertragsstaates des Abkommens über den Europäischen Wirtschaftsraum oder der Schweiz, die bzw. der die Befähigung zum Richteramt besitzt, als Bevollmächtigte bzw. Bevollmächtigten vertreten lassen; in der mündlichen Verhandlung vor dem Verfassungsgericht müssen sie sich in dieser Weise vertreten lassen.

(2) Das Verfassungsgericht kann Beteiligten eine Rechtsanwältin oder einen Rechtsanwalt auf Staatskosten beiordnen.

(3) Die Bürgerschaft und ihre Abgeordneten können sich, soweit sie nach der Verfassung oder nach einem Gesetz mit eigenen Rechten ausgestattet sind, auch durch Abgeordnete vertreten lassen.

(4) Der Senat kann sich durch seine Mitglieder, durch Staatsrätinnen und Staatsräte oder durch Bedienstete der Freien und Hansestadt Hamburg mit der Befähigung zum Richteramt nach dem Deutschen Richtergesetz vertreten lassen.

(5) [1]Als Beistände kann die Präsidentin bzw. der Präsident des Verfassungsgerichts auch andere Personen zulassen. [2]Die Zulassung kann jederzeit widerrufen werden.

(6) Im Übrigen finden die Vorschriften der §§ 80 bis 87 der Zivilprozessordnung entsprechende Anwendung.

§ 26 [Antragsanforderungen]

(1) [1]Anträge, die das Verfahren einleiten, sind schriftlich bei dem Verfassungsgericht einzureichen. [2]Sie sind zu begründen; die erforderlichen Beweismittel sind anzugeben.

(2) Die Präsidentin bzw. der Präsident lässt den Antrag den übrigen Beteiligten mit der Aufforderung zustellen, sich innerhalb einer bestimmten Frist dazu zu äußern.

(3) Die Präsidentin bzw. der Präsident kann den Beteiligten aufgeben, binnen einer bestimmten Frist die erforderliche Zahl von Abschriften ihrer Schriftsätze für das Gericht und für die übrigen Beteiligten nachzureichen.

§ 27 [Offensichtlich unbegründete Anträge]

(1) [1]Offensichtlich unzulässige oder offensichtlich unbegründete Anträge können durch einstimmigen Beschluss des Gerichts verworfen werden. [2]Der Beschluss bedarf keiner weiteren Begründung, wenn die Antragstellerin bzw. der Antragsteller vorher auf die Bedenken gegen die Zulässigkeit oder Begründetheit des Antrages hingewiesen worden ist.

(2) § 19 Absatz 2 findet keine Anwendung.

§ 28 [Aufklärung von Amts wegen]

[1]Das Verfassungsgericht hat den Sachverhalt von Amts wegen aufzuklären. [2]Es ist an das Vorbringen und die Beweisanträge der Beteiligten nicht gebunden.

§ 29 [Akteneinsicht]

(1) Die Beteiligten und ihre Vertreterinnen und Vertreter haben das Recht der Akteneinsicht.

(2) Über die Gewährung von Akteneinsicht entscheidet die Präsidentin bzw. der Präsident; gegen die Entscheidung kann das Verfassungsgericht angerufen werden.

(3) Die Beteiligten und ihre Vertreterinnen und Vertreter können sich aus den Akten, die ihnen zur Einsicht vorgelegt werden, durch die Geschäftsstelle beglaubigte Abschriften erteilen lassen.

(4) Vorbereitende Arbeiten, wie Gutachten der Berichterstatterinnen und Berichterstatter und Entwürfe von Entscheidungen und Verfügungen, sind von der Akteneinsicht ausgeschlossen.

§ 30 [Amts- und Rechtshilfe; Mitarbeiter]

(1) Die Gerichte der Freien und Hansestadt Hamburg haben dem Verfassungsgericht Amts- und Rechtshilfe zu leisten.

(2) Der Senat, die Behörden und die juristischen Personen des öffentlichen Rechts der Freien und Hansestadt Hamburg haben dem Verfassungsgericht Amtshilfe zu leisten.

§ 31 [Erscheinen von Beteiligten]

Das Verfassungsgericht kann das persönliche Erscheinen von Beteiligten anordnen.

§ 32 [Beweiserhebung]

(1) Das Verfassungsgericht erhebt den nach seinem Ermessen erforderlichen Beweis in der mündlichen Verhandlung.

(2) Es kann damit außerhalb der mündlichen Verhandlung ein Mitglied des Gerichts beauftragen oder mit Begrenzung auf bestimmte Fragen und Personen ein anderes Gericht darum ersuchen.

§ 33 [Maßgeblichkeit der Straf- und Zivilprozessordnung]

Für die Vernehmung von Zeugen und Sachverständigen gelten in den Fällen des § 14 Nummern 8 und 9 die Vorschriften der Strafprozessordnung, in den übrigen Fällen die Vorschriften der Zivilprozessordnung entsprechend.

§ 34 [Beweistermine; Beweisaufnahme]

(1) Die Beteiligten werden von allen Beweisterminen benachrichtigt und können an der Beweisaufnahme teilnehmen.

(2) [1]Sie können an Zeugen und Sachverständige sachdienliche Fragen richten. [2]Wird eine Frage beanstandet, so entscheidet das Verfassungsgericht.

§ 35 [Einstweilige Anordnung]

(1) [1]Das Verfassungsgericht kann im Streitfall einen Zustand durch einstweilige Anordnung vorläufig regeln, wenn dies zur Abwehr schwerer Nachteile, zur Verhinderung drohender Gefahr oder aus einem anderen wichtigen Grund dringend geboten ist. [2]Über den Antrag kann ohne mündliche Verhandlung entschieden werden; geschieht dies, so ergeht die Entscheidung als Beschluss.

(2) [1]Gegen einen Beschluss nach Absatz 1 Satz 2 kann Widerspruch eingelegt werden. [2]Über den Widerspruch entscheidet das Verfassungsgericht nach mündlicher Verhandlung. [3]Diese soll innerhalb von zwei Wochen nach dem Eingang der Begründung des Widerspruchs stattfinden.

(3) [1]Der Widerspruch gegen die einstweilige Anordnung hat keine aufschiebende Wirkung. [2]Das Verfassungsgericht kann die Vollziehung der einstweiligen Anordnung aussetzen.

(4) Die einstweilige Anordnung tritt mit der Beendigung des Hauptsacheverfahrens außer Kraft, sofern das Verfassungsgericht keine andere Frist bestimmt oder die einstweilige Anordnung nicht früher aufhebt.

§ 36 [Verfahrensaussetzung]

Das Verfassungsgericht kann das Verfahren bis zur Erledigung eines bei einem anderen Gericht anhängigen Verfahrens aussetzen, wenn die Feststellungen oder die Entscheidung in diesem Verfahren für seine Entscheidung von Bedeutung sein können.

§ 37 [Ausführung der Entscheidung]

Der Senat führt die Entscheidung des Verfassungsgerichts aus.

III. Teil
Besondere Verfahrensvorschriften

1. Abschnitt
Verfahren nach § 14 Nummer 1

§ 38 [Senatsanträge]

[1]Wenn der Senat den Antrag stellt, sind die Bürgerschaft und der Senat Beteiligte. [2]Wird der Antrag von einem Fünftel der Abgeordneten der Bürgerschaft gestellt, so sind die Antragsteller, die Bürgerschaft und der Senat Beteiligte.

§ 39 [Antragsanforderungen]

(1) Der Antrag hat die Bestimmung der Verfassung zu bezeichnen, die Gegenstand der Auslegungsstreitigkeit ist.

(2) [1]Ein Antrag von Abgeordneten der Bürgerschaft ist von mindestens einem Fünftel der Abgeordneten zu unterschreiben. [2]In dem Antrag ist eine für die Zustellung bevollmächtigte Person zu bezeichnen.

2. Abschnitt
Verfahren nach § 14 Nummer 2

§ 39a [Antragsberechtigte]

Anträge können nur von der Bürgerschaft, dem Senat und den in der Verfassung mit eigenen Rechten ausgestatteten Teilen dieser Organe gestellt werden und sich auch nur gegen sie richten.

§ 39b [Besondere Antragsvoraussetzungen]

(1) Der Antrag ist nur zulässig, wenn die Antragstellerin bzw. der Antragsteller geltend macht, dass sie bzw. er durch eine Maßnahme oder Unterlassung der Antragsgegnerin bzw. des Antragsgegners in den ihr bzw. ihm durch die Verfassung übertragenen Rechten und Pflichten verletzt oder unmittelbar gefährdet ist.

(2) Im Antrag ist die Bestimmung der Verfassung zu bezeichnen, gegen die durch die beanstandete Maßnahme oder Unterlassung der Antragsgegnerin bzw. des Antragsgegners verstoßen wird.

(3) Der Antrag muss binnen sechs Monaten, nachdem die beanstandete Maßnahme oder Unterlassung der Antragstellerin bzw. dem Antragsteller bekannt geworden ist, gestellt werden.

§ 39c [Antragsbeitritt]

(1) Den Parteien können in jeder Lage des Verfahrens andere in § 39a genannte Antragsberechtigte beitreten, wenn die Entscheidung auch für die Abgrenzung ihrer Zuständigkeiten von Bedeutung ist.

(2) Das Verfassungsgericht gibt von der Einleitung des Verfahrens der Bürgerschaft und dem Senat Kenntnis.

§ 39d [Entscheidungsinhalt]

[1]Das Verfassungsgericht stellt in seiner Entscheidung fest, ob die beanstandete Maßnahme oder Unterlassung gegen eine Bestimmung der Verfassung verstößt. [2]Die Bestimmung ist zu bezeichnen. [3]Das Verfassungsgericht kann in der Entscheidungsformel zugleich eine für die Auslegung der Bestimmung der Verfassung erhebliche Rechtsfrage entscheiden, von der die Feststellung gemäß Satz 1 abhängt.

3. Abschnitt
Verfahren nach § 14 Nummer 3

§ 40 [Beteiligte]
Die Bestimmungen des § 38 finden Anwendung.

§ 41 [Antragsinhalt; Zulässigkeit]

(1) Der Antrag hat die Bestimmungen zu bezeichnen, aus denen die Meinungsverschiedenheiten oder Zweifel hergeleitet werden.

(2) Er ist nur zulässig, wenn eine bzw. einer der Antragsberechtigten

a) Landesrecht wegen seiner förmlichen oder sachlichen Unvereinbarkeit mit der Verfassung oder abgeleitetes Landesrecht wegen seiner Unvereinbarkeit mit den Landesgesetzen für nichtig hält

oder

b) Landesrecht oder abgeleitetes Landesrecht für gültig hält, nachdem ein Gericht, eine Verwaltungsbehörde oder eine andere Dienststelle des Landes das Landesrecht als unvereinbar mit der Verfassung oder das abgeleitete Landesrecht als unvereinbar mit den Landesgesetzen nicht angewandt hat.

(3) § 39 Absatz 2 findet Anwendung.

§ 42 [Feststellung der Nichtigkeit]
Kommt das Verfassungsgericht zu der Überzeugung, dass Landesrecht mit der Verfassung oder abgeleitetes Landesrecht mit einem Landesgesetz unvereinbar ist, so stellt es in seiner Entscheidung die Nichtigkeit fest.

4. Abschnitt
Verfahren nach § 14 Nummer 4

§ 43 [Beteiligte; Antragsanforderungen]
[1]Die Bestimmungen der §§ 38 und 39 Absatz 2 finden Anwendung. [2]Die Bestimmung des § 39 Absatz 1 gilt entsprechend.

5. Abschnitt
Verfahren nach § 14 Nummer 5

§ 43a [Verfahrensbeteiligung; Durchführung des Volksbegehrens]
(1) [1]Verfahrensbeteiligte in den Verfahren nach § 26 Absatz 1 des Volksabstimmungsgesetzes sind der Senat, die Bürgerschaft und die Initiatorinnen bzw. die Initiatoren der Volksinitiative oder des Referendumsbegehrens. [2]Stellt ein Fünftel der Abgeordneten der Bürgerschaft den Antrag, so sind auch die Antragstellerinnen und Antragsteller am Verfahren vor dem Verfassungsgericht beteiligt.

(2) Die Initiatorinnen bzw. die Initiatoren der Volksinitiative oder des Referendumsbegehrens handeln durch ihre nach § 3 Absatz 2 Nummer 3, § 25a Absatz 1 Satz 2 oder § 25g Absatz 5 in Verbindung mit § 25a Absatz 1 Satz 2 des Volksabstimmungsgesetzes Vertretungsberechtigten.

(3) Wird der Antrag von den Initiatorinnen bzw. den Initiatoren der Volksinitiative oder des Referendumsbegehrens oder von einem Fünftel der Abgeordneten der Bürgerschaft gestellt, so ist im Antrag eine für die Zustellung bevollmächtigte Person zu bezeichnen.

§ 43b [Verfahrensbeteiligung; Verfahren und Ergebnis von Volksentscheid oder Referendum]

(1) [1]Verfahrensbeteiligte in den Verfahren nach § 27 Absatz 1 Satz 1 Nummer 1 und 3 des Volksabstimmungsgesetzes sind der Senat und die Initiatoren der Volksinitiative; in den Verfahren nach § 27 Absatz 1 Satz 2 des Volksabstimmungsgesetzes der Senat und die Initiatorinnen bzw. Initiatoren des Referendumsbegehrens. [2]§ 43a Absatz 2 findet Anwendung. [3]Die Initiatorinnen bzw. die Initiatoren der Volksinitiative oder des Referendumsbegehrens haben im Antrag eine für die Zustellung bevollmächtigte Person zu bezeichnen.

(2) [1]Verfahrensbeteiligte in dem Verfahren nach § 27 Absatz 1 Satz 1 Nummer 2 des Volksabstimmungsgesetzes sind die Initiatorinnen bzw. die Initiatoren der Volksinitiative und die Bürgerschaft. [2]Absatz 1 Sätze 2 und 3 finden Anwendung.

§ 43c [Volksentscheid- und Referendum-Verfahren]

(1) [1]Verfahrensbeteiligte in dem Verfahren nach § 27 Absatz 2 des Volksabstimmungsgesetzes sind der Senat, die Bürgerschaft und die Initiatorinnen bzw. die Initiatoren der Volksinitiative oder des Referendumbegehrens. [2]§ 43a Absatz 2 findet Anwendung. [3]Stellen ein Fünftel der Abgeordneten der Bürgerschaft, einzelne Wahlberechtigte oder Gruppen von Wahlberechtigten den Antrag, so sind auch die Antragstellerinnen und Antragsteller am Verfahren vor dem Hamburgischen Verfassungsgericht beteiligt.

(2) Wird der Antrag von den Initiatorinnen bzw. den Initiatoren der Volksinitiative oder des Referendumsbegehrens, von einem Fünftel der Abgeordneten der Bürgerschaft oder von einer Gruppe von Wahlberechtigten gestellt, so ist im Antrag eine für die Zustellung bevollmächtigte Person zu bezeichnen.

6. Abschnitt
Verfahren nach § 14 Nummer 6

§ 44 [Vorlagepflicht; Aussetzung des Verfahrens]

(1) Hält ein Gericht ein hamburgisches Gesetz oder eine im Rahmen eines solchen Gesetzes ergangene Rechtsverordnung, auf deren Gültigkeit es bei der Entscheidung ankommt, für verfassungswidrig, so hat es das Verfahren auszusetzen und unmittelbar die Entscheidung des Verfassungsgerichts einzuholen.

(2) [1]Der Aussetzungsbeschluss ist zu begründen. [2]In der Begründung ist insbesondere anzugeben, inwiefern die Entscheidung von der Gültigkeit des Gesetzes oder der Rechtsverordnung abhängt und mit welcher Bestimmung der Verfassung das Gesetz oder die Rechtsverordnung nach Auffassung des Gerichts unvereinbar ist. [3]Die Akten sind beizufügen.

(3) Der Antrag des Gerichts ist unabhängig davon, ob die Nichtigkeit des Gesetzes oder der Rechtsverordnung im Verfahren gerügt worden ist.

§ 45 [Beschränkung der Entscheidung]

Das Verfassungsgericht entscheidet nur die Rechtsfrage, ob das Gesetz oder die Rechtsverordnung gültig oder nichtig ist.

§ 46 [Äußerung von Beteiligten]

(1) [1]Das Verfassungsgericht hat Bürgerschaft und Senat Gelegenheit zur Äußerung zu geben. [2]Sie können dem Verfahren jederzeit als Beteiligte beitreten.

(2) [1]Das Verfassungsgericht gibt auch den Beteiligten des Verfahrens, das nach § 44 Absatz 1 ausgesetzt worden ist, Gelegenheit zur Äußerung. [2]Es kann sie zur mündlichen Verhandlung laden. [3]In der Verhandlung müssen sie durch einen Prozessbevollmächtigten vertreten sein; § 25 Absätze 1 und 2 finden entsprechende Anwendung.

7. Abschnitt
Verfahren nach § 14 Nummer 7

§ 47 [Beschwerdeberechtigte]
(1) Eine Beschwerde können erheben:
1. Wahlberechtigte, deren Einspruch durch die Bürgerschaft abgewiesen worden ist,
2. Abgeordnete, deren Mitgliedschaftsverlust die Bürgerschaft festgestellt hat,
3. eine Fraktion oder eine Gruppe der Bürgerschaft,
4. eine Minderheit der Bürgerschaft, die mindestens ein Zehntel der gesetzlichen Mitgliederzahl umfasst.
(2) Beschwerdegegnerin bzw. Beschwerdegegner ist die Präsidentin bzw. der Präsident der Bürgerschaft.

§ 48 [Zulassung weiterer Beteiligter]
(1) Das Verfassungsgericht kann durch Beschluss weitere Personen oder Personengruppen auf Antrag als Beteiligte zulassen.
(2) [1]Das Verfassungsgericht gibt dem Senat von der Einleitung des Verfahrens Kenntnis. [2]Er kann dem Verfahren jederzeit beitreten.

§ 49 [Frist]
[1]Die Beschwerde ist innerhalb eines Monats nach der Entscheidung der Bürgerschaft zu erheben. [2]In den Fällen des § 47 Abs. 1 Nummern 1 und 2 beginnt die Frist mit der Zustellung der Entscheidung der Bürgerschaft an die Beschwerdeberechtigte bzw. den Beschwerdeberechtigten.

§ 49a [Aufschiebende Wirkung einer Beschwerde gegen Mitgliedschaftsverlust]
Wird eine Entscheidung der Bürgerschaft, welche den Verlust der Mitgliedschaft einer oder eines Abgeordneten betrifft, mit der Beschwerde angefochten, so kann das Hamburgische Verfassungsgericht die aufschiebende Wirkung der Beschwerde nach den Vorschriften, die für das Verfahren vor dem Verwaltungsgericht Hamburg gelten, anordnen.

8. Abschnitt
Verfahren nach § 14 Nummer 8

§ 50 [Anklage eines Rechnungshofmitglieds]
(1) Stellt die Bürgerschaft gegen ein Mitglied des Rechnungshofs den Antrag nach Artikel 65 Absatz 3 Nummer 8 der Verfassung (§ 14 Nummer 8), so wird der Antrag als Anklage, das Mitglied des Rechnungshofs als Angeklagte bzw. Angeklagter bezeichnet.
(2) Eine Anklage ist nicht mehr zulässig, wenn seit der Kenntnis der Bürgerschaft sechs Monate oder seit dem Verstoß drei Jahre verflossen sind.
(3) [1]Die Anklage wird von der Präsidentin bzw. dem Präsidenten der Bürgerschaft vertreten. [2]Sie bzw. er kann eine Vertreterin oder einen Vertreter bestellen, die bzw. der die Befähigung zum Richteramt nach dem Deutschen Richtergesetz haben muss.

§ 51 [Beteiligte]
(1) Beteiligte sind die Bürgerschaft und die bzw. der Angeklagte.
(2) Der Senat kann dem Verfahren jederzeit als Beteiligter beitreten.

§ 52 [Inhalt der Anklageschrift]
[1]Die Anklageschrift muss die Handlung oder Unterlassung, deretwegen die Anklage erhoben wird, die Beweismittel und die Bestimmung des Grundgesetzes oder der Verfassung enthalten, gegen die die bzw. der Angeklagte verstoßen haben soll.

§ 53 [Keine Diskontinuität]
Die Einleitung und Durchführung des Verfahrens wird durch die Auflösung der Bürgerschaft oder durch den Ablauf der Wahlperiode nicht berührt.

§ 54 [Geltung der Strafprozessordnung]
(1) Für das Verfahren gelten, soweit in diesem Abschnitt nichts anderes bestimmt wird, die Vorschriften der Strafprozessordnung entsprechend.

(2) Für jede der bzw. dem Angeklagten nachteilige Entscheidung ist eine Mehrheit von zwei Dritteln der Stimmen erforderlich.

§ 55 [Rücknahme der Anklage]

(1) Die Bürgerschaft kann die Anklage bis zur Verkündung des Urteils zurücknehmen.

(2) Die Zurücknahme bedarf der Zustimmung der bzw. des Angeklagten.

(3) [1]Wird die Anklage zurückgenommen, so stellt das Verfassungsgericht das Verfahren durch Beschluss ein, sobald der Präsidentin bzw. dem Präsidenten eine Ausfertigung des Beschlusses der Bürgerschaft zugegangen ist und die bzw. der Angeklagte die Zustimmung erklärt hat. [2]Ist dem Beschluss die Zustimmungserklärung der bzw. des Angeklagten nicht beigefügt, so fordert die Präsidentin bzw. der Präsident die Angeklagte bzw. den Angeklagten auf, sich innerhalb einer bestimmten Frist über die Zustimmung schriftlich zu erklären; nach Ablauf dieser Frist gilt die Zustimmung als verweigert.

§ 56 [Anhängiges Verfahren am Disziplinargericht]

[1]Solange ein Verfahren vor dem Verfassungsgericht anhängig ist, wird ein wegen desselben Sachverhalts bei dem Disziplinargericht anhängiges Verfahren ausgesetzt, es sei denn, dass das Verfassungsgericht von der Befugnis nach § 36 Gebrauch macht. [2]Erkennt das Verfassungsgericht auf Entlassung aus dem Amt, auf Versetzung in ein anderes Amt oder in den Ruhestand, so wird das Disziplinarverfahren eingestellt; im anderen Fall wird es fortgesetzt.

§ 57 [Dienstenthebung; Ermittlungsmaßnahmen]

(1) [1]Das Verfassungsgericht kann nach Erhebung der Anklage durch einstweilige Anordnung die Angeklagte bzw. den Angeklagten auch ohne mündliche Verhandlung vorläufig des Dienstes entheben. [2]Dabei kann gleichzeitig angeordnet werden, dass der Beamtin bzw. dem Beamten ein Teil, höchstens die Hälfte der Dienstbezüge einbehalten wird.

(2) [1]Das Verfassungsgericht kann vorbereitende Maßnahmen treffen, insbesondere eine Durchsuchung oder Beschlagnahme anordnen. [2]Das Grundrecht der Unverletzlichkeit der Wohnung (Artikel 13 des Grundgesetzes für die Bundesrepublik Deutschland) wird insoweit eingeschränkt.

§ 58 [Voruntersuchung]

(1) Das Verfassungsgericht kann eine Voruntersuchung anordnen; es muss sie anordnen, wenn die Vertreterin bzw. der Vertreter der Anklage oder die bzw. der Angeklagte sie beantragt.

(2) [1]Die Durchführung der Voruntersuchung ist einem Mitglied des Verfassungsgerichts zu übertragen. [2]Dieses ist von der Mitwirkung bei der Verhandlung und Entscheidung der Sache ausgeschlossen.

(3) [1]Die Untersuchungsrichterin bzw. der Untersuchungsrichter hat der bzw. dem Angeklagten Gelegenheit zur Verteidigung zu geben. [2]Die bzw. der Angeklagte soll von wichtigen oder neuen Beweisergebnissen unterrichtet werden, soweit dies ohne Gefährdung des Untersuchungszwecks geschehen kann.

(4) Zur Protokollführung zieht die Präsidentin bzw. der Präsident am Sitz des Verfassungsgerichts tätige Bedienstete heran.

(5) Über Beschwerden gegen Maßnahmen der Untersuchungsrichterin bzw. des Untersuchungsrichters entscheidet das Verfassungsgericht.

§ 59 [Ladung; Anklageschrift]

(1) [1]Zur mündlichen Verhandlung ist die bzw. der Angeklagte zu laden. [2]Dabei ist darauf hinzuweisen, dass ohne sie bzw. ihn verhandelt werden kann, wenn sie bzw. er ohne ausreichenden Grund ausbleibt oder sich entfernt.

(2) Die Grundlage der mündlichen Verhandlung bildet die Anklageschrift der Bürgerschaft.

(3) An die Stelle der Verlesung des Anklagesatzes (§ 243 Absatz 3 der Strafprozessordnung) tritt der Bericht der bzw. des Vorsitzenden oder der bzw. des Berichterstatters über den Inhalt der Anklageschrift.

§ 60 [Entscheidung; Wirkungen]

(1) [1]Das Verfassungsgericht erkennt auf eine der in Artikel 98 Absatz 2 des Grundgesetzes vorgesehenen Maßnahmen, auf Freispruch oder auf Einstellung des Verfahrens. [2]Mit dem rechtskräftigen Abschluss des Verfahrens enden die nach § 57 Absatz 1 getroffenen Anordnungen kraft Gesetzes. [3]Im Falle der Entlassung aus dem Amt entscheidet das Verfassungsgericht im Urteil über die nach § 57 Absatz 1 einbehaltenen Beträge und darüber, ob, in welcher Höhe und für welche Zeit ein Unterhalts-

beitrag zu zahlen ist. [4]Führt die Entscheidung nicht zur Entlassung aus dem Amt, so sind die einbehaltenen Beträge nachzuzahlen.

(2) Erkennt das Verfassungsgericht auf Entlassung, so tritt der Amtsverlust mit der Verkündung des Urteils ein.

(3) Wird auf Versetzung in ein anderes Amt oder in den Ruhestand erkannt, so obliegt der Vollzug dem Senat.

(4) Eine Ausfertigung des Urteils mit Gründen ist der Bürgerschaft, dem Senat und der bzw. dem Angeklagten zu übersenden.

§ 61 [Wiederaufnahmeverfahren]

(1) Eine Wiederaufnahme des Verfahrens findet nur zugunsten von Verurteilten und nur auf ihren Antrag oder nach ihrem Tode auf Antrag von Ehegatten, Lebenspartnern, Verwandten der auf- und absteigenden Linie oder Geschwistern unter den Voraussetzungen der §§ 359 und 364 der Strafprozessordnung statt.

(2) Einen Wiederaufnahmeantrag kann auch die Bürgerschaft stellen.

(3) Durch den Antrag auf Wiederaufnahme wird die Wirksamkeit des Urteils nicht berührt.

(4) Über die Zulassung des Antrags entscheidet das Verfassungsgericht ohne mündliche Verhandlung.

(5) In der erneuten mündlichen Verhandlung ist entweder das frühere Urteil aufrechtzuerhalten oder auf eine mildere Maßnahme oder auf Freispruch zu erkennen.

9. Abschnitt
Verfahren nach § 14 Nummer 9

§ 62 [Vorschriften bei Versorgungsklagen]

Für das Verfahren nach § 14 Nummer 9 finden die §§ 50 Absatz 2, 54, 55, 57 Absatz 2, 58, 59 und 61 entsprechende Anwendung.

§ 63 [Beteiligte]

(1) Das ausgeschiedene Mitglied des Senats wird als Antragsgegnerin bzw. Antragsgegner bezeichnet.

(2) Beteiligte sind der Senat und die Antragsgegnerin bzw. der Antragsgegner.

§ 64 [Antragsinhalt]

Der Antrag muss die Handlung oder Unterlassung deretwegen der Antrag gestellt wird, die Beweismittel und die Vorschriften enthalten, gegen die die Antragsgegnerin bzw. der Antragsgegner verstoßen haben soll.

§ 65 [Entscheidung]

Das Verfassungsgericht erkennt auf eine der in § 17 des Senatsgesetzes vorgesehenen Maßnahmen, auf Freispruch oder auf Einstellung des Verfahrens.

IV. Teil
Verzögerungsbeschwerde

§ 65a [Entschädigung bei unangemessener Verfahrensdauer]

(1) [1]Wer infolge unangemessener Dauer eines Verfahrens als Beteiligte oder Beteiligter dieses Verfahrens oder als Beteiligte oder Beteiligter eines zur Herbeiführung der Entscheidung des Verfassungsgerichts ausgesetzten Verfahrens einen Nachteil erleidet, wird entschädigt. [2]Dies gilt nicht für Verfassungsorgane, Teile dieser Organe, Träger öffentlicher Verwaltung und sonstige öffentliche Stellen. Die Angemessenheit der Verfahrensdauer richtet sich nach den Umständen des Einzelfalls unter Berücksichtigung der Aufgaben und der Stellung des Verfassungsgerichts.

(2) [1]Ein Nachteil, der nicht Vermögensnachteil ist, wird vermutet, wenn ein Verfahren vor dem Verfassungsgericht unangemessen lange gedauert hat. Hierfür kann Entschädigung nur beansprucht werden, soweit nicht nach den Umständen des Einzelfalls Wiedergutmachung auf andere Weise, insbesondere durch die Feststellung der Unangemessenheit der Verfahrensdauer, ausreichend ist. [2]Die Entschädigung nach Satz 2 beträgt 1200 Euro für jedes Jahr der Verzögerung; ist dieser Betrag nach den Umständen des Einzelfalls unbillig, kann das Verfassungsgericht einen höheren oder niedrigeren Betrag festsetzen.

§ 65b [Verzögerungsbeschwerde; Verzögerungsrüge]

(1) [1]Über Entschädigung und Wiedergutmachung wird auf Grund einer Beschwerde zum Verfassungsgericht entschieden (Verzögerungsbeschwerde). [2]Die Verzögerungsbeschwerde ist nur zulässig, wenn die Beschwerdeführerin oder der Beschwerdeführer beim Verfassungsgericht die Dauer des Verfahrens gerügt hat (Verzögerungsrüge). [3]Die Verzögerungsrüge ist schriftlich und unter Darlegung der Umstände, die die Unangemessenheit der Verfahrensdauer begründen, einzulegen. [4]Sie ist frühestens zwölf Monate nach Eingang des Verfahrens beim Verfassungsgericht zulässig. [5]Einer Bescheidung der Verzögerungsrüge bedarf es nicht.

(2) [1]Die Verzögerungsbeschwerde kann frühestens sechs Monate nach Erhebung einer Verzögerungsrüge erhoben werden; ist eine Entscheidung des Hamburgischen Verfassungsgerichts ergangen oder das Verfahren anderweitig erledigt worden, ist die Verzögerungsbeschwerde binnen drei Monaten zu erheben. [2]Sie ist schriftlich einzulegen und gleichzeitig zu begründen.

§ 65c [Stellungnahmefrist]

Die Berichterstatterin oder der Berichterstatter des beanstandeten Verfahrens soll binnen eines Monats nach Eingang der Begründung der Verzögerungsbeschwerde eine Stellungnahme vorlegen.

§ 65d [Entscheidung über Verzögerungsbeschwerde]

(1) Über die Verzögerungsbeschwerde entscheidet das Verfassungsgericht ohne die Berichterstatterin oder den Berichterstatter; an deren Stelle tritt das vertretende Mitglied.

(2) [1]Die Entscheidung ergeht ohne mündliche Verhandlung. [2]Sie ist unanfechtbar.

V. Teil

Kosten und Auslagenerstattung

§ 66 [Kosten]

(1) Im Verfahren vor dem Verfassungsgericht werden keine Kosten erhoben, soweit nicht in den Absätzen 2 und 3 etwas anderes bestimmt ist.

(2) [1]Wird eine Beschwerde nach § 14 Nummer 7 zurückgewiesen, so kann das Verfassungsgericht der Beschwerdeführerin bzw. dem Beschwerdeführer eine Gebühr von 10 Euro bis zu 500 Euro auferlegen, wenn die Einlegung der Beschwerde einen Missbrauch darstellt. [2]Die Gebühr wird nach den Vorschriften der Justizbeitreibungsordnung vom 11. März 1937 (BGBl. III 365-1), zuletzt geändert am 29. Juli 2009 (BGBl. I S. 2258, 2269), in der jeweils geltenden Fassung eingezogen.

(3) Für die Erteilung von Ausfertigungen und Abschriften werden Schreibauslagen nach Maßgabe des Gerichtskostengesetzes erhoben.

§ 67 [Erstattung der Auslagen]

(1) [1]Wird im Verfahren nach § 14 Nummer 8 die bzw. der Angeklagte oder im Verfahren nach § 14 Nummer 9 die Antragsgegnerin bzw. der Antragsgegner freigesprochen, so sind ihr bzw. ihm die notwendigen Auslagen einschließlich der Kosten der Verteidigung zu ersetzen. [2]Das Gleiche gilt, wenn sich der Antrag in dem Verfahren nach § 34 Absatz 5 des Gesetzes über die Wahl zur Hamburgischen Bürgerschaft in der Fassung vom 22. Juli 1986 (HmbGVBl. S. 223), zuletzt geändert am 19. Februar 2013 (HmbGVBl. S. 48), in der jeweils geltenden Fassung oder nach § 1 des Gesetzes über die Wahl zu den Bezirksversammlungen in der Fassung vom 5. Juli 2004 (HmbGVBl. S. 313, 318), zuletzt geändert am 25. Juni 2013 (HmbGVBl. S. 312), in der jeweils geltenden Fassung in Verbindung mit § 34 Absatz 5 des Gesetzes über die Wahl zur Hamburgischen Bürgerschaft als begründet erweist.

(2) Erweist sich ein Antrag der Initiatorinnen und Initiatoren einer Volksinitiative oder eines Referendumsbegehrens, einzelner Stimmberechtigter oder einer Gruppe von Stimmberechtigten nach § 27 des Volksabstimmungsgesetzes als begründet, sind den Antragstellerinnen oder Antragstellern die notwendigen Auslagen ganz oder teilweise zu erstatten.

(3) Das Verfassungsgericht kann in allen übrigen Fällen die volle oder teilweise Erstattung der notwendigen Auslagen anordnen.

Gesetz
über Volkspetitionen

Vom 23. Dezember 1996 (HmbGVBl. S. 357)

(BS Hbg 100-3)

zuletzt geändert durch ÄndG vom 6. Juni 2001 (HmbGVBl. S. 119)

Der Senat verkündet das nachstehende von der Bürgerschaft beschlossene Gesetz:

§ 1 Anwendungsbereich
Dieses Gesetz regelt die Behandlung von Bitten und Beschwerden, die gemäß Artikel 29 der Verfassung der Freien und Hansestadt Hamburg von mindestens 10 000 Einwohnerinnen und Einwohnern unterstützt werden.

§ 2 Unterstützungsberechtigte
Berechtigt zur Unterstützung sind die Einwohnerinnen und Einwohner, die im Zeitpunkt der Unterstützung ihre Hauptwohnung in der Freien und Hansestadt Hamburg begründet haben.

§ 3 Zustandekommen
Eine Volkspetition ist zustandegekommen, wenn mindestens 10 000 Unterstützungsberechtigte eine Bitte oder Beschwerde durch schriftliche Eintragung in Listen unterstützen.

§ 4 Form
(1) [1]Die zu unterstützende Bitte oder Beschwerde muß schriftlich abgefaßt sein. [2]Ihr Inhalt muß für die Unterstützenden (Petentinnen und Petenten) hinreichend klar bestimmt sein.

(2) [1]Für die Unterstützung sind besondere Unterschriftslisten zu verwenden. [2]Sie müssen einen zweifelsfreien Bezug zur unterstützten Bitte oder Beschwerde aufweisen.

(3) Die Unterschriftslisten müssen jeweils eine fortlaufende Nummerierung enthalten, aus der sich die Zahl der Petentinnen und Petenten ermitteln läßt.

(4) [1]In die Listen sind der Name, der Vorname, der Geburtstag und der Hauptwohnsitz der Petentinnen und Petenten lesbar einzutragen. [2]Die Eintragung ist unter Hinzufügung des Datums eigenhändig zu unterschreiben.

(5) [1]Die Petentinnen und Petenten benennen mindestens eine Vertreterin oder einen Vertreter, die bzw. der gemäß Artikel 29 Satz 2 der Verfassung Gelegenheit erhält, das Anliegen in einem bürgerschaftlichen Ausschuß zu erläutern. [2]Die sie bzw. ihn betreffenden in Absatz 4 genannten Angaben sind beizufügen.

§ 5 Empfänger
[1]Die Unterstützungslisten werden zusammen mit der Bitte oder Beschwerde der Bürgerschaft vorgelegt. [2]Namen und Angaben der Vertreterinnen bzw. Vertreter werden gleichzeitig mitgeteilt.

§ 6 Prüfung der Zulässigkeit
(1) [1]Die Bürgerschaftskanzlei prüft, ob eine Bitte oder Beschwerde im Sinne des Artikels 28 der Verfassung vorliegt. [2]Sie teilt das Ergebnis, im Falle der Ablehnung mit einer Begründung, einer Vertreterin bzw. einem Vertreter der Petentinnen und Petenten mit.

(2) Liegt eine Bitte oder Beschwerde vor, veranlaßt die Bürgerschaftskanzlei unverzüglich im Wege der Amtshilfe die Überprüfung der Unterschriftslisten durch die zuständige Behörde.

(3) [1]Die zuständige Behörde ermittelt die Zahl der gültigen Eintragungen. [2]Ungültig sind Eintragungen von Personen, die nicht gemäß § 2 unterstützungsberechtigt sind. [3]Ungültig sind weiter Eintragungen, bei denen eine der in § 4 Absatz 4 genannten Angaben fehlt, die unleserlich sind oder einen Zusatz oder Vorbehalt enthalten.

(4) [1]Die Bürgerschaft entscheidet über das Zustandekommen der Volkspetition. [2]Sie teilt ihre Entscheidung einer Vertreterin bzw. einem Vertreter der Petentinnen und Petenten mit. [3]Sie überweist die Volkspetition an einen Ausschuß. [4]Für die Behandlung der unterstützten Bitte oder Beschwerde ist allein dieser Ausschuß Eingabenausschuß gemäß Artikel 28 der Verfassung der Freien und Hansestadt Hamburg und dem Gesetz über den Eingabenausschuß vom 18. April 1977 (Hamburgisches Gesetz- und Verordnungsblatt Seite 91) in der jeweiligen Fassung.

§ 7 Behandlung in der Bürgerschaft

(1) Eine Vertreterin bzw. ein Vertreter der Petentinnen und Petenten hat das Recht, das Anliegen in dem bürgerschaftlichen Ausschuß zu erläutern, an den die Bürgerschaft die Volkspetition überwiesen hat.

(2) Volkspetitionen, die beim Zusammentritt einer neuen Bürgerschaft noch nicht abschließend behandelt worden sind, werden von dem zuständigen Ausschuß weiterbehandelt.

(3) [1]Die Bürgerschaft befaßt sich mit dem Anliegen der Petentinnen und Petenten. [2]Sie teilt einer Vertreterin bzw. einem Vertreter der Petentinnen und Petenten das Ergebnis der Behandlung mit.

(4) Die Geschäftsordnung der Hamburgischen Bürgerschaft regelt das Nähere.

§ 8 Datenschutz

[1]Die Unterschriftslisten dürfen nur zur Durchführung des Petitionsverfahrens und zur Prüfung des Zustandekommens einer Volkspetition verwendet werden. [2]Sie sind gegen unbefugten Zugriff zu sichern und nach Abschluß des Petitionsverfahrens zu vernichten.

§ 9 Kosten

Eine Erstattung von Kosten für die Durchführung der Volkspetition ist ausgeschlossen.

§ 10 Inkrafttreten

Dieses Gesetz tritt am Tage nach seiner Verkündung[1] in Kraft.

---

1) Verkündet am 30.12.1996.

Gesetz
über Verwaltungsbehörden[1)]

Vom 30. Juli 1952 (HmbBL I 2000-a) (GVBl.)
(BS Hbg 2000-1)
zuletzt geändert durch Art. 2 G zur Weiterentwicklung und Stärkung einer dem Allgemeinwohl, der Bürgernähe und Transparenz verpflichteten Verwaltung vom 3. November 2020 (HmbGVBl. S. 559)

§ 1 [Senat]
(1) [1]Der Senat führt die Verwaltung. [2]Soweit er Verwaltungsaufgaben selbst wahrnimmt, kann er mit ihrer Durchführung Senatskommissionen und Senatsämter beauftragen.

(2) [1]Zusammensetzung und Zuständigkeit der Senatskommissionen und Senatsämter werden vom Senat bestimmt. [2]Den Senatskommissionen können auch Senatssyndici angehören.

(3) Der Senat kann Senatoren und Senatssyndici mit der Dienstaufsicht über Senatsämter beauftragen.

(4) Der Senat kann allgemein und im Einzelfall Weisungen erteilen und Angelegenheiten selbst erledigen, auch soweit eine Fachbehörde oder ein Bezirksamt zuständig ist.

§ 2 [Zuständigkeit des Senats]
[1]Der Senat beschließt über Angelegenheiten, die für die gesamte Verwaltung von Bedeutung sind oder den Fachbereich mehrerer Behörden betreffen. [2]Er entscheidet außerdem über Meinungsverschiedenheiten zwischen mehreren Behörden.

§ 3 [Beschwerden]
Der Senat ist die oberste Beschwerdeinstanz in allen Verwaltungsangelegenheiten, soweit nicht durch Gesetz etwas anderes bestimmt ist.

§ 4 [Fachbehörden und Bezirksverwaltung]
(1) Soweit gesetzlich nichts anderes bestimmt ist, werden Verwaltungsaufgaben, die der Senat nicht selbst wahrnimmt, von den Fachbehörden und den Bezirksämtern selbständig erledigt.

(2) [1]Fachbehörden sind:
1. Die Behörde für Justiz und Verbraucherschutz,
2. die Behörde für Schule und Berufsbildung,
3. die Behörde für Wissenschaft, Forschung, Gleichstellung und Bezirke,
4. die Behörde für Kultur und Medien,
5. die Behörde für Arbeit, Gesundheit, Soziales, Familie und Integration,
6. die Behörde für Verkehr und Mobilitätswende,
7. die Behörde für Stadtentwicklung und Wohnen,
8. die Behörde für Wirtschaft und Innovation,
9. die Behörde für Inneres und Sport,
10. die Behörde für Umwelt, Klima, Energie und Agrarwirtschaft,
11. die Finanzbehörde.

[2]Ihre Zuständigkeit wird vom Senat bestimmt.

(3) Die Gliederung und der Aufbau der Bezirksverwaltung werden besonders geregelt.

§ 5 [Leitung der Fachbehörden]
Der Senat bestimmt für jede Fachbehörde die Senatoren, unter ihnen den Präses und mindestens einen Stellvertreter.

§ 6 [Vertretungsbefugnis der Fachbehörden]
(1) Die Finanzbehörde ist allgemein, die übrigen Behörden sind im Rahmen ihres Geschäftsbereichs befugt, die Freie und Hansestadt Hamburg vermögensrechtlich und vor den Gerichten zu vertreten.

(2) Der Senat erlässt Vorschriften für den Geschäftsverkehr mit auswärtigen Dienststellen.

§§ 7–15 *[aufgehoben]*

---

1) Inkrafttreten gem. Art. 54 der Verfassung der Freien und Hansestadt Hamburg v. 6.6.1952 (HmGVBl. S. 117) am 11.7.1952.

§ 16 [Verwaltungsausschüsse]
[1]Die Behörden können für einzelne Abteilungen oder Dienstzweige der Behörde oder für ihnen unterstehende Ämter Verwaltungsausschüsse einsetzen. [2]In dem Einsetzungsbeschluss sind Zusammensetzung und Zuständigkeit des Ausschusses zu regeln.

§ 17 [Verordnungsermächtigung]
Der Senat wird ermächtigt, die zur Durchführung und Ausführung dieses Gesetzes erforderlichen Verordnungen zu erlassen.

§ 18 *[aufgehoben]*

Bezirksverwaltungsgesetz[1)]
(BezVG)

Vom 6. Juli 2006 (HmbGVBl. S. 404, ber. S. 452)
(BS Hbg 2001-1)
zuletzt geändert durch Art. 2 Zweites G zur Stärkung der direkten Demokratie vom 25. Mai 2021
(HmbGVBl. S. 347)

Der Senat verkündet das nachstehende von der Bürgerschaft beschlossene Gesetz:

Inhaltsverzeichnis

---

1) Verkündet als Art. 1 des G v. 6.7.2006 (HmbGVBl. S. 404); Inkrafttreten der §§ 1–3, 7, 9, 11, 19–46 gemäß Art. 14
    Abs. 1 am 1.8.2006 und nach Abs. 2 die §§ 4–6, 8, 10, 12–18 am 12.3.2008.

Teil 1
Grundlagen der Bezirksverwaltung

§ 1 Bezirkseinteilung

(1) Die Freie und Hansestadt Hamburg ist in folgende Bezirke eingeteilt:

1. Hamburg-Mitte,
2. Altona,
3. Eimsbüttel,
4. Hamburg-Nord,
5. Wandsbek,
6. Bergedorf und
7. Harburg.

(2) Die Grenzen der Bezirke bestimmt ein Gesetz.

(3) Für jeden Bezirk wird ein Bezirksamt eingerichtet.

§ 2 Aufgaben der Bezirksämter

¹Die Bezirksämter führen ihre Aufgaben selbständig durch. ²Aufgaben der Bezirksämter sind Aufgaben der Verwaltung, die nicht wegen ihrer übergeordneten Bedeutung oder ihrer Eigenart einer einheitlichen Durchführung bedürfen. ³Solche Aufgaben werden vom Senat selbst wahrgenommen oder auf die Fachbehörden übertragen. ⁴Die Abgrenzung erfolgt abschließend durch den Senat.

Teil 2
Bezirksversammlung

Abschnitt 1
Die Bezirksversammlung und ihre Mitglieder

§ 3 Bezirksamt und Bezirksversammlung

Bei den Bezirksämtern werden Bezirksversammlungen gebildet.

§ 4 Wahl der Bezirksversammlung

Die Mitgliederzahl der Bezirksversammlungen sowie die näheren Bestimmungen über das Wahlrecht, die Wählbarkeit und die Durchführung der Wahl trifft ein Wahlgesetz.

§ 5 Ausschluss

¹Die Bezirksversammlung kann ein Mitglied ausschließen, wenn es

1. sein Amt missbraucht, um sich oder anderen persönliche Vorteile zu verschaffen,
2. seine Pflichten als Mitglied der Bezirksversammlung aus eigennützigen Gründen gröblich vernachlässigt oder
3. der Pflicht zur Verschwiegenheit gröblich zuwiderhandelt.

²Der Beschluss bedarf der Zustimmung von drei Vierteln der Mitglieder.

§ 6 Ausübung des Mandats

(1) ¹Die Mitglieder der Bezirksversammlung üben ihre Tätigkeit ehrenamtlich aus. ²Benachteiligungen insbesondere am Arbeitsplatz im Zusammenhang mit der Ausübung des Mandats sind unzulässig. ³Soweit zur ordnungsgemäßen Durchführung der Aufgaben eines Mitglieds der Bezirksversammlung eine Arbeitsbefreiung erforderlich ist, ist es in entsprechendem Umfang von seiner Verpflichtung zur Arbeitsleistung befreit; einer Zustimmung der Arbeitgeberin oder des Arbeitgebers zur Arbeitsbefreiung bedarf es nicht. ⁴Sie sind an Aufträge und Weisungen nicht gebunden.

(2) Die Mitglieder haben gegenüber dem vorsitzenden Mitglied eine Erklärung über ihre berufliche und ehrenamtliche Tätigkeit abzugeben.

(3) ¹Mitglieder der Bezirksversammlung dürfen nicht in Angelegenheiten mitberaten und abstimmen, die ihnen einen besonderen Vorteil oder Nachteil bringen können. ²Dies gilt nicht für Wahlen oder wenn sie an der Entscheidung der Angelegenheit lediglich als Angehörige einer Berufs- oder Bevölkerungsgruppe beteiligt sind, deren gemeinsame Interessen durch die Angelegenheiten berührt werden.

(4) Absatz 3 gilt auch, wenn der Vorteil oder Nachteil

1. bei einem Angehörigen des Mitglieds der Bezirksversammlung im Sinne des § 20 Absatz 5 des Hamburgischen Verwaltungsverfahrensgesetzes vom 9. November 1977 (HmbGVBl. S. 333,

402), zuletzt geändert am 6. Juli 2006 (HmbGVBl. S. 404, 413), in der jeweils geltenden Fassung begründet ist oder

2. bei einer Person begründet ist, die das Mitglied der Bezirksversammlung kraft gesetzlicher oder rechtsgeschäftlicher Vertretungsmacht vertritt.

(5) Die Mitglieder sind verpflichtet, dem vorsitzenden Mitglied vor Eintritt in die Tagesordnung zu erklären, dass sie an der Beratung oder Abstimmung aus einem der in den Absätzen 3 und 4 bezeichneten Gründe nicht teilnehmen dürfen.

(6) ¹Bestehen Zweifel, ob einer der in den Absätzen 3 und 4 bezeichneten Gründe gegeben ist, entscheidet die Bezirksversammlung über den Ausschluss. ²Das betroffene Mitglied darf an dieser Entscheidung nicht mitwirken. ³Das ausgeschlossene Mitglied darf bei der weiteren Beratung und Beschlussfassung nicht zugegen sein.

(7) Ein Beschluss, der unter Verletzung der Vorschriften der Absätze 3 und 4 gefasst worden ist, gilt als von Anfang an gültig zustande gekommen, wenn die Verletzung nicht innerhalb eines Jahres seit der Beschlussfassung schriftlich gegenüber dem Bezirksamt unter Darlegung des Sachverhalts, der die Verletzung begründen soll, geltend gemacht worden ist.

§ 7 Verschwiegenheit

(1) Der Inhalt von Beratungen in nichtöffentlicher Sitzung der Bezirksversammlung und ihrer Ausschüsse ist vertraulich, wenn die Bezirksamtsleitung oder die zu ihrer Stellvertretung bestimmte Person dies zu einem Tagesordnungspunkt oder Beratungsgegenstand erklärt oder die Bezirksversammlung oder ihre Ausschüsse dies beschließen.

(2) ¹Die Mitglieder der Bezirksversammlung und die Mitglieder ihrer Ausschüsse sind auch nach ihrem Ausscheiden zur Verschwiegenheit über alle Angelegenheiten verpflichtet, die ihnen durch Akteneinsicht, Auskünfte oder in nichtöffentlicher Sitzung vertraulich bekannt geworden sind. ²Dies gilt nicht für Tatsachen, die offenkundig sind, sowie für Angelegenheiten, die abschließend beraten worden sind und die ihrer Natur oder Bedeutung nach keiner Geheimhaltung mehr bedürfen.

(3) ¹Die Mitglieder der Bezirksversammlung dürfen nur mit Genehmigung über Angelegenheiten, über die sie Verschwiegenheit zu wahren haben, vor Gericht oder außergerichtlich aussagen oder Erklärungen abgeben. ²Die Genehmigung erteilt die Bezirksversammlung durch Beschluss. ³Dies gilt auch, wenn die Genehmigung für ein früheres Mitglied der Bezirksversammlung beantragt wird.

(4) ¹Die Genehmigung, als Zeuge auszusagen, darf nur versagt werden, wenn die Aussage dem Wohl des Bundes oder eines deutschen Landes Nachteile bereiten oder die Erfüllung öffentlicher Aufgaben ernstlich gefährden oder erheblich erschweren würde. ²Ist das Mitglied der Bezirksversammlung Partei oder Beschuldigter in einem gerichtlichen Verfahren oder soll sein Vorbringen der Wahrnehmung seiner berechtigten Interessen dienen, darf die Genehmigung auch dann, wenn die Voraussetzungen des Satzes 1 erfüllt sind, nur versagt werden, wenn ein zwingendes öffentliches Interesse dies erfordert. ³Wird sie versagt, ist dem Mitglied oder dem früheren Mitglied der Bezirksversammlung der Schutz zu gewähren, den die öffentlichen Interessen zulassen.

Abschnitt 2
Vorsitz

§ 8 Wahl und Stellvertretung

(1) Die Bezirksversammlung wählt ein Mitglied für den Vorsitz und bis zu zwei Mitglieder für dessen Stellvertretung.

(2) ¹Die Wahl des vorsitzenden Mitgliedes leitet das Mitglied der Bezirksversammlung, das ihr am längsten angehört und dazu bereit ist. ²Gehören mehrere Mitglieder der Bezirksversammlung gleich lang an, leitet von diesen das an Lebensjahren älteste und dazu bereite Mitglied die Wahl. ³Die Wahl erfolgt geheim durch Stimmzettel in getrennten Wahlgängen. ⁴Gewählt ist, wer die Stimmen der Mehrheit der Mitglieder der Bezirksversammlung auf sich vereint. ⁵Das gewählte Mitglied übernimmt nach seiner Wahl die Leitung der Sitzung.

§ 9 Vertretung, Geschäftsstelle

(1) Das vorsitzende Mitglied vertritt die Bezirksversammlung gegenüber der Öffentlichkeit, dem Bezirksamt und den übrigen Behörden der Freien und Hansestadt Hamburg.

(2) Die Geschäftsstelle der Bezirksversammlung untersteht fachlich dem vorsitzenden Mitglied.

Abschnitt 3
Fraktionen

§ 10 Status der Fraktionen, Gruppen

(1) [1]Fraktionen sind freiwillige Vereinigungen von Mitgliedern der Bezirksversammlung, die sich zur dauerhaften Verfolgung gemeinsamer politischer Ziele zusammengeschlossen haben. [2]Sie dienen der politischen Willensbildung in den Bezirksversammlungen. [3]Sie unterstützen ihre Mitglieder, ihre Tätigkeit innerhalb der Bezirksversammlung und deren Ausschüssen auszuüben und aufeinander abzustimmen. [4]Sie können mit den Fraktionen der anderen Bezirksversammlungen zusammenarbeiten und die Öffentlichkeit über ihre Tätigkeit unterrichten.

(2) [1]Eine Fraktion besteht aus mindestens drei Mitgliedern der Bezirksversammlung. [2]Neben einer bzw. einem Fraktionsvorsitzenden können Fraktionen mit bis zu neun Mitgliedern eine Stellvertretung, Fraktionen ab zehn Mitgliedern bis zu zwei Stellvertretungen wählen.

(3) [1]Die Fraktionen können am allgemeinen Rechtsverkehr teilnehmen und unter ihrem Namen klagen und verklagt werden. [2]Die von den Fraktionen insoweit vorgenommenen Handlungen binden nicht die Bezirksversammlung.

(4) Die Zahlung von Entschädigungsleistungen an Fraktionen regelt das Gesetz über Entschädigungsleistungen anlässlich ehrenamtlicher Tätigkeit in der Verwaltung vom 1. Juli 1963 (HmbGVBl. S. 111), zuletzt geändert am 6. Juli 2006 (HmbGVBl. S. 404, 413), in der jeweils geltenden Fassung.

(5) In der Geschäftsordnung der Bezirksversammlung nach § 12 Absatz 2 können Regelungen zu Status und Rechten von Gruppen im Rahmen dieses Gesetzes getroffen werden.

§ 11 Verschwiegenheit von Beschäftigten der Fraktionen

(1) Soweit Informationen an die Mitglieder der Bezirksversammlung übermittelt werden dürfen, ist ihre Übermittlung auch an Beschäftigte der Fraktionen zulässig.

(2) [1]Die Beschäftigten der Fraktionen haben auch nach Beendigung ihres Beschäftigungsverhältnisses über die ihnen bei ihrer Tätigkeit bekannt gewordenen Angelegenheiten Verschwiegenheit zu bewahren. [2]Dies gilt nicht für den dienstlichen Verkehr mit den Behörden der Freien und Hansestadt Hamburg und für Tatsachen, die offenkundig sind oder ihrer Bedeutung nach keiner Geheimhaltung bedürfen.

(3) [1]Für Beschäftigte der Fraktionen gilt § 7 Absätze 3 und 4 entsprechend. [2]Die Genehmigung erteilt das vorsitzende Mitglied der Bezirksversammlung.

Abschnitt 4
Sitzungen

§ 12 Einberufung, Geschäftsordnung

(1) [1]Das vorsitzende Mitglied stellt in Abstimmung mit dem stellvertretenden vorsitzenden Mitglied oder mit den stellvertretenden vorsitzenden Mitgliedern die Tagesordnung der Bezirksversammlung auf und beruft die Bezirksversammlung ein. [2]Es leitet die Sitzungen der Bezirksversammlung und übt während der Sitzungen das Hausrecht aus. [3]Auch fraktionslosen Mitgliedern ist eine angemessene Redezeit zuzubilligen.

(2) [1]Die Bezirksversammlung gibt sich und ihren Ausschüssen eine Geschäftsordnung. [2]§ 22 Absätze 2 und 3 gilt entsprechend.

§ 13 [1)]Beschlussfassung, Beschlussfähigkeit

(1) Die Bezirksversammlung und ihre Ausschüsse beschließen mit einfacher Stimmenmehrheit, soweit nicht gesetzlich etwas anderes bestimmt ist.

(2) [1]Die Bezirksversammlung und ihre Ausschüsse sind beschlussfähig, wenn mehr als die Hälfte der Mitglieder anwesend sind. [2]Sie gelten so lange als beschlussfähig, bis ein Mitglied die Beschlussunfähigkeit geltend macht.

(3) [1]In Fällen, in denen die Sitzungen eines Ausschusses an einem Ort aufgrund äußerer, nicht kontrollierbarer Umstände erheblich erschwert sind, kann das vorsitzende Mitglied der Bezirksversammlung auf Antrag der Mehrheit der Bezirksversammlung und im Benehmen mit den stellvertretenden vorsitzenden Mitgliedern zulassen, dass Sitzungen mittels einer Telefon- oder Videokonferenz durchgeführt werden. [2]Der Antrag nach Satz 1 ist mindestens zwei Werktage vor der geschäftsordnungs-

---

1) § 13 Abs. 3 bis 5 treten am 1.11.2021 außer Kraft.

mäßigen Einladungsfrist zu stellen. [3]Bei der technischen Umsetzung der Sitzungen ist zu gewährleisten, dass eine Teilnahme mittels Telefon grundsätzlich möglich ist. [4]Diese Sitzungen sind grundsätzlich nicht öffentlich; durch die Bezirksversammlung oder in den Fällen des § 15 Absatz 3 Satz 1 den Hauptausschuss kann hiervon abweichend bestimmt werden, unter welchen Voraussetzungen der Öffentlichkeit Zugang über elektronische Übermittlungswege gewährt werden kann. [5]Die Regelungen zur Öffentlichkeit der Unterlagen und Beschlüsse bleiben unberührt. [6]Die Beschlüsse und Unterlagen werden auf dem üblichen Wege der Öffentlichkeit zugänglich gemacht. [7]Abstimmungen erfolgen in namentlicher Abstimmung. [8]Die oder der jeweilige Vorsitzende des Ausschusses ist von einem Antrag nach Satz 1 unverzüglich in Kenntnis zu setzen.

(4) [1]Das vorsitzende Mitglied der Bezirksversammlung kann auf Antrag der Mehrheit der Bezirksversammlung in den in Absatz 3 Satz 1 genannten Fällen und im Benehmen mit den stellvertretenden vorsitzenden Mitgliedern zulassen, dass Angelegenheiten im schriftlichen oder elektronischen Beschlussverfahren behandelt werden. [2]Den Mitgliedern des Ausschusses ist die jeweilige entsprechende Vorlage einschließlich einer Fristsetzung für Rückäußerungen schriftlich oder elektronisch zu übermitteln. [3]Die Frist beträgt mindestens zwei Werktage. [4]Rückäußerungen haben schriftlich oder elektronisch zu erfolgen. [5]Im Falle einer nicht fristgemäßen Rückäußerung gilt dies als Ablehnung der Vorlage. [6]Beantragt ein Mitglied des Ausschusses Änderungen zu einer Vorlage, gilt die Zustimmung als nicht erteilt und die Entscheidung über die Änderungen und die Vorlage insgesamt sind in der nächsten Sitzung des Ausschusses aufzurufen. [7]Die oder der Vorsitzende des Ausschusses informiert die Mitglieder über das Ergebnis des schriftlichen oder elektronischen Umlaufverfahrens in der nächsten Sitzung. [8]Die oder der jeweilige Vorsitzende des Ausschusses ist von einem Antrag nach Satz 1 unverzüglich in Kenntnis zu setzen.

(5) Wahlen sind nach dem Verfahren der Absätze 3 und 4 unzulässig.

§ 14 Öffentlichkeit

(1) [1]Die Sitzungen der Bezirksversammlung und ihrer Ausschüsse sind öffentlich. [2]In der Geschäftsordnung kann bestimmt werden, öffentliche Sitzungen der Bezirksversammlung und bei Vorliegen besonderer Gründe auch ihrer Ausschüsse direkt im Internet zu übertragen. [3]Die Einzelheiten dazu legt die Bezirksversammlung fest.

(2) [1]Die Öffentlichkeit kann durch Beschluss bei einzelnen Tagesordnungspunkten ausgeschlossen werden. [2]Die Öffentlichkeit ist auszuschließen, soweit gesetzliche Vorschriften, überwiegende Belange des öffentlichen Wohls oder berechtigte Interessen Einzelner dies erfordern. [3]Über einen Antrag auf Ausschluss der Öffentlichkeit ist in nichtöffentlicher Verhandlung zu beraten und zu beschließen.

(3) Die Bezirksversammlung und ihre Ausschüsse können den Einwohnerinnen und Einwohnern in ihren öffentlichen Sitzungen Gelegenheit geben, an die Mitglieder Fragen zum Gegenstand der Beratungen zu stellen.

(4) [1]Die Ausschüsse können sachkundige Personen und Betroffene hinzuziehen; eine Verpflichtung für Behörden zur Entsendung ergibt sich nur nach Maßgabe des § 27 Absatz 3. [2]Der Beschluss der Hinzuziehung sachkundiger Personen bedarf der Zustimmung der oder des Vorsitzenden der Bezirksversammlung, wenn hierdurch gesonderte Kosten entstehen. [3]Werden sachkundige Personen oder Betroffene in nicht-öffentlicher Sitzung hinzugezogen, so haben sie sich im Voraus schriftlich zur Verschwiegenheit zu verpflichten.

Abschnitt 5
Ausschüsse

§ 15 Hauptausschuss

(1) [1]Die Bezirksversammlung bestellt aus ihrer Mitte einen Hauptausschuss mit höchstens 15 Mitgliedern. [2]Das vorsitzende Mitglied der Bezirksversammlung gehört dem Hauptausschuss an und führt den Vorsitz. [3]Der Hauptausschuss wählt ein Mitglied für dessen Stellvertretung.

(2) [1]Der Hauptausschuss nimmt die Aufgaben wahr, die ihm durch
1. Rechtsvorschrift,
2. Geschäftsordnung oder
3. Beschluss der Bezirksversammlung

übertragen worden sind. [2]Die Bezirksversammlung kann den Hauptausschuss für bestimmte Angelegenheiten oder im Einzelfall ermächtigen, an ihrer Stelle Beschlüsse zu fassen.

(3) [1]Der Hauptausschuss ist darüber hinaus befugt, in Angelegenheiten, die eine Beschlussfassung vor der nächsten Sitzung der Bezirksversammlung erfordern, für die Bezirksversammlung Beschlüsse zu fassen. [2]Die Beschlüsse sind der Bezirksversammlung in der nächsten Sitzung zur Kenntnis zu geben.

(4) [1]In den Fällen des Absatzes 2 Satz 1 Nummern 2 und 3 kann die Bezirksversammlung jeden Fall an sich ziehen und selbst entscheiden. [2]Sie hat so zu verfahren, wenn die Bezirksamtsleitung nach § 22 Absatz 2 einen Beschluss des Hauptausschusses beanstandet und der Hauptausschuss seinen Beschluss nicht ändert.

§ 16 Fachausschüsse, Regionalausschüsse, Sonderausschüsse

(1) [1]Die Bezirksversammlung kann zur Vorbereitung ihrer Beschlüsse Ausschüsse mit jeweils höchstens 15 Mitgliedern einsetzen. [2]Die Einsetzung von Unterausschüssen ist nicht zulässig. [3]Abweichend von Satz 2 darf die Bezirksversammlung bei jedem Regionalausschuss einen Unterausschuss mit höchstens neun Mitgliedern bilden, in dem in nichtöffentlicher Sitzung Bauangelegenheiten des Bezirksamtes behandelt werden. [4]Für diesen Unterausschuss gelten die §§ 7 und 13 sowie § 16 Absatz 4 Satz 1 und § 17 Absätze 1, 3, 4 und 6 entsprechend.

(2) Ausschüsse im Sinne von Absatz 1 Satz 1 sind
1. ständige Fachausschüsse,
2. Regionalausschüsse und
3. Sonderausschüsse zur Vorbereitung einzelner Beschlüsse und zur Prüfung einzelner Anträge.

(3) [1]Je angefangene 90.000 Einwohnerinnen und Einwohner des Bezirks kann ein Regionalausschuss eingesetzt werden. [2]Dabei sind die Grenzen der Stadtteile zu beachten. [3]Regionalausschüsse befassen sich mit Angelegenheiten, die ihre Region in besonderem Maße betreffen.

(4) [1]An die Fach- und Sonderausschüsse im Sinne von Absatz 2 Nummern 1 und 3 kann die Bezirksversammlung die ihrer Mitwirkung unterliegenden Angelegenheiten ausschließlich zur Beratung überweisen. [2]An die Regionalausschüsse kann die Bezirksversammlung diese Angelegenheiten auch zur abschließenden Entscheidung überweisen; dies gilt nicht für die in §§ 27 bis 32 sowie §§ 34, 37, 40 und 41 genannten Angelegenheiten sowie für die Angelegenheiten nach dem Bauleitplanfeststellungsgesetz in der Fassung vom 30. November 1999 (HmbGVBl. S. 271), zuletzt geändert am 6. Juli 2006 (HmbGVBl. S. 418), in der jeweils geltenden Fassung, soweit dort nichts anderes bestimmt ist. [3]§ 15 Absatz 3 Satz 2 und Absatz 4 gilt entsprechend.

(5) [1]Beauftragt die Bezirksversammlung den Jugendhilfeausschuss mit Aufgaben eines Fachausschusses, kann er diese neben den Aufgaben nach dem Achten Buch Sozialgesetzbuch in der Fassung vom 8. Dezember 1998 (BGBl. I S. 3547), zuletzt geändert am 8. September 2005 (BGBl. I S. 2729), in der jeweils geltenden Fassung wahrnehmen. [2]Zusammensetzung, Aufgaben und Verfahren richten sich nach dem Hamburgischen Gesetz zur Ausführung des Achten Buches Sozialgesetzbuch – Kinder- und Jugendhilfe – in der Fassung vom 25. Juni 1997 (HmbGVBl. S. 273), zuletzt geändert am 6. Juli 2006 (HmbGVBl. S. 404, 414), in der jeweils geltenden Fassung.

§ 17 Zusammensetzung der Ausschüsse

(1) [1]Die Besetzung der Ausschüsse erfolgt nach Maßgabe des Stärkeverhältnisses der Fraktionen auf der Grundlage des Berechnungsverfahrens nach Hare-Niemeyer. [2]Jede Fraktion der Bezirksversammlung kann beanspruchen, in jedem Ausschuss mit mindestens einem Sitz vertreten zu sein (Grundmandat). [3]Die in § 15 Absatz 1 Satz 1 und § 16 Absatz 1 Sätze 1 und 3 genannten Höchstzahlen der Mitglieder können überschritten werden, sofern dies erforderlich ist, um die Mehrheitsverhältnisse der Bezirksversammlung in den Ausschüssen abzubilden.

(2) Fraktionslose Mitglieder der Bezirksversammlung können, sofern sie keinem Ausschuss angehören, dem vorsitzenden Mitglied zwei Ausschüsse nennen, an deren Sitzungen sie mit einem Rede- und Antragsrecht, jedoch ohne Stimmrecht teilnehmen.

(3) [1]Jede Fraktion kann für die Hälfte ihrer Sitze, im Falle nur eines Sitzes auch für diesen, in jedem Ausschuss mit Ausnahme des Hauptausschusses an Stelle von Mitgliedern der Bezirksversammlung andere Einwohnerinnen und Einwohner des Bezirks benennen; halbe Zahlen werden aufgerundet. [2]Die Beschränkung der Anzahl der Sitze nach Satz 1 besteht nicht für den Regionalausschuss; Fraktionen mit mehreren Ausschusssitzen müssen durch mindestens ein Mitglied der Bezirksversammlung im

Regionalausschuss vertreten sein. [3]Die zu benennenden Ausschussmitglieder müssen das 16. Lebensjahr vollendet haben. [4]§§ 5 bis 7 dieses Gesetzes sowie § 6 Absätze 2 bis 5 und §§ 7, 31 und 32 des Gesetzes über die Wahl zu den Bezirksversammlungen in der Fassung vom 5. Juli 2004 (HmbGVBl. S. 313, 318), zuletzt geändert am 14. Mai 2018 (HmbGVBl. S. 119, 120), in der jeweils geltenden Fassung, gelten entsprechend. [5]Bei der Besetzung der Ausschüsse ist sicherzustellen, dass mindestens die Hälfte der Mitglieder zu der Bezirksversammlung wählbar ist.

(4) [1]Die Ausschüsse mit Ausnahme des Hauptausschusses wählen aus ihrer Mitte ein Mitglied für den Vorsitz und ein Mitglied für dessen Stellvertretung. [2]Das Vorschlagsrecht für die Ausschussvorsitze haben die Fraktionen nach Maßgabe ihres Stärkeverhältnisses auf der Grundlage des Berechnungsverfahrens nach Hare-Niemeyer. [3]Die Fach-, Sonder- und Regionalausschüsse sowie deren Unterausschüsse bilden eine Zählreihe. [4]Der Hauptausschuss ist beim Zugriffsverfahren als Ausschuss zu berücksichtigen. [5]Die Fraktionen können in der Reihenfolge ihrer Stärke jeweils einen Ausschuss bestimmen, für den ihnen das Vorschlagsrecht zusteht, bis alle Ausschüsse entsprechend dem Verhältnis nach Satz 2 verteilt sind (Zugriffsverfahren). [6]Bei gleicher Fraktionsstärke ist für die Reihenfolge die Zahl der bei der letzten Wahl zur Bezirksversammlung erzielten Stimmen maßgebend. [7]Ist diese nicht bestimmbar, entscheidet das Los.

(5) Die Mitglieder des Hauptausschusses können sich nur durch Mitglieder der Bezirksversammlung der gleichen Fraktion vertreten lassen.

(6) [1]Für die Mitglieder der Ausschüsse mit Ausnahme des Hauptausschusses können Fraktionen, die mit mindestens zwei Mitgliedern in einem Ausschuss vertreten sind, zwei ständige Vertretungen bestellen. [2]Fraktionen mit einem Mitglied in einem Ausschuss können eine ständige Vertretung bestellen. [3]Die ständigen Vertretungen müssen die Voraussetzungen des Absatzes 3 Sätze 3 bis 5 erfüllen.

§ 18 Grundsatz der Einmalbefassung

[1]Angelegenheiten sollen nur in jeweils einen Ausschuss überwiesen und nur dort behandelt werden. [2]Ausnahmen sind zulässig, wenn der Haushaltsausschuss, der Jugendhilfeausschuss oder ein Regionalausschuss beteiligt werden. [3]Die Überweisung erfolgt durch die Bezirksversammlung, in dringenden Fällen durch ihr vorsitzendes Mitglied.

Abschnitt 6
Befugnisse der Bezirksversammlung und ihrer Mitglieder

Unterabschnitt 1
Befugnisse in Angelegenheiten des Bezirksamtes

§ 19 Informationspflichten und Entscheidungsrechte

(1) [1]Das Bezirksamt informiert die Bezirksversammlung über alle Angelegenheiten von grundsätzlicher Bedeutung. [2]Grundsätzliche Bedeutung hat eine Angelegenheit, an der ein über die Geschäfte der laufenden Verwaltung hinausgehendes besonderes Interesse besteht, weil die Entscheidung zahlreiche bedeutsame Fälle beeinflusst oder weil die Angelegenheit von herausragendem Gewicht ist. [3]Bezirksversammlung und Bezirksamt sollen in einer Vereinbarung regeln, wie die Informationspflicht ausgestaltet wird.

(2) [1]Die Bezirksversammlung kontrolliert die Führung der Geschäfte des Bezirksamts. [2]Sie kann in allen Angelegenheiten, für die das Bezirksamt zuständig ist, das Bezirksamt bindende Beschlüsse fassen. [3]Dabei soll sie sich auf Angelegenheiten von grundsätzlicher Bedeutung beschränken. [4]Bevor die Bezirksversammlung einen Beschluss fasst, der Vorgaben für die Ausübung des Ermessens des Bezirksamtes im Rahmen eines Verwaltungsverfahrens macht, informiert das Bezirksamt die Bezirksversammlung über den Sachverhalt und die rechtlichen Grenzen der Ausübung des Ermessens.

(3) Die Bezirksversammlung entscheidet nicht über Personal- und Organisationsangelegenheiten.

(4) [1]Hat das Bezirksamt über den Widerspruch gegen einen Verwaltungsakt zu entscheiden, an dem die Bezirksversammlung durch Beschluss mitgewirkt hat, so gibt es ihr Gelegenheit zur Stellungnahme, wenn dem Widerspruch stattgegeben werden soll. [2]Die Entscheidung trifft die Bezirksamtsleitung. [3]Sie ist an die Stellungnahme der Bezirksversammlung nicht gebunden.

§ 20 Eingaben

Die Bezirksversammlung behandelt Eingaben, soweit sie Aufgaben des Bezirksamtes betreffen, nach Maßgabe ihrer Geschäftsordnung.

§ 21 Grenzen des Entscheidungsrechts

Bei ihren Entscheidungen ist die Bezirksversammlung an Recht und Gesetz, den Haushaltsbeschluss, Globalrichtlinien nach § 46, Zuständigkeitsanordnungen und sonstige Entscheidungen des Senats sowie Fachanweisungen und Einzelweisungen nach § 45 gebunden.

§ 22 Umsetzung der Entscheidungen

(1) Das Bezirksamt setzt Entscheidungen der Bezirksversammlung um, soweit die Bezirksamtsleitung diese nicht beanstandet.

(2) [1]Die Bezirksamtsleitung hat eine Entscheidung der Bezirksversammlung binnen zwei Wochen bei deren vorsitzenden Mitglied zu beanstanden, wenn sie gegen § 21 verstößt. [2]Wird die beanstandete Entscheidung nicht in einer der beiden nächsten Sitzungen, spätestens binnen zwei Monaten nach der Beanstandung geändert oder aufgehoben, so entscheidet der Senat. [3]Zur Vorbereitung der Senatsentscheidung unterrichtet die Bezirksamtsleitung unverzüglich nach Fristablauf oder einer erneuten Entscheidung der Bezirksversammlung die Bezirksaufsichtsbehörde. [4]Das vorsitzende Mitglied der Bezirksversammlung kann eine Stellungnahme zur Vorbereitung der Senatsentscheidung an die Bezirksaufsichtsbehörde abgeben.

(3) [1]Die Beanstandung hat aufschiebende Wirkung. [2]Die Bezirksamtsleitung ist befugt, eine vorläufige Regelung zu treffen. [3]Sie unterrichtet unverzüglich das vorsitzende Mitglied der Bezirksversammlung über eine getroffene vorläufige Regelung sowie über eine vom Senat getroffene Entscheidung.

(4) Hebt der Senat einen beanstandeten Beschluss der Bezirksversammlung auf, so unterrichtet er die Bürgerschaft unter Angabe der maßgeblichen Gründe von der Aufhebung.

§ 23 Einspruchsrecht

[1]Gegen Entscheidungen des Bezirksamtes, die ohne die erforderliche Zustimmung der Bezirksversammlung oder gegen einen bindenden Beschluss der Bezirksversammlung ergangen sind, kann die Bezirksversammlung über die Bezirksaufsichtsbehörde den Senat anrufen. [2]Das Gleiche gilt, wenn ein bindender Beschluss nicht ausgeführt wird. [3]Der Senat kann vorläufige Regelungen treffen. [4]Hilft der Senat dem Einspruch nicht ab, so unterrichtet er die Bürgerschaft unter Angabe der maßgeblichen Gründe von seiner Entscheidung.

§ 24 Anfragen

(1) [1]In Angelegenheiten, für die das Bezirksamt zuständig ist, können die Mitglieder der Bezirksversammlung große und kleine Anfragen an die Bezirksamtsleitung richten. [2]Große Anfragen sind schriftlich von einer Fraktion zu stellen. [3]Sie sind innerhalb eines Monats von der Bezirksamtsleitung schriftlich zu beantworten. [4]Auf Verlangen der Fraktion folgt der Antwort eine Besprechung in der Bezirksversammlung. [5]Kleine Anfragen werden von mindestens einem Mitglied der Bezirksversammlung schriftlich gestellt. [6]Sie sind von der Bezirksamtsleitung binnen acht Arbeitstagen schriftlich zu beantworten.

(2) Eine Antwort hat zu unterbleiben, soweit gesetzliche Vorschriften, überwiegende Belange des öffentlichen Wohls oder berechtigte Interessen Einzelner entgegenstehen.

§ 25 Akteneinsicht

(1) Auf Verlangen eines Fünftels der Mitglieder der Bezirksversammlung oder des Hauptausschusses oder auf Verlangen eines Ausschusses hat das Bezirksamt den Mitgliedern der Bezirksversammlung beziehungsweise den Mitgliedern des Ausschusses Einsicht in seine Akten zu gewähren.

(2) Ein Recht auf Einsicht in die Akten besteht nicht, soweit gesetzliche Vorschriften, überwiegende Belange des öffentlichen Wohls oder berechtigte Interessen Einzelner entgegenstehen.

(3) Mitglieder der Bezirksversammlung und Mitglieder des Ausschusses dürfen in Angelegenheiten, von deren Beratung und Beschlussfassung sie ausgeschlossen sind (§ 6 Absätze 3 und 4) keine Einsicht in Akten nehmen.

(4) Bei Meinungsverschiedenheiten über das Recht zur Akteneinsicht kann ein Fünftel der Mitglieder der Bezirksversammlung den Senat über die Bezirksaufsichtsbehörde zur Entscheidung anrufen.

§ 26 Anhörungsrecht bei Standortentscheidungen und überbezirklicher Zusammenarbeit
Die Bezirksamtsleitung hört die Bezirksversammlung an
1. bevor sie über Standorte von Dienststellen des Bezirksamtes entscheidet,
2. vor der Zusammenfassung von Aufgaben mehrerer Bezirksämter bei einem Bezirksamt und
3. vor der Übertragung von Aufgaben, die von jedem Bezirksamt auch für den Bereich anderer Bezirksämter wahrgenommen werden sollen.

Unterabschnitt 2
Befugnisse in Angelegenheiten anderer Behörden

§ 27 Auskunfts- und Empfehlungsrecht
(1) [1]In allen Angelegenheiten, die für den Bezirk von Bedeutung sind, deren Erledigung aber nicht in die Zuständigkeit des Bezirksamtes fällt, kann die Bezirksversammlung an die jeweils zuständige Behörde der Freien und Hansestadt Hamburg eine Empfehlung aussprechen. [2]Mindestens drei Mitglieder der Bezirksversammlung können in diesen Angelegenheiten an die jeweils zuständige Behörde Anfragen richten.
(2) [1]Das vorsitzende Mitglied übermittelt den Beschluss oder die Anfrage an die jeweils zuständige Behörde. [2]Sie muss der Bezirksversammlung innerhalb von sechs Wochen nach Eingang der Fragen die Antwort übermitteln oder mitteilen, ob und in welcher Form die Empfehlung Berücksichtigung findet.
(3) Die für straßenverkehrsbehördliche Anordnungen zuständige Behörde ist auf Anforderung der Bezirksversammlung verpflichtet, Fachleute zur Erörterung der Sach- und Rechtslage und zur Beantwortung von Fragen in die Sitzung der Bezirksversammlung oder in die Sitzung des zuständigen Ausschusses zu entsenden.

§ 28 Anhörungsrecht bei Standortentscheidungen
[1]Vor der Entscheidung des Senats oder einer Fachbehörde über die Ansiedlung, Schließung oder wesentliche Veränderung nachfolgender Einrichtungen ist die örtlich zuständige Bezirksversammlung anzuhören, sofern die Entscheidung für den Bezirk oder einen wesentlichen Teil des Bezirks von Bedeutung ist:
1. Einrichtungen der Jugendhilfe, soweit sie nicht rechtlich selbständig sind,
2. Finanzämter,
3. Freiwillige Feuerwehren und Berufsfeuerwehren,
4. Gedenkstätten,
5. Gerichte,
6. Hochschulstätten,
7. Justizvollzugsanstalten,
8. Kultureinrichtungen, soweit sie nicht rechtlich selbständig sind,
9. öffentliche Unterbringungen von Zuwanderern und Wohnungslosen,
10. Polizeikommissariate,
11. Schulen und
12. Sportstätten.
[2]Die Anhörungsfrist beträgt mindestens einen Monat. [3]Der Senat oder die Fachbehörde berücksichtigen bei ihrer Entscheidung die Stellungnahme der Bezirksversammlung. [4]Die anhörende Behörde informiert die Bezirksversammlung nach Abschluss der Planung über das Ergebnis und die Berücksichtigung der Stellungnahme.

§ 29 Anhörungsrecht bei Erteilung von Baugenehmigungen in Vorbehaltsgebieten und im Stadtteil HafenCity
[1]Die für die Erteilung von Baugenehmigungen im Stadtteil HafenCity und in Vorbehaltsgebieten im Sinne von § 7 Absatz 1 Satz 1 des Bauleitplanfeststellungsgesetzes zuständige Behörde unterrichtet vor einer Bescheidung der Bauanträge in entsprechender Anwendung von § 19 Absatz 1 Sätze 1 und 2 des Bezirksverwaltungsgesetzes die Bezirksversammlung, in deren Bezirk das betreffende Grundstück belegen ist, und gibt ihr Gelegenheit zur Stellungnahme. [2]Die Anhörungsfrist beträgt einen Monat und beginnt mit dem Vorliegen der vollständigen Unterlagen bei der anzuhörenden Bezirksversammlung. [3]Die anhörende Behörde berücksichtigt bei ihrer Entscheidung die Stellungnahme der Bezirks-

versammlung. [4]Die anhörende Behörde informiert die Bezirksversammlung nach Abschluss des Verfahrens über das Ergebnis und die Berücksichtigung der Stellungnahme.

Unterabschnitt 3
Wahlen und Vorschlagsrechte

§ 30
[1]Die Bezirksversammlung wählt
1. die Vertrauensperson für den Schöffenwahlausschuss,
2. die beisitzenden Mitglieder in der Kommission für Bodenordnung und
3. die beisitzenden Mitglieder in der Kommission für Stadtentwicklung.

[2]Der Bezirksversammlung können weitere Wahlrechte übertragen werden.

§ 31 Vorschlagsrechte
[1]Die Bezirksversammlung beschließt über die Vorschlagslisten für
1. die Schöffinnen und Schöffen,
2. die ehrenamtlichen Richterinnen und Richter der Sozialgerichtsbarkeit in Angelegenheiten der Sozialhilfe und des Asylbewerberleistungsgesetzes und
3. die ehrenamtlichen Richterinnen und Richter der Verwaltungsgerichtsbarkeit.

[2]Der Bezirksversammlung können weitere Vorschlagsrechte übertragen werden.

Teil 3
Bürgerbegehren und Bürgerentscheid

§ 32 Bürgerbegehren und Bürgerentscheid
(1) [1]Die wahlberechtigten Einwohnerinnen und Einwohner eines Bezirkes können in allen Angelegenheiten, in denen die Bezirksversammlung Beschlüsse fassen darf, einen Bürgerentscheid beantragen (Bürgerbegehren). [2]Ausgenommen vom Bürgerbegehren sind Personalentscheidungen und Beschlüsse über den Haushalt.

(2) [1]Das Bürgerbegehren muss durch eine Initiative schriftlich beim Bezirksamt angezeigt werden. [2]Es muss eine mit „Ja" oder „Nein" zu entscheidende Fragestellung enthalten sowie die Benennung von drei Vertrauenspersonen, die berechtigt sind, die Unterzeichnenden und die Initiative zu vertreten.

(3) [1]Ein Bürgerbegehren ist zustande gekommen, wenn es innerhalb von sechs Monaten seit der Anzeige von drei vom Hundert der wahlberechtigten Einwohnerinnen und Einwohner unterstützt wurde. [2]Hat der Bezirk mehr als 300.000 Einwohnerinnen und Einwohner, so reicht die Unterstützung von zwei vom Hundert der wahlberechtigten Einwohnerinnen und Einwohner. [3]Die Feststellung über das Zustandekommen eines Bürgerbegehrens trifft das Bezirksamt. [4]Ist das Sammeln von Unterschriften zur Unterstützung für ein Bürgerbegehren aufgrund einer Naturkatastrophe oder eines ähnlichen Ereignisses höherer Gewalt erheblich und länger als 30 Tage erschwert, kann die Bezirksaufsichtsbehörde auf Antrag der Initiative Beginn und Ende der Hemmung der Frist nach Satz 1 für den Zeitraum der Erschwernis, längstens jedoch für insgesamt sechs Monate, anordnen.

(4) [1]Spätestens nach Einreichen von einem Drittel der in Absatz 3 geforderten Unterschriften entscheidet das Bezirksamt über die Zulässigkeit eines Bürgerbegehrens. [2]Gegen die Zurückweisung eines Bürgerbegehrens können die Vertrauenspersonen des Bürgerbegehrens Klage erheben.

(5) [1]Nach Vorliegen von einem Drittel der in Absatz 3 geforderten Unterschriften beim Bezirksamt darf mindestens bis zur Feststellung des Zustandekommens eine dem Bürgerbegehren entgegenstehende Entscheidung durch die Bezirksorgane nicht mehr getroffen und mit dem Vollzug einer solchen Entscheidung nicht begonnen werden, wenn das Bürgerbegehren zulässig ist (Sperrwirkung). [2]Rechtliche Verpflichtungen, die vor Einreichung des Antrages nach Satz 1 begründet werden, bleiben unberührt. [3]Ist das Bürgerbegehren zustande gekommen, gilt die Rechtswirkung nach Satz 1 bis zur Durchführung des Bürgerentscheides.

(6) [1]Erklärt das Bezirksamt das Bürgerbegehren für zulässig, macht es das Bürgerbegehren amtlich bekannt und legt Unterschriftenlisten zur Eintragung aus. [2]Vom Zeitpunkt der Feststellung der Zulässigkeit bis zum Ende der Sperrwirkung kann die Bezirksversammlung nach Anhörung der Initiative durch Beschluss einen vorgezogenen Bürgerentscheid herbeiführen.

(7) [1]Spätestens vier Monate nach der Feststellung des Zustandekommens wird über den Gegenstand des Bürgerbegehrens ein Bürgerentscheid durchgeführt, sofern die Bezirksversammlung dem Anliegen des Bürgerbegehrens nicht innerhalb von zwei Monaten unverändert oder in einer Form zustimmt, die von der Initiative gebilligt wird. [2]Die Bezirksversammlung kann eine eigene Vorlage beifügen, die Initiative ihre Vorlage zurücknehmen oder überarbeiten.

(8) [1]Das Bezirksamt setzt den Abstimmungstermin fest und macht ihn zusammen mit dem Gegenstand des Bürgerentscheids amtlich bekannt. [2]Die Abstimmungsberechtigten werden durch das Bezirksamt über den Termin des Bürgerentscheides und den Ort der Stimmabgabe informiert. [3]Die Abstimmungsberechtigten erhalten je ein Informationsheft, in dem die Bezirksversammlung und die Initiative in gleichem Umfang ihre Argumente darlegen.

(9) [1]Beim Bürgerentscheid ist jede wahlberechtigte Einwohnerin und jeder wahlberechtigte Einwohner stimmberechtigt. [2]Es entscheidet die Mehrheit der abgegebenen gültigen Stimmen. [3]Stehen mehrere Vorlagen zur Abstimmung, können die wahlberechtigten Einwohnerinnen und Einwohner jede Vorlage einzeln annehmen oder ablehnen. [4]Für den Fall, dass mehrere Vorlagen zum gleichen Gegenstand angenommen werden, können die Abstimmenden darüber befinden, welche sie vorziehen. [5]Die Möglichkeit der brieflichen Abstimmung ist zu gewährleisten.

(10) Die Auffassungen der Bezirksversammlung und der Initiative zu dem Gegenstand des Bürgerentscheides dürfen in Veröffentlichungen des Bezirksamts nur in gleichem Umfang dargestellt werden.

(11) [1]Der Bürgerentscheid hat die Wirkung eines Beschlusses der Bezirksversammlung. [2]Eine durch Bürgerentscheid zustande gekommene Entscheidung darf innerhalb von zwei Jahren nach dem Tag des Bürgerentscheids nicht im Wege von Bürgerbegehren und Bürgerentscheid geändert werden.

(12) Das Nähere regelt ein Durchführungsgesetz, das Abweichungen von den Fristenregelungen in Absatz 7 vorsehen kann.

Teil 4
Beteiligung von Kindern und Jugendlichen

§ 33 Beteiligung von Kindern und Jugendlichen
[1]Das Bezirksamt muss bei Planungen und Vorhaben, die die Interessen von Kindern und Jugendlichen berühren, diese in angemessener Weise beteiligen. [2]Hierzu entwickelt das Bezirksamt geeignete Verfahren.

Teil 5
Bezirksamtsleitung

§ 34 Wahl, Bestellung, Abberufung
(1) [1]Die Bezirksamtsleitung wird dem Senat von der Bezirksversammlung mit der Mehrheit ihrer Mitglieder durch Wahl vorgeschlagen. [2]Vor Beendigung der Amtszeit der Bezirksamtsleitung kann die Bezirksversammlung der Bezirksamtsleitung das Misstrauen nur dadurch aussprechen, dass sie eine Nachfolgerin oder einen Nachfolger wählt.

(2) [1]Der Senat schreibt die Stelle öffentlich aus. [2]Von einer Ausschreibung kann abgesehen werden, wenn die Bezirksversammlung dies mit der Mehrheit ihrer Mitglieder beschließt. [3]An dem Auswahlverfahren sind die hierfür von den Fraktionen der Bezirksversammlung benannten Mitglieder zu beteiligen. [4]Jede Fraktion kann nur ein Mitglied benennen.

(3) [1]Die Mitglieder der Bezirksversammlung und der Senat können der Bezirksversammlung Wahlvorschläge unterbreiten. [2]Die Wahl soll drei Monate vor Ablauf der Amtszeit der Amtsinhaberin oder des Amtsinhabers erfolgen.

(4) [1]Nach ihrer Wahl wird die Bezirksamtsleitung vom Senat für die Dauer von sechs Jahren bestellt, wenn die dienstrechtlichen Voraussetzungen vorliegen. [2]Bei Wahl einer Nachfolgerin oder eines Nachfolgers nach Absatz 1 Satz 2 wird sie vom Senat abberufen. [3]Ergänzend gilt § 7 des Hamburgischen Beamtengesetzes vom 15. Dezember 2009 (HmbGVBl. S. 405) in der jeweils geltenden Fassung.

(5) Nach Beendigung der Amtszeit nimmt die Vertretung der Bezirksamtsleitung die Geschäfte bis zur Bestellung einer neuen Bezirksamtsleitung wahr.

§ 35 Aufgaben

(1) [1]Die Bezirksamtsleitung vertritt das Bezirksamt gegenüber der Öffentlichkeit und anderen Behörden der Freien und Hansestadt Hamburg. [2]Sofern sie an der Abstimmung von Vorlagen an den Senat beteiligt wird, ist ihr eine angemessene Frist zur Stellungnahme einzuräumen.

(2) [1]Die Bezirksamtsleitung nimmt die Aufgaben des Bezirksamtes wahr und ist für deren Erfüllung verantwortlich. [2]Sie führt die Geschäfte der laufenden Verwaltung und nimmt die in diesem Gesetz begründeten Pflichten des Bezirksamtes gegenüber der Bezirksversammlung wahr.

(3) [1]An den Sitzungen der Bezirksversammlung und ihrer Ausschüsse nimmt die Bezirksamtsleitung mit beratender Stimme teil. [2]Ihr ist auf Verlangen jederzeit das Wort zu Erklärungen und Mitteilungen zu erteilen. [3]Sie kann zu den Sitzungen andere Beschäftigte der Verwaltung hinzuziehen.

(4) [1]In den Sitzungen der Ausschüsse nach § 16 Absatz 1 kann sich die Bezirksamtsleitung durch Beschäftigte des Bezirksamtes vertreten lassen. [2]Die Vertretung ist allgemein oder im Einzelfall vor Beginn der Sitzung bekannt zu geben. [3]Der zur Vertretung bestimmten Person ist auf Verlangen vom vorsitzenden Mitglied jederzeit das Wort zu Erklärungen und Mitteilungen zu erteilen.

Teil 6
Haushaltswesen in den Bezirksämtern

§ 36 Grundsätze des Haushaltswesens in den Bezirksämtern

(1) Im Haushaltsplan wird für jedes Bezirksamt ein besonderer Einzelplan ausgewiesen.

(2) In den Einzelplänen der Bezirksämter werden Sondermittel der Bezirksversammlung sowie, jeweils gegliedert nach einheitlichen Aufgabenbereichen und Produktgruppen, aber ohne Leistungszweck, veranschlagt

1. die aus der Wahrnehmung von Aufgaben des Bezirksamtes entstehenden Erlöse,
2. die Personalkosten der Bediensteten des Bezirksamtes,
3. die Kosten des sächlichen Verwaltungsbedarf des Bezirksamtes einschließlich der Kosten der Bezirksversammlung,
4. die Kosten der Leistungen in eigener fachlicher Zuständigkeit des Bezirksamtes,
5. die Einzahlungen und Auszahlungen für Investitionen für Verwaltungszwecke des Bezirksamtes und
6. die Einzahlungen und Auszahlungen für Investitionen und Darlehen für Aufgaben in eigener fachlicher Zuständigkeit des Bezirksamtes.

(3) [1]In den Teilplänen der Aufgabenbereiche der zuständigen Fachbehörden werden Zuweisungen an die Bezirksämter in einer eigenen Produktgruppe ohne Leistungen veranschlagt. [2]Die Produktgruppe wird nach

1. Rahmenzuweisungen,
2. Zweckzuweisungen und
3. Einzelzuweisungen

gegliedert, denen jeweils ein Anteil der veranschlagten Kosten der Produktgruppe zugeordnet wird. [3]Für Verpflichtungsermächtigungen sind die Sätze 1 und 2 entsprechend anzuwenden.

(4) In den Teilplänen der Aufgabenbereiche der Fachbehörden werden Auszahlungen für Investitionen oder Darlehen und entsprechende Verpflichtungsermächtigungen ebenfalls als

1. Rahmenzuweisungen,
2. Zweckzuweisungen und
3. Einzelzuweisungen

veranschlagt.

(5) Die als Rahmen-, Zweck- und Einzelzuweisungen veranschlagten Ermächtigungen, Kosten zu verursachen oder Auszahlungen zu leisten, werden nach Beschlussfassung über den Haushaltsplan aus den Einzelplänen der zuständigen Fachbehörden der Einzelpläne der Bezirksämter übertragen.

(6) Das Nähere bestimmt die für die Finanzen zuständige Behörde nach Maßgabe des § 11 der Landeshaushaltsordnung vom 17. Dezember 2013 (HmbGVBl. S. 503), zuletzt geändert am 27. April 2021 (HmbGVBl. S. 283, 284), in der jeweils geltenden Fassung.

§ 36a Vorbericht zu den Einzelplänen der Bezirksämter
[1]Art und Umfang der von den Bezirksämtern zu erbringenden Leistungen sind in einem Vorbericht zu den Einzelplänen der Bezirksämter verbindlich festzulegen. [2]Die Gliederung der Produktgruppen der Bezirksämter in Produkte, die Ziele und die Kennzahlen ergeben sich für die Bezirksämter einheitlich aus Gesetzen, Rechtsverordnungen, Globalrichtlinien, Fachanweisungen oder Entscheidungen des Senats. [3]Bei der Festlegung der Kennzahlenwerte sind insbesondere der Aufgabenbestand der Bezirksämter unter Berücksichtigung der zu erwartenden Veränderungen und die Einwohnerzahl der Bezirke zu berücksichtigen.

§ 37 Rahmenzuweisungen
(1) [1]Rahmenzuweisungen werden für die vom Senat den Bezirksämtern übertragenen Aufgaben veranschlagt, für die nach Entscheidung des Senats ein Gestaltungsspielraum besteht. [2]Dies sind Aufgaben, bei denen die Bezirksämter den Mitteleinsatz überwiegend selbst bestimmen können.
(2) Grundsätzlich soll nach § 36 Absatz 4 und in den Produktgruppen nach § 36 Absatz 3 nur jeweils eine Rahmenzuweisung veranschlagt werden.
(3) [1]Die Rahmenzuweisungen werden vom Senat im Haushaltsplan- Entwurf auf die Bezirksämter verteilt. [2]Den Bezirksversammlungen und den Bezirksamtsleitungen ist zuvor Gelegenheit zur Stellungnahme zu geben. [3]Das gilt bei Nachbewilligungen entsprechend. [4]Die Bezirksaufsichtsbehörde kann Ausnahmen zulassen. [5]Die Verteilung hat sich unter Berücksichtigung der Leistungsfähigkeit des Gesamthaushaltes insbesondere an den Leistungszwecken, an der Vermittlung von Anreizen zu wirtschaftlichem Handeln, der bedarfsgerechten Ausstattung der Bezirksämter, der Flexibilität des Mitteleinsatzes und der Gewährleistung von Planungssicherheit zu orientieren.

§ 38 Zweckzuweisungen
(1) Zweckzuweisungen werden für die vom Senat den Bezirksämtern übertragenen Aufgaben veranschlagt, für die nach Entscheidung des Senats kein Gestaltungsspielraum besteht.
(2) Die Zweckzuweisungen werden vom Senat nach dem erwarteten Bedarf auf die Bezirksämter verteilt.

§ 39 Einzelzuweisungen
(1) Einzelzuweisungen werden veranschlagt für Projekte und für einzeln zu veranschlagende Investitionen des Bezirksamtes.
(2) Die Bezirksversammlung beschließt über die Anmeldung von Einzelzuweisungen.

§ 40 Aufstellungsverfahren, Mittelfristiger Finanzplan
[1]Die Bezirksämter sind an der Aufstellung des Haushaltsplans und des mittelfristigen Finanzplans zu beteiligen. [2]Das Bezirksamt stellt den Voranschlag für den Einzelplan des Bezirksamtes auf. [3]Es meldet seinen Bedarf an Rahmen-, Zweck- und Einzelzuweisungen bei der zuständigen Fachbehörde an. [4]Dabei schlägt es Art und Umfang der von ihm zu erbringenden Leistungen, die Investitions- sowie die Darlehenszwecke vor.

§ 41 Ausführung des Einzelplans des Bezirksamtes
(1) Der Einzelplan des Bezirksamtes wird von diesem ausgeführt.
(2) [1]Die Bezirksversammlung entscheidet über die Verwendung von Sondermitteln sowie über die Verwendung der als Rahmenzuweisungen veranschlagten Ermächtigungen. [2]§§ 21 bis 23 sind entsprechend anzuwenden.
(3) Mehrkosten gegenüber den nach § 36 Absatz 2 und den als Rahmenzuweisungen veranschlagten Kosten sind jeweils durch Minderkosten im Einzelplan des Bezirksamtes zu decken.

Teil 7
Aufsicht

§ 42 Aufsicht, Weisung, Evokation
[1]Die Bezirksämter unterstehen der Aufsicht nach Maßgabe der folgenden Vorschriften. [2]Unberührt bleibt die Befugnis des Senats, allgemein oder im Einzelfall Weisungen zu erteilen und Angelegenheiten selbst zu erledigen (§ 1 Absatz 4 des Gesetzes über Verwaltungsbehörden in der Fassung vom 30. Juli 1952 – Sammlung des bereinigten hamburgischen Landesrechts I 2000-a –, zuletzt geändert am 11. April 2006 – HmbGVBl. S. 169). [3]Das zuständige Senatsamt oder die zuständige Fachbehörde

übermittelt dem betroffenen Bezirksamt und der jeweiligen Bezirksversammlung die Weisung des Senats. [4]Der Senat kann die Erledigung nach Satz 2 auch den Senatsämtern und Fachbehörden übertragen.

§ 43 Bezirksaufsicht

Die vom Senat bestimmte Stelle (Bezirksaufsichtsbehörde) übt die Dienstaufsicht aus und überwacht die Einhaltung dieses Gesetzes.

§ 44 Rechtsaufsicht, Fachaufsicht

(1) [1]Die zuständige Fachbehörde überwacht die Einhaltung der für die Erledigung der Aufgaben des Bezirksamtes maßgeblichen Rechtsvorschriften und Senatsbeschlüsse (Rechtsaufsicht). [2]Sie unterstützt die Bezirksämter bei der Aufgabenerledigung.

(2) Soweit in den maßgeblichen Rechtsvorschriften kein Entscheidungsspielraum vorgesehen ist, der auf Grund von örtlichen Belangen ausgefüllt werden kann, unterstehen die Bezirksämter der Fachaufsicht der zuständigen Fachbehörde.

§ 45 Mittel der Rechts- und Fachaufsicht

(1) Die Rechts- und Fachaufsicht wird nach Maßgabe der folgenden Absätze durch Fachanweisungen und Weisungen im Einzelfall wahrgenommen.

(2) [1]Fachanweisungen sind allgemeine Verwaltungsvorschriften, die im Einvernehmen mit den Bezirksamtsleitungen unter Beteiligung der Bezirksaufsichtsbehörde von dem Präses oder dem Senatssyndicus der zuständigen Fachbehörde erlassen werden. [2]Kann das Einvernehmen nicht innerhalb einer von dieser Behörde gesetzten angemessenen Frist hergestellt werden, entscheidet der Senat.

(3) [1]Fachanweisungen regeln auch das die jeweilige Aufgabenwahrnehmung begleitende Berichtswesen, soweit dieses nicht ausnahmsweise entbehrlich ist, und den Zeitpunkt ihres Außerkrafttretens. [2]Sie sind von der zuständigen Fachbehörde regelmäßig auf die Notwendigkeit ihrer Anpassung, Verbesserung und Verlängerung zu überprüfen.

(4) [1]Bei Meinungsverschiedenheiten zwischen dem Bezirksamt und der zuständigen Fachbehörde über die Auslegung der Fachanweisung entscheidet der Senat. [2]Zuvor ist unter Beteiligung der Bezirksaufsichtsbehörde zu prüfen, ob die Fachanweisung einvernehmlich präzisiert werden kann.

(5) [1]In besonders gelagerten Einzelfällen, insbesondere zur Abwehr einer gegenwärtigen Gefahr für die öffentliche Sicherheit oder Ordnung kann der Präses oder der Senatssyndicus der zuständigen Fachbehörde den Bezirksämtern Weisungen erteilen. [2]Über Weisungen unterrichtet die weisende Behörde unverzüglich die Bezirksaufsichtsbehörde. [3]Bei Meinungsverschiedenheiten entscheidet der Senat auf Vorlage der Bezirksaufsichtsbehörde. [4]Die Vorlage hat keine aufschiebende Wirkung.

(6) Die Absätze 1 bis 5 und § 44 gelten entsprechend, soweit eine Fachaufgabe durch ein Senatsamt wahrgenommen wird.

§ 46 Globalrichtlinien

(1) [1]Der Erlass von Globalrichtlinien ist dem Senat vorbehalten. [2]Globalrichtlinien sind ausfüllungsfähige und -bedürftige Vorgaben für die Umsetzung von politischen Zielen und Programmen in Angelegenheiten, in denen keine Rechtsvorschriften vorhanden sind oder in denen auf Grund der maßgeblichen Rechtsvorschriften ein Entscheidungsspielraum besteht, in dem örtliche Belange Berücksichtigung finden müssen oder dürfen. [3]Die Bezirksämter und die Bezirksversammlungen sind bei der Aufgabenerledigung an die Globalrichtlinien gebunden.

(2) [1]Vor dem Beschluss des Senats über den Erlass einer Globalrichtlinie gibt die zuständige Fachbehörde den Bezirksversammlungen und den Bezirksamtsleitungen Gelegenheit zur Stellungnahme. [2]Der Senat berücksichtigt diese Stellungnahmen.

(3) Die Anhörungsfrist beträgt mindestens einen Monat.

(4) § 45 Absätze 3, 4 und 6 gilt entsprechend.

Hamburgisches Verwaltungsverfahrensgesetz (HmbVwVfG)

Vom 9. November 1977 (HmbGVBl. S. 333, ber. 402)
(BS Hbg 2010-1)
zuletzt geändert durch 10. ÄndG vom 18. März 2020 (HmbGVBl. S. 171)

Der Senat verkündet das nachstehende von der Bürgerschaft beschlossene Gesetz:

Inhaltsübersicht

Teil I
Anwendungsbereich, örtliche Zuständigkeit, elektronische Kommunikation, Amtshilfe, europäische Verwaltungszusammenarbeit

Abschnitt 1
Anwendungsbereich, örtliche Zuständigkeit, elektronische Kommunikation

§ 1 Anwendungsbereich
(1) Dieses Gesetz gilt für die öffentlich-rechtliche Verwaltungstätigkeit der Behörden
1. der Freien und Hansestadt Hamburg,
2. der der Aufsicht der Freien und Hansestadt Hamburg unterstehenden juristischen Personen des öffentlichen Rechts,

soweit nicht Rechtsvorschriften der Freien und Hansestadt Hamburg inhaltsgleiche oder entgegenstehende Bestimmungen enthalten.

(2) Behörde im Sinne dieses Gesetzes ist jede Stelle, die Aufgaben der öffentlichen Verwaltung wahrnimmt.

§ 2 Ausnahmen vom Anwendungsbereich
(1) ¹Dieses Gesetz gilt nicht für die Tätigkeit der Kirchen, der Religionsgesellschaften und Weltanschauungsgemeinschaften sowie ihrer Verbände und Einrichtungen. ²Es gilt auch nicht für die Tätigkeit des Norddeutschen Rundfunks.

(2) Dieses Gesetz gilt ferner nicht für
1. Verfahren der Landesfinanzbehörden in Steuerangelegenheiten;
2. die Strafverfolgung, die Verfolgung und Ahndung von Ordnungswidrigkeiten, die Rechtshilfe für das Ausland in Straf- und Zivilsachen und, unbeschadet des § 80 Absatz 4, für Maßnahmen des Richterdienstrechts;
3. Verfahren nach dem Sozialgesetzbuch;
4. das Recht des Lastenausgleichs;
5. das Recht der Wiedergutmachung.

(3) Für die Tätigkeit
1. der Gerichtsverwaltungen und der Behörden der Justizverwaltung einschließlich der ihrer Aufsicht unterliegenden Körperschaften des öffentlichen Rechts gilt dieses Gesetz nur, soweit die Tätigkeit der Nachprüfung durch die Gerichte der Verwaltungsgerichtsbarkeit oder durch die in verwaltungsrechtlichen Anwalts-, Patentanwalts- und Notarsachen zuständigen Gerichte unterliegt;
2. der Behörden bei Leistungs-, Eignungs- und ähnlichen Prüfungen von Personen sowie für die Tätigkeit der Schulen gelten nur die §§ 3a bis 13, 20 bis 27, 29 bis 38, 40 bis 52, 79, 80 und 95;
3. der Behörden bei Berufungsverfahren für Angehörige der Lehrkörper der Hochschulen gilt § 29 nicht.

§ 3 Örtliche Zuständigkeit
(1) Die örtliche Zuständigkeit der Behörden der Freien und Hansestadt Hamburg bestimmt der Senat im Rahmen der geltenden Gesetze.

(2) Örtlich zuständig ist im Verhältnis zu außerhamburgischen Behörden
1. in Angelegenheiten, die sich auf unbewegliches Vermögen oder ein ortsgebundenes Recht oder Rechtsverhältnis beziehen, die Behörde, in deren Bezirk das Vermögen oder der Ort liegt;
2. in Angelegenheiten, die sich auf den Betrieb eines Unternehmens oder einer seiner Betriebsstätten, auf die Ausübung eines Berufes oder auf eine andere dauernde Tätigkeit beziehen, die Behörde, in deren Bezirk das Unternehmen oder die Betriebsstätte betrieben oder der Beruf oder die Tätigkeit ausgeübt wird oder werden soll;
3. in anderen Angelegenheiten, die
   a) eine natürliche Person betreffen, die Behörde, in deren Bezirk die natürliche Person ihren gewöhnlichen Aufenthalt hat oder zuletzt hatte,
   b) eine juristische Person oder eine Vereinigung betreffen, die Behörde, in deren Bezirk die juristische Person oder die Vereinigung ihren Sitz hat oder zuletzt hatte;
4. in Angelegenheiten, bei denen sich die Zuständigkeit nicht aus den Nummern 1 bis 3 ergibt, die Behörde, in deren Bezirk der Anlass für die Amtshandlung hervortritt.

(3) ¹Sind nach Absatz 2 mehrere Behörden zuständig, so entscheidet die Behörde, die zuerst mit der Sache befasst worden ist, es sei denn, der Senat bestimmt im Einvernehmen mit der dafür zuständigen außerhamburgischen Behörde, dass eine andere örtlich zuständige Behörde zu entscheiden hat. ²Dies gilt insbesondere in den Fällen, in denen eine gleiche Angelegenheit sich auf mehrere Betriebsstätten eines Betriebes oder Unternehmens bezieht, wenn dies unter Wahrung der Interessen der Beteiligten zur einheitlichen Entscheidung geboten ist. ³Der Senat entscheidet im Einvernehmen mit der dafür zuständigen außerhamburgischen Behörde ferner, wenn sich mehrere Behörden für zuständig oder für unzuständig halten oder wenn die Zuständigkeit aus anderen Gründen zweifelhaft ist.

(4) Ändern sich im Lauf des Verwaltungsverfahrens die die Zuständigkeit begründenden Umstände, so kann die bisher zuständige Behörde das Verwaltungsverfahren fortführen, wenn dies unter Wahrung der Interessen der Beteiligten der einfachen und zweckmäßigen Durchführung des Verfahrens dient und die nunmehr zuständige Behörde zustimmt.

(5) ¹Bei Gefahr im Verzug ist für unaufschiebbare Maßnahmen jede Behörde örtlich zuständig, in deren Bezirk der Anlass für die Amtshandlung hervortritt. ²Die nach Absatz 2 Nummern 1 bis 3 örtlich zuständige Behörde ist unverzüglich zu unterrichten.

§ 3a Elektronische Kommunikation

(1) Die Übermittlung elektronischer Dokumente ist zulässig, soweit der Empfänger einen Zugang hierfür eröffnet.

(2) ¹Eine durch Rechtsvorschrift angeordnete Schriftform kann, soweit nicht durch Rechtsvorschrift etwas anderes bestimmt ist, durch die elektronische Form ersetzt werden. ²Der elektronischen Form genügt ein elektronisches Dokument, das mit einer qualifizierten elektronischen Signatur versehen ist. ³Die Signierung mit einem Pseudonym, das die Identifizierung der Person des Signaturschlüsselinhabers nicht unmittelbar durch die Behörde ermöglicht, ist nicht zulässig. ⁴Die Schriftform kann auch ersetzt werden

1. durch unmittelbare Abgabe der Erklärung in einem elektronischen Formular, das von der Behörde in einem Eingabegerät oder über öffentlich zugängliche Netze zur Verfügung gestellt wird;
2. bei Anträgen und Anzeigen durch Versendung eines elektronischen Dokuments an die Behörde mit der Versandart nach § 5 Absatz 5 des De-Mail-Gesetzes vom 28. April 2011 (BGBl. I S. 666); zuletzt geändert am 7. August 2013 (BGBl. I S. 3154, 3199); in der jeweils geltenden Fassung;
3. bei elektronischen Verwaltungsakten oder sonstigen elektronischen Dokumenten der Behörden durch Versendung einer De-Mail-Nachricht nach § 5 Absatz 5 des De-Mail-Gesetzes, bei der die Bestätigung des akkreditierten Diensteanbieters die erlassende Behörde als Nutzer des De-Mail-Kontos erkennen lässt.

⁵In den Fällen des Satzes 4 Nummer 1 muss bei einer Eingabe über öffentlich zugängliche Netze ein elektronischer Identitätsnachweis nach § 18 des Personalausweisgesetzes vom 18. Juni 2009 (BGBl. I S. 1346), zuletzt geändert am 21. Juni 2019 (BGBl. I S. 846, 852), nach § 12 des eID-Karte-Gesetzes vom 21. Juni 2019 (BGBl. I S. 846) oder nach § 78 Absatz 5 des Aufenthaltsgesetzes in der Fassung vom 25. Februar 2008 (BGBl. I S. 163), zuletzt geändert am 15. August 2019 (BGBl. I S. 1307, 1346), in der jeweils geltenden Fassung erfolgen.

(3) ¹Ist ein der Behörde übermitteltes elektronisches Dokument für sie zur Bearbeitung nicht geeignet, teilt sie dies dem Absender unter Angabe der für sie geltenden technischen Rahmenbedingungen unverzüglich mit. ²Macht ein Empfänger geltend, er könne das von der Behörde übermittelte elektronische Dokument nicht bearbeiten, hat sie es ihm erneut in einem geeigneten elektronischen Format oder als Schriftstück zu übermitteln.

(4) ¹Der Senat wird ermächtigt, durch Rechtsverordnung zu bestimmen, dass ein auf Landesrecht beruhendes Schriftformerfordernis auch durch andere als mit einer qualifizierten elektronischen Signatur versehene elektronische Dokumente gewahrt werden kann. ²Die Identität des Urhebers des elektronischen Dokuments sowie die Unversehrtheit und Authentizität der Daten ist auf eine der Schriftform gleichwertige Weise sicherzustellen. ³Die technischen Einzelheiten regelt die Rechtsverordnung.

§ 3b Personenbezogene Daten, Betriebs- und Geschäftsgeheimnisse
[1]Die Behörde darf Angaben über persönliche und sachliche Verhältnisse einer natürlichen Person sowie Betriebs- oder Geschäftsgeheimnisse nicht unbefugt offenbaren. [2]Sie unterliegt, soweit sie personenbezogene Daten verarbeitet, den Vorschriften des Hamburgischen Datenschutzgesetzes.

Abschnitt 2
Amtshilfe

§ 4 Amtshilfepflicht
(1) Jede Behörde leistet anderen Behörden auf Ersuchen ergänzende Hilfe (Amtshilfe).
(2) Amtshilfe liegt nicht vor, wenn
1. Behörden einander innerhalb eines bestehenden Weisungsverhältnisses Hilfe leisten;
2. die Hilfeleistung in Handlungen besteht, die der ersuchten Behörde als eigene Aufgabe obliegen.

§ 5 Voraussetzungen und Grenzen der Amtshilfe
(1) Eine Behörde kann um Amtshilfe insbesondere dann ersuchen, wenn sie
1. aus rechtlichen Gründen die Amtshandlungen nicht selbst vornehmen kann;
2. aus tatsächlichen Gründen, besonders weil die zur Vornahme der Amtshandlung erforderlichen Dienstkräfte oder Einrichtungen fehlen, die Amtshandlung nicht selbst vornehmen kann;
3. zur Durchführung ihrer Aufgaben auf die Kenntnis von Tatsachen angewiesen ist, die ihr unbekannt sind und die sie selbst nicht ermitteln kann;
4. zur Durchführung ihrer Aufgaben Urkunden oder sonstige Beweismittel benötigt, die sich im Besitz der ersuchten Behörde befinden;
5. die Amtshandlung nur mit wesentlich größerem Aufwand vornehmen könnte als die ersuchte Behörde.
(2) [1]Die ersuchte Behörde darf Hilfe nicht leisten, wenn
1. sie hierzu aus rechtlichen Gründen nicht in der Lage ist;
2. durch die Hilfeleistung dem Wohl des Bundes oder eines Landes erhebliche Nachteile bereitet würden.
[2]Die ersuchte Behörde ist insbesondere zur Vorlage von Urkunden oder Akten sowie zur Erteilung von Auskünften nicht verpflichtet, wenn die Vorgänge nach einem Gesetz oder ihrem Wesen nach geheim gehalten werden müssen.
(3) Die ersuchte Behörde braucht Hilfe nicht zu leisten, wenn
1. eine andere Behörde die Hilfe wesentlich einfacher oder mit wesentlich geringerem Aufwand leisten kann;
2. sie die Hilfe nur mit unverhältnismäßig großem Aufwand leisten könnte;
3. sie unter Berücksichtigung der Aufgaben der ersuchenden Behörde durch die Hilfeleistung die Erfüllung ihrer eigenen Aufgaben ernstlich gefährden würde.
(4) Die ersuchte Behörde darf die Hilfe nicht deshalb verweigern, weil sie das Ersuchen aus anderen als den in Absatz 3 genannten Gründen oder weil sie die mit der Amtshilfe zu verwirklichende Maßnahme für unzweckmäßig hält.
(5) [1]Hält die ersuchte Behörde sich zur Hilfe nicht für verpflichtet, so teilt sie der ersuchenden Behörde ihre Auffassung mit. [2]Besteht diese auf der Amtshilfe, so entscheidet über die Verpflichtung zur Amtshilfe die gemeinsame fachlich zuständige Aufsichtsbehörde oder, sofern eine solche nicht besteht, die für die ersuchte Behörde fachlich zuständige Aufsichtsbehörde.

§ 6 Auswahl der Behörde
[1]Kommen für die Amtshilfe mehrere Behörden in Betracht, so soll nach Möglichkeit eine Behörde der untersten Verwaltungsstufe des Verwaltungszweiges ersucht werden, dem die ersuchende Behörde angehört. [2]Kommt neben anderen Behörden der Freien und Hansestadt Hamburg ein Bezirksamt in Betracht, so soll nach Möglichkeit dieses ersucht werden.

§ 7 Durchführung der Amtshilfe
(1) Die Zulässigkeit der Maßnahme, die durch die Amtshilfe verwirklicht werden soll, richtet sich nach dem für die ersuchende Behörde, die Durchführung der Amtshilfe nach dem für die ersuchte Behörde geltenden Recht.

(2) ¹Die ersuchende Behörde trägt gegenüber der ersuchten Behörde die Verantwortung für die Rechtmäßigkeit der zu treffenden Maßnahme. ²Die ersuchte Behörde ist für die Durchführung der Amtshilfe verantwortlich.

§ 8 Kosten der Amtshilfe

(1) ¹Die ersuchende Behörde hat der ersuchten Behörde für die Amtshilfe keine Verwaltungsgebühr zu entrichten. ²Auslagen hat sie der ersuchten Behörde auf Anforderung zu erstatten, wenn sie im Einzelfall fünfunddreißig Euro übersteigen.

(2) Nimmt die ersuchte Behörde zur Durchführung der Amtshilfe eine kostenpflichtige Amtshandlung vor, so stehen ihr die von einem Dritten hierfür geschuldeten Kosten (Verwaltungsgebühren, Benutzungsgebühren und Auslagen) zu.

Abschnitt 3
Europäische Verwaltungszusammenarbeit

§ 8a Grundsätze der Hilfeleistung

(1) Jede Behörde leistet Behörden anderer Mitgliedstaaten der Europäischen Union auf Ersuchen Hilfe, soweit dies nach Maßgabe von Rechtsakten der Europäischen Gemeinschaft geboten ist.

(2) ¹Behörden anderer Mitgliedstaaten der Europäischen Union können um Hilfe ersucht werden, soweit dies nach Maßgabe von Rechtsakten der Europäischen Gemeinschaft zugelassen ist. ²Um Hilfe ist zu ersuchen, soweit dies nach Maßgabe von Rechtsakten der Europäischen Gemeinschaft geboten ist.

(3) Die §§ 5, 7 und § 8 Absatz 2 sind entsprechend anzuwenden, soweit Rechtsakte der Europäischen Gemeinschaft nicht entgegenstehen.

§ 8b Form und Behandlung der Ersuchen

(1) ¹Ersuchen sind in deutscher Sprache an Behörden anderer Mitgliedstaaten der Europäischen Union zu richten; soweit erforderlich, ist eine Übersetzung beizufügen. ²Die Ersuchen sind gemäß den gemeinschaftsrechtlichen Vorgaben und unter Angabe des maßgeblichen Rechtsakts zu begründen.

(2) ¹Ersuchen von Behörden anderer Mitgliedstaaten der Europäischen Union dürfen nur erledigt werden, wenn sich ihr Inhalt in deutscher Sprache aus den Akten ergibt. ²Soweit erforderlich, soll bei Ersuchen in einer anderen Sprache von der ersuchenden Behörde eine Übersetzung verlangt werden.

(3) Ersuchen von Behörden anderer Mitgliedstaaten der Europäischen Union können abgelehnt werden, wenn sie nicht ordnungsgemäß und unter Angabe des maßgeblichen Rechtsakts begründet sind und die erforderliche Begründung nach Aufforderung nicht nachgereicht wird.

(4) ¹Einrichtungen und Hilfsmittel der Kommission zur Behandlung von Ersuchen sollen genutzt werden. ²Informationen sollen elektronisch übermittelt werden.

§ 8c Kosten der Hilfeleistung

Ersuchende Behörden anderer Mitgliedstaaten der Europäischen Union haben Verwaltungsgebühren oder Auslagen nur zu erstatten, soweit dies nach Maßgabe von Rechtsakten der Europäischen Gemeinschaft verlangt werden kann.

§ 8d Mitteilungen von Amts wegen

(1) ¹Die zuständige Behörde teilt den Behörden anderer Mitgliedstaaten der Europäischen Union und der Kommission Angaben über Sachverhalte und Personen mit, soweit dies nach Maßgabe von Rechtsakten der Europäischen Gemeinschaft geboten ist. ²Dabei sollen die hierzu eingerichteten Informationsnetze genutzt werden.

(2) Übermittelt eine Behörde Angaben nach Absatz 1 an die Behörde eines anderen Mitgliedstaats der Europäischen Union, unterrichtet sie den Betroffenen über die Tatsache der Übermittlung, soweit Rechtsakte der Europäischen Gemeinschaft dies vorsehen; dabei ist auf die Art der Angaben sowie auf die Zweckbestimmung und die Rechtsgrundlage der Übermittlung hinzuweisen.

§ 8e Anwendbarkeit

¹Die Regelungen dieses Abschnitts sind mit Inkrafttreten des jeweiligen Rechtsaktes der Europäischen Gemeinschaft, wenn dieser unmittelbare Wirkung entfaltet, im Übrigen mit Ablauf der jeweiligen Umsetzungsfrist anzuwenden. ²Sie gelten auch im Verhältnis zu den anderen Vertragsstaaten des Ab-

kommens über den Europäischen Wirtschaftsraum, soweit Rechtsakte der Europäischen Gemeinschaft auch auf diese Staaten anzuwenden sind.

Teil II
Allgemeine Vorschriften über das Verwaltungsverfahren

Abschnitt 1
Verfahrensgrundsätze

§ 9 Begriff des Verwaltungsverfahrens
Das Verwaltungsverfahren im Sinne dieses Gesetzes ist die nach außen wirkende Tätigkeit der Behörden, die auf die Prüfung der Voraussetzungen, die Vorbereitung und den Erlass eines Verwaltungsaktes oder auf den Abschluss eines öffentlich-rechtlichen Vertrages gerichtet ist; es schließt den Erlass des Verwaltungsaktes oder den Abschluss des öffentlich-rechtlichen Vertrages ein.

§ 10 Nichtförmlichkeit des Verwaltungsverfahrens
[1]Das Verwaltungsverfahren ist an bestimmte Formen nicht gebunden, soweit keine besonderen Rechtsvorschriften für die Form des Verfahrens bestehen. [2]Es ist einfach, zweckmäßig und zügig durchzuführen.

§ 11 Beteiligungsfähigkeit
Fähig, am Verfahren beteiligt zu sein, sind
1. natürliche und juristische Personen;
2. Vereinigungen, soweit ihnen ein Recht zustehen kann;
3. Behörden.

§ 12 Handlungsfähigkeit
(1) Fähig zur Vornahme von Verfahrenshandlungen sind
1. natürliche Personen, die nach bürgerlichem Recht geschäftsfähig sind;
2. natürliche Personen, die nach bürgerlichem Recht in der Geschäftsfähigkeit beschränkt sind, soweit sie für den Gegenstand des Verfahrens durch Vorschriften des bürgerlichen Rechts als geschäftsfähig oder durch Vorschriften des öffentlichen Rechts als handlungsfähig anerkannt sind;
3. juristische Personen und Vereinigungen (§ 11 Nummer 2) durch ihre gesetzlichen Vertreter oder durch besonders Beauftragte;
4. Behörden durch ihre Leiter, deren Vertreter oder Beauftragte.
(2) Betrifft ein Einwilligungsvorbehalt nach § 1903 des Bürgerlichen Gesetzbuchs den Gegenstand des Verfahrens, so ist ein geschäftsfähiger Betreuter nur insoweit zur Vornahme von Verfahrenshandlungen fähig, als er nach den Vorschriften des bürgerlichen Rechts ohne Einwilligung des Betreuers handeln kann oder durch Vorschriften des öffentlichen Rechts als handlungsfähig anerkannt ist.
(3) Die §§ 53 und 55 der Zivilprozessordnung gelten entsprechend.

§ 13 Beteiligte
(1) Beteiligte sind
1. Antragsteller und Antragsgegner;
2. diejenigen, an die die Behörde den Verwaltungsakt richten will oder gerichtet hat;
3. diejenigen, mit denen die Behörde einen öffentlich-rechtlichen Vertrag schließen will oder geschlossen hat;
4. diejenigen, die nach Absatz 2 von der Behörde zu dem Verfahren hinzugezogen worden sind.
(2) [1]Die Behörde kann von Amts wegen oder auf Antrag diejenigen, deren rechtliche Interessen durch den Ausgang des Verfahrens berührt werden können, als Beteiligte hinzuziehen. [2]Hat der Ausgang des Verfahrens rechtsgestaltende Wirkung für einen Dritten, so ist dieser auf Antrag als Beteiligter zu dem Verfahren hinzuziehen; soweit er der Behörde bekannt ist, hat diese ihn von der Einleitung des Verfahrens zu benachrichtigen.
(3) Wer anzuhören ist, ohne dass die Voraussetzungen des Absatzes 1 vorliegen, wird dadurch nicht Beteiligter.

§ 14 Bevollmächtigte und Beistände

(1) [1]Ein Beteiligter kann sich durch einen Bevollmächtigten vertreten lassen. [2]Die Vollmacht ermächtigt zu allen das Verwaltungsverfahren betreffenden Verfahrenshandlungen, sofern sich aus ihrem Inhalt nicht etwas anderes ergibt. [3]Der Bevollmächtigte hat auf Verlangen seine Vollmacht schriftlich nachzuweisen. [4]Ein Widerruf der Vollmacht wird der Behörde gegenüber erst wirksam, wenn er ihr zugeht.

(2) Die Vollmacht wird weder durch den Tod des Vollmachtgebers noch durch eine Veränderung in seiner Handlungsfähigkeit oder seiner gesetzlichen Vertretung aufgehoben; der Bevollmächtigte hat jedoch, wenn er für den Rechtsnachfolger im Verwaltungsverfahren auftritt, dessen Vollmacht auf Verlangen schriftlich beizubringen.

(3) [1]Ist für das Verfahren ein Bevollmächtigter bestellt, so soll sich die Behörde an ihn wenden. [2]Sie kann sich an den Beteiligten selbst wenden, soweit er zur Mitwirkung verpflichtet ist. [3]Wendet sich die Behörde an den Beteiligten, so soll der Bevollmächtigte verständigt werden. [4]Vorschriften über die Zustellung an Bevollmächtigte bleiben unberührt.

(4) [1]Ein Beteiligter kann zu Verhandlungen und Besprechungen mit einem Beistand erscheinen. [2]Das von dem Beistand Vorgetragene gilt als von dem Beteiligten vorgebracht, soweit dieser nicht unverzüglich widerspricht.

(5) [1]Bevollmächtigte und Beistände sind zurückzuweisen, wenn sie entgegen § 3 des Rechtsdienstleistungsgesetzes vom 12. Dezember 2007 (BGBl. I S. 2840), geändert am 12. Juni 2008 (BGBl. I S. 1000, 1002), in der jeweils geltenden Fassung Rechtsdienstleistungen erbringen. [2]Die Zurückweisung ist auch dem Beteiligten mitzuteilen. [3]Verfahrenshandlungen des zurückgewiesenen Bevollmächtigten oder Beistandes, die dieser nach der Zurückweisung vornimmt, sind unwirksam.

§ 15 Bestellung eines Empfangsbevollmächtigten

[1]Ein Beteiligter ohne Wohnsitz oder gewöhnlichen Aufenthalt, Sitz oder Geschäftsleitung im Inland hat der Behörde auf Verlangen innerhalb einer angemessenen Frist einen Empfangsbevollmächtigten im Inland zu benennen. [2]Unterlässt er dies, gilt ein an ihn gerichtetes Schriftstück am siebenten Tage nach der Aufgabe zur Post und ein elektronisch übermitteltes Dokument am dritten Tage nach der Absendung als zugegangen. [3]Dies gilt nicht, wenn feststeht, dass das Dokument den Empfänger nicht oder zu einem späteren Zeitpunkt erreicht hat. [4]Auf die Rechtsfolgen der Unterlassung ist der Beteiligte hinzuweisen.

§ 16 Bestellung eines Vertreters von Amts wegen

(1) Ist ein Vertreter nicht vorhanden, so hat das Betreuungsgericht, für einen minderjährigen Beteiligten das Familiengericht auf Ersuchen der Behörde einen geeigneten Vertreter zu bestellen

1. für einen Beteiligten, dessen Person unbekannt ist;

2. für einen abwesenden Beteiligten, dessen Aufenthalt unbekannt ist oder der an der Besorgung seiner Angelegenheiten verhindert ist;

3. für einen Beteiligten ohne Aufenthalt im Inland, wenn er der Aufforderung der Behörde, einen Vertreter zu bestellen, innerhalb der ihm gesetzten Frist nicht nachgekommen ist;

4. für einen Beteiligten, der infolge einer psychischen Krankheit oder körperlichen, geistigen oder seelischen Behinderung nicht in der Lage ist, in dem Verwaltungsverfahren selbst tätig zu werden;

5. bei herrenlosen Sachen, auf die sich das Verfahren bezieht, zur Wahrung der sich in Bezug auf die Sache ergebenden Rechte und Pflichten.

(2) Für die Bestellung des Vertreters ist in den Fällen des Absatzes 1 Nummer 4 das Gericht zuständig, in dessen Bezirk der Beteiligte seinen gewöhnlichen Aufenthalt hat; im Übrigen ist das Gericht zuständig, in dessen Bezirk die ersuchende Behörde ihren Sitz hat.

(3) [1]Der Vertreter hat gegen den Rechtsträger der Behörde, die um seine Bestellung ersucht hat, Anspruch auf eine angemessene Vergütung und auf die Erstattung seiner baren Auslagen. [2]Die Behörde kann von dem Vertretenen Ersatz ihrer Aufwendungen verlangen. [3]Sie bestimmt die Vergütung und stellt die Auslagen und Aufwendungen fest.

(4) Im Übrigen gelten für die Bestellung und für das Amt des Vertreters in den Fällen des Absatzes 1 Nummer 4 die Vorschriften über die Betreuung, in den übrigen Fällen die Vorschriften über die Pflegschaft entsprechend.

§ 17 Vertreter bei gleichförmigen Eingaben

(1) [1]Bei Anträgen und Eingaben, die in einem Verwaltungsverfahren von mehr als 50 Personen auf Unterschriftslisten unterzeichnet oder in Form vervielfältigter gleich lautender Texte eingereicht worden sind (gleichförmige Eingaben), gilt für das Verfahren derjenige Unterzeichner als Vertreter der übrigen Unterzeichner, der darin mit seinem Namen, seinem Beruf und seiner Anschrift als Vertreter bezeichnet ist, soweit er nicht von ihnen als Bevollmächtigter bestellt worden ist. [2]Vertreter kann nur eine natürliche Person sein.

(2) [1]Die Behörde kann gleichförmige Eingaben, die die Angaben nach Absatz 1 Satz 1 nicht deutlich sichtbar auf jeder mit einer Unterschrift versehenen Seite enthalten oder dem Erfordernis des Absatzes 1 Satz 2 nicht entsprechen, unberücksichtigt lassen. [2]Will die Behörde so verfahren, so hat sie dies durch Bekanntmachung im Amtlichen Anzeiger mitzuteilen. [3]Die Behörde kann ferner gleichförmige Eingaben insoweit unberücksichtigt lassen, als Unterzeichner ihren Namen oder ihre Anschrift nicht oder unleserlich angegeben haben.

(3) [1]Die Vertretungsmacht erlischt, sobald der Vertreter oder der Vertretene dies der Behörde schriftlich erklärt; der Vertreter kann eine solche Erklärung nur hinsichtlich aller Vertretenen abgeben. [2]Gibt der Vertretene eine solche Erklärung ab, so soll er der Behörde zugleich mitteilen, ob er seine Eingabe aufrechterhält und ob er einen Bevollmächtigten bestellt hat.

(4) [1]Endet die Vertretungsmacht des Vertreters, so kann die Behörde die nicht mehr Vertretenen auffordern, innerhalb einer angemessenen Frist einen gemeinsamen Vertreter zu bestellen. [2]Sind mehr als 50 Personen aufzufordern, so kann die Behörde die Aufforderung im Amtlichen Anzeiger bekannt machen. [3]Wird der Aufforderung nicht fristgemäß entsprochen, so gilt das Verfahren als erledigt. [4]Auf diese Folge hat die Behörde bei der Aufforderung hinzuweisen.

§ 18
(Frei aus redaktionellen Gründen)

§ 19 Vorschriften für Vertreter bei gleichförmigen Eingaben

(1) [1]Der Vertreter hat die Interessen der Vertretenen sorgfältig wahrzunehmen. [2]Er kann alle das Verwaltungsverfahren betreffenden Verfahrenshandlungen vornehmen. [3]An Weisungen ist er nicht gebunden.

(2) § 14 Absatz 5 gilt entsprechend.

(3) [1]Der von der Behörde bestellte Vertreter hat gegen deren Rechtsträger Anspruch auf angemessene Vergütung und auf Erstattung seiner baren Auslagen. [2]Die Behörde kann von den Vertretenen zu gleichen Anteilen Ersatz ihrer Aufwendungen verlangen. [3]Sie bestimmt die Vergütung und stellt die Auslagen und Aufwendungen fest.

§ 20 Ausgeschlossene Personen

(1) [1]In einem Verwaltungsverfahren darf für eine Behörde nicht tätig werden,

1. wer selbst Beteiligter ist;
2. wer Angehöriger eines Beteiligten ist;
3. wer einen Beteiligten kraft Gesetzes oder Vollmacht allgemein oder in diesem Verwaltungsverfahren vertritt;
4. wer Angehöriger einer Person ist, die einen Beteiligten in diesem Verfahren vertritt;
5. wer bei einem Beteiligten gegen Entgelt beschäftigt ist oder bei ihm als Mitglied des Vorstandes, des Aufsichtsrates oder eines gleichartigen Organs tätig ist; dies gilt nicht für den, dessen Anstellungskörperschaft Beteiligte ist;
6. wer außerhalb seiner amtlichen Eigenschaft in der Angelegenheit ein Gutachten abgegeben hat oder sonst tätig geworden ist.

[2]Dem Beteiligten steht gleich, wer durch die Tätigkeit oder durch die Entscheidung einen unmittelbaren Vorteil oder Nachteil erlangen kann. [3]Dies gilt nicht, wenn der Vor- oder Nachteil nur darauf beruht, dass jemand einer Berufs- oder Bevölkerungsgruppe angehört, deren gemeinsame Interessen durch die Angelegenheit berührt werden.

(2) Absatz 1 gilt nicht für Wahlen zu einer ehrenamtlichen Tätigkeit und für die Abberufung von ehrenamtlich Tätigen.

(3) Wer nach Absatz 1 ausgeschlossen ist, darf bei Gefahr im Verzug unaufschiebbare Maßnahmen treffen.

(4) [1]Hält sich ein Mitglied eines Ausschusses (§ 88) für ausgeschlossen oder bestehen Zweifel, ob die Voraussetzungen des Absatzes 1 gegeben sind, ist dies dem Vorsitzenden des Ausschusses mitzuteilen. [2]Der Ausschuss entscheidet über den Ausschluss. [3]Der Betroffene darf an dieser Entscheidung nicht mitwirken. [4]Das ausgeschlossene Mitglied darf bei der weiteren Beratung und Beschlussfassung nicht zugegen sein.

(5) [1]Angehörige im Sinne des Absatzes 1 Nummern 2 und 4 sind:
1. der Verlobte,
2. der Ehegatte oder Lebenspartner,
3. Verwandte und Verschwägerte gerader Linie,
4. Geschwister,
5. Kinder der Geschwister,
6. Ehegatten der Geschwister und Geschwister der Ehegatten,
6a. Lebenspartner der Geschwister und Geschwister der Lebenspartner,
7. Geschwister der Eltern,
8. Personen, die durch ein auf längere Dauer angelegtes Pflegeverhältnis mit häuslicher Gemeinschaft wie Eltern und Kind miteinander verbunden sind (Pflegeeltern und Pflegekinder).

[2]Angehörige sind die in Satz 1 aufgeführten Personen auch dann, wenn
1. in den Fällen der Nummern 2, 3, 6 und 6a die die Beziehung begründende Ehe oder Lebenspartnerschaft nicht mehr besteht;
2. in den Fällen der Nummern 3 bis 7 die Verwandtschaft oder Schwägerschaft durch Annahme als Kind erloschen ist;
3. im Fall der Nummer 8 die häusliche Gemeinschaft nicht mehr besteht, sofern die Personen weiterhin wie Eltern und Kind miteinander verbunden sind.

§ 21 Besorgnis der Befangenheit

(1) [1]Liegt ein Grund vor, der geeignet ist, Misstrauen gegen eine unparteiische Amtsausübung zu rechtfertigen, oder wird von einem Beteiligten das Vorliegen eines solchen Grundes behauptet, so hat, wer in einem Verwaltungsverfahren für eine Behörde tätig werden soll, den Leiter der Behörde oder den von diesem Beauftragten zu unterrichten und sich auf dessen Anordnung der Mitwirkung zu enthalten. [2]Betrifft die Besorgnis der Befangenheit den Leiter der Behörde, so trifft diese Anordnung die Aufsichtsbehörde, sofern sich der Behördenleiter nicht selbst einer Mitwirkung enthält.

(2) Für Mitglieder eines Ausschusses (§ 88) gilt § 20 Absatz 4 entsprechend.

§ 22 Beginn des Verfahrens

[1]Die Behörde entscheidet nach pflichtgemäßem Ermessen, ob und wann sie ein Verwaltungsverfahren durchführt. [2]Dies gilt nicht, wenn die Behörde aufgrund von Rechtsvorschriften
1. von Amts wegen oder auf Antrag tätig werden muss;
2. nur auf Antrag tätig werden darf und ein Antrag nicht vorliegt.

§ 23 Amtssprache

(1) Die Amtssprache ist deutsch.

(2) [1]Werden bei einer Behörde in einer fremden Sprache Anträge gestellt oder Eingaben, Belege, Urkunden oder sonstige Dokumente vorgelegt, soll die Behörde unverzüglich die Vorlage von Übersetzung verlangen. [2]In begründeten Fällen kann die Vorlage einer beglaubigten oder von einem öffentlich bestellten oder beeidigten Dolmetscher oder Übersetzer angefertigten Übersetzung verlangt werden. [3]Wird die verlangte Übersetzung nicht unverzüglich vorgelegt, so kann die Behörde auf Kosten des Beteiligten selbst eine Übersetzung beschaffen. [4]Hat die Behörde Dolmetscher oder Übersetzer herangezogen, erhalten diese in entsprechender Anwendung des Justizvergütungs- und -entschädigungsgesetzes eine Vergütung.

(3) Soll durch eine Anzeige, einen Antrag oder die Abgabe einer Willenserklärung eine Frist in Lauf gesetzt werden, innerhalb deren die Behörde in einer bestimmten Weise tätig werden muss, und gehen diese in einer fremden Sprache ein, so beginnt der Lauf der Frist erst mit dem Zeitpunkt, in dem der Behörde eine Übersetzung vorliegt.

(4) [1]Soll durch eine Anzeige, einen Antrag oder eine Willenserklärung, die in fremder Sprache eingehen, zugunsten eines Beteiligten eine Frist gegenüber der Behörde gewahrt, ein öffentlich-rechtlicher Anspruch geltend gemacht oder eine Leistung begehrt werden, so gelten die Anzeige, der Antrag oder

die Willenserklärung als zum Zeitpunkt des Eingangs bei der Behörde abgegeben, wenn auf Verlangen der Behörde innerhalb einer von dieser zu setzenden angemessenen Frist eine Übersetzung vorgelegt wird. ²Andernfalls ist der Zeitpunkt des Eingangs der Übersetzung maßgebend, soweit sich nicht aus zwischenstaatlichen Vereinbarungen etwas anderes ergibt. ³Auf diese Rechtsfolge ist bei der Fristsetzung hinzuweisen.

§ 24 Untersuchungsgrundsatz

(1) ¹Die Behörde ermittelt den Sachverhalt von Amts wegen. ²Sie bestimmt Art und Umfang der Ermittlungen; an das Vorbringen und an die Beweisanträge der Beteiligten ist sie nicht gebunden. ³Setzt die Behörde automatische Einrichtungen zum Erlass von Verwaltungsakten ein, muss sie für den Einzelfall bedeutsame tatsächliche Angaben des Beteiligten berücksichtigen, die im automatischen Verfahren nicht ermittelt würden.

(2) Die Behörde hat alle für den Einzelfall bedeutsamen, auch die für die Beteiligten günstigen Umstände zu berücksichtigen.

(3) Die Behörde darf die Entgegennahme von Erklärungen oder Anträgen, die in ihren Zuständigkeitsbereich fallen, nicht deshalb verweigern, weil sie die Erklärung oder den Antrag in der Sache für unzulässig oder unbegründet hält.

§ 25 Beratung, Auskunft, frühe Öffentlichkeitsbeteiligung

(1) ¹Die Behörde soll die Abgabe von Erklärungen, die Stellung von Anträgen oder die Berichtigung von Erklärungen oder Anträgen anregen, wenn diese offensichtlich nur versehentlich oder aus Unkenntnis unterblieben oder unrichtig abgegeben oder gestellt worden sind. ²Sie erteilt, soweit erforderlich, Auskunft über die den Beteiligten im Verwaltungsverfahren zustehenden Rechte und die ihnen obliegenden Pflichten.

(2) ¹Die Behörde erörtert, soweit erforderlich, bereits vor Stellung eines Antrags mit dem zukünftigen Antragsteller, welche Nachweise und Unterlagen von ihm zu erbringen sind und in welcher Weise das Verfahren beschleunigt werden kann. ²Soweit es der Verfahrensbeschleunigung dient, soll sie dem Antragsteller nach Eingang des Antrags unverzüglich Auskunft über die voraussichtliche Verfahrensdauer und die Vollständigkeit der Antragsunterlagen geben.

(3) ¹Die Behörde wirkt darauf hin, dass der Träger bei der Planung von Vorhaben, die nicht nur unwesentliche Auswirkungen auf die Belange einer größeren Zahl von Dritten haben können, die betroffene Öffentlichkeit frühzeitig über die Ziele des Vorhabens, die Mittel, es zu verwirklichen, und die voraussichtlichen Auswirkungen des Vorhabens unterrichtet (frühe Öffentlichkeitsbeteiligung)[1]. ²Die frühe Öffentlichkeitsbeteiligung soll möglichst bereits vor Stellung eines Antrags stattfinden. ³Der betroffenen Öffentlichkeit soll Gelegenheit zur Äußerung und zur Erörterung gegeben werden. ⁴Das Ergebnis der vor Antragstellung durchgeführten frühen Öffentlichkeitsbeteiligung soll der betroffenen Öffentlichkeit und der Behörde spätestens mit der Antragstellung, im Übrigen unverzüglich mitgeteilt werden. ⁵Satz 1 gilt nicht, soweit die betroffene Öffentlichkeit bereits nach anderen Rechtsvorschriften vor der Antragstellung zu beteiligen ist. ⁶Beteiligungsrechte nach anderen Rechtsvorschriften bleiben unberührt.

§ 26 Beweismittel

(1) ¹Die Behörde bedient sich unter Beachtung des § 3b der Beweismittel, die sie nach pflichtgemäßem Ermessen zur Ermittlung des Sachverhalts für erforderlich hält. ²Sie kann insbesondere
1. Auskünfte jeder Art einholen;
2. Beteiligte anhören, Zeugen und Sachverständige vernehmen oder die schriftliche oder elektronische Äußerung von Beteiligten, Sachverständigen und Zeugen einholen;
3. Urkunden und Akten beiziehen;
4. den Augenschein einnehmen.

(2) ¹Die Beteiligten sollen bei der Ermittlung des Sachverhalts mitwirken. ²Sie sollen insbesondere ihnen bekannte Tatsachen und Beweismittel angeben. ³Eine weitergehende Pflicht, bei der Ermittlung des Sachverhalts mitzuwirken, insbesondere eine Pflicht zum persönlichen Erscheinen, zur Angabe von personenbezogenen Daten oder von Betriebs- und Geschäftsgeheimnissen oder zur Aussage, be-

---

1) Zur Einführung der frühen Öffentlichkeitsbeteiligung nach Abs. 3 s.a. die Begründung zum Gesetzentwurf der Bundesregierung, Entwurf eines Gesetzes zur Verbesserung der Öffentlichkeitsbeteiligung und Vereinheitlichung von Planfeststellungsverfahren (PlVereinhG) v. 16.5.2012 (BT-Drs. 17/9666) S. 15ff.

steht nur, soweit sie durch Rechtsvorschrift besonders vorgesehen ist. [4]Der Auskunftspflichtige kann die Auskunft auf solche Fragen, zu deren Beantwortung er durch Rechtsvorschrift verpflichtet ist, verweigern, wenn deren Beantwortung ihn selbst oder einen seiner in § 20 Absatz 5 bezeichneten Angehörigen der Gefahr strafgerichtlicher Verfolgung oder eines Verfahrens nach dem Gesetz über Ordnungswidrigkeiten aussetzen würde.

(3) [1]Für Zeugen und Sachverständige besteht eine Pflicht zur Aussage oder zur Erstattung von Gutachten, wenn sie durch Rechtsvorschrift vorgesehen ist. [2]Falls die Behörde Zeugen und Sachverständige herangezogen hat, erhalten sie auf Antrag in entsprechender Anwendung des Justizvergütungs- und -entschädigungsgesetzes eine Entschädigung oder Vergütung.

§ 27 Versicherung an Eides statt

(1) [1]Die Behörde darf bei der Ermittlung des Sachverhalts eine Versicherung an Eides statt nur verlangen und abnehmen, wenn die Abnahme der Versicherung über den betreffenden Gegenstand und in dem betreffenden Verfahren durch Gesetz oder Rechtsverordnung vorgesehen und die Behörde für zuständig erklärt worden ist. [2]Eine Versicherung an Eides statt soll nur gefordert werden, wenn andere Mittel zur Erforschung der Wahrheit nicht vorhanden sind, zu keinem Ergebnis geführt haben oder einen unverhältnismäßigen Aufwand erfordern. [3]Von eidesunfähigen Personen im Sinne des § 393 der Zivilprozessordnung darf eine eidesstattliche Versicherung nicht verlangt werden.

(2) [1]Wird die Versicherung an Eides statt von einer Behörde zur Niederschrift aufgenommen, so sind zur Aufnahme nur der Behördenleiter, sein allgemeiner Vertreter sowie Angehörige des öffentlichen Dienstes befugt, welche die Befähigung zum Richteramt haben oder die Voraussetzungen des § 110 Satz 1 des Deutschen Richtergesetzes erfüllen. [2]Andere Angehörige des öffentlichen Dienstes kann der Behördenleiter oder sein allgemeiner Vertreter hierzu allgemein oder im Einzelfall schriftlich ermächtigen.

(3) Die Versicherung besteht darin, dass der Versichernde die Richtigkeit seiner Erklärung über den betreffenden Gegenstand bestätigt und erklärt: „Ich versichere an Eides Staat, dass ich nach bestem Wissen die reine Wahrheit gesagt und nichts verschwiegen habe." Bevollmächtigte und Beistände sind berechtigt, an der Aufnahme der Versicherung an Eides statt teilzunehmen.

(4) [1]Vor der Aufnahme der Versicherung an Eides statt ist der Versichernde über die Bedeutung der eidesstattlichen Versicherung und die strafrechtlichen Folgen einer unrichtigen oder unvollständigen eidesstattlichen Versicherung zu belehren. [2]Die Belehrung ist in der Niederschrift zu vermerken.

(5) [1]Die Niederschrift hat ferner die Namen der anwesenden Personen sowie den Ort und den Tag der Niederschrift zu enthalten. [2]Die Niederschrift ist demjenigen, der die eidesstattliche Versicherung abgibt, zur Genehmigung vorzulesen oder auf Verlangen zur Durchsicht vorzulegen. [3]Die erteilte Genehmigung ist zu vermerken und von dem Versichernden zu unterschreiben. [4]Die Niederschrift ist sodann von demjenigen, der die Versicherung an Eides statt aufgenommen hat, sowie von dem Schriftführer zu unterschreiben.

§ 27a Öffentliche Bekanntmachung im Internet

(1) [1]Ist durch Rechtsvorschrift eine öffentliche oder ortsübliche Bekanntmachung angeordnet, soll die Behörde deren Inhalt zusätzlich im Internet veröffentlichen. [2]Dies wird dadurch bewirkt, dass der Inhalt der Bekanntmachung auf einer Internetseite der Behörde oder ihres Verwaltungsträgers zugänglich gemacht wird. [3]Bezieht sich die Bekanntmachung auf zur Einsicht auszulegende Unterlagen, sollen auch diese über das Internet zugänglich gemacht werden. [4]Soweit durch Rechtsvorschrift nichts anderes geregelt ist, ist der Inhalt der zur Einsicht ausgelegten Unterlagen maßgeblich.

(2) In der öffentlichen oder ortsüblichen Bekanntmachung ist die Internetseite anzugeben.

§ 28 Anhörung Beteiligter

(1) Bevor ein Verwaltungsakt erlassen wird, der in Rechte eines Beteiligten eingreift, ist diesem Gelegenheit zu geben, sich zu den für die Entscheidung erheblichen Tatsachen zu äußern.

(2) Von der Anhörung kann abgesehen werden, wenn sie nach den Umständen des Einzelfalles nicht geboten ist, insbesondere wenn

1. eine sofortige Entscheidung wegen Gefahr im Verzug oder im öffentlichen Interesse notwendig erscheint;

2. durch die Anhörung die Einhaltung einer für die Entscheidung maßgeblichen Frist in Frage gestellt würde;

3. von den tatsächlichen Angaben eines Beteiligten, die dieser in einem Antrag oder einer Erklärung gemacht hat, nicht zu seinen Ungunsten abgewichen werden soll;

4. die Behörde eine Allgemeinverfügung oder gleichartige Verwaltungsakte in größerer Zahl oder Verwaltungsakte mit Hilfe automatischer Einrichtungen erlassen will;

5. Maßnahmen in der Verwaltungsvollstreckung getroffen werden sollen.

(3) Eine Anhörung unterbleibt, wenn ihr ein zwingendes öffentliches Interesse entgegensteht.

§ 29 Akteneinsicht durch Beteiligte

(1) [1]Die Behörde hat den Beteiligten Einsicht in die das Verfahren betreffenden Akten zu gestatten, soweit deren Kenntnis zur Geltendmachung oder Verteidigung ihrer rechtlichen Interessen erforderlich ist. [2]Satz 1 gilt bis zum Abschluss des Verwaltungsverfahrens nicht für Entwürfe zu Entscheidungen sowie die Arbeiten zu ihrer unmittelbaren Vorbereitung. [3]Soweit nach § 17 eine Vertretung stattfindet, haben nur die Vertreter Anspruch auf Akteneinsicht.

(2) Die Behörde ist zur Gestattung der Akteneinsicht nicht verpflichtet, soweit durch sie die ordnungsgemäße Erfüllung der Aufgaben der Behörde beeinträchtigt, das Bekanntwerden des Inhalts der Akten dem Wohle des Bundes oder eines Landes Nachteile bereiten würde oder soweit die Vorgänge nach einem Gesetz oder ihrem Wesen nach, namentlich wegen der berechtigten Interessen der Beteiligten oder dritter Personen, geheim gehalten werden müssen.

(3) [1]Die Akteneinsicht erfolgt bei der Behörde, die die Akten führt. [2]Im Einzelfall kann die Einsicht auch bei einer anderen Behörde oder bei einer diplomatischen oder berufskonsularischen Vertretung der Bundesrepublik Deutschland im Ausland erfolgen; weitere Ausnahmen kann die Behörde, die die Akten führt, gestatten.

§ 30 *(aufgehoben)*

Abschnitt 2
Fristen, Termine, Wiedereinsetzung

§ 31 Fristen und Termine

(1) Für die Berechnung von Fristen und für die Bestimmung von Terminen gelten die §§ 187 bis 193 des Bürgerlichen Gesetzbuches entsprechend, soweit nicht durch die Absätze 2 bis 5 etwas anderes bestimmt ist.

(2) Der Lauf einer Frist, die von einer Behörde gesetzt wird, beginnt mit dem Tag, der auf die Bekanntgabe der Frist folgt, außer wenn dem Betroffenen etwas anderes mitgeteilt wird.

(3) [1]Fällt das Ende einer Frist auf einen Sonntag, einen gesetzlichen Feiertag oder einen Sonnabend, so endet die Frist mit dem Ablauf des nächstfolgenden Werktages. [2]Dies gilt nicht, wenn dem Betroffenen unter Hinweis auf diese Vorschrift ein bestimmter Tag als Ende der Frist mitgeteilt worden ist.

(4) Hat eine Behörde Leistungen nur für einen bestimmten Zeitraum zu erbringen, so endet dieser Zeitraum auch dann mit dem Ablauf seines letzten Tages, wenn dieser auf einen Sonntag, einen gesetzlichen Feiertag oder einen Sonnabend fällt.

(5) Der von einer Behörde gesetzte Termin ist auch dann einzuhalten, wenn er auf einen Sonntag, gesetzlichen Feiertag oder Sonnabend fällt.

(6) Ist eine Frist nach Stunden bestimmt, so werden Sonntage, gesetzliche Feiertage oder Sonnabende mitgerechnet.

(7) [1]Fristen, die von einer Behörde gesetzt sind, können verlängert werden. [2]Sind solche Fristen bereits abgelaufen, so können sie rückwirkend verlängert werden, insbesondere wenn es unbillig wäre, die durch den Fristablauf eingetretenen Rechtsfolgen bestehen zu lassen. [3]Die Behörde kann die Verlängerung der Frist nach § 36 mit einer Nebenbestimmung verbinden.

§ 32 Wiedereinsetzung in den vorigen Stand

(1) [1]War jemand ohne Verschulden verhindert, eine gesetzliche Frist einzuhalten, so ist ihm auf Antrag Wiedereinsetzung in den vorigen Stand zu gewähren. [2]Das Verschulden eines Vertreters ist dem Vertretenen zuzurechnen.

(2) [1]Der Antrag ist innerhalb von zwei Wochen nach Wegfall des Hindernisses zu stellen. [2]Die Tatsachen zur Begründung des Antrages sind bei der Antragstellung oder im Verfahren über den Antrag

glaubhaft zu machen. ³Innerhalb der Antragsfrist ist die versäumte Handlung nachzuholen. ⁴Ist dies geschehen, so kann Wiedereinsetzung auch ohne Antrag gewährt werden.

(3) Nach einem Jahr seit dem Ende der versäumten Frist kann die Wiedereinsetzung nicht mehr beantragt oder die versäumte Handlung nicht mehr nachgeholt werden, außer wenn dies vor Ablauf der Jahresfrist infolge höherer Gewalt unmöglich war.

(4) Über den Antrag auf Wiedereinsetzung entscheidet die Behörde, die über die versäumte Handlung zu befinden hat.

(5) Die Wiedereinsetzung ist unzulässig, wenn sich aus einer Rechtsvorschrift ergibt, dass sie ausgeschlossen ist.

Abschnitt 3
Amtliche Beglaubigung

§ 33 Beglaubigung von Dokumenten

(1) ¹Jede Behörde ist befugt, Abschriften von Urkunden, die sie selbst ausgestellt hat, zu beglaubigen. ²Darüber hinaus sind die vom Senat bestimmten Behörden befugt, Abschriften zu beglaubigen, wenn die Urschrift von einer Behörde ausgestellt ist oder die Abschrift zur Vorlage bei einer Behörde benötigt wird, sofern nicht durch Rechtsvorschrift die Erteilung beglaubigter Abschriften aus amtlichen Registern und Archiven anderer Behörden ausschließlich vorbehalten ist.

(2) Abschriften dürfen nicht beglaubigt werden, wenn Umstände zu der Annahme berechtigen, dass der ursprüngliche Inhalt des Schriftstückes, dessen Abschrift beglaubigt werden soll, geändert worden ist, insbesondere wenn dieses Schriftstück Lücken, Durchstreichungen, Einschaltungen, Änderungen, unleserliche Wörter, Zahlen oder Zeichen, Spuren der Beseitigung von Wörtern, Zahlen und Zeichen enthält oder wenn der Zusammenhang eines aus mehreren Blättern bestehenden Schriftstückes aufgehoben ist.

(3) ¹Eine Abschrift wird beglaubigt durch einen Beglaubigungsvermerk, der unter die Abschrift zu setzen ist. ²Der Vermerk muss enthalten

1. die genaue Bezeichnung des Schriftstückes, dessen Abschrift beglaubigt wird;
2. die Feststellung, dass die beglaubigte Abschrift mit dem vorgelegten Schriftstück übereinstimmt;
3. den Hinweis, dass die beglaubigte Abschrift nur zur Vorlage bei der angegebenen Behörde erteilt wird, wenn die Urschrift nicht von einer Behörde ausgestellt worden ist;
4. den Ort und den Tag der Beglaubigung, die Unterschrift des für die Beglaubigung zuständigen Bediensteten und das Dienstsiegel.

(4) Die Absätze 1 bis 3 gelten entsprechend für die Beglaubigung von

1. Ablichtungen, Lichtdrucken und ähnlichen in technischen Verfahren hergestellten Vervielfältigungen,
2. auf fototechnischem Wege von Schriftstücken hergestellten Negativen, die bei einer Behörde aufbewahrt werden,
3. Ausdrucken elektronischer Dokumente,
4. elektronischen Dokumenten, die
    a) zur Abbildung eines Schriftstücks hergestellt wurden,
    b) ein anderes technisches Format als das mit einer qualifizierten elektronischen Signatur verbundene Ausgangsdokument erhalten haben.

(5) ¹Der Beglaubigungsvermerk muss zusätzlich zu den Angaben nach Absatz 3 Satz 2 bei der Beglaubigung

1. des Ausdrucks eines elektronischen Dokuments, das mit einer qualifizierten elektronischen Signatur verbunden ist, die Feststellungen enthalten,
    a) wen die Signaturprüfung als Inhaber der Signatur ausweist,
    b) welchen Zeitpunkt die Signaturprüfung für die Anbringung der Signatur ausweist und
    c) welche Zertifikate mit welchen Daten dieser Signatur zugrunde lagen;
2. eines elektronischen Dokuments den Namen des für die Beglaubigung zuständigen Bediensteten und die Bezeichnung der Behörde, die die Beglaubigung vornimmt, enthalten; die Unterschrift des für die Beglaubigung zuständigen Bediensteten und das Dienstsiegel nach Absatz 3 Satz 2 Nummer 4 werden durch eine dauerhaft überprüfbare qualifizierte elektronische Signatur ersetzt.

[2]Wird ein elektronisches Dokument, das ein anderes technisches Format als das mit einer qualifizierten elektronischen Signatur verbundene Ausgangsdokument erhalten hat, nach Satz 1 Nummer 2 beglaubigt, muss der Beglaubigungsvermerk zusätzlich die Feststellungen nach Satz 1 Nummer 1 für das Ausgangsdokument enthalten.

(6) Die nach Absatz 4 hergestellten Dokumente stehen, sofern sie beglaubigt sind, beglaubigten Abschriften gleich.

(7) Jede Behörde soll von Urkunden, die sie selbst ausgestellt hat, auf Verlangen ein elektronisches Dokument nach Absatz 4 Nummer 4 Buchstabe a oder eine elektronische Abschrift fertigen und beglaubigen.

§ 34 Beglaubigung von Unterschriften

(1) [1]Die vom Senat bestimmten Behörden sind befugt, Unterschriften zu beglaubigen, wenn das unterzeichnete Schriftstück zur Vorlage bei einer Behörde oder einer sonstigen Stelle, der auf Grund einer Rechtsvorschrift das unterzeichnete Schriftstück vorzulegen ist, benötigt wird. [2]Dies gilt nicht für

1. Unterschriften ohne zugehörigen Text;
2. Unterschriften, die der öffentlichen Beglaubigung (§ 129 des Bürgerlichen Gesetzbuches) bedürfen.

(2) Eine Unterschrift soll nur beglaubigt werden, wenn sie in Gegenwart des beglaubigenden Bediensteten vollzogen oder anerkannt wird.

(3) [1]Der Beglaubigungsvermerk ist unmittelbar bei der Unterschrift, die beglaubigt werden soll, anzubringen. [2]Er muss enthalten

1. die Bestätigung, dass die Unterschrift echt ist;
2. die genaue Bezeichnung desjenigen, dessen Unterschrift beglaubigt wird, sowie die Angabe, ob sich der für die Beglaubigung zuständige Bedienstete Gewissheit über diese Person verschafft hat und ob die Unterschrift in seiner Gegenwart vollzogen oder anerkannt worden ist;
3. den Hinweis, dass die Beglaubigung nur zur Vorlage bei der angegebenen Behörde oder Stelle bestimmt ist;
4. den Ort und den Tag der Beglaubigung, die Unterschrift des für die Beglaubigung zuständigen Bediensteten und das Dienstsiegel.

(4) Die Absätze 1 bis 3 gelten für die Beglaubigung von Handzeichen entsprechend.

Teil III
Verwaltungsakt

Abschnitt 1
Zustandekommen des Verwaltungsaktes

§ 35 Begriff des Verwaltungsaktes

[1]Verwaltungsakt ist jede Verfügung, Entscheidung oder andere hoheitliche Maßnahme, die eine Behörde zur Regelung eines Einzelfalles auf dem Gebiet des öffentlichen Rechts trifft und die auf unmittelbare Rechtswirkung nach außen gerichtet ist. [2]Allgemeinverfügung ist ein Verwaltungsakt, der sich an einen nach allgemeinen Merkmalen bestimmten oder bestimmbaren Personenkreis richtet oder die öffentlich-rechtliche Eigenschaft einer Sache oder ihre Benutzung durch die Allgemeinheit betrifft.

§ 35a Vollständig automatisierter Erlass eines Verwaltungsaktes

Ein Verwaltungsakt kann vollständig durch automatische Einrichtungen erlassen werden, sofern dies durch Rechtsvorschrift zugelassen ist und weder ein Ermessen noch ein Beurteilungsspielraum besteht.

§ 36 Nebenbestimmungen zum Verwaltungsakt

(1) Ein Verwaltungsakt, auf den ein Anspruch besteht, darf mit einer Nebenbestimmung nur versehen werden, wenn sie durch Rechtsvorschrift zugelassen ist oder wenn sie sicherstellen soll, dass die gesetzlichen Voraussetzungen des Verwaltungsaktes erfüllt werden.

(2) Unbeschadet des Absatzes 1 darf ein Verwaltungsakt nach pflichtgemäßem Ermessen erlassen werden mit

1. einer Bestimmung, nach der eine Vergünstigung oder Belastung zu einem bestimmten Zeitpunkt beginnt, endet oder für einen bestimmten Zeitraum gilt (Befristung);

2. einer Bestimmung, nach der der Eintritt oder der Wegfall einer Vergünstigung oder einer Belastung von dem ungewissen Eintritt eines zukünftigen Ereignisses abhängt (Bedingung);
3. einem Vorbehalt des Widerrufs
oder verbunden werden mit
4. einer Bestimmung, durch die dem Begünstigten ein Tun, Dulden oder Unterlassen vorgeschrieben wird (Auflage);
5. einem Vorbehalt der nachträglichen Aufnahme, Änderung oder Ergänzung einer Auflage.
(3) Eine Nebenbestimmung darf dem Zweck des Verwaltungsaktes nicht zuwiderlaufen.

Siebenter Abschnitt
Vorkaufsrecht, Enteignung, Entschädigung

§ 37 Bestimmtheit und Form des Verwaltungsaktes
(1) Ein Verwaltungsakt muss inhaltlich hinreichend bestimmt sein.
(2) [1]Ein Verwaltungsakt kann schriftlich, elektronisch, mündlich oder in anderer Weise erlassen werden. [2]Ein mündlicher Verwaltungsakt ist schriftlich oder elektronisch zu bestätigen, wenn hieran ein berechtigtes Interesse besteht und der Betroffene dies unverzüglich verlangt. [3]Ein elektronischer Verwaltungsakt ist unter denselben Voraussetzungen schriftlich zu bestätigen; § 3a Absatz 2 Satz 1 findet insoweit keine Anwendung.
(3) [1]Ein schriftlicher oder elektronischer Verwaltungsakt muss die erlassende Behörde erkennen lassen und die Unterschrift oder die Namenswiedergabe des Behördenleiters, seines Vertreters oder seines Beauftragten enthalten. [2]Wird für einen Verwaltungsakt, für den durch Rechtsvorschrift die Schriftform angeordnet ist, die elektronische Form verwendet, muss auch das der Signatur zugrunde liegende qualifizierte Zertifikat oder ein zugehöriges qualifiziertes Attributzertifikat die erlassende Behörde erkennen lassen. [3]Im Fall des § 3a Absatz 2 Satz 4 Nummer 3 muss die Bestätigung nach § 5 Absatz 5 des De-Mail-Gesetzes die erlassende Behörde als Nutzer des De-Mail-Kontos erkennen lassen.
(4) Für einen Verwaltungsakt kann für die nach § 3a Absatz 2 erforderliche Signatur durch Rechtsvorschrift die dauerhafte Überprüfbarkeit vorgeschrieben werden.
(5) [1]Bei einem schriftlichen Verwaltungsakt, der mit Hilfe automatischer Einrichtungen erlassen wird, können abweichend von Absatz 3 Unterschrift und Namenswiedergabe fehlen. [2]Zur Inhaltsangabe können Schlüsselzeichen verwendet werden, wenn derjenige, für den der Verwaltungsakt bestimmt ist oder der von ihm betroffen wird, auf Grund der dazu gegebenen Erläuterungen den Inhalt des Verwaltungsaktes eindeutig erkennen kann.

§ 38 Zusicherung
(1) [1]Eine von der zuständigen Behörde erteilte Zusage, einen bestimmten Verwaltungsakt später zu erlassen oder zu unterlassen (Zusicherung), bedarf zu ihrer Wirksamkeit der schriftlichen Form. [2]Ist vor dem Erlass des zugesicherten Verwaltungsaktes die Anhörung Beteiligter oder die Mitwirkung einer anderen Behörde oder eines Ausschusses auf Grund einer Rechtsvorschrift erforderlich, so darf die Zusicherung erst nach Anhörung der Beteiligten oder nach Mitwirkung dieser Behörde oder des Ausschusses gegeben werden.
(2) Auf die Unwirksamkeit der Zusicherung finden, unbeschadet des Absatzes 1 Satz 1, § 44, auf die Heilung von Mängeln bei der Anhörung Beteiligter und der Mitwirkung anderer Behörden oder Ausschüsse § 45 Absatz 1 Nummern 3 bis 5 sowie Absatz 2, auf die Rücknahme § 48, auf den Widerruf, unbeschadet des Absatzes 3, § 49 entsprechende Anwendung.
(3) Ändert sich nach Abgabe der Zusicherung die Sach- oder Rechtslage derart, dass die Behörde bei Kenntnis der nachträglich eingetretenen Änderung die Zusicherung nicht gegeben hätte oder aus rechtlichen Gründen nicht hätte geben dürfen, ist die Behörde an die Zusicherung nicht mehr gebunden.

§ 39 Begründung des Verwaltungsaktes
(1) [1]Ein schriftlicher oder elektronischer sowie ein schriftlich oder elektronisch bestätigter Verwaltungsakt ist mit einer Begründung zu versehen. [2]In der Begründung sind die wesentlichen tatsächlichen und rechtlichen Gründe mitzuteilen, die die Behörde zu ihrer Entscheidung bewogen haben. [3]Die Begründung von Ermessensentscheidungen soll auch die Gesichtspunkte erkennen lassen, von denen die Behörde bei der Ausübung ihres Ermessens ausgegangen ist.

(2) Einer Begründung bedarf es nicht,

1. soweit die Behörde einem Antrag entspricht oder einer Erklärung folgt und der Verwaltungsakt nicht in Rechte eines anderen eingreift;

2. soweit demjenigen, für den der Verwaltungsakt bestimmt ist oder der von ihm betroffen wird, die Auffassung der Behörde über die Sach- und Rechtslage bereits bekannt oder auch ohne Begründung für ihn ohne weiteres erkennbar ist;

3. wenn die Behörde gleichartige Verwaltungsakte in größerer Zahl oder Verwaltungsakte mit Hilfe automatischer Einrichtungen erlässt und die Begründung nach den Umständen des Einzelfalles nicht geboten ist;

4. wenn sich dies aus einer Rechtsvorschrift ergibt;

5. wenn eine Allgemeinverfügung öffentlich bekannt gegeben wird.

§ 40 Ermessen

Ist die Behörde ermächtigt, nach ihrem Ermessen zu handeln, hat sie ihr Ermessen entsprechend dem Zweck der Ermächtigung auszuüben und die gesetzlichen Grenzen des Ermessens einzuhalten.

§ 41 Bekanntgabe des Verwaltungsaktes

(1) [1]Ein Verwaltungsakt ist demjenigen Beteiligten bekannt zu geben, für den er bestimmt ist oder der von ihm betroffen wird. [2]Ist ein Bevollmächtigter bestellt, so soll die Bekanntgabe ihm gegenüber vorgenommen werden.

(2) [1]Ein schriftlicher Verwaltungsakt, der im Inland durch die Post übermittelt wird, gilt am dritten Tag nach der Aufgabe zur Post als bekannt gegeben. [2]Ein Verwaltungsakt, der im Inland oder in das Ausland elektronisch übermittelt wird, gilt am dritten Tag nach der Absendung als bekannt gegeben. [3]Dies gilt nicht, wenn der Verwaltungsakt nicht oder zu einem späteren Zeitpunkt zugegangen ist; im Zweifel hat die Behörde den Zugang des Verwaltungsaktes und den Zeitpunkt des Zugangs nachzuweisen.

(2a) [1]Mit Einwilligung des Beteiligten kann ein elektronischer Verwaltungsakt dadurch bekannt gegeben werden, dass er vom Beteiligten oder von seinem Bevollmächtigten über öffentlich zugängliche Netze abgerufen wird. [2]Die Behörde hat zu gewährleisten, dass der Abruf nur nach Authentifizierung der berechtigten Person möglich ist und der elektronische Verwaltungsakt von ihr gespeichert werden kann. [3]Der Verwaltungsakt gilt am Tag nach dem Abruf als bekannt gegeben. [4]Wird der Verwaltungsakt nicht innerhalb von zehn Tagen nach Absendung einer Benachrichtigung über die Bereitstellung abgerufen, wird diese beendet. [5]In diesem Fall ist die Bekanntgabe nicht bewirkt; die Möglichkeit einer erneuten Bereitstellung zum Abruf oder der Bekanntgabe auf andere Weise bleibt unberührt.

(3) [1]Ein Verwaltungsakt darf öffentlich bekannt gegeben werden, wenn dies durch Rechtsvorschrift zugelassen ist. [2]Eine Allgemeinverfügung darf auch dann öffentlich bekannt gegeben werden, wenn eine Bekanntgabe an die Beteiligten untunlich ist.

(4) [1]Die öffentliche Bekanntgabe eines schriftlichen oder elektronischen Verwaltungsaktes wird dadurch bewirkt, dass sein verfügender Teil im Amtlichen Anzeiger bekannt gemacht wird. [2]In besonderen Eilfällen kann die öffentliche Bekanntgabe einer Allgemeinverfügung auch dadurch erfolgen, dass ihr verfügender Teil auf einer Internetseite der Behörde oder ihres Verwaltungsträgers zugänglich gemacht wird. [3]In diesen Fällen ist die Allgemeinverfügung unverzüglich im Amtlichen Anzeiger abzudrucken; dabei ist anzugeben, auf welcher Internetseite und zu welchem Zeitpunkt der verfügende Teil der Allgemeinverfügung zugänglich gemacht wurde. [4]In der Bekanntmachung oder der Zugänglichmachung im Internet ist anzugeben, wo der Verwaltungsakt und seine Begründung eingesehen werden können. [5]Der Verwaltungsakt gilt zwei Wochen nach der Bekanntmachung im Amtlichen Anzeiger oder der Zugänglichmachung im Internet als bekannt gegeben. [6]In einer Allgemeinverfügung kann ein hiervon abweichender Tag, jedoch frühestens der auf die Bekanntmachung folgende Tag bestimmt werden. [7]In Fällen des Satzes 2 kann bestimmt werden, dass die Allgemeinverfügung mit der Zugänglichmachung auf einer Internetseite der Behörde oder ihres Verwaltungsträgers als bekannt gegeben gilt; in diesen Fällen ist die Allgemeinverfügung zusätzlich durch weitere geeignete Nachrichtenmittel zu verbreiten.

(5) Vorschriften über die Bekanntgabe eines Verwaltungsaktes mittels Zustellung bleiben unberührt.

§ 42 Offenbare Unrichtigkeiten im Verwaltungsakt

[1]Die Behörde kann Schreibfehler, Rechenfehler und ähnliche offenbare Unrichtigkeiten in einem Verwaltungsakt jederzeit berichtigen. [2]Bei berechtigtem Interesse des Beteiligten ist zu berichtigen. [3]Die Behörde ist berechtigt, die Vorlage des Dokumentes zu verlangen, das berichtigt werden soll.

§ 42a Genehmigungsfiktion

(1) [1]Eine beantragte Genehmigung gilt nach Ablauf einer für die Entscheidung festgelegten Frist als erteilt (Genehmigungsfiktion), wenn dies durch Rechtsvorschrift angeordnet und der Antrag hinreichend bestimmt ist. [2]Die Vorschriften über die Bestandskraft von Verwaltungsakten und über das Rechtsbehelfsverfahren gelten entsprechend.

(2) [1]Die Frist nach Absatz 1 Satz 1 beträgt drei Monate, soweit durch Rechtsvorschrift nichts Abweichendes bestimmt ist. [2]Die Frist beginnt mit Eingang der vollständigen Unterlagen. [3]Sie kann einmal angemessen verlängert werden, wenn dies wegen der Schwierigkeit der Angelegenheit gerechtfertigt ist. [4]Die Fristverlängerung ist zu begründen und rechtzeitig mitzuteilen.

(3) Auf Verlangen ist demjenigen, dem der Verwaltungsakt nach § 41 Absatz 1 hätte bekannt gegeben werden müssen, der Eintritt der Genehmigungsfiktion schriftlich zu bescheinigen.

Abschnitt 2
Bestandskraft des Verwaltungsaktes

§ 43 Wirksamkeit des Verwaltungsaktes

(1) [1]Ein Verwaltungsakt wird gegenüber demjenigen, für den er bestimmt ist oder der von ihm betroffen wird, in dem Zeitpunkt wirksam, in dem er ihm bekannt gegeben wird. [2]Der Verwaltungsakt wird mit dem Inhalt wirksam, mit dem er bekannt gegeben wird.

(2) Ein Verwaltungsakt bleibt wirksam, solange und soweit er nicht zurückgenommen, widerrufen, anderweitig aufgehoben oder durch Zeitablauf oder auf andere Weise erledigt ist.

(3) Ein nichtiger Verwaltungsakt ist unwirksam.

§ 44 Nichtigkeit des Verwaltungsaktes

(1) Ein Verwaltungsakt ist nichtig, soweit er an einem besonders schwer wiegenden Fehler leidet und dies bei verständiger Würdigung aller in Betracht kommenden Umstände offensichtlich ist.

(2) Ohne Rücksicht auf das Vorliegen der Voraussetzungen des Absatzes 1 ist ein Verwaltungsakt nichtig,

1. der schriftlich oder elektronisch erlassen worden ist, die erlassende Behörde aber nicht erkennen lässt;
2. der nach einer Rechtsvorschrift nur durch die Aushändigung einer Urkunde erlassen werden kann, aber dieser Form nicht genügt;
3. den eine Behörde außerhalb ihrer durch § 3 Absatz 2 Nummer 1 begründeten Zuständigkeit erlassen hat, ohne dazu ermächtigt zu sein;
4. den aus tatsächlichen Gründen niemand ausführen kann;
5. der die Begehung einer rechtswidrigen Tat verlangt, die einen Straf- oder Bußgeldtatbestand verwirklicht;
6. der gegen die guten Sitten verstößt.

(3) Ein Verwaltungsakt ist nicht schon deshalb nichtig, weil

1. Vorschriften über die örtliche Zuständigkeit nicht eingehalten worden sind, außer wenn ein Fall des Absatzes 2 Nummer 3 vorliegt;
2. eine nach § 20 Absatz 1 Satz 1 Nummern 2 bis 6 ausgeschlossene Person mitgewirkt hat;
3. ein durch Rechtsvorschrift zur Mitwirkung berufener Ausschuss den für den Erlass des Verwaltungsaktes vorgeschriebenen Beschluss nicht gefasst hat oder nicht beschlussfähig war;
4. die nach einer Rechtsvorschrift erforderliche Mitwirkung einer anderen Behörde unterblieben ist.

(4) Betrifft die Nichtigkeit nur einen Teil des Verwaltungsaktes, so ist er im Ganzen nichtig, wenn der nichtige Teil so wesentlich ist, dass die Behörde den Verwaltungsakt ohne den nichtigen Teil nicht erlassen hätte.

(5) Die Behörde kann die Nichtigkeit jederzeit von Amts wegen feststellen; auf Antrag ist sie festzustellen, wenn der Antragsteller hieran ein berechtigtes Interesse hat.

§ 45 Heilung von Verfahrens- und Formfehlern

(1) Eine Verletzung von Verfahrens- oder Formvorschriften, die nicht den Verwaltungsakt nach § 44 nichtig macht, ist unbeachtlich, wenn

1. der für den Erlass des Verwaltungsaktes erforderliche Antrag nachträglich gestellt wird;
2. die erforderliche Begründung nachträglich gegeben wird;
3. die erforderliche Anhörung eines Beteiligten nachgeholt wird;
4. der Beschluss eines Ausschusses, dessen Mitwirkung für den Erlass des Verwaltungsaktes erforderlich ist, nachträglich gefasst wird;
5. die erforderliche Mitwirkung einer anderen Behörde nachgeholt wird.

(2) Handlungen nach Absatz 1 können bis zum Abschluss der letzten Tatsacheninstanz eines verwaltungsgerichtlichen Verfahrens nachgeholt werden.

(3) ¹Fehlt einem Verwaltungsakt die erforderliche Begründung oder ist die erforderliche Anhörung eines Beteiligten vor Erlass des Verwaltungsaktes unterblieben und ist dadurch die rechtzeitige Anfechtung des Verwaltungsaktes versäumt worden, so gilt die Versäumung der Rechtsbehelfsfrist als nicht verschuldet. ²Das für die Wiedereinsetzungsfrist nach § 32 Absatz 2 maßgebende Ereignis tritt im Zeitraum der Nachholung der unterlassenen Verfahrenshandlung ein.

§ 46 Folgen von Verfahrens- und Formfehlern

Die Aufhebung eines Verwaltungsaktes, der nicht nach § 44 nichtig ist, kann nicht allein deshalb beansprucht werden, weil er unter Verletzung von Vorschriften über das Verfahren, die Form oder die örtliche Zuständigkeit zustande gekommen ist, wenn offensichtlich ist, dass die Verletzung die Entscheidung in der Sache nicht beeinflusst hat.

§ 47 Umdeutung eines fehlerhaften Verwaltungsaktes

(1) Ein fehlerhafter Verwaltungsakt kann in einen anderen Verwaltungsakt umgedeutet werden, wenn er auf das gleiche Ziel gerichtet ist, von der erlassenden Behörde in der geschehenen Verfahrensweise und Form rechtmäßig hätte erlassen werden können und wenn die Voraussetzungen für dessen Erlass erfüllt sind.

(2) Absatz 1 gilt nicht, wenn der Verwaltungsakt, in den der fehlerhafte Verwaltungsakt umzudeuten wäre, der erkennbaren Absicht der erlassenden Behörde widerspräche oder seine Rechtsfolgen für den Betroffenen ungünstiger wären als die des fehlerhaften Verwaltungsaktes. Eine Umdeutung ist ferner unzulässig, wenn der fehlerhafte Verwaltungsakt nicht zurückgenommen werden dürfte.

(3) Eine Entscheidung, die nur als gesetzlich gebundene Entscheidung ergehen kann, kann nicht in eine Ermessensentscheidung umgedeutet werden.

(4) § 28 ist entsprechend anzuwenden.

§ 48 Rücknahme eines rechtswidrigen Verwaltungsaktes

(1) ¹Ein rechtswidriger Verwaltungsakt kann, auch nachdem er unanfechtbar geworden ist, ganz oder teilweise mit Wirkung für die Zukunft oder für die Vergangenheit zurückgenommen werden. ²Ein Verwaltungsakt, der ein Recht oder einen rechtlich erheblichen Vorteil begründet oder bestätigt hat (begünstigender Verwaltungsakt), darf nur unter den Einschränkungen der Absätze 2 bis 4 zurückgenommen werden.

(2) ¹Ein rechtswidriger Verwaltungsakt, der eine einmalige oder laufende Geldleistung oder teilbare Sachleistung gewährt oder hierfür Voraussetzung ist, darf nicht zurückgenommen werden, soweit der Begünstigte auf den Bestand des Verwaltungsaktes vertraut hat und sein Vertrauen unter Abwägung mit dem öffentlichen Interesse an einer Rücknahme schutzwürdig ist. ²Das Vertrauen ist in der Regel schutzwürdig, wenn der Begünstigte gewährte Leistungen verbraucht oder eine Vermögensdisposition getroffen hat, die er nicht mehr oder nur unter unzumutbaren Nachteilen rückgängig machen kann. ³Auf Vertrauen kann sich der Begünstigte nicht berufen, wenn er

1. den Verwaltungsakt durch arglistige Täuschung, Drohung oder Bestechung erwirkt hat;
2. den Verwaltungsakt durch Angaben erwirkt hat, die in wesentlicher Beziehung unrichtig oder unvollständig waren;
3. die Rechtswidrigkeit des Verwaltungsaktes kannte oder infolge grober Fahrlässigkeit nicht kannte.

⁴In den Fällen des Satzes 3 wird der Verwaltungsakt in der Regel mit Wirkung für die Vergangenheit zurückgenommen.

(3) [1]Wird ein rechtswidriger Verwaltungsakt, der nicht unter Absatz 2 fällt, zurückgenommen, so hat die Behörde dem Betroffenen auf Antrag den Vermögensnachteil auszugleichen, den dieser dadurch erleidet, dass er auf den Bestand des Verwaltungsaktes vertraut hat, soweit sein Vertrauen unter Abwägung mit dem öffentlichen Interesse schutzwürdig ist. [2]Absatz 2 Satz 3 ist anzuwenden. [3]Der Vermögensnachteil ist jedoch nicht über den Betrag des Interesses hinaus zu ersetzen, das der Betroffene an dem Bestand des Verwaltungsaktes hat. [4]Der auszugleichende Vermögensnachteil wird durch die Behörde festgesetzt. [5]Der Anspruch kann nur innerhalb eines Jahres geltend gemacht werden; die Frist beginnt, sobald die Behörde den Betroffenen auf sie hingewiesen hat.

(4) [1]Erhält die Behörde von Tatsachen Kenntnis, welche die Rücknahme eines rechtswidrigen Verwaltungsaktes rechtfertigen, so ist die Rücknahme nur innerhalb eines Jahres seit dem Zeitpunkt der Kenntnisnahme zulässig. [2]Dies gilt nicht im Falle des Absatzes 2 Satz 3 Nummer 1.

(5) Über die Rücknahme entscheidet nach Unanfechtbarkeit des Verwaltungsaktes die nach § 3 zuständige Behörde; dies gilt auch dann, wenn der zurückzunehmende Verwaltungsakt von einer anderen Behörde erlassen worden ist.

§ 49 Widerruf eines rechtmäßigen Verwaltungsaktes

(1) Ein rechtmäßiger nicht begünstigender Verwaltungsakt kann, auch nachdem er unanfechtbar geworden ist, ganz oder teilweise mit Wirkung für die Zukunft widerrufen werden, außer wenn ein Verwaltungsakt gleichen Inhalts erneut erlassen werden müsste oder aus anderen Gründen ein Widerruf unzulässig ist.

(2) [1]Ein rechtmäßiger begünstigender Verwaltungsakt darf, auch nachdem er unanfechtbar geworden ist, ganz oder teilweise mit Wirkung für die Zukunft nur widerrufen werden,

1. wenn der Widerruf durch Rechtsvorschrift zugelassen oder im Verwaltungsakt vorbehalten ist;
2. wenn mit dem Verwaltungsakt eine Auflage verbunden ist und der Begünstigte diese nicht oder nicht innerhalb einer ihm gesetzten Frist erfüllt hat;
3. wenn die Behörde auf Grund nachträglich eingetretener Tatsachen berechtigt wäre, den Verwaltungsakt nicht zu erlassen, und wenn ohne den Widerruf das öffentliche Interesse gefährdet würde;
4. wenn die Behörde auf Grund einer geänderten Rechtsvorschrift berechtigt wäre, den Verwaltungsakt nicht zu erlassen, soweit der Begünstigte von der Vergünstigung noch keinen Gebrauch gemacht oder auf Grund des Verwaltungsaktes noch keine Leistungen empfangen hat, und wenn ohne den Widerruf das öffentliche Interesse gefährdet würde;
5. um schwere Nachteile für das Gemeinwohl zu verhüten oder zu beseitigen.

[2]§ 48 Absatz 4 gilt entsprechend.

(3) [1]Ein rechtmäßiger Verwaltungsakt, der eine einmalige oder laufende Geldleistung oder teilbare Sachleistung zur Erfüllung eines bestimmten Zweckes gewährt oder hierfür Voraussetzung ist, kann, auch nachdem er unanfechtbar geworden ist, ganz oder teilweise auch mit Wirkung für die Vergangenheit widerrufen werden,

1. wenn die Leistung nicht, nicht alsbald nach der Erbringung oder nicht mehr für den in dem Verwaltungsakt bestimmten Zweck verwendet wird;
2. wenn mit dem Verwaltungsakt eine Auflage verbunden ist und der Begünstigte diese nicht oder nicht innerhalb einer ihm gesetzten Frist erfüllt hat.

[2]§ 48 Absatz 4 gilt entsprechend.

(4) Der widerrufene Verwaltungsakt wird mit dem Wirksamwerden des Widerrufs unwirksam, wenn die Behörde keinen anderen Zeitpunkt bestimmt.

(5) Über den Widerruf entscheidet nach Unanfechtbarkeit des Verwaltungsaktes die nach § 3 zuständige Behörde; dies gilt auch dann, wenn der zu widerrufende Verwaltungsakt von einer anderen Behörde erlassen worden ist.

(6) [1]Wird ein begünstigender Verwaltungsakt in den Fällen des Absatzes 2 Nummern 3 bis 5 widerrufen, so hat die Behörde den Betroffenen auf Antrag für den Vermögensnachteil zu entschädigen, den dieser dadurch erleidet, dass er auf den Bestand des Verwaltungsaktes vertraut hat, soweit sein Vertrauen schutzwürdig ist. [2]§ 48 Absatz 3 Sätze 3 bis 5 gilt entsprechend. [3]Für Streitigkeiten über die Entschädigung ist der ordentliche Rechtsweg gegeben.

§ 49a Erstattung, Verzinsung

(1) [1]Soweit ein Verwaltungsakt mit Wirkung für die Vergangenheit zurückgenommen oder widerrufen worden oder infolge Eintritts einer auflösenden Bedingung unwirksam geworden ist, sind bereits erbrachte Leistungen zu erstatten. [2]Die zu erstattende Leistung ist durch schriftlichen Verwaltungsakt festzusetzen.

(2) [1]Für den Umfang der Erstattung mit Ausnahme der Verzinsung gelten die Vorschriften des Bürgerlichen Gesetzbuchs über die Herausgabe einer ungerechtfertigten Bereicherung entsprechend. [2]Auf den Wegfall der Bereicherung kann sich der Begünstigte nicht berufen, soweit er die Umstände kannte oder infolge grober Fahrlässigkeit nicht kannte, die zur Rücknahme, zum Widerruf oder zur Unwirksamkeit des Verwaltungsaktes geführt haben.

(3) [1]Der zu erstattende Betrag ist vom Eintritt der Unwirksamkeit des Verwaltungsaktes an mit fünf Prozentpunkten über dem Basiszinssatz jährlich zu verzinsen. [2]Von der Geltendmachung des Zinsanspruchs kann insbesondere dann abgesehen werden, wenn der Begünstigte die Umstände, die zur Rücknahme, zum Widerruf oder zur Unwirksamkeit des Verwaltungsaktes geführt haben, nicht zu vertreten hat und den zu erstattenden Betrag innerhalb der von der Behörde festgesetzten Frist leistet.

(4) [1]Wird eine Leistung nicht alsbald nach der Auszahlung für den bestimmten Zweck verwendet, so können für die Zeit bis zur zweckentsprechenden Verwendung Zinsen nach Absatz 3 Satz 1 verlangt werden. [2]Entsprechendes gilt, soweit eine Leistung in Anspruch genommen wird, obwohl andere Mittel anteilig oder vorrangig einzusetzen sind. [3]§ 49 Absatz 3 Satz 1 Nummer 1 bleibt unberührt.

§ 50 Rücknahme und Widerruf im Rechtsbehelfsverfahren

§ 48 Absatz 1 Satz 2 und Absätze 2 bis 4 und Absatz 6 sowie § 49 Absätze 2 bis 4 und 6 gelten nicht, wenn ein begünstigender Verwaltungsakt, der von einem Dritten angefochten worden ist, während des Vorverfahrens oder während des verwaltungsgerichtlichen Verfahrens aufgehoben wird, soweit dadurch dem Widerspruch oder der Klage abgeholfen wird.

§ 51 Wiederaufgreifen des Verfahrens

(1) Die Behörde hat auf Antrag des Betroffenen über die Aufhebung oder Änderung eines unanfechtbaren Verwaltungsaktes zu entscheiden, wenn

1. sich die dem Verwaltungsakt zugrunde liegende Sach- oder Rechtslage nachträglich zugunsten des Betroffenen geändert hat;

2. neue Beweismittel vorliegen, die eine dem Betroffenen günstigere Entscheidung herbeigeführt haben würden;

3. Wiederaufnahmegründe entsprechend § 580 der Zivilprozessordnung gegeben sind.

(2) Der Antrag ist nur zulässig, wenn der Betroffene ohne grobes Verschulden außerstande war, den Grund für das Wiederaufgreifen in dem früheren Verfahren, insbesondere durch Rechtsbehelf, geltend zu machen.

(3) [1]Der Antrag muss binnen drei Monaten gestellt werden. [2]Die Frist beginnt mit dem Tage, an dem der Betroffene von dem Grund für das Wiederaufgreifen Kenntnis erhalten hat.

(4) Über den Antrag entscheidet die nach § 3 zuständige Behörde; dies gilt auch dann, wenn der Verwaltungsakt, dessen Aufhebung oder Änderung begehrt wird, von einer anderen Behörde erlassen worden ist.

(5) Die Vorschriften des § 48 Absatz 1 Satz 1 und des § 49 Absatz 1 bleiben unberührt.

§ 52 Rückgabe von Urkunden und Sachen

[1]Ist ein Verwaltungsakt unanfechtbar widerrufen oder zurückgenommen oder ist seine Wirksamkeit aus einem anderen Grund nicht oder nicht mehr gegeben, so kann die Behörde die auf Grund dieses Verwaltungsaktes erteilten Urkunden oder Sachen, die zum Nachweis der Rechte aus dem Verwaltungsakt oder zu deren Ausübung bestimmt sind, zurückfordern. [2]Der Inhaber und, sofern er nicht der Besitzer ist, auch der Besitzer dieser Urkunden oder Sachen sind zu ihrer Herausgabe verpflichtet. [3]Der Inhaber oder der Besitzer kann jedoch verlangen, dass ihm die Urkunden oder Sachen wieder ausgehändigt werden, nachdem sie von der Behörde als ungültig gekennzeichnet sind; dies gilt nicht bei Sachen, bei denen eine solche Kennzeichnung nicht oder nicht mit der erforderlichen Offensichtlichkeit oder Dauerhaftigkeit möglich ist.

Abschnitt 3
Verjährungsrechtliche Wirkungen des Verwaltungsaktes

§ 53 Hemmung der Verjährung durch Verwaltungsakt

(1) [1]Ein Verwaltungsakt, der zur Feststellung oder Durchsetzung des Anspruchs eines öffentlich-rechtlichen Rechtsträgers erlassen wird, hemmt die Verjährung dieses Anspruchs. [2]Die Hemmung endet mit dem Eintritt der Unanfechtbarkeit des Verwaltungsakts oder sechs Monate nach seiner anderweitigen Erledigung.

(2) [1]Ist ein Verwaltungsakt im Sinne des Absatzes 1 unanfechtbar geworden, beträgt die Verjährungsfrist 30 Jahre. [2]Soweit der Verwaltungsakt einen Anspruch auf künftig fällig werdende regelmäßig wiederkehrende Leistungen zum Inhalt hat, bleibt es bei der für diesen Anspruch geltenden Verjährungsfrist.

Teil IV
Öffentlich-rechtlicher Vertrag

§ 54 Zulässigkeit des öffentlich-rechtlichen Vertrages

[1]Ein Rechtsverhältnis auf dem Gebiet des öffentlichen Rechts kann durch Vertrag begründet, geändert oder aufgehoben werden (öffentlich-rechtlicher Vertrag), soweit Rechtsvorschriften nicht entgegenstehen. [2]Insbesondere kann die Behörde, anstatt einen Verwaltungsakt zu erlassen, einen öffentlich-rechtlichen Vertrag mit demjenigen schließen, an den sie sonst den Verwaltungsakt richten würde.

§ 55 Vergleichsvertrag

Ein öffentlich-rechtlicher Vertrag im Sinne des § 54 Satz 2, durch den eine bei verständiger Würdigung des Sachverhalts oder der Rechtslage bestehende Ungewissheit durch gegenseitiges Nachgeben beseitigt wird (Vergleich), kann geschlossen werden, wenn die Behörde den Abschluss des Vergleichs zur Beseitigung der Ungewissheit nach pflichtgemäßem Ermessen für zweckmäßig hält.

§ 56 Austauschvertrag

(1) [1]Ein öffentlich-rechtlicher Vertrag im Sinne des § 54 Satz 2, in dem sich der Vertragspartner der Behörde zu einer Gegenleistung verpflichtet, kann geschlossen werden, wenn die Gegenleistung für einen bestimmten Zweck im Vertrag vereinbart wird und der Behörde zur Erfüllung ihrer öffentlichen Aufgaben dient. [2]Die Gegenleistung muss den gesamten Umständen nach angemessen sein und im sachlichen Zusammenhang mit der vertraglichen Leistung der Behörde stehen.

(2) Besteht auf die Leistung der Behörde ein Anspruch, so kann nur eine solche Gegenleistung vereinbart werden, die bei Erlass eines Verwaltungsaktes Inhalt einer Nebenbestimmung nach § 36 sein könnte.

§ 57 Schriftform

Ein öffentlich-rechtlicher Vertrag ist schriftlich zu schließen, soweit nicht durch Rechtsvorschrift eine andere Form vorgeschrieben ist.

§ 58 Zustimmung von Dritten und Behörden

(1) Ein öffentlich-rechtlicher Vertrag, der in Rechte eines Dritten eingreift, wird erst wirksam, wenn der Dritte schriftlich zustimmt.

(2) Wird anstatt eines Verwaltungsaktes, bei dessen Erlass nach einer Rechtsvorschrift die Genehmigung, die Zustimmung oder das Einvernehmen einer anderen Behörde erforderlich ist, ein Vertrag geschlossen, so wird dieser erst wirksam, nachdem die andere Behörde in der vorgeschriebenen Form mitgewirkt hat.

§ 59 Nichtigkeit des öffentlich-rechtlichen Vertrages

(1) Ein öffentlich-rechtlicher Vertrag ist nichtig, wenn sich die Nichtigkeit aus der entsprechenden Anwendung von Vorschriften des Bürgerlichen Gesetzbuches ergibt.

(2) Ein Vertrag im Sinne des § 54 Satz 2 ist ferner nichtig, wenn

1. ein Verwaltungsakt mit entsprechendem Inhalt nichtig wäre;
2. ein Verwaltungsakt mit entsprechendem Inhalt nicht nur wegen eines Verfahrens- oder Formfehlers im Sinne des § 46 rechtswidrig wäre und dies den Vertragschließenden bekannt war;

3. die Voraussetzungen zum Abschluss eines Vergleichsvertrages nicht vorlagen und ein Verwaltungsakt mit entsprechendem Inhalt nicht nur wegen eines Verfahrens- oder Formfehlers im Sinne des § 46 rechtswidrig wäre;

4. sich die Behörde eine nach § 56 unzulässige Gegenleistung versprechen lässt.

(3) Betrifft die Nichtigkeit nur einen Teil des Vertrages, so ist er im Ganzen nichtig, wenn nicht anzunehmen ist, dass er auch ohne den nichtigen Teil geschlossen worden wäre.

§ 60 Anpassung und Kündigung in besonderen Fällen

(1) [1]Haben die Verhältnisse, die für die Festsetzung des Vertragsinhalts maßgebend gewesen sind, sich seit Abschluss des Vertrages so wesentlich geändert, dass einer Vertragspartei das Festhalten an der ursprünglichen vertraglichen Regelung nicht zuzumuten ist, so kann diese Vertragspartei eine Anpassung des Vertragsinhalts an die geänderten Verhältnisse verlangen oder, sofern eine Anpassung nicht möglich oder einer Vertragspartei nicht zuzumuten ist, den Vertrag kündigen. [2]Die Behörde kann den Vertrag auch kündigen, um schwere Nachteile für das Gemeinwohl zu verhüten oder zu beseitigen.

(2) [1]Die Kündigung bedarf der Schriftform, soweit nicht durch Rechtsvorschrift eine andere Form vorgeschrieben ist. [2]Sie soll begründet werden.

§ 61 Unterwerfung unter die sofortige Vollstreckung

(1) [1]Jeder Vertragschließende kann sich der sofortigen Vollstreckung aus einem öffentlich-rechtlichen Vertrag im Sinne des § 54 Satz 2 unterwerfen. [2]Die Behörde muss hierbei von dem Behördenleiter, seinem allgemeinen Vertreter oder einem Angehörigen des öffentlichen Dienstes, der die Befähigung zum Richteramt hat oder die Voraussetzungen des § 110 Satz 1 des Deutschen Richtergesetzes erfüllt, vertreten werden.

(2) [1]Auf öffentlich-rechtliche Verträge im Sinne des Absatzes 1 Satz 1 ist das Hamburgische Verwaltungsvollstreckungsgesetz anzuwenden. [2]Will eine natürliche oder juristische Person des Privatrechts oder eine nichtrechtsfähige Vereinigung die Vollstreckung wegen einer Geldforderung betreiben, so ist § 170 Absätze 1 bis 3 der Verwaltungsgerichtsordnung entsprechend anzuwenden. [3]Richtet sich die Vollstreckung wegen der Erzwingung einer Handlung, Duldung oder Unterlassung gegen eine Behörde, so ist § 172 der Verwaltungsgerichtsordnung entsprechend anzuwenden.

§ 62 Ergänzende Anwendung von Vorschriften

[1]Soweit sich aus den §§ 54 bis 61 nichts Abweichendes ergibt, gelten die übrigen Vorschriften dieses Gesetzes. [2]Ergänzend gelten die Vorschriften des Bürgerlichen Gesetzbuches entsprechend.

Teil V
Besondere Verfahrensarten

Abschnitt 1
Förmliches Verwaltungsverfahren

§ 63 Anwendung der Vorschriften über das förmliche Verwaltungsverfahren

(1) Das förmliche Verwaltungsverfahren nach diesem Gesetz findet statt, wenn es durch Rechtsvorschrift angeordnet ist.

(2) Für das förmliche Verwaltungsverfahren gelten die §§ 64 bis 71 und, soweit sich aus ihnen nichts Abweichendes ergibt, die übrigen Vorschriften dieses Gesetzes.

(3) [1]Die Mitteilung nach § 17 Absatz 2 Satz 2 und die Aufforderung nach § 17 Absatz 4 Satz 2 sind im förmlichen Verwaltungsverfahren öffentlich bekannt zu machen. [2]Die öffentliche Bekanntmachung wird dadurch bewirkt, dass die Behörde die Mitteilung oder die Aufforderung in ihrem amtlichen Veröffentlichungsblatt und außerdem in örtlichen Tageszeitungen, die in dem Bereich verbreitet sind, in dem sich die Entscheidung voraussichtlich auswirken wird, bekannt macht.

§ 64 Form des Antrages

Setzt das förmliche Verwaltungsverfahren einen Antrag voraus, so ist er schriftlich oder zur Niederschrift bei der Behörde zu stellen.

§ 65 Mitwirkung von Zeugen und Sachverständigen

(1) [1]Im förmlichen Verwaltungsverfahren sind Zeugen zur Aussage und Sachverständige zur Erstattung von Gutachten verpflichtet. [2]Die Vorschriften der Zivilprozessordnung über die Pflicht, als Zeuge

auszusagen oder als Sachverständiger ein Gutachten zu erstatten, über die Ablehnung von Sachverständigen sowie über die Vernehmung von Angehörigen des öffentlichen Dienstes als Zeugen oder Sachverständige gelten entsprechend.

(2) [1]Verweigern Zeugen oder Sachverständige ohne Vorliegen eines der in den §§ 376, 383 bis 385 und 408 der Zivilprozessordnung bezeichneten Gründe die Aussage oder die Erstattung des Gutachtens, so kann die Behörde das für den Wohnsitz oder den Aufenthaltsort des Zeugen oder des Sachverständigen zuständige Verwaltungsgericht um die Vernehmung ersuchen. [2]Befindet sich der Wohnsitz oder der Aufenthaltsort des Zeugen oder des Sachverständigen nicht am Sitz eines Verwaltungsgerichts oder einer besonders errichteten Kammer, so kann auch das zuständige Amtsgericht um die Vernehmung ersucht werden. [3]In dem Ersuchen hat die Behörde den Gegenstand der Vernehmung darzulegen sowie die Namen und Anschriften der Beteiligten anzugeben. [4]Das Gericht hat die Beteiligten von den Beweisterminen zu benachrichtigen.

(3) Hält die Behörde mit Rücksicht auf die Bedeutung der Aussage eines Zeugen oder des Gutachtens eines Sachverständigen oder zur Herbeiführung einer wahrheitsgemäßen Aussage die Beeidigung für geboten, so kann sie das nach Absatz 2 zuständige Gericht um die eidliche Vernehmung ersuchen.

(4) Das Gericht entscheidet über die Rechtmäßigkeit einer Verweigerung des Zeugnisses, des Gutachtens oder der Eidesleistung.

(5) Ein Ersuchen nach Absatz 2 oder 3 an das Gericht darf nur von dem Behördenleiter, seinem allgemeinen Vertreter oder einem Angehörigen des öffentlichen Dienstes gestellt werden, der die Befähigung zum Richteramt hat oder die Voraussetzungen des § 110 Satz 1 des Deutschen Richtergesetzes erfüllt.

§ 66 Verpflichtung zur Anhörung von Beteiligten

(1) Im förmlichen Verwaltungsverfahren ist den Beteiligten Gelegenheit zu geben, sich vor der Entscheidung zu äußern.

(2) Den Beteiligten ist Gelegenheit zu geben, der Vernehmung von Zeugen und Sachverständigen und der Einnahme des Augenscheins beizuwohnen und hierbei sachdienliche Fragen zu stellen; ein schriftlich oder elektronisch vorliegendes Gutachten soll ihnen zugänglich gemacht werden.

§ 67 Erfordernis der mündlichen Verhandlung

(1) [1]Die Behörde entscheidet nach mündlicher Verhandlung. [2]Hierzu sind die Beteiligten mit angemessener Frist schriftlich zu laden. [3]Bei der Ladung ist darauf hinzuweisen, dass bei Ausbleiben eines Beteiligten auch ohne ihn verhandelt und entschieden werden kann. [4]Sind mehr als 50 Ladungen vorzunehmen, so können sie durch öffentliche Bekanntmachung ersetzt werden. [5]Die öffentliche Bekanntmachung wird dadurch bewirkt, dass der Verhandlungstermin mindestens zwei Wochen vorher im amtlichen Veröffentlichungsblatt der Behörde und außerdem in örtlichen Tageszeitungen, die in dem Bereich verbreitet sind, in dem sich die Entscheidung voraussichtlich auswirken wird, mit dem Hinweis nach Satz 3 bekannt gemacht wird. [6]Maßgebend für die Frist nach Satz 5 ist die Bekanntgabe im amtlichen Veröffentlichungsblatt.

(2) Die Behörde kann ohne mündliche Verhandlung entscheiden, wenn

1. einem Antrag im Einvernehmen mit allen Beteiligten in vollem Umfang entsprochen wird;
2. kein Beteiligter innerhalb einer hierfür gesetzten Frist Einwendungen gegen die vorgesehene Maßnahme erhoben hat;
3. die Behörde den Beteiligten mitgeteilt hat, dass sie beabsichtige, ohne mündliche Verhandlung zu entscheiden, und kein Beteiligter innerhalb einer hierfür gesetzten Frist Einwendungen dagegen erhoben hat;
4. alle Beteiligten auf sie verzichtet haben;
5. wegen Gefahr im Verzug eine sofortige Entscheidung notwendig ist.

(3) Die Behörde soll das Verfahren so fördern, dass es möglichst in einem Verhandlungstermin erledigt werden kann.

§ 68 Verlauf der mündlichen Verhandlung

(1) [1]Die mündliche Verhandlung ist nicht öffentlich. [2]An ihr können Vertreter der Aufsichtsbehörden und Personen, die bei der Behörde zur Ausbildung beschäftigt sind, teilnehmen. [3]Anderen Personen kann der Verhandlungsleiter die Anwesenheit gestatten, wenn kein Beteiligter widerspricht.

(2) [1]Der Verhandlungsleiter hat die Sache mit den Beteiligten zu erörtern. [2]Er hat darauf hinzuwirken, dass unklare Anträge erläutert, sachdienliche Anträge gestellt, ungenügende Angaben ergänzt sowie alle für die Feststellung des Sachverhalts wesentlichen Erklärungen abgegeben werden.

(3) [1]Der Verhandlungsleiter ist für die Ordnung verantwortlich. [2]Er kann Personen, die seine Anordnungen nicht befolgen, entfernen lassen. [3]Die Verhandlung kann ohne diese Personen fortgesetzt werden.

(4) [1]Über die mündliche Verhandlung ist eine Niederschrift zu fertigen. [2]Die Niederschrift muss Angaben enthalten über

1. den Ort und den Tag der Verhandlung,
2. die Namen des Verhandlungsleiters, der erschienenen Beteiligten, Zeugen und Sachverständigen,
3. den behandelten Verfahrensgegenstand und die gestellten Anträge,
4. den wesentlichen Inhalt der Aussage der Zeugen und Sachverständigen,
5. das Ergebnis eines Augenscheines.

[3]Die Niederschrift ist von dem Verhandlungsleiter und, soweit ein Schriftführer hinzugezogen worden ist, auch von diesem zu unterzeichnen. [4]Der Aufnahme in die Verhandlungsniederschrift steht die Aufnahme in eine Schrift gleich, die ihr als Anlage beigefügt und als solche bezeichnet ist; auf die Anlage ist in der Verhandlungsniederschrift hinzuweisen.

§ 69 Entscheidung

(1) Die Behörde entscheidet unter Würdigung des Gesamtergebnisses des Verfahrens.

(2) [1]Verwaltungsakte, die das förmliche Verfahren abschließen, sind schriftlich zu erlassen, schriftlich zu begründen und den Beteiligten zuzustellen; in den Fällen des § 39 Absatz 2 Nummern 1 und 3 bedarf es einer Begründung nicht. [2]Ein elektronischer Verwaltungsakt nach Satz 1 ist mit einer dauerhaft überprüfbaren qualifizierten elektronischen Signatur zu versehen. [3]Sind mehr als 50 Zustellungen vorzunehmen, so können sie durch öffentliche Bekanntmachung ersetzt werden. [4]Die öffentliche Bekanntmachung wird dadurch bewirkt, dass der verfügende Teil des Verwaltungsaktes und die Rechtsbehelfsbelehrung im amtlichen Veröffentlichungsblatt der Behörde und außerdem in örtlichen Tageszeitungen bekannt gemacht werden, die in dem Bereich verbreitet sind, in dem sich die Entscheidung voraussichtlich auswirken wird. [5]Der Verwaltungsakt gilt mit dem Tage als zugestellt, an dem seit dem Tage der Bekanntmachung in den amtlichen Veröffentlichungsblatt zwei Wochen verstrichen sind; hierauf ist in der Bekanntmachung hinzuweisen. [6]Nach der öffentlichen Bekanntmachung kann der Verwaltungsakt bis zum Ablauf der Rechtsbehelfsfrist von den Beteiligten schriftlich oder elektronisch angefordert werden; hierauf ist in der Bekanntmachung gleichfalls hinzuweisen.

(3) [1]Wird das förmliche Verwaltungsverfahren auf andere Weise abgeschlossen, so sind die Beteiligten hiervon zu benachrichtigen. [2]Sind mehr als 50 Benachrichtigungen vorzunehmen, so können sie durch öffentliche Bekanntmachung ersetzt werden; Absatz 2 Satz 4 gilt entsprechend.

§ 70 Anfechtung der Entscheidung

Vor Erhebung einer verwaltungsgerichtlichen Klage, die einen im förmlichen Verwaltungsverfahren erlassenen Verwaltungsakt zum Gegenstand hat, bedarf es keiner Nachprüfung in einem Vorverfahren.

§ 71 Besondere Vorschriften für das förmliche Verfahren vor Ausschüssen

(1) [1]Findet das förmliche Verwaltungsverfahren vor einem Ausschuss (§ 88) statt, so hat jedes Mitglied das Recht, sachdienliche Fragen zu stellen. [2]Wird eine Frage von einem Beteiligten beanstandet, so entscheidet der Ausschuss über ihre Zulässigkeit.

(2) [1]Bei der Beratung und Abstimmung dürfen nur Ausschussmitglieder zugegen sein, die an der mündlichen Verhandlung teilgenommen haben. [2]Ferner dürfen Personen zugegen sein, die bei der Behörde, bei der der Ausschuss gebildet ist, zur Ausbildung beschäftigt sind, soweit der Vorsitzende ihre Anwesenheit gestattet. [3]Die Abstimmungsergebnisse sind festzuhalten.

(3) [1]Jeder Beteiligte kann ein Mitglied des Ausschusses ablehnen, das in diesem Verwaltungsverfahren nicht tätig werden darf (§ 20) oder bei dem die Besorgnis der Befangenheit besteht (§ 21). [2]Eine Ablehnung vor der mündlichen Verhandlung ist schriftlich oder zur Niederschrift zu erklären. [3]Die Erklärung ist unzulässig, wenn sich der Beteiligte, ohne den ihm bekannten Ablehnungsgrund geltend zu machen, in die mündliche Verhandlung eingelassen hat. [4]Für die Entscheidung über die Ablehnung gilt § 20 Absatz 4 Sätze 2 bis 4.

Abschnitt 1a
Verfahren über eine einheitliche Stelle

§ 71a Anwendbarkeit

(1) Ist durch Rechtsvorschrift angeordnet, dass ein Verwaltungsverfahren über eine einheitliche Stelle abgewickelt werden kann, so gelten die Vorschriften dieses Abschnitts und, soweit sich aus ihnen nichts Abweichendes ergibt, die übrigen Vorschriften dieses Gesetzes.

(2) Der zuständigen Behörde obliegen die Pflichten aus § 71b Absätze 3, 4 und 6, § 71c Absatz 2 und § 71e auch dann, wenn sich der Antragsteller oder Anzeigepflichtige unmittelbar an die zuständige Behörde wendet.

§ 71b Verfahren

(1) Die einheitliche Stelle nimmt Anzeigen, Anträge, Willenserklärungen und Unterlagen entgegen und leitet sie unverzüglich an die zuständigen Behörden weiter.

(2) [1]Anzeigen, Anträge, Willenserklärungen und Unterlagen gelten am dritten Tag nach Eingang bei der einheitlichen Stelle als bei der zuständigen Behörde eingegangen. [2]Fristen werden mit Eingang bei der einheitlichen Stelle gewahrt.

(3) [1]Soll durch die Anzeige, den Antrag oder die Abgabe einer Willenserklärung eine Frist in Lauf gesetzt werden, innerhalb derer die zuständige Behörde tätig werden muss, stellt die zuständige Behörde eine Empfangsbestätigung aus. [2]In der Empfangsbestätigung ist das Datum des Eingangs bei der einheitlichen Stelle mitzuteilen und auf die Frist, die Voraussetzungen für den Beginn des Fristlaufs und auf eine an den Fristablauf geknüpfte Rechtsfolge sowie auf die verfügbaren Rechtsbehelfe hinzuweisen.

(4) [1]Ist die Anzeige oder der Antrag unvollständig, teilt die zuständige Behörde unverzüglich mit, welche Unterlagen nachzureichen sind. [2]Die Mitteilung enthält den Hinweis, dass der Lauf der Frist nach Absatz 3 erst mit Eingang der vollständigen Unterlagen beginnt. [3]Das Datum des Eingangs der nachgereichten Unterlagen bei der einheitlichen Stelle ist mitzuteilen.

(5) [1]Soweit die einheitliche Stelle zur Verfahrensabwicklung in Anspruch genommen wird, sollen Mitteilungen der zuständigen Behörde an den Antragsteller oder Anzeigepflichtigen über sie weitergegeben werden. [2]Verwaltungsakte werden auf Verlangen desjenigen, an den sich der Verwaltungsakt richtet, von der zuständigen Behörde unmittelbar bekannt gegeben.

(6) [1]Ein schriftlicher Verwaltungsakt, der durch die Post in das Ausland übermittelt wird, gilt einen Monat nach Aufgabe zur Post als bekannt gegeben. [2]§ 41 Absatz 2 Satz 3 gilt entsprechend. [3]Von dem Antragsteller oder Anzeigepflichtigen kann nicht nach § 15 verlangt werden, einen Empfangsbevollmächtigten zu bestellen.

§ 71c Informationspflichten

(1) [1]Die einheitliche Stelle erteilt auf Anfrage unverzüglich Auskunft über die maßgeblichen Vorschriften, die zuständigen Behörden, den Zugang zu den öffentlichen Registern und Datenbanken, die zustehenden Verfahrensrechte und die Einrichtungen, die den Antragsteller oder Anzeigepflichtigen bei der Aufnahme oder Ausübung seiner Tätigkeit unterstützen. [2]Sie teilt unverzüglich mit, wenn eine Anfrage zu unbestimmt ist.

(2) [1]Die zuständigen Behörden erteilen auf Anfrage unverzüglich Auskunft über die maßgeblichen Vorschriften und deren gewöhnliche Auslegung. [2]Nach § 25 erforderliche Anregungen und Auskünfte werden unverzüglich gegeben.

§ 71d Gegenseitige Unterstützung

[1]Die einheitliche Stelle und die zuständigen Behörden wirken gemeinsam auf eine ordnungsgemäße und zügige Verfahrensabwicklung hin; die Pflicht zur Unterstützung besteht auch gegenüber einheitlichen Stellen oder sonstigen Behörden des Bundes oder anderer Länder. [2]Die zuständigen Behörden stellen der einheitlichen Stelle insbesondere die erforderlichen Informationen zum Verfahrensstand zur Verfügung.

§ 71e Elektronisches Verfahren

[1]Das Verfahren nach diesem Abschnitt wird auf Verlangen in elektronischer Form abgewickelt. [2]§ 3a Absatz 2 Sätze 2 und 3 und Absatz 3 bleibt unberührt.

Abschnitt 2
Planfeststellungsverfahren

§ 72 Anwendung der Vorschriften über das Planfeststellungsverfahren

(1) Ist ein Planfeststellungsverfahren durch Rechtsvorschrift angeordnet, so gelten hierfür die §§ 73 bis 78 und, soweit sich aus ihnen nichts Abweichendes ergibt, die übrigen Vorschriften dieses Gesetzes; die §§ 51 und 71a bis 71e sind nicht anzuwenden, § 29 ist mit der Maßgabe anzuwenden, dass Akteneinsicht nach pflichtgemäßem Ermessen zu gewähren ist.

(2) [1]Die Mitteilung nach § 17 Absatz 2 Satz 2 und die Aufforderung nach § 17 Absatz 4 Satz 2 sind im Planfeststellungsverfahren öffentlich bekannt zu machen. [2]Die öffentliche Bekanntmachung wird dadurch bewirkt, dass die Behörde die Mitteilung oder die Aufforderung in ihrem amtlichen Veröffentlichungsblatt und außerdem in örtlichen Tageszeitungen, die in dem Bereich verbreitet sind, in dem sich das Vorhaben voraussichtlich auswirken wird, bekannt macht.

§ 73 Anhörungsverfahren

(1) [1]Der Träger des Vorhabens hat den Plan der Anhörungsbehörde zur Durchführung des Anhörungsverfahrens einzureichen. [2]Der Plan besteht aus den Zeichnungen und Erläuterungen, die das Vorhaben, seinen Anlass und die von dem Vorhaben betroffenen Grundstücke und Anlagen erkennen lassen.

(2) Innerhalb eines Monats nach Zugang des vollständigen Plans fordert die Anhörungsbehörde die Behörden, deren Aufgabenbereich durch das Vorhaben berührt wird, zur Stellungnahme auf und veranlasst, dass der Plan in den Bezirken, in denen sich das Vorhaben voraussichtlich auswirken wird, ausgelegt wird.

(3) [1]Der Plan ist in den Bezirken innerhalb von drei Wochen nach Zugang für die Dauer eines Monats zur Einsicht auszulegen. [2]Auf eine Auslegung kann verzichtet werden, wenn der Kreis der Betroffenen und die Vereinigungen nach Absatz 4 Satz 5 bekannt sind und ihnen innerhalb angemessener Frist Gelegenheit gegeben wird, den Plan einzusehen.

(3a) [1]Die Behörden nach Absatz 2 haben ihre Stellungnahme innerhalb einer von der Anhörungsbehörde zu setzenden Frist abzugeben, die drei Monate nicht überschreiten darf. [2]Stellungnahmen, die nach Ablauf der Frist nach Satz 1 eingehen, sind zu berücksichtigen, wenn der Planfeststellungsbehörde die vorgebrachten Belange bekannt sind oder hätten bekannt sein müssen oder für die Rechtmäßigkeit der Entscheidung von Bedeutung sind; im Übrigen können sie berücksichtigt werden.

(4) [1]Jeder, dessen Belange durch das Vorhaben berührt werden, kann bis zwei Wochen nach Ablauf der Auslegungsfrist schriftlich oder zur Niederschrift bei der Anhörungsbehörde oder bei dem Bezirksamt Einwendungen gegen den Plan erheben. [2]Im Falle des Absatzes 3 Satz 2 bestimmt die Anhörungsbehörde die Einwendungsfrist. [3]Mit Ablauf der Einwendungsfrist sind alle Einwendungen ausgeschlossen, die nicht auf besonderen privatrechtlichen Titeln beruhen. [4]Hierauf ist in der Bekanntmachung der Auslegung oder bei der Bekanntgabe der Einwendungsfrist hinzuweisen. [5]Vereinigungen, die auf Grund einer Anerkennung nach anderen Rechtsvorschriften befugt sind, Rechtsbehelfe nach der Verwaltungsgerichtsordnung gegen die Entscheidung nach § 74 einzulegen, können innerhalb der Frist nach Satz 1 Stellungnahmen zu dem Plan abgeben. [6]Die Sätze 2 bis 4 gelten entsprechend.

(5) [1]Die Anhörungsbehörde hat die Auslegung vorher im Amtlichen Anzeiger bekannt zu machen. [2]In der Bekanntmachung ist darauf hinzuweisen,

1. wo und in welchem Zeitraum der Plan zur Einsicht ausgelegt ist;
2. dass etwaige Einwendungen oder Stellungnahmen von Vereinigungen nach Absatz 4 Satz 5 bei den in der Bekanntmachung zu bezeichnenden Stellen innerhalb der Einwendungsfrist vorzubringen sind;
3. dass bei Ausbleiben eines Beteiligten in dem Erörterungstermin auch ohne ihn verhandelt werden kann;
4. dass

a) die Personen, die Einwendungen erhoben haben, oder die Vereinigungen, die Stellungnahmen abgegeben haben, von dem Erörterungstermin durch öffentliche Bekanntmachung benachrichtigt werden können,

b) die Zustellung der Entscheidung über die Einwendungen durch öffentliche Bekanntmachung ersetzt werden kann,

wenn mehr als 50 Benachrichtigungen oder Zustellungen vorzunehmen sind. [3]Nicht ortsansässige Betroffene, deren Person und Aufenthalt bekannt sind oder sich innerhalb angemessener Frist ermitteln lassen, sollen auf Veranlassung der Anhörungsbehörde von der Auslegung mit dem Hinweis nach Satz 2 benachrichtigt werden.

(6) [1]Nach Ablauf der Einwendungsfrist hat die Anhörungsbehörde die rechtzeitig gegen den Plan erhobenen Einwendungen, die rechtzeitig abgegebenen Stellungnahmen von Vereinigungen nach Absatz 4 Satz 5 sowie die Stellungnahmen der Behörden zu dem Plan mit dem Träger des Vorhabens, den Behörden, den Betroffenen sowie denjenigen, die Einwendungen erhoben oder Stellungnahmen abgegeben haben, zu erörtern. [2]Der Erörterungstermin ist mindestens eine Woche vorher im Amtlichen Anzeiger bekannt zu machen. [3]Die Behörden, der Träger des Vorhabens und diejenigen, die Einwendungen erhoben oder Stellungnahmen abgegeben haben, sind von dem Erörterungstermin zu benachrichtigen. [4]Sind außer der Benachrichtigung der Behörden und des Trägers des Vorhabens mehr als 50 Benachrichtigungen vorzunehmen, so können diese Benachrichtigungen durch öffentliche Bekanntmachung ersetzt werden. [5]Die öffentliche Bekanntmachung wird dadurch bewirkt, dass abweichend von Satz 2 der Erörterungstermin im amtlichen Veröffentlichungsblatt der Anhörungsbehörde und außerdem in örtlichen Tageszeitungen bekannt gemacht wird, die in dem Bereich verbreitet sind, in dem sich das Vorhaben voraussichtlich auswirken wird; maßgebend für die Frist nach Satz 2 ist die Bekanntgabe im amtlichen Veröffentlichungsblatt. [6]Im Übrigen gelten für die Erörterung die Vorschriften über die mündliche Verhandlung im förmlichen Verwaltungsverfahren (§ 67 Absatz 1 Satz 3, Absatz 2 Nummern 1 und 4 und Absatz 3, § 68) entsprechend. [7]Die Anhörungsbehörde schließt die Erörterung innerhalb von drei Monaten nach Ablauf der Einwendungsfrist ab.

(7) Abweichend von den Vorschriften des Absatzes 6 Satz 2 bis 5 kann der Erörterungstermin bereits in der Bekanntmachung nach Absatz 5 Satz 2 bestimmt werden.

(8) [1]Soll ein ausgelegter Plan geändert werden und werden dadurch der Aufgabenbereich einer Behörde oder einer Vereinigung nach Absatz 4 Satz 5 oder Belange Dritter erstmals oder stärker als bisher berührt, so ist diesen die Änderung mitzuteilen und ihnen Gelegenheit zu Stellungnahmen und Einwendungen innerhalb von zwei Wochen zu geben; Absatz 4 Sätze 3 bis 6 gilt entsprechend. [2]Wird sich die Änderung voraussichtlich auf das Gebiet eines anderen Bezirks auswirken, so ist der geänderte Plan in diesem Bezirk auszulegen; die Absätze 2 bis 6 gelten entsprechend.

(9) Die Anhörungsbehörde gibt zum Ergebnis des Anhörungsverfahrens eine Stellungnahme ab und leitet diese der Planfeststellungsbehörde innerhalb eines Monats nach Abschluss der Erörterung mit dem Plan, den Stellungnahmen der Behörden und der Vereinigungen nach Absatz 4 Satz 5 sowie den nicht erledigten Einwendungen zu.

§ 74 Planfeststellungsbeschluss, Plangenehmigung

(1) [1]Die Planfeststellungsbehörde stellt den Plan fest (Planfeststellungsbeschluss). [2]Die Vorschriften über die Entscheidung und die Anfechtung der Entscheidung im förmlichen Verwaltungsverfahren (§§ 69 und 70) sind anzuwenden.

(2) [1]Im Planfeststellungsbeschluss entscheidet die Planfeststellungsbehörde über die Einwendungen, über die bei der Erörterung vor der Anhörungsbehörde keine Einigung erzielt worden ist. [2]Sie hat dem Träger des Vorhabens Vorkehrungen oder die Errichtung und Unterhaltung von Anlagen aufzuerlegen, die zum Wohl der Allgemeinheit oder zur Vermeidung nachteiliger Wirkungen auf Rechte anderer erforderlich sind. [3]Sind solche Vorkehrungen oder Anlagen untunlich oder mit dem Vorhaben unvereinbar, so hat der Betroffene Anspruch auf angemessene Entschädigung in Geld.

(3) Soweit eine abschließende Entscheidung noch nicht möglich ist, ist diese im Planfeststellungsbeschluss vorzubehalten; dem Träger des Vorhabens ist dabei aufzugeben, noch fehlende oder von der Planfeststellungsbehörde bestimmte Unterlagen rechtzeitig vorzulegen.

(4) [1]Der Planfeststellungsbeschluss ist dem Träger des Vorhabens, denjenigen, über deren Einwendungen entschieden worden ist, und den Vereinigungen, über deren Stellungnahmen entschieden worden ist, zuzustellen. [2]Eine Ausfertigung des Beschlusses ist mit einer Rechtsbehelfsbelehrung und einer

Ausfertigung des festgestellten Planes in den Bezirken zwei Wochen zur Einsicht auszulegen; der Ort und die Zeit der Auslegung sind im Amtlichen Anzeiger bekannt zu machen. ³Mit dem Ende der Auslegungsfrist gilt der Beschluss gegenüber den übrigen Betroffenen als zugestellt; darauf ist in der Bekanntmachung hinzuweisen.

(5) ¹Sind außer an den Träger des Vorhabens mehr als 50 Zustellungen nach Absatz 4 vorzunehmen, so können diese Zustellungen durch öffentliche Bekanntmachung ersetzt werden. ²Die öffentliche Bekanntmachung wird dadurch bewirkt, dass der verfügende Teil des Planfeststellungsbeschlusses, die Rechtsbehelfsbelehrung und ein Hinweis auf die Auslegung nach Absatz 4 Satz 2 im amtlichen Veröffentlichungsblatt der zuständigen Behörde und außerdem in örtlichen Tageszeitungen bekannt gemacht werden, die in dem Bereich verbreitet sind, in dem sich das Vorhaben voraussichtlich auswirken wird; auf Auflagen ist hinzuweisen. ³Mit dem Ende der Auslegungsfrist gilt der Beschluss den Betroffenen und denjenigen gegenüber, die Einwendungen erhoben haben, als zugestellt; hierauf ist in der Bekanntmachung hinzuweisen. ⁴Nach der öffentlichen Bekanntmachung kann der Planfeststellungsbeschluss bis zum Ablauf der Rechtsbehelfsfrist von den Betroffenen und von denjenigen, die Einwendungen erhoben haben, schriftlich oder elektronisch angefordert werden; hierauf ist in der Bekanntmachung gleichfalls hinzuweisen.

(6) ¹An Stelle eines Planfeststellungsbeschlusses kann eine Plangenehmigung erteilt werden, wenn

1. Rechte anderer nicht oder nur unwesentlich beeinträchtigt werden oder die Betroffenen sich mit der Inanspruchnahme ihres Eigentums oder eines anderen Rechts schriftlich einverstanden erklärt haben,

2. mit den Trägern öffentlicher Belange, deren Aufgabenbereich berührt wird, das Benehmen hergestellt worden ist und

3. nicht andere Rechtsvorschriften eine Öffentlichkeitsbeteiligung vorschreiben, die den Anforderungen des § 73 Absatz 3 Satz 1 und Absätze 4 bis 7 entsprechen muss.

²Die Plangenehmigung hat die Rechtswirkungen der Planfeststellung; auf ihre Erteilung sind die Vorschriften über das Planfeststellungsverfahren nicht anzuwenden; davon ausgenommen sind Absatz 4 Satz 1 und Absatz 5, die entsprechend anzuwenden sind. ³Vor Erhebung einer verwaltungsgerichtlichen Klage bedarf es keiner Nachprüfung in einem Vorverfahren. ⁴§ 75 Absatz 4 gilt entsprechend.

(7) ¹Planfeststellung und Plangenehmigung entfallen in Fällen von unwesentlicher Bedeutung. ²Diese liegen vor, wenn

1. andere öffentliche Belange nicht berührt sind oder die erforderlichen behördlichen Entscheidungen vorliegen und sie dem Plan nicht entgegenstehen,

2. Rechte anderer nicht beeinflusst werden oder mit den vom Plan Betroffenen entsprechende Vereinbarungen getroffen worden sind und

3. nicht andere Rechtsvorschriften eine Öffentlichkeitsbeteiligung vorschreiben, die den Anforderungen des § 73 Absatz 3 Satz 1 und Absätze 4 bis 7 entsprechen muss.

§ 75 Rechtswirkungen der Planfeststellung

(1) ¹Durch die Planfeststellung wird die Zulässigkeit des Vorhabens einschließlich der notwendigen Folgemaßnahmen an anderen Anlagen im Hinblick auf alle von ihm berührten öffentlichen Belange festgestellt; neben der Planfeststellung sind andere behördliche Entscheidungen, insbesondere öffentlich-rechtliche Genehmigungen, Verleihungen, Erlaubnisse, Bewilligungen, Zustimmungen und Planfeststellungen nicht erforderlich. ²Durch die Planfeststellung werden alle öffentlich-rechtlichen Beziehungen zwischen dem Träger des Vorhabens und den durch den Plan Betroffenen rechtsgestaltend geregelt.

(1a) ¹Mängel bei der Abwägung der von dem Vorhaben berührten öffentlichen und privaten Belange sind nur erheblich, wenn sie offensichtlich und auf das Abwägungsergebnis von Einfluss gewesen sind. ²Erhebliche Mängel bei der Abwägung oder eine Verletzung von Verfahrens- oder Formvorschriften führen nur dann zur Aufhebung des Planfeststellungsbeschlusses oder der Plangenehmigung, wenn sie nicht durch Planergänzung oder durch ein ergänzendes Verfahren behoben werden können; die §§ 45 und 46 bleiben unberührt.

(2) ¹Ist der Planfeststellungsbeschluss unanfechtbar geworden, so sind Ansprüche auf Unterlassung des Vorhabens, auf Beseitigung oder Änderung der Anlagen oder auf Unterlassung ihrer Benutzung ausgeschlossen. ²Treten nicht voraussehbare Wirkungen des Vorhabens oder der dem festgestellten Plan entsprechenden Anlagen auf das Recht eines anderen erst nach Unanfechtbarkeit des Planes auf,

so kann der Betroffene Vorkehrungen oder die Errichtung und Unterhaltung von Anlagen verlangen, welche die nachteiligen Wirkungen ausschließen. [3]Sie sind dem Träger des Vorhabens durch Beschluss der Planfeststellungsbehörde aufzuerlegen. [4]Sind solche Vorkehrungen oder Anlagen untunlich oder mit dem Vorhaben unvereinbar, so richtet sich der Anspruch auf angemessene Entschädigung in Geld. [5]Werden Vorkehrungen oder Anlagen im Sinne des Satzes 2 notwendig, weil nach Abschluss des Planfeststellungsverfahrens auf einem benachbarten Grundstück Veränderungen eingetreten sind, so hat die hierdurch entstehenden Kosten der Eigentümer des benachbarten Grundstücks zu tragen, es sei denn, dass die Veränderungen durch natürliche Ereignisse oder höhere Gewalt verursacht worden sind; Satz 4 ist nicht anzuwenden.

(3) [1]Anträge, mit denen Ansprüche auf Herstellung von Einrichtungen oder auf angemessene Entschädigung nach Absatz 2 Sätze 2 und 4 geltend gemacht werden, sind schriftlich an die Planfeststellungsbehörde zu richten. [2]Sie sind nur innerhalb von drei Jahren nach dem Zeitpunkt zulässig, zu dem der Betroffene von den nachteiligen Wirkungen des dem unanfechtbar festgestellten Plan entsprechenden Vorhabens oder der Anlage Kenntnis erhalten hat; sie sind ausgeschlossen, wenn nach Herstellung des dem Plan entsprechenden Zustandes dreißig Jahre verstrichen sind.

(4) [1]Wird mit der Durchführung des Planes nicht innerhalb von fünf Jahren nach Eintritt der Unanfechtbarkeit begonnen, so tritt er außer Kraft. [2]Als Beginn der Durchführung des Plans gilt jede erstmals nach außen erkennbare Tätigkeit von mehr als nur geringfügiger Bedeutung zur plangemäßen Verwirklichung des Vorhabens; eine spätere Unterbrechung der Verwirklichung des Vorhabens berührt den Beginn der Durchführung nicht.

§ 76 Planänderungen vor Fertigstellung des Vorhabens

(1) Soll vor Fertigstellung des Vorhabens der festgestellte Plan geändert werden, bedarf es eines neuen Planfeststellungsverfahrens.

(2) Bei Planänderungen von unwesentlicher Bedeutung kann die Planfeststellungsbehörde von einem neuen Planfeststellungsverfahren absehen, wenn die Belange anderer nicht berührt werden oder wenn die Betroffenen der Änderung zugestimmt haben.

(3) Führt die Planfeststellungsbehörde in den Fällen des Absatzes 2 oder in anderen Fällen einer Planänderung von unwesentlicher Bedeutung ein Planfeststellungsverfahren durch, so bedarf es keines Anhörungsverfahrens und keiner öffentlichen Bekanntgabe des Planfeststellungsbeschlusses.

§ 77 Aufhebung des Planfeststellungsbeschlusses

[1]Wird ein Vorhaben, mit dessen Durchführung begonnen worden ist, endgültig aufgegeben, so hat die Planfeststellungsbehörde den Planfeststellungsbeschluss aufzuheben. [2]In dem Aufhebungsbeschluss sind dem Träger des Vorhabens die Wiederherstellung des früheren Zustandes oder geeignete andere Maßnahmen aufzuerlegen, soweit dies zum Wohl der Allgemeinheit oder zur Vermeidung nachteiliger Wirkungen auf Rechte anderer erforderlich ist. [3]Werden solche Maßnahmen notwendig, weil nach Abschluss des Planfeststellungsverfahrens auf einem benachbarten Grundstück Veränderungen eingetreten sind, so kann der Träger des Vorhabens durch Beschluss der Planfeststellungsbehörde zu geeigneten Vorkehrungen verpflichtet werden; die hierdurch entstehenden Kosten hat jedoch der Eigentümer des benachbarten Grundstückes zu tragen, es sei denn, dass die Veränderungen durch natürliche Ereignisse oder höhere Gewalt verursacht worden sind.

§ 78 Zusammentreffen mehrerer Vorhaben

(1) Treffen mehrere selbständige Vorhaben, für deren Durchführung Planfeststellungsverfahren vorgeschrieben sind, derart zusammen, dass für diese Vorhaben oder für Teile von ihnen nur eine einheitliche Entscheidung möglich ist, so findet für diese Vorhaben oder für deren Teile nur ein Planfeststellungsverfahren statt.

(2) [1]Zuständigkeiten und Verfahren richten sich nach den Rechtsvorschriften über das Planfeststellungsverfahren, das für diejenige Anlage vorgeschrieben ist, die einen größeren Kreis öffentlich-rechtlicher Beziehungen berührt. [2]Bestehen Zweifel, welche Rechtsvorschrift anzuwenden ist, so entscheidet, falls nach den in Betracht kommenden Rechtsvorschriften mehrere Landesbehörden zuständig sind, der Senat. [3]Bestehen Zweifel, welche Rechtsvorschrift anzuwenden ist, und sind nach den in Betracht kommenden Rechtsvorschriften eine Bundesbehörde und eine Landesbehörde zuständig, so führen, falls sich die beiden Behörden nicht einigen, die Bundesregierung und der Senat das Einvernehmen darüber herbei, welche Rechtsvorschrift anzuwenden ist.

Teil VI
Rechtsbehelfsverfahren

§ 79 Rechtsbehelfe gegen Verwaltungsakte
Für förmliche Rechtsbehelfe gegen Verwaltungsakte gelten die Verwaltungsgerichtsordnung und die zu ihrer Ausführung ergangenen Rechtsvorschriften, soweit nicht durch Gesetz etwas anderes bestimmt ist; im Übrigen gelten die Vorschriften dieses Gesetzes.

§ 80 Erstattung von Kosten im Vorverfahren
(1) ¹Soweit der Widerspruch erfolgreich ist, hat der Rechtsträger, dessen Behörde den angefochtenen Verwaltungsakt erlassen hat, demjenigen, der Widerspruch erhoben hat, die zur zweckentsprechenden Rechtsverfolgung oder Rechtsverteidigung notwendigen Aufwendungen zu erstatten. ²Dies gilt auch, wenn der Widerspruch nur deshalb keinen Erfolg hat, weil die Verletzung einer Verfahrens- oder Formvorschrift nach § 45 unbeachtlich ist. ³Soweit der Widerspruch erfolglos geblieben ist, hat derjenige, der den Widerspruch eingelegt hat, die zur zweckentsprechenden Rechtsverfolgung oder Rechtsverteidigung notwendigen Aufwendungen der Behörde, die den angefochtenen Verwaltungsakt erlassen hat, zu erstatten; dies gilt nicht, wenn der Widerspruch gegen einen Verwaltungsakt eingelegt wird, der im Rahmen
1. eines bestehenden oder früheren öffentlich-rechtlichen Dienst- oder Amtsverhältnisses oder
2. einer bestehenden oder früheren gesetzlichen Dienstpflicht oder einer Tätigkeit, die an Stelle der gesetzlichen Dienstpflicht geleistet werden kann,
erlassen wurde. ⁴Aufwendungen, die durch das Verschulden eines Erstattungsberechtigten entstanden sind, hat dieser selbst zu tragen; das Verschulden eines Vertreters ist dem Vertretenen zuzurechnen.
(2) Die Gebühren und Auslagen eines Rechtsanwalts oder eines sonstigen Bevollmächtigten im Vorverfahren sind erstattungsfähig, wenn die Zuziehung eines Bevollmächtigten notwendig war.
(3) ¹Die Behörde, die die Kostenentscheidung getroffen hat, setzt auf Antrag den Betrag der zu erstattenden Aufwendungen fest; hat ein Ausschuss oder Beirat (§ 73 Absatz 2 der Verwaltungsgerichtsordnung) die Kostenentscheidung getroffen, so obliegt die Kostenfestsetzung der Behörde, bei der der Ausschuss oder Beirat gebildet ist. ²Die Kostenentscheidung bestimmt auch, ob die Zuziehung eines Rechtsanwalts oder eines sonstigen Bevollmächtigten notwendig war.
(4) Die Absätze 1 bis 3 gelten auch für Vorverfahren bei Maßnahmen des Richterdienstrechts.

Teil VII
Ehrenamtliche Tätigkeit, Ausschüsse

Abschnitt 1
Ehrennamtliche Tätigkeit

§ 81 Anwendung der Vorschriften über die ehrenamtliche Tätigkeit
Für die ehrenamtliche Tätigkeit im Verwaltungsverfahren gelten die §§ 82 bis 87, soweit Rechtsvorschriften nichts Abweichendes bestimmen.

§ 82 Pflicht zu ehrenamtlicher Tätigkeit
Eine Pflicht zur Übernahme ehrenamtlicher Tätigkeit besteht nur, wenn sie durch Rechtsvorschrift vorgesehen ist.

§ 83 Ausübung ehrenamtlicher Tätigkeit
(1) Der ehrenamtlich Tätige hat seine Tätigkeit gewissenhaft und unparteiisch auszuüben.
(2) ¹Bei Übernahme seiner Aufgaben ist er zur gewissenhaften und unparteiischen Tätigkeit und zur Verschwiegenheit besonders zu verpflichten. ²Die Verpflichtung ist aktenkundig zu machen.

§ 84 Verschwiegenheitspflicht
(1) ¹Der ehrenamtlich Tätige hat, auch nach Beendigung seiner ehrenamtlichen Tätigkeit, über die ihm dabei bekannt gewordenen Angelegenheiten Verschwiegenheit zu wahren. ²Dies gilt nicht für Mitteilungen im dienstlichen Verkehr oder über Tatsachen, die offenkundig sind oder ihrer Bedeutung nach keiner Geheimhaltung bedürfen.

(2) Der ehrenamtlich Tätige darf ohne Genehmigung über Angelegenheiten, über die er Verschwiegenheit zu wahren hat, weder vor Gericht noch außergerichtlich aussagen oder Erklärungen abgeben.

(3) Die Genehmigung, als Zeuge auszusagen, darf nur versagt werden, wenn die Aussage dem Wohle des Bundes oder eines Landes Nachteile bereiten oder die Erfüllung öffentlicher Aufgaben ernstlich gefährden oder erheblich erschweren würde.

(4) [1]Ist der ehrenamtlich Tätige Beteiligter in einem gerichtlichen Verfahren oder soll sein Vorbringen der Wahrnehmung seiner berechtigten Interessen dienen, so darf die Genehmigung auch dann, wenn die Voraussetzungen des Absatzes 3 erfüllt sind, nur versagt werden, wenn ein zwingendes öffentliches Interesse dies erfordert. [2]Wird sie versagt, so ist dem ehrenamtlich Tätigen der Schutz zu gewähren, den die öffentlichen Interessen zulassen.

(5) Die Genehmigung nach den Absätzen 2 bis 4 erteilt die Behörde, die den ehrenamtlich Tätigen berufen hat.

§ 85 Entschädigung
Der ehrenamtlich Tätige hat Anspruch auf Ersatz seiner notwendigen Auslagen und seines Verdienstausfalls.

§ 86 Abberufung
[1]Personen, die zu ehrenamtlicher Tätigkeit herangezogen worden sind, können von der Stelle, die sie berufen hat, abberufen werden, wenn ein wichtiger Grund vorliegt. [2]Ein wichtiger Grund liegt insbesondere vor, wenn der ehrenamtlich Tätige
1. seine Pflicht gröblich verletzt oder sich als unwürdig erwiesen hat;
2. seine Tätigkeit nicht mehr ordnungsgemäß ausüben kann.

§ 87 Ordnungswidrigkeiten
(1) Ordnungswidrig handelt, wer
1. eine ehrenamtliche Tätigkeit nicht übernimmt, obwohl er zur Übernahme verpflichtet ist;
2. eine ehrenamtliche Tätigkeit, zu deren Übernahme er verpflichtet war, ohne anerkennenswerten Grund niederlegt.

(2) Die Ordnungswidrigkeit kann mit einer Geldbuße geahndet werden.

Abschnitt 2
Ausschüsse

§ 88 Anwendung der Vorschriften über Ausschüsse
Für Ausschüsse, Beiräte und andere kollegiale Einrichtungen (Ausschüsse) gelten, wenn sie in einem Verwaltungsverfahren tätig werden, die §§ 89 bis 93, soweit Rechtsvorschriften nichts Abweichendes bestimmen.

§ 89 Ordnung in den Sitzungen
Der Vorsitzende eröffnet, leitet und schließt die Sitzungen; er ist für die Ordnung verantwortlich.

§ 90 Beschlussfähigkeit
(1) [1]Ausschüsse sind beschlussfähig, wenn alle Mitglieder geladen und mehr als die Hälfte, mindestens aber drei der stimmberechtigten Mitglieder anwesend sind. [2]Beschlüsse können auch im schriftlichen Verfahren gefasst werden, wenn kein Mitglied widerspricht.

(2) Ist eine Angelegenheit wegen Beschlussunfähigkeit zurückgestellt worden und wird der Ausschuss zur Behandlung desselben Gegenstandes erneut geladen, so ist er ohne Rücksicht auf die Zahl der Erschienenen beschlussfähig, wenn darauf in dieser Ladung hingewiesen worden ist.

§ 91 Beschlussfassung
[1]Beschlüsse werden mit Stimmenmehrheit gefasst. [2]Bei Stimmengleichheit entscheidet die Stimme des Vorsitzenden, wenn er stimmberechtigt ist; sonst gilt Stimmengleichheit als Ablehnung.

§ 92 Wahlen durch Ausschüsse
(1) Gewählt wird, wenn kein Mitglied des Ausschusses widerspricht, durch Zuruf oder Zeichen, sonst durch Stimmzettel. Auf Verlangen eines Mitgliedes ist geheim zu wählen.

(2) [1]Gewählt ist, wer von den abgegebenen Stimmen die meisten erhalten hat. [2]Bei Stimmengleichheit entscheidet das vom Leiter der Wahl zu ziehende Los.

(3) ¹Sind mehrere gleichartige Wahlstellen zu besetzen, so ist nach dem Höchstzahlverfahren d'Hondt zu wählen, außer wenn einstimmig etwas anderes beschlossen worden ist. ²Über die Zuteilung der letzten Wahlstelle entscheidet bei gleicher Höchstzahl das vom Leiter der Wahl zu ziehende Los.

§ 93 Niederschrift
¹Über die Sitzung ist eine Niederschrift zu fertigen. ²Die Niederschrift muss Angaben enthalten über
1. den Ort und den Tag der Sitzung,
2. die Namen des Vorsitzenden und der anwesenden Ausschussmitglieder,
3. den behandelten Gegenstand und die gestellten Anträge,
4. die gefassten Beschlüsse,
5. das Ergebnis von Wahlen.
³Die Niederschrift ist von dem Vorsitzenden und, soweit ein Schriftführer hinzugezogen worden ist, auch von diesem zu unterzeichnen.

Teil VIII
Schlussvorschriften

§ 94 Sonderregelung für Verteidigungsangelegenheiten
¹Nach Feststellung des Verteidigungsfalles oder des Spannungsfalles kann in Verteidigungsangelegenheiten von der Anhörung Beteiligter (§ 28 Absatz 1), von der schriftlichen Bestätigung (§ 37 Absatz 2 Satz 2) und von der schriftlichen Begründung eines Verwaltungsaktes (§ 39 Absatz 1) abgesehen werden; in diesen Fällen gilt ein Verwaltungsakt abweichend von § 41 Absatz 4 Satz 5 mit dem auf die Bekanntmachung folgenden Tag als bekannt gegeben. ²Dasselbe gilt für die sonstigen gemäß Artikel 80a des Grundgesetzes anzuwendenden Rechtsvorschriften.

§ 95 Überleitung von Verfahren
(1) Bereits begonnene Verfahren sind nach den Vorschriften dieses Gesetzes zu Ende zu führen.
(2) Die Zulässigkeit eines Rechtsbehelfs gegen die vor Inkrafttreten dieses Gesetzes ergangenen Entscheidungen richtet sich nach den bisher geltenden Vorschriften.
(3) Fristen, deren Lauf vor Inkrafttreten dieses Gesetzes begonnen hat, werden nach den bisher geltenden Rechtsvorschriften berechnet.
(4) Für die Erstattung von Kosten im Vorverfahren gelten die Vorschriften dieses Gesetzes, wenn das Vorverfahren vor Inkrafttreten dieses Gesetzes noch nicht abgeschlossen worden ist.

§ 96 Inkrafttreten
(1) Dieses Gesetz tritt am 1. Dezember 1977 in Kraft.
(2) Gleichzeitig treten in ihrer geltenden Fassung außer Kraft:
1. Das Gesetz über die Befugnis der hamburgischen Verwaltungsbehörden zur Abnahme von Versicherungen an Eides statt vom 7. November 1947 (Sammlung des bereinigten hamburgischen Landesrechts I 20100–c);
2. § 31 des Ärztekammergesetzes vom 28. Juli 1949 (Sammlung des bereinigten hamburgischen Landesrechts I 2122–1);
3. § 32 des Apothekerkammergesetzes vom 28. Juli 1949 (Sammlung des bereinigten hamburgischen Landesrechts I 21210–b);
4. § 31 des Zahnärztekammergesetzes vom 28. Juli 1949 (Sammlung des bereinigten hamburgischen Landesrechts I 2123–a);
5. § 5 Absatz 2 Satz 3 sowie §§ 13 und 14 der Verordnung über Widerspruchsausschüsse vom 27. September 1960 (Hamburgisches Gesetz- und Verordnungsblatt Seiten 413, 421);
6. §§ 15 und 16 des Landeseisenbahngesetzes vom 4. November 1963 (Hamburgisches Gesetz- und Verordnungsblatt Seite 205);
7. § 20 des Tierärztekammergesetzes von 26. Juni 1964 (Hamburgisches Gesetz- und Verordnungsblatt Seite 133);
8. § 2 Absatz 4 der Verordnung zur Durchführung der Strandungsordnung vom 15. September 1964 (Hamburgisches Gesetz- und Verordnungsblatt Seite 199);
9. § 6 des Gesetzes zum Schutz der öffentlichen Sicherheit und Ordnung vom 14. März 1966 (Hamburgisches Gesetz- und Verordnungsblatt Seite 77);

10. § 6 Absätze 2 bis 5 und § 7 des Hamburgischen Enteignungsgesetzes vom 14. Juni 1963 (Hamburgisches Gesetz- und Verordnungsblatt Seite 77).

Hamburgisches Verwaltungszustellungsgesetz (HmbVwZG)

Vom 21. Juni 1954 (HmbBL I 20102-a)
(BS Hbg 2010-4)
zuletzt geändert durch Art. 3 G zur Einführung eines HinterlegungsG und zur Änd. weiterer G vom 25. November 2010 (HmbGVBl. S. 614)

§ 1 [Geltung von Bundesrecht]

(1) Die Vorschriften des Verwaltungszustellungsgesetzes des Bundes vom 12. August 2005 (BGBl. I Seite 2354) gelten in ihrer jeweiligen Fassung entsprechend für das Zustellungsverfahren der Behörden und Gerichte der Freien und Hansestadt Hamburg einschließlich der landesunmittelbaren Körperschaften, Anstalten und Stiftungen des öffentlichen Rechts.

(2) [1]Der Senat wird ermächtigt, für elektronische Dokumente, die nach den Vorschriften des Verwaltungszustellungsgesetzes des Bundes mit einer qualifizierten elektronischen Signatur nach dem Signaturgesetz zu versehen sind, durch Rechtsverordnung eine andere Form zuzulassen. [2]Die Identität des Urhebers des elektronischen Dokuments sowie die Unversehrtheit und Authentizität der Daten ist auf eine der Schriftform gleichwertige Weise sicherzustellen. [3]Die technischen Einzelheiten regelt die Rechtsverordnung.

§ 2 [Unberührt bleibendes Recht]

Unberührt bleiben die Zustellungsvorschriften der Justizbeitreibungsordnung vom 11. März 1937 (Reichsgesetzblatt I Seite 298) und des Hinterlegungsgesetzes vom 25. November 2010 (HmbGVBl. S. 614) in ihrer jeweils geltenden Fassung sowie das Zustellungsverfahren der Staatsanwaltschaft.

§ 3 [Inkrafttreten]

Dieses Gesetz tritt am 1. Oktober 1954 in Kraft.

Hamburgisches Verwaltungsvollstreckungsgesetz (HmbVwVG)[1]

Vom 4. Dezember 2012 (HmbGVBl. S. 510)
(BS Hbg 2011-2)
zuletzt geändert durch Art. 1 ÄndG vom 21. Mai 2013 (HmbGVBl. S. 210)

Der Senat verkündet das nachstehende von der Bürgerschaft beschlossene Gesetz:

Inhaltsübersicht

Teil 1
Allgemeine Vorschriften

§ 1 Gegenstand

Dieses Gesetz regelt die Erzwingung von Handlungen, Duldungen und Unterlassungen und die Beitreibung von Geldforderungen jeweils auf Grund eines im Verwaltungswege vollstreckbaren Titels.

§ 2 Geltungsbereich

(1) Dieses Gesetz findet Anwendung, soweit

1. Stellen der Freien und Hansestadt Hamburg,
2. landesunmittelbare juristische Personen des öffentlichen Rechts oder
3. Stellen oder Personen, denen die Freie und Hansestadt Hamburg hoheitliche Gewalt übertragen hat,

---

1) Verkündet als Art. 1 G v. 4.12.2012 (HmbGVBl. S. 510); Inkrafttreten gem. Art. 16 Abs. 1 dieses G am 1.6.2013.

die Vollstreckung eines im Verwaltungswege vollstreckbaren Titels betreiben.

(2) Dieses Gesetz findet auch Anwendung, soweit Bundesrecht die Länder ermächtigt zu bestimmen, dass die landesrechtlichen Vorschriften über die Verwaltungsvollstreckung anzuwenden sind.

(3) ¹Dieses Gesetz gilt nicht, soweit die Vollstreckung durch Bundesrecht geregelt ist oder Rechtsvorschriften der Freien und Hansestadt Hamburg besondere Bestimmungen über die Vollstreckung treffen. ²Es findet insbesondere keine Anwendung für die Vollstreckungstätigkeit der Landesfinanzbehörden nach der Abgabenordnung und der Gerichtskassen nach der Justizbeitreibungsordnung.

§ 3 Im Verwaltungswege vollstreckbare Titel

(1) Die Verwaltungsvollstreckung nach diesem Gesetz findet aus den folgenden im Verwaltungswege vollstreckbaren Titeln statt:

1. Verwaltungsakten,
2. öffentlich-rechtlichen Verträgen, soweit eine Partei sich der sofortigen Vollstreckung aus dem Vertrag unterworfen hat,
3. Verzeichnissen, Tabellen und ähnlichen Urkunden, soweit sie öffentlich-rechtliche Verpflichtungen zum Gegenstand haben und die Vollstreckung aus ihnen durch Gesetz oder auf Grund eines Gesetzes besonders zugelassen ist,
4. gerichtlichen Entscheidungen, soweit sie von einer Behörde zu vollziehen sind,
5. einer gesetzlich zugelassenen Selbstveranlagung hinsichtlich öffentlich-rechtlicher Pflichten,
6. einem Beitragsnachweis einer Arbeitgeberin oder eines Arbeitgebers nach § 28f Absatz 3 des Vierten Buchs Sozialgesetzbuch in der Fassung vom 12. November 2009 (BGBl. 2009 I S. 3712, 3973, 2011 I S. 363), zuletzt geändert am 12. April 2012 (BGBl. I S. 579, 595), in der jeweils geltenden Fassung.

(2) ¹Die Verwaltungsvollstreckung nach diesem Gesetz findet außerdem statt,

1. soweit Behörden eine Vollstreckung in Amtshilfe vornehmen und das für die ersuchende Stelle geltende Recht eine Vollstreckung im Verwaltungswege zulässt,
2. wegen privatrechtlicher Geldforderungen, soweit ihre Beitreibung im Verwaltungswege durch Rechtsvorschrift besonders zugelassen ist (Beitreibungshilfe),
3. unmittelbar aus einem Gesetz, soweit dies gesetzlich besonders zugelassen ist.

²Die in Satz 1 genannten Grundlagen der Vollstreckung stehen den im Verwaltungswege vollstreckbaren Titeln nach Absatz 1 gleich.

(3) Aus einem Verwaltungsakt darf nur vollstreckt werden, wenn

1. der Verwaltungsakt unanfechtbar geworden ist,
2. seine sofortige Vollziehung angeordnet worden ist oder
3. einem Rechtsbehelf gegen den Verwaltungsakt keine aufschiebende Wirkung zukommt.

(4) Aus einer gerichtlichen Entscheidung darf nur vollstreckt werden, wenn die Entscheidung unanfechtbar oder vorläufig oder sofort vollstreckbar ist.

(5) Hat das Hamburgische Verfassungsgericht oder das Hamburgische Oberverwaltungsgericht im Normenkontrollverfahren nach § 47 der Verwaltungsgerichtsordnung eine Norm für nichtig erklärt, so bleiben die auf der Norm beruhenden, nicht mehr anfechtbaren Verwaltungsakte unberührt; ihre Vollstreckung ist jedoch unzulässig.

§ 4 Vollstreckungsbehörden

¹Der Senat bestimmt die Vollstreckungsbehörden. ²Stellen, die nicht zur unmittelbaren Verwaltung der Freien und Hansestadt Hamburg gehören, sollen nicht zu Vollstreckungsbehörden bestimmt werden.

§ 5 Vollstreckungshilfe

(1) Die Vollstreckungsbehörden führen die Vollstreckung durch, wenn eine Stelle, die nicht selbst zur Vollstreckungsbehörde bestimmt worden ist, um Vollstreckungshilfe ersucht.

(2) ¹Die Vollstreckungsbehörde ist an das Ersuchen gebunden. ²Zu einer Nachprüfung der Vollstreckbarkeit des Titels ist sie nicht verpflichtet. ³§ 5 Absätze 2 bis 5 sowie § 7 des Hamburgischen Verwaltungsverfahrensgesetzes vom 9. November 1977 (HmbGVBl. S. 333, 402), zuletzt geändert am 4. Dezember 2012 (HmbGVBl. S. 510, 518), bleiben unberührt.

(3) [1]Bei der Amtshilfe für Stellen außerhalb der Freien und Hansestadt Hamburg gilt Absatz 2 entsprechend. [2]Die ersuchende Behörde hat der Vollstreckungsbehörde zu bescheinigen, dass der Vollstreckungstitel vollstreckbar ist.

(4) [1]Die ersuchende Behörde soll der Vollstreckungsbehörde die ihr bekannten und für die Vorbereitung und Durchführung der Vollstreckung erforderlichen Daten bereits in ihrem Ersuchen übermitteln. [2]Dabei darf die ersuchende Behörde der Vollstreckungsbehörde auch die ihr bekannten personenbezogenen Daten zum Zweck der Vorbereitung und Durchführung der Vollstreckung übermitteln.

§ 6 Vollziehungspersonen und Vollstreckungsauftrag

(1) Die nach diesem Gesetz den Vollziehungspersonen obliegenden Aufgaben sind besonders bestellten Bediensteten vorbehalten.

(2) [1]Die Vollziehungsperson muss einen Dienstausweis bei sich führen. [2]Sie hat ihn bei der Ausübung ihrer Tätigkeit auf Verlangen vorzuzeigen.

(3) [1]Der pflichtigen Person und Dritten gegenüber wird die Vollziehungsperson zur Vollstreckung durch den in schriftlicher oder elektronischer Form erteilten Auftrag der Vollstreckungsbehörde ermächtigt. [2]Der Auftrag soll auf Verlangen vorgezeigt werden.

§ 7 Verweisungen, Fristen

(1) Soweit in diesem Gesetz unmittelbar oder mittelbar auf Bestimmungen der Zivilprozessordnung verwiesen wird, tritt an die Stelle des Vollstreckungsgerichts die Vollstreckungsbehörde und an die Stelle des Gerichtsvollziehers die Vollziehungsperson, soweit nicht ausdrücklich etwas anderes bestimmt ist.

(2) Für die Berechnung der Fristen sind die §§ 187 bis 193 des Bürgerlichen Gesetzbuches entsprechend anzuwenden.

Teil 2
Erzwingung von Handlungen, Duldungen und Unterlassungen

§ 8 Beginn der Vollstreckung

(1) [1]Die Vollstreckung darf erst beginnen, wenn eine für die Befolgung der durchzusetzenden Pflicht gesetzte Frist verstrichen und die pflichtige Person darauf hingewiesen worden ist, dass die nach § 11 zulässigen Zwangsmittel gegen sie angewandt werden können. [2]Kommt die Anwendung von Zwangsmitteln nach § 9 Absatz 2 oder 3 in Betracht, ist auch hierauf hinzuweisen.

(2) [1]Fristsetzung und Hinweis können bereits in den Verwaltungsakt oder den öffentlich-rechtlichen Vertrag (§ 3 Absatz 1 Nummern 1 und 2) aufgenommen werden. [2]Bei der Vollstreckung einer gerichtlichen Entscheidung (§ 3 Absatz 1 Nummer 4) bedarf es eines Hinweises nicht; enthält die Entscheidung bereits eine Frist für die Befolgung der Pflicht, ist auch die Fristsetzung entbehrlich. [3]Satz 2 gilt entsprechend, wenn die Vollstreckung im Wege der Amtshilfe (§ 3 Absatz 2 Satz 1 Nummer 1) für ein Gericht erfolgt.

(3) [1]Die Vollstreckung gegen eine Rechtsnachfolgerin oder einen Rechtsnachfolger (§ 9 Absatz 1 Nummer 2) oder eine Vermögensverwalterin oder einen Vermögensverwalter (§ 9 Absatz 3) darf erst beginnen, nachdem sie oder er von dem durchzusetzenden Titel Kenntnis erhalten hat und darauf hingewiesen worden ist, dass Verwaltungszwang gegen sie oder ihn angewandt werden kann. [2]Dies gilt nicht, soweit die Vollstreckung im Zeitpunkt des Eintritts der Rechtsnachfolge oder der Vermögensverwaltung bereits begonnen hatte.

§ 9 Pflichtige Person

(1) Die Vollstreckung ist zu richten gegen:
1. die Person, gegen die sich der Titel richtet,
2. ihre Rechtsnachfolgerin oder ihren Rechtsnachfolger, soweit der Titel auch gegen sie oder ihn wirkt.

(2) [1]Richtet sich der Titel gegen eine juristische Person, so können Zwangsmittel auch gegen deren gesetzliche Vertreterinnen bzw. Vertreter angewandt werden. [2]Entsprechendes gilt bei nicht rechtsfähigen Personenvereinigungen und -gesellschaften.

(3) Gegen eine Person, die als Zwangsverwalterin bzw. Zwangsverwalter oder in vergleichbarer Stellung kraft Gesetzes eine Vermögensmasse verwaltet, können Zwangsmittel insoweit angewandt wer-

den, als sich der Titel auf eine Verpflichtung bezieht, die aus der Vermögensmasse fließt oder sich auf sie bezieht.

(4) Ist eine Person nach diesem Gesetz oder nach anderen Vorschriften verpflichtet, eine Vollstreckung zu dulden, so ist sie pflichtige Person, soweit ihre Duldungspflicht reicht.

§ 10 Vollstreckung gegen Hoheitsträger
(1) [1]Gegen den Bund oder ein Land ist die Vollstreckung unzulässig. [2]Im Übrigen ist die Vollstreckung gegen eine juristische Person des öffentlichen Rechts, die der Staatsaufsicht unterliegt, nur mit Zustimmung der zuständigen Aufsichtsbehörde zulässig. [3]Die Aufsichtsbehörde bestimmt Zeit und Umfang der Vollstreckung und kann die Vollstreckung auf bestimmte Vermögensgegenstände beschränken oder bestimmte Vermögensgegenstände ausnehmen.

(2) Die Beschränkungen des Absatzes 1 gelten nicht gegenüber öffentlich-rechtlichen Kreditinstituten.

(3) [1]Bevor die Vollstreckung gegen eine Religionsgesellschaft oder Weltanschauungsvereinigung, die eine Körperschaft des öffentlichen Rechts ist, begonnen wird, ist deren gesetzliche Vertreterin bzw. gesetzlicher Vertreter anzuhören, es sei denn es liegen konkrete Anhaltspunkte dafür vor, dass dadurch der Zweck der Vollstreckung erheblich gefährdet würde. [2]Gegenstände, die bereits vor Beginn der Vollstreckung dem Gottesdienst oder der religiösen Verehrung dienen, unterliegen nicht der Vollstreckung.

§ 11 Zwangsmittel
(1) Zur Durchsetzung eines Titels, der sich auf eine Handlungs-, Duldungs- oder Unterlassungspflicht richtet, können nach pflichtgemäßem Ermessen der Vollstreckungsbehörde die folgenden Zwangsmittel angewandt werden:
1. Ersatzvornahme (§ 13),
2. Festsetzung eines Zwangsgeldes (§ 14),
3. unmittelbarer Zwang (§§ 15, 17 bis 19),
4. Erzwingungshaft (§ 16).

(2) Die §§ 20 und 21 bleiben unberührt.

§ 12 Auswahl und Anwendung der Zwangsmittel
(1) Die Zwangsmittel sind so auszuwählen und anzuwenden, dass sie in einem angemessenen Verhältnis zu ihrem Zweck stehen und die pflichtige Person und die Allgemeinheit nicht mehr als unvermeidbar belasten oder beeinträchtigen.

(2) Die Zwangsmittel dürfen auch neben einer Strafe oder Geldbuße angewandt und so lange wiederholt und gewechselt werden, bis der Titel befolgt worden oder auf andere Weise erledigt ist.

§ 13 Ersatzvornahme
(1) [1]Wird die Verpflichtung, eine Handlung vorzunehmen, deren Vornahme durch einen anderen möglich ist (vertretbare Handlung), nicht oder nicht vollständig erfüllt, so kann die Vollstreckungsbehörde die Handlung selbst ausführen oder durch eine andere Stelle oder eine dritte Person ausführen lassen. [2]Die pflichtige Person sowie Personen, die Mitgewahrsam an den beweglichen oder unbeweglichen Sachen der pflichtigen Person haben, sind zur Duldung der Ersatzvornahme verpflichtet.

(2) [1]Die Kosten der Ersatzvornahme sind von der pflichtigen Person zu tragen. [2]Sie werden von der Vollstreckungsbehörde festgesetzt. [3]Die Vollstreckungsbehörde kann der pflichtigen Person eine Vorauszahlung bis zur Höhe der voraussichtlich entstehenden Kosten auferlegen; hiergegen gerichtete Rechtsbehelfe haben keine aufschiebende Wirkung. [4]Kosten werden nicht erhoben, soweit dies grob unbillig wäre.

(3) [1]Zahlt die pflichtige Person die Kosten der Ersatzvornahme oder die vorläufig veranschlagten Kosten nicht bis zu dem Tag, der sich aus der Fristsetzung ergibt, so hat sie für den Kostenbetrag von diesem Tage an bis zum Tage der Zahlung Zinsen in Höhe von fünf Prozentpunkten über dem Basiszinssatz für das Jahr zu entrichten. [2]Von der Erhebung geringfügiger Zinsen kann abgesehen werden.

(4) Die Erhebung von Kosten nach dem Gebührengesetz vom 5. März 1986 (HmbGVBl. S. 37), zuletzt geändert am 14. Dezember 2010 (HmbGVBl. S. 667), in der jeweils geltenden Fassung, bleibt unberührt.

§ 14 Zwangsgeld

(1) Das Zwangsgeld ist zur Erzwingung einer vertretbaren oder unvertretbaren Handlung sowie zur Erzwingung einer Duldung oder Unterlassung zulässig.

(2) [1]Das Zwangsgeld kann zugleich mit dem durchzusetzenden Verwaltungsakt oder in dem durchzusetzenden öffentlich-rechtlichen Vertrag festgesetzt werden. [2]Die Festsetzung wird in diesen Fällen wirksam, wenn die pflichtige Person die ihr obliegende Handlung nicht fristgemäß vorgenommen hat oder gegen eine Duldungs- oder Unterlassungspflicht verstößt und die Voraussetzungen des § 8 vorliegen.

(3) [1]Die Festsetzung eines Zwangsgeldes kann zur Erzwingung einer Duldung oder Unterlassung für jeden zukünftigen Fall der Zuwiderhandlung, zur Erzwingung einer Handlung auch für den fruchtlosen Ablauf bestimmter zukünftiger Zeiträume erfolgen. [2]Auf Grund der Festsetzung darf von dem Zeitpunkt an nicht mehr vollstreckt werden, zu dem der Zweck der Vollstreckung erreicht ist oder weitere Verstöße gegen eine Duldungs- oder Unterlassungspflicht offenbar nicht mehr zu erwarten sind.

(4) [1]Der Höchstbetrag des einzelnen Zwangsgeldes beträgt 1.000.000 Euro. [2]Bei der Bemessung des Zwangsgeldes sind das Interesse der pflichtigen Person an der Nichtbefolgung des Titels und ihre wirtschaftliche Leistungsfähigkeit zu berücksichtigen.

§ 15 Unmittelbarer Zwang

(1) Für die Anwendung unmittelbaren Zwanges gilt, auch in den Fällen der §§ 17 bis 19, der Dritte Teil des Gesetzes zum Schutz der öffentlichen Sicherheit und Ordnung vom 14. März 1966 (HmbGVBl. S. 77), zuletzt geändert am 4. Dezember 2012 (HmbGVBl. S. 510, 518), in der jeweils geltenden Fassung.

(2) Zur Erteilung einer Auskunft oder zur Abgabe einer Erklärung ist der unmittelbare Zwang unzulässig.

§ 16 Erzwingungshaft

(1) Die Erzwingungshaft ist nur zulässig, wenn ein anderes Zwangsmittel erfolglos geblieben ist und seine Wiederholung oder die Anwendung eines anderen Zwangsmittels offenbar keinen Erfolg verspricht.

(2) [1]Die Erzwingungshaft wird für mindestens einen Tag angeordnet. [2]Ihre Gesamtdauer darf auch bei wiederholter Anordnung in derselben Sache insgesamt sechs Wochen nicht überschreiten.

(3) [1]Die Anordnung der Erzwingungshaft erfolgt auf Antrag der Vollstreckungsbehörde durch Haftbefehl des Verwaltungsgerichts. [2]Das Verfahren richtet sich nach Buch 7 des Gesetzes über das Verfahren in Familiensachen und in den Angelegenheiten der freiwilligen Gerichtsbarkeit vom 17. Dezember 2008 (BGBl. I S. 2586, 2587), zuletzt geändert am 15. März 2012 (BGBl. II S. 178), in der jeweils geltenden Fassung und ergänzend nach den Regelungen der Verwaltungsgerichtsordnung.

(4) [1]Die Verhaftung der pflichtigen Person ist durch eine Vollziehungsperson vorzunehmen. [2]§ 802g Absatz 1 Sätze 2 und 3, Absatz 2 Satz 2 und § 802h der Zivilprozessordnung sind entsprechend anzuwenden.

(5) Die Erzwingungshaft wird auf Ersuchen der Vollstreckungsbehörde von der Landesjustizverwaltung vollstreckt.

(6) [1]Die Kosten der Haft sind von der pflichtigen Person zu erstatten. [2]Sie werden von der Vollstreckungsbehörde festgesetzt.

§ 17 Wegnahme

(1) Hat die pflichtige Person eine bewegliche Sache herauszugeben oder vorzulegen, so kann die Vollziehungsperson sie ihr wegnehmen.

(2) [1]Wird die Sache bei der pflichtigen Person nicht vorgefunden, so hat diese auf Verlangen der Vollstreckungsbehörde vor der Vollziehungsperson zu Protokoll an Eides statt zu versichern, dass sie nicht wisse, wo die Sache sich befinde. [2]Die Vollstreckungsbehörde kann eine der Sachlage entsprechende Änderung der eidesstattlichen Versicherung beschließen.

(3) [1]Die Vollziehungsperson bestimmt einen Termin zur Abgabe der eidesstattlichen Versicherung und hat für die Ladung der pflichtigen Person zu dem Termin Sorge zu tragen. [2]Sie hat ihr die Ladung nach den Bestimmungen des Hamburgischen Verwaltungszustellungsgesetzes vom 21. Juni 1954 (Sammlung des bereinigten hamburgischen Landesrechts I 20102-a), zuletzt geändert am 25. November 2010 (HmbGVBl. S. 614, 619), in der jeweils geltenden Fassung, zuzustellen, auch wenn die

pflichtige Person eine Verfahrensbevollmächtigte bzw. einen Verfahrensbevollmächtigten bestellt hat; einer Mitteilung an die Verfahrensbevollmächtigte bzw. den Verfahrensbevollmächtigten bedarf es nicht.

(4) ¹Erscheint die pflichtige Person ohne ausreichende Entschuldigung nicht zu dem Termin zur Abgabe der eidesstattlichen Versicherung oder verweigert sie die Abgabe der eidesstattlichen Versicherung ohne zureichenden Grund, hat das Verwaltungsgericht auf Antrag der Vollstreckungsbehörde zur Erzwingung der Abgabe einen Haftbefehl zu erlassen. ²§ 16 Absätze 2 bis 6 ist entsprechend anzuwenden.

(5) ¹Die verhaftete pflichtige Person kann zu jeder Zeit bei der zuständigen Vollziehungsperson verlangen, ihr die eidesstattliche Versicherung abzunehmen; dem Verlangen ist ohne Verzug stattzugeben. ²Nach Abgabe der eidesstattlichen Versicherung wird die pflichtige Person aus der Haft entlassen. ³Kann die pflichtige Person vollständige Angaben nicht machen, weil sie die dazu notwendigen Unterlagen nicht bei sich hat, so kann die Vollziehungsperson einen neuen Termin bestimmen und die Vollziehung des Haftbefehls bis zu diesem Termin aussetzen. ⁴Absatz 4 gilt entsprechend.

§ 18 Zwangsräumung
(1) Hat die pflichtige Person eine unbewegliche Sache, einen Raum oder ein Schiff herauszugeben, zu überlassen oder zu räumen, so können sie und die ihrem Haushalt oder Geschäftsbetrieb angehörenden Personen durch die Vollziehungsperson aus dem Besitz gesetzt werden, nachdem der Zeitpunkt der Zwangsräumung mit einer angemessenen Frist angekündigt worden ist.

(2) ¹Werden bei der Zwangsräumung bewegliche Sachen vorgefunden, die nicht herauszugeben oder vorzulegen sind, so werden sie von der Vollziehungsperson weggeschafft und der pflichtigen Person oder, wenn diese abwesend ist, ihrer Bevollmächtigten bzw. ihrem Bevollmächtigten oder einer ihrem Haushalt oder Geschäftsbetrieb angehörenden erwachsenen Person zur Verfügung gestellt. ²Ist weder die pflichtige Person noch eine der bezeichneten Personen anwesend, so hat die Vollziehungsperson die Sachen zu verwahren oder verwahren zu lassen. ³Die pflichtige Person ist zu benachrichtigen und aufzufordern, die Sachen binnen einer angemessenen Frist gegen Zahlung der Kosten der Verwahrung abzuholen; ist der Aufenthalt der pflichtigen Person unbekannt, so kann dies auch durch öffentliche Zustellung nach dem Hamburgischen Verwaltungszustellungsgesetz erfolgen. ⁴Kommt die pflichtige Person der Aufforderung nicht nach, so kann die Vollstreckungsbehörde die Sachen nach den Vorschriften der §§ 814 bis 824 der Zivilprozeßordnung verwerten und den Erlös beim Amtsgericht Hamburg hinterlegen. ⁵Ist die Verwahrung mit unverhältnismäßigem Aufwand verbunden oder geht von einer Sache eine Gefahr aus, so ist die sofortige Verwertung oder, wenn die Verwertung nicht in Betracht kommt, die sofortige Beseitigung zulässig. ⁶Eine sofortige Verwertung ist auch zulässig, wenn eine beträchtliche Wertverringerung der verwahrten Sache droht.

(3) Die Kosten der Verwahrung, Verwertung oder Beseitigung nach Absatz 2 hat die pflichtige Person zu erstatten.

§ 19 Vorführung
(1) ¹Hat die pflichtige Person vor einer Behörde oder einer anderen Stelle zu erscheinen, ist aber nicht erschienen, so kann sie zwangsweise vorgeführt werden, wenn sie in der Vorladung darauf hingewiesen wurde. ²Unter entsprechender Voraussetzung kann eine Person zwangsweise vorgeführt werden, wenn sie von einer dritten Person vor einer Behörde oder einer anderen Stelle vorzustellen war, die Vorstellung aber unterblieben ist.

(2) Die Vorführung darf nur von einer bzw. einem Bediensteten angeordnet werden, die bzw. der die Befähigung zum Richteramt besitzt.

(3) Die vorgeführte Person darf nicht länger als bis zum Ende der Amtshandlung, zu der sie vorgeladen war, festgehalten werden, längstens jedoch für die Dauer von vierundzwanzig Stunden.

§ 20 Abgabe einer Erklärung
(1) ¹Ist eine Person durch einen Verwaltungsakt verpflichtet worden, eine bestimmte Erklärung abzugeben, so gilt die Erklärung als abgegeben, sobald der Verwaltungsakt unanfechtbar geworden oder die sofortige Vollziehung angeordnet worden ist oder einem Rechtsbehelf gegen den Verwaltungsakt keine aufschiebende Wirkung zukommt. ²Voraussetzung ist, dass

1. der Inhalt der Erklärung in dem Verwaltungsakt festgelegt worden ist,
2. die pflichtige Person in dem Verwaltungsakt auf die Bestimmung des Satzes 1 hingewiesen worden ist und
3. sie im Zeitpunkt des Eintritts der Unanfechtbarkeit oder der sofortigen Vollziehbarkeit des Verwaltungsaktes zur Abgabe der Erklärung befugt ist.

(2) [1]Die Behörde, die den Verwaltungsakt erlassen hat, teilt den Beteiligten mit, in welchem Zeitpunkt der Verwaltungsakt unanfechtbar geworden ist. [2]Sie ist berechtigt, die zur Wirksamkeit der Erklärung erforderlichen Genehmigungen und Zustimmungen einzuholen und Anträge auf Eintragung in öffentliche Bücher und Register zu stellen. [3]§ 792 der Zivilprozessordnung ist entsprechend anzuwenden.

§ 21 Übertragung des Eigentums

(1) Ist jemand durch einen Verwaltungsakt zur Übertragung des Eigentums an einer Sache verpflichtet worden, so ist für die nach bürgerlichem Recht erforderlichen Willenserklärungen und für die Eintragung in öffentliche Bücher und Register § 20 anzuwenden.

(2) [1]Die Übergabe der Sache wird dadurch bewirkt, dass die Vollziehungsperson die Sache in Besitz nimmt, ohne Rücksicht darauf, wer das Eigentum erwerben soll. [2]§ 17 Absätze 2 bis 5 gilt entsprechend. [3]Befindet sich die Sache im Gewahrsam einer dritten Person, so hat die Vollstreckungsbehörde den Anspruch der pflichtigen Person auf Herausgabe der Sache der Behörde zu überweisen, die die Vollstreckung betreibt. [4]§ 886 der Zivilprozessordnung gilt entsprechend.

§ 22 Widerstand

(1) [1]Widerstand gegen die Vollstreckung, auch durch Dritte, darf mit Gewalt gebrochen werden. [2]Die Vorschriften des Dritten Teils des Gesetzes zum Schutz der öffentlichen Sicherheit und Ordnung finden Anwendung.

(2) Wird Widerstand geleistet oder ist er zu befürchten, so haben die Polizeivollzugsbeamtinnen bzw. Polizeivollzugsbeamten auf Anforderung der Vollstreckungsbehörde oder der Vollziehungsperson die Vollstreckung zu unterstützen.

§ 23 Betretens- und Durchsuchungsrechte

(1) Die Vollziehungsperson ist befugt, Wohnungen, Geschäftsräume und sonstiges Besitztum der pflichtigen Person zu betreten und zu durchsuchen, soweit der Zweck der Vollstreckung es erfordert.

(2) Sie ist befugt, verschlossene Türen und Behältnisse zu öffnen oder öffnen zu lassen.

(3) [1]Die Wohn- und Geschäftsräume der pflichtigen Person dürfen ohne deren Einwilligung nur auf Grund einer richterlichen Anordnung durchsucht werden, die bei der Vollstreckung vorzuzeigen ist. [2]Dies gilt nicht, wenn die Einholung der Anordnung den Erfolg der Durchsuchung gefährden würde. [3]Für die richterliche Anordnung einer Durchsuchung ist das Verwaltungsgericht zuständig, in dessen Bezirk die Durchsuchung vorgenommen werden soll. [4]Von einer Anhörung der betroffenen Person durch das Gericht und der Bekanntgabe der richterlichen Entscheidung an die betroffene Person kann abgesehen werden, wenn dies erforderlich ist, um den Erfolg der Durchsuchung nicht zu gefährden. [5]Wenn von der Bekanntgabe der richterlichen Entscheidung abgesehen wird, wird diese mit ihrer Bekanntgabe an die beauftragte Stelle wirksam.

(4) Personen, die Mitgewahrsam an den Wohn- oder Geschäftsräumen der pflichtigen Person haben, haben eine Durchsuchung zu dulden, wenn die Voraussetzungen des Absatzes 3 vorliegen.

(5) Zusammen mit der Vollziehungsperson dürfen die Gläubigerin bzw. der Gläubiger oder seine Vertreterin bzw. sein Vertreter, zugeteilte Hilfspersonen oder Auszubildende, Zeuginnen und Zeugen gemäß § 24, Sachverständige und Polizeivollzugsbeamtinnen bzw. Polizeivollzugsbeamte sowie sonstige Personen, die sich durch einen schriftlichen Auftrag der Vollstreckungsbehörde ausweisen können, die Wohn- und Geschäftsräume der pflichtigen Person betreten.

§ 24 Hinzuziehung von Zeuginnen und Zeugen und Vertrauenspersonen

(1) Die Vollziehungsperson hat eine unbeteiligte erwachsene Person als Zeugin bzw. Zeugen hinzuzuziehen, wenn

1. bei einer Vollstreckungshandlung Widerstand geleistet wird oder zu erwarten ist, oder
2. bei einer Vollstreckungshandlung in den Räumen der pflichtigen Person weder diese noch eine ihrem Haushalt oder Geschäftsbetrieb angehörende Person anwesend ist oder nur eine ihrem Haushalt oder Geschäftsbetrieb angehörende Person anwesend ist, die wegen ihres Alters oder

einer geistigen Behinderung zur Beurteilung der Bedeutung und Tragweite der Vollstreckungs-handlung nicht in der Lage ist.

(2) Ist die pflichtige Person wegen einer körperlichen oder geistigen Behinderung nicht in der Lage, mit der Vollziehungsperson zu verhandeln, die Vollstreckungshandlung zu verfolgen oder die Nie-derschrift nach § 26 selbst zu prüfen, zu genehmigen oder zu unterzeichnen, so soll ihr bei Beginn der Vollstreckungshandlung die Gelegenheit gegeben werden, eine geeignete Person ihres Vertrauens hinzuzuziehen.

§ 25 Vollstreckung zur Nachtzeit und an Sonn- und Feiertagen

[1]Von 21 Uhr bis 6 Uhr des Folgetages sowie an Sonntagen und gesetzlichen Feiertagen darf die Voll-ziehungsperson nur vollstrecken, wenn die Vollstreckungsbehörde dies in schriftlicher oder elektro-nischer Form erlaubt. [2]Die Erlaubnis ist bei der Vollstreckung auf Verlangen vorzuzeigen. [3]Die Be-lange der Religionsgesellschaften und Weltanschauungsvereinigungen sind zu beachten.

§ 26 Niederschrift

(1) Die Vollziehungsperson hat über jede Vollstreckungshandlung eine Niederschrift aufzunehmen.

(2) Die Niederschrift soll enthalten:

1. die Bezeichnung der Vollstreckungsbehörde und des zu vollstreckenden Titels,
2. den Ort und die Zeit der Aufnahme,
3. die Vollstreckungshandlung und ihren Gegenstand unter kurzer Erwähnung der Vorgänge,
4. die Namen der Personen, mit denen verhandelt worden ist, einschließlich der nach § 24 Absatz 2 hinzugezogenen Personen,
5. die Namen der hinzugezogenen Zeuginnen bzw. Zeugen,
6. die Unterschriften der Personen zu Nummer 4 und die Bemerkung, dass nach Vorlesung oder Vorlegung zur Durchsicht und nach Genehmigung unterzeichnet worden sei,
7. die Unterschrift der Vollziehungsperson.

(3) Konnte einem der Erfordernisse des Absatzes 2 Nummer 6 nicht genügt werden, so ist der Grund hierfür anzugeben.

(4) War die pflichtige Person bei der Vollstreckungshandlung nicht anwesend, so soll ihr die Voll-streckungsbehörde eine Abschrift der Niederschrift übersenden.

§ 27 Vollstreckungsmaßnahmen zur Gefahrenabwehr

(1) Bei der Ersatzvornahme und der Anwendung unmittelbaren Zwanges kann von § 3 Absatz 3, § 6 Absätze 1 und 3, § 8, § 18 Absatz 1, § 23 Absatz 5 sowie §§ 24 und 25 abgewichen werden, wenn

1. eine Störung der öffentlichen Sicherheit oder Ordnung auf andere Weise nicht beseitigt werden kann,
2. dies zum Schutz der Allgemeinheit oder einer oder eines Einzelnen vor einer unmittelbar bevor-stehenden Gefahr für die öffentliche Sicherheit oder Ordnung erforderlich ist, oder
3. eine rechtswidrige Tat, die einen Straf- oder Bußgeldtatbestand verwirklicht, anders nicht ver-hindert werden kann.

(2) Die Befugnis zur unmittelbaren Ausführung nach § 7 des Gesetzes zum Schutz der öffentlichen Sicherheit und Ordnung bleibt unberührt.

§ 28 Einstellung der Vollstreckung und Aufschub

(1) Die Vollstreckung ist einzustellen oder zu beschränken, soweit

1. der ihr zu Grunde liegende Titel aufgehoben oder für unwirksam oder nichtig erklärt worden ist,
2. die Vollstreckung des ihr zu Grunde liegenden Titels unzulässig ist,
3. die Vollziehung des ihr zu Grunde liegenden Titels ausgesetzt worden ist,
4. der Zweck der Vollstreckung bereits erreicht ist, feststeht, dass er nicht mehr erreicht werden kann, oder der der Vollstreckung zu Grunde liegende Titel sich sonst erledigt hat, oder
5. weitere Verstöße gegen eine Duldungs- oder Unterlassungspflicht offenbar nicht mehr zu erwarten sind.

(2) Ein festgesetztes Zwangsgeld soll jedoch auch in den Fällen des Absatzes 1 Nummern 4 und 5 beigetrieben werden, sofern einer Duldungs- oder Unterlassungspflicht zuwidergehandelt worden ist, deren Erfüllung durch die Festsetzung erreicht werden sollte.

(3) [1]Die Vollziehungsperson ist zur Einstellung nur verpflichtet, wenn ihr Tatsachen nachgewiesen werden, aus denen sich die Pflicht zur Einstellung eindeutig ergibt. [2]Sie kann die Vollstreckung nach ihrem Ermessen vorerst aussetzen, wenn ihr derartige Tatsachen glaubhaft gemacht werden.
(4) [1]Soweit im Einzelfall die Vollstreckung auch unter Berücksichtigung der öffentlichen Belange wegen ganz besonderer Umstände eine unbillige Härte für die pflichtige Person bedeutet, die einen vorübergehenden Aufschub oder eine Einstellung der Vollstreckung unabweisbar erscheinen lässt, hat die Vollstreckungsbehörde die Vollstreckung von Amts wegen oder auf Antrag der pflichtigen Person einstweilen einzustellen oder zu beschränken oder eine Vollstreckungsmaßnahme aufzuheben. [2]Die Vollstreckungsbehörde kann ihre Entscheidung nach Satz 1 aufheben oder ändern, wenn sich die Sachlage ändert. [3]Die Vollziehungsperson kann die Vollstreckung bis zur Entscheidung der Vollstreckungsbehörde aufschieben, wenn ihr die Voraussetzungen des Satzes 1 glaubhaft gemacht werden und der pflichtigen Person die rechtzeitige Anrufung der Vollstreckungsbehörde nicht möglich war.

§ 29 Einwendungen gegen die Vollstreckung
(1) Rechtsbehelfe gegen Vollstreckungsakte haben keine aufschiebende Wirkung; § 80 Absätze 4 bis 8 der Verwaltungsgerichtsordnung ist entsprechend anzuwenden.
(2) [1]Einwendungen gegen den der Vollstreckung zu Grunde liegenden Titel können nur außerhalb des Vollstreckungsverfahrens mit den dafür zugelassenen Rechtsbehelfen geltend gemacht werden. [2]Im Übrigen entscheidet über Einwendungen gegen die Vollstreckung, die den zu vollstreckenden Anspruch oder die zu erzwingende Pflicht betreffen, die Behörde, die die Vollstreckung betreibt. [3]Derartige Einwendungen sind nur zulässig, soweit die geltend gemachten Gründe erst nach Entstehung des zu vollstreckenden Titels entstanden sind und mit förmlichen Rechtsbehelfen nicht mehr geltend gemacht werden können.

Teil 3
Beitreibung von Geldforderungen

§ 30 Beginn der Vollstreckung
(1) Ein Titel gemäß § 3, mit dem eine Geldleistung gefordert wird, darf erst vollstreckt werden, wenn
1. die Geldforderung fällig ist,
2. der pflichtigen Person die Vollstreckung durch eine Mahnung angedroht worden ist, es sei denn, dass eine Mahnung nach § 31 Absätze 2 und 3 nicht erforderlich ist, und
3. die in der Mahnung bestimmte Zahlungsfrist oder in den Fällen des § 31 Absatz 2 und Absatz 3 Nummer 1 eine Woche, gerechnet vom Zeitpunkt der Fälligkeit, verstrichen ist.
(2) Nebenforderungen (Zinsen, Säumniszuschläge und Kosten) können – ohne dass es eines eigenständigen Titels bedarf – zusammen mit der Hauptforderung vollstreckt werden, wenn die Vollstreckung wegen der Hauptforderung eingeleitet und bei Geltendmachung der Hauptforderung auf die Nebenforderungen dem Grunde nach hingewiesen worden ist.
(3) Für die Vollstreckung wegen privatrechtlicher Geldforderungen (§ 3 Absatz 2 Satz 1 Nummer 2) ist Voraussetzung, dass die pflichtige Person über ihre Rechte nach § 34 Absatz 4 belehrt worden ist.

§ 31 Mahnung
(1) [1]Vor Beginn der Vollstreckung ist die pflichtige Person mit einer Zahlungsfrist von mindestens einer Woche zur Zahlung zu mahnen. [2]Die Mahnung ist erst nach Ablauf einer Woche seit der Fälligkeit der Geldforderung zulässig.
(2) Von der Mahnung kann abgesehen werden, wenn Tatsachen die Annahme rechtfertigen, dass
1. der Erfolg der Vollstreckung durch die Mahnung gefährdet würde oder
2. die Mahnung infolge eines der pflichtigen Person zuzurechnenden Hindernisses dieser nicht zur Kenntnis kommen wird.
(3) Ohne Mahnung können vollstreckt werden:
1. Zwangsgelder und Kosten einer Ersatzvornahme sowie,
2. Nebenforderungen wie Säumniszuschläge, Zinsen und Kosten, wenn die Vollstreckung wegen der Hauptforderung eingeleitet worden ist.

§ 32 Pflichtige Person
(1) Pflichtige Person ist,
1. wer eine Geldleistung schuldet,
2. wer für eine Leistung, die eine andere Person schuldet, kraft Gesetzes haftet.
(2) Eine Person, die eine Leistung aus Mitteln, die ihrer Verwaltung unterliegen, zu erbringen hat, ist verpflichtet, die Vollstreckung in dieses Vermögen zu dulden; sie ist insoweit pflichtige Person.
(3) ¹Wegen der dinglichen Haftung für eine öffentlich-rechtliche Abgabe, die als öffentliche Last auf dem Grundstück oder einem grundstücksgleichen Recht ruht, hat die Eigentümerin bzw. der Eigentümer des Grundstücks oder die Inhaberin bzw. der Inhaber des Rechts die Vollstreckung in das Grundstück oder das Recht zu dulden. ²Sie bzw. er ist insoweit pflichtige Person. ³Zugunsten der Gläubigerin bzw. des Gläubigers gilt als Eigentümerin bzw. Eigentümer des Grundstücks oder als berechtigte Person, wer im Grundbuch als Eigentümerin bzw. Eigentümer oder als berechtigte Person eingetragen ist.

§ 33 Vermögensermittlung
(1) ¹Zur Vorbereitung der Vollstreckung kann die Vollstreckungsbehörde die Einkommens- und Vermögensverhältnisse der pflichtigen Person ermitteln. ²§ 93 Absätze 1 bis 6 und § 97 der Abgabenordnung in der Fassung vom 1. Oktober 2002 (BGBl. 2002 I S. 3869, 2003 I S. 61), zuletzt geändert am 22. Dezember 2011 (BGBl. I S. 3044, 3056), in der jeweils geltenden Fassung finden entsprechende Anwendung.
(2) Die Vollstreckungsbehörde darf ihr bekannte, nach § 30 der Abgabenordnung geschützte Daten, die sie bei der Vollstreckung wegen Steuern und steuerlicher Nebenleistungen verwenden darf, auch bei der Vollstreckung wegen anderer Leistungen als Steuern und steuerlichen Nebenleistungen verwenden.

§ 34 Einstellung und Beschränkung der Vollstreckung
(1) Die Vollstreckung ist einzustellen oder zu beschränken, soweit
1. der ihr zu Grunde liegende Titel aufgehoben oder für unwirksam oder nichtig erklärt worden ist,
2. die Vollstreckung oder eine Vollstreckungsmaßnahme für unzulässig erklärt worden ist,
3. die Einstellung gerichtlich angeordnet worden ist,
4. ein Rechtsmittel gegen den Titel, aus dem vollstreckt wird, eingelegt worden ist und dieses aufschiebende Wirkung hat,
5. der Anspruch auf die Leistung erloschen ist oder
6. die Leistung gestundet worden ist.
(2) ¹In den Fällen des Absatzes 1 Nummern 1, 2 und 5 sind bereits getroffene Vollstreckungsmaßnahmen aufzuheben, sobald die Entscheidung unanfechtbar geworden oder die Leistungspflicht in voller Höhe erloschen ist. ²Im Übrigen bleiben die Vollstreckungsmaßnahmen bestehen, wenn und soweit nicht ihre Aufhebung ausdrücklich angeordnet worden ist.
(3) Die Vollstreckungsbehörde ist in den Fällen der Amtshilfe und der Vollstreckungshilfe zur Einstellung, Beschränkung oder Aufhebung nur verpflichtet, wenn und soweit ihr Tatsachen nachgewiesen worden sind, aus denen sich die Pflicht zur Einstellung oder Beschränkung nach Absatz 1 oder zur Aufhebung nach Absatz 2 ergibt.
(4) ¹Wird wegen einer privatrechtlichen Geldforderung (§ 3 Absatz 2 Satz 1 Nummer 2) vollstreckt, so kann die Behörde auf Antrag die Vollstreckung auch einstellen oder beschränken, soweit die pflichtige Person Einwendungen gegen die Forderung glaubhaft macht. ²Die Vollstreckung kann fortgesetzt werden, wenn die pflichtige Person nicht innerhalb eines Monats nachweist, dass sie Klage bei dem ordentlichen Gericht gegen die Gläubigerin bzw. den Gläubiger erhoben hat, oder wenn ihre Einwendungen rechtskräftig zurückgewiesen worden sind. ³Gegen Entscheidungen der Vollstreckungsbehörde nach den Sätzen 1 und 2 ist der ordentliche Rechtsweg eröffnet.

§ 35 Entsprechende Anwendung der Abgabenordnung
(1) Im Übrigen erfolgt die Beitreibung von Geldforderungen unter entsprechender Anwendung von § 191 Absatz 1 Sätze 2 und 3, §§ 255, 256, 258, 260, 262 bis 267, 281 bis 284, § 285 Absatz 1 und §§ 286 bis 327 der Abgabenordnung.
(2) § 324 der Abgabenordnung findet mit der Maßgabe Anwendung, dass Widerspruch und Klage gegen die Arrestanordnung keine aufschiebende Wirkung haben.

§ 36 Länder übergreifende Vollstreckungsmaßnahmen

(1) [1]Im Falle der Pfändung einer Geldforderung entsprechend § 309 der Abgabenordnung kann die Vollstreckungsbehörde die Pfändungsverfügung auch dann selbst erlassen und ihre Zustellung im Wege der Postzustellung selbst bewirken, wenn die pflichtige Person oder die Drittschuldnerin bzw. der Drittschuldner außerhalb des Gebietes der Freien und Hansestadt Hamburg, jedoch innerhalb der Bundesrepublik Deutschland den Wohnsitz, Sitz oder gewöhnlichen Aufenthaltsort hat, sofern das dort geltende Landesrecht dies zulässt. [2]Die Vollstreckungsbehörde kann auch eine Vollstreckungsbehörde des Bezirks, in dem die Maßnahme durchgeführt werden soll, um die Zustellung der Pfändungsverfügung ersuchen.

(2) [1]Vollstreckungsbehörden innerhalb der Bundesrepublik Deutschland, die diesem Gesetz nicht unterliegen, können gegen pflichtige Personen und Drittschuldnerinnen bzw. Drittschuldner, die ihren Wohnsitz, Sitz oder gewöhnlichen Aufenthalt im Gebiet der Freien und Hansestadt Hamburg haben, selbst Pfändungsverfügungen erlassen und ihre Zustellung im Wege der Postzustellung selbst bewirken. [2]Absatz 1 Satz 2 gilt entsprechend.

(3) Die Absätze 1 und 2 gelten entsprechend für

1. die Einziehung der Forderung gemäß § 314 der Abgabenordnung,
2. eine andere Art der Verwertung der Forderung gemäß § 317 der Abgabenordnung und
3. die Vollstreckung in Ansprüche auf Herausgabe oder Leistung von Sachen gemäß § 318 der Abgabenordnung.

§ 37 Beitreibungshilfe

Der Senat wird ermächtigt, durch Rechtsverordnung zu bestimmen, dass privatrechtliche Geldforderungen der Freien und Hansestadt Hamburg und hamburgischer Verkehrs-, Versorgungs-, Hafen- und Umschlagbetriebe, an denen die Freie und Hansestadt Hamburg ganz oder überwiegend beteiligt ist, sowie die Entgelte für die Leistungen der Hafenlotsen (Hafenlotsengelder) im Verwaltungswege beigetrieben werden können (Beitreibungshilfe).

Teil 4
Einschränkung von Grundrechten; Kosten

§ 38 Einschränkung von Grundrechten

Durch dieses Gesetz werden das Grundrecht auf Leben und körperliche Unversehrtheit, die Freiheit der Person (Artikel 2 Absatz 2 des Grundgesetzes) und die Unverletzlichkeit der Wohnung (Artikel 13 des Grundgesetzes) eingeschränkt.

§ 39 Kosten

(1) [1]Für Amtshandlungen nach diesem Gesetz werden Kosten (Gebühren und Auslagen) erhoben. [2]Das Gebührengesetz findet entsprechende Anwendung, sofern dieses Gesetz oder die auf seiner Grundlage erlassenen Rechtsverordnungen nichts Abweichendes bestimmen.

(2) Die Kosten trägt die pflichtige Person.

(3) [1]Die Kosten sind auf 0,10 Euro aufzurunden. [2]Werden Kosten nach dem Wert des Gegenstandes einer Amtshandlung berechnet, so ist der Zeitpunkt, in dem die Kostenpflicht entsteht, für die Berechnung maßgebend.

(4) Für die Verjährung gilt § 22 des Gebührengesetzes entsprechend mit der Maßgabe, dass bei Bestehen einer Hauptforderung die Kostenforderung zugleich mit dieser verjährt.

(5) Wird eine Vollstreckung in Amtshilfe für Stellen außerhalb der Freien und Hansestadt Hamburg vorgenommen (§ 5 Absatz 3), sind diese zur Erstattung der Vollstreckungskosten verpflichtet, die bei der pflichtigen Person nicht beigetrieben werden können, sofern das für die anderen Stellen geltende Recht eine von § 8 des Hamburgischen Verwaltungsverfahrensgesetzes abweichende und für hamburgische Stellen nachteilige Kostenregelung vorsieht.

§ 40 Kostenordnung

(1) Der Senat wird ermächtigt, durch Rechtsverordnung (Kostenordnung) zu bestimmen, welche Kosten erhoben werden und wann die Kostenpflicht entsteht.

(2) [1]Die Kostenordnung muss feste oder nach dem Wert des Gegenstandes der Amtshandlung zu berechnende Gebührensätze vorschreiben. [2]Ist dies nicht möglich, so ist der Spielraum für die Festsetzung

der Gebühr nach einem Rahmen zu begrenzen und zu bestimmen, nach welchem Maßstab die Gebühr im Einzelfall festzusetzen ist.

(3) In der Kostenordnung kann bestimmt werden, dass

1. die Vollstreckungsbehörde in den Fällen des § 13 Absatz 2 Satz 2 ihre Aufwendungen und die Aufwendungen anderer Stellen nach Pauschsätzen feststellt,

2. bei der Ersatzvornahme durch eine dritte Person ein Auftragsgemeinkostenzuschlag in Höhe von zehn vom Hundert der Aufwendungen der Vollstreckungsbehörde erhoben wird,

3. die Kosten einer Postnachnahme als Auslagen erhoben werden,

4. eine Gebühr bis zur doppelten Höhe erhoben werden darf, wenn aus Gründen, die die pflichtige Person zu vertreten hat, die Vollstreckung den Einsatz mehrerer Bediensteter erfordert oder besondere Aufwendungen notwendig macht oder zur Nachtzeit oder an Sonn- und Feiertagen durchgeführt werden muss und dadurch höhere Kosten entstehen, die die normale Gebühr übersteigen und nicht als Auslagen erhoben werden können,

5. die Kosten aus eingezahlten oder beigetriebenen Beträgen gedeckt werden dürfen,

6. bei der Vollstreckungshilfe, der Amtshilfe und der Beitreibungshilfe die ersuchende Stelle die Auslagen zu erstatten hat, die von der pflichtigen Person nicht beigetrieben werden können,

7. bei der Vollstreckungshilfe und der Beitreibungshilfe die ersuchende Stelle, soweit im Bundesrecht nichts anderes bestimmt ist, auch die Gebühren zu zahlen hat, die von der pflichtigen Person nicht beigetrieben werden können.

Vollstreckungskostenordnung (VKO)

Vom 24. Mai 1961 (HmbGVBl. S. 169)
(BS Hbg 2011-2-1)
zuletzt geändert durch Art. 1 Dritte ÄndVO zu Justizbehörde-GebührenO vom 3. Dezember 2019 (HmbGVBl. S. 435)

Auf Grund[1] des § 19 Absatz 1 und des § 77 des Verwaltungsvollstreckungsgesetzes (VwVG) vom 13. März 1961 (Hamburgisches Gesetz- und Verordnungsblatt Seite 79) wird verordnet:

Nichtamtliche Inhaltsübersicht

§ 1 Ersatzvornahme

(1) Führt die Vollstreckungsbehörde die Ersatzvornahme selbst aus oder beauftragt sie eine andere Stelle, so stellt sie ihre Personalaufwendungen und die Personalaufwendungen der anderen Stelle pauschal mit

a)   37 Euro für eine Beamtin oder einen Beamten der Laufbahngruppe 1, Ämter ab dem ersten Einstiegsamt oder einer oder eines vergleichbaren Angestellten,

b)   44 Euro für eine Beamtin oder einen Beamten der Laufbahngruppe 1, Ämter ab dem zweiten Einstiegsamt oder einer oder eines vergleichbaren Angestellten,

c)   59 Euro für eine Beamtin oder einen Beamten der Laufbahngruppe 2, Ämter ab dem ersten Einstiegsamt oder einer oder eines vergleichbaren Angestellten,

d)   74 Euro für eine Beamtin oder einen Beamten des höheren Dienstes und der Laufbahngruppe 2, Ämter ab dem zweiten Einstiegsamt oder einer oder eines vergleichbaren Angestellten

je angefangene Arbeitsstunde fest.

(2) [1]Wird die Ersatzvornahme durch einen Dritten ausgeführt, so erhebt die Vollstreckungsbehörde zu ihren Aufwendungen einen Gemeinkostenzuschlag in Höhe von zehn vom Hundert der Aufwendungen. [2]Die Aufwendungen setzen sich zusammen aus dem Rechnungsbetrag des Dritten und, soweit vorhanden, den bei der Durchführung der Ersatzvornahme anfallenden eigenen Aufwendungen der Verwaltung, wobei deren Personalaufwendungen pauschal mit

a)   32 Euro für eine Beamtin oder einen Beamten der Laufbahngruppe 1, Ämter ab dem ersten Einstiegsamt oder einer oder eines vergleichbaren Angestellten,

b)   38 Euro eine Beamtin oder einen Beamten der Laufbahngruppe 1, Ämter ab dem zweiten Einstiegsamt oder einer oder eines vergleichbaren Angestellten,

c)   52 Euro für eine Beamtin oder einen Beamten der Laufbahngruppe 2, Ämter ab dem ersten Einstiegsamt oder einer oder eines vergleichbaren Angestellten,

d)   63 Euro für eine Beamtin oder einen Beamten des höheren Dienstes und der Laufbahngruppe 2, Ämter ab dem zweiten Einstiegsamt oder einer oder eines vergleichbaren Angestellten

je angefangene Arbeitsstunde festgesetzt werden.

---

1)   Die VO gilt ab 1.6.2013 gemäß Art. 15 Abs. 1 des G zur Neuregelung des Verwaltungsvollstreckungsrechts als auf Grund von § 40 des Hamburgischen VerwaltungsvollstreckungsG erlassen.

§ 2 Wegnahme
(1) Die Gebühr für die Wegnahme einschließlich der Übergabe beträgt bei Wegnahme von Personen 26,30 Euro, bei Wegnahme von Sachen oder Urkunden, die nicht Wechsel sind oder die nicht durch Indossament übertragen werden können, 20,60 Euro.
(2) [1]Die Gebühr wird auch erhoben, wenn der Pflichtige an den zur Vornahme der Vollstreckungshandlung erschienenen Vollziehungsbeamten freiwillig leistet. [2]Wird die herauszugebende Person oder die Sache oder Urkunde, die herauszugeben oder vorzulegen ist, nicht vorgefunden, so wird für jeden Wegnahmeversuch die halbe Gebühr erhoben.

§ 3 Zwangsräumung
Die Gebühr für die Zwangsräumung unbeweglicher Sachen, von Räumen oder Schiffen beträgt 26,30 Euro.

§ 4 Vorführung, Verhaftung
Die Gebühr für die Vorführung und für die Verhaftung auf Grund der Anordnung der Erzwingungshaft beträgt 26,30 Euro.

§ 5 Mahnung
Die Gebühr für die Mahnung beträgt 3 Euro.

§ 5a Zustellung durch Behördenbedienstete
Die Gebühr für die Zustellung mit Zustellungsurkunde durch Behördenbedienstete beträgt 7,50 Euro.

§ 5b Vermögensauskunft
(1) Die Gebühr für die Abnahme der Vermögensauskunft beträgt 33 Euro.
(2) Die Gebühr für die Übermittlung eines mit eidesstattlicher Versicherung abgegebenen Vermögensverzeichnisses an einen Drittgläubiger beträgt 33 Euro.
(3) Die Gebühr für die Einholung einer Auskunft für zusätzliche Informationen bei anderen Stellen im Zusammenhang mit der Vermögensauskunft beträgt 13 Euro.

§ 6 Pfändung
(1) Die Pfändungsgebühr wird erhoben für die Pfändung
a) von beweglichen Sachen, von Früchten, die vom Boden noch nicht getrennt sind und von Forderungen aus Wechseln oder anderen Papieren, die durch Indossament übertragen werden können,
b) von anderen Forderungen und von anderen Vermögensgegenständen.
(2) [1]Die Gebühr bemisst sich nach der Summe der beizutreibenden Beträge je Gläubiger. [2]Die durch die Pfändung entstehenden Kosten sind nicht mitzurechnen. [3]Bei der Vollziehung eines Arrestes bemisst sich die Pfändungsgebühr nach der Hinterlegungssumme.
(3) [1]Die Höhe der Gebühr richtet sich nach der als Anlage beigefügten Tabelle. [2]In den Fällen des Absatzes 1 wird die volle Gebühr erhoben. [3]Erfolgt die Pfändung eines Kraftfahrzeugs unter Einsatz eines Radblockierschlosses (Parkkralle), so wird das Zweifache der vollen Gebühr erhoben.
(4) Die volle Gebühr wird auch erhoben, wenn
a) ein Pfändungsversuch erfolglos geblieben ist, weil der Pflichtige nicht ermittelt oder der Zutritt zur Wohnung verweigert worden ist oder pfändbare Gegenstände nicht vorgefunden worden sind,
b) die Pfändung wegen § 35 des Hamburgischen Hamburgischen Verwaltungsvollstreckungsgesetzes vom 4. Dezember 2012 (HmbGVBl. S. 510) in Verbindung mit § 281 Absatz 3 der Abgabenordnung in der Fassung vom 1. Oktober 2002 (BGBl. 2002 I S. 3869, 2003 I S. 61), zuletzt geändert am 22. Dezember 2011 (BGBl. I S. 3044, 3056), in der jeweils geltenden Fassung, § 295 der Abgabenordnung in Verbindung mit § 812 der Zivilprozessordnung oder § 319 der Abgabenordnung in Verbindung mit § 851b der Zivilprozessordnung unterblieben ist,
c) der Vollziehungsbeamte an Ort und Stelle erschienen ist und an ihn gezahlt oder nach diesem Zeitpunkt auf andere Weise Zahlung geleistet wird.
(5) [1]Wird die Pfändung abgewendet, so wird erhoben
a) die volle Gebühr, wenn auf Grund der Vollstreckungsankündigung, einer anderen Vollstreckungsmaßnahme oder einer Ratenzahlungsvereinbarung die Pfändung abgewendet worden ist,

b)   die halbe Gebühr, wenn der Pflichtige nachweist, dass die Pfändung durch Zahlung nach Erteilung des Vollstreckungsauftrages und vor Einleitung von Vollstreckungsmaßnahmen abgewendet worden ist,

c)   keine Gebühr, wenn die Zahlung vor Erteilung eines Vollstreckungsauftrages erfolgte.

[2]Die Gebühr soll nicht erhoben werden, wenn der insgesamt noch beizutreibende Betrag geringer als 10 Euro ist.

(6) Wird der Vollstreckungsauftrag zurückgenommen, so wird vom Gläubiger erhoben

a)   die halbe Gebühr, wenn die Rücknahme vor der Einleitung von Vollstreckungsmaßnahmen erfolgte,

b)   die volle Gebühr, wenn die Rücknahme erst nach der Einleitung von Vollstreckungsmaßnahmen erfolgte.

(7) Werden wegen desselben Anspruchs mehrere Forderungen oder andere Vermögensrechte gepfändet, die unter Absatz 1 Buchstabe b fallen, so wird die Gebühr nur einmal erhoben.

(8) [1]Ist der Vollziehungsbeamte beauftragt, die Pfändung zu wiederholen, sind die Gebühren für jede Pfändung gesondert zu erheben. [2]Dasselbe gilt, wenn der Vollziehungsbeamte auch ohne ausdrückliche Weisung des Auftragsgebers die weitere Vollstreckung betreibt, weil nach dem Ergebnis der Verwertung der Pfandstücke die Vollstreckung nicht zur vollen Befriedigung führt oder Pfandstücke bei dem Schuldner abhanden gekommen oder beschädigt worden sind.

§ 7 Verwertung

(1) Für die Versteigerung oder sonstige Verwertung von Gegenständen wird eine Gebühr in Höhe des Zweieinhalbfachen der Gebühr nach der als Anlage beigefügten Tabelle erhoben.

(2) [1]Die Gebühr bemisst sich nach dem Erlös. [2]Übersteigt der Erlös die Summe der beizutreibenden Beträge, so ist diese maßgebend.

(3) [1]Wird die Verwertung abgewendet, so wird eine volle Gebühr nach der als Anlage beigefügten Tabelle erhoben. [2]Dabei bemisst sich die Gebühr nach dem Schätzwert der Gegenstände. [3]Übersteigt der Schätzwert die Summe der beizutreibenden Beträge, so ist diese maßgebend.

§ 8 Arrest

(1) Für die Anordnung eines Arrestes wird eine Gebühr in Höhe des Zweifachen der als Anlage beigefügten Tabelle erhoben.

(2) [1]Die Gebühr bemisst sich nach der Forderung, deren Beitreibung gesichert werden soll. [2]Wird der Arrest wegen einer Forderung angeordnet, die noch nicht zahlenmäßig feststeht, so bemisst sich die Gebühr nach dem zu hinterlegenden Betrag.

§ 9 Verwertung von Sicherheiten

Für die Verwertung von Sicherheiten wird eine Gebühr in Höhe des Zweifachen der Gebühr nach der als Anlage beigefügten Tabelle erhoben.

§ 10 Entstehung der Kostenpflicht

(1) Die Pflicht zur Erstattung der Kosten der Ersatzvornahme und zur Zahlung des Gemeinkostenzuschlags entsteht mit der Erteilung des Auftrags an den Vollziehungsbeamten, die andere Stelle oder den Dritten.

(2) Die Pflicht zur Zahlung der Gebühr entsteht

a)   in den Fällen der §§ 2, 3, 4, § 6 Absatz 1 Buchstabe a, §§ 7 und 9 mit der Erteilung des Vollstreckungsauftrags an den Vollziehungsbeamten oder einen anderen Beauftragten,

b)   in den Fällen des § 5 mit der Absendung der Mahnung,

c)   in den Fällen des § 5a mit der Zustellung,

d)   in den Fällen des § 6 Absatz 1 Buchstabe b mit der Zustellung der Verfügung, durch die eine Forderung oder ein anderes Vermögensrecht gepfändet werden soll,

e)   in den Fällen des § 6 Absatz 6 mit der Rücknahme des Vollstreckungsauftrages,

f)   in den Fällen des § 8 mit der Bekanntgabe der Arrestanordnung.

(3) Die Pflicht zur Erstattung der Auslagen entsteht mit der Vornahme der Handlung, die die Aufwendungen des zu erstattenden Betrages erfordert.

§ 11 Erhöhte Gebühren

Die Vollstreckungsbehörde kann die in den §§ 2, 3, 4 und 6 vorgesehenen Gebühren bis auf das Doppelte erhöhen, wenn aus Gründen, die der Pflichtige zu vertreten hat, die Vollstreckung mehrere Vollziehungsbeamte erfordert oder besondere Aufwendungen notwendig macht oder zur Nachtzeit oder an einem Sonn- oder Feiertag durchgeführt werden muss und dadurch erhöhte Kosten entstehen, die die normale Gebühr übersteigen und nicht als Auslagen nach § 13 erhoben werden können.

§ 12 Mehrheit von Pflichtigen

(1) Wird gegen mehrere Pflichtige vollstreckt, so sind die Gebühren, auch wenn der Vollziehungsbeamte bei derselben Gelegenheit mehrere Vollstreckungshandlungen vornimmt, von jedem Pflichtigen zu erheben.

(2) [1]Wird gegen Gesamtschuldner wegen der Gesamtschuld bei derselben Gelegenheit vollstreckt, so werden die Gebühren nur einmal erhoben. [2]Die in Satz 1 bezeichneten Personen schulden die Gebühren als Gesamtschuldner.

§ 13 Auslagen

(1) [1]Als Auslagen werden erhoben

a) Post- und Telegrammgebühren sowie Kosten einer Postnachnahme,

b) Kosten, die durch eine öffentliche Bekanntmachung entstehen,

c) Entschädigungen der zum Öffnen von Türen oder Behältnissen sowie zur Durchsuchung von Pflichtigen zugezogenen Personen,

d) Kosten der Beförderung, Verwahrung und Beaufsichtigung von Personen und Sachen, Kosten der für die Beförderung von Sachen notwendigen Verpackung, Kosten der Ernte gepfändeter Früchte und Kosten der Verwahrung, Fütterung und Pflege von Tieren,

e) Entschädigungen an Zeugen, Auskunftspersonen, Sachverständige, Treuhänder, Dolmetscher und Übersetzer,

f) aus Anlass der Verwertung zu entrichtende Steuern,

g) an Behörden, Gerichte, Gerichtsvollzieher, Kreditinstitute und Notare zu zahlende Kosten,

h) andere Beträge, die auf Grund von Vollstreckungs- oder Verwertungsmaßnahmen an Dritte zu zahlen sind,

i) Kosten, die durch eine Austauschpfändung entstehen.

[2]Die Aufwendungen für den Einsatz von Fahrzeugen und sonstigen Geräten werden in entsprechender Anwendung der für den jeweiligen Verwaltungsbereich geltenden Gebührenordnung berechnet, sofern darin Bestimmungen hierüber enthalten sind.

(2) [1]Werden Sachen, die bei mehreren Pflichtigen gepfändet worden sind, in einem einheitlichen Verfahren abgeholt oder verwertet, so werden die Auslagen dieses Verfahrens auf die beteiligten Pflichtigen verteilt. [2]Dabei sind die besonderen Umstände des einzelnen Falles, vor allem Wert, Umfang und Gewicht der Gegenstände, zu berücksichtigen.

(3) Auslagen sind auch dann zu erstatten, wenn die Amtshandlung gebührenfrei ist oder wenn eine zunächst entstandene Pflicht zur Zahlung der Gebühr nach den Bestimmungen dieser Verordnung ganz oder teilweise wieder weggefallen ist.

(4) [1]In den Fällen des § 1 Absatz 2 werden neben dem Gemeinkostenzuschlag Auslagen im Sinne des Absatzes 1 Buchstaben a und b nicht erhoben. [2]Im Mahnverfahren werden Auslagen nicht erhoben.

§ 14 Fahrtenpauschale und Wegegeld

(1) Für die Benutzung eigener Beförderungsmittel des Vollziehungsbeamten zur Beförderung von Personen und Sachen wird je Fahrt eine Pauschale von 5 Euro erhoben.

(2) [1]Zusätzlich zur Fahrtenpauschale nach Absatz 1 wird ein Wegegeld in Höhe von 3,50 Euro erhoben. [2]Vollstreckt der Vollziehungsbeamte Teilbeträge, wird das Wegegeld für jeden weiteren erforderlichen Besuch des Ortes der Amtshandlung gesondert erhoben.

(3) Die Pauschale und das Wegegeld werden für jeden Auftrag gesondert erhoben.

§ 15 Erstattung von Auslagen und Gebühren

(1) [1]Bei der Vollstreckungshilfe für Stellen, die nicht zur unmittelbaren Verwaltung der Freien und Hansestadt Hamburg gehören, sowie bei der Beitreibungshilfe hat die ersuchende Stelle die Auslagen nach § 13 und die Fahrtenpauschale und das Wegegeld nach § 14 zu erstatten, die vom Pflichtigen

nicht beigetrieben werden können. [2]Bei der Amtshilfe hat die ersuchende Stelle auf Anforderung Auslagen zu erstatten, wenn sie im Einzelfall 35 Euro übersteigen.

(2) Bei der Vollstreckungshilfe für Stellen, die nicht zur unmittelbaren Verwaltung der Freien und Hansestadt gehören, und bei der Beitreibungshilfe hat die ersuchende Stelle, soweit im Bundesrecht nichts anderes bestimmt ist, auch die Gebühren zu zahlen, die vom Pflichtigen nicht beigetrieben werden können.

§ 16 Fälligkeit der Kostenforderungen
Die Forderung auf Erstattung der Kosten der Ersatzvornahme, auf Zahlung des Gemeinkostenzuschlags und auf Zahlung einer erhöhten Gebühr wird mit der Festsetzung, andere Kostenforderungen werden mit der Entstehung fällig.

§ 17 Zinsen
[1]Werden die fälligen Kosten einer Ersatzvornahme (§§ 1 und 13) innerhalb einer gesetzten Frist nicht erfüllt, so sind sie mit fünf Prozentpunkten über dem bei Eintritt des Verzuges geltenden Basiszinssatz nach § 247 des Bürgerlichen Gesetzbuchs zu verzinsen. [2]Von der Erhebung geringfügiger Zinsbeträge kann abgesehen werden.

§ 18 Anrechnung
(1) Reicht der Erlös einer Vollstreckung oder die Zahlung des Pflichtigen zur Deckung der beizutreibenden Forderung und der Kosten nicht aus, so sind, soweit für die Anrechnung nicht andere Bestimmungen maßgebend sind, zunächst das Wegegeld, dann die Gebühren und danach die übrigen Kosten der Vollstreckung zu decken.

(2) Im Falle der Amtshilfe, der Vollstreckungshilfe und der Beitreibungshilfe gehen die Kostenansprüche der ersuchten Behörde den Kostenansprüchen der ersuchenden Behörde vor.

§ 19 Inanspruchnahme von Gerichtsvollziehern
Auf Vollstreckungen, die durch Gerichtsvollzieher ausgeführt werden, ist diese Verordnung nicht anzuwenden.

§ 20 Inkrafttreten
(1) Diese Verordnung tritt am 1. Juni 1961 in Kraft.

(2) Für Vollstreckungsmaßnahmen, die zur Zeit des Inkrafttretens dieser Verordnung eingeleitet, aber noch nicht beendet sind, gilt das bisherige Recht, soweit die Pflicht zur Zahlung der Kosten vor dem Inkrafttreten dieser Verordnung entstanden ist.

Anlage

[Höhe der Pfändungsgebühr]

Gegenstandswert in Euro bis zu	Höhe der vollen Gebühr in Euro
1 000 Euro	45
1 500 Euro	50
2 000 Euro	55
2 500 Euro	60
3 000 Euro	65
3 500 Euro	70
4 000 Euro	75
4 500 Euro	80
5 000 Euro	85

Bei darüber liegenden Gegenstandswerten erhöht sich die volle Gebühr um 5 Euro je angefangenen Mehrbetrag von 1 000 Euro.

Gebührengesetz (GebG)[1]

Vom 5. März 1986 (HmbGVBl. S. 37)

(BS Hbg 202-1)

zuletzt geändert durch § 1 Vierte VO zur Änd. des GebührenG vom 3. Dezember 2019 (HmbGVBl. S. 437)

Der Senat verkündet das nachstehende von der Bürgerschaft beschlossene Gesetz:

Nichtamtliche Inhaltsübersicht

§ 1 Geltungsbereich

(1) Die Behörden der Freien und Hansestadt Hamburg haben nach den Bestimmungen dieses Gesetzes Anspruch auf Zahlung von Gebühren (Verwaltungsgebühren und Benutzungsgebühren) und Zinsen gemäß §§ 19 und 21 sowie auf die Erstattung von Auslagen.

(2) Die Vorschriften dieses Gesetzes sind entsprechend anzuwenden, wenn nach anderen Rechtsvorschriften Gebühren erhoben werden und nichts Abweichendes bestimmt ist.

§ 2 Gebührenordnungen

(1) [1]Der Senat wird ermächtigt, die gebührenpflichtigen Tatbestände und die Gebührensätze durch Rechtsverordnung (Gebührenordnung) festzulegen. [2]Er kann dem Leiter einer unselbständigen Anstalt die Befugnis übertragen, die Gebühren für die freiwillige Benutzung der Anstalt im Einvernehmen mit der zuständigen Behörde durch Gebührenordnung zu regeln; dabei ist die Form der Verkündung solcher Gebührenordnungen zu bestimmen.

(2) [1]Soweit nach besonderen Gebührenordnungen für Amtshandlungen der in § 3 Absatz 1 Nummer 1 und Absatz 2 genannten Art keine Gebühren erhoben werden, gilt die diesem Gesetz beigefügte Anlage. [2]Der Senat wird ermächtigt, die Gebührensätze der Anlage zu diesem Gesetz unter Berücksichtigung der Grundsätze des § 6 der Kostenentwicklung anzupassen und die Anlage durch weitere allgemeine Gebührentatbestände zu ergänzen sowie Gebührentatbestände der Anlage aufzuheben.

§ 3 Verwaltungsgebühren

(1) Verwaltungsgebühren werden für die Vornahme von Amtshandlungen erhoben, die

1. auf eine willentliche Inanspruchnahme zurückgehen unabhängig davon, ob eine Mitteilung über die vorgenommene Amtshandlung ergeht, oder

2. auf Grund gesetzlicher Ermächtigung in überwiegendem Interesse eines Einzelnen vorgenommen werden oder

3. einer besonderen Überwachung dienen, die durch ein Gesetz oder auf Grund eines Gesetzes angeordnet ist oder der sich jemand ohne gesetzliche Verpflichtung unterworfen hat, oder

---

1) Inkrafttreten gemäß Art. 54 der Verfassung der Freien und Hansestadt Hamburg v. 6.6.1952 (HmGVBl. S. 117) am 12.3.1986.

4. auf Grund gesetzlicher Ermächtigung vorgenommen werden, wenn derjenige, an den die Amtshandlung sich richtet, oder ein Dritter, dessen Verhalten ihm zuzurechnen ist, sonst besonderen Anlass zu der Amtshandlung gibt.

(2) Soweit ein Widerspruchsverfahren erfolglos ist, werden gesondert Verwaltungsgebühren erhoben.

§ 4   Benutzungsgebühren

(1) ¹Benutzungsgebühren werden als Gegenleistung für die tatsächliche Inanspruchnahme (Benutzung) öffentlicher Anstalten, Einrichtungen oder Anlagen erhoben, sofern keine Verwaltungsgebühren zu erheben sind. ²Als Benutzung gilt auch das Angebot einer Sonderleistung, von dem die Berechtigten nicht ständig Gebrauch machen.

(2) ¹Für die Ablehnung eines Antrages auf Zulassung zur Benutzung von Anstalten, Einrichtungen oder Anlagen sowie für den Ausschluss von einer Benutzung werden Verwaltungsgebühren erhoben, soweit nicht in diesem Gesetz oder in einer Rechtsverordnung Gebührenfreiheit vorgesehen ist. ²Gleiches gilt für die Zurücknahme eines Antrages auf Benutzung, wenn mit der sachlichen Bearbeitung bereits begonnen wurde.

§ 5   Auslagen

(1) Mit der Gebühr sind alle den Behörden entstehenden Kosten mit Ausnahme der besonderen Auslagen abgegolten.

(2) ¹Besondere Auslagen sind

1. Entgelte für Post- und Telekommunikationsleistungen über 2,50 Euro im Einzelfall,
2. Entgelte für private Beförderungsdienste,
3. Kosten für Übersetzungen, die auf besonderen Antrag gefertigt werden,
4. Kosten, die durch öffentliche Bekanntmachung oder Zustellung entstehen,
5. Kosten, die durch die notwendige Hinzuziehung Dritter bei der Vornahme von Amtshandlungen entstehen,
6. die in entsprechender Anwendung des Gesetzes über die Entschädigung von Zeugen und Sachverständigen in der Fassung vom 1. Oktober 1969 (Bundesgesetzblatt I Seite 1757), zuletzt geändert am 26. November 1979 (Bundesgesetzblatt I 1979 Seite 1953, 1980 Seite 137), zu zahlenden Beträge; erhält ein Sachverständiger auf Grund des § 1 Absatz 3 jenes Gesetzes keine Entschädigung, so ist der Betrag zu erheben, der ohne diese Vorschrift nach dem Gesetz zu zahlen wäre,
7. die bei Geschäften außerhalb der Dienststelle den Verwaltungsangehörigen auf Grund gesetzlicher oder vertraglicher Bestimmung gewährten Vergütungen (Reisekostenvergütung, Auslagenersatz) und die dabei entstehenden Kosten für die Bereitstellung von Räumen,
8. die Beträge, die nichthamburgischen Behörden, anderen öffentlichen Einrichtungen oder deren Bediensteten zustehen; dies gilt auch dann, wenn aus Gründen der Gegenseitigkeit, der Verwaltungsvereinfachung und dergleichen keine Zahlungen zu leisten sind,
9. die Kosten für die Verwahrung oder Vernichtung von Sachen einschließlich ihrer Beförderung zum Ort der Verwahrung oder Vernichtung.

²Auslagen sind in der tatsächlich entstandenen Höhe zu erheben. ³In Gebührenordnungen kann bestimmt werden, dass Auslagen pauschaliert erhoben werden.

(3) Durch Rechtsverordnung, insbesondere in Gebührenordnungen, kann bestimmt werden, dass

1. bestimmte Auslagen nach Absatz 2 ganz oder teilweise nicht erhoben werden oder mit der Gebühr abgegolten sind,
2. auch andere Kosten besondere Auslagen sind.

(4) Die Pflicht zur Erstattung von besonderen Auslagen besteht auch dann, wenn für eine Amtshandlung oder Benutzung Gebührenfreiheit vorgesehen ist; dies gilt nicht, wenn in einem nachfolgenden gerichtlichen Verfahren keine Auslagen zu erheben wären.

(5) ¹Für Aufwendungen der Behörden, die aufgrund einer Beauftragung Dritter und in unmittelbarem Zusammenhang mit einer Amtshandlung im Sinne des § 3 oder einer Benutzung im Sinne des § 4 entstehen, werden zusätzlich zu den Auslagen Gemeinkostenzuschläge erhoben, deren Höhe der Senat durch Rechtsverordnung festlegt. ²Das gilt auch für Aufwendungen, die in einem erfolglosen Antrags- oder Widerspruchsverfahren entstehen.

§ 6 Gebührengrundsätze

(1) [1]Bei der Ermittlung der durch Gebühren abzudeckenden Kosten sind die nach betriebswirtschaftlichen Grundsätzen ansatzfähigen Gesamtkosten der betreffenden Verwaltungseinheit anzusetzen. [2]Bei der Festlegung der Gebühren der betreffenden Verwaltungseinheit sollen die nach Satz 1 angesetzten Kosten nicht unterschritten werden. [3]Die Höhe der Gebühr darf nicht in einem Missverhältnis zu der Bedeutung, dem wirtschaftlichen Wert oder dem sonstigen Nutzen einer Amtshandlung oder Benutzung für den Gebührenpflichtigen stehen.

(2) [1]Zu den Kosten im Sinne von Absatz 1 Satz 1 gehören neben den Personal- und Sachkosten einschließlich der Entgelte für in Anspruch genommene Fremdleistungen insbesondere auch Abschreibungen, die nach der mutmaßlichen Nutzungsdauer oder Leistungsmenge gleichmäßig zu bemessen sind, und eine angemessene Verzinsung des eingesetzten Kapitals. [2]Der Berechnung der Abschreibungen sind die Anschaffungs- und Herstellungskosten oder der Wiederbeschaffungszeitwert zugrunde zu legen. [3]Der Berechnung der Verzinsung des eingesetzten Kapitals sind die Anschaffungs- und Herstellungskosten zugrunde zu legen. [4]Eine Verzinsung von Grund und Boden erfolgt nur, soweit dieser einem anderen Verwendungszweck zugeführt werden kann. [5]Dabei ist der Grund und Boden mit dem Verkehrswert oder, falls ein solcher nicht vorhanden ist, mit dem Buchwert anzusetzen. [6]Soweit Herstellungs- oder Anschaffungskosten durch Beiträge oder Zuschüsse Dritter finanziert wurden, bleiben diese außer Betracht. [7]Soweit die Umsätze von öffentlichen Anstalten und Einrichtungen der Umsatzsteuer unterliegen, ist sie den Gebührenpflichtigen aufzuerlegen.

(3) [1]Bei der Festlegung der einzelnen Gebühr können in besonderen Fällen aus sozialen Gründen geringere Gebührensätze oder Gebührenbefreiung für bestimmte Gruppen von Gebührenpflichtigen vorgesehen werden. [2]Die dabei entstehenden Einnahmeausfälle dürfen, soweit sie nicht geringfügig sind, nicht auf die anderen Gebührenpflichtigen abgewälzt werden.

§ 6a Gebührenregelungen in Rechtsakten der Europäischen Gemeinschaften

[1]Bei der Erhebung von Gebühren für Amtshandlungen, für die Gebührenregelungen in Rechtsakten der Europäischen Gemeinschaften maßgebend sind, sind anstelle der Gebührengrundsätze des § 6 Absätze 1 und 2 die europarechtlichen Vorschriften anzuwenden. [2]Soweit diese eine abweichende Gebührenbemessung zulassen, sind bei der Festlegung der Gebühren in Gebührenordnungen nach § 2 Absatz 1 die Gebührengrundsätze des § 6 Absätze 1 und 2 anzuwenden.

§ 7 Arten der Gebührenfestlegung

(1) Die Gebühren sind
1. durch feste Sätze oder
2. nach dem Wert des Gegenstandes der Amtshandlung oder Benutzung oder
3. nach dem Zeitaufwand für die Amtshandlung oder dem Ausmaß der Benutzung oder
4. durch Rahmensätze

festzulegen.

(2) Ist eine Gebühr nach dem Wert des Gegenstandes zu berechnen, so ist der Wert zum Zeitpunkt der Beendigung der Amtshandlung, im Übrigen der Wert zum Zeitpunkt des Entstehens der Gebührenpflicht maßgebend, soweit in der Gebührenordnung nicht etwas anderes bestimmt ist.

(3) Sind Rahmensätze vorgesehen, so gelten bei der Festsetzung der Gebühr im Einzelfall die in § 6 Absätze 1 und 2 genannten Grundsätze entsprechend.

§ 8 Pauschgebühren

(1) [1]Zur Abgeltung regelmäßig wiederkehrender Amtshandlungen oder Benutzungen können in Gebührenordnungen Pauschgebühren vorgesehen oder zugelassen werden; Entsprechendes gilt für Auslagen. [2]Dabei sind erwartete geringere Verwaltungskosten zu berücksichtigen.

(2) Pauschgebühren sind nur auf Antrag im Voraus für einen Zeitraum von längstens einem Jahr festzusetzen.

§ 9 Gebührenpflichtiger

(1) Zur Zahlung von Verwaltungsgebühren ist derjenige verpflichtet,
1. der die Amtshandlung selbst oder durch Dritte, deren Handeln ihm zuzurechnen ist, beantragt oder
2. dem das Handeln der Behörde zugute kommt oder
3. in dessen überwiegendem Interesse die Amtshandlung vorgenommen wird oder
4. der einer besonderen Überwachung unterliegt oder

5. der selbst sonst besonderen Anlass zu der Amtshandlung gibt oder dem das Verhalten eines Dritten, der sonst besonderen Anlass zu der Amtshandlung gibt, zuzurechnen ist.

(2) Zur Zahlung von Benutzungsgebühren ist neben dem Benutzer derjenige verpflichtet, der die Benutzung selbst oder durch Dritte, deren Handeln ihm zuzurechnen ist, beantragt oder dem die Benutzung zugute kommt.

(3) Zur Zahlung von Benutzungsgebühren ist neben einem Ehegatten oder Lebenspartner im Rahmen der gesetzlichen Unterhaltspflicht auch der andere Ehegatte oder Lebenspartner verpflichtet; dieser kann sich bei der während der Ehe oder Lebenspartnerschaft entstandenen Gebühr nicht darauf berufen, dass Unterhalt nicht für die Vergangenheit gefordert werden kann.

(4) [1]Zur Zahlung von Verwaltungs- und Benutzungsgebühren sind neben einem Minderjährigen auch dessen Eltern verpflichtet. [2]In den Fällen des § 3 Absatz 1 Nummer 4 gelten die §§ 828 und 832 des Bürgerlichen Gesetzbuches entsprechend.

(5) Zur Zahlung von Verwaltungs- und Benutzungsgebühren verpflichtet ist ferner, wer die Zahlung durch Erklärung gegenüber der Behörde übernommen hat oder wer für die Schuld eines anderen kraft Vertrags haftet.

(6) Bei Gesamtrechtsnachfolge gilt § 45 der Abgabenordnung in der Fassung vom 16. März 1976 (Bundesgesetzblatt I Seite 613) entsprechend.

(7) [1]Personen, die nebeneinander zur Zahlung derselben Gebühr verpflichtet sind, sind Gesamtschuldner. [2]Soweit nichts anderes bestimmt ist, ist jeder Gesamtschuldner zur Zahlung der vollen Gebühr verpflichtet. [3]Die Erfüllung durch einen Gesamtschuldner wirkt auch für die übrigen Schuldner. [4]Das Gleiche gilt für die Aufrechnung und für eine geleistete Sicherheit. [5]Andere Tatsachen wirken nur für und gegen den Gesamtschuldner, in dessen Person sie eintreten.

(8) Für Zinsen und die Erstattung von Auslagen gelten die Absätze 1 bis 7 entsprechend.

§ 10 Sachliche Gebührenfreiheit
(1) Gebührenfrei sind
1. mündliche und einfache schriftliche Auskünfte, soweit nicht in einer Gebührenordnung etwas anderes bestimmt ist,
2. Amtshandlungen, die sich aus einem bestehenden oder früheren Dienst- oder Arbeitsverhältnis von Bediensteten im öffentlichen Dienst oder aus einem bestehenden oder früheren öffentlich-rechtlichen Amtsverhältnis ergeben, soweit nicht in einer Gebührenordnung die Zahlung von Prüfungsgebühren vorgesehen ist,
3. Amtshandlungen, die sich aus einer bestehenden oder früheren gesetzlichen Dienstpflicht oder einer Tätigkeit ergeben, die anstelle der gesetzlichen Dienstpflicht geleistet werden kann,
4. Amtshandlungen, durch die frühere belastende Maßnahmen der Behörden zugunsten des Betroffenen aufgehoben oder rückgängig gemacht werden,
5. die Bearbeitung von Zuwendungsanträgen und die Bearbeitung gemeinnütziger, zweckgebundener Spenden, die eine Behörde für empfangsberechtigte Dritte entgegennimmt und an diese weiterleitet,
6. die Entscheidung über einen Antrag auf Festsetzung von Pauschgebühren,
7. die Entscheidung über einen Antrag auf Ermäßigung, Stundung oder Erlass von Gebühren, Zinsen und Auslagen,
8. die Entscheidung über Dienstaufsichtsbeschwerden und Gegenvorstellungen, sofern nicht mit der Entscheidung eine gebührenpflichtige Amtshandlung verbunden ist,
9. das Verfahren in Gnadensachen,
10. der Gemeingebrauch.
(2) Gebührenfreiheit besteht nicht für ein ganz oder teilweise erfolgloses Widerspruchsverfahren in Fällen des Absatzes 1 Nummern 2, 3 und 5 bis 7.
(3) Der Senat kann über die in Absatz 1 genannten Tatbestände hinaus durch Rechtsverordnung für bestimmte Arten von Amtshandlungen, insbesondere auf dem Gebiet des Sozialwesens, oder für Amtshandlungen in bestimmten Fällen Gebührenfreiheit vorsehen.

§ 11 Persönliche Gebührenfreiheit

(1) Von der Zahlung von Verwaltungsgebühren für Amtshandlungen gemäß § 3 Absatz 1 Nummern 1 bis 3 sind Kirchen und andere Religionsgesellschaften oder Welt-anschauungsvereinigungen des öffentlichen Rechts befreit.

(2) Der Senat kann darüber hinaus durch Rechtsverordnung Gebührenfreiheit für juristische Personen des öffentlichen Rechts und für Einrichtungen und Organisationen vorsehen, an deren Förderung ein öffentliches Interesse besteht.

§ 12 Verwaltungsgebühren in besonderen Fällen

(1) ¹Wird ein Antrag wegen Unzuständigkeit der Behörde abgelehnt, so werden Gebühren und Auslagen nicht erhoben. ²Dasselbe gilt bei Rücknahme eines Antrages, wenn mit der sachlichen Bearbeitung noch nicht begonnen ist.

(2) ¹Wird ein Antrag auf Vornahme einer Amtshandlung zurückgenommen, nachdem mit der sachlichen Bearbeitung begonnen, die Amtshandlung aber noch nicht beendet ist, so ermäßigt sich die vorgesehene Gebühr um die Hälfte. ²Wird ein Antrag aus einem anderen Grund als dem der Unzuständigkeit ganz oder überwiegend abgelehnt, so ermäßigt sich die vorgesehene Gebühr um ein Viertel. ³Die vorgesehene Gebühr kann um ein Viertel ermäßigt werden, wenn eine Amtshandlung zurückgenommen oder widerrufen wird. ⁴Aus Gründen der Billigkeit kann die Gebühr in den Fällen der Sätze 1 bis 3 um bis zu drei Viertel der vorgesehenen Gebühr ermäßigt werden. ⁵In Gebührenordnungen kann in besonderen Fällen eine weitergehende Ermäßigung vorgesehen oder zugelassen sowie von den Bestimmungen der Sätze 1 bis 4 abgewichen werden.

(3) ¹Soweit ein Widerspruch oder ein Antrag auf Aussetzung der Vollziehung nach § 80 Absatz 4 oder § 80a Absatz 1 Nummer 2 der Verwaltungsgerichtsordnung in der Fassung vom 19. März 1991 (Bundesgesetzblatt I Seite 687), zuletzt geändert am 31. August 1998 (Bundesgesetzblatt I Seiten 2600, 2608), in der jeweils geltenden Fassung erfolgreich ist, werden Gebühren nicht erhoben. ²Wird eine gebührenpflichtige Sachentscheidung im Widerspruchsverfahren aufgehoben, so können die durch ein Verschulden des Gebührenpflichtigen für den Erlass der ursprünglichen Sachentscheidung entstandenen Gebühren und Auslagen diesem auferlegt werden.

(4) Bei der Rücknahme eines Widerspruchs oder eines Antrages nach § 80 Absatz 4 oder § 80a Absatz 1 Nummer 2 der Verwaltungsgerichtsordnung kann von der Erhebung der Gebühr für das Widerspruchsverfahren oder für das Antragsverfahren ganz oder teilweise abgesehen werden.

(5) ¹Gebühren, Auslagen und Zinsen, die bei richtiger Behandlung der Sache durch die Behörde nicht entstanden wären, werden nicht erhoben. ²Das Gleiche gilt für Auslagen, die durch eine von Amts wegen veranlasste Verlegung eines Termins oder Vertagung einer Verhandlung entstanden sind.

§ 13 Mitwirkungspflichten

(1) Soweit die Behörden den für die Berechnung einer Gebühr maßgebenden Sachverhalt nicht ohne Mitwirkung des Gebührenpflichtigen ermitteln können, ist dieser verpflichtet, auf Verlangen die hierzu erforderlichen Auskünfte zu erteilen.

(2) Die Behörden können verlangen, dass der Gebührenpflichtige die Richtigkeit der Auskünfte nachweist, insbesondere durch Aufzeichnungen, Bücher und Geschäftspapiere sowie andere Urkunden.

(3) ¹Werden die erforderlichen Auskünfte nicht oder nicht ausreichend erteilt oder wird die Richtigkeit der Auskünfte nicht nachgewiesen, so kann die Gebühr geschätzt werden. ²Dabei sind alle Umstände zu berücksichtigen, die für die Schätzung von Bedeutung sind.

§ 14 Selbstveranlagung

¹Der Gebührenpflichtige kann durch Gebührenordnung verpflichtet werden, Benutzungsgebühren selbst zu berechnen. ²Er hat dabei alle für die Berechnung maßgebenden Tatsachen mitzuteilen.

§ 15 Entstehung der Gebührenpflicht

(1) ¹Die Gebührenpflicht entsteht
1. bei Verwaltungsgebühren mit Beendigung der Amtshandlung oder mit der Zurücknahme eines Antrages oder Widerspruchs,
2. bei Benutzungsgebühren mit dem Beginn der Benutzung oder, wenn für die Benutzung eine Erlaubnis erforderlich ist, mit der Erteilung der Erlaubnis.

²Ist im Zeitraum der Bearbeitung eines Antrages auf Vornahme einer Amtshandlung oder auf eine erlaubnisbedürftige Benutzung eine bisherige Gebührenfreiheit oder -befreiung beseitigt oder eine

Gebührenermäßigung eingeschränkt oder aufgehoben worden, so gilt abweichend von Satz 1 der Eingang des Antrages bei der zuständigen Behörde als maßgeblicher Zeitpunkt für die Entstehung der Gebührenpflicht.

(2) Die Pflicht zur Erstattung von Auslagen entsteht mit der Aufwendung des zu erstattenden Betrages; in Fällen des § 5 Absatz 2 Nummer 8 gilt Absatz 1 Satz 1 Nummer 1 entsprechend.

(3) In Gebührenordnungen kann ein anderer Zeitpunkt für die Entstehung der Gebühren- oder Auslagenpflicht bestimmt werden.

§ 16 Gebührenbescheid

(1) [1]Gebühren und Auslagen werden von Amts wegen festgesetzt. [2]Aus dem schriftlichen oder schriftlich bestätigten Festsetzungsbescheid muss mindestens hervorgehen

1. die Behörde,
2. der Gebührenpflichtige,
3. die gebührenpflichtige Amtshandlung oder Benutzung,
4. die zu zahlenden Beträge,
5. wo, wann und wie die festgesetzten Beträge zu zahlen sind,
6. die Rechtsgrundlage für die Erhebung der Gebühren und Auslagen sowie für deren Berechnung.

[3]Ergeht der Festsetzungsbescheid in anderer Weise, so genügt es, wenn sich die Angaben zu Satz 2 Nummern 1 bis 5 aus den Umständen ergeben; die Angaben zu Satz 2 Nummer 6 können entfallen. [4]Der mündliche Bescheid ist auf Antrag schriftlich zu bestätigen.

(2) [1]Der Festsetzungsbescheid kann vorläufig ergehen, wenn der für die Ermittlung der Gebühr maßgebende Wert des Gegenstandes der Amtshandlung ungewiss ist. [2]Er ist zu ändern oder für endgültig zu erklären, sobald die Ungewissheit beseitigt ist.

(3) [1]Die sachlich zuständige Behörde ist berechtigt, die für die Festsetzung der Gebühren und Auslagen nach Absatz 1 Satz 2 sowie die für deren Erhebung erforderlichen Daten an die für die Erledigung der Kassengeschäfte und für die Vollstreckung zuständigen Stellen zu übermitteln. [2]Diese Stellen sind ihrerseits zur Übermittlung der die Erledigung der Kassengeschäfte und die Vollstreckung betreffenden Daten an die sachlich zuständige Behörde berechtigt.

(4) Soweit bei der Entrichtung von Gebühren Gebührenmarken verwendet werden, können Gebühren in halben oder vollen Deutschen Mark festgesetzt werden; dabei sind Centbeträge über 0,25 und über 0,75 Euro aufzurunden, im Übrigen abzurunden.

(5) Für den Festsetzungsbescheid wird keine gesonderte Gebühr erhoben.

§ 17 Fälligkeit

(1) [1]Gebühren und Auslagen werden mit Bekanntgabe der Festsetzung oder, wenn im Festsetzungsbescheid gemäß § 16 Absatz 1 ein abweichender Zahlungstermin genannt ist, zu diesem Termin fällig. [2]Ein abweichender Zahlungstermin soll so bestimmt werden, dass zwischen dem Zugang des Festsetzungsbescheides und dem Zahlungstermin ein Zeitraum von einem Monat liegt.

(2) In Gebührenordnungen kann ein anderer Fälligkeitszeitpunkt bestimmt werden.

(3) Ist ein Festsetzungsbescheid zu einem Sachbescheid ergangen, gegen den Widerspruch eingelegt worden ist oder wird, so wird die festgesetzte Gebühr mit Bestandskraft des Sachbescheides fällig.

§ 18 Vorauszahlungen

(1) Die gebührenpflichtige Amtshandlung oder Benutzung kann von Vorauszahlungen bis zur Höhe der voraussichtlich entstehenden Gebühren und Auslagen abhängig gemacht werden.

(2) Darüber hinaus können Gebührenordnungen allgemein die Erhebung von Vorauszahlungen vorsehen.

§ 19 Säumniszinsen

(1) Werden Gebühren und Auslagen bis zum Zeitpunkt der Fälligkeit nicht entrichtet, so sind vom folgenden Tage an Säumniszinsen von jährlich drei vom Hundert über dem Basiszinssatz auf den rückständigen Betrag zu entrichten; dabei ist für die gesamte Zeit der Säumnis der bei deren Eintritt geltende Basiszinssatz zugrunde zu legen.

(2) [1]In den Fällen der Gesamtschuld entstehen Säumniszinsen gegenüber jedem säumigen Gesamtschuldner. [2]Insgesamt ist jedoch kein höherer Säumniszins zu entrichten als verwirkt worden wäre, wenn die Säumnis nur bei einem Gesamtschuldner aufgetreten wäre.

(3) Als Tag, an dem eine Zahlung entrichtet worden ist, gilt

1. bei Überweisung oder Einzahlung auf ein Konto der Tag der Gutschrift auf dem Giro- oder Postgirokonto der zuständigen Kasse,
2. bei Übergabe oder Übersendung von Zahlungsmitteln der Tag des Eingangs bei der zuständigen Kasse oder Zahlstelle,
3. bei Übergabe von Zahlungsmitteln an einen Bediensteten, der auf Grund besonderer Weisung mit der Annahme der Einzahlung außerhalb des Kassenraumes beauftragt ist, der Tag der Übergabe.

§ 20 Rückzahlung und Verrechnung

(1) Gebühren, Zinsen und Auslagen sind zurückzuzahlen, soweit der zugrunde liegende Festsetzungsbescheid nichtig ist oder zurückgenommen oder widerrufen wird.

(2) Wird durch Widerspruchsentscheidung oder durch gerichtliches Urteil die Pflicht zur Vornahme einer Amtshandlung festgestellt, so sind die bereits gezahlten Gebühren auf die bei der Vornahme der beantragten Amtshandlung entstehenden Gebühren anzurechnen.

(3) [1]Wird eine antragsgemäß vorgenommene Amtshandlung im Widerspruchsverfahren oder durch gerichtliches Urteil aufgehoben, so ist eine bereits gezahlte Gebühr nur insoweit zurückzuzahlen, als sie die für eine Ablehnung des Antrages zu entrichtende Gebühr übersteigt. [2]Die Rückzahlung ist ausgeschlossen, wenn der Antragsteller die Amtshandlung durch Angaben veranlasst hat, die in wesentlicher Beziehung unrichtig oder unvollständig waren.

(4) Der Rückzahlungsanspruch erlischt, wenn er nicht innerhalb von fünf Jahren nach Ablauf des Jahres, in dem die Gebühren, Zinsen oder Auslagen gezahlt worden sind, schriftlich geltend gemacht wird, in den Fällen des Absatzes 3 zwei Jahre nach Unanfechtbarkeit der Entscheidung der Behörde oder nach Rechtskraft des Urteils.

§ 20a Berücksichtigung von Fehlern eines früheren Kostenansatzes

(1) [1]Entsprechen die bei der Festlegung der Gebühren anzusetzenden, tatsächlichen Kosten nicht den angesetzten Kosten, sind die Gebühren durch rückwirkende Senkung oder zukünftige Erhöhung neu festzulegen, oder die Gebührenerhebung ist durch Verordnung auszusetzen, oder die Festsetzungsbescheide sind aufzuheben. [2]Sind die auf Grund fehlerhafter Gebührenfestlegung entstandenen Überschüsse im Vergleich zu den Kosten des laufenden Kalenderjahres verhältnismäßig geringfügig, können sie anstelle eines Ausgleichs nach Satz 1 auch durch Absetzung von den für die Zukunft anzusetzenden Kosten verrechnet werden.

(2) Im Falle der Aufhebung sind die auf Grund der aufgehobenen Festsetzungsbescheide erhobenen Gebühren abweichend von § 20 Absatz 4 auch ohne entsprechenden Antrag zurückzuzahlen.

§ 21 Stundung, Niederschlagung und Erlass

(1) [1]Für Stundung, Niederschlagung und Erlass gilt § 62 der Landeshaushaltsordnung vom 17. Dezember 2013 (HmbGVBl. S. 503) in der jeweils geltenden Fassung. [2]Ansprüche nach den Bestimmungen dieses Gesetzes können auch dann gestundet oder erlassen werden, wenn dies im öffentlichen Interesse liegt. [3]Sätze 1 und 2 gelten auch für die Erstattung oder Anrechnung bereits gezahlter Beträge.

(2) [1]Für die Dauer der Stundung sollen Stundungszinsen erhoben werden. [2]Die Stundungszinsen betragen jährlich zwei vom Hundert über dem Basiszinssatz auf den gestundeten Betrag; dabei ist für die gesamte Zeit der Stundung der bei Beginn der Stundung geltende Basiszinssatz zugrunde zu legen.

(3) Sind die Voraussetzungen für einen Erlass nach Absatz 1 Satz 1 oder 2 gegeben, so kann die Festsetzung von Gebühren, Zinsen oder Auslagen unterbleiben.

(4) Haben die Behörden Gebühren für die Vornahme von Amtshandlungen nach Bundesrecht zu erheben, für die bei Regelung durch dieses Gesetz oder auf Grund dieses Gesetzes wegen des öffentlichen Interesses Gebührenfreiheit bestünde, so gelten die Gebühren als nach Absatz 1 Satz 2 erlassen.

(5) Soweit die Behörden anstelle von Benutzungsgebühren privatrechtlich vereinbarte Entgelte erheben, sind die Absätze 1 bis 3 entsprechend anzuwenden.

§ 22 Verjährung

(1) [1]Die Festsetzung von Gebühren, Zinsen und Auslagen, ihre Aufhebung oder ihre Änderung sind nicht mehr zulässig, wenn die Festsetzungsfrist abgelaufen ist (Festsetzungsverjährung). [2]Die Festsetzungsfrist beträgt vier Jahre; sie beginnt mit Ablauf des Kalenderjahres, in dem der Anspruch entstanden ist. [3]Wird vor Ablauf der Frist ein Antrag auf Aufhebung oder Änderung der Festsetzung

gestellt, ist die Festsetzungsfrist solange gehemmt, bis über den Antrag unanfechtbar entschieden worden ist.

(2) Sind Gebühren nach § 16 Absatz 2 vorläufig festgesetzt worden, beträgt die Festsetzungsfrist ein Jahr; sie beginnt mit Ablauf des Kalenderjahres, in dem die Ungewissheit beseitigt ist und die festsetzende Behörde hiervon Kenntnis erhalten hat.

(3) [1]Ein festgesetzter Anspruch erlischt durch Verjährung (Zahlungsverjährung). [2]Die Verjährungsfrist beträgt fünf Jahre; sie beginnt mit Ablauf des Kalenderjahres, in dem der Anspruch erstmals fällig geworden ist.

(4) Die Festsetzungs- und die Zahlungsverjährung sind gehemmt, solange der Anspruch wegen höherer Gewalt innerhalb der letzten sechs Monate der Verjährungsfrist nicht verfolgt werden kann.

(5) [1]Die Zahlungsverjährung wird unterbrochen durch Anerkenntnis, schriftliche Geltendmachung des Anspruchs sowie durch Stundung, Aussetzung der Vollziehung, Sicherheitsleistung, durch eine einstweilige Einstellung der Vollstreckung, durch eine Vollstreckungsmaßnahme, durch Anmeldung im Insolvenzverfahren oder durch Ermittlungen der Behörde nach dem Wohnsitz oder dem Aufenthaltsort des Gebührenschuldners. [2]Die Unterbrechung der Verjährung durch eine der in Satz 1 genannten Maßnahmen dauert fort, bis die Stundung oder die Aussetzung der Vollziehung abgelaufen, die Sicherheit oder, falls eine Vollstreckungsmaßnahme dazu geführt hat, das Pfändungspfandrecht, die Sicherungshypothek oder ein sonstiges Vorzugsrecht auf Befriedigung erloschen, oder das Insolvenzverfahren oder die Ermittlungen beendet sind. [3]Die Verjährung wird nur in Höhe des Betrages unterbrochen, auf den sich die Unterbrechungshandlung bezieht.

(6) Mit Ablauf des Kalenderjahres, in dem die Unterbrechung endet, beginnt eine neue Verjährungsfrist.

§ 23 Rechtsüberleitung

Die auf das bisher geltende Recht gestützten Rechtsverordnungen gelten als auf Grund dieses Gesetzes erlassen.

§ 24 Aufhebung und Änderung von Vorschriften

(1) *[Aufhebung des Gebührengesetz v. 9.6.1969]*

(2) *[Änderungsvorschriften]*

(3) Der Senat wird ermächtigt, die durch Absatz 2 Nummer 5 geänderten Vorschriften der Gebührenordnung in Jagdangelegenheiten durch Rechtsverordnung zu ändern.

(4) Soweit in weiteren Gesetzen und Rechtsverordnungen auf Vorschriften des Gebührengesetzes vom 9. Juni 1969 verwiesen worden ist, treten an ihre Stelle die entsprechenden Vorschriften dieses Gesetzes.

Anlage

[Gebührensätze]

Nr.	Gebührentatbestand		Gebührensatz in Euro
1	Gewährung von Akteneinsicht		
	Einsichtnahme bei der zuständigen Stelle einschließlich der Bereitstellung der zeitlichen, sachlichen und räumlichen Möglichkeit zur Einsicht und der Abgabe von Akteninhalten in elektronischer Form		
	a) mit gewöhnlichem Prüfungsaufwand		10,–
		bis	250,–
	b) mit besonderem Prüfungsaufwand bis		500,–
2	Zurverfügungstellen von Inhalten		
	Zurverfügungstellen von Inhalten aus Akten, öffentlichen Verhandlungen, amtlich geführten Büchern, Registern, Statistiken, Rechnungen und vergleichbaren Dokumenten, auch in elektronischer Form		
	a) mit gewöhnlichem Prüfungsaufwand		10,–
		bis	250,–

Nr.	Gebührentatbestand		Gebührensatz in Euro
	b) mit besonderem Prüfungsaufwand bis		500,–
3	Kopien und Ausdrucke		
	a) schwarz-weiß bis zu einem Format von 210 mm x 297 mm (DIN A4) bei Herstellung durch die Kostenschuldnerin oder den Kostenschuldner je Seite		0,15
	in den übrigen Fällen		
	für die ersten 10 Seiten je Seite		0,90
	für jede weitere Seite		0,30
	b) farbig bis zu einem Format von 210 mm x 297 mm (DIN A4)		
	für die ersten 10 Seiten je Seite		1,30
	für jede weitere Seite		0,60
	c) bei größeren Formaten je Seite		1,50
		bis	15,–
4	Beglaubigungen		
	a) von Unterschriften, Handzeichen, Siegeln und Lichtbildern		5,–
		bis	100,–
	b) von Abschriften, Fotokopien und vergleichbaren Vervielfältigungen je Seite		1,–
		bis	15,–
	je Ausgangsdokument mindestens		4,–
	c) bei besonderen Schwierigkeiten (zum Beispiel Fremdsprachen, technischen Zeichnungen) je Seite		15,–
		bis	50,–
5	Bescheinigungen		
	a) Bescheinigungen zur Vorlage bei Finanzbehörden		10,–
		bis	3000,–
	b) sonstige Bescheinigungen		10,–
		bis	250,–
6	Genehmigungen, Erlaubnisse aller Art, Ausnahmebewilligungen und andere Amtshandlungen im Sinne von § 3 Absatz 1 Nummer 1		
	a) Amtshandlungen der Enteignungsbehörde		100,–
		bis	12800,–
	b) sonstige Amtshandlungen		20,–
		bis	1000,–
7	Erfolglose Antragsverfahren nach den §§ 80 und 80a der Verwaltungsgerichtsordnung		
	a) bei Vorliegen von Regelungen über Kosten des Widerspruchsverfahrens in einer Gebührenordnung		bis zu einem Viertel der für das Widerspruchsverfahren vorgesehenen Gebühr,
	mindestens jedoch		30,–
	b) in allen übrigen Fällen		30,–
		bis	500,–
8	Erfolglose Widerspruchsverfahren		
	a) bei Widersprüchen gegen eine gebührenpflichtige Amtshandlung oder gegen die Ablehnung eines Antrages auf Vornahme einer gebührenpflichtigen Amtshandlung		bis zur vollen für die angefochtene oder

Nr.	Gebührentatbestand	Gebührensatz in Euro
		beantragte Amts-handlung vorgese-henen Gebühr,
	mindestens jedoch	30,–
b)	in allen übrigen Fällen	30,–
	bis	2000,–

Hamburgisches Datenschutzgesetz (HmbDSG)[1])

Vom 18. Mai 2018 (HmbGVBl. S. 145)
(BS Hbg 204-4)

Inhaltsübersicht

Erster Abschnitt
Allgemeine Vorschriften

§ 1   Zweck

[1]Dieses Gesetz trifft die zur Durchführung der Verordnung (EU) 2016/679 des Europäischen Parlaments und des Rates vom 27. April 2016 zum Schutz natürlicher Personen bei der Verarbeitung personenbezogener Daten, zum freien Datenverkehr und zur Aufhebung der Richtlinie 95/46/EG (Datenschutz-Grundverordnung) (ABl. EU Nr. L 119 S. 1, L 314 S. 72) ergänzenden Regelungen. [2]Darüber hinaus regelt dieses Gesetz für im Einzelnen bezeichnete Situationen die Verarbeitung personenbezogener Daten, die nicht in den Anwendungsbereich der Verordnung (EU) 2016/679 fallen.

§ 2   Anwendungsbereich

(1) Dieses Gesetz gilt für die Verarbeitung personenbezogener Daten durch folgende Stellen und Einrichtungen der Freien und Hansestadt Hamburg (öffentliche Stellen):

---

1) Verkündet als Art. 1 G v. 18.5.2018 (HmbGVBl. S. 145); Inkrafttreten gem. Art. 7 Abs. 1 Satz 1 dieses G am 25.5.2018.

1. Behörden,
2. den Rechnungshof,
3. die Bürgerschaft, die Gerichte und die Behörden der Staatsanwaltschaft, soweit sie Verwaltungsaufgaben wahrnehmen,
4. die der Aufsicht der Freien und Hansestadt Hamburg unterstehenden juristischen Personen des öffentlichen Rechts und deren öffentlich-rechtlich organisierte Einrichtungen,
5. Stellen, soweit sie als Beliehene hoheitliche Aufgaben wahrnehmen,
6. sonstige öffentlich-rechtlich organisierte Stellen oder Einrichtungen.

(2) Für juristische Personen, Gesellschaften und andere Vereinigungen von Personen des privaten Rechts, an denen die Freie und Hansestadt Hamburg oder eine ihrer Aufsicht unterstehende juristische Person des öffentlichen Rechts beteiligt ist, gelten die Vorschriften der Verordnung (EU) 2016/679 sowie des Bundesdatenschutzgesetzes vom 30. Juni 2017 (BGBl. I S. 2097) über nicht-öffentliche Stellen in ihrer jeweils geltenden Fassung.

(3) Soweit öffentliche Stellen im Sinne des Absatzes 1 als Unternehmen am Wettbewerb teilnehmen, sind auf diese unbeschadet anderer Rechtsgrundlagen die Vorschriften der Verordnung (EU) 2016/679 sowie des Bundesdatenschutzgesetzes über nicht-öffentliche Stellen in ihrer jeweils geltenden Fassung anzuwenden.

(4) Dieses Gesetz gilt nicht für öffentliche Stellen, soweit deren Tätigkeit der Richtlinie (EU) 2016/680 des Europäischen Parlaments und des Rates vom 27. April 2016 zum Schutz natürlicher Personen bei der Verarbeitung personenbezogener Daten durch die zuständigen Behörden zum Zwecke der Verhütung, Ermittlung, Aufdeckung oder Verfolgung von Straftaten oder der Strafvollstreckung sowie zum freien Datenverkehr und zur Aufhebung des Rahmenbeschlusses 2008/977/JI des Rates (ABl. EU Nr. L 119 S. 89) unterfällt.

(5) Die Bürgerschaft, ihre Mitglieder, ihre Gremien, die Fraktionen und Gruppen sowie deren Verwaltungen unterliegen nicht den Bestimmungen dieses Gesetzes, soweit sie zur Wahrnehmung parlamentarischer Aufgaben personenbezogene Daten verarbeiten und dabei die von der Bürgerschaft zu erlassende Datenschutzordnung anzuwenden haben.

(6) Fällt die Verarbeitung personenbezogener Daten durch die in Absatz 1 bezeichneten öffentlichen Stellen nicht in den Anwendungsbereich der Verordnung (EU) 2016/679, sind ihre Vorschriften entsprechend anzuwenden, es sei denn, dieses Gesetz oder andere spezielle Rechtsvorschriften enthalten abweichende Regelungen.

§ 3 Datengeheimnis
(1) [1]Denjenigen Personen, die bei den in § 2 Absatz 1 genannten öffentlichen Stellen oder ihren auftragnehmenden Stellen dienstlichen Zugang zu personenbezogenen Daten haben, ist es untersagt, personenbezogene Daten unbefugt zu einem anderen als dem zur jeweiligen Aufgabenerfüllung gehörenden Zweck zu verarbeiten, insbesondere bekannt zu geben oder zugänglich zu machen. [2]Dieses Verbot besteht auch nach Beendigung der Tätigkeit fort.

(2) Die Datenschutzbeauftragten nach Artikel 37 bis 39 der Verordnung (EU) 2016/679 der in § 2 Absatz 1 genannten öffentlichen Stellen sind, auch nach Beendigung ihrer Tätigkeit, zur Verschwiegenheit über die Identität Betroffener und Beschäftigter, die sich an sie gewandt haben, sowie über Umstände, die Rückschlüsse auf diese Personen zulassen, verpflichtet.

Zweiter Abschnitt
Grundsätze der Verarbeitung personenbezogener Daten

§ 4 Zulässigkeit der Verarbeitung personenbezogener Daten
Die Verarbeitung personenbezogener Daten durch eine der in § 2 Absatz 1 genannten öffentlichen Stellen ist zulässig, wenn sie zur Erfüllung der in der Zuständigkeit des Verantwortlichen liegenden Aufgabe oder in Ausübung öffentlicher Gewalt, die dem Verantwortlichen übertragen wurde, erforderlich ist.

§ 5 Erhebung personenbezogener Daten
(1) Bei nicht-öffentlichen Dritten sollen personenbezogene Daten nur unter den in § 6 Absatz 2 genannten Voraussetzungen erhoben werden.

(2) ¹Werden personenbezogene Daten bei Dritten erhoben, sind diese auf Verlangen über den Erhebungszweck zu unterrichten, soweit dadurch schutzwürdige Interessen der betroffenen Person nicht beeinträchtigt werden. ²Werden die Daten auf Grund einer Rechtsvorschrift erhoben, die zur Auskunft verpflichtet, ist auf die Auskunftspflicht, sonst auf die Freiwilligkeit der Angaben hinzuweisen.

§ 6 Zweckbindung

(1) ¹Vom Zweck einer Verarbeitung personenbezogener Daten einschließlich solcher im Sinne von Artikel 9 der Verordnung (EU) 2016/679 erfasst ist auch die Verarbeitung zur Wahrnehmung von Aufsichts- und Kontrollbefugnissen, zur Rechnungsprüfung, zur Durchführung von Organisationsuntersuchungen sowie zu Zwecken der Datensicherung, Datenschutzkontrolle oder zur Sicherstellung eines ordnungsgemäßen Betriebs einer Datenverarbeitungsanlage. ²Dies gilt auch für die Verarbeitung personenbezogener Daten zu Aus- und Fortbildungszwecken, soweit nicht berechtigte Interessen der betroffenen Person an der Geheimhaltung der Daten offensichtlich überwiegen.

(2) Eine Verarbeitung personenbezogener Daten zu anderen als den ursprünglichen Zwecken ist zulässig, wenn

1. dies zur Abwehr erheblicher Nachteile für das Gemeinwohl oder einer Gefahr für die öffentliche Sicherheit, die Verteidigung oder die nationale Sicherheit erforderlich ist,

2. dies zur Abwehr einer schwerwiegenden Beeinträchtigung der Rechte einer anderen Person erforderlich ist,

3. sie zur Verfolgung von Straftaten oder Ordnungswidrigkeiten, zur Vollstreckung oder zum Vollzug von Strafen oder von Maßnahmen im Sinne des § 11 Absatz 1 Nummer 8 des Strafgesetzbuches oder von Erziehungsmaßregeln oder Zuchtmitteln im Sinne des Jugendgerichtsgesetzes oder zur Erledigung eines gerichtlichen Auskunftsersuchens erforderlich sind und gesetzliche Regelungen nicht entgegenstehen,

4. dies erforderlich ist, um Angaben der betroffenen Person zu überprüfen, weil tatsächliche Anhaltspunkte für deren Unrichtigkeit bestehen,

5. bei Teilnahme am Privatrechtsverkehr oder zur Durchsetzung öffentlich-rechtlicher Forderungen ein rechtliches Interesse an der Kenntnis der zu verarbeitenden Daten vorliegt und kein Grund zu der Annahme besteht, dass das schutzwürdige Interesse der betroffenen Personen an der Geheimhaltung überwiegt,

6. offensichtlich ist, dass sie im Interesse der betroffenen Person liegt und diese in Kenntnis des anderen Zwecks ihre Einwilligung erteilen würde,

7. die Daten unmittelbar aus allgemein zugänglichen Quellen entnommen werden durften oder entnommen werden dürfen oder die Daten verarbeitende Stelle sie veröffentlichen dürfte, es sei denn, dass schutzwürdige Interessen der betroffenen Personen offensichtlich entgegenstehen,

8. sie der Bearbeitung von Eingaben, parlamentarischen Anfragen oder Aktenvorlageersuchen der Bürgerschaft dient und überwiegende schutzwürdige Interessen der betroffenen Personen nicht entgegenstehen,

9. es zur Durchführung wissenschaftlicher oder historischer Forschung oder Statistik erforderlich ist, das Interesse an der Durchführung des Forschungs- oder Statistikvorhabens das Interesse der Betroffenen an dem Ausschluss der Zweckänderung erheblich überwiegt und der Forschungs- oder Statistikzweck auf andere Weise nicht oder nur mit unverhältnismäßigem Aufwand erreicht werden kann.

(3) Unterliegen die personenbezogenen Daten einem Berufsgeheimnis und sind sie der Daten verarbeitenden Stelle von der zur Verschwiegenheit verpflichteten Person in Ausübung ihrer Berufspflicht übermittelt worden, findet Absatz 2 keine Anwendung.

(4) ¹Sind mit personenbezogenen Daten weitere Daten der betroffenen Person oder Dritter derart verbunden, dass ihre Trennung nach erforderlichen und nicht erforderlichen Daten nicht oder nur mit unverhältnismäßigem Aufwand möglich ist, so sind auch die Kenntnisnahme, die Weitergabe innerhalb des Verantwortlichen und die Übermittlung der Daten, die nicht zur Erfüllung der jeweiligen Aufgabe erforderlich sind, zulässig, soweit nicht schutzwürdige Belange der betroffenen Person oder Dritter überwiegen. ²Die nicht erforderlichen Daten unterliegen insoweit einem Verarbeitungsverbot.

§ 7 Automatisierte Verfahren und Gemeinsame Dateien

Die Einrichtung eines automatisierten Abrufverfahrens oder einer gemeinsamen automatisierten Datei, in oder aus der mehrere Daten verarbeitende Stellen personenbezogene Daten verarbeiten, ist zulässig, soweit dies unter Berücksichtigung der Rechte und Freiheiten der betroffenen Personen und der Aufgaben der beteiligten Stellen angemessen ist und durch technische und organisatorische Maßnahmen Risiken für die Rechte und Freiheiten der betroffenen Personen vermieden werden können.

§ 8 Verantwortung bei der Offenlegung personenbezogener Daten

(1) Die Verantwortung für die Rechtmäßigkeit einer Offenlegung personenbezogener Daten durch deren Übermittlung, Verbreitung oder eine sonstige Form der Bereitstellung trägt die offenlegende Stelle.

(2) [1]Erfolgt eine Offenlegung personenbezogener Daten durch deren Übermittlung, Verbreitung oder eine sonstige Form der Bereitstellung auf Grund eines Ersuchens einer öffentlichen Stelle, trägt diese die Verantwortung für die Einhaltung des Datenschutzes. [2]Die offenlegende Stelle prüft nur, ob das Ersuchen im Rahmen der Aufgaben der Empfängerin oder des Empfängers liegt, es sei denn, dass im Einzelfall Anlass zur Prüfung der Rechtmäßigkeit der Datenverarbeitung besteht. [3]Die ersuchende Stelle hat in dem Ersuchen die für diese Prüfung erforderlichen Angaben zu machen.

(3) Bei Nutzung eines automatisierten Abrufverfahrens trägt die abrufende Stelle die Verantwortung für die Rechtmäßigkeit des Abrufes.

Dritter Abschnitt
Besondere Verarbeitungssituationen

§ 9 Videoüberwachung

(1) [1]Die Beobachtung öffentlich zugänglicher Bereiche mit optisch-elektronischen Einrichtungen (Videobeobachtung) ist nur zulässig, soweit und solange sie
1. zur Aufgabenerfüllung öffentlicher Stellen oder
2. zur Wahrnehmung des Hausrechts
erforderlich ist und keine Anhaltspunkte bestehen, dass schutzwürdige Interessen der Betroffenen überwiegen. [2]Die Beobachtung nicht-öffentlich zugänglicher Bereiche ist über die in Satz 1 genannten Voraussetzungen hinaus nur zulässig, soweit und solange dies zur Abwehr von Gefahren für Leib, Leben oder Freiheit einer Person oder für bedeutende Sach- oder Vermögenswerte erforderlich ist.

(2) [1]Die Speicherung (Videoaufzeichnung) oder Verwendung der nach Absatz 1 erhobenen Daten ist zulässig, soweit und solange sie zum Erreichen des verfolgten Zwecks erforderlich ist und keine Anhaltspunkte bestehen, dass schutzwürdige Interessen der Betroffenen überwiegen. [2]Eine Verarbeitung zu einem anderen Zweck ist nur zulässig, wenn dies zur Verfolgung von Straftaten oder zur Abwehr von Gefahren für Leib, Leben oder Freiheit einer Person oder für bedeutende Sach- oder Vermögenswerte erforderlich ist.

(3) Videobeobachtung und Videoaufzeichnung sowie die verantwortliche Stelle sind zum frühestmöglichen Zeitpunkt durch geeignete Maßnahmen erkennbar zu machen.

§ 10 Verarbeitung von Beschäftigtendaten

(1) [1]Die in § 2 Absatz 1 genannten öffentlichen Stellen dürfen personenbezogene Daten einschließlich Daten im Sinne von Artikel 9 Absatz 1 der Verordnung (EU) 2016/679 ihrer Bewerberinnen und Bewerber, Beschäftigten, früheren Beschäftigten und von deren Hinterbliebenen nur verarbeiten, soweit dies eine Rechtsvorschrift, ein Tarifvertrag, eine allgemeine Regelung der obersten Dienstbehörde, die mit den Spitzenorganisationen der zuständigen Gewerkschaften und Berufsverbände beziehungsweise mit den Berufsverbänden der Richterinnen und Richter verbindlich vereinbart worden ist, oder eine Dienstvereinbarung vorsieht. [2]Soweit derartige Regelungen nicht bestehen, gelten ergänzend zur Verordnung (EU) 2016/679 die Absätze 2 bis 7.

(2) Die in § 2 Absatz 1 genannten öffentlichen Stellen dürfen, soweit die nachfolgenden Absätze keine besonderen Regelungen enthalten, personenbezogene Daten einschließlich Daten im Sinne von Artikel 9 Absatz 1 der Verordnung (EU) 2016/679 der in Absatz 1 genannten Personen nur verarbeiten, soweit dies zur Eingehung, Durchführung, Beendigung oder Abwicklung des Beschäftigungsverhältnisses oder zur Durchführung organisatorischer, personeller oder sozialer Maßnahmen, insbesondere auch zu Zwecken der Personalplanung oder des Personaleinsatzes, erforderlich ist.

(3) §§ 85 bis 92 des Hamburgischen Beamtengesetzes (HmbBG) vom 15. Dezember 2009 (HmbGVBl. S. 405), zuletzt geändert am 4. April 2017 (HmbGVBl. S. 99), in der jeweils geltenden

Fassung sind auf diejenigen in Absatz 1 genannten Personen entsprechend anzuwenden, die nicht in den Anwendungsbereich dieser Vorschriften fallen.

(4) [1]Eine Übermittlung der Daten von Beschäftigten an Stellen außerhalb des öffentlichen Bereichs ist nur zulässig, soweit

1. die Stelle, der die Daten übermittelt werden sollen, ein überwiegendes rechtliches Interesse darlegt,

2. Art oder Zielsetzung der Aufgaben, die der oder dem Beschäftigten übertragen sind, die Übermittlung erfordert

oder

3. offensichtlich ist, dass die Übermittlung im Interesse der betroffenen Person liegt, und keine Anhaltspunkte vorliegen, dass diese in Kenntnis des Übermittlungszweckes ihre Einwilligung nicht erteilen würde.

[2]Die Übermittlung an eine künftige Dienstherrin oder Arbeitgeberin oder einen künftigen Dienstherrn oder Arbeitgeber ist nur mit Einwilligung der betroffenen Person zulässig, es sei denn, dass eine Abordnung oder Versetzung vorbereitet wird, die der Zustimmung der oder des Beschäftigten nicht bedarf. [3]Absatz 3 in Verbindung mit § 89 HmbBG bleibt unberührt.

(5) [1]Verlangt eine in § 2 Absatz 1 genannte öffentliche Stelle medizinische oder psychologische Untersuchungen oder Tests (Untersuchungen), so hat sie Anlass und Zweck der Untersuchung anzugeben sowie erforderlichenfalls auf die der betroffenen Person obliegenden Aufgaben hinzuweisen. [2]Sie darf von der untersuchenden Stelle nur die Mitteilung der Untersuchungsergebnisse sowie derjenigen festgestellten Risikofaktoren verlangen, deren Kenntnis für ihre Entscheidung in personellen Angelegenheiten der betroffenen Person erforderlich ist; darüber hinaus gehende Daten darf sie nur verlangen, soweit auch deren Kenntnis für ihre Entscheidung erforderlich ist. [3]Führt eine in § 2 Absatz 1 genannte öffentliche Stelle die Untersuchungen durch, so gilt für die Weitergabe der erhobenen Daten Satz 2 entsprechend. [4]Im Übrigen ist eine Weiterverarbeitung der bei den Untersuchungen erhobenen Daten ohne Einwilligung der betroffenen Person nur zu dem Zweck zulässig, zu dem sie erhoben worden sind.

(6) [1]Personenbezogene Daten, die vor der Eingehung eines Beschäftigungsverhältnisses erhoben wurden, sind unverzüglich zu löschen, sobald feststeht, dass ein Beschäftigungsverhältnis nicht zustande kommt. [2]Dies gilt nicht, soweit überwiegende berechtigte Interessen der Daten verarbeitenden Stelle der Löschung entgegenstehen oder die betroffene Person in die weitere Speicherung einwilligt. [3]Nach Beendigung eines Beschäftigungsverhältnisses sind personenbezogene Daten zu löschen, soweit diese Daten nicht mehr benötigt werden, es sei denn, dass Rechtsvorschriften entgegenstehen.

(7) Soweit Daten der Beschäftigten im Rahmen der Durchführung der technischen und organisatorischen Maßnahmen nach Artikel 32 der Verordnung (EU) 2016/679 verarbeitet werden, dürfen sie nicht zu Zwecken der Verhaltens- oder Leistungskontrolle genutzt werden.

(8) § 11 bleibt unberührt.

§ 11 Datenverarbeitung zum Zwecke wissenschaftlicher und historischer Forschung sowie Statistik

(1) [1]Die in § 2 Absatz 1 genannten Stellen dürfen für bestimmte Vorhaben personenbezogene Daten einschließlich Daten im Sinne von Artikel 9 Absatz 1 der Verordnung (EU) 2016/679 ohne Einwilligung für wissenschaftliche oder historische Forschungszwecke verarbeiten, soweit schutzwürdige Interessen der betroffenen Personen wegen der Art der Daten, wegen ihrer Offenkundigkeit oder wegen der Art der Verwendung nicht beeinträchtigt werden. [2]Einer Einwilligung bedarf es auch nicht, wenn das öffentliche Interesse an der Durchführung des Forschungsvorhabens die schutzwürdigen Belange der betroffenen Person erheblich überwiegt und der Zweck der Forschung nicht auf andere Weise erreicht werden kann oder erheblich beeinträchtigt würde. [3]Die an die in Satz 1 genannten Stellen übermittelten personenbezogenen Daten dürfen nur mit Einwilligung der betroffenen Personen weiter übermittelt oder für einen anderen als den ursprünglichen Zweck verarbeitet werden.

(2) [1]Personenbezogene Daten einschließlich Daten im Sinne von Artikel 9 Absatz 1 der Verordnung (EU) 2016/679 sind, soweit und sobald der Forschungs- oder Statistikzweck dies zulässt, dergestalt zu verändern, dass die Einzelangaben über persönliche oder sachliche Verhältnisse nicht mehr einer bestimmten oder bestimmbaren natürlichen Person zugeordnet werden können (Anonymisierung), es sei denn, berechtigte Interessen der betroffenen Person stehen dem entgegen. [2]Anderenfalls sind sie sobald

möglich zu pseudonymisieren (Artikel 4 Nummer 5 der Verordnung (EU) 2016/679). ³Merkmale, mit denen Einzelangaben über persönliche oder sachliche Verhältnisse einer bestimmten oder bestimmbaren natürlichen Person zugeordnet werden können, dürfen mit den Einzelangaben nur zusammengeführt werden, soweit der Forschungs- oder Statistikzweck oder die berechtigten Interessen der betroffenen Person dies erfordern. ⁴§ 22 Absatz 2 des Bundesdatenschutzgesetzes gilt entsprechend.

(3) Die wissenschaftliche oder historische Forschung oder Statistik betreibenden öffentlichen Stellen dürfen personenbezogene Daten nur veröffentlichen, wenn

1. die betroffene Person eingewilligt hat oder
2. dies für die Darstellung von Forschungsergebnissen über Ereignisse der Zeitgeschichte unerlässlich ist.

(4) An Dritte oder Stellen, die den Vorschriften dieses Gesetzes nicht unterliegen, dürfen personenbezogene Daten nur übermittelt werden, wenn diese sich verpflichten, die Bestimmungen der Absätze 2 und 3 einzuhalten.

(5) Das Recht auf Auskunft nach Artikel 15 der Verordnung (EU) 2016/679, auf Berichtigung nach Artikel 16 der Verordnung (EU) 2016/679, auf Einschränkung der Verarbeitung nach Artikel 18 der Verordnung (EU) 2016/679 und auf Widerspruch nach Artikel 21 der Verordnung (EU) 2016/679 bestehen nicht, soweit die Wahrnehmung dieser Rechte die Verwirklichung des wissenschaftlichen oder historischen Forschungszwecks oder des Statistikzwecks voraussichtlich unmöglich machen oder ernsthaft beeinträchtigen würde.

§ 12 Datenverarbeitung zu künstlerischen Zwecken

(1) Soweit personenbezogene Daten zu künstlerischen Zwecken verarbeitet werden, gelten von den Kapiteln II bis VII sowie IX der Verordnung (EU) 2016/679 nur Artikel 5 Absatz 1 Buchstaben b und f sowie die Artikel 24, 32 und 33.

(2) Führt die Verarbeitung personenbezogener Daten gemäß Absatz 1 zur Verbreitung von Gegendarstellungen der betroffenen Person oder zu Verpflichtungserklärungen, Gerichtsentscheidungen über die Unterlassung der Verbreitung oder über den Widerruf des Inhalts der Daten, so sind diese Gegendarstellungen, Verpflichtungserklärungen, Gerichtsentscheidungen und Widerrufe zu den gespeicherten Daten zu nehmen und dort für dieselbe Zeitdauer aufzubewahren, wie die Daten selbst sowie bei einer Offenlegung der Daten gemeinsam offenzulegen.

(3) Die Absätze 1 und 2 gelten auch für nicht-öffentliche Stellen.

Vierter Abschnitt
Besondere Bestimmungen für Verarbeitungen im Rahmen von nicht in den Anwendungsbereich der Verordnung (EU) 2016/679 fallenden Tätigkeiten

§ 13 Öffentliche Auszeichnungen und Ehrungen

(1) ¹Zur Vorbereitung öffentlicher Auszeichnungen und Ehrungen dürfen die zuständigen Stellen die dazu erforderlichen Daten einschließlich Daten im Sinne von Artikel 9 Absatz 1 der Verordnung (EU) 2016/679 auch ohne Kenntnis der betroffenen Person verarbeiten. ²Auf Anforderung der in Satz 1 genannten Stellen dürfen andere öffentliche Stellen die zur Vorbereitung der Auszeichnung oder Ehrung erforderlichen Daten übermitteln.

(2) Eine Verarbeitung dieser personenbezogenen Daten für andere Zwecke ist nur mit Einwilligung der betroffenen Person zulässig.

(3) Die Absätze 1 und 2 finden keine Anwendung, wenn der Daten verarbeitenden Stelle bekannt ist, dass die betroffene Person ihrer öffentlichen Auszeichnung oder Ehrung oder der mit ihr verbundenen Datenverarbeitung widersprochen hat.

(4) Es besteht weder eine Informationspflicht noch eine Auskunftspflicht des Verantwortlichen.

§ 14 Begnadigungsverfahren

¹In Begnadigungsverfahren ist die Verarbeitung personenbezogener Daten einschließlich Daten im Sinne von Artikel 9 Absatz 1 und Artikel 10 der Verordnung (EU) 2016/679 zulässig, soweit sie zur Ausübung des Gnadenrechts durch die zuständigen Stellen erforderlich ist. ²Entsprechend anzuwenden sind nur Artikel 5 bis 7 sowie Kapitel IV mit Ausnahme von Artikel 33 der Verordnung (EU) 2016/679.

Fünfter Abschnitt
Rechte der Betroffenen

§ 15 Beschränkung der Informationspflicht

(1) Eine Information gemäß Artikel 13 oder 14 der Verordnung (EU) 2016/679 erfolgt nicht, soweit und solange

1. die Information die öffentliche Sicherheit gefährden oder sonst dem Wohle des Bundes oder eines Landes Nachteile bereiten würde,
2. die Tatsache der Verarbeitung nach einer Rechtsvorschrift oder wegen der Rechte und Freiheiten anderer Personen geheim zu halten ist,
3. dies zur Verfolgung von Straftaten und Ordnungswidrigkeiten erforderlich ist,
4. dies die Geltendmachung, Ausübung oder Verteidigung rechtlicher Ansprüche beeinträchtigen würde und die Interessen des Verantwortlichen an der Nichterteilung der Information die Interessen der betroffenen Person überwiegen oder
5. eine Weiterverarbeitung analog gespeicherter Daten vorgenommen wird, bei der sich der Verantwortliche durch die Weiterverarbeitung unmittelbar an die betroffene Person wendet, der Zweck mit dem ursprünglichen Erhebungszweck gemäß der Verordnung (EU) 2016/679 vereinbar ist, die Kommunikation mit der betroffenen Person nicht in digitaler Form erfolgt und das Interesse der betroffenen Person an der Informationserteilung nach den Umständen des Einzelfalls, insbesondere den Zusammenhang, in dem die Daten erhoben wurden, als gering anzusehen ist.

(2) Bezieht sich die Informationserteilung auf die Übermittlung personenbezogener Daten an Behörden und Stellen der Staatsanwaltschaft, der Polizei, der Landesfinanzbehörden, soweit diese personenbezogene Daten in Erfüllung ihrer gesetzlichen Aufgaben im Anwendungsbereich der Abgabenordnung zur Überwachung und Prüfung speichern, der Behörden des Verfassungsschutzes, des Bundesnachrichtendienstes, des Militärischen Abschirmdienstes und, soweit die Sicherheit des Bundes berührt wird, anderen Behörden des Bundesministeriums der Verteidigung, ist mit diesen zuvor Einvernehmen herzustellen.

(3) Wird nach Absatz 1 Nummern 1 bis 3 und 5 oder Absatz 2 von einer Information der betroffenen Person abgesehen, hat der Verantwortliche die Gründe hierfür zu dokumentieren.

§ 16 Beschränkung des Auskunftsrechts

(1) Anträge auf Auskunftserteilung nach Artikel 15 der Verordnung (EU) 2016/679 können abgelehnt werden, soweit und solange

1. die Auskunft die öffentliche Sicherheit gefährden oder sonst dem Wohle des Bundes oder eines Landes Nachteile bereiten würde,
2. die Auskunft dazu führen würde, dass Sachverhalte, die nach einer Rechtsvorschrift oder wegen der Rechte und Freiheiten anderer Personen geheim zu halten sind, aufgedeckt werden, oder
3. dies zur Verfolgung von Straftaten und Ordnungswidrigkeiten erforderlich ist.

(2) [1]Die Ablehnung einer Auskunft bedarf keiner Begründung, soweit durch die Begründung der Zweck der Ablehnung gefährdet würde. [2]In diesem Fall sind die wesentlichen Gründe für die Entscheidung zu dokumentieren. [3]Wird der betroffenen Person keine Auskunft erteilt, so ist sie darauf hinzuweisen, dass sie sich an die Hamburgische Beauftragte beziehungsweise den Hamburgischen Beauftragten für Datenschutz und Informationsfreiheit wenden kann. [4]Auf ihr Verlangen ist der oder dem Beauftragten für Datenschutz und Informationsfreiheit die Auskunft zu erteilen, soweit nicht die jeweils zuständige Behörde im Einzelfall feststellt, dass dadurch die Sicherheit des Bundes oder eines Landes gefährdet würde.

(3) [1]Bezieht sich die Auskunft auf die Herkunft personenbezogener Daten von Behörden des Verfassungsschutzes, der Staatsanwaltschaft und der Polizei, von Landesfinanzbehörden, soweit diese personenbezogene Daten in Erfüllung ihrer gesetzlichen Aufgaben im Anwendungsbereich der Abgabenordnung zur Überwachung und Prüfung speichern, sowie vom Bundesnachrichtendienst, Militärischen Abschirmdienst und, soweit die Sicherheit des Bundes berührt wird, von anderen Behörden des Bundesministeriums der Verteidigung, ist mit diesen zuvor Einvernehmen herzustellen. [2]Gleiches gilt, soweit sich die Auskunft auf die Übermittlung personenbezogener Daten an diese Behörden bezieht.

§ 17 Beschränkung der Löschungspflicht

[1]Ergänzend zu Artikel 18 Absatz 1 Buchstaben b und c der Verordnung (EU) 2016/679 gilt Artikel 17 Absatz 1 der Verordnung (EU) 2016/679 nicht, soweit und solange der Verantwortliche Grund zu der Annahme hat, dass durch eine Löschung personenbezogener Daten schutzwürdige Interessen der betroffenen Person beeinträchtigt werden. [2]In diesem Fall tritt an die Stelle einer Löschung die Einschränkung der Verarbeitung gemäß Artikel 18 der Verordnung (EU) 2016/679. [3]Der Verantwortliche benachrichtigt die betroffene Person über die Einschränkung der Verarbeitung.

§ 18 Beschränkung der Benachrichtigungspflicht

(1) Der Verantwortliche kann von der Benachrichtigung der von einer Verletzung des Schutzes personenbezogener Daten betroffenen Person gemäß Artikel 34 der Verordnung (EU) 2016/679 absehen, soweit und solange die Benachrichtigung

1. die öffentliche Sicherheit gefährden oder sonst dem Wohle des Bundes oder eines Landes Nachteile bereiten würde, oder

2. zur Verfolgung von Straftaten oder Ordnungswidrigkeiten erforderlich ist, oder

3. dazu führen würde, dass Sachverhalte, personenbezogene Daten oder die Tatsache ihrer Verarbeitung, die nach einer Rechtsvorschrift oder wegen der Rechte und Freiheiten anderer Personen geheim zu halten sind, aufgedeckt würden, oder

4. die Funktionsfähigkeit von Datenverarbeitungssystemen einer öffentlichen Stelle gefährden würde.

(2) Wenn nach Absatz 1 von einer Benachrichtigung abgesehen wird, ist die oder der Hamburgische Beauftragte für Datenschutz und Informationsfreiheit zu informieren.

Sechster Abschnitt
Die beziehungsweise der Hamburgische Beauftragte für Datenschutz und Informationsfreiheit

§ 19 Zuständigkeit

(1) Die oder der Hamburgische Beauftragte für Datenschutz und Informationsfreiheit ist Aufsichtsbehörde im Sinne des Artikels 51 Absatz 1 der Verordnung (EU) 2016/679.

(2) [1]Die oder der Beauftragte für Datenschutz und Informationsfreiheit überwacht bei den in § 2 Absatz 1 genannten öffentlichen Stellen und bei anderen Stellen, soweit sie sich auf Grund gesetzlicher Vorschriften ihrer beziehungsweise seiner Überwachung unterworfen haben, die Einhaltung der Vorschriften über den Datenschutz. [2]Sie oder er ist zudem zuständige Aufsichtsbehörde nach § 40 des Bundesdatenschutzgesetzes für die Datenverarbeitung nicht-öffentlicher Stellen.

(3) [1]Die Bürgerschaft und der Rechnungshof unterliegen der Überwachung durch die Hamburgische Beauftragte beziehungsweise den Hamburgischen Beauftragten für Datenschutz und Informationsfreiheit nur, soweit sie in Verwaltungsangelegenheiten tätig werden. [2]Beim Rechnungshof überwacht die beziehungsweise der Hamburgische Beauftragte für Datenschutz und Informationsfreiheit darüber hinaus, ob die erforderlichen technischen und organisatorischen Maßnahmen nach Artikel 32 der Verordnung (EU) 2016/679 getroffen und eingehalten werden.

(4) Die oder der Hamburgische Beauftragte für Datenschutz und Informationsfreiheit ist im Rahmen der ihr oder ihm durch Artikel 57 der Verordnung (EU) 2016/679 sowie dieses Gesetzes zugewiesenen Aufgaben zuständig für die Verfolgung und Ahndung von Ordnungswidrigkeiten.

(5) Die oder der Hamburgische Beauftragte für Datenschutz und Informationsfreiheit ist zuständig für die Akkreditierung von Zertifizierungsstellen gemäß Artikel 43 der Verordnung (EU) 2016/679.

(6) Für die Aufsicht über die Verarbeitung personenbezogener Daten im Rahmen der Verwaltung landesrechtlich geregelter Steuern ist die oder der Bundesbeauftragte für den Datenschutz und die Informationsfreiheit zuständig, soweit die Datenverarbeitung auf bundesgesetzlich geregelten Besteuerungsgrundlagen oder auf bundeseinheitlichen Festlegungen beruht.

§ 20 Ernennungsvoraussetzungen

Die oder der Hamburgische Beauftragte für Datenschutz und Informationsfreiheit muss die Befähigung zum Richteramt oder für die Laufbahn Allgemeine Dienste in der Laufbahngruppe 2 mit Zugang zum zweiten Einstiegsamt haben und die zur Erfüllung ihrer beziehungsweise seiner Aufgaben erforderliche Fachkunde besitzen.

§ 21 Rechtsstellung

(1) Die oder der Hamburgische Beauftragte für Datenschutz und Informationsfreiheit steht in einem öffentlich-rechtlichen Amtsverhältnis zur Freien und Hansestadt Hamburg, in das sie beziehungsweise er gemäß Artikel 60a Absatz 3 der Verfassung der Freien und Hansestadt Hamburg berufen wird.

(2) [1]Das Amtsverhältnis beginnt mit der Aushändigung der Ernennungsurkunde durch die Präsidentin oder den Präsidenten der Bürgerschaft. [2]Die oder der Hamburgische Beauftragte für Datenschutz und Informationsfreiheit leistet vor der Präsidentin oder dem Präsidenten der Bürgerschaft folgenden Eid: „Ich schwöre, das Grundgesetz für die Bundesrepublik Deutschland, die Verfassung der Freien und Hansestadt Hamburg und alle in der Bundesrepublik Deutschland geltenden Gesetze zu wahren und meine Amtspflichten gewissenhaft zu erfüllen, so wahr mir Gott helfe." [3]Der Eid kann auch ohne religiöse Beteuerungsformel geleistet werden.

(3) [1]Das Amtsverhältnis endet mit Ablauf der Amtszeit oder durch Entlassung. [2]Die Entlassung wird mit der Zustellung der Entlassungsurkunde wirksam.

(4) [1]Für den Fall ihrer oder seiner Verhinderung bestimmt die beziehungsweise der Hamburgische Beauftragte für Datenschutz und Informationsfreiheit eine Beamtin oder einen Beamten ihrer beziehungsweise seiner Behörde zur Vertreterin oder zum Vertreter. [2]Die Vertretungsbefugnis besteht nach dem Ende der Amtszeit der oder des Hamburgischen Beauftragten für Datenschutz und Informationsfreiheit bis zur Ernennung einer Amtsnachfolgerin oder eines Amtsnachfolgers fort.

(5) [1]Die oder der Hamburgische Beauftragte für Datenschutz und Informationsfreiheit erhält Fürsorge und Schutz wie eine Beamtin oder ein Beamter der Besoldungsgruppe B 4 des Hamburgischen Besoldungsgesetzes vom 26. Januar 2010 (HmbGVBl. S. 23), zuletzt geändert am 18. Juli 2017 (HmbGVBl. S. 214), in der jeweils geltenden Fassung, im Beamtenverhältnis auf Zeit, insbesondere Besoldung, Versorgung, Erholungsurlaub und Beihilfe im Krankheitsfall. [2]Die Inanspruchnahme von Urlaub hat sie oder er ihrer oder seiner Vertretung anzuzeigen.

(6) Die oder der Hamburgische Beauftragte für Datenschutz und Informationsfreiheit unterliegt der Rechnungsprüfung durch den Rechnungshof nur, soweit ihre oder seine Unabhängigkeit nicht beeinträchtigt wird.

§ 22 Besondere Pflichten

(1) [1]Die oder der Hamburgische Beauftragte für Datenschutz und Informationsfreiheit darf neben ihrem beziehungsweise seinem Amt kein anderes besoldetes Amt ausüben. [2]Sie oder er darf keine entgeltlichen oder unentgeltlichen Tätigkeiten ausüben, die mit ihrem beziehungsweise seinem Amt nicht vereinbar sind. [3]§ 10 Absätze 1 bis 3 und § 11 Absatz 1 des Senatsgesetzes vom 18. Februar 1971 (HmbGVBl. S. 23), zuletzt geändert am 12. November 2014 (HmbGVBl. S. 484), in der jeweils geltenden Fassung gelten entsprechend. [4]Sie oder er darf kein Gewerbe und keinen Beruf ausüben, gegen Entgelt keine außergerichtlichen Gutachten abgeben und weder der Leitung oder dem Aufsichtsrat oder Verwaltungsrat eines auf Erwerb gerichteten Unternehmens noch einer Regierung oder einer gesetzgebenden Körperschaft eines Landes oder des Bundes angehören. [5]Sie oder er hat der Präsidentin oder dem Präsidenten der Bürgerschaft Mitteilung über Geschenke zu machen, die sie beziehungsweise er in Bezug auf das Amt erhält; diese oder dieser entscheidet dann über die Verwendung der Geschenke.

(2) [1]Die oder der Hamburgische Beauftragte für Datenschutz und Informationsfreiheit ist, auch nach Beendigung ihres oder seines Amtsverhältnisses, verpflichtet, über die ihr beziehungsweise ihm amtlich bekannt gewordenen Angelegenheiten Verschwiegenheit zu bewahren. [2]Dies gilt nicht für Mitteilungen im dienstlichen Verkehr oder für Tatsachen, die offenkundig sind oder ihrer Bedeutung nach keiner Geheimhaltung bedürfen. [3]Sie oder er entscheidet nach pflichtgemäßem Ermessen, ob und inwieweit sie beziehungsweise er über solche Angelegenheiten vor Gericht oder außergerichtlich aussagt oder Erklärungen abgibt; wenn sie oder er nicht mehr im Amt ist, ist die Genehmigung der oder des amtierenden Hamburgischen Beauftragten für Datenschutz und Informationsfreiheit erforderlich. [4]Sagt sie oder er als Zeugin oder Zeuge aus und betrifft die Aussage Vorgänge, die dem Kernbereich exekutiver Eigenverantwortung des Senats zuzurechnen sind oder sein könnten, darf sie beziehungsweise er nur im Benehmen mit dem Senat aussagen.

§ 23 Tätigkeit nach Beendigung des Amtsverhältnisses

(1) Die oder der Hamburgische Beauftragte für Datenschutz und Informationsfreiheit sieht für die Dauer von zwei Jahren nach Beendigung der Amtszeit von allen mit den Aufgaben des früheren Amtes nicht zu vereinbarenden Handlungen und entgeltlichen Tätigkeiten ab.

(2) [1]Ehemalige Hamburgische Beauftragte für Datenschutz und Informationsfreiheit haben der oder dem amtierenden Hamburgischen Beauftragten für Datenschutz und Informationsfreiheit die Aufnahme einer Erwerbstätigkeit oder sonstigen ständigen Beschäftigung außerhalb des öffentlichen Dienstes, öffentlicher Unternehmen, öffentlich-rechtlicher Körperschaften, Anstalten und Stiftungen schriftlich anzuzeigen. [2]Die Anzeigepflicht besteht für einen Zeitraum von zwei Jahren nach Beendigung des Amtsverhältnisses.

(3) [1]Die oder der amtierende Hamburgische Beauftragte für Datenschutz und Informationsfreiheit soll die Erwerbstätigkeit oder sonstige ständige Beschäftigung untersagen, soweit sie mit dem Amt der oder des Hamburgischen Beauftragten für Datenschutz und Informationsfreiheit nicht zu vereinbaren ist. [2]Die Untersagung ist innerhalb von vierzehn Tagen nach Eingang der Anzeige nach Absatz 1 und für einen bestimmten Zeitraum auszusprechen. [3]Das Verbot endet spätestens mit Ablauf von zwei Jahren nach Beendigung des Amtsverhältnisses.

(4) Bei freiberuflichen Tätigkeiten sind die entsprechenden Regelungen in den Berufsordnungen zur Vermeidung von Interessenkollisionen zu beachten; sie gehen dieser Regelung vor.

§ 24 Befugnisse und Rechte

(1) [1]Zusätzlich zu den Befugnissen aus Artikel 58 der Verordnung (EU) 2016/679 ist die oder der Hamburgische Beauftragte für Datenschutz und Informationsfreiheit zur Erfüllung ihrer oder seiner Aufgaben befugt, jederzeit Zugang zu Diensträumen zu erhalten. [2]Diese Befugnis kann die oder der Hamburgische Beauftragte für Datenschutz und Informationsfreiheit auf ihre oder seine Mitarbeiterinnen und Mitarbeiter übertragen.

(2) Ergänzend zu Artikel 59 der Verordnung (EU) 2016/679 hat die oder der Hamburgische Beauftragte für Datenschutz und Informationsfreiheit die Befugnis, die Öffentlichkeit im Rahmen ihrer oder seiner Zuständigkeit zu informieren.

(3) Die Befugnis Geldbußen zu verhängen, steht der oder dem Hamburgischen Beauftragten für Datenschutz und Informationsfreiheit gegenüber Behörden und öffentlichen Stellen mit Ausnahme der in § 2 Absatz 3 genannten Stellen nicht zu.

§ 25 Verwaltungsgebühren

(1) [1]Für Amtshandlungen, die der Kontrolle nicht-öffentlicher Stellen durch die Aufsichtsbehörde nach § 40 des Bundesdatenschutzgesetzes dienen, werden Gebühren, Zinsen und Auslagen erhoben. [2]Der Senat wird ermächtigt, die gebührenpflichtigen Tatbestände und die Gebührensätze im Einvernehmen mit der oder dem Hamburgischen Beauftragten für Datenschutz und Informationsfreiheit durch Rechtsverordnung festzulegen.

(2) [1]Zur Zahlung der Gebühren, Zinsen und Auslagen ist die kontrollierte Stelle verpflichtet. [2]Wird die Kontrolle weder von der Aufsichtsbehörde noch von der oder dem Datenschutzbeauftragten der kontrollierten Stelle veranlasst, gilt dies jedoch nur, wenn Mängel festgestellt werden.

(3) In den Fällen des Artikels 57 Absatz 4 der Verordnung (EU) 2016/679 kann die beziehungsweise der Hamburgische Beauftragte für Datenschutz und Informationsfreiheit Anfragenden eine Gebühr von bis zu 1000 Euro auferlegen.

Siebenter Abschnitt
Strafvorschriften, Ordnungswidrigkeiten

§ 26 Strafvorschrift

(1) Mit Freiheitsstrafe bis zu zwei Jahren oder mit Geldstrafe wird bestraft, wer gegen Entgelt oder in der Absicht, sich oder eine andere beziehungsweise einen anderen zu bereichern oder eine andere beziehungsweise einen anderen zu schädigen, personenbezogene Daten, die nicht offenkundig sind, unbefugt nach Artikel 4 Nummer 2 der Verordnung (EU) 2016/679 verarbeitet oder durch Vortäuschung falscher Tatsachen an sich oder eine andere beziehungsweise einen anderen übermitteln lässt.

(2) Der Versuch ist strafbar.

(3) [1]Die Tat wird nur auf Antrag verfolgt. [2]Antragsberechtigt sind die betroffene Person, der Verantwortliche und die beziehungsweise der Hamburgische Beauftragte für Datenschutz und Informationsfreiheit.

(4) Die Absätze 1 bis 3 finden nur Anwendung, soweit die Tat nicht nach anderen Vorschriften mit Strafe bedroht ist.

§ 27 Ordnungswidrigkeiten

(1) Ordnungswidrig handelt, wer personenbezogene Daten, die nicht offenkundig sind,

1. unbefugt verarbeitet, oder

2. durch Vortäuschung falscher Tatsachen an sich oder eine andere Person übermitteln lässt.

(2) Die Ordnungswidrigkeit kann mit einer Geldbuße bis zu fünfundzwanzigtausend Euro geahndet werden.

Hamburgisches Transparenzgesetz (HmbTG)

Vom 19. Juni 2012 (HmbGVBl. S. 271)

(BS Hbg 2010-2)

zuletzt geändert durch Art. 1 G zur Änd. des Hamburgischen TransparenzG und des Hamburgischen UmweltinformationsG sowie zum Erlass des AusführungsG zum VerbraucherinformationsG vom 19. Dezember 2019 (HmbGVBl. 2020 S. 19, ber. S. 56))

Der Senat verkündet das nachstehende von der Bürgerschaft beschlossene Gesetz:

Nichtamtliche Inhaltsübersicht

Abschnitt 1
Transparenzgebot

§ 1 Gesetzeszweck

(1) Zweck dieses Gesetzes ist es, durch ein umfassendes Informationsrecht die bei den in § 2 Absatz 3 bezeichneten Stellen vorhandenen Informationen unter Wahrung des Schutzes personenbezogener Daten unmittelbar der Allgemeinheit zugänglich zu machen und zu verbreiten, um über die bestehenden Informationsmöglichkeiten hinaus die demokratische Meinungs- und Willensbildung zu fördern und eine Kontrolle des staatlichen Handelns zu ermöglichen.

(2) Jede Person hat nach Maßgabe dieses Gesetzes Anspruch auf unverzüglichen Zugang zu allen amtlichen Informationen der auskunftspflichtigen Stellen sowie auf Veröffentlichung der in § 3 Absatz 1 genannten Informationen.

§ 2 Begriffsbestimmungen

(1) [1]Amtliche Informationen sind alle amtlichen Zwecken dienenden Aufzeichnungen, unabhängig von der Art ihrer Speicherung. [2]Als solche gelten auch Aufzeichnungen, die zum Zwecke der Wahrnehmung öffentlicher Aufgaben und der Erbringung öffentlicher Dienstleistungen im Sinne des Absatzes 3 gefertigt werden

(2) Veröffentlichungen sind Aufzeichnungen im Informationsregister nach Maßgabe des § 10.

(3) Behörden sind alle Stellen im Sinne des § 1 Absatz 2 des Hamburgischen Verwaltungsverfahrensgesetzes vom 9. November 1977 (HmbGVBl. S. 333, 402), zuletzt geändert am 15. Dezember 2009 (HmbGVBl. S. 444, 449), in der jeweils geltenden Fassung einschließlich der der Aufsicht der Freien und Hansestadt Hamburg unterstehenden Körperschaften, Anstalten und Stiftungen des öffentlichen Rechts, auch soweit diese Bundesrecht oder Recht der Europäischen Union ausführen; als Behörden gelten auch natürliche oder juristische Personen des Privatrechts, soweit sie öffentliche Aufgaben,

insbesondere solche der Daseinsvorsorge, wahrnehmen oder öffentliche Dienstleistungen erbringen und dabei der Kontrolle der Freien und Hansestadt Hamburg oder einer unter ihrer Aufsicht stehenden juristischen Person des öffentlichen Rechts unterliegen.

(4) Kontrolle im Sinne des Absatz 3 liegt vor, wenn

1. die Person des Privatrechts bei der Wahrnehmung der öffentlichen Aufgabe oder bei der Erbringung der öffentlichen Dienstleistung gegenüber Dritten besonderen Pflichten unterliegt oder über besondere Rechte verfügt, insbesondere ein Kontrahierungszwang oder ein Anschluss- und Benutzungszwang besteht, oder

2. eine oder mehrere der in Absatz 3 genannten juristischen Personen des öffentlichen Rechts allein oder zusammen, unmittelbar oder mittelbar
    a) die Mehrheit des gezeichneten Kapitals des Unternehmens besitzt oder besitzen oder
    b) über die Mehrheit der mit den Anteilen des Unternehmens verbundenen Stimmrechte verfügt oder verfügen oder
    c) mehr als die Hälfte der Mitglieder des Verwaltungs-, Leitungs- oder Aufsichtsorgans des Unternehmens stellen kann oder können.

(5) Auskunftspflichtige sowie veröffentlichungspflichtige Stellen sind alle Behörden nach Absatz 3.

(6) Informationsregister ist ein zentral zu führendes, elektronisches und allgemein zugängliches Register, das alle nach diesem Gesetz veröffentlichten Informationen enthält.

(7) Auskunftspflicht ist die Pflicht, Informationen auf Antrag nach Maßgabe dieses Gesetzes zugänglich zu machen.

(8) Veröffentlichungspflicht ist die Pflicht, aktiv Informationen in das Informationsregister nach Maßgabe dieses Gesetzes einzupflegen.

(9) Informationspflicht umfasst die Auskunfts- und die Veröffentlichungspflicht.

(10) ¹Ein Vertrag der Daseinsvorsorge im Sinne dieses Gesetzes ist ein Vertrag, den eine Behörde abschließt und mit dem die Beteiligung an einem Unternehmen der Daseinsvorsorge übertragen wird, der Leistungen der Daseinsvorsorge zum Gegenstand hat, der die Schaffung oder Bereitstellung von Infrastruktur für Zwecke der Daseinsvorsorge beinhaltet oder mit dem das Recht an einer Sache zur dauerhaften Erbringung von Leistungen der Daseinsvorsorge übertragen wird. ²Damit sind Verträge erfasst, soweit sie die Wasserversorgung, die Abwasserentsorgung, die Abfallentsorgung, die Energieversorgung, das Verkehrs- und Beförderungswesen, insbesondere den öffentlichen Personennahverkehr, die Wohnungswirtschaft, die Bildungs- und Kultureinrichtungen, die stationäre Krankenversorgung oder die Datenverarbeitung für hoheitliche Tätigkeiten zum Gegenstand haben.

§ 3 Anwendungsbereich

(1) Der Veröffentlichungspflicht unterliegen vorbehaltlich der §§ 4 bis 7 und 9

1. Vorblatt und Entscheidungssatz von beschlossenen Senatsdrucksachen,
2. Mitteilungen des Senats an die Bürgerschaft,
3. in öffentlicher Sitzung gefasste Beschlüsse nebst den zugehörigen Protokollen und Anlagen,
4. Verträge der Daseinsvorsorge,
5. Haushalts-, Stellen-, Wirtschafts-, Organisations-, Geschäftsverteilungs- und Aktenpläne,
6. Verwaltungsvorschriften,
7. Ergebnisse der Landesstatistik und Tätigkeitsberichte,
8. Gutachten und Studien, soweit sie von der Behörde in Auftrag gegeben wurden; § 6 Absatz 1 gilt entsprechend,
9. Geodaten,
10. Ergebnisse von Messungen, Beobachtungen und sonstigen Erhebungen über schädliche Umwelteinwirkungen, Umweltgefährdungen sowie über den Zustand der Umwelt, die von einer Behörde außerhalb einer im Einzelfall erfolgenden Überwachungstätigkeit durchgeführt werden,
11. das Baumkataster,
12. öffentliche Pläne, insbesondere Bauleitpläne und das Landschaftsprogramm,
13. die wesentlichen Regelungen erteilter Baugenehmigungen und -vorbescheide,
14. Subventions- und Zuwendungsvergaben,
15. die wesentlichen Unternehmensdaten städtischer Beteiligungen einschließlich einer Darstellung der jährlichen Vergütungen und Nebenleistungen für die Leitungsebene.

(2) Die veröffentlichungspflichtigen Stellen sollen vorbehaltlich der §§ 4 bis 7 und 9 darüber hinaus veröffentlichen

1. Verträge, an deren Veröffentlichung ein öffentliches Interesse besteht, soweit dadurch nicht wirtschaftliche Interessen der Freien und Hansestadt Hamburg oder der veröffentlichungspflichtigen Stellen selbst erheblich beeinträchtigt werden,
2. alle weiteren, den in Nummer 1 und Absatz 1 genannten Gegenständen vergleichbaren Informationen von öffentlichem Interesse.

(3) Diese und alle anderen Informationen unterliegen der Auskunftspflicht.

§ 4 Schutz personenbezogener Daten

(1) [1]Personenbezogene Daten sind bei der Veröffentlichung im Informationsregister unkenntlich zu machen. [2]Dies gilt nicht für

1. Verträge nach § 3 Absatz 1 Nummer 4 sowie nach § 3 Absatz 2 Nummer 1 hinsichtlich des Namens der Vertragspartnerin oder des Vertragspartners,
2. Gutachten und Studien nach § 3 Absatz 1 Nummer 8 hinsichtlich der Namen der Verfasserinnen und Verfasser,
3. Geodaten nach § 3 Absatz 1 Nummer 9, soweit sie nach Maßgabe der geltenden Datenschutzbestimmungen veröffentlicht werden dürfen,
4. die wesentlichen Regelungen erteilter Baugenehmigungen und -vorbescheide nach § 3 Absatz 1 Nummer 13 hinsichtlich der Bezeichnung der Flurstücksnummer,
5. personenbezogene Daten im Zusammenhang mit Subventions- und Zuwendungsvergaben nach § 3 Absatz 1 Nummer 14, soweit es sich um die Empfänger von Einzelförderungen handelte; personenbezogene Daten in der Zweckbestimmung sind nicht zu veröffentlichen,
6. personenbezogene Daten, in deren Veröffentlichung die betroffene Person gemäß Artikel 7 der Verordnung (EU) 2016/679 des Europäischen Parlaments und des Rates vom 27. April 2016 zum Schutz natürlicher Personen bei der Verarbeitung personenbezogener Daten, zum freien Datenverkehr und zur Aufhebung der Richtlinie 95/46/EG (Datenschutz-Grundverordnung) (ABl. EU 2016 Nr. L 119 S. 1, L 314 S. 72, 2018 Nr. L 127 S. 2) eingewilligt hat.

[3]Die weiteren Einschränkungen der Informationspflicht nach § 9 sind zu berücksichtigen.

(2) Name, Titel, akademischer Grad, Berufs- und Funktionsbezeichnung, Büroanschrift und Telekommunikationsnummer von Bearbeiterinnen und Bearbeitern unterliegen nicht der Veröffentlichungspflicht; sie werden auf Antrag zugänglich gemacht, soweit sie Ausdruck und Folge der amtlichen Tätigkeit sind, kein Ausnahmetatbestand erfüllt ist und schutzwürdige Sicherheitsbelange nicht entgegenstehen.

(3) Auf Antrag ist Zugang zu personenbezogenen Daten zu gewähren, wenn

1. er durch Rechtsvorschrift erlaubt ist,
2. er zur Abwehr erheblicher Nachteile für das Allgemeinwohl oder von Gefahren für Leben, Gesundheit, persönliche Freiheit oder sonstiger schwerwiegender Beeinträchtigungen der Rechte Einzelner geboten ist,
3. die oder der Betroffene in die Übermittlung eingewilligt hat oder
4. ein schutzwürdiges Interesse an der Information besteht und überwiegende schutzwürdige Belange nicht entgegenstehen.

(4) [1]Personenbezogene Daten über Bewerberinnen, Bewerber, Beschäftigte (Beamtinnen und Beamte, Arbeitnehmerinnen und Arbeitnehmer) und ehemalige Beschäftigte bei auskunftspflichtigen Stellen sind von der Informationspflicht ausgenommen. [2]Absatz 2 und § 3 Absatz 1 Nummer 15 bleiben unberührt.

(5) [1]Soll auf Antrag Zugang zu personenbezogenen Informationen gewährt werden, so ist die oder der Betroffene über die Freigabe von Informationen zu unterrichten, falls dies nicht mit einem unvertretbaren Aufwand verbunden ist. [2]Können durch den Zugang zu Informationen schutzwürdige Belange der oder des Betroffenen beeinträchtigt werden, so hat die auskunftspflichtige Stelle dieser oder diesem vorher Gelegenheit zur Stellungnahme zu geben. [3]Auf Nachfrage der oder des Betroffenen soll die Stelle dieser oder diesem gegenüber Namen und Anschrift der Antragstellerin oder des Antragstellers offenlegen, wenn nicht das Interesse der Antragstellerin oder des Antragstellers an der Geheimhaltung ihrer oder seiner Identität überwiegt.

§ 5 Ausnahmen von der Informationspflicht

Keine Informationspflicht nach diesem Gesetz besteht

1. für Gerichte, Strafverfolgungs- und Strafvollstreckungsbehörden, soweit sie als Organe der Rechtspflege oder aufgrund besonderer Rechtsvorschriften in richterlicher Unabhängigkeit tätig geworden sind, für Disziplinarbehörden und Vergabekammern sowie für die für Justiz zuständige Behörde, soweit sie als Fachaufsichtsbehörde über die Staatsanwaltschaft oder in Gnadenangelegenheiten tätig wird,

2. für den Rechnungshof, soweit er in richterlicher Unabhängigkeit tätig geworden ist; dies gilt nicht für seine Berichte,

3. für das Landesamt für Verfassungsschutz, für Informationen, die im Zusammenhang mit der Aufgabenwahrnehmung des Arbeitsbereichs Scientology bei der Behörde für Inneres und Sport stehen, sowie für Behörden und sonstige öffentlichen Stellen der Freien und Hansestadt Hamburg, soweit sie Aufgaben im Sinne des § 10 Nummer 3 des Hamburgischen Sicherheitsüberprüfungsgesetzes vom 25. Mai 1999 (HmbGVBl. S. 82), zuletzt geändert am 17. Februar 2009 (HmbGVBl. S. 29, 32), in der jeweils geltenden Fassung wahrnehmen,

4. für Vorgänge der Steuerverwaltung sowie die Innenrevisionen,

5. für Prognosen, Bewertungen, Empfehlungen oder Anweisungen in Zusammenhang mit der gerichtlichen oder außergerichtlichen Geltendmachung oder Abwehr von Ansprüchen sowie für Schriftsätze informationspflichtiger Stellen aus laufenden Gerichtsverfahren und für Schriftsätze anderer Prozessbeteiligter,

6. für öffentlich-rechtliche Rundfunkanstalten in Bezug auf journalistisch-redaktionelle Informationen,

7. für Grundlagenforschung oder anwendungsbezogene Forschung sowie Prüfungseinrichtungen und Schulen, soweit sie im Bereich von Leistungsbeurteilungen und Prüfungen tätig werden; § 3 Absatz 1 Nummer 8 bleibt unberührt,

8. für Selbstverwaltungskörperschaften der Freien Berufe in Bezug auf Informationen, die einer beruflichen Geheimhaltungspflicht unterliegen.

§ 6 Schutz öffentlicher Belange

(1) Von der Informationspflicht ausgenommen sind die unmittelbare Willensbildung des Senats, Entwürfe, vorbereitende Notizen und vorbereitende Vermerke.

(2) Ebenfalls von der Informationspflicht sollen ausgenommen werden

1. Entwürfe zu Entscheidungen sowie Arbeiten und Beschlüsse zu ihrer unmittelbaren Vorbereitung, soweit und solange durch die vorzeitige Bekanntgabe der Informationen der Erfolg der Entscheidungen oder bevorstehender Maßnahmen vereitelt würde. Nicht der unmittelbaren Entscheidungsfindung nach Satz 1 dienen Statistiken, Datensammlungen, Geodaten, regelmäßig Ergebnisse der Beweiserhebung, Auskünfte, Gutachten oder Stellungnahmen Dritter,

2. Protokolle und Unterlagen von Beratungen, die durch spezialgesetzliche Vertraulichkeitsvorschriften geschützt sind, sowie Unterlagen, die durch die Verschlusssachenanweisung für die Behörden der Freien und Hansestadt Hamburg geschützt sind.

(3) Absatz 2 gilt auch für andere Informationen soweit und solange

1. deren Bekanntmachung die internationalen Beziehungen, die Beziehungen zum Bund oder zu einem Land, die Landesverteidigung, die innere Sicherheit nicht unerheblich gefährden würde,

2. durch deren Bekanntgabe ein Gerichtsverfahren, ein Ermittlungsverfahren, ein Ordnungswidrigkeitenverfahren oder ein Disziplinarverfahren beeinträchtigt würde.

§ 7 Betriebs- und Geschäftsgeheimnisse

(1) [1]Betriebs- und Geschäftsgeheimnisse sind alle auf ein Unternehmen bezogene Tatsachen, Umstände und Vorgänge, die nicht offenkundig, sondern nur einem begrenzten Personenkreis zugänglich sind und an deren Nichtverbreitung die Rechtsträger ein berechtigtes Interesse hat. [2]Ein berechtigtes Interesse liegt vor, wenn das Bekanntwerden einer Tatsache geeignet ist, die Wettbewerbsposition eines Konkurrenten zu fördern oder die Stellung des eigenen Betriebs im Wettbewerb zu schmälern oder wenn es geeignet ist, dem Geheimnisträger wirtschaftlichen Schaden zuzufügen. [3]Dies gilt nicht für Betriebs- und Geschäftsgeheimnisse im Sinne von § 35 Absatz 4 des Ersten Buches Sozialgeset-

buch vom 11. Dezember 1975 (BGBl. I S. 3015), zuletzt geändert am 12. April 2012 (BGBl. I S. 579, 599), in der jeweils geltenden Fassung.

(2) Informationen und Vertragsbestandteile, die Betriebs- oder Geschäftsgeheimnisse enthalten, unterliegen der Informationspflicht nur, soweit das Informationsinteresse das Geheimhaltungsinteresse überwiegt.

(3) [1]Bei Angaben gegenüber den Behörden sind Betriebs- und Geschäftsgeheimnisse zu kennzeichnen und getrennt vorzulegen. [2]Das Geheimhaltungsinteresse ist darzulegen. [3]Bei der Veröffentlichung oder der Information auf Antrag sind die geheimhaltungsbedürftigen Teile der Angaben unkenntlich zu machen oder abzutrennen. [4]Dies kann auch durch Ablichtung der nicht geheimhaltungsbedürftigen Teile erfolgen. [5]Der Umfang der abgetrennten oder unkenntlich gemachten Teile ist unter Hinweis auf das Vorliegen eines Betriebs- oder Geschäftsgeheimnisses zu vermerken.

(4) [1]Soll auf Antrag Zugang zu Betriebs- und Geschäftsgeheimnissen gewährt werden oder sollen Betriebs- und Geschäftsgeheimnisse im Informationsregister veröffentlicht werden, so hat die informationspflichtige Stelle der oder dem Betroffenen vorher Gelegenheit zur Stellungnahme zu geben. [2]Auf Nachfrage der oder des Betroffenen soll die Stelle dieser oder diesem gegenüber Namen und Anschrift der Antragstellerin oder des Antragstellers offenlegen, wenn nicht das Interesse der Antragstellerin oder des Antragstellers an der Geheimhaltung ihrer oder seiner Identität überwiegt.

(5) Behörden gemäß § 2 Absatz 3 können sich auf den Schutz von Betriebs- und Geschäftsgeheimnissen gemäß Absatz 1 berufen.

§ 8 Schutz geistigen Eigentums

(1) Eine Informationspflicht besteht nicht, soweit und solange der Schutz geistigen Eigentums entgegensteht.

(2) [1]Sofern Anhaltspunkte dafür vorliegen, dass der Schutz geistigen Eigentums der Informationspflicht entgegenstehen könnte, gibt die informationspflichtige Stelle der oder dem Betroffenen Gelegenheit zur Stellungnahme, wenn dies nicht mit einem unvertretbaren Aufwand verbunden ist und die oder der Betroffene bekannt ist. [2]Auf Nachfrage der oder des Betroffenen soll die Stelle dieser oder diesem gegenüber Namen und Anschrift der Antragstellerin oder des Antragstellers offenlegen, wenn nicht das Interesse der Antragstellerin oder des Antragstellers an der Geheimhaltung ihrer oder seiner Identität überwiegt.

§ 9 Einschränkungen der Informationspflicht

(1) Soweit eine Weitergabe von Informationen durch höherrangiges Recht oder spezialgesetzliche Regelungen verboten ist, ist eine Darstellung ihres Gegenstandes und ihres Titels im zulässigen Umfang nach Maßgabe dieses Gesetzes zu veröffentlichen oder zugänglich zu machen.

(2) Von der Veröffentlichungspflicht ausgenommen sind:

1. Verträge mit einem Gegenstandswert von weniger als 100.000 Euro, wenn zwischen den Vertragspartnern im Laufe der vergangenen zwölf Monate Verträge über weniger als insgesamt 100.000 Euro abgeschlossen worden sind,
2. Subventions- und Zuwendungsvergaben mit einem Wert unter 1.000 Euro in einem Zeitraum von zwölf Monaten an eine Empfängerin bzw. einen Empfänger,
3. Erteilung einer Baugenehmigung und eines -vorbescheides an eine Antragstellerin bzw. einen Antragsteller, sofern es sich um reine Wohnbebauung mit maximal fünf Wohneinheiten handelt,
4. die Kassenärztliche Vereinigung Hamburg sowie die Kassenzahnärztliche Vereinigung Hamburg,
5. die Hamburgische Investitions- und Förderbank.

(3) Wenn Teile von Informationen aufgrund der §§ 4 bis 8 weder veröffentlicht noch auf Antrag zugänglich gemacht werden dürfen, sind die anderen Teile zu veröffentlichen oder auf Antrag zugänglich zu machen.

§ 10 Ausgestaltung der Veröffentlichungspflicht

(1) [1]Informationen im Sinne von § 3 Absatz 1 sind nach Vorliegen der technischen Voraussetzungen gemäß § 18 Absatz 2 unverzüglich im Volltext, in elektronischer Form im Informationsregister zu veröffentlichen. [2]Alle Dokumente müssen leicht auffindbar, maschinell durchsuchbar und druckbar sein.

(2) [1]Verträge, die nach Maßgabe dieses Gesetzes bei Vertragsabschluss zu veröffentlichen sind, sind so zu schließen, dass sie frühestens einen Monat nach Veröffentlichung wirksam werden und die Be-

hörde innerhalb dieser Frist aus sachlich gerechtfertigtem und im Vertrag angegebenen Grund vom Vertrag zurücktreten kann. [2]Bei Gefahr im Verzug oder drohendem schweren Schaden kann davon abgewichen werden. [3]Bei Verträgen, in welche Teil B der Vergabe- und Vertragsordnung für Bauleistungen (VOB) vom 7. Januar 2016 (BAnz. AT 19.01.2016 B 3, 01.04.2016 B 1) in der jeweils geltenden Fassung einbezogen worden ist, gilt Satz 1 nicht.

(3) [1]Die Nutzung, Weiterverwendung und Verbreitung der Informationen ist frei, sofern höherrangiges Recht oder spezialgesetzliche Regelungen nichts anderes bestimmen. [2]Das gilt auch für Gutachten, Studien und andere Dokumente, die in die Entscheidungen der Behörden einfließen oder ihrer Vorbereitung dienen. [3]Soweit an Dokumenten im Sinne des Satzes 2 das Urheberrecht eines oder einer Dritten der Nutzung, Weiterverwendung oder Verbreitung entgegenstehen würde, hat die veröffentlichungspflichtige Stelle bei der Beschaffung der Information darauf hinzuwirken, dass ihr die erforderlichen Nutzungsrechte eingeräumt werden.

(4) [1]Der Zugang zum Informationsregister ist kostenlos und anonym. [2]Er wird über öffentliche Kommunikationsnetze bereitgestellt. [3]Zugang zum Informationsregister wird in ausreichendem Maße in öffentlichen Räumen gewährt.

(5) [1]Alle veröffentlichten Informationen müssen in einem wiederverwendbaren Format vorliegen. [2]Eine maschinelle Weiterverarbeitung muss gewährleistet sein und darf nicht durch eine plattformspezifische oder systembedingte Architektur begrenzt sein. [3]Das Datenformat muss auf verbreiteten und frei zugänglichen Standards basieren und durch herstellerunabhängige Organisationen unterstützt und gepflegt werden. [4]Eine vollständige Dokumentation des Formats und aller Erweiterungen muss frei verfügbar sein.

(6) Die Informationen im Informationsregister müssen mindestens zehn Jahre nach ihrer letzten Änderung vorgehalten werden.

(7) Bei Änderungen veröffentlichter Informationen muss neben der Änderung die jeweilige Fassung für jeden Zeitpunkt abrufbar sein.

(8) Das Informationsregister enthält auch Informationen, bei denen aufgrund anderer Rechtsvorschriften eine Veröffentlichungspflicht für die Freie und Hansestadt Hamburg besteht.

(9) Der Senat wird ermächtigt, durch Rechtsverordnung die zur Ausführung dieses Gesetzes erforderlichen Bestimmungen zu treffen, insbesondere zu Einzelheiten der Veröffentlichung wie konkrete Datenformate oder Verfahrensabläufe zur Erfüllung der Veröffentlichungspflicht.

Abschnitt 2
Information auf Antrag

§ 11 Antrag

(1) [1]Der Antrag auf Zugang zu Informationen soll schriftlich gestellt werden. [2]Eine elektronische oder mündliche Antragstellung ist zulässig.

(2) [1]Im Antrag sind die beanspruchten Informationen zu bezeichnen. [2]Dabei wird die antragstellende Person von der angerufenen auskunftspflichtigen Stelle beraten. [3]Ist die angerufene Stelle selbst nicht auskunftspflichtig, so hat sie die auskunftspflichtige Stelle zu ermitteln und der antragstellenden Person zu benennen.

§ 12 Zugang zur Information

(1) Die auskunftspflichtigen Stellen haben entsprechend der Wahl der antragstellenden Person Auskunft zu erteilen oder die Informationsträger zugänglich zu machen, die die begehrten Informationen enthalten.

(2) Handelt es sich um vorübergehend beigezogene Akten anderer Stellen, die nicht Bestandteil der eigenen Aufzeichnungen werden sollen, so weist die auskunftspflichtige Stelle auf diese Tatsache hin und nennt die für die Entscheidung über die Akteneinsicht zuständige Stelle.

(3) [1]Die auskunftspflichtigen Stellen stellen ausreichende zeitliche, sachliche und räumliche Möglichkeiten für den Informationszugang zur Verfügung. [2]Die Anfertigung von Notizen ist gestattet. [3]Kann die auskunftspflichtige Stelle die Anforderungen von Absatz 1 nicht erfüllen, stellt sie Kopien zur Verfügung. [4]Die §§ 17 und 19 des Hamburgischen Verwaltungsverfahrensgesetzes gelten entsprechend.

(4) ¹Die auskunftspflichtige Stelle stellt auf Antrag Kopien der Informationen auch durch Versendung zur Verfügung. ²Hat die antragstellende Person keine Auswahl zum Übermittlungsweg getroffen, ist regelmäßig die kostengünstigste Form der Übermittlung zu wählen.

(5) Soweit Informationsträger nur mit Hilfe von Maschinen lesbar sind, stellt die auskunftspflichtige Stelle auf Verlangen der antragstellenden Person die erforderlichen Lesegeräte einschließlich der erforderlichen Leseanweisungen oder lesbare Ausdrucke zur Verfügung.

(6) Die auskunftspflichtige Stelle kann auf eine über öffentliche Kommunikationsnetze zugängliche Veröffentlichung verweisen, wenn sie der antragstellenden Person die Fundstelle angibt.

(7) Soweit Informationsansprüche aus den in § 4 (personenbezogene Daten), § 7 (Betriebs- und Geschäftsgeheimnisse) und § 8 (Schutz geistigen Eigentums) genannten Gründen nicht erfüllt werden können, ersucht die auskunftspflichtige Stelle auf Verlangen der antragstellenden Person den oder die Betroffenen um ihre Einwilligung.

§ 13 Bescheidung des Antrags

(1) ¹Die auskunftspflichtigen Stellen machen die begehrten Informationen innerhalb eines Monats nach Eingang des Antrags bei der Stelle, in der gewünschten Form zugänglich. ²In den Fällen des § 4 Absatz 5, § 7 Absatz 4 und § 8 Absatz 2 beträgt die Frist nach Satz 1 zwei Monate.

(2) ¹Die Ablehnung eines Antrags oder die Beschränkung des begehrten Zugangs erfolgt innerhalb der in Absatz 1 genannten Frist durch schriftlichen Bescheid mit einer Rechtsbehelfsbelehrung. ²Mündliche Anfragen brauchen nur mündlich beantwortet zu werden.

(3) ¹Wird in den Fällen des § 4 Absatz 5, § 7 Absatz 4 und § 8 Absatz 2 der Informationszugang auf Antrag gewährt, so gilt Absatz 2 Satz 1 entsprechend mit der Maßgabe, dass der Bescheid auch dem betroffenen Dritten bekannt zu geben ist. ²Der Informationszugang darf erst erfolgen, wenn die Entscheidung der oder dem Dritten gegenüber bestandskräftig ist oder die sofortige Vollziehung angeordnet wurde und seit der Bekanntgabe der Anordnung an die oder den Betroffenen zwei Wochen verstrichen sind.

(4) ¹Ist die auskunftspflichtige Stelle eine natürliche oder juristische Person des Privatrechts und ist die antragstellende Person der Auffassung, dass die auskunftspflichtige Stelle den Anspruch nicht vollständig erfüllt hat, kann sie die Entscheidung dieser auskunftspflichtigen Stelle überprüfen lassen. ²Die Überprüfung ist gegenüber der auskunftspflichtigen Stelle des Privatrechts innerhalb eines Monats, nachdem diese Stelle mitgeteilt hat, dass der Anspruch nicht oder nicht vollständig erfüllt werden kann, schriftlich geltend zu machen. ³Die auskunftspflichtige Stelle des Privatrechts hat der antragstellenden Person das Ergebnis ihrer nochmaligen Prüfung innerhalb eines Monats zu übermitteln

(5) ¹Können die gewünschten Informationen nicht oder nicht vollständig innerhalb eines Monats zugänglich gemacht werden oder erfordern Umfang oder Komplexität eine intensive Prüfung, so kann die auskunftspflichtige Stelle die Frist auf zwei Monate, in den Fällen des § 4 Absatz 5, § 7 Absatz 4 und § 8 Absatz 2 auf drei Monate, verlängern. ²Die antragstellende Person ist darüber in Textform zu unterrichten.

(6) ¹Für Amtshandlungen nach den Absätzen 1 bis 3 und §§ 11 und 12 werden Gebühren, Zinsen und Auslagen nach dem Gebührengesetz vom 5. März 1986 (HmbGVBl. S. 37), zuletzt geändert am 14. Dezember 2010 (HmbGVBl. S. 667), in der jeweils geltenden Fassung erhoben. ²Natürliche und juristische Personen des Privatrechts, die nach § 2 Absatz 3 als Behörden gelten, können für die Übermittlung von Informationen nach diesem Gesetz von der antragstellenden Person Kostenerstattung verlangen. ³Die Höhe der zu erstattenden Kosten bemisst sich nach den Gebührensätzen für Amtshandlungen von informationspflichtigen Stellen der öffentlichen Verwaltung in Hamburg.

Abschnitt 3
Die bzw. der Hamburgische Beauftragte für Datenschutz und Informationsfreiheit

§ 14 Anrufung der oder des Hamburgischen Beauftragten für Datenschutz und Informationsfreiheit

(1) Eine Person, die der Ansicht ist, dass ihrem Anspruch auf Information nicht hinlänglich nachgekommen wurde oder dass ihr Informationsersuchen zu Unrecht abgelehnt oder nicht beachtet worden ist oder dass sie von einer auskunftspflichtigen Stelle eine unzulängliche Antwort erhalten hat, kann

die Hamburgische Beauftragte oder den Hamburgischen Beauftragten für Datenschutz und Informationsfreiheit anrufen.

(2) [1]Die oder der Hamburgische Beauftragte für Datenschutz und Informationsfreiheit überwacht die Einhaltung der Vorschriften dieses Gesetzes. [2]Ernennung und Rechtsstellung der oder des Hamburgischen Beauftragten für Datenschutz und Informationsfreiheit richten sich nach §§ 20 und 21 des Hamburgischen Datenschutzgesetzes vom 18. Mai 2018 (HmbGVBl. S. 145) in der jeweils geltenden Fassung.

(3) [1]Die in § 2 Absatz 3 genannten Stellen sind verpflichtet, die Hamburgische Beauftragte oder den Hamburgischen Beauftragten für Datenschutz und Informationsfreiheit und ihre oder seine Beauftragten bei der Erfüllung ihrer Aufgaben zu unterstützen. [2]Der oder dem Hamburgischen Beauftragten für Datenschutz und Informationsfreiheit ist dabei insbesondere

1. Auskunft zu ihren oder seinen Fragen zu erteilen sowie die Einsicht in alle Unterlagen und Akten zu gewähren, die im Zusammenhang mit dem Informationsanliegen stehen, und
2. Zutritt zu Diensträumen zu gewähren.

[3]Besondere Amts- und Berufsgeheimnisse stehen dem nicht entgegen. [4]Stellt der Senat im Einzelfall fest, dass durch eine mit der Einsicht verbundene Bekanntgabe von Informationen die Sicherheit des Bundes oder eines Landes gefährdet ist, dürfen die Rechte nach Absatz 2 nur von der oder dem Hamburgischen Beauftragten für Datenschutz und Informationsfreiheit persönlich oder von einer oder einem von ihr oder ihm schriftlich besonders damit Beauftragten ausgeübt werden.

(4) [1]Die oder der Hamburgische Beauftragte für Datenschutz und Informationsfreiheit informiert die Bürgerinnen und Bürger über Fragen der Informationspflicht. [2]Sie oder er berät den Senat und die sonstigen in § 2 Absatz 3 genannten Stellen in Fragen des Informationszugangs und kann Empfehlungen zur Verbesserung des Informationszugangs geben. [3]Auf Ersuchen der Bürgerschaft, des Eingabenausschusses der Bürgerschaft oder des Senats soll die oder der Hamburgische Beauftragte für Datenschutz und Informationsfreiheit Hinweisen auf Angelegenheiten und Vorgänge nachgehen, die ihren bzw. seinen Aufgabenbereich unmittelbar betreffen. [4]Auf Anforderung des Senats oder mindestens eines Viertels der Mitglieder der Bürgerschaft hat die oder der Hamburgische Beauftragte für Datenschutz und Informationsfreiheit Gutachten zu erstellen und Berichte zu erstatten. [5]Außerdem legt sie oder er mindestens alle zwei Jahre einen Tätigkeitsbericht vor. [6]Sie oder er kann sich jederzeit an die Bürgerschaft wenden.

(5) [1]Stellt die oder der Hamburgische Beauftragte für Datenschutz und Informationsfreiheit Verstöße gegen dieses Gesetz bei nach § 2 Absatz 3 informationspflichtigen Stellen fest, so fordert sie oder er diese zur Mängelbeseitigung auf. [2]Bei erheblichen Verletzungen der Informationspflicht beanstandet sie oder er dies:

1. im Bereich der Verwaltung und der Gerichte der Freien und Hansestadt Hamburg gegenüber dem für die Behörde oder das Gericht verantwortlichen Senatsmitglied, im Bereich der Bezirksverwaltung gegenüber dem für die Bezirksaufsichtsbehörde verantwortlichen Senatsmitglied;
2. im Bereich der der Aufsicht der Freien und Hansestadt Hamburg unterstehenden juristischen Personen des öffentlichen Rechts und deren öffentlich-rechtlich organisierten Einrichtungen gegenüber dem Vorstand oder dem sonst vertretungsberechtigten Organ;
3. im Bereich der Bürgerschaft und des Rechnungshofes gegenüber der jeweiligen Präsidentin oder dem jeweiligen Präsidenten;
4. im Übrigen gegenüber der Geschäftsleitung sowie nachrichtlich gegenüber dem zuständigen Senatsmitglied.

[3]Sie oder er soll zuvor die betroffene Stelle zur Stellungnahme innerhalb einer von ihr oder ihm zu bestimmenden Frist auffordern und die zuständige Aufsichtsbehörde über die Beanstandung unterrichten. [4]Mit der Feststellung und der Beanstandung soll die oder der Hamburgische Beauftragte für Datenschutz und Informationsfreiheit Vorschläge zur Beseitigung der Mängel und zur sonstigen Verbesserung des Informationszugangs verbinden.

(6) Werden die Mängel nicht fristgerecht behoben, kann die oder der Hamburgische Beauftragte für Datenschutz und Informationsfreiheit das Vorliegen der beanstandeten Verstöße gegen dieses Gesetz gerichtlich feststellen lassen.

(7) Vorschriften über den Rechtsschutz nach der Verwaltungsgerichtsordnung bleiben unberührt.

Abschnitt 4

Schlussbestimmungen

§ 15 Ansprüche auf Informationszugang nach anderen Rechtsvorschriften
Rechtsvorschriften oder besondere Rechtsverhältnisse, die einen weitergehenden Zugang zu Informationen gewähren, bleiben unberührt.

§ 16 Staatsverträge
Bei Staatsverträgen sind die Bestimmungen dieses Gesetzes zu berücksichtigen.

§ 17 Altverträge
(1) Soweit in Verträgen, die vor dem Inkrafttreten des Gesetzes abgeschlossen worden sind (Altverträge), ihre Veröffentlichung ausgeschlossen worden ist, unterliegen sie nicht der Veröffentlichungspflicht.

(2) [1]Wird ein Antrag auf Information hinsichtlich eines Altvertrages gestellt und stehen der Gewährung von Informationen Bestimmungen des Vertrages entgegen, so hat die vertragschließende Behörde den Vertragspartner zu Nachverhandlungen mit dem Ziel aufzufordern, die Informationen freizugeben. [2]Kann innerhalb eines Zeitraums von sechs Monaten keine Einigung erzielt werden, so werden die Informationen gewährt, soweit das Informationsinteresse das Geheimhaltungsinteresse erheblich überwiegt.

(3) Für Änderungen oder Ergänzungen von Altverträgen gelten die Bestimmungen dieses Gesetzes.

§ 18 Übergangsregelungen, Inkrafttreten
(1) Die Veröffentlichungspflicht gilt für Informationen, die vor dem Inkrafttreten dieses Gesetzes aufgezeichnet worden sind, nur, soweit sie in veröffentlichungsfähiger elektronischer Form vorliegen.

(2) [1]Das Gesetz tritt drei Monate nach seiner Verkündung[1]) in Kraft. [2]Gleichzeitig tritt das Hamburgische Informationsfreiheitsgesetz vom 17. Februar 2009 (HmbGVBl. S. 29) in der geltenden Fassung außer Kraft.

---

1) Verkündet am 6.7.2012.

Hamburgisches Beamtengesetz (HmbBG)[1])

Vom 15. Dezember 2009 (HmbGVBl. S. 405)
(BS Hbg 2030-1)
zuletzt geändert durch Art. 1 Zwölftes G zur Änd. dienstrechtl. Vorschriften vom 19. Dezember 2019
(HmbGVBl. S. 527)

Der Senat verkündet das nachstehende von der Bürgerschaft beschlossene Gesetz:

Inhaltsübersicht

[1)] Verkündet als Art. 1 G v. 15.12.2009 (HmbGVBl. S. 405). Inkrafttreten gemäß Art. 26 Abs. 4 G v. 15.12.2009 (HmbGVBl. S. 405) am 1.10.2010.

Abschnitt 1
Allgemeine Vorschriften

§ 1 Geltungsbereich
(1) Dieses Gesetz gilt neben dem Beamtenstatusgesetz (BeamtStG) vom 17. Juni 2008 (BGBl. I S. 1010), geändert am 5. Februar 2009 (BGBl. I S. 160, 262), in der jeweils geltenden Fassung, soweit im Einzelnen nichts anderes bestimmt ist, für die Beamtinnen und Beamten
1. der Freien und Hansestadt Hamburg (Landesbeamtinnen und Landesbeamte) und
2. der der Aufsicht der Freien und Hansestadt Hamburg unterstehenden Körperschaften, Anstalten und Stiftungen des öffentlichen Rechts (Körperschaftsbeamtinnen und Körperschaftsbeamte).
(2) Dieses Gesetz gilt nicht für die öffentlich-rechtlichen Religionsgesellschaften und ihre Verbände.

§ 2 Verleihung der Dienstherrnfähigkeit durch Satzung (§ 2 BeamtStG)
Soweit die Dienstherrnfähigkeit durch Satzung verliehen wird, bedarf diese der Genehmigung des Senats.

§ 3 Oberste Dienstbehörde, Dienstvorgesetzte und Vorgesetzte
(1) [1]Oberste Dienstbehörde der Landesbeamtinnen und Landesbeamten ist der Senat als oberste Verwaltungsbehörde. [2]Oberste Dienstbehörde der Körperschaftsbeamtinnen und Körperschaftsbeamten ist die durch Gesetz, Rechtsverordnung oder Satzung bestimmte Stelle.
(2) Dienstvorgesetzte oder Dienstvorgesetzter ist, wer für beamtenrechtliche Entscheidungen über die persönlichen Angelegenheiten der Beamtin oder des Beamten zuständig ist.
(3) Vorgesetzte oder Vorgesetzter ist, wer der Beamtin oder dem Beamten für die dienstliche Tätigkeit Weisungen erteilen kann.
(4) Die oberste Dienstbehörde kann Zuständigkeiten der oder des Dienstvorgesetzten auch teilweise zur Ausführung auf andere Behörden übertragen.

Abschnitt 2
Beamtenverhältnis

§ 4 Vorbereitungsdienst (§ 4 BeamtStG)
(1) Der Vorbereitungsdienst wird im Beamtenverhältnis auf Widerruf abgeleistet.
(2) [1]Abweichend von Absatz 1 kann die Ableistung des Vorbereitungsdienstes in einem öffentlich-rechtlichen Ausbildungsverhältnis außerhalb des Beamtenverhältnisses vorgesehen werden. [2]Auf die Auszubildenden sind mit Ausnahme von § 7 Absatz 1 Nummer 2 und § 33 Absatz 1 Satz 3 BeamtStG die für Beamtinnen und Beamte im Vorbereitungsdienst geltenden Vorschriften entsprechend anzuwenden, soweit nicht durch Gesetz oder auf Grund eines Gesetzes etwas anderes bestimmt wird. [3]Anstelle des Diensteides ist eine Verpflichtungserklärung nach dem Verpflichtungsgesetz vom

2. März 1974 (BGBl. I S. 469, 547), geändert am 15. August 1974 (BGBl. I S. 1942), abzugeben. [4]Wer sich gegen die freiheitliche demokratische Grundordnung im Sinne des Grundgesetzes betätigt, darf nicht in das öffentlich-rechtliche Ausbildungsverhältnis aufgenommen werden.

(3) [1]Der Zugang zu einem Vorbereitungsdienst, der auch Voraussetzung für die Ausübung eines Berufes außerhalb des öffentlichen Dienstes ist, kann insgesamt oder in einzelnen Ausbildungsrichtungen beschränkt werden, soweit nicht genügend Ausbildungsplätze für die ordnungsgemäße Ausbildung aller Bewerberinnen und Bewerber zur Verfügung stehen. [2]Es gelten die folgenden Auswahlgrundsätze:

1. Vorrangig ausgewählt werden Bewerberinnen und Bewerber für eine Ausbildung beziehungsweise für die Ausbildung in einer Ausbildungsrichtung, bei der zur Wahrung eines überragend wichtigen Gemeinschaftsgutes ein dringender Bedarf an ausgebildeten Bewerberinnen und Bewerbern besteht.

2. Innerhalb des nach Nummer 1 gebildeten Bewerberkreises oder sofern die Voraussetzungen nach Nummer 1 nicht oder nicht mehr vorliegen, erfolgt die Auswahl

   a) nach Eignung und Leistung; ist für die Einstellung das Bestehen einer Prüfung vorgeschrieben, sind die Prüfungsleistungen maßgebend,

   b) unter Berücksichtigung der Zeit, die seit der ersten Bewerbung verstrichen ist,

   c) unter Berücksichtigung der mit einer Ablehnung verbundenen außergewöhnlichen Härte; dafür sind vorab bis zu zehn vom Hundert der Ausbildungsplätze vorzubehalten.

[3]Die Verbindung der Auswahlgrundsätze sowie der Losentscheid bei Ranggleichheit sind möglich.

(4) [1]Bei gleichem Rang nach Absatz 3 Satz 3 haben diejenigen Bewerberinnen und Bewerber den Vorrang, die eine Dienstpflicht nach Artikel 12a Absatz 1 oder 2 des Grundgesetzes erfüllt haben, mindestens zwei Jahre als Entwicklungshelferin oder Entwicklungshelfer im Sinne des Entwicklungshelfer-Gesetzes vom 18. Juni 1969 (BGBl. I S. 549), zuletzt geändert am 24. Dezember 2003 (BGBl. I S. 2954, 2992), in der jeweils geltenden Fassung tätig waren, das freiwillige soziale Jahr oder das freiwillige ökologische Jahr im Sinne der §§ 3 und 4 des Jugendfreiwilligendienstegesetzes vom 16. Mai 2008 (BGBl. I S. 842), in der jeweils geltenden Fassung geleistet haben. [2]Satz 1 gilt auch für Bewerberinnen und Bewerber, die Kinderbetreuungszeiten geleistet haben, sofern diese für das jeweilige Kind mindestens ein Jahr gedauert haben. [3]Diese Bewerberinnen und Bewerber sind bevorzugt zuzulassen, wenn sie bei einer bis zur Dauer ihres Dienstes oder der Kinderbetreuungszeit im Umfang von einem Jahr je Kind früheren Bewerbung auf Grund fehlender Zulassungsbeschränkung oder bei bestehender Zulassungsbeschränkung nach Eignung und Leistung oder unter Berücksichtigung der Zeit, die seit der ersten Bewerbung verstrichen ist, zugelassen worden wären oder zuzulassen wären. [4]Dies gilt nicht, wenn die Bewerberinnen und Bewerber zu einer Gruppe ranggleicher Bewerberinnen und Bewerber gehört hätten und die Entscheidung durch das Los erforderlich gewesen wäre. [5]Zur Vermeidung einer unangemessenen Zurückstellung von Bewerberinnen und Bewerbern, die keinen der in Satz 1 genannten Dienste und keine Kinderbetreuungszeit geleistet haben, können die Laufbahnvorschriften von Satz 2 abweichen.

(5) [1]Die nach Absatz 3 Satz 1 zur Verfügung stehende Ausbildungskapazität wird ermittelt nach den

1. für die Ausbildung im Vorbereitungsdienst durch den Haushaltsplan bereitgestellten Stellen und Mitteln,

2. personellen, räumlichen, sächlichen und fachspezifischen Gegebenheiten der Ausbildungseinrichtungen;

die vorhandene Ausbildungskapazität ist voll auszuschöpfen. [2]Die Erfüllung der den Ausbildungseinrichtungen unabhängig von der Durchführung des Vorbereitungsdienstes obliegenden öffentlichen Aufgaben darf nicht beeinträchtigt werden.

(6) Der Senat bestimmt durch Rechtsverordnung unter Berücksichtigung der Absätze 3 bis 5 das Nähere zu den beschränkten Vorbereitungsdiensten, zu den Auswahlkriterien, zum Bewerbungs- und Zulassungsverfahren sowie zur Ermittlung von Ausbildungskapazitäten.

(7) Die Absätze 3 bis 5 sind in Verbindung mit den dazu nach Absatz 6 erlassenen Rechtsverordnungen auf Bewerberinnen und Bewerber für eine Ausbildung im Vorbereitungsdienst ohne Berufung in das Beamtenverhältnis entsprechend anzuwenden.

§ 5 Beamtinnen und Beamte auf Probe in Ämtern mit leitender Funktion (§§ 4, 22 BeamtStG)

(1) [1]Ein Amt mit leitender Funktion wird zunächst im Beamtenverhältnis auf Probe verliehen; es wird sogleich im Beamtenverhältnis auf Lebenszeit übertragen, wenn die Beamtin oder der Beamte bereits ein Amt mit mindestens demselben Endgrundgehalt im Beamtenverhältnis auf Lebenszeit innehat oder innehatte. [2]Die regelmäßige Probezeit dauert zwei Jahre. [3]Zeiten, in denen der Beamtin oder dem Beamten die leitende Funktion bereits übertragen worden ist, können auf die Probezeit angerechnet werden. [4]Der Landespersonalausschuss kann Ausnahmen von Satz 2 zulassen; die Mindestprobezeit beträgt auch nach Anrechnung von Zeiten nach Satz 3 ein Jahr. [5]Eine Verlängerung der Probezeit ist nicht zulässig.

(2) Ämter mit leitender Funktion im Sinne von Absatz 1 sind vorbehaltlich des Absatzes 3 die Ämter der Besoldungsordnung B und die der Besoldungsgruppe A 16 angehörenden Ämter der Leiterinnen und Leiter von Behörden.

(3) Nicht unter Absatz 1 fallen
1. Ämter beim Rechnungshof,
2. Ämter bei der Bürgerschaft,
3. Ämter, die von § 37 erfasst werden, sowie
4. Ämter, die auf Grund gesetzlicher Vorschriften im Beamtenverhältnis auf Zeit übertragen werden.

(4) [1]In ein Amt im Sinne des Absatzes 1 darf nur berufen werden, wer
1. sich in einem Beamtenverhältnis auf Lebenszeit oder einem Richterverhältnis auf Lebenszeit befindet und
2. in dieses Amt auch als Beamtin oder Beamter auf Lebenszeit berufen werden könnte.
[2]Der Landespersonalausschuss kann Ausnahmen von Satz 1 zulassen.

(5) [1]Vom Tage der Berufung in ein Beamtenverhältnis auf Probe im Sinne von Absatz 1 ruhen für die Dauer dieses Verhältnisses die Rechte und Pflichten aus dem Amt, das der Beamtin oder dem Beamten oder der Richterin oder dem Richter zuletzt im Beamtenverhältnis auf Lebenszeit oder Richterverhältnis auf Lebenszeit übertragen worden ist, mit Ausnahme der Pflicht zur Amtsverschwiegenheit und des Verbotes der Annahme von Belohnungen und Geschenken; das Beamtenverhältnis auf Lebenszeit oder das Richterverhältnis auf Lebenszeit besteht fort. [2]Dienstvergehen, die mit Bezug auf das Beamtenverhältnis auf Lebenszeit oder das Beamtenverhältnis auf Probe begangen worden sind, werden so verfolgt, als stünde die Beamtin oder der Beamte nur im Beamtenverhältnis auf Lebenszeit.

(6) [1]Erhält eine Beamtin oder ein Beamter ein anderes Amt mit leitender Funktion nach Absatz 1, das in dieselbe Besoldungsgruppe eingestuft ist wie das ihr oder ihm zuvor übertragene Amt mit leitender Funktion, so läuft die Probezeit weiter. [2]Wird der Beamtin oder dem Beamten ein höher eingestuftes Amt mit leitender Funktion nach Absatz 1 übertragen, so beginnt eine neue Probezeit. [3]Die Probezeit in dem zuvor übertragenen Amt gilt als erfolgreich abgeschlossen, soweit sie mindestens sechs Monate betragen hat.

(7) Die Beamtin oder der Beamte ist
1. mit Ablauf der Probezeit nach Absatz 1,
2. mit Beendigung ihres oder seines Beamtenverhältnisses auf Lebenszeit oder Richterverhältnisses auf Lebenszeit oder
3. mit der Verhängung mindestens einer Kürzung der Dienstbezüge
aus dem Beamtenverhältnis auf Probe nach Absatz 1 entlassen.

(8) [1]Mit erfolgreichem Abschluss der Probezeit ist der Beamtin oder dem Beamten das Amt mit leitender Funktion auf Dauer im Beamtenverhältnis auf Lebenszeit zu verleihen. [2]Einer Richterin oder einem Richter darf das Amt mit leitender Funktion auf Dauer im Beamtenverhältnis auf Lebenszeit beim gleichen Dienstherrn nur verliehen werden, wenn sie oder er seine Entlassung aus dem Richterverhältnis schriftlich verlangt.

(9) [1]Wird nach Ablauf der Probezeit das Amt mit leitender Funktion nicht auf Dauer verliehen, so endet der Anspruch auf Besoldung aus diesem Amt. [2]Weitergehende Ansprüche bestehen nicht. [3]In den Fällen des Absatzes 7 Nummer 1 lebt das ruhende Beamtenverhältnis auf Lebenszeit oder das ruhende Richterverhältnis auf Lebenszeit wieder auf.

§ 6 Ehrenbeamtinnen und Ehrenbeamte (§ 5 BeamtStG)

(1) Für Ehrenbeamtinnen und Ehrenbeamte gelten das Beamtenstatusgesetz und dieses Gesetz nach Maßgabe der Absätze 2 bis 5.

(2) [1]Nach Erreichen der Altersgrenze nach § 35 Absatz 1 Satz 1 können Ehrenbeamtinnen und Ehrenbeamte verabschiedet werden. [2]Sie sind zu verabschieden, wenn sie dienstunfähig sind oder als dienstunfähig angesehen werden können. [3]Das Ehrenbeamtenverhältnis endet auch ohne Verabschiedung durch Zeitablauf, wenn es für eine bestimmte Amtszeit begründet worden ist. [4]Es endet ferner durch Abberufung, wenn diese durch Rechtsvorschrift zugelassen ist.

(3) Auf Ehrenbeamtinnen und Ehrenbeamte sind die Vorschriften über das Erlöschen privatrechtlicher Arbeitsverhältnisse (§ 9 Absatz 5), die Laufbahnen (§§ 13 bis 26), die Abordnung und Versetzung (§§ 14 und 15 BeamtStG, §§ 27 bis 29), die Ernennung und Entlassung nach Erreichen der Altersgrenze (§ 23 Absatz 1 Nummer 5 BeamtStG), die anzeigepflichtigen Nebentätigkeiten (§ 40 BeamtStG, §§ 72 bis 75), die Wohnung (§ 55), die Arbeitszeit (§ 61) und den Arbeitsschutz (§ 82) nicht anzuwenden.

(4) Die Unfallfürsorge für Ehrenbeamtinnen und Ehrenbeamte und ihre Hinterbliebenen richtet sich nach § 79 des Hamburgischen Beamtenversorgungsgesetzes vom 26. Januar 2010 (HmbGVBl. S. 23, 72) in der jeweils geltenden Fassung.

(5) Im Übrigen regeln sich die Rechtsverhältnisse nach den für die Ehrenbeamtinnen und Ehrenbeamten geltenden besonderen Rechtsvorschriften.

§ 7 Beamtinnen und Beamte auf Zeit (§ 6 BeamtStG)

(1) [1]Die Begründung des Beamtenverhältnisses auf Zeit ist nur zulässig zur Verleihung eines Amtes als

1. Oberbaudirektorin oder Oberbaudirektor,
2. Bezirksamtsleiterin oder Bezirksamtsleiter,
3. Professorin oder Professor (§ 121 Absatz 2),
4. Juniorprofessorin oder Juniorprofessor oder wissenschaftliche oder künstlerische Mitarbeiterin oder wissenschaftlicher oder künstlerischer Mitarbeiter (§ 126),
5. Präsidentin oder Präsident, hauptamtliche Vizepräsidentin oder hauptamtlicher Vizepräsident oder Kanzlerin oder Kanzler einer Hochschule, hauptamtliche Dekanin oder hauptamtlicher Dekan sowie Geschäftsführerin oder Geschäftsführer der Fakultät einer Hochschule gemäß § 1 Absatz 2 Satz 1 des Hamburgischen Hochschulgesetzes,
6. Direktorin oder Direktor bei dem Statistischen Amt für Hamburg und Schleswig-Holstein – als Mitglied des Vorstands –.

[2]Soweit gesetzlich nichts anderes bestimmt ist, beträgt die Amtszeit neun Jahre. [3]Für die Beamtinnen und Beamten auf Zeit finden die Vorschriften des dritten Abschnitts keine Anwendung.

(2) [1]Soweit durch Gesetz nichts anderes bestimmt ist, ist die Beamtin oder der Beamte auf Zeit verpflichtet, nach Ablauf der Amtszeit das Amt weiterzuführen, wenn sie oder er unter mindestens gleich günstigen Bedingungen für wenigstens die gleiche Zeit wieder in dasselbe Amt berufen werden soll und das 61. Lebensjahr noch nicht vollendet hat. [2]Kommt die Beamtin oder der Beamte auf Zeit dieser Verpflichtung nicht nach, so ist sie oder er mit Ablauf der Amtszeit aus dem Beamtenverhältnis entlassen. [3]Wird die Beamtin oder der Beamte auf Zeit im Anschluss an ihre oder seine Amtszeit erneut in dasselbe Amt für eine weitere Amtszeit berufen, so gilt das Beamtenverhältnis als nicht unterbrochen.

(3) [1]Wird die Bezirksamtsleiterin oder der Bezirksamtsleiter aus einem Beamtenverhältnis auf Lebenszeit zu einem Dienstherrn im Geltungsbereich dieses Gesetzes nach Absatz 1 Satz 1 Nummer 2 auf Zeit ernannt, tritt die Beamtin oder der Beamte mit dem Ende des Amtsverhältnisses als Bezirksamtsleiterin oder als Bezirksamtsleiter in den einstweiligen Ruhestand. [2]Ihr oder ihm soll innerhalb von drei Monaten nach Beendigung des Amtsverhältnisses als Bezirksamtsleiterin oder Bezirksamtsleiter ein dem früheren Amt entsprechendes Amt im Beamtenverhältnis auf Lebenszeit übertragen werden, wenn sie oder er dies innerhalb des ersten Monats nach der Beendigung beantragt. [3]Wird kein Amt übertragen, tritt sie oder er nach Maßgabe von Absatz 4 in den dauernden Ruhestand.

(4) [1]Soweit durch Gesetz nichts anderes bestimmt ist, tritt die Beamtin oder der Beamte auf Zeit vor Erreichen der Altersgrenze mit Ablauf der Zeit, für die sie oder er ernannt ist, in den Ruhestand, wenn sie oder er nicht entlassen oder im Anschluss an ihre oder seine Amtszeit für eine weitere Amtszeit

erneut in dasselbe oder ein höherwertiges Amt berufen wird. [2]Eine Beamtin oder ein Beamter auf Zeit im einstweiligen Ruhestand befindet sich mit Ablauf der Amtszeit dauernd im Ruhestand. [3]Wird eine Bezirksamtsleiterin oder ein Bezirksamtsleiter abberufen, gilt sie bzw. er mit der Mitteilung über die Abberufung als in den einstweiligen Ruhestand versetzt; Satz 2 gilt entsprechend.

(5) Ein Beamtenverhältnis auf Zeit kann nicht in ein solches auf Lebenszeit umgewandelt werden, ein Beamtenverhältnis auf Lebenszeit kann nicht in ein solches auf Zeit umgewandelt werden, soweit nicht gesetzlich etwas anderes bestimmt ist.

§ 8 Zulassung von Ausnahmen für die Berufung in das Beamtenverhältnis (§ 7 BeamtStG)
Ausnahmen nach § 7 Absatz 3 BeamtStG lässt der Senat zu.

§ 9 Zuständigkeit für die Ernennung, Wirkung der Ernennung (§ 8 BeamtStG)
(1) Die Landesbeamtinnen und Landesbeamten werden nach Maßgabe der Verfassung der Freien und Hansestadt Hamburg vom Senat ernannt, soweit er dieses Recht nicht nach Artikel 45 der Verfassung auf andere Stellen übertragen hat.

(2) Die Körperschaftsbeamtinnen und Körperschaftsbeamten werden von der obersten Dienstbehörde ernannt, soweit durch Gesetz, Rechtsverordnung oder Satzung nichts anderes bestimmt ist.

(3) Einer Ernennung bedarf es auch bei der Verleihung eines anderen Amtes mit anderer Amtsbezeichnung beim Wechsel der Laufbahngruppe.

(4) Die Ernennung wird mit dem Tage der Aushändigung der Ernennungsurkunde wirksam, wenn nicht in der Urkunde ausdrücklich ein späterer Tag bestimmt ist.

(5) [1]Mit der Begründung des Beamtenverhältnisses erlischt ein privatrechtliches Arbeitsverhältnis zum Dienstherrn. [2]Es lebt auch im Fall der Nichtigkeit oder der Rücknahme dieser Ernennung nicht wieder auf.

§ 10 Stellenausschreibung, Feststellung der gesundheitlichen Eignung, dienstliche Beurteilung (§ 9 BeamtStG)
(1) [1]Die Bewerberinnen und Bewerber sollen durch Stellenausschreibung ermittelt werden. [2]Einer Einstellung soll eine öffentliche Ausschreibung oder ein allgemein zugänglicher Hinweis im Internet vorausgehen. [3]Die gesetzlichen Vorschriften über die Auswahl von Beamtinnen und Beamten auf Zeit bleiben unberührt.

(2) Die gesundheitliche Eignung für die Berufung in ein Beamtenverhältnis auf Lebenszeit oder in ein anderes Beamten- oder Beschäftigungsverhältnis mit dem Ziel der späteren Verwendung im Beamtenverhältnis auf Lebenszeit ist auf Grund eines ärztlichen Gutachtens (§ 44) festzustellen.

(3) Abschnitt 5 des Gendiagnostikgesetzes vom 31. Juli 2009 (BGBl. I S. 2529, 3672) ist entsprechend anzuwenden auf

1. alle Personen,
   a) die in einem öffentlich-rechtlichen Dienstverhältnis im Anwendungsbereich dieses Gesetzes stehen, insbesondere Beamtinnen und Beamte, Richterinnen und Richter, Referendarinnen und Referendare,
   b) die sich für ein öffentlich-rechtliches Dienstverhältnis beworben haben und
   c) deren öffentlich-rechtliches Dienstverhältnis beendet ist,
2. alle Dienstherren im Anwendungsbereich dieses Gesetzes.

(4) [1]Eignung, Befähigung und fachliche Leistung der Beamtinnen und Beamten sind anhand der mit dem konkreten Arbeitsplatz verbundenen Anforderungen und unter angemessener Darstellung eines gegebenenfalls von der Aufgabenwertigkeit abweichenden Statusamtes regelmäßig und wenn es die dienstlichen oder persönlichen Verhältnisse erfordern durch Vorgesetzte zu beurteilen. [2]Das Nähere regelt die oberste Dienstbehörde oder mit ihrer Zustimmung die von ihr bestimmte Behörde. [3]Hierbei können Ausnahmen von Satz 1 für bestimmte Beamtengruppen oder Fallgruppen sowie geeignete Maßnahmen zur Sicherstellung einheitlicher Beurteilungsmaßstäbe vorgesehen werden.

§ 11 Feststellung der Nichtigkeit der Ernennung, Verbot der Führung der Dienstgeschäfte (§ 11 BeamtStG)
(1) [1]Die Nichtigkeit der Ernennung wird von der obersten Dienstbehörde festgestellt. [2]Die Feststellung der Nichtigkeit ist der Beamtin oder dem Beamten oder den versorgungsberechtigten Hinterbliebenen schriftlich bekannt zu geben.

(2) ¹Sobald der Grund für die Nichtigkeit bekannt wird, kann der Ernannten oder dem Ernannten jede weitere Führung der Dienstgeschäfte verboten werden; im Falle des § 8 Absatz 1 Nummer 1 BeamtStG ist sie zu verbieten. ²Das Verbot der Amtsführung kann erst ausgesprochen werden, wenn im Fall

1. des § 11 Absatz 1 Nummer 1 BeamtStG die schriftliche Bestätigung der Wirksamkeit der Ernennung,

2. des § 11 Absatz 1 Nummer 2 BeamtStG die Bestätigung der Ernennung oder

3. des § 11 Absatz 1 Nummer 3 Buchstabe a in Verbindung mit § 7 Absatz 3 BeamtStG die Zulassung einer Ausnahme

abgelehnt worden ist.

(3) Die bis zu dem Verbot der Führung der Dienstgeschäfte vorgenommenen Amtshandlungen der Ernannten oder des Ernannten sind in gleicher Weise gültig, wie wenn die Ernennung wirksam gewesen wäre.

(4) Die der Ernannten oder dem Ernannten gewährten Leistungen können belassen werden.

§ 12 Rücknahme der Ernennung (§ 12 BeamtStG)

(1) ¹Die Rücknahme der Ernennung wird von der obersten Dienstbehörde erklärt und ist der Beamtin oder dem Beamten schriftlich bekannt zu geben. ²In den Fällen des § 12 Absatz 1 Nummern 3 und 4 BeamtStG muss die Rücknahme innerhalb einer Frist von sechs Monaten erfolgen; sie beginnt, wenn die oberste Dienstbehörde Kenntnis von der Ablehnung der nachträglichen Erteilung einer Ausnahme durch die nach § 8 zuständige Stelle oder der Ablehnung der Nachholung der Mitwirkung durch den Landespersonalausschuss oder die Aufsichtsbehörde hat. ³Die Rücknahme der Ernennung ist auch nach Beendigung des Beamtenverhältnisses zulässig.

(2) § 11 Absätze 3 und 4 gilt entsprechend.

Abschnitt 3
Laufbahn

§ 13 Laufbahn

(1) ¹Eine Laufbahn umfasst alle Ämter, die derselben Fachrichtung und derselben Laufbahngruppe angehören. ²Zur Laufbahn gehören auch Vorbereitungsdienst und Probezeit.

(2) Es gibt folgende Fachrichtungen:

1. Justiz,
2. Polizei,
3. Feuerwehr,
4. Steuerverwaltung,
5. Bildung,
6. Gesundheits- und soziale Dienste,
7. Agrar- und umweltbezogene Dienste,
8. Technische Dienste,
9. Wissenschaftliche Dienste,
10. Allgemeine Dienste.

(3) ¹Die Zugehörigkeit zur Laufbahngruppe richtet sich nach der für die Laufbahn erforderlichen Vor- und Ausbildung. ²Zur Laufbahngruppe 2 gehören alle Laufbahnen, die einen Hochschulabschluss oder einen gleichwertigen Bildungsstand voraussetzen. ³Zur Laufbahngruppe 1 gehören alle übrigen Laufbahnen. ⁴Innerhalb der Laufbahngruppen bestehen in Abhängigkeit von der Vor- und Ausbildung unterschiedliche Einstiegsämter.

(4) ¹Innerhalb einer Laufbahn können Ämter, die eine gleiche Qualifikation erfordern, zusammengefasst werden. ²Zur Kennzeichnung können Laufbahnzweige eingerichtet werden. ³Die Laufbahnbefähigung wird hierdurch nicht eingeschränkt.

§ 14 Zugangsvoraussetzungen zu den Laufbahnen

(1) Für den Zugang zu Laufbahnen der Laufbahngruppe 1 im ersten Einstiegsamt sind mindestens zu fordern:

1. als Bildungsvoraussetzung

a) der Hauptschulabschluss oder
b) ein als gleichwertig anerkannter Bildungsstand und
2. als sonstige Voraussetzung
a) eine abgeschlossene Berufsausbildung oder
b) ein abgeschlossener Vorbereitungsdienst.

(2) [1]Für den Zugang zu Laufbahnen der Laufbahngruppe 1 im zweiten Einstiegsamt sind mindestens zu fordern:
1. als Bildungsvoraussetzung
a) der Realschulabschluss oder
b) der Hauptschulabschluss und eine abgeschlossene Berufsausbildung oder
c) der Hauptschulabschluss und eine Ausbildung in einem öffentlich-rechtlichen Ausbildungsverhältnis oder
d) ein als gleichwertig anerkannter Bildungsstand und
2. als sonstige Voraussetzung
a) eine abgeschlossene Berufsausbildung und eine geeignete hauptberufliche Tätigkeit oder
b) ein mit einer Prüfung abgeschlossener Vorbereitungsdienst oder
c) eine inhaltlich den Anforderungen des Vorbereitungsdienstes entsprechende abgeschlossene berufliche Ausbildung oder berufliche Fortbildung oder
d) bei Laufbahnen mit besonderen Anforderungen eine abgeschlossene Berufsausbildung und ein Vorbereitungsdienst.

[2]Für das öffentlich-rechtliche Ausbildungsverhältnis nach Nummer 1 Buchstabe c gilt § 4 Absatz 2 entsprechend, soweit dem nicht die Eigenart des Ausbildungsverhältnisses entgegensteht.

(3) [1]Für den Zugang zu Laufbahnen der Laufbahngruppe 2 im ersten Einstiegsamt sind mindestens zu fordern:
1. als Bildungsvoraussetzung
a) die Hochschulzugangsberechtigung oder
b) ein als gleichwertig anerkannter Bildungsstand und
2. als sonstige Voraussetzung
a) ein mit einem Bachelorgrad abgeschlossenes Hochschulstudium oder ein gleichwertiger Abschluss und eine geeignete hauptberufliche Tätigkeit oder
b) ein mit einer Prüfung abgeschlossener Vorbereitungsdienst oder
c) bei Laufbahnen mit besonderen Anforderungen ein mit einem Bachelorgrad abgeschlossenes Hochschulstudium oder ein gleichwertiger Abschluss und ein mit einer Prüfung abgeschlossener Vorbereitungsdienst.

[2]Das Erfordernis einer hauptberuflichen Tätigkeit nach Nummer 2 Buchstabe a und des Vorbereitungsdienstes nach Nummer 2 Buchstabe c entfällt, wenn das Hochschulstudium oder der gleichwertige Abschluss auf Grund der vermittelten wissenschaftlichen Erkenntnisse und Methoden sowie der berufspraktischen Fähigkeiten und Kenntnisse von der obersten Dienstbehörde als für die Laufbahn unmittelbar qualifizierend anerkannt wurde. [3]Die Anerkennung kann im Falle nicht ausreichender berufspraktischer Fähigkeiten und Kenntnisse an eine bis zu sechsmonatige Einführung in die Laufbahnaufgaben gebunden werden.

(4) [1]Für den Zugang zu Laufbahnen der Laufbahngruppe 2 im zweiten Einstiegsamt sind mindestens zu fordern:
1. als Bildungsvoraussetzung
a) die Hochschulzugangsberechtigung oder
b) ein als gleichwertig anerkannter Bildungsstand und
2. als sonstige Voraussetzung
a) ein mit einem Mastergrad oder einem gleichwertigen Abschluss abgeschlossenes Hochschulstudium und eine geeignete hauptberufliche Tätigkeit oder
b) ein mit einer Prüfung abgeschlossener Vorbereitungsdienst oder
c) bei Laufbahnen mit besonderen Anforderungen ein mit einem Mastergrad oder einem gleichwertigen Abschluss abgeschlossenes Hochschulstudium und ein mit einer Prüfung abgeschlossener Vorbereitungsdienst.

[2]Absatz 3 Satz 2 gilt entsprechend.

§ 15 Bei einem anderen Dienstherrn erworbene Vorbildung und Laufbahnbefähigung

(1) Die Zulassung zum Vorbereitungsdienst einer Laufbahn darf nicht deshalb abgelehnt werden, weil die Bewerberin oder der Bewerber die für seine Laufbahn vorgeschriebene Vorbildung im Bereich eines anderen Dienstherrn erworben hat.

(2) [1]Wer die Laufbahnbefähigung in einem Ausbildungs- oder Beschäftigungsverhältnis bei einem anderen Dienstherrn außerhalb des Geltungsbereiches dieses Gesetzes erworben hat, besitzt, soweit erforderlich nach Durchführung von Maßnahmen nach § 24 Satz 3, die Befähigung für eine entsprechende Laufbahn nach den §§ 13 und 14. [2]Wurde ein Ausbildungs- oder Beschäftigungsverhältnis nicht begründet, entscheidet die oberste Dienstbehörde über eine Anerkennung der Befähigung.

§ 16 Erwerb der Laufbahnbefähigung auf Grund des Gemeinschaftsrechts und auf Grund in Drittstaaten erworbener Berufsqualifikationen

(1) Die Laufbahnbefähigung kann auch auf Grund

1. der Richtlinie 2005/36/EG des Europäischen Parlaments und des Rates vom 7. September 2005 über die Anerkennung von Berufsqualifikationen (ABl. EU Nr. L 255 S. 22), zuletzt geändert am 20. November 2013 (ABl. EU Nr. L 354 S. 132), erworben werden,

2. eines mit einem Drittstaat geschlossenen Vertrages, in dem die Bundesrepublik Deutschland und die Europäische Union einen entsprechenden Anspruch auf Anerkennung der Berufsqualifikationen eingeräumt haben, oder

3. einer auf eine Tätigkeit in einer öffentlichen Verwaltung vorbereitenden Berufsqualifikation, die in einem von § 7 Absatz 1 Nummer 1 Buchstabe c BeamtStG nicht erfassten Drittstaat erworben worden ist,

erworben werden.

(2) Die deutsche Sprache muss in dem für die Wahrnehmung der Aufgaben der Laufbahn erforderlichen Maß beherrscht werden.

(3) [1]Das Nähere regelt der Senat durch Rechtsverordnung. [2]Darin soll insbesondere geregelt werden

1. die Einzelheiten der Anerkennungsbedingungen,

2. die Ausgleichsmaßnahmen einschließlich der Voraussetzungen und der Durchführung der Eignungsprüfung und des Anpassungslehrgangs,

3. das Anerkennungsverfahren sowie

4. die Verwaltungszusammenarbeit nach Titel V der Richtlinie 2005/36/EG, insbesondere der Vorwarnmechanismus nach Artikel 56a der Richtlinie 2005/36/EG.

(4) Das Hamburgische Berufsqualifikationsfeststellungsgesetz vom 19. Juni 2012 (HmbGVBl. S. 254) in der jeweils geltenden Fassung findet mit Ausnahme seines § 17 keine Anwendung.

(5) [1]Die Verfahren nach Absatz 1 Nummern 1 und 2 sowie auf Grund der Rechtsverordnungen nach Absatz 3 können über den Einheitlichen Ansprechpartner Hamburg nach dem Hamburgischen Gesetz über die Durchführung der Aufgaben des Einheitlichen Ansprechpartners vom 15. Dezember 2009 (HmbGVBl. S. 444), zuletzt geändert am 15. Dezember 2015 (HmbGVBl. S. 362, 364), in der jeweils geltenden Fassung abgewickelt werden. [2]Es gelten die Bestimmungen zum Verfahren über die einheitliche Stelle nach §§ 71a bis 71e des Hamburgischen Verwaltungsverfahrensgesetzes (HmbVwVfG) vom 9. November 1977 (HmbGVBl. S. 333, 402), zuletzt geändert am 14. März 2014 (HmbGVBl. S. 102), in der jeweils geltenden Fassung.

§ 17 Andere Bewerberinnen und Bewerber

(1) [1]Die Befähigung für eine Laufbahn kann auch ohne Erfüllen der vorgeschriebenen Zugangsvoraussetzungen erwerben, wer durch Lebens- und Berufserfahrung innerhalb oder außerhalb des öffentlichen Dienstes befähigt ist, die Aufgaben der angestrebten Laufbahn wahrzunehmen (andere Bewerberin oder Bewerber). [2]Dies gilt nicht, wenn eine bestimmte Vorbildung, Ausbildung oder Prüfung durch eine Regelung außerhalb des Beamtenrechts vorgeschrieben oder eine besondere Vorbildung oder Fachausbildung nach der Eigenart der Laufbahnaufgaben zwingend erforderlich ist.

(2) Die Befähigung von anderen Bewerberinnen oder anderen Bewerbern ist durch den Landespersonalausschuss festzustellen.

§ 18 Einstellung

[1]Eine Ernennung unter Begründung eines Beamtenverhältnisses (Einstellung) ist im Beamtenverhältnis auf Probe oder auf Lebenszeit nur in einem Einstiegsamt zulässig. [2]Abweichend von Satz 1 kann

1. bei entsprechenden beruflichen Erfahrungen oder sonstigen Qualifikationen, die zusätzlich zu den in § 14 geregelten Zugangsvoraussetzungen erworben wurden, wenn die Laufbahnvorschriften dies bestimmen,
2. für Beamtinnen und Beamte im Sinne des § 37 oder
3. bei Zulassung einer Ausnahme durch den Landespersonalausschuss

auch eine Einstellung in einem höheren Amt vorgenommen werden.

§ 19 Probezeit

(1) [1]Probezeit ist die Zeit im Beamtenverhältnis auf Probe, während der sich die Beamtinnen und Beamten nach Erwerb der Befähigung für die Laufbahn bewähren sollen. [2]Zeiten einer Beurlaubung ohne Dienstbezüge gelten nicht als Probezeit.

(2) [1]Die regelmäßige Probezeit dauert in allen Laufbahnen drei Jahre. [2]Zeiten hauptberuflicher Tätigkeit innerhalb oder außerhalb des öffentlichen Dienstes können auf die Probezeit angerechnet werden, soweit die Tätigkeit nach Art und Bedeutung der Tätigkeit in der Laufbahn gleichwertig ist. [3]Die Mindestprobezeit beträgt in der Laufbahngruppe 1 sechs Monate und in der Laufbahngruppe 2 ein Jahr. [4]Die Mindestprobezeit kann unterschritten werden, wenn die anrechenbaren Zeiten im Beamtenverhältnis mit Dienstbezügen abgeleistet worden sind.

(3) [1]Eignung, Befähigung und fachliche Leistung der Beamtin oder des Beamten sind wiederholt zu bewerten und müssen bei prognostischer Wertung die zweifelsfreie Feststellung der Bewährung ergeben. [2]Bei vorzeitiger Entlassung wegen mangelnder Bewährung oder bei Anrechnung von Zeiten auf die Probezeit ist mindestens einmalig eine Bewertung abzugeben.

(4) Die Probezeit kann bis zu einer Höchstdauer von fünf Jahren verlängert werden.

(5) Beamtinnen und Beamte im Sinne des § 37 leisten keine Probezeit.

§ 20 Beförderung

(1) [1]Beförderung ist eine Ernennung, durch die der Beamtin oder dem Beamten ein anderes Amt mit höherem Endgrundgehalt verliehen wird. [2]Einer Beförderung steht es gleich, wenn einer Beamtin oder einem Beamten, ohne dass sich das Endgrundgehalt ändert, ein anderes Amt mit anderer Amtsbezeichnung beim Wechsel in die Laufbahngruppe 2 verliehen wird.

(2) [1]Eine Beförderung ist nicht zulässig
1. vor Feststellung der Eignung für einen höher bewerteten Dienstposten in einer Erprobungszeit von mindestens drei Monaten Dauer; dies gilt nicht für die Beamtinnen und Beamten nach den §§ 7 und 37; die Erprobungszeit kann auch im Rahmen einer Zuweisung geleistet werden,
2. während der Probezeit,
3. vor Ablauf eines Jahres seit Beendigung der Probezeit, es sei denn, die Beamtin oder der Beamte hat während der Probezeit hervorragende Leistungen gezeigt,
4. vor Ablauf eines Jahres seit der letzten Beförderung, es sei denn, dass das derzeitige Amt nicht durchlaufen zu werden braucht.

[2]Ämter, die regelmäßig zu durchlaufen sind, dürfen nicht übersprungen werden.

(3) Der Landespersonalausschuss kann Ausnahmen von Absatz 2 zulassen.

(4) [1]Legt ein Beamter, dessen Rechte und Pflichten aus dem Dienstverhältnis ruhen oder der ohne Bezüge beurlaubt ist, sein Mandat nieder und bewirbt er sich zu diesem Zeitpunkt erneut um einen Sitz im Deutschen Bundestag oder in der gesetzgebenden Körperschaft eines Landes, ist die Übertragung eines anderen Amtes nach Absatz 1 nicht zulässig. [2]Dies gilt entsprechend für die Zeit zwischen zwei Wahlperioden.

§ 21 Aufstieg

[1]Beamtinnen und Beamte mit der Befähigung für eine Laufbahn der Laufbahngruppe 1 können auch ohne Erfüllung der für die Laufbahn vorgeschriebenen Zugangsvoraussetzungen durch Aufstieg eine Befähigung für eine Laufbahn der Laufbahngruppe 2 erwerben. [2]Für den Aufstieg soll die Ablegung einer Prüfung verlangt werden; die Laufbahnvorschriften können Abweichendes bestimmen.

§ 22 Fortbildung

[1]Die berufliche Entwicklung in der Laufbahn und der Aufstieg setzen die erforderliche Fortbildung voraus. [2]Die Beamtinnen und Beamten sind verpflichtet, an der dienstlichen Fortbildung teilzunehmen und sich selbst fortzubilden. [3]Die dienstliche Fortbildung wird vom Dienstherrn gefördert, geregelt

und durchgeführt. [4]Er hat durch geeignete Maßnahmen für die Fortbildung der Beamtinnen und Beamten zu sorgen.

§ 23 Benachteiligungsverbot, Nachteilsausgleich

(1) Schwangerschaft, Mutterschutz, Elternzeit und die Betreuung von Kindern oder die Pflege einer oder eines nach ärztlichem Gutachten pflegebedürftigen Angehörigen dürfen sich bei der Einstellung und der beruflichen Entwicklung nach Maßgabe der Absätze 2 und 3 nicht nachteilig auswirken.

(2) [1]Haben sich die Anforderungen an die fachliche Eignung einer Bewerberin oder eines Bewerbers für die Einstellung in den öffentlichen Dienst in der Zeit erhöht, in der sich ihre oder seine Bewerbung um Einstellung infolge der Geburt oder Betreuung eines Kindes verzögert hat, und hat sie oder er sich innerhalb von drei Jahren nach der Geburt dieses Kindes beworben, so ist der Grad ihrer oder seiner fachlichen Eignung nach den Anforderungen zu prüfen, die zu dem Zeitpunkt bestanden haben, zu dem sie oder er sich ohne die Geburt des Kindes hätte bewerben können. [2]Für die Berechnung des Zeitraums der Verzögerung sind die Fristen nach § 4 Absatz 1 des Bundeselterngeld- und Elternzeitgesetzes vom 5. Dezember 2006 (BGBl. I S. 2748), zuletzt geändert am 28. März 2009 (BGBl. I S. 634, 642), sowie nach § 3 Absatz 2 des Mutterschutzgesetzes in der Fassung vom 20. Juni 2002 (BGBl. I S. 2319), zuletzt geändert am 17. März 2009 (BGBl. I S. 550, 553), in ihrer jeweils geltenden Fassung zugrunde zu legen. [3]Die Sätze 1 und 2 gelten entsprechend für die Verzögerung der Einstellung wegen der tatsächlichen Pflege einer oder eines nach ärztlichem Gutachten pflegebedürftigen sonstigen Angehörigen.

(3) Zum Ausgleich beruflicher Verzögerungen infolge der Geburt oder der tatsächlichen Betreuung oder Pflege eines Kindes unter achtzehn Jahren oder der tatsächlichen Pflege einer oder eines nach ärztlichem Gutachten pflegebedürftigen sonstigen Angehörigen kann

1. die Beamtin oder der Beamte ohne Mitwirkung des Landespersonalausschusses abweichend von § 20 Absatz 2 Satz 1 Nummern 2 und 3 während der Probezeit und vor Ablauf eines Jahres seit Beendigung der Probezeit befördert werden; das Ableisten der vorgeschriebenen Probezeit bleibt unberührt,

2. eine für die Einstellung in einen Vorbereitungsdienst oder in ein Beamtenverhältnis auf Probe vorgesehene Höchstaltersgrenze für diejenigen Bewerberinnen und Bewerber erhöht werden, die auf Grund der Geburt, Betreuung oder Pflege eines Kindes von einer Bewerbung vor Erreichen der Höchstaltersgrenze abgesehen haben.

(4) Soweit in den Fällen des Nachteilsausgleichs für ehemalige Soldatinnen und Soldaten nach dem Arbeitsplatzschutzgesetz in der Fassung vom 14. Februar 2001 (BGBl. I S. 254), zuletzt geändert am 5. Februar 2009 (BGBl. I S. 160, 262), und dem Soldatenversorgungsgesetz in der Fassung vom 9. April 2002 (BGBl. I S. 1259, 1909), zuletzt geändert am 3. April 2009 (BGBl. I S. 700, 718), sowie für ehemalige Zivildienstleistende nach dem Zivildienstgesetz in der Fassung vom 17. Mai 2005 (BGBl. I S. 1347, 2301), zuletzt geändert am 5. Februar 2009 (BGBl. I S. 160, 262), und Entwicklungshelferinnen und Entwicklungshelfer nach dem Entwicklungshelfer-Gesetz vom 18. Juni 1969 (BGBl. I S. 549), zuletzt geändert am 24. Dezember 2003 (BGBl. I S. 2954, 2992), in ihrer jeweils geltenden Fassung, in diesen Gesetzen nicht etwas Abweichendes bestimmt ist, sind die Absätze 2 und 3 entsprechend anzuwenden.

§ 24 Laufbahnwechsel

[1]Ein Wechsel von einer Laufbahn in eine andere Laufbahn derselben Laufbahngruppe ist zulässig, wenn die Beamtin oder der Beamte die Befähigung für die neue Laufbahn besitzt. [2]Besitzt die Beamtin oder der Beamte nicht die Befähigung für die neue Laufbahn, so ist ein Laufbahnwechsel durch Entscheidung der obersten Dienstbehörde zulässig. [3]Dabei soll eine Einführung vorgesehen werden. [4]Ist eine bestimmte Vorbildung, Ausbildung oder Prüfung außerhalb des Beamtenrechts vorgeschrieben oder nach der Eigenart der neuen Aufgaben zwingend erforderlich, so ist ein Wechsel nur durch entsprechende Maßnahmen zum Erwerb dieser besonderen Zugangsvoraussetzungen zu der Laufbahn zulässig.

§ 25 Laufbahnverordnungen

[1]Der Senat erlässt unter Berücksichtigung der §§ 10 und 13 bis 24 durch Rechtsverordnung Vorschriften für die Laufbahnen. [2]Dabei soll insbesondere geregelt werden

1. die Gestaltung der Laufbahnen (§ 13), einschließlich der regelmäßig zu durchlaufenden Ämter,
2. der Erwerb der Laufbahnbefähigung (§§ 14 bis 17); insbesondere die Mindestdauer eines Vorbereitungsdienstes und einer hauptberuflichen Tätigkeit,
3. Voraussetzungen für die Einstellung in einem höheren Amt als einem Einstiegsamt (§ 18 Satz 2 Nummer 1),
4. Altersgrenzen für die Einstellung
    a) in einen Vorbereitungsdienst unter Berücksichtigung der jeweiligen laufbahnrechtlichen Besonderheiten,
    b) in ein Beamtenverhältnis auf Probe zur Sicherstellung eines angemessenen Verhältnisses zwischen Dienstzeit und Versorgung,
    einschließlich der Möglichkeit, Ausnahmen zuzulassen,
5. die Probezeit, insbesondere ihre Verlängerung und Anrechnung von Zeiten hauptberuflicher Tätigkeit auf die Probezeit (§ 19),
6. die Voraussetzungen und das Verfahren für Beförderungen und den Aufstieg (§§ 20, 21),
7. Voraussetzungen für den Laufbahnwechsel (§ 24),
8. Grundsätze der Fortbildung (§ 22),
9. Grundsätze für dienstliche Beurteilungen (§ 10 Absatz 4),
10. Einzelheiten des Nachteilsausgleichs (§ 23),
11. Ausgleichsmaßnahmen zu Gunsten von schwerbehinderten Menschen.

§ 26 Ausbildungs- und Prüfungsordnungen

¹Der Senat erlässt durch Rechtsverordnung Vorschriften über die Ausbildung und Prüfung. ²Dabei soll insbesondere geregelt werden

1. die Voraussetzungen für die Zulassung zur Ausbildung, einschließlich etwaiger besonderer Altersgrenzen,
2. die Ausgestaltung der Ausbildung,
3. die Anrechnung von Zeiten einer für die Ausbildung förderlichen berufspraktischen Tätigkeit sowie sonstiger Zeiten auf die Dauer der Ausbildung,
4. Zwischenprüfungen, soweit erforderlich,
5. die Durchführung von Prüfungen,
6. die Wiederholung von Prüfungen und Prüfungsteilen sowie die Rechtsfolgen bei endgültigem Nichtbestehen der Prüfung,
7. die Folgen von Versäumnissen und Unregelmäßigkeiten,
8. das Rechtsverhältnis der oder des Betroffenen während der Ausbildung.

Abschnitt 4
Landesinterne Abordnung, Versetzung und Körperschaftsumbildung

§ 27 Grundsatz (§ 13 BeamtStG)

(1) Die Vorschriften dieses Abschnitts gelten für Abordnungen und Versetzungen zwischen den und innerhalb der in § 1 genannten Dienstherren.

(2) ¹Die Abordnung und die Versetzung werden von der obersten Dienstbehörde oder der von ihr bestimmten Stelle verfügt. ²Ist mit der Abordnung oder Versetzung ein Wechsel des Dienstherrn verbunden, darf sie nur im schriftlichen Einverständnis mit der aufnehmenden Stelle verfügt werden.

(3) Auf Körperschaftsumbildungen innerhalb des Landes sind die §§ 16 bis 19 BeamtStG entsprechend anzuwenden, soweit gesetzlich nichts anderes bestimmt ist.

§ 28 Abordnung (§ 14 BeamtStG)

(1) Beamtinnen und Beamte können aus dienstlichen Gründen vorübergehend ganz oder teilweise zu einer ihrem Amt entsprechenden Tätigkeit an eine andere Dienststelle desselben oder eines anderen Dienstherrn abgeordnet werden.

(2) ¹Aus dienstlichen Gründen ist eine Abordnung vorübergehend ganz oder teilweise auch zu einer nicht dem Amt entsprechenden Tätigkeit zulässig, wenn der Beamtin oder dem Beamten die Wahrnehmung der neuen Tätigkeit auf Grund der Vorbildung oder Berufsausbildung zuzumuten ist. ²Dabei ist auch die Abordnung zu einer Tätigkeit, die nicht einem Amt mit demselben Grundgehalt entspricht,

zulässig. [3]Die Abordnung nach den Sätzen 1 und 2 bedarf der Zustimmung der Beamtin oder des Beamten, wenn sie die Dauer von zwei Jahren übersteigt.

(3) [1]Die Abordnung zu einem anderen Dienstherrn bedarf der Zustimmung der Beamtin oder des Beamten. [2]Abweichend von Satz 1 ist die Abordnung auch ohne diese Zustimmung zulässig, wenn die neue Tätigkeit einem Amt mit demselben Grundgehalt entspricht und die Abordnung die Dauer von fünf Jahren nicht übersteigt.

(4) [1]Werden Beamtinnen oder Beamte zu einem anderen Dienstherrn abgeordnet, finden auf sie, soweit zwischen den Dienstherren nicht anderes vereinbart ist, die für den Bereich des aufnehmenden Dienstherrn geltenden Vorschriften über die Pflichten und Rechte der Beamtinnen und Beamten mit Ausnahme der Regelungen über Amtsbezeichnung, Besoldung, Krankenfürsorge, Versorgung und Altersgeld entsprechende Anwendung. [2]Zur Zahlung der ihnen zustehenden Leistungen ist auch der Dienstherr verpflichtet, zu dem sie abgeordnet sind.

(5) Die notwendige Zustimmung der Beamtin oder des Beamten zu einer Abordnung bedarf der Schriftform.

§ 29 Versetzung (§ 15 BeamtStG)

(1) Beamtinnen und Beamte können auf ihren Antrag oder aus dienstlichen Gründen in ein Amt einer Laufbahn versetzt werden, für die sie die Befähigung besitzen.

(2) [1]Aus dienstlichen Gründen können Beamtinnen und Beamte auch ohne ihre Zustimmung in ein Amt mit mindestens demselben Endgrundgehalt der bisherigen Laufbahn oder einer anderen Laufbahn, auch im Bereich eines anderen Dienstherrn, versetzt werden. [2]Stellenzulagen gelten hierbei nicht als Bestandteile des Endgrundgehalts. [3]Besitzen die Beamtinnen und Beamten nicht die Befähigung für die andere Laufbahn, sind sie verpflichtet, an Maßnahmen für den Erwerb der neuen Befähigung teilzunehmen.

(3) [1]Bei der Auflösung oder einer wesentlichen Änderung des Aufbaus oder der Aufgaben einer Behörde oder der Verschmelzung von Behörden können Beamtinnen und Beamte, deren Aufgabengebiete davon berührt sind, auch ohne ihre Zustimmung in ein anderes Amt derselben oder einer anderen Laufbahn mit geringerem Endgrundgehalt im Bereich desselben Dienstherrn versetzt werden, wenn eine dem bisherigen Amt entsprechende Verwendung nicht möglich ist. [2]Das Endgrundgehalt muss mindestens dem des Amtes entsprechen, das die Beamtin oder der Beamte vor dem bisherigen Amt innehatte, Absatz 2 Sätze 2 und 3 ist anzuwenden.

(4) Wird die Beamtin oder der Beamte in ein Amt eines anderen Dienstherrn versetzt, wird das Beamtenverhältnis mit dem neuen Dienstherrn fortgesetzt.

(5) Die notwendige Zustimmung der Beamtin oder des Beamten zu einer Versetzung bedarf der Schriftform.

Abschnitt 5
Beendigung des Beamtenverhältnisses

1.
Entlassung und Verlust der Beamtenrechte

§ 30 Entlassung kraft Gesetzes (§ 22 BeamtStG)

(1) Die oberste Dienstbehörde entscheidet darüber, ob die Voraussetzungen des § 22 Absatz 1, 2 oder 3 BeamtStG vorliegen und stellt den Tag der Beendigung des Beamtenverhältnisses fest.

(2) Für die Anordnung der Fortdauer des Beamtenverhältnisses nach § 22 Absatz 2 BeamtStG ist der Senat zuständig.

(3) Im Falle des § 22 Absatz 3 BeamtStG kann der Senat die Fortdauer des Beamtenverhältnisses neben dem Beamtenverhältnis auf Zeit anordnen.

(4) [1]Beamtinnen und Beamte auf Widerruf im Vorbereitungsdienst sind mit dem Ablauf des Tages aus dem Beamtenverhältnis entlassen, an dem ihnen

1. das Bestehen der den Vorbereitungsdienst abschließenden Prüfung oder, soweit eine Prüfung nicht vorgeschrieben ist, die anderweitige Feststellung des erfolgreichen Abschlusses oder

2. das endgültige Nichtbestehen einer für den erfolgreichen Abschluss des Vorbereitungsdienstes notwendigen Prüfung oder die endgültige Feststellung des Fehlens eines für den Abschluss notwendigen Leistungsnachweises

bekannt gegeben worden ist. ²Im Fall von Satz 1 Nummer 1 endet das Beamtenverhältnis jedoch frühestens nach Ablauf der für den Vorbereitungsdienst im Allgemeinen oder im Einzelfall festgesetzten Zeit.

§ 31 Entlassung durch Verwaltungsakt (§ 23 BeamtStG)

(1) ¹Das Verlangen auf Entlassung nach § 23 Absatz 1 Satz 1 Nummer 4 BeamtStG muss der Dienstvorgesetzten oder dem Dienstvorgesetzten gegenüber erklärt werden. ²Die Erklärung kann, solange die Entlassungsverfügung noch nicht zugegangen ist, innerhalb von zwei Wochen nach Zugang bei der Dienstvorgesetzten oder dem Dienstvorgesetzten, mit Zustimmung der Entlassungsbehörde auch nach Ablauf dieser Frist, zurückgenommen werden. ³Die Entlassung ist für den beantragten Zeitpunkt auszusprechen. ⁴Sie kann jedoch solange hinausgeschoben werden, bis die Beamtinnen und Beamten ihre Amtsgeschäfte ordnungsgemäß erledigt haben, längstens drei Monate, bei Leiterinnen und Leitern sowie Lehrerinnen und Lehrern an staatlichen Schulen bis zum Ende des laufenden Schulhalbjahres, bei dem beamteten wissenschaftlichen und künstlerischen Personal an Hochschulen bis zum Ablauf des Semesters oder Trimesters.

(2) ¹Die Frist für die Entlassung nach § 23 Absatz 3 BeamtStG beträgt bei einer Beschäftigungszeit
1. bis zu drei Monaten zwei Wochen zum Monatsschluss,
2. von mehr als drei Monaten sechs Wochen zum Schluss eines Kalendervierteljahres.
²Als Beschäftigungszeit gilt die Zeit ununterbrochener Tätigkeit im Beamtenverhältnis auf Probe bei demselben Dienstherrn.

(3) ¹Im Fall des § 23 Absatz 3 Satz 1 Nummer 1 BeamtStG ist vor der Entlassung der Sachverhalt aufzuklären; die §§ 23 bis 31 des Hamburgischen Disziplinargesetzes (HmbDG) vom 18. Februar 2004 (HmbGVBl. S. 69), zuletzt geändert am 15. Dezember 2009 (HmbGVBl. S. 405, 433), gelten entsprechend. ²Die Entlassung kann ohne Einhaltung einer Frist erfolgen.

(4) Sind Beamtinnen und Beamte nach § 23 Absatz 3 Satz 1 Nummer 3 BeamtStG entlassen worden, sind sie bei ihrer Bewerbung bei gleichwertiger Eignung vorrangig zu berücksichtigen.

(5) Für Beamtinnen und Beamte auf Widerruf ist Absatz 3 anzuwenden.

§ 32 Zuständigkeit, Verfahren und Wirkung der Entlassung

(1) ¹Die Entlassung nach § 23 BeamtStG wird von der Stelle schriftlich verfügt, die für die Ernennung zuständig wäre. ²Soweit durch Gesetz, Verordnung oder Satzung nichts anderes bestimmt ist, tritt die Entlassung im Falle des § 23 Absatz 1 Satz 1 Nummer 1 BeamtStG mit der Zustellung, im Übrigen mit dem Ende des Monats ein, der auf den Monat folgt, in dem der Beamtin oder dem Beamten die Entlassungsverfügung zugeht.

(2) ¹Nach der Entlassung haben frühere Beamtinnen und frühere Beamte keinen Anspruch auf Leistungen des früheren Dienstherrn, soweit gesetzlich nichts anderes bestimmt ist. ²Sie dürfen die Amtsbezeichnung und die im Zusammenhang mit dem Amt verliehenen Titel nur führen, wenn ihnen die Erlaubnis nach § 58 Absatz 4 erteilt worden ist.

§ 33 Wirkung des Verlustes der Beamtenrechte und eines Wiederaufnahmeverfahrens (§ 24 BeamtStG)

(1) ¹Endet das Beamtenverhältnis nach § 24 Absatz 1 BeamtStG, so haben frühere Beamtinnen oder frühere Beamte keinen Anspruch auf Leistungen des früheren Dienstherrn, soweit gesetzlich nichts anderes bestimmt ist. ²Sie dürfen die Amtsbezeichnung und die im Zusammenhang mit dem Amt verliehenen Titel nicht führen.

(2) ¹Wird eine Entscheidung, durch die der Verlust der Beamtenrechte bewirkt worden ist, im Wiederaufnahmeverfahren durch eine Entscheidung ersetzt, die diese Wirkung nicht hat, so hat die Beamtin oder der Beamte, sofern sie oder er die Altersgrenze noch nicht erreicht hat und noch dienstfähig ist, Anspruch auf Übertragung eines Amtes derselben oder einer vergleichbaren Laufbahn wie das bisherige Amt und mit mindestens demselben Grundgehalt. ²Bis zur Übertragung des neuen Amtes erhält sie oder er, auch für die zurückliegende Zeit, die Leistungen des Dienstherrn, die ihr oder ihm aus dem bisherigen Amt zugestanden hätten. ³Sätze 1 und 2 gelten entsprechend für Beamtinnen und Beamte auf Zeit, auf Probe und auf Widerruf; für Beamtinnen und Beamte auf Zeit jedoch nur insoweit, als

ihre Amtszeit noch nicht abgelaufen ist. [4]Ist das frühere Amt einer Beamtin oder eines Beamten auf Zeit inzwischen neu besetzt, so hat sie oder er für die restliche Dauer der Amtszeit Anspruch auf rechtsgleiche Verwendung in einem anderen Amt; steht ein solches Amt nicht zur Verfügung, stehen ihr oder ihm nur die in Satz 2 geregelten Ansprüche zu.

(3) [1]Ist auf Grund des im Wiederaufnahmeverfahren festgestellten Sachverhalts oder auf Grund eines rechtskräftigen Strafurteils, das nach der früheren Entscheidung ergangen ist, ein Disziplinarverfahren mit dem Ziel der Entfernung aus dem Beamtenverhältnis eingeleitet worden, so verlieren Beamtinnen und Beamte die ihnen zustehenden Ansprüche, wenn auf Entfernung aus dem Beamtenverhältnis erkannt wird; bis zur rechtskräftigen Entscheidung können die Ansprüche nicht geltend gemacht werden. [2]Satz 1 gilt entsprechend in Fällen der Entlassung von Beamtinnen auf Probe oder auf Widerruf sowie von Beamten auf Probe oder auf Widerruf wegen eines Verhaltens der in § 23 Absatz 3 Satz 1 Nummer 1 BeamtStG bezeichneten Art.

(4) Beamtinnen und Beamte müssen sich auf die ihnen im Falle des § 24 Absatz 2 BeamtStG zustehenden Dienstbezüge ein anderes Arbeitseinkommen oder einen Unterhaltsbeitrag anrechnen lassen; sie sind zur Auskunft hierüber verpflichtet.

§ 34 Gnadenrecht

(1) Dem Senat steht hinsichtlich des Verlustes der Beamtenrechte (§ 24 BeamtStG) das Gnadenrecht zu.

(2) Wird im Wege der Begnadigung der Verlust der Beamtenrechte in vollem Umfang beseitigt, gelten von diesem Zeitpunkt an § 24 Absatz 2 BeamtStG und § 33 Absatz 2 entsprechend.

2.
Ruhestand und einstweiliger Ruhestand

§ 35 Ruhestand wegen Erreichens der Altersgrenze (§ 25 BeamtStG)

(1) [1]Für Beamtinnen und Beamte bildet die Vollendung des 67. Lebensjahres die Altersgrenze. [2]Für einzelne Beamtengruppen kann gesetzlich eine andere Altersgrenze bestimmt werden. [3]Beamtinnen und Beamte auf Lebenszeit treten mit dem Ende des Monats in den Ruhestand, in dem sie die Altersgrenze erreichen. [4]Abweichend hiervon treten Leiterinnen und Leiter sowie Lehrerinnen und Lehrer an staatlichen Schulen und das pädagogische Personal am Landesinstitut für Lehrerbildung und Schulentwicklung mit Ablauf des letzten Monats des Schulhalbjahres, das beamtete wissenschaftliche und künstlerische Personal an Hochschulen mit Ablauf des letzten Monats des Semesters oder Trimesters, in welchem die Altersgrenze erreicht wird, in den Ruhestand.

(2) [1]Beamtinnen und Beamte auf Lebenszeit, die vor dem 1. Januar 1947 geboren sind, erreichen die Regelaltersgrenze mit Vollendung des 65. Lebensjahres. [2]Für Beamtinnen und Beamte auf Lebenszeit, die nach dem 31. Dezember 1946 geboren sind, wird die Regelaltersgrenze wie folgt angehoben:

Geburtsjahr	Anhebung um Monate	Altersgrenze	
		Jahr	Monat
1947	1	65	1
1948	2	65	2
1949	3	65	3
1950	4	65	4
1951	5	65	5
1952	6	65	6
1953	7	65	7
1954	8	65	8
1955	9	65	9
1956	10	65	10
1957	11	65	11
1958	12	66	0
1959	14	66	2
1960	16	66	4
1961	18	66	6
1962	20	66	8

Geburtsjahr	Anhebung um Monate	Altersgrenze	
		Jahr	Monat
1963	22	66	10

(3) ¹Beamtinnen und Beamte auf Lebenszeit mit einer Altersteilzeitbeschäftigung erreichen die Altersgrenze mit Vollendung des 65. Lebensjahres. ²Dies gilt auch in den Fällen, in denen nach § 95a Absatz 1 Nummer 2 des Hamburgischen Beamtengesetzes in der Fassung vom 29. November 1977 (HmbGVBl. S. 367), zuletzt geändert am 17. Februar 2009 (HmbGVBl. S. 29, 33), Urlaub bis zum Beginn des Ruhestandes bewilligt worden ist.

(4) Die für die Versetzung in den Ruhestand nach § 45 Absatz 2 zuständige Stelle kann den Eintritt in den Ruhestand um bis zu drei Jahre hinausschieben

1. aus dienstlichen Gründen mit Zustimmung der Beamtin oder des Beamten; die Beamtin oder der Beamte kann jederzeit verlangen, unter Einhaltung einer Frist von sechs Wochen zum Schluss eines Kalenderhalbjahres in den Ruhestand versetzt zu werden,

2. auf Antrag der Beamtin oder des Beamten, wenn dies im dienstlichen Interesse liegt; der Antrag soll spätestens sechs Monate vor dem Eintritt in den Ruhestand gestellt werden.

(5) Einem Antrag einer Beamtin oder eines Beamten auf Hinausschieben des Eintritts in den Ruhestand ist bis zur Dauer von drei Jahren abweichend von Absatz 4 Nummer 2 zu entsprechen, wenn

1. die Beamtin oder der Beamte in dem entsprechenden Umfang nach § 63 Absatz 1 teilzeitbeschäftigt oder beurlaubt gewesen ist oder Pflegezeit nach § 63a oder Familienpflegezeit nach § 63b in Anspruch genommen hat,

2. das Ruhegehalt, das sie oder er bei Eintritt in den Ruhestand wegen Erreichens der Altersgrenze erhalten würde, nicht die Höchstgrenze erreicht und

3. zwingende dienstliche Interessen nicht entgegenstehen.

§ 36 Ruhestand auf Antrag

(1) ¹Beamtinnen und Beamte auf Lebenszeit können auf Antrag in den Ruhestand versetzt werden, wenn sie

1. schwerbehindert im Sinne des § 2 Absatz 2 des Neunten Buches Sozialgesetzbuch vom 19. Juni 2001 (BGBl. I S. 1046, 1047), zuletzt geändert am 22. Dezember 2008 (BGBl. I S. 2959, 2960), sind und das 62. Lebensjahr vollendet haben oder

2. das 63. Lebensjahr vollendet haben.
²§ 35 Absatz 1 Satz 4 gilt entsprechend.

(2) ¹Beamtinnen und Beamte auf Lebenszeit, die schwerbehindert im Sinne von Absatz 1 Nummer 1 sind und vor dem 1. Januar 1952 geboren sind, können auf ihren Antrag in den Ruhestand versetzt werden, wenn sie das 60. Lebensjahr vollendet haben. ²Für Beamtinnen und Beamte auf Lebenszeit, die schwerbehindert im Sinne von Absatz 1 Nummer 1 sind und nach dem 31. Dezember 1951 geboren sind, wird die Altersgrenze wie folgt angehoben:

Geburtsjahr beziehungsweise Monate	Anhebung um Monate	Altersgrenze	
		Jahr	Monat
1952			
Januar	1	60	1
Februar	2	60	2
März	3	60	3
April	4	60	4
Mai	5	60	5
Juni bis Dezember	6	60	6
1953	7	60	7
1954	8	60	8
1955	9	60	9
1956	10	60	10
1957	11	60	11
1958	12	61	0

Geburtsjahr beziehungsweise Monate		Altersgrenze	
	Anhebung um Monate	Jahr	Monat
1959	14	61	2
1960	16	61	4
1961	18	61	6
1962	20	61	8
1963	22	61	10

§ 37 Einstweiliger Ruhestand (§ 30 BeamtStG)

Der Senat kann Beamtinnen und Beamte in den einstweiligen Ruhestand versetzen, wenn ihnen eines der folgenden Ämter übertragen worden ist:

1. Staatsrätin oder Staatsrat,
2. Leiterin oder Leiter der Pressestelle des Senats oder Stellvertreterin oder Stellvertreter,
3. Polizeipräsidentin oder Polizeipräsident.

§ 38 Einstweiliger Ruhestand bei Umbildung von Körperschaften (§ 18 BeamtStG)

Die Frist, innerhalb derer Beamtinnen und Beamte nach § 18 Absatz 2 BeamtStG und § 27 Absatz 3 dieses Gesetzes in den einstweiligen Ruhestand versetzt werden können, beträgt ein Jahr.

§ 39 Einstweiliger Ruhestand bei Umbildung und Auflösung von Behörden (§ 31 BeamtStG)

[1]Die Versetzung in den einstweiligen Ruhestand ist nur zulässig, soweit aus Anlass der Auflösung oder Umbildung Planstellen eingespart werden. [2]Die Versetzung in den einstweiligen Ruhestand kann nur innerhalb einer Frist von einem Jahr nach Auflösung oder Umbildung der Behörde ausgesprochen werden.

§ 40 Beginn des einstweiligen Ruhestandes

[1]Der einstweilige Ruhestand beginnt mit dem Zeitpunkt, in dem die Versetzung in den Ruhestand der Beamtin oder dem Beamten bekannt gegeben wird. [2]Ein späterer Zeitpunkt kann festgesetzt werden; in diesem Fall beginnt der einstweilige Ruhestand spätestens mit dem Ende der drei Monate, die auf den Monat der Bekanntgabe folgen. [3]Die Verfügung kann bis zum Beginn des einstweiligen Ruhestandes zurückgenommen werden.

3.

Dienstunfähigkeit

§ 41 Verfahren bei Dienstunfähigkeit und begrenzter Dienstfähigkeit (§§ 26, 27 BeamtStG)

(1) [1]Bestehen Zweifel an der Dienstfähigkeit der Beamtin oder des Beamten, so ist sie oder er verpflichtet, sich nach Weisung der oder des Dienstvorgesetzten ärztlich untersuchen und, falls die Ärztin oder der Arzt es für erforderlich hält, auch beobachten zu lassen. [2]Kommt die Beamtin oder der Beamte trotz wiederholter schriftlicher Weisung ohne hinreichenden Grund dieser Verpflichtung nicht nach, kann so verfahren werden, als ob Dienstunfähigkeit vorläge. [3]Zweifel im Sinne von Satz 1 sind unter anderem anzunehmen, wenn eine Beamtin oder ein Beamter auf Lebenszeit schriftlich beantragt, sie oder ihn wegen Dienstunfähigkeit in den Ruhestand zu versetzen.

(2) Die Frist nach § 26 Absatz 1 Satz 2 BeamtStG beträgt sechs Monate.

(3) [1]Stellt die oder der Dienstvorgesetzte auf Grund des ärztlichen Gutachtens (§ 44) die Dienstunfähigkeit der Beamtin oder des Beamten fest, entscheidet die nach § 45 zuständige Stelle über die Versetzung in den Ruhestand. [2]Die über die Versetzung in den Ruhestand entscheidende Stelle ist an die Erklärung der oder des Dienstvorgesetzten nicht gebunden; sie kann auch andere Beweise erheben.

(4) Werden Rechtsbehelfe gegen die Verfügung über die Versetzung in den Ruhestand eingelegt, so werden mit Beginn des auf die Zustellung der Verfügung folgenden Monats die Dienstbezüge einbehalten, die das Ruhegehalt übersteigen.

(5) [1]Absätze 1 und 2 gelten in Fällen der begrenzten Dienstfähigkeit entsprechend. [2]Absatz 3 gilt mit der Maßgabe entsprechend, dass die oder der Dienstvorgesetzte über die Herabsetzung der Arbeitszeit entscheidet. [3]Absatz 4 gilt mit der Maßgabe entsprechend, dass die Dienstbezüge einbehalten werden, die die im Falle der begrenzten Dienstfähigkeit zustehenden Bezüge übersteigen.

§ 42 Ruhestand bei Beamtenverhältnis auf Probe (§ 28 BeamtStG)

Die Entscheidung über die Versetzung in den Ruhestand von Beamtinnen und Beamten auf Probe trifft die oberste Dienstbehörde, soweit es sich um Körperschaftsbeamtinnen und Körperschaftsbeamte handelt, mit Zustimmung des Senats.

§ 43 Wiederherstellung der Dienstfähigkeit (§ 29 BeamtStG)

(1) Die Frist, innerhalb derer Ruhestandsbeamtinnen oder Ruhestandsbeamte bei wiederhergestellter Dienstfähigkeit die erneute Berufung in das Beamtenverhältnis verlangen können (§ 29 Absatz 1 BeamtStG), beträgt fünf Jahre.

(2) Kommt die Beamtin oder der Beamte trotz wiederholter schriftlicher Weisung ohne hinreichenden Grund der Verpflichtung nach § 29 Absatz 5 Satz 1 BeamtStG nicht nach, kann so verfahren werden, als ob Dienstfähigkeit vorläge.

§ 44 Ärztliche Untersuchung

(1) Die ärztliche Untersuchung wird von Amtsärztinnen und Amtsärzten, beamteten Ärztinnen oder Ärzten oder sonstigen von der zuständigen Behörde bestimmten Ärztinnen oder Ärzten durchgeführt.

(2) [1]Die Ärztin oder der Arzt teilt der zuständigen Behörde die tragenden Feststellungen und Gründe des Ergebnisses der ärztlichen Untersuchung mit. [2]Das ärztliche Gutachten ist in einem gesonderten und verschlossenen Umschlag zu übersenden. [3]Es ist verschlossen zu der Personalakte zu nehmen. [4]Die an die zuständige Behörde übermittelten Daten dürfen nur für die zu treffende Entscheidung und ihre Überprüfung verarbeitet oder genutzt werden.

4.
Gemeinsame Bestimmungen

§ 45 Beginn des Ruhestandes, Zuständigkeiten

(1) Der Eintritt oder die Versetzung in den Ruhestand setzt, soweit nichts anderes bestimmt ist, eine Wartezeit von fünf Jahren nach Maßgabe des Beamtenversorgungsrechts voraus.

(2) [1]Die Versetzung in den Ruhestand wird, soweit durch Gesetz, Rechtsverordnung oder Satzung nichts anderes bestimmt ist, von der Stelle verfügt, die für die Ernennung der Beamtin oder des Beamten zuständig wäre. [2]Die Verfügung ist der Beamtin oder dem Beamten schriftlich zuzustellen; sie kann bis zum Beginn des Ruhestands zurückgenommen werden.

(3) [1]Der Ruhestand beginnt, soweit gesetzlich nichts anderes bestimmt ist, mit dem Ende des Monats, in dem die Verfügung über die Versetzung in den Ruhestand der Beamtin oder dem Beamten zugestellt worden ist. [2]Auf Antrag oder mit ausdrücklicher Zustimmung der Beamtin oder des Beamten kann ein anderer Zeitpunkt festgesetzt werden.

Abschnitt 6
Rechtliche Stellung im Beamtenverhältnis

1.
Allgemeines

§ 46 Verschwiegenheitspflicht, Aussagegenehmigung (§ 37 BeamtStG)

(1) Die Genehmigung nach § 37 Absatz 3 BeamtStG erteilt die oder der Dienstvorgesetzte oder, wenn das Beamtenverhältnis beendet ist, die oder der letzte Dienstvorgesetzte.

(2) [1]Sind Aufzeichnungen (§ 37 Absatz 6 BeamtStG) auf Bild-, Ton- oder Datenträgern gespeichert, die körperlich nicht herausgegeben werden können oder bei denen eine Herausgabe nicht zumutbar ist, so sind diese Aufzeichnungen auf Verlangen dem Dienstherrn zu übermitteln und zu löschen. [2]Die Beamtin oder der Beamte hat auf Verlangen über die nach Satz 1 zu löschenden Aufzeichnungen Auskunft zu geben.

(3) [1]Auskünfte an die Presse erteilen die Senatorinnen oder Senatoren der Senatsämter und Fachbehörden, die Präsidentin bzw. der Präsident des Rechnungshofs sowie die Leiterinnen oder Leiter der landesunmittelbaren Körperschaften, Anstalten und Stiftungen des öffentlichen Rechts. [2]Sie können dieses Recht auf andere Personen übertragen.

§ 47 Diensteid (§ 38 BeamtStG)
(1) Die Beamtin oder der Beamte hat folgenden Diensteid zu leisten:
„Ich schwöre, das Grundgesetz für die Bundesrepublik Deutschland, die Verfassung der Freien und Hansestadt Hamburg und alle in der Bundesrepublik Deutschland geltenden Gesetze zu wahren und meine Amtspflichten gewissenhaft zu erfüllen, so wahr mir Gott helfe."
(2) Der Eid kann auch ohne die Worte „so wahr mir Gott helfe" geleistet werden.
(3) Erklärt eine Beamtin oder ein Beamter, dass sie oder er aus Glaubens- oder Gewissensgründen keinen Eid leisten wolle, kann sie oder er anstelle der Worte „Ich schwöre" eine andere Beteuerungsformel sprechen.
(4) [1]In den Fällen, in denen nach § 7 Absatz 3 BeamtStG eine Ausnahme von § 7 Absatz 1 Nummer 1 BeamtStG zugelassen worden ist, kann von einer Eidesleistung abgesehen werden. [2]Die Beamtin oder der Beamte hat, sofern gesetzlich nichts anderes bestimmt ist, zu geloben, dass sie oder er ihre oder seine Amtspflichten gewissenhaft erfüllen wird.

§ 48 Verbot der Führung der Dienstgeschäfte (§ 39 BeamtStG)
(1) Über das Verbot der Führung der Dienstgeschäfte nach § 39 BeamtStG entscheidet die oder der Dienstvorgesetzte oder die oder der höhere Dienstvorgesetzte.
(2) Wird einer Beamtin oder einem Beamten die Führung ihrer oder seiner Dienstgeschäfte verboten, so können ihr oder ihm auch das Tragen der Dienstkleidung und Ausrüstung, der Aufenthalt in den Diensträumen oder in den dienstlichen Unterkünften und die Führung der dienstlichen Ausweise und Abzeichen untersagt werden.

§ 49 Verbot der Annahme von Belohnungen und Geschenken (§ 42 BeamtStG)
(1) [1]Ausnahmen nach § 42 Absatz 1 BeamtStG erteilt die oberste Dienstbehörde oder die letzte oberste Dienstbehörde. [2]Die Befugnis kann auf andere Stellen übertragen werden.
(2) [1]Für den Umfang des Herausgabeanspruchs nach § 42 Absatz 2 BeamtStG gelten die Vorschriften des Bürgerlichen Gesetzbuchs über die Herausgabe einer ungerechtfertigten Bereicherung entsprechend. [2]Die Herausgabepflicht nach Satz 1 umfasst auch die Pflicht, dem Dienstherrn Auskunft über Art, Umfang und Verbleib des Erlangten zu geben.

§ 50 Annahme von Titeln, Orden und Ehrenzeichen
Die Beamtin oder der Beamte darf Titel, Orden und Ehrenzeichen von einem ausländischen Staatsoberhaupt oder einer ausländischen Regierung nur mit Genehmigung des Senats annehmen.

§ 51 Dienstvergehen von Ruhestandsbeamtinnen und Ruhestandsbeamten (§ 47 BeamtStG)
Bei Ruhestandsbeamtinnen und Ruhestandsbeamten oder früheren Beamtinnen und Beamten mit Versorgungsbezügen gilt es als Dienstvergehen auch, wenn sie
1. entgegen § 29 Absatz 2 oder 3 und § 30 Absatz 3 BeamtStG in Verbindung mit § 29 Absatz 2 BeamtStG einer erneuten Berufung in das Beamtenverhältnis schuldhaft nicht nachkommen oder
2. ihre Verpflichtung nach § 29 Absatz 4 oder 5 Satz 1 BeamtStG verletzen.

§ 52 Schadensersatz (§ 48 BeamtStG)
(1) Hat der Dienstherr Dritten Schadensersatz geleistet, gilt als Zeitpunkt, in dem der Dienstherr Kenntnis im Sinne der Verjährungsvorschriften des Bürgerlichen Gesetzbuchs erlangt, der Zeitpunkt, in dem der Ersatzanspruch gegenüber dem Dritten vom Dienstherrn anerkannt oder dem Dienstherrn gegenüber rechtskräftig festgestellt wird.
(2) Leistet die Beamtin oder der Beamte dem Dienstherrn Ersatz und hat dieser einen Ersatzanspruch gegen einen Dritten, so geht der Ersatzanspruch auf die Beamtin oder den Beamten über.

§ 53 Übergang von Schadensersatzansprüchen
(1) [1]Werden Beamtinnen oder Beamte oder Versorgungsberechtigte oder deren Angehörige verletzt oder getötet, so geht ein gesetzlicher Schadensersatzanspruch, der diesen Personen infolge der Körperverletzung oder der Tötung gegen einen Dritten zusteht, insoweit auf den Dienstherrn über, als dieser
1. während einer auf der Körperverletzung beruhenden Aufhebung der Dienstfähigkeit oder
2. infolge der Körperverletzung oder Tötung

zur Gewährung von Leistungen verpflichtet ist. [2]Ist eine Versorgungskasse zur Gewährung der Versorgung verpflichtet, so geht der Anspruch auf sie über. [3]Übergegangene Ansprüche dürfen nicht zum Nachteil des Verletzten oder der Hinterbliebenen geltend gemacht werden.

(2) Absatz 1 gilt für Altersgeldberechtigte und deren Hinterbliebene entsprechend.

§ 54 Ausschluss und Befreiung von Amtshandlungen

[1]§§ 20 und 21 HmbVwVfG, gelten entsprechend für dienstliche Tätigkeiten außerhalb eines Verwaltungsverfahrens. [2]Satz 1 gilt nicht für Personen, die einem der in § 20 Absatz 1 Satz 1 Nummer 5 HmbVwVfG genannten Organe in amtlicher Eigenschaft angehören.

§ 55 Wohnungswahl, Dienstwohnung

(1) Beamtinnen oder Beamte haben ihre Wohnung so zu nehmen, dass sie in der ordnungsgemäßen Wahrnehmung ihrer Dienstgeschäfte nicht beeinträchtigt werden.

(2) Wenn zwingende dienstliche Verhältnisse es erfordern, kann die oder der Dienstvorgesetzte die Beamtin oder den Beamten anweisen, die Wohnung innerhalb bestimmter Entfernung von der Dienststelle zu nehmen oder eine Dienstwohnung zu beziehen.

§ 56 Aufenthalt in erreichbarer Nähe

[1]Wenn und solange besondere dienstliche Verhältnisse es dringend erfordern, kann die Beamtin oder der Beamte angewiesen werden, sich während der dienstfreien Zeit in erreichbarer Nähe ihres oder seines Dienstortes aufzuhalten (Rufbereitschaft). [2]Das Nähere, insbesondere ob und inwieweit Zeiten der Rufbereitschaft auf die regelmäßige Arbeitszeit anzurechnen sind, regelt der Senat in der Rechtsverordnung nach § 61 Absatz 4.

§ 57 Dienstkleidung, äußeres Erscheinungsbild

(1) [1]Die oberste Dienstbehörde oder eine von ihr bestimmte Stelle kann nähere Bestimmungen über das Tragen von Dienstkleidung und das während des Dienstes zu wahrende äußere Erscheinungsbild der Beamtinnen und Beamten treffen, wenn und soweit dies bei der Ausübung des Dienstes üblich ist oder für die Funktionsfähigkeit des Dienstbetriebs, insbesondere zur Gewährleistung des Vertrauens der Bürgerinnen und Bürger in die Zuständigkeit, Neutralität und Unvoreingenommenheit der Amtsträger erforderlich erscheint. [2]Dazu zählen auch nicht oder nicht unmittelbar ablegbare Erscheinungsmerkmale.

(2) Dienstkleidung wird unentgeltlich gewährt.

§ 58 Amtsbezeichnung

(1) Der Senat setzt die Amtsbezeichnungen[1)] der Beamtinnen und Beamten fest, soweit gesetzlich nichts anderes bestimmt oder die Ausübung dieser Befugnis nicht anderen Stellen übertragen ist.

(2) [1]Beamtinnen und Beamte führen im Dienst die Amtsbezeichnung des ihnen übertragenen Amtes. [2]Sie dürfen sie auch außerhalb des Dienstes führen. [3]Nach dem Wechsel in ein anderes Amt dürfen sie die bisherige Amtsbezeichnung nicht mehr führen. [4]Ist das neue Amt mit einem niedrigeren Grundgehalt verbunden, darf neben der neuen Amtsbezeichnung die des früheren Amtes mit dem Zusatz „außer Dienst" oder „a. D." geführt werden.

(3) [1]Ruhestandsbeamtinnen und Ruhestandsbeamte dürfen die ihnen bei der Versetzung in den Ruhestand zustehende Amtsbezeichnung mit dem Zusatz „außer Dienst" oder „a. D." und die im Zusammenhang mit dem Amt verliehenen Titel weiter führen. [2]Ändert sich die Bezeichnung des früheren Amtes, so darf die geänderte Amtsbezeichnung geführt werden.

(4) [1]Einer entlassenen Beamtin oder einem entlassenen Beamten kann die für sie oder ihn zuletzt zuständige oberste Dienstbehörde die Erlaubnis erteilen, die Amtsbezeichnung mit dem Zusatz „außer Dienst" oder „a. D." sowie die im Zusammenhang mit dem Amt verliehenen Titel zu führen. [2]Die Erlaubnis kann widerrufen werden, wenn die frühere Beamtin oder der frühere Beamte sich ihrer als nicht würdig erweist.

§ 59 Dienstjubiläen

[1]Beamtinnen und Beamten kann bei Dienstjubiläen eine Jubiläumszuwendung gewährt werden. [2]Das Nähere regelt der Senat.

---

1) Siehe hierzu die Anordnung über Amts- und Dienstbezeichnungen.

§ 60 Dienstzeugnis

[1]Beamtinnen und Beamten wird auf Antrag ein Dienstzeugnis über Art und Dauer der bekleideten Ämter erteilt, wenn sie daran ein berechtigtes Interesse haben oder das Beamtenverhältnis beendet ist. [2]Das Dienstzeugnis muss auf Verlangen auch über die ausgeübte Tätigkeit und die erbrachten Leistungen Auskunft geben.

2.
Arbeitszeit und Urlaub

§ 61 Regelmäßige Arbeitszeit, Bereitschaftsdienst, Mehrarbeit

(1) Die regelmäßige Arbeitszeit darf wöchentlich im Durchschnitt 40 Stunden nicht überschreiten.

(2) [1]Soweit der Dienst in Bereitschaft besteht, kann die regelmäßige Arbeitszeit entsprechend den dienstlichen Bedürfnissen angemessen verlängert werden. [2]Sie soll grundsätzlich wöchentlich im Durchschnitt 48 Stunden nicht überschreiten.

(3) [1]Beamtinnen und Beamte sind verpflichtet, ohne Entschädigung über die regelmäßige Arbeitszeit hinaus Dienst zu tun, wenn zwingende dienstliche Verhältnisse dies erfordern und sich die Mehrarbeit auf Ausnahmefälle beschränkt. [2]Werden sie durch eine dienstlich angeordnete oder genehmigte Mehrarbeit im Umfang von mehr als einem Achtel der individuellen wöchentlichen Arbeitszeit im Monat beansprucht, ist ihnen innerhalb eines Jahres für die über die individuelle wöchentliche Arbeitszeit hinaus geleistete Mehrarbeit entsprechende Dienstbefreiung zu gewähren. [3]Ist die Dienstbefreiung aus zwingenden dienstlichen Gründen nicht möglich, können an ihrer Stelle Beamtinnen und Beamte in Besoldungsgruppen mit aufsteigenden Gehältern eine Mehrarbeitsvergütung erhalten.

(4) [1]Das Nähere, insbesondere zur Dauer der Arbeitszeit, zu Möglichkeiten ihrer flexiblen Ausgestaltung, Verteilung und Bezugszeiträumen einschließlich Pausen und Ruhezeiten, regelt der Senat durch Rechtsverordnung. [2]Im Rahmen der durch Rechtsverordnung nach Satz 1 allgemein festgelegten Arbeitszeit kann der Senat Regelungen zur Arbeitszeit der beamteten Lehrkräfte, insbesondere zum zeitlichen Maß der Unterrichtsverpflichtung und anderer Aufgaben durch Rechtsverordnung erlassen.

§ 62 Teilzeitbeschäftigung (§ 43 BeamtStG)

(1) Beamtinnen und Beamten mit Dienstbezügen kann auf Antrag Teilzeitbeschäftigung mit mindestens der Hälfte der regelmäßigen Arbeitszeit bewilligt werden, soweit dienstliche Belange nicht entgegenstehen.

(2) [1]Während der Teilzeitbeschäftigung nach Absatz 1 dürfen entgeltliche Tätigkeiten nur in dem Umfang ausgeübt werden, wie es Vollzeitbeschäftigten gestattet ist. [2]Ausnahmen können zugelassen werden, soweit durch die Tätigkeiten dienstliche Pflichten nicht verletzt werden.

(3) [1]Die oder der Dienstvorgesetzte kann nachträglich die Dauer der Teilzeitbeschäftigung beschränken oder den Umfang der zu leistenden Arbeitszeit erhöhen, soweit zwingende dienstliche Belange dies erfordern. [2]Sie oder er soll eine Änderung des Umfangs der Teilzeitbeschäftigung oder den Übergang zur Vollzeitbeschäftigung zulassen, wenn der Beamtin oder dem Beamten die Teilzeitbeschäftigung im bisherigen Umfang nicht mehr zugemutet werden kann und dienstliche Belange nicht entgegenstehen.

§ 63 Teilzeitbeschäftigung und Beurlaubung aus familiären Gründen

(1) [1]Beamtinnen und Beamten mit Dienstbezügen ist auf Antrag, wenn zwingende dienstliche Belange nicht entgegenstehen,

1. Teilzeitbeschäftigung mit mindestens einem Viertel der regelmäßigen Arbeitszeit

2. Urlaub ohne Dienstbezüge bis zur Dauer von drei Jahren mit der Möglichkeit der Verlängerung

zu bewilligen, wenn sie mindestens

a) ein Kind unter achtzehn Jahren oder

b) eine sonstige Angehörige oder einen sonstigen Angehörigen, die oder der nach ärztlichem Gutachten pflegebedürftig ist

tatsächlich betreuen oder pflegen. [2]Beamtinnen und Beamten auf Widerruf im Vorbereitungsdienst kann auf Antrag aus den in Satz 1 genannten Gründen Teilzeitbeschäftigung mit mindestens der Hälfte der regelmäßigen Arbeitszeit bewilligt werden, soweit dies nach der Struktur der Ausbildung möglich ist und dienstliche Gründe nicht entgegenstehen.

(2) Während einer Freistellung vom Dienst nach Absatz 1 dürfen nur solche Nebentätigkeiten ausgeübt werden, die dem Zweck der Freistellung nicht zuwiderlaufen.

(3) § 62 Absatz 3 Satz 2 gilt entsprechend.

(4) [1]Während der Zeit eines Urlaubs ohne Dienstbezüge nach Absatz 1 Satz 1 Nummer 2 besteht ein Anspruch auf Leistungen der Krankheitsfürsorge in entsprechender Anwendung der Beihilferegelungen für Beamtinnen und Beamte mit Anspruch auf Besoldung. [2]Dies gilt nicht, wenn die Beamtin oder der Beamte berücksichtigungsfähige Angehörige oder berücksichtigungsfähiger Angehöriger einer oder eines Beihilfeberechtigten wird oder in der gesetzlichen Krankenversicherung nach § 10 Absatz 1 des Fünften Buches Sozialgesetzbuch versichert ist.

(5) Der Dienstherr hat durch geeignete Maßnahmen den aus familiären Gründen Beurlaubten die Verbindung zum Beruf und den beruflichen Wiedereinstieg zu erleichtern.

§ 63a Kurzzeitige Verhinderung, Pflegezeit

(1) [1]Beamtinnen und Beamte sind für bis zu zehn Arbeitstage, davon bis zu neun Arbeitstage unter Fortzahlung der Bezüge, vom Dienst freizustellen, wenn dies erforderlich ist, um für eine pflegebedürftige nahe Angehörige oder einen pflegebedürftigen nahen Angehörigen im Sinne des § 7 Absätze 3 und 4 des Pflegezeitgesetzes (PflegeZG) vom 28. Mai 2008 (BGBl. I S. 874, 896), zuletzt geändert am 21. Dezember 2015 (BGBl. I S. 2424, 2463), in der jeweils geltenden Fassung in einer akut aufgetretenen Pflegesituation eine bedarfsgerechte Pflege zu organisieren oder eine pflegerische Versorgung in dieser Zeit sicherzustellen (kurzzeitige Verhinderung). [2]Die Verhinderung an der Dienstleistung sowie deren voraussichtliche Dauer sind unverzüglich mitzuteilen. [3]Die Pflegebedürftigkeit der oder des nahen Angehörigen und die Erforderlichkeit der Maßnahmen nach Satz 1 sind durch eine ärztliche Bescheinigung nachzuweisen.

(2) [1]Beamtinnen und Beamten, die

1. pflegebedürftige nahe Angehörige im Sinne des § 7 Absätze 3 und 4 PflegeZG in häuslicher Umgebung pflegen oder

2. minderjährige pflegebedürftige nahe Angehörige in häuslicher oder außerhäuslicher Umgebung betreuen oder

3. nahe Angehörige begleiten, die an einer Erkrankung leiden, die progredient verläuft und bereits ein weit fortgeschrittenes Stadium erreicht hat, bei der eine Heilung ausgeschlossen und eine palliativmedizinische Behandlung notwendig ist und die eine begrenzte Lebenserwartung von Wochen oder wenigen Monaten erwarten lässt,

ist auf Antrag Urlaub ohne Bezüge oder Teilzeitbeschäftigung zu bewilligen (Pflegezeit). [2]Beamtinnen und Beamten auf Widerruf im Vorbereitungsdienst kann Teilzeitbeschäftigung nur mit mindestens der Hälfte der regelmäßigen Arbeitszeit bewilligt werden, soweit dies nach der Struktur der Ausbildung möglich ist und dienstliche Gründe nicht entgegenstehen. [3]Wird Teilzeitbeschäftigung in Anspruch genommen, ist den Wünschen der Beamtin oder des Beamten hinsichtlich der Verteilung der Arbeitszeit zu entsprechen, soweit keine dringenden dienstlichen Gründe dagegen stehen. [4]Die Pflegebedürftigkeit der oder des nahen Angehörigen ist durch Vorlage einer Bescheinigung der Pflegekasse oder des Medizinischen Dienstes der Krankenversicherung oder durch Vorlage einer entsprechenden Bescheinigung einer privaten Pflegeversicherung nachzuweisen.

(3) [1]Die Pflegezeit soll spätestens zehn Arbeitstage vor ihrem Beginn schriftlich beantragt werden. [2]Gleichzeitig ist zu erklären, für welchen Zeitraum und in welchem Umfang die Freistellung vom Dienst in Anspruch genommen werden soll. [3]Bei Inanspruchnahme einer teilweisen Freistellung vom Dienst ist die gewünschte Verteilung der Arbeitszeit anzugeben. [4]Wird Pflegezeit nach einer Familienpflegezeit nach § 63b für die Pflege oder Betreuung derselben oder desselben pflegebedürftigen nahen Angehörigen in Anspruch genommen, muss sie sich unmittelbar an die Familienpflegezeit anschließen und ist abweichend von Satz 1 spätestens acht Wochen vor Beginn der Pflegezeit zu beantragen.

(4) [1]Die Pflegezeit beträgt für jede nahe Angehörige oder jeden nahen Angehörigen in den Fällen von Absatz 2 Satz 1 Nummern 1 und 2 längstens sechs Monate, in Fällen des Absatzes 2 Satz 1 Nummer 3 längstens drei Monate (Höchstdauer). [2]Für einen kürzeren Zeitraum in Anspruch genommene Pflegezeit kann mit Zustimmung der oder des Dienstvorgesetzten bis zur Höchstdauer verlängert werden. [3]Der Zustimmung bedarf es nicht, wenn ein vorgesehener Wechsel in der Person der oder des Pflegenden aus einem wichtigen Grund nicht erfolgen kann. [4]Pflegezeit und Familienpflegezeit nach

§ 63b dürfen insgesamt eine Dauer von 24 Monaten je pflegebedürftiger naher Angehöriger oder pflegebedürftigem nahen Angehörigen nicht überschreiten.

(5) [1]Ist die oder der nahe Angehörige nicht mehr pflegebedürftig oder die häusliche Pflege unmöglich oder unzumutbar, so ist die Bewilligung der Pflegezeit mit Ablauf von vier Wochen nach Eintritt oder Kenntnis der veränderten Umstände zu widerrufen. [2]Die oder der Dienstvorgesetzte ist über die veränderten Umstände unverzüglich zu unterrichten. [3]Im Übrigen bedarf eine vorzeitige Beendigung der Pflegezeit ihrer oder seiner Zustimmung.

§ 63b Familienpflegezeit

(1) [1]Beamtinnen und Beamten ist, wenn zwingende dienstliche Belange nicht entgegenstehen, auf Antrag für die Dauer von längstens 24 Monaten Teilzeitbeschäftigung im Umfang von durchschnittlich mindestens 15 Stunden je Woche als Familienpflegezeit

1. zur Pflege einer oder eines pflegebedürftigen nahen Angehörigen im Sinne des § 7 Absätze 3 und 4 PflegeZG in häuslicher Umgebung oder
2. zur Betreuung einer oder eines minderjährigen pflegebedürftigen nahen Angehörigen in häuslicher oder außerhäuslicher Umgebung

zu bewilligen. [2]Beamtinnen und Beamten auf Widerruf im Vorbereitungsdienst kann eine Familienpflegezeit mit mindestens der Hälfte der regelmäßigen Arbeitszeit bewilligt werden, soweit dies nach der Struktur der Ausbildung möglich ist und dienstliche Gründe nicht entgegenstehen. [3]§ 63a Absatz 2 Satz 4 gilt entsprechend.

(2) [1]Die Familienpflegezeit soll spätestens acht Wochen vor ihrem Beginn schriftlich beantragt werden. [2]Gleichzeitig ist zu erklären, für welchen Zeitraum und in welchem Umfang die Teilzeitbeschäftigung in Anspruch genommen werden soll. [3]Dabei ist auch die gewünschte Verteilung der Arbeitszeit anzugeben. [4]§ 63a Absatz 3 Satz 4 gilt entsprechend.

(3) [1]Ist die Familienpflegezeit für weniger als 24 Monate bewilligt worden, kann sie mit Zustimmung der oder des Dienstvorgesetzten nachträglich bis zur Dauer von 24 Monaten verlängert werden, wenn die Voraussetzungen des Absatzes 1 vorliegen. [2]§ 63a Absatz 4 Sätze 3 und 4 gilt entsprechend.

(4) [1]Liegen die Voraussetzungen des Absatzes 1 für die Bewilligung der Familienpflegezeit nicht mehr vor, so ist die Bewilligung mit Ablauf des Kalendermonats, der auf den Wegfall der Voraussetzungen folgt, zu widerrufen. [2]Die Beamtin oder der Beamte ist verpflichtet, jede Änderung der Tatsachen mitzuteilen, die für die Bewilligung maßgeblich sind. [3]Ist der Beamtin oder dem Beamten die Teilzeitbeschäftigung im bisherigen Umfang nicht mehr zumutbar, ist die Bewilligung zu widerrufen, wenn dringende dienstliche Belange nicht entgegenstehen. [4]Im Übrigen bedarf eine vorzeitige Beendigung der Familienpflegezeit der Zustimmung der oder des Dienstvorgesetzten.

§ 64 Urlaub ohne Dienstbezüge

(1) Beamtinnen und Beamten mit Dienstbezügen kann
1. auf Antrag Urlaub ohne Dienstbezüge bis zur Dauer von insgesamt sechs Jahren,
2. nach Vollendung des 50. Lebensjahres auf Antrag, der sich auf die Zeit bis zum Beginn des Ruhestandes erstrecken muss, Urlaub ohne Dienstbezüge

bewilligt werden, wenn dienstliche Belange nicht entgegenstehen.

(2) § 62 Absatz 2 und Absatz 3 Satz 2 gilt entsprechend.

§ 65 Höchstdauer von Beurlaubung und unterhälftiger Teilzeit

(1) [1]Teilzeitbeschäftigung mit weniger als der Hälfte der regelmäßigen Arbeitszeit nach § 63 Absatz 1 Satz 1 Nummer 1 (unterhälftige Teilzeitbeschäftigung), Urlaub nach § 63 Absatz 1 Satz 1 Nummer 2 und Urlaub nach § 64 Absatz 1 dürfen insgesamt die Dauer von siebzehn Jahren nicht überschreiten. [2]Dabei bleibt eine unterhälftige Teilzeitbeschäftigung während einer Elternzeit unberücksichtigt. [3]Satz 1 findet bei Urlaub nach § 64 Absatz 1 Nummer 2 keine Anwendung, wenn es der Beamtin oder dem Beamten nicht mehr zuzumuten ist, zur Voll- oder Teilzeitbeschäftigung zurückzukehren.

(2) Der Bewilligungszeitraum kann bei Leiterinnen und Leitern sowie Lehrerinnen und Lehrern an staatlichen Schulen und bei dem pädagogischen Personal am Landesinstitut für Lehrerbildung und Schulentwicklung bis zum Ende des laufenden Schulhalbjahres, bei wissenschaftlichem und künstlerischem Personal an staatlichen Hochschulen bis zum Ende des laufenden Semesters oder Trimesters ausgedehnt werden.

§ 66 Hinweispflicht und Benachteiligungsverbot

(1) Wird eine Reduzierung der Arbeitszeit oder eine langfristige Beurlaubung nach den §§ 62 bis 64 beantragt oder verfügt, ist die Beamtin oder der Beamte schriftlich auf die Folgen reduzierter Arbeitszeit oder langfristiger Beurlaubungen hinzuweisen, insbesondere auf die Folgen für Ansprüche auf Grund beamtenrechtlicher Regelungen.

(2) ¹Die Reduzierung der Arbeitszeit nach den §§ 62 bis 63b darf das berufliche Fortkommen nicht beeinträchtigen. ²Eine unterschiedliche Behandlung von Beamtinnen und Beamten mit reduzierter Arbeitszeit gegenüber Beamtinnen und Beamten mit regelmäßiger Arbeitszeit ist nur zulässig, wenn zwingende sachliche Gründe sie rechtfertigen.

§ 67 Fernbleiben vom Dienst, Erkrankung

(1) Beamtinnen oder Beamte dürfen dem Dienst nicht ohne Genehmigung ihrer oder ihres Dienstvorgesetzten fernbleiben.

(2) ¹Dienstunfähigkeit infolge Krankheit ist unverzüglich unter Angabe ihrer voraussichtlichen Dauer anzuzeigen und auf Verlangen nachzuweisen. ²Beamtinnen oder Beamte sind verpflichtet, sich auf Weisung der oder des Dienstvorgesetzten durch eine von der zuständigen Behörde bestimmte Ärztin oder einen von der zuständigen Behörde bestimmten Arzt untersuchen zu lassen. ³Will die Beamtin oder der Beamte während der Krankheit ihren oder seinen Wohnort verlassen, hat sie oder er dies vorher der oder dem Dienstvorgesetzten anzuzeigen und ihren oder seinen Aufenthaltsort anzugeben.

§ 68 Urlaub (§ 44 BeamtStG)

(1) Der Senat regelt durch Rechtsverordnung Einzelheiten der Gewährung von Erholungsurlaub einschließlich Zusatzurlaub, insbesondere dessen Dauer und Berechnung, die Voraussetzungen für die Gewährung, dessen Verfall, sowie das Verfahren, die Voraussetzungen und den Umfang einer Abgeltung.

(2) ¹Den Beamtinnen und Beamten kann Urlaub aus anderen Anlässen (Sonderurlaub) gewährt werden. ²Der Senat regelt Einzelheiten der Gewährung von Sonderurlaub, insbesondere die Voraussetzungen und die Dauer des Sonderurlaubs, das Verfahren sowie ob und inwieweit die Dienstbezüge während eines Sonderurlaubs zu belassen sind.

§ 69 Wahlvorbereitungs- und Mandatsurlaub

(1) Stimmt eine Beamtin oder ein Beamter ihrer oder seiner Aufstellung als Bewerberin oder Bewerber für die Wahl zum Europäischen Parlament, zum Deutschen Bundestag, zu der gesetzgebenden Körperschaft eines Landes zur oder zum Bezirksabgeordneten oder zum Mitglied einer kommunalen Vertretungskörperschaft zu, ist ihr oder ihm auf Antrag innerhalb der letzten zwei Monate vor dem Wahltag der zur Vorbereitung ihrer oder seiner Wahl erforderliche Urlaub unter Wegfall der Bezüge zu gewähren.

(2) Für eine Beamtin oder einen Beamten, die oder der in die gesetzgebende Körperschaft eines anderen Landes gewählt worden ist und deren oder dessen Amt kraft Gesetzes mit dem Mandat unvereinbar ist, gelten die für in den Deutschen Bundestag gewählte Beamtinnen und Beamte maßgebenden Vorschriften des Abgeordnetengesetzes (AbgG) in der Fassung vom 21. Februar 1996 (BGBl. I S. 327), zuletzt geändert am 3. April 2009 (BGBl. I S. 700, 717), in der jeweils geltenden Fassung entsprechend.

(3) ¹Einer Beamtin oder einem Beamten, die oder der in die gesetzgebende Körperschaft eines Landes gewählt worden ist und deren oder dessen Rechte und Pflichten aus dem Dienstverhältnis nicht nach Absatz 2 oder anderen gesetzlichen Bestimmungen ruhen, ist zur Ausübung des Mandats auf Antrag

1. die Arbeitszeit bis auf dreißig vom Hundert der regelmäßigen Arbeitszeit zu ermäßigen oder
2. Urlaub ohne Bezüge zu gewähren.

²Der Antrag soll jeweils für einen Zeitraum von mindestens sechs Monaten gestellt werden. ³§ 23 Absatz 5 AbgG ist sinngemäß anzuwenden. ⁴Auf eine Beamtin oder einen Beamten, der oder dem nach Satz 1 Nummer 2 Urlaub ohne Bezüge gewährt wird, ist § 7 Absätze 1, 3 und 4 AbgG sinngemäß anzuwenden.

3.
Nebentätigkeit und Tätigkeit nach Beendigung des Beamtenverhältnisses

§ 70 Nebentätigkeit

(1) Nebentätigkeit ist die Wahrnehmung eines Nebenamtes oder einer Nebenbeschäftigung.

(2) Nebenamt ist ein nicht zu einem Hauptamt gehörender Kreis von Aufgaben, der auf Grund eines öffentlich-rechtlichen Dienst- oder Amtsverhältnisses wahrgenommen wird.

(3) Nebenbeschäftigung ist jede sonstige, nicht zu einem Hauptamt gehörende Tätigkeit innerhalb oder außerhalb des öffentlichen Dienstes.

(4) [1]Als Nebentätigkeit gilt nicht die Ausübung eines Mandats in der hamburgischen Bürgerschaft, die Wahrnehmung öffentlicher Ehrenämter sowie einer unentgeltlichen Vormundschaft, Betreuung oder Pflegschaft eines Angehörigen. [2]Die Übernahme eines öffentlichen Ehrenamtes ist vorher schriftlich mitzuteilen.

§ 71 Pflicht zur Übernahme einer Nebentätigkeit

Beamtinnen und Beamte sind verpflichtet, auf schriftliches Verlangen ihrer oder ihres Dienstvorgesetzten

1. eine Nebentätigkeit im öffentlichen Dienst,
2. eine Nebentätigkeit im Vorstand, Aufsichtsrat, Verwaltungsrat oder in einem sonstigen Organ einer Gesellschaft, Genossenschaft oder eines in einer anderen Rechtsform betriebenen Unternehmens, wenn dies im öffentlichen Interesse liegt,

zu übernehmen und fortzuführen, sofern diese Tätigkeit ihrer Vorbildung oder Berufsausbildung entspricht und sie nicht über Gebühr in Anspruch nimmt.

§ 72 Anzeigefreie Nebentätigkeiten (§ 40 BeamtStG)

(1) Der Anzeigepflicht nach § 40 Satz 1 BeamtStG unterliegen nicht

1. Nebentätigkeiten, zu deren Übernahme die Beamtin oder der Beamte nach § 71 verpflichtet ist,
2. die Verwaltung eigenen oder der Nutznießung der Beamtin oder des Beamten unterliegenden Vermögens,
3. die Tätigkeit zur Wahrung von Berufsinteressen in Gewerkschaften und Berufsverbänden oder in Organen von Selbsthilfeeinrichtungen der Beamtinnen und Beamten und
4. unentgeltliche Nebentätigkeiten; folgende Tätigkeiten sind anzeigepflichtig, auch wenn sie unentgeltlich ausgeübt werden:
   a) Wahrnehmung eines nicht unter Nummer 1 fallenden Nebenamtes,
   b) Übernahme einer Testamentsvollstreckung oder einer anderen als in § 70 Absatz 4 genannten Vormundschaft, Betreuung oder Pflegschaft,
   c) gewerbliche oder freiberufliche Tätigkeiten oder die Mitarbeit bei einer dieser Tätigkeiten,
   d) Eintritt in ein Organ eines Unternehmens mit Ausnahme einer Genossenschaft.

(2) Die oder der Dienstvorgesetzte kann aus begründetem Anlass verlangen, dass die Beamtin oder der Beamte ihr oder ihm über eine von ihr oder ihm ausgeübte anzeigefreie Nebentätigkeit, insbesondere über deren Art und Umfang, bei einer Tätigkeit in Organen von Selbsthilfeeinrichtungen der Beamtinnen und Beamten auch über die Entgelte und geldwerten Vorteile hieraus, schriftlich Auskunft erteilt.

§ 73 Verbot einer Nebentätigkeit

(1) [1]Soweit durch die Nebentätigkeit die Beeinträchtigung dienstlicher Interessen zu besorgen ist, ist ihre Übernahme einzuschränken oder ganz oder teilweise zu untersagen. [2]Dies ist insbesondere der Fall, wenn die Nebentätigkeit

1. nach Art und Umfang die Arbeitskraft so stark in Anspruch nimmt, dass die ordnungsgemäße Erfüllung der dienstlichen Pflichten behindert werden kann,
2. die Beamtin oder den Beamten in einen Widerstreit mit den dienstlichen Pflichten bringen kann,
3. in einer Angelegenheit ausgeübt wird, in der die Behörde, der die Beamtin oder der Beamte angehört, tätig wird oder tätig werden kann,
4. die Unparteilichkeit oder Unbefangenheit der Beamtin oder des Beamten beeinflussen kann,

5. zu einer wesentlichen Einschränkung der künftigen dienstlichen Verwendbarkeit der Beamtin oder des Beamten führen kann,
6. dem Ansehen der öffentlichen Verwaltung abträglich sein kann.

[3]Die Voraussetzung von Satz 2 Nummer 1 gilt in der Regel als erfüllt, wenn die durchschnittliche zeitliche Beanspruchung durch eine oder mehrere Nebentätigkeiten acht Stunden in der Woche überschreitet.

(2) Schriftstellerische, wissenschaftliche, künstlerische oder Vortragstätigkeiten sowie die mit Lehr- oder Forschungsaufgaben zusammenhängende selbständige Gutachtertätigkeit von beamtetem wissenschaftlichem und künstlerischem Personal an Hochschulen sind nur einzuschränken oder ganz oder teilweise zu untersagen, wenn die konkrete Gefahr besteht, dass bei ihrer Ausübung dienstliche Pflichten verletzt werden.

(3) Nach ihrer Übernahme ist eine Nebentätigkeit einzuschränken oder ganz oder teilweise zu untersagen, soweit bei ihrer Übernahme oder Ausübung dienstliche Pflichten verletzt werden.

§ 74 Ausübung von Nebentätigkeiten

(1) [1]Die Beamtin oder der Beamte darf Nebentätigkeiten nur außerhalb der Arbeitszeit ausüben, es sei denn, sie oder er hat sie auf Verlangen, Vorschlag oder Veranlassung der oder des Dienstvorgesetzten übernommen oder die oder der Dienstvorgesetzte hat ein dienstliches Interesse an der Übernahme der Nebentätigkeit durch die Beamtin oder den Beamten anerkannt. [2]Ausnahmen dürfen nur in besonders begründeten Fällen, insbesondere im öffentlichen Interesse, zugelassen werden, wenn dienstliche Gründe nicht entgegenstehen und die versäumte Arbeitszeit vor- oder nachgeleistet wird.

(2) [1]Bei der Ausübung von Nebentätigkeiten dürfen Einrichtungen, Personal oder Material des Dienstherrn nur bei Vorliegen eines öffentlichen oder wissenschaftlichen Interesses mit dessen Genehmigung und gegen Entrichtung eines angemessenen Entgelts in Anspruch genommen werden. [2]Das Entgelt ist nach den dem Dienstherrn entstehenden Kosten zu bemessen und muss den besonderen Vorteil berücksichtigen, der der Beamtin oder dem Beamten durch die Inanspruchnahme entsteht.

§ 75 Verfahren

[1]Anzeigen, Anträge und Entscheidungen, die die Übernahme und Ausübung einer Nebentätigkeit betreffen, bedürfen der Schriftform. [2]Die Übernahme soll mindestens einen Monat vorher angezeigt werden. [3]Die Beamtin oder der Beamte hat dabei die für die Entscheidung erforderlichen Nachweise, insbesondere über Art und Umfang der Nebentätigkeit sowie die Entgelte und geldwerten Vorteile hieraus, zu führen; jede Änderung ist unverzüglich schriftlich anzuzeigen.

§ 76 Rückgriffsanspruch der Beamtin und des Beamten

[1]Beamtinnen und Beamte, die aus einer auf Verlangen, Vorschlag oder Veranlassung der oder des Dienstvorgesetzten ausgeübten Tätigkeit im Vorstand, Aufsichtsrat, Verwaltungsrat oder in einem sonstigen Organ einer Gesellschaft, Genossenschaft oder eines in einer anderen Rechtsform betriebenen Unternehmens haftbar gemacht werden, haben gegen den Dienstherrn Anspruch auf Ersatz des ihnen entstandenen Schadens. [2]Ist der Schaden vorsätzlich oder grob fahrlässig herbeigeführt worden, ist der Dienstherr nur dann ersatzpflichtig, wenn die Beamtin oder der Beamte auf Verlangen einer oder eines Vorgesetzten gehandelt hat.

§ 77 Erlöschen der mit dem Hauptamt verbundenen Nebentätigkeiten

Endet das Beamtenverhältnis, so enden, wenn im Einzelfall nichts anderes bestimmt wird, auch die Nebenämter und Nebenbeschäftigungen, die im Zusammenhang mit dem Hauptamt übertragen worden sind oder die auf Verlangen, Vorschlag oder Veranlassung der oder des Dienstvorgesetzten übernommen worden sind.

§ 78 Verordnungsermächtigung

[1]Die zur Ausführung der §§ 70 bis 77 notwendigen Vorschriften über die Nebentätigkeit der Beamtinnen und Beamten erlässt der Senat durch Rechtsverordnung. [2]In ihr kann insbesondere bestimmt werden
1. welche Tätigkeiten als öffentlicher Dienst im Sinne dieser Vorschriften anzusehen sind oder ihm gleichstehen,
2. welche Tätigkeiten als öffentliche Ehrenämter im Sinne des § 70 Absatz 4 anzusehen sind,

3. ob und inwieweit eine im öffentlichen Dienst ausgeübte oder auf Verlangen, Vorschlag oder Veranlassung der oder des Dienstvorgesetzten übernommene Nebentätigkeit vergütet wird oder eine erhaltene Vergütung abzuführen ist,

4. unter welchen Voraussetzungen die Beamtin oder der Beamte bei der Ausübung einer Nebentätigkeit Einrichtungen, Personal oder Material des Dienstherrn in Anspruch nehmen darf und in welcher Höhe hierfür ein Entgelt an den Dienstherrn zu entrichten ist; das Entgelt kann pauschaliert und in einem Hundertsatz des aus der Nebentätigkeit erzielten Bruttoeinkommens festgelegt werden und bei unentgeltlich ausgeübter Nebentätigkeit entfallen,

5. dass die Beamtin oder der Beamte verpflichtet werden kann, nach Ablauf eines jeden Kalenderjahres der oder dem Dienstvorgesetzten die ihr oder ihm zugeflossenen Entgelte und geldwerten Vorteile aus Nebentätigkeiten anzugeben.

§ 79 Tätigkeit nach Beendigung des Beamtenverhältnisses (§ 41 BeamtStG)

(1) [1]Die Anzeigepflicht für die Aufnahme einer Tätigkeit nach § 41 Satz 1 BeamtStG besteht für Ruhestandsbeamtinnen und Ruhestandsbeamte oder frühere Beamtinnen und Beamte mit Versorgungsbezügen für einen Zeitraum von fünf Jahren nach Beendigung des Beamtenverhältnisses (Karenzfrist), soweit es sich um eine Erwerbstätigkeit oder sonstige Beschäftigung handelt, die mit der dienstlichen Tätigkeit in den letzten fünf Jahren vor Beendigung des Beamtenverhältnisses im Zusammenhang steht. [2]Satz 1 gilt für Ruhestandsbeamtinnen und Ruhestandsbeamte, die mit Erreichen der Regelaltersgrenze oder zu einem späteren Zeitpunkt in den Ruhestand treten, mit der Maßgabe, dass an die Stelle der fünfjährigen eine dreijährige Karenzfrist tritt. [3]Die Anzeige hat gegenüber der oder dem letzten Dienstvorgesetzten zu erfolgen.

(2) Das Verbot nach § 41 Satz 2 BeamtStG wird durch die letzte Dienstvorgesetzte oder den letzten Dienstvorgesetzten ausgesprochen.

4.

Fürsorge

§ 80 Beihilfe in Krankheits-, Pflege-, Geburts- und Todesfällen

(1) [1]In Krankheits-, Pflege-, Geburts- und Todesfällen, in Fällen des nicht strafbaren Schwangerschaftsabbruchs und der nicht rechtswidrigen Sterilisation, bei Maßnahmen zur Früherkennung von Krankheiten und bei Schutzimpfungen, die nicht im Zusammenhang mit einem privaten Auslandsaufenthalt in einem Gebiet außerhalb der Europäischen Union stehen, erhalten die in Absatz 2 Satz 1 genannten Berechtigten zu ihren beihilfefähigen Aufwendungen sowie den beihilfefähigen Aufwendungen ihrer in Absatz 2 Satz 3 genannten berücksichtigungsfähigen Angehörigen zur Ergänzung der Eigenvorsorge Beihilfen. [2]Diese bemessen sich nach dem in Absatz 9 geregelten Vomhundertsatz der beihilfefähigen Aufwendungen. [3]Auf die Beihilfe besteht ein Rechtsanspruch. [4]Der Anspruch kann nicht abgetreten, verpfändet oder, soweit gesetzlich nicht etwas anderes bestimmt ist, gepfändet werden; der Beihilfeanspruch kann mit dem Anspruch der Freien und Hansestadt Hamburg auf Erstattung überzahlter Beihilfen verrechnet werden. [5]Die Beihilfen dürfen zusammen mit aus demselben Anlass gewährten Leistungen die dem Grunde nach beihilfefähigen Aufwendungen nicht überschreiten. [6]Wenn durch Erstattung eines Leistungserbringers Aufwendungen, zu denen Beihilfe gewährt wurde, nachträglich entfallen, ist die dafür gewährte Beihilfe zu erstatten.

(2) [1]Beihilfeberechtigt sind

1. Beamtinnen und Beamte, Richterinnen und Richter, entpflichtete Hochschullehrerinnen und Hochschullehrer und Personen, die in einem öffentlich-rechtlichen Ausbildungsverhältnis stehen,

2. Ruhestandsbeamtinnen und Ruhestandsbeamte und Richterinnen und Richter im Ruhestand sowie frühere Beamtinnen und Beamte und Richterinnen und Richter, die wegen Dienstunfähigkeit oder Erreichens der Altersgrenze entlassen wurden,

3. Witwen, Witwer, hinterbliebene Lebenspartnerinnen und Lebenspartner, schuldlos oder aus überwiegendem Verschulden der Verstorbenen vor dem 1. Juli 1977 geschiedene und ihnen gleichgestellte frühere Ehegattinnen und Ehegatten, deren Ehen vor diesem Zeitpunkt aufgehoben oder für nichtig erklärt waren, sowie leibliche und angenommene Kinder nach dem Tode der in den Nummern 1 und 2 genannten Personen,

wenn und solange sie Dienstbezüge, Anwärterbezüge, Unterhaltsbeihilfe, Ruhegehalt, Witwengeld, Witwergeld, Waisengeld oder Unterhaltsbeitrag erhalten oder diese Bezüge auf Grund von Ruhens- oder Anrechnungsvorschriften nicht gezahlt werden. [2]Für die Personen nach Satz 1 Nummer 1 besteht die Beihilfeberechtigung auch, solange sie nach § 63a oder nach § 4a des Hamburgischen Richtergesetzes vom 2. Mai 1991 (HmbGVBl. S. 169), zuletzt geändert am 8. Juli 2014 (HmbGVBl. S. 299, 320), für die Pflege, Betreuung oder Begleitung naher Angehöriger unter Fortfall der Bezüge vom Dienst freigestellt sind. [3]Nicht beihilfeberechtigt sind

1. Ehrenbeamtinnen und Ehrenbeamte sowie ehrenamtliche Richterinnen und Richter,
2. in Satz 1 Nummer 1 genannte Personen, wenn das Dienstverhältnis auf weniger als ein Jahr befristet ist, es sei denn, dass sie insgesamt mindestens ein Jahr ununterbrochen im öffentlichen Dienst (§ 45 Absatz 7 des Hamburgischen Besoldungsgesetzes vom 26. Januar 2010 (HmbGVBl. S. 23) in der jeweils geltenden Fassung) beschäftigt sind,
3. in Satz 1 genannte Personen, denen Leistungen nach § 27 AbgG oder § 11 des Europaabgeordnetengesetzes vom 6. April 1979 (BGBl. I S. 413), zuletzt geändert am 23. Oktober 2008 (BGBl. I S. 2020), in der jeweils geltenden Fassung oder entsprechenden vorrangigen landesrechtlichen Vorschriften zustehen.

[4]Berücksichtigungsfähige Angehörige sind

1. die Ehegattin bzw. der Ehegatte oder die Lebenspartnerin bzw. der Lebenspartner der oder des Beihilfeberechtigten,
2. die Kinder der oder des Beihilfeberechtigten, die bei ihr bzw. ihm im Familienzuschlag nach dem Hamburgischen Besoldungsgesetz berücksichtigt werden.

[5]Kinder, die nicht im Familienzuschlag berücksichtigt werden, aber am 31. Dezember 2006 an einer Hochschule oder Fachhochschule als Studenten eingeschrieben waren, gelten als berücksichtigungsfähige Angehörige, sofern und solange sie nach den bis zum 31. Dezember 2006 gültig gewesenen Vorschriften im Familienzuschlag berücksichtigt worden wären. [6]In Fällen der Geburt eines nichtehelichen Kindes des Beihilfeberechtigten gilt die Mutter des Kindes als berücksichtigungsfähige Angehörige.

(3) [1]Beim Zusammentreffen mehrerer Beihilfeberechtigungen auf Grund beamtenrechtlicher Vorschriften schließt eine Beihilfeberechtigung

1. aus einem Dienstverhältnis die Beihilfeberechtigung aus einem Rechtsverhältnis als Versorgungsempfängerin oder Versorgungsempfänger,
2. auf Grund eines neuen Versorgungsbezugs die Beihilfeberechtigung auf Grund früherer Versorgungsbezüge

aus. [2]Satz 1 Nummer 2 gilt nicht, wenn der frühere Versorgungsanspruch aus dem eigenen Dienstverhältnis folgt. [3]Die Beihilfeberechtigung auf Grund beamtenrechtlicher Vorschriften schließt die Berücksichtigungsfähigkeit als Angehörige oder Angehöriger aus. [4]Der Beihilfeberechtigung auf Grund beamtenrechtlicher Vorschriften steht der Anspruch auf Fürsorgeleistungen nach den in Absatz 2 Satz 2 Nummer 3 genannten Vorschriften, nach § 79 des Bundesbeamtengesetzes in der Fassung vom 5. Februar 2009 (BGBl. I S. 160) gegen das Bundeseisenbahnvermögen oder nach entsprechenden kirchenrechtlichen Vorschriften gleich. [5]Eine Beihilfeberechtigung nach anderen als beamtenrechtlichen Vorschriften ist gegeben, wenn ein Anspruch auf Gewährung von Beihilfen auf Grund privatrechtlicher Regelungen nach den Grundsätzen des Bundes oder eines Landes besteht. [6]Die Beihilfeberechtigung nach anderen als beamtenrechtlichen Vorschriften geht

1. der Beihilfeberechtigung aus einem Rechtsverhältnis als Versorgungsempfängerin oder Versorgungsempfänger sowie
2. der Berücksichtigungsfähigkeit als Angehörige oder Angehöriger

vor. [7]Ist eine Angehörige bzw. ein Angehöriger bei mehreren Beihilfeberechtigten berücksichtigungsfähig, wird eine Beihilfe zu den Aufwendungen für die Angehörige oder den Angehörigen jeweils nur einer oder einem Beihilfeberechtigten gewährt.

(4) [1]Beihilfefähig sind Aufwendungen, wenn sie dem Grunde nach notwendig und soweit sie der Höhe nach angemessen sind. [2]Nicht beihilfefähig sind Aufwendungen, die der allgemeinen Lebenshaltung zuzurechnen sind, insbesondere Aufwendungen für Nahrung, Kleidung, Wohnung, Körperpflege, Erziehung, Ausbildung, körperliche Ertüchtigung und Erholung. [3]Dies gilt auch dann, wenn insoweit aus

gesundheitlichen Gründen höhere Aufwendungen entstehen. [4]Nicht beihilfefähig sind Aufwendungen, die zu einem Zeitpunkt entstanden sind, in dem

1. keine Beihilfeberechtigung nach Absatz 2 Satz 1 bestanden hat,
2. die betreffende Person nicht nach Absatz 2 Sätze 3 bis 5 berücksichtigungsfähig war.

[5]Die Aufwendungen gelten als zu dem Zeitpunkt entstanden, in dem die sie verursachenden Umstände (ärztliche Behandlung, Einkauf von Arzneien, Lieferung von Hilfsmitteln und dergleichen) eingetreten sind.

(5) [1]Steht einer Person Heilfürsorge, Krankenhilfe, Geldleistung oder Kostenerstattung auf Grund von Rechtsvorschriften oder arbeits- oder sonstigen dienstvertraglichen Vereinbarungen zu, sind die gewährten oder zu beanspruchenden Leistungen vor der Berechnung der Beihilfe von den beihilfefähigen Aufwendungen abzuziehen; dies gilt nicht für Leistungen aus einem Teilkostentarif der gesetzlichen Krankenversicherung (Artikel 61 des Gesundheits-Reformgesetzes vom 22.[1] Dezember 1988 (BGBl. I S. 2477, 2592)). [2]Bei der Versorgung mit Zahnersatz und Kronen gilt der nach § 55 Absatz 1 des Fünften Buches Sozialgesetzbuch vom 20. Dezember 1988 (BGBl. I S. 2477, 2482), zuletzt geändert am 17. März 2009 (BGBl. I S. 534, 545), in der jeweils geltenden Fassung auf 65 vom Hundert (v.H.) erhöhte Zuschuss als gewährte Leistung. [3]In Fällen, in denen zustehende Leistungen nach den Sätzen 1 und 2 nicht in Anspruch genommen werden (privatärztliche Behandlung und dergleichen), sind die beihilfefähigen Aufwendungen entsprechend zu kürzen. [4]Bei Anwendung des Satzes 3 gelten

1. Aufwendungen für Arznei- und Verbandmittel in voller Höhe,
2. andere Aufwendungen, für die der zustehende Leistungsanteil nicht nachgewiesen wird oder nicht ermittelt werden kann, in Höhe von 50 v. H.

als zustehende Leistung.

[5]Die Sätze 3 und 4 gelten nicht für die in den Sätzen 1 und 2 genannten Leistungen

1. der gesetzlichen Krankenversicherung aus einem freiwilligen Versicherungsverhältnis,
2. nach dem Bundesversorgungsgesetz oder nach sonstigen Rechtsvorschriften, die insoweit auf dieses Gesetz Bezug nehmen,
3. für Beihilfeberechtigte, die nur auf Grund einer Nebentätigkeit in der gesetzlichen Kranken- oder Rentenversicherung pflichtversichert sind oder von der Pflichtversicherung einer anderen Person erfasst werden,
4. für berücksichtigungsfähige Kinder einer oder eines Beihilfeberechtigten, die von der Pflichtversicherung einer anderen Person in der gesetzlichen Kranken- oder Rentenversicherung erfasst werden.

(6) [1]Eine Beihilfe wird nur gewährt, wenn die oder der Beihilfeberechtigte sie innerhalb einer Frist von zwei Jahren nach dem Entstehen der Aufwendungen (Absatz 4 Satz 5) oder der ersten Ausstellung der Rechnung beantragt hat. [2]Zu den bis zum 31. Dezember 2019 entstandenen Aufwendungen wird eine Beihilfe nur gewährt, wenn sie bis zum 31. Dezember 2020 beantragt wird. [3]Eine Beihilfe

1. aus Anlass einer Pflege einer dauernd pflegebedürftigen Person ist spätestens zwei Jahre nach Ablauf des Monats, in dem die Pflege erbracht wurde,
2. zu den Aufwendungen
   a) für Unterkunft und Verpflegung aus Anlass einer Heilkur ist spätestens zwei Jahre nach Beendigung der Heilkur,
   b) für eine Säuglings- und Kleinkinderausstattung ist spätestens zwei Jahre nach der Geburt, der Annahme als Kind oder der Aufnahme in den Haushalt,
   c) aus Anlass eines Todesfalls ist spätestens zwei Jahre nach diesem Todesfall

zu beantragen.

[4]Hat ein Sozialhilfeträger vorgeleistet, beginnt die Frist mit Beginn des Monats, der auf den Monat folgt, in dem der Sozialhilfeträger die Aufwendungen bezahlt hat.

(7) [1]Aus Anlass einer dauernden Pflegebedürftigkeit im Sinne des § 14 des Elften Buches Sozialgesetzbuch vom 26. Mai 1994 (BGBl. I S. 1014, 1015), zuletzt geändert am 17. Dezember 2008 (BGBl. I S. 2586, 2741), in der jeweils geltenden Fassung sind die Aufwendungen für eine häusliche, teilstationäre oder stationäre Pflege beihilfefähig. [2]Die beihilfefähigen Aufwendungen in Fällen dauernder Pflegebedürftigkeit dürfen die Leistungen nach den Vorschriften des Ersten Kapitels und des

---

1) Richtig wohl: „ 20.".

Dritten bis Fünften Abschnitts des Vierten Kapitels des Elften Buches Sozialgesetzbuch nicht unterschreiten. [3]Die Beihilfefähigkeit von Aufwendungen in Krankheitsfällen bleibt unberührt.

(8) [1]Im Falle des Todes einer Beihilfeberechtigten bzw. eines Beihilfeberechtigten geht der Anspruch auf Beihilfe auf die Erbin bzw. den Erben über. [2]Die Beihilfe kann mit befreiender Wirkung an eine bzw. einen von mehreren Erbinnen bzw. Erben, an die hinterbliebene Ehegattin oder Lebenspartnerin bzw. den hinterbliebenen Ehegatten oder Lebenspartner oder an ein Kind der oder des verstorbenen Beihilfeberechtigten gezahlt werden. [3]Die Beihilfe bemisst sich nach den Verhältnissen am Tage vor dem Tod der oder des Beihilfeberechtigten. [4]Wird ein Beihilfeantrag von den in Satz 2 genannten Personen innerhalb von sechs Monaten nach dem Tod der oder des Beihilfeberechtigten nicht gestellt, kann die Beihilfe mit befreiender Wirkung auch an andere natürliche oder juristische Personen gezahlt werden, soweit sie durch die Aufwendungen belastet sind und die Festsetzungsstelle die erforderlichen Feststellungen treffen kann.

(9) [1]Die Beihilfe bemisst sich nach einem Vomhundertsatz der beihilfefähigen Aufwendungen (Bemessungssatz); maßgebend sind die Verhältnisse im Zeitpunkt des Entstehens der Aufwendungen. [2]Der Bemessungssatz beträgt für Aufwendungen, die entstanden sind für

1.　Beihilfeberechtigte nach Absatz 2 Satz 1 Nummer 1　　　　　　　　　　　50 v. H.,

2.　Empfängerinnen und Empfänger von Versorgungsbezügen, die als solche beihilfe-　70 v. H.,
　　rechtigt sind,

3.　berücksichtigungsfähige Ehegattinnen und Ehegatten oder Lebenspartnerinnen und　70 v. H.,
　　Lebenspartner

4.　berücksichtigungsfähige Kinder sowie Waisen, die als solche beihilfeberechtigt sind　80 v. H.

[3]Ist mehr als ein Kind berücksichtigungsfähig, erhöht sich der Bemessungssatz für den Beihilfeberechtigten nach Satz 2 Nummer 1 auf 70 v. H. [4]Kinder, die nach Absatz 2 Satz 4 als berücksichtigungsfähige Angehörige gelten, werden bei der Anwendung des Satzes 3 nicht mitgezählt. [5]Für die Anwendung der Sätze 1 bis 3 gelten die Aufwendungen

1.　für eine Familien- und Haushaltspflege im Falle der stationären Unterbringung der den Haushalt führenden Person als Aufwendungen der stationär untergebrachten Person,

2.　einer Begleitperson als Aufwendungen des Begleiteten,

3.　aus Anlass einer Geburt als Aufwendungen der Mutter,

4.　für eine Familien- und Haushaltspflege im Falle des Todes der den Haushalt führenden Person als Aufwendungen der ältesten verbleibenden berücksichtigungsfähigen Person.

[6]Für beihilfefähige Aufwendungen, für die trotz ausreichender und rechtzeitiger Krankenversicherung wegen angeborener Leiden oder bestimmter Krankheiten auf Grund eines individuellen Ausschlusses keine Versicherungsleistungen gewährt werden oder für die die Leistungen auf Dauer eingestellt worden sind (Aussteuerung), erhöht sich der Bemessungssatz um 20 v. H., jedoch höchstens auf 90 v. H. [7]Dies gilt nur, wenn das Versicherungsunternehmen, bei dem die Versicherung besteht, die Voraussetzungen des § 257 Absatz 2a Satz 1 Nummern 1 bis 4 des Fünften Buches Sozialgesetzbuch erfüllt. [8]Bei freiwillig Versicherten in der gesetzlichen Krankenversicherung mit der Höhe nach gleichen Ansprüchen wie Pflichtversicherte erhöht sich der Bemessungssatz auf 100 v. H. der sich nach Anrechnung der Versicherungsleistungen (nach Absatz 5 Sätze 1 und 2) ergebenden beihilfefähigen Aufwendungen. [9]Dies gilt nicht, wenn

1.　die gesetzliche Krankenversicherung Leistungen nicht gewährt oder die Leistungen nicht in Anspruch genommen werden,

2.　ein Zuschuss, Arbeitgeberanteil oder dergleichen von mindestens 21 Euro monatlich zum Beitrag zur Krankenversicherung gewährt wird.

[10]Beiträge für Krankentagegeld- und Krankenhaustagegeldversicherungen bleiben außer Betracht. [11]Die oberste Dienstbehörde kann in besonderen Ausnahmefällen, die nur bei Anlegung strenger Maßstäbe anzunehmen sind, die Bemessungssätze erhöhen und Beihilfen unter anderen als den in diesem Gesetz und der auf Grundlage von Absatz 12 erlassenen Rechtsverordnung geregelten Voraussetzungen gewähren.

(10) [1]Die zu gewährende Beihilfe wird in jedem Kalenderjahr, in dem Aufwendungen entstanden sind, um Kostendämpfungspauschalen nach den Sätzen 5 bis 7 gekürzt. [2]Dies gilt nur für bis zum 31. Dezember 2019 entstandene Aufwendungen. [3]Sofern das Entstehen von Aufwendungen durch Vorlage

von Belegen nachzuweisen ist, ist das Datum der ersten Ausstellung der Rechnung für die Zuordnung zum jeweiligen Kalenderjahr maßgeblich. [4]Besteht im Kalenderjahr der ersten Ausstellung der Rechnung keine Beihilfeberechtigung mehr, ist der Zeitpunkt des Entstehens der Aufwendungen für die Zuordnung zum jeweiligen Kalenderjahr maßgeblich. [5]Die Kostendämpfungspauschalen betragen für Berechtigte nach Absatz 2 Satz 1 Nummer 1

1.	in den Besoldungsgruppen A7 und A8	25 Euro,
2.	in Besoldungsgruppe A9	50 Euro,
3.	in den Besoldungsgruppen A10 und A11	75 Euro,
4.	in Besoldungsgruppe A12	100 Euro,
5.	in den Besoldungsgruppen A13, A14, C1, W1, H1 und H2	150 Euro,
6.	in den Besoldungsgruppen A15, A16, B1, C2, C3, W2, W3, H3, H4, R1 und R2	200 Euro,
7.	in den Besoldungsgruppen B2, B3, C4, H5 und R3	250 Euro,
8.	in den Besoldungsgruppen B4 bis B6, R4 bis R6	300 Euro,
9.	in Besoldungsgruppe B7	400 Euro,
10.	in den höheren Besoldungsgruppen	500 Euro.

[6]Die Beträge nach Satz 5 werden bei Teilzeitbeschäftigung im gleichen Verhältnis wie die Arbeitszeit vermindert. [7]Die Kostendämpfungspauschalen betragen

1.	für Berechtigte nach Absatz 2 Satz 1 Nummer 2	80 v.H.,
2.	für Berechtigte nach Absatz 2 Satz 1 Nummer 3	48 v.H.,

der Beträge nach Satz 5.

[8]Für die Zuteilung zu den Stufen nach Satz 5 ist bei Versorgungsempfängerinnen und Versorgungsempfängern die Besoldungsgruppe maßgebend, nach der die Versorgungsbezüge berechnet sind; Zwischenbesoldungsgruppen werden der Besoldungsgruppe mit derselben Ordnungsziffer zugeordnet. [9]Dies gilt entsprechend für Versorgungsempfängerinnen und Versorgungsempfänger, deren Versorgungsbezügen ein Grundgehalt (Gehalt) nach einer früheren Besoldungsgruppe, eine Grundvergütung oder ein Lohn zugrunde liegt, sowie für Versorgungsempfängerinnen und Versorgungsempfänger, deren Versorgungsbezüge in festen Beträgen festgesetzt sind. [10]Bei Waisen (Absatz 2 Satz 1 Nummer 3), bei Beamtinnen und Beamten auf Widerruf im Vorbereitungsdienst sowie bei Beihilfeberechtigten, die in einer gesetzlichen Krankenkasse versichert sind, entfällt die Kostendämpfungspauschale. [11]Die Kostendämpfungspauschale nach den Sätzen 1 bis 9 vermindert sich um 25 Euro für jedes berücksichtigungsfähige Kind oder jedes Kind, das nur deshalb nicht berücksichtigungsfähig ist, weil es selbst beihilfeberechtigt ist. [12]Kinder, die nach Absatz 2 Satz 4 als berücksichtigungsfähige Angehörige gelten, werden bei der Anwendung von Satz 11 nicht mitgezählt. [13]Die Höhe der Kostendämpfungspauschale richtet sich nach den Verhältnissen, die am ersten Januar des Jahres vorlagen, dem die Aufwendungen nach Satz 3 zugerechnet werden. [14]Ersatzweise ist auf den ersten Tag mit Beihilfeberechtigung abzustellen. [15]Für Aufwendungen bei dauernder Pflegebedürftigkeit und für Aufwendungen bei Palliativversorgung entfällt die Kostendämpfungspauschale.

(11) [1]Auf Antrag wird an Stelle der Beihilfen zu den Aufwendungen nach Absatz 1 Sätze 1 und 2 eine Pauschale gewährt, wenn Beihilfeberechtigte freiwillig in der gesetzlichen Krankenversicherung oder in entsprechendem Umfang in einer privaten Krankenversicherung versichert sind und ihren Verzicht auf ergänzende Beihilfen erklären. [2]Aufwendungen, für die eine Leistungspflicht der sozialen oder privaten Pflegeversicherung besteht, sind von der Pauschale nicht umfasst. [3]Die Pauschale bemisst sich nach der Hälfte des nachgewiesenen Krankenversicherungsbeitrags, bei privater Krankenversicherung jedoch höchstens nach dem hälftigen Beitrag einer Krankenversicherung im Basistarif und wird monatlich zusammen mit den Bezügen gewährt. [4]Beiträge für berücksichtigungsfähige Angehörige, deren Aufwendungen nach Absatz 12 Satz 2 Nummer 1 Buchstabe c nicht beihilfefähig sind, werden bei der Bemessung der Pauschale nicht berücksichtigt. [5]Änderungen der Beitragshöhe sind unverzüglich mitzuteilen. [6]Der Antrag auf Gewährung der Pauschale und der Verzicht auf ergänzende Beihilfen sind unwiderruflich und bedürfen der Schriftform nach § 126 des Bürgerlichen Gesetzbuchs. [7]Bei einem Wechsel aus der Mitgliedschaft in der gesetzlichen Krankenversicherung in ein Versicherungsverhältnis in der privaten Krankenversicherung oder umgekehrt oder bei Änderung des Krankenversicherungsumfangs wird die Pauschale höchstens in der vor der Änderung gewährten Höhe

gewährt. [8]Beiträge eines Arbeitgebers oder eines Sozialleistungsträgers zur Krankenversicherung oder ein Anspruch auf Zuschuss zum Beitrag zur Krankenversicherung auf Grund von Rechtsvorschriften oder eines Beschäftigungsverhältnisses sind bei der Berechnung der Pauschale nach Satz 3 zu berücksichtigen. [9]Die Gewährung einer Pauschalen Beihilfe gilt als Antragstellung im Sinne des Absatzes 12 Satz 2 Nummer 1 Buchstabe c.

(12) [1]Das Nähere regelt der Senat durch Rechtsverordnung. [2]Dabei ist insbesondere zu bestimmen,

1. welche Aufwendungen beihilfefähig sind, mit der Maßgabe, dass folgende Aufwendungen nicht beihilfefähig sind:
   a) Aufwendungen für Sach- und Dienstleistungen,
   b) Aufwendungen für gesetzlich vorgesehene Kostenanteile und Zuzahlungen,
   c) Aufwendungen, die in Krankheitsfällen, bei Behandlungen in Rehabilitationseinrichtungen und Kuren, bei dauernder Pflegebedürftigkeit, bei Maßnahmen zur Früherkennung von Krankheiten und bei Schutzimpfungen für die Ehegattin bzw. den Ehegatten oder die Lebenspartnerin bzw. den Lebenspartner entstanden sind, sofern ihr oder sein Gesamtbetrag der Einkünfte (§ 2 Absatz 3 des Einkommensteuergesetzes) im Jahr vor der Antragstellung 18 000 Euro überstieg; dies gilt nicht für Aufwendungen, für die trotz ausreichender und rechtzeitiger Krankenversicherung wegen angeborener Leiden oder bestimmter Krankheiten auf Grund eines individuellen Ausschlusses keine Versicherungsleistungen gewährt werden oder die Leistungen insoweit auf Dauer eingestellt worden sind (Aussteuerung),
   d) Aufwendungen für die persönliche Tätigkeit einer oder eines nahen Angehörigen bei einer Heilmaßnahme,
   e) Aufwendungen, die dadurch entstehen, dass eine Kostenerstattung nach § 64 Absatz 4 des Fünften Buches Sozialgesetzbuch verlangt wird,
   f) Abschläge für Verwaltungskosten und fehlende Wirtschaftlichkeitsprüfungen bei der Kostenerstattung nach § 13 Absatz 2 des Fünften Buches Sozialgesetzbuch,
   g) Aufwendungen, die auf Grund eines vorgehenden Beihilfeanspruchs nach Absatz 3 Satz 6 beihilfefähig sind; dies gilt in den Fällen der Nummer 2 für berücksichtigungsfähige Ehegattinnen bzw. Ehegatten oder Lebenspartnerinnen bzw. Lebenspartner jedoch nur, wenn ein gleichwertiger Beihilfeanspruch besteht,
   h) Aufwendungen insoweit, als Schadensersatz von einem Dritten erlangt werden kann oder hätte erlangt werden können oder die Ansprüche auf einen anderen übergegangen oder übertragen worden sind; ausgenommen sind Aufwendungen, die auf einem Ereignis beruhen, das nach § 53 zum Übergang des gesetzlichen Schadenersatzanspruchs auf die Freie und Hansestadt Hamburg führt,
   i) Mehraufwendungen für Wahlleistungen bei einer stationären Krankenhausbehandlung,
   j) Aufwendungen für Heilpraktikerinnen und Heilpraktiker sowie für bei deren Behandlung verbrauchte oder verordnete Materialien und Arznei- und Verbandmittel,
2. unter welchen Voraussetzungen Beihilfe zu gewähren ist oder gewährt werden kann und das Verfahren,
3. dass und inwieweit die beihilfefähigen Aufwendungen für Arznei- und Verbandmittel sowie für Fahrkosten um Beträge, die den Eigenbeteiligungen in der gesetzlichen Krankenversicherung entsprechen, zu vermindern sind,
4. welche Höchstbeträge bei Arznei- und Verbandmitteln sowie bei der Versorgung mit Hilfsmitteln, Geräten zur Selbstbehandlung und Selbstkontrolle und Körperersatzstücken als angemessen gelten,
5. dass und inwieweit Aufwendungen für Hilfs- und Arzneimittel, die nach den §§ 33 und 34 des Fünften Buches Sozialgesetzbuch oder anderen Vorschriften nicht zu Lasten der gesetzlichen Krankenversicherung verordnet werden dürfen, von der Beihilfefähigkeit ausgenommen werden,
6. dass zahntechnische Leistungen nur in Höhe von 60 v.H. beihilfefähig sind, und
7. dass und inwieweit die Beihilfefähigkeit von außerhalb der Bundesrepublik Deutschland entstandenen Aufwendungen eingeschränkt ist.

§ 81 Mutterschutz, Elternzeit (§ 46 BeamtStG)
[1]Der Senat regelt durch Rechtsverordnung die der Eigenart des öffentlichen Dienstes entsprechende Anwendung der Vorschriften

1. des Mutterschutzgesetzes auf Beamtinnen,
2. des Bundeselterngeld- und Elternzeitgesetzes auf Beamtinnen und Beamte.

[2]Während der Elternzeit haben Beamtinnen und Beamte Anspruch auf Krankenfürsorgeleistungen.

§ 82 Arbeitsschutz

(1) Die im Bereich des Arbeitsschutzes auf Grund der §§ 18 und 19 des Arbeitsschutzgesetzes in der jeweils geltenden Fassung erlassenen Verordnungen der Bundesregierung gelten für die Beamtinnen und Beamten entsprechend, soweit nicht der Senat durch Rechtsverordnung Abweichendes regelt.

(2) [1]Der Senat kann durch Rechtsverordnung für bestimmte Tätigkeiten des öffentlichen Dienstes, insbesondere bei der Polizei, der Feuerwehr oder den Zivil- und Katastrophenschutzdiensten, bestimmen, dass die Vorschriften des Arbeitsschutzgesetzes ganz oder zum Teil nicht anzuwenden sind, soweit öffentliche Belange dies zwingend erfordern, insbesondere zur Aufrechterhaltung oder Wiederherstellung der öffentlichen Sicherheit. [2]In der Rechtsverordnung ist gleichzeitig festzulegen, wie die Sicherheit und der Gesundheitsschutz bei der Arbeit unter Berücksichtigung der Ziele des Arbeitsschutzgesetzes auf andere Weise gewährleistet werden.

(3) [1]Das Jugendarbeitsschutzgesetz vom 12. April 1976 (BGBl. I S. 965), zuletzt geändert am 31. Oktober 2008 (BGBl. I S. 2149, 2151), in der jeweils geltenden Fassung, gilt für jugendliche Beamtinnen und Beamte entsprechend. [2]Soweit die Eigenart des Polizeivollzugsdienstes und die Belange der inneren Sicherheit es erfordern, kann der Senat durch Rechtsverordnung Ausnahmen[1]) von den Vorschriften des Jugendarbeitsschutzgesetzes für jugendliche Polizeivollzugsbeamtinnen und Polizeivollzugsbeamte bestimmen.

§ 83 Ersatz von Sachschäden

(1) [1]Sind in Ausübung oder infolge des Dienstes, ohne dass ein Dienstunfall eingetreten ist, Kleidungsstücke oder sonstige Gegenstände, die üblicherweise zur Wahrnehmung des Dienstes mitgeführt werden, beschädigt oder zerstört worden oder abhanden gekommen, kann der Beamtin oder dem Beamten Ersatz geleistet werden. [2]Dies gilt nicht, wenn die Beamtin oder der Beamte den Schaden vorsätzlich oder grob fahrlässig herbeigeführt hat.

(2) [1]Sind durch Gewaltakte Dritter, die im Hinblick auf das pflichtgemäße dienstliche Verhalten von Beamtinnen und Beamten oder wegen ihrer Eigenschaft als Beamtinnen und Beamte begangen worden

---

1) Bis zum Erlass einer Rechtsverordnung nach Absatz 3 gilt § 19 der Verordnung über den Arbeitsschutz für jugendliche hamburgische Beamte in der bis zum 31.12.2009 geltenden Fassung fort:
Ausnahmeregelungen für jugendliche Polizeivollzugsbeamte
(1) Für jugendliche Polizeivollzugsbeamte, die die Grundausbildung abgeleistet haben, werden folgende Ausnahmen von den Vorschriften dieser Verordnung zugelassen, soweit es erforderlich ist, um die weitere Ausbildung sicherzustellen:
1. Bei der Ausbildung im Wachdienst darf die tägliche Arbeitszeit im Tagesdienst und im Nachtdienst jeweils bis zu zwölf Stunden einschließlich der Pausen betragen. Der Nachtdienst darf sich auch auf die Zeit von 20 Uhr des einen bis 7 Uhr des folgenden Tages erstrecken. Der Beamte darf in sechs Monaten höchstens zweimal zum Tagesdienst und zweimal zum Nachtdienst herangezogen werden; einer dieser Dienste darf auf einen der in § 8 genannten Tage fallen.
2. Für besondere Ausbildungsvorhaben gilt Nummer 1 Sätze 1 und 2 entsprechend. Der Beamte darf höchstens einmal im Monat zu einem besonderen Ausbildungsvorhaben herangezogen werden.
3. Im Praktikum darf der Beamte zu dem sich aus dem Schichtdienstplan ergebenden Dienst herangezogen werden; dies gilt auch für den Dienst an den in § 8 genannten Tagen. An den Tagen von Montag bis Samstag darf der Frühdienst vor 7 Uhr beginnen und der Spätdienst nach 20 Uhr enden. Beim Nachtdienst darf die Arbeitszeit einschließlich der Pausen bis zu zwölf Stunden und fünfzehn Minuten betragen und sich auch auf die Zeit von 20 Uhr des einen bis 7 Uhr des folgenden Tages erstrecken. An Sonntagen und gesetzlichen Feiertagen darf der Tagesdienst vor 7 Uhr beginnen und die Arbeitszeit einschließlich der Pausen bis zu zwölf Stunden und fünfzehn Minuten betragen.
4. Die wöchentliche Arbeitszeit darf im Falle der Nummer 3 höchstens 50 Stunden betragen.
(2) [1]Müssen jugendliche Polizeivollzugsbeamte, die die Grundausbildung abgeleistet haben, aus zwingenden dienstlichen Gründen zu Dienstleistungen herangezogen werden, weil auf Einheiten mit ausschließlich volljährigen Polizeivollzugsbeamten nicht zurückgegriffen werden kann, sind Ausnahmen von den in § 9 Absatz 1 Satz 1 genannten Vorschriften und von § 10 Absatz 1 Satz 2 Nummern 2 bis 4 zulässig, soweit es erforderlich ist, um die öffentliche Sicherheit und Ordnung aufrechtzuerhalten. [2]Auf den Ausbildungsstand und die Leistungsfähigkeit der jugendlichen Beamten ist besonders Rücksicht zu nehmen; die Heranziehung dieser Beamten zu Dienstleistungen, die voraussichtlich mit besonderen Gefährdungen und mit außergewöhnlichen physischen oder psychischen Belastungen verbunden sind, ist nicht zulässig.
(3) Bei außergewöhnlichen polizeilichen Lagen ist es unter den Voraussetzungen und Einschränkungen des Absatzes 2 zulässig, in der Grundausbildung befindliche jugendliche Polizeivollzugsbeamte zu Hilfsdiensten ergänzend heranzuziehen.
(4) Wird in den Fällen der Absätze 1 bis 3 über die Arbeitszeit nach § 3 hinaus Mehrarbeit geleistet, ist sie durch entsprechende Verkürzung der Arbeitszeit innerhalb der folgenden vier Wochen auszugleichen.

sind, Gegenstände beschädigt oder zerstört worden, die ihnen oder ihren Familienangehörigen gehören, oder sind ihnen dadurch sonstige, nicht unerhebliche Vermögensschäden zugefügt worden, so können zum Ausgleich einer hierdurch verursachten, außergewöhnlichen wirtschaftlichen Belastung Leistungen gewährt werden. [2]Gleiches gilt in den Fällen, in denen sich der Gewaltakt gegen den Dienstherrn richtet und ein Zusammenhang zum Dienst besteht.

(3) [1]Anträge auf Leistungen nach den Absätzen 1 und 2 sind innerhalb von drei Monaten nach Eintritt des Schadens schriftlich zu stellen. [2]Die Leistungen werden nur gewährt, soweit der Beamtin oder dem Beamten oder den Familienangehörigen der Schaden nicht auf andere Weise ersetzt werden kann. [3]Hat der Dienstherr Leistungen gewährt, so gehen gesetzliche Schadensersatzansprüche der Beamtin oder des Beamten oder des Familienangehörigen gegen Dritte insoweit auf den Dienstherrn über. [4]Übergegangene Ansprüche dürfen nicht zum Nachteil des Geschädigten geltend gemacht werden.

§ 83a Erfüllung von Schmerzensgeldansprüchen gegen Dritte durch den Dienstherrn

(1) Hat die Beamtin oder der Beamte wegen eines tätlichen rechtswidrigen Angriffs, den sie oder er in Ausübung des Dienstes oder außerhalb des Dienstes in Bezug auf ihr oder sein Amt erlitten, einen Vollstreckungstitel über einen Anspruch auf Ersatz eines immateriellen Schadens nach § 253 Absatz 2 des Bürgerlichen Gesetzbuchs (Schmerzensgeld) gegen einen Dritten erlangt, kann der Dienstherr auf Antrag die Erfüllung dieses Anspruchs bis zur Höhe des titulierten Anspruchs übernehmen, soweit die Vollstreckung innerhalb eines Jahres nach Erteilung des Vollstreckungsauftrages durch die Beamtin oder den Beamten erfolglos geblieben ist.

(2) Der Dienstherr soll die Erfüllungsübernahme verweigern, wenn auf Grund desselben Sachverhalts ein Anspruch auf Unfallausgleich nach § 39 des Hamburgischen Beamtenversorgungsgesetzes oder auf eine einmalige Unfallentschädigung nach § 48 des Hamburgischen Beamtenversorgungsgesetzes besteht.

(3) [1]Die Übernahme der Erfüllung ist innerhalb einer Ausschlussfrist von zwei Jahren nach Wirksamkeit des Vollstreckungstitels schriftlich unter Vorlage des Titels und von Nachweisen der Vollstreckungsversuche zu beantragen. [2]Soweit der Dienstherr die Erfüllung übernommen hat, gehen die Ansprüche gegen Dritte auf ihn über. [3]Der Übergang der Ansprüche kann nicht zum Nachteil der oder des Geschädigten geltend gemacht werden.

(4) [1]Wenn der Dienstherr auf Grund desselben tätlichen rechtswidrigen Angriffs einen Vollstreckungstitel über einen nach § 53 übergegangenen Anspruch auf Schadensersatz gegenüber demselben Dritten erlangt, kann er auf schriftlichen Antrag auch das Vollstreckungsverfahren für die Beamtin oder den Beamten aus einem nach Absatz 1 titulierten Anspruch übernehmen. [2]Dem Antrag sind eine vollstreckbare Ausfertigung des Vollstreckungstitels sowie eine öffentlich beglaubigte Abtretungserklärung über den titulierten Anspruch (§ 727 Absatz 1 der Zivilprozessordnung) beizufügen. [3]Soweit die Vollstreckung erfolgreich ist, erhält die Beamtin oder der Beamte unverzüglich das Schmerzensgeld. Anderenfalls finden die Abätze 1 bis 3 Anwendung.

§ 84 Reise- und Umzugskosten

(1) Die Reisekostenvergütung der Beamtinnen und Beamten wird durch Gesetz geregelt.

(2) [1]Für die Gewährung von Umzugskostenvergütung und Trennungsgeld an
1. Beamtinnen und Beamte,
2. Ruhestandsbeamtinnen und -beamte,
3. frühere Beamtinnen und Beamte, die wegen Dienstunfähigkeit oder Erreichens der Altersgrenze entlassen worden sind,
4. in den hamburgischen Dienst abgeordnete Beamtinnen und Beamte,
5. Hinterbliebene der in den Nummern 1 bis 4 bezeichneten Personen

sind das Bundesumzugskostengesetz in der Fassung vom 11. Dezember 1990 (BGBl. I S. 2682) und die darauf gestützten Rechtsverordnungen in der am 31. Dezember 2010 geltenden Fassung entsprechend mit der Maßgabe anzuwenden, dass bei Bezugnahme auf besoldungsrechtliche Regelungen des Bundes diese nur soweit anzuwenden sind, als dass sie nicht durch Landesrecht ersetzt sind.

§ 84a Rückforderung zu viel gezahlter Geldleistungen

[1]Die Rückforderung zu viel gezahlter Geldleistungen, die der Dienstherr auf Grund beamtenrechtlicher Vorschriften geleistet hat, richtet sich nach den Vorschriften des Bürgerlichen Gesetzbuchs über die Herausgabe einer ungerechtfertigten Bereicherung. [2]Der Kenntnis des Mangels des rechtlichen Grun-

des der Zahlung steht es gleich, wenn der Mangel so offensichtlich war, dass die Empfängerin oder der Empfänger ihn hätte erkennen müssen. [3]Von der Rückforderung kann aus Billigkeitsgründen ganz oder teilweise abgesehen werden.

5.

Personalakten (§ 50 BeamtStG)

§ 85 Verarbeitung personenbezogener Daten, Führung und Inhalt der Personalakten sowie Zugang zu Personalakten

(1) [1]Der Dienstherr darf personenbezogene Daten einschließlich Daten im Sinne von Artikel 9 Absatz 1 der Verordnung (EU) 2016/679 des Europäischen Parlaments und des Rates vom 27. April 2016 zum Schutz natürlicher Personen bei der Verarbeitung personenbezogener Daten, zum freien Datenverkehr und zur Aufhebung der Richtlinie 95/46/EG (Datenschutz-Grundverordnung) (ABl. EU 2016 Nr. L 119 S. 1, L 314 S. 72, 2018 Nr. L 127 S. 2) über Bewerberinnen und Bewerber, Beamtinnen und Beamte, ehemalige Beamtinnen und Beamte sowie deren Hinterbliebene verarbeiten, soweit dies im Rahmen der Personalverwaltung oder Personalwirtschaft, insbesondere zur Begründung, Durchführung, Beendigung oder Abwicklung des Dienstverhältnisses oder zur Durchführung organisatorischer, personeller und sozialer Maßnahmen einschließlich der Personalplanung und des Personaleinsatzes, erforderlich ist oder eine Rechtsvorschrift oder eine Vereinbarung nach § 93 Absatz 1 des Hamburgischen Personalvertretungsgesetzes vom 8. Juli 2014 (HmbGVBl. S. 299), zuletzt geändert am 19. Dezember 2019 (HmbGVBl. S. 527, 530), in der jeweils geltenden Fassung dies erlaubt. [2]Fragebögen, mit denen solche personenbezogenen Daten erhoben werden, bedürfen der Genehmigung durch die oberste Dienstbehörde. [3]Für die Verarbeitung personenbezogener Daten gelten ergänzend zur Datenschutz-Grundverordnung die Bestimmungen des Hamburgischen Datenschutzgesetzes vom 18. Mai 2018 (HmbGVBl. S. 145), soweit sich aus § 50 BeamtStG oder aus diesem Gesetz nichts Abweichendes ergibt.

(2) [1]Andere Unterlagen als Personalaktendaten dürfen in die Personalakte nicht aufgenommen werden. [2]Die Personalakte kann in Teilen oder vollständig elektronisch geführt werden, eine dem Datenschutz entsprechende Verarbeitung im Rahmen der jeweiligen Zweckbindung ist durch geeignete technische und organisatorische Maßnahmen sicherzustellen. [3]Kein Bestandteil sind Unterlagen, die besonderen, von der Person und dem Dienstverhältnis sachlich zu trennenden Zwecken dienen, insbesondere Vorgänge, die von Behörden im Rahmen der Aufsicht oder zur Rechnungsprüfung angelegt werden, Prüfungs-, Sicherheits- und Kindergeldakten sowie Unterlagen über ärztliche und psychologische Untersuchungen und Tests mit Ausnahme deren Ergebnisse. [4]Kindergeldakten können mit Besoldungs- und Versorgungsakten verbunden geführt werden, wenn diese von der übrigen Personalakte getrennt sind und von einer von der Personalverwaltung getrennten Organisationseinheit bearbeitet werden.

(3) [1]Die Personalakte kann nach sachlichen Gesichtspunkten in Grundakte und Teilakten gegliedert werden. [2]Teilakten können bei der für den betreffenden Aufgabenbereich zuständigen Organisationseinheit geführt werden. [3]Nebenakten (Unterlagen, die sich auch in der Grundakte oder in Teilakten befinden) dürfen nur im Rahmen der Zweckbindung nach Absatz 1 Satz 1 und nur dann geführt werden, wenn die personalverwaltende Organisationseinheit nicht zugleich Beschäftigungsbehörde ist oder wenn mehrere personalverwaltende Organisationseinheiten für die Beamtin oder den Beamten zuständig sind. In die Grundakte ist ein vollständiges Verzeichnis aller Teil- und Nebenakten aufzunehmen. [4]Wird die Personalakte weder vollständig in Schriftform noch vollständig elektronisch geführt, ist schriftlich festzuhalten, welche Teile in welcher Form geführt werden. [5]Soweit Personalakten teilweise oder ausschließlich elektronisch geführt werden, werden Papierdokumente in elektronische Dokumente übertragen und in der elektronischen Akte gespeichert. [6]Dabei ist entsprechend dem Stand der Technik sicherzustellen, dass die elektronischen Dokumente mit den Papierdokumenten bildlich und inhaltlich übereinstimmen, wenn sie lesbar gemacht werden. [7]Bei teilweise oder vollständig elektronisch geführten Personalakten ist festzulegen, welche Unterlagen neben ihrer elektronisch geführten Fassung zu Dokumentations- und Nachweiszwecken weiterhin als Papierdokument im jeweiligen Teil der Personalakte verbleiben sollen.

(4) Zugang zur Personalakte dürfen nur Beschäftigte haben, die mit der Bearbeitung von Personalangelegenheiten beauftragt sind, und nur soweit dies im Rahmen der Zweckbindung nach Absatz 1 Satz 1 erforderlich ist.

(5) [1]Neben der oder dem behördlichen Datenschutzbeauftragten haben auch die mit Angelegenheiten der Innenrevision beauftragten Beschäftigten Zugang zur Personalakte, soweit sie die zur Durchführung ihrer Aufgaben erforderlichen Erkenntnisse nur auf diesem Weg und nicht durch Auskunft aus der Personalakte gewinnen können. [2]Jede Einsichtnahme nach Satz 1 ist aktenkundig zu machen.

(6) [1]Eine Verwendung von Personalaktendaten im Sinne von § 50 Satz 4 BeamtStG liegt nicht vor, sofern eine nach Absatz 4 oder § 89 zugangs-, übermittlungs- oder auskunftsberechtigte Stelle die bei ihr erhobenen oder ihr übermittelten Personalaktendaten mit dem Ziel auswertet, das Ergebnis anonymisiert anderen datenverarbeitenden Stellen oder Dritten für deren Zwecke, insbesondere für Statistik- und Berichtszwecke zur Verfügung zu stellen oder hierfür zum Abruf vorzuhalten. [2]Eine Verwendung für andere als die in § 50 Satz 4 BeamtStG genannten Zwecke liegt nicht vor, wenn Personalaktendaten ausschließlich für Zwecke der Datenschutzkontrolle verwendet werden. [3]Gleiches gilt, soweit im Rahmen der Datensicherung oder der Sicherung des ordnungsgemäßen Betriebes einer Datenverarbeitungsanlage eine nach dem Stand der Technik nicht oder nur mit unverhältnismäßigem Aufwand zu vermeidende Kenntnisnahme von Personalaktendaten erfolgt.

§ 86 Beihilfeunterlagen
[1]Unterlagen über Beihilfen sind stets als Teilakte zu führen. [2]Diese ist von der übrigen Personalakte getrennt aufzubewahren. [3]Sie soll in einer von der übrigen Personalverwaltung getrennten Organisationseinheit bearbeitet werden; Zugang sollen nur Beschäftigte dieser Organisationseinheit haben. [4]Beihilfedaten dürfen für andere als für Beihilfezwecke nur verwendet oder übermittelt werden, wenn die oder der Beihilfeberechtigte und die bei der Beihilfegewährung berücksichtigten Angehörigen im Einzelfall einwilligen, die Einleitung oder Durchführung eines im Zusammenhang mit einem Beihilfeantrag stehenden behördlichen oder gerichtlichen Verfahrens dies erfordert oder soweit es zur Abwehr erheblicher Nachteile für das Gemeinwohl, einer sonst unmittelbar drohenden Gefahr für die öffentliche Sicherheit oder einer schwerwiegenden Beeinträchtigung der Rechte einer anderen Person erforderlich ist. [5]Als Beihilfezweck nach Satz 4 gilt auch die Geltendmachung eines Anspruchs auf Abschläge nach § 1 des Gesetzes über Rabatte für Arzneimittel vom 22. Dezember 2010 (BGBl. I S. 2262, 2275). [6]Die Organisationseinheit darf Beihilfeunterlagen auch zu diesem Zweck speichern, verwenden oder nach § 3 des Gesetzes über Rabatte für Arzneimittel übermitteln. [7]Die Sätze 1 bis 6 gelten entsprechend für Unterlagen über Heilfürsorge und Heilverfahren.

§ 87 Anhörung
[1]Ist beabsichtigt, Beschwerden, Behauptungen und Bewertungen, die für die Beamtinnen und Beamten ungünstig sind oder ihnen nachteilig werden können, in die Personalakte aufzunehmen, so sind sie vor deren Aufnahme in die Personalakte hierüber zu informieren und ihnen ist Gelegenheit zur Stellungnahme, insbesondere auch hinsichtlich einer notwendigen Berichtigung oder Vervollständigung, zu geben, soweit dies nicht bereits im Rahmen einer Anhörung nach anderen Rechtsvorschriften erfolgt. [2]Die Äußerung der Beamtinnen und Beamten ist zur Personalakte zu nehmen.

§ 88 Auskunft an die betroffenen Beamtinnen und Beamten
(1) Der Anspruch der Beamtinnen und Beamten auf Auskunft aus ihren Personalakten oder aus anderen Akten, die personenbezogene Daten über sie enthalten und für ihr Dienstverhältnis verarbeitet werden, umfasst auch die Einsichtnahme.

(2) [1]Bevollmächtigten der Beamtinnen und Beamten ist Auskunft zu gewähren, soweit dienstliche Gründe nicht entgegenstehen. [2]Dies gilt auch für Hinterbliebene und deren Bevollmächtigte, wenn ein berechtigtes Interesse glaubhaft gemacht wird. [3]Absatz 1 gilt entsprechend.

(3) [1]Wird die Auskunft in Form der Einsichtnahme verlangt, so bestimmt die personalaktenführende Behörde, wo sie gewährt wird; sie soll dort erfolgen, wo die Akte geführt wird. [2]Auf Verlangen werden Auszüge, Abschriften, Ablichtungen oder Ausdrucke gefertigt.

(4) Die Auskunft ist unzulässig,
1. soweit andere Rechtsvorschriften entgegenstehen,
2. soweit der Schutz der betroffenen Person entgegensteht, insbesondere wenn bei Feststellungen über den Gesundheitszustand zu befürchten ist, dass die Beamtin oder der Beamte bei Kenntnis des Befunds weiteren Schaden an der Gesundheit nimmt,
3. bei Sicherheitsakten,

4. wenn die Daten der betroffenen Person mit Daten Dritter oder geheimhaltungsbedürftigen nicht-personenbezogenen Daten derart verbunden sind, dass eine für die Gewährung der Auskunft gegebenenfalls notwendige Trennung nicht oder nur mit unverhältnismäßig großem Aufwand möglich ist.

§ 89 Übermittlung von Personalakten und Auskunft an nicht betroffene Personen

(1) [1]Ohne Einwilligung der Beamtin oder des Beamten ist es zulässig, die Personalakte für Zwecke nach § 85 Absatz 1 Satz 1 der obersten Dienstbehörde, dem Richterwahlausschuss und dem Landespersonalausschuss für seine Entscheidungen über beamtenrechtliche Ausnahmen oder einer im Rahmen der Dienstaufsicht weisungsbefugten Behörde zu übermitteln. [2]Das Gleiche gilt für Organisationseinheiten derselben Behörde, soweit die Übermittlung zur Vorbereitung oder Durchführung einer Personalentscheidung notwendig ist, sowie für Organisationseinheiten anderer Behörden desselben oder eines anderen Dienstherrn, soweit diese an einer Personalentscheidung mitwirken. [3]Ärztinnen und Ärzten sowie Psychologinnen und Psychologen, die im Auftrag der personalverwaltenden Behörde ein Gutachten erstellen, darf die Personalakte ebenfalls ohne Einwilligung übermittelt werden. [4]Für Auskünfte aus der Personalakte gelten die Sätze 1 bis 3 entsprechend. [5]Soweit eine Auskunft ausreicht, ist von einer Übermittlung abzusehen.

(2) Personenbezogene Daten aus der Personalakte dürfen auch ohne Einwilligung der betroffenen Personen anderen Behörden, anderen öffentlichen Stellen oder Stellen außerhalb des öffentlichen Dienstes übermittelt und von diesen im Auftrag des weiterhin verantwortlichen Dienstherrn weiter verarbeitet werden, soweit sie

1. für die Festsetzung, Berechnung und Rückforderung der Besoldung, der Versorgung, des Altersgeldes, der Beihilfe oder für die Prüfung der Kindergeldberechtigung,

2. für die Prüfung und Durchführung der Buchung von Einzahlungen von den Betroffenen oder von Auszahlungen an die Betroffenen,

3. für die Durchführung von Auswertungen nach § 85 Absatz 6 Satz 1,

4. für die überwiegend automatisierte Erledigung sonstiger Aufgaben für Zwecke nach § 85 Absatz 1 Satz 1 oder die Verrichtung technischer Hilfstätigkeiten durch überwiegend automatisierte Einrichtungen zur Vermeidung von Störungen im Geschäftsablauf des Dienstherrn oder zur Realisierung erheblich wirtschaftlicherer Arbeitsabläufe

erforderlich sind.

(3) [1]Auskünfte an sonstige Dritte dürfen nur mit Einwilligung der Beamtin oder des Beamten erteilt werden, es sei denn, die Empfängerinnen und Empfänger machen ein rechtliches Interesse an der Kenntnis der zu übermittelnden Daten glaubhaft und es besteht kein Grund zu der Annahme, dass das schutzwürdige Interesse der Betroffenen an der Geheimhaltung überwiegt. [2]Zur Erfüllung von Mitteilungs- und Auskunftspflichten im Rahmen der europäischen Verwaltungszusammenarbeit (§§ 8a bis 8e HmbVwVfG) dürfen den zuständigen Behörden der Mitgliedstaaten der Europäischen Union nach Maßgabe der Artikel 50, 56 und 56a der Richtlinie 2005/36/EG auch die dafür erforderlichen Personalaktendaten ohne Einwilligung der Beamtin oder des Beamten im Wege der Auskunft übermittelt werden. [3]Die Beamtin oder der Beamte erhält hierzu eine schriftliche Information.

(4) Übermittlung und Auskunft sind auf den jeweils erforderlichen Umfang zu beschränken.

§ 90 Entfernung von Unterlagen aus Personalakten

(1) [1]Unterlagen über Beschwerden, Behauptungen und Bewertungen, auf die § 79 HmbDG keine Anwendung findet, sind,

1. falls sie sich als unbegründet oder falsch erwiesen haben, mit Zustimmung der Beamtin oder des Beamten unverzüglich aus der Personalakte zu entfernen und zu vernichten,

2. falls sie für Beamtinnen oder Beamte ungünstig sind oder ihnen nachteilig werden können, auf ihren Antrag nach drei Jahren zu entfernen und zu vernichten; dies gilt nicht für dienstliche Beurteilungen.

[2]Die Frist nach Satz 1 Nummer 2 wird durch erneute Sachverhalte im Sinne dieser Vorschrift oder durch die Einleitung eines Straf- oder Disziplinarverfahrens unterbrochen. [3]Stellt sich der erneute Vorwurf als unbegründet oder falsch heraus, gilt die Frist als nicht unterbrochen.

(2) [1]Mitteilungen in Strafsachen, soweit sie nicht Bestandteil einer Disziplinarakte sind, sowie Auskünfte aus dem Bundeszentralregister sind mit Zustimmung der Beamtin oder des Beamten nach drei Jahren zu entfernen und zu vernichten. [2]Absatz 1 Sätze 2 und 3 gilt entsprechend.

§ 91 Aufbewahrungsfristen

(1) [1]Personalakten sind nach ihrem Abschluss von der personalaktenführenden Behörde fünf Jahre aufzubewahren. [2]Personalakten sind abgeschlossen,

1. wenn die Beamtin oder der Beamte ohne versorgungs- und altersgeldberechtigte Hinterbliebene verstorben ist, mit Ablauf des Todesjahres,

2. wenn Versorgungs- oder Altersgeldansprüche bestehen, mit Ablauf des Kalenderjahres, in dem die Versorgungs- oder Altersgeldpflicht erlischt,

3. wenn keine Versorgungs- und Altersgeldansprüche bestehen, mit Ablauf des Jahres der Vollendung der Regelaltersgrenze, in den Fällen des § 24 BeamtStG und § 8 HmbDG jedoch erst, wenn mögliche Versorgungsempfängerinnen, Versorgungsempfänger oder Altersgeldberechtigte nicht mehr vorhanden sind.

(2) [1]Unterlagen über Beihilfen, Unterstützungen, Erkrankungen, Umzugs- und Reisekosten sind fünf Jahre, Unterlagen über Erholungsurlaub sind drei Jahre nach Ablauf des Jahres, in dem die Bearbeitung des einzelnen Vorgangs abgeschlossen wurde, aufzubewahren. [2]Unterlagen, aus denen die Art einer Erkrankung ersichtlich ist und die nicht im Zusammenhang mit der Gewährung von Beihilfen oder Unfallfürsorge stehen, sind unverzüglich zurückzugeben oder zu vernichten, wenn sie für den Zweck, zu dem sie vorgelegt worden sind, nicht mehr benötigt werden. [3]Werden Beihilfeunterlagen zur Durchführung des Verfahrens nach § 86 Sätze 5 und 6 über die nach Satz 1 vorgesehene Frist hinaus benötigt, sind sie unverzüglich nach Abschluss dieses Verfahrens zurückzugeben oder zu vernichten.

(3) Versorgungs- und Altersgeldakten sind fünf Jahre nach Ablauf des Jahres, in dem die letzte Versorgungs- und Altersgeldzahlung geleistet worden ist, aufzubewahren; besteht die Möglichkeit eines Wiederauflebens des Anspruchs, sind die Akten 30 Jahre aufzubewahren.

(4) Die Personalakten und sonstige Personalunterlagen werden nach Ablauf der Aufbewahrungszeit vernichtet, sofern sie nicht vom Staatsarchiv übernommen werden.

§ 92 Automatisierte Verarbeitung von Personalakten

(1) [1]Personalaktendaten dürfen in automatisierten Verfahren nur für Zwecke nach § 85 Absatz 1 Satz 1 verarbeitet werden. [2]Ihre Übermittlung ist nur nach Maßgabe des § 89 zulässig. [3]Ein automatisierter Datenabruf durch andere als die von Satz 2 erfassten Stellen ist unzulässig, soweit nicht durch besondere Rechtsvorschrift etwas anderes bestimmt ist.

(2) Personalaktendaten im Sinne des § 86 dürfen automatisiert nur im Rahmen ihrer Zweckbestimmung und nur von den übrigen Personaldateien technisch und organisatorisch getrennt verarbeitet werden.

(3) Von den Unterlagen über medizinische oder psychologische Untersuchungen und Tests dürfen im Rahmen der Personalverwaltung nur die Ergebnisse automatisiert verarbeitet werden, soweit sie die Eignung betreffen und ihre Verarbeitung dem Schutz der Beamtin oder des Beamten dient.

(4) Eine beamtenrechtliche Entscheidung darf nur dann auf einer ausschließlich automatisierten Verarbeitung personenbezogener Daten beruhen, wenn einem vorausgegangenen Antrag der Beamtin oder des Beamten vollständig entsprochen wird.

(5) Die Verarbeitungsformen automatisierter Personalverwaltungsverfahren sind zu dokumentieren und einschließlich des jeweiligen Verwendungszweckes sowie der regelmäßigen Empfängerinnen und Empfänger und des Inhalts automatisierter Datenübermittlung allgemein bekannt zu geben.

Abschnitt 7
Beteiligung der Spitzenorganisationen

§ 93 Beteiligung der Spitzenorganisationen der Gewerkschaften und Berufsverbände (§ 53 BeamtStG)

(1) [1]Die Spitzenorganisationen der zuständigen Gewerkschaften und der Berufsverbände sind bei der Vorbereitung allgemeiner Regelungen der beamtenrechtlichen Verhältnisse zu beteiligen. [2]Das Beteiligungsverfahren kann zwischen dem Senat und den Spitzenorganisationen der zuständigen Gewerkschaften und der Berufsverbände vereinbart werden.

(2) Die oberste Dienstbehörde und die Spitzenorganisationen der Gewerkschaften und Berufsverbände kommen regelmäßig zu Gesprächen über allgemeine und grundsätzliche Fragen des Beamtenrechts zusammen.

(3) [1]Die Entwürfe allgemeiner beamtenrechtlicher Regelungen werden den Spitzenorganisationen mit einer angemessenen Frist zur Stellungnahme zugeleitet. [2]Daneben kann auch eine mündliche Erörterung erfolgen. [3]Vorschläge der Spitzenorganisationen, die in Gesetzentwürfen keine Berücksichtigung gefunden haben, werden in den Vorlagen für die Bürgerschaft unter Angabe der hierfür maßgeblichen Gründe mitgeteilt.

Abschnitt 8
Landespersonalausschuss

§ 94 Aufgaben des Landespersonalausschusses

(1) [1]Der Landespersonalausschuss wirkt an Personalentscheidungen mit dem Ziel mit, die einheitliche Durchführung der beamtenrechtlichen Vorschriften sicher zu stellen. [2]Er übt seine Tätigkeit unabhängig und in eigener Verantwortung aus.

(2) [1]Der Landespersonalausschuss hat neben den im Gesetz geregelten Entscheidungen über beamtenrechtliche Ausnahmen folgende Aufgaben:

1. bei der Vorbereitung allgemeiner Regelungen der beamtenrechtlichen Verhältnisse mitzuwirken,
2. zu Beschwerden von Beamtinnen und Beamten und zurückgewiesenen Bewerberinnen und Bewerbern in Angelegenheiten von grundsätzlicher Bedeutung Stellung zu nehmen,
3. Empfehlungen zur Beseitigung von Mängeln in der Handhabung der beamtenrechtlichen Vorschriften zu geben und hierzu Vorschläge zur Änderung, Ergänzung oder Neufassung zu unterbreiten.

[2]Weitere Aufgaben können ihm durch Gesetz oder Verordnung des Senats übertragen werden.

§ 95 Mitglieder

(1) Der Landespersonalausschuss besteht aus acht ordentlichen Mitgliedern und acht stellvertretenden Mitgliedern.

(2) [1]Ständige Mitglieder sind die Staatsrätin oder der Staatsrat als Vorsitzende oder Vorsitzender sowie die ranghöchste leitende Beamtin oder der ranghöchste leitende Beamte der für das Personalwesen zuständigen Behörde. [2]Diese werden im Verhinderungsfall durch die gesetzlich oder durch Geschäftsordnung allgemein bestimmten Vertreterinnen oder Vertreter vertreten. [3]Die sechs weiteren ordentlichen Mitglieder und ihre Stellvertreter werden vom Senat auf die Dauer von drei Jahren berufen; von diesen jeweils vier auf Vorschlag der Spitzenorganisationen der zuständigen Gewerkschaften. [4]Die vom Senat berufenen ordentlichen und stellvertretenden Mitglieder müssen Beamtinnen und Beamte im Sinne des § 1 Absatz 1 sein.

§ 96 Rechtsstellung der Mitglieder

(1) [1]Die Mitglieder des Landespersonalausschusses sind unabhängig und nur dem Gesetz unterworfen. [2]Sie üben ihre Tätigkeit innerhalb dieser Schranken in eigener Verantwortung aus.

(2) Die Mitglieder dürfen wegen ihrer Tätigkeit nicht dienstlich gemaßregelt, benachteiligt oder bevorzugt werden.

(3) [1]Die Dienstaufsicht über die Mitglieder des Landespersonalausschusses führt im Auftrag des Senats dessen Präsident oder Präsidentin. [2]Sie unterliegt den sich aus den Absätzen 1 und 2 ergebenden Einschränkungen.

(4) [1]Die Mitgliedschaft im Landespersonalausschuss endet

1. durch Zeitablauf,
2. wenn eine der Voraussetzungen fortfällt, unter denen das Mitglied berufen worden ist, oder
3. wenn das Mitglied in einem Strafverfahren rechtskräftig zu einer Freiheitsstrafe verurteilt oder gegen es in einem Disziplinarverfahren eine Disziplinarmaßnahme, die über einen Verweis hinausgeht, unanfechtbar ausgesprochen worden ist.

[2]§ 39 BeamtStG findet keine Anwendung.

§ 97 Geschäftsordnung und Verfahren

(1) Der Landespersonalausschuss gibt sich eine Geschäftsordnung.

(2) ¹Die Sitzungen des Landespersonalausschusses sind nicht öffentlich. ²Der Landespersonalausschuss kann Beauftragten der beteiligten Verwaltungszweige, Beschwerdeführerinnen und Beschwerdeführern und anderen Personen die Anwesenheit bei den Verhandlungen gestatten und ihnen Gelegenheit zur Stellungnahme geben.

(3) Die Beauftragten der beteiligten Verwaltungszweige sind auf Verlangen zu hören, ebenso die Beschwerdeführerin oder der Beschwerdeführer in den Fällen des § 94 Absatz 2 Nummer 2.

§ 98 Beschlüsse
(1) Soweit dem Landespersonalausschuss eine Entscheidungsbefugnis eingeräumt ist, binden seine Beschlüsse die beteiligten Verwaltungen.

(2) ¹Beschlüsse werden mit Stimmenmehrheit gefasst; zur Beschlussfähigkeit ist die Anwesenheit von mindestens sechs Mitgliedern erforderlich. ²Bei Stimmengleichheit entscheidet die Stimme der oder des Vorsitzenden.

(3) Der Landespersonalausschuss hat das Recht, Beschlüsse von allgemeiner Bedeutung zu veröffentlichen.

§ 99 Amtshilfe
Alle Dienststellen haben dem Landespersonalausschuss unentgeltlich Amtshilfe zu leisten und auf Verlangen Auskünfte zu erteilen sowie Akten vorzulegen, wenn dies zur Durchführung seiner Aufgaben erforderlich ist.

§ 100 Geschäftsstelle
Bei der für das Personalwesen zuständigen Behörde wird eine Geschäftsstelle eingerichtet, die die Verhandlungen des Landespersonalausschusses vorbereitet und seine Beschlüsse ausführt.

Abschnitt 9
Beschwerdeweg und Rechtsschutz

§ 101 Anträge und Beschwerden
(1) ¹Beamtinnen und Beamte können Anträge und Beschwerden vorbringen; hierbei haben sie den Dienstweg einzuhalten. ²Der Beschwerdeweg bis zur obersten Dienstbehörde steht offen.

(2) Richtet sich die Beschwerde gegen die unmittelbare Vorgesetzte oder Dienstvorgesetzte oder den unmittelbaren Vorgesetzten oder Dienstvorgesetzten, so kann sie bei der nächsthöheren Vorgesetzten oder Dienstvorgesetzten oder dem nächsthöheren Vorgesetzten oder Dienstvorgesetzten unmittelbar eingereicht werden.

(3) Beamtinnen und Beamte können Eingaben unmittelbar an den Landespersonalausschuss richten.

§ 102 Verwaltungsrechtsweg (§ 54 BeamtStG)
Widerspruch und Anfechtungsklage gegen Abordnung (§ 28) oder Versetzung (§ 29) haben keine aufschiebende Wirkung.

§ 103 Zustellung von Verfügungen und Entscheidungen
Verfügungen oder Entscheidungen, die Beamtinnen und Beamten oder Versorgungsberechtigten nach den Vorschriften dieses Gesetzes bekannt zu geben sind, sind zuzustellen, wenn durch sie eine Frist in Lauf gesetzt wird oder Rechte der Beamtinnen und Beamten oder Versorgungsberechtigten durch sie berührt werden.

Abschnitt 10
Besondere Vorschriften für einzelne Beamtengruppen

1.
Allgemeines

§ 104 Allgemeines
Für die in diesem Abschnitt genannten Beamtengruppen gelten die Vorschriften dieses Gesetzes nach Maßgabe der folgenden Bestimmungen.

2.
Bürgerschaft

§ 105 Beamtinnen und Beamte der Bürgerschaft

(1) ¹Die Beamtinnen und Beamten der Bürgerschaft sind Landesbeamtinnen und Landesbeamte. ²Ihre Ernennung, Entlassung und Zurruhesetzung werden durch die Präsidentin oder den Präsidenten der Bürgerschaft ausgesprochen. ³Entscheidungen nach § 30 Absätze 2 und 3, § 35 Absatz 4 sowie § 50 trifft die Präsidentin oder der Präsident der Bürgerschaft.

(2) ¹Die Präsidentin oder der Präsident der Bürgerschaft ist abweichend von § 3 Absatz 1 oberste Dienstbehörde der Beamtinnen und Beamten der Bürgerschaft. ²Sie oder er nimmt den von den Beamtinnen und Beamten der Bürgerschaft nach § 47 zu leistenden Diensteid ab.

3.
Polizeivollzug

§ 106 Polizeivollzugsbeamtinnen und Polizeivollzugsbeamte, Einheitslaufbahn

(1) Auf Polizeivollzugsbeamtinnen und Polizeivollzugsbeamte sind die für Beamtinnen und Beamte allgemein geltenden Vorschriften dieses Gesetzes anzuwenden, soweit nachfolgend nichts anderes bestimmt ist.

(2) Welche Beamtengruppen zum Polizeivollzugsdienst gehören, bestimmt der Senat durch Rechtsverordnung.

(3) ¹Die Laufbahn der Polizeivollzugsbeamtinnen und Polizeivollzugsbeamten ist eine Einheitslaufbahn. ²Die Laufbahnvorschriften können bestimmen, dass die Einheitslaufbahn für Bewerberinnen und Bewerber mit einer Vorbildung nach § 14 Absatz 3 Satz 1 Nummer 1 mit dem Abschnitt beginnt, der die Ämter ab dem ersten Einstiegsamt der Laufbahngruppe 2 umfasst. ³Im Rahmen der Vorschriften für die Einheitslaufbahn steht jeder Polizeivollzugsbeamtin und jedem Polizeivollzugsbeamten der Aufstieg in alle Ämter des Polizeivollzugsdienstes offen.

§ 107 Besondere Pflichten

(1) Polizeivollzugsbeamtinnen und Polizeivollzugsbeamte haben ihre Amtspflichten unter Einsatz ihrer Person, notfalls auch ihres Lebens, zu erfüllen.

(2) ¹Polizeivollzugsbeamtinnen und Polizeivollzugsbeamte tragen für die Rechtmäßigkeit ihrer dienstlichen Handlungen die volle persönliche Verantwortung. ²Bei allen Handlungen haben sie die Menschenwürde zu achten und zu schützen.

(3) ¹Bedenken gegen die Rechtmäßigkeit dienstlicher Anordnungen haben Polizeivollzugsbeamtinnen und Polizeivollzugsbeamte unverzüglich bei ihren unmittelbaren Vorgesetzten geltend zu machen. ²Wird die Anordnung aufrechterhalten, müssen Polizeivollzugsbeamtinnen und Polizeivollzugsbeamte sie ausführen und sind von der eigenen Verantwortung befreit; dies gilt nicht, wenn das der Beamtin oder dem Beamten aufgetragene Verhalten strafbar oder ordnungswidrig und die Strafbarkeit oder Ordnungswidrigkeit für sie oder ihn erkennbar ist. ³Auf Verlangen der Polizeivollzugsbeamtinnen und Polizeivollzugsbeamten hat die oder der Vorgesetzte ihnen schriftlich zu bestätigen, dass sie oder er die Anordnung aufrechterhalten hat. ⁴Die Bestätigung ist, sofern es die Umstände gestatten, vor Ausführung der Anordnung zu erteilen.

§ 108 Altersgrenze

Für die Polizeivollzugsbeamtinnen und Polizeivollzugsbeamten bildet das vollendete 60. Lebensjahr die Altersgrenze.

§ 109 Polizeidienstunfähigkeit

Die Polizeivollzugsbeamtin oder der Polizeivollzugsbeamte ist dienstunfähig, wenn sie oder er den besonderen gesundheitlichen Anforderungen des Polizeivollzugsdienstes nicht mehr genügt und nicht zu erwarten ist, dass sie oder er seine volle Verwendungsfähigkeit innerhalb von zwei Jahren wiedererlangt (Polizeidienstunfähigkeit), es sei denn, die auszuübende Funktion erfordert bei Beamtinnen oder Beamten auf Lebenszeit diese besonderen gesundheitlichen Anforderungen auf Dauer nicht mehr uneingeschränkt.

§ 110 Gemeinschaftsunterkunft

(1) Die Polizeivollzugsbeamtin oder der Polizeivollzugsbeamte ist auf Anordnung der oder des Dienstvorgesetzten verpflichtet, in einer Gemeinschaftsunterkunft zu wohnen und an einer Gemeinschaftsverpflegung teilzunehmen.

(2) [1]Die Verpflichtung nach Absatz 1 kann einer Polizeivollzugsbeamtin oder einem Polizeivollzugsbeamten, die Beamtin oder Beamter auf Lebenszeit ist, und Polizeivollzugsbeamtinnen und Polizeivollzugsbeamten des Kriminaldienstes nur für besondere Einsätze oder Lehrgänge oder für ihre oder seine Aus- oder Weiterbildung auferlegt werden. [2]Für die übrigen Polizeivollzugsbeamtinnen und Polizeivollzugsbeamten können unter den Voraussetzungen des § 63 Absatz 1 Ausnahmen von Absatz 1 zugelassen werden.

(3) Das Nähere bestimmt der Senat durch Rechtsverordnung.

§ 111 Dienstkleidung

(1) Polizeivollzugsbeamtinnen und Polizeivollzugsbeamte haben Anspruch auf unentgeltliche Ausstattung mit der Dienstkleidung und -ausrüstung, die die besondere Art ihres Dienstes erfordert.

(2) Das Nähere regelt die oberste Dienstbehörde.

§ 111a Kennzeichnungspflicht

(1) [1]Beim Einsatz geschlossener Einheiten der Landesbereitschaftspolizei tragen Polizeivollzugsbeamtinnen und Polizeivollzugsbeamte eine zur nachträglichen Identifizierung geeignete individuelle Kennzeichnung. [2]Diese Kennzeichnung wird als Brust- und Rückenkennzeichnung getragen und besteht aus einer sechsstelligen Ziffernfolge. [3]Die Rückenkennzeichnung weist zusätzlich die Buchstabenfolge „HH" auf.

(2) [1]Die erforderlichen personenbezogenen Daten der Polizeivollzugsbeamtin oder des Polizeivollzugsbeamten sind mit der Vergabe und vor der Benutzung der Kennzeichnungen zu erheben und zu speichern. [2]Zweck der Erhebung ist die Sicherstellung einer nachträglichen Identifizierbarkeit. [3]Diese personenbezogenen Daten dürfen nur genutzt werden, wenn tatsächliche Anhaltspunkte die Annahme rechtfertigen, dass beim Einsatz eine strafbare Handlung oder eine nicht unerhebliche Dienstpflichtverletzung begangen wurde und die Identifizierung auf andere Weise nicht oder nur unter erheblichen Schwierigkeiten möglich ist. [4]Die personenbezogenen Daten sind drei Monate nach dem Abschluss der eingeräumten Benutzung der dienstlich zur Verfügung gestellten Kennzeichnung zu löschen, sofern sie nicht für den Erhebungszweck weiterhin erforderlich sind.

(3) [1]Der Senat wird ermächtigt, durch Rechtsverordnung Näheres zu Inhalt und Umfang sowie Ausnahmen von der Verpflichtung zum Tragen einer Kennzeichnung nach den Absätzen 1 und 2 zu regeln. [2]Der Senat kann die Ermächtigung durch Rechtsverordnung auf die zuständige Behörde weiter übertragen.

§ 112 Heilfürsorge

(1) [1]Polizeivollzugsbeamtinnen und Polizeivollzugsbeamte haben Anspruch auf Heilfürsorge, solange sie einen Anspruch auf Besoldung haben, Elternzeit beanspruchen oder nach § 63a für die Pflege, Betreuung oder Begleitung naher Angehöriger unter Fortfall der Bezüge vom Dienst freigestellt sind; während einer sonstigen Beurlaubung unter Fortfall der Dienstbezüge ruht ihr Anspruch auf Heilfürsorge. [2]Heilfürsorge ist Sachbezug im Sinne des § 13 Absatz 1 des Hamburgischen Besoldungsgesetzes und wird mit einem monatlichen Betrag in Höhe von 1,4 v.H. des jeweiligen Grundgehalts auf die Besoldung angerechnet. [3]Die Heilfürsorge der Polizeivollzugsbeamtinnen und Polizeivollzugsbeamten im Beamtenverhältnis auf Widerruf zur Ableistung des Vorbereitungsdienstes wird nicht als Sachbezug auf die Anwärterbezüge angerechnet.

(2) [1]Die Heilfürsorge umfasst die ärztliche und zahnärztliche Versorgung und Vorsorge einschließlich der Verordnung von physikalischen und therapeutischen Maßnahmen sowie von Heil- und Hilfsmitteln grundsätzlich gemäß den Bestimmungen des Fünften Buches Sozialgesetzbuch und den dazu erlassenen Rechtsverordnungen und Richtlinien in ihrer jeweils geltenden Fassung. [2]In diesem Rahmen besteht freie Arztwahl. [3]Wahlleistungen aus Anlass einer Krankenhausbehandlung sind ausgeschlossen.

(3) Der Senat wird ermächtigt, das Nähere zu Art und Umfang der Heilfürsorge durch Rechtsverordnung zu regeln, insbesondere

1. über die Beschränkung und Mehrleistungen von Aufwendungen für ärztliche, zahnärztliche einschließlich zahntechnische Leistungen, psychotherapeutische Leistungen, Leistungen von Heil-

praktikerinnen oder Heilpraktikern, Krankenhausleistungen, häusliche Krankenpflege, Familien- und Haushaltshilfe, Pflegeleistungen, Kur- und Rehabilitationsmaßnahmen, Leistungen von Hebammen und Entbindungspflegern, Behandlungen zu kosmetischen Zwecken ohne medizinische Indikation, Behandlungen außerhalb des Wohnorts, Beförderungen, Unterkunftskosten und Begleitpersonen,

2. über die Beschränkung und Mehrleistungen von Aufwendungen für Arznei- und Verbandmittel, Heil- und Hilfsmittel,

3. über den Ausschluss der Heilfürsorge bei Leistungen, für die ein anderer Kostenträger leistungspflichtig ist,

4. für Polizeivollzugsbeamtinnen und Polizeivollzugsbeamte, die ihren dienstlichen Wohnsitz im Ausland haben oder in das Ausland abgeordnet sind,

5. über Festbeträge und Festzuschüsse zu Leistungen,

6. über die Beschränkung oder den Ausschluss von Leistungen, die außerhalb der Europäischen Union oder außerhalb des Europäischen Wirtschaftsraumes entstanden sind,

7. über die Übernahme von Regelungen aus Verträgen, die zwischen privaten Krankenversicherungsunternehmen oder den gesetzlichen Krankenkassen oder deren Verbänden und Leistungserbringern abgeschlossen worden sind,

8. über die Übernahme der vom Gemeinsamen Bundesausschuss nach den §§ 91 und 92 des Fünften Buches Sozialgesetzbuch beschlossenen Richtlinien,

9. hinsichtlich des Verfahrens der Gewährung von Heilfürsorge insbesondere
   a) über die Vorlage von Behandlungs- und Überweisungsscheinen,
   b) über eine Ausschlussfrist für die Beantragung der Heilfürsorge,
   c) über die Verwendung von Antragsvordrucken,
   d) über die elektronische Erfassung, Bearbeitung und Speicherung von Anträgen und Belegen,
   e) über die Verwendung einer elektronischen Gesundheitskarte entsprechend § 291a des Fünften Buches Sozialgesetzbuch, wobei der Zugriff der Heilfürsorgestellen auf Daten, die für die Bearbeitung der konkreten Abrechnung notwendig sind, zu beschränken ist.

(4) [1]Besteht ein Anspruch auf Heilfürsorge, kann Beihilfe darüber hinaus beziehungsweise daneben nicht gewährt werden. [2]Polizeivollzugsbeamtinnen und Polizeivollzugsbeamte nach Absatz 1 können die Gewährung von Heilfürsorge ablehnen. [3]Sie erhalten dann ab dem Ersten des auf die Ablehnung folgenden Monats Beihilfe nach § 80. [4]Ein Widerruf ist ausgeschlossen.

(5) § 91 Absatz 2 gilt entsprechend.

§ 113 Verbot der politischen Betätigung in Uniform

[1]Die Polizeivollzugsbeamtin oder der Polizeivollzugsbeamte darf sich in der Öffentlichkeit in Dienstkleidung nicht politisch betätigen. [2]Das gilt nicht für die Ausübung des Wahlrechts und die Teilnahme an Veranstaltungen, die ausschließlich der Förderung der Arbeits- und Wirtschaftsbedingungen dienen (Artikel 9 Absatz 3 GG).

4.

Feuerwehr

§ 114 Beamtinnen und Beamte der Feuerwehr

[1]Auf die Beamtinnen und Beamten in den Laufbahnen der Fachrichtung Feuerwehr sind die für Beamtinnen und Beamte allgemein geltenden Vorschriften dieses Gesetzes anzuwenden. [2]§ 107 Absatz 1 und die §§ 108, 109 und 111 bis 113 gelten entsprechend.

5.

Strafvollzug

§ 115 Beamtinnen und Beamte des Strafvollzugsdienstes

(1) Auf die Strafvollzugsbeamtinnen und Strafvollzugsbeamten sind die für Beamtinnen und Beamte allgemein geltenden Vorschriften dieses Gesetzes anzuwenden.

(2) § 108 gilt entsprechend für die Beamtinnen und Beamten, die in der Laufbahngruppe 1 der Fachrichtung Justiz in den Funktionen des allgemeinen Vollzugsdienstes sowie des Werkdienstes beim Strafvollzug verwendet werden.

6.

Körperschaften

§ 116 Zuständigkeit

(1) ¹Ist Dienstherr einer Beamtin oder eines Beamten eine landesunmittelbare Körperschaft, Anstalt oder Stiftung des öffentlichen Rechts, kann der Senat als oberste Aufsichtsbehörde in den Fällen, in denen nach diesem Gesetz die oberste Dienstbehörde die Entscheidung hat, sich diese Entscheidung vorbehalten oder sie von seiner vorherigen Genehmigung abhängig machen; er kann diese Befugnis auf nachgeordnete Aufsichtsbehörden übertragen. ²Der Senat kann auch verbindliche Grundsätze für diese Entscheidungen aufstellen.

(2) Die nach diesem Gesetz oder dem BeamtStG einer Behörde übertragenen oder zu übertragenden Zuständigkeiten obliegen bei den landesunmittelbaren Körperschaften, Anstalten oder Stiftungen des öffentlichen Rechts, die Behörden nicht besitzen, der zuständigen Verwaltungsstelle.

7.

Hochschulen

§ 117 Beamtetes wissenschaftliches und künstlerisches Personal an Hochschulen

Auf die Professorinnen und Professoren, Juniorprofessorinnen und Juniorprofessoren, Hochschuldozentinnen und Hochschuldozenten, Oberassistentinnen und Oberassistenten, Oberingenieurinnen und Oberingenieure, wissenschaftlichen und künstlerischen Assistentinnen und Assistenten sowie wissenschaftlichen und künstlerischen Mitarbeiterinnen und Mitarbeiter an staatlichen Hochschulen, die als solche in das Beamtenverhältnis berufen werden (beamtetes wissenschaftliches und künstlerisches Personal an Hochschulen), sind die für Beamtinnen und Beamte allgemein geltenden Vorschriften dieses Gesetzes anzuwenden, soweit in diesem Gesetz oder im Hamburgischen Hochschulgesetz vom 18. Juli 2001 (HmbGVBl. S. 171), zuletzt geändert am 26. Mai 2009 (HmbGVBl. S. 160), in der jeweils geltenden Fassung nichts anderes bestimmt ist.

§ 118 Sonderregelungen

(1) ¹Die Vorschriften über die Laufbahnen sind außer bei wissenschaftlichen und künstlerischen Mitarbeiterinnen und Mitarbeitern im Beamtenverhältnis auf Probe und auf Lebenszeit nicht anzuwenden. ²Die Vorschriften über den einstweiligen Ruhestand sind nicht anzuwenden.

(2) Bei Professorinnen und Professoren im Beamtenverhältnis auf Probe kann die Probezeit im Einzelfall

1. durch den Landespersonalausschuss abgekürzt werden,
2. um höchstens ein Jahr verlängert werden, wenn die Bewährung bis zum Ablauf der Probezeit noch nicht festgestellt werden kann.

(3) ¹Auf die Professorinnen und Professoren, die Hochschuldozentinnen und Hochschuldozenten und die wissenschaftlichen und künstlerischen Mitarbeiterinnen und Mitarbeiter im Beamtenverhältnis auf Zeit, die Juniorprofessorinnen und Juniorprofessoren, die Oberassistentinnen und Oberassistenten und die Oberingenieurinnen und Oberingenieure sowie die wissenschaftlichen und künstlerischen Assistentinnen und Assistenten sind die Vorschriften über die Entlassung aus einem anderen Beamtenverhältnis bei demselben Dienstherrn und den Eintritt in den Ruhestand mit Ablauf der Zeit, für die sie ernannt sind, nicht anzuwenden. ²Diese Beamtinnen und Beamten sind mit Ablauf der Amtszeit, bei einer Verlängerung der Amtszeit mit Ablauf der verlängerten Amtszeit entlassen.

§ 119 Verpflichtung zur Übernahme einer Nebentätigkeit

Die Vorschriften über die Verpflichtung zur Übernahme einer Nebentätigkeit sind nur insoweit anzuwenden, als die Nebentätigkeit in unmittelbarem Zusammenhang mit der Lehr- oder Forschungstätigkeit der Professorin oder des Professors, der Juniorprofessorin oder des Juniorprofessors oder der Hochschuldozentin oder des Hochschuldozenten steht.

§ 120 Stellenausschreibungen für Professuren und Juniorprofessuren

§ 10 Absatz 1 ist nicht anzuwenden.

§ 121 Rechtsstellung der Professorinnen und Professoren

(1) Die Professorinnen und Professoren werden zu Beamtinnen oder Beamten auf Lebenszeit ernannt, wenn sie nicht zunächst in das Beamtenverhältnis auf Probe berufen werden.

(2) Professorinnen und Professoren können zu Beamtinnen und Beamten auf Zeit ernannt werden.

§ 122 Abordnung und Versetzung von Professorinnen und Professoren

¹Die Professorinnen und Professoren können nur mit ihrer Zustimmung abgeordnet oder versetzt werden, soweit nicht gesetzlich etwas anderes bestimmt ist. ²Die Zustimmung bedarf der Schriftform.

§ 123 Hinausschieben des Eintritts in den Ruhestand wegen Erreichens der Altersgrenze für Professorinnen und Professoren

¹§ 35 Absatz 4 Nummer 2 und Absatz 5 ist nicht anzuwenden.

§ 124 Arbeitszeit von Professorinnen und Professoren

§ 61 findet keine Anwendung; die Vorschriften über den Verlust der Bezüge wegen nicht genehmigten schuldhaften Fernbleibens vom Dienst sind anzuwenden.

§ 125 (aufgehoben)

§ 126 Rechtsstellung der Juniorprofessorinnen und Juniorprofessoren sowie der wissenschaftlichen und künstlerischen Mitarbeiterinnen und Mitarbeiter

(1) Juniorprofessorinnen und Juniorprofessoren werden zu Beamtinnen und Beamten auf Zeit ernannt.

(2) Wissenschaftliche und künstlerische Mitarbeiterinnen und Mitarbeiter werden

1. zur Wahrnehmung von Aufgaben nach § 28 Absatz 3 Satz 2 des Hamburgischen Hochschulgesetzes oder § 23 Absatz 1 des Hamburgischen Polizeiakademiegesetzes vom 17. September 2013 (HmbGVBl. S. 389) zu Beamtinnen und Beamten auf Probe und auf Lebenszeit im Akademischen Dienst in der Laufbahn Wissenschaftliche Dienste,

2. zur Wahrnehmung von Aufgaben nach § 28 Absatz 2 des Hamburgischen Hochschulgesetzes als Akademische Rätinnen und Räte zu Beamtinnen und Beamten auf Zeit

ernannt.

8.

Schulen

§ 127 Beamtinnen und Beamte im Schuldienst und am Studienkolleg

(1) Für Lehrkräfte am Studienkolleg nach § 37 Absatz 6 des Hamburgischen Hochschulgesetzes gelten die Vorschriften für Lehrkräfte an staatlichen Schulen entsprechend.

(2) Die Laufbahnvorschriften können für die Laufbahn Bildung von § 14 Abweichendes bestimmen, soweit die besonderen Verhältnisse des Schuldienstes dies erfordern.

9.

Rechnungshof der Freien und Hansestadt Hamburg

§ 128 Mitglieder und weitere Beamtinnen und Beamte des Rechnungshofs

(1) ¹Für die Mitglieder und die weiteren Beamtinnen und Beamten des Rechnungshofs gelten die Vorschriften dieses Gesetzes, soweit nichts anderes bestimmt ist. ²Die Vorschriften über die Probezeit und über die Erprobungszeit sind auf die Mitglieder des Rechnungshofs nicht anzuwenden.

(2) ¹Die Präsidentin bzw. der Präsident des Rechnungshofs spricht die Ernennung, die Entlassung und die Zurruhesetzung der weiteren Beamtinnen und Beamten des Rechnungshofs aus. ²Sie bzw. er trifft die Entscheidung nach § 7 Absatz 3 BeamtStG und § 35 Absatz 4 und nimmt den von den weiteren Beamtinnen und Beamten des Rechnungshofs nach § 47 zu leistenden Diensteid ab.

10.

Die oder der Hamburgische Beauftragte für Datenschutz und Informationsfreiheit

§ 129 Dienstrechtliche Stellung

(1) Die oder der Hamburgische Beauftragte für Datenschutz und Informationsfreiheit steht in keinem Beamtenverhältnis (§ 21 Absatz 1 des Hamburgischen Datenschutzgesetzes vom 18. Mai 2018 (HmbGVBl. S. 145), in der jeweils geltenden Fassung).

(2) ¹Sie oder er spricht die Ernennung, die Entlassung und die Versetzung in den Ruhestand der Beamtinnen und Beamten ihrer bzw. seiner Behörde aus. ²Sie oder er trifft die Entscheidung nach § 7 Absatz 3 BeamtStG und § 35 Absatz 4 und nimmt den nach § 47 zu leistenden Diensteid ab. ³Sie oder

er ist Dienstvorgesetzte oder Dienstvorgesetzter aller Beamtinnen und Beamten der Behörde. ⁴Ihr oder ihm steht das Recht zu, Beschäftigten zu erlauben, an ihrer bzw. seiner Stelle Auskünfte an die Presse zu erteilen.

(3) ¹Sie oder er nimmt in den Fällen der §§ 11, 12, 27, 42, § 49 Absatz 1, § 58 Absatz 4 und § 85 für die Beamtinnen und Beamten ihrer bzw. seiner Behörde die Aufgaben der obersten Dienstbehörde wahr und trifft die der obersten Dienstbehörde vorbehaltenen laufbahnrechtlichen Ausnahmeentscheidungen im Einzelfall. ²Sie oder er ist oberste Dienstbehörde im Sinne des § 82 Absatz 2 des Hamburgischen Personalvertretungsgesetzes und im Sinne des § 96 der Strafprozessordnung sowie oberste Aufsichtsbehörde im Sinne des § 99 der Verwaltungsgerichtsordnung, des § 119 des Sozialgerichtsgesetzes in der Fassung vom 23. September 1975 (BGBl. I S. 2536), zuletzt geändert am 17. Februar 2016 (BGBl. I S. 203, 230), in der jeweils geltenden Fassung, sowie des § 86 der Finanzgerichtsordnung in der Fassung vom 28. März 2001 (BGBl. 2001 I S. 443, 2262, 2002 I S. 679), zuletzt geändert am 18. Juli 2016 (BGBl. I S. 1679, 1707), in der jeweils geltenden Fassung.

§ 130 Beamtinnen und Beamte bei der oder dem Hamburgischen Beauftragten für Datenschutz und Informationsfreiheit

(1) Für die Beamtinnen und Beamten bei der oder dem Hamburgischen Beauftragten für Datenschutz und Informationsfreiheit gelten die Vorschriften dieses Gesetzes, soweit nichts anderes bestimmt ist.

(2) Dienstherrninterne Abordnungen und Versetzungen nach § 27 Absatz 2 verfügt die oder der Hamburgische Beauftragte für Datenschutz und Informationsfreiheit; ohne ihre oder seine Zustimmung dürfen die Beamtinnen und Beamten der Behörde weder zu anderen Dienstherren abgeordnet oder versetzt werden noch darf ihnen nach § 20 BeamtStG eine Tätigkeit bei Dritten zugewiesen werden.

(3) Hinsichtlich das Beamtenverhältnis betreffende Entscheidungen der oder des Hamburgischen Beauftragten für Datenschutz und Informationsfreiheit findet ein Vorverfahren nach § 54 Absatz 2 BeamtStG nicht statt.

Hamburgisches Gesetz
zur Gleichstellung von Frauen und Männern im öffentlichen Dienst
(Hamburgisches Gleichstellungsgesetz – HmbGleiG)[1)]

Vom 2. Dezember 2014 (HmbGVBl. S. 495)
(BS Hbg 2038-1)

Inhaltsübersicht

Abschnitt 1
Allgemeine Vorschriften

§ 1 Ziel des Gesetzes

[1]Dieses Gesetz dient der Gleichstellung von Frauen und Männern sowie der Beseitigung bestehender und der Verhinderung künftiger Nachteile auf Grund des Geschlechts im Geltungsbereich dieses Gesetzes. [2]In allen Bereichen gemäß § 3 Absatz 3 des hamburgischen öffentlichen Dienstes ist eine gleiche Teilhabe von Frauen und Männern zu verwirklichen.

§ 2 Geltungsbereich

(1) Dieses Gesetz gilt für die Dienststellen im Sinne des § 6 des Hamburgischen Personalvertretungsgesetzes (HmbPersVG) vom 8. Juli 2014 (HmbGVBl. S. 299) mit Ausnahme der auf Bundesrecht beruhenden juristischen Personen des öffentlichen Rechts sowie für deren Beschäftigte, insbesondere für solche mit Vorgesetzten- und Leitungsaufgaben.

(2) [1]Soweit die Freie und Hansestadt Hamburg oder ihre staatlichen Hochschulen unmittelbar oder mittelbar Mehrheitsbeteiligungen an juristischen Personen des Privatrechts oder an Personengesellschaften halten oder erwerben, stellen sie sicher, dass dieses Gesetz sinngemäß angewendet wird. [2]Bei Mehrheitsbeteiligungen an Aktiengesellschaften wirken sie darauf hin, dass dieses Gesetz sinngemäß angewendet wird.

---

1) Verkündet als Art. 1 G v. 2.12.2014 (HmbGVBl. S. 495); Inkrafttreten gem. Art. 3 Abs. 1 dieses G am 1.1.2015.

(3) Soweit die Freie und Hansestadt Hamburg oder ihre staatlichen Hochschulen Minderheitsbeteiligungen an juristischen Personen des privaten Rechts oder an Personengesellschaften unmittelbar oder mittelbar halten oder erwerben, wirken sie darauf hin, dass dieses Gesetz sinngemäß angewendet wird.

§ 3 Begriffsbestimmungen

(1) Unterrepräsentanz im Sinne dieses Gesetzes liegt vor, wenn der Frauen- oder Männeranteil innerhalb einer Dienststelle in einem Bereich nach Absatz 3 unter 40 vom Hundert liegt.

(2) Beschäftigte im Sinne dieses Gesetzes sind Beamtinnen und Beamte, Arbeitnehmerinnen und Arbeitnehmer einschließlich der zur Berufsausbildung Beschäftigten sowie Richterinnen und Richter.

(3) [1]Bereiche im Sinne dieses Gesetzes beziehen sich auf die einzelne Dienststelle, die Laufbahn, die Fachrichtung und die jeweilige Besoldungs- und Entgeltgruppe. [2]Innerhalb eines Bereichs bilden die Funktionen mit Vorgesetzten- und Leitungsaufgaben oder die Stellen Vorsitzender Richterinnen und Vorsitzender Richter einen eigenen Bereich. [3]Bereiche sind auch die Berufsausbildungsgänge einer Dienststelle.

(4) Arbeitsplätze im Sinne dieses Gesetzes sind alle Dienstposten und vergleichbaren Positionen, auf denen Beschäftigte ihren Dienst oder ihre Arbeit verrichten, sowie die Ausbildungsplätze.

(5) Familienaufgaben bestehen, wenn eine beschäftigte Person mindestens ein Kind unter 18 Jahren oder eine nach ärztlichem Gutachten pflegebedürftige Angehörige oder einen nach ärztlichem Gutachten pflegebedürftigen Angehörigen tatsächlich betreut oder pflegt.

(6) Vorgesetzten- und Leitungsaufgaben nehmen diejenigen Beschäftigten wahr, die weisungsbefugt sind.

§ 4 Erfahrungsbericht

Der Senat legt der Bürgerschaft im Abstand von vier Jahren einen Erfahrungsbericht über die Umsetzung des Gesetzes vor.

Abschnitt 2
Maßnahmen zur Gleichstellung von Frauen und Männern

§ 5 Vorrang des unterrepräsentierten Geschlechts

(1) Bei der Begründung eines Dienst-, Arbeits- oder Ausbildungsverhältnisses, der Übertragung höherwertiger Tätigkeiten, der Übertragung eines Beförderungsdienstpostens oder der Beförderung in einem Bereich, in dem ein Geschlecht unterrepräsentiert ist, sind Personen dieses Geschlechts bei gleicher Eignung, Befähigung und fachlicher Leistung vorrangig zu berücksichtigen, bis die Unterrepräsentanz beseitigt ist.

(2) [1]Wenn ein Bereich gemäß § 3 Absatz 3 zu wenige Beschäftigte umfasst und damit als Bezugsgröße für Beförderungs- und Auswahlentscheidungen nicht geeignet ist, ist er mit der darunterliegenden Besoldungs- und Entgeltgruppe beziehungsweise den darunterliegenden Besoldungs- und Entgeltgruppen zusammen zu fassen, solange die Summe der Beschäftigten fünf – einschließlich der zu besetzenden Position – nicht übersteigt. [2]Abweichend von Satz 1 können zur Wahrung der Zielsetzung dieses Gesetzes ausnahmsweise auch vergleichbare Arbeitsplätze dienststellenübergreifend zu einem Bereich zusammengefasst werden.

§ 6 Ausnahmen

(1) Ausnahmen von § 5 Absatz 1 sind nur zulässig, wenn im Einzelfall soziale Gründe, die schwerer wiegen als der Ausgleich der Unterrepräsentanz, für die vorrangige Berücksichtigung einer Person des überrepräsentierten Geschlechts sprechen.

(2) § 5 Absatz 1 gilt nicht bei der Besetzung von Ausbildungsplätzen für Berufe, die auch außerhalb des öffentlichen Dienstes ausgeübt werden und für die nur innerhalb des öffentlichen Dienstes ausgebildet wird.

§ 7 Stellenausschreibungen

(1) [1]In Stellenausschreibungen ist das jeweils unterrepräsentierte Geschlecht ausdrücklich anzusprechen. [2]Es ist darauf hinzuweisen, dass Personen des unterrepräsentierten Geschlechts bei gleicher Eignung, Befähigung und fachlicher Leistung vorrangig berücksichtigt werden. [3]§ 5 Absatz 2 gilt entsprechend.

(2) Die Arbeitsplätze sind einschließlich der Funktionen mit Vorgesetzten- und Leitungsaufgaben zur Besetzung auch in Teilzeit auszuschreiben, soweit zwingende dienstliche Belange nicht entgegenstehen.

(3) Jede ausschreibende Behörde hat eine nach dem Geschlecht aufgeschlüsselte Bewerbungs- und Besetzungsstatistik zu führen.

§ 8 Auswahlkommission

Auswahlkommissionen sollen möglichst zu gleichen Teilen mit Frauen und Männern besetzt sein.

§ 9 Qualifikation, Benachteiligungsverbote

(1) Bei der Bewertung der Eignung, Befähigung und fachlichen Leistung sind auch durch Familienaufgaben erworbene Fähigkeiten und Erfahrungen einzubeziehen, soweit sie Rückschlüsse auf die Erfüllung des Anforderungsprofils der jeweiligen Stelle erlauben.

(2) Unterbrechungen der Erwerbstätigkeit, Reduzierungen der Arbeitszeit oder Verzögerungen beim Abschluss einzelner Ausbildungsgänge jeweils auf Grund der Wahrnehmung von Familienaufgaben sind bei der Bewertung der Eignung, Befähigung und fachlichen Leistung nicht zu berücksichtigen.

§ 10 Fortbildung

(1) Die Fortbildung ist so zu gestalten, dass die Teilnahme auch für Beschäftigte mit Familienaufgaben ermöglicht wird.

(2) [1]Frauen und Männer sollen im gleichen Umfang als Dozentinnen und Dozenten bei Fortbildungsveranstaltungen eingesetzt werden. [2]Sie sollen, ebenso wie die für die Fortbildung zuständigen Beschäftigten der Dienststellen, über Kompetenzen im Hinblick auf die Berücksichtigung von Geschlechteraspekten bei der Gestaltung und Durchführung der Fortbildungen verfügen.

(3) [1]Bei der Fortbildung zu den Inhalten Führung, Personal- oder Organisationsangelegenheiten ist die Thematik „Gleichstellung von Frauen und Männern" in die Programme einzubeziehen. [2]Dies gilt insbesondere bei Veranstaltungen für die Wahrnehmung von Vorgesetzten- und Leitungsaufgaben.

(4) [1]In die Fortbildungsprogramme der Freien und Hansestadt Hamburg sind Veranstaltungen für Beschäftigte in Beurlaubung oder Elternzeit zur Vorbereitung auf den beruflichen Wiedereinstieg aufzunehmen. [2]Beschäftigte in Beurlaubung oder Elternzeit sind von der Dienststelle rechtzeitig und umfassend über Fortbildungsmaßnahmen zu unterrichten.

(5) In das Fortbildungsprogramm der Freien und Hansestadt Hamburg sind Veranstaltungen für Gleichstellungsbeauftragte aufzunehmen.

§ 11 Sprache

[1]Insbesondere in Rechts- und Verwaltungsvorschriften, bei der Gestaltung von Vordrucken und in amtlichen Schreiben der Dienststellen ist der Grundsatz der sprachlichen Gleichbehandlung von Frauen und Männern zu beachten. [2]Das Nähere regelt eine Verwaltungsvorschrift.

Abschnitt 3
Vereinbarkeit von Beruf und Familie

§ 12 Familiengerechte Arbeitsgestaltung

[1]Im Rahmen der dienstlichen Möglichkeiten und der geltenden Bestimmungen des Dienst- und Arbeitsrechts soll jede Dienststelle Arbeitszeiten und sonstige Arbeitsbedingungen anbieten, die Frauen und Männern die Vereinbarkeit von Beruf und Familie erleichtern. [2]Beschäftigten mit Familienaufgaben sollen auch Telearbeit oder eine individuelle Verteilung der Arbeitszeit ermöglicht werden.

§ 13 Teilzeitbeschäftigung und Beurlaubung

(1) Alle Arbeitsplätze, einschließlich derjenigen mit Vorgesetzten- und Leitungsaufgaben, sind grundsätzlich für die Wahrnehmung in Teilzeit geeignet.

(2) Die Dienststellen sollen die organisatorischen Voraussetzungen für eine Verminderung der regelmäßigen durchschnittlichen wöchentlichen Arbeitszeit, auch auf Arbeitsplätzen in höheren Besoldungs- und Entgeltgruppen sowie mit Vorgesetzten- und Leitungsaufgaben, schaffen.

(3) [1]Anträgen auf Teilzeitbeschäftigung oder Beurlaubung ohne Bezüge zur Wahrnehmung von Familienaufgaben ist im Rahmen der beamten-, richter- oder tarifrechtlichen Vorschriften zu entsprechen, soweit nicht zwingende dienstliche Belange entgegenstehen. [2]Satz 1 gilt entsprechend für Positionen mit Vorgesetzten- und Leitungsaufgaben.

(4) Beschäftigte, die einen Antrag auf Teilzeitbeschäftigung oder Beurlaubung stellen, sind vor einer Entscheidung auf beamten-, arbeits- und versorgungsrechtliche Folgen sowie auf die Befristungsmöglichkeiten einer Teilzeittätigkeit hinzuweisen.

§ 14 Erhöhung der Arbeitszeit, beruflicher Wiedereinstieg

(1) [1]Anträgen von Teilzeitbeschäftigten mit Familienaufgaben auf Aufstockung ihrer individuellen durchschnittlichen wöchentlichen Arbeitszeit soll entsprochen werden. [2]Sie sollen bei gleicher Eignung, Befähigung und fachlicher Leistung bei der Besetzung von entsprechenden Arbeitsplätzen vorrangig berücksichtigt werden. [3]Satz 2 gilt entsprechend für beurlaubte Beschäftigte mit Familienaufgaben, die eine vorzeitige Rückkehr aus der Beurlaubung beantragen.

(2) Befristete Beschäftigungsmöglichkeiten (Aushilfen, Urlaubs- und Krankheitsvertretungen) sind auf Antrag vorrangig aus familiären Gründen beurlaubten Beschäftigten und Teilzeitbeschäftigten mit Familienaufgaben anzubieten, soweit sie dem Zweck der Beurlaubung oder Teilzeitbeschäftigung nicht zuwiderlaufen.

§ 15 Benachteiligungsverbot für Teilzeitbeschäftigung und Beurlaubung

(1) [1]Teilzeitbeschäftigung und Beurlaubung aus familiären Gründen dürfen das berufliche Fortkommen nicht beeinträchtigen. [2]Sie dürfen sich nicht nachteilig auf die dienstliche Beurteilung auswirken.

(2) [1]Teilzeitbeschäftigten sind die gleichen Chancen zur beruflichen Entwicklung einzuräumen wie Vollzeitbeschäftigten. [2]Eine unterschiedliche Behandlung von Teilzeitbeschäftigten gegenüber Vollzeitbeschäftigten ist nur zulässig, sofern zwingende sachliche Gründe dies erfordern.

(3) Absätze 1 und 2 gelten entsprechend für Beschäftigte an Telearbeitsplätzen und Beschäftigte mit individueller Verteilung der wöchentlichen Arbeitszeit.

Abschnitt 4
Gleichstellungsplan

§ 16 Erstellung und Inhalt

(1) Jede Dienststelle hat jeweils für vier Jahre einen Gleichstellungsplan zu erstellen.

(2) Der Gleichstellungsplan umfasst folgende Inhalte:

1. Analyse der Beschäftigtenstruktur einschließlich der zu erwartenden Fluktuation sowie eine Analyse der Geschlechterverteilung bei der bisherigen Inanspruchnahme von Fortbildungsmaßnahmen,

2. Analyse der bisherigen Ziele und Maßnahmen des ablaufenden Gleichstellungsplans,

3. Ziele und Zielvorgaben bezogen auf den Anteil des unterrepräsentierten Geschlechts in den strategisch wichtigen Bereichen sowie

4. die personellen, organisatorischen und fortbildenden Maßnahmen zur Erreichung dieser Ziele und Zielvorgaben.

[2]Satz 1 Nummern 3 und 4 bezieht sich auf die Geltungsdauer des neuen Gleichstellungsplans.

(3) Nähere Ausführungen zum Gleichstellungsplan bestimmt die für die Gleichstellung im öffentlichen Dienst zuständige Behörde in Abstimmung mit den Behörden und Ämtern.

(4) Abweichend von Absatz 1 erstellt die für das Schulwesen zuständige Behörde einen schulformübergreifenden Gleichstellungsplan für die Beschäftigten an den staatlichen Schulen und einen Gleichstellungsplan für die übrigen Beschäftigten ihrer eigenen und der ihr nachgeordneten Dienststellen.

§ 17 Verfahren

(1) Spätestens drei Monate vor Ablauf der Geltungsdauer eines Gleichstellungsplans ist der Gleichstellungsplan für den nächsten Vierjahreszeitraum der für die Gleichstellung im öffentlichen Dienst zuständigen Behörde vorzulegen.

(2) Die für die Gleichstellung im öffentlichen Dienst zuständige Behörde prüft die in den vorgelegten Gleichstellungsplänen enthaltenen strategischen Zielvorgaben der Dienststellen daraufhin, inwieweit in ihnen eine über die Dienststellen hinweg vergleichbares Maß an Bemühungen bei der Festsetzung der Zielvorgaben zum Ausdruck kommt.

(3) [1]Die Gleichstellungspläne treten zum gemeinsamen Stichtag nach § 23 Absatz 1 Satz 1 in Kraft. [2]Äußert die für die Gleichstellung im öffentlichen Dienst zuständige Behörde Bedenken gegen eine oder mehrere Zielvorgaben einer Dienststelle, tritt der Gleichstellungsplan dieser Dienststelle erst in

Kraft, wenn Einvernehmen erzielt worden ist. [3]Satz 2 gilt nicht für die Bürgerschaft und den Rechnungshof der Freien und Hansestadt Hamburg.

(4) Mit Inkrafttreten der Gleichstellungspläne nach Absatz 3 gibt die Dienststelle den Gleichstellungsplan ihren Beschäftigten zur Kenntnis.

(5) Abweichend von den Absätzen 1 bis 3 legen

1. die Dienststellen im Sinne des § 6 Absatz 1 Nummer 14 HmbPersVG ihre Gleichstellungspläne der jeweils die Aufsicht ausübenden Behörde,

2. die juristischen Personen des Privatrechts und die Personengesellschaften im Sinne des § 2 Absätze 2 und 3 ihre Gleichstellungspläne der jeweils für die Wahrnehmung der Beteiligung zuständigen Behörde

zur Kenntnis vor.

(6) Die neuen Gleichstellungspläne treten jeweils nach Ablauf der bisherigen Gleichstellungspläne in Kraft.

Abschnitt 5
Gleichstellungsbeauftragte

§ 18 Bestellung von Gleichstellungsbeauftragten

(1) [1]Jede Dienststelle hat mindestens eine Gleichstellungsbeauftragte oder einen Gleichstellungsbeauftragten sowie deren beziehungsweise dessen Stellvertretung zu bestellen. [2]Mindestens die Hälfte der bestellten Gleichstellungsbeauftragten und Stellvertretungen der jeweiligen Dienststelle muss dem weiblichen Geschlecht angehören.

(2) [1]Abweichend von Absatz 1 Satz 1 bestellt die für das Schulwesen zuständige Behörde mindestens eine Gleichstellungsbeauftragte oder einen Gleichstellungsbeauftragten für das pädagogische Personal und mindestens eine Gleichstellungsbeauftragte oder einen Gleichstellungsbeauftragten für das Verwaltungspersonal sowie deren Stellvertretungen. [2]§ 18 Absatz 1 Satz 2 findet entsprechende Anwendung.

(3) [1]Die Gleichstellungsbeauftragten werden für die Dauer von vier Jahren bestellt. [2]Ihre Amtszeit endet mit Ablauf von vier Jahren oder mit dem Ausscheiden aus der Dienststelle. [3]Die Bestellung kann auf Antrag oder mit dem Einverständnis der Gleichstellungsbeauftragten durch die Dienststelle aufgehoben werden. [4]Im Übrigen kann sie nur aus wichtigem Grund widerrufen werden.

(4) [1]Den Bestellungen geht ein Interessenbekundungsverfahren voraus. [2]Die Beschäftigten der Dienststelle sind vor der Bestellung der Gleichstellungsbeauftragten von der Dienststelle anzuhören.

(5) Die Bestellungen sowie das Ergebnis der Anhörung sind den Beschäftigten der Dienststelle unverzüglich bekannt zu geben.

§ 19 Rechtsstellung

(1) [1]Die Gleichstellungsbeauftragten sind in dieser Funktion der Leitung der Dienststelle unmittelbar zugeordnet. [2]Sie dürfen nicht dem Personalrat angehören.

(2) [1]Die Gleichstellungsbeauftragten sind in Ausübung der ihnen nach diesem Gesetz übertragenen Aufgaben und Rechte weisungsunabhängig. [2]Eine dienstliche Beurteilung durch die Leitung der Dienststelle für die Tätigkeit als Gleichstellungsbeauftragte oder Gleichstellungsbeauftragter erfolgt nur auf Antrag der Gleichstellungsbeauftragten.

(3) Die Gleichstellungsbeauftragten dürfen bei der Wahrnehmung ihrer Aufgaben nicht behindert und wegen ihrer Tätigkeit weder benachteiligt noch begünstigt werden.

(4) Die Gleichstellungsbeauftragten sind von ihren sonstigen dienstlichen Aufgaben im angemessenen Umfang zu entlasten.

(5) Die Gleichstellungsbeauftragten sind mit den zur Erfüllung ihrer Aufgaben notwendigen räumlichen und sachlichen Mitteln auszustatten.

(6) Den Gleichstellungsbeauftragten ist im angemessenen Umfang die Teilnahme an Fortbildungen zu allen für ihre Aufgabenerfüllung notwendigen Fachkenntnissen und Kompetenzen zu ermöglichen.

(7) Die Gleichstellungsbeauftragten und ihre Stellvertretungen sind verpflichtet, über die ihnen auf Grund ihres Amtes bekannt gewordenen Informationen auch nach der Abgabe des Amtes zu schweigen, sofern nicht die Betroffenen sie von der Pflicht zur Verschwiegenheit entbinden.

§ 20 Aufgaben

(1) ¹Die Gleichstellungsbeauftragten unterstützen, fördern und begleiten die Anwendung dieses Gesetzes in den Dienststellen. ²Sie werden an der Erstellung des Gleichstellungsplans beteiligt.

(2) ¹Die Gleichstellungsbeauftragten beraten die Beschäftigten in allen Angelegenheiten, die die Gleichstellung von Frauen und Männern und die Vereinbarkeit von Beruf und Familie betreffen. ²Sie können hierzu Sprechstunden während der Dienstzeit einrichten.

(3) ¹Die Gleichstellungsbeauftragten erstatten den Beschäftigten ihrer Dienststelle gegenüber einmal jährlich einen Tätigkeitsbericht. ²Sie können hierzu eine Versammlung der Beschäftigten der Dienststelle durchführen. ³Für die Teilnahme an der Versammlung gilt § 57 Absatz 2 HmbPersVG entsprechend.

(4) Die Gleichstellungsbeauftragten können innerhalb der Dienstzeit Informationsveranstaltungen zu dienststellenbezogenen, gleichstellungsrelevanten Themen durchführen.

§ 21 Rechte

(1) ¹Die Gleichstellungsbeauftragten sind über alle anstehenden personellen, sozialen und organisatorischen Maßnahmen, die die Gleichstellung von Frauen und Männern und die Vereinbarkeit von Erwerbs- und Familienarbeit betreffen, unverzüglich und umfassend zu unterrichten, ihnen ist die Möglichkeit zur Stellungnahme zu diesen Maßnahmen zu geben. ²Sie sind berechtigt, an Personalauswahlgesprächen teilzunehmen.

(2) ¹Halten die Gleichstellungsbeauftragten eine beabsichtigte Maßnahme für unvereinbar mit diesem Gesetz, können sie diese Maßnahme binnen einer Woche nach Unterrichtung in Textform gegenüber der Leitung der Dienststelle beanstanden. ²Bei dringenden Maßnahmen kann die Dienststelle die Frist verkürzen. ³Eine Maßnahme darf außer in Fällen, in denen sie der Natur der Sache nach keinen Aufschub duldet, nicht vollzogen werden, solange die Gleichstellungsbeauftragten sie noch beanstanden können. ⁴Im Fall der fristgerechten Beanstandung hat die Dienststelle die Einwände zu prüfen und gegebenenfalls neu zu entscheiden. ⁵Die Maßnahme darf erst dann vollzogen werden, wenn eine der Beanstandung nicht folgende Entscheidung gegenüber den Gleichstellungsbeauftragten in Textform begründet worden ist. ⁶Wurden die Gleichstellungsbeauftragten nicht oder nicht rechtzeitig über eine Maßnahme unterrichtet, so können sie verlangen, dass das beschriebene Verfahren nach den Sätzen 1 bis 5 nachgeholt wird.

(3) ¹Die Gleichstellungsbeauftragten können Maßnahmen zur Verwirklichung der Gleichstellung von Frauen und Männern und zur besseren Vereinbarkeit von Beruf und Familie in der Dienststelle vorschlagen. ²Die Dienststelle prüft die Vorschläge und teilt die Ergebnisse den Gleichstellungsbeauftragten in Textform mit.

(4) ¹Den Gleichstellungsbeauftragten ist in dem für die Wahrnehmung ihrer Aufgaben erforderlichen Umfang Einsicht in die Akten und Bewerbungsunterlagen zu gewähren. ²Personalakten dürfen die Gleichstellungsbeauftragten nur einsehen, wenn und soweit die betroffene Person im Einzelfall eingewilligt hat.

(5) Die Gleichstellungsbeauftragten können ihre Stellvertretung mit bestimmten Aufgaben betrauen.

(6) ¹Die Gleichstellungsbeauftragten haben das Recht auf dienststellenübergreifende Zusammenarbeit. ²Sie können sich unmittelbar an die für die Gleichstellung im öffentlichen Dienst zuständige Behörde wenden.

Abschnitt 6
Übergangs- und Schlussvorschriften

§ 22 Sonderregelungen für den Hochschulbereich

¹Die Zuständigkeit der oder des Gleichstellungsbeauftragten nach § 18 erstreckt sich in den staatlichen Hochschulen gemäß § 1 Absatz 1 Nummern 1 bis 6 des Hamburgischen Hochschulgesetzes vom 18. Juli 2001 (HmbGVBl. S. 171), zuletzt geändert am 8. Juli 2014 (HmbGVBl. S. 269), nur auf das Technische, Bibliotheks- und Verwaltungspersonal. ²Im Übrigen findet dieses Gesetz auf die staatlichen Hochschulen der Freien und Hansestadt Hamburg Anwendung, soweit das Hamburgische Hochschulgesetz in der jeweils geltenden Fassung nichts anderes bestimmt.

§ 23 Übergangsbestimmungen

(1) [1]Gleichstellungspläne nach § 16 treten erstmals zum 1. Januar 2017 in Kraft; die zum Zeitpunkt des Inkrafttretens dieses Gesetzes bestehenden Gleichstellungspläne gelten bis zum 31. Dezember 2016 fort. [2]Abweichend hiervon können für einzelne Dienststellen im Einvernehmen zwischen der für die Gleichstellung im öffentlichen Dienst zuständigen Behörde und der betroffenen Dienststelle Gleichstellungspläne bereits vor dem gemeinsamen Stichtag 1. Januar 2017 in Kraft treten und bestehende Gleichstellungspläne ablösen. [3]In diesem Fall ist die Geltungsdauer der Gleichstellungspläne abweichend von § 16 Absatz 1 begrenzt bis zum 31. Dezember 2016.

(2) [1]Die Gleichstellungsbeauftragten sind innerhalb von drei Monaten nach Inkrafttreten dieses Gesetzes zu bestellen. [2]Frauenbeauftragte, die nach § 14 des Gleichstellungsgesetzes vom 19. März 1991 (HmbGVBl. S. 75) in der bis zum 31. Dezember 2014 geltenden Fassung innerhalb der letzten zwölf Monate vor Inkrafttreten dieses Gesetzes benannt wurden, führen ihr Amt als Gleichstellungsbeauftragte nach Abschnitt 5 weiter. [3]Ihre Amtszeit endet nach Ablauf von vier Jahren nach Inkrafttreten dieses Gesetzes.

(3) Gleichstellungsbeauftragte nach Absatz 2 Satz 2, die einem Personalrat angehören, sind innerhalb von drei Monaten nach Inkrafttreten des Gesetzes abzuberufen, wenn sie ihr Personalratsmandat weiterhin ausüben wollen.

§ 24 Erfahrungsbericht
Der Erfahrungsbericht nach § 4 ist erstmals zum 1. Juli 2017 zu erstellen.

Hamburgisches Gesetz
zur Gleichstellung von Menschen mit Behinderungen
(Hamburgisches Behindertengleichstellungsgesetz – HmbBGG)

Vom 19. Dezember 2019 (HmbGVBl. 2020 S. 13)
(BS Hbg 860-16)

Der Senat verkündet das nachstehende von der Bürgerschaft beschlossene Gesetz:

Inhaltsübersicht

Abschnitt 1
Allgemeine Bestimmungen

§ 1 Gesetzesziele
[1]Ziel des Gesetzes ist es, in Umsetzung des Übereinkommens der Vereinten Nationen vom 13. Dezember 2006 über die Rechte von Menschen mit Behinderungen (BGBl. 2008 II S. 1420) Benachteiligungen von Menschen mit Behinderungen zu beseitigen und zu verhindern sowie die volle, wirksame und gleichberechtigte Teilhabe von Menschen mit Behinderungen am Leben in der Gesellschaft zu gewährleisten und ihnen eine selbstbestimmte Lebensführung zu ermöglichen. [2]Dabei wird ihren besonderen Bedürfnissen Rechnung getragen.

§ 2 Geltungsbereich
(1) Dieses Gesetz gilt für
1. Träger öffentlicher Gewalt und
2. juristische Personen des öffentlichen oder des privaten Rechts, an denen die Freie und Hansestadt Hamburg oder die HGV Hamburger Gesellschaft für Vermögens- und Beteiligungsmanagement mbH eine direkte oder indirekte Mehrheitsbeteiligung besitzen.
(2) Träger öffentlicher Gewalt im Sinne dieses Gesetzes sind Behörden und sonstige Einrichtungen der Verwaltung der Freien und Hansestadt Hamburg, einschließlich der landesunmittelbaren Körperschaften, Anstalten und Stiftungen des öffentlichen Rechts sowie Beliehene und sonstige Landesorgane, soweit sie öffentlich-rechtliche Verwaltungsaufgaben wahrnehmen.

(3) [1]Für Gerichte und Strafverfolgungsbehörden gilt das Gesetz, mit Ausnahme von § 11, soweit sie in Verwaltungsangelegenheiten tätig werden. [2]§ 11 findet für Gerichte und Strafverfolgungsbehörden uneingeschränkt Anwendung.

(4) [1]Träger öffentlicher Gewalt nach Absatz 1 Nummer 1 haben bei der Bewilligung von Zuwendungen nach § 46 der Landeshaushaltsordnung vom 17. Dezember 2013 (HmbGVBl. S. 503), zuletzt geändert am 29. Mai 2018 (HmbGVBl. S. 200), in der jeweils geltenden Fassung bei Maßnahmen, bei denen Belange von Menschen mit Behinderungen berührt sind oder sein können, die Ziele dieses Gesetzes angemessen zu berücksichtigen. [2]Ferner ist darauf hinzuwirken, dass soweit Dritte Aufgaben wahrnehmen oder Angebote bereitstellen, die im erheblichen öffentlichen Interesse liegen, die Ziele dieses Gesetzes berücksichtigt werden.

§ 3 Behinderung
[1]Menschen mit Behinderungen im Sinne dieses Gesetzes sind Menschen, die langfristige körperliche, seelische, geistige oder Sinnesbeeinträchtigungen haben, welche sie in Wechselwirkung mit einstellungs- und umweltbedingten Barrieren an der vollen, wirksamen und gleichberechtigten Teilhabe an der Gesellschaft hindern können. [2]Als langfristig gilt ein Zeitraum, der mit hoher Wahrscheinlichkeit länger als sechs Monate andauert.

§ 4 Besondere Belange von Frauen und Kindern mit Behinderungen, Benachteiligung wegen mehrerer Gründe
(1) [1]Zur Durchsetzung der Gleichberechtigung von Frauen und zur Vermeidung von Benachteiligungen von Frauen mit Behinderungen wegen mehrerer Gründe sind die besonderen Belange von Frauen mit Behinderungen zu berücksichtigen und bestehende Benachteiligungen zu beseitigen. [2]Dabei sollen besondere Maßnahmen getroffen werden, um die tatsächliche Durchsetzung der Gleichberechtigung von Frauen mit Behinderungen zu fördern und bestehende Benachteiligungen abzubauen.

(2) Die Träger öffentlicher Gewalt und die juristischen Personen nach § 2 Absatz 1 Nummer 2 treffen in ihrem jeweiligen Geschäftsbereich alle erforderlichen Maßnahmen, um den besonderen Schutz und die Teilhabe von Kindern mit Behinderungen zu gewährleisten.

(3) Unabhängig von Absatz 1 sind die besonderen Belange von Menschen mit Behinderungen, die von Benachteiligungen wegen einer Behinderung und wenigstens eines weiteren in § 1 des Allgemeinen Gleichbehandlungsgesetzes (AGG) vom 14. August 2006 (BGBl. I S. 1897), zuletzt geändert am 3. April 2013 (BGBl. I S. 610, 615), genannten Grundes betroffen sein können, zu berücksichtigen.

§ 5 Barrierefreiheit
[1]Barrierefrei sind bauliche und sonstige Anlagen, Verkehrsmittel, technische Gebrauchsgegenstände, Systeme der Informationsverarbeitung, akustische und visuelle Informationsquellen und Kommunikationseinrichtungen sowie andere gestaltete Lebensbereiche, wenn sie für Menschen mit Behinderungen in der allgemein üblichen Weise ohne besondere Erschwernis und grundsätzlich ohne besondere Hilfe auffindbar, zugänglich, verständlich und nutzbar sind. [2]Hierbei ist die Nutzung persönlicher Hilfsmittel zulässig.

Abschnitt 2
Verpflichtung zur Gleichstellung und Barrierefreiheit

§ 6 Benachteiligungsverbot
(1) [1]Die Träger öffentlicher Gewalt und die juristischen Personen nach § 2 Absatz 1 Nummer 2 dürfen Menschen mit Behinderungen nicht benachteiligen. [2]Eine Benachteiligung liegt vor, wenn Menschen mit und ohne Behinderungen ohne zwingenden Grund unterschiedlich behandelt werden und dadurch Menschen mit Behinderungen in der vollen und gleichberechtigten Teilhabe am Leben in der Gesellschaft unmittelbar oder mittelbar beeinträchtigt werden. [3]Bestehende Benachteiligungen von Menschen mit Behinderungen gegenüber Menschen ohne Behinderungen sind abzubauen.

(2) [1]Eine Benachteiligung liegt nicht vor, wenn angemessene Vorkehrungen getroffen wurden. [2]Angemessene Vorkehrungen sind Maßnahmen, die im Einzelfall geeignet und erforderlich sind, um zu gewährleisten, dass ein Mensch mit Behinderung gleichberechtigt mit anderen alle Rechte genießen oder ausüben kann, und die Träger öffentlicher Gewalt und die juristischen Personen nach § 2 Absatz 1 Nummer 2 nicht unverhältnismäßig oder unbillig belasten.

(3) Eine Benachteiligung liegt auch bei einer Belästigung im Sinne des § 3 Absätze 3 und 4 AGG vor, mit der Maßgabe, dass § 3 Absatz 4 AGG nicht auf den Anwendungsbereich des § 2 Absatz 1 Nummern 1 bis 4 AGG begrenzt ist.

(4) Wenn im Streitfall der Mensch mit Behinderung Indizien beweist, die eine Benachteiligung auf Grund einer Behinderung vermuten lassen, trägt die andere Partei die Beweislast dafür, dass kein Verstoß gegen die Bestimmungen zum Schutz vor Benachteiligung vorgelegen hat.

§ 7 Barrierefreiheit in den Bereichen Bau und Verkehr

(1) [1]Neu-, Um- und Erweiterungsbauten, die im Eigentum der öffentlichen Stellen stehen, sollen entsprechend den allgemein anerkannten Regeln der Technik und unter Berücksichtigung des Denkmalschutzes barrierefrei gestaltet werden. [2]Von diesen Anforderungen kann abgewichen werden, wenn mit einer anderen Lösung in gleichem Maße die Anforderungen an die Barrierefreiheit erfüllt werden. [3]Die Bestimmungen der Hamburgischen Bauordnung vom 14. Dezember 2005 (HmbGVBl. S. 525, 563), zuletzt geändert am 23. Januar 2018 (HmbGVBl. S. 19), in der jeweils geltenden Fassung bleiben unberührt.

(2) Die Träger öffentlicher Gewalt und die juristischen Personen nach § 2 Absatz 1 Nummer 2 sollen anlässlich der Durchführung von investiven Baumaßnahmen nach Absatz 1 Satz 1 bauliche Barrieren in den nicht von diesen Baumaßnahmen unmittelbar betroffenen Gebäudeteilen, soweit sie dem allgemeinen Besucherverkehr dienen, feststellen und unter Berücksichtigung der baulichen Gegebenheiten abbauen, sofern der Abbau nicht eine unangemessene wirtschaftliche Belastung darstellt.

(3) [1]Die Träger öffentlicher Gewalt und die juristischen Personen nach § 2 Absatz 1 Nummer 2 erstellen über die von ihnen genutzten und im Eigentum eines Trägers öffentlicher Gewalt oder einer juristischen Person nach § 2 Absatz 1 stehenden Gebäude, die dem allgemeinen Besucherverkehr dienen, bis zum 30. Juni 2022 Berichte über den Stand der Barrierefreiheit dieser Bestandsgebäude. [2]Die Berichte sind der aufsichtführenden Stelle zuzuleiten. [3]Anschließend sollen verbindliche und überprüfbare Maßnahmen- und Zeitpläne zum weiteren Abbau von Barrieren erarbeitet werden.

(4) [1]Die Träger öffentlicher Gewalt und die juristischen Personen nach § 2 Absatz 1 Nummer 2 sind verpflichtet, Barrierefreiheit bei Anmietungen der von ihnen genutzten Bauten zu berücksichtigen. [2]Künftig sollen grundsätzlich nur barrierefreie Bauten, oder Bauten, in denen die baulichen Barrieren unter Berücksichtigung der baulichen Gegebenheiten abgebaut werden können, angemietet werden, soweit die Anmietung nicht eine unangemessene wirtschaftliche Belastung zur Folge hätte.

(5) [1]Neu zu errichtende öffentliche Straßen, Wege und Plätze sowie öffentlich zugängliche Verkehrsanlagen sind nach Maßgabe der einschlägigen Rechtsvorschriften barrierefrei zu gestalten. [2]Weitergehende Vorschriften bleiben unberührt.

(6) Der Senat unterstützt durch die Sicherstellung von Beratungsangeboten die Träger öffentlicher Gewalt, die juristischen Personen nach § 2 Absatz 1 Nummer 2, Vereine, Institutionen sowie Unternehmen und Unternehmensverbände bei der Entwicklung von Konzepten und der Umsetzung von Maßnahmen zur Herstellung von Barrierefreiheit.

§ 8 Barrierefreie Kommunikation, Gebärdensprache

(1) [1]Die Träger öffentlicher Gewalt und die juristischen Personen nach § 2 Absatz 1 Nummer 2 haben bei der Kommunikation mit Menschen mit Behinderungen deren besondere Bedürfnisse zu berücksichtigen. [2]Menschen mit Behinderungen, insbesondere Menschen mit einer Hör- oder Sprachbehinderung haben nach Maßgabe der Rechtsverordnung nach Absatz 2 das Recht, mit den Trägern öffentlicher Gewalt zur Wahrnehmung eigener Rechte im Verwaltungsverfahren in für sie geeigneten Kommunikationsformen zu kommunizieren. [3]Ansprüche aus anderen Bundes- oder Landesgesetzen gehen diesem Gesetz vor. [4]Die Träger öffentlicher Gewalt haben dafür nach Maßgabe der Rechtsverordnung nach Absatz 2 die notwendigen Aufwendungen zu erstatten. [5]Kann eine von einem Träger öffentlicher Gewalt bestimmte und nicht gesetzlich vorgegebene Frist nicht eingehalten werden, weil eine geeignete Kommunikationshilfe nicht rechtzeitig zur Verfügung gestellt werden konnte, ist die Frist angemessen zu verlängern.

(2) Der Senat wird ermächtigt, durch Rechtsverordnung Näheres über die

1. Voraussetzungen und den Umfang des Anspruches nach Absatz 1,
2. Bestimmung der geeigneten Kommunikationsunterstützung nach Absatz 1,

3. Grundsätze und die Höhe für eine angemessene Vergütung oder eine Erstattung von notwendigen Aufwendungen aus Haushaltsmitteln der Freien und Hansestadt Hamburg für den Einsatz geeigneter Kommunikationsunterstützung nach Absatz 1 Satz 2 und

4. Art und Weise der Bereitstellung von geeigneter Kommunikationsunterstützung

zu bestimmen.

(3) Die Deutsche Gebärdensprache ist als eigenständige Sprache anerkannt.

§ 9 Gestaltung von Bescheiden und Formularen

(1) Die Träger öffentlicher Gewalt und die juristischen Personen nach § 2 Absatz 1 Nummer 2 haben bei der Gestaltung von Bescheiden, Allgemeinverfügungen, öffentlich-rechtlichen Verträgen und Formularen auf Verständlichkeit zu achten und die besonderen Belange von Menschen mit Behinderungen zu berücksichtigen.

(2) [1]Blinde und sehbehinderte Menschen können von den Trägern öffentlicher Gewalt zur Wahrnehmung eigener Rechte im Verwaltungsverfahren nach Maßgabe der Rechtsverordnung nach Satz 2 insbesondere verlangen, dass ihnen Bescheide, öffentlich-rechtliche Verträge und Formulare ohne zusätzliche Kosten auch in einer für sie wahrnehmbaren Form zugänglich gemacht werden. [2]Der Senat wird ermächtigt, durch Rechtsverordnung zu bestimmen, unter welchen Voraussetzungen und in welcher Art und Weise die in Satz 1 genannten Dokumente blinden und sehbehinderten Menschen zugänglich gemacht werden.

(3) Die Vorschriften über Form, Bekanntgabe und Zustellung von Verwaltungsakten bleiben von den in den Absätzen 1 und 2 getroffenen Regelungen unberührt.

§ 10 Verständlichkeit und Leichte Sprache

(1) [1]Die Träger öffentlicher Gewalt und die juristischen Personen nach § 2 Absatz 1 Nummer 2 sollen mit Menschen mit geistigen oder kognitiven Beeinträchtigungen in einfacher und verständlicher Sprache kommunizieren. [2]Auf Verlangen sollen sie ihnen insbesondere Bescheide, Allgemeinverfügungen, öffentlich-rechtliche Verträge und Formulare in einfacher und verständlicher Weise erläutern.

(2) Ist die Erläuterung nach Absatz 1 nicht ausreichend, sollen die Träger öffentlicher Gewalt auf Verlangen Menschen mit geistigen oder kognitiven Beeinträchtigungen Bescheide, Allgemeinverfügungen, öffentlich-rechtliche Verträge und Formulare in Leichter Sprache erläutern und auf Verlangen in Leichter Sprache zur Verfügung stellen.

(3) Kosten für Erläuterungen nach Absatz 1 oder Absatz 2 sind von den zuständigen Trägern öffentlicher Gewalt oder juristischen Personen nach § 2 Absatz 1 Nummer 2 zu tragen.

(4) Der Senat kann durch Rechtsverordnung Bestimmungen über die Abgrenzung des anspruchsberechtigten Personenkreises der Menschen mit Behinderungen und über Art und Umfang der Leistungserbringung erlassen.

(5) [1]Die Träger öffentlicher Gewalt und die juristischen Personen nach § 2 Absatz 1 Nummer 2 sollen Informationen vermehrt in Leichter Sprache bereitstellen. [2]Der Senat wirkt darauf hin, dass sie Leichte Sprache stärker einsetzen und ihre Kompetenzen zum Umgang mit Leichter Sprache auf- und ausbauen.

§ 11 Barrierefreie Informationstechnik

(1) Websites und mobile Anwendungen im Internet und im Intranet sowie zur Verfügung gestellte grafische Programmoberflächen, die mit Mitteln der Informationstechnik dargestellt werden, sind von den Trägern öffentlicher Gewalt und den juristischen Personen nach § 2 Absatz 1 Nummer 2 im Rahmen der Richtlinie (EU) 2016/2102 des Europäischen Parlaments und des Rates vom 26. Oktober 2016 über den barrierefreien Zugang zu den Websites und mobilen Anwendungen öffentlicher Stellen (ABl. EU Nr. L 327 S. 1) barrierefrei zu gestalten und mit einer Erklärung zur Barrierefreiheit zu versehen.

(2) Insbesondere bei Neuanschaffungen, Erweiterungen und Überarbeitungen ist die barrierefreie Gestaltung bereits bei der Planung, Entwicklung, Ausschreibung und Beschaffung zu berücksichtigen.

(3) Weitergehende Regelungen, die sich aus anderen Vorschriften ergeben, bleiben unberührt.

(4) Von der barrierefreien Gestaltung können die Träger öffentlicher Gewalt und die juristischen Personen nach § 2 Absatz 1 Nummer 2 im Einzelfall absehen, soweit sie durch eine barrierefreie Gestaltung unverhältnismäßig belastet werden würden.

(5) [1]Es wird eine Überwachungsstelle für Barrierefreiheit von Informationstechnik eingerichtet. [2]Ihre Aufgaben sind,

1. regelmäßig zu überwachen, inwiefern Websites und mobile Anwendungen im Geltungsbereich dieses Gesetzes den Anforderungen an die Barrierefreiheit genügen und

2. an die zuständige Überwachungsstelle des Bundes nach § 13 Absatz 3 des Behindertengleichstellungsgesetzes (BGG) vom 27. April 2002 (BGBl. I S. 1467, 1468), zuletzt geändert am 10. Juli 2018 (BGBl. I S. 1117, 1118), in der jeweils geltenden Fassung zu berichten.

(6) [1]Der Senat wird ermächtigt, durch Rechtsverordnung nach Maßgabe der technischen, finanziellen und verwaltungsorganisatorischen Möglichkeiten zu bestimmen, wie die in den Absätzen 1 bis 6 genannten Verpflichtungen umzusetzen sind. [2]Insbesondere sind festzulegen, die

1. technischen Standards, die die Träger öffentlicher Gewalt und die juristischen Personen nach § 2 Absatz 1 Nummer 2 bei der barrierefreien Gestaltung anzuwenden haben und der Zeitpunkt, ab dem diese Standards anzuwenden sind,

2. konkreten Anforderungen an die Erklärung zur Barrierefreiheit,

3. Einzelheiten des Überwachungsverfahrens.

Abschnitt 3
Rechtsbehelfe

§ 12 Vertretungsbefugnisse in gerichtlichen Verfahren

[1]Werden Menschen mit Behinderungen in ihren Rechten nach diesem Gesetz verletzt, können an ihrer Stelle und mit ihrem Einverständnis die nach § 15 Absatz 3 BGG anerkannten Verbände sowie deren Hamburger Landesverbände, die nicht selbst am Verfahren beteiligt sind, Rechtsschutz beantragen. [2]In diesen Fällen müssen alle Verfahrensvoraussetzungen wie bei einem Rechtsschutzersuchen durch den Menschen mit Behinderung selbst vorliegen.

§ 13 Verbandsklagerecht

(1) [1]Ein nach § 15 Absatz 3 BGG anerkannter Verband sowie dessen Hamburger Landesverband kann, ohne in seinen Rechten verletzt zu sein, nach Maßgabe der jeweils geltenden Prozessordnungen Klage erheben auf Feststellung eines Verstoßes der Träger öffentlicher Gewalt oder der juristischen Personen nach § 2 Absatz 1 Nummer 2 gegen

1. das Benachteiligungsverbot nach § 6 Absatz 1,

2. die Verpflichtung zur Herstellung von Barrierefreiheit nach § 7 Absätze 1 und 5,

3. das Recht auf barrierefreie Kommunikation nach § 8 Absatz 1,

4. die Verpflichtung zur Herstellung von Barrierefreiheit bei der Ausgestaltung des Schriftverkehrs nach § 9 Absatz 2 und § 10 Absatz 2 und

5. die Verpflichtung zur barrierefreien Gestaltung medialer Angebote nach § 11 Absatz 1.

[2]Satz 1 gilt nicht, wenn eine Maßnahme auf Grund einer Entscheidung in einem gerichtlichen Streitverfahren getroffen worden ist.

(2) [1]Eine Klage ist nur zulässig, wenn der Verband durch die Maßnahme oder das Unterlassen in seinem satzungsmäßigen Aufgabenbereich berührt wird. [2]Soweit ein Mensch mit Behinderung selbst seine Rechte durch eine Gestaltungs- oder Leistungsklage verfolgen kann oder hätte verfolgen können, ist eine Klage nach Absatz 1 nur zulässig, wenn der Verband geltend macht, dass es sich bei der angegriffenen Maßnahme oder dem Unterlassen um einen Fall von allgemeiner Bedeutung handelt; dies ist insbesondere der Fall, wenn eine Vielzahl gleich gelagerter Fälle vorliegt. [3]Um gerichtlichen Rechtsschutz nach Absatz 1 kann ein Verband erst ersuchen, wenn zuvor ein Schlichtungsverfahren nach § 13a durchgeführt wurde. [4]Das gerichtliche Rechtsschutzbegehren ist nur zulässig, wenn gemäß § 13a Absatz 7 Satz 1 festgestellt wurde, dass eine gütliche Einigung nicht erzielt werden konnte und dies nach § 13a Absatz 7 Satz 2 bescheinigt worden ist.

(3) [1]Handelt es sich bei dem Verstoß um eine Maßnahme oder ein Unterlassen eines Trägers öffentlicher Gewalt so ist vor Erhebung einer Klage nach Absatz 1 ein Vorverfahren entsprechend den Bestimmungen der §§ 68 bis 73 der Verwaltungsgerichtsordnung oder der §§ 78 bis 86 des Sozialgerichtsgesetzes in der jeweils geltenden Fassung durchzuführen. [2]Dies gilt auch dann, wenn die angegriffene Maßnahme von einer obersten Landesbehörde getroffen worden ist. [3]Gleiches gilt bei einem Unterlassen.

(4) § 6 Absatz 4 gilt auch für das Verbandsklagerecht.

§ 13a Schlichtungsstelle und Schlichtungsverfahren

(1) [1]Es wird eine Schlichtungsstelle zur außergerichtlichen Beilegung von Streitigkeiten nach den Absätzen 2 und 3 eingerichtet. [2]Sie wird mit neutralen schlichtenden Personen besetzt und hat eine Geschäftsstelle. [3]Das Verfahren der Schlichtungsstelle muss insbesondere gewährleisten, dass

1. die Schlichtungsstelle unabhängig ist und unparteiisch handelt,
2. die Verfahrensregeln für Interessierte zugänglich sind,
3. die Beteiligten des Schlichtungsverfahrens rechtliches Gehör erhalten, insbesondere Tatsachen und Bewertungen vorbringen können,
4. die schlichtenden Personen und die weiteren in der Schlichtungsstelle Beschäftigten die Vertraulichkeit der Informationen gewährleisten, von denen sie im Schlichtungsverfahren Kenntnis erhalten, und
5. eine barrierefreie Kommunikation mit der Schlichtungsstelle möglich ist.

(2) [1]Wer der Ansicht ist, in einem Recht nach diesem Gesetz durch einen Träger öffentlicher Gewalt nach § 2 Absatz 1 Nummer 1 oder eine juristische Person nach § 2 Absatz 1 Nummer 2 verletzt worden zu sein, kann bei der Schlichtungsstelle nach Absatz 1 einen Antrag auf Einleitung eines Schlichtungsverfahrens stellen. [2]Ist vor der Erhebung einer Klage gegen die behauptete Rechtsverletzung nach der Verwaltungsgerichtsordnung oder dem Sozialgerichtsgesetz ein Vorverfahren durchzuführen, gilt dies auch für das Schlichtungsverfahren mit der Maßgabe, dass ein Widerspruchsbescheid gemäß § 73 der Verwaltungsgerichtsordnung oder § 85 Absatz 2 des Sozialgerichtsgesetzes erst nach Durchführung des Schlichtungsverfahrens durch den Widerspruchsführer ergeht.

(3) Ein nach § 13 Absatz 1 Satz 1 zur Verbandsklage berechtigter Verband kann bei der Schlichtungsstelle nach Absatz 1 einen Antrag auf Einleitung eines Schlichtungsverfahrens stellen, wenn er einen Verstoß gegen die zum Verbandsklagerecht berechtigten Verstöße nach § 13 Absatz 1 behauptet.

(4) [1]Der Antrag nach den Absätzen 2 und 3 kann in Textform oder zur Niederschrift bei der Schlichtungsstelle gestellt werden. [2]Diese übermittelt zur Durchführung des Schlichtungsverfahrens eine Abschrift des Schlichtungsantrags an den Träger öffentlicher Gewalt nach § 2 Absatz 1 Nummer 1 oder die juristische Person nach § 2 Absatz 1 Nummer 2.

(5) [1]Die Schlichtungsstelle wirkt in jeder Phase des Verfahrens auf eine gütliche Einigung der Beteiligten hin. [2]Der Schlichtungsvorschlag soll am geltenden Recht ausgerichtet sein.

(6) Das Schlichtungsverfahren ist für die Beteiligten unentgeltlich.

(7) [1]Das Schlichtungsverfahren endet mit der Einigung der Beteiligten, der Rücknahme des Schlichtungsantrags oder der Feststellung, dass keine Einigung möglich ist. [2]Wenn keine Einigung möglich ist, endet das Schlichtungsverfahren mit der Zustellung der Bestätigung der Schlichtungsstelle an die Antragstellerin oder den Antragsteller, dass keine gütliche Einigung erzielt werden konnte.

(8) Der Senat wird ermächtigt, nach Anhörung des Landesbeirats zur Teilhabe von Menschen mit Behinderungen, das Nähere über die Geschäftsstelle, die Besetzung und das Verfahren der Schlichtungsstelle nach den Absätzen 1, 4, 5 und 7 sowie über die Kosten des Verfahrens und die Entschädigung durch Rechtsverordnung zu bestimmen.

Abschnitt 4
Koordination für die Gleichstellung von Menschen mit Behinderungen und deren Partizipation

§ 14 Senatskoordinatorin oder Senatskoordinator für die Gleichstellung von Menschen mit Behinderungen

(1) [1]Auf Vorschlag des Senats wählt die Hamburgische Bürgerschaft eine Senatskoordinatorin oder einen Senatskoordinator für die Gleichstellung von Menschen mit Behinderungen. [2]Der Senat bestellt für die Dauer der Wahlperiode der Bürgerschaft die Senatskoordinatorin oder den Senatskoordinator für die Gleichstellung von Menschen mit Behinderungen. [3]Das Amt endet außer im Fall der Entlassung mit dem Zusammentreten einer neuen Bürgerschaft. [4]Die Senatskoordinatorin oder der Senatskoordinator bleibt bis zur Nachfolgebestellung im Amt; eine erneute Bestellung ist möglich. [5]Die Senatskoordinatorin oder der Senatskoordinator ist unabhängig, weisungsungebunden und ressortübergreifend tätig.

(2) Aufgabe der Senatskoordinatorin oder des Senatskoordinators ist es insbesondere,

1. aus einer unabhängigen Position heraus zwischen Bürgerinnen und Bürgern und der Verwaltung zu vermitteln,

2. als koordinierende Stelle für Menschen mit Behinderungen und deren Verbände und Organisationen zur Verfügung zu stehen,

3. darauf hinzuwirken, dass die Verantwortung der Träger öffentlicher Gewalt und der juristischen Personen nach § 2 Absatz 1 Nummer 2 für die Gleichstellung von Menschen mit Behinderungen und für die Beseitigung geschlechtsspezifischer Benachteiligungen von Frauen mit Behinderungen zu sorgen, in allen Bereichen des gesellschaftlichen Lebens wahrgenommen wird,

4. Maßnahmen in Umsetzung des Übereinkommens der Vereinten Nationen vom 13. Dezember 2006 über die Rechte von Menschen mit Behinderungen anzuregen und dabei die Zivilgesellschaft einzubinden.

(3) [1]Der Senat beteiligt die Senatskoordinatorin oder den Senatskoordinator frühzeitig bei allen Gesetzes-, Verordnungs- und sonstigen wichtigen Vorhaben, die die Gleichstellung von Menschen mit Behinderungen betreffen oder berühren. [2]Anmerkungen der Senatskoordinatorin oder des Senatskoordinators zu Bürgerschaftsdrucksachen müssen der Hamburgischen Bürgerschaft mitgeteilt werden.

(4) [1]Die Träger öffentlicher Gewalt und die juristischen Personen nach § 2 Absatz 1 Nummer 2 unterstützen die Senatskoordinatorin oder den Senatskoordinator bei der Wahrnehmung der Aufgaben, insbesondere erteilen sie die erforderlichen Auskünfte und gewähren Akteneinsicht. [2]Die Bestimmungen zum Schutz personenbezogener Daten und sonstiger Geheimhaltungsvorschriften bleiben unberührt.

(5) [1]Die Senatskoordinatorin oder der Senatskoordinator ist, auch nach Beendigung ihrer oder seiner Bestellung, verpflichtet, über die ihr oder ihm in Ausübung ihrer oder seiner Tätigkeit als Senatskoordinatorin oder Senatskoordinator bekannt gewordenen Angelegenheiten Verschwiegenheit zu bewahren. [2]Dies gilt nicht für Mitteilungen im dienstlichen Verkehr oder für Tatsachen, die offenkundig sind oder ihrer Bedeutung nach keiner Geheimhaltung bedürfen.

(6) [1]Die Senatskoordinatorin oder der Senatskoordinator unterrichtet den Senat alle zwei Jahre über ihre oder seine Tätigkeit, die Umsetzung dieses Gesetzes und die Lage der Menschen mit Behinderungen in Hamburg. [2]Der Landesbeirat für Teilhabe von Menschen mit Behinderungen kann zu dem Bericht eine Stellungnahme abgeben. [3]Der Senat leitet den Bericht und die Stellungnahme des Landesbeirats der Bürgerschaft zu.

(7) Zur Gewährleistung der Arbeit der Senatskoordinatorin oder des Senatskoordinators sind ausreichende Personal- und Sachmittel zur Verfügung zu stellen.

(8) Die Rechts- und Dienstaufsicht obliegt der zuständigen Behörde.

§ 15 Landesbeirat zur Teilhabe von Menschen mit Behinderungen

(1) [1]Bei der zuständigen Behörde wird für die Dauer der Wahlperiode der Bürgerschaft ein Landesbeirat für die Teilhabe von Menschen mit Behinderungen eingerichtet. [2]Der Landesbeirat unterstützt den Senat bei der Aufgabe, gleichwertige Lebensbedingungen für Menschen mit und ohne Behinderungen zu schaffen. [3]Er berät den Senat und die Senatskoordinatorin oder den Senatskoordinator für die Gleichstellung von Menschen mit Behinderungen insoweit in allen Angelegenheiten. [4]Der Landesbeirat ist berechtigt, dem Senat, der Senatskoordinatorin oder dem Senatskoordinator, den Trägern öffentlicher Gewalt und den juristischen Personen nach § 2 Absatz 1 Nummer 2 Empfehlungen zur Durchsetzung der Gleichstellung von Menschen mit Behinderungen zu geben.

(2) [1]Der Landesbeirat setzt sich aus 20 ständigen, stimmberechtigten Mitgliedern zusammen, die neben den Betroffenen und ihren Organisationen die für die Gleichstellung und Teilhabe von Menschen mit Behinderungen wichtigen Bereiche und gesellschaftlichen Gruppierungen vertreten sollen. [2]Die Mitglieder werden von der Senatskoordinatorin oder dem Senatskoordinator im Einvernehmen mit den maßgeblichen Interessenvertretungen von Menschen mit Behinderungen der Freien und Hansestadt Hamburg vorgeschlagen und von der zuständigen Behörde bestellt. [3]Maßgebliche Interessenvertretungen sind die in der Rechtsverordnung zu § 3 Absatz 2 des Hamburgischen Gesetzes zur Ausführung des Neunten Buches Sozialgesetzbuch – Rehabilitation und Teilhabe von Menschen mit Behinderungen – vom 21. Juni 2018 (HmbGVBl. S. 214) bestimmten. [4]Die Mitglieder des Landesbeirats üben ihr Amt ehrenamtlich aus. [5]Die Mitgliedschaft endet mit dem Zusammentreten einer neuen Bürgerschaft.

(3) ¹Die Geschäftsführung liegt bei der Senatskoordinatorin oder dem Senatskoordinator für die Gleichstellung von Menschen mit Behinderungen. ²Die Senatskoordinatorin oder der Senatskoordinator für die Gleichstellung von Menschen mit Behinderungen ist vorsitzendes Mitglied des Landesbeirats ohne Stimmrecht.

(4) Der Landesbeirat gibt sich eine Geschäftsordnung.

(5) ¹Die Mitglieder des Landesbeirats erhalten eine Aufwandsentschädigung. ²Der Senat wird ermächtigt, die Aufwandsentschädigung der Mitglieder des Landesbeirats in einer Verordnung zu regeln.

§ 15a Förderung der Partizipation

¹Der Senat fördert die politische Mitbestimmung von Menschen mit Behinderungen. ²Hierzu fördert die Freie und Hansestadt Hamburg im Rahmen der zur Verfügung stehenden Haushaltsmittel Maßnahmen von Verbänden, die

1. nach ihrer Satzung ideell und nicht nur vorübergehend die Belange von Menschen mit Behinderungen fördern,

2. nach der Zusammensetzung ihrer Mitglieder dazu berufen sind, Interessen von Menschen mit Behinderungen auf der Ebene des Bundes oder des Landes zu vertreten,

3. zum Zeitpunkt der Antragstellung mindestens drei Jahre bestehen und in dieser Zeit im Sinne der Nummer 1 tätig gewesen sind,

4. die Gewähr für eine sachgerechte Aufgabenerfüllung bieten; dabei sind Art und Umfang ihrer bisherigen Tätigkeit, der Mitgliederkreis sowie die Leistungsfähigkeit des Vereines zu berücksichtigen, und

5. den Anforderungen der Gemeinnützigkeit oder Mildtätigkeit im Sinne der Abgabenordnung genügen.

³Die Maßnahmen sollen niedrigschwellig zur Stärkung der Teilhabe von Menschen mit Behinderungen an der Gestaltung öffentlicher Angelegenheiten beitragen.

Abschnitt 5
Schlussvorschrift

§ 16 Schlussbestimmungen

(1) Dieses Gesetz tritt am Tage nach der Verkündung¹⁾ in Kraft.

(2) Zum selben Zeitpunkt tritt das Hamburgische Gesetz zur Gleichstellung behinderter Menschen vom 21. März 2005 (HmbGVBl. S. 75) in der geltenden Fassung außer Kraft.

---

1) Verkündet am 7.1.2020.

Gesetz
zum Schutz der öffentlichen Sicherheit und Ordnung (SOG)

Vom 14. März 1966 (HmbGVBl. S. 77)
(BS Hbg 2012-1)
zuletzt geändert durch § 1 Zwölftes ÄndG vom 24. Januar 2020 (HmbGVBl. S. 93)

Der Senat verkündet das nachstehende von der Bürgerschaft beschlossene Gesetz:

Inhaltsübersicht

Erster Teil
Verordnungen zur Gefahrenabwehr

§ 1 Ermächtigung

(1) Der Senat wird ermächtigt, durch Rechtsverordnung die zum Schutz der Allgemeinheit oder des Einzelnen erforderlichen Bestimmungen zu erlassen, um Gefahren für die öffentliche Sicherheit oder Ordnung abzuwehren.

(2) In Verordnungen zur Gefahrenabwehr kann bestimmt werden, dass vorsätzliche und fahrlässige Verstöße gegen die in ihnen enthaltenen Gebote oder Verbote als Ordnungswidrigkeiten mit Geldbuße bis zu 5000 Euro und Einziehung geahndet werden können.

§ 1a (aufgehoben)

§ 2 Geltungsdauer

[1]Verordnungen, die ausschließlich auf Grund dieses Gesetzes erlassen werden, treten mit ihren Änderungen spätestens 20 Jahre nach Ablauf des Jahres außer Kraft, in dem sie erlassen worden sind. [2]Soll eine Verordnung über diese Zeit hinaus gelten, so ist sie neu zu erlassen.

Zweiter Teil
Maßnahmen zur Gefahrenabwehr

Erster Abschnitt:
Allgemeine Vorschriften

§ 3 Aufgaben

(1) Die Verwaltungsbehörden treffen im Rahmen ihres Geschäftsbereichs nach pflichtgemäßem Ermessen die im Einzelfall zum Schutz der Allgemeinheit oder des Einzelnen erforderlichen Maßnahmen, um bevorstehende Gefahren für die öffentliche Sicherheit oder Ordnung abzuwehren oder Störungen der öffentlichen Sicherheit oder Ordnung zu beseitigen (Maßnahmen zur Gefahrenabwehr).

(2) [1]Unaufschiebbare Maßnahmen dürfen neben der zuständigen Verwaltungsbehörde treffen:

a) die Vollzugspolizei in allen Fällen der Gefahrenabwehr,

b) die Feuerwehr (Berufsfeuerwehr und Freiwillige Feuerwehren) zur Abwehr von Gefahren für die öffentliche Sicherheit im Zusammenhang mit den ihr obliegenden Aufgaben.

[2]Sie benachrichtigen unverzüglich die zuständige Verwaltungsbehörde und teilen dieser ihre Feststellungen und Maßnahmen mit. [3]Die zuständige Verwaltungsbehörde darf die nach Satz 1 getroffenen Maßnahmen aufheben und ändern.

(3) Der Schutz privater Rechte obliegt den Verwaltungsbehörden nach diesem Gesetz nur dann, wenn gerichtlicher Schutz nicht rechtzeitig zu erlangen ist und wenn ohne verwaltungsbehördliche Hilfe die Verwirklichung des Rechts vereitelt oder wesentlich erschwert werden würde.

§ 4 Verhältnismäßigkeit

(1) [1]Eine Maßnahme muss zur Gefahrenabwehr geeignet sein. [2]Sie ist auch geeignet, wenn sie die Gefahr nur vermindert oder vorübergehend abwehrt. [3]Sie darf gegen dieselbe Person wiederholt werden.

(2) [1]Kommen für die Gefahrenabwehr im Einzelfall mehrere Maßnahmen in Betracht, so ist nach pflichtgemäßem Ermessen diejenige Maßnahme zu treffen, die den Einzelnen und die Allgemeinheit am wenigsten belastet. [2]Bleibt eine Maßnahme wirkungslos, so darf in den Grenzen der Absätze 1 bis 3 eine stärker belastende Maßnahme getroffen werden.

(3) Maßnahmen zur Gefahrenabwehr dürfen für den Einzelnen oder die Allgemeinheit keinen Nachteil herbeiführen, der erkennbar außer Verhältnis zu dem beabsichtigten Erfolg steht.

(4) [1]Ist jemand aufgefordert worden, eine bevorstehende Gefahr abzuwehren oder eine Störung zu beseitigen, so ist ihm auf Antrag zu gestatten, ein von ihm angebotenes anderes Mittel anzuwenden, durch das der beabsichtigte Erfolg ebenso wirksam herbeigeführt und die Allgemeinheit nicht stärker beeinträchtigt wird. [2]Der Antrag kann nur bis zu dem Zeitpunkt gestellt werden, in dem die Voraussetzungen für die Anwendung von Verwaltungszwang vorliegen, spätestens bis zur Unanfechtbarkeit der Aufforderung.

§ 5 Maßnahmen mit Dauerwirkung

Die Verwaltungsbehörden sind verpflichtet, eine Maßnahme zur Gefahrenabwehr, die fortdauernde Wirkung hat, auf Antrag des Betroffenen insoweit aufzuheben, als ihre Voraussetzungen weggefallen sind.

§ 6 (aufgehoben)

§ 7 Unmittelbare Ausführung

(1) Im Wege der unmittelbaren Ausführung darf eine Maßnahme nur getroffen werden, wenn auf andere Weise eine unmittelbar bevorstehende Gefahr für die öffentliche Sicherheit oder Ordnung nicht abgewehrt oder eine Störung der öffentlichen Sicherheit oder Ordnung nicht beseitigt werden kann.

(2) Soweit dem Betroffenen durch die Maßnahme Nachteile entstehen, ist er unverzüglich zu benachrichtigen.

(3) [1]Die Verwaltungsbehörden können die Kosten der unmittelbaren Ausführung durch Verwaltungsakt von den nach den §§ 8 und 9 Verantwortlichen in gleichem Umfang wie die Kosten einer Verwaltungsvollstreckung erstattet verlangen. [2]Die Erhebung von Kosten nach dem Gebührengesetz bleibt unberührt.

§ 8 Verantwortlichkeit für das Verhalten von Personen

(1) Verursacht eine Person eine Gefahr für die öffentliche Sicherheit oder Ordnung oder eine Störung der öffentlichen Sicherheit oder Ordnung, so ist die Maßnahme gegen diese Person zu richten.

(2) [1]Ist die Person noch nicht 14 Jahre alt, so können die Maßnahmen auch gegen die Person gerichtet werden, die zur Aufsicht über sie verpflichtet ist. [2]Ist für die Person ein Betreuer bestellt, so können die Maßnahmen auch gegen den Betreuer gerichtet werden, sofern sein Aufgabenkreis die Personensorge, die Aufsicht über die Person oder den Bereich, auf den die Maßnahme gerichtet ist, umfasst.

(3) Hat jemand eine Person zu einer Verrichtung bestellt und wird die öffentliche Sicherheit oder Ordnung in Ausführung der Verrichtung gefährdet oder gestört, so darf sich die Maßnahme auch gegen ihn richten.

§ 9 Verantwortlichkeit für den Zustand von Sachen

(1) [1]Wird die öffentliche Sicherheit oder Ordnung durch den Zustand einer Sache gefährdet oder gestört, so ist die Maßnahme gegen den Eigentümer der Sache zu richten. [2]Ist die Sache herrenlos, darf die Maßnahme gegen denjenigen gerichtet werden, der das Eigentum an der Sache aufgegeben hat. [3]Die Maßnahme darf sich auch gegen denjenigen richten, der die tatsächliche Gewalt über die Sache ausübt oder der sein Eigentum nach den §§ 946 bis 950 BGB verloren hat.

(2) Wer die tatsächliche Gewalt über die Sache gegen den Willen des Eigentümers ausübt, ist allein verantwortlich.

§ 10 Maßnahmen gegen Dritte

(1) Gegen andere als die in den §§ 8 und 9 genannten Personen dürfen Maßnahmen nur gerichtet werden, wenn auf andere Weise eine unmittelbar bevorstehende Gefahr für die öffentliche Sicherheit oder Ordnung nicht abgewehrt oder eine Störung der öffentlichen Sicherheit oder Ordnung nicht beseitigt werden kann und soweit die Verwaltungsbehörde nicht über ausreichende eigene Kräfte und Mittel verfügt.

(2) Unter den Voraussetzungen des Absatzes 1 dürfen die Verwaltungsbehörden insbesondere eine Person zu körperlicher Mithilfe heranziehen und Sachen wie Unterkünfte, Arznei- und Nahrungsmittel, Arbeitsgeräte, Baustoffe und Beförderungsmittel zur Leistung in Anspruch nehmen.

(3) [1]Für die Heranziehung von Personen und für die Inanspruchnahme von Sachen ist auf Antrag eine angemessene Entschädigung in Geld zu leisten. [2]Ein Anspruch auf Entschädigung besteht nicht, soweit die betroffene Person oder ihr Vermögen geschützt werden sollte oder ihr sonst zugemutet werden kann, den Nachteil selbst zu tragen. [3]Die Entschädigung wird durch die Verwaltungsbehörde festgesetzt.

(4) Hat die Verwaltungsbehörde nach Absatz 3 Entschädigung geleistet, so kann sie durch Verwaltungsakt von den nach den §§ 8 und 9 Verantwortlichen Erstattung zuzüglich der Gemeinkostenzuschläge nach § 5 Absatz 5 des Gebührengesetzes vom 5. März 1986 (Hamburgisches Gesetz- und Verordnungsblatt Seite 37), zuletzt geändert am 16. November 1999 (Hamburgisches Gesetz- und Verordnungsblatt Seite 256), in der jeweils geltenden Fassung verlangen.

(5) Die Absätze 3 und 4 gelten entsprechend, wenn andere als die in den §§ 8 und 9 genannten Personen freiwillig und mit Zustimmung der zuständigen Verwaltungsbehörde bei der Gefahrenabwehr mitgewirkt oder Sachen zur Verfügung gestellt haben.

Zweiter Abschnitt:
Besondere Maßnahmen

§ 11 Vorladung

(1) [1]Die Verwaltungsbehörden dürfen zur Gefahrenabwehr eine Person schriftlich oder mündlich vorladen, wenn Tatsachen die Annahme rechtfertigen, dass die Person sachdienliche Hinweise machen kann, die für die Aufgabenerfüllung erforderlich sind. [2]Die Polizei darf eine Person darüber hinaus schriftlich oder mündlich zur Durchführung erkennungsdienstlicher Maßnahmen vorladen.

(2) [1]Bei der Vorladung soll deren Grund angegeben werden. [2]Bei der Festsetzung des Zeitpunkts soll auf den Beruf und die sonstigen Lebensverhältnisse der betroffenen Person Rücksicht genommen werden.

(3) [1]Leistet die betroffene Person der Vorladung ohne hinreichenden Grund keine Folge, so darf diese zwangsweise vorgeführt werden,

1. wenn die Angaben der betroffenen Person zur Abwehr einer Gefahr für Leib, Leben oder Freiheit einer Person erforderlich sind oder

2. wenn dies zur Durchführung erkennungsdienstlicher Maßnahmen erforderlich ist.

[2]Andernfalls darf die Vorladung nur mit Zwangsgeld durchgesetzt werden.

(4) § 19 Absätze 1 und 2 des Hamburgischen Verwaltungsvollstreckungsgesetzes vom 4. Dezember 2012 (HmbGVBl. S. 510) findet auf Vorführungen nach Absatz 3 Satz 1 Nummer 1 keine Anwendung.

(5) Für die Entschädigung von Personen, die auf Vorladung als Zeugen erscheinen oder die als Sachverständige herangezogen werden, gilt das Justizvergütungs- und -entschädigungsgesetz vom 5. Mai 2004 (BGBl. I S. 718, 776), zuletzt geändert am 30. Juli 2009 (BGBl. I S. 2449, 2469), in der jeweils geltenden Fassung entsprechend.

§ 11a Meldeauflage

[1]Zur Verhütung von Straftaten kann einer Person aufgegeben werden, sich an bestimmten Tagen zu bestimmten Zeiten bei einer bestimmten Polizeidienststelle zu melden, wenn Tatsachen die Annahme rechtfertigen, dass diese Person eine Straftat begehen wird und die Maßnahme zur Verhütung dieser Straftat erforderlich ist. [2]Die Anordnung bedarf der Schriftform und ist auf höchstens sechs Monate zu befristen. [3]Verlängerungen sind zulässig, sofern die Voraussetzungen weiterhin vorliegen.

§ 12 Feststellungen der Personalien

(1) Die Verwaltungsbehörden sind berechtigt, eine Person anzuhalten und ihre Personalien festzustellen, wenn es zur Gefahrenabwehr erforderlich ist.

(2) Die angehaltene Person darf zur Dienststelle gebracht werden, wenn ihre Personalien auf andere Weise nicht oder nur unter erheblichen Schwierigkeiten festgestellt werden können oder wenn der Verdacht besteht, dass ihre Angaben unrichtig sind.

(3) Der angehaltenen Person dürfen nur solche Beschränkungen auferlegt werden, die zur Feststellung der Personalien erforderlich sind.

§ 12a Platzverweisung

Eine Person darf zur Gefahrenabwehr vorübergehend von einem Ort verwiesen oder ihr darf vorübergehend das Betreten eines Ortes untersagt werden.

§ 12b Betretungsverbot, Aufenthaltsverbot, Kontakt- und Näherungsverbot

(1) [1]Eine Person darf aus ihrer Wohnung und dem unmittelbar angrenzenden Bereich verwiesen werden, wenn dies erforderlich ist, um eine Gefahr für Leib, Leben oder Freiheit von Bewohnern derselben Wohnung abzuwehren; unter den gleichen Voraussetzungen kann ein Betretungsverbot angeordnet werden. [2]Das Betretungsverbot endet spätestens zehn Tage nach seiner Anordnung. [3]Im Falle eines zivilrechtlichen Antrags auf Erlass einer einstweiligen Anordnung auf Überlassung einer gemeinsam genutzten Wohnung zur alleinigen Benutzung endet es mit dem Tag der Wirksamkeit der gerichtlichen Entscheidung, spätestens 20 Tage nach Anordnung der Maßnahme. [4]Das Zivilgericht hat die Polizei

über die Beantragung von Schutzanordnungen nach §§ 1 und 2 des Gewaltschutzgesetzes und die in diesen Verfahren ergangenen Entscheidungen unverzüglich in Kenntnis zu setzen.

(2) ¹Zur Verhütung von Straftaten kann einer Person die Anwesenheit an bestimmten Orten oder in bestimmten Gebieten der Freien und Hansestadt Hamburg für längstens sechs Monate untersagt werden, wenn Tatsachen die Annahme rechtfertigen, dass diese Person dort eine Straftat begehen wird (Aufenthaltsverbot). ²Das Aufenthaltsverbot ist zeitlich und örtlich auf den zur Verhütung von Straftaten erforderlichen Umfang zu beschränken und darf räumlich nicht den Zugang zur Wohnung der betroffenen Person umfassen. ³Verlängerungen sind zulässig, sofern die Voraussetzungen weiterhin vorliegen. ⁴Soweit im Einzelfall ein besonderes Bedürfnis geltend gemacht wird, kann eine Ausnahme von dem Verbot zugelassen werden.

(3) ¹Einer Person kann untersagt werden,

1. Verbindung zu einer anderen Person, auch unter Verwendung von Fernkommunikationsmitteln, aufzunehmen,

2. Zusammentreffen mit einer anderen Person herbeizuführen,

wenn dies zur Abwehr einer Gefahr für Leib, Leben oder Freiheit dieser Person insbesondere in engen sozialen Beziehungen erforderlich ist und der Wahrnehmung berechtigter Interessen nicht entgegensteht (Kontakt- und Näherungsverbot). ²Die Anordnung ist in Fällen enger sozialer Beziehungen auf höchstens zehn Tage zu befristen. ³Im Falle eines zivilrechtlichen Antrags auf Erlass einer einstweiligen Anordnung auf Unterlassung endet sie mit dem Tag der Wirksamkeit der gerichtlichen Entscheidung, spätestens 20 Tage nach ihrem Erlass. ⁴Absatz 1 Satz 4 gilt entsprechend.

§ 12c Polizeiliche Begleitung

(1) ¹Eine Person darf von der Polizei begleitet werden, wenn

1. die Person wegen einer vor dem 31. Januar 1998 begangenen, gegen das Leben, die körperliche Unversehrtheit, die persönliche Freiheit oder die sexuelle Selbstbestimmung gerichteten Straftat in der Sicherungsverwahrung untergebracht worden war und sich für die Dauer von mehr als zehn Jahren in der Sicherungsverwahrung befunden hat und

2. Tatsachen die Annahme rechtfertigen, dass diese Person schwerste Gewalt- oder Sexualstraftaten begehen wird und die Maßnahme zur Verhütung dieser Straftaten erforderlich ist.

²Die Maßnahme darf auch durchgeführt werden, wenn Dritte unvermeidbar betroffen werden. ³Der Kernbereich privater Lebensgestaltung ist zu wahren.

(2) Die Maßnahme nach Absatz 1 kann unabhängig davon angeordnet werden, ob die verurteilte Person

1. sich noch im Vollzug der Sicherungsverwahrung befindet,

2. noch gemäß § 1 des Therapieunterbringungsgesetzes vom 22. Dezember 2010 (BGBl. I S. 2300, 2305), geändert am 5. Dezember 2012 (BGBl. I S. 2425, 2430), in der jeweils geltenden Fassung untergebracht oder

3. aus dem Vollzug der Unterbringungsformen nach der Nummer 1 oder 2 bereits entlassen worden ist.

(3) ¹Die Maßnahme nach Absatz 1 darf nur vom Polizeipräsidenten oder von seinem Vertreter im Amt, bei Gefahr im Verzug auch vom Polizeiführer vom Dienst angeordnet werden. ²Die Anordnung ist aktenkundig zu machen. ³Aus der Anordnung müssen sich

1. Art, Beginn und Ende der Maßnahme,

2. an der Durchführung beteiligte Personen,

3. Tatsachen, die den Einsatz der Maßnahme begründen,

4. Zeitpunkt der Anordnung und Name sowie Dienststellung des Anordnenden

ergeben.

(4) ¹Die Anordnung der Maßnahme ist auf höchstens drei Monate zu befristen. ²Die Verlängerung dieser Anordnung um jeweils nicht mehr als zwei Monate ist zulässig, soweit die Voraussetzungen der Anordnung fortbestehen.

§ 13 Gewahrsam von Personen

(1) Eine Person darf in Gewahrsam genommen werden, wenn diese Maßnahme

1. zum Schutz der Person gegen eine Gefahr für Leib oder Leben erforderlich ist, insbesondere weil die Person sich erkennbar in einem die freie Willensbestimmung ausschließenden Zustand oder sonst in hilfloser Lage befindet,

2. unerlässlich ist, um die unmittelbar bevorstehende Begehung oder Fortsetzung einer Ordnungswidrigkeit von erheblicher Bedeutung für die Allgemeinheit oder einer Straftat zu verhindern; die Begehung oder Fortsetzung steht insbesondere unmittelbar bevor, wenn die Person früher mehrfach in vergleichbarer Lage bei der Begehung einer derartigen Ordnungswidrigkeit von erheblicher Bedeutung für die Allgemeinheit oder einer Straftat als Störer in Erscheinung getreten ist und nach den Umständen eine Wiederholung der Straftat oder Ordnungswidrigkeit bevorsteht,

3. unerlässlich ist, um eine Platzverweisung nach § 12a durchzusetzen,

4. unerlässlich ist, um ein Betretungsverbot, ein Aufenthaltsverbot, ein Kontakt- oder Näherungsverbot nach § 12b durchzusetzen oder

5. unerlässlich ist, um private Rechte zu schützen, und eine Festnahme der Person nach § 229 des Bürgerlichen Gesetzbuchs zulässig wäre.

(2) Minderjährige, die sich der Obhut der Sorgeberechtigten entzogen haben, dürfen in Gewahrsam genommen werden, um sie dem Sorgeberechtigten oder dem Jugendamt zuzuführen.

(3) Eine Person, die aus dem Vollzug von Untersuchungshaft, Freiheitsstrafen, freiheitsentziehenden Maßregeln der Besserung und Sicherung oder einer sonstigen durch richterliche Entscheidung angeordneten oder genehmigten Freiheitsentziehung entwichen ist oder sich sonst ohne Erlaubnis außerhalb der Einrichtung aufhält, darf in Gewahrsam genommen und in die Einrichtung zurückgebracht werden.

§ 13a Richterliche Entscheidung

(1) [1]Wird eine Person auf Grund von § 13 festgehalten, ist unverzüglich eine richterliche Entscheidung über Zulässigkeit oder Fortdauer der Freiheitsentziehung herbeizuführen. [2]Der Herbeiführung der richterlichen Entscheidung bedarf es nicht, wenn anzunehmen ist, dass die Entscheidung des Richters erst nach Wegfall des Grundes der Maßnahme ergehen würde.

(2) [1]Für die Entscheidung nach Absatz 1 ist das Amtsgericht Hamburg zuständig. [2]Das Verfahren richtet sich nach Buch 7 des Gesetzes über das Verfahren in Familiensachen und in den Angelegenheiten der freiwilligen Gerichtsbarkeit vom 17. Dezember 2008 (BGBl. I S. 2586, 2587), zuletzt geändert am 22. Dezember 2010 (BGBl. I S. 2255, 2257), in der jeweils geltenden Fassung. [3]In den Fällen einer nach § 13 Absatz 1 Nummern 2 bis 4 beantragten Freiheitsentziehung ist das Beschwerdeverfahren auch nach Fortfall der Beschwer zulässig. [4]Für die nachträgliche Überprüfung der Rechtmäßigkeit von Maßnahmen nach § 13 bleiben die Verwaltungsgerichte zuständig.

§ 13b Behandlung festgehaltener Personen

(1) Wird eine Person auf Grund von § 12 Absatz 2 oder § 13 festgehalten, ist ihr unverzüglich der Grund bekannt zu geben.

(2) [1]Der festgehaltenen Person ist unverzüglich Gelegenheit zu geben, einen Angehörigen oder eine Person ihres Vertrauens zu benachrichtigen; eine Benachrichtigung hat zu unterbleiben, soweit dies zur Verhütung von Straftaten erforderlich ist. [2]Unberührt bleibt die Benachrichtigungspflicht bei einer richterlichen Freiheitsentziehung. [3]Die Verwaltungsbehörde soll die Benachrichtigung übernehmen, wenn die festgehaltene Person nicht in der Lage ist, von dem Recht nach Satz 1 Gebrauch zu machen, und die Benachrichtung ihrem mutmaßlichen Willen nicht widerspricht. [4]Ist die festgehaltene Person minderjährig, so ist in jedem Fall unverzüglich derjenige zu benachrichtigen, dem die Sorge für die Person obliegt. [5]Das Gleiche gilt für Volljährige, für die ein Betreuer mit dem Aufgabenkreis der Personensorge oder der Aufenthaltsbestimmung bestellt ist.

(3) [1]Die festgehaltene Person soll gesondert untergebracht werden. [2]Männer und Frauen sollen getrennt untergebracht werden. [3]Der festgehaltenen Person dürfen nur solche Beschränkungen auferlegt werden, die der Zweck der Freiheitsentziehung oder die Ordnung im Gewahrsam erfordert.

(4) Wird der Gewahrsam nach § 13 Absatz 1 im Wege der Amtshilfe in einer Justizvollzugsanstalt vollzogen, gelten die §§ 171, 171a, 173 bis 175 und § 178 Absatz 2 des Strafvollzugsgesetzes vom 16. März 1976 (BGBl. 1976 I S. 581, 2088, 1977 I S. 436), zuletzt geändert am 29. Juli 2009 (BGBl. I S. 2274, 2278), in Verbindung mit § 130 des Hamburgischen Strafvollzugsgesetzes vom 14. Juli 2009 (HmbGVBl. S. 257) in der jeweils geltenden Fassung entsprechend.

§ 13c Dauer der Freiheitsentziehung

(1) Die festgehaltene Person ist zu entlassen,

1. sobald der Grund für die Maßnahme weggefallen ist,

2. wenn die Fortdauer der Freiheitsentziehung durch richterliche Entscheidung für unzulässig erklärt wird,

3. spätestens bis zum Ende des Tages nach dem Ergreifen, wenn nicht vorher die Fortdauer der Freiheitsentziehung durch richterliche Entscheidung angeordnet ist. In der richterlichen Entscheidung über eine Freiheitsentziehung auf Grund des § 13 Absatz 1 ist die höchstzulässige Dauer der Freiheitsentziehung zu bestimmen; sie darf in den Fällen des § 13 Absatz 1 Nummern 2 und 4 zehn Tage, in den übrigen Fällen des § 13 Absatz 1 zwei Tage nicht überschreiten, wenn nicht die Freiheitsentziehung auf Grund eines anderen Gesetzes durch richterliche Entscheidung angeordnet oder genehmigt ist.

(2) Eine Freiheitsentziehung zum Zwecke der Feststellung der Personalien darf die Dauer von insgesamt 12 Stunden nicht überschreiten.

§ 14 Sicherstellung von Sachen

(1) [1]Sachen dürfen nur sichergestellt werden, wenn dies erforderlich ist

a) zur Abwehr einer unmittelbar bevorstehenden Gefahr für die öffentliche Sicherheit oder Ordnung oder zur Beseitigung einer Störung der öffentlichen Sicherheit oder Ordnung;

b) zur Verhinderung einer missbräuchlichen Verwendung durch eine in Gewahrsam genommene Person,

c) zum Schutz des Eigentümers oder des rechtmäßigen Inhabers der tatsächlichen Gewalt vor dem Verlust oder der Beschädigung der Sache.

[2]Ein verbotswidrig abgestelltes oder liegengebliebenes Fahrzeug wird in der Regel sichergestellt, wenn es die Sicherheit oder Leichtigkeit des Verkehrs beeinträchtigt oder eine Gefährdung, Behinderung oder Belästigung anderer Verkehrsteilnehmer nicht auszuschließen ist und der vom Fahrzeug ausgehenden Gefahr nicht mit einer Umsetzung auf einen in unmittelbarer Nähe gelegenen freien und geeigneten Platz im öffentlichen Verkehrsraum begegnet werden kann.

(2) Über die Sicherstellung ist dem Betroffenen auf Verlangen eine Bescheinigung auszustellen.

(3) [1]Eine sichergestellte Sache wird amtlich oder in sonst zweckmäßiger Weise so lange verwahrt, bis sie an den Berechtigten herausgegeben werden kann, ohne dass die Voraussetzungen für eine erneute Sicherstellung eintreten würden. [2]Die Verwahrung kann auch einer dritten Person übertragen werden. [3]Die Kosten der Sicherstellung und Verwahrung fallen den nach §§ 8 und 9 Verantwortlichen zur Last. [4]Mehrere Verantwortliche haften als Gesamtschuldner. [5]Die Herausgabe der Sache kann von der Zahlung der Kosten abhängig gemacht werden. [6]Eine dritte Person, der die Verwahrung übertragen worden ist, kann ermächtigt werden, Zahlungen in Empfang zu nehmen.

(4) [1]Nach Ablauf eines Jahres seit der Sicherstellung darf die Sache verwertet werden. [2]Die Sache darf vorher verwertet werden, wenn der Berechtigte trotz Aufforderung die Sache innerhalb einer ihm gesetzten angemessenen Frist nicht abgeholt oder wenn der Verderb oder eine wesentliche Wertminderung der Sache droht oder ihre Aufbewahrung, Pflege oder Erhaltung mit unverhältnismäßig großen Kosten oder Schwierigkeiten verbunden ist.

(5) [1]Die Sache wird durch öffentliche Versteigerung (§ 383 Absatz 3 des Bürgerlichen Gesetzbuches) verwertet. [2]Sie darf in anderer Weise verwertet werden, wenn der Berechtigte sich damit einverstanden erklärt oder wenn die öffentliche Versteigerung aus besonderen Gründen unzweckmäßig ist. [3]Hat die Sache einen Börsen- oder Marktpreis, so ist ihr freihändiger Verkauf (§ 385 des Bürgerlichen Gesetzbuches) zu diesem Preis zulässig. [4]Der Erlös aus der Verwertung ist nach Abzug der Kosten für die Verwahrung und Verwertung an den Berechtigten auszukehren. [5]Der Anspruch auf Auskehrung erlischt drei Jahre nach Ablauf des Jahres, in dem die Sache verwertet worden ist.

(6) Eine sichergestellte Sache darf eingezogen, unbrauchbar gemacht oder vernichtet werden,

a) wenn die Sache verwertet werden darf, die Verwertung aber nicht möglich ist;

b) sobald feststeht, dass im Falle der Verwertung die Voraussetzungen für eine erneute Sicherstellung eintreten würden.

§ 14a (aufgehoben)

§ 15 Durchsuchung und Untersuchung von Personen
(1) Eine Person darf durchsucht werden, wenn
1. sie nach diesem Gesetz oder anderen Rechtsvorschriften festgehalten werden darf,
2. Tatsachen die Annahme rechtfertigen, dass sie Sachen mit sich führt, die sichergestellt werden dürfen,
3. sie sich erkennbar in einem die freie Willensbestimmung ausschließenden Zustand oder sonst in hilfloser Lage befindet oder
4. sie zur gezielten Kontrolle nach § 31 des Gesetzes über die Datenverarbeitung der Polizei (PolDVG) vom 12. Dezember 2019 (HmbGVBl. S. 485) in der jeweils geltenden Fassung oder einer vergleichbaren Rechtsvorschrift ausgeschrieben ist.

(2) ¹Eine Person, deren Personalien nach diesem Gesetz oder anderen Rechtsvorschriften festgestellt oder die im öffentlichen Verkehrsraum angehalten und kontrolliert werden soll, darf nach Waffen, anderen gefährlichen Werkzeugen und Explosivmitteln durchsucht werden, wenn dies nach den Umständen zum Schutz von Bediensteten oder eines Dritten gegen eine Gefahr für Leib oder Leben erforderlich ist. ²Dasselbe gilt, wenn eine Person nach einer anderen Rechtsvorschrift vorgeführt oder zur Durchführung einer Maßnahme an einen anderen Ort gebracht werden soll.

(3) Personen sollen nur von Personen gleichen Geschlechts oder von Ärzten durchsucht werden; dies gilt nicht, wenn die sofortige Durchsuchung zum Schutz gegen eine Gefahr für Leib oder Leben erforderlich ist.

(4) ¹Zur Abwehr einer Gefahr für Leib oder Leben darf eine Person körperlich untersucht werden. ²Zu diesem Zweck sind Entnahmen von Blutproben und andere körperliche Eingriffe, die von einem Arzt nach den Regeln der ärztlichen Kunst zu Untersuchungszwecken vorgenommen werden, ohne Einwilligung des Betroffenen zulässig, wenn kein Nachteil für seine Gesundheit zu befürchten ist und die Maßnahme aus ärztlicher Sicht erforderlich ist. ³Die körperliche Untersuchung bedarf außer bei Gefahr im Verzug der richterlichen Anordnung. ⁴Zuständig ist das Amtsgericht Hamburg. ⁵Für das Verfahren findet Buch 1 des Gesetzes über das Verfahren in Familiensachen und in den Angelegenheiten der freiwilligen Gerichtsbarkeit entsprechend Anwendung. ⁶Bei Gefahr im Verzug darf die Anordnung auch durch die Polizei erfolgen. ⁷Die bei der Untersuchung erhobenen personenbezogenen Daten dürfen über den Zweck dieses Gesetzes hinaus nur zum Schutz vor oder zur Abwehr von schwerwiegenden Gesundheitsgefährdungen genutzt werden.

§ 15a Durchsuchen von Sachen
(1) ¹Eine Sache darf durchsucht werden, wenn
1. sie von einer Person mitgeführt wird, die nach § 15 durchsucht werden darf,
2. Tatsachen die Annahme rechtfertigen, dass sich in ihr eine Person befindet, die
   a) in Gewahrsam genommen werden darf,
   b) widerrechtlich festgehalten wird oder
   c) hilflos ist,
3. Tatsachen die Annahme rechtfertigen, dass sich in ihr eine andere Sache befindet, die sichergestellt werden darf,
4. sie von einer Person mitgeführt wird, die an einem Ort angetroffen wird, von dem Tatsachen die Annahme rechtfertigen, dass dort
   a) Personen Straftaten von erheblicher Bedeutung verabreden, vorbereiten oder verüben,
   b) sich gesuchte Straftäter verbergen,
5. sie von einer Person mitgeführt wird, die in einer Verkehrs- oder Versorgungsanlage oder -einrichtung, einem öffentlichen Verkehrsmittel, Amtsgebäude oder einem besonders gefährdeten Objekt oder in dessen unmittelbarer Nähe angetroffen wird und Tatsachen die Annahme rechtfertigen, dass in diesem Objekt oder in dessen unmittelbarer Nähe Straftaten begangen werden sollen, durch die Personen oder das Objekt gefährdet sind,
6. sie sich an einem der in Nummer 4 genannten Orte befindet,
7. sie sich in einem Objekt im Sinne der Nummer 5 oder in dessen unmittelbarer Nähe befindet und Tatsachen die Annahme rechtfertigen, dass in diesem Objekt oder in dessen unmittelbarer Nähe Straftaten begangen werden sollen, durch die Personen oder das Objekt gefährdet sind,

8. es sich um ein Land-, Wasser- oder Luftfahrzeug handelt, in dem sich eine Person befindet, deren Identität an einer Kontrollstelle festgestellt werden darf; die Durchsuchung darf sich auch auf die in dem Fahrzeug enthaltenen Sachen erstrecken oder

9. sie von einer Person mitgeführt wird, die zur gezielten Kontrolle nach § 31 PolDVG oder einer vergleichbaren Rechtsvorschrift ausgeschrieben ist, oder es sich um ein derart ausgeschriebenes Kraftfahrzeug handelt; im Falle einer Ausschreibung des Kraftfahrzeugs kann sich die Durchsuchung auch auf die in oder an dem Fahrzeug enthaltenen Sachen erstrecken. ²Die Durchsuchung nach Satz 1 Nummern 4 und 5 ist nur zulässig, wenn auf die Person bezogene tatsächliche Anhaltspunkte dies erforderlich machen.

(2) ¹Bei der Durchsuchung von Sachen hat der Inhaber der tatsächlichen Gewalt das Recht, anwesend zu sein. ²Ist er abwesend, so sollen sein Vertreter oder ein anderer Zeuge hinzugezogen werden. ³Dem Inhaber der tatsächlichen Gewalt ist auf Verlangen eine Bescheinigung über die Durchsuchung und ihren Grund zu erteilen.

§ 16 Betreten und Durchsuchen von Wohnungen

(1) Wohnungen im Sinne dieser Vorschrift sind Wohn- und Nebenräume, Arbeits-, Betriebs- und Geschäftsräume sowie anderes befriedetes Besitztum, das mit diesen Räumen im Zusammenhang steht.

(2) Eine Wohnung darf ohne Einwilligung des Inhabers betreten und durchsucht werden, wenn

1. Tatsachen die Annahme rechtfertigen, dass sich in ihr eine Person befindet, die nach § 11 Absatz 3 vorgeführt oder nach § 13 in Gewahrsam genommen werden darf,

2. Tatsachen die Annahme rechtfertigen, dass sich in ihr eine Sache befindet, die nach § 14 Absatz 1 Buchstabe a sichergestellt werden darf,

3. von der Wohnung Emissionen ausgehen, die nach Art, Ausmaß oder Dauer zu einer erheblichen Belästigung der Nachbarschaft führen,

4. das zur Abwehr einer unmittelbar bevorstehenden Gefahr für Leib, Leben oder Freiheit einer Person oder für Sachen von bedeutendem Wert erforderlich ist.

(3) Während der Nachtzeit (§ 104 Absatz 3 der Strafprozessordnung) ist das Betreten und Durchsuchen einer Wohnung nur in den Fällen des Absatzes 2 Nummern 3 und 4 zulässig.

(4) Wohnungen dürfen zur Abwehr dringender Gefahren jederzeit betreten werden, wenn

1. Tatsachen die Annahme rechtfertigen, dass dort
   a) Personen Straftaten von erheblicher Bedeutung verabreden, vorbereiten oder verüben,
   b) sich gesuchte Straftäter verbergen,

2. es sich um Schlupfwinkel im Sinne von § 104 Absatz 2 der Strafprozessordnung handelt.

(5) ¹Arbeits-, Betriebs- und Geschäftsräume, sowie anderes befriedetes Besitztum, das mit den genannten Räumen im Zusammenhang steht, dürfen zum Zwecke der Gefahrenabwehr während der Arbeits-, Betriebs-, Geschäfts- oder Öffnungszeit sowie in der Zeit, in der sich Kunden, Arbeitnehmer oder andere Personen dort aufhalten, betreten werden. ²Dies gilt nicht, wenn diese Räume für einen sachlich und personell eng abgegrenzten Personenkreis bestimmt und Vorkehrungen getroffen sind, die andere am Betreten hindern.

§ 16a Verfahren beim Durchsuchen von Wohnungen

(1) ¹Durchsuchungen dürfen, außer bei Gefahr im Verzug, nur durch den Richter angeordnet werden. ²Zuständig ist das Amtsgericht Hamburg. ³Für das Verfahren findet Buch 1 des Gesetzes über das Verfahren in Familiensachen und in den Angelegenheiten der freiwilligen Gerichtsbarkeit entsprechend Anwendung. ⁴Von einer Anhörung der betroffenen Person durch das Gericht und der Bekanntgabe der richterlichen Entscheidung an die betroffene Person ist abzusehen, wenn die vorherige Anhörung oder die Bekanntgabe der Entscheidung den Zweck der Maßnahme gefährden würde. ⁵Die richterliche Entscheidung wird mit ihrer Bekanntgabe an die beantragende Stelle wirksam.

(2) ¹Bei der Durchsuchung einer Wohnung hat der Wohnungsinhaber das Recht, anwesend zu sein. ²Ist er abwesend, so ist, soweit möglich und hierdurch keine schutzwürdigen Belange des Wohnungsinhabers verletzt werden, sein Vertreter oder ein erwachsener Angehöriger, ein anderer Hausbewohner oder Nachbar hinzuzuziehen.

(3) Dem Wohnungsinhaber oder seinem Vertreter ist der Grund der Durchsuchung unverzüglich bekannt zu geben, soweit dadurch der Zweck der Maßnahmen nicht gefährdet wird.

(4) [1]Über die Durchsuchung ist eine Niederschrift zu fertigen. [2]Sie muss die verantwortliche Dienststelle, Grund, Zeit und Ort der Durchsuchung und das Ergebnis der Durchsuchung enthalten. [3]Die Niederschrift ist von einem durchsuchenden Beamten und dem Wohnungsinhaber oder der hinzugezogenen Person zu unterzeichnen. [4]Wird die Unterschrift verweigert, so ist hierüber ein Vermerk aufzunehmen. [5]Dem Wohnungsinhaber oder seinem Vertreter ist auf Verlangen eine Abschrift der Niederschrift auszuhändigen.

(5) Ist die Anfertigung der Niederschrift oder die Aushändigung einer Abschrift nach den besonderen Umständen des Falles nicht möglich oder würde sie den Zweck der Durchsuchung gefährden, so sind dem Betroffenen lediglich die Durchsuchung unter Angabe der verantwortlichen Dienststelle sowie Zeit und Ort der Durchsuchung schriftlich zu bestätigen.

§ 16b (aufgehoben)

Dritter Teil
Unmittelbarer Zwang

§ 17 Anwendungsbereich

(1) [1]Soweit bei Maßnahmen zur Gefahrenabwehr unmittelbarer Zwang ausgeübt werden darf, finden die Bestimmungen dieses Teils Anwendung. [2]Das Gleiche gilt in allen anderen Fällen, in denen unmittelbarer Zwang zulässig ist.

(2) Unmittelbarer Zwang nach den Bestimmungen dieses Teils darf auch gegenüber einer Person ausgeübt werden, die sich im amtlichen Gewahrsam oder in einer öffentlichen Anstalt befindet, wenn es zur Sicherung des Gewahrsams oder der Ordnung in der Anstalt erforderlich ist.

(3) Besondere Bestimmungen über die Art und Weise der Ausübung unmittelbaren Zwangs in anderen Rechtsvorschriften bleiben unberührt.

§ 18 Formen des unmittelbaren Zwangs

(1) Unmittelbarer Zwang ist die Einwirkung auf Personen oder Sachen durch körperliche Gewalt, durch Hilfsmittel der körperlichen Gewalt und durch Waffen.

(2) Körperliche Gewalt ist jede unmittelbare körperliche Einwirkung auf Personen oder Sachen.

(3) Hilfsmittel der körperlichen Gewalt sind insbesondere Fesseln, Wasserwerfer, technische Sperren, Diensthunde, Dienstfahrzeuge, Reiz- und Betäubungsstoffe sowie zum Sprengen bestimmte Explosivstoffe (Sprengmittel).

(4) Als Waffen sind Schlagstock, Distanz-Elektroimpulsgerät, Pistole, Revolver, Gewehr und Maschinenpistole zugelassen.

§ 18a Ärztliche Zwangsmaßnahmen

(1) Eine im amtlichen Gewahrsam befindliche Person, die eine ärztliche Untersuchung oder eine vom Arzt verordnete Behandlung verweigert, darf zwangsweise nur untersucht und behandelt werden, wenn dies zur Abwehr einer Gefahr für ihr Leben oder für das Leben anderer oder eine erhebliche Gefährdung der Gesundheit anderer erforderlich ist.

(2) Beruhigungsmittel dürfen einer im amtlichen Gewahrsam befindlichen Person bei krankhaften, die Ordnung in der Anstalt erheblich störenden Erregungszuständen auch dann zwangsweise beigebracht werden, wenn die Voraussetzungen des Absatzes 1 nicht vorliegen.

(3) Verweigert eine im amtlichen Gewahrsam befindliche Person beharrlich die Nahrungsaufnahme, so darf sie zwangsweise ernährt werden, wenn dies zur Abwendung einer Gefahr für ihr Leben oder ihre Gesundheit erforderlich ist.

(4) [1]Die Zwangsmaßnahme muss zumutbar sein. [2]Sie darf insbesondere nicht das Leben des Betroffenen gefährden.

(5) [1]Die Zwangsmaßnahme darf nur von einem Arzt angeordnet werden. [2]Soweit es der Gesundheitsschutz des Betroffenen erfordert, ist sie auch von einem Arzt durchzuführen und zu überwachen. [3]Die Sätze 1 und 2 gelten nicht, wenn ein Arzt nicht sofort erreichbar und mit dem Aufschub Lebensgefahr verbunden ist.

(6) Weitergehende Befugnisse, die sich aus dem Zweck des Gewahrsams ergeben, bleiben unberührt.

§ 19 Befugnis zum Gebrauch von Waffen

(1) Die Befugnis zum Gebrauch von Waffen steht den Polizeivollzugsbeamten zu.

(2) Die mit Sicherungsaufgaben betrauten Beamten der Justizverwaltung haben die Befugnis zum Gebrauch von Schlagstöcken.

§ 20 Handeln auf Anordnung

(1) [1]Die in § 19 genannten Bediensteten sind verpflichtet, unmittelbaren Zwang anzuwenden, der von ihren Vorgesetzten oder einer sonst dazu befugten Person angeordnet oder befohlen wird. [2]Dies gilt nicht, wenn die Anordnung die Menschenwürde verletzt oder nicht zu dienstlichen Zwecken erteilt worden ist.

(2) [1]Eine Anordnung darf nicht befolgt werden, wenn dadurch eine Straftat begangen würde. [2]Befolgt der Bedienstete die Anordnung trotzdem, so trifft ihn eine Schuld nur, wenn er erkennt oder wenn es nach den ihm bekannten Umständen offensichtlich ist, dass dadurch eine Straftat begangen wird.

(3) Bedenken gegen die Rechtmäßigkeit der Anordnung sind dem Anordnenden gegenüber vorzubringen, soweit das nach den Umständen möglich ist.

(4) § 36 Absätze 2 und 3 des Beamtenstatusgesetzes vom 17. Juni 2008 (BGBl. I S. 1010) sowie § 107 Absatz 3 des Hamburgischen Beamtengesetzes vom 15. Dezember 2009 (HmbGVBl. S. 405) in ihrer jeweils geltenden Fassung sind nicht anzuwenden.

§ 21 Hilfeleistung für Verletzte

Wird unmittelbarer Zwang angewendet, ist Verletzten, so weit es nötig ist und die Lage es zulässt, Beistand zu leisten und ärztliche Hilfe zu verschaffen.

§ 22 Androhung unmittelbaren Zwanges

(1) [1]Unmittelbarer Zwang ist vor seiner Anwendung anzudrohen. [2]Von der Androhung kann abgesehen werden, wenn die Umstände sie nicht zulassen, insbesondere wenn die sofortige Anwendung des Zwangsmittels zur Abwehr einer unmittelbar bevorstehenden Gefahr notwendig ist. [3]Als Androhung des Schusswaffengebrauchs gilt auch die Abgabe eines Warnschusses.

(2) [1]Schusswaffen dürfen nur dann ohne Androhung gebraucht werden, wenn dies zur Abwehr einer unmittelbar bevorstehenden Gefahr für Leib oder Leben erforderlich ist. [2]Als Schusswaffe im Sinne dieses Gesetzes gelten Pistole, Revolver, Gewehr und Maschinenpistole.

(3) [1]Gegenüber einer Menschenmenge ist die Anwendung unmittelbaren Zwanges möglichst so rechtzeitig anzudrohen, dass sich Unbeteiligte noch entfernen können. [2]Der Gebrauch von Schusswaffen gegen Personen in einer Menschenmenge ist stets anzudrohen; die Androhung ist vor dem Gebrauch zu wiederholen. [3]Vor dem Gebrauch von technischen Sperren kann von der Androhung abgesehen werden.

§ 23 Fesselung von Personen

(1) Eine Person darf nur gefesselt werden, wenn sie sich im amtlichen Gewahrsam befindet nach einer anderen Rechtsvorschrift vorgeführt oder zur Durchführung einer Maßnahme an einen anderen Ort gebracht wird und

a) die Gefahr besteht, dass sie Personen angreift, Sachen beschädigt, oder wenn sie Widerstand leistet;

b) sie zu fliehen versucht oder besondere Umstände die Besorgnis begründen, dass sie sich aus dem Gewahrsam befreien wird oder dass ihre Befreiung durch andere Personen zu befürchten ist;

c) die Gefahr besteht, dass die Person sicherzustellende Gegenstände beiseite schafft oder vernichtet;

d) die Gefahr der Selbsttötung oder der Selbstverletzung besteht.

(2) [1]Durch die Polizei ist eine Fixierung sämtlicher Gliedmaßen einer Person nur zulässig, wenn dies zur Abwehr einer gegenwärtigen erheblichen Gefahr einer Selbsttötung, Selbstverletzung oder von Angriffen gegen eine andere Person unerlässlich ist. [2]Eine nicht nur kurzfristige Fixierung im Sinne von Satz 1 bedarf der gerichtlichen Anordnung. [3]Bei Gefahr im Verzug können die Leitung der zuständigen Polizeidienststelle, die Vertretung im Amt oder, wenn deren Entscheidung nicht rechtzeitig eingeholt werden kann, andere Polizeivollzugsbeamte die Maßnahme nach Satz 2 vorläufig anordnen; eine richterliche Bestätigung ist unverzüglich herbeizuführen. [4]Einer solchen bedarf es nicht, wenn anzunehmen ist, dass die Entscheidung erst nach Wegfall des Grundes der Maßnahme ergehen würde oder die Maßnahme vor Herbeiführung der Entscheidung tatsächlich beendet und auch keine Wiederholung zu erwarten ist. [5]Während der Maßnahme ist die betroffene Person fortlaufend durch einen für die Überwachung von Fixierungen geschulten Bediensteten zu überwachen. [6]Nach Beendigung der Maßnahme ist die betroffene Person unverzüglich auf ihr Recht hinzuweisen, die Rechtmäßigkeit der

Maßnahme gerichtlich überprüfen zu lassen. [7]Die Maßnahme ist zu dokumentieren; diese Dokumentation beinhaltet:
1. die Anordnung und die dafür maßgeblichen Gründe,
2. den Verlauf,
3. die Dauer,
4. die Art der Überwachung,
5. die Beendigung und
6. den Hinweis nach Satz 6.

[8]§ 13a Absatz 2 gilt entsprechend.

§ 24 Allgemeine Vorschriften für den Schusswaffengebrauch

(1) [1]Schusswaffen dürfen nur gebraucht werden, wenn andere Maßnahmen des unmittelbaren Zwangs erfolglos angewendet sind oder offensichtlich keinen Erfolg versprechen. [2]Gegen Personen ist ihr Gebrauch nur zulässig, wenn der Zweck nicht durch Waffenwirkung gegen Sachen erreicht wird.

(2) [1]Zweck des Schusswaffengebrauchs darf nur sein, angriffs- oder fluchtunfähig zu machen. [2]Der Schusswaffengebrauch ist unzulässig, wenn erkennbar Unbeteiligte mit hoher Wahrscheinlichkeit gefährdet werden. [3]Das gilt nicht, wenn der Schusswaffengebrauch das einzige Mittel zur Abwehr einer unmittelbar bevorstehenden Lebensgefahr ist.

(3) Gegen Personen, die sich dem äußeren Eindruck nach im Kindesalter befinden, dürfen Schusswaffen nicht gebraucht werden.

§ 25 Schusswaffengebrauch gegen einzelne Personen

(1) Schusswaffen dürfen gegen einzelne Personen nur gebraucht werden,
1. um die unmittelbar bevorstehende Ausführung oder die Fortsetzung einer rechtswidrigen Tat zu verhindern, die sich den Umständen nach
    a) als ein Verbrechen,
    b) als ein Vergehen darstellt, das unter Anwendung oder Mitführung von Schusswaffen oder Sprengstoffen begangen werden soll oder ausgeführt wird;
2. um eine Person, die sich der Festnahme oder der Feststellung ihrer Person durch die Flucht zu entziehen versucht, anzuhalten, wenn sie
    a) bei einer rechtswidrigen Tat auf frischer Tat betroffen wird, die sich den Umständen nach als ein Verbrechen darstellt, oder als ein Vergehen, das unter Anwendung oder Mitführung von Schusswaffen oder Sprengstoffen begangen wird,
    b) eines Verbrechens dringend verdächtigt ist oder
    c) eines Vergehens dringend verdächtigt ist und Anhaltspunkte befürchten lassen, dass sie von einer Schusswaffe oder einem Sprengstoff Gebrauch machen werde;
3. zur Vereitelung der Flucht oder zur Wiederergreifung einer Person, die sich im amtlichen Gewahrsam befindet oder befand
    a) in einer festen Anstalt,
    b) sonst wegen des dringenden Verdachts eines Verbrechens,
    c) oder wegen des dringenden Verdachts eines Vergehens, wenn zu befürchten ist, dass sie von einer Schusswaffe oder einem Sprengstoff Gebrauch machen werde;
4. wenn sie mit Gewalt einen Gefangenen oder jemanden, dessen
    a) Sicherungsverwahrung (§§ 66, 66b des Strafgesetzbuches, § 106 Absätze 5 und 6 des Jugendgerichtsgesetzes),
    b) Unterbringung in einem psychiatrischen Krankenhaus (§ 63 des Strafgesetzbuches) oder
    c) Unterbringung in einer Entziehungsanstalt (§ 64 des Strafgesetzbuches)
    angeordnet ist, aus dem amtlichen Gewahrsam zu befreien versuchen.

(2) [1]Ein Schuss, der mit an Sicherheit grenzender Wahrscheinlichkeit tödlich wirken wird, ist nur zulässig, wenn er das einzige Mittel zur Abwehr einer unmittelbar bevorstehenden Lebensgefahr oder der unmittelbar bevorstehenden Gefahr einer schwerwiegenden Verletzung der körperlichen Unversehrtheit ist. [2]§ 20 Absatz 1 Satz 1 findet im Falle des Satzes 1 keine Anwendung.

(3) Schusswaffen dürfen entgegen Absatz 1 Nummer 3 nicht gebraucht werden, wenn es sich um den Vollzug eines Jugendarrestes oder eines Strafarrestes handelt oder wenn die Flucht aus einer offenen Anstalt verhindert werden soll.

§ 26 Schusswaffengebrauch gegen Personen in einer Menschenmenge

(1) [1]Der Schusswaffengebrauch gegen Personen in einer Menschenmenge ist unzulässig, wenn erkennbar Unbeteiligte mit hoher Wahrscheinlichkeit gefährdet werden. [2]Dies gilt nicht, wenn der Schusswaffengebrauch das einzige Mittel zur Abwehr einer unmittelbar bevorstehenden Lebensgefahr ist.

(2) Wer sich nach wiederholter Androhung des Schusswaffengebrauchs aus einer Menschenmenge, die Gewalttaten begeht oder aus ihr heraus begangenen Gewalttaten durch Handlungen erkennbar billigt oder unterstützt, nicht entfernt, obwohl ihm das möglich ist, gilt nicht als Unbeteiligter im Sinne von Absatz 1.

§§ 27, 28 (aufgehoben)

Vierter Teil
Besondere Vollzugskräfte

§ 29 Hilfspolizisten und Feuerwehrhelfer

(1) Die zuständige Behörde kann Personen mit deren Einwilligung

a) zur Überwachung und Regelung des Straßenverkehrs,

b) zur Unterstützung der Vollzugspolizei oder der Feuerwehr bei Notfällen, die durch Naturereignisse, Seuchen, Brände, Explosionen, Unfälle oder ähnliche Vorkommnisse verursacht worden sind,

zu Hilfspolizisten oder Feuerwehrhelfern bestellen.

(2) [1]Hilfspolizisten und Feuerwehrhelfer haben im Rahmen ihres Auftrags die den Beamten des Polizeivollzugsdienstes oder den Feuerwehrbeamten zustehenden Befugnisse. [2]Dies gilt jedoch nicht für die Befugnis gemäß § 19 zum Waffengebrauch.

§ 30 Bedienstete oder Kräfte des Bundes, der Länder, Kreise und Gemeinden

(1) Bedienstete oder Kräfte des Bundes, eines anderen Landes, eines Kreises oder einer Gemeinde können im Gebiet der Freien und Hansestadt Hamburg bei Maßnahmen zur Gefahrenabwehr auf Anforderung oder mit Zustimmung der zuständigen Behörde Amtshandlungen vornehmen.

(2) Sie haben bei diesen Amtshandlungen die gleichen Befugnisse wie die entsprechenden Bediensteten oder Kräfte der Freien und Hansestadt Hamburg.

§ 30a Amtshandlungen von Polizeivollzugsbeamten des Bundes und anderer Länder sowie von Bediensteten ausländischer Staaten

(1) [1]Polizeivollzugsbeamte des Bundes oder eines anderen Landes und Beamte der Zollverwaltung, denen der Gebrauch von Schusswaffen bei Anwendung des unmittelbaren Zwangs bei Ausübung öffentlicher Gewalt gestattet ist, können in der Freien und Hansestadt Hamburg Amtshandlungen vornehmen

1. auf Anforderung oder mit Zustimmung der zuständigen Behörde,

2. in den Fällen des Artikels 35 Absätze 2 und 3 und des Artikels 91 Absatz 1 des Grundgesetzes,

3. zur Abwehr einer unmittelbar bevorstehenden erheblichen Gefahr, zur Verfolgung von Straftaten auf frischer Tat sowie zur Verfolgung und Wiederergreifung Entwichener, wenn die zuständige Behörde die erforderlichen Maßnahmen nicht rechtzeitig treffen kann,

4. zur Erfüllung polizeilicher Aufgaben bei Gefangenentransporten oder dem Transport von anderen Personen, die sich in amtlichem Gewahrsam befinden,

5. zur Verfolgung von Straftaten und Ordnungswidrigkeiten und zur Gefahrenabwehr in den in der Anlage zu diesem Gesetz genannten durch Vereinbarung geregelten Fällen.

[2]In den Fällen der Nummern 3 bis 5 ist die zuständige Behörde unverzüglich zu unterrichten. [3]In den Fällen von Satz 1 Nummer 4 können Angestellte im Polizeidienst eingesetzt werden.

(2) [1]Werden Polizeivollzugsbeamte des Bundes oder eines anderen Landes nach Absatz 1 tätig, haben sie die gleichen Befugnisse wie die der Freien und Hansestadt Hamburg. [2]Ihre Maßnahmen gelten als Maßnahmen derjenigen Behörde, in deren örtlichem und sachlichem Zuständigkeitsbereich sie tätig geworden sind; sie unterliegen insoweit deren Weisungen.

(3) [1]Absätze 1 und 2 gelten entsprechend

1. für Bedienstete ausländischer Polizeibehörden oder -dienststellen, soweit dies durch völkerrechtliche Vereinbarungen geregelt ist oder die zuständige Behörde Amtshandlungen dieser Polizeibehörden oder Polizeidienststellen allgemein oder im Einzelfall zustimmt,

2. für Bedienstete von Polizeibehörden oder -dienststellen der Mitgliedstaaten der Europäischen Union in den Fällen der Artikel 17 bis 23 des Beschlusses 2008/615/JI des Rates vom 23. Juni 2008 zur Vertiefung der grenzüberschreitenden Zusammenarbeit, insbesondere zur Bekämpfung des Terrorismus und der grenzüberschreitenden Kriminalität (ABl. EU Nr. L 210 S. 1). [2]Der Senat unterrichtet die Bürgerschaft jährlich über die nach Satz 1 vorgenommenen Einsätze.

§ 30b Amtshandlungen hamburgischer Polizeivollzugsbeamter außerhalb Hamburgs

(1) [1]Die Polizeivollzugsbeamten der Freien und Hansestadt Hamburg dürfen im Zuständigkeitsbereich eines anderen Landes oder des Bundes nur in den Fällen des § 30a Absatz 1 und des Artikels 91 Absatz 2 des Grundgesetzes und nur dann tätig werden, wenn das jeweilige Landesrecht oder das Bundesrecht es vorsieht. [2]Außerhalb der Bundesrepublik Deutschland dürfen die Polizeivollzugsbeamten tätig werden, soweit dies durch völkerrechtliche Vereinbarungen geregelt ist oder wenn es das Recht des jeweiligen Staates vorsieht; sie haben dann die danach vorgesehenen Rechte und Pflichten. [3]Der Senat unterrichtet die Bürgerschaft jährlich über die nach Satz 2 vorgenommenen Einsätze.

(2) [1]Einer Anforderung von Polizeivollzugsbeamten durch ein anderes Land ist zu entsprechen, soweit nicht die Verwendung der Polizei im eigenen Land dringender ist als die Unterstützung der Polizei des anderen Landes. [2]Die Anforderung soll alle für die Entscheidung wesentlichen Merkmale des Einsatzauftrages enthalten.

Fünfter Teil
Besondere Verfahren zum Schutz der öffentlichen Sicherheit und Ordnung

§ 31 Genehmigungspflicht von öffentlichen Veranstaltungen

(1) [1]Eine öffentliche Veranstaltung bedarf der Genehmigung der zuständigen Behörde, wenn

1. zu einer öffentlichen Veranstaltung mehr als 10000 Veranstaltungsteilnehmer zugleich zu erwarten sind oder

2. auf Grund der allgemeinen Lebenserfahrung oder der Erkenntnisse fachkundiger Stellen die Annahme eines erhöhten Gefährdungspotenzials für Leib oder Leben der Veranstaltungsteilnehmer begründet ist, insbesondere unter Berücksichtigung der Art der Veranstaltung, der Größe, Lage oder Beschaffenheit des Veranstaltungsortes sowie möglicher Konflikte unter den Veranstaltungsteilnehmern oder mit Dritten.

[2]Satz 1 gilt nicht für Veranstaltungen, die nach § 8 Absatz 1 des Hamburgischen Ladenöffnungsgesetzes eine Sonntagsöffnung rechtfertigen.

(2) [1]Eine öffentliche Veranstaltung ist jede der Öffentlichkeit zugängliche Veranstaltung, die nicht unter die Bestimmungen der Versammlungsstättenverordnung (VStättVO) vom 5. August 2003 (HmbGVBl. S. 420), zuletzt geändert am 1. März 2011 (HmbGVBl. S. 91), in der jeweils geltenden Fassung fällt oder die nicht eine Versammlung nach dem Versammlungsgesetz in der Fassung vom 15. November 1978 (BGBl. I S. 1790), zuletzt geändert am 8. Dezember 2008 (BGBl. I S. 2366), ist. [2]Insbesondere ist eine öffentliche Veranstaltung eine Veranstaltung unter freiem Himmel, unabhängig davon, ob diese auf öffentlichen Wegen, Plätzen oder öffentlichen Grün- und Erholungsanlagen oder privaten oder nicht wegerechtlich gewidmeten Flächen stattfindet.

(3) [1]Veranstalter ist jede natürliche oder juristische Person, die unter Berücksichtigung der konkreten rechtlichen, wirtschaftlichen und tatsächlichen Gegebenheiten die Veranstaltung eigenverantwortlich durchführt. [2]Eine etwaige Pflicht der zuständigen Behörde, den Veranstalter im Wege eines Vergabeverfahrens auszuwählen, bleibt unberührt, insbesondere können die Teilnehmer eines laufenden Vergabeverfahrens einen Antrag als Veranstalter stellen.

(4) [1]Für öffentliche Veranstaltungen nach Absatz 1 hat der Veranstalter ein mit der zuständigen Behörde und den Sicherheitsbehörden abgestimmtes Sicherheitskonzept aufzustellen, das den Anforderungen des § 43 Absatz 2 Satz 2 VStättVO entspricht. [2]Die zuständige Behörde kann den Veranstalter darüber hinaus verpflichten, eine besondere Risikoanalyse eines Sachverständigen zur Gefahrenerkennung vorzulegen.

(5) [1]Das Genehmigungsverfahren setzt einen schriftlichen Antrag voraus. [2]Der Antrag einschließlich aller notwendigen Unterlagen muss spätestens sechs Monate vor Beginn der Veranstaltung bei der zuständigen Behörde eingegangen sein. [3]Mit dem Antrag sind alle für die Beurteilung der Veranstaltung und die Bearbeitung des Antrags erforderlichen Unterlagen einzureichen. [4]Hierzu gehören insbesondere Unterlagen zu der Art, dem Ort und der Zeit der Veranstaltung, der Zahl der erwarteten Veranstaltungsteilnehmer sowie Unterlagen für andere erforderliche Genehmigungen. [5]Bei öffentlichen Veranstaltungen auf privatem Grund ist dem Antrag eine Erklärung des über das Grundstück Verfügungsberechtigten vorzulegen, aus der die Einwilligung in die Nutzung der Fläche für die Veranstaltung und die Kenntnis über die Pflichten nach Absatz 12 hervorgehen. [6]Dem Antrag ist das Sicherheitskonzept beizufügen. [7]Der Veranstalter hat mit dem Antrag eine mit der Leitung der Veranstaltung beauftragte Person zu benennen, die empfangsberechtigt und entscheidungsbefugt für den Veranstalter ist. [8]Diese Person steht ab dem Zeitpunkt der Antragstellung bis zum Ende der Veranstaltung der zuständigen Behörde als Ansprechpartner zur Verfügung, um in diesem Zeitraum alle notwendigen Entscheidungen in Hinblick auf den Veranstaltungsverlauf und die Veranstaltungsmodalitäten treffen und umsetzen zu können. [9]Wird die Leitung der Veranstaltung nach Satz 7 auf eine andere Person übertragen oder werden die Verfügungsgewalt über den Veranstaltungsablauf oder die tatsächliche Sachherrschaft über wesentliche Veranstaltungsgegenstände von dem Veranstalter auf Dritte übertragen, teilt dieser dies der zuständigen Behörde unverzüglich mit.

(6) [1]Die zuständige Behörde hat über den Antrag innerhalb einer Frist von drei Monaten nach Eingang der vollständigen Unterlagen zu entscheiden. [2]Die Frist kann im Einvernehmen mit dem Veranstalter verlängert werden. [3]Weist der Antrag erhebliche Mängel auf, fordert die zuständige Behörde den Veranstalter zur Behebung der Mängel innerhalb einer angemessenen Frist auf.

(7) Die Genehmigung ist zu versagen, wenn

1. Tatsachen die Annahme rechtfertigen, dass der Veranstalter oder eine mit der Leitung der öffentlichen Veranstaltung beauftragte Person die für die Durchführung der Veranstaltung erforderliche Zuverlässigkeit nicht besitzt,
2. keine Veranstalterhaftpflichtversicherung nachgewiesen wurde, es sei denn, dass eine öffentliche Stelle Veranstalter ist,
3. dies zum Schutz der Veranstaltungsteilnehmer vor Gefahren für Leben oder Gesundheit erforderlich erscheint oder
4. der öffentlichen Veranstaltung öffentlich-rechtliche Vorschriften entgegenstehen, die im Genehmigungsverfahren zu prüfen sind.

(8) Die Genehmigung kann versagt werden, wenn

1. die Antragsunterlagen nicht vollständig oder nicht fristgerecht bei der zuständigen Behörde eingegangen sind oder
2. dies zum Schutz vor erheblichen Nachteilen oder erheblichen Belästigungen für die Allgemeinheit oder die Nachbarschaft oder vor erheblichen Beeinträchtigungen der Natur oder Landschaft oder anderen Störungen der öffentlichen Sicherheit und Ordnung erforderlich erscheint.

(9) [1]Die Genehmigung nach Absatz 1 schließt weitere die öffentliche Veranstaltung betreffende behördliche Entscheidungen nach anderen öffentlich-rechtlichen Vorschriften, insbesondere des Bauordnungsrechts, des Grünanlagenrechts und des Lärmschutzrechts, des Straßen- und Wegerechts, des Straßenverkehrsrechts, des Gaststättenrechts, des Gewerberechts, des Wasserrechts und des Naturschutzrechts, ein (Konzentrationswirkung). [2]Diese sind zu benennen. [3]Die Vorschriften des Vergaberechts bleiben unberührt.

(10) [1]Die zuständige Behörde holt unverzüglich die Stellungnahmen der Behörden und Stellen ein, deren Zustimmung oder Einvernehmen zur Genehmigung erforderlich ist, deren Entscheidung wegen der Genehmigung entfällt oder deren Aufgabenbereich durch das Vorhaben berührt wird. [2]Die Stellungnahmen der beteiligten Behörden und Stellen sind innerhalb eines Monats nach Eingang der vollständigen Unterlagen abzugeben; sofern die für die fachliche Stellungnahme erforderlichen Unterlagen zu vervollständigen sind, beginnt die Frist mit dem Vorliegen der vervollständigten Unterlagen. [3]Geht die Stellungnahme nicht innerhalb der vorgeschriebenen Frist ein, so soll die zuständige Behörde davon ausgehen, dass die von den Behörden und Stellen wahrzunehmenden öffentlichen Belange der Erteilung der Genehmigung nicht entgegenstehen. [4]Bedarf die Erteilung der Genehmigung der Zustimmung

oder des Einvernehmens einer anderen Behörde oder sonstigen Stelle, so gilt diese als erteilt, wenn sie nicht innerhalb der Frist nach Satz 2 verweigert wird.

(11) [1]Die zuständige Behörde kann im öffentlichen Interesse, insbesondere wenn dies zum Schutz der Veranstaltungsteilnehmer vor Gefahren für Leben oder Gesundheit oder sonst zur Abwehr von Gefahren für die öffentliche Sicherheit und Ordnung erforderlich ist, die Genehmigung nach Absatz 1 mit Nebenbestimmungen versehen, unter dem Vorbehalt der nachträglichen Aufnahme, Änderung oder Ergänzung einer Auflage erteilen und auch nach Erteilung einer Genehmigung Anordnungen zur Erfüllung der sich aus diesem Gesetz und der auf Grund dieses Gesetzes erlassenen Rechtsverordnungen ergebenden Pflichten treffen. [2]Sonstige Befugnisse zur Gefahrenabwehr nach diesem Gesetz bleiben unberührt.

(12) [1]Veranstalter von öffentlichen Veranstaltungen sowie Eigentümer und Besitzer von Grundstücken, auf denen öffentliche Veranstaltungen durchgeführt werden, sind verpflichtet, den von der zuständigen Behörde mit der Überwachung beauftragten Personen zur Erfüllung ihrer Aufgaben nach den Vorschriften dieses Gesetzes oder der auf Grund dieses Gesetzes erlassenen Rechtsverordnungen den Zutritt zu den Grundstücken und die Vornahme von Prüfungen zu gestatten sowie erforderliche Auskünfte zu erteilen und erforderliche Unterlagen vorzulegen. [2]Dies gilt jederzeit während der Durchführung von öffentlichen Veranstaltungen. [3]Im Übrigen gilt dies zur Tageszeit oder, wenn diese hiervon abweicht, zu den gewöhnlichen Geschäfts- oder Betriebszeiten.

(13) [1]Ordnungswidrig handelt, wer vorsätzlich oder fahrlässig

1. eine öffentliche Veranstaltung ohne die erforderliche Genehmigung durchführt oder
2. als Veranstalter einer öffentlichen Veranstaltung den mit der Genehmigung verbundenen vollziehbaren Nebenbestimmungen oder Anordnungen gemäß Absatz 11 zuwiderhandelt.

[2]Die Ordnungswidrigkeit kann mit einer Geldbuße bis zu 50 000 Euro geahndet werden.

(14) [1]Die Kosten für die besondere Risikoanalyse eines Sachverständigen zur Gefahrenerkennung nach Absatz 4 Satz 2 sowie Kosten, die durch die Einholung notwendiger fachlicher Stellungnahmen von Sachverständigen durch die zuständige Behörde im Rahmen des Genehmigungsverfahrens entstehen, trägt der Veranstalter. [2]Soweit Überwachungsmaßnahmen ergeben, dass

1. Nebenbestimmungen oder Anordnungen nach den Vorschriften dieses Gesetzes oder der auf Grund dieses Gesetzes erlassenen Rechtsverordnungen nicht erfüllt oder
2. Nebenbestimmungen oder Anordnungen nach den Vorschriften dieses Gesetzes oder der auf Grund dieses Gesetzes erlassenen Rechtsverordnungen erforderlich

sind, trägt der Veranstalter die Kosten der Überwachung und die Kosten für die nach Nummer 2 erforderlichen Nebenbestimmungen oder Anordnungen. [3]Die zuständige Behörde weist den Veranstalter auf die Erforderlichkeit weiterer Sachverhaltsermittlungen und eine Kostentragungspflicht nach den Sätzen 1 und 2 hin.

(15) [1]Der Senat wird ermächtigt, durch Rechtsverordnung nähere Vorschriften über das Genehmigungsverfahren zu erlassen. [2]Die Rechtsverordnung kann insbesondere Regelungen treffen über:

1. weitere Anforderungen an ein Sicherheitskonzept nach Absatz 4,
2. die erforderlichen Antragsunterlagen für eine Genehmigung nach Absatz 5,
3. die Durchführung von Überwachungsmaßnahmen nach Absatz 12,
4. die Gebührenerhebung.

Sechster Teil
Einschränkung von Grundrechten und Schlussvorschriften

§ 32 Einschränkung von Grundrechten
Durch dieses Gesetz werden die Grundrechte auf Leben und körperliche Unversehrtheit, Freiheit der Person, Freizügigkeit und Unverletzlichkeit der Wohnung (Artikel 2, 11 und 13 des Grundgesetzes) eingeschränkt.

§ 33 Aufhebung von Rechtsvorschriften
(1) Es werden in ihrer geltenden Fassung aufgehoben:

1. das Gesetz, betreffend das Verhältnis der Verwaltung zur Rechtspflege, vom 23. April 1879 (Sammlung des bereinigten hamburgischen Landesrechts 20100-b),

2.   die Polizeiverordnung, betreffend das Rauchen in den Tischler- und ähnlichen Werkstätten, vom 14. August 1900 (Sammlung des bereinigten hamburgischen Landesrechts 2138-a),

3.   § 1 Absatz 3 Satz 2 des Feuerkassengesetzes in der Fassung vom 16. Dezember 1929 (Sammlung des bereinigten hamburgischen Landesrechts 763-a),

4.   das preußische Polizeiverwaltungsgesetz vom 1. Juni 1931 (Preußische Gesetzsammlung Seite 77),

5.   die §§ 2 und 3 der Polizeiverordnung über die Ausübung des Fuhrgewerbes vom 5. Juni 1934 (Sammlung des bereinigten hamburgischen Landesrechts 7141-b),

6.   das Gesetz über das Feuerlöschwesen vom 23. November 1938 (Reichsgesetzblatt I Seite 1662) mit Ausnahme des § 2 Buchstaben a) und c) und des § 5 Absätze 1, 2 und 3 Sätze 1 und 2,

7.   die Erste Durchführungsverordnung zum Gesetz über das Feuerlöschwesen (Organisation der Feuerschutzpolizei) vom 27. September 1939 (Reichsgesetzblatt I Seite 1983),

8.   die Zweite Durchführungsverordnung zum Gesetz über das Feuerlöschwesen (Verhalten bei Brandfällen) vom 9. Oktober 1939 (Reichsgesetzblatt I Seite 2024) mit Ausnahme des § 2 Absätze 1 und 3 sowie der §§ 5 und 10,

9.   die Dritte Durchführungsverordnung zum Gesetz über das Feuerlöschwesen (Organisation der Freiwilligen Feuerwehr) vom 24. Oktober 1939 (Reichsgesetzblatt I Seite 2096) mit Ausnahme des § 1,

10. die Vierte Durchführungsverordnung zum Gesetz über das Feuerlöschwesen (Organisation der Pflichtfeuerwehr) vom 24. Oktober 1939 (Reichsgesetzblatt I Seite 2100),

11. die Sechste Durchführungsverordnung zum Gesetz über das Feuerlöschwesen (Amt für Freiwillige Feuerwehren) vom 3. Januar 1940 (Reichsgesetzblatt I Seite 20),

12. die Siebente Verordnung zum Gesetz über das Feuerlöschwesen (Organisation der Werkfeuerwehr) vom 17. September 1940 (Reichsgesetzblatt I Seite 1250) mit Ausnahme des § 1, des § 2 Absätze 1 und 2, des § 3, des § 4 Absätze 1 und 2 Satz 1 sowie der §§ 7, 8, 10, 11, 13 und 14,

13. das Gesetz über Sachleistungen für Reichsaufgaben (Reichsleistungsgesetz) in der Fassung vom 1. September 1939 (Reichsgesetzblatt I Seite 1645),

14. die Erste Durchführungsverordnung zum Reichsleistungsgesetz – Bestimmung der kreisangehörigen Gemeinden und der zuständigen Behörden und Verwaltungsgerichte – vom 23. Oktober 1939 (Reichsgesetzblatt I Seite 2075),

15. die Zweite Durchführungsverordnung zum Reichsleistungsgesetz vom 31. März 1941 (Reichsgesetzblatt I Seite 180),

16. die Bekanntmachung der Bedarfsstellen außerhalb der Wehrmacht, die zur Inanspruchnahme von Leistungen nach dem Reichsleistungsgesetz berechtigt sind, vom 11. Januar 1944 (Reichsgesetzblatt I Seite 13),

17. die Dritte Durchführungsverordnung zum Reichsleistungsgesetz vom 27. November 1944 (Reichsgesetzblatt I Seite 331),

18. die Verordnung über die Zuständigkeit der Polizei in der Hansestadt Hamburg vom 29. November 1945 (Hamburgisches Verordnungsblatt 1946 Seite 5),

19. die Zweite Verordnung über die Zuständigkeit der Polizei in der Hansestadt Hamburg vom 13. September 1946 (Hamburgisches Gesetz- und Verordnungsblatt Seite 95),

20. die Polizeiverordnung über das Baden in der Dove-Elbe vom 22. Juli 1947 (Sammlung des bereinigten hamburgischen Landesrechts 219-d),

21. das Gesetz über die Polizeiverwaltung vom 7. November 1947 (Sammlung des bereinigten hamburgischen Landesrechts 2012-a),

22. die Verordnung über die Übernahme der Polizei vom 10. Februar 1948 (Hamburgisches Gesetz- und Verordnungsblatt Seite 5),

23. § 14 des Ausführungsgesetzes zum Reichsgesetz für Jugendwohlfahrt vom 17. März 1949 (Sammlung des bereinigten hamburgischen Landesrechts 216-a),

24. § 6 des Gesetzes über Rechtsvereinheitlichung vom 15. Juni 1950 (Sammlung des bereinigten hamburgischen Landesrechts 1010-a)

25. die Zehnte Verordnung zur Durchführung des Gesetzes über Rechtsvereinheitlichung vom 18. Dezember 1962 (Hamburgisches Gesetz- und Verordnungsblatt Seite 201),

26. das Gesetz über die Ausübung unmittelbaren Zwangs (HmbUZwG) vom 16. November 1964 (Hamburgisches Gesetz- und Verordnungsblatt Seite 235).

(2) Auf Rechtsverhältnisse, die auf Grund des Reichsleistungsgesetzes begründet worden sind, bleibt das Reichsleistungsgesetz anwendbar.

(3) Soweit in anderen Vorschriften auf Bestimmungen verwiesen wird, die durch dies Gesetz aufgehoben werden, treten die entsprechenden Bestimmungen dieses Gesetzes an ihre Stelle.

§ 34 (Änderungsvorschrift)

§ 35 Fortgeltung von Verordnungen

(1) [1]Soweit Verordnungen zur Gefahrenabwehr auf Bestimmungen

1. des Revidierten Gesetzes über die Organisation der Verwaltung vom 2. November 1896 (Amtsblatt Seite 626),
2. des Gesetzes, betreffend das Verhältnis der Verwaltung zur Rechtspflege, vom 23. April 1879 (Sammlung des bereinigten hamburgischen Landesrechts 20100-b),
3. des preußischen Polizeiverwaltungsgesetzes vom 1. Juni 1931 (Preußische Gesetzsammlung Seite 77),
4. des Gesetzes über die Polizeiverwaltung vom 7. November 1947 (Sammlung des bereinigten hamburgischen Landesrechts 2012-a)

gestützt sind, gelten sie als auf Grund dieses Gesetzes erlassen. [2]Dies gilt auch für Verordnungen, die durch § 26 des Ersten Überleitungsgesetzes zum Landesgesetz über Ordnungswidrigkeiten (1. ÜG-OWG) vom 20. Dezember 1954 (Sammlung des bereinigten hamburgischen Landesrechts 46-b) geändert worden sind.

(2) [1]Verordnungen, die ausschließlich auf Grund der in Absatz 1 genannten Gesetze erlassen worden sind, treten spätestens am 31. Dezember 1980 außer Kraft. [2]Soll eine Verordnung über diese Zeit hinaus gelten, so ist sie neu zu erlassen.

§ 36 Inkrafttreten
Dies Gesetz tritt am 1. April 1966 in Kraft.

Anlage
zum Artikel 1 § 30a Satz 1 Nummer 5

Vereinbarung zwischen der Hansestadt Hamburg, dem Lande Schleswig-Holstein und dem Lande Niedersachsen über die Erweiterung der örtlichen Zuständigkeit ihrer Polizeien

Nachdem es sich auf Grund bestehender Erfahrungen als zweckmäßig und notwendig erwiesen hat, die örtliche Zuständigkeit sowohl der Polizei Hamburg als auch der Polizeien der Länder Schleswig-Holstein und Niedersachsen auf die angrenzenden Gebiete der Hansestadt Hamburg bzw. der Länder Schleswig-Holstein und Niedersachsen auszudehnen, haben die zur Vereinbarung entsprechender Bestimmungen bestellten Vertreter, nämlich für

Hansestadt Hamburg:
Oberregierungsrat Dr. Tuebben

Land Schleswig-Holstein:
Oberregierungsrat Bass

Land Niedersachsen:
Regierungsvizepräsident Dr. Masur

vorbehaltlich der Zustimmung der zuständigen Stellen folgenden Vertrag abgeschlossen:

Artikel 1 [Gleiche polizeiliche Befugnisse]
Die Polizeibeamten der vertragschließenden Länder sollen in den aneinander angrenzenden Gebieten in Fällen, wo im Interesse der öffentlichen Sicherheit und Ordnung, zum Schutze von Personen oder Eigentum oder zur Verhinderung gemeinschädlicher Handlungen oder im Interesse der Verfolgung strafbarer Handlungen ein polizeiliches Einschreiten notwendig wird, die gleichen polizeilichen Befugnisse haben wie die Beamten des Landes, in dessen Gebiet die Amtshandlung vorzunehmen ist.

Artikel 2 [Einschreiten]
(1) [1]Auf Grund des Artikels 1 sollen die Polizeibeamten der vertragschließenden Länder nur einschreiten, wenn Gefahr im Verzuge und kein Polizeibeamter des anderen Landes anwesend ist. [2]Der einschreitende Beamte muss überdies zu der Amtshandlung entweder durch eigene Beobachtung bei Ausübung des Dienstes oder durch die glaubhafte Anzeige einer dritten Person oder durch den Auftrag eines Vorgesetzten veranlasst sein.
(2) Das Einschreiten ist auch ohne einen solchen Anlass zulässig, wenn es sich lediglich als Fortsetzung einer in dem eigenen Gebiete des Polizeibeamten begonnenen, unter denArtikel 1 fallenden Amtshandlungen darstellt.
(3) Vor dem Einschreiten ist bei Gefahr im Verzuge der örtlich zuständige Polizeichef unverzüglich, spätestens sofort nach Beendigung der Amtshandlung, in sonstigen Fällen vor Beginn der Amtshandlung zu benachrichtigen. Der Polizeichef kann dem Einschreiten widersprechen, wenn weder Gefahr im Verzuge ist, noch ein Fall der Nacheile nach § 167 des Gerichtsverfassungsgesetzes vorliegt.

Artikel 3
...

Artikel 4 [Disziplinarische Unterstellung]
Die disziplinare Unterstellung aller in anderen Ländern tätig werdenden Polizeibeamten unter die Disziplinarbestimmungen ihres Landes bleibt unberührt.

Artikel 5 [Kostenübernahme]
(1) Kosten aus Wahrnehmungen von Aufgaben gemäß Artikel 1 und 2 gehen zu Lasten des Heimatlandes.
(2) ...

Artikel 6 [Inkrafttreten; Kündigung; Dienstvorschriften]
(1) [1]Der Vertrag bedarf der Bestätigung. [2]Die Bestätigungsurkunden werden ausgetauscht. [3]Der Vertrag tritt einen Monat nach Austausch der Bestätigungsurkunden in Kraft.
(2) Der Vertrag kann unter Einhaltung einer Frist von sechs Monaten von einem Vertragspartner mit der Maßgabe seines Ausscheidens, auch nur einem Partner gegenüber, gekündigt werden.
(3) Die zur Durchführung dieses Vertrags erforderlichen Dienstvorschriften treffen die Hansestadt Hamburg und die Innenminister der Länder Schleswig-Holstein und Niedersachsen.

Gesetz
über die Datenverarbeitung der Polizei
(PolDVG)[1)]

Vom 12. Dezember 2019 (HmbGVBl. S. 485)
(BS Hbg 2190-4)
geändert durch ÄndG vom 29. Juni 2021 (HmbGVBl. S. 117)

Inhaltsübersicht

---

1) Verkündet als Art. 1 G v. 12.12.2019 (HmbGVBl. S. 485); Inkrafttreten gem. Art. 54 der Verfassung der Freien und Hansestadt Hamburg v. 6.6.1952 (HmbGVBl. S. 117) am 24.12.2019.

Abschnitt 1
Anwendungsbereich, Begriffsbestimmungen und allgemeine Grundsätze

§ 1 Anwendungsbereich

(1) [1]Dieses Gesetz findet Anwendung, soweit die Vollzugspolizei (Polizei) zur Erfüllung ihrer Aufgaben Daten zur Gefahrenabwehr verarbeitet. [2]Zu den in Satz 1 genannten Aufgaben gehört auch die Erhebung und weitere Verarbeitung von Daten

1. zur Verhütung von Straftaten und zur Vorsorge für die Verfolgung künftiger Straftaten (vorbeugende Bekämpfung von Straftaten) und

2. zur Vorbereitung für die Hilfeleistung und das Handeln in Gefahrenfällen.

(2) Mit diesem Gesetz werden auch Regelungen zur Umsetzung der Richtlinie (EU) 2016/680 des Europäischen Parlaments und des Rates vom 27. April 2016 zum Schutz natürlicher Personen bei der Verarbeitung personenbezogener Daten durch die Behörden zum Zwecke der Verhütung, Ermittlung, Aufdeckung oder Verfolgung von Straftaten oder der Strafvollstreckung sowie zum freien Datenverkehr getroffen.

(3) [1]Im Anwendungsbereich der Verordnung (EU) 2016/679 des Europäischen Parlaments und des Rates vom 27. April 2016 zum Schutz natürlicher Personen bei der Verarbeitung personenbezogener Daten, zum freien Datenverkehr und zur Aufhebung der Richtlinie 95/46/EG (Datenschutz-Grundverordnung) (ABl. EU 2016 Nr. L 119 S. 1, Nr. L 314 S. 72, 2018 Nr. L 127 S. 2) stellen insbesondere die Befugnisse in Abschnitt 2 dieses Gesetzes und § 51 zugleich spezifische Bestimmungen im Sinne von Artikel 6 Absätze 2 und 3 sowie Artikel 10 der Verordnung (EU) 2016/679 dar. [2]§ 4 dieses Gesetzes stellt im Anwendungsbereich der Verordnung (EU) 2016/679 eine spezifische Regelung im Sinne von Artikel 9 Absätze 2 und 4 der Verordnung (EU) 2016/679 dar. [3]Im Übrigen gilt die Verordnung (EU) 2016/679 sowie das Hamburgische Datenschutzgesetz vom 18. Mai 2018 (HmbGVBl. S. 145) in der jeweils geltenden Fassung unmittelbar.

§ 2 Begriffsbestimmungen

(1) Polizei im Sinne dieses Gesetzes sind die für vollzugspolizeiliche Aufgaben, insbesondere die für unaufschiebbare Maßnahmen in allen Fällen der Gefahrenabwehr (§ 3 Absatz 2 Satz 1 Buchstabe a des Gesetzes zum Schutz der öffentlichen Sicherheit und Ordnung – SOG – vom 14. März 1966 (HmbGVBl. S. 77), zuletzt geändert am 12. Dezember 2019 (HmbGVBl. S. 485, 513), in der jeweils geltenden Fassung) und die Verfolgung von Straftaten und Ordnungswidrigkeiten zuständigen Organisationseinheiten innerhalb der zuständigen Behörde.

(2) Straftaten von erheblicher Bedeutung sind
1. Verbrechen,
2. Vergehen, die im Einzelfall nach Art und Schwere geeignet sind, den Rechtsfrieden besonders zu stören, soweit sie
   a) sich gegen Leib, Leben oder Freiheit einer Person oder bedeutende Sach- oder Vermögenswerte richten,
   b) auf den Gebieten des unerlaubten Waffen- oder Betäubungsmittelverkehrs, der Geld- oder Wertzeichenfälschung, der Vorteilsannahme oder -gewährung, der Bestechlichkeit oder Bestechung (§§ 331 bis 335 des Strafgesetzbuches) oder des Staatsschutzes (§§ 74a und 120 des Gerichtsverfassungsgesetzes) begangen werden oder,
   c) gewerbs-, gewohnheits-, serien-, bandenmäßig oder sonst organisiert begangen werden.

(3) Abwehr einer Gefahr im Sinne dieses Gesetzes ist auch die Beseitigung einer Störung der öffentlichen Sicherheit oder Ordnung.

(4) [1]Kontakt- oder Begleitpersonen im Sinne dieses Gesetzes sind Personen, die mit einer Person, von der tatsächliche Anhaltspunkte die Annahme rechtfertigen, dass diese Person Straftaten begehen wird, in einer Weise in Verbindung stehen, die die Erhebung ihrer personenbezogenen Daten zur vorbeugenden Bekämpfung dieser Straftaten erfordert. [2]Vorausgesetzt sind konkrete Tatsachen für einen objektiven Tatbezug und damit für eine Einbeziehung in den Handlungskomplex der Straftatbegehung, insbesondere eine Verwicklung in den Hintergrund oder das Umfeld der Straftaten.

(5) Organisierte Kriminalität im Sinne dieses Gesetzes ist die von Gewinn- oder Machtstreben bestimmte planmäßige Begehung von Straftaten nach Absatz 2, wenn mehr als zwei Beteiligte auf längere oder unbestimmte Dauer arbeitsteilig
1. unter Verwendung gewerblicher oder geschäftsähnlicher Strukturen,
2. unter Anwendung von Gewalt oder anderer zur Einschüchterung geeigneter Mittel oder
3. unter Einflussnahme auf Politik, Medien, öffentliche Verwaltung, Justiz oder Wirtschaft zusammenwirken.

(6) Ein Schengen-assoziierter Staat im Sinne dieses Gesetzes ist ein Staat, der die Bestimmungen des Schengen-Besitzstandes auf Grund eines Assoziierungsabkommens mit der Europäischen Union über die Umsetzung, Anwendung und Entwicklung des Schengen-Besitzstandes anwendet.

(7) „Personenbezogene Daten" sind alle Informationen, die sich auf eine identifizierte oder identifizierbare natürliche Person (betroffene Person) beziehen; als identifizierbar wird eine natürliche Person angesehen, die direkt oder indirekt, insbesondere mittels Zuordnung zu einer Kennung wie einem Namen, zu einer Kennnummer, zu Standortdaten, zu einer Online-Kennung oder zu einem oder mehreren besonderen Merkmalen, die Ausdruck der physischen, physiologischen, genetischen, psychischen, wirtschaftlichen, kulturellen oder sozialen Identität dieser Person sind, identifiziert werden kann.

(8) „Verarbeitung" ist jeder mit oder ohne Hilfe automatisierter Verfahren ausgeführter Vorgang oder jede solche Vorgangsreihe im Zusammenhang mit personenbezogenen Daten wie das Erheben, das Erfassen, die Organisation, das Ordnen, die Speicherung, die Anpassung, die Veränderung, das Auslesen, das Abfragen, die Verwendung, die Offenlegung durch Übermittlung, Verbreitung oder eine andere Form der Bereitstellung, den Abgleich, die Verknüpfung, die Einschränkung, das Löschen oder die Vernichtung.

(9) „Einschränkung der Verarbeitung" meint die Markierung gespeicherter personenbezogener Daten mit dem Ziel, ihre künftige Verarbeitung einzuschränken.

(10) „Profiling" ist jede Art der automatisierten Verarbeitung personenbezogener Daten, bei der diese Daten verwendet werden, um bestimmte persönliche Aspekte, die sich auf eine natürliche Person beziehen, zu bewerten, insbesondere um Aspekte der Arbeitsleistung, der wirtschaftlichen Lage, der Gesundheit, der persönlichen Vorlieben, der Interessen, der Zuverlässigkeit, des Verhaltens, der Aufenthaltsorte oder der Ortswechsel dieser natürlichen Person zu analysieren oder vorherzusagen.

(11) „Pseudonymisierung" ist die Verarbeitung personenbezogener Daten in einer Weise, in der die Daten ohne Hinzuziehung zusätzlicher Informationen nicht mehr einer spezifischen betroffenen Person zugeordnet werden können, sofern diese zusätzlichen Informationen gesondert aufbewahrt werden und technischen und organisatorischen Maßnahmen unterliegen, die gewährleisten, dass die Daten keiner betroffenen Person zugewiesen werden können.

(12) „Anonymisierung" ist das Verändern personenbezogener Daten derart, dass die Einzelangaben über persönliche oder sachliche Verhältnisse nicht mehr oder nur mit einem unverhältnismäßig großen Aufwand an Zeit, Kosten und Arbeitskraft einer bestimmten oder bestimmbaren natürlichen Person zugeordnet werden können.

(13) „Dateisystem" ist jede strukturierte Sammlung personenbezogener Daten, die nach bestimmten Kriterien zugänglich sind, unabhängig davon, ob diese Sammlung zentral, dezentral oder nach funktionalen oder geografischen Gesichtspunkten geordnet geführt wird.

(14) „Verantwortlicher" ist die natürliche oder juristische Person, Behörde, Einrichtung oder andere Stelle, die allein oder gemeinsam mit anderen über die Zwecke und Mittel der Verarbeitung von personenbezogenen Daten entscheidet.

(15) „Auftragsverarbeiter" ist eine natürliche oder juristische Person, Behörde, Einrichtung oder andere Stelle, die personenbezogene Daten im Auftrag des Verantwortlichen verarbeitet.

(16) „Empfänger" ist eine natürliche oder juristische Person, Behörde, Einrichtung oder andere Stelle, der personenbezogene Daten offengelegt werden, unabhängig davon, ob es sich bei ihr um einen Dritten handelt oder nicht; Behörden, die im Rahmen eines bestimmten Untersuchungsauftrags nach dem Europäischen Recht oder anderen Rechtsvorschriften personenbezogene Daten erhalten, gelten jedoch nicht als Empfänger; die Verarbeitung dieser Daten durch die genannten Behörden erfolgt im Einklang mit den geltenden Datenschutzvorschriften gemäß den Zwecken der Verarbeitung.

(17) „Verletzung des Schutzes personenbezogener Daten" ist eine Verletzung der Sicherheit, die zur unbeabsichtigten oder unrechtmäßigen Vernichtung, zum Verlust, zur Veränderung oder zur unbefugten Offenlegung von oder zum unbefugten Zugang zu personenbezogenen Daten geführt hat, die verarbeitet wurden.

(18) „Genetische Daten" sind personenbezogene Daten zu den ererbten oder erworbenen genetischen Eigenschaften einer natürlichen Person, die eindeutige Informationen über die Physiologie oder die Gesundheit dieser Person liefern, insbesondere solche, die aus der Analyse einer biologischen Probe der Person gewonnen wurden.

(19) „Biometrische Daten" sind mit speziellen technischen Verfahren gewonnene personenbezogene Daten zu den physischen, physiologischen oder verhaltenstypischen Merkmalen einer natürlichen Person, die die eindeutige Identifizierung dieser natürlichen Person ermöglichen oder bestätigen, insbesondere Gesichtsbilder oder daktyloskopische Daten.

(20) „Gesundheitsdaten" sind personenbezogene Daten, die sich auf die körperliche oder geistige Gesundheit einer natürlichen Person, einschließlich der Erbringung von Gesundheitsdienstleistungen, beziehen und aus denen Informationen über deren Gesundheitszustand hervorgehen.

(21) „Besondere Kategorien personenbezogener Daten" sind
a)   Daten, aus denen die rassische oder ethnische Herkunft, politische Meinungen, religiöse oder weltanschauliche Überzeugungen oder die Gewerkschaftszugehörigkeit hervorgehen,

b)   genetische Daten,
c)   biometrische Daten zur eindeutigen Identifizierung einer natürlichen Person,
d)   Gesundheitsdaten und
e)   Daten zum Sexualleben oder zur sexuellen Orientierung.

(22) „Einwilligung" ist jede freiwillig für den bestimmten Fall, in informierter Weise und unmissverständlich abgegebene Willensbekundung in Form einer Erklärung oder einer sonstigen eindeutigen bestätigenden Handlung, mit der die betroffene Person zu verstehen gibt, dass sie mit der Verarbeitung der sie betreffenden personenbezogenen Daten einverstanden ist.

§ 3 Allgemeine Grundsätze für die Verarbeitung personenbezogener Daten

Personenbezogene Daten
1.   müssen auf rechtmäßige Weise verarbeitet werden,
2.   müssen für festgelegte, eindeutige und rechtmäßige Zwecke erhoben und nicht in einer mit diesen Zwecken nicht zu vereinbarenden Weise verarbeitet werden,
3.   müssen dem Verarbeitungszweck entsprechen, für das Erreichen des Verarbeitungszwecks erforderlich sein und ihre Verarbeitung darf nicht außer Verhältnis zu diesem Zweck stehen,
4.   müssen sachlich richtig und erforderlichenfalls auf dem neuesten Stand sein; dabei sind alle angemessenen Maßnahmen zu treffen, damit personenbezogene Daten, die im Hinblick auf die Zwecke ihrer Verarbeitung unrichtig sind, unverzüglich gelöscht oder berichtigt werden,
5.   dürfen nicht länger, als es für die Zwecke, für die sie verarbeitet werden, erforderlich ist, in einer Form gespeichert werden, die die Identifizierung der betroffenen Personen ermöglicht,
6.   müssen in einer Weise verarbeitet werden, die eine angemessene Sicherheit der personenbezogenen Daten gewährleistet; hierzu gehört auch ein durch geeignete technische und organisatorische Maßnahmen zu gewährleistender Schutz vor unbefugter oder unrechtmäßiger Verarbeitung und vor unbeabsichtigtem Verlust, unbeabsichtigter Zerstörung oder unbeabsichtigter Schädigung.

§ 4 Verarbeitung besonderer Kategorien personenbezogener Daten

(1) Die Verarbeitung besonderer Kategorien personenbezogener Daten ist zulässig, wenn dies
1.   zur Erfüllung polizeilicher Aufgaben oder
2.   zu Zwecken der Eigensicherung,
unbedingt erforderlich ist.

(2) [1]Werden besondere Kategorien personenbezogener Daten verarbeitet, sind geeignete Garantien für die Rechte und Freiheiten der betroffenen Personen vorzusehen. [2]Geeignete Garantien können insbesondere sein
1.   spezifische Anforderungen an die Datensicherheit oder die Datenschutzkontrolle,
2.   die Festlegung von besonderen Aussonderungsprüffristen,
3.   die Sensibilisierung der an Verarbeitungsvorgängen Beteiligten,
4.   die Beschränkung des Zugangs zu den personenbezogenen Daten innerhalb der verantwortlichen Stelle,
5.   die von anderen Daten getrennte Verarbeitung,
6.   die Pseudonymisierung personenbezogener Daten,
7.   die Verschlüsselung personenbezogener Daten oder
8.   spezifische Verfahrensregelungen, die im Fall einer Übermittlung oder Verarbeitung für andere Zwecke die Rechtmäßigkeit der Verarbeitung sicherstellen.

§ 5 Einwilligung

(1) [1]Eine Einwilligung in die Verarbeitung personenbezogener Daten ist nur wirksam, wenn sie auf der freien Entscheidung der betroffenen Person beruht. [2]Bei der Beurteilung, ob die Einwilligung freiwillig erteilt wurde, müssen die Umstände der Erteilung berücksichtigt werden. [3]Die betroffene Person ist auf den vorgesehenen Zweck der Verarbeitung hinzuweisen. [4]Ist dies nach den Umständen des Einzelfalles erforderlich oder verlangt die betroffene Person dies, ist sie auch über die Folgen der Verweigerung der Einwilligung zu belehren.

(2) Soweit die Verarbeitung personenbezogener Daten auf der Grundlage einer Einwilligung erfolgt, muss der Verantwortliche die Einwilligung der betroffenen Person nachweisen können.

(3) Erfolgt die Einwilligung der betroffenen Person durch eine schriftliche Erklärung, die noch andere Sachverhalte betrifft, muss das Ersuchen um Einwilligung in verständlicher und leicht zugänglicher

Form in einer klaren und einfachen Sprache so erfolgen, dass es von den anderen Sachverhalten klar zu unterscheiden ist.

(4) ¹Die betroffene Person hat das Recht, ihre Einwilligung jederzeit zu widerrufen. ²Durch den Widerruf der Einwilligung wird die Rechtmäßigkeit der auf Grund der Einwilligung bis zum Widerruf erfolgten Verarbeitung nicht berührt. ³Die betroffene Person ist vor Abgabe der Einwilligung hiervon in Kenntnis zu setzen.

§ 6 Datengeheimnis
¹Denjenigen Personen, die bei öffentlichen Stellen oder ihren Auftragnehmern dienstlichen Zugang zu personenbezogenen Daten haben, ist es untersagt, solche Daten unbefugt zu verarbeiten. ²Dieses Verbot besteht auch nach Beendigung der Tätigkeit fort.

§ 7 Verarbeitungen auf Weisung des Verantwortlichen
Der Auftragsverarbeiter und jede einem Verantwortlichen oder dem Auftragsverarbeiter unterstellte Person, die Zugang zu personenbezogenen Daten hat, darf diese Daten ausschließlich auf Weisung des Verantwortlichen verarbeiten, es sei denn, dass sie nach einer Rechtsvorschrift zur Verarbeitung verpflichtet sind.

§ 8 Unterscheidung zwischen Tatsachen und persönlichen Einschätzungen
Bei der Verarbeitung personenbezogener Daten ist so weit wie möglich danach zu unterscheiden, ob diese auf Tatsachen oder auf persönlichen Einschätzungen beruhen.

§ 9 Automatisierte Einzelentscheidungen
(1) Eine ausschließlich auf einer automatischen Verarbeitung beruhende Entscheidung, die mit einer nachteiligen Rechtsfolge für die betroffene Person verbunden ist oder sie erheblich beeinträchtigt, ist nur zulässig, wenn sie in einer Rechtsvorschrift vorgesehen ist, die geeignete Garantien für die Rechtsgüter der betroffenen Person bietet, zumindest aber das Recht auf persönliches Eingreifen seitens des Verantwortlichen.

(2) Entscheidungen nach Absatz 1 dürfen nicht auf besonderen Kategorien personenbezogener Daten beruhen, sofern nicht geeignete Maßnahmen zum Schutz der Rechtsgüter sowie der berechtigten Interessen der betroffenen Personen getroffen wurden.

(3) Profiling, das zur Folge hat, dass betroffene Personen auf der Grundlage von besonderen Kategorien personenbezogener Daten diskriminiert werden, ist verboten.

Abschnitt 2
[Befugnisse zur Datenverarbeitung]

Unterabschnitt 1
Allgemeine Befugnisse zur Datenverarbeitung

§ 10 Grundsätze der Datenverarbeitung
(1) ¹Die Polizei darf personenbezogene Daten nur verarbeiten, soweit dies durch dieses Gesetz zugelassen ist. ²Anderweitige besondere Rechtsvorschriften über die Datenverarbeitung bleiben unberührt.

(2) ¹Personenbezogene Daten sollen bei der betroffenen Person oder öffentlichen Stellen erhoben werden. ²Ohne deren Kenntnis dürfen sie bei anderen nichtöffentlichen Stellen erhoben werden, wenn die Erhebung bei der betroffenen Personen¹⁾ oder bei öffentlichen Stellen

1. nicht oder nicht rechtzeitig möglich ist,
2. nur mit unverhältnismäßig hohem Aufwand möglich ist und keine Anhaltspunkte bestehen, dass schutzwürdige Interessen der betroffenen Person beeinträchtigt werden, oder
3. die Erfüllung der Aufgaben gefährden würde.

(3) ¹Personenbezogene Daten sollen offen erhoben werden. ²Eine Datenerhebung, die nicht als polizeiliche Maßnahme erkennbar ist, ist zulässig, wenn durch anderes Handeln die Erfüllung einer bestimmten polizeilichen Aufgabe erheblich erschwert oder gefährdet würde und die Maßnahme nicht gezielt verdeckt wird. ³Eine Datenerhebung, die nicht als polizeiliche Maßnahme erkennbar sein soll (verdeckte Datenerhebung), ist außer in den in diesem Gesetz ausdrücklich zugelassenen Fällen nur

---

1) Richtig wohl: „Person".

zulässig, wenn die Erfüllung einer bestimmten polizeilichen Aufgabe bei anderem Handeln aussichtslos wäre oder wenn dies den überwiegenden Interessen der betroffenen Person entspricht.

(4) [1]Werden personenbezogene Daten bei der betroffenen Person oder bei Dritten erhoben, sind diese in geeigneter Weise hinzuweisen auf

1. die Rechtsgrundlage der Datenerhebung,
2. eine im Einzelfall bestehende Auskunftspflicht oder die Freiwilligkeit der Auskunft und
3. die beabsichtigte Verwendung der Daten.

[2]Dieser Hinweis kann unterbleiben, wenn er wegen der besonderen Umstände offenkundig nicht erforderlich ist oder wenn hierdurch die Erfüllung der polizeilichen Aufgabe oder die schutzwürdigen Belange Dritter beeinträchtigt oder gefährdet würden.

§ 11 Voraussetzungen der Datenverarbeitung

(1) Die Polizei darf personenbezogene Daten verarbeiten,

1. soweit es im Einzelfall erforderlich ist zur Abwehr einer bevorstehenden Gefahr, zur Wahrnehmung grenzpolizeilicher Aufgaben oder in Erfüllung einer Verpflichtung zur Amts- oder Vollzugshilfe,
2. wenn die Daten aus allgemein zugänglichen Quellen entnommen werden können und dies zur Erfüllung ihrer Aufgaben erforderlich ist,
3. wenn dies zur Vorbereitung und Durchführung eines Einsatzes erforderlich ist, bei dem erfahrungsgemäß eine besondere Gefährdungslage besteht,
4. wenn tatsächliche Anhaltspunkte die Annahme rechtfertigen, dass die Person Opfer einer Straftat werden wird, und dies zur Wahrnehmung der Schutzaufgabe erforderlich ist,
5. wenn die Person sich im räumlichen Umfeld einer Person aufhält, die auf Grund ihrer beruflichen Tätigkeit oder ihrer Stellung in der Öffentlichkeit besonders gefährdet erscheint, und dies zum Schutz der gefährdeten Person erforderlich ist,
6. wenn tatsächliche Anhaltspunkte die Annahme rechtfertigen, dass die Person künftig Straftaten begehen wird, und die Erhebung zur vorbeugenden Bekämpfung von Straftaten mit erheblicher Bedeutung erforderlich ist,
7. über Kontakt- oder Begleitpersonen, wenn dies zur vorbeugenden Bekämpfung von Straftaten mit erheblicher Bedeutung erforderlich ist.

(2) Die Polizei darf personenbezogene Daten verarbeiten, wenn die Person in Kenntnis des Zwecks der Erhebung in diese nach § 5 eingewilligt hat.

§ 12 Befragung und Auskunftspflicht

(1) [1]Die Polizei darf jede Person befragen, wenn auf Grund tatsächlicher Anhaltspunkte anzunehmen ist, dass sie sachdienliche Angaben machen kann, die für die Erfüllung einer bestimmten polizeilichen Aufgabe erforderlich sind. [2]Für die Dauer der Befragung dürfen diese Personen angehalten werden.

(2) [1]Eine Person, deren Befragung nach Absatz 1 zulässig ist, ist verpflichtet, auf Frage ihren Namen, Vornamen, Tag und Ort der Geburt, Wohnanschrift und Staatsangehörigkeit anzugeben. [2]Sie ist zu weiteren Auskünften nur verpflichtet, soweit gesetzliche Handlungspflichten bestehen oder Tatsachen die Annahme rechtfertigen, dass sie sachdienliche Angaben zur Abwehr einer Gefahr für den Bestand oder die Sicherheit des Bundes oder eines Landes, für Leib, Leben oder Freiheit einer Person oder für bedeutende Sach- oder Vermögenswerte machen kann. [3]Eingriffe in das Fernmeldegeheimnis (Artikel 10 des Grundgesetzes) sind nur unter den Voraussetzungen der §§ 21 bis 26 zulässig.

(3) §§ 52 bis 55 und 136a der Strafprozessordnung gelten entsprechend.

§ 13 Identitätsfeststellung und Prüfung von Berechtigungsscheinen

(1) Die Polizei darf die Identität einer Person feststellen,

1. soweit es im Einzelfall erforderlich ist zur Abwehr einer bevorstehenden Gefahr oder in Erfüllung einer Verpflichtung zur Amts- oder Vollzugshilfe,
2. wenn sie an einem Ort angetroffen wird, von dem Tatsachen die Annahme rechtfertigen, dass dort
   a) Personen Straftaten von erheblicher Bedeutung verabreden, vorbereiten oder verüben,
   b) Personen angetroffen werden, die gegen aufenthaltsrechtliche Straf- oder Ordnungswidrigkeitenvorschriften verstoßen,
   c) sich gesuchte Straftäter verbergen,

3. wenn sie in einer Verkehrs- oder Versorgungsanlage oder -einrichtung, einem öffentlichen Ver-
    kehrsmittel, Amtsgebäude oder einem besonders gefährdeten Objekt oder in dessen unmittelbarer
    Nähe angetroffen wird und Tatsachen die Annahme rechtfertigen, dass in diesem Objekt oder in
    dessen unmittelbarer Nähe Straftaten begangen werden sollen, durch die Personen oder das Objekt
    gefährdet sind,
4. an einer Kontrollstelle, die von der Polizei eingerichtet worden ist, um eine Straftat nach § 129a
    des Strafgesetzbuchs, auch in Verbindung mit § 129b Absatz 1 des Strafgesetzbuchs, eine der in
    dieser Vorschrift bezeichneten Straftaten oder eine Straftat nach § 250 Absatz 1 oder nach § 255
    des Strafgesetzbuchs in den vorgenannten Begehungsformen oder nach § 27 Absatz 1 und Absatz
    2 Nummer 3 Buchstabe a des Versammlungsgesetzes in der Fassung vom 15. November 1978
    (BGBl. I S. 1790), zuletzt geändert am 8. Dezember 2008 (BGBl. I S. 2366), in der jeweils gel-
    tenden Fassung zu verhüten, soweit auf Grund tatsächlicher Anhaltspunkte anzunehmen ist, dass
    solche Straftaten begangen werden sollen.

(2) Die Polizei darf an einem Ort, für den durch Rechtsverordnung nach § 42 des Waffengesetzes vom
11. Oktober 2002 (BGBl. 2002 I S. 3970, 4592, 2003 I S. 1957), zuletzt geändert am 30. Juni 2017
(BGBl. I S. 2133), in der jeweils geltenden Fassung und nach § 1 SOG das Führen von Waffen im
Sinne des § 1 Absatz 2 des Waffengesetzes und gefährlichen Gegenständen verboten oder beschränkt
worden ist, Personen kurzfristig anhalten, befragen, ihre Identität feststellen und sie sowie die von
ihnen mitgeführten Sachen durchsuchen, soweit auf Grund von konkreten Lageerkenntnissen anzunehmen ist, dass diese Personen verbotene Waffen oder gefährliche Gegenstände mit sich führen.

(3) Zur Feststellung der Identität dürfen Namen, frühere Namen, Vornamen, Geburtsdatum, Geburtsort, Geschlecht, Staatsangehörigkeit und Anschrift erhoben werden.

(4) ¹Zur Feststellung der Identität darf die Polizei die erforderlichen Maßnahmen treffen. ²Sie darf
1. die betroffene Person anhalten,
2. die betroffene Person oder Auskunftspersonen nach seiner oder ihrer Identität befragen,
3. verlangen, dass die betroffene Person mitgeführte Ausweispapiere zur Prüfung aushändigt,
4. die betroffene Person festhalten,
5. die betroffene Person und die von ihr mitgeführten Sachen nach Gegenständen durchsuchen, die
    zur Identitätsfeststellung dienen können,
6. die betroffene Person zur Dienststelle bringen,
7. in den Fällen des Absatzes 1 unter den Voraussetzungen des § 16 erkennungsdienstliche Maß-
    nahmen durchführen.

³Maßnahmen nach Satz 2 Nummern 4 bis 6 dürfen nur getroffen werden, wenn die Identität auf andere
Weise nicht oder nur unter erheblichen Schwierigkeiten festgestellt werden kann oder wenn tatsächliche Anhaltspunkte dafür bestehen, dass Angaben unrichtig sind.

(5) Die Polizei darf verlangen, dass ein Berechtigungsschein zur Prüfung ausgehändigt wird, wenn der
Betroffene auf Grund einer Rechtsvorschrift oder einer vollziehbaren Auflage in einem Erlaubnisbe-
scheid verpflichtet ist, diesen Berechtigungsschein mitzuführen.

§ 14 Datenverarbeitung zur Vorbereitung auf die Hilfeleistung in Gefahrenfällen

(1) ¹Die Polizei darf über
1. Personen, deren besondere Kenntnisse oder Fähigkeiten zur Gefahrenabwehr benötigt werden,
2. Verantwortliche für Anlagen oder Einrichtungen, von denen eine erhebliche Gefahr ausgehen
    kann,
3. Verantwortliche für gefährdete Anlagen oder Einrichtungen,
4. Verantwortliche für Veranstaltungen in der Öffentlichkeit
Namen, Vornamen, akademische Grade, Anschriften, Telefonnummern und andere Informationen
über die Erreichbarkeit sowie nähere Angaben über die Zugehörigkeit zu einer der genannten Personengruppen verarbeiten, soweit dies zur Vorbereitung auf die Hilfeleistung in Gefahrenfällen erforderlich ist. ²Eine verdeckte Datenerhebung ist unzulässig.

(2) Die nach Absatz 1 Satz 1 Nummer 4 erhobenen personenbezogenen Daten, die in Dateien suchfähig
gespeichert wurden, und Akten, die zur Person des Verantwortlichen angelegt wurden, sind spätestens
einen Monat nach Beendigung des Anlasses zu löschen oder zu vernichten, sofern es sich nicht um
regelmäßig wiederkehrende Veranstaltungen handelt.

§ 15 Datenverarbeitung bei Notrufen, Aufzeichnung von Anrufen und Funkverkehr

[1]Die Polizei kann Anrufe über Notrufeinrichtungen sowie den Funkverkehr ihrer Leitstelle aufzeichnen. [2]Im Übrigen ist eine Aufzeichnung von Anrufen zulässig, soweit sie zur Gefahrenabwehr oder zur Verhütung von Straftaten erforderlich ist. [3]Die Aufzeichnungen sind spätestens sechs Monate nach ihrer Erhebung zu löschen, es sei denn, die Daten werden zur Verfolgung von Straftaten oder Ordnungswidrigkeiten benötigt.

Unterabschnitt 2
Besondere Befugnisse zur Datenverarbeitung

§ 16 Erkennungsdienstliche Maßnahmen und Identifizierung unbekannter Toter durch DNA-Material

(1) Die Polizei darf erkennungsdienstliche Maßnahmen durchführen
1. zum Zweck der Identitätsfeststellung (§ 13 Absatz 4), wenn dies auf andere Weise nicht oder nur unter erheblichen Schwierigkeiten möglich ist,
2. zur vorbeugenden Bekämpfung von Straftaten, wenn die betroffene Person verdächtig ist, eine mit Strafe bedrohte Tat begangen zu haben, und wegen der Art oder Ausführung der Tat sowie der Persönlichkeit der betroffenen Person die Gefahr der Begehung weiterer Straftaten besteht.

(2) Ist die Identität festgestellt, sind in den Fällen des Absatzes 1 Nummer 1 die im Zusammenhang mit der Feststellung angefallenen Unterlagen zu vernichten, es sei denn, ihre weitere Aufbewahrung ist für Zwecke nach Absatz 1 Nummer 2 oder nach anderen Rechtsvorschriften zulässig.

(3) [1]Erkennungsdienstliche Maßnahmen sind
1. die Abnahme von Finger- und Handflächenabdrücken,
2. die Aufnahme von Lichtbildern,
3. die Feststellung äußerlich wahrnehmbarer Merkmale,
4. Messungen.

[2]Soweit es zur Feststellung der Identität erforderlich ist, darf die Polizei auch Befragungen anderer Personen vornehmen, Urkunden oder sonstige Unterlagen einsehen und das Bundesverwaltungsamt um einen Datenabgleich mit der Fundpapier-Datenbank nach § 89a Absatz 6 Satz 1 Nummer 2 des Aufenthaltsgesetzes in der Fassung vom 25. Februar 2008 (BGBl. I S. 163), zuletzt geändert am 12. Juli 2018 (BGBl. I S. 1147), ersuchen. [3]Regelungen über ein Berufs- oder besonderes Amtsgeheimnis bleiben unberührt. [4]Erkennungsdienstliche Maßnahmen dürfen nur von besonders ermächtigten Bediensteten angeordnet werden.

(4) [1]Ist eine Identitätsfeststellung unbekannter Toter auf andere Weise nicht möglich, darf die Polizei DNA-Material von vermissten Personen und unbekannten Toten sicherstellen und molekulargenetische Untersuchungen durchführen. [2]Das erlangte DNA-Identifizierungsmuster kann zu diesem Zweck in einem Dateisystem verarbeitet werden. [3]Eine Verarbeitung für andere Zwecke ist nicht zulässig. [4]Nach Beendigung der Maßnahme ist das DNA-Identifizierungsmuster zu vernichten. [5]Molekulargenetische Untersuchungen bedürfen der richterlichen Anordnung. [6]Zuständig ist das Amtsgericht Hamburg. [7]Das Verfahren richtet sich nach dem Buch 1 des Gesetzes über das Verfahren in Familiensachen und in den Angelegenheiten der freiwilligen Gerichtsbarkeit vom 17. Dezember 2008 (BGBl. I S. 2586, 2587), zuletzt geändert am 18. Dezember 2018 (BGBl. I S. 2639, 2646), in der jeweils geltenden Fassung. [8]§ 81f Absatz 1 Satz 2 und Absatz 2 der Strafprozessordnung gilt entsprechend. [9]Liegt eine Naturkatastrophe oder ein besonders schwerer Unglücksfall vor, so sind Maßnahmen nach Satz 1 auch dann zulässig, wenn eine Identitätsfeststellung unbekannter Toter oder Schwerstverletzter auf andere Weise nicht möglich oder wesentlich erschwert wäre; einer richterlichen Anordnung bedarf es in diesen Fällen nicht. [10]Sätze 2 bis 4 gelten entsprechend.

§ 17 Aufnahme von Lichtbildern in Gewahrsamseinrichtungen

[1]Die Polizei darf von Personen, die sich in amtlichem Gewahrsam befinden, Lichtbilder verarbeiten, wenn dies zur Aufrechterhaltung der Sicherheit und Ordnung im Gewahrsam oder zur Identitätsfeststellung erforderlich ist. [2]Diese personenbezogenen Daten sind spätestens mit der Entlassung aus dem Gewahrsam zu löschen. [3]§ 34 bleibt unberührt.

§ 18 Datenverarbeitung im öffentlichen Raum und an besonders gefährdeten Objekten

(1) [1]Die Polizei darf bei oder im Zusammenhang mit öffentlichen Veranstaltungen oder Ansammlungen personenbezogene Daten von Teilnehmern auch durch den Einsatz technischer Mittel zum Zwecke der Bild- und Tonübertragung verarbeiten, wenn Tatsachen die Annahme rechtfertigen, dass dabei Straftaten begangen werden. [2]Der Einsatz technischer Mittel zum Zwecke der Bild- und Tonaufzeichnung ist nur gegen die für eine Gefahr Verantwortlichen zulässig. [3]Die Maßnahme darf auch durchgeführt werden, wenn Dritte unvermeidbar betroffen werden. [4]Bild- und Tonaufzeichnungen, sowie in Dateisystemen suchfähig gespeicherte personenbezogene Daten sind spätestens einen Monat nach der Datenerhebung zu löschen oder zu vernichten. [5]Dies gilt nicht, wenn die Daten zur Verfolgung von Ordnungswidrigkeiten von erheblicher Bedeutung oder von Straftaten benötigt werden oder Tatsachen die Annahme rechtfertigen, dass die Person künftig Straftaten begehen wird, und die Aufbewahrung zur vorbeugenden Bekämpfung von Straftaten mit erheblicher Bedeutung erforderlich ist.

(2) [1]Die Polizei darf an oder in den § 13 Absatz 1 Nummer 3 genannten Objekten Bild- und Tonaufzeichnungen über die für eine Gefahr Verantwortlichen anfertigen und verarbeiten, soweit Tatsachen die Annahme rechtfertigen, dass an oder in Objekten dieser Art Straftaten begangen werden sollen, durch die Personen, diese Objekte oder andere darin befindliche Sachen gefährdet sind. [2]Absatz 1 Sätze 3 bis 5 gilt entsprechend. [3]Auf den Einsatz von Aufzeichnungsgeräten ist hinzuweisen, soweit dadurch nicht der Zweck der Maßnahme gefährdet wird.

(3) [1]Die Polizei darf zur vorbeugenden Bekämpfung von Straftaten öffentlich zugängliche Straßen, Wege und Plätze mittels Bildübertragung offen beobachten und Bildaufzeichnungen von Personen verarbeiten, soweit an diesen Orten wiederholt Straftaten der Straßenkriminalität begangen worden sind und Tatsachen die Annahme rechtfertigen, dass dort auch künftig mit der Begehung derartiger Straftaten zu rechnen ist. [2]Absatz 1 Sätze 3 bis 5 gilt entsprechend.

(4) [1]Die Polizei darf von Personen, die sich in amtlichem Gewahrsam befinden, durch den offenen Einsatz technischer Mittel zur Anfertigung von Bild- und Tonaufzeichnungen längstens bis zum Ende des Tages nach deren Ergreifen Daten verarbeiten, wenn dies zum Schutz der Betroffenen oder der Vollzugsbediensteten oder zur Verhütung von Straftaten in polizeilich genutzten Räumen erforderlich ist. [2]Die Maßnahme darf auch durchgeführt werden, wenn Dritte unvermeidbar betroffen werden. [3]Eingriffe in ein durch Berufsgeheimnis geschütztes Vertrauensverhältnis im Sinne der §§ 53 und 53a der Strafprozessordnung sind unzulässig. [4]Bild- und Tonaufzeichnungen sind spätestens nach vier Tagen zu löschen, soweit sie nicht für Zwecke der Strafverfolgung benötigt werden.

(5) [1]Die Polizei darf bei der Durchführung von Maßnahmen zur Gefahrenabwehr oder zur Verfolgung von Straftaten oder Ordnungswidrigkeiten in öffentlich zugänglichen Bereichen personenbezogene Daten durch den offenen Einsatz technischer Mittel zur Anfertigung von Bild- und Tonaufzeichnungen verarbeiten, wenn dies nach den Umständen zum Schutz von Vollzugsbediensteten oder Dritten gegen eine Gefahr für Leib oder Leben erforderlich ist. [2]Aufzeichnungen sind unzulässig in Bereichen, die der Ausübung von Tätigkeiten von Berufsgeheimnisträgern nach § 53 Absatz 1 der Strafprozessordnung dienen. [3]Absatz 4 Sätze 2 und 4 gilt entsprechend.

(6) § 37 und § 59 Absatz 4 bleiben unberührt.

§ 19 Datenverarbeitung durch den Einsatz von automatischen Kennzeichenlesesystemen

(1) [1]Bei Kontrollen im öffentlichen Verkehrsraum nach diesem Gesetz und anderen Gesetzen darf die Polizei zur Eigensicherung, zur Verhinderung des Gebrauchs gestohlener Kraftfahrzeuge und Kraftfahrzeugkennzeichen und zur Verhütung von Anschlussstraftaten automatisiert Kennzeichen von Kraftfahrzeugen erfassen, soweit jeweils eine Anhaltemöglichkeit besteht und die Erhebung offen erfolgt. [2]Die Kennzeichenerfassung darf nicht flächendeckend eingesetzt werden.

(2) [1]Die erfassten Kennzeichen dürfen mit dem Fahndungsbestand der Sachfahndungsdateien des beim Bundeskriminalamt nach den Vorschriften des Bundeskriminalamtgesetzes vom 1. Juni 2017 (BGBl. 2017 I S. 1354, 2019 I S. 400) in der jeweils geltenden Fassung und des beim Landeskriminalamt Hamburg nach den Vorschriften dieses Gesetzes geführten polizeilichen Informationssystems abgeglichen werden. [2]Der Abgleich nach Satz 1 beschränkt sich auf Kennzeichen von Fahrzeugen, die

1. nach § 31 dieses Gesetzes, §§ 163e und 463a der Strafprozessordnung, Artikel 36 und 37 des Beschlusses 2007/533/JI des Rates vom 12. Juni 2007 über die Einrichtung, den Betrieb und die Nutzung des Schengener Informationssystems der zweiten Generation (ABl. EU Nr. L 205 S. 63), zuletzt geändert am 7. Dezember 2018 (ABl. EU Nr. L 312 S. 56), § 17 Absatz 3 des Bundesver-

fassungsschutzgesetzes vom 20. Dezember 1990 (BGBl. I S. 2954, 2970), zuletzt geändert am 30. Juni 2017 (BGBl. I S. 2097, 2128), und § 47 des Bundeskriminalamtgesetzes,
2. auf Grund einer Gefahr für Zwecke der Gefahrenabwehr,
3. auf Grund des Verdachts einer Straftat für Zwecke der Strafverfolgung,
4. aus Gründen der Strafvollstreckung
ausgeschrieben sind. [3]Der Abgleich darf nur mit vollständigen Kennzeichen des Fahndungsbestands erfolgen. [4]Bewegungsprofile dürfen nicht erstellt werden.

(3) [1]Sofern das ermittelte Kennzeichen nicht im Fahndungsbestand enthalten ist (Nichttrefferfall), sind die erhobenen Daten unverzüglich nach Durchführung des Datenabgleichs automatisiert zu löschen. [2]Ist das ermittelte Kennzeichen im Fahndungsbestand enthalten (Trefferfall), dürfen das Kennzeichen sowie Angaben zu Ort, Datum, Uhrzeit und Fahrtrichtung gespeichert werden. [3]Das Fahrzeug und die Insassen sollen im Trefferfall angehalten werden. [4]Weitere Maßnahmen dürfen erst nach Überprüfung des Trefferfalls anhand des aktuellen Fahndungsdatenbestands erfolgen. [5]Die nach Satz 2 gespeicherten Daten dürfen weiterverarbeitet werden, soweit dies für Zwecke der Gefahrenabwehr erforderlich ist.

§ 20 Datenverarbeitung durch Observation

(1) [1]Die Polizei darf personenbezogene Daten verarbeiten durch eine planmäßig angelegte Beobachtung, die innerhalb einer Woche länger als 24 Stunden oder über den Zeitraum einer Woche hinaus vorgesehen ist oder tatsächlich durchgeführt wird (längerfristige Observation),
1. über die für eine Gefahr Verantwortlichen und unter den Voraussetzungen von § 10 SOG über die dort genannten Personen, wenn dies zur Abwehr einer Gefahr für den Bestand oder die Sicherheit des Bundes oder eines Landes oder für Leib, Leben oder Freiheit einer Person erforderlich ist,
2. über Personen, soweit Tatsachen, die ein wenigstens seiner Art nach konkretes und zeitlich absehbares Geschehen erkennen lassen, die Annahme rechtfertigen, dass diese Personen Straftaten von erheblicher Bedeutung begehen werden, wenn die Datenerhebung zur Verhütung dieser Straftaten erforderlich ist, sowie über deren Kontakt- oder Begleitpersonen, wenn die Aufklärung des Sachverhaltes auf andere Weise aussichtslos wäre.
[2]Die Maßnahme darf auch durchgeführt werden, wenn Dritte unvermeidbar betroffen werden. [3]Verbrechen sowie Vergehen, die im Einzelfall nach Art und Schwere geeignet sind, den Rechtsfrieden besonders zu stören, und sich gegen bedeutende Sach- oder Vermögenswerte richten, sind nur dann als Straftat von erheblicher Bedeutung im Sinne von § 2 Absatz 2 Nummer 2 anzusehen, wenn die Erhaltung der bedeutenden Sach- und Vermögenswerte im öffentlichen Interesse liegt.

(2) [1]Der Einsatz nach Absatz 1 bedarf der richterlichen Anordnung. [2]Bei Gefahr im Verzug kann die Maßnahme durch die Polizeipräsidentin oder den Polizeipräsidenten oder die Vertretung im Amt angeordnet werden; die Anordnung ist aktenkundig zu machen. [3]Eine richterliche Bestätigung ist unverzüglich einzuholen. [4]Die Maßnahme ist zu beenden, wenn sie nicht innerhalb von drei Tagen richterlich bestätigt wird; in diesem Fall sind die erhobenen Daten unverzüglich zu vernichten. [5]Zuständig ist das Amtsgericht Hamburg. [6]Für das Verfahren findet Buch 1 des Gesetzes über das Verfahren in Familiensachen und in den Angelegenheiten der freiwilligen Gerichtsbarkeit entsprechend Anwendung. [7]Von einer Anhörung der betroffenen Person durch das Gericht und der Bekanntgabe der richterlichen Entscheidung an die betroffene Person ist abzusehen, wenn die vorherige Anhörung oder die Bekanntgabe der Entscheidung den Zweck der Maßnahme gefährden würde. [8]Die richterliche Entscheidung wird mit ihrer Bekanntgabe an die beantragende Stelle wirksam. [9]Die Anordnung ergeht schriftlich. [10]Sie ist auf höchstens drei Monate zu befristen. [11]Eine Verlängerung um jeweils nicht mehr als drei Monate ist zulässig, soweit die Voraussetzungen für die Maßnahme noch vorliegen. [12]Aus der Anordnung müssen sich
1. die Person, gegen sich[1)] die Maßnahme richtet, soweit möglich mit Name und Anschrift,
2. Art, Beginn und Ende der Maßnahme,
3. Tatsachen, die den Einsatz der Maßnahme begründen
ergeben.

(3) Personen, gegen die sich Datenerhebungen richteten, sind nach Abschluss der Maßnahme hierüber durch die Polizei zu unterrichten.

---

1) Richtig wohl: „gegen die sich".

(4) [1]Auf eine Observation, die nicht die in Absatz 1 genannten Voraussetzungen erfüllt (kurzfristige Observation), finden die Absätze 1 bis 3 keine Anwendung. [2]Durch eine kurzfristige Observation darf die Polizei Daten nur verarbeiten, soweit dies zum Zwecke der Gefahrenabwehr (§ 1) erforderlich ist und ohne diese Maßnahme die Erfüllung der polizeilichen Aufgabe gefährdet wird.

§ 21 Datenverarbeitung durch den verdeckten Einsatz technischer Mittel

(1) [1]Die Polizei darf personenbezogene Daten verarbeiten durch den verdeckten Einsatz technischer Mittel zur Anfertigung von Bildaufnahmen und Bildaufzeichnungen sowie zum Abhören und Aufzeichnen des nichtöffentlich gesprochenen Wortes

1. über die für eine Gefahr Verantwortlichen und unter den Voraussetzungen von § 10 SOG über die dort genannten Personen, wenn dies zur Abwehr einer Gefahr für den Bestand oder die Sicherheit des Bundes oder eines Landes oder für Leib, Leben oder Freiheit einer Person erforderlich ist,

2. über Personen, soweit Tatsachen, die ein wenigstens seiner Art nach konkretes und zeitlich absehbares Geschehen erkennen lassen, die Annahme rechtfertigen, dass diese Personen Straftaten von erheblicher Bedeutung begehen werden, wenn die Datenerhebung zur Verhütung dieser Straftaten erforderlich ist, sowie über deren Kontakt- und Begleitpersonen, wenn die Aufklärung des Sachverhalts auf andere Weise aussichtslos wäre.

[2]Unter den Voraussetzungen des Satzes 1 darf die Polizei besondere für Observationszwecke bestimmte technische Mittel zur Ermittlung des Aufenthaltsortes des Betroffenen verwenden. [3]Die Maßnahmen dürfen auch durchgeführt werden, wenn Dritte unvermeidbar betroffen werden. [4]Verbrechen sowie Vergehen, die im Einzelfall nach Art und Schwere geeignet sind, den Rechtsfrieden besonders zu stören, und sich gegen bedeutende Sach- oder Vermögenswerte richten, sind nur dann als Straftat von erheblicher Bedeutung im Sinne von § 2 Absatz 2 Nummer 2 anzusehen, wenn die Erhaltung der bedeutenden Sach- und Vermögenswerte im öffentlichen Interesse liegt.

(2) [1]Das Abhören und Aufzeichnen des nichtöffentlich gesprochenen Wortes nach Absatz 1 Satz 1 bedarf der richterlichen Anordnung; § 20 Absatz 2 gilt entsprechend. [2]Die Anfertigung von Bildaufnahmen und Bildaufzeichnungen nach Absatz 1 Satz 1 sowie Maßnahmen nach Absatz 1 Satz 2 dürfen von der Polizeipräsidentin oder dem Polizeipräsidenten oder der Vertretung im Amt, bei Gefahr im Verzug auch von der Polizeiführerin oder dem Polizeiführer vom Dienst angeordnet werden. [3]Die Anordnung ist aktenkundig zu machen. [4]Aus der Anordnung müssen sich

1. Art, Beginn und Ende der Maßnahme,

2. Tatsachen, die den Einsatz der Maßnahme begründen,

3. Zeitpunkt der Anordnung und Name sowie Dienststelle des Anordnenden

ergeben. [5]Eine Verlängerung der Maßnahme ist zulässig, soweit die Voraussetzungen für die Maßnahme noch vorliegen.

(3) [1]Datenerhebungen sind unzulässig, wenn in ein durch Berufsgeheimnis geschütztes Vertrauensverhältnis im Sinne der §§ 53 und 53a der Strafprozessordnung eingegriffen wird. [2]Liegen tatsächliche Anhaltspunkte für die Annahme vor, dass durch die Maßnahme allein Erkenntnisse aus dem Kernbereich privater Lebensgestaltung erlangt würden, ist die Maßnahme unzulässig. [3]Wird bei einer Maßnahme erkennbar, dass Gespräche geführt werden, die dem Kernbereich privater Lebensgestaltung zuzurechnen sind, sind das Abhören und die Beobachtung unverzüglich zu unterbrechen. [4]Bestehen insoweit Zweifel, darf nur eine automatische Aufzeichnung fortgesetzt werden. [5]Automatische Aufzeichnungen nach Satz 3 sind unverzüglich dem anordnenden Gericht zur Entscheidung über die Verwertbarkeit oder Löschung der Daten vorzulegen. [6]Nach einer Unterbrechung oder einer Aufzeichnung gemäß Satz 3 darf die Erhebung fortgesetzt werden, wenn zu erwarten ist, dass die Gründe, die zur Unterbrechung oder Aufzeichnung geführt haben, nicht mehr vorliegen. [7]Erkenntnisse aus dem Kernbereich privater Lebensgestaltung, die durch eine Maßnahme nach Absatz 1 erlangt worden sind, dürfen nicht verwertet werden. [8]Aufzeichnungen hierüber sind unverzüglich zu löschen. [9]Die Tatsachen der Erfassung der Daten und der Löschung sind zu dokumentieren. [10]Die Dokumentation darf ausschließlich für Zwecke der Datenschutzkontrolle verwendet werden. [11]Sie ist zu löschen, wenn sie für diese Zwecke nicht mehr erforderlich ist, spätestens jedoch am Ende des zweiten Kalenderjahres, das dem Jahr der Dokumentation folgt.

(4) [1]Einer Anordnung nach Absatz 2 bedarf es nicht, wenn technische Mittel ausschließlich zum Schutz der bei einem Polizeieinsatz tätigen Personen mitgeführt und verwendet werden. [2]Der Einsatz darf nur durch die Leitung des Landeskriminalamtes oder die Vertretung im Amt angeordnet werden. [3]Eine

anderweitige Verwertung der erlangten Erkenntnisse ist nur zur Gefahrenabwehr oder zur Strafverfolgung und nur zulässig, wenn zuvor die Rechtmäßigkeit der Maßnahme richterlich festgestellt ist; bei Gefahr im Verzug ist die richterliche Entscheidung unverzüglich nachzuholen. [4]Aufzeichnungen sind unverzüglich nach Beendigung des Einsatzes zu löschen, es sei denn, sie werden zur Gefahrenabwehr oder Strafverfolgung benötigt.

(5) Personen, gegen die sich Datenerhebungen richteten, sind nach Abschluss der Maßnahme hierüber durch die Polizei zu benachrichtigen.

§ 22 Datenverarbeitung durch den verdeckten Einsatz technischer Mittel in oder aus Wohnungen

(1) [1]Die Polizei darf personenbezogene Daten verarbeiten durch den verdeckten Einsatz technischer Mittel zur Anfertigung von Bildaufnahmen und Bildaufzeichnungen sowie zum Abhören und Aufzeichnen des gesprochenen Wortes in oder aus Wohnungen über die für eine Gefahr Verantwortlichen, wenn dies zur Abwehr einer dringenden Gefahr für den Bestand oder die Sicherheit des Bundes oder eines Landes oder für Leib, Leben oder Freiheit einer Person erforderlich ist. [2]Die Maßnahme darf sich nur gegen den für die Gefahr Verantwortlichen richten und nur in dessen Wohnungen durchgeführt werden. [3]In Wohnungen anderer Personen ist die Maßnahme nur zulässig, wenn auf Grund bestimmter Tatsachen anzunehmen ist, dass

1. der für die Gefahr Verantwortliche sich dort aufhält und
2. die Maßnahme in Wohnungen des für die Gefahr Verantwortlichen allein nicht zur Abwehr der Gefahr führen wird.

[4]Die Maßnahme darf auch durchgeführt werden, wenn Dritte unvermeidbar betroffen werden.

(2) Datenerhebungen sind unzulässig, wenn in ein durch Berufsgeheimnis geschütztes Vertrauensverhältnis im Sinne der §§ 53 und 53a der Strafprozessordnung eingegriffen wird.

(3) [1]Die Datenerhebung nach Absatz 1 bedarf der richterlichen Anordnung. [2]Die Anordnung ergeht schriftlich. [3]Sie muss insbesondere Namen und Anschrift der betroffenen Person, gegen die sie sich richtet, enthalten und die Wohnung, in oder aus der die Daten erhoben werden sollen, bezeichnen. [4]In ihr sind Art, Umfang und Dauer der Maßnahme zu bestimmen. [5]Sie ist höchstens auf vier Wochen zu befristen. [6]Eine Verlängerung um jeweils nicht mehr als vier Wochen ist zulässig, soweit die in Absatz 1 bezeichneten Voraussetzungen fortbestehen. [7]Bei Gefahr im Verzug kann die Maßnahme durch die Polizeipräsidentin oder den Polizeipräsidenten oder die Vertretung im Amt angeordnet werden. [8]Eine richterliche Bestätigung ist unverzüglich einzuholen. [9]Die Maßnahme ist zu beenden, wenn sie nicht innerhalb von drei Tagen richterlich bestätigt wird; in diesem Fall sind Bild- und Tonaufzeichnungen unverzüglich zu vernichten, sofern die Aufzeichnungen nicht zur Verfolgung von Straftaten benötigt werden. [10]Zuständig ist das Amtsgericht Hamburg. [11]Für das Verfahren findet Buch 1 des Gesetzes über das Verfahren in Familiensachen und in den Angelegenheiten der freiwilligen Gerichtsbarkeit entsprechend Anwendung. [12]Von einer Anhörung der betroffenen Person durch das Gericht und der Bekanntgabe der richterlichen Entscheidung an die betroffene Person ist abzusehen, wenn die vorherige Anhörung oder die Bekanntgabe der Entscheidung den Zweck der Maßnahme gefährden würde. [13]Die richterliche Entscheidung wird mit ihrer Bekanntgabe an die beantragende Stelle wirksam.

(4) [1]Die Maßnahme darf nur angeordnet werden, soweit auf Grund tatsächlicher Anhaltspunkte, insbesondere zu der Art der zu überwachenden Räumlichkeiten und zum Verhältnis der zu überwachenden Personen zueinander, anzunehmen ist, dass durch die Überwachung Vorgänge, die dem Kernbereich privater Lebensgestaltung zuzurechnen sind, nicht erfasst werden. [2]Wird bei einer Maßnahme erkennbar, dass Gespräche geführt werden, die dem Kernbereich privater Lebensgestaltung zuzurechnen sind, sind das Abhören und die Beobachtung unverzüglich zu unterbrechen. [3]Bestehen insoweit Zweifel, darf nur eine automatische Aufzeichnung fortgesetzt werden. [4]Nach einer Unterbrechung oder einer Aufzeichnung gemäß Satz 2 darf die Erhebung fortgesetzt werden, wenn zu erwarten ist, dass die Gründe, die zur Unterbrechung oder Aufzeichnung geführt haben, nicht mehr vorliegen.

(5) [1]Die durch eine Maßnahme nach Absatz 1 erlangten Aufzeichnungen,[1)] sind dem anordnenden Gericht unverzüglich vorzulegen. [2]Das Gericht entscheidet unverzüglich über die Verwertbarkeit oder Löschung. [3]Erkenntnisse aus dem Kernbereich privater Lebensgestaltung, die durch eine Maßnahme nach Absatz 1 erlangt worden sind, dürfen nicht verwertet werden. [4]Sofern die Voraussetzungen der

---

1) Zeichensetzung amtlich. Richtig wohl: „Aufzeichnungen".

Anordnung nicht mehr vorliegen, ordnet es die Aufhebung der Datenerhebung an. ⁵Polizeiliche Maßnahmen nach Absatz 1 Satz 1 können durch das anordnende Gericht jederzeit aufgehoben, geändert oder angeordnet werden. ⁶Bei Gefahr im Verzug kann die Polizeipräsidentin oder der Polizeipräsident oder die Vertretung im Amt über die Verwertung der Erkenntnisse entscheiden. ⁷Eine richterliche Bestätigung nach Satz 2 ist unverzüglich einzuholen.

(6) ¹Die durch eine Maßnahme nach Absatz 1 erlangten personenbezogenen Daten dürfen nur zu den in Absatz 1 Satz 1 genannten Zwecken verwendet werden. ²Zu Zwecken der Strafverfolgung dürfen sie verwendet werden, wenn sie auch dafür unter Einsatz derselben Befugnisse hätten erhoben werden dürfen; eine Zweckänderung ist zu dokumentieren. ³Stellt sich nach Auswertung der Daten heraus, dass diese einem Vertrauensverhältnis mit Berufsgeheimnisträgern zuzuordnen sind, dürfen sie nicht verwendet werden. ⁴Daten, die keinen unmittelbaren Bezug zu den der Anordnung zugrunde liegenden Gefahren haben, dürfen nicht verwendet werden, es sei denn, ihre Verwendung ist zur Abwehr einer anderweitigen unmittelbar bevorstehenden Gefahr für Leib, Leben oder Freiheit einer Person oder zur Strafverfolgung unter der Voraussetzung von Satz 2 erforderlich. ⁵Über eine Verwendung der Daten entscheidet das Gericht, das die Maßnahme angeordnet hat; bei Gefahr im Verzug gilt Absatz 3 Sätze 7 bis 9 entsprechend.

(7) Personen, gegen die sich die Datenerhebungen richteten oder die von ihr sonst betroffen wurden, sind nach Abschluss der Maßnahme darüber zu benachrichtigen.

(8) ¹Sind die nach Absatz 1 erlangten Daten nicht mehr zur Aufgabenerfüllung erforderlich, sind sie zu löschen. ²Die Löschung ist zu protokollieren. ³Die Löschung unterbleibt, soweit die Daten für eine Mitteilung an den Betroffenen nach Absatz 7 oder für eine gerichtliche Nachprüfung der Rechtmäßigkeit der Maßnahme nach Absatz 1 von Bedeutung sein können. ⁴In diesem Fall ist die Verarbeitung der Daten einzuschränken und sie dürfen nur zu diesen Zwecken verarbeitet werden. ⁵Im Fall der Unterrichtung der betroffenen Person sind die Daten zu löschen, wenn diese nach Ablauf eines Monats nach seiner Benachrichtigung keine Klage erhebt; auf diese Frist ist in der Benachrichtigung hinzuweisen. ⁶Daten, die dem Kernbereich privater Lebensgestaltung oder einem Vertrauensverhältnis mit Berufsgeheimnisträgern zuzuordnen sind, sind unverzüglich zu löschen; § 21 Absatz 3 Sätze 9 bis 11 gilt entsprechend. ⁷Daten, die keinen unmittelbaren Bezug zu den der Anordnung zugrunde liegenden Gefahren haben, sind unverzüglich zu löschen, es sei denn, ihre Verwendung ist zur Abwehr einer anderweitigen unmittelbar bevorstehenden Gefahr für Leib, Leben oder Freiheit einer Person oder zur Strafverfolgung im Sinne von Absatz 6 Satz 2 erforderlich.

(9) ¹Einer Anordnung nach Absatz 3 bedarf es nicht, wenn technische Mittel ausschließlich zum Schutz der bei einem Polizeieinsatz tätigen Personen mitgeführt und verwendet werden. ²Der Einsatz darf nur durch die Leitung des Landeskriminalamtes oder die Polizeiführerin oder den Polizeiführer vom Dienst angeordnet werden. ³Eine anderweitige Verwertung der erlangten Erkenntnisse ist nur zur Gefahrenabwehr oder zur Strafverfolgung und nur zulässig, wenn zuvor die Rechtmäßigkeit der Maßnahme richterlich festgestellt ist; bei Gefahr im Verzug ist die richterliche Entscheidung unverzüglich nachzuholen. ⁴Aufzeichnungen sind unverzüglich nach Beendigung des Einsatzes zu löschen, es sei denn, sie werden zur Gefahrenabwehr oder Strafverfolgung benötigt.

§ 23 Datenverarbeitung durch Telekommunikationsüberwachung und Eingriff in die Telekommunikation

(1) ¹Die Polizei darf durch die Überwachung und Aufzeichnung von Telekommunikation einschließlich der innerhalb des Telekommunikationsnetzes abgelegten Inhalte Daten erheben

1. über die für eine Gefahr Verantwortlichen, wenn dies zur Abwehr einer Gefahr für den Bestand oder die Sicherheit des Bundes oder eines Landes oder für Leib, Leben oder Freiheit einer Person erforderlich ist,

2. über Personen, soweit Tatsachen die Annahme rechtfertigen, dass
   a) sie für Personen nach Nummer 1 bestimmte oder von diesen herrührende Mitteilungen entgegennehmen oder weitergeben oder
   b) die unter Nummer 1 genannten Personen ihre Kommunikationseinrichtungen benutzen werden.

²Datenerhebungen nach Satz 1 dürfen nur durchgeführt werden, wenn die polizeiliche Aufgabenerfüllung auf andere Weise aussichtslos oder wesentlich erschwert wäre. ³§ 21 Absatz 3 Sätze 1 bis 6 gilt entsprechend.

(2) [1]Durch den Einsatz technischer Mittel dürfen unter den Voraussetzungen des Absatzes 1 Kommunikationsverbindungen unterbrochen oder verhindert werden. [2]Kommunikationsverbindungen Dritter dürfen nur unterbrochen oder verhindert werden, wenn dies zur Abwehr einer unmittelbar bevorstehenden erheblichen Gefahr für den Bestand oder die Sicherheit des Bundes oder eines Landes oder für Leib, Leben oder Freiheit einer Person erforderlich ist.

(3) Auf Grund der Anordnung einer Datenerhebung nach Absatz 1 oder einer Maßnahme nach Absatz 2 hat jeder, der geschäftsmäßig Telekommunikationsdienste erbringt oder daran mitwirkt (Diensteanbieter), nach Maßgabe der Regelungen des Telekommunikationsgesetzes vom 22. Juni 2004 (BGBl. I S. 1190), zuletzt geändert am 29. November 2018 (BGBl. I S. 2230), in der jeweils geltenden Fassung und der darauf beruhenden Rechtsverordnungen zur technischen und organisatorischen Umsetzung von Überwachungsmaßnahmen der Polizei die Überwachung, Aufzeichnung, Unterbrechung und Verhinderung von Telekommunikationsverbindungen zu ermöglichen.

§ 24 Telekommunikationsüberwachung an informationstechnischen Systemen

(1) Zur Durchführung einer Maßnahme nach § 23 Absatz 1 darf durch den verdeckten Einsatz technischer Mittel in die vom Betroffenen genutzten informationstechnischen Systeme eingegriffen werden, wenn

1. durch technische Maßnahmen sichergestellt ist, dass ausschließlich laufende Telekommunikation überwacht und aufgezeichnet wird, und
2. der Eingriff in das informationstechnische System notwendig ist, um die Überwachung und Aufzeichnung von Telekommunikation insbesondere auch in unverschlüsselter Form zu ermöglichen.

(2) [1]Es ist technisch sicherzustellen, dass

1. an dem informationstechnischen System nur Veränderungen vorgenommen werden, die für die Datenerhebung unerlässlich sind, und
2. die vorgenommenen Veränderungen bei Beendigung der Maßnahme soweit technisch möglich automatisiert rückgängig gemacht werden.

[2]Das eingesetzte Mittel ist nach dem Stand der Technik gegen unbefugte Nutzung zu schützen.

(3) [1]Die Maßnahme darf sich nur gegen die für eine Gefahr Verantwortlichen richten. [2]Sie darf auch durchgeführt werden, wenn andere Personen unvermeidbar betroffen werden.

§ 25 Verkehrsdatenverarbeitung, Nutzungsdatenverarbeitung und Einsatz besonderer technischer Mittel zur Datenerhebung

(1) Die Polizei darf unter den Voraussetzungen des § 23 Absatz 1 Verkehrsdaten und Nutzungsdaten erheben.

(2) Die Erteilung einer Auskunft darüber, ob von einem Telekommunikationsanschluss Telekommunikationsverbindungen zu den in § 23 Absatz 1 genannten Personen hergestellt worden sind (Zielsuchlauf), darf nur angeordnet werden, wenn die Erforschung des Sachverhalts auf andere Weise aussichtslos wäre.

(3) [1]Durch den Einsatz technischer Mittel darf

1. zur Vorbereitung einer Maßnahme nach § 23 Absatz 1 die Geräte- und Kartennummer,
2. zur Abwehr einer Gefahr für Leib, Leben oder Freiheit einer Person der Standort eines aktiv geschalteten Mobilfunkendgerätes

ermittelt werden. [2]Die Maßnahme nach Satz 1 Nummer 1 ist nur zulässig, wenn die Voraussetzungen des § 23 Absatz 1 vorliegen und die Durchführung der Überwachungsmaßnahme ohne die Geräte- und Kartennummer nicht möglich oder wesentlich erschwert wäre. [3]Die Maßnahme nach Satz 1 Nummer 2 ist nur dann zulässig, wenn die Ermittlung des Aufenthaltsortes auf andere Weise weniger Erfolg versprechend oder erschwert wäre. [4]Personenbezogene Daten Dritter dürfen anlässlich solcher Maßnahmen nur erhoben werden, wenn dies aus technischen Gründen zur Erreichung des Zwecks nach Absatz 1 unvermeidbar ist.

(4) [1]Jeder Diensteanbieter ist verpflichtet, der Polizei auf Grund der Anordnung einer Datenerhebung nach Absatz 1

1. vorhandene Telekommunikationsdaten und Nutzungsdaten zu übermitteln,
2. Daten über zukünftige Telekommunikationsverbindungen und Nutzungsdaten zu übermitteln oder
3. die für die Ermittlung des Standortes eines Mobilfunkendgerätes nach Absatz 3 erforderlichen spezifischen Kennungen, insbesondere die Geräte- und Kartennummer mitzuteilen.

[2]Die Daten sind der Polizei unverzüglich oder innerhalb der in der Anordnung bestimmten Zeitspanne sowie auf dem darin bestimmten Übermittlungsweg zu übermitteln. [3]Für die Entschädigung gilt § 23 des Justizvergütungs- und -entschädigungsgesetzes vom 5. Mai 2004 (BGBl. I S. 718, 776), zuletzt geändert am 11. Oktober 2016 (BGBl. I S. 2222, 2224), in der jeweils geltenden Fassung entsprechend.

(5) Verkehrsdaten sind alle nicht inhaltsbezogenen Daten, die im Zusammenhang mit einer Telekommunikation auch unabhängig von einer konkreten Telekommunikationsverbindung technisch erhoben und erfasst werden, insbesondere

1. Berechtigungskennung, Kartennummer, Standortkennung sowie Rufnummer oder Kennung des anrufenden und angerufenen Anschlusses oder der Endeinrichtung,

2. Beginn und Ende der Verbindung nach Datum und Uhrzeit,

3. vom Kunden in Anspruch genommene Telekommunikationsdienstleistung,

4. Endpunkte fest geschalteter Verbindungen, ihr Beginn und Ende nach Datum und Uhrzeit.

(6) Nutzungsdaten sind personenbezogene Daten einer Nutzerin oder eines Nutzers von Telemedien, die durch denjenigen, der geschäftsmäßig eigene oder fremde Telemedien zur Nutzung bereit hält oder den Zugang zur Nutzung vermittelt, erhoben werden, um die Inanspruchnahme von Telemedien zu ermöglichen oder abzurechnen, insbesondere

1. Merkmale zur Identifikation der Nutzerin oder des Nutzers,

2. Angaben über Beginn und Ende sowie des Umfangs der jeweiligen Nutzung und

3. Angaben über die vom Nutzer in Anspruch genommenen Telemedien.

§ 26 Anordnung und Ausführung

(1) [1]Maßnahmen nach §§ 23 bis 25 bedürfen einer richterlichen Anordnung. [2]Bei Gefahr im Verzug kann die Maßnahme durch die Polizeipräsidentin oder den Polizeipräsidenten oder die Vertretung im Amt angeordnet werden. [3]Eine richterliche Bestätigung ist unverzüglich einzuholen. [4]Die Maßnahme ist zu beenden, wenn sie nicht innerhalb von drei Tagen richterlich bestätigt wird; in diesem Fall sind die Datenaufzeichnungen unverzüglich zu vernichten, wenn diese nicht zur Strafverfolgung benötigt werden. [5]Zuständig ist das Amtsgericht Hamburg. [6]Für das Verfahren findet Buch 1 des Gesetzes über das Verfahren in Familiensachen und in den Angelegenheiten der freiwilligen Gerichtsbarkeit entsprechend Anwendung. [7]Von einer Anhörung der betroffenen Person durch das Gericht und der Bekanntgabe der richterlichen Entscheidung an die betroffene Person ist abzusehen, wenn die vorherige Anhörung oder die Bekanntgabe der Entscheidung den Zweck der Maßnahme gefährden würde. [8]Die richterliche Entscheidung wird mit ihrer Bekanntgabe an die beantragende Stelle wirksam.

(2) [1]Die Anordnung nach §§ 23 bis 25 muss den Namen und die Anschrift der betroffenen Person, gegen die sie sich richtet, sowie die Rufnummer oder eine andere Kennung ihres Telekommunikationsanschlusses oder ihres Endgerätes, wenn diese allein dem zu überwachenden Endgerät zuzuordnen ist, enthalten oder das informationstechnische System bezeichnen. [2]Sofern andernfalls die Erreichung des Zwecks aussichtslos oder erheblich erschwert wäre, genügt eine räumlich und zeitlich hinreichende Bezeichnung der Telekommunikation, über die personenbezogene Daten erhoben oder über die Auskunft erteilt werden soll. [3]Die Anordnung einer Maßnahme nach § 24 darf auch zur nicht offenen Durchsuchung von Sachen sowie zum verdeckten Betreten und Durchsuchen der Wohnung des Betroffenen ermächtigen, soweit dies zur Durchführung der Maßnahme erforderlich ist. [4]Die Anordnung nach § 23 Absatz 1, § 24 Absatz 1 und § 25 Absatz 2 ist auf höchstens drei Monate zu befristen. [5]Eine Verlängerung um jeweils nicht mehr als drei Monate ist zulässig, wenn die Voraussetzungen für die Maßnahme noch vorliegen. [6]Die Anordnung nach § 23 Absatz 2 Satz 1 ist auf höchstens zwei Wochen und die Anordnung nach § 23 Absatz 2 Satz 2 auf höchstens zwei Tage zu befristen.

(3) [1]Die durch eine Maßnahme nach §§ 23 bis 25 erlangten Daten dürfen nur zu den Zwecken verwendet werden, zu denen sie erhoben wurden. [2]Zu Zwecken der Strafverfolgung dürfen sie verwendet werden, wenn sie auch dafür unter Einsatz derselben Befugnisse hätten erhoben werden dürfen. [3]Die Daten, welche auf Grund einer Maßnahme nach § 25 Absatz 2 erlangt werden, dürfen über den Datenabgleich zur Ermittlung der gesuchten Geräte- und Kartennummer hinaus nicht verwendet werden. [4]Daten, bei denen sich nach der Auswertung herausstellt, dass sie dem Kernbereich privater Lebensgestaltung oder einem Vertrauensverhältnis mit Berufsgeheimnisträgern zuzuordnen sind, dürfen nicht verwendet werden. [5]Daten, die keinen unmittelbaren Bezug zu den der Anordnung zugrunde liegenden Gefahren haben, dürfen nicht verwendet werden, es sei denn, ihre Verwendung ist zur Abwehr einer anderwei-

tigen unmittelbar bevorstehenden Gefahr für Leib, Leben oder Freiheit einer Person oder zur Strafverfolgung unter der Voraussetzung von Satz 3 erforderlich. [6]§ 22 Absatz 5 Satz 5 gilt entsprechend.

(4) Personen, gegen die sich die Datenerhebungen nach den §§ 23 bis 25 richteten oder die von ihr sonst betroffen wurden, sind nach Abschluss der Maßnahme hierüber zu benachrichtigen.

(5) [1]Sind die nach §§ 23 bis 25 erlangten Daten zur Aufgabenerfüllung nicht mehr erforderlich, sind sie zu löschen. [2]Die Löschung unterbleibt, soweit die Daten für eine Mitteilung an den Betroffenen nach Absatz 4 oder für eine gerichtliche Nachprüfung der Rechtmäßigkeit der Maßnahme von Bedeutung sein können. [3]In diesem Fall ist die Verarbeitung der Daten einzuschränken und sie dürfen nur zu diesen Zwecken verarbeitet werden. [4]§ 22 Absatz 8 Satz 5 gilt entsprechend. [5]Daten, die dem Kernbereich privater Lebensgestaltung oder einem Vertrauensverhältnis mit Berufsgeheimnisträgern zuzuordnen sind, sind unverzüglich zu löschen; § 21 Absatz 3 Sätze 9 bis 11 gilt entsprechend. [6]Daten, die keinen unmittelbaren Bezug zu den der Anordnung zugrunde liegenden Gefahren haben, sind zu löschen, es sei denn, ihre Verwendung ist zur Abwehr einer anderweitigen unmittelbar bevorstehenden Gefahr für Leib, Leben oder Freiheit einer Person oder zur Strafverfolgung unter der Voraussetzung von Absatz 3 Satz 3 erforderlich.

(6) [1]Werden Maßnahmen nach §§ 23 bis 25 durchgeführt, so darf diese Tatsache von Personen, die Telekommunikationsdienste erbringen oder an der Erbringung solcher Dienste mitwirken, anderen nicht mitgeteilt werden. [2]Mit Freiheitsstrafe bis zu zwei Jahren oder mit Geldstrafe wird bestraft, wer entgegen Satz 1 eine Mitteilung macht. [3]Die in Satz 1 genannten Personen sind von dem nach § 25 Absatz 4 Verpflichteten über das Mitteilungsverbot sowie über die Strafbarkeit zu belehren; die Belehrung ist aktenkundig zu machen.

§ 27 Bestandsdatenverarbeitung

(1) [1]Die Polizei darf von demjenigen, der geschäftsmäßig Telekommunikationsdienste oder Telemediendienste erbringt oder daran mitwirkt, Auskunft über Bestandsdaten über die für eine Gefahr Verantwortlichen und unter den Voraussetzungen von § 10 SOG über die dort genannten Personen verlangen, wenn dies zur Abwehr einer Gefahr für die öffentliche Sicherheit erforderlich ist. [2]Bezieht sich das Auskunftsverlangen nach Satz 1 auf Daten, mittels derer der Zugriff auf Endgeräte oder auf Speichereinrichtungen, die in diesen Endgeräten oder hiervon räumlich getrennt eingesetzt werden, geschützt wird, darf die Auskunft nur verlangt werden, wenn die gesetzlichen Voraussetzungen für die Nutzung der Daten vorliegen.

(2) Die Auskunft nach Absatz 1 darf auch anhand einer zu einem bestimmten Zeitpunkt zugewiesenen Internetprotokoll-Adresse sowie weiterer zur Individualisierung erforderlicher technischer Daten verlangt werden.

(3) [1]Auf Grund eines Auskunftsverlangens nach Absatz 1 oder 2 hat derjenige, der geschäftsmäßig Telekommunikationsdienste oder Telemediendienste erbringt oder daran mitwirkt, die zur Auskunftserteilung erforderlichen Daten unverzüglich zu übermitteln. [2]Für die Entschädigung der Diensteanbieter gilt § 23 des Justizvergütungs- und -entschädigungsgesetzes entsprechend.

(4) [1]In den Fällen des Absatzes 1 Satz 2 und des Absatzes 2 darf die Maßnahme nur von der Polizeipräsidentin oder vom Polizeipräsidenten oder der Vertretung im Amt, bei Gefahr im Verzug auch von der Polizeiführerin oder dem Polizeiführer vom Dienst angeordnet werden. [2]Für die Benachrichtigung von Personen, gegen die sich die Datenerhebungen richteten, gilt § 21 Absatz 3 in den Fällen des Absatzes 1 Satz 2 und des Absatzes 2 entsprechend. [3]Satz 2 findet keine Anwendung, wenn die betroffene Person vom Auskunftsverlangen bereits Kenntnis hat oder haben muss oder für die Nutzung der durch die Auskunft erlangten Daten eine gesetzliche Benachrichtigungspflicht vorgesehen ist.

(5) Bestandsdaten im Sinne des Absatzes 1 oder 2 sind die nach §§ 95 und 111 des Telekommunikationsgesetzes und die nach § 14 des Telemediengesetzes vom 26. Februar 2007 (BGBl. I S. 179), zuletzt geändert am 28. September 2017 (BGBl. I S. 3530), in der jeweils geltenden Fassung erhobenen Daten.

§ 28 Datenverarbeitung durch den Einsatz von Personen, deren Zusammenarbeit mit der Polizei Dritten nicht bekannt ist

(1) [1]Die Polizei darf unter den Voraussetzungen von § 20 Absatz 1 Satz 1 Daten verarbeiten durch den Einsatz von Personen, deren Zusammenarbeit mit der Polizei Dritten nicht bekannt ist. [2]Die Maßnahme darf auch durchgeführt werden, wenn Dritte unvermeidbar betroffen werden.

(2) ¹Der Einsatz nach Absatz 1 bedarf der richterlichen Anordnung. ²§ 20 Absatz 2 gilt entsprechend. ³Der Einsatz ist auf höchstens neun Monate zu befristen. ⁴Eine Verlängerung um jeweils nicht mehr als neun Monate ist zulässig, soweit die Voraussetzungen für die Maßnahme noch vorliegen. ⁵Personen, gegen die sich Datenerhebungen richteten, sind nach Abschluss der Maßnahme hierüber durch die Polizei zu benachrichtigen.

(3) Werden der Person, deren Zusammenarbeit mit der Polizei Dritten nicht bekannt ist, Erkenntnisse aus dem Kernbereich privater Lebensgestaltung bekannt, gilt § 21 Absatz 3 Sätze 7 bis 11 entsprechend.

§ 29 Datenverarbeitung durch den Einsatz Verdeckter Ermittler

(1) ¹Die Polizei darf durch eine Vollzugsbeamtin oder einen Vollzugsbeamten, der unter einer ihr oder ihm verliehenen, auf Dauer angelegten, veränderten Identität (Legende) eingesetzt wird (Verdeckte Ermittler), personenbezogene Daten über die für eine Gefahr Verantwortlichen und deren Kontakt- und Begleitpersonen verarbeiten, wenn

1. dies zur Abwehr einer Gefahr für Leib, Leben oder Freiheit einer Person erforderlich ist,
2. Tatsachen, die ein wenigstens seiner Art nach konkretes und zeitlich absehbares Geschehen erkennen lassen, die Annahme rechtfertigen, dass Straftaten von erheblicher Bedeutung begangen werden sollen und der Einsatz zur Verhütung dieser Straftaten erforderlich ist.

²Verbrechen sowie Vergehen, die im Einzelfall nach Art und Schwere geeignet sind, den Rechtsfrieden besonders zu stören, und sich gegen bedeutende Sach- oder Vermögenswerte richten, sind nur dann als Straftat von erheblicher Bedeutung im Sinne von § 2 Absatz 2 Nummer 2 anzusehen, wenn die Erhaltung der bedeutenden Sach- und Vermögenswerte im öffentlichen Interesse liegt.

(2) ¹Soweit es für den Aufbau und zur Aufrechterhaltung der Legende unerlässlich ist, dürfen entsprechende Urkunden hergestellt oder verändert werden. ²Ein Verdeckter Ermittler darf zur Erfüllung seines Auftrages unter der Legende am Rechtsverkehr teilnehmen.

(3) ¹Ein Verdeckter Ermittler darf unter der Legende mit Einverständnis des Berechtigten dessen Wohnung betreten. ²Das Einverständnis darf nicht durch ein über die Nutzung der Legende hinausgehendes Vortäuschen eines Zutrittsrechts herbeigeführt werden. ³Im Übrigen richten sich die Befugnisse eines Verdeckten Ermittlers nach diesem Gesetz oder anderen Rechtsvorschriften.

(4) ¹Der Einsatz nach Absatz 1 bedarf der richterlichen Anordnung. ²§ 20 Absatz 2 gilt entsprechend. ³Der Einsatz ist auf höchstens neun Monate zu befristen. ⁴Eine Verlängerung um jeweils nicht mehr als neun Monate ist zulässig, soweit die Voraussetzungen für die Maßnahme noch vorliegen. ⁵Personen, gegen die sich Datenerhebungen richteten, sind nach Abschluss der Maßnahme hierüber durch die Polizei zu benachrichtigen.

(5) Werden dem Verdeckten Ermittler Erkenntnisse aus dem Kernbereich privater Lebensgestaltung bekannt, gilt § 21 Absatz 3 Sätze 7 bis 11 entsprechend.

§ 30 Elektronische Aufenthaltsüberwachung

(1) ¹Die Polizei darf eine Person verpflichten, ein technisches Mittel, mit dem der Aufenthaltsort dieser Person elektronisch überwacht werden kann, ständig in betriebsbereitem Zustand am Körper bei sich zu führen und dessen Funktionsfähigkeit nicht zu beeinträchtigen, wenn

1. bestimmte Tatsachen, die ein wenigstens seiner Art nach konkretisiertes und zeitlich absehbares Geschehen erkennen lassen, die Annahme rechtfertigen, dass diese Person eine terroristische Straftat begehen wird, oder
2. deren individuelles Verhalten eine konkrete Wahrscheinlichkeit dafür begründet, dass sie in überschaubarer Zukunft eine terroristische Straftat begehen wird,

und die Datenerhebung und weitere Verarbeitung zur Verhütung dieser Straftaten erforderlich ist oder

3. dies zur Abwehr einer Gefahr für Leib, Leben oder Freiheit einer Person erforderlich ist und die zu verpflichtende Person für die Gefahr verantwortlich ist.

²Die Anordnung kann insbesondere mit einer Maßnahme nach § 12b Absatz 2 SOG verbunden werden. ³Eine terroristische Straftat im Sinne des Satz 1 sind die in § 89c Absatz 1 des Strafgesetzbuchs bezeichneten Straftaten sowie §§ 89b, 89c, 129 und 310 des Strafgesetzbuchs im In- und Ausland, wenn diese Straftaten dazu bestimmt sind,

1. die Bevölkerung auf erhebliche Weise einzuschüchtern,
2. eine Behörde oder eine internationale Organisation rechtswidrig mit Gewalt oder durch Drohung mit Gewalt zu nötigen oder

3. die politischen, verfassungsrechtlichen, wirtschaftlichen oder sozialen Grundstrukturen eines Staates oder einer internationalen Organisation zu beseitigen oder erheblich zu beeinträchtigen.

(2) [1]Die Polizei verarbeitet mit Hilfe der von der betroffenen Person mitgeführten technischen Mittel automatisiert Daten über deren Aufenthaltsort sowie über etwaige Beeinträchtigungen der Datenerhebung. [2]Soweit es technisch möglich ist, ist sicherzustellen, dass innerhalb der Wohnung der betroffenen Person keine über den Umstand ihrer Anwesenheit hinausgehenden Aufenthaltsdaten erhoben werden. [3]Soweit dies zur Erfüllung des Überwachungszweckes erforderlich ist, dürfen die Daten zu einem Bewegungsbild verbunden werden. [4]Die Daten dürfen ohne Einwilligung der betroffenen Person nur verwendet werden, soweit dies erforderlich ist für die folgenden Zwecke:

1. zur Verhütung oder zur Verfolgung von Straftaten im Sinne von Absatz 1 Satz 3,
2. zur Feststellung von Verstößen gegen ein Aufenthaltsverbot nach § 12b Absatz 2 SOG,
3. zur Abwehr einer Gefahr für Leib, Leben oder Freiheit einer Person oder
4. zur Aufrechterhaltung der Funktionsfähigkeit der technischen Mittel.

(3) [1]Die Maßnahme nach Absatz 1 bedarf der richterlichen Anordnung. [2]Zuständig ist das Amtsgericht Hamburg. [3]Für das Verfahren findet Buch 1 des Gesetzes über das Verfahren in Familiensachen und in den Angelegenheiten der freiwilligen Gerichtsbarkeit entsprechend Anwendung. [4]Von einer Anhörung der betroffenen Person durch das Gericht ist abzusehen, wenn die vorherige Anhörung oder die Bekanntgabe der Entscheidung den Zweck der Maßnahme gefährden würde. [5]Die Erstellung eines Bewegungsbildes ist nur zulässig, wenn dies richterlich besonders gestattet wird.

(4) [1]Die Anordnung nach Absatz 3 ist auf höchstens drei Monate zu befristen. [2]Sie ist aktenkundig zu machen. [3]Aus der Anordnung müssen sich

1. die Person, gegen die sich die Maßnahme richtet, mit Name und Anschrift,
2. Art, Beginn und Ende der Maßnahme,
3. Tatsachen, die den Einsatz der Maßnahme begründen,

ergeben. [4]Eine Verlängerung der Maßnahme um jeweils drei Monate ist zulässig, soweit die Voraussetzungen für die Maßnahme noch vorliegen.

(5) [1]Die über eine Maßnahme nach Absatz 1 erhobenen Daten sind spätestens zwei Monate nach Beendigung der Maßnahme zu löschen, soweit sie nicht für die in Absatz 2 genannten Zwecke erforderlich sind. [2]Bei jedem Abruf der Daten sind der Zeitpunkt, die abgerufenen Daten und die bearbeitende Person zu dokumentieren. [3]Die in der Dokumentation enthaltenen Daten dürfen ausschließlich zur Kontrolle der Zulässigkeit der Abrufe verwendet werden und sind nach zwölf Monaten zu löschen. [4]Werden innerhalb der Wohnung der betroffenen Person über den Umstand ihrer Anwesenheit hinausgehende Aufenthaltsdaten erhoben, dürfen diese nicht verändert, genutzt oder übermittelt werden; sie sind unverzüglich zu löschen. [5]Die Tatsache ihrer Erlangung und Löschung ist zu dokumentieren. [6]Die in der Dokumentation enthaltenen Daten dürfen ausschließlich zur Datenschutzkontrolle verwendet werden. [7]Die Dokumentation ist zu löschen, wenn sie für diese Zwecke nicht mehr erforderlich ist, spätestens jedoch am Ende des zweiten Kalenderjahres, das dem Jahr der Dokumentation folgt.

(6) [1]Auf Ersuchen der Polizei übermitteln die zuständigen Polizeien des Bundes und der Länder sowie sonstige öffentliche Stellen dieser im Rahmen der geltenden Gesetze personenbezogene Daten über die betroffene Person, soweit dies zur Durchführung der Maßnahme nach den Absätzen 1 und 2 erforderlich ist. [2]Die Polizei kann zu diesem Zwecke auch bei anderen Stellen personenbezogene Daten über die betroffene Person erheben.

§ 31 Polizeiliche Beobachtung, gezielte Kontrolle

(1) [1]Die Polizei darf personenbezogene Daten, insbesondere die Personalien einer Person sowie das amtliche Kennzeichen des von ihr benutzten oder eingesetzten Kraftfahrzeuges, zur polizeilichen Beobachtung in einem Dateisystem verarbeiten (Ausschreibung zur polizeilichen Beobachtung), wenn

1. die Gesamtwürdigung der Person und der von ihr bisher begangenen Straftaten erwarten lassen, dass sie auch künftig Straftaten von erheblicher Bedeutung begehen wird,
2. Tatsachen die Annahme rechtfertigen, dass die Person Straftaten von erheblicher Bedeutung begehen wird,

und dies zur vorbeugenden Bekämpfung dieser Straftaten erforderlich ist. [2]Unter den Voraussetzungen von Satz 1 ist auch die Ausschreibung zur gezielten Kontrolle zulässig.

(2) Im Falle eines Antreffens der Person oder des Kraftfahrzeugs dürfen die Personalien der Person und die von Begleitern, das Kennzeichen des benutzten oder eingesetzten Kraftfahrzeugs sowie Er-

kenntnisse über Zeit, Ort, mitgeführten[1] Sachen, Verhalten, Vorhaben und sonstige Umstände des Antreffens an die ausschreibende Polizeibehörde übermittelt werden.

(3) [1]§ 21 Absatz 2 Sätze 2 bis 5 gilt entsprechend. [2]Die Anordnung ist auf höchstens ein Jahr zu befristen. [3]Spätestens nach Ablauf von sechs Monaten ist zu prüfen, ob die Voraussetzungen für die Anordnung noch bestehen. [4]Das Ergebnis dieser Prüfung ist aktenkundig zu machen. [5]Zur Verlängerung der Frist bedarf es einer neuen Anordnung.

(4) [1]Liegen die Voraussetzungen für die Anordnung nicht mehr vor, ist der Zweck der Maßnahme erreicht oder zeigt sich, dass er nicht erreicht werden kann, ist die Ausschreibung zur polizeilichen Beobachtung oder gezielten Kontrolle unverzüglich zu löschen. [2]Personen, gegen die sich Datenerhebungen richteten, sind nach Abschluss der Maßnahme hierüber durch die Polizei zu benachrichtigen.

§ 32 Anerkennung von richterlichen Anordnungen anderer Länder
Richterliche Anordnungen anderer Länder, die personenbezogene Datenerhebungen nach §§ 20 und 21 oder §§ 28 bis 30 betreffen, werden als nach diesem Gesetz angeordnete Maßnahme anerkannt, wenn sie auch hiernach unter Einsatz derselben Befugnisse hätten angeordnet werden dürfen.

§ 33 Opferschutzmaßnahmen
(1) [1]Für eine Person, die Opfer einer Straftat wurde oder bei der davon auszugehen ist, dass sie in absehbarer Zeit Opfer einer Straftat werden kann, dürfen auf Anordnung der Leitung des Landeskriminalamtes oder durch die Vertretung im Amt Urkunden und sonstige Dokumente zum Aufbau und zur Aufrechterhaltung einer vorübergehend geänderten Identität hergestellt, vorübergehend verändert und die entsprechend geänderten Daten verarbeitet werden, wenn dies zu ihrem Schutz vor einer Gefahr für

1. Leib, Leben oder Freiheit der Person erforderlich ist und
2. die Person für diese Schutzmaßnahme geeignet ist.

[2]Die zu schützende Person darf unter der vorübergehend geänderten Identität am Rechtsverkehr teilnehmen.

(2) Soweit erforderlich, können Maßnahmen nach Absatz 1 auch auf Angehörige einer in Absatz 1 genannten Person oder ihr sonst nahe stehende Personen erstreckt werden.

(3) § 29 Absatz 2 findet auf die mit dem Schutz betrauten Polizeibeamtinnen oder Polizeibeamten Anwendung, soweit dies zur Vorbereitung, Durchführung, Lenkung oder Absicherung der Schutzmaßnahmen erforderlich ist.

(4) Die Polizei darf zur Erfüllung des Schutzauftrages personenbezogene Daten Dritter, die mit der zu schützenden Person in Kontakt stehen, verarbeiten.

Abschnitt 3
Weitere Datenverarbeitung

§ 34 Grundsätze der Zweckbindung
(1) [1]Die Polizei darf personenbezogene Daten verarbeiten
1. zu dem Zweck, zu dem diese Daten erlangt worden sind,
2. zu einem anderen polizeilichen Zweck, soweit die Polizei die Daten zu diesem Zweck erheben dürfte.

[2]Eine Verarbeitung für andere Zwecke liegt nicht vor, soweit diese der Wahrnehmung von Aufsichts- und Kontrollbefugnissen, der Rechnungsprüfung, der Durchführung von Organisationsuntersuchungen, der Datensicherung, Datenschutzkontrolle oder der Sicherstellung eines ordnungsgemäßen Betriebs einer Datenverarbeitungsanlage dient.

(2) Eine Verarbeitung personenbezogener Daten zu anderen als den ursprünglichen Zwecken ist zulässig, wenn
1. eine gesetzliche Vorschrift dies für den Geltungsbereich dieses Gesetzes vorsieht oder zwingend voraussetzt,
2. dies zur Abwehr erheblicher Nachteile für das Gemeinwohl oder einer Gefahr für die Verteidigung oder die nationale Sicherheit erforderlich ist,

---

1) Richtig wohl: „mitgeführte".

3. sie zur Verfolgung von Straftaten oder Ordnungswidrigkeiten, zur Vollstreckung oder zum Vollzug von Strafen oder von Maßnahmen im Sinne des § 11 Absatz 1 Nummer 8 des Strafgesetzbuchs oder von Erziehungsmaßregeln oder Zuchtmitteln im Sinne des Jugendgerichtsgesetzes oder zur Erledigung eines gerichtlichen Auskunftsersuchens erforderlich ist und gesetzliche Regelungen nicht entgegenstehen,

4. dies erforderlich ist, um Angaben der betroffenen Person zu überprüfen, weil tatsächliche Anhaltspunkte für deren Unrichtigkeit bestehen,

5. bei Teilnahme am Privatrechtsverkehr oder zur Durchsetzung öffentlich-rechtlicher Forderungen ein rechtliches Interesse an der Kenntnis der zu verarbeitenden Daten vorliegt und kein Grund zu der Annahme besteht, dass das schutzwürdige Interesse der betroffenen Personen an der Geheimhaltung überwiegt,

6. offensichtlich ist, dass dies im Interesse der betroffenen Person liegt und sie in Kenntnis des anderen Zwecks ihre Einwilligung erteilen würde,

7. die Daten unmittelbar aus allgemein zugänglichen Quellen entnommen werden durften oder entnommen werden dürfen oder die Daten verarbeitende Stelle sie veröffentlichen dürfte, es sei denn dass schutzwürdige Interessen der betroffenen Personen offensichtlich entgegenstehen,

8. sie der Bearbeitung von Eingaben, parlamentarischen Anfragen oder Aktenvorlageersuchen der Bürgerschaft dient und überwiegende schutzwürdige Interessen der betroffenen Personen nicht entgegenstehen.

(3) Unterliegen die personenbezogenen Daten einem Berufsgeheimnis und sind sie von der zur Verschwiegenheit verpflichteten Person in Ausübung ihrer Berufspflicht übermittelt worden, findet Absatz 2 keine Anwendung.

(4) ¹Daten, die mit besonderen Mitteln nach den §§ 20 bis 31 sowie nach § 50 erhoben wurden, dürfen für andere Verfahren nur verarbeitet werden, wenn sie auch dafür unter Einsatz dieser Befugnisse hätten erhoben werden dürfen. ²Sie dürfen nach Maßgabe bundesgesetzlicher Regelungen auch für gemeinsame Dateien des Bundes und der Länder auf den Gebieten des Staatsschutzes und der organisierten Kriminalität in Fällen von erheblicher Bedeutung einschließlich der Vorfeldbeobachtung verarbeitet werden; dies gilt auch für Dateien, die nicht in der Verantwortung von Polizeibehörden errichtet werden. ³Daten, die nach § 14 erhoben wurden, dürfen für andere Zwecke nur verarbeitet werden, soweit dies zur Abwehr einer unmittelbar bevorstehenden Gefahr für Leib, Leben oder Freiheit einer Person erforderlich ist oder Anhaltspunkte dafür vorliegen, dass die Verfolgung einer Straftat von erheblicher Bedeutung ansonsten aussichtslos oder wesentlich erschwert wäre.

(5) ¹Werden wertende Angaben in Dateisystemen gespeichert, muss feststellbar sein, bei welcher Stelle die den Angaben zugrunde liegenden Informationen vorhanden sind. ²Das Gleiche gilt, wenn in einem Dateisystem Kurzinformationen über bestimmte Sachverhalte gespeichert werden. ³Wertende Angaben dürfen nicht allein auf Informationen gestützt werden, die unmittelbar durch automatisierte Datenverarbeitung gewonnen wurden.

(6) ¹In den Fällen, in denen bereits Daten zu einer Person vorhanden sind, können zu dieser Person auch personengebundene Hinweise, die zum Schutz dieser Person oder zum Schutz der Bediensteten der Gefahrenabwehr- und der Polizeibehörden erforderlich sind, und weitere Hinweise, die geeignet sind, dem Schutz Dritter oder der Gewinnung von Ermittlungsansätzen zu dienen, verarbeitet werden. ²Bei personengebundenen Hinweisen, die zugleich den besonderen Kategorien personenbezogener Daten entsprechen, sind die Vorgaben des § 4 zu beachten.

(7) ¹Für die Planung von Maßnahmen der Kriminalitätsbekämpfung kann die Polizei vorhandene personenbezogene Daten über Vermisstenfälle, auswertungsrelevante Straftaten und verdächtige Wahrnehmungen zur Erstellung eines Kriminalitätslagebildes verarbeiten. ²Ein Kriminalitätslagebild darf Daten von Geschädigten, Zeugen sowie anderen nicht tatverdächtigen Personen nur enthalten, soweit dies zur Zweckerreichung erforderlich ist. ³Die automatisiert verarbeiteten personenbezogenen Daten sind spätestens am Ende des der Speicherung folgenden Jahres zu löschen.

§ 35 Dauer der Datenspeicherung

(1) Daten dürfen solange gespeichert werden, wie es für die Aufgabenerfüllung erforderlich ist.

(2) ¹Für automatisierte Dateisysteme sind Fristen festzulegen, nach deren Ablauf spätestens überprüft werden muss, ob die suchfähige Speicherung von Daten weiterhin erforderlich ist (Prüfungsfristen). ²Für nicht automatisierte Dateisysteme sind Prüfungsfristen oder Aufbewahrungsfristen festzulegen.

[3]Die Fristen dürfen bei Erwachsenen zehn Jahre, bei Jugendlichen fünf Jahre und bei Kindern zwei Jahre nicht überschreiten, wobei der Speicherungszweck sowie Art und Bedeutung des Anlasses der Speicherung zu berücksichtigen sind. [4]Nach Ablauf der Prüfungsfristen ist eine weitere Speicherung nur zulässig, wenn dies wegen besonderer Gründe im Einzelfall erforderlich ist. [5]Die Erforderlichkeit der Speicherung ist zu dokumentieren und spätestens nach Ablauf von drei Jahren erneut zu prüfen.

(3) [1]Die Frist beginnt mit dem Tag, an dem das letzte Ereignis erfasst worden ist, das zur Speicherung der Daten geführt hat, jedoch nicht vor Entlassung eines Betroffenen aus einer Justizvollzugsanstalt oder Beendigung einer mit Freiheitsentziehung verbundenen Maßregel der Besserung und Sicherung. [2]Werden innerhalb der Fristen weitere personenbezogene Daten über dieselbe Person gespeichert, so gilt für alle Speicherungen gemeinsam die Frist, die als letztes endet. [3]Soweit hierdurch für zeitlich frühere Speicherungen die in Absatz 2 Satz 3 genannte Höchstprüffrist zweimal erreicht wird, ist eine weitere Speicherung dieser personenbezogenen Daten nur zulässig, wenn dies wegen besonderer Gründe im Einzelfall erforderlich ist. [4]Die Erforderlichkeit der Speicherung ist zu dokumentieren und spätestens nach Ablauf von drei Jahren erneut zu prüfen.

§ 36 Weitere Verarbeitung von personenbezogenen Daten

(1) Die Polizei darf personenbezogene Daten in Dateisystemen verarbeiten, soweit dies zur Erfüllung ihrer Aufgaben, einschließlich einer zeitlich befristeten Dokumentation oder der Vorgangsverwaltung erforderlich ist.

(2) [1]Dabei darf die Polizei auch die im Rahmen der Verfolgung von Straftaten gewonnenen personenbezogenen Daten zum Zwecke der Gefahrenabwehr (§ 1 Absatz 1) verarbeiten. [2]Soweit die Daten ausschließlich auf Grund von Befugnissen erhoben wurden, die den in §§ 20 bis 31 und 50 genannten Befugnissen entsprechen, dürfen sie für andere Verfahren nur verarbeitet werden, wenn sie auch dafür unter Einsatz dieser Befugnisse hätten erhoben werden dürfen. [3]Für die Dauer von zwei Jahren ist eine suchfähige Speicherung dieser Daten erforderlich, wenn gegen diese Personen ein strafrechtliches Ermittlungsverfahren eingeleitet worden ist. [4]Entfällt der dem Ermittlungsverfahren zugrunde liegende Verdacht, sind die Daten zu löschen. [5]Eine weitere Speicherung, Veränderung und Nutzung zur vorbeugenden Bekämpfung von Straftaten ist zulässig, wenn tatsächliche Anhaltspunkte dafür vorliegen, dass die betroffene Person zukünftig eine Straftat begehen wird. [6]Tatsächliche Anhaltspunkte können sich insbesondere aus Art, Ausführung und Schwere der Tat ergeben. [7]Lagen solche Anhaltspunkte im Zeitpunkt der Speicherung der personenbezogenen Daten noch nicht vor, dürfen die Daten zur vorbeugenden Bekämpfung von Straftaten über die Dauer von zwei Jahren hinaus bis dann gespeichert, verändert und genutzt werden, wenn auf Grund tatsächlicher Anhaltspunkte der Verdacht besteht, dass die betroffene Person innerhalb dieser zwei Jahre eine weitere Straftat begangen hat.

(3) [1]Die Polizei darf personenbezogene Daten von Kontakt- oder Begleitpersonen einer Person, bei der tatsächliche Anhaltspunkte die Annahme rechtfertigen, dass sie künftig Straftaten begehen wird, sowie über Auskunftspersonen in Dateisystemen suchfähig verarbeiten, soweit dies zur vorbeugenden Bekämpfung von Straftaten von erheblicher Bedeutung erforderlich ist. [2]Die Speicherungsdauer darf drei Jahre nicht überschreiten. [3]Nach jeweils einem Jahr, gerechnet vom Zeitpunkt der letzten Speicherung, ist zu prüfen, ob die Voraussetzungen nach Satz 1 noch vorliegen; die Entscheidung kann nur durch einen besonders ermächtigten Bediensteten getroffen werden.

(4) [1]Die Polizei darf personenbezogene Daten verarbeiten, um festzustellen, ob die betreffenden Personen die Voraussetzungen nach den Absätzen 1 bis 3 erfüllen. [2]Die Daten dürfen ausschließlich zu diesem Zweck weiterverarbeitet werden und sind gesondert zu speichern. [3]Die Daten sind nach Abschluss der Prüfung, spätestens jedoch nach zwölf Monaten zu löschen, soweit nicht festgestellt wurde, dass die betreffende Person die Voraussetzungen nach den Absätzen 1 bis 3 erfüllt.

§ 37 Verarbeitung von Daten zu archivarischen, wissenschaftlichen, historischen und statistischen Zwecken sowie zur Aus- und Fortbildung

(1) [1]Die Polizei darf personenbezogene Daten auch über die nach anderen Vorschriften zulässige Speicherungsdauer hinaus zur Aus- und Fortbildung verarbeiten. [2]Dabei ist sicherzustellen, dass die Einzelangaben über persönliche oder sachliche Verhältnisse anonymisiert werden. [3]Die Anonymisierung kann unterbleiben, wenn diese nicht mit vertretbarem Aufwand möglich ist oder dem Aus- und Fortbildungszweck entgegensteht und jeweils die schutzwürdigen Belange des Betroffenen nicht offensichtlich überwiegen.

(2) ¹Die Polizei darf gespeicherte personenbezogene Daten zu archivarischen, wissenschaftlichen, historischen oder statistischen Zwecken verarbeiten; die Daten sind, soweit und sobald der Zweck dies zulässt, zu anonymisieren. ²Eine Veröffentlichung ist zu statistischen Zwecken nur zulässig, wenn kein Rückschluss auf die Verhältnisse einer natürlichen Person möglich ist; zu archivarischen, wissenschaftlichen oder historischen Zwecken ist eine Veröffentlichung nur zulässig, wenn

1. die betroffene Person eingewilligt hat oder
2. dies für die Darstellung von Ereignissen der Zeitgeschichte unerlässlich ist.

§ 38 Allgemeine Regelungen der Datenübermittlung

(1) ¹Die Polizei darf personenbezogene Daten, soweit gesetzlich nichts anderes bestimmt ist, nur zu dem Zweck übermitteln, zu dem sie die Daten erlangt oder gespeichert hat. ²§ 34 Absatz 4 gilt entsprechend. ³Datenübermittlung im Sinne dieses Gesetzes ist auch die Weitergabe polizeilicher Daten innerhalb der zuständigen Behörde an andere als die in § 2 Absatz 1 genannten Organisationseinheiten.

(2) Unterliegen die personenbezogenen Daten einem Berufs- oder besonderem Amtsgeheimnis und sind sie der Polizei von der zur Verschwiegenheit verpflichteten Person in Ausübung ihrer Berufs- oder Amtspflicht übermittelt worden, ist die Datenübermittlung durch die Polizei nur zulässig, wenn der Empfänger die Daten zur Erfüllung des gleichen Zwecks benötigt, zu dem sie die Polizei erlangt hat.

(3) ¹Die Verantwortung für die Übermittlung trägt die Polizei. ²Diese prüft die Zulässigkeit der Datenübermittlung. ³Erfolgt die Datenübermittlung auf Grund eines Ersuchens des Empfängers, hat dieser die zur Prüfung erforderlichen Angaben zu machen. ⁴Bei Ersuchen von Polizeidienststellen sowie anderen Behörden und öffentlichen Stellen prüft die Polizei nur, ob das Ersuchen im Rahmen der Aufgaben des Empfängers liegt, es sei denn, im Einzelfall besteht Anlass zu einer weitergehenden Überprüfung. ⁵Erfolgt die Datenübermittlung durch automatisierten Abruf, trägt der Empfänger die Verantwortung für die Rechtmäßigkeit des Abrufs.

(4) ¹Die Polizei hat angemessene Maßnahmen zu ergreifen, um zu gewährleisten, dass personenbezogene Daten, die unrichtig oder nicht mehr aktuell sind, nicht übermittelt oder sonst zur Verfügung gestellt werden. ²Zu diesem Zweck hat sie, soweit dies mit angemessenem Aufwand möglich ist, die Qualität der Daten vor ihrer Übermittlung oder Bereitstellung zu überprüfen. ³Bei jeder Übermittlung personenbezogener Daten hat sie zudem, soweit dies möglich und angemessen ist, Informationen beizufügen, die es dem Empfänger gestatten, die Richtigkeit, die Vollständigkeit und die Zuverlässigkeit der Daten sowie deren Aktualität zu beurteilen.

(5) ¹Gelten für die Verarbeitung von personenbezogenen Daten besondere Bedingungen, so hat bei Datenübermittlungen die übermittelnde Stelle den Empfänger auf diese Bedingungen und die Pflicht zu ihrer Beachtung hinzuweisen. ²Die Hinweispflicht kann dadurch erfüllt werden, dass die Daten entsprechend markiert werden.

(6) ¹Der Empfänger darf die übermittelten personenbezogenen Daten, soweit gesetzlich nichts anderes bestimmt ist, nur zu dem Zweck verarbeiten, zu dem sie ihm übermittelt worden sind. ²Ausländische öffentliche Stellen, über- und zwischenstaatliche Stellen sowie Personen und Stellen außerhalb des öffentlichen Bereichs sind bei der Datenübermittlung darauf hinzuweisen.

§ 39 Besondere Grundsätze der Datenverarbeitung im Rahmen der polizeilichen Zusammenarbeit zwischen Mitgliedstaaten der Europäischen Union und Schengen-assoziierten Staaten

(1) ¹Die von einer öffentlichen Stelle eines Mitgliedstaates der Europäischen Union übermittelten personenbezogenen Daten sind besonders zu kennzeichnen. ²Sie dürfen vorbehaltlich entgegenstehender gesetzlicher Verwendungsbeschränkungen für andere Zwecke als diejenigen, für die sie übermittelt wurden, verarbeitet werden für

1. die Verhütung oder Verfolgung von Straftaten oder Vollstreckung von strafrechtlichen Sanktionen,
2. andere mit den Zwecken nach Nummer 1 unmittelbar zusammenhängende justizielle und verwaltungsbehördliche Verfahren,
3. die Abwehr einer unmittelbar bevorstehenden erheblichen Gefahr für die öffentliche Sicherheit oder
4. jeden anderen Zweck mit Einwilligung der übermittelnden Stelle oder der betroffenen Person.

(2) ¹Sofern die Polizei personenbezogene Daten an eine öffentliche Stelle eines Mitgliedstaates der Europäischen Union oder an eine Agentur oder Einrichtung, die auf Grund des Vertrages über die Europäische Union oder des Vertrages über die Arbeitsweise der Europäischen Union errichtet worden ist, übermittelt, hat sie auf besondere Verwendungsbeschränkungen hinzuweisen, sofern diese auch im innerstaatlichen Recht Anwendung finden. ²Die von der übermittelnden Stelle für die Verwendung der Daten mitgeteilten Beschränkungen und Aufbewahrungs- und Löschungsfristen sind zu beachten. ³Dies gilt nicht, wenn die Daten bei Fristablauf zur Verhütung oder Verfolgung einer Straftat oder zur Strafvollstreckung benötigt werden.

(3) Die Polizei unterrichtet die übermittelnde öffentliche Stelle eines Mitgliedstaates der Europäischen Union oder die übermittelnde Agentur oder Einrichtung, die auf Grund des Vertrages über die Europäische Union oder des Vertrages über die Arbeitsweise der Europäischen Union errichtet worden ist, auf deren Ersuchen zu Zwecken der Datenschutzkontrolle über die Verarbeitung der Daten.

(4) Personenbezogene Daten, die von einer öffentlichen Stelle eines Mitgliedstaates der Europäischen Union übermittelt wurden, darf die Polizei mit Einwilligung der zuständigen Stelle dieses Staates an nicht-öffentliche Stellen in den Mitgliedstaaten nur übermitteln, wenn überwiegende schutzwürdige Interessen der betroffenen Person nicht entgegenstehen und die Übermittlung im Einzelfall unerlässlich ist

1. zur Verhütung von Straftaten,
2. zur Abwehr einer unmittelbar bevorstehenden erheblichen Gefahr für die öffentliche Sicherheit oder
3. zur Abwehr einer schwerwiegenden Beeinträchtigung der Rechte Einzelner.

(5) Für Schengen-assoziierte Staaten gelten die Absätze 1 bis 4 entsprechend.

§ 40 Datenübermittlung zwischen Polizeidienststellen

An andere Polizeidienststellen dürfen personenbezogene Daten übermittelt werden, soweit dies zur Erfüllung polizeilicher Aufgaben erforderlich ist.

§ 41 Datenübermittlung im innerstaatlichen Bereich und im Bereich der Europäischen Union und deren Mitgliedstaaten

(1) ¹Die Polizei darf personenbezogene Daten an öffentliche Stellen übermitteln, soweit dies erforderlich ist

1. zur Erfüllung polizeilicher Aufgaben,
2. zur Abwehr einer bevorstehenden Gefahr durch den Empfänger,
3. zur Teilnahme am Privatrechtsverkehr oder zur Durchsetzung öffentlich-rechtlicher Geldforderungen und kein Grund zu der Annahme besteht, dass das schutzwürdige Interesse des Betroffenen an der Geheimhaltung überwiegt,
4. in besonders gelagerten Einzelfällen zur Feststellung der gesetzlichen Voraussetzungen für den Erlass eines Verwaltungsaktes durch eine andere für Aufgaben der Gefahrenabwehr zuständige öffentliche Stelle, oder
5. zur Verhütung oder Beseitigung erheblicher Nachteile für das Gemeinwohl oder schwer wiegender Beeinträchtigungen von gewichtigen Rechtspositionen einzelner, insbesondere zur Abwehr von Gefahren für Leib, Leben, Gesundheit, persönliche Freiheit oder erhebliche Vermögenswerte.

²Die Übermittlung zu einem anderen Zweck, als dem, zu dem die Polizei die Daten erlangt oder gespeichert hat, ist nur zulässig, wenn der Empfänger die Daten auf andere Weise

1. nicht oder nicht rechtzeitig erlangen kann oder
2. nur mit unverhältnismäßig hohem Aufwand erlangen kann und keine Anhaltspunkte bestehen, dass schutzwürdige Interessen des Betroffenen beeinträchtigt würden.

³In den Fällen von Satz 1 Nummern 1 und 4 ist die Übermittlung zu einem anderen Zweck darüber hinaus nur zulässig, wenn die Übermittlung zur Abwehr einer bevorstehenden Gefahr erforderlich ist.

(2) Die Polizei darf personenbezogene Daten, die sie anlässlich ihrer Aufgabenerfüllung erlangt hat, an andere für Aufgaben der Gefahrenabwehr zuständige öffentliche Stellen übermitteln, soweit die Kenntnis dieser Daten zur Erfüllung der Aufgaben des Empfängers erforderlich ist.

(3) Die Absätze 1 und 2 gelten entsprechend für die Übermittlung von personenbezogenen Daten an

1. öffentliche und nichtöffentliche Stellen in Mitgliedstaaten der Europäischen Union sowie an zwischen- und überstaatliche Stellen der Europäischen Union oder deren Mitgliedstaaten,

2. Schengen-assoziierte Staaten.

(4) Anderweitige besondere Rechtsvorschriften über die Datenübermittlung an öffentliche Stellen bleiben unberührt.

§ 42 Datenübermittlung an Mitgliedstaaten der Europäischen Union und Schengen-assoziierte Staaten nach Maßgabe des Rahmenbeschlusses 2006/960/JI

(1) [1]Die Polizei darf auf ein Ersuchen einer Polizeibehörde oder einer sonstigen für die Verhütung und Verfolgung von Straftaten zuständigen öffentlichen Stelle eines Mitgliedstaates der Europäischen Union, das nach Maßgabe des Rahmenbeschlusses 2006/960/JI des Rates vom 18. Dezember 2006 über die Vereinfachung des Austauschs von Informationen und Erkenntnissen zwischen den Strafverfolgungsbehörden der Mitgliedstaaten der Europäischen Union (ABl. EU 2006 Nr. L 386 S. 89, 2007 Nr. L 75 S. 26) gestellt worden ist, vorhandene personenbezogene Daten zum Zweck der Verhütung von Straftaten übermitteln. [2]Für die Übermittlung dieser Daten gelten die Vorschriften über die Datenübermittlung im innerstaatlichen Bereich entsprechend.

(2) Die Übermittlung personenbezogener Daten nach Absatz 1 ist nur zulässig, wenn das Ersuchen mindestens folgende Angaben enthält:

1. die Bezeichnung und die Anschrift der ersuchenden Behörde,

2. die Bezeichnung der Straftat, zu deren Verhütung die Daten benötigt werden,

3. die Beschreibung des Sachverhalts, der dem Ersuchen zugrunde liegt,

4. die Benennung des Zwecks, zu dem die Daten erbeten werden, und

5. Einzelheiten zur Identität der betroffenen Person, sofern sich das Ersuchen auf eine bekannte Person bezieht.

(3) [1]Die Polizei darf auch ohne Ersuchen personenbezogene Daten an eine Polizeibehörde oder eine sonstige für die Verhütung von Straftaten zuständige öffentliche Stelle eines Mitgliedstaates der Europäischen Union übermitteln, wenn Tatsachen die Annahme rechtfertigen, dass eine Straftat im Sinne des Artikels 2 Absatz 2 des Rahmenbeschlusses 2002/584/JI des Rates vom 13. Juni 2002 über den Europäischen Haftbefehl und die Übergabeverfahren zwischen den Mitgliedstaaten (ABl. EG Nr. L 190 S. 1), geändert am 26. Februar 2009 (ABl. EU Nr. L 81 S. 24), begangen werden soll und zu erwarten ist, dass die Datenübermittlung zur Verhütung einer solchen Straftat erforderlich ist. [2]Für die Übermittlung dieser Daten gelten die Vorschriften über die Datenübermittlung im innerstaatlichen Bereich entsprechend.

(4) Die Datenübermittlung nach den Absätzen 1 und 3 kann unterbleiben, wenn

1. hierdurch wesentliche Sicherheitsinteressen des Bundes oder der Länder beeinträchtigt würden,

2. die Übermittlung der Daten unverhältnismäßig wäre oder die Daten für die Zwecke, für die sie übermittelt werden sollen, nicht erforderlich sind,

3. hierdurch der Erfolg laufender Ermittlungen oder Leib, Leben oder Freiheit einer Person gefährdet würde oder

4. die Tat, zu deren Verhütung die Daten übermittelt werden sollen, nach deutschem Recht mit einer Freiheitsstrafe von im Höchstmaß einem Jahr oder weniger bedroht ist.

(5) [1]Die nach dem Rahmenbeschluss 2006/960/JI an die Polizei übermittelten Daten dürfen nur für die Zwecke, für die sie übermittelt wurden, oder zur Abwehr einer unmittelbar bevorstehenden erheblichen Gefahr für die öffentliche Sicherheit verwendet werden. [2]Für einen anderen Zweck oder als Beweismittel in einem gerichtlichen Verfahren dürfen sie nur verwendet werden, wenn die übermittelnde öffentliche Stelle eingewilligt hat.

(6) Für Schengen-assoziierte Staaten gelten die Absätze 1 bis 5 entsprechend.

§ 43 Allgemeine Voraussetzungen der Datenübermittlungen an Drittstatten und an über- und zwischenstaatliche Stellen

(1) Die Übermittlung personenbezogener Daten an Stellen in anderen als den in § 41 Absatz 3 genannten Staaten (Drittstaaten) oder an andere als die in § 41 Absatz 3 genannten über- und zwischenstaatliche Stellen ist bei Vorliegen der übrigen für Datenübermittlungen geltenden Voraussetzungen zulässig, wenn

1. die Stelle oder internationale Organisation für die in Artikel 1 Absatz 1 der Richtlinie (EU) 2016/680 des Europäischen Parlaments und des Rates vom 27. April 2016 zum Schutz natürlicher Personen bei der Verarbeitung personenbezogener Daten durch die zuständigen Behörden zum Zwecke der Verhütung, Ermittlung, Aufdeckung oder Verfolgung von Straftaten oder der Strafvollstreckung sowie zum freien Datenverkehr und zur Aufhebung des Rahmenbeschlusses 2008/977/JI des Rates (ABl. EU Nr. L 119 S. 89) genannten Zwecke zuständig ist und
2. die Europäische Kommission gemäß Artikel 36 Absatz 3 der Richtlinie (EU) 2016/680 einen Angemessenheitsbeschluss gefasst hat.

(2) [1]Die Übermittlung personenbezogener Daten hat trotz des Vorliegens eines Angemessenheitsbeschlusses im Sinne des Absatzes 1 Nummer 2 und des zu berücksichtigenden öffentlichen Interesses an der Datenübermittlung zu unterbleiben, wenn im Einzelfall ein datenschutzrechtlich angemessener und die elementaren Menschenrechte wahrender Umgang mit den Daten beim Empfänger nicht hinreichend gesichert ist oder sonst überwiegende schutzwürdige Interessen einer betroffenen Person entgegenstehen. [2]Bei dieser Beurteilung hat die Polizei maßgeblich zu berücksichtigen, ob der Empfänger im Einzelfall einen angemessenen Schutz der übermittelten Daten garantiert.

(3) [1]Wenn personenbezogene Daten, die aus einem anderen Mitgliedstaat der Europäischen Union übermittelt oder zur Verfügung gestellt wurden, nach Absatz 1 übermittelt werden sollen, muss diese Übermittlung zuvor von der zuständigen Stelle des anderen Mitgliedstaates genehmigt werden. [2]Übermittlungen ohne vorherige Genehmigung sind nur dann zulässig, wenn die Übermittlung erforderlich ist, um eine unmittelbar bevorstehende und erhebliche Gefahr für die öffentliche Sicherheit eines Staates oder für die wesentlichen Interessen eines Mitgliedstaates abzuwehren, und die vorherige Genehmigung nicht rechtzeitig eingeholt werden kann. [3]Im Fall des Satzes 2 ist die Stelle des anderen Mitgliedstaates, die für die Erteilung der Genehmigung zuständig gewesen wäre, unverzüglich über die Übermittlung zu unterrichten.

(4) [1]Übermittelt die Polizei Daten nach Absatz 1, ist durch geeignete Maßnahmen sicherzustellen, dass der Empfänger die übermittelten Daten nur dann an andere Drittstaaten oder andere internationale Organisationen weiterübermittelt, wenn die Polizei diese Übermittlung zuvor genehmigt hat. [2]Bei der Entscheidung über die Erteilung der Genehmigung hat die Polizei alle maßgeblichen Faktoren zu berücksichtigen, insbesondere die Schwere der Straftat, den Zweck der ursprünglichen Übermittlung und das in dem Drittstaat oder der internationalen Organisation, an den oder an die die Daten weiterübermittelt werden sollen, bestehende Schutzniveau für personenbezogene Daten. [3]Eine Genehmigung darf nur dann erfolgen, wenn auch eine direkte Übermittlung an den anderen Drittstaat oder die andere internationale Organisation zulässig wäre. [4]Die Zuständigkeit für die Erteilung der Genehmigung kann auch abweichend geregelt werden.

§ 44 Datenübermittlung bei geeigneten Garantien

(1) Liegt entgegen § 43 Absatz 1 Nummer 2 kein Beschluss nach Artikel 36 Absatz 3 der Richtlinie (EU) 2016/680 vor, ist eine Übermittlung bei Vorliegen der übrigen Voraussetzungen des § 43 auch dann zulässig, wenn

1. in einem rechtsverbindlichen Instrument geeignete Garantien für den Schutz personenbezogener Daten vorgesehen sind oder
2. nach Beurteilung aller Umstände, die bei der Übermittlung eine Rolle spielen, geeignete Garantien für den Schutz personenbezogener Daten bestehen.

(2) [1]Die Polizei hat Übermittlungen nach Absatz 1 Nummer 2 zu dokumentieren. [2]Die Dokumentation hat den Zeitpunkt der Übermittlung, die Identität des Empfängers, den Grund der Übermittlung und die übermittelten personenbezogenen Daten zu enthalten. [3]Sie ist der oder dem Hamburgischen Beauftragten für Datenschutz und Informationsfreiheit auf Anforderung zur Verfügung zu stellen.

(3) [1]Die Polizei hat der oder dem Hamburgischen Beauftragten für Datenschutz und Informationsfreiheit zumindest jährlich über Übermittlungen zu unterrichten, die auf Grund einer Beurteilung nach Absatz 1 Nummer 2 erfolgt sind. [2]In der Unterrichtung können die Empfänger und die Übermittlungszwecke angemessen kategorisiert werden.

§ 45 Datenübermittlung ohne geeignete Garantie

(1) Liegt entgegen § 43 Absatz 1 Nummer 2 kein Beschluss nach Artikel 36 Absatz 3 der Richtlinie (EU) 2016/680 vor und liegen auch keine geeigneten Garantien im Sinne des § 44 Absatz 1 vor, ist

eine Übermittlung bei Vorliegen der übrigen Voraussetzungen des § 43 auch dann zulässig, wenn die Übermittlung erforderlich ist
1. zum Schutz lebenswichtiger Interessen einer natürlichen Person,
2. zur Wahrung berechtigter Interessen der betroffenen Person,
3. zur Abwehr einer gegenwärtigen und erheblichen Gefahr für die öffentliche Sicherheit eines Staates,
4. im Einzelfall für die in Artikel 1 Absatz 1 der Richtlinie (EU) 2016/680 genannten Zwecke oder
5. im Einzelfall zur Geltendmachung, Ausübung oder Verteidigung von Rechtsansprüchen im Zusammenhang mit den in Artikel 1 Absatz 1 der Richtlinie (EU) 2016/680 genannten Zwecken.

(2) Von einer Übermittlung nach Absatz 1 ist abzusehen, wenn die Grundrechte der betroffenen Person das öffentliche Interesse an der Übermittlung überwiegen.

(3) Für Übermittlungen nach Absatz 1 gilt § 44 Absatz 2 entsprechend.

§ 46 Sonstige Datenübermittlung an Empfänger in Drittstaaten

(1) Die Polizei kann bei Vorliegen der übrigen für die Datenübermittlung in Drittstaaten geltenden Voraussetzungen im besonderen Einzelfall personenbezogene Daten unmittelbar an nicht in § 43 Absatz 1 Nummer 1 genannte Stellen in Drittstaaten übermitteln, wenn die Übermittlung für die Erfüllung ihrer Aufgaben unbedingt erforderlich ist und
1. im konkreten Fall keine Grundrechte der betroffenen Person das öffentliche Interesse an einer Übermittlung überwiegen,
2. die Übermittlung an die in § 43 Absatz 1 Nummer 1 genannten Stellen wirkungslos oder ungeeignet wäre, insbesondere weil sie nicht rechtzeitig durchgeführt werden kann, und
3. dem Empfänger die Zwecke der Verarbeitung mitgeteilt werden und er darauf hingewiesen wird, dass die übermittelten Daten nur in dem Umfang verarbeitet werden dürfen, in dem ihre Verarbeitung für diese Zwecke erforderlich ist.

(2) Im Fall des Absatzes 1 sind die in § 43 Absatz 1 Nummer 1 genannten Stellen durch die Polizei unverzüglich über die Übermittlung zu unterrichten, sofern dies nicht wirkungslos oder ungeeignet ist.

(3) Für Übermittlungen nach Absatz 1 gilt § 44 Absätze 2 und 3 entsprechend.

(4) Bei Übermittlungen nach Absatz 1 ist der Empfänger zu verpflichten, die übermittelten personenbezogenen Daten ohne Zustimmung der Polizei nur für den Zweck zu verarbeiten, für den sie übermittelt worden sind.

(5) Abkommen im Bereich der justiziellen Zusammenarbeit in Strafsachen und der polizeilichen Zusammenarbeit bleiben unberührt.

§ 47 Datenübermittlung an Personen und Stellen außerhalb des öffentlichen Bereichs, Bekanntgabe an die Öffentlichkeit

(1) [1]Die Polizei darf personenbezogene Daten an Personen oder Stellen außerhalb des öffentlichen Bereichs übermitteln, soweit
1. dies zur Erfüllung polizeilicher Aufgaben erforderlich ist,
2. dies zur Abwehr einer Gefahr erforderlich ist,
3. der Auskunftsbegehrende ein berechtigtes Interesse geltend macht und offensichtlich ist, dass die Datenübermittlung im Interesse des Betroffenen liegt und er in Kenntnis der Sachlage seine Einwilligung hierzu erteilen würde.
[2]§ 41 Absatz 1 Sätze 2 und 3 gilt entsprechend. [3]Bewertungen sowie die nach § 36 Absatz 3 gespeicherten personenbezogenen Daten dürfen nicht übermittelt werden.

(2) [1]Die Polizei darf personenbezogene Daten und Abbildungen zum Zwecke der Ermittlung der Identität oder des Aufenthaltes oder zur Warnung öffentlich bekannt geben, wenn die Abwehr einer Gefahr für Leib, Leben oder Freiheit einer Person oder bedeutende Vermögenswerte auf andere Weise nicht möglich erscheint. [2]Die Bekanntgabe an die Öffentlichkeit nach Satz 1 bedarf der richterlichen Anordnung. [3]Die Anordnung ergeht schriftlich. [4]Bei Gefahr im Verzug kann die Maßnahme durch die Polizeipräsidentin oder den Polizeipräsidenten oder seine Vertretung im Amt angeordnet werden. [5]Eine richterliche Bestätigung ist unverzüglich nachzuholen. [6]§ 22 Absatz 3 Sätze 9 bis 11 gilt entsprechend.

§ 48 Datenabgleich

(1) [1]Die Polizei darf personenbezogene Daten der für eine Gefahr Verantwortlichen sowie der in § 11 Absatz 1 Nummer 6 genannten Personen mit dem Inhalt polizeilicher Dateisysteme abgleichen. [2]Per-

sonenbezogene Daten anderer Personen darf die Polizei nur abgleichen, wenn Tatsachen die Annahme rechtfertigen, dass dies zur Erfüllung einer bestimmten polizeilichen Aufgabe erforderlich ist. [3]Die Polizei darf rechtmäßig erlangte personenbezogene Daten mit dem Fahndungsbestand abgleichen.

(2) Wird der Betroffene zur Durchführung einer nach einer anderen Rechtsvorschrift zulässigen Maßnahme angehalten und kann der Datenabgleich mit dem Fahndungsbestand nicht bis zum Abschluss dieser Maßnahme vorgenommen werden, darf der Betroffene weiterhin für den Zeitraum festgehalten werden, der regelmäßig für die Durchführung eines Datenabgleiches notwendig ist.

(3) Rechtsvorschriften über den Datenabgleich in anderen Fällen bleiben unberührt.

§ 49 Automatisierte Anwendung zur Auswertung vorhandener Daten

(1) Die Polizei darf in begründeten Einzelfällen in polizeilichen Dateisystemen gespeicherte personenbezogene Daten mittels einer automatisierten Anwendung zur Datenauswertung verarbeiten, wenn dies zur vorbeugenden Bekämpfung von in § 100a Absatz 2 der Strafprozessordnung genannten Straftaten oder zur Abwehr einer Gefahr für den Bestand oder die Sicherheit des Bundes oder eines Landes oder Leib, Leben oder Freiheit einer Person oder Sachen von bedeutendem Wert, deren Erhaltung im öffentlichen Interesse geboten ist, erforderlich ist.

(2) Im Rahmen der Verarbeitung nach Absatz 1 können insbesondere Beziehungen oder Zusammenhänge zwischen Personen, Personengruppierungen, Institutionen, Organisationen, Objekten und Sachen hergestellt, unbedeutende Informationen und Erkenntnisse ausgeschlossen, die eingehenden Erkenntnisse zu bekannten Sachverhalten zugeordnet sowie gespeicherte Daten statistisch ausgewertet werden.

(3) [1]Die Einrichtung und wesentliche Änderung einer automatisierten Anwendung nach Absatz 1 erfolgen durch Anordnung der Polizeipräsidentin oder des Polizeipräsidenten oder der Vertretung im Amt. [2]Die oder der Hamburgische Beauftragte für Datenschutz und Informationsfreiheit ist vor der Einrichtung oder wesentlichen Änderung nach Satz 1 anzuhören; bei Gefahr im Verzug ist die Anhörung nachzuholen.

§ 50 Rasterfahndung

(1) Die Polizei darf von öffentlichen und nichtöffentlichen Stellen die Übermittlung von personenbezogenen Daten bestimmter Personengruppen zum Zwecke des automatisierten Abgleichs mit anderen Datenbeständen verlangen, soweit dies zur Abwehr einer Gefahr für den Bestand oder die Sicherheit des Bundes oder eines Landes oder für Leib, Leben oder Freiheit einer Person erforderlich ist (Rasterfahndung).

(2) [1]Die Merkmale, die für den Abgleich maßgeblich sein sollen, sind zuvor schriftlich festzulegen. [2]Das Übermittlungsersuchen ist auf Namen, Vornamen, Geburtsdatum, Geburtsort und Anschrift sowie auf im Einzelfall festzulegende Merkmale zu beschränken; es darf sich nicht auf personenbezogene Daten erstrecken, die einem Berufs- oder besonderen Amtsgeheimnis unterliegen. [3]Vom Übermittlungsersuchen nicht erfasste personenbezogene Daten dürfen übermittelt werden, wenn wegen erheblicher technischer Schwierigkeiten oder wegen eines unangemessenen Zeit- oder Kostenaufwandes eine Beschränkung auf die angeforderten Daten nicht möglich ist; diese Daten dürfen von der Polizei nicht weiterverarbeitet werden. [4]§ 10 SOG gilt entsprechend.

(3) [1]Ist der Zweck der Maßnahme erreicht oder zeigt sich, dass er nicht erreicht werden kann, sind die übermittelten und im Zusammenhang mit der Maßnahme zusätzlich angefallenen Daten zu löschen und die Akten zu vernichten, soweit sie nicht für ein mit dem Sachverhalt zusammenhängendes Verfahren erforderlich sind. [2]Hierüber ist eine Niederschrift anzufertigen. [3]Diese Niederschrift ist gesondert aufzubewahren.

(4) [1]Die Maßnahme bedarf der richterlichen Anordnung. [2]§ 20 Absatz 2 gilt entsprechend. [3]Nach Abschluss der Maßnahme werden die oder der Hamburgische Beauftragte für Datenschutz und Informationsfreiheit und die Bürgerschaft unverzüglich über Anlass und Umfang der veranlassten Maßnahmen unterrichtet.

(5) Nach Durchführung des Abgleichs sind die von weiterführenden polizeilichen Maßnahmen betroffenen Personen hiervon zu unterrichten, soweit dadurch nicht die Erfüllung polizeilicher Aufgaben vereitelt oder erheblich gefährdet würde oder sich an den auslösenden Sachverhalt ein strafrechtliches Ermittlungsverfahren anschließt.

§ 51 Zuverlässigkeitsüberprüfung

[1]Die Polizei darf personenbezogene Daten auf Ersuchen einer öffentlichen oder einer nicht öffentlichen Stelle für Zwecke einer Zuverlässigkeitsüberprüfung verarbeiten, soweit dies

1. mit Zustimmung der betroffenen Person erfolgt und

2. im Hinblick auf den Anlass dieser Überprüfung, insbesondere den Zugang der betroffenen Person zu einer besonders gefährdeten Veranstaltung und mit Rücksicht auf ein berechtigtes Interesse des Empfängers erforderlich ist.

[2]Die Polizei kann hierfür die Identität der Person feststellen, deren Zuverlässigkeit überprüft werden soll, und zu diesem Zweck vorgelegte Ausweisdokumente kopieren oder Kopien von Ausweisdokumenten anfordern. [3]Die Überprüfung erfolgt anhand von Dateisystemen der Polizei. [4]Die ersuchende Stelle hat die betroffene Person vor der schriftlichen Zustimmung über den konkreten Inhalt der Übermittlung und das Verfahren zu belehren und darüber aufzuklären, dass sie die Zustimmung verweigern sowie jederzeit widerrufen kann. [5]Sie ist ferner über die ihr nach diesem Gesetz gegenüber der Polizei zustehenden Rechte nach §§ 69 und 70 zu informieren und darauf hinzuweisen, dass sie sich jederzeit an die Hamburgische Beauftragte für Datenschutz und Informationsfreiheit oder den Hamburgischen Beauftragten für Datenschutz und Informationsfreiheit wenden kann. [6]Die Beschränkungen des § 34 Absatz 4 Satz 1, auch in Verbindung mit § 38 Absatz 1 Satz 2, finden keine Anwendung. [7]Die Rückmeldung an eine nichtöffentliche Stelle beschränkt sich auf die Auskunft zum Vorliegen von Zuverlässigkeitsbedenken. [8]Die Durchführung von Zuverlässigkeitsüberprüfungen durch die Polizei nach Maßgabe anderer Vorschriften bleibt unberührt.

Abschnitt 4
Pflichten der Verantwortlichen und Auftragsverarbeiter

§ 52 Auftragsverarbeitung

(1) [1]Werden personenbezogene Daten im Auftrag eines Verantwortlichen durch andere Personen oder Stellen verarbeitet, hat der Verantwortliche für die Einhaltung der Vorschriften dieses Gesetzes und anderer Vorschriften über den Datenschutz zu sorgen. [2]Die Rechte der betroffenen Personen auf Auskunft, Berichtigung, Löschung, Einschränkung der Verarbeitung und Schadensersatz sind in diesem Fall gegenüber dem Verantwortlichen geltend zu machen.

(2) Ein Verantwortlicher darf nur solche Auftragsverarbeiter mit der Verarbeitung personenbezogener Daten beauftragen, die mit geeigneten technischen und organisatorischen Maßnahmen sicherstellen, dass die Verarbeitung im Einklang mit den gesetzlichen Anforderungen erfolgt und der Schutz der Rechte der betroffenen Personen gewährleistet wird.

(3) Auftragsverarbeiter dürfen ohne vorherige schriftliche Genehmigung des Verantwortlichen keine weiteren Auftragsverarbeiter hinzuziehen.

(4) [1]Zieht ein Auftragsverarbeiter einen weiteren Auftragsverarbeiter hinzu, so hat er diesem dieselben Verpflichtungen aus seinem Vertrag mit dem Verantwortlichen nach Absatz 5 aufzuerlegen, die auch für ihn gelten, soweit diese Pflichten für den weiteren Auftragsverarbeiter nicht schon auf Grund anderer Vorschriften verbindlich sind. [2]Erfüllt ein weiterer Auftragsverarbeiter diese Verpflichtungen nicht, so haftet der ihn beauftragende Auftragsverarbeiter gegenüber dem Verantwortlichen für die Einhaltung der Pflichten des weiteren Auftragsverarbeiters.

(5) [1]Die Verarbeitung durch einen Auftragsverarbeiter hat auf der Grundlage eines Vertrags oder eines anderen Rechtsinstruments zu erfolgen, der oder das den Auftragsverarbeiter an den Verantwortlichen bindet und der oder das den Gegenstand, die Dauer, die Art und den Zweck der Verarbeitung, die Art der personenbezogenen Daten, die Kategorien betroffener Personen und die Rechte und Pflichten des Verantwortlichen festlegt. [2]Der Vertrag oder das andere Rechtsinstrument haben insbesondere vorzusehen, dass der Auftragsverarbeiter

1. nur auf dokumentierte Weisung des Verantwortlichen handelt; ist der Auftragsverarbeiter der Auffassung, dass eine Weisung rechtswidrig ist, hat er den Verantwortlichen unverzüglich zu informieren,

2. gewährleistet, dass die zur Verarbeitung der personenbezogenen Daten befugten Personen zur Vertraulichkeit verpflichtet werden, soweit sie keiner angemessenen gesetzlichen Verschwiegenheitspflicht unterliegen,

3. den Verantwortlichen mit geeigneten Mitteln dabei unterstützt, die Einhaltung der Bestimmungen über die Rechte der betroffenen Person zu gewährleisten,

4. alle personenbezogenen Daten nach Abschluss der Erbringung der Verarbeitungsleistungen nach Wahl des Verantwortlichen zurückgibt oder löscht und bestehende Kopien vernichtet, wenn nicht nach einer Rechtsvorschrift eine Verpflichtung zur Speicherung der Daten besteht,

5. dem Verantwortlichen alle erforderlichen Informationen, insbesondere die gemäß § 63 erstellten Protokolle, zum Nachweis der Einhaltung seiner Pflichten zur Verfügung stellt,

6. Überprüfungen, die von dem Verantwortlichen oder einem von diesem beauftragten Prüfer durchgeführt werden, ermöglicht und dazu beiträgt,

7. die in den Absätzen 3 und 4 aufgeführten Bedingungen für die Inanspruchnahme der Dienste eines weiteren Auftragsverarbeiters einhält,

8. alle gemäß § 54 erforderlichen Maßnahmen ergreift und

9. unter Berücksichtigung der Art der Verarbeitung und der ihm zur Verfügung stehenden Informationen den Verantwortlichen bei der Einhaltung der in den §§ 54 bis 58 und 60 bis 61 genannten Pflichten unterstützt.

(6) Der Vertrag im Sinne des Absatzes 5 ist schriftlich oder elektronisch abzufassen.

(7) Ein Auftragsverarbeiter, der die Zwecke und Mittel der Verarbeitung unter Verstoß gegen diese Vorschrift bestimmt, gilt in Bezug auf diese Verarbeitung als Verantwortlicher.

§ 53 Gemeinsam Verantwortliche

[1]Legen zwei oder mehr Verantwortliche gemeinsam die Zwecke und die Mittel der Verarbeitung fest, gelten sie als gemeinsam Verantwortliche. [2]Gemeinsam Verantwortliche haben ihre jeweiligen Aufgaben und datenschutzrechtlichen Verantwortlichkeiten in transparenter Form in einer Vereinbarung festzulegen, soweit diese nicht bereits in Rechtsvorschriften festgelegt sind. [3]Aus der Vereinbarung muss insbesondere hervorgehen, wer welchen Informationspflichten nachzukommen hat und wie und gegenüber wem betroffene Personen ihre Rechte wahrnehmen können. [4]Eine entsprechende Vereinbarung hindert die betroffene Person nicht, ihre Rechte gegenüber jedem der gemeinsam Verantwortlichen geltend zu machen.

§ 54 Anforderungen an die Sicherheit der Datenverarbeitung

(1) [1]Der Verantwortliche und der Auftragsverarbeiter haben unter Berücksichtigung des Stands der Technik, der Implementierungskosten, der Art, des Umfangs, der Umstände und der Zwecke der Verarbeitung sowie der Eintrittswahrscheinlichkeit und der Schwere der mit der Verarbeitung verbundenen Gefahren für die Rechtsgüter der betroffenen Personen die erforderlichen technischen und organisatorischen Maßnahmen zu treffen, um bei der Verarbeitung personenbezogener Daten ein dem Risiko angemessenes Schutzniveau zu gewährleisten, insbesondere im Hinblick auf die Verarbeitung besonderer Kategorien personenbezogener Daten. [2]Die Höhe des Risikos soll anhand einer objektiven Beurteilung festgestellt werden, bei der die Eintrittswahrscheinlichkeit und Schwere der Verletzung nach der Art, dem Umfang, den Umständen und den Zwecken der Verarbeitung bestimmt werden.

(2) [1]Die in Absatz 1 genannten Maßnahmen können unter anderem die Pseudonymisierung und Verschlüsselung personenbezogener Daten umfassen, soweit solche Mittel in Anbetracht der Verarbeitungszwecke möglich sind. [2]Die Maßnahmen nach Absatz 1 sollen dazu führen, dass

1. die Vertraulichkeit, Integrität, Verfügbarkeit und Belastbarkeit der Systeme und Dienste im Zusammenhang mit der Verarbeitung auf Dauer sichergestellt werden und

2. die Verfügbarkeit der personenbezogenen Daten und der Zugang zu ihnen bei einem physischen oder technischen Zwischenfall rasch wiederhergestellt werden können.

(3) [1]Im Fall einer automatisierten Verarbeitung haben der Verantwortliche und der Auftragsverarbeiter nach einer Risikobewertung Maßnahmen zu ergreifen, die Folgendes bezwecken:

1. Verwehrung des Zugangs zu Verarbeitungsanlagen, mit denen die Verarbeitung durchgeführt wird, für Unbefugte (Zugangskontrolle),

2. Verhinderung des unbefugten Lesens, Kopierens, Veränderns oder Löschens von Datenträgern (Datenträgerkontrolle),

3. Verhinderung der unbefugten Eingabe von personenbezogenen Daten sowie der unbefugten Kenntnisnahme, Veränderung und Löschung von gespeicherten personenbezogenen Daten (Speicherkontrolle),

4. Verhinderung der Nutzung automatisierter Verarbeitungssysteme mit Hilfe von Einrichtungen zur Datenübertragung durch Unbefugte (Benutzerkontrolle),

5. Gewährleistung, dass die zur Benutzung eines automatisierten Verarbeitungssystems Berechtigten ausschließlich zu den von ihrer Zugangsberechtigung umfassten personenbezogenen Daten Zugang haben (Zugriffskontrolle),

6. Gewährleistung, dass überprüft und festgestellt werden kann, an welche Stellen personenbezogene Daten mit Hilfe von Einrichtungen zur Datenübertragung übermittelt oder zur Verfügung gestellt wurden oder werden können (Übertragungskontrolle),

7. Gewährleistung, dass nachträglich überprüft und festgestellt werden kann, welche personenbezogenen Daten zu welcher Zeit und von wem in automatisierte Verarbeitungssysteme eingegeben oder verändert worden sind (Eingabekontrolle),

8. Gewährleistung, dass bei der Übermittlung personenbezogener Daten sowie beim Transport von Datenträgern die Vertraulichkeit und Integrität der Daten geschützt werden (Transportkontrolle),

9. Gewährleistung, dass eingesetzte Systeme im Störungsfall wiederhergestellt werden können (Wiederherstellbarkeit),

10. Gewährleistung, dass alle Funktionen des Systems zur Verfügung stehen und auftretende Fehlfunktionen gemeldet werden (Zuverlässigkeit),

11. Gewährleistung, dass gespeicherte personenbezogene Daten nicht durch Fehlfunktionen des Systems beschädigt werden können (Datenintegrität),

12. Gewährleistung, dass personenbezogene Daten, die im Auftrag verarbeitet werden, nur entsprechend den Weisungen des Auftraggebers verarbeitet werden können (Auftragskontrolle),

13. Gewährleistung, dass personenbezogene Daten gegen Zerstörung oder Verlust geschützt sind (Verfügbarkeitskontrolle),

14. Gewährleistung, dass zu unterschiedlichen Zwecken erhobene personenbezogene Daten getrennt verarbeitet werden können (Trennbarkeit).

[2]Ein Zweck nach Satz 1 Nummern 2 bis 5 kann insbesondere durch die Verwendung von dem Stand der Technik entsprechenden Verschlüsselungsverfahren erreicht werden.

§ 55 Verzeichnis von Verarbeitungstätigkeit

(1) [1]Der Verantwortliche hat ein Verzeichnis aller Kategorien von Verarbeitungtätigkeiten zu führen, die in seine Zuständigkeit fallen. [2]Dieses Verzeichnis hat die folgenden Angaben zu enthalten:

1. den Namen und die Kontaktdaten des Verantwortlichen und gegebenenfalls des gemeinsam mit ihm Verantwortlichen sowie die Kontaktdaten der oder des Datenschutzbeauftragten,

2. die Zwecke der Verarbeitung,

3. die Kategorien von Empfängern gegenüber denen die personenbezogenen Daten offengelegt worden sind oder noch offengelegt werden sollen,

4. eine Beschreibung der Kategorien betroffener Personen und der Kategorien personenbezogener Daten,

5. gegebenenfalls die Verwendung von Profiling,

6. gegebenenfalls die Kategorien von Übermittlungen personenbezogener Daten an Stellen in einem Drittstaat oder an eine internationale Organisation,

7. Angaben über die Rechtsgrundlage der Verarbeitung,

8. die vorgesehenen Fristen für die Löschung oder die Überprüfung der Erforderlichkeit der Speicherung der verschiedenen Kategorien personenbezogener Daten und

9. eine allgemeine Beschreibung der technischen und organisatorischen Maßnahmen gemäß § 54.

(2) Der Auftragsverarbeiter hat ein Verzeichnis aller Kategorien von Verarbeitungen zu führen, die er im Auftrag eines Verantwortlichen durchführt, das Folgendes zu enthalten hat:

1. den Namen und die Kontaktdaten des Auftragsverarbeiters, jedes Verantwortlichen, in dessen Auftrag der Auftragsverarbeiter tätig ist, sowie gegebenenfalls die Kontaktdaten der oder des Datenschutzbeauftragten,

2. gegebenenfalls Übermittlungen von personenbezogenen Daten an Stellen in einem Drittstaat oder an eine internationale Organisation unter Angabe des Staates oder der Organisation und

3. eine allgemeine Beschreibung der technischen und organisatorischen Maßnahmen gemäß § 54.

(3) Die in den Absätzen 1 und 2 genannten Verzeichnisse sind schriftlich oder elektronisch zu führen.

(4) Verantwortliche und Auftragsverarbeiter haben auf Anforderung ihre Verzeichnisse der oder dem Hamburgischen Beauftragten für Datenschutz und Informationsfreiheit zur Verfügung zu stellen.

§ 56 Technikgestaltung und datenschutzfreundliche Voreinstellung

(1) [1]Der Verantwortliche hat sowohl zum Zeitpunkt der Festlegung der Mittel für die Verarbeitung als auch zum Zeitpunkt der Verarbeitung selbst angemessene Vorkehrungen zu treffen, die geeignet sind, die Datenschutzgrundsätze wie etwa die Datensparsamkeit wirksam umzusetzen, und die sicherstellen, dass die gesetzlichen Anforderungen eingehalten und die Rechte der betroffenen Personen geschützt werden. [2]Er hat hierbei den Stand der Technik, die Implementierungskosten und die Art, den Umfang, die Umstände und die Zwecke der Verarbeitung sowie die unterschiedliche Eintrittswahrscheinlichkeit und Schwere der mit der Verarbeitung verbundenen Gefahren für die Rechtsgüter der betroffenen Personen zu berücksichtigen. [3]Insbesondere sind die Verarbeitung personenbezogener Daten und die Auswahl und Gestaltung von Datenverarbeitungssystemen an dem Ziel auszurichten, so wenig personenbezogene Daten wie möglich zu verarbeiten. [4]Personenbezogene Daten sind zum frühestmöglichen Zeitpunkt zu anonymisieren oder zu pseudonymisieren, soweit dies nach dem Verarbeitungszweck möglich ist.

(2) [1]Der Verantwortliche hat geeignete technische und organisatorische Maßnahmen zu treffen, die sicherstellen, dass durch Voreinstellungen grundsätzlich nur solche personenbezogenen Daten verarbeitet werden können, deren Verarbeitung für den jeweiligen bestimmten Verarbeitungszweck erforderlich ist. [2]Dies betrifft die Menge der erhobenen Daten, den Umfang ihrer Verarbeitung, ihre Speicherfrist und ihre Zugänglichkeit. [3]Die Maßnahmen müssen insbesondere gewährleisten, dass die Daten durch Voreinstellungen nicht automatisiert einer unbestimmten Anzahl von Personen zugänglich gemacht werden können.

§ 57 Datenschutz-Folgeabschätzung

(1) [1]Hat eine Form der Verarbeitung, insbesondere bei Verwendung neuer Technologien, auf Grund der Art, des Umfangs, der Umstände und der Zwecke der Verarbeitung voraussichtlich ein hohes Risiko für die Rechte und Freiheiten natürlicher Personen zur Folge, so hat der Verantwortliche vorab eine Abschätzung der Folgen der vorgesehenen Verarbeitungsvorgänge für den Schutz personenbezogener Daten durchzuführen. [2]§ 54 Absatz 1 Satz 2 gilt entsprechend.

(2) Für die Untersuchung mehrerer ähnlicher Verarbeitungsvorgänge mit ähnlich hohen Risiken kann eine gemeinsame Datenschutz-Folgenabschätzung vorgenommen werden.

(3) Der Verantwortliche hat die Datenschutzbeauftragte oder den Datenschutzbeauftragten bei der Durchführung der Datenschutz-Folgeabschätzung zu beteiligen.

(4) Die Datenschutz-Folgenabschätzung hat den Rechten und den berechtigten Interessen der von der Verarbeitung betroffenen Personen und sonstiger Betroffener Rechnung zu tragen und zumindest Folgendes zu enthalten:

1. eine systematische Beschreibung der geplanten Verarbeitungsvorgänge und der Zwecke der Verarbeitung,
2. eine Bewertung der Notwendigkeit und Verhältnismäßigkeit der Verarbeitungsvorgänge in Bezug auf deren Zweck,
3. eine Bewertung der Risiken für die Rechte und Freiheiten der betroffenen Personen und
4. die zur Bewältigung der Risiken geplanten Abhilfemaßnahmen, einschließlich der Garantien, der Sicherheitsvorkehrungen und der Verfahren, durch die der Schutz personenbezogener Daten sichergestellt und die Einhaltung der gesetzlichen Vorgaben nachgewiesen werden sollen.

(5) Soweit erforderlich, hat der Verantwortliche eine Überprüfung durchzuführen, ob die Verarbeitung den Maßgaben folgt, die sich aus der Folgenabschätzung ergeben haben.

§ 58 Anhörung der oder des Hamburgischen Beauftragten für Datenschutz und Informationsfreiheit

(1) [1]Der Verantwortliche hat vor der Inbetriebnahme von neu anzulegenden Dateisystemen die Hamburgische Beauftragte für Datenschutz und Informationsfreiheit oder den Hamburgischen Beauftragten für Datenschutz und Informationsfreiheit anzuhören, wenn

1. aus einer Datenschutz-Folgenabschätzung nach § 57 hervorgeht, dass die Verarbeitung ein hohes Risiko für die Rechte und Freiheiten der betroffenen Personen zur Folge hätte, sofern der Verantwortliche keine Maßnahmen zur Eindämmung des Risikos trifft, oder

2. die Form der Verarbeitung, insbesondere bei der Verwendung neuer Technologien, Mechanismen oder Verfahren, ein hohes Risiko für die Rechte und Freiheiten der betroffenen Personen zur Folge hat.

²Die oder der Hamburgische Beauftragte für Datenschutz und Informationsfreiheit kann eine Liste der Verarbeitungsvorgänge erstellen, die der Pflicht zur vorherigen Anhörung nach Satz 1 unterliegen. ³§ 54 Absatz 1 Satz 2 gilt entsprechend.

(2) ¹Der oder dem Hamburgischen Beauftragten für Datenschutz und Informationsfreiheit sind im Fall des Absatzes 1 vorzulegen:

1. die nach § 57 durchgeführte Datenschutz-Folgenabschätzung,
2. gegebenenfalls Angaben zu den jeweiligen Zuständigkeiten des Verantwortlichen, der gemeinsam Verantwortlichen und der an der Verarbeitung beteiligten Auftragsverarbeiter,
3. Angaben zu den Zwecken und Mitteln der beabsichtigten Verarbeitung,
4. Angaben zu den zum Schutz der Rechte und Freiheiten der betroffenen Personen vorgesehenen Maßnahmen und Garantien und
5. die Kontaktdaten der oder des Datenschutzbeauftragten.

²Auf Anfrage sind der oder dem Hamburgischen Beauftragten für Datenschutz und Informationsfreiheit alle sonstigen Informationen zu übermitteln, die sie oder er benötigt, um die Rechtmäßigkeit der Verarbeitung sowie insbesondere die in Bezug auf den Schutz der personenbezogenen Daten der betroffenen Personen bestehenden Risiken und die diesbezüglichen Garantien bewerten zu können.

(3) ¹Falls die oder der Hamburgische Beauftragte für Datenschutz und Informationsfreiheit der Auffassung ist, dass die geplante Verarbeitung gegen gesetzliche Vorgaben verstoßen würde, insbesondere weil der Verantwortliche das Risiko nicht ausreichend ermittelt oder nicht ausreichend eingedämmt hat, kann sie oder er dem Verantwortlichen und gegebenenfalls dem Auftragsverarbeiter innerhalb eines Zeitraums von bis zu sechs Wochen nach Einleitung der Anhörung schriftliche Empfehlungen unterbreiten, welche Maßnahmen noch ergriffen werden sollten. ²Die oder der Hamburgische Beauftragte für Datenschutz und Informationsfreiheit kann diese Frist um einen Monat verlängern, wenn die geplante Verarbeitung besonders schwierig ist. ³Sie oder er hat in diesem Fall innerhalb eines Monats nach Einleitung der Anhörung den Verantwortlichen und gegebenenfalls den Auftragsverarbeiter über die Fristverlängerung zusammen mit den Gründen für die Verzögerung zu informieren.

(4) ¹Hat die beabsichtigte Verarbeitung erhebliche Bedeutung für die Aufgabenerfüllung des Verantwortlichen und ist sie daher besonders dringlich, kann er mit der Verarbeitung nach Beginn der Anhörung, aber vor Ablauf der in Absatz 3 genannten Frist beginnen. ²In diesem Fall sind die Empfehlungen der oder des Hamburgischen Beauftragten für Datenschutz und Informationsfreiheit im Nachhinein zu berücksichtigen und ist die Art und Weise der Verarbeitung daraufhin gegebenenfalls anzupassen.

§ 59 Berichtigung, Löschung und Einschränkung der Verarbeitung

(1) ¹Personenbezogene Daten sind unverzüglich zu berichtigen, wenn sie unrichtig sind. ²Insbesondere im Fall von Aussagen oder Beurteilungen betrifft die Frage der Richtigkeit nicht den Inhalt der Aussage oder der Beurteilung, sondern die Tatsache, dass die Aussage oder Beurteilung so erfolgt ist. ³Wenn die Richtigkeit oder Unrichtigkeit der Daten nicht festgestellt werden kann, tritt an die Stelle der Berichtigung eine Einschränkung der Verarbeitung. ⁴Sind Daten in nichtautomatisierten Dateien oder in Akten zu berichtigen, reicht es aus, in geeigneter Weise kenntlich zu machen, zu welchem Zeitpunkt und aus welchem Grund diese Daten unrichtig waren oder geworden sind.

(2) ¹In Dateisystemen suchfähig gespeicherte personenbezogene Daten sind zu löschen und die dazugehörigen, zu den Personen suchfähig angelegten Akten sind zu vernichten, wenn

1. dies durch dieses Gesetz bestimmt ist,
2. ihre Speicherung unzulässig ist oder
3. bei der zu bestimmten Fristen oder Terminen vorzunehmenden Überprüfung oder aus Anlass einer Einzelfallbearbeitung festgestellt wird, dass ihre Kenntnis für die speichernde Stelle zur Erfüllung der in ihrer Zuständigkeit liegenden Aufgaben nicht mehr erforderlich ist.

²In Dateisystemen nicht suchfähig gespeicherte Daten sind unter den Voraussetzungen von Satz 1 Nummern 1 bis 3 zu löschen, soweit die Speicherung festgestellt wird. ³Andere als die in Satz 1 genannten Akten sind nach Ablauf der jeweiligen Aufbewahrungsfrist oder bei unzulässiger Speicherung aller in ihnen enthaltenen Daten zu vernichten.

(3) ¹Die Vernichtung von Akten ist bei Vorliegen der Voraussetzungen nach Absatz 2 Satz 1 Nummer 3 nur durchzuführen, wenn die gesamte Akte für die Aufgabenerfüllung nicht mehr erforderlich ist, es sei denn, dass der Betroffene die Vernichtung von Teilen der Akte verlangt und die weitere Speicherung ihn in unangemessener Weise beeinträchtigt. ²Soweit hiernach eine Vernichtung nicht in Betracht kommt, tritt an die Stelle der Vernichtung eine Einschränkung der Verarbeitung.

(4) ¹Anstatt die personenbezogenen Daten zu löschen oder zu vernichten, kann der Verantwortliche deren Verarbeitung einschränken, wenn

1. Grund zu der Annahme besteht, dass dadurch schutzwürdige Interessen der betroffenen Person beeinträchtigt würden,
2. die Daten, in einem Verfahren, das den Anlass der Erhebung oder weiteren Verarbeitung dieser Daten betrifft, zu Beweiszwecken weiter aufbewahrt werden müssen,
3. die Nutzung der Daten für ein bestimmtes Forschungsvorhaben erforderlich ist,
4. eine Löschung wegen der besonderen Art der Speicherung nicht oder nur mit unverhältnismäßigem Aufwand möglich ist,
5. die Daten für die Zwecke eines parlamentarischen Untersuchungsausschusses erforderlich sind.

²In ihrer Verarbeitung nach Satz 1 eingeschränkte Daten dürfen nur zu den in Satz 1 genannten Zwecken oder sonst mit Einwilligung des Betroffenen genutzt werden.

(5) Bei automatisierten Dateisystemen ist technisch sicherzustellen, dass eine Einschränkung der Verarbeitung eindeutig erkennbar ist und eine Verarbeitung für andere Zwecke nicht ohne weitere Prüfung möglich ist.

(6) ¹Hat der Verantwortliche eine Berichtigung vorgenommen, hat er einer Stelle, die ihm die personenbezogenen Daten zuvor übermittelt hat, die Berichtigung mitzuteilen. ²Der Empfänger hat die Daten zu berichtigen, zu löschen oder ihre Verarbeitung einzuschränken. ³Stellt der Verantwortliche fest, dass unrichtige oder nach Absatz 2 Satz 1 Nummer 2 zu löschende Daten übermittelt worden sind, ist dem Empfänger die Berichtigung oder Löschung mitzuteilen, es sei denn, dass die Mitteilung für die Beurteilung der Person oder des Sachverhaltes nicht oder nicht mehr wesentlich ist.

(7) Anstelle der Löschung und Vernichtung in den Fällen des Absatzes 2 Satz 1 Nummer 3 können die Datenträger an das zuständige staatliche Archiv abgegeben werden, soweit archivrechtliche Regelungen dies vorsehen.

§ 60 Meldung von Verletzungen des Schutzes personenbezogener Daten an die Hamburgische Beauftragte für Datenschutz und Informationsfreiheit oder den Hamburgischen Beauftragten für Datenschutz und Informationsfreiheit

(1) ¹Der Verantwortliche hat eine Verletzung des Schutzes personenbezogener Daten unverzüglich und möglichst innerhalb 72 Stunden, nachdem sie ihm bekannt geworden ist, der oder dem Hamburgischen Beauftragten für Datenschutz und Informationsfreiheit zu melden, es sei denn, dass die Verletzung voraussichtlich nicht zu einem Risiko für die Rechte und Freiheiten natürlicher Personen führt. ²Erfolgt die Meldung an die Hamburgische Beauftragte für Datenschutz und Informationsfreiheit oder den Hamburgischen Beauftragten für Datenschutz und Informationsfreiheit nicht innerhalb von 72 Stunden, so ist ihr eine Begründung für die Verzögerung beizufügen. ³§ 54 Absatz 1 Satz 2 gilt entsprechend.

(2) Der Auftragsverarbeiter hat eine Verletzung des Schutzes personenbezogener Daten unverzüglich dem Verantwortlichen zu melden.

(3) Die Meldung nach Absatz 1 hat zumindest folgende Informationen zu enthalten:

1. eine Beschreibung der Art der Verletzung des Schutzes personenbezogener Daten, die, soweit möglich, Angaben zu den Kategorien und der ungefähren Anzahl der betroffenen Personen, zu den betroffenen Kategorien personenbezogener Daten und zu der ungefähren Anzahl der betroffenen personenbezogenen Datensätze zu enthalten hat,
2. den Namen und die Kontaktdaten der oder des Datenschutzbeauftragten oder einer sonstigen Stelle für weitere Informationen,
3. eine Beschreibung der wahrscheinlichen Folgen der Verletzung des Schutzes personenbezogener Daten und
4. eine Beschreibung der von dem Verantwortlichen ergriffenen oder vorgeschlagenen Maßnahmen zur Behandlung der Verletzung des Schutzes personenbezogener Daten und gegebenenfalls der Maßnahmen zur Abmilderung ihrer möglichen nachteiligen Auswirkungen.

(4) Wenn die Informationen nach Absatz 3 nicht zusammen mit der Meldung übermittelt werden können, hat der Verantwortliche sie unverzüglich nachzureichen, sobald sie ihm vorliegen.

(5) [1]Der Verantwortliche hat Verletzungen des Schutzes personenbezogener Daten zu dokumentieren. [2]Die Dokumentation hat alle mit den Vorfällen zusammenhängenden Tatsachen, deren Auswirkungen und die ergriffenen Abhilfemaßnahmen zu umfassen.

(6) Soweit von einer Verletzung des Schutzes personenbezogener Daten personenbezogene Daten betroffen sind, die von einem oder an einen Verantwortlichen in einem anderen Mitgliedstaat der Europäischen Union übermittelt wurden, sind die in Absatz 3 genannten Informationen dem dortigen Verantwortlichen unverzüglich zu übermitteln.

(7) Weitere Pflichten des Verantwortlichen zu Benachrichtigungen über Verletzungen des Schutzes personenbezogener Daten bleiben unberührt.

§ 61 Benachrichtigung der von einer Verletzung des Schutzes personenbezogener Daten betroffenen Person

(1) [1]Hat eine Verletzung des Schutzes personenbezogener Daten voraussichtlich ein hohes Risiko für die Rechte und Freiheiten natürlicher Personen zur Folge, so hat der Verantwortliche die betroffenen Personen unverzüglich von der Verletzung zu benachrichtigen. [2]§ 54 Absatz 1 Satz 2 gilt entsprechend.

(2) Die Benachrichtigung nach Absatz 1 hat in klarer und einfacher Sprache die Art der Verletzung des Schutzes personenbezogener Daten zu beschreiben und zumindest die in § 60 Absatz 3 Nummern 2 bis 4 genannten Informationen und Maßnahmen zu enthalten.

(3) Die Benachrichtigung der betroffenen Person nach Absatz 1 ist nicht erforderlich, wenn

1. der Verantwortliche geeignete technische und organisatorische Sicherheitsvorkehrungen getroffen hat und diese Vorkehrungen auf die von der Verletzung des Schutzes personenbezogener Daten betroffenen Daten angewandt wurden; dies gilt insbesondere für Vorkehrungen wie Verschlüsselungen, durch die die Daten für unbefugte Personen unzugänglich gemacht werden,

2. der Verantwortliche durch im Anschluss an die Verletzung getroffene Maßnahmen sichergestellt hat, dass aller Wahrscheinlichkeit nach das hohe Risiko für die Rechte und Freiheiten der betroffenen Personen im Sinne des Absatz 1 nicht mehr besteht, oder

3. dies mit einem unverhältnismäßigen Aufwand verbunden wäre; in diesem Fall hat stattdessen eine öffentliche Bekanntmachung oder eine ähnliche Maßnahme zu erfolgen, durch die die betroffenen Personen vergleichbar wirksam informiert werden.

(4) [1]Wenn der Verantwortliche die betroffenen Personen über eine Verletzung des Schutzes personenbezogener Daten nicht benachrichtigt hat, kann die oder der Hamburgische Beauftragte für Datenschutz und Informationsfreiheit verlangen, dies nachzuholen oder verbindlich feststellen, dass bestimmte der in Absatz 3 genannten Voraussetzungen erfüllt sind. [2]Hierbei hat sie oder er die Wahrscheinlichkeit zu berücksichtigen, mit der die Verletzung des Schutzes personenbezogener Daten zu einem hohen Risiko im Sinne von Absatz 1 führt.

(5) Die Benachrichtigung der betroffenen Personen nach Absatz 1 kann unter den in § 68 Absatz 2 genannten Voraussetzungen aufgeschoben, eingeschränkt oder unterlassen werden, soweit nicht die Interessen der betroffenen Person auf Grund des von der Verletzung ausgehenden hohen Risikos im Sinne von Absatz 1 überwiegen.

§ 62 Automatisierte Dateisysteme und Verfahren, Datenverbund

(1) [1]Die Einrichtung automatisierter Dateisysteme ist nur zulässig, wenn das öffentliche Interesse an der Einrichtung gegenüber möglichen Gefahren für schutzwürdige Belange der Betroffenen überwiegt. [2]Durch die Automatisierung darf keine unangemessene Verkürzung oder Verzerrung des Sachverhalts entstehen. [3]Durch geeignete technische und organisatorische Maßnahmen ist insbesondere sicherzustellen, dass der Abruf der Daten nur den Bediensteten möglich ist, die hierfür im Einzelfall zuständig sind. [4]Neben den nach § 54 Absatz 3 zu treffenden Maßnahmen zur Datensicherung sind Maßnahmen zu treffen, die eine stichprobenweise Kontrolle der Zulässigkeit der Abrufe ermöglichen, soweit der damit verbundene Aufwand in einem angemessenen Verhältnis zur Schutzwürdigkeit der Daten steht.

(2) Für die Einrichtung eines Verfahrens, das der Polizei den automatisierten Abruf personenbezogener Daten aus einem von einer anderen öffentlichen Stelle geführten Dateisystem ermöglicht, gelten die Vorgaben des § 53, soweit die Polizei und die andere öffentliche Stelle gemeinsam Verantwortliche im Sinne des § 53 Satz 1 sind.

(3) ¹Die zuständige Behörde darf zur Erfüllung von Aufgaben, die nicht nur örtliche Bedeutung haben, mit anderen Ländern und dem Bund einen Datenverbund vereinbaren, der eine automatisierte Datenübermittlung ermöglicht. ²In der Vereinbarung ist auch festzulegen, welcher Behörde die nach diesem Gesetz oder nach anderen Rechtsvorschriften bestehenden Pflichten einer speichernden Stelle obliegen. ³§ 53 gilt entsprechend.

§ 63 Protokollierung in automatisierten Dateisystemen und Verfahren

(1) In automatisierten Verarbeitungssystemen haben Verantwortliche und Auftragsverarbeiter mindestens die folgenden Verarbeitungsvorgänge zu protokollieren:

1. Erhebung,
2. Veränderung,
3. Abfrage,
4. Offenlegung einschließlich Übermittlung,
5. Kombination und
6. Löschung.

(2) Die Protokolle über Abfragen und Offenlegungen müssen es ermöglichen, das Datum und die Uhrzeit dieser Vorgänge und so weit wie möglich die Identität der Person, die die personenbezogenen Daten abgefragt oder offengelegt hat, und die Identität des Empfängers der Daten festzustellen.

(3) ¹Die Protokolldaten dürfen nur für die Überprüfung der Rechtmäßigkeit der Datenverarbeitung, durch eine dazu befugte öffentliche Stelle, sowie für die Eigenüberwachung, der Gewährleistung der Integrität und Sicherheit der personenbezogenen Daten sowie für Strafverfahren verwendet werden. ²Die Protokolldaten sind am Ende des auf die Generierung folgenden Jahres zu löschen, es sei denn, dass sie für den in Satz 1 genannten Zweck noch erforderlich sind.

(4) Der Verantwortliche und der Auftragsverarbeiter haben die Protokolle der oder dem Hamburgischen Beauftragten für Datenschutz und Informationsfreiheit auf Anforderung zur Verfügung zu stellen.

§ 64 Protokollierung bei verdeckten und eingriffsintensiven Maßnahmen

(1) Bei der Erhebung von Daten nach den §§ 20 bis 31 und 50 sind zu protokollieren:

1. das zur Datenerhebung eingesetzte Mittel,
2. der Zeitpunkt des Einsatzes,
3. Angaben, die die Feststellung der erhobenen Daten ermöglichen, sowie
4. die Organisationseinheit, die die Maßnahme durchführt.

(2) Zu protokollieren sind auch

1. bei Maßnahmen nach § 20 Absatz 1 und § 21 Absatz 1 die Zielperson sowie die erheblich mitbetroffenen Personen,
2. bei Maßnahmen nach § 22
   a) die Person, gegen die sich die Maßnahme richtete,
   b) sonstige überwachte Personen sowie
   c) Personen, die die überwachte Wohnung zur Zeit der Durchführung der Maßnahme innehatten oder bewohnten,
3. bei Maßnahmen nach § 23 die Beteiligten der überwachten Telekommunikation,
4. bei Maßnahmen nach § 24 die Angaben zur Identifizierung des informationstechnischen Systems und die daran vorgenommenen nicht nur flüchtigen Veränderungen,
5. bei Maßnahmen nach § 25 die Beteiligten der betroffenen Telekommunikation,
6. bei Maßnahmen nach § 25 Absatz 3 die Zielperson,
7. bei Maßnahmen nach § 27 die betroffene Person,
8. bei Maßnahmen nach §§ 28 und 29
   a) die Zielperson,
   b) die erheblich mitbetroffene Person,
   c) die Personen, deren nicht allgemein zugängliche Wohnung die Vertrauensperson oder der Verdeckte Ermittler betreten hat,
9. bei Maßnahmen nach § 31 die Zielperson und die Personen, deren personenbezogene Daten gemeldet worden sind,
10. bei Maßnahmen nach § 50

a) die im Übermittlungsersuchen nach § 50 Absatz 2 enthaltenen Merkmale sowie
b) die betroffenen Personen, gegen die nach Auswertung der Daten weitere Maßnahmen getroffen wurden.

(3) ¹Nachforschungen zur Feststellung der Identität einer in Absatz 2 bezeichneten Person sind nur vorzunehmen, wenn dies unter Berücksichtigung der Eingriffsintensität der Maßnahme gegenüber dieser Person, des Aufwands für die Feststellung ihrer Identität sowie der daraus für diese oder andere Personen folgenden Beeinträchtigungen geboten ist. ²Die Zahl der Personen, deren Protokollierung unterblieben ist, ist im Protokoll anzugeben.

(4) ¹Die Protokolldaten dürfen nur verwendet werden für Zwecke der Benachrichtigung und um der betroffenen Person oder einer dazu befugten öffentlichen Stelle die Prüfung zu ermöglichen, ob die Maßnahmen rechtmäßig durchgeführt worden sind. ²Sie sind bis zum Abschluss der Kontrolle nach § 73 aufzubewahren und sodann automatisiert zu löschen, es sei denn, dass sie für den in Satz 1 genannten Zweck noch erforderlich sind.

§ 65 Kennzeichnung bei verdeckten und eingriffsintensiven Maßnahmen
(1) ¹Die nach den §§ 20 bis 31 und 50 erhobenen personenbezogenen Daten sind unter Angabe des eingesetzten Mittels oder der eingesetzten Methode oder Maßnahme zu kennzeichnen. ²Die Kennzeichnung kann durch Angabe der Rechtsgrundlage ergänzt werden. ³Personenbezogene Daten, die nicht entsprechend den Anforderungen des Satzes 1 gekennzeichnet sind, dürfen solange nicht weiterverarbeitet oder übermittelt werden, bis eine Kennzeichnung entsprechend den Anforderungen des Satzes 1 erfolgt ist.

(2) Bei einer Übermittlung an eine andere Stelle ist die empfangende Stelle darauf hinzuweisen, dass die Kennzeichnung nach Absatz 1 Satz 1 aufrechtzuerhalten ist.

Abschnitt 5
Rechte der betroffenen Person

§ 66 Verfahren der Kommunikation mit Betroffenen
(1) ¹Der Verantwortliche hat mit betroffenen Personen unter Verwendung einer klaren und einfachen Sprache in präziser, verständlicher und leicht zugänglicher Form zu kommunizieren. ²Unbeschadet besonderer Formvorschriften soll er bei der Beantwortung von Anträgen grundsätzlich die für den Antrag gewählte Form verwenden.

(2) ¹Die Benachrichtigungen nach den §§ 61 und 68 und die Bearbeitung von Anträgen nach den §§ 69 und 70 erfolgen unentgeltlich. ²Bei offenkundig unbegründeten oder exzessiven Anträgen nach den §§ 69 und 70 kann der Verantwortliche entweder eine angemessene Gebühr auf der Grundlage der Verwaltungskosten verlangen oder sich weigern, auf Grund des Antrags tätig zu werden. ³In diesem Fall muss der Verantwortliche den offenkundig unbegründeten oder exzessiven Charakter des Antrags belegen können.

(3) Hat der Verantwortliche begründete Zweifel an der Identität einer betroffenen Person, die einen Antrag nach § 69 oder § 70 gestellt hat, kann er von ihr zusätzliche Informationen anfordern, die zur Bestätigung ihrer Identität erforderlich sind.

§ 67 Allgemeine Informationen zur Datenverarbeitung
Die Polizei hat in allgemeiner Form und für jedermann zugänglich Informationen zur Verfügung zu stellen über
1. die Zwecke, zu denen personenbezogene Daten verarbeitet werden,
2. die Rechte auf Auskunft, Berichtigung, Löschung und Einschränkung der Verarbeitung personenbezogener Daten,
3. die Kontaktdaten des Verantwortlichen und die Kontaktdaten der oder des behördlichen Datenschutzbeauftragten,
4. das Recht, die Hamburgische Beauftragte für Datenschutz und Informationsfreiheit oder den Hamburgischen Beauftragten für Datenschutz und Informationsfreiheit anzurufen und
5. die Kontaktdaten der oder des Hamburgischen Beauftragten für Datenschutz und Informationsfreiheit.

§ 68 Benachrichtigung betroffener Personen

(1) [1]Ist die Benachrichtigung betroffener Personen über die Verarbeitung sie betreffender Daten nach diesem Gesetz vorgesehen oder angeordnet, so hat diese Benachrichtigung zumindest die folgenden Angaben zu enthalten:

1. allgemeine Informationen zur Datenverarbeitung:
    a) die Zwecke der von dem Verantwortlichen vorgenommenen Verarbeitungen,
    b) die im Hinblick auf die Verarbeitung ihrer personenbezogenen Daten bestehenden Rechte der betroffenen Personen auf Auskunft, Berichtigung, Löschung und Einschränkung der Verarbeitung,
    c) den Namen und die Kontaktdaten des Verantwortlichen und der oder des Datenschutzbeauftragten,
    d) das Recht, die Hamburgische Beauftragte für Datenschutz und Informationsfreiheit oder den Hamburgischen Beauftragten für Datenschutz und Informationsfreiheit anzurufen und
    e) die Erreichbarkeit der oder des Hamburgischen Beauftragten für Datenschutz und Informationsfreiheit,
2. die Rechtsgrundlage der Verarbeitung,
3. die für die Daten geltende Speicherdauer oder, falls dies möglich ist, die Kriterien für die Festlegung dieser Dauer,
4. gegebenenfalls die Kategorien von Empfängern der personenbezogenen Daten sowie
5. erforderlichenfalls weitere Informationen, insbesondere, wenn die personenbezogenen Daten ohne Wissen der betroffenen Person erhoben wurden.

[2]Die Benachrichtigung unterbleibt, wenn ihr überwiegende schutzwürdige Belange einer betroffenen Person entgegenstehen. [3]Zudem kann die Benachrichtigung einer betroffenen Person, gegen die sich die Maßnahme nicht gerichtet hat, unterbleiben, wenn diese von der Maßnahme nur unerheblich betroffen ist und anzunehmen ist, dass sie kein Interesse an einer Benachrichtigung hat. [4]Nachforschungen zur Feststellung der Identität einer betroffenen Person sind nur vorzunehmen, wenn dies unter Berücksichtigung der Eingriffsintensität der Maßnahme gegenüber dieser Person, des Aufwands für die Feststellung ihrer Identität sowie der daraus für diese oder andere Personen folgenden Beeinträchtigungen geboten ist.

(2) [1]Die Benachrichtigung erfolgt, sobald dies ohne Gefährdung des Zwecks der Maßnahme, des Bestandes des Staates, von Leib, Leben oder Freiheit einer Person möglich ist. [2]Im Falle der §§ 28 und 29 erfolgt die Benachrichtigung erst, sobald dies auch ohne Gefährdung der Möglichkeit der weiteren Verwendung der Vertrauensperson oder des Verdeckten Ermittlers möglich ist. [3]Ist wegen desselben Sachverhalts ein strafrechtliches Ermittlungsverfahren eingeleitet worden, erfolgt die Benachrichtigung in Abstimmung mit der Staatsanwaltschaft, sobald dies der Stand des Ermittlungsverfahrens zulässt. [4]Wird die Benachrichtigung aus einem der vorgenannten Gründe zurückgestellt, ist dies zu dokumentieren.

(3) [1]Erfolgt nach Beendigung einer Maßnahme die Benachrichtigung nicht innerhalb von zwölf Monaten, bedarf die weitere Zurückstellung der Benachrichtigung der gerichtlichen Zustimmung. [2]Im Falle der §§ 22 und 25 beträgt die Frist sechs Monate. [3]Über die Zurückstellung entscheidet das Gericht, das für die Anordnung der Maßnahme zuständig gewesen ist. [4]Im Falle einer erstmaligen gerichtlichen Befassung gilt § 20 Absatz 2 Sätze 5 bis 9 entsprechend. [5]Das Gericht bestimmt die Dauer der weiteren Zurückstellung, im Falle der §§ 22 und 25 jedoch nicht länger als sechs Monate. [6]Fünf Jahre nach Beendigung der Maßnahme kann mit gerichtlicher Zustimmung endgültig von der Benachrichtigung abgesehen werden, wenn

1. die Voraussetzungen für die Benachrichtigung mit an Sicherheit grenzender Wahrscheinlichkeit auch in Zukunft nicht eintreten werden,
2. die Voraussetzungen für eine Löschung sowohl bei der Polizei als auch bei den Empfängern von Datenübermittlungen vorliegen und
3. die Daten gelöscht wurden.

(4) Bezieht sich die Benachrichtigung auf die Herkunft von oder die Übermittlung personenbezogener Daten an Verfassungsschutzbehörden, den Bundesnachrichtendienst, den Militärischen Abschirmdienst und, soweit die Sicherheit des Bundes berührt wird, andere Behörden des Bundesministeriums der Verteidigung, ist sie nur mit Zustimmung dieser Stellen zulässig.

§ 69 Auskunftsrecht

(1) ¹Der betroffenen Person ist auf Antrag Auskunft darüber zu erteilen, ob sie betreffende Daten verarbeitet werden. ²Betroffene Personen haben darüber hinaus das Recht, Informationen zu erhalten über

1. die personenbezogenen Daten, die Gegenstand der Verarbeitung sind und die Kategorie zu der sie gehören,
2. die verfügbaren Informationen über die Herkunft der Daten sowie
3. die in § 68 Absatz 1 Satz 1 genannten Angaben.

(2) Absatz 1 gilt nicht für personenbezogene Daten, die nur deshalb verarbeitet werden, weil sie auf Grund gesetzlicher Aufbewahrungsvorschriften nicht gelöscht werden dürfen, oder die ausschließlich Zwecken der Datensicherung, der Datenschutzkontrolle oder der Sicherstellung des ordnungsgemäßen Betriebs einer Datenverarbeitungsanlage dienen, wenn die Auskunftserteilung einen unverhältnismäßigen Aufwand erfordern würde und eine Verarbeitung zu anderen Zwecken durch geeignete technische und organisatorische Maßnahmen ausgeschlossen ist.

(3) ¹Bei nicht automatisiert suchfähig verarbeiteten Daten kann von der Auskunftserteilung abgesehen werden, wenn die betroffene Person keine Angaben macht, die das Auffinden der Daten ermöglichen, und deshalb der für die Erteilung der Auskunft erforderliche Aufwand insoweit außer Verhältnis zu dem von der betroffenen Person geltend gemachten Informationsinteresse steht. ²Statt einer Auskunft über personenbezogene Daten kann der betroffenen Person Akteneinsicht gewährt werden.

(4) Der Verantwortliche kann unter den Voraussetzungen des § 68 Absatz 2 von der Auskunft nach Absatz 1 Satz 1 absehen oder die Auskunftserteilung nach Absatz 1 Satz 2 teilweise oder vollständig einschränken.

(5) Bezieht sich die Auskunftserteilung auf die Herkunft von oder die Übermittlung personenbezogener Daten an Verfassungsschutzbehörden, den Bundesnachrichtendienst, den Militärischen Abschirmdienst und, soweit die Sicherheit des Bundes berührt wird, andere Behörden des Bundesministeriums der Verteidigung, ist sie nur mit Zustimmung dieser Stellen zulässig.

(6) ¹Der Verantwortliche hat die betroffene Person über das Absehen von einer Auskunft oder die Einschränkung einer Auskunft unverzüglich schriftlich zu unterrichten. ²Dies gilt nicht, soweit bereits die Erteilung dieser Informationen eine Gefährdung im Sinne des § 68 Absatz 2 mit sich bringen würde. ³Die Unterrichtung nach Satz 1 ist zu begründen, es sei denn, dass die Mitteilung der Gründe den mit dem Absehen von oder der Einschränkung der Auskunft verfolgten Zweck gefährden würde.

(7) ¹Wird die betroffene Person nach Absatz 6 über das Absehen von einer Auskunft oder die Einschränkung der Auskunft unterrichtet, kann sie ihr Auskunftsrecht auch über die Hamburgische Beauftragte für Datenschutz und Informationsfreiheit oder den Hamburgischen Beauftragten für Datenschutz und Informationsfreiheit ausüben. ²Der Verantwortliche hat die betroffene Person über diese Möglichkeit sowie darüber zu unterrichten, dass sie die Hamburgische Beauftragte für Datenschutz und Informationsfreiheit oder den Hamburgischen Beauftragten für Datenschutz und Informationsfreiheit anrufen oder gerichtlichen Rechtsschutz suchen kann. ³Die oder der Hamburgische Beauftragte für Datenschutz und Informationsfreiheit hat die betroffene Person darüber zu unterrichten, dass alle erforderlichen Prüfungen erfolgt sind oder eine Überprüfung durch sie oder ihn stattgefunden hat. ⁴Die Mitteilung der oder des Hamburgischen Beauftragten für Datenschutz und Informationsfreiheit an die betroffene Person darf keine Rückschlüsse auf den Erkenntnisstand des Verantwortlichen zulassen, sofern dieser keiner weitergehenden Auskunft zustimmt. ⁵Die oder der Hamburgische Beauftragte für Datenschutz und Informationsfreiheit hat zudem die betroffene Person über ihr Recht auf gerichtlichen Rechtsschutz zu unterrichten.

(8) Der Verantwortliche hat die sachlichen oder rechtlichen Gründe für die Entscheidung zu dokumentieren.

§ 70 Recht auf Berichtigung, Löschung sowie Einschränkung der Verarbeitung

(1) ¹Die betroffene Person hat das Recht, von dem Verantwortlichen unverzüglich die Berichtigung sie betreffender unrichtiger Daten zu verlangen. ²Insbesondere im Fall von Aussagen oder Beurteilungen betrifft die Frage der Richtigkeit nicht den Inhalt der Aussage oder der Beurteilung, sondern die Tatsache, dass die Aussage oder Beurteilung so erfolgt ist. ³Tritt an die Stelle der Berichtigung eine Einschränkung der Verarbeitung hat der Verantwortliche die betroffene Person zu unterrichten, bevor er die Einschränkung wieder aufhebt. ⁴Die betroffene Person kann zudem die Vervollständigung

unvollständiger personenbezogener Daten verlangen, wenn dies unter Berücksichtigung der Verarbeitungszwecke angemessen ist.

(2) In den Fällen des § 59 Absatz 2 hat die betroffene Person das Recht, von dem Verantwortlichen unverzüglich die Löschung sie betreffender Daten zu verlangen.

(3) [1]Der Verantwortliche hat die betroffene Person über ein Absehen von der Berichtigung oder Löschung personenbezogener Daten oder über die an deren Stelle tretende Einschränkung der Verarbeitung schriftlich zu unterrichten. [2]Dies gilt nicht, wenn bereits die Erteilung dieser Informationen eine Gefährdung im Sinne des § 68 Absatz 2 mit sich bringen würde. [3]Die Unterrichtung nach Satz 1 ist zu begründen, es sei denn, dass die Mitteilung der Gründe den mit dem Absehen von der Unterrichtung verfolgten Zweck gefährden würde.

(4) § 69 Absätze 7 und 8 gilt entsprechend.

(5) In Fällen der Berichtigung, Löschung oder Einschränkung der Verarbeitung nach den Absätzen 1 und 2 hat der Verantwortliche anderen Empfängern, denen die Daten übermittelt wurden, diese Maßnahmen mitzuteilen.

§ 71 Recht auf Schadensersatz und Entschädigung

(1) [1]Hat ein Verantwortlicher einer betroffenen Person durch eine Verarbeitung personenbezogener Daten, die nach diesem Gesetz oder nach anderen auf ihre Verarbeitung anwendbaren Vorschriften rechtswidrig war, einen Schaden zugefügt, ist er oder sein Rechtsträger der betroffenen Person zum Schadensersatz verpflichtet. [2]Die Ersatzpflicht entfällt, soweit bei einer nicht automatisierten Verarbeitung der Schaden nicht auf ein Verschulden des Verantwortlichen zurückzuführen ist. [3]Lässt sich bei einer automatisierten Verarbeitung personenbezogener Daten nicht ermitteln, welche von mehreren beteiligten Verantwortlichen den Schaden verursacht hat, so haftet jeder Verantwortliche beziehungsweise sein Rechtsträger.

(2) Wegen eines Schadens, der nicht Vermögensschaden ist, kann die betroffene Person eine angemessene Entschädigung in Geld verlangen.

(3) Auf das Mitverschulden von Verletzten sind § 254 und § 839 Absatz 3 des Bürgerlichen Gesetzbuchs und auf die Verjährung die für unerlaubte Handlungen geltenden Verjährungsvorschriften des Bürgerlichen Gesetzbuchs entsprechend anzuwenden.

(4) Weitergehende sonstige Schadenersatzansprüche bleiben unberührt.

Abschnitt 6
Die bzw. der Hamburgische Beauftragte für Datenschutz und Informationsfreiheit

§ 72 Befugnisse

(1) [1]Stellt die oder der Hamburgische Beauftragte für Datenschutz und Informationsfreiheit bei Datenverarbeitungen durch die Polizei, deren Auftragsdatenverarbeiter oder die Stellen, auf die die Polizei ihre Aufgaben ganz oder teilweise übertragen hat, Verstöße gegen die Vorschriften dieses Gesetzes oder gegen andere Vorschriften über den Datenschutz oder sonstige Mängel bei der Verarbeitung oder Nutzung personenbezogener Daten fest, so beanstandet sie oder er dies und fordert innerhalb einer von ihr oder ihm zu bestimmenden Frist zur Stellungnahme auf. [2]Die oder der Hamburgische Beauftragte für Datenschutz und Informationsfreiheit kann von einer Beanstandung absehen oder auf eine Stellungnahme verzichten, insbesondere wenn die Mängel von geringer Bedeutung sind, bereits behoben sind oder ihre Behebung sichergestellt ist. [3]Die Stellungnahme soll auch eine Darstellung der Maßnahmen enthalten, die auf Grund der Beanstandung der oder des Hamburgischen Beauftragten für Datenschutz und Informationsfreiheit getroffen worden sind. [4]Die oder der Hamburgische Beauftragte für Datenschutz und Informationsfreiheit kann die Polizei auch davor warnen, dass beabsichtigte Verarbeitungsvorgänge voraussichtlich gegen in diesem Gesetz enthaltene und andere auf die jeweilige Datenverarbeitung anzuwendende Vorschriften über den Datenschutz verstoßen. [5]Sofern die oder der Hamburgische Beauftragte für Datenschutz und Informationsfreiheit Verstöße gemäß Satz 1 beanstandet hat und der Verstoß nach der Stellungnahme fortbesteht, kann sie oder er das Vorliegen eines von ihr oder ihm beanstandeten Verstoßes gegen datenschutzrechtliche Vorschriften gerichtlich feststellen lassen.

(2) Stellt die oder der Hamburgische Beauftragte für Datenschutz und Informationsfreiheit einen strafbewehrten Verstoß gegen dieses Gesetz oder gegen andere Vorschriften des Datenschutzes fest, ist sie oder er befugt, diesen zur Anzeige zu bringen.

(3) Die Polizei, ihre Auftragsdatenverarbeiter und die Stellen, auf die die Polizei ihre Aufgaben ganz oder teilweise übertragen hat, sind verpflichtet, der oder dem Hamburgischen Beauftragten für Datenschutz und Informationsfreiheit

1. jederzeit Zugang zu den Grundstücken und Diensträumen, einschließlich aller Datenverarbeitungsanlagen und -geräte, sowie zu allen personenbezogenen Daten und Informationen, die zur Erfüllung ihrer oder seiner Aufgaben notwendig sind, zu gewähren und

2. alle Informationen, die für die Erfüllung ihrer oder seiner Aufgaben erforderlich sind, bereitzustellen.

§ 73 Besondere Kontrollpflichten

Die oder der Hamburgische Beauftragte für Datenschutz und Informationsfreiheit kontrolliert die Einhaltung der gesetzlichen Vorschriften über die Verarbeitung von personenbezogenen Daten nach den §§ 20 bis 31 und 50 im Abstand von höchstens zwei Jahren.

§ 74 Zusammenarbeit

Der Verantwortliche und der Auftragsverarbeiter haben mit der oder dem Hamburgischen Beauftragten für Datenschutz und Informationsfreiheit bei der Erfüllung ihrer oder seiner Aufgaben zusammenzuarbeiten.

Abschnitt 7
Schlussbestimmungen

§ 75 Berichtspflicht gegenüber der Bürgerschaft

[1]Der Senat unterrichtet die Bürgerschaft jährlich über die nach den §§ 19 bis 30 und 49 angeordneten Maßnahmen sowie über Übermittlungen nach § 45. [2]Der Senat berichtet auch, wenn keine Maßnahmen durchgeführt worden sind. [3]Über den nach § 22 Absatz 1 und soweit richterlich überprüfungsbedürftig, nach § 22 Absatz 8 erfolgten Einsatz technischer Mittel übt ein von der Bürgerschaft gewähltes Gremium auf der Grundlage dieses Berichts die parlamentarische Kontrolle aus. [4]Dieses Gremium besteht aus sieben Mitgliedern der Bürgerschaft. [5]Sie werden in geheimer Abstimmung gewählt.

§ 76 Strafvorschriften

(1) Wer gegen Entgelt oder in der Absicht, sich oder eine andere bzw. einen anderen zu bereichern oder eine andere bzw. einen anderen zu schädigen, personenbezogene Daten, die nicht offenkundig sind,

1. unbefugt verarbeitet oder

2. durch Vortäuschung falscher Tatsachen an sich oder eine andere bzw. einen anderen übermitteln lässt,

wird mit Freiheitsstrafe bis zu zwei Jahren oder mit Geldstrafe bestraft.

(2) Der Versuch ist strafbar.

(3) [1]Die Tat wird nur auf Antrag verfolgt. [2]Antragsberechtigt sind die betroffene Person, der Verantwortliche und die bzw. der Hamburgische Beauftragte für Datenschutz und Informationsfreiheit.

(4) Die Absätze 1 bis 3 finden nur Anwendung, soweit die Tat nicht nach anderen Vorschriften mit Strafe bedroht ist.

(5) Eine Meldung von Verletzungen des Schutzes personenbezogener Daten an die Hamburgische Beauftragte für Datenschutz und Informationsfreiheit oder den Hamburgischen Beauftragten für Datenschutz und Informationsfreiheit nach § 60 oder eine Benachrichtigung der von einer Verletzung des Schutzes personenbezogener Daten betroffene Person nach § 61 darf in einem Strafverfahren gegen den Meldepflichtigen oder Benachrichtigenden oder seine in § 52 Absatz 1 der Strafprozessordnung bezeichneten Angehörigen nur mit Zustimmung des Meldepflichtigen oder Benachrichtigenden verwendet werden.

§ 77 Einschränkung von Grundrechten

Durch dieses Gesetz werden die Grundrechte auf Freiheit der Person (Artikel 2 Absatz 2 Satz 2 des Grundgesetzes), auf Unverletzlichkeit der Wohnung (Artikel 13 des Grundgesetzes) und des Brief-, Post- und Fernmeldegeheimnisses (Artikel 10 des Grundgesetzes) eingeschränkt.

§ 78 Übergangsbestimmungen

(1) Abweichend von § 65 dürfen personenbezogene Daten auch ohne eine dort vorgesehene Kennzeichnung nach dem 23. Dezember 2019 für die betreffenden Dateien und automatisierten Verfahren geltenden Errichtungsanordnungen weiterverarbeitet, insbesondere übermittelt werden.

(2) [1]Protokollierungen im Sinne von § 63 Absatz 1 müssen bei vor dem 6. Mai 2018 eingerichteten, automatisierten Verarbeitungssystemen erst bis zum 6. Mai 2023 erfolgen, wenn andernfalls ein unverhältnismäßiger Aufwand entstünde. [2]Die Anwendung von Satz 1 ist zu begründen und zu dokumentieren.

(3) [1]Der Turnus für Prüfungen nach § 73 und Unterrichtungen nach § 75 beginnt erstmals am 1. Januar 2022. [2]Bis zu diesem Zeitpunkt finden § 10a Absatz 9 sowie § 10e Absatz 7 des Gesetzes über die Datenverarbeitung der Polizei vom 2. Mai 1991 (HmbGVBl. S. 187, 191) in der am 23. Dezember 2019 geltenden Fassung sinngemäß Anwendung.

Bannkreisgesetz

Vom 5. Februar 1985 (HmbGVBl. S. 61)
(BS Hbg 2180-1)

Der Senat verkündet das nachstehende von der Bürgerschaft beschlossene Gesetz:

§ 1 Bannkreis

(1) [1]Der befriedete Bannkreis umfasst das Gebiet, das folgende Straßen und Grundstücke begrenzen: Jungfernstieg ab Einmündung Neuer Wall – Bergstraße – Schmiedestraße bis Kreuzung Domstraße – Domstraße – Ost-West-Straße bis Einmündung Neue Burg – Neue Burg bis Einmündung Trostbrücke – Grundstück der ehemaligen Nikolaikirche – Hopfenmarkt ab Einmündung Hahntrapp – Kleiner Burstah – Großer Burstah ab Einmündung Kleiner Burstah – Graskeller – Neuer Wall.

(2) [1]Die Flächen der genannten Straßen und Grundstücke gehören nicht zum befriedeten Bannkreis.

§ 2 Ausnahmen vom Versammlungsverbot

(1) [1]Ausnahmen von dem Verbot öffentlicher Versammlungen unter freiem Himmel und von Aufzügen im befriedeten Bannkreis sind zuzulassen, wenn eine Beeinträchtigung der Tätigkeit der Bürgerschaft, ihrer Organe oder Gremien oder eine Behinderung des freien Zugangs zum Rathaus nicht zu befürchten ist.

(2) [1]Nicht zulässig sind Ausnahmen, sofern die Versammlung oder der Aufzug
1. am Tage einer Sitzung der Bürgerschaft oder des Bürgerausschusses,
2. am Tage einer Sitzung des Ältestenrates oder der Fraktionen stattfinden soll.

§ 3 Verfahren

[1]Über Ausnahmen nach § 2 Absatz 1 entscheidet der Senat im Einvernehmen mit dem Präsidenten der Bürgerschaft. [2]Die Feststellung, ob eine Beeinträchtigung der Tätigkeit der Bürgerschaft, ihrer Organe oder Gremien zu befürchten ist, trifft der Präsident der Bürgerschaft.

§ 4 In-Kraft-Treten

(1) Dieses Gesetz tritt am Tage nach seiner Verkündung in Kraft.

(2) [1]Gleichzeitig tritt das Bannkreisgesetz vom 4. November 1968 (Hamburgisches Gesetz- und Verordnungsblatt Seite 241) außer Kraft.

Gesetz
zur Neufassung des Abkommens über die erweiterte Zuständigkeit der Polizei der Länder bei der Strafverfolgung[1)]

Vom 9. Juni 1992 (HmbGVBl. S. 125)
(BS Hbg 3120-5)

Der Senat verkündet das nachstehende von der Bürgerschaft beschlossene Gesetz:

Artikel 1 [Zustimmung]
Dem am 8. November 1991 in Saarbrücken unterzeichneten Abkommen über die erweiterte Zuständigkeit der Polizei der Länder bei der Strafverfolgung wird zugestimmt.

Artikel 2 [Veröffentlichung]
Das Abkommen wird nachstehend mit Gesetzeskraft veröffentlicht.

Artikel 3 [Inkrafttreten]
(1) Der Tag, an dem das Abkommen nach seinem Artikel 4 durch Hinterlegung der Bestätigungsurkunden in Kraft tritt[2)], ist im Hamburgischen Gesetz- und Verordnungsblatt bekannt zu machen.
(2) Mit dem Inkrafttreten des Abkommens tritt das Gesetz zum Abkommen über die erweiterte Zuständigkeit der Polizei der Bundesländer bei der Strafverfolgung vom 16. Februar 1970 (Hamburgisches Gesetz- und Verordnungsblatt Seite 53) außer Kraft.

---

1) Inkrafttreten gem. Art. 54 der Verfassung der Freien und Hansestadt Hamburg v. 6.6.1952 (HmGVBl. S. 117) am 26.8.1992.
2) In Kraft getreten am 22.6.1992; vgl. hierzu Bekanntmachung über den Zeitpunkt des Inkrafttretens des Abkommens über die erweiterte Zuständigkeit der Polizei der Länder bei der Strafverfolgung v. 13.8.1992 (HmbGVBl. S. 174); das Abkommen tritt gegenüber Bremen am 27.10.1992 und Sachsen-Anhalt am 30.10.1992 in Kraft; vgl. hierzu Zweite Bekanntmachung über den Zeitpunkt des Inkrafttretens des Abkommens über die erweiterte Zuständigkeit der Polizei der Länder bei der Strafverfolgung v. 30.3.1993 (HmbGVBl. S. 76).

Abkommen
über die erweiterte Zuständigkeit der Polizei der Länder bei der Strafverfolgung

Vom 8. November 1991

Zwischen
dem Land Baden-Württemberg,
dem Freistaat Bayern,
dem Land Berlin,
dem Land Brandenburg,
der Freien Hansestadt Bremen,
der Freien und Hansestadt Hamburg,
dem Land Hessen,
dem Land Mecklenburg-Vorpommern,
dem Land Niedersachsen,
dem Land Nordrhein-Westfalen,
dem Land Rheinland-Pfalz,
dem Saarland,
dem Freistaat Sachsen,
dem Land Sachsen-Anhalt,
dem Land Schleswig-Holstein,
und dem Land Thüringen
wird im Interesse einer verbesserten Verbrechensbekämpfung vorbehaltlich der Zustimmung der gesetzgebenden Körperschaften der Länder, soweit diese durch die Verfassung vorgeschrieben ist, folgendes Abkommen über die erweiterte Zuständigkeit der Polizei der Länder bei der Strafverfolgung geschlossen:

Artikel 1 [Länderübergreifende Strafverfolgung]
(1) Bei der Verfolgung von Straftaten sind die Polizeivollzugsbeamten jedes vertragsschließenden Landes berechtigt, Amtshandlungen auch in den anderen Ländern vorzunehmen, wenn einheitliche Ermittlungen insbesondere wegen der räumlichen Ausdehnung der Tat oder der in der Person des Täters oder in der Tatausführung liegenden Umstände notwendig erscheinen.
(2) Amtshandlungen sollen außer bei Gefahr im Verzuge nur im Benehmen mit der zuständigen Polizeidienststelle vorgenommen werden; ist das nicht möglich, so ist die zuständige Polizeidienststelle unverzüglich zu benachrichtigen.

Artikel 2 [Befugnisse]
Die Polizeivollzugsbeamten, die in einem anderen Land Amtshandlungen vornehmen, haben die gleichen Befugnisse wie die Polizeivollzugsbeamten dieses Landes.

Artikel 3 [Anwendbares Recht]
(1) Die Kosten für Amtshandlungen in einem anderen Land trägt jedes Land selbst.
(2) Die Rechte und Pflichten in dienstrechtlicher und wirtschaftlicher Hinsicht bestimmen sich für die Polizeivollzugsbeamten, die in einem anderen Land tätig werden, nach den Gesetzen und den sonstigen Bestimmungen ihres eigenen Landes.
(3) Solange Polizeibedienstete aus den Ländern Brandenburg, Mecklenburg-Vorpommern, Sachsen, Sachsen-Anhalt, Thüringen sowie aus dem Teil des Landes Berlin, in dem bis zum 3. Oktober 1990 das Grundgesetz nicht galt, Aufgaben der Strafverfolgung wahrnehmen, ohne zu Polizeivollzugsbeamten ernannt worden zu sein, gelten die Regelungen dieses Abkommens auch für sie.

Artikel 4 [Inkrafttreten, Außerkrafttreten]
(1) [1]Das Abkommen gilt für die Dauer von 5 Jahren vom Inkrafttreten an und verlängert sich auf unbestimmte Zeit, wenn es nicht mit einer Frist von einem Jahr zum Ende eines Jahres gekündigt wird. [2]Die Kündigung ist allen anderen Beteiligten gegenüber schriftlich zu erklären. [3]Die Kündigung durch ein Land läßt die Gültigkeit des Abkommens zwischen den anderen Ländern unberührt.

(2) ¹Das Abkommen tritt am 1. Januar 1992 in Kraft. ²Es ist von den beteiligten Ländern zu bestätigen. ³Sind bis zum Ablauf des 31. Dezember 1991 dem Innenministerium des Landes Nordrhein-Westfalen nicht alle von den beteiligten Ländern ausgefertigten Bestätigungsurkunden zugegangen, so tritt dieses Abkommen unter den beteiligten Ländern in Kraft, deren Urkunden bereits zugegangen sind.

(3) Für jedes beteiligte Land, dessen Bestätigungsurkunde zu dem nach Absatz 2 maßgeblichen Zeitpunkt dem Innenministerium des Landes Nordrhein-Westfalen nicht zugegangen ist, wird der Beitritt zu diesem Abkommen mit Zugang dieser Urkunde wirksam.[1]

(4) Das Abkommen über die erweiterte Zuständigkeit der Polizei der Bundesländer bei der Strafverfolgung vom 6. November 1969 tritt außer Kraft, wenn sämtliche Bestätigungsurkunden dem Innenministerium des Landes Nordrhein-Westfalen zugegangen sind.

---

1) Der Beitritt der folgenden Länder wird wirksam:
   Berlin: am 10.8.1992,
   Bremen: am 27.10.1992,
   Hamburg: am 22.6.1992 (Bek. v. 13.8.1992 (HmbGVBl. S. 174)),
   Mecklenburg-Vorpommern: am 2.1.1992,
   Sachsen: am 31.1.1992,
   Sachsen-Anhalt: am 30.10.1992 (Bek. v. 2.6.1993 (GVBl. LSA S. 263)),
   Thüringen: am 9.1.1992.

Verordnung
über das Verbot des Führens von Waffen und gefährlichen Gegenständen

Vom 4. Dezember 2007 (HmbGVBl. S. 411
(BS Hbg 7133-2)
zuletzt geändert durch Gesetz vom 15. Juli 2015 (HmbGVBl. S. 193, 195)

Auf Grund von § 42 Absatz 5 des Waffengesetzes (WaffG) vom 11. Oktober 2002 (BGBl. 2002 I S. 3970, 4592, 2003 I S. 1957), zuletzt geändert am 5. November 2007 (BGBl. I S. 2557), und § 1 Absatz 1 des Gesetzes zum Schutz der öffentlichen Sicherheit und Ordnung (SOG) vom 14. März 1966 (HmbGVBl. S. 77), zuletzt geändert am 26. Januar 2006 (HmbGVBl. S. 37, 47), wird verordnet:

§ 1 Verbot
Innerhalb der in den Anlagen 1 und 2 beschriebenen Gebiete ist das Führen von Waffen und gefährlichen Gegenständen auf öffentlichen Straßen, Wegen und Plätzen verboten.

§ 2 Begriffsbestimmung
(1) Führen im Sinne des § 1 ist die Ausübung der tatsächlichen Gewalt über Waffen oder gefährliche Gegenstände außerhalb der eigenen Wohnung, Geschäftsräume oder des eigenen befriedeten Besitztums im Sinne des § 1 Absatz 4 in Verbindung mit Anlage 1 Abschnitt 2 Nummer 4 WaffG.
(2) Waffen im Sinne des § 1 sind alle Waffen gemäß § 1 Absatz 2 WaffG.
(3) Gefährliche Gegenstände im Sinne des § 1 sind
1. Messer, soweit sie nicht von Absatz 2 erfasst werden,
2. Knüppel und Baseballschläger,
3. Handschuhe mit harten Füllungen,
4. Reizstoffsprühgeräte und Tierabwehrsprays, soweit sie nicht von Absatz 2 erfasst werden.

§ 3 Ausnahmetatbestände
(1) Ausgenommen von dem Verbot nach § 1 sind
1. Polizei, Bezirklicher Ordnungsdienst, Feuerwehr, Rettungsdienste und medizinische Versorgungsdienste,
2. Geld- und Werttransporte,
3. Sicherheitsdienste der Deutschen Bahn AG und der Hamburger Hochbahn AG oder in deren Auftrag handelnde Sicherheitsdienste.
(2) Ausgenommen von dem Verbot nach § 1 sind ferner
1. der Transport von Waffen und gefährlichen Gegenständen in Personenkraftwagen und Lastkraftwagen mit geschlossenem Fahrgastraum, soweit ein in den Anlagen 1 und 2 beschriebenes Gebiet ohne Fahrtunterbrechung, die sich nicht aus der Teilnahme am Straßenverkehr ergibt, durchfahren wird,
2. der Transport von Waffen und gefährlichen Gegenständen in geschlossenen Behältnissen oder Verpackungen, die einen unmittelbaren Zugriff verhindern,
   a) durch Gewerbetreibende, die ihren Gewerbetrieb in einem in den Anlagen 1 und 2 beschriebenen Gebiet haben und zum Handel mit den in § 2 genannten Waffen und gefährlichen Gegenständen berechtigt sind, sowie deren Angestellte und Kunden,
   b) durch Anwohner, die ihre Wohnung im Sinne des § 20 des Bundesmeldegesetzes vom 3. Mai 2013 (BGBl. I S. 1084), geändert am 20. November 2014 (BGBl. I S. 1738), in der jeweils geltenden Fassung, bei mehreren Wohnungen ihre Hauptwohnung, in einem in den Anlagen 1 und 2 beschriebenen Gebiet haben,
3. das Führen von Messern im Sinne des § 2 Absatz 3 Nummer 1 durch Handwerker und Gewerbetreibende sowie deren Angestellte, soweit die Messer für die unmittelbare Erledigung eines konkreten Auftrages in einem in den Anlagen 1 und 2 beschriebenen Gebiet üblicherweise benutzt werden,
4. die Verwendung von Messern im Sinne des § 2 Absatz 3 Nummer 1 im Rahmen eines gastronomischen Betriebes in einem in den Anlagen 1 und 2 beschriebenen Gebiet,
5. Fahrpersonal von Kraftfahrzeugen beim Einsatz zur Personenbeförderung im Linienverkehr und im Verkehr mit Taxen, soweit es sich bei den mitgeführten Gegenständen nicht um Schusswaffen

im Sinne des § 1 Absatz 2 Nummer 1 WaffG, Hieb- und Stoßwaffen im Sinne des § 1 Absatz 2 Nummer 2 Buchstabe a WaffG oder um Messer handelt,

6. das Führen von Reizstoffsprühgeräten, mit denen der Umgang nach Abschnitt 1 Nummer 1.3.5 der Anlage 2 WaffG nicht verboten ist.

(3) [1]Die zuständige Behörde kann darüber hinaus von dem Verbot nach § 1 allgemein oder für den Einzelfall Ausnahmen zulassen. [2]Die Ausnahmegenehmigungen können mit Bedingungen und Auflagen versehen werden.

§ 4 Ordnungswidrigkeiten

(1) Ordnungswidrig im Sinne des § 53 Absatz 1 Nummer 23 WaffG handelt, wer innerhalb der in den Anlagen 1 und 2 beschriebenen Gebiete entgegen § 1 vorsätzlich oder fahrlässig eine Waffe im Sinne des § 2 Absatz 2 führt.

(2) Ordnungswidrig handelt, wer innerhalb der in den Anlagen 1 und 2 beschriebenen Gebiete entgegen § 1 vorsätzlich oder fahrlässig gefährliche Gegenstände im Sinne des § 2 Absatz 3 führt.

(3) [1]Die Ordnungswidrigkeit nach Absatz 1 kann mit einer Geldbuße bis zu 10.000 Euro geahndet werden. [2]Die Ordnungswidrigkeit nach Absatz 2 kann mit einer Geldbuße bis zu 5.000 Euro geahndet werden.

(4) [1]Verbotenerweise geführte Waffen können nach § 54 Absatz 2 WaffG eingezogen werden. [2]Verbotenerweise geführte gefährliche Gegenstände können nach § 1 Absatz 2 SOG eingezogen werden.

Anlage 1

Gebietsbeschreibung des Waffenverbotsgebiets Reeperbahn

Von der westlichen Seite der Straße Große Freiheit gegen die Simon-von-Utrecht-Straße auf der südlichen Seite der Simon-von-Utrecht-Straße bis zur Budapester Straße, die südliche Seite der Budapester Straße bis zur westlichen Seite des Millerntorplatz, diesen bis zur Straße Reeperbahn, auf die östliche Seite der Straße Zirkusweg gegen die Helgoländer Allee verspringend, die Straße Zirkusweg bis zur südlichen Seite der Hopfenstraße, diese bis zur östlichen Seite der Davidstraße, diese 30 Meter in südliche Richtung auf die südliche Seite der Erichstraße verspringend, diese bis zur westlichen Seite der Balduinstraße, diese bis zur südlichen Seite der Straße Silbersacktwiete, diese bis zur westlichen Seite des Bertha-Keyser-Wegs, diesen bis zur westlichen Seite der Lincolnstraße, diese bis zur südlichen Seite der Straße Reeperbahn, diese bis zur östlichen Seite der Holstenstraße, einschließlich des gesamten S-Bahnhofsgeländes Reeperbahn, ausschließlich der Eingänge (Treppenauf- beziehungsweise -abgänge) Königstraße/Pepermölenbek und Königstraße/Holstenstraße/Nobistor, die Holstenstraße bis zur nördlichen Seite der Straße Nobistor, diese bis zur westlichen Seite der Straße Große Freiheit, diese bis zur Simon-von-Utrecht-Straße.

Anlage 2

Grenzbeschreibung des Waffenverbotsgebietes Hansaplatz

Von der Rostocker Straße, der Nordgrenze des Flurstücks 916 der Gemarkung St. Georg-Nord (Rostocker Straße 12), bis zum Hansaplatz, diesen bis zur Brennerstraße, diese bis zur Hausnummer 5 (Flurstück 316), auf die südöstliche Seite der Brennerstraße an die Nordgrenze des Flurstücks 1347 verspringend, die Brennerstraße bis zum Hansaplatz, diesen bis zur Stralsunder Straße, diese in südlicher Richtung bis zur Südgrenze des Flurstücks 1343 (Stralsunder Straße 4) auf die südwestliche Seite der Stralsunder Straße verspringend, diese 22 Meter in westlicher Richtung bis zum Hansaplatz, diesen bis zur Straße Bremer Reihe, diese bis zur Westgrenze des Flurstücks 334 (Bremer Reihe 20a), auf die nordwestliche Seite an die Westgrenze des Flurstücks 480 (Bremer Reihe 21) verspringend, die Straße Bremer Reihe bis zum Hansaplatz, diesen bis zur Ellmenreichstraße, diese bis zur Westgrenze des Flurstücks 531 (Ellmenreichstraße 22 a), auf die nordwestliche Seite verspringend und 80 Meter in nordöstliche Richtung bis zur Baumeisterstraße, diese 43 Meter in westliche Richtung, an die nördliche Seite der Baumeisterstraße der Westgrenze des Flurstücks 1599 (Baumeisterstraße 17) verspringend, die Baumeisterstraße bis zum Hansaplatz, diesen bis zur Straße Zimmerpforte, diese bis zur Nordgrenze des Flurstücks 46 (Zimmerpforte 4), auf die nordöstliche Seite der Straße Zimmerpforte bis zur Nordgrenze des Flurstücks 52 (Zimmerpforte 3) verspringend, die Straße Zimmerpforte bis zum Hansaplatz, diesen bis zur Rostocker Straße, diese 90 Meter in nördliche Richtung, auf die östliche Seite der Rostocker Straße Flurstück 916 verspringend.

Hamburgisches Gesetz
zum Schutz vor den Gefahren des Passivrauchens in der Öffentlichkeit
(Hamburgisches Passivraucherschutzgesetz – HmbPSchG)

Vom 11. Juli 2007 (HmbGVBl. S. 211)

(BS Hbg 2120-4)

zuletzt geändert durch Art. 4 Drittes G zur Neuregelung des Glücksspielwesens
vom 12. Dezember 2017 (HmbGVBl. S. 386)

Der Senat verkündet das nachstehende von der Bürgerschaft beschlossene Gesetz:

§ 1 Ziel und Schutzzweck des Gesetzes

(1) Ziel des Gesetzes ist der Schutz der Bevölkerung vor den gesundheitlichen Gefahren durch Passivrauchen in öffentlichen Einrichtungen.

(2) Weitergehende Rauchverbote auf Grund anderer Rechtsvorschriften bleiben von diesem Gesetz unberührt.

§ 2 Rauchverbot

(1) Das Rauchen ist nach Maßgabe der Absätze 2 bis 6 verboten in

1. Behörden der Landes- und Bezirksverwaltung und allen sonstigen Einrichtungen von Trägern öffentlicher Verwaltung unabhängig von ihrer Rechtsform sowie in Gerichten,

2. Krankenhäusern sowie Vorsorge- und Rehabilitationseinrichtungen nach § 107 des Fünften Buches Sozialgesetzbuch vom 20. Dezember 1988 (BGBl. I S. 2477, 2482), zuletzt geändert am 26. März 2007 (BGBl. I S. 378), unabhängig von ihrer Trägerschaft, einschließlich anderer öffentlich zugänglicher Einrichtungen auf dem Betriebsgelände,

3. Wohneinrichtungen im Sinne von § 2 Absatz 4 des Hamburgischen Wohn- und Betreuungsqualitätsgesetzes vom 15. Dezember 2009 (HmbGVBl. S. 494),

4. öffentlichen Schulen und Schulen in freier Trägerschaft im Sinne von § 1 des Hamburgischen Gesetzes über Schulen in freier Trägerschaft in der Fassung vom 21. September 2004 (HmbGVBl. S. 365),

5. Gebäuden von Einrichtungen im Sinne des § 45 Absatz 1 des Achten Buches Sozialgesetzbuch in der Fassung vom 14. Dezember 2006 (BGBl. I S. 3135), geändert am 19. Februar 2007 (BGBl. I S. 122, 138), unabhängig davon, ob diese einer Erlaubnis bedürfen,

6. Hochschulen und anderen Einrichtungen der Erwachsenenbildung unabhängig von ihrer Trägerschaft,

7. Sporthallen, Hallenbädern, sonstigen Räumen, in denen Sport ausgeübt wird, unabhängig von ihrer Trägerschaft,

8. Einrichtungen, die der Bewahrung, Vermittlung, Aufführung und Ausstellung künstlerischer, unterhaltender oder historischer Inhalte oder Werke dienen, unabhängig von ihrer Trägerschaft, soweit sie der Öffentlichkeit zugänglich sind,

9. Einrichtungen, in denen Getränke oder zubereitete Speisen zum Verzehr an Ort und Stelle verabreicht werden (Gaststätten), einschließlich Gaststätten, die in der Betriebsart Diskothek geführt werden,

10. Einzelhandelsgeschäften, in denen Lebensmittel, Speisen oder Getränke angeboten werden,

11. Einkaufszentren, sofern sie sich in geschlossenen Gebäuden befinden,

12. Justizvollzugsanstalten, Einrichtungen des Vollzugs von Maßregeln der Besserung und Sicherung und vergleichbaren Einrichtungen,

13. Spielhallen,

14. Wettvermittlungsstellen.

(2) ¹Das Rauchverbot gemäß Absatz 1 gilt in Gebäuden und sonstigen vollständig umschlossenen Räumen. ²Es gilt nicht für Räume, die Wohnzwecken dienen und den Bewohnerinnen und Bewohnern zur alleinigen Nutzung überlassen sind. ³In Einrichtungen nach Absatz 1 Nummer 12 kann die Leiterin oder der Leiter für Räume, die Wohnzwecken dienen und mehreren Bewohnerinnen oder Bewohnern zur gemeinsamen Nutzung überlassen sind, Ausnahmen vom Rauchverbot zulassen, wenn alle Bewohnerinnen oder Bewohner des Raumes damit einverstanden sind.

(3) [1]In Gaststätten gemäß Absatz 1 Nummer 9 können abgeschlossene Räume eingerichtet werden, in denen das Rauchen gestattet ist. [2]Ein vollständiger Schutz der Personen in anderen Räumen dieser Einrichtungen ist zu gewährleisten. [3]Voraussetzung hierfür ist, dass

1.   diese Räume baulich so wirksam abgetrennt werden, dass eine Gefährdung anderer durch Passivrauchen ausgeschlossen wird und die Raucherräume belüftet werden,
2.   der Zutritt Personen unter 18 Jahren verwehrt ist,
3.   diese Räume kleiner sind als die übrige Gastfläche.

[4]Der Senat wird ermächtigt, durch Rechtsverordnung das Nähere, insbesondere die technischen Voraussetzungen an Abgeschlossenheit und Belüftung der Räume, zu regeln.

(4) Gaststätten gemäß Absatz 1 Nummer 9 sind vom Rauchverbot ausgenommen, wenn es sich um Gaststätten mit nur einem Gastraum mit einer Gastfläche von weniger als 75 Quadratmetern handelt, die keine zubereiteten Speisen anbieten und nicht über eine entsprechende Erlaubnis nach § 3 des Gaststättengesetzes verfügen und Personen unter 18 Jahren der Zutritt verwehrt ist.

(5) In den Fällen des Absatzes 1 Nummern 4 und 5 erstreckt sich das Rauchverbot auch auf das Gelände, auf welchem sich die Gebäude befinden sowie auch auf alle schulischen Veranstaltungen und alle Kinder- und Jugendveranstaltungen außerhalb der Gebäude.

(6) Für Einrichtungen im Sinne von Absatz 1 Nummern 2, 3 und 12 kann die Leiterin oder der Leiter aus zwingend konzeptionellen oder therapeutischen Gründen Ausnahmen vom Rauchverbot nach Absatz 1 zulassen.

(7) Das Rauchen ist abweichend von Absatz 1 zulässig in

1.   Räumen des Polizeigewahrsams, in denen die Dienststellenleiterin oder der Dienststellenleiter den in Gewahrsam Genommenen das Rauchen zur Aufrechterhaltung eines ordnungsgemäßen Betriebs des Gewahrsams gestattet,
2.   Vernehmungsräumen der Polizei, in denen die Dienststellenleiterin oder der Dienststellenleiter den zu Vernehmenden das Rauchen zur Gewährleistung eines ordnungsgemäßen Ablaufs von Vernehmungen gestattet.

§ 3 Hinweispflicht

[1]An Orten, an denen nach § 2 Absatz 3, 4 oder 6 das Rauchen gestattet ist, ist dies deutlich sichtbar kenntlich zu machen. [2]In derselben Weise ist deutlich sichtbar kenntlich zu machen, wenn Personen unter 18 Jahren der Zutritt nach § 2 Absätze 3 und 4 verwehrt ist. [3]Gaststätten, die nach § 2 Absatz 4 vom Rauchverbot ausgenommen sind, müssen im Eingangsbereich deutlich als Rauchergaststätte gekennzeichnet werden, zu denen Personen unter 18 Jahren keinen Zutritt haben.

§ 4 Verantwortlichkeit für die Umsetzung des Rauchverbots

(1) Verantwortlich für die Einhaltung des Rauchverbots nach § 2 sowie für die Erfüllung der Hinweispflichten nach § 3 sind im Rahmen ihrer Befugnisse

1.   die Leitung der jeweiligen Einrichtung im Sinne von § 2 Absatz 1 Nummern 1 bis 8 und 12,
2.   die Betreiberin oder der Betreiber der Gaststätte und der Diskothek im Sinne von § 2 Absatz 1 Nummer 9,
3.   die Betreiberin oder der Betreiber in den Fällen von § 2 Absatz 1 Nummern 10, 11, 13 und 14.

(2) Soweit den Verantwortlichen nach Absatz 1 ein Verstoß gegen das Rauchverbot bekannt wird, haben sie die erforderlichen Maßnahmen zu ergreifen, um weitere Verstöße zu verhindern.

§ 5 Ordnungswidrigkeit

(1) Ordnungswidrig handelt, wer

1.   in einem Rauchverbotsbereich nach § 2 raucht,
2.   der Hinweispflicht nach § 3 nicht nachkommt,
3.   entgegen § 2 Absätze 3 und 4 in einem Verbotsbereich Personen unter 18 Jahren den Zutritt nicht verwehrt,
4.   als Verantwortliche oder Verantwortlicher entgegen ihrer oder seiner Verpflichtung nach § 4 Absatz 2 keine Maßnahmen ergreift, um weitere Verstöße zu verhindern.

(2) Die Ordnungswidrigkeit kann

1.   im Fall von Absatz 1 Nummer 1 mit einer gebührenfreien Verwarnung oder mit einer Geldbuße von 20 Euro bis 200 Euro und
2.   im Fall von Absatz 1 Nummern 2 bis 4 mit einer Geldbuße von 50 bis 500 Euro geahndet werden.

§ 6 Berichterstattung des Senats

Der Senat berichtet der Bürgerschaft alle drei Jahre über die Anwendung und die Auswirkungen dieses Gesetzes.

§ 7 Inkrafttreten

Dieses Gesetz tritt am 1. Januar 2008 in Kraft.

Hamburgisches Gesetz zum Schutz gegen Lärm (Hamburgisches Lärmschutzgesetz – HmbLärmSchG)

Vom 30. November 2010 (HmbGVBl. S. 621)

(BS Hbg 2129-3)

zuletzt geändert durch ÄndG vom 8. Juli 2014 (HmbGVBl. S. 293)

Der Senat verkündet das nachstehende von der Bürgerschaft beschlossene Gesetz:

Teil 1
Allgemeiner Lärmschutz

§ 1 Grundregel

(1) [1]Jeder hat sich so zu verhalten, dass erhebliche Belästigungen unbeteiligter Personen durch Geräusche vermieden werden, soweit das nach den Umständen des Einzelfalls möglich und zumutbar ist. [2]Wer einen anderen zu einer Verrichtung bestellt, hat durch geeignete Maßnahmen für die Einhaltung der Pflicht nach Satz 1 zu sorgen.

(2) [1]Tiere sind so zu halten, dass unbeteiligte Personen durch die von ihnen hervorgerufenen Geräusche nicht erheblich belästigt werden. [2]Vorschriften für die Tierhaltung in Anlagen im Sinne von § 3 Absatz 5 Nummer 1 des Bundes-Immissionsschutzgesetzes (BImSchG) in der Fassung vom 26. September 2002 (BGBl. I S. 3831), zuletzt geändert am 11. August 2009 (BGBl. I S. 2723, 2727), in der jeweils geltenden Fassung bleiben davon unberührt.

§ 2 Arbeiten in Ruhezeiten

(1) An Sonn- und gesetzlichen Feiertagen ganztägig sowie an Werktagen in der Zeit von 20 Uhr bis 7 Uhr sind in Gebieten, in denen das Wohnen nach planungsrechtlichen Vorschriften allgemein zulässig ist, Arbeiten unter Einsatz von Werkzeugen oder Geräten verboten, die unbeteiligte Personen durch Geräusche erheblich belästigen.

(2) [1]Absatz 1 gilt nicht für Arbeiten im Zusammenhang mit der Errichtung und dem Betrieb von Anlagen auf Grund einer Planfeststellung, einer Genehmigung nach dem Bundes-Immissionsschutzgesetz oder eines zugelassenen Betriebsplanes nach dem Bundesberggesetz vom 13. August 1980 (BGBl. I S. 1310), zuletzt geändert am 31. Juli 2009 (BGBl. I S. 2585, 2619). [2]Absatz 1 gilt ferner nicht für Arbeiten im Zusammenhang mit dem Betrieb ortsfester nicht genehmigungsbedürftiger Anlagen im Sinne von § 22 Absatz 1 BImSchG sowie für landwirtschaftliche Arbeiten, die nach den Umständen unvermeidlich in den Ruhezeiten erfolgen müssen.

§ 3 Benutzung von Tonwiedergabe- und Tonerzeugungsgeräten

(1) Tonwiedergabegeräte wie Rundfunk- und Musikabspielgeräte sowie Tonerzeugungsgeräte wie Musikinstrumente dürfen zwischen 21 Uhr und 7 Uhr in Gebieten, in denen das Wohnen nach planungsrechtlichen Vorschriften allgemein zulässig ist, nur in solcher Lautstärke benutzt werden, dass unbeteiligte Personen nicht erheblich belästigt werden.

(2) [1]Die Benutzung von Tonwiedergabe- sowie Tonerzeugungsgeräten auf öffentlichen Verkehrsflächen und in Verkehrsmitteln des öffentlichen Personennahverkehrs ist nur mit Erlaubnis der zuständigen Behörde zulässig. [2]Einer Erlaubnis nach Satz 1 bedarf es nicht, wenn

1. die durch die Benutzung dieser Geräte hervorgerufenen Geräusche für unbeteiligte Personen nicht störend vernehmbar sind,

2. die Benutzung dieser Geräte auf öffentlichen Verkehrsflächen im Rahmen einer zulässigen Versammlung erfolgt,

3. die Benutzung von Musikinstrumenten auf öffentlichen Verkehrsflächen ohne elektronische Verstärkung erfolgt.

(3) Andere Vorschriften bleiben unberührt.

§ 4 Ausnahmen

[1]Die zuständige Behörde kann im Einzelfall Ausnahmen von den Verboten nach § 2 und § 3 Absatz 1 zulassen, wenn die Geräuschbelästigung zumutbar ist oder das beantragte Vorhaben im Einzelfall

Vorrang vor den schutzwürdigen Belangen unbeteiligter Personen hat. [2]Der Zulassung bedarf es nicht, wenn das Vorhaben im Einzelfall zur Abwendung einer Gefahr bei Unwetter oder Schneefall oder zur Abwendung einer sonstigen Gefahr für Mensch, Umwelt oder Sachgüter erforderlich ist. [3]Der Vorhabensträger hat die zuständige Behörde auf Verlangen über die Durchführung des Vorhabens zu unterrichten.

§ 4a Geräusche durch Sport
[1]Durch Sport hervorgerufene Geräusche sind notwendige Ausdrucksform und Begleiterscheinung sportlicher Betätigung, die nicht generell unterdrückt oder beschränkt werden können. [2]Sie sind daher als selbstverständlicher Ausdruck der freien Entfaltung der Persönlichkeit hinzunehmen und grundsätzlich verträglich mit anderen Nutzungen, insbesondere in Wohngebieten. [3]Die Rücksichtnahme auf andere, insbesondere Anwohnerinnen und Anwohner, obliegt den Sporttreibenden in eigener Verantwortung. Hierbei sind die Tageszeit, Dauer und Intensität der Geräuscheinwirkung sowie die bisherige Geräuschbelastung zu berücksichtigen.

Teil 2
Geräusche aus Kindertageseinrichtungen

§ 5 Anwendungsbereich
Die folgenden Regelungen gelten für die Errichtung und den Betrieb von Kindertageseinrichtungen mit dem Zweck, die Verträglichkeit dieser Einrichtungen hinsichtlich ihrer Geräuschemissionen mit benachbarten Nutzungen im Interesse einer ausreichenden und wohnnahen Versorgung mit solchen Einrichtungen zu regeln.

§ 6 Grundsatz
[1]Durch kindliches Spielen hervorgerufene Geräusche im Bereich von Kindertageseinrichtungen sind notwendige Ausdrucksform und Begleiterscheinung des kindlichen Spielens, die nicht generell unterdrückt oder auch nur beschränkt werden kann. [2]Geräusche von spielenden Kindern sind daher als selbstverständlicher Ausdruck kindlicher Entfaltung hinzunehmen und grundsätzlich verträglich mit anderen Nutzungen, insbesondere in Wohngebieten. [3]Erziehung zur Rücksichtnahme auf Nachbarn ist Bestandteil des pädagogischen Auftrages von Kindertageseinrichtungen.

§ 7 Erheblichkeit von Belästigungen und Nachteilen
[1]Bei der Ermittlung der Erheblichkeit von Belästigungen und Nachteilen im Sinne des § 22 Absatz 1 in Verbindung mit § 3 Absatz 1 BImSchG ist der Grundsatz gemäß § 6 mit besonderem Gewicht einzubeziehen. [2]Es sind alle im jeweiligen Einzelfall bedeutsamen Umstände zu ermitteln, wie insbesondere die Eigenart der Umgebung, die Größe, Lage und bauliche Beschaffenheit der Kindertageseinrichtung, die Tageszeit, Dauer und Intensität der Geräuscheinwirkung sowie die bisherige Geräuschbelastung.

§ 8 Anordnungen im Einzelfall
(1) Bei Anordnungen im Einzelfall nach § 24 BImSchG sind der Schutz der Nachbarschaft und die Gewährleistung eines sinnvollen Betriebs der Kindertageseinrichtung unter besonderer Berücksichtigung des Grundsatzes gemäß § 6 gegeneinander abzuwägen.
(2) [1]Bei Kindertageseinrichtungen, die vor Inkrafttreten dieses Gesetzes baurechtlich genehmigt wurden, sollen Maßnahmen nach § 24 BImSchG nur angeordnet werden, soweit hierfür im Einzelfall zum Schutz der Nachbarschaft ein konkreter Anlass besteht. [2]Für die Durchführung angeordneter Maßnahmen ist eine angemessene Frist zu gewähren.

Teil 3
Ordnungswidrigkeiten, Schlussbestimmungen

§ 9 Ordnungswidrigkeiten
(1) Ordnungswidrig handelt, wer vorsätzlich oder fahrlässig
1. entgegen § 1 Absatz 2 Tiere so hält, dass durch die von ihnen hervorgerufenen Geräusche unbeteiligte Personen erheblich belästigt werden,
2. entgegen § 2 Absatz 1 an Sonn- und Feiertagen sowie an Werktagen in der Zeit von 20 Uhr bis 7 Uhr in Gebieten, in denen das Wohnen nach planungsrechtlichen Vorschriften allgemein zulässig

ist, Arbeiten unter Einsatz von Werkzeugen oder Geräten durchführt, die unbeteiligte Personen durch Geräusche erheblich belästigen,

3. entgegen § 3 Absatz 1 ein Tonwiedergabegerät oder ein Tonerzeugungsgerät zwischen 21 Uhr und 7 Uhr in Gebieten, in denen das Wohnen nach planungsrechtlichen Vorschriften allgemein zulässig ist, in solcher Lautstärke benutzt, dass unbeteiligte Personen erheblich belästigt werden,

4. entgegen § 3 Absatz 2 ohne erforderliche Erlaubnis der zuständigen Behörde auf öffentlichen Verkehrsflächen oder in Verkehrsmitteln des öffentlichen Personennahverkehrs ein Tonwiedergabe- oder Tonerzeugungsgerät benutzt.

(2) Ordnungswidrigkeiten nach Absatz 1 können mit einer Geldbuße bis zu 5.000 Euro geahndet werden.

§ 10 Schlussbestimmungen

(1) [1]Die §§ 2 und 3 treten am ersten Tage des vierten auf die Verkündung[1] folgenden Monats in Kraft. [2]Im Übrigen tritt dieses Gesetz am Tage nach der Verkündung[1] in Kraft.

(2) Zum in Absatz 1 Satz 2 genannten Zeitpunkt wird § 29a des Hamburgischen Gesetzes zur Ausführung des Achten Buches Sozialgesetzbuch – Kinder- und Jugendhilfe – vom 25. Juni 1997 (HmbGVBl. S. 273), zuletzt geändert am 17. November 2009 (HmbGVBl. S. 389), aufgehoben.

(3) § 2 gilt nicht für Arbeiten auf Baustellen, die zum Zeitpunkt der Verkündung dieses Gesetzes bereits betrieben wurden.

---

1) Verkündet am 7.12.2010.

Hamburgisches Abfallwirtschaftsgesetz (HmbAbfG)[1]

Vom 21. März 2005 (HmbGVBl. S. 80)

(BS Hbg 2129-1)

zuletzt geändert durch Art. 2 3. ÄndG vom 28. November 2017 (HmbGVBl. S. 361)

Der Senat verkündet das nachstehende von der Bürgerschaft beschlossene Gesetz:

Inhaltsübersicht

Erster Teil
Allgemeine Vorschriften

§ 1 Zweck des Gesetzes
Die Freie und Hansestadt Hamburg wirkt im Einklang mit den Vorschriften des Kreislaufwirtschaftsgesetzes (KrWG) vom 24. Februar 2012 (BGBl. I S. 212), geändert am 8. April 2013 (BGBl. I S. 734, 744), in der jeweils geltenden Fassung auf eine Kreislaufwirtschaft zur Schonung der natürlichen Ressourcen und die Sicherstellung des Schutzes von Mensch und Umwelt bei der Erzeugung und Bewirtschaftung von Abfällen hin.

§ 2 Pflichten der öffentlichen Hand
(1) [1]Die Behörden der Freien und Hansestadt Hamburg und ihre juristischen Personen des öffentlichen Rechts sind verpflichtet, bei der Gestaltung von Arbeitsabläufen, im Beschaffungs- und Auftragswesen und bei Bauvorhaben dazu beizutragen, dass die Ziele des § 1 erreicht werden. [2]Insbesondere müssen die nach Satz 1 Verpflichteten in ihrem Arbeitsbereich hinwirken auf

1. die Entwicklung und Anwendung von Verfahren zur umweltverträglichen Verwertung von Abfällen,
2. die Durchführung von getrennten Sammlungen verwertbarer Abfälle und
3. den Einsatz von solchen Erzeugnissen, die

---

1) Verkündet als Art. 1 des G v. 21.3.2005 (HmbGVBl. S. 80); Inkrafttreten gem. Art. 54 Satz 1 der Hamburgischen Verfassung am 30.3.2005.

a) in abfallarmen und ressourcenschonenden Produktionsverfahren, zum Beispiel aus Abfällen oder sekundären Rohstoffen hergestellt sind,

b) sich durch Langlebigkeit, Reparaturfreundlichkeit und Wiederverwendbarkeit auszeichnen,

c) im Vergleich zu anderen Erzeugnissen zu weniger oder zu schadstoffärmeren Abfällen führen oder

d) sich im besonderen Maße zu einer möglichst hochwertigen Verwertung eignen und im Übrigen umweltverträglich beseitigt werden können,

soweit dadurch keine unzumutbaren Mehrkosten entstehen.

(2) Die Freie und Hansestadt Hamburg wirkt im Rahmen ihrer Möglichkeiten auf die juristischen Personen des Privatrechts, an denen unmittelbar oder mittelbar eine Beteiligung besteht, ein, damit diese in gleicher Weise verfahren.

(3) Die zuständigen Behörden sollen Dritte zu einer Handhabung entsprechend Absatz 1 verpflichten, wenn Einrichtungen der Freien und Hansestadt Hamburg zur Nutzung zur Verfügung gestellt oder Sondernutzungen im öffentlichen Raum erlaubt werden.

(4) [1]Finden Veranstaltungen in Einrichtungen der Freien und Hansestadt Hamburg oder als Sondernutzungen im öffentlichen Raum statt, so soll die zuständige Behörde anordnen, bei der Ausgabe von Speisen und Getränken pfandpflichtige, zur Wiederverwendung geeignete Verpackungen, Geschirr und Bestecke einzusetzen. [2]Aus Gründen der öffentlichen Sicherheit und der Hygiene sowie in Fällen der wirtschaftlichen Unzumutbarkeit können Ausnahmen, insbesondere die Verwendung von Einwegmaterialien zugelassen werden.

§ 3 Abfallwirtschaftliche Beratung

(1) Der zuständigen Behörde obliegt es, die Erzeuger und Besitzer von Abfällen unter Berücksichtigung der abfallwirtschaftlichen Ziele der unmittelbar geltenden Rechtsakte der Europäischen Gemeinschaften, der bundesrechtlichen und der in der Freien und Hansestadt Hamburg geltenden landesrechtlichen Regelungen auf dem Gebiet der Abfall- und Kreislaufwirtschaft über die Möglichkeiten der Vermeidung, Verwertung und Beseitigung von Abfällen zu beraten.

(2) [1]Die zuständige Behörde erteilt den Erzeugern und Besitzern von Abfällen auf Anfrage Auskunft über Möglichkeiten zur Vermeidung und Verwertung von Abfällen, soweit ihr entsprechende Erkenntnisse vorliegen. [2]Die zuständige Behörde erteilt gemäß § 46 Absatz 2 KrWG Auskunft über geeignete Abfallbeseitigungsanlagen.

Zweiter Teil
Öffentliche Abfallentsorgung, Abfallwirtschaftsplanung

§ 4 Öffentlich-rechtlicher Entsorgungsträger, Ausschluss von der Entsorgung

(1) [1]Die Freie und Hansestadt Hamburg ist öffentlich-rechtlicher Entsorgungsträger im Sinne des Kreislaufwirtschaftsgesetzes, soweit nicht das Stadtreinigungsgesetz vom 9. März 1994 (HmbGVBl. S. 79), zuletzt geändert am 21. März 2005 (HmbGVBl. S. 80, 84), in der jeweils geltenden Fassung der Stadtreinigung Hamburg Entsorgungspflichten zuweist. [2]Im Falle von Satz 1 zweiter Halbsatz ist die Stadtreinigung Hamburg öffentlich-rechtlicher Entsorgungsträger. [3]Ihr stehen die damit verbundenen hoheitlichen Befugnisse zu.

(2) Der Senat wird ermächtigt, durch Rechtsverordnung Abfälle gemäß § 20 Absatz 2 KrWG ganz oder teilweise von der Entsorgung nach Absatz 1 auszuschließen.

(3) Der öffentlich-rechtliche Entsorgungsträger kann bei besonderer Eilbedürftigkeit Ausschlussentscheidungen im Einzelfall treffen.

§ 5 Abfallwirtschaftskonzept und Abfallbilanz des öffentlich-rechtlichen Entsorgungsträgers

(1) [1]Der öffentlich-rechtliche Entsorgungsträger stellt in einem Abfallwirtschaftskonzept die vorgesehenen Maßnahmen zur Vermeidung, zur Vorbereitung zur Wiederverwendung, zum Recycling, zur sonstigen Verwertung und zur Beseitigung der im Gebiet der Freien und Hansestadt Hamburg anfallenden und zu überlassenden Abfälle dar. [2]Das Abfallwirtschaftskonzept ist spätestens alle sechs Jahre sowie bei wesentlichen Änderungen fortzuschreiben. [3]Die zuständige Behörde kann nähere Anforderungen an die Form und den Inhalt des Abfallwirtschaftskonzepts bestimmen. [4]Das Abfallwirtschaftskonzept ist der zuständigen Behörde vorzulegen.

(2) Die zuständige Behörde kann den öffentlich-rechtlichen Entsorgungsträger von den Pflichten nach Absatz 1 befreien, wenn die gemäß § 6 zu erstellenden Abfallwirtschaftspläne zugleich die Anforderungen an ein Abfallwirtschaftskonzept des öffentlich-rechtlichen Entsorgungsträgers erfüllen.

(3) [1]Der öffentlich-rechtliche Entsorgungsträger erstellt jährlich bis zum 31. Mai des jeweiligen Folgejahres eine Abfallbilanz über Art, Menge und Herkunft der im Gebiet der Freien und Hansestadt Hamburg angefallenen und überlassenen Abfälle und macht Angaben zu deren Vorbereitung zur Wiederverwendung, zum Recycling, zur sonstigen Verwertung und Beseitigung. [2]Absatz 1 Sätze 3 und 4 gilt entsprechend.

§ 6 Abfallwirtschaftspläne

(1) Die Abfallwirtschaftspläne im Sinne von §§ 30 bis 32 KrWG werden vom Senat nach Anhörung der beteiligten Kreise aufgestellt.

(2) [1]Länderübergreifende Verbundlösungen zur Abfallwirtschaft sind anzustreben, wenn dies dem Erreichen abfallwirtschaftlicher Ziele, insbesondere der Entsorgungssicherheit, dient. [2]Die Abfallwirtschaftspläne berücksichtigen auch die Abfallmengen, die auf Grund von Vereinbarungen mit anderen Ländern in der Freien und Hansestadt Hamburg zu entsorgen sind.

(3) [1]Zur Verfolgung der Ziele des Kreislaufwirtschaftsgesetzes, dieses Gesetzes und der Abfallwirtschaftsplanung wird der Senat ermächtigt, Festlegungen in Abfallwirtschaftsplänen über geeignete Standorte von Abfallbeseitigungsanlagen sowie über Beseitigungsanlagen, derer sich die Beseitigungspflichtigen zu bedienen haben, durch Rechtsverordnung ganz oder teilweise für verbindlich zu erklären. [2]Die zuständige Behörde kann auf Antrag eines Beseitigungspflichtigen Ausnahmen von den verbindlichen Festlegungen zulassen, wenn die in Satz 1 genannten Ziele und sonstige Belange des Gemeinwohls nicht entgegenstehen.

§ 6a Abfallvermeidungsprogramm

Die zuständige Behörde erstellt einen Beitrag zum Abfallvermeidungsprogramm des Bundes nach § 33 Absatz 1 Satz 2 KrWG oder ein eigenes Abfallvermeidungsprogramm gemäß § 33 Absatz 2 KrWG.

§ 6b Verordnungsermächtigung bezüglich der Andienung gefährlicher Abfälle zur Beseitigung

Der Senat wird ermächtigt, durch Rechtsverordnung Regelungen zur Sicherstellung einer umweltverträglichen und ursprungsnahen Beseitigung von gefährlichen Abfällen zur Beseitigung im Sinne von § 48 Satz 2 KrWG in Verbindung mit § 3 Absatz 1 der Abfallverzeichnis-Verordnung vom 10. Dezember 2001 (BGBl. I S. 3379), zuletzt geändert am 24. Februar 2012 (BGBl. I S. 212, 257), in der jeweils geltenden Fassung zu treffen, durch die die Entsorgungspflichtigen verpflichtet werden, näher bestimmte gefährliche Abfälle zur Beseitigung, die in der Freien und Hansestadt Hamburg anfallen, den für die Beseitigung zugelassenen Deponien innerhalb des norddeutschen Raumes anzudienen.

Dritter Teil
Abfallentsorgungsanlagen, Maßnahmen der zuständigen Behörde

§ 7 Veränderungssperre

(1) [1]Vom Beginn der Auslegung der Pläne im Planfeststellungsverfahren für eine Deponie nach § 35 Absatz 2 KrWG dürfen auf den vom Plan betroffenen Flächen wesentlich wertsteigernde oder die Errichtung der geplanten Deponie erheblich erschwerende Veränderungen nicht vorgenommen werden (Veränderungssperre). [2]Veränderungen, die in rechtlich zulässiger Weise vorher begonnen worden sind, Unterhaltungsarbeiten und die Fortführung einer bisher rechtmäßig ausgeübten Nutzung werden hiervon nicht berührt.

(2) [1]Die Veränderungssperre tritt nach Ablauf von vier Jahren außer Kraft. [2]Die zuständige Behörde kann eine einmalige Verlängerung der Veränderungssperre anordnen, wenn der Verfahrensstand dies erfordert. [3]Dauert die Veränderungssperre länger als vier Jahre, so können der Eigentümer oder die sonst zur Nutzung Berechtigten für danach entstehende Vermögensnachteile vom Träger der Deponie eine angemessene Entschädigung in Geld verlangen. [4]Der Eigentümer kann ferner vom Träger der Deponie Entschädigung durch Übernahme der vom Plan betroffenen Flächen verlangen, wenn es ihm mit Rücksicht auf die Veränderungssperre wirtschaftlich nicht zuzumuten ist, die Fläche in der bisherigen oder einer anderen zulässigen Art zu nutzen. [5]Kommt keine Einigung über die Übernahme zustande, so kann der Eigentümer die Enteignung des Eigentums an der Fläche verlangen.

(3) [1]Zur Sicherung der Planung neuer oder der geplanten Erweiterung bestehender Deponien wird der Senat ermächtigt, durch Rechtsverordnung auf der Grundlage eines Abfallwirtschaftsplans für die Dauer von bis zu zwei Jahren Planungsgebiete festzulegen. [2]Die Frist kann um ein Jahr verlängert werden, wenn besondere Umstände es erfordern. [3]Für die Planungsgebiete gelten die Absätze 1 und 2 entsprechend. [4]Die Festlegung tritt mit Fristablauf nach Satz 1 oder Satz 2 oder mit Beginn der Auslegung gemäß Absatz 1 Satz 1 außer Kraft. [5]Ihre Dauer ist auf die Vierjahresfrist nach Absatz 2 anzurechnen.

(4) Die zuständige Behörde kann Ausnahmen von der Veränderungssperre zulassen, wenn die Durchführung der Vorschrift im Einzelfall zu einer offenbar nicht beabsichtigten Härte führen würde und keine überwiegenden öffentlichen Belange entgegenstehen.

§ 8 Enteignung
[1]Wenn die Errichtung oder wesentliche Änderung einer Abfallentsorgungsanlage dem Wohl der Allgemeinheit dient, kann bei der Feststellung eines Plans gemäß § 35 Absatz 2 KrWG bestimmt werden, dass für seine Ausführung die Enteignung zulässig ist. [2]Der festgestellte Plan ist dem Enteignungsverfahren als bindend zu Grunde zu legen. [3]Im Übrigen gelten die Bestimmungen des Hamburgischen Enteignungsgesetzes in der Fassung vom 11. November 1980 (HmbGVBl. S. 305), zuletzt geändert am 18. Februar 2004 (HmbGVBl. S. 107), in der jeweils geltenden Fassung.

§ 9 Aufgaben und Befugnisse
(1) Die zuständige Behörde hat darüber zu wachen, dass die Bestimmungen der unmittelbar geltenden Rechtsakte der Europäischen Gemeinschaften, die bundesrechtlichen und die in der Freien und Hansestadt Hamburg geltenden landesrechtlichen Regelungen auf dem Gebiet der Abfall- und Kreislaufwirtschaft eingehalten werden.

(2) [1]Die zuständige Behörde trifft nach pflichtgemäßem Ermessen die zur Wahrnehmung der Aufgaben nach Absatz 1 erforderlichen Anordnungen, soweit sich die Anordnungsbefugnis nicht aus anderen abfallrechtlichen Vorschriften ergibt. [2]Sind von der Bereitstellung, dem Überlassen, Einsammeln, Befördern, Lagern, Behandeln oder Ablagern von Abfällen Gefahren für das Wohl der Allgemeinheit zu besorgen, kann die zuständige Behörde die Entnahme von Proben, deren Untersuchung und die Vorlage der Untersuchungsergebnisse auf Kosten des Pflichtigen anordnen. [3]Sind Entsorgungsmaßnahmen notwendig, kann die zuständige Behörde auch verlangen, dass ein Entsorgungskonzept erstellt und vorgelegt wird. [4]Die Vorlage eines Entsorgungskonzepts ersetzt nicht die zu seiner Durchführung notwendigen behördlichen Zulassungen.

(3) Wird zu Maßnahmen der Überwachung dadurch Anlass gegeben, dass jemand unbefugt handelt oder Auflagen nicht erfüllt, sind ihm die Kosten dieser Maßnahmen aufzuerlegen.

§ 10 Unzulässige Abfallentsorgung, Beseitigung verbotener Ablagerungen
[1]Wer in unzulässiger Weise Abfälle behandelt, lagert oder ablagert, ist zur Beseitigung des rechtswidrigen Zustandes verpflichtet. [2]Die zuständige Behörde hat Abfälle, die auf öffentlichen Wegen oder in öffentlichen Grün- und Erholungsanlagen gemäß § 1 Absatz 1 des Gesetzes über Grün- und Erholungsanlagen vom 18. Oktober 1957 (Sammlung des bereinigten hamburgischen Landesrechts I 2133-a), zuletzt geändert am 15. Februar 2011 (HmbGVBl. S. 73, 75), in der jeweils geltenden Fassung, rechtswidrig gelagert oder abgelagert werden, im Wege der unmittelbaren Ausführung auf Kosten des Verursachers zu entsorgen. [3]Zur Abgeltung der dadurch entstehenden allgemeinen Kosten werden Gemeinkostenzuschläge nach § 5 Absatz 5 des Gebührengesetzes vom 5. März 1986 (HmbGVBl. S. 37), zuletzt geändert am 4. Dezember 2001 (HmbGVBl. S. 531, 532), in der jeweils geltenden Fassung erhoben. [4]Kann der Verursacher nicht in Anspruch genommen werden, hat der öffentlich-rechtliche Entsorgungsträger den rechtswidrigen Zustand im Rahmen seiner hoheitlichen Aufgabe gemäß § 2 Absatz 1 Satz 3 des Stadtreinigungsgesetzes vom 9. März 1994 (HmbGVBl. S. 79), zuletzt geändert am 28. November 2017 (HmbGVBl. S. 361, 362), in der jeweils geltenden Fassung zu beseitigen.

Vierter Teil
Anschluss- und Benutzungsordnung

§ 11 Anschluss- und Benutzungspflicht
(1) [1]Alle im Gebiet der Freien und Hansestadt Hamburg gelegenen Grundstücke sind im Rahmen von § 17 Absatz 1 KrWG an die öffentliche Abfallentsorgung anzuschließen. [2]Dasselbe gilt für die in

diesem Gebiet liegenden oder verkehrenden Schiffe und sonstigen schwimmenden Einheiten, auf denen Abfälle anfallen.

(2) Die Eigentümer, Pächter, Mieter und sonstigen zum Gebrauch der in Absatz 1 genannten Grundstücke, Schiffe und schwimmenden Einheiten Berechtigten und die für die Schiffsführung Verantwortlichen (Nutzungsberechtigte) sind verpflichtet, die der öffentlichen Abfallentsorgung dienenden Dienstleistungen in Anspruch zu nehmen, soweit sich nicht aus dem Kreislaufwirtschaftsgesetz, diesem Gesetz und den auf Grund dieser Gesetze erlassenen Rechtsverordnungen oder den auf sie oder die Rechtsverordnungen gestützten Einzelentscheidungen etwas anderes ergibt.

§ 12 Benutzungsverhältnis

(1) Die auf den angeschlossenen Grundstücken, Schiffen und sonstigen schwimmenden Einheiten anfallenden und gemäß § 17 Absatz 1 KrWG zu überlassenden Abfälle sind in den vom öffentlich-rechtlichen Entsorgungsträger bereitzustellenden Behältern zu sammeln.

(2) Soweit die Abfälle nach § 13 Absatz 2 getrennt zu sammeln und bereitzustellen sind, sind die für die getrennte Sammlung vorgesehenen Behälter zu benutzen.

(3) [1]Die Nutzungsberechtigten haben entsprechend der Art, Menge, Entstehung, Herkunft und Zusammensetzung der anfallenden Abfälle in ausreichender Zahl und Größe die dafür bestimmten Behälter anzufordern und vorzuhalten. [2]Kommen sie ihrer Anforderungspflicht nicht nach, setzt der öffentlich-rechtliche Entsorgungsträger Art, Zahl und Größe der vorzuhaltenden Behälter fest.

§ 13 Verordnungsermächtigungen zur Ausgestaltung des Benutzungsverhältnisses

(1) [1]Der Senat wird ermächtigt, durch Rechtsverordnung für einzelne Benutzungseinheiten oder Gruppen von Benutzungseinheiten die Art und Mindestgröße der zu benutzenden Behälter festzusetzen. [2]Bei der Festsetzung ist von einer durchschnittlichen Abfallmenge nach Erfahrungswerten auszugehen. [3]Möglichkeiten zur Benutzung von Sammelsystemen gemäß § 17 Absatz 2 KrWG sind zu berücksichtigen; eine vorübergehend verminderte Benutzung der Behälter ist außer Betracht zu lassen. [4]Für den Fall, dass Behälter dauerhaft in erheblich reduziertem Maße benutzt werden oder dass Standplätze fehlen und nicht geschaffen werden können, sind Ausnahmen vorzusehen.

(2) [1]Der Senat wird ermächtigt, durch Rechtsverordnung die Nutzungsberechtigten im Rahmen von § 17 Absatz 1 KrWG zur getrennten Überlassung bestimmter Abfallarten zu verpflichten und die Einzelheiten der Sammlung und Bereitstellung zu regeln. [2]Die getrennte Sammlung und die getrennte Bereitstellung können unter Berücksichtigung der Entsorgungsverhältnisse räumlich oder nach der Art der Anfallstellen begrenzt werden. [3]Dem öffentlich-rechtlichen Entsorgungsträger kann bei Verstößen gegen die Pflichten nach Satz 1 die Befugnis eingeräumt werden, die eingesammelten Abfälle an die Nutzungsberechtigten zurückzugeben oder die nachträgliche Sortierung auf deren Kosten durchzuführen.

(3) Der Senat wird ermächtigt, durch Rechtsverordnung die Einzelheiten der Benutzung und Behandlung der Behälter, insbesondere wann, an welchem Ort und in welcher Weise diese zur Abholung bereitzustellen sind, zu regeln.

(4) Der Senat kann die Ermächtigungen der Absätze 1 bis 3 durch Rechtsverordnung auf die zuständige Behörde weiter übertragen.

§ 14 Benutzungsgebühren

(1) Bei der Bemessung der Benutzungsgebühren für die Abfallentsorgung sind auch die Kosten
1. der Beratung und Aufklärung über die Abfallvermeidung und Abfallverwertung,
2. der Erfassung von zu verwertenden Abfällen,
3. der Planung und Untersuchung für künftige Abfallentsorgungsanlagen,
4. der Zuführung zu Rückstellungen für die vorhersehbaren Kosten der Nachsorge während des laufenden Betriebes von Abfallentsorgungsanlagen,
5. der Nachsorge für stillgelegte Abfallentsorgungsanlagen, insbesondere für laufende Sanierungsausgaben wie auch die weitere Auffüllung der Rückstellungen bis zur Höhe der jeweils bekannten Nachsorgeverpflichtungen,
6. der Entsorgung rechtswidrig auf öffentlichen Wegen oder in öffentlichen Grün- und Erholungsanlagen gemäß § 2 Absatz 1 Satz 4 des Stadtreinigungsgesetzes gelagerter oder abgelagerter Abfälle soweit der Verursacher nicht in Anspruch genommen werden kann und es sich um Abfälle handelt, die nach Art und Menge typischer Weise in privaten Haushaltungen anfallen, und

7. der Beschaffung, Aufstellung, Unterhaltung und Entleerung von Papierkörben auf öffentlichen Wegen oder in öffentlichen Grün- und Erholungsanlagen gemäß § 2 Absatz 1 Satz 4 des Stadtreinigungsgesetzes sowie der Entsorgung der Papierkorbabfälle mit 80 vom Hundert der verursachten Kosten

zu berücksichtigen.

(2) Gebührensysteme sind so zu gestalten, dass wirksame Anreize zur Abfallvermeidung und zur Nutzung von Verwertungsmöglichkeiten entstehen.

(3) ¹Der öffentlich-rechtliche Entsorgungsträger hat für die Ablagerung von Abfällen auf einer Deponie oder für Entsorgungsleistungen, die die Ablagerung umfassen, Gebühren zu erheben, die alle Kosten für die Errichtung und den Betrieb der Deponie abdecken. ²Zu den Kosten zählen auch die Aufwendungen für eine vom öffentlich-rechtlichen Entsorgungsträger zu leistende Sicherheit oder für ein zu erbringendes gleichwertiges Sicherungsmittel sowie die Zuführung von Rückstellungen für die vorhersehbaren späteren Kosten der Stilllegung und der Nachsorge für einen Zeitraum von mindestens 30 Jahren. ³Die Sätze 1 und 2 gelten entsprechend für Langzeitlager nach § 2 Nummer 19 der Deponieverordnung in der Fassung vom 27. April 2009 (BGBl. I S. 900), zuletzt geändert am 2. Mai 2013 (BGBl. I S. 973, 1017).

Fünfter Teil
Schlussvorschriften

§ 15 Datenverarbeitung

(1) ¹Die zuständige Behörde ist berechtigt, die zum Zwecke der Aufgabenerfüllung nach den Bestimmungen der verbindlichen Rechtsakte der Europäischen Gemeinschaften, der bundesrechtlichen und der in der Freien und Hansestadt Hamburg geltenden landesrechtlichen Regelungen auf dem Gebiet der Abfallwirtschaft erforderlichen personenbezogenen Daten im Sinne des § 4 Absatz 1 des Hamburgischen Datenschutzgesetzes vom 5. Juli 1990 (HmbGVBl. S. 133, 165, 226) in der jeweils geltenden Fassung zu erheben und weiter zu verarbeiten. ²Die Datenerhebung und Datenverarbeitung kann insbesondere erfolgen zum Zwecke

1. der Überwachung und Durchführung der Abfallentsorgung,
2. der Abfallwirtschaftsplanung gemäß § 6,
3. der Durchführung von Anzeige-, Genehmigungs-, Planfeststellungs- und sonstigen Zulassungsverfahren, die im Zusammenhang mit der Abfallentsorgung oder Abfallwirtschaftsplanung stehen,
4. der abfallwirtschaftlichen Beratung gemäß § 3.

³Eine Erhebung auch ohne Kenntnis der Betroffenen ist zulässig, wenn andernfalls die Erfüllung der in Satz 1 genannten Aufgaben gefährdet würde.

(2) Die weitere Verarbeitung einschließlich der Übermittlung von personenbezogenen Daten, die für andere Zwecke erhoben wurden, ist zur Erfüllung der Aufgaben nach Absatz 1 Satz 1 zulässig, soweit die zuständige Behörde die Daten zu diesem Zweck erheben dürfte.

(3) Im Übrigen findet das Hamburgische Datenschutzgesetz in der jeweils geltenden Fassung Anwendung.

§ 16 Ordnungswidrigkeiten

(1) Ordnungswidrig handelt, wer vorsätzlich oder fahrlässig

1. entgegen dem Verbot des § 7 wesentlich wertsteigernde oder die Errichtung der geplanten Deponie erheblich erschwerende Veränderungen vornimmt,
2. gemäß § 17 Absatz 1 KrWG zu überlassende Abfälle nicht in den nach § 12 Absätze 1 und 2 vorgeschriebenen Behältern sammelt,
3. entgegen § 12 Absatz 3 Behälter nicht in ausreichender Zahl und Größe anfordert und vorhält,
4. einer Rechtsverordnung nach § 6b, § 13 Absatz 2 Satz 1, Absatz 3 oder einer vollziehbaren Anordnung auf Grund einer solchen Rechtsverordnung zuwider handelt, soweit die Rechtsverordnung für einen bestimmten Tatbestand auf diese Bußgeldvorschrift verweist.

(2) Die Ordnungswidrigkeit kann mit einer Geldbuße bis zu fünfzigtausend Euro geahndet werden.

Hamburgisches Wassergesetz (HWaG)

In der Fassung der Bekanntmachung vom 29. März 2005[1] (HmbGVBl. S. 97)

(BS Hbg 753-1)

zuletzt geändert durch Art. 12 G zur Neuregelung des Verwaltungsvollstreckungsrechts vom 4. Dezember 2012 (HmbGVBl. S. 510)

Inhaltsübersicht

---

[1] Neubekanntmachung des Hamburgischen Wassergesetzes v. 20.6.1960 (HmbGVBl. S. 335) in der ab 17.2.2004 geltenden Fassung.

Erster Teil
Einleitende Bestimmungen

§ 1 Geltungsbereich

(1) Dieses Gesetz gilt für die in § 1 Absatz 1 des Wasserhaushaltsgesetzes – WHG – vom 27. Juli 1957 (BGBl. I S. 1110) in der jeweils geltenden Fassung bezeichneten Gewässer sowie für das nicht aus Quellen wild abfließende Wasser.

(2) Das Wasserhaushaltsgesetz – mit Ausnahme des § 22 über die Haftung für Änderungen der Beschaffenheit des Wassers – und dieses Gesetz gelten nicht für:

1. Gewässer, die ausschließlich der Fischzucht oder der Fischhaltung dienen und mit anderen oberirdischen Gewässern keine natürliche Verbindung haben,
2. offene und verrohrte Gräben innerhalb öffentlicher Wege,
3. Gräben, die nicht der Vorflut oder die der Vorflut von Grundstücken nur eines Eigentümers dienen, soweit sie Gewässer von wasserwirtschaftlich untergeordneter Bedeutung sind.

§ 2 Einteilung der oberirdischen Gewässer

Die oberirdischen Gewässer mit Ausnahme des wild abfließenden Wassers werden eingeteilt in

1. Gewässer erster Ordnung:
   die in dem anliegenden Verzeichnis aufgeführten Gewässer;
2. Gewässer zweiter Ordnung:
   alle anderen Gewässer.

§ 3 Gewässerlinie

(1) [1]Um oberirdische Gewässer gegen die sie umgebenden Landflächen abzugrenzen, kann die Wasserbehörde die Gewässerlinie feststellen. [2]Die Gewässerlinie ist festzustellen, wenn es der Eigentümer eines Gewässers oder ein Anlieger beantragt. [3]Sie ist zu kennzeichnen, wenn es erforderlich ist.

(2) Die Gewässerlinie wird nach der Höhe des mittleren Wasserstandes, bei Tidegewässern nach der Höhe des mittleren Tidehochwasserstandes bestimmt.

(3) [1]Als mittlerer Wasserstand und mittlerer Tidehochwasserstand gilt das Mittel der Wasserstände aus den 20 Kalenderjahren, die dem Feststellungsverfahren unmittelbar vorangegangen sind und deren letzte Jahreszahl durch Zehn teilbar ist. [2]Stehen Wasserstandsbeobachtungen nach Satz 1 nicht zur Verfügung, so ist das Mittel der Wasserstände der 5 Kalenderjahre vor der Feststellung der Gewässerlinie maßgebend. [3]Fehlt es auch insoweit an hinreichenden Beobachtungen, ist die Gewässerlinie nach den natürlichen Merkmalen zu bestimmen.

§ 3a Hochwasserschutzanlagen

(1) Hochwasserschutzanlagen sind Deiche und andere Anlagen, die statt eines Deiches dem Schutz gegen Hochwasser zu dienen bestimmt sind.

(2) Zur Hochwasserschutzanlage gehören, soweit nicht in einem festgelegten Plan oder in einer Genehmigung (§ 55) etwas anderes bestimmt ist,

a) die Grundfläche, auf der die Anlage ruht, einschließlich der Außen- und Binnenberme und der Schutzstreifen,
b) der Körper der Anlage,
c) das Zubehör und die zum Schutz der Anlage errichteten Werke.

Zweiter Teil
Eigentumsverhältnisse bei Gewässern und Hochwasserschutzanlagen

Abschnitt I
Eigentum

§ 4 Gewässereigentümer

(1) Eigentümer eines Gewässers oder eines Gewässerteiles ist der Eigentümer des Grundstücks, auf dem sich das Gewässer oder der Teil des Gewässers befindet.

(2) [1]Wenn ein Grundstück ganz oder teilweise dauernd von Wasser überflutet wird, so wird der Grundstückseigentümer insoweit Eigentümer des Gewässers. [2]Die Rechte nach § 5 bleiben unberührt.

§ 4a Öffentliches Eigentum an Hochwasserschutzanlagen

(1) [1]Hochwasserschutzanlagen, die auf Grund einer in das Wasserbuch eingetragenen Planfeststellung oder Genehmigung (§ 55) errichtet worden sind und der Freien und Hansestadt Hamburg gehören, stehen in öffentlichem Eigentum der Freien und Hansestadt Hamburg (öffentliche Hochwasserschutzanlagen). [2]Öffentliches Eigentum entsteht nicht, wenn die durch die Hochwasserschutzanlage geschützte Geländefläche ausschließlich Anlagen für öffentliche Zwecke dient oder wenn nur Teile der Hochwasserschutzanlage der Freien und Hansestadt Hamburg gehören.

(2) [1]Das öffentliche Eigentum begründet eine hoheitliche Sachherrschaft. [2]Die in öffentlichem Eigentum stehenden Gegenstände sind dem Rechtsverkehr entzogen. [3]Die Vorschriften des bürgerlichen Rechts, insbesondere über den Besitz und das Eigentum, werden nicht angewendet.

(3) [1]Das öffentliche Eigentum an einer Grundfläche oder an einem sonstigen Gegenstand besteht, solange diese zu einer Hochwasserschutzanlage gehören. [2]Öffentliches Eigentum entsteht frühestens mit dem Zeitpunkt, in dem die Freie und Hansestadt Hamburg nach bürgerlichem Recht unbelastetes Eigentum erwirbt. [3]Wird die Bestimmung zum Hochwasserschutz aufgehoben, so wird die Freie und Hansestadt Hamburg Eigentümerin im Sinne des bürgerlichen Rechts, jedoch besteht an öffentlichen Wegen das öffentliche Eigentum nach § 4 des Hamburgischen Wegegesetzes vom 4. April 1961 (HmbGVBl. S. 117) fort.

(4) Werden Gegenstände von der Hochwasserschutzanlage getrennt, so verwandelt sich das öffentliche Eigentum an ihnen in bürgerlich-rechtliches Eigentum der Freien und Hansestadt Hamburg oder desjenigen, dem die Freie und Hansestadt Hamburg die Aneignung gestattet hat.

(5) [1]Bauliche Anlagen, die auf oder unter einer in öffentlichem Eigentum stehenden Grundfläche für andere als die Freie und Hansestadt Hamburg hergestellt worden sind, werden nicht Bestandteil der Hochwasserschutzanlage. [2]Bestehen solche baulichen Anlagen bei der Entstehung des öffentlichen Eigentums, so verlieren sie gleichzeitig ihre etwaige Eigenschaft als Bestandteil der Hochwasserschutzanlage.

(6) Grundflächen, an denen öffentliches Eigentum entstanden ist, sind aus dem Grundbuch auszuscheiden und zum öffentlichen Grund zu tilgen.

Abschnitt II
Sonstige Rechte und Pflichten

§ 5 Wiederherstellung bei verlassenem Gewässerbett

(1) [1]Hat ein fließendes oberirdisches Gewässer infolge natürlicher Ereignisse sein bisheriges Bett verlassen, so sind die Eigentümer und die Nutzungsberechtigten der Grundstücke, die von der Veränderung betroffen werden, gemeinsam oder einzeln berechtigt, den früheren Zustand auf ihre Kosten wiederherzustellen. [2]Das Recht erlischt mit Ablauf eines Jahres; die Frist beginnt mit dem Schluss des Jahres, in dem das Gewässer sein Bett verlassen hat.

(2) [1]Haben die Eigentümer oder die Nutzungsberechtigten von ihrem Recht nach Absatz 1 keinen Gebrauch gemacht, so kann die Wasserbehörde binnen 5 Jahren den früheren Zustand wiederherstellen, wenn das Wohl der Allgemeinheit es erfordert. [2]Sie ist dazu vor Ablauf der in Absatz 1 genannten Frist berechtigt, wenn sie die Eigentümer und Nutzungsberechtigten unter Setzung einer angemessenen Frist erfolglos aufgefordert hat, ihre Rechte auszuüben.

§ 6 Zutritt zu Gewässern

Sind in einem oberirdischen Gewässer natürliche Anlandungen entstanden oder hat sich der Wasserspiegel eines oberirdischen Gewässers durch natürliche Ereignisse gesenkt, so ist den bisherigen Anliegern der Zutritt zu dem Gewässer zu gestatten, soweit dies zur Ausübung des Gemeingebrauchs in dem bislang geübten Umfang erforderlich ist.

§ 7 Wild abfließendes Wasser

(1) Der Eigentümer hat auf seinem Grundstück das wild abfließende Wasser aufzunehmen, das diesem infolge der natürlichen Geländeverhältnisse oder von einem vor dem Jahre 1962 geschaffenen Damm oder Deich zufließt.

(2) [1]Der Abfluss des Wassers darf nicht durch Vorrichtungen zum Nachteil eines tieferliegenden Grundstücks geändert werden. [2]Unter dies Verbot fällt nicht eine natürliche Veränderung des Wasserablaufs als Folge einer veränderten wirtschaftlichen Nutzung eines Grundstücks.

(3) ¹Kann der Eigentümer des tieferliegenden Grundstücks das Wasser nicht oder nur mit erheblichen Kosten weiter abführen, so ist er zur Aufnahme nur verpflichtet, wenn der Vorteil für den Eigentümer des höherliegenden Grundstücks den Schaden für das tieferliegende Grundstück erheblich übersteigt. ²In diesem Falle ist er zu entschädigen.

(4) Zum Wohle der Allgemeinheit kann die Wasserbehörde anordnen, dass der Zu- oder Abfluss des Wassers geändert wird.

§ 8 Duldungspflicht des Gewässereigentümers

¹Der Gewässereigentümer hat Benutzungen zu dulden, für die eine Erlaubnis, Bewilligung oder Genehmigung erteilt ist. ²Das gilt nicht für das Entnehmen fester Stoffe nach § 3 Absatz 1 Nummer 3 WHG.

Dritter Teil
Benutzung der Gewässer

Abschnitt I
Erlaubnis- und bewilligungsfreie Benutzung

§ 9 Gemeingebrauch im Allgemeinen

(1) ¹Jeder darf unter den Beschränkungen des § 23 WHG oberirdische Gewässer und die Küstengewässer zum Baden, Waschen, ohne Verwendung wassergefährdender Stoffe, Schöpfen mit Handgefäßen oder Motorpumpen mit geringerer Leistung als 0,25 Kilowatt, zum Eissport, mit Ausnahme des Eissurfens und des Eissegelns, benutzen. ²Ebenso darf unter den gleichen Beschränkungen Drain- und Niederschlagswasser von landwirtschaftlich, gärtnerisch oder ausschließlich zum Wohnen benutzten Grundstücken in oberirdische Gewässer eingeleitet werden, wenn es keine schädlichen Bestandteile enthält und nicht mittels gemeinsamer Anlagen abgeleitet wird.

(2) Gemeingebrauch nach Absatz 1 besteht nicht für Gewässer in Hofräumen sowie in Gärten und Parkanlagen, die nicht jedem zugänglich sind.

§ 10 Schifffahrt

(1) ¹Schiffbare Gewässer dürfen im Rahmen des Schifffahrtrechts einschließlich des Schifffahrtabgabenrechts von jedermann mit Wasserfahrzeugen befahren werden. ²Welche Gewässer schiffbar sind, bestimmt der Senat durch Rechtsverordnung.

(2) ¹Nicht schiffbare Gewässer dürfen mit kleinen Wasserfahrzeugen ohne maschinellen Antrieb befahren werden. ²Der Senat kann durch Rechtsverordnung das Befahren mit kleinen maschinell angetriebenen Wasserfahrzeugen zulassen.

§ 10a Verbot der Werbung

¹Auf der Alster, ihren Kanälen und Fleeten (Nummer 1 des Verzeichnisses zu diesem Gesetz) sowie auf den Landungsstegen ist Werbung nicht zulässig. ²Die Wasserbehörde kann in Einzelfällen Ausnahmen zulassen, wenn die Werbung dem öffentlichen Wohl, einem gemeinnützigen Zweck oder dem Hinweis auf eine wasserrechtlich genehmigte Einrichtung dient. ³Eine Ausnahme darf nur zugelassen werden, wenn die Werbung insbesondere hinsichtlich ihrer Gestaltung im Einklang mit der Bedeutung der Alster und ihrer Nebengewässer für das Stadtbild steht.

§ 11 Regelung des Gemeingebrauchs

(1) Der Senat wird ermächtigt, durch Rechtsverordnung

1. die Ausübung des Gemeingebrauchs zu regeln, zu beschränken oder zu verbieten,
   a) um den ordnungsmäßigen Zustand der Gewässer und ihrer Ufer zu schützen,
   b) um Tiere, Pflanzen und die Landschaft zu schützen,
   c) um Beeinträchtigungen, Belästigungen und Gefahren für die Allgemeinheit oder für Einzelne zu verhüten,
2. Bestimmungen zu treffen, die der Sicherheit oder Ordnung auf den Gewässern dienen, insbesondere den Verkehr regeln.

(2) ¹Wenn die Voraussetzungen des Absatzes 1 vorliegen, kann die Wasserbehörde im Einzelfall Anordnungen über die Ausübung des Gemeingebrauchs auch ohne Rechtsverordnung treffen. ²Die Anordnungen sind öffentlich bekannt zu machen, und zwar durch Tafeln oder in sonst geeigneter Weise.

§ 12 Besondere Pflichten im Interesse des Wasserverkehrs

[1]Die Anlieger an Gewässern haben in Notfällen das Landen und Befestigen von Wasserfahrzeugen und das zeitweilige Aussetzen der Ladung zu dulden. [2]Entstehen dadurch Schäden, so kann der Geschädigte Schadensersatz beanspruchen.

§ 13 Eigentümergebrauch

(1) Wer als Eigentümer oder Berechtigter ein oberirdisches Gewässer nach § 24 Absatz 1 WHG benutzen will, hat das der Wasserbehörde einen Monat vorher anzuzeigen.

(2) Der Eigentümergebrauch berechtigt nicht zum Einleiten von Abwasser in oberirdische Gewässer, wenn die Einleitung nach bisherigem Recht unzulässig ist.

§ 14 Benutzung zu Zwecken der Fischerei

(1) Für die Fischerei dürfen in oberirdische Gewässer Fischnahrung in geringen Mengen zum Anlocken der Fische (Fischköder) und Fischereigeräte ohne Erlaubnis oder Bewilligung eingebracht werden.

(2) [1]Die zuständige Behörde kann die Einbringung in bestimmte Gewässer oder Gewässerabschnitte untersagen, wenn Nachteile für das Gewässer zu erwarten sind. [2]Die Untersagung kann auch durch Tafeln oder in sonst geeigneter Weise bekannt gemacht werden.

§ 14a Erlaubnis- und bewilligungsfreie Benutzung der Küstengewässer

Für folgende Benutzungen der Küstengewässer ist eine Erlaubnis oder Bewilligung nicht erforderlich:

1. Das Einbringen von Stoffen zu Zwecken der Fischerei, wie insbesondere von Fischnahrung, Fischereigeräten,
2. das Einleiten von Grund- und Quellwasser und
3. das Einleiten von Niederschlagswasser von landwirtschaftlich, gärtnerisch oder ausschließlich zum Wohnen benutzten Grundstücken, wenn es keine schädlichen Bestandteile enthält und nicht mittels gemeinsamer Anlagen abgeleitet wird.

Abschnitt II
Genehmigungspflichtige Benutzung nach Landesrecht

§ 15 Genehmigungspflichtige Gewässerbenutzung

[1]Jede über den Gemeingebrauch hinausgehende Benutzung der oberirdischen Gewässer und der Küstengewässer, die nicht eine Benutzung im Sinne von § 3 WHG oder von § 10 ist, bedarf der Genehmigung der Wasserbehörde. [2]Genehmigungspflichtig ist insbesondere das Errichten oder Verändern von Anlagen in, an oder über solchen Gewässern. [3]Das gilt nicht für Maßnahmen, die der Unterhaltung oder dem Ausbau eines Gewässers dienen.

Abschnitt III
Einzelbestimmungen für die Erlaubnis, Bewilligung und Genehmigung

§ 16 Benutzungsbedingungen und Auflagen

(1) Benutzungsbedingungen und Auflagen sind insbesondere zulässig, um

1. nachteilige Wirkungen zu verhüten und auszugleichen
   a) für den Wasserhaushalt und die Trinkwasserversorgung,
   b) für Natur und Landschaft, insbesondere die Pflanzen- und Tierwelt,
   c) für die Sicherheit und Ordnung auf den Gewässern,
   d) für die Gesundheit der Bevölkerung, das Wohnungs- und Siedlungswesen, das Stadtbild und den Hochwasserschutz,
   e) für die gewerbliche Wirtschaft, die Land- und Forstwirtschaft, den Gartenbau, den Verkehr, den Bergbau und die Fischerei,
2. die sparsame Verwendung des Wassers sicherzustellen.

(2) [1]Wird eine Erlaubnis oder Bewilligung zur Wasserentnahme erteilt, so kann auferlegt werden, das gebrauchte Wasser zurückzuleiten. [2]Es können außerdem Maßnahmen angeordnet werden, die erhebliche, nachhaltige oder überörtliche Auswirkungen auf den Naturhaushalt und die Landschaft verhüten.

(3) [1]Wird eine Erlaubnis oder Bewilligung für die Wasserentnahme für die öffentliche Wasserversorgung erteilt, ist grundsätzlich vom Vorrang ortsnaher Wasserversorgung auszugehen, soweit über-

wiegende Gründe des Wohls der Allgemeinheit nicht entgegenstehen. [2]Diese liegen insbesondere vor, wenn

1. auf Grund der Menge und Beschaffenheit der ortsnahen Wasservorkommen eine dauerhaft gesicherte Trinkwasserversorgung nicht gewährleistet werden kann,
2. der finanzielle Aufwand für eine ortsnahe Wasserversorgung wirtschaftlich nicht zumutbar ist oder
3. die Erreichung der Bewirtschaftungsziele nach § 33a Absatz 1 WHG gefährdet wird.

§ 16a Behördliche Überwachung von Gewässerbenutzungen

(1) Wer ein Gewässer benutzt und dafür einer Erlaubnis, Bewilligung oder Genehmigung bedarf, unterliegt der kostenpflichtigen behördlichen Überwachung.

(2) Die zuständige Behörde kann insbesondere

1. die eingebrachten oder eingeleiteten Stoffe auf die physikalische, chemische und biologische Beschaffenheit untersuchen,
2. die Auswirkungen auf das Gewässer untersuchen,
3. die Anlagen, Einrichtungen und Vorgänge, die bei Abwassereinleitungen Einfluss auf die Menge und Beschaffenheit des Abwassers haben, im Hinblick auf die Unterhaltung, den Betrieb und die Durchführung der Eigenüberwachung überprüfen oder die Untersuchungen und Überprüfungen durch beauftragte Dritte, insbesondere Untersuchungsstellen nach § 16c, vornehmen lassen.

§ 16b Eigenüberwachung von Abwassereinleitungen

(1) [1]Wer Abwasser in ein Gewässer einleitet (Einleiter), hat die Abwasserentstehung und -beseitigung selbst zu überwachen (Eigenüberwachung). [2]Der Einleiter kann die Eigenüberwachung auch durch geeignete Dritte, wie Fachbetriebe, Sachverständige oder Untersuchungsstellen nach § 16c, auf seine Kosten durchführen lassen. [3]Bei fehlender Eignung, insbesondere hinsichtlich Ausstattung mit Personal und Geräten, ist der Einleiter zur Übertragung auf Dritte verpflichtet. [4]Die behördliche Überwachung bleibt unberührt.

(2) Der Einleiter hat auf Anordnung der zuständigen Behörde im Rahmen der Eigenüberwachung insbesondere das Abwasser auf seine physikalische, chemische und biologische Beschaffenheit zu untersuchen, die Abwassermenge in geeigneter Weise zu ermitteln, die Auswirkungen auf das Gewässer zu untersuchen, die Anlagen, Einrichtungen und Vorgänge, die Einfluss auf die Menge und die Beschaffenheit des Abwassers haben, im Hinblick auf die Unterhaltung und den Betrieb zu überprüfen.

(3) Die zuständige Behörde legt im Einzelfall die Ausrüstung der Anlagen nach Absatz 2 mit Überwachungseinrichtungen und -geräten, die Einzelheiten der Untersuchungen und Überprüfungen sowie Art und Umfang der Aufzeichnungen fest.

(4) Sämtliche Aufzeichnungen sind vom Einleiter jederzeit vollständig und geordnet zur Einsichtnahme bereitzuhalten, mindestens drei Jahre lang aufzubewahren und der zuständigen Behörde auf Verlangen vorzulegen.

(5) Bei öffentlichen Abwasseranlagen beschränkt sich die Eigenüberwachungspflicht der abwasserbeseitigungspflichtigen Körperschaft auf die Überwachung der Abwasserableitung sowie der Abwasserbehandlung in den dafür vorgesehenen Anlagen.

§ 16c Regelung der Überwachung durch Einleiter oder Dritte

[1]Der Senat wird ermächtigt, durch Rechtsverordnung die Anforderungen festzulegen, die an Ausrüstung, Fachkunde und Zuverlässigkeit des Einleiters oder des beauftragten Dritten nach § 16a Absatz 2 sowie § 16b Absatz 1 zu stellen sind, sowie das Verfahren für deren Überwachung und Überprüfung festzulegen, und ferner die Zulassung der Laboratorien für Wasser- und Abwasseruntersuchungen (Untersuchungsstellen), das Zulassungsverfahren, den Umfang und die Voraussetzungen für den Widerruf der Zulassung zu regeln. [2]Dabei können Pflichten der Laboratorien und Anforderungen für die Sicherung der Qualität der Untersuchungsergebnisse wie zum Beispiel die Teilnahme an Ringversuchen festgelegt werden. [3]Die Zulassung kann befristet und mit Bedingungen oder Auflagen versehen werden.

§ 16d Anzuwendende Analyseverfahren

Enthält der die Einleitung zulassende Bescheid Begrenzungen für Stoffe oder Stoffgruppen, so sind diese nach den von der zuständigen Behörde hierzu festgelegten und im Amtlichen Anzeiger bekannt gemachten Analyseverfahren zu bestimmen, soweit nicht der Einleitungsbescheid ein anderes Verfahren vorschreibt.

§ 17 Erlaubnis

(1) Die Erlaubnis kann insbesondere dann ganz oder teilweise widerrufen werden,

a) wenn sie auf Grund von Nachweisen erteilt worden ist, die in wesentlichen Punkten unrichtig oder unvollständig waren oder

b) wenn der Benutzer den Zweck der Benutzung geändert, sie über die Erlaubnis hinaus ausgedehnt oder Benutzungsbedingungen oder Auflagen nicht erfüllt hat.

(2) ¹Sie ist zu widerrufen, soweit von der weiteren Benutzung eine Beeinträchtigung des Wohles der Allgemeinheit oder eine Gefährdung der öffentlichen Sicherheit oder Ordnung zu erwarten ist, die nicht durch Auflagen verhütet werden kann; dies gilt insbesondere dann, wenn die weitere Benutzung die Erreichung der Bewirtschaftungsziele nach den §§ 25a bis 25d, 32c und 33a WHG gefährdet und das Maßnahmenprogramm nach § 27b entsprechende Anforderungen enthält.

§ 18 Bewilligung

(1) Die Erteilung einer Bewilligung bedarf der Durchführung eines förmlichen Verfahrens.

(2) Einwendungen gegen eine beantragte Bewilligung kann über § 8 Absatz 3 WHG hinaus auch erheben, wer, ohne dass sein Recht beeinträchtigt wird, dadurch Nachteile zu erwarten hat, dass durch die Benutzung

a) der Wasserabfluss verändert oder das Wasser verunreinigt oder schädlich verändert wird,

b) der Wasserstand verändert wird,

c) seiner Wassergewinnungsanlage das Wasser entzogen oder geschmälert wird oder

d) die Unterhaltung des Gewässers erschwert wird.

(3) Die Einwendungen sind unbeachtlich, wenn die zu erwartenden Nachteile

a) für den Betroffenen gering sind,

b) dem Betroffenen wegen berechtigter Interessen der Allgemeinheit oder eines Einzelnen zugemutet werden können,

c) für den Betroffenen entstehen, weil er seine Unterhaltungspflicht nicht ordnungsgemäß erfüllt hat.

(4) ¹Die Bestimmungen des § 8 Absatz 3 WHG sind entsprechend anzuwenden. ²Die Bewilligung darf auch erteilt werden, wenn der aus der beabsichtigten Benutzung zu erwartende Nutzen den für den Betroffenen zu erwartenden Nachteil erheblich übersteigt.

§ 19 Genehmigung

(1) ¹Die Genehmigung geht, wenn sie für eine Anlage oder ein Grundstück erteilt ist, auf den Rechtsnachfolger über, soweit bei der Erteilung nichts anderes bestimmt ist. ²Sie ist widerruflich. ³§ 17 Absatz 2 gilt entsprechend. ⁴Die Genehmigung darf auch widerrufen werden, wenn die für die Benutzung im Sinne des § 15 zu leistenden Gebühren (§ 20) trotz Fälligkeit und Mahnung nicht oder nicht vollständig entrichtet werden.

(2) ¹Die Genehmigung kann befristet und unter Bedingungen und Auflagen erteilt werden. ²Auflagen sind insbesondere zulässig, um nachteilige Wirkungen für andere zu verhüten oder auszugleichen. ³Auflagen können auch nachträglich gemacht werden.

(3) ¹Die Genehmigung ist zu versagen, wenn zu erwarten ist, dass die beantragte Benutzung das Wohl der Allgemeinheit, die öffentliche Sicherheit oder Ordnung, den Hafenausbau oder den Schiffsverkehr beeinträchtigt und dass dies nicht durch Auflagen verhütet werden kann. ²Bei nicht zu verhütenden Beeinträchtigungen für den Schiffsverkehr darf die Genehmigungen dennoch erteilt werden, wenn das Wohl der Allgemeinheit es erfordert.

(4) Durch eine Genehmigung nach Absatz 1 werden Erlaubnisse, Bewilligungen und andere behördliche Zustimmungen, die nach diesem Gesetz oder nach anderen Vorschriften erforderlich sind, nicht ersetzt.

§ 19a Zwischenstaatliche Vereinbarungen und Beschlüsse der Europäischen Gemeinschaft

(1) ¹Die Erlaubnis nach § 7 WHG und die Bewilligung nach § 8 WHG sowie die Genehmigung nach § 19 dieses Gesetzes sind zu versagen, wenn es zur Erfüllung zwischenstaatlicher Vereinbarungen oder bindender Beschlüsse und Richtlinien der Europäischen Gemeinschaft erforderlich ist. ²Die zuständige Behörde kann Allgemeine Verwaltungsvorschriften zum Vollzug von zwischenstaatlichen Vereinbarungen sowie bindenden Beschlüssen der Europäischen Gemeinschaft erlassen und bekannt machen.

(2) [1]Der Senat wird ermächtigt, zum Schutz der Gewässer und ihrer Bewirtschaftung durch Rechtsverordnung die Regelungen, die zur Erfüllung von Verpflichtungen aus zwischenstaatlichen Vereinbarungen und bindenden Beschlüssen der Europäischen Gemeinschaft erforderlich sind, zu treffen. [2]Es können insbesondere Vorschriften erlassen werden über

1. Anforderungen an die Beschaffenheit von Gewässern;
2. Anforderungen an die Benutzung von Gewässern;
3. die Festsetzung von Gebieten, insbesondere auch von Gewässern, in denen bestimmte Anforderungen, Gebote und Verbote zu beachten sind;
4. die Einhaltung der Anforderungen der Richtlinien, ihre Kontrolle und Überwachung sowie die dazu notwendigen Messmethoden, Mess- und Analyseverfahren und die Festlegung von Fristen, innerhalb derer die erforderlichen Anpassungsmaßnahmen abgeschlossen sein müssen.

§ 20 Benutzungsgebühren
Die Gewässer erster Ordnung sowie diejenigen Gewässer zweiter Ordnung, die von der Freien und Hansestadt Hamburg unterhalten werden, sind Anlagen im Sinne von § 4 des Gebührengesetzes vom 5. März 1986 (HmbGVBl. S. 37), zuletzt geändert am 16. November 1999 (HmbGVBl. S. 256).

§ 21 Folgen des Wegfalls der Erlaubnis, Bewilligung oder Genehmigung
(1) [1]Ist eine Erlaubnis, Bewilligung oder Genehmigung weggefallen, so sind der bisherige Inhaber und der Verfügungsberechtigte verpflichtet, die Anlage zu beseitigen und den früheren Zustand wiederherzustellen. [2]Die Wasserbehörde kann Anordnungen treffen, um nachteilige Wirkungen für andere zu verhüten oder auszugleichen.

(2) [1]Die Wasserbehörde kann den in Absatz 1 genannten Personen gestatten, die Anlage bestehen zu lassen. [2]Sie können verpflichtet werden, Vorkehrungen zu treffen, um nachteilige Wirkungen zu verhüten.

(3) Dient das Fortbestehen der Anlage dem Wohl der Allgemeinheit, so kann die Wasserbehörde das Eigentum an der Anlage gegen Entschädigung entziehen.

Abschnitt IV
Ergänzende Bestimmungen für das Aufstauen oberirdischer Gewässer

§ 22 Stauhöhen, besondere Pflichten
(1) Wird eine Erlaubnis oder Bewilligung zum Aufstauen eines oberirdischen Gewässers erteilt, so sind der Normalwasserstand, die obere Grenze der Stauhöhe und erforderlichenfalls eine Mindesthöhe festzusetzen.

(2) Der Normalwasserstand, die obere Grenze der Stauhöhe und, soweit festgesetzt, die Mindesthöhe sind von der Wasserbehörde öffentlich bekannt zu geben.

(3) Der Inhaber der Erlaubnis oder Bewilligung hat die festgesetzten Wasserhöhen einzuhalten.

(4) Wer eine Stauanlage errichtet oder wesentlich ändert, hat durch geeignete Einrichtungen die Durchgängigkeit des Gewässers zu erhalten oder wieder herzustellen, wenn die Bewirtschaftungsziele der §§ 25a bis 25d WHG dies erfordern und das Maßnahmenprogramm nach § 27b hierfür entsprechende Anforderungen enthält.

§ 23 Staumarken
(1) [1]Die Wasserbehörde hat die Stauanlage mit mindestens einer Staumarke zu versehen, aus der die festgelegten Stauhöhen ersichtlich sind. [2]Die Staumarken sind zu Festpunkten in Beziehung zu setzen.

(2) [1]Über den Sachverhalt hat die Wasserbehörde eine Urkunde aufzunehmen. [2]Bei der Anbringung der Staumarken ist dem Inhaber der Erlaubnis oder Bewilligung Gelegenheit zur Teilnahme zu geben.

(3) Die Kosten für das Herstellen und Anbringen der Staumarken trägt der Inhaber der Erlaubnis oder Bewilligung.

(4) Die Absätze 1 bis 3 gelten auch für das Erneuern, Ersetzen und Berichtigen von Staumarken.

§ 24 Erhalten der Staumarken, Anzeigepflicht
[1]Der Inhaber der Erlaubnis oder Bewilligung hat dafür zu sorgen, dass die Staumarken erhalten, sichtbar und zugänglich bleiben. [2]Beschädigungen und Änderungen an Staumarken und Festpunkten sowie ihre Beseitigung hat er der Wasserbehörde unverzüglich anzuzeigen.

§ 25 Ablassen aufgestauten Wassers

(1) Bei Hochwassergefahr kann die Wasserbehörde anordnen, dass der Wasserspiegel von Stauanlagen auf eine von ihr bestimmte Höhe gesenkt wird.

(2) Aufgestaute Wassermassen dürfen nicht so abgelassen werden, dass für fremde Grundstücke und Anlagen Gefahren oder Nachteile entstehen, die zulässigen Wasserbenutzungen beeinträchtigt werden oder die Unterhaltung von Gewässern erschwert wird.

§ 26 Außerbetriebsetzen und Beseitigen von Stauanlagen

(1) [1]Eine Stauanlage darf nur mit Zustimmung der Wasserbehörde dauernd außer Betrieb gesetzt oder beseitigt werden. [2]Das gilt auch, wenn die Erlaubnis oder Bewilligung weggefallen ist.

(2) Wird die Zustimmung erteilt, so gilt § 21 Absatz 1 entsprechend.

(3) [1]Die Zustimmung ist zu versagen, wenn von der Außerbetriebsetzung oder Beseitigung eine Beeinträchtigung des Wohls der Allgemeinheit zu erwarten ist. [2]Wird die Zustimmung aus diesem Grunde versagt, so kann der Verfügungsberechtigte verlangen, dass die Freie und Hansestadt Hamburg das Eigentum an der Stauanlage erwirbt. [3]§ 78 gilt entsprechend.

(4) Die Zustimmung darf im Übrigen nur versagt werden, wenn sich ein anderer, der durch das Außerbetriebsetzen oder Beseitigen geschädigt würde, dem Inhaber der Erlaubnis oder Bewilligung oder dem Verfügungsberechtigten gegenüber verpflichtet, die Kosten für den weiteren Betrieb der Stauanlage zu tragen und andere Nachteile zu ersetzen und, wenn er bereit ist, für die Erfüllung dieser Verpflichtungen Sicherheit zu leisten.

(5) [1]Die Wasserbehörde bestimmt auf Antrag des Inhabers der Erlaubnis oder Bewilligung oder des Verfügungsberechtigten Fristen für die Übernahme der in Absatz 4 genannten Verpflichtungen und für die Sicherheitsleistung. [2]Werden die Fristen nicht eingehalten, so ist die Zustimmung zu erteilen.

(6) Der Antrag auf Erteilung der Zustimmung und die Fristen sind im Amtlichen Anzeiger bekannt zu machen.

(7) Die Freie und Hansestadt Hamburg ist von der Leistung einer Sicherheit befreit.

Vierter Teil
Vorschriften zum Schutz und zur Bewirtschaftung der Gewässer

Abschnitt I
Gemeinsame Vorschriften für oberirdische Gewässer, Küstengewässer und das Grundwasser

§ 26a Gewässerrandstreifen

(1) Der Senat wird ermächtigt, durch Rechtsverordnung für bestimmte Gewässer oder Gewässerabschnitte die Festsetzung von Gewässerrandstreifen zu regeln, soweit dies zur Erreichung der Bewirtschaftungsziele nach den §§ 25a bis 25d, 32c und 33a WHG für die Erhaltung oder Verbesserung der ökologischen Funktion der Gewässer oder für die nach § 25a Absatz 3 WHG gebotene Vermeidung oder Verminderung von Schadstoffeinträgen erforderlich ist.

(2) [1]In der Rechtsverordnung ist die räumliche Ausdehnung des jeweiligen Gewässerrandstreifens festzulegen. [2]Es können Regelungen über ein Verbot bestimmter Tätigkeiten, über Nutzungsbeschränkungen sowie zur Vornahme, Erhaltung oder Beseitigung von Vegetation getroffen werden.

(3) [1]Die zuständige Behörde kann auf Antrag im Einzelfall von den Regelungen in einer Rechtsverordnung nach den Absätzen 1 und 2 eine Ausnahme zulassen, wenn

1.   Gründe des Wohls der Allgemeinheit dies erfordern oder

2.   die Regelungen der Rechtsverordnung im Hinblick auf die privatwirtschaftliche Nutzbarkeit eines Grundstücks zu einer offenbar nicht beabsichtigten Härte führen würden und die Ausnahme mit dem Wohl der Allgemeinheit vereinbar ist.

[2]Die Ausnahmeentscheidung kann befristet, widerrufen oder nachträglich mit Nebenbestimmungen versehen werden.

§ 27 Wasserschutzgebiete

(1) [1]Wasserschutzgebiete einschließlich allgemeiner Verbote, Beschränkungen und Duldungspflichten nach § 19 Absatz 2 WHG werden durch Rechtsverordnung des Senats festgesetzt. [2]Sie können in Zonen eingeteilt werden, in denen unterschiedliche Schutzanordnungen gelten.

(2) ¹Wenn ein Wasserschutzgebiet nach Absatz 1 festgesetzt ist, kann die Wasserbehörde für den Einzelfall Verbote, Beschränkungen und Duldungspflichten nach § 19 Absatz 2 WHG anordnen oder im Einzelfall Ausnahmen von den in der Verordnung festgesetzten allgemeinen Verboten, Beschränkungen und Duldungspflichten zulassen, wenn dies im öffentlichen Interesse geboten oder ohne Beeinträchtigung des Schutzzwecks möglich ist. ²Dabei kann die Wasserbehörde zur Erreichung des Schutzzieles auch Handlungspflichten für Eigentümer und Nutzungsberechtigte festlegen. ³Die Ausnahmeentscheidung nach Satz 1 kann befristet, widerrufen oder nachträglich mit Nebenbestimmungen versehen werden.

(3) Die Entschädigung nach § 19 Absatz 3 WHG sowie den Ausgleich nach § 19 Absatz 4 WHG hat derjenige zu leisten, in dessen Interesse das Wasserschutzgebiet festgesetzt wurde.

(4) ¹Soweit es die öffentliche Sicherheit erfordert, kann der Senat die nach § 19 Absatz 2 WHG zulässigen Maßnahmen auch vor der Festsetzung eines Wasserschutzgebietes durch Rechtsverordnung vorläufig anordnen. ²Das Festsetzungsverfahren ist in diesem Falle unverzüglich nach der Anordnung zu eröffnen.

(5) ¹Der Ausgleich nach § 19 Absatz 4 WHG ist, sofern nichts anderes vereinbart wird, durch einen jährlich am 1. März für das vorhergehende Kalenderjahr fällig werdenden Betrag in Geld zu leisten. ²Ein Ausgleich wird nicht geleistet, soweit die wirtschaftlichen Nachteile
1. 50 Euro pro Betrieb und Jahr nicht übersteigen,
2. durch betriebliche Maßnahmen ausgeglichen werden können oder
3. durch andere Leistungen aus öffentlichen Haushalten oder von Dritten ausgeglichen werden.
³Antragsberechtigt ist der Inhaber des land- und forstwirtschaftlichen Betriebes. ⁴Der Antrag ist für das vorhergehende Kalenderjahr bis zum 1. Februar zu stellen.

§ 27a Grundsatz der Bewirtschaftung
(1) Die Gewässer im Gebiet der Freien und Hansestadt Hamburg werden der Flussgebietseinheit Elbe zugeordnet.

(2) ¹Die Bewirtschaftung der Gewässer erfolgt im Rahmen der für die Flussgebietseinheit Elbe maßgeblichen Anforderungen gemäß den Bewirtschaftungszielen nach den §§ 25a bis 25d, 32c und 33a WHG. ²Der Senat wird ermächtigt, durch Rechtsverordnung die Anforderungen zu regeln, die für die Ermittlung des für die Gewässerbewirtschaftung im Rahmen des Satzes 1 maßgebenden Gewässerzustands, seiner Festlegung und Einstufung, seiner Darstellung sowie der Überwachung notwendig sind.

§ 27b Maßnahmenprogramm und Bewirtschaftungsplan
(1) ¹Die zuständige Behörde erstellt für die in der Zuständigkeit der Freien und Hansestadt Hamburg befindlichen Teilbereiche der Flussgebietseinheit Elbe Beiträge zum Bewirtschaftungsplan gemäß § 36b WHG und das daraus abgeleitete Maßnahmenprogramm gemäß § 36 WHG und koordiniert diese mit den übrigen an der Flussgebietseinheit Elbe beteiligten Ländern. ²Zur Koordinierung des Maßnahmenprogramms und Bewirtschaftungsplans mit den zuständigen Behörden anderer Staaten beteiligt sich die zuständige Behörde an den Koordinierungsbemühungen der von der Flussgebietsgemeinschaft im Einvernehmen mit dem Bund bestimmten Stelle. ³Die Koordinierung erfolgt im Benehmen und, soweit auch Verwaltungskompetenzen des Bundes oder gesamtstaatliche Belange bei der Pflege der Beziehungen zu auswärtigen Staaten nach Artikel 32 des Grundgesetzes berührt sind, im Einvernehmen mit den zuständigen Bundesbehörden.

(2) ¹Die für die Freie und Hansestadt Hamburg maßgeblichen Teile des Bewirtschaftungsplans sowie des Maßnahmenprogramms sind bis zum 22. Dezember 2009 vom Senat unter Beteiligung der Träger öffentlicher Belange festzustellen. ²Der vom Senat festgestellte Plan und das Programm werden im Amtlichen Anzeiger veröffentlicht und sind für alle behördlichen Entscheidungen verbindlich.

(3) ¹Die im Maßnahmenprogramm aufgeführten Maßnahmen sind bis zum 22. Dezember 2012 umzusetzen. ²Neue oder im Rahmen eines aktualisierten Programms geänderte Maßnahmen sind innerhalb von drei Jahren, nachdem sie aufgenommen wurden, durchzuführen.

(4) Maßnahmenprogramm und Bewirtschaftungsplan sind erstmals bis zum 22. Dezember 2015 sowie anschließend alle sechs Jahre zu überprüfen und, soweit erforderlich, zu aktualisieren.

§ 27c Fristen zur Erreichung der Bewirtschaftungsziele

(1) Ein guter ökologischer und chemischer Zustand der oberirdischen Gewässer im Sinne des § 25a Absatz 1 Nummer 2 WHG, ein gutes ökologisches Potential und ein guter chemischer Zustand der künstlichen und erheblich veränderten Gewässer im Sinne des § 25b Absatz 1 Satz 1 Nummer 2 WHG sowie ein guter mengenmäßiger und chemischer Zustand des Grundwassers im Sinne des § 33a Absatz 1 Nummer 4 WHG sind bis zum 22. Dezember 2015 zu erreichen.

(2) [1]Die in Absatz 1 festgelegte Frist kann unter den in § 25c Absätze 2 und 3 WHG genannten Voraussetzungen höchstens zweimal um sechs Jahre verlängert werden. [2]Lassen sich die Ziele auf Grund der natürlichen Gegebenheiten nicht innerhalb des verlängerten Zeitraums erreichen, sind weitere Verlängerungen möglich.

§ 28 Umgang mit wassergefährdenden Stoffen

(1) [1]Wer

1. Anlagen zum Lagern, Abfüllen, Umschlagen, Herstellen und Behandeln sowie Anlagen zum Verwenden wassergefährdender Stoffe im Bereich der gewerblichen Wirtschaft und im Bereich öffentlicher Einrichtungen im Sinne des § 19g WHG betreiben will,

2. Anlagen zum Befördern wassergefährdender Stoffe betreiben will oder

3. Anlagen zum Lagern und Abfüllen von Jauche, Gülle und Silagesickersäften betreiben will,

hat dies einen Monat vorher der zuständigen Behörde anzuzeigen. [2]Anzeigepflichtig ist auch die Änderung der Anlage oder ihres Betriebes. [3]Der Anzeige sind Pläne und Beschreibungen beizufügen. [4]Reichen diese für die wasserwirtschaftliche Beurteilung nicht aus, so kann die Wasserbehörde entsprechende Unterlagen nachfordern. [5]Einer Anzeige bedarf auch die Stilllegung der Anlage.

(2) [1]Eine Anzeigepflicht entfällt bei oberirdischen Lagerbehältern für Benzin, Heizöl und Dieselkraftstoff mit einem Fassungsvermögen bis zu 1000 Litern außerhalb von Wasser- und Heilquellenschutzgebieten. [2]Der Senat kann durch Rechtsverordnung festlegen, dass eine Anzeigepflicht für bestimmte Stoffe, Stoffmengen, Anlagen oder Handlungen entfällt, wenn eine nachteilige Veränderung der Gewässer nicht zu besorgen ist.

(3) Eine Anzeige nach Absatz 1 ist nicht erforderlich, wenn es nach anderen Rechtsvorschriften einer vorherigen Anzeige, Genehmigung, Erlaubnis oder sonstigen behördlichen Zustimmung bedarf.

(4) [1]Der Senat wird ermächtigt, zum Schutz der Gewässer durch Rechtsverordnung Regelungen über Anlagen im Sinne des Absatzes 1 und deren Betrieb zu treffen. [2]Es können insbesondere Rechtsvorschriften erlassen werden über

1. technische Anforderungen an Anlagen; dabei kann auch bestimmt werden, dass die allgemein anerkannten Regeln der Technik als erfüllt anzusehen sind, wenn die im Amtlichen Anzeiger eingeführten Technischen Bestimmungen eingehalten worden sind;

2. das Verfahren und den Umfang der Eignungsfeststellung und der Bauartzulassung nach § 19h WHG einschließlich der Anforderungen an die erforderlichen Nachweise und der Übertragung der entsprechenden Aufgaben auf Dritte;

3. die Zulässigkeit von Anlagen in Wasserschutzgebieten nach § 19 Absatz 1 Nummern 1 und 2 WHG, in Heilquellenschutzgebieten nach § 34 sowie in Überschwemmungsgebieten nach § 54 und überschwemmungsgefährdeten Gebieten nach § 54b dieses Gesetzes und in Planungsgebieten nach § 36a WHG für Vorhaben der Wassergewinnung und Wasseranreicherung;

4. die Überwachung von Anlagen durch den Betreiber und ihre Überprüfung durch Sachverständige;

5. das Verhalten beim Betrieb von Anlagen sowie die Pflichten des Betreibers nach Störungen, durch die eine nachteilige Veränderung der Gewässer zu besorgen ist;

6. die Kennzeichnung von Anlagen und die Anbringung von Merkblättern über Betriebs- und Verhaltensvorschriften sowie die Unterrichtung des Bedienungspersonals darüber;

7. die Zulassung von Sachverständigen nach § 19i WHG;

8. die Bestimmung von Tätigkeiten, die nicht von Fachbetrieben ausgeführt werden müssen, die Überwachung und Überprüfung von Fachbetrieben, den Nachweis der Fachbetriebseigenschaft sowie die Bestimmung, Überwachung und Überprüfung von Technischen Überwachungsorganisationen nach § 19l WHG;

9. die Verpflichtung des Betreibers, Anlagen, die bei In-Kraft-Treten dieses Gesetzes vorhanden sind, der zuständigen Behörde anzuzeigen.

§ 28a Verhütung und Beseitigung von Gewässer- und Bodenverunreinigungen

(1) [1]Liegen konkrete Anhaltspunkte dafür vor, dass wassergefährdende Stoffe, insbesondere aus Anlagen im Sinne von § 28 Absatz 1, aus Betriebsanlagen, aus Wasser-, Land- oder Luftfahrzeugen in ein Gewässer, in eine Abwasseranlage ohne geeignete Rückhalteeinrichtungen oder in den Boden gelangt sind oder zu gelangen drohen, so hat der Eigentümer oder Besitzer der Anlage oder des Fahrzeugs, der Eigentümer oder Besitzer des wassergefährdenden Stoffes sowie derjenige, der die Anlage betreibt, unterhält oder überwacht oder das Fahrzeug führt, unverzüglich alle notwendigen Maßnahmen zu ergreifen, um ein Austreten oder Ausbreiten zu verhindern. [2]Ausgetretene wassergefährdende Stoffe sind so zu beseitigen, dass eine schädliche Verunreinigung des Wassers oder der Abwasseranlage nicht mehr zu besorgen ist. [3]Diese Verpflichtungen treffen auch den Eigentümer oder Besitzer des Grundstückes, auf dem der wassergefährdende Stoff ausgetreten ist, sowie denjenigen, der sein Eigentum an den wassergefährdenden Stoffen aufgegeben oder nach §§ 946 bis 950 BGB verloren hat.

(2) [1]Das Austreten wassergefährdender Stoffe in nicht unerheblicher Menge aus Anlagen oder Fahrzeugen im Sinne des Absatzes 1 ist unverzüglich der Wasserbehörde oder der nächsten Polizeidienststelle anzuzeigen. [2]Anzeigepflichtig ist neben den in Absatz 1 genannten Personen auch derjenige, der eine Anlage oder ein Fahrzeug füllt oder entleert, instand setzt, reinigt oder prüft, sowie derjenige, der das Austreten wassergefährdender Stoffe verursacht hat.

(3) [1]Wird bei Baugrundsondierungen, Baumaßnahmen, Ausschachtungen oder ähnlichen Eingriffen in den Untergrund das Vorhandensein wassergefährdender Stoffe im Boden oder im Grundwasser festgestellt, so ist dies unverzüglich der Wasserbehörde anzuzeigen. [2]Anzeigepflichtig sind der Grundstückseigentümer, der Grundstücksbesitzer, der Bauherr, der Bauleiter und der Unternehmer.

Abschnitt II
(aufgehoben)

§ 29 (aufgehoben)

Abschnitt III
Vorschriften für das Grundwasser

§ 30 Anzeigepflicht bei Erdaufschlüssen

(1) [1]Der Senat kann durch Rechtsverordnung allgemein oder für einzelne Gebiete bestimmen, dass Bodenarbeiten über eine festzulegende Tiefe hinaus nur vorgenommen werden dürfen, nachdem sie der Wasserbehörde einen Monat vorher angezeigt worden sind. [2]Dabei kann er Ausnahmen von der Anzeigepflicht zulassen.

(2) [1]Der Anzeige sind Pläne und Beschreibungen beizufügen. [2]Reichen diese für die wasserwirtschaftliche Beurteilung nicht aus, so kann die Wasserbehörde entsprechende Unterlagen nachfordern.

(3) [1]Die Wasserbehörde hat die Arbeiten zu überwachen. [2]Zu diesem Zweck dürfen Beauftragte der Wasserbehörde die Grundstücke betreten.

(4) Die Absätze 1 bis 3 gelten nicht für Arbeiten, für die nach anderen Rechtsvorschriften eine Erlaubnis, Bewilligung, Genehmigung oder sonstige behördliche Zustimmung erforderlich ist.

§ 30a Anzeigepflicht bei Grundwasserförderung

(1) Wer

1. für den Haushalt, für den landwirtschaftlichen Hofbetrieb, für das Tränken von Vieh außerhalb des Hofbetriebes oder in geringen Mengen zu einem vorübergehenden Zweck oder
2. zum Zwecke der gewöhnlichen Bodenentwässerung landwirtschaftlich, forstwirtschaftlich oder gärtnerisch genutzter Grundstücke

Anlagen zur Grundwasserförderung errichtet, für die eine Erlaubnis oder Bewilligung nach § 33 Absatz 1 WHG nicht erforderlich ist, hat dies spätestens einen Monat vor Baubeginn der zuständigen Behörde anzuzeigen.

(2) Die zuständige Behörde kann anordnen, dass bei der Herstellung der Anlage Anforderungen zu beachten sind, wenn dies zum Schutz des Grundwassers erforderlich ist.

§ 31 Unbeabsichtigte Erschließung von Grundwasser

(1) Wer unbeabsichtigt Grundwasser erschlossen hat, muss dies der Wasserbehörde unverzüglich anzeigen.

(2) Die Wasserbehörde kann anordnen, dass die Erschließung zu beseitigen ist, wenn dies wegen des Wasserhaushalts erforderlich ist.

§ 32 Beschränkung der Benutzung des Grundwassers

Wenn die Ordnung des Wasserhaushalts es verlangt, kann durch Rechtsverordnung des Senats allgemein oder für einzelne Gebiete bestimmt werden, dass in den Fällen des § 33 Absatz 1 WHG eine Erlaubnis oder Bewilligung erforderlich ist.

§ 32a Erlaubnisfreie Niederschlagswasserversickerung

Der Senat wird ermächtigt, zur schadlosen Versickerung des auf Wohngrundstücken anfallenden Niederschlagswassers durch Rechtsverordnung die Voraussetzungen zu regeln, unter denen die Niederschlagswasserversickerung erlaubnisfrei ist, und dabei

1. die zur schadlosen Versickerung geeigneten Anlagen zu bestimmen sowie
2. Anforderungen an die Beschaffenheit des zu versickernden Niederschlagswassers zu stellen.

§ 32b Anzeigepflicht bei Niederschlagswasserversickerung

(1) Wer auf Wohngrundstücken Anlagen errichtet, um im Rahmen des § 32a Niederschlagswasser in das Grundwasser zu versickern, hat dies spätestens einen Monat vor Baubeginn der zuständigen Behörde anzuzeigen.

(2) Die zuständige Behörde kann anordnen, dass bei der Herstellung der Anlage Anforderungen zu beachten sind, wenn dies zum Schutz des Grundwassers erforderlich ist.

Abschnitt IV
Besondere Vorschriften zum Schutze von Heilquellen

§ 33 Staatliche Anerkennung von Heilquellen

(1) Die Wasserbehörde kann Wasser- oder Gasvorkommen, die natürlich zutage treten oder künstlich erschlossen worden sind und die auf Grund ihrer chemischen Zusammensetzung, ihrer physikalischen Eigenschaften oder nach der Erfahrung geeignet sind, Heilzwecken zu dienen (Heilquellen), staatlich anerkennen, wenn ihre Erhaltung zum Wohle der Allgemeinheit erforderlich ist.

(2) Eigentümer und Unternehmer einer staatlich anerkannten Heilquelle haben zu dulden, dass die Wasserbehörde ihre Betriebe und Anlagen überwacht.

§ 34 Heilquellenschutzgebiete und andere Schutzmaßnahmen

(1) [1]Soweit es der Schutz einer im Geltungsbereich des WHG staatlich anerkannten Heilquelle erfordert, kann der Senat durch Rechtsverordnung Heilquellenschutzgebiete festsetzen. [2]§ 19 Absätze 2 und 3 WHG und die Vorschriften dieses Gesetzes über Wasserschutzgebiete gelten im Übrigen sinngemäß.

(2) [1]Auch außerhalb eines Heilquellenschutzgebietes kann die Wasserbehörde Handlungen untersagen, die geeignet sind, den Bestand oder die Beschaffenheit staatlich anerkannter Heilquellen zu gefährden. [2]Sind Schäden bereits entstanden, so kann die Wasserbehörde anordnen, dass sie beseitigt werden.

Fünfter Teil
Unterhaltung und Ausbau oberirdischer Gewässer

Abschnitt I
Unterhaltung

§ 35 Umfang der Unterhaltung

(1) [1]Die Unterhaltung eines Gewässers nach § 28 WHG erstreckt sich auf das Gewässerbett und die das Gewässer begleitenden Ufer. [2]Die Pflege und Entwicklung des Gewässers als Bestandteil des Naturhaushaltes umfasst insbesondere die Verpflichtung

1. zur Rein- und Instandhaltung des Gewässerbettes sowie zur Sicherung und Instandhaltung der Ufer, soweit dies erforderlich und dem Umfang nach geboten ist,
2. zur Verbesserung des Selbstreinigungsvermögens des Gewässers, soweit dazu nicht ein anderer verpflichtet ist,

3. zur Erhaltung und Förderung der ökologischen und landschaftsgestalterischen Funktion des Gewässers einschließlich der Bewahrung und Wiederherstellung der standortgerechten Ufervegetation,

4. zur naturnahen Gestaltung und Pflege der Ufer mit Ausnahme der gestalteten Gewässer in öffentlichen Grün- und Erholungsanlagen,

5. zur Erhaltung des Gewässers in einem den wasserwirtschaftlichen Bedürfnissen entsprechenden Zustand für die Abfuhr oder Rückhaltung von Wasser, Geschiebe, Schwebstoffen und Eis sowie für den Feststoffhaushalt.

[3]Natürliche und naturnah ausgebaute Gewässer sind in dem durch die Unterhaltung und Entwicklung nach Satz 2 Nummern 1 bis 4 geschaffenen Zustand zu erhalten und weiter zu entwickeln.

(2) [1]Der Senat wird ermächtigt, durch Rechtsverordnung Anforderungen an die Gewässerunterhaltung oder bestimmte Maßnahmen der Gewässerunterhaltung, soweit diese Anforderungen im Maßnahmenprogramm nach § 27b enthalten sind, zu regeln. [2]Dabei kann auch festgelegt werden, dass eine Unterhaltung nicht durchzuführen ist, wenn es für die Erreichung der Bewirtschaftungsziele nach den §§ 25a bis 25d WHG notwendig ist.

(3) Die Pflicht, die Schiffbarkeit zu erhalten, erstreckt sich nur auf Fahrrinnen, die der durchgehenden Schifffahrt dienen.

(4) [1]Künstliche Gewässer, die auf Grund ihrer Zweckbestimmung in keinen naturnahen Zustand versetzt werden können, sind in dem durch den Ausbau geschaffenen Zustand zu erhalten. [2]Dies gilt bei schiffbaren Gewässern nicht für die Erhaltung einer bestimmten Wassertiefe. [3]Die Wasserbehörde kann von der Verpflichtung nach Satz 1 befreien, soweit die Erhaltung des Ausbauzustandes zum Wohle der Allgemeinheit nicht erforderlich ist.

§ 36 Unterhaltung durch die Freie und Hansestadt Hamburg

(1) Die im Verzeichnis nach § 2 Nummer 1 aufgeführten Gewässer erster Ordnung sind, mit Ausnahme der Anlagen und Gewässereinfassungen nach § 42 Absatz 1, von der Freien und Hansestadt Hamburg zu unterhalten.

(2) Die Wasserbehörde kann die Unterhaltungslast ganz oder teilweise durch öffentlich-rechtlichen Vertrag auf ein anderes Bundesland oder eine andere Körperschaft des öffentlichen Rechts übertragen.

§ 37 Unterhaltung durch Wasser- und Bodenverbände

[1]Gewässer zweiter Ordnung sind von den Wasser- und Bodenverbänden zu unterhalten, soweit das zu ihren satzungsmäßigen Aufgaben gehört. [2]Hat ein Verband nach seiner Satzung für die ordnungsgemäße Unterhaltung von Gewässern im Verbandsgebiet Sorge zu tragen und obliegt dabei die Unterhaltung Verbandsmitgliedern, ist der Verband befugt, gegenüber diesen Mitgliedern nach pflichtgemäßem Ermessen die erforderlichen Anordnungen zu treffen. [3]Die Aufgaben und Befugnisse der Wasserbehörde bleiben unberührt.

§ 38 Unterhaltung durch die Eigentümer der Gewässer, Anlieger und sonstige Verpflichtete

Gewässer zweiter Ordnung, die nicht von den Wasser- und Bodenverbänden zu unterhalten sind, haben die Eigentümer der Gewässer, die Anlieger und diejenigen Eigentümer von Grundstücken und Anlagen zu unterhalten, die Vorteile aus der Unterhaltung haben oder sie erschweren.

§ 39 Erfüllung der Unterhaltungspflicht

(1) Die Unterhaltungspflicht ist in den Fällen des § 38 von den Eigentümern der Gewässer zu erfüllen.

(2) Die anderen nach § 38 zur Unterhaltung Verpflichteten haben sich an den Kosten der Unterhaltung zu beteiligen.

(3) [1]Sind neben den Eigentümern des Gewässers nur die Anlieger unterhaltungspflichtig, so haben die Eigentümer und die Anlieger die Kosten je zur Hälfte zu tragen, soweit sie nichts anderes vereinbart haben. [2]Die Anteile mehrerer Anlieger bemessen sich nach der Länge ihrer Uferstrecken.

(4) Die Eigentümer des Anliegergrundstücks und die zu seiner Nutzung Berechtigten haften den Eigentümern des Gewässers als Gesamtschuldner; abweichende Vereinbarungen können mit Zustimmung der Eigentümer der Gewässer getroffen werden.

(5) [1]Die Eigentümer von Grundstücken und Anlagen, die aus der Unterhaltung Vorteile haben oder die die Unterhaltung erschweren, haben sich nach dem Maß, in dem sie Vorteile haben oder in dem sie die Unterhaltung erschweren, an den Kosten zu beteiligen. [2]Der von den Eigentümern der Gewässer und den Anliegern nach Absatz 3 zu tragende Kostenanteil vermindert sich um diese Beträge.

(6) Auf künstliche Gewässer sind die Absätze 2 bis 4 und Absatz 5 Satz 2 nicht anzuwenden.

§ 40 Verletzung der Unterhaltungspflicht

(1) Hat der Eigentümer des Gewässers seine Unterhaltungspflicht nach § 39 Absatz 1 nicht oder nicht genügend erfüllt, so führt die Freie und Hansestadt Hamburg die erforderlichen Arbeiten auf seine Kosten aus.

(2) [1]Die Wasserbehörde stellt fest, welche Arbeiten nicht ausgeführt worden sind, und veranschlagt vorläufig die für sie erforderlichen Kosten. [2]Dies ist dem Eigentümer des Gewässers durch Bescheid bekannt zu machen, nachdem ihm Gelegenheit gegeben worden ist, sich zu äußern. [3]Die Wasserbehörde kann in Höhe der vorläufig veranschlagten Kosten einen Vorschuss verlangen. [4]Nach Ausführung der Arbeiten werden die Kosten festgesetzt.

§ 41 Übernahme der Unterhaltung

(1) [1]Die Unterhaltung nach § 39 Absatz 1 kann durch Vertrag mit dem Eigentümer des Gewässers von anderen übernommen werden. [2]Der Vertrag bedarf der Zustimmung der Wasserbehörde. [3]Mit der Zustimmung wird die Übernahme öffentlich-rechtlich wirksam; der Übernehmer tritt insoweit in die Stellung des Eigentümers des Gewässers.

(2) [1]Die Wasserbehörde kann die Zustimmung widerrufen, wenn der Übernehmer die Unterhaltungspflicht nicht ordnungsgemäß erfüllt. [2]Mit dem Zugang des Widerrufs bei dem Eigentümer des Gewässers tritt seine Verpflichtung wieder ein.

§ 42 Unterhaltung von Anlagen und Gewässereinfassungen

(1) Anlagen in, an und über Gewässern, insbesondere Gebäude, Brücken, Stege sowie Gewässereinfassungen, die ganz oder überwiegend im Interesse des Anliegers errichtet worden sind, sind von ihren Eigentümern und Besitzern so zu unterhalten, dass keine Nachteile für das Gewässer entstehen.

(2) Mehrkosten für die Unterhaltung eines Gewässers, die durch eine Anlage oder Gewässereinfassung verursacht werden, kann der Unterhaltungspflichtige des Gewässers von dem Unterhaltungspflichtigen der Anlage oder Gewässereinfassung fordern.

§ 43 Auseinandersetzung über Kostenanteile

(1) Bei Streitigkeiten über die Kostenbeteiligung (§ 39 Absätze 2 bis 6) und über die Mehrkosten (§ 42 Absatz 2) kann das Gericht erst angerufen werden, nachdem die Wasserbehörde auf Antrag eines Beteiligten eine gütliche Einigung versucht hat.

(2) Eine Einigung hat die Wasserbehörde zu beurkunden und den Beteiligten auf Antrag eine Ausfertigung der Urkunde zu erteilen.

(3) Scheitert der Güteversuch, so erteilt die Wasserbehörde darüber eine Bescheinigung.

§ 44 Beseitigung von Hindernissen in Gewässern

(1) [1]Ist ein Hindernis für den Wasserabfluss oder für die Schifffahrt von einem anderen als dem Unterhaltungspflichtigen verursacht worden, soll die Wasserbehörde den Störer nach den Vorschriften des Gesetzes zum Schutz der öffentlichen Sicherheit und Ordnung vom 14. März 1966 (HmbGVBl. S. 77), zuletzt geändert am 9. Dezember 1974 (HmbGVBl. S. 381), in seiner jeweiligen Fassung zur Beseitigung anhalten. [2]Die Wasserbehörde kann stattdessen § 30 des Bundeswasserstraßengesetzes in der Fassung vom 4. November 1998 (BGBl. I S. 3295), zuletzt geändert am 18. Juni 2002 (BGBl. I S. 1914, 1921), in der jeweils geltenden Fassung sinngemäß anwenden.

(2) Hat der Unterhaltungspflichtige das Hindernis beseitigt, so hat ihm der ordnungsrechtlich Verantwortliche die Kosten zu ersetzen.

§ 45 Weitere Pflichten im Interesse der Unterhaltung

(1) Die Eigentümer der Gewässer haben, wenn sie nicht selbst unterhaltungspflichtig sind, die zur Unterhaltung erforderlichen Maßnahmen zu dulden.

(2) Die Anlieger und Hinterlieger haben das Einebnen des Aushubs auf ihren Grundstücken zu dulden, soweit dadurch die bisherige Nutzung nur vorübergehend beeinträchtigt wird.

(3) Die Inhaber von Rechten und Befugnissen an Gewässern haben zu dulden, dass die Benutzung vorübergehend behindert oder unterbrochen wird.

(4) [1]Den Duldungspflichtigen sind die nach den Absätzen 1 bis 3 beabsichtigten Maßnahmen anzukündigen. [2]Sie haben alles zu unterlassen, was die Unterhaltung beeinträchtigen könnte.

(5) Entstehen durch diese Maßnahmen Schäden, so kann der Geschädigte Schadensersatz beanspruchen.

§ 46 Rücksicht auf Fischerei, Natur und Landschaft und deren Erholungswert
Auf die Fischerei, auf schutzwürdige Tiere und Pflanzen im und am Gewässer sowie auf die Landschaft und deren Erholungswert ist bei der Unterhaltung Rücksicht zu nehmen.

Abschnitt II
Ausbau

§ 47 Befugnis zum Ausbau; Ausbaupflicht
(1) ¹Die Unterhaltungspflichtigen (§§ 36 bis 38) sind befugt, oberirdische Gewässer und ihre Ufer gemäß § 31 WHG auszubauen. ²Die Wasserbehörde kann diese Befugnis einem anderen erteilen.

(2) Muss ein Gewässer zweiter Ordnung zum Wohl der Allgemeinheit ausgebaut werden, so ist die Freie und Hansestadt Hamburg zum Ausbau befugt, wenn die nach den §§ 37 und 38 Unterhaltungspflichtigen von der Wasserbehörde dazu erfolglos aufgefordert worden sind.

(3) ¹Der Senat wird ermächtigt, durch Rechtsverordnung Anforderungen an den Ausbau oder bestimmte Ausbaumaßnahmen, soweit diese Anforderungen im Maßnahmenprogramm nach § 27b enthalten sind, zu regeln. ²Die Unterhaltungspflichtigen (§§ 36 bis 38) sind im Rahmen der durch die Rechtsverordnung getroffenen Festlegungen zum Ausbau verpflichtet.

§ 48 Ausbau auf Grund einer Planfeststellung
(1) ¹Art und Umfang von Ausbaumaßnahmen werden durch Planfeststellung bestimmt. ²Wird das Planfeststellungsverfahren für ein Vorhaben durchgeführt, das nach dem Gesetz über die Umweltverträglichkeitsprüfung in der Fassung vom 5. September 2001 (BGBl. I S. 2351), zuletzt geändert am 18. Juni 2002 (BGBl. I S. 1914, 1921), in der jeweils geltenden Fassung oder dem Gesetz über die Umweltverträglichkeitsprüfung in Hamburg vom 10. Dezember 1996 (HmbGVBl. S. 310), geändert am 17. Dezember 2002 (HmbGVBl. S. 347), in der jeweils geltenden Fassung dem Recht der Umweltverträglichkeitsprüfung unterliegt, sind diese Vorschriften ergänzend anzuwenden. ³Für Bedingungen und Auflagen bei der Planfeststellung gelten § 4, § 5 Absatz 1 Nummern 1a und 2 WHG und § 16 dieses Gesetzes entsprechend.

(2) Bei der Planfeststellung ist sicherzustellen, dass Einrichtungen hergestellt und unterhalten werden, die im öffentlichen Interesse erforderlich sind, insbesondere, dass Verkehrs- und Versorgungseinrichtungen geändert werden, soweit es der Ausbau erfordert.

(3) Der Plan darf nicht festgestellt werden, wenn von dem Ausbau eine Beeinträchtigung des Wohles der Allgemeinheit zu erwarten ist, die sich nicht durch Auflagen verhüten oder ausgleichen lässt.

(4) ¹Ist zu erwarten, dass der Ausbau Rechte anderer beeinträchtigt oder zu nachteiligen Wirkungen im Sinne des § 18 Absatz 2 führt, und erhebt ein Betroffener Einwendungen, so darf der Plan nur festgestellt werden, wenn diese Wirkungen durch Auflagen verhütet oder ausgeglichen werden. ²Ist dies nicht möglich oder dem Antragsteller nicht zuzumuten, so darf der Plan dennoch festgestellt werden, wenn das Wohl der Allgemeinheit es erfordert oder wenn der von dem Ausbau zu erwartende Nutzen den für den Betroffenen zu erwartenden Nachteil erheblich übersteigt. ³In diesen Fällen ist der Betroffene zu entschädigen. ⁴§ 18 Absatz 3 ist entsprechend anzuwenden.

(5) Wenn der Ausbau dem Wohle der Allgemeinheit dient, kann bei der Feststellung des Planes bestimmt werden, dass für seine Ausführung die Enteignung zulässig ist.

(6) Die §§ 10 und 11 WHG über nachträgliche Entscheidungen und über den Ausschluss von Ansprüchen sind sinngemäß anzuwenden.

§ 49 Ausbau ohne Planfeststellung
Bedarf es nach § 31 Absatz 3 WHG keiner Planfeststellung, so gelten § 48 Absätze 1 bis 3 entsprechend.

§ 49a Schutz von Lebensstätten beim Gewässerausbau und naturnahe Umgestaltung
(1) ¹Der Gewässerausbau hat auf die ökologische und landschaftsgestalterische Funktion des Gewässers und der anschließenden Uferstreifen Rücksicht zu nehmen und eine natürliche Entwicklung zu begünstigen. ²Es soll nur so ausgebaut werden, dass es mindestens im bisherigen Umfang als Lebensstätte für Pflanzen und Tiere geeignet ist. ³Ausnahmen sind nur zulässig, wenn sie im wesentlichen Interesse der Allgemeinheit erforderlich sind.

(2) Den Unterhaltungspflichtigen der Gewässer zweiter Ordnung kann auferlegt werden, nicht naturnah ausgebaute Gewässer innerhalb einer angemessenen Frist in einen naturnahen Zustand zurückzuführen, wenn der Zweck des Ausbaus auf Dauer entfallen ist.

§ 50 Besondere Pflichten im Interesse des Ausbaues
(1) Soweit es zur Vorbereitung oder Durchführung des Ausbaues erforderlich ist, haben die Anlieger und Hinterlieger nach Ankündigung zu dulden, dass der Unternehmer und seine Beauftragten die Grundstücke betreten und vorübergehend benutzen.
(2) § 45 Absätze 1, 3 und 4 gilt entsprechend.
(3) Entstehen durch die nach Absatz 1 oder 2 zulässigen Maßnahmen Schäden, so kann der Geschädigte Schadensersatz beanspruchen.

§ 51 Vorteilsausgleich
(1) [1]Haben Eigentümer von Grundstücken oder Anlagen Vorteile durch einen Ausbau, der nicht ausschließlich im Interesse des Antragstellers vorgenommen wird, so haben sie sich nach dem Maße dieser Vorteile an den Kosten zu beteiligen. [2]Das gilt nur für Vorteile, die den Nutzen übersteigen, welcher durch den Ausbau für die Allgemeinheit entsteht.
(2) Bei Streitigkeiten über die Kostenbeteiligung ist § 43 entsprechend anzuwenden.

Sechster Teil
Schutz gegen Hochwassergefahren

Abschnitt I
Vorbeugender Hochwasserschutz

§ 52 Grundsätze
(1) Nach Maßgabe nachfolgender Vorschriften werden
1. der durch Tidehochwasser, insbesondere Sturmfluten, gefährdete Bereich im Tidegebiet der Elbe (§ 53) und
2. die durch Binnenhochwasser gefährdeten Gebiete (§§ 54 bis 54c)
geschützt.
(2) Jede Person, die durch Tidehochwasser, insbesondere Sturmfluten, oder Binnenhochwasser betroffen sein kann, ist im Rahmen des ihr Möglichen und Zumutbaren verpflichtet, geeignete Vorsorgemaßnahmen zum Schutz vor Hochwassergefahren und zur Schadensminderung zu treffen, insbesondere die Nutzung von Grundstücken den möglichen Gefährdungen von Menschen, Umwelt und Sachwerten durch Hochwasser anzupassen.
(3) Um den schadlosen Abfluss von Hochwasser zu sichern, kann die Wasserbehörde unbeschadet der nachfolgenden Vorschriften anordnen, dass in den Gebieten nach Absatz 1 Hindernisse beseitigt, die Bewirtschaftung von Grundstücken den Erfordernissen des Hochwasserschutzes angepasst, Maßnahmen zur Verhütung von Auflandungen getroffen und Vertiefungen eingeebnet werden.
(4) [1]Die Wasserbehörde unterrichtet die Öffentlichkeit und die mit der Abwehr von Hochwassergefahren betrauten öffentlichen und privaten Stellen in geeigneter Form über die Gefahren durch Tidehochwasser, insbesondere Sturmfluten, und Binnenhochwasser sowie über geeignete Vorsorgemaßnahmen und Verhaltensregeln. [2]Sie weist auf durch Hochwasser besonders gefährdete Bereiche in der Örtlichkeit hin. [3]Soweit erforderlich, sind Warn- und Meldedienste einzurichten, um die Öffentlichkeit sowie mit der Abwehr von Hochwassergefahren betraute öffentliche und private Stellen in den betroffenen Gebieten rechtzeitig vor zu erwartenden Hochwassergefahren zu warnen. [4]Aus der Wahrnehmung der Aufgaben nach den Sätzen 1 bis 3 können Dritte keine Ansprüche ableiten.

§ 53 Hochwassergefährdeter Bereich im Tidegebiet der Elbe
(1) [1]Der durch Tidehochwasser, insbesondere Sturmfluten, gefährdete Bereich im Tidegebiet der Elbe besteht aus den Landflächen zwischen der Gewässerlinie der Elbe (§ 3) und der Linie der öffentlichen Hochwasserschutzanlagen oder, sofern öffentliche Hochwasserschutzanlagen nicht bestehen, der Linie des amtlich bekannt gemachten Bemessungswasserstands für öffentliche Hochwasserschutzanlagen zuzüglich eines Sicherheitszuschlags von 0,50 m. [2]Die Wasserbehörde weist das Gebiet in einer Karte aus und macht diese öffentlich bekannt. [3]Zur Bekanntmachung ist die Karte für die Dauer von einem Monat in der Wasserbehörde und den örtlich betroffenen Bezirksämtern öffentlich auszulegen; Orte

und Zeit der Auslegung sind im Amtlichen Anzeiger bekannt zu machen. [4]Anschließend ist die Karte zur Einsicht durch jedermann bei der Wasserbehörde aufzubewahren.

(2) [1]Wer im Gebiet nach Absatz 1 die Erdoberfläche erhöhen oder vertiefen, Anlagen herstellen, verändern oder beseitigen oder Bäume oder Sträucher pflanzen will, bedarf der Genehmigung der Wasserbehörde. [2]Die Genehmigung darf nur versagt, befristet erteilt oder mit Bedingungen und Auflagen verbunden werden, wenn es der Hochwasserschutz erfordert. [3]Durch die Genehmigung werden Erlaubnisse, Bewilligungen, Genehmigungen und sonstige Zustimmungen, die nach diesem Gesetz oder nach anderen Vorschriften erforderlich sind, nicht ersetzt.

(3) [1]Durch Rechtsverordnung des Senats kann bestimmt werden, dass Maßnahmen nach Absatz 2 Satz 1 keiner Genehmigung bedürfen. [2]Soweit es der schadlose Abfluss des Hochwassers erfordert, kann durch Rechtsverordnung des Senats ferner bestimmt werden, dass der Genehmigung der Wasserbehörde im Gebiet nach Absatz 1 das Lagern von Stoffen oder das Entnehmen von Bodenbestandteilen bedarf.

§ 54 Gefährdete Gewässer oder Gewässerabschnitte, Überschwemmungsgebiete

(1) [1]Die Gewässer oder Gewässerabschnitte, bei denen durch Binnenhochwasser nicht nur geringfügige Schäden entstanden oder zu erwarten sind, werden durch die Wasserbehörde ermittelt und öffentlich bekannt gemacht; dies gilt nicht für die Gewässer im durch Tidehochwasser, insbesondere Sturmfluten, gefährdeten Bereich im Tidegebiet der Elbe (§ 53). [2]Die Liste der Gewässer oder Gewässerabschnitte ist regelmäßig an neue Erkenntnisse anzupassen.

(2) [1]Gebiete an Gewässern und Gewässerabschnitten nach Absatz 1, die bei Hochwasser überschwemmt, durchflossen oder für die Hochwasserentlastung oder Rückhaltung beansprucht werden, werden ermittelt und durch Rechtsverordnung des Senats als Überschwemmungsgebiete festgesetzt; dabei ist mindestens ein Hochwasserereignis zu Grunde zu legen, das statistisch einmal in hundert Jahren zu erwarten ist (Bemessungshochwasser). [2]Der Senat wird ermächtigt, durch Rechtsverordnung unbeschadet der besonderen Vorschriften des § 54a weitergehende Regelungen zum Schutz vor Hochwassergefahren zu treffen, soweit dies erforderlich ist,

1. zum Erhalt oder zur Verbesserung der ökologischen Strukturen der Gewässer und ihrer Überflutungsflächen,
2. zur Verhinderung erosionsfördernder Maßnahmen,
3. zum Erhalt oder zur Gewinnung, insbesondere Rückgewinnung von Rückhalteflächen,
4. zur Regelung des Hochwasserabflusses oder
5. zur Vermeidung und Verminderung von Schäden durch Hochwasser.

[3]Der Entwurf der Rechtsverordnung ist für die Dauer von einem Monat in der Wasserbehörde und den örtlich betroffenen Bezirksämtern öffentlich auszulegen; den Trägern öffentlicher Belange und der Öffentlichkeit ist Gelegenheit zur Äußerung bis zwei Wochen nach Ablauf der Auslegungsfrist zu geben. [4]Ort und Zeit der Auslegung sowie die Äußerungsfrist sind im Amtlichen Anzeiger bekannt zu machen. [5]Festgesetzte Überschwemmungsgebiete sind im Liegenschaftskataster nachzuweisen. [6]Für die Änderung bestehender Überschwemmungsgebiete gelten die Sätze 3 bis 5 entsprechend.

(3) [1]Gebiete, die mit hoher Wahrscheinlichkeit von einer künftigen Festsetzung nach Absatz 2 erfasst werden, gelten als festgesetzte Überschwemmungsgebiete, wenn die Wasserbehörde die Gebiete in Karten ausweist und dies öffentlich bekannt macht (vorläufige Sicherung). [2]Zur Bekanntmachung sind die Karten für die Dauer von einem Monat in der Wasserbehörde und den örtlich betroffenen Bezirksämtern öffentlich auszulegen; Orte und Zeit der Auslegung sind im Amtlichen Anzeiger bekannt zu machen. [3]Anschließend sind die Karten für die Dauer der vorläufigen Sicherung zur Einsicht durch jedermann bei der Wasserbehörde aufzubewahren. [4]Für Änderungen gelten die Sätze 2 und 3 entsprechend. [5]Die vorläufige Sicherung endet mit der Festsetzung des Überschwemmungsgebiets nach Absatz 2; eine vorzeitige Aufhebung der vorläufigen Sicherung ist im Amtlichen Anzeiger bekannt zu machen.

(4) [1]Überschwemmungsgebiete nach Absatz 2 sind bis zum 10. Mai 2010 festzusetzen. [2]Für Überschwemmungsgebiete, in denen kein hohes Schadenspotenzial besteht, endet die Frist abweichend von Satz 1 am 10. Mai 2012.

§ 54a Besondere Vorschriften für Überschwemmungsgebiete

(1) Die Ausweisung neuer Baugebiete in Überschwemmungsgebieten nach § 54 Absätze 2 und 3 bedarf nach Maßgabe des § 31b Absatz 4 Satz 2 WHG der Zustimmung der Wasserbehörde.

(2) [1]In Überschwemmungsgebieten nach § 54 Absätze 2 und 3 bedürfen der Genehmigung durch die Wasserbehörde

1. das Erhöhen und Vertiefen der Erdoberfläche,
2. das Lagern von Stoffen, das den Hochwasserabfluss beeinträchtigen oder die Wasserqualität gefährden kann,
3. das Umwandeln von Grün- in Ackerland,
4. das Anlegen, Erweitern oder Beseitigen von Baum- und Strauchpflanzungen,

soweit dies nicht dem Ausbau oder der Unterhaltung des Gewässers, dem Hochwasserschutz, der Erhaltung oder Wiederherstellung einer natürlichen Auenlandschaft, der Verjüngung des Pflanzenbestandes, der ordnungsgemäßen Forstwirtschaft oder der Gefahrenabwehr dient. [2]Die Genehmigung darf nur erteilt werden, wenn alle nach den allgemein anerkannten Regeln der Technik möglichen Vorkehrungen zur Gefahrenabwehr und zur Vorsorge für den Hochwasserfall getroffen werden, das Vorhaben den ordnungsgemäßen Wasserabfluss oder die Hochwasserrückhaltung nicht wesentlich beeinträchtigt und keine Gefahren für die Gewässerqualität hervorruft. [3]§ 31b Absatz 4 Sätze 3 und 4 WHG bleibt unberührt.

(3) [1]In den Überschwemmungsgebieten nach § 54 Absätze 2 und 3 sind geeignete bautechnische Maßnahmen vorzunehmen, um den Eintrag von wassergefährdenden Stoffen bei Überschwemmungen zu verhindern. [2]Die Anforderungen nach Satz 1 und Regelungen zum Verbot der Errichtung neuer Ölheizungsanlagen in Überschwemmungsgebieten werden durch Rechtsverordnung nach § 28 Absatz 4 festgelegt, soweit zur Schadensvermeidung erforderlich. [3]Die Abwasserbeseitigungspflichtigen und die Träger der Wasserversorgung haben die notwendigen baulichen und betrieblichen Maßnahmen zu treffen, um mögliche Störungen der Wasserversorgung und der Abwasserbeseitigung so weit wie möglich zu vermeiden.

(4) [1]Werden bei der Rückgewinnung natürlicher Rückhalteräume Anordnungen getroffen, die die ordnungsgemäße land- oder forstwirtschaftliche Nutzung beschränken, so gelten § 19 Absatz 4 Sätze 1 und 3 WHG und § 27 Absatz 5 dieses Gesetzes entsprechend. [2]Zur Zahlung ist die Freie und Hansestadt Hamburg verpflichtet.

§ 54b Überschwemmungsgefährdete Gebiete

(1) [1]Die Wasserbehörde ermittelt die überschwemmungsgefährdeten Gebiete im Sinne des § 31c WHG, in denen durch Überschwemmungen erhebliche Beeinträchtigungen des Wohls der Allgemeinheit entstehen können und stellt sie in Kartenform dar; dabei ist mindestens ein Hochwasserereignis zu Grunde zu legen, das statistisch einmal in zweihundert Jahren zu erwarten ist. [2]Die Karten sind für die Dauer von einem Monat in der Wasserbehörde und den örtlich betroffenen Bezirksämtern öffentlich auszulegen und anschließend zur Einsicht durch jedermann bei der Wasserbehörde aufzubewahren; Ort und die Zeit der Auslegung sind im Amtlichen Anzeiger bekannt zu machen.

(2) [1]In überschwemmungsgefährdeten Gebieten nach Absatz 1 sind Vorkehrungen zu treffen und, soweit erforderlich, bautechnische Maßnahmen vorzunehmen, um den Eintrag von wassergefährdenden Stoffen bei Überschwemmungen entsprechend den allgemein anerkannten Regeln der Technik zu verringern; die näheren Anforderungen werden durch Rechtsverordnung nach § 28 Absatz 4 festgelegt. [2]Soweit erforderlich, kann die Wasserbehörde weitere Maßnahmen zur Vermeidung oder Verminderung von erheblichen Beeinträchtigungen des Wohls der Allgemeinheit durch Überschwemmungen anordnen.

§ 54c Hochwasserschutzpläne

(1) [1]Die Wasserbehörde stellt Hochwasserschutzpläne nach Maßgabe des § 31d Absatz 1 WHG auf, soweit dies erforderlich ist, und aktualisiert sie nach Bedarf. [2]Die Aufstellung ist nicht erforderlich, wenn Pläne zur Verbesserung des Hochwasserschutzes bestehen und den Anforderungen entsprechen.

(2) [1]Die erforderlichen Hochwasserschutzpläne sind bis zum 10. Mai 2009 aufzustellen. [2]Das Verfahren für die Aufstellung und Aktualisierung der Hochwasserschutzpläne muss den Anforderungen an die Durchführung einer Strategischen Umweltprüfung nach dem Gesetz über die Umweltverträglichkeitsprüfung in Hamburg vom 10. Dezember 1996 (HmbGVBl. S. 310), zuletzt geändert am

3. April 2007 (HmbGVBl. S. 119, 135), in der jeweils geltenden Fassung entsprechen. [3]Die Bekanntmachung erfolgt durch öffentliche Auslegung in der Wasserbehörde und den betroffenen Bezirksämtern für die Dauer von einem Monat; Ort und Zeit der Auslegung sind im Amtlichen Anzeiger bekannt zu machen. [4]Anschließend sind die Pläne zur Einsicht durch jedermann bei der Wasserbehörde aufzubewahren.

(3) [1]In grenzüberschreitenden Flussgebietseinheiten sind die Hochwasserschutzpläne mit den betroffenen Ländern und Staaten abzustimmen. [2]Es können auch grenzüberschreitend gemeinsame Hochwasserschutzpläne erstellt werden.

Abschnitt II
Deiche und Dämme

§ 55 Errichtung und Veränderung von Hochwasserschutzanlagen und Dämmen
(1) Die Errichtung, die wesentliche Umgestaltung und die Beseitigung von Hochwasserschutzanlagen und von Dämmen, die den Hochwasserabfluss beeinflussen, bedürfen einer Planfeststellung oder Genehmigung entsprechend den §§ 48 und 49.

(2) Die Umgestaltung, insbesondere die Verstärkung und die Erhöhung, vorhandener Hochwasserschutzanlagen, die dem Schutz vor Sturmfluten dient und keine wesentlichen wasserwirtschaftlichen Auswirkungen hat, kann abweichend von Absatz 1 auch dann ohne vorherige Durchführung eines Planfeststellungsverfahrens genehmigt werden, wenn

1. Rechte anderer nicht oder nicht wesentlich beeinträchtigt werden, insbesondere eine Enteignung für die Durchführung des Vorhabens nicht erforderlich ist, oder die Betroffenen sich schriftlich einverstanden erklärt haben,
2. das Vorhaben nach Rechtsvorschriften des Bundes oder der Freien und Hansestadt Hamburg nicht der Umweltverträglichkeitsprüfung unterliegt und
3. die Träger öffentlicher Belange, deren Aufgabenbereich berührt wird, beteiligt worden sind.

(3) [1]Die Plangenehmigung nach Absatz 2 hat die Rechtswirkungen einer Planfeststellung. [2]Auf ihre Erteilung finden die Vorschriften des Hamburgischen Verwaltungsverfahrensgesetzes (HmbVwVfG) vom 9. November 1977 (HmbGVBl. S. 333, 402), zuletzt geändert am 27. August 1997 (HmbGVBl. S. 441), in der jeweils geltenden Fassung über das Planfeststellungsverfahren mit Ausnahme des § 74 Absatz 4 HmbVwVfG keine Anwendung.

(4) In einem Verfahren nach den Absätzen 1 und 2 kann die für die Entscheidung zuständige Behörde in jederzeit widerruflicher Weise zulassen, dass bereits vor der Entscheidung mit der Durchführung des Vorhabens ganz oder teilweise begonnen wird, wenn

1. mit einer Entscheidung zugunsten des Antragstellers gerechnet werden kann,
2. an dem vorzeitigen Beginn ein öffentliches Interesse besteht und
3. der Antragsteller sich verpflichtet, alle durch ihn bis zur Entscheidung verursachten Schäden zu ersetzen und, falls der Plan nicht festgestellt oder genehmigt wird, den früheren Zustand wiederherzustellen.

(5) [1]Im Planfeststellungsverfahren nach Absatz 1 sind alle gegen den Plan nach Ablauf der Einwendungsfrist erhobenen Einwendungen ausgeschlossen; hierauf ist in der Bekanntmachung der Auslegung hinzuweisen. [2]Nach dem Erörterungstermin eingehende Stellungnahmen der Behörden müssen nicht mehr berücksichtigt werden, es sei denn, die vorgebrachten öffentlichen Belange sind der für den Planfeststellungsbeschluss zuständigen Behörde bereits bekannt oder hätten ihr bekannt sein müssen.

(6) [1]Mängel bei der Abwägung der von dem Vorhaben berührten öffentlichen und privaten Belange sind nur erheblich, wenn sie offensichtlich und auf das Abwägungsergebnis von Einfluss gewesen sind. [2]Erhebliche Mängel bei der Abwägung oder eine Verletzung von Verfahrens- und Formvorschriften führen nur dann zur Aufhebung des Planfeststellungsbeschlusses oder der Plangenehmigung, wenn sie nicht durch Planergänzung oder durch ein ergänzendes Verfahren behoben werden können; die §§ 45 und 46 HmbVwVfG bleiben unberührt.

(7) Vor der Erhebung einer verwaltungsgerichtlichen Klage gegen eine Plangenehmigung (Absätze 1 und 2) oder die Zulassung des vorzeitigen Beginns der Durchführung eines Vorhabens (Absatz 4 und § 9a WHG) bedarf es keiner Nachprüfung in einem Vorverfahren.

(8) [1]Unwesentliche Umgestaltungen von privaten Hochwasserschutzanlagen sind der zuständigen Wasserbehörde vor der Ausführung anzuzeigen. [2]Das gilt auch, wenn eine private Hochwasserschutzanlage ihre Schutzfunktion verloren hat oder aufgegeben werden soll.

§ 55a Veränderungssperre bei Maßnahmen des öffentlichen Hochwasserschutzes

(1) [1]Vom Beginn der Auslegung des Plans im Planfeststellungsverfahren für eine öffentliche Hochwasserschutzanlage oder von dem Zeitpunkt an, zu dem den Betroffenen Gelegenheit gegeben wird, den Plan einzusehen (§ 73 Absatz 3 HmbVwVfG), dürfen auf den vom Plan unmittelbar betroffenen Flächen bis zu ihrer Inanspruchnahme wesentlich wertsteigernde oder die geplante Baumaßnahme erheblich erschwerende Veränderungen nicht vorgenommen werden (Veränderungssperre). [2]Veränderungen, die in rechtlich zulässiger Weise vorher begonnen worden sind, Unterhaltungsarbeiten und die Fortführung einer bisher rechtmäßig ausgeübten Nutzung werden hiervon nicht berührt. [3]Unzulässige Veränderungen bleiben bei der Anwendung von § 74 Absatz 2 Sätze 2 und 3 HmbVwVfG und im Entschädigungsverfahren unberücksichtigt.

(2) [1]Dauert die Veränderungssperre länger als drei Jahre, so kann der Eigentümer oder der sonst zur Nutzung Berechtigte für danach entstehende Vermögensnachteile eine angemessene Entschädigung in Geld verlangen. [2]Der Eigentümer kann ferner Entschädigung durch Übernahme der betroffenen Flächen verlangen, wenn es ihm mit Rücksicht auf die Veränderungssperre wirtschaftlich nicht zuzumuten ist, die Fläche in der bisherigen oder einer anderen zulässigen Art zu nutzen. [3]Kommt keine Einigung über die Übernahme zustande, so kann der Eigentümer die Enteignung des Eigentums an der Fläche verlangen.

§ 55b Vorkaufsrecht für den öffentlichen Hochwasserschutz

[1]Der Freien und Hansestadt Hamburg steht beim Verkauf von Grundstücken ein gesetzliches Vorkaufsrecht zu

1. an den betroffenen Flächen in den Fällen des § 55a Absatz 1 Satz 1,
2. an den Flächen, die an eine öffentliche Hochwasserschutzanlage angrenzen und für Zwecke des Hochwasserschutzes gegenwärtig oder zukünftig benötigt werden.

[2]Das Vorkaufsrecht geht unbeschadet bundesrechtlicher Regelungen allen anderen Vorkaufsrechten im Range vor und bedarf nicht der Eintragung im Grundbuch. [3]§ 28 des Baugesetzbuches in der Fassung vom 27. August 1997 (BGBl. 1997 I S. 2142, 1998 I S. 137) findet sinngemäß Anwendung.

§ 56 Träger der Unterhaltung

(1) Die in öffentlichem Eigentum der Freien und Hansestadt Hamburg stehenden Hochwasserschutzanlagen (§ 4a) sind von der Wasserbehörde zu unterhalten, wiederherzustellen und zu verteidigen.

(2) Bei Hochwasserschutzanlagen, die nicht im öffentlichen Eigentum stehen (private Hochwasserschutzanlagen), obliegen die Unterhaltung, die Verteidigung und die Vorsorge für die Verteidigung dem Eigentümer der Anlage oder eines Anlageteils sowie demjenigen, der die tatsächliche Gewalt über die Anlage oder einen Teil der Anlage ausübt.

§ 57 Übernahme der Unterhaltung

(1) [1]Die Pflicht, eine private Hochwasserschutzanlage zu unterhalten, zu verteidigen und die Vorsorge für die Verteidigung zu treffen, kann von einem anderen durch Vertrag mit dem Verpflichteten übernommen werden. [2]Der Vertrag bedarf der Zustimmung der Wasserbehörde; mit der Zustimmung wird die Übernahme öffentlich-rechtlich wirksam.

(2) [1]Die Wasserbehörde kann die Zustimmung widerrufen, wenn der Übernehmer seine Verpflichtungen nicht ordnungsgemäß erfüllt. [2]Mit dem Zugang des Widerrufs bei dem Unterhaltungspflichtigen tritt dessen Verpflichtung wieder ein.

§ 58 Besondere Pflichten der Eigentümer und Nutzungsberechtigten

(1) [1]Soweit es erforderlich ist, um die Errichtung, die Umgestaltung oder die Beseitigung einer Hochwasserschutzanlage vorzubereiten oder auszuführen oder um eine Hochwasserschutzanlage ordnungsgemäß zu unterhalten oder wiederherzustellen, haben die Eigentümer und Nutzungsberechtigten von Grundstücken nach Ankündigung zu dulden, dass der Unternehmer oder der Unterhaltungspflichtige und ihre Beauftragten die Grundstücke betreten, vorübergehend benutzen und aus ihnen Bestandteile entnehmen, wenn diese anderweitig nur mit unverhältnismäßig hohen Kosten beschafft werden könnten. [2]Entstehen durch diese Handlung Schäden, so kann der Geschädigte Schadensersatz beanspruchen.

(2) [1]Die Eigentümer und Nutzungsberechtigten der an eine Hochwasserschutzanlage angrenzenden Grundstücke und von Bauanlagen haben deren Mitverwendung, Unterhaltung und Ausbau für den Hochwasserschutz im Rahmen einer Planfeststellung oder Genehmigung nach § 55 zu dulden, soweit die Nutzung ihrer Grundstücke und Anlagen nicht wesentlich beeinträchtigt wird. [2]Bauliche Veränderungen bedürfen der Zustimmung der Wasserbehörde. [3]§ 73 ist entsprechend anzuwenden.

(3) Die Eigentümer und Nutzungsberechtigten der an eine Hochwasserschutzanlage angrenzenden Grundstücke und einer Bauanlage im Sinne von Absatz 2 haben alles zu unterlassen, was die Sicherheit der Hochwasserschutzanlage oder ihre Unterhaltung beeinträchtigen könnte.

§ 59 Vorteilsausgleich

(1) [1]Die Kosten, die dadurch entstehen, dass eine Hochwasserschutzanlage errichtet, verändert, wiederhergestellt oder unterhalten wird, haben die Eigentümer der Grundstücke, die von der Hochwasserschutzanlage geschützt werden, anteilig nach ihrem Vorteil zu tragen. [2]Die Wasserbehörde kann zulassen, dass an Stelle von Geldbeträgen Arbeiten, insbesondere Hand- und Spanndienste, geleistet sowie Baustoffe geliefert werden.

(2) Bei Streitigkeiten über die Kostenbeteiligung ist § 43 entsprechend anzuwenden.

§ 60 Deichschau, Beteiligung der Wasser- und Bodenverbände

(1) [1]Die in öffentlichem Eigentum der Freien und Hansestadt Hamburg stehenden Hochwasserschutzanlagen sind von der Wasserbehörde regelmäßig zu schauen. [2]Private Hochwasserschutzanlagen können von der Wasserbehörde geschaut werden. [3]Auf die Schau ist § 66 sinngemäß anzuwenden.

(2) Die Wasserbehörde soll bei der Schau der in öffentlichem Eigentum der Freien und Hansestadt Hamburg stehenden Hochwasserschutzanlagen den Wasser- und Bodenverbänden, zu deren satzungsgemäßen Aufgaben die Beteiligung an Deichschauen gehört, Gelegenheit zur Teilnahme und zur Äußerung geben.

(3) Die Wasser- und Bodenverbände, die nach ihren Satzungen Aufgaben des Hochwasserschutzes wahrnehmen, werden vor allen wesentlichen Entscheidungen über den Hochwasserschutz beteiligt.

§ 61 Deichrechtliche Vorschriften

(1) Durch Rechtsverordnung des Senats können zur Regelung des Hochwasserabflusses oder zum Schutz gegen Hochwasser oder Sturmfluten Vorschriften über den Bau, die Unterhaltung, den Schutz, die Nutzung und die Benutzung von Hochwasserschutzanlagen und Dämmen, die den Hochwasserabfluss beeinflussen, sowie über die Nutzung und Benutzung der an solche Anlagen angrenzenden Grundstücke erlassen werden.

(2) [1]Für private Hochwasserschutzanlagen können durch Rechtsverordnung des Senats außerdem Vorschriften über die Verteidigung der Hochwasserschutzanlagen und die Vorsorge für die Verteidigung erlassen werden. [2]Durch die Rechtsverordnung können dem von der Wasserbehörde für die Verteidigung einer privaten Hochwasserschutzanlage bestellten Einsatzleiter Befugnisse nach dem Gesetz zum Schutz der öffentlichen Sicherheit und Ordnung verliehen werden, soweit solche Befugnisse für eine wirksame Verteidigung erforderlich sind. [3]Die Befugnisse zum Waffengebrauch, zu ärztlichen Zwangsmaßnahmen und zur Fesselung von Personen können nicht verliehen werden. [4]Für den Fall der Verleihung sind die Grundrechte auf Freiheit der Person und Unverletzlichkeit der Wohnung (Artikel 2 und 13 des Grundgesetzes) eingeschränkt.

§ 62 Freistellung

Der Senat kann durch Rechtsverordnung bestimmen, dass einzelne Hochwasserschutzanlagen oder Dämme oder Teile von ihnen den Vorschriften der §§ 56 bis 61 ganz oder teilweise nicht unterliegen.

Abschnitt III
Wassergefahr

§ 63 Hilfeleistung

[1]Bei Wassergefahr haben die arbeitsfähigen Bewohner der bedrohten und, falls erforderlich, der benachbarten Gebiete zu den Schutzarbeiten Hilfe zu leisten und die erforderlichen Arbeitsgeräte, Beförderungsmittel und Baustoffe zur Verfügung zu stellen. [2]Die Wasserbehörde kann die erforderlichen Maßnahmen anordnen. [3]Für entstandene Schäden hat sie denjenigen, deren Hilfeleistung in Anspruch genommen worden ist, eine billige Entschädigung zu gewähren.

§ 63a Leistungsanforderung

(1) [1]Zur Abwendung einer drohenden Wassergefahr kann die zuständige Behörde die Überlassung von unbebauten und bebauten Grundstücken oder Grundstücksteilen zum Gebrauch für die Errichtung, die Umgestaltung und die Beseitigung von Hochwasserschutzanlagen und dadurch notwendigen Einrichtungen anfordern. [2]Das Bundesleistungsgesetz in der Fassung vom 27. September 1961 (BGBl. III 54-1) ist sinngemäß anzuwenden, soweit in den Absätzen 2 und 3 nichts anderes bestimmt wird. [3]Das Grundrecht des Artikels 13 des Grundgesetzes auf Unverletzlichkeit der Wohnung wird insoweit eingeschränkt.

(2) [1]Bedarfsträger ist die Freie und Hansestadt Hamburg oder der für die Hochwasserschutzanlage zuständige Wasser- und Bodenverband. [2]Nach der Anforderung ist unverzüglich ein Plan gemäß § 55 festzustellen.

(3) [1]Auf die Erzwingung von Handlungen, Duldungen und Unterlassungen, die Gegenstand einer Anforderung sind, ist das Hamburgische Verwaltungsvollstreckungsgesetz vom 4. Dezember 2012 (HmbGVBl. S. 510) anzuwenden. [2]Für die Nachprüfung von Festsetzungsbescheiden gelten die §§ 6 und 7 des Gesetzes vom 29. März 1960 zur Ausführung der Verwaltungsgerichtsordnung vom 21. Januar 1960 (HmbGVBl. S. 291).

§ 63b Aufenthalt in Außendeichgebieten

(1) Im Tidegebiet der Elbe ist es auf den Landflächen, die zwischen der Gewässerlinie (§ 3) und den öffentlichen Hochwasserschutzanlagen liegen, und auf den nicht eingedeichten Elbinseln verboten,
1. zu wohnen und
2. in der Zeit vom 1. Oktober bis zum 15. April zu übernachten.

(2) Im übrigen Tidegebiet der Elbe kann die zuständige Behörde die Verbote nach Absatz 1 für Wohnungen in solchen Gebäuden anordnen, bei denen Bauteile niedriger als der amtlich bekannt gemachte Bemessungswasserstand für öffentliche Hochwasserschutzanlagen in der jeweils geltenden Fassung zuzüglich eines Sicherheitszuschlags von 0,50 m liegen und in denen das Wohnen mit einer Gefahr für Leib und Leben verbunden ist.

(3) [1]Das Tidegebiet der Elbe und seine Zugangs- und Zufahrtswege können wegen Hochwassergefahr ganz oder teilweise zum Sperrbezirk erklärt werden. [2]Nach der Erklärung zum Sperrgebiet darf das Gelände nur mit Genehmigung der zuständigen Behörde betreten werden. [3]Im gesamten Tidegebiet der Elbe sind Personen, die sich vor öffentlichen Hochwasserschutzanlagen oder auf Landflächen aufhalten, die niedriger als der amtlich bekannt gemachte Bemessungswasserstand für öffentliche Hochwasserschutzanlagen in der jeweils geltenden Fassung zuzüglich eines Sicherheitszuschlags von 0,50 m liegen, zum unverzüglichen Verlassen dieses Geländes verpflichtet, sobald zur Räumung wegen Hochwassergefahr aufgefordert wird. [4]Die Erklärung zum Sperrgebiet und die Aufforderung zur Räumung sind durch Schilder oder in sonst geeigneter Weise, zum Beispiel im Rundfunk, bekannt zu geben.

(4) Die Grundrechte auf Freiheit der Person und auf Unverletzlichkeit der Wohnung (Artikel 2 und 13 des Grundgesetzes) werden durch die Absätze 1 bis 3 eingeschränkt.

(5) Von den Verboten und Geboten der Absätze 1 und 3 soll die zuständige Behörde, insbesondere bei Werkswohnungen und Wohnungen in mehrgeschossigen Gebäuden, Ausnahmen zulassen, soweit die Sicherheit der Personen auf Grund der baulichen und örtlichen Gegebenheiten nicht gefährdet ist.

(6) [1]Der Senat wird ermächtigt, durch Rechtsverordnung zum Schutz gegen Hochwasser oder Sturmfluten für die in den Absätzen 1 und 2 genannten Gebiete oder Gebietsteile Vorschriften über den Bau, die Unterhaltung, den Schutz, die Nutzung, die Verteidigung und die Vorsorge für die Verteidigung von Grundstücken und Gebäuden zu erlassen. [2]In der Rechtsverordnung kann bestimmt werden, dass in den Gebieten oder Gebietsteilen Ausnahmen im Einzelfall gemäß Absatz 5 entbehrlich sind.

Siebenter Teil
Gewässeraufsicht

§ 64 Aufgaben und Befugnisse der Wasserbehörde

(1) [1]Die Wasserbehörde hat darüber zu wachen, dass die Bestimmungen des Wasserhaushaltsgesetzes, dieses Gesetzes und der auf Grund dieses Gesetzes erlassenen Vorschriften und auferlegten Verpflichtungen eingehalten werden. [2]Sie hat den Zustand und die Benutzung der Gewässer, der Hochwasser-

schutzanlagen, der Dämme, der Überschwemmungs-, Wasserschutz- und Heilquellenschutzgebiete sowie der damit im Zusammenhang stehenden Anlagen und Einrichtungen zu überwachen.

(2) Die Wasserbehörde hat außerdem im Rahmen des Absatzes 1 Gefahren von der Allgemeinheit oder einem Einzelnen abzuwehren, durch die die öffentliche Sicherheit und Ordnung bedroht wird, und Störungen der öffentlichen Sicherheit oder Ordnung zu beseitigen.

(3) [1]Die Wasserbehörde trifft nach pflichtgemäßem Ermessen die zur Wahrnehmung der Aufgaben nach den Absätzen 1 und 2 erforderlichen Anordnungen. [2]Sie kann die Grundwassernutzer, insbesondere Unternehmen der öffentlichen Trinkwasserversorgung, auch verpflichten, die Ergebnisse der von ihnen durchgeführten oder veranlassten Untersuchungen des entnommenen Grundwassers mitzuteilen und die Entnahme von Proben des geförderten Grundwassers zu dulden. [3]Soweit von Ablagerungen und ausgetretenen wassergefährdenden Stoffen Gefahren für den Wasserhaushalt zu besorgen sind, kann insbesondere die Errichtung und der Betrieb von Mess- und Kontrollstellen sowie die Untersuchung von Wasser- und Bodenproben und die Vorlage der Untersuchungsergebnisse angeordnet werden. [4]Sind Sanierungsmaßnahmen erforderlich, kann die Wasserbehörde auch verlangen, dass vor Beginn der Maßnahmen ein Sanierungsplan zu erstellen und vorzulegen ist. [5]Die Vorlage des Sanierungsplanes ersetzt nicht die zu seiner Durchführung notwendigen behördlichen Zulassungen.

(4) [1]Zur Wahrnehmung der Aufgaben nach den Absätzen 1 bis 3 dürfen Grundstücke, Anlagen und Einrichtungen von den Beauftragten der Wasserbehörde betreten werden. [2]Das Grundrecht des Artikels 13 des Grundgesetzes auf Unverletzlichkeit der Wohnung wird insoweit eingeschränkt.

§ 65 Aufsicht bei der Herstellung von Benutzungsanlagen

(1) Werden für eine erlaubte, bewilligte oder genehmigte Benutzung Anlagen hergestellt, so hat die Wasserbehörde darüber zu wachen, dass die wasserwirtschaftlichen Bestimmungen, die Benutzungsbedingungen und die Auflagen beachtet werden.

(2) [1]Anlagen nach Absatz 1 sind von der Wasserbehörde abzunehmen. [2]Die Abnahme ist von ihr zu bescheinigen (Abnahmeschein), wenn keine wesentlichen wasserwirtschaftlichen Mängel festgestellt worden sind. [3]Vor Erteilung des Abnahmescheines darf die Anlage nicht benutzt werden.

(3) Soweit die Herstellung der Anlagen baupolizeilich überwacht und abgenommen wird, werden von der dafür zuständigen Behörde auch die Aufgaben nach den Absätzen 1 und 2 wahrgenommen.

§ 66 Gewässer- und Wasserschutzgebietsschauen

(1) [1]Gewässer zweiter Ordnung und Wasserschutzgebiete sind von der Wasserbehörde regelmäßig wiederkehrend zu schauen, soweit es wasserwirtschaftlich geboten ist. [2]Bei der Schau der Gewässer ist festzustellen, ob sie ordnungsgemäß unterhalten und benutzt werden.

(2) Die Schautermine sind von der Wasserbehörde zwei Wochen vorher im Amtlichen Anzeiger bekannt zu machen.

(3) Die Eigentümer der Gewässer und die Anlieger haben entlang der Gewässer Wege für die Schau freizuhalten; in Einfriedungen sind Durchgänge oder Übergänge zu schaffen.

(4) Den Unterhaltungspflichtigen, den Eigentümern der Gewässer, den Anliegern und den Inhabern von Rechten und Befugnissen an Gewässern soll Gelegenheit zur Teilnahme und zur Äußerung gegeben werden.

(5) Über jede Schau ist eine Niederschrift anzufertigen; darin sind festgestellte Mängel aufzuzeichnen.

(6) [1]Die Wasserbehörde ordnet die Beseitigung festgestellter Mängel an. [2]Durch Nachschau ist zu prüfen, ob die Mängel beseitigt worden sind. [3]Die Kosten der Nachschau hat der Pflichtige zu tragen.

§ 67 Kosten der Gewässeraufsicht

(1) [1]Hat jemand unbefugt ein Gewässer verunreinigt oder sonst dessen Eigenschaften nachteilig verändert oder Stoffe in den Boden eingebracht, von denen eine schädliche Einwirkung auf ein Gewässer zu besorgen ist, oder sonst zu Maßnahmen der Gewässeraufsicht Anlass gegeben, so hat er die Kosten der dadurch notwendig gewordenen Ermittlungen und Untersuchungen sowie der erforderlichen Maßnahmen zur Beseitigung der festgestellten Verunreinigungen des Wassers oder der nachteiligen Veränderung zu tragen. [2]Dies gilt auch, wenn die Bedingungen und Auflagen für eine Benutzung nicht eingehalten worden sind.

(2) Ergeben von der Wasserbehörde durchgeführte Untersuchungen, dass an private Hochwasserschutzanlagen nachträgliche Anforderungen nach § 51 Absatz 1 der Hamburgischen Bauordnung vom 1. Juli 1986 (HmbGVBl. S. 183), zuletzt geändert am 4. November 1997 (HmbGVBl. S. 489, 492), in

der jeweils geltenden Fassung gestellt werden müssen, so können die Kosten der Untersuchungen den Trägern der Unterhaltungslast der Hochwasserschutzanlage auferlegt werden.

Achter Teil
Duldungsverpflichtungen

§ 68 Messanlagen und Zeichen
[1]Soweit die Bedürfnisse der Wasserwirtschaft, der Schifffahrt oder der Gewässerkunde es erfordern, können die Eigentümer und Nutzungsberechtigten von Grundstücken durch die Wasserbehörde verpflichtet werden, die Errichtung und den Betrieb von Messanlagen und Zeichen (zum Beispiel Gewässereinteilungs- und Schifffahrtszeichen, Geboten und Verboten, Festpunkten, Pegeln, Abfluss-, Grundwasser- und anderen Messstellen einschließlich der erforderlichen Versorgungseinrichtungen) und den Zugang zu ihnen zu dulden. [2]Das Grundrecht des Artikels 13 des Grundgesetzes auf Unverletzlichkeit der Wohnung wird insoweit eingeschränkt.

§ 69 Veränderungen oberirdischer Gewässer
(1) Muss die Wasserführung für die Schifffahrt oder für die Einleitung von Wasser, insbesondere für die Grundstücksentwässerung, verbessert werden, so kann die Wasserbehörde die Eigentümer betroffener Grundstücke verpflichten, die notwendigen Veränderungen zu dulden.
(2) [1]Die Verpflichtung ist nur zulässig, wenn die Maßnahme auf andere Weise nicht zweckmäßig oder nur mit erheblichen Mehrkosten ausgeführt werden kann und der zu erwartende Nutzen den Schaden des Betroffenen erheblich übersteigt. [2]§ 48 Absatz 5 bleibt unberührt.

§ 70 Durchleiten von Wasser und Abwasser
(1) [1]Ist für Anlagen zur Wasserversorgung, Abwasserableitung, Bewässerung oder Entwässerung von Grundstücken das Durchleiten von Wasser oder Abwasser durch fremde Grundstücke erforderlich, so kann die Wasserbehörde die Eigentümer dieser Grundstücke verpflichten, das oberirdische oder unterirdische Durchleiten und dazu notwendige Unterhaltungsmaßnahmen zu dulden. [2]Das gilt nicht für Grundstücksteile, auf denen sich Gebäude befinden.
(2) [1]Sind Nachteile oder Belästigungen zu befürchten, so ist die Verpflichtung nur zulässig, wenn geschlossene, wasserdichte Leitungen, beim Leiten durch Hofräume, Gärten oder Parkanlagen unterirdische Leitungen, verwendet werden. [2]Im Übrigen gilt § 69 Absatz 2 Satz 1 entsprechend.

§ 71 Mitbenutzen von Anlagen
(1) Der Unternehmer einer Wasserversorgungs-, Abwasser- oder Grundstücksentwässerungsanlage kann von der Wasserbehörde verpflichtet werden, einem anderen die Mitbenutzung zu gestatten, wenn dieser eine eigene Anlage nicht auf zweckmäßige Weise oder nur mit erheblichen Mehrkosten herstellen kann.
(2) [1]Ist eine Mitbenutzung nur zu erreichen, wenn die Anlage verändert wird, so kann der Unternehmer auch verpflichtet werden, die Veränderung zu dulden oder selbst vorzunehmen. [2]Die Kosten der Veränderung trägt der Mitbenutzer.
(3) Die Verpflichtung ist nur zulässig, wenn der Betrieb der Anlage nicht wesentlich beeinträchtigt wird und der Mitbenutzer einen angemessenen Teil der Anlage- und Unterhaltungskosten übernimmt.
(4) Der Unternehmer einer Grundstücksbewässerungsanlage kann von der Wasserbehörde unter den Voraussetzungen der Absätze 1 bis 3 verpflichtet werden, demjenigen die Mitbenutzung zu gestatten, dessen Grundstück zur Herstellung der Anlage beansprucht wird.
(5) [1]Die Absätze 1 bis 4 sind auf den Anschluss an die öffentliche Wasserversorgung und die öffentlichen Sielanlagen nicht anzuwenden. [2]Dasselbe gilt für die Mitbenutzung nach § 6 des Gesetzes über die Ent- und Bewässerung im Marschgebiet vom 7. März 1936 (Sammlung des bereinigten hamburgischen Landesrechts I 232-q).

§ 72 Rechtsnachfolge
(1) Duldungsverpflichtungen gehen auf die Rechtsnachfolger der in Anspruch genommenen Grundstücke und Anlagen über.
(2) Die Rechte aus Duldungsverpflichtungen gehen auf die Rechtsnachfolger im Eigentum der begünstigten Grundstücke und Anlagen über, soweit nichts anderes bestimmt worden ist.

§ 73 Entschädigung

[1]In den Fällen der §§ 68 bis 71 ist der Betroffene zu entschädigen. [2]Auf sein Verlangen ist Sicherheit zu leisten.

Neunter Teil
Enteignung

§ 74 Enteignungsvorschriften

(1) Oberirdische Gewässer oder Teile von oberirdischen Gewässern sowie Grundstücke von Anliegern und Hinterliegern können zum Wohle der Allgemeinheit zugunsten der Freien und Hansestadt Hamburg oder eines anderen enteignet werden.

(2) Zur Verbesserung des Hochwasserschutzes und zur Überführung bestehender Deiche in öffentliches Eigentum kann zugunsten der Freien und Hansestadt Hamburg enteignet werden.

(3) Für die förmliche Enteignung nach diesem Gesetz gilt im Übrigen das Hamburgische Enteignungsgesetz in der Fassung vom 11. November 1980 (HmbGVBl. S. 305) in seiner jeweiligen Fassung mit folgenden Maßgaben:

1. Außer den in § 4 des Hamburgischen Enteignungsgesetzes aufgeführten Gegenständen können auch Sachen in, an oder auf oberirdischen Gewässern oder Hochwasserschutzanlagen sowie Rechte zur Nutzung oder Benutzung von oberirdischen Gewässern oder Hochwasserschutzanlagen entzogen werden.

2. Ist die Enteignung in einem vollziehbaren Plan nach § 48 zugelassen worden, so bedarf es keines Enteignungsplanes nach § 6 des Hamburgischen Enteignungsgesetzes. Die Zulassung der Enteignung erstreckt sich auf alle für die Ausführung des Vorhabens benötigten Flächen. Der Plan ist dem Enteignungsverfahren zugrunde zu legen und für die Enteignungsbehörde bindend.

(4) [1]Werden nach § 63a angeforderte Grundstücke oder Grundstücksteile enteignet, so ist für die Bemessung der Enteignungsentschädigung der Zustand des Grundstücks oder Grundstücksteiles im Zeitpunkt der Abnahme durch den Leistungsempfänger maßgebend. [2]Auf die Enteignungsentschädigung sind die auf Grund der Anforderung zugestandenen Entschädigungen und Ersatzleistungen anzurechnen, soweit sie dieselben Vermögensnachteile betreffen.

(5) [1]Ist ein nach § 55 festgestellter oder genehmigter Plan vollziehbar geworden, so hat die Enteignungsbehörde die vorzeitige Besitzeinweisung auszusprechen, soweit die sofortige Ausführung der beabsichtigten Maßnahme oder die Fortdauer des auf Grund einer Inanspruchnahme nach § 63a erlangten Besitzes aus Gründen des Hochwasserschutzes geboten ist. [2]Die Besitzeinweisung ist nicht davon abhängig, dass die Einleitung eines Enteignungsverfahrens beantragt worden ist, jedoch ist auf Verlangen des von der Besitzeinweisung Betroffenen ein Enteignungsverfahren einzuleiten.

Zehnter Teil
Entschädigung, Ausgleich

§ 75 Allgemeines

(1) [1]Soweit Bestimmungen dieses Gesetzes oder einer auf Grund dieses Gesetzes erlassenen Rechtsverordnung oder soweit Maßnahmen auf Grund dieser Rechtsvorschriften außerhalb der Enteignung nach § 74 für den Nutzungsberechtigten eine unverhältnismäßige und unzumutbare Belastung darstellen und soweit die Belastung nicht anderweitig ausgeglichen werden kann, kann die betroffene Person Entschädigung verlangen. [2]Eine unverhältnismäßige und unzumutbare Belastung im Sinne des Satzes 1 ist insbesondere anzunehmen, wenn infolge von Verboten die bisher rechtmäßig ausgeübte Nutzung nicht mehr fortgesetzt werden darf oder auf Dauer eingeschränkt werden muss und hierdurch die wirtschaftliche Nutzbarkeit des Grundstücks erheblich beschränkt wird. [3]Über die nach Satz 1 gebotene Entschädigung ist durch die zuständige Behörde zumindest dem Grunde nach in Verbindung mit der Entscheidung über die belastende Maßnahme zu entscheiden.

(2) [1]Die nach diesem Gesetz zu leistende Entschädigung bemisst sich nach § 20 WHG. [2]Im Übrigen sind auch für Entschädigungen nach dem WHG die §§ 76 bis 78, für den Ausgleichsanspruch nach § 19 Absatz 4 WHG der § 77 anzuwenden.

§ 76 Pflicht zur Leistung der Entschädigung

[1]Die Entschädigung ist von demjenigen zu leisten, der durch die Anordnung unmittelbar begünstigt wird, welche die Entschädigungspflicht begründet. [2]Die Freie und Hansestadt Hamburg ist zur Leistung der Entschädigung verpflichtet, wenn ausschließlich oder überwiegend die Allgemeinheit unmittelbar begünstigt wird.

§ 77 Entscheidung über die Entschädigung

(1) [1]Die Wasserbehörde soll darauf hinwirken, dass sich der Entschädigungsberechtigte und der Entschädigungspflichtige gütlich einigen. [2]Sie hat eine Einigung zu beurkunden und den Beteiligten auf Antrag eine Ausfertigung der Urkunde zu erteilen.

(2) [1]Scheitert der Güteversuch, so entscheidet die Wasserbehörde über die Entschädigung. [2]Ihre Entscheidung ist den Beteiligten mit einer Belehrung über Zulässigkeit, Form und Frist der Klage bekannt zu geben.

(3) In der Urkunde oder Entscheidung sind der Entschädigungsberechtigte und der Entschädigungspflichtige zu bezeichnen.

(4) [1]Gegen Entscheidungen nach Absatz 2 ist innerhalb eines Monats nach Zustellung die Klage vor dem ordentlichen Gericht zulässig. [2]Die Klage des Entschädigungspflichtigen ist gegen den Entschädigungsberechtigten, die Klage des Entschädigungsberechtigten ist gegen den Entschädigungspflichtigen zu richten. [3]Wiedereinsetzung in den vorigen Stand kann unter entsprechender Anwendung des § 60 der Verwaltungsgerichtsordnung in der Fassung vom 21. Januar 1960 (BGBl. I S. 17) gewährt werden.

§ 78 Anspruch auf Übernahme von Grundstücken durch den Entschädigungspflichtigen

(1) [1]Wird die Nutzung eines Grundstücks durch Maßnahmen, die nach dem Wasserhaushaltsgesetz oder diesem Gesetz zur Entschädigung verpflichten, unmöglich gemacht oder erheblich erschwert, so kann der Eigentümer an Stelle der Entschädigung verlangen, dass der Entschädigungspflichtige das Grundstück zum gemeinen Wert erwirbt. [2]Entsprechendes gilt, wenn der Rest eines nur teilweise betroffenen Grundstücks nicht mehr der bisherigen Benutzungsart entsprechend zu benutzen ist.

(2) In den Fällen der §§ 68 und 69 kann der betroffene Grundstückseigentümer verlangen, dass der Antragsteller das Eigentum an dem in Anspruch genommenen Grundstück oder Grundstücksteil zum gemeinen Wert erwirbt, wenn dessen Nutzung erheblich erschwert wird.

(3) [1]Die Wasserbehörde entscheidet über die Verpflichtung zum Erwerb des Grundstücks oder Grundstücksteils und über die Entschädigung. [2]§ 77 gilt entsprechend.

(4) In den Fällen der Absätze 1 und 2 kann der Grundstückseigentümer beantragen, Entschädigung anstatt in Geld in geeignetem Ersatzland festzusetzen, wenn er zur Sicherung seiner Existenz auf Ersatzland angewiesen ist und dieses zu angemessenen Bedingungen beschafft werden kann.

Elfter Teil
Verfahren

Abschnitt I
Allgemeine Vorschriften

§ 79 Datenverarbeitung

(1) [1]Die zuständige Behörde ist berechtigt, die zur Erfüllung ihrer Aufgaben nach dem Wasserhaushaltsgesetz und nach diesem Gesetz erforderlichen personenbezogenen Daten im Sinne des § 4 Absatz 1 des Hamburgischen Datenschutzgesetzes vom 5. Juli 1990 (HmbGVBl. S. 133, 165, 226), zuletzt geändert am 18. März 1997 (HmbGVBl. S. 76), zu erheben und weiter zu verarbeiten. [2]Die Mitteilungspflichten nach § 28a Absätze 2 und 3 bleiben hiervon unberührt. [3]Eine Erhebung auch ohne Kenntnis des Betroffenen ist zulässig, wenn andernfalls die Erfüllung der Aufgaben nach diesem Gesetz gefährdet würde.

(2) Die weitere Verarbeitung einschließlich der Übermittlung von Daten, die für andere Zwecke erhoben wurden, ist zur Erfüllung der Aufgaben nach diesem Gesetz zulässig, soweit die zuständige Behörde die Daten zu diesem Zweck erheben dürfte.

§ 80 Zusammentreffen mehrerer Anträge

(1) [1]Treffen mehrere Erlaubnis-, Bewilligungs- und Genehmigungsanträge für Benutzungen zusammen, die auch bei Festsetzung von Benutzungsbedingungen und Auflagen nebeneinander nicht bestehen können, so gebührt demjenigen Begehren der Vorrang, durch das dem Wohle der Allgemeinheit voraussichtlich am besten gedient wird. [2]Sind mehrere Benutzungen hiernach einander gleichzustellen, so hat zunächst der Antrag des Gewässereigentümers, sodann der früher gestellte Antrag den Vorrang.

(2) Unberücksichtigt bleiben Anträge, die nach Ablauf der Frist zur Erhebung von Einwendungen (§ 87 Absatz 3 Nummer 1, § 92 Absatz 2, § 94) gestellt werden.

§ 81 Beweissicherung

(1) Die Wasserbehörde kann im Hinblick auf eine Entscheidung nach dem Wasserhaushaltsgesetz oder nach diesem Gesetz das zur Beweissicherung Erforderliche veranlassen.

(2) [1]Auf Antrag eines Betroffenen hat die Wasserbehörde das Erforderliche zu veranlassen. [2]Die Kosten zuzüglich der Gemeinkostenzuschläge nach § 5 Absatz 5 des Gebührengesetzes in der jeweils geltenden Fassung trägt der Antragsteller; auf Verlangen der Wasserbehörde hat er einen angemessenen Vorschuss zu leisten.

§ 82 Vorläufige Ausführung

(1) [1]Dem Antragsteller kann gestattet werden, die beantragte Maßnahme vor Unanfechtbarkeit der Entscheidung auszuführen. [2]Die Gestattung kann von einer Sicherheitsleistung abhängig gemacht werden.

(2) Wird einem Antragsteller gestattet, vor Unanfechtbarkeit einer beantragten Bewilligung für die öffentliche Wasserversorgung Grundwasser zu entnehmen, zutage zu fördern, zutage zu leiten oder abzuleiten, so können gegen ihn Ansprüche auf Unterlassung oder Beseitigung bis zur Unanfechtbarkeit der Entscheidung nicht geltend gemacht werden.

§ 83 Sicherheitsleistung

Die Wasserbehörde kann die Leistung einer Sicherheit verlangen, wenn sie erforderlich ist, um zu gewährleisten, dass Benutzungsbedingungen, Auflagen oder ähnliche Verpflichtungen erfüllt werden.

§ 84 Verjährung von Schadensersatzansprüchen

Der Anspruch auf Schadensersatz nach dem Wasserhaushaltsgesetz oder diesem Gesetz verjährt in drei Jahren von dem Zeitpunkt ab, in welchem der Berechtigte von dem Schaden und der Person des Ersatzpflichtigen Kenntnis erlangt, ohne Rücksicht auf diese Kenntnis in dreißig Jahren vom Zeitpunkt der Handlung ab, welche die Ersatzpflicht begründet.

Abschnitt II
Förmliches Verfahren

§ 85 Allgemeines

(1) Für das förmliche Verfahren nach dem Wasserhaushaltsgesetz oder diesem Gesetz gelten die Vorschriften des förmlichen Verwaltungsverfahrens nach dem Hamburgischen Verwaltungsverfahrensgesetz, soweit nachstehend nichts anderes bestimmt ist.

(2) Wird das förmliche Verfahren für ein Vorhaben durchgeführt, das nach dem Gesetz über die Umweltverträglichkeitsprüfung oder dem Gesetz über die Umweltverträglichkeitsprüfung in Hamburg dem Recht der Umweltverträglichkeitsprüfung unterliegt, sind diese Vorschriften ergänzend anzuwenden.

§ 86 Antrag

(1) [1]Anträge, durch die ein förmliches Verfahren nach dem Wasserhaushaltsgesetz oder diesem Gesetz eingeleitet werden soll, sind bei der Wasserbehörde einzureichen. [2]Den Anträgen sind Pläne, Beschreibungen, Berechnungen und Nachweise über das geplante Vorhaben beizufügen. [3]Bei Vorhaben mit erheblichen Auswirkungen auf die Wassergüte sind die Auswirkungen nachvollziehbar darzulegen. [4]Der Inhalt muss so ausführlich dargestellt sein, dass die Auswirkungen auf die Gewässer und auf die Belange von Dritten beurteilt werden können.

(2) Mitteilungen über Betriebseinrichtungen und Betriebsweisen, deren Geheimhaltung der Antragsteller für erforderlich hält, hat er zu kennzeichnen und getrennt von den übrigen Unterlagen vorzulegen.

(3) [1]Reichen die Unterlagen zur Beurteilung nicht aus, kann die Wasserbehörde eine Frist zur Ergänzung setzen. [2]Wenn die Unterlagen nicht fristgerecht vervollständigt werden, kann sie den Antrag ohne weiteres zurückweisen.

(4) [1]Die zuständige Behörde kann auf Kosten des Antragstellers Sachverständigengutachten zur Überprüfung der Auswirkungen des Vorhabens auf die Wassergüte einholen, wenn die Angaben des Antragstellers unzureichend sind und das Verfahren damit beschleunigt werden kann. [2]Ein vom Antragsteller vorgelegtes Gutachten ist Bestandteil der Antragsunterlagen.

§ 87 Öffentliche Auslegung und Bekanntmachung

(1) Die Pläne, Beschreibungen, Berechnungen und Nachweise, aus denen sich Art und Umfang des Vorhabens ergeben, sind einen Monat öffentlich auszulegen.

(2) [1]Mitteilungen über Betriebseinrichtungen und Betriebsweisen, die der Antragsteller nach § 86 Absatz 2 getrennt vorgelegt hat, sind nicht auszulegen. [2]Ihre Einsicht ist anderen nicht zu gestatten. [3]Genügen die übrigen Unterlagen nicht, um für die Beteiligten erkennbar zu machen, ob ihnen nachteilige Wirkungen entstehen, hat die Wasserbehörde eine Frist zur Freigabe ausreichender Unterlagen zu setzen. [4]Sie kann den Antrag ohne weiteres zurückweisen, wenn die zur Auslegung bestimmten Unterlagen nicht fristgerecht vervollständigt werden.

(3) [1]Im Amtlichen Anzeiger sind der Antrag sowie Ort und Zeit der Auslegung bekannt zu machen. [2]Es ist darauf hinzuweisen, dass

1. Widersprüche gegen das Vorhaben und Ansprüche auf Verhütung oder Ausgleich nachteiliger Wirkungen (Einwendungen) spätestens zwei Wochen nach dem Ende der Auslegungszeit schriftlich oder zur Niederschrift zu erheben sind,

2. nach Ablauf dieser Frist Einwendungen nur noch geltend gemacht werden können, wenn der Betroffene die nachteiligen Wirkungen nicht voraussehen konnte,

3. vertragliche Ansprüche durch die Entscheidung in diesem Verfahren nicht ausgeschlossen werden.

[3]In dem Hinweis ist anzugeben, bei welcher Stelle die Einwendungen zu erheben sind.

(4) [1]Die Wasserbehörde soll Beteiligte, die ohne besondere Schwierigkeiten ermittelt werden können, auf die Bekanntmachung hinweisen. [2]Die Hinweispflicht entfällt, wenn mehr als 300 Beteiligte vorhanden sind.

§ 88 (aufgehoben)

§ 89 Aussetzung des Verfahrens

(1) Sind gegen einen Antrag Einwendungen auf Grund eines Rechtsverhältnisses erhoben worden, das nach bürgerlichem Recht zu beurteilen ist, so kann die Wasserbehörde das Verfahren bis zur Entscheidung darüber aussetzen.

(2) [1]Wird das Verfahren ausgesetzt, ist demjenigen, der die Einwendung erhoben hat, eine angemessene Frist zu setzen, binnen welcher er die Klage bei dem zuständigen Gericht zu erheben hat. [2]Wird die Klage nicht fristgerecht erhoben, so kann das Verfahren fortgesetzt werden.

§ 90 (aufgehoben)

§ 91 Kosten unbegründeter Einwendungen

[1]Sind durch unbegründete Einwendungen besondere Kosten entstanden, so kann die Wasserbehörde denjenigen verpflichten, die Kosten zuzüglich der Gemeinkostenzuschläge nach § 5 Absatz 5 des Gebührengesetzes in der jeweils geltenden Fassung zu erstatten, der die Einwendung erhoben hat.

Abschnitt III
Einzelne Verfahrensarten

§ 92 Erlaubnisverfahren

(1) Für den Antrag auf Erteilung einer Erlaubnis gilt § 86 entsprechend.

(2) Wird eine Erlaubnis für eine Benutzung von erheblicher Auswirkung beantragt oder steht die beabsichtigte Benutzung im Zusammenhang mit einem Vorhaben, das nach dem Gesetz über die Umweltverträglichkeitsprüfung oder dem Gesetz über die Umweltverträglichkeitsprüfung in Hamburg der Umweltverträglichkeitsprüfung unterliegt, ist über die Erlaubnis nach den Vorschriften über das förmliche Verfahren zu entscheiden.

§ 93 Bewilligungsverfahren

(1) Über den Antrag auf Erteilung einer Bewilligung ist nach den Vorschriften über das förmliche Verfahren zu entscheiden.

(2) Der Bescheid über die Bewilligung hat zu enthalten:

1. die genaue Bezeichnung des bewilligten Rechtes unter Angabe des Zweckes und des Planes der Benutzung,
2. die Dauer der Bewilligung,
3. die Benutzungsbedingungen und Auflagen,
4. die Entscheidung über Entschädigungen,
5. die Entscheidung über Einwendungen,
6. die Frist, binnen welcher mit der Benutzung begonnen werden muss,
7. die Entscheidung über die Erstattung der besonderen Kosten, die durch unbegründete Einwendungen entstanden sind.

(3) [1]Die Entscheidungen über Auflagen, Entschädigungen und Einwendungen können einem besonderen Bescheid oder einem späteren Verfahren vorbehalten werden. [2]Der Vorbehalt ist in den Bescheid über die Bewilligung aufzunehmen.

§ 94 Genehmigungsverfahren

Für die Erteilung von Genehmigungen nach § 19a WHG und nach § 15 dieses Gesetzes gilt § 92 entsprechend.

§ 95 Erlaubnisverfahren bei IVU-Anlagen

(1) [1]Ist mit der Errichtung und dem Betrieb oder mit der wesentlichen Änderung einer Anlage, die nach Spalte 1 des Anhangs zur Verordnung über genehmigungsbedürftige Anlagen in der Fassung vom 14. März 1997 (BGBl. I S. 505), zuletzt geändert am 27. Juli 2001 (BGBl. I S. 1950, 1978), in der jeweils geltenden Fassung genehmigungsbedürftig ist, eine Gewässerbenutzung nach § 3 Absatz 1 Nummern 4, 4a, 5 oder Absatz 2 Nummer 2 des Wasserhaushaltsgesetzes verbunden, gelten für das Verfahren die Vorschriften über das förmliche Verfahren. [2]Eine Erlaubnis darf nur erteilt werden, wenn auch die Anforderungen der Absätze 2 bis 6 und des § 95a beachtet worden sind. [3]Dies gilt auch, wenn nachträglich zusätzliche Anforderungen an die Benutzung gestellt oder die Benutzung geändert werden soll und nach den Vorschriften des Bundesimmissionsschutzgesetzes ein Genehmigungsverfahren mit Öffentlichkeitsbeteiligung durchgeführt wird.

(2) Die vollständige Koordinierung sowohl des Verfahrens zur Erteilung der Erlaubnis als auch der Bestimmungen der Erlaubnis mit dem Verfahren zur Erteilung der immissionsschutzrechtlichen Genehmigung und deren Inhalt ist sicherzustellen.

(3) Dem gemäß § 86 einzureichenden Antrag zur Erteilung der wasserrechtlichen Erlaubnis sind Beschreibungen beizufügen über

1. Art, Menge und Herkunft der den Gegenstand der Benutzung betreffenden Stoffe,
2. die Auswirkungen auf das Gewässer,
3. den Ort des Anfalls und der Zusammenführung des Abwassers,
4. die vorgesehenen Maßnahmen zur Vermeidung oder Verringerung der Schadstoffe,
5. die vorgesehenen Maßnahmen zur Überwachung der Gewässerbenutzung und
6. die wichtigsten vom Antragsteller gegebenenfalls geprüften Alternativen in einer Übersicht.

[2]Der Antrag muss auch eine nichttechnische Zusammenfassung der Angaben nach Satz 1 enthalten.

(4) § 87 gilt mit der Maßgabe, dass auch die Entscheidung über die Erlaubnis einschließlich der Darlegung der Gründe, auf denen die Entscheidung beruht, sowie der Art und Weise der durchgeführten Öffentlichkeitsbeteiligung der Öffentlichkeit zugänglich gemacht wird.

(5) Eine grenzüberschreitende Behörden- und Öffentlichkeitsbeteiligung ist entsprechend den Bestimmungen des Bundesimmissionsschutzgesetzes und den auf dieses Gesetz gestützten Rechtsverordnungen durchzuführen, wenn die Gewässerbenutzung erheblich nachteilige Auswirkungen in einem anderen Staat haben könnte, oder wenn ein Staat, der möglicherweise von den Auswirkungen erheblich berührt würde, darum ersucht.

(6) Verfügt die zuständige Behörde bis zur Entscheidung über die Erlaubnis über zusätzliche behördliche Stellungnahmen oder von ihr angeforderte Unterlagen, die Angaben über die Auswirkungen der Einleitung auf die Nachbarschaft und die Allgemeinheit oder Empfehlungen zur Begrenzung dieser

Auswirkungen enthalten, sind diese Unterlagen nachträglich für mindestens zwei Wochen auszulegen; bis zwei Wochen nach Ablauf dieser Auslegungsfrist ist der Öffentlichkeit Gelegenheit zur Stellungnahme zu geben.

§ 95a Inhalt der Erlaubnis und Zugang zu Informationen

(1) Die Erlaubnis für eine Gewässerbenutzung nach § 95 muss in Verbindung mit der Genehmigung nach dem Bundesimmissionsschutzgesetz durch Bedingungen und Auflagen unter Berücksichtigung der Gefahr der Verlagerung der Verschmutzung von einem Medium in ein anderes und unter weitestgehender Verminderung der weiträumigen oder grenzüberschreitenden Umweltverschmutzung durch den Schutz von Wasser, Luft und Boden zu einem hohen Schutzniveau für die Umwelt insgesamt beitragen.

(2) In die Erlaubnis sind insbesondere Regelungen aufzunehmen über

1. die Verpflichtung zur Überwachung der Gewässerbenutzung unter Festlegung der Methode und der Häufigkeit der Messungen sowie der Bewertungsverfahren,

2. die Vorlage der Ergebnisse der Überwachung insbesondere für die Überprüfung der Einhaltung der Bestimmungen der Erlaubnis sowie

3. Maßnahmen zur Abwehr von Gefahren, die insbesondere bei der Inbetriebnahme eines für die Benutzung bedeutsamen Anlagenteils, beim unbeabsichtigten Austreten von Stoffen, bei Störungen, beim kurzzeitigen Abfahren sowie bei der endgültigen Stilllegung des Anlagenteils entstehen können.

(3) [1]Die Ergebnisse der Überwachung nach Absatz 2 Nummer 1 sind, soweit sie der Behörde vorliegen, der Öffentlichkeit nach den Bestimmungen des Landesumweltinformationsgesetzes zugänglich zu machen. [2]Überwachungsergebnisse dürfen nicht veröffentlicht werden, soweit dies zum Schutz von Betriebs- oder Geschäftsgeheimnissen erforderlich ist.

§ 95b Überprüfung der Erlaubnis

(1) Die Erlaubnis ist regelmäßig zu überprüfen und – soweit erforderlich – dem neuesten Stand anzupassen.

(2) Aus besonderem Anlass ist eine Überprüfung der Bestimmungen der Erlaubnis vorzunehmen, wenn

1. Anhaltspunkte dafür bestehen, dass der Schadstoffeintrag derart stark ist, dass der Inhalt der Entscheidung überprüft werden muss,

2. wesentliche Veränderungen des Standes der Technik eine Verbesserung des Gewässerschutzes ermöglichen, ohne unverhältnismäßig hohe Kosten zu verursachen,

3. eine Verbesserung der Betriebssicherheit durch die Anwendung anderer Techniken erforderlich ist oder

4. durch Rechtsvorschriften neue Anforderungen gestellt werden.

§ 96 Verfahren zur Festsetzung von Wasserschutzgebieten und Heilquellenschutzgebieten

(1) [1]Die Entwürfe von Rechtsverordnungen nach den §§ 27 und 34 werden mit den dazugehörigen Karten für die Dauer eines Monats bei dem zuständigen Bezirksamt ausgelegt.· [2]Ort und Dauer der Auslegung sind mindestens eine Woche vorher im Amtlichen Anzeiger bekannt zu machen mit dem Hinweis, dass Bedenken und Anregungen während der Auslegungsfrist schriftlich vorgebracht werden können.

(2) [1]Nach Beschlussfassung durch den Senat teilt die zuständige Behörde das Ergebnis der Prüfung der fristgemäß vorgebrachten Bedenken oder Anregungen, soweit sie nicht berücksichtigt sind, den Einwendenden mit. [2]Haben mehr als 100 Personen Bedenken oder Anregungen mit im wesentlichen gleichen Inhalt vorgebracht, so kann die Mitteilung des Ergebnisses der Prüfung dadurch ersetzt werden, dass diesen Personen eine Einsicht in das Ergebnis der Prüfung ermöglicht wird. [3]Im Amtlichen Anzeiger ist bekannt zu machen, bei welcher Stelle das Ergebnis der Prüfung während der Dienststunden eingesehen werden kann.

(3) Die Absätze 1 und 2 sind nicht anzuwenden, wenn eine Rechtsverordnung nach den §§ 27 und 34 geändert oder neu erlassen wird, ohne dass das Schutzgebiet erweitert wird oder weitere allgemeine Verbote, Beschränkungen und Duldungspflichten angeordnet werden.

(4) [1]Wenn es das Wohl der Allgemeinheit erfordert, kann die Wasserbehörde vorläufige Anordnungen nach § 19 Absatz 2 WHG treffen, nachdem die Bekanntmachung nach Absatz 1 Satz 2 erfolgt ist. [2]Die

Anordnungen sind öffentlich bekannt zu geben, sofern sie in der Form von Verwaltungsakten ergehen und den Betroffenen nicht gesondert zugestellt werden.

§ 97 Vollstreckung von Entschädigungen und Kostenanteilen

(1) Für die Zwangsvollstreckung aus Urkunden über Einigungen nach den § 43 Absatz 2, § 51 Absatz 2, § 59 Absatz 2 und § 77 Absatz 1 sowie aus Entscheidungen nach § 77 Absatz 2 gelten die Vorschriften der Zivilprozessordnung über die Vollstreckung von Urteilen in bürgerlichen Rechtsstreitigkeiten entsprechend.

(2) ¹Die Entscheidung nach § 77 Absatz 2 ist den Beteiligten gegenüber vollstreckbar, sobald sie unanfechtbar geworden ist. ²Das Gericht kann die Entscheidung auf Antrag ganz oder teilweise unter entsprechender Anwendung der Bestimmungen der Zivilprozessordnung durch Beschluss für vorläufig vollstreckbar erklären, nachdem die Klage erhoben worden ist. ³Auf die Vollstreckbarerklärung durch das Gericht finden die §§ 709 Nummer 4, 710, 712, 713, 713a, 715, 717, 720 der Zivilprozessordnung entsprechende Anwendung.

(3) Die vollstreckbare Ausfertigung wird von dem Urkundsbeamten der Geschäftsstelle des Amtsgerichts erteilt, in dessen Bezirk die mit dem Entschädigungsverfahren befasste Behörde ihren Sitz hat, oder, wenn das Verfahren bei einem Gericht anhängig ist, von dem Urkundsbeamten der Geschäftsstelle dieses Gerichts.

(4) In den Fällen der §§ 731, 767 bis 770, 785, 786, 791 der Zivilprozessordnung tritt an die Stelle des Prozessgerichts nach den Bestimmungen des Gerichtsverfassungsgesetzes das Landgericht Hamburg oder das Amtsgericht, in dessen Bezirk die mit dem Entschädigungsverfahren befasste Behörde ihren Sitz hat.

Abschnitt IV
Bewirtschaftungsplan

§ 97a Beteiligung der Öffentlichkeit bei der Erstellung des Bewirtschaftungsplans

(1) Spätestens drei Jahre vor Beginn des Zeitraums, auf den sich der Bewirtschaftungsplan nach § 27b bezieht, werden der Zeitplan, das Arbeitsprogramm für die Erstellung des Bewirtschaftungsplans und eine Darstellung der beabsichtigten Maßnahmen zur Information und Anhörung der Öffentlichkeit veröffentlicht.

(2) Ein Überblick über die für das Einzugsgebiet festgestellten wichtigen Wasserbewirtschaftungsfragen wird spätestens zwei Jahre vor Beginn des Zeitraums, auf den sich der Plan bezieht, veröffentlicht.

(3) ¹Entwürfe des Bewirtschaftungsplans werden spätestens ein Jahr vor Beginn des Zeitraums, auf den sich der Plan bezieht, veröffentlicht. ²Auf Antrag wird von der zuständigen Behörde auch Zugang zu Hintergrunddokumenten und -informationen, die bei der Erstellung des Bewirtschaftungsplanentwurfs herangezogen wurden, nach den Vorschriften des Umweltinformationsgesetzes gewährt.

(4) Jeweils innerhalb von sechs Monaten nach Veröffentlichung kann zu den in den Absätzen 1 bis 3 genannten Unterlagen schriftlich oder zur Niederschrift bei der zuständigen Behörde Stellung genommen werden.

(5) Die Veröffentlichung wird durch Bekanntmachung im Amtlichen Anzeiger bewirkt.

(6) Die Absätze 1 bis 5 gelten auch für den zu aktualisierenden Bewirtschaftungsplan nach § 27b Absatz 4.

Zwölfter Teil
Wasserbuch

§ 98 Einzutragende Rechtsverhältnisse

(1) In das Wasserbuch sind einzutragen:

a)   die in § 37 Absatz 2 WHG genannten Gegenstände,

b)   Rechtsverhältnisse, die nach dem Wasserhaushaltsgesetz oder diesem Gesetz an Gewässern oder Grundstücken begründet werden und sich nicht unmittelbar aus Rechtsvorschriften ergeben,

c)   Entscheidungen über wasserrechtliche Verhältnisse, wenn ein öffentliches Interesse an der Eintragung besteht, insbesondere über die Unterhaltung, den Ausbau und den Hochwasserschutz.

(2) ¹Rechtsverhältnisse von geringer oder vorübergehender Bedeutung werden nicht eingetragen. ²Erloschene Rechte sind zu löschen.

§ 99 Zweck, Verfahren und Wirkung der Eintragung

(1) Die Eintragungen im Wasserbuch dienen dazu, den auf die Gewässer einwirkenden oder für ihren Schutz zuständigen öffentlichen Stellen sowie den Bürgern einen umfassenden Überblick über die wesentlichen Rechtsverhältnisse an Gewässern zu ermöglichen.

(2) ¹Die Eintragungen in das Wasserbuch sind von Amts wegen vorzunehmen. ²Rechtsverhältnisse sind erst dann einzutragen, wenn ein Nachweis darüber vorliegt.

(3) Entstehung, Änderung und Untergang einzutragender Rechtsverhältnisse bleiben durch die Eintragung in das Wasserbuch unberührt.

(4) Alte Rechte und alte Befugnisse, deren Bestehen nicht nachgewiesen wird, sind bei der Eintragung als behauptete Rechte und Befugnisse zu kennzeichnen; die Eintragung solcher Rechte und Befugnisse soll unterbleiben, wenn es offenbar unmöglich ist, dass sie fortbestehen.

§ 100 Einsicht

(1) ¹Die Einsicht in das Wasserbuch, in seine Abschriften und in diejenigen Urkunden, auf die in der Eintragung Bezug genommen wird, ist jedem gestattet. ²Auf Verlangen sind beglaubigte Auszüge zu erteilen.

(2) Die Einsicht in Urkunden, die Mitteilungen über geheim zu haltende Betriebseinrichtungen und Betriebsweisen enthalten, ist nur mit Zustimmung dessen gestattet, der an der Geheimhaltung ein berechtigtes Interesse hat.

§ 101 Offenlegung von Daten

(1) ¹Die zuständige Behörde erteilt auf Antrag jedem Auskunft über die Anforderungen, die sie an das Einleiten von Abwasser gestellt hat, sowie über die bei ihr vorhandenen Daten über Menge und Beschaffenheit der Abwasserströme, die dem Gewässer nach einer Behandlung oder unbehandelt zugeführt werden. ²Über Daten, die Zeiträume betreffen, die länger als fünf Jahre seit der Antragstellung zurückliegen, braucht keine Auskunft gegeben zu werden.

(2) ¹Ein Antrag auf Auskunft ist schriftlich zu stellen und muss auf bestimmte Einleitungen gerichtet sein. ²Die Auskunft wird schriftlich oder durch die Gewährung der kostenlosen Einsichtnahme in die dazu bei der zuständigen Behörde vorhandenen Schriftstücke erteilt. ³Sofern die Ergebnisse in Datenbanken oder auf visuellen Datenträgern gespeichert sind, werden sie nur mittels Ausdrucken unter den Voraussetzungen des Satzes 2 mitgeteilt.

(3) Die zuständige Behörde kann die Öffentlichkeit oder Einzelne unterrichten über

1.   die Erkenntnisse und Ergebnisse aus der Überwachung von Gewässerbenutzungen nach § 3 WHG,

2.   die Ergebnisse der Untersuchung der Beschaffenheit der hamburgischen Gewässer einschließlich des Grundwassers,

3.   Art und Ausmaß eingetretener oder möglicher Gewässerbeeinträchtigungen nach Schadensfällen oder Betriebsstörungen.

(4) Soweit es für die Zuordnung von Umweltdaten erforderlich ist, dürfen im Rahmen der Absätze 1 bis 3 auch Name oder Firma, mit Anschrift des Grundstücks, von dem die Gewässerbenutzung ausgeht, sowie Beruf, Branchen- und Geschäftsbezeichnung einer natürlichen oder juristischen Person mitgeteilt werden.

Dreizehnter Teil
Bußgeldbestimmung

§ 102 Ordnungswidrigkeiten

(1) Ordnungswidrig handelt, wer vorsätzlich oder fahrlässig

1.   die Kennzeichnung einer Gewässerlinie (§ 3) unbefugt beseitigt oder verändert;

1a.   dem Verbot der Werbung auf der Alster, ihren Kanälen und Fleeten sowie den Landungsstegen (§ 10a) zuwiderhandelt;

2.   der Anzeigepflicht beim Eigentümergebrauch (§ 13 Absatz 1) nicht nachkommt;

3.   ein oberirdisches Gewässer ohne Genehmigung (§ 15) benutzt oder Benutzungsbedingungen oder Auflagen nicht einhält;

4.   eine Staumarke unbefugt beseitigt, beschädigt oder verändert, die Sichtbarkeit einer Staumarke oder den Zugang zu einer solchen beeinträchtigt, der Verpflichtung aus § 22 Absatz 4 oder seiner Anzeigepflicht nach § 24 Satz 2 nicht nachkommt;

5.   aufgestaute Wassermassen in einer Weise ablässt, die nach § 25 Absatz 2 nicht zulässig ist;

6.   eine Stauanlage ohne Zustimmung dauernd außer Betrieb setzt oder beseitigt (§ 26);

7.   seiner Anzeigepflicht nach § 28 Absatz 1 oder § 28a Absatz 2 beim Umgang mit wassergefährdenden Stoffen nicht, nicht vollständig oder nicht rechtzeitig nachkommt;

7a. seiner Pflicht zur Ergreifung von Maßnahmen und seiner Anzeigepflicht nicht nachkommt (§ 28a);

8.   den Anzeigepflichten bei Erdaufschlüssen (§ 30), Grundwasserförderung (§ 30a), unbeabsichtigter Erschließung von Grundwasser (§ 31) und Niederschlagswasserversickerung (§ 32b) nicht nachkommt;

9.   in einem Heilquellenschutzgebiet eine Handlung vornimmt, die nach einer Rechtsverordnung auf Grund des § 34 Absatz 1 in Verbindung mit § 19 WHG nicht zulässig ist, oder einem Verbot nach § 34 Absatz 2 zuwiderhandelt;

10. Hinweise in der Örtlichkeit auf durch Hochwasser besonders gefährdete Bereiche (§ 52 Absatz 4 Satz 2) unbefugt beseitigt oder verändert;

10a. im durch Tidehochwasser, insbesondere Sturmfluten, gefährdete Bereiche im Tidegebiet der Elbe ohne Genehmigung die Erdoberfläche erhöht oder vertieft, Anlagen herstellt, verändert oder beseitigt oder Bäume oder Sträucher pflanzt (§ 53);

11. in einem Überschwemmungsgebiet nach § 54 Absätze 2 und 3 ohne die erforderliche Genehmigung bauliche Anlagen errichtet oder erweitert (§ 31b Absatz 4 Sätze 3 und 4 WHG) oder die Erdoberfläche erhöht oder vertieft, Stoffe so lagert, das der Hochwasserabfluss beeinträchtigt oder die Wasserqualität gefährdet werden kann, Grün- in Ackerland umwandelt oder im Außenbereich Baum- und Strauchpflanzen anlegt, erweitert oder beseitigt (§ 54a Absatz 2);

11a. nach Abmahnung entgegen den Verboten des § 63b Absatz 1 wohnt oder in der Zeit vom 1. Oktober bis 15. April übernachtet;

11b. nach einer Sperrgebietserklärung nach § 63b Absatz 3 das Gelände ohne Genehmigung betritt oder einer Räumungsaufforderung nach § 63b Absatz 3 nicht nachkommt;

12. eine Anlage, die für eine erlaubte, bewilligte oder genehmigte Benutzung hergestellt worden ist, vor Erteilung des Abnahmescheines benutzt (§ 65);

13. Wege für eine Schau nicht freihält oder keine Durchgänge oder Übergänge schafft (§ 60 Absatz 1, § 66 Absatz 3);

14. Messanlagen und Zeichen, die wegen der Wasserwirtschaft oder der Schifffahrt aufgestellt oder angebracht sind, unbefugt beseitigt, beschädigt oder verändert oder den Betrieb solcher Anlagen stört;

15. a) einer auf Grund von § 11 erlassenen Rechtsverordnung zuwiderhandelt,

     b) einer auf Grund von § 26a Absatz 1, § 28 Absatz 4, § 35 Absatz 2, § 47 Absatz 3, § 53 Absatz 3, § 54 Absatz 2, § 61 oder § 63b Absatz 6 erlassenen Rechtsverordnung zuwiderhandelt,

     c) sonst einer auf Grund dieses Gesetzes ergangenen Rechtsverordnung zuwiderhandelt, sofern die Rechtsverordnung für einen bestimmten Tatbestand auf diese Bußgeldvorschrift verweist;

16. einer vollziehbaren Anordnung der Wasserbehörde auf Grund des Wasserhaushaltsgesetzes, dieses Gesetzes oder dazu ergangener Rechtsverordnungen zuwiderhandelt.

(2) Die Ordnungswidrigkeit kann in den Fällen des Absatz 1 Nummern 1 bis 2, 4, 7, 8, 10, 12 bis 14 und 15 Buchstabe a mit einer Geldbuße bis zu 10 000 Euro, in allen übrigen Fällen mit einer Geldbuße bis zu 50 000 Euro geahndet werden, in den Fällen der Nummern 9, 15 und 16 jedoch nur, sofern die Rechtsverordnung oder die Anordnung auf diese Bußgeldvorschrift verweist.

§ 103 (aufgehoben)

Vierzehnter Teil
Überleitungsvorschriften

Abschnitt I
Ordnung der Eigentumsverhältnisse an Gewässern

§ 104 Bisheriges Eigentum an Gewässern

(1) Soweit jemand nach bisherigem Recht Eigentümer an einem Gewässer, an einem Wasserlauf oder an Teilen von ihnen ist, wird er im Sinne des § 4 Eigentümer des Gewässers.

(2) Soweit an oberirdischen Gewässern bisher kein Eigentum im Sinne des Bürgerlichen Gesetzbuches bestanden hat, wird die Freie und Hansestadt Hamburg mit dem In-Kraft-Treten dieses Gesetzes Eigentümerin der Gewässer.

(3) ¹Für Gewässer oder Teile eines Gewässers, die bisher nicht im Grundbuch eingetragen sind, ist ein Grundbuchblatt anzulegen. ²Soweit sie der Freien und Hansestadt Hamburg gehören, ist ein Grundbuchblatt nur anzulegen, wenn es beantragt wird.

§ 105 Feststellung der Eigentumsgrenzen

(1) Soweit sich die Eigentumsgrenzen an Gewässern bei In-Kraft-Treten dieses Gesetzes nach den Vorschriften der §§ 8, 12, 17 und 205 des preußischen Wassergesetzes vom 7. April 1913 (Preußische Gesetzsammlung S. 53) bestimmen, werden sie von der Wasserbehörde nach diesen Vorschriften festgestellt.

(2) Um die Eigentumsgrenzen festzustellen, dürfen Beauftragte der Wasserbehörde die Grundstücke betreten.

§ 106 Grenzfeststellungsplan und Bestandsverzeichnis

(1) Um die Eigentumsgrenzen festzustellen, sind für die Gewässer oder Teile von Gewässern Grenzfeststellungspläne und Bestandsverzeichnisse aufzustellen.

(2) In den Plänen und in den Verzeichnissen sind die Eigentümer des Gewässers und der angrenzenden Grundstücke sowie die Bezeichnungen nach dem Liegenschaftskataster anzugeben.

§ 107 Öffentliche Auslegung

(1) ¹Der Grenzfeststellungsplan und das Bestandsverzeichnis sind einen Monat öffentlich auszulegen. ²Zeit und Ort der Auslegung sind im Amtlichen Anzeiger mit dem Hinweis bekannt zu machen, dass Einwendungen innerhalb der Auslegungsfrist schriftlich oder zur Niederschrift bei der Wasserbehörde erhoben werden können.

(2) ¹Die Eigentümer der Gewässer und der angrenzenden Grundstücke sind auf die Veröffentlichung im Amtlichen Anzeiger schriftlich hinzuweisen. ²Anstelle des schriftlichen Hinweises ist die öffentliche Zustellung (§ 1 des Hamburgischen Verwaltungszustellungsgesetzes vom 21. Juni 1954 – Sammlung des bereinigten hamburgischen Landesrechts I 20102-a –) in Verbindung mit § 15 des Verwaltungszustellungsgesetzes vom 3. Juli 1952 – BGBl. I S. 379) zulässig.

§ 108 Entscheidung über Einwendungen

Die Wasserbehörde hat über Einwendungen zu entscheiden, wenn diese nicht erledigt worden sind.

§ 109 Rechtskraft

(1) Sind keine Einwendungen erhoben oder sind sie erledigt worden, so stellt die Wasserbehörde den Grenzfeststellungsplan und das Bestandsverzeichnis mit Rechtskraft fest.

(2) ¹Sind Einwendungen bis zum Ablauf der Auslegungsfrist nicht erledigt worden, so kann die Wasserbehörde den Plan und das Bestandsverzeichnis insoweit mit Rechtskraft feststellen, als Grundstücke von den Einwendungen nicht betroffen werden. ²Für die übrigen Grundstücke ist das nachzuholen, wenn die Einwendungen erledigt sind.

§ 110 Berichtigung des Liegenschaftskatasters und des Grundbuchs

(1) Nach Feststellung des Grenzfeststellungsplans und des Bestandsverzeichnisses ist das Liegenschaftskataster fortzuführen.

(2) Die Wasserbehörde übersendet dem Grundbuchamt unverzüglich einen mit Rechtskraftbescheinigung versehenen Auszug aus dem Plan und dem Bestandsverzeichnis.

(3) Soweit Gewässer oder Gewässeranteile bereits im Grundbuch eingetragen sind, ist das Bestandsverzeichnis des Grundbuchs von Amts wegen zu berichtigen.

Abschnitt II
Alte Rechte, alte Befugnisse und andere alte Benutzungen

§ 111 Inhalt und Umfang alter Rechte, alter Befugnisse und anderer alter Benutzungen im Sinne des Wasserhaushaltsgesetzes
(1) [1]Alte Rechte und alte Befugnisse im Sinne des § 15 WHG und andere alte Benutzungen im Sinne des § 17 WHG bestimmen sich, soweit sie auf besonderen Titel beruhen, nach diesen, im Übrigen nach bisherigem Recht. [2]§ 5 WHG sowie die §§ 21 und 26 gelten entsprechend.

(2) [1]Die Wasserbehörde kann Inhalt und Umfang alter Rechte, alter Befugnisse und anderer alter Benutzungen von Amts wegen oder auf Antrag für den Zeitpunkt des In-Kraft-Tretens dieses Gesetzes feststellen. [2]Dabei sind Art und Umfang der in den zehn Jahren vor In-Kraft-Treten dieses Gesetzes rechtmäßig ausgeübten Nutzungen sowie vorhandene Anlagen und Betriebseinrichtungen zu berücksichtigen.

§ 112 Alte Gebrauchserlaubnisse, alte Genehmigungen und andere alte Titel über Gewässerbenutzungen und Anlagen an, in und über Gewässern
(1) [1]Für Benutzungen im Sinne des § 15 auf Grund bisheriger Gebrauchserlaubnisse, Genehmigungen und anderer Titel öffentlich-rechtlicher oder privatrechtlicher Art wird eine Genehmigung nach § 15 erst fünf Jahre nach dem In-Kraft-Treten dieses Gesetzes erforderlich. [2]Ist eine Genehmigung vor Ablauf der fünf Jahre beantragt worden, so darf die Benutzung bis zur Unanfechtbarkeit der Entscheidung über den Antrag fortgesetzt werden. [3]§ 111 dieses Gesetzes und § 15 Absatz 4 WHG sind sinngemäß anzuwenden.

(2) In den Fällen des Absatzes 1 kann dem Inhaber auf seinen fristgerecht gestellten Antrag eine Genehmigung in dem Umfange seiner bisherigen Befugnis erteilt werden, wenn die Voraussetzungen des § 15 erfüllt sind.

(3) Für Benutzungen durch öffentliche Wege und auf Grund eines gesetzlich geregelten Planfeststellungsverfahrens, die vor In-Kraft-Treten dieses Gesetzes bestanden haben, ist eine Genehmigung nicht erforderlich.

§ 113 Aufforderung zur Anmeldung alter Rechte und alter Befugnisse
Die Aufforderung nach § 16 Absatz 2 WHG ist von der Wasserbehörde im Amtlichen Anzeiger zu veröffentlichen.

Abschnitt III
Weitere Überleitungsbestimmungen

§ 114 Bisherige Uferlinie
Eine nach den bisherigen Vorschriften von der Wasserpolizeibehörde festgelegte Uferlinie gilt bis zu ihrer Aufhebung als Gewässerlinie im Sinne von § 3.

§§ 115 bis 116a (aufgehoben)

Fünfzehnter Teil
Schlussbestimmungen
(weggelassen)

Anlage
Verzeichnis nach § 2 Nummer 1

Gewässer erster Ordnung

1. Alster, ihre Kanäle und Fleete:
   Alster von der Landesgrenze bis zur Krugkoppelbrücke, einschließlich aller von ihr durchflossenen teichartigen Erweiterungen infolge Aufstau, Außenalster, Binnenalster, Kleine Alster, Alsterfleet, Neuerwallfleet, Bleichenfleet, Herrengrabenfleet, Mönkedammfleet, Nikolaifleet, Ringkanal, Brabandkanal, Skagerrakkanal, Inselkanal, Eppendorfer Mühlenteich, Alte Alster, Leinpfadkanal, Isebekkanal, Rondeelkanal mit Rondeelteich, Goldbekkanal, Stadtparksee, Barmbeker Stichkanal, Langer Zug, Osterbekkanal bis zur Elsässer Straße, Mühlenkampkanal, Hofwegkanal, Uhlenhorster Kanal mit Feenteich, Mundsburger Kanal mit Kuhmühlenteich, Eilbekkanal bis zur Maxstraße.

2. Bille und ihre Kanäle:
   Bille zwischen Schöpfwerk Unterbille und Oberhafenkanal, Billekanal, Billhorner Kanal, Bullenhuser Kanal, Tiefstackkanal, Billbrookkanal, Mittelkanal, Schleusenkanal, Südkanal, Sonninkanal, Hochwasserbassin, Rückerskanal.

3. Bille von der Landesgrenze bis zur Serrahnbrücke, Serrahn, Schiffswasser, Schleusengraben und Neuer Schleusengraben im Bezirk Bergedorf.

4. Elbe, einschließlich der Bundeswasserstraße und der mit ihr im Zusammenhang stehenden Flächen des Hafens und von Norderelbe, Süderelbe, Köhlbrand, Reiherstieg, und alter Süderelbe (mit Ausnahme des zwischen der West- und der Ostabdämmung befindlichen Teiles).

5. Este, einschließlich der Bundeswasserstraße sowie der über die Bundeswasserstraße hinausgehenden Hafenflächen.

6. Dove-Elbe (Bezirk Bergedorf) unterhalb der Dove-Elbe-Schleuse und der Krapphofschleuse.

7. Gose-Elbe unterhalb der Reitschleuse.

Hamburgisches Gesetz zur Ausführung des Bundesnaturschutzgesetzes (HmbBNatSchAG)[1]

Vom 11. Mai 2010 (HmbGVBl. S. 350, ber. S. 402)

zuletzt geändert durch 3. ÄndG vom 24. Januar 2020 (HmbGVBl. S. 92)

Nichtamtliche Inhaltsübersicht

§ 1 Regelungsgegenstand des Gesetzes

Die Vorschriften dieses Gesetzes ergänzen das Bundesnaturschutzgesetz (BNatSchG) vom 29. Juli 2009 (BGBl. I S. 2542) in der jeweils geltenden Fassung oder weichen von diesem Gesetz im Sinne von Artikel 72 Absatz 3 Satz 1 Nummer 2 des Grundgesetzes ab.

§ 2 Befugnisse der Naturschutzbehörden (zu § 3 BNatSchG)

[1]§ 3 Absatz 2 BNatSchG gilt auch für die Einhaltung dieses Gesetzes und der aufgrund dieses Gesetzes erlassenen Vorschriften. [2]Die zuständige Behörde kann auch die Wiederherstellung des früheren Zustands, Ausgleichs- und Ersatzmaßnahmen oder Ersatzzahlungen anordnen.

§ 3 Landwirtschaftliche Bodennutzung (zu § 5 Absatz 2 BNatSchG)

[1]Ergänzend zu § 5 Absatz 2 BNatSchG ist bei der landwirtschaftlichen Nutzung folgender Grundsatz der guten fachlichen Praxis zu beachten: Auf artenreichen Grünlandstandorten (altes Dauergrünland) ist ein Umbruch zu unterlassen. [2]Artenreiche Grünlandstandorte liegen vor, wenn mindestens fünfzehn typische Grünlandarten ohne Berücksichtigung der Ruderalisierungszeiger wie Ackerwildkräuter oder

---

Trittpflanzen auf Nass-, Feucht- und mittlerem (mesophilem) Grünland und seltene und gefährdete Pflanzenarten vorkommen.

§ 4 Überörtliche und örtliche Landschaftsplanung (zu § 11 BNatSchG)

(1) [1]Die konkretisierten Ziele, Erfordernisse und Maßnahmen des Naturschutzes und der Landschaftspflege für das Gebiet der Freien und Hansestadt Hamburg werden landesweit und für die örtliche Ebene in einem Landschaftsprogramm dargestellt. [2]Die Darstellung erfolgt unter Beachtung der Darstellungen des Flächennutzungsplans für die Freie und Hansestadt Hamburg in der Fassung der Neubekanntmachung vom 22. Oktober 1997 (HmbGVBl. S. 485) nach § 5 des Baugesetzbuchs (BauGB) in der Fassung vom 23. September 2004 (BGBl. I S. 2415), zuletzt geändert am 31. Juli 2009 (BGBl. I S. 2585, 2617).

(2) Das Landschaftsprogramm nach Absatz 1 ist für die örtliche Ebene durch weitere konkretisierende Darstellungen zu ergänzen, soweit dies für die Ziele des Naturschutzes und der Landschaftspflege als Grundlage vorsorgenden Handelns und die Erfordernisse und Maßnahmen zur Verwirklichung dieser Ziele dort erforderlich ist.

(3) [1]Der Senat wird ermächtigt, durch Rechtsverordnung für die Bereiche, in denen Bebauungspläne nach den §§ 8, 12, 13 und 13a BauGB aufgestellt oder geändert werden, in diesen Bebauungsplänen Festsetzungen nach § 9 Absatz 3 Satz 1 Nummer 4 BNatSchG zu treffen. [2]Die Festsetzungen dürfen dem Landschaftsprogramm einschließlich seiner Konkretisierungen nicht widersprechen. [3]Der Senat wird ermächtigt, durch Rechtsverordnung die Verordnungsermächtigung nach Satz 1 für die Fälle auf die Bezirksämter weiter zu übertragen, in denen die örtlich zuständigen Bezirksversammlungen den Festsetzungen zugestimmt haben.

§ 5 Verfahren zur Aufstellung des Landschaftsprogramms (zu § 10 Absatz 4 BNatSchG)

(1) [1]Die zuständige Behörde stellt den Entwurf des Landschaftsprogramms auf. [2]Bei der erstmaligen Aufstellung oder Änderung des Landschaftsprogramms ist die Umweltverträglichkeit der Landschaftsplanung nach den Vorschriften über die strategische Umweltprüfung bei Plänen und Programmen im Gesetz über die Umweltverträglichkeitsprüfung in Hamburg (HmbUVPG) vom 10. Dezember 1996 (HmbGVBl. S. 310), zuletzt geändert am 3. April 2007 (HmbGVBl. S. 119, 135), zu prüfen. [3]Im Falle einer Änderung, die geringfügig ist oder lediglich die Nutzung kleiner Gebiete auf lokaler Ebene festlegt, kann von der Durchführung einer strategischen Umweltprüfung abgesehen werden, wenn eine Vorprüfung ergibt, dass die Änderung voraussichtlich keine erheblichen Umweltauswirkungen hat. [4]Die Beschreibung und Bewertung der erheblichen Umweltauswirkungen des Landschaftsprogramms auf die betroffenen Schutzgüter ist in den Erläuterungsbericht zu integrieren.

(2) [1]Der Entwurf wird für die Dauer eines Monats öffentlich ausgelegt. [2]Ort und Dauer der Auslegung sind mindestens eine Woche vorher im Amtlichen Anzeiger bekannt zu machen. [3]Dabei ist darauf hinzuweisen, dass Anregungen während der Auslegungsfrist schriftlich oder durch elektronische Dokumente vorgebracht werden können.

(3) [1]Das Landschaftsprogramm wird durch Beschluss der Bürgerschaft festgestellt. [2]Der Beschluss der Bürgerschaft wird vom Senat im Hamburgischen Gesetz- und Verordnungsblatt bekannt gemacht. [3]Dabei ist anzugeben, wo das Landschaftsprogramm zu kostenfreier Einsicht ausgelegt wird.

(4) [1]Über konkretisierende Darstellungen nach § 4 Absatz 2 beschließt der Senat. [2]Absatz 2 und Absatz 3 Sätze 2 und 3 gelten entsprechend.

(5) [1]Das Landschaftsprogramm kann im Wege der Berichtigung angepasst werden,

1. wenn Gebiete zum Schutz, zur Pflege und Entwicklung von Natur und Landschaft im Sinne des Kapitels 4 des Bundesnaturschutzgesetzes verändert werden,
2. wenn sich durch den gesetzlichen Biotopschutz nach § 30 Absatz 2 BNatSchG oder § 14 Absatz 1 dieses Gesetzes geänderte Darstellungserfordernisse ergeben,
3. wenn die verbindliche Bauleitplanung nach dem Dritten Abschnitt des Baugesetzbuchs Festsetzungen trifft, die eine Anpassung der im Landschaftsprogramm dargestellten Erfordernisse und Maßnahmen von Natur und Landschaft begründen oder
4. soweit Berichtigungen des Flächennutzungsplanes auf Grundlage von Regelungen nach § 13a Absatz 2 BauGB vorgenommen werden, die Veränderungen von Darstellungen im Landschaftsprogramm erfordern.

[2]Berichtigungen des Landschaftsprogramms werden im Amtlichen Anzeiger bekannt gegeben.

§ 6 Eingriffe in Natur und Landschaft (zu §§ 14 und 15 BNatSchG)
(1) Im Hafennutzungsgebiet nach § 2 Absatz 1 des Hafenentwicklungsgesetzes vom 25. Januar 1982 (HmbGVBl. S. 19), zuletzt geändert am 13. Oktober 2009 (HmbGVBl. S. 362), in der jeweils geltenden Fassung sind
1. keine Eingriffe
   a) die regelmäßige Unterhaltung von bestimmungsgemäß zu Zwecken des Hafenentwicklungsgesetzes genutzten Gewässern,
   b) die wesentliche Umgestaltung von regelmäßig unterhaltenen Gewässern, die bestimmungsgemäß zu Zwecken des Hafenentwicklungsgesetzes genutzt werden,
   c) die Herstellung von Gewässern im Bereich versiegelter Flächen,
   d) der Ausbau von Kaimauern im Bereich verbauter Ufer,
2. in der Regel kein Eingriff die Herstellung von Gewässern im Bereich unversiegelter Flächen.
(2) Ohne Beschränkung auf das Hafennutzungsgebiet sind
1. keine Eingriffe Maßnahmen des öffentlichen und privaten Hochwasserschutzes innerhalb der Grundfläche vorhandener Hochwasserschutzanlagen oder im Bereich versiegelter Flächen,
2. in der Regel keine Eingriffe Maßnahmen am Gewässer Elbe zur nachhaltigen Stabilisierung der Wasserstände der Tideelbe, soweit sie nicht mit der Baggerung von Wattflächen oder Flachwasserzonen verbunden sind.
(3) [1]Soweit im Falle der Beseitigung oder teilweisen Beseitigung von Gewässern im Hafennutzungsgebiet ein Eingriff festgestellt wird, sind abweichend von § 15 Absatz 2 BNatSchG Ausgleichs- oder Ersatzmaßnahmen nur im Hafennutzungsgebiet durchzuführen. [2]Sind entsprechende Maßnahmen im Hafennutzungsgebiet nicht möglich, beträgt die fällig werdende Ersatzzahlung abweichend von § 15 Absatz 6 BNatSchG 7,50 Euro je Quadratmeter beseitigter Wasserfläche. [3]Die Ersatzzahlung fließt in die Stiftung Lebensraum Elbe. [4]Damit wird zugleich die Verpflichtung aus § 2 Absatz 3 des Gesetzes über die Zuführungen an die Stiftung Lebensraum Elbe vom 11. Mai 2010 erfüllt.

§ 7 Bevorratung von Kompensationsmaßnahmen (zu § 16 Absatz 2 BNatSchG)
Der Senat wird ermächtigt, durch Rechtsverordnung das Nähere zur Bevorratung von vorgezogenen Ausgleichs- und Ersatzmaßnahmen mittels Ökokonten, insbesondere die Erfassung, Bewertung oder Buchung vorgezogener Ausgleichs- und Ersatzmaßnahmen in Ökokonten, deren Genehmigungsbedürftigkeit und Handelbarkeit sowie den Übergang der Verantwortung nach § 15 Absatz 4 BNatSchG auf Dritte, die vorgezogene Ausgleichs- und Ersatzmaßnahmen durchführen, zu regeln.

§ 8 Verfahren bei Eingriffen (zu § 17 Absatz 1 BNatSchG)
Bedarf ein Eingriff nach anderen Rechtsvorschriften einer behördlichen Zulassung oder Anzeige an eine Behörde oder wird er von einer Behörde durchgeführt, so hat diese Behörde zugleich im Einvernehmen mit der für Naturschutz und Landschaftspflege zuständigen Behörde die zur Durchführung des § 15 BNatSchG erforderlichen Entscheidungen und Maßnahmen zu treffen, soweit die für Naturschutz und Landschaftspflege zuständige Behörde nicht selbst entscheidet.

§ 9 Biotopverbund, Biotopvernetzung (zu § 20 Absatz 1, § 21 Absätze 1 bis 4 BNatSchG)
(1) Die Freie und Hansestadt Hamburg schafft einen Biotopverbund, der mindestens 15 vom Hundert des Gebiets der Freien und Hansestadt Hamburg umfasst.
(2) Entlang natürlicher oder naturnaher Bereiche fließender oder stehender Gewässer, ausgenommen künstliche Gewässer im Sinne von § 3 Nummer 4 des Wasserhaushaltsgesetzes (WHG) vom 31. Juli 2009 (BGBl. I S. 2585), ist ab dem 1. Januar 2011 in einer Breite von mindestens 7,50 m von der Uferlinie die garten- oder ackerbauliche Nutzung zu unterlassen (Gewässerrandstreifen).

§ 10 Schutz bestimmter Teile von Natur und Landschaft (zu § 20 Absatz 2, §§ 22 bis 29 BNatSchG)
(1) [1]Der Senat wird ermächtigt, durch Rechtsverordnung unter den Voraussetzungen der §§ 23 bis 29 BNatSchG bestimmte Teile von Natur und Landschaft als
1. Naturschutzgebiet (§ 23 BNatSchG),
2. Nationales Naturmonument (§ 24 BNatSchG),
3. Landschaftsschutzgebiet (§ 26 BNatSchG),
4. Naturdenkmal (§ 28 BNatSchG) oder
5. geschützten Landschaftsbestandteil (§ 29 BNatSchG)

unter Schutz zu stellen. [2]Nationalparke (§ 24 BNatSchG), Biosphärenreservate (§ 25 BNatSchG) und Naturparke (§ 27 BNatSchG) werden unter den entsprechenden Voraussetzungen durch Gesetz unter Schutz gestellt. [3]Ergänzend zur Unterschutzstellung kann die für Naturschutz und Landschaftspflege zuständige Behörde zur Erreichung des Schutzzwecks Pflege- und Entwicklungspläne aufstellen.

(2) [1]Abweichend von § 28 Absatz 1 BNatSchG können als Naturdenkmal Einzelschöpfungen der Natur oder entsprechende Flächen bis zu 5 Hektar auch zur Erhaltung, Entwicklung oder Wiederherstellung von Lebensstätten, Biotopen oder Lebensgemeinschaften bestimmter wild lebender Tier- und Pflanzenarten unter Schutz gestellt werden. [2]Die Verordnungsermächtigung nach Absatz 1 Satz 1 Nummer 4 gilt entsprechend.

(3) [1]Der Senat wird ermächtigt, durch Rechtsverordnung Teile von Natur und Landschaft unter den Voraussetzungen von § 22 Absatz 3 BNatSchG einstweilig sicherzustellen. [2]Bei Gefahr im Verzuge ist die zuständige Behörde befugt, Veränderungen von Natur und Landschaft unter den gleichen Voraussetzungen zu untersagen.

§ 11 Verfahren bei Unterschutzstellungen durch Rechtsverordnung (zu § 22 Absatz 2 BNatSchG)

(1) [1]Die Entwürfe der Rechtsverordnungen nach § 10 Absatz 1 Satz 1 und Absatz 2 werden mit den dazugehörigen Karten für die Dauer eines Monats bei der zuständigen Behörde und dem zuständigen Bezirksamt ausgelegt. [2]Ort und Dauer der Auslegung sind mindestens eine Woche vorher im Amtlichen Anzeiger und in mindestens zwei Tageszeitungen bekannt zu machen mit dem Hinweis, dass Bedenken und Anregungen während der Auslegungsfrist schriftlich oder elektronisch vorgebracht werden können.

(2) Die öffentliche Auslegung kann beim Erlass von Rechtsverordnungen nach § 10 Absatz 1 Satz 1 Nummer 4 (Naturdenkmäler) und Absatz 2 durch Anhörung der betroffenen Eigentümerinnen und Eigentümer oder sonst Verfügungsberechtigten ersetzt werden.

(3) [1]Nach Beschlussfassung durch den Senat teilt die zuständige Behörde das Ergebnis der Prüfung der fristgemäß vorgebrachten Bedenken und Anregungen, soweit sie nicht berücksichtigt sind, den Einwendenden mit. [2]Haben mehr als einhundert Personen Bedenken und Anregungen mit im Wesentlichen gleichem Inhalt vorgebracht, so kann die Mitteilung des Ergebnisses der Prüfung dadurch ersetzt werden, dass diesen Personen eine Einsicht in das Ergebnis der Prüfung ermöglicht wird. [3]Im Amtlichen Anzeiger ist bekannt zu geben, bei welcher Stelle das Ergebnis der Prüfung während der Dienststunden eingesehen werden kann.

(4) [1]Die Absätze 1 bis 3 sind nicht anzuwenden, wenn eine Rechtsverordnung nach § 10 Absatz 1 Satz 1 und Absatz 2 geändert oder neu erlassen wird, ohne dass der Schutzgegenstand erweitert wird oder weitere Gebote, Verbote, Pflege- und Entwicklungsmaßnahmen angeordnet werden. [2]Satz 1 gilt entsprechend, wenn sich eine Rechtsverordnung nach § 10 Absatz 1 Satz 1 und Absatz 2 auf das Gesamtgebiet der Freien und Hansestadt Hamburg erstreckt.

(5) [1]Eine Verletzung der Vorschriften der Absätze 1 bis 3 ist unbeachtlich, wenn sie nicht innerhalb eines Jahres nach Verkündung der Rechtsverordnung schriftlich unter Angabe des Sachverhalts, der die Verletzung begründen soll, bei der zuständigen Behörde geltend gemacht wird. [2]Die Rechtsverordnung kann durch ein ergänzendes Verfahren zur Behebung von Fehlern auch rückwirkend in Kraft gesetzt werden.

§ 12 Kennzeichnung und Bezeichnung (zu § 22 Absatz 4 BNatSchG)

(1) [1]Geschützte Teile von Natur und Landschaft, ausgenommen geschützte Landschaftsbestandteile sollen gekennzeichnet werden. [2]Geschützte Landschaftsbestandteile sollen gekennzeichnet werden, soweit dies zweckmäßig ist. [3]Der Senat wird ermächtigt, durch Rechtsverordnung die Art der Kennzeichnung zu bestimmen und die Kennzeichen festzulegen.

(2) [1]Die Bezeichnungen für geschützte Teile von Natur und Landschaft im Sinne des § 10 Absatz 1 Satz 1 sowie die nach Absatz 1 bestimmten Kennzeichnungen dürfen nur für die durch Gesetz oder Rechtsverordnung geschützten Gebiete und Gegenstände verwendet werden. [2]Bezeichnungen und Kennzeichnungen, die ihnen zum Verwechseln ähnlich sind, dürfen für Bestandteile von Natur und Landschaft nicht benutzt werden.

§ 13 Fachkonzeption Arten- und Biotopschutz (zu § 38 Absatz 1 BNatSchG)

(1) [1]Die Fachkonzeption Arten- und Biotopschutz wird zur Vorbereitung, Durchführung und Überwachung der Aufgaben nach § 37 Absatz 1 BNatSchG erstellt. [2]Sie dient der Erhaltung, Wiederherstellung und Entwicklung der biologischen Vielfalt in Hamburg.

(2) Die Fachkonzeption Arten- und Biotopschutz enthält insbesondere

1. die Darstellung und Bewertung der unter dem Gesichtspunkt des Artenschutzes bedeutsamen Populationen, Lebensgemeinschaften und Biotope wild lebender Tier- und Pflanzenarten, einschließlich der Lebensraumtypen und Arten von gemeinschaftlichem Interesse, der europäischen Vogelarten und ihrer Lebensräume sowie der besonders geschützten oder sonst in ihrem Bestand gefährdeten Arten,

2. Aussagen über die Bestandssituation und die Entwicklung der unter Nummer 1 genannten Populationen, Lebensgemeinschaften und Biotope sowie über die wesentlichen Gefährdungsursachen,

3. Festlegungen von Schutz-, Pflege- und Entwicklungszielen sowie von Maßnahmen zu deren Verwirklichung.

§ 14 Gesetzlich geschützte Biotope (zu § 30 Absätze 2 und 7 BNatSchG)

(1) Die Biotope nach § 30 Absatz 2 Satz 1 BNatSchG sind geschützt, sofern sie in ihrer Ausprägung hinsichtlich Standortverhältnissen, der Vegetation oder sonstiger Eigenschaften den näheren Regelungen nach der Anlage entsprechen.

(2) Die Verbote des § 30 Absatz 2 Satz 1 BNatSchG gelten in Hamburg auch für folgende Biotope (weitere gesetzlich geschützte Biotope)

1. Bracks,

2. Feldhecken, Knicks und Feldgehölze,

sofern sie in ihrer Ausprägung hinsichtlich der Standortverhältnisse, der Vegetation oder sonstiger Eigenschaften den näheren Regelungen der Anlage entsprechen.

(3) Ergänzend zu § 30 Absätze 3 bis 6 BNatSchG wird bestimmt, dass die zuständige Behörde auf Antrag vom Verbot nach § 30 Absatz 2 BNatSchG Ausnahmen zulässt, wenn

1. das Biotop in einem durch einen rechtsgültigen Bebauungsplan festgesetzten Baugebiet liegt, nach Feststellung des Bebauungsplans entstanden ist und die Ausnahme die Verwirklichung eines durch den Bebauungsplan zugelassenen Vorhabens ermöglichen soll,

2. sich das Biotop auf Flächen im Hafennutzungsgebiet nach § 2 des Hafenentwicklungsgesetzes vom 25. Januar 1982 (HmbGVBl. S. 19), zuletzt geändert am 13. Oktober 2009 (HmbGVBl. S. 362), in der jeweils geltenden Fassung befindet, für die im Zuge von gesetzlichen Zulassungsentscheidungen eine bestimmte Nutzung vorgesehen ist.

(4) Die zuständigen Behörden sollen geeignete Maßnahmen treffen, um die ökologische Beschaffenheit oder die räumliche Ausdehnung der gesetzlich geschützten Biotope zu erhalten.

(5) [1]Die Registrierung der nach Absatz 2 und § 30 Absatz 2 Satz 1 BNatSchG gesetzlich geschützten Biotope erfolgt durch die zuständige Behörde. [2]Die erfassten Biotope sind kartenmäßig mit ihrer Lage und ihrem Typ dargestellt und für jedermann bei der zuständigen Behörde einsehbar.

(6) Der Senat wird ermächtigt, durch Rechtsverordnung die Anlage zu ändern, soweit zur Bestimmung der gesetzlich geschützten Biotope nähere Merkmale erforderlich werden oder wenn naturwissenschaftliche Erkenntnisse die Änderung erfordern.

§ 15 Freihaltung von Gewässern und Uferzonen (zu § 61 BNatSchG)

[1]An natürlichen und naturnahen Bereichen von Gewässern außerhalb des Hafennutzungsgebiets nach § 2 des Hafenentwicklungsgesetzes vom 25. Januar 1982 (HmbGVBl. S. 19), zuletzt geändert am 13. Oktober 2009 (HmbGVBl. S. 362), in der jeweils geltenden Fassung dürfen bis zu einem Abstand von 10 Metern von der Uferlinie keine baulichen Anlagen errichtet oder wesentlich geändert werden. [2]Diese Regelung gilt nicht für von Menschen geschaffene oberirdische Gewässer (künstliche Gewässer im Sinne von § 3 Nummer 4 WHG). [3]§ 61 Absätze 2 und 3 BNatSchG gilt entsprechend.

§ 16 Tiergehege (zu § 43 Absatz 5 BNatSchG)

(1) Als Tiergehege gelten auch Volieren oder vergleichbare ortsfeste Einrichtungen, in denen Greifvögel, Eulen oder andere Wirbeltiere gehalten werden.

(2) [1]Der Betrieb kann insbesondere mit folgenden Auflagen verbunden werden:

1. die Führung eines Gehegebuches, das über den Tierbestand, Zugänge und Abgänge Auskunft geben muss,
2. die Verpflichtung zur Kontrolle der Gehege und zur Untersuchung verendeter Tiere durch die Amtstierärztin beziehungsweise den Amtstierarzt,
3. Einrichtung von Quarantänegattern,
4. Maßnahmen zum Schutz des Baumbestandes,
5. Sicherheitsleistungen für die ordnungsgemäße Auflösung des Geheges und die Herrichtung der Landschaft,
6. Maßnahmen zur Abwehr von Gefahren für die öffentliche Sicherheit und Ordnung.

[2]Forderungen dieses Inhalts können auch nach Beginn des Betriebs erhoben werden.

(3) [1]Die Inhaberin beziehungsweise der Inhaber des Tiergeheges oder die ganz oder zum Teil mit der Leitung betrauten Personen haben der zuständigen Behörde auf Verlangen die zur Überwachung erforderlichen Auskünfte zu erteilen. [2]Die von der zuständigen Behörde beauftragten Personen sind befugt, zum Zwecke der Überwachung Grundstücke, Wirtschaftsgebäude, Geschäfts-, Betriebs- und Lagerräume während der üblichen Arbeits- und Betriebszeit zu betreten, dort Prüfungen und Besichtigungen vorzunehmen und das Gehegebuch einzusehen und zu prüfen. [3]Das Grundrecht der Unverletzlichkeit der Wohnung (Artikel 13 des Grundgesetzes) wird insoweit eingeschränkt.

§ 17 Betreten der freien Landschaft (zu § 59 Absatz 2 BNatSchG)

(1) Das Fahren mit dem Fahrrad ohne Motorkraft oder mit Krankenfahrstühlen steht dem Betreten im Sinne des § 59 Absatz 1 BNatSchG gleich.

(2) [1]Mitgebrachte Gegenstände dürfen in der freien Landschaft nicht zurückgelassen werden. [2]Wer dort Gegenstände ablegt, wegwirft oder sich ihrer dort in sonstiger Weise entledigt, ist verpflichtet, diese wieder an sich zu nehmen und aus der freien Landschaft zu entfernen.

(3) Die zuständige Behörde kann das Betreten von Teilen der Flur aus wichtigen Gründen, insbesondere aus solchen des Naturschutzes und der Landschaftspflege, des Feldschutzes und der landwirtschaftlichen Bewirtschaftung, zum Schutze der Erholungsuchenden, zur Vermeidung erheblicher Schäden oder zur Wahrung anderer unter Berücksichtigung des Interesses der Allgemeinheit schutzwürdiger Belange des Grundstücksbesitzers einschränken oder untersagen.

(4) Das Betreten des Waldes richtet sich nach dem Landeswaldgesetz vom 13. März 1978 (HmbGVBl. S. 74), zuletzt geändert am 3. April 2007 (HmbGVBl. S. 104, 106), in der jeweils geltenden Fassung.

§ 18 Reiten in der freien Landschaft (zu § 59 Absatz 2 BNatSchG)

(1) In der freien Landschaft sind außerhalb öffentlicher Wege Reiten und Fahren mit bespannten Fahrzeugen auf privaten Wegen und auf ungenutzten Grundflächen zum Zwecke der Erholung nur gestattet, wenn die Wege oder Grundflächen dafür besonders bestimmt und am Pferd beidseitig ein gültiges Pferdekennzeichen nach Maßgabe von Absatz 2 angebracht ist oder wenn dafür im Einzelfall eine besondere Befugnis vorliegt.

(2) [1]Der Senat wird ermächtigt, durch Rechtsverordnung die Ausgabe von Pferdekennzeichen zu regeln und dabei insbesondere zu bestimmen, dass das Kennzeichen gegen Entrichtung einer Gebühr ausgegeben wird. [2]Die Ausgabe der Kennzeichen sowie die Erhebung und Verwaltung der Gebühr sollen dem Landesverband der Reit- und Fahrvereine Hamburg e.V. oder einem vergleichbaren rechtsfähigen Verein übertragen werden. [3]Das Aufkommen aus den Gebühren ist nach Abzug der Verwaltungskosten für die Anlage und Unterhaltung von Reitwegen zu verwenden. [4]Die Verwaltungskosten können pauschal festgesetzt werden.

(3) Das Reiten im Wald richtet sich nach dem Landeswaldgesetz.

§ 18a Vorkaufsrecht (zu § 66 BNatSchG)[1)]

(1) Das Vorkaufsrecht der Freien und Hansestadt Hamburg nach § 66 BNatSchG erstreckt sich neben den dort in Absatz 1 Satz 1 genannten Fällen auch auf Grundstücke, die in Landschaftsschutzgebieten liegen.

(2) [1]Abweichend von § 66 Absatz 3 Satz 4 BNatSchG kann die für die Ausübung des Vorkaufsrechts zuständige Behörde den zu zahlenden Betrag nach dem Verkehrswert des Grundstücks im Zeitpunkt

---

1) Abweichung von Bundesrecht gemäß Art. 72 Abs. 3 Satz 1 des GG von § 66 Abs. 3 Satz 4 BNatSchG, siehe Hinweis v. 19.4.2013 (BGBl. I S. 821).

des Kaufs bestimmen, wenn der vereinbarte Kaufpreis den Verkehrswert in einer dem Rechtsverkehr erkennbaren Weise deutlich überschreitet. ²In diesem Fall ist die oder der Verpflichtete berechtigt, bis zum Ablauf eines Monats nach Unanfechtbarkeit des Verwaltungsakts über die Ausübung des Vorkaufsrechts vom Vertrag zurückzutreten. ³Auf das Rücktrittsrecht sind die §§ 346 bis 349 und 351 des Bürgerlichen Gesetzbuchs entsprechend anzuwenden. ⁴Tritt die oder der Verpflichtete vom Vertrag zurück, trägt die Freie und Hansestadt Hamburg die Kosten des Vertrages auf der Grundlage des Verkehrswertes.

§ 19 Enteignung (zu § 68 Absatz 3 BNatSchG)

(1) Zugunsten der Freien und Hansestadt Hamburg können außerhalb des Hafennutzungsgebiets nach § 2 des Hafenentwicklungsgesetzes enteignet werden:

1. Grundstücke in Naturschutzgebieten,
2. Grundstücke in Nationalparken,
3. Grundstücke, auf denen sich ein Naturdenkmal oder ein gesetzlich geschütztes Biotop im Sinne des § 30 BNatSchG oder des § 14 Absatz 1 dieses Gesetzes befinden,
4. Grundstücke, die an oberirdische Gewässer angrenzen.

(2) ¹Die Enteignung ist nur zulässig, wenn sie zum Wohl der Allgemeinheit aus Gründen des Naturschutzes und der Landschaftspflege erforderlich ist und der Enteignungszweck auf andere zumutbare Weise nicht erreicht werden kann, insbesondere ein freihändiger Erwerb zu angemessenen Bedingungen nicht möglich ist. ²Im Übrigen gelten die Bestimmungen des Hamburgischen Enteignungsgesetzes in der Fassung vom 11. November 1980 (HmbGVBl. S. 305), zuletzt geändert am 18. Februar 2004 (HmbGVBl. S. 107), in der jeweils geltenden Fassung.

§ 20 Entschädigung (zu § 68 Absätze 1 und 2 BNatSchG)

(1) ¹Liegen die Voraussetzungen nach § 68 Absatz 1 BNatSchG vor, so ist die angemessene Entschädigung von der Freien und Hansestadt Hamburg zu leisten. ²Über die Entschädigung ist zumindest dem Grunde nach durch die zuständige Behörde in Verbindung mit der Entscheidung über die belastende Maßnahme zu entscheiden. ³Die für die Enteignung geltenden landesrechtlichen Vorschriften sind für die Bemessung der Höhe der angemessenen Entschädigung entsprechend anzuwenden.

(2) Eine unzumutbare Belastung im Sinne des § 68 Absatz 1 BNatSchG ist insbesondere anzunehmen, wenn infolge von Verboten

1. die bisher rechtmäßig ausgeübte Nutzung nicht mehr fortgesetzt werden darf oder auf Dauer eingeschränkt werden muss und hierdurch die wirtschaftliche Nutzbarkeit des Grundstücks erheblich beschränkt wird oder
2. eine nicht ausgeübte, aber beabsichtigte Nutzung unterbunden wird, die sich nach Lage und Beschaffenheit des Grundstücks objektiv anbietet und die die Eigentümerin beziehungsweise der Eigentümer sonst unbeschränkt hätte ausüben können.

§ 21 Mitwirkung von Naturschutzvereinigungen (zu § 63 Absatz 2 BNatSchG)

(1) Ergänzend zu § 63 Absatz 2 und § 74 Absatz 3 BNatSchG ist den dort genannten, in der Freien und Hansestadt Hamburg anerkannten Naturschutzvereinigungen Gelegenheit zur Stellungnahme und zur Einsicht in die einschlägigen Sachverständigengutachten zu geben

1. vor der Erteilung von Befreiungen von Geboten und Verboten zum Schutz von Naturdenkmalen,
2. bei der Vorbereitung von Beiträgen zum Bewirtschaftungsplan nach § 83 des Wasserhaushaltsgesetzes vom 31. Juli 2009 (BGBl. I S. 2585) in der jeweils geltenden Fassung,
3. bei wasserrechtlichen Entscheidungen über das Aufstauen von oberirdischen Gewässern, das Ablassen aufgestauten Wassers sowie über das Benutzen oder Absenken von Grundwasser, soweit sie mit Eingriffen in Natur und Landschaft nach § 14 Absatz 1 BNatSchG verbunden sind,
4. bei der Vorbereitung des Waldfunktionenplanes nach § 2 des Landeswaldgesetzes¹⁾ und
5. bei waldrechtlichen Entscheidungen über die Rodung oder Umwandlung von Wald sowie über die Erstaufforstung von Flächen.

(2) Weiter ist den in Hamburg anerkannten Naturschutzvereinigungen abweichend von § 63 Absatz 2 BNatSchG Gelegenheit zur Stellungnahme und zur Einsicht in die einschlägigen Sachverständigen-

---

1) Abweichung von Bundesrecht gemäß Art. 72 Abs. 3 Satz 1 des GG von § 63 Abs. 2 und § 74 Abs. 3 BNatSchG, siehe Hinweis v. 11.2.2015 (BGBl. I S. 123).

gutachten zu geben, soweit sie durch das jeweilige Vorhaben nach ihrem satzungsgemäßen Aufgabenbereich oder in ihren gesetzlichen Aufgaben berührt werden,

1. bei der Vorbereitung von Gesetzen, die die Belange des Naturschutzes und der Landschaftspflege erheblich berühren sowie

2. bei der Vorbereitung von überwiegend die Belange des Naturschutzes und der Landschaftspflege regelnden Rechtsverordnungen.

§ 22 Beteiligung von Naturschutzvereinigungen im Verfahren (zu § 63 BNatSchG)

[1]In den Fällen des § 63 BNatSchG und des § 21 dieses Gesetzes hat die jeweils für das Verfahren zuständige Behörde die zur Mitwirkung berechtigten Vereine zu benachrichtigen. [2]Sie räumt zugleich eine angemessene Frist zur Einsicht in die einschlägigen Sachverständigengutachten sowie zur Äußerung ein.

§ 23 Beteiligung von Kammern bei der Rechtssetzung (zu § 63 Absatz 2 BNatSchG)

In Ergänzung zu § 63 Absatz 2 BNatSchG soll der Handelskammer Hamburg, der Handwerkskammer Hamburg und der Landwirtschaftskammer Hamburg

1. bei der Vorbereitung von Gesetzen, die die Belange des Naturschutzes und der Landschaftspflege erheblich berühren,

2. bei der Vorbereitung von überwiegend die Belange des Naturschutzes und der Landschaftspflege regelnden Rechtsverordnungen sowie

3. bei der Vorbereitung von Rechtsverordnungen und anderen im Rang unterhalb von Gesetzen stehenden Rechtsvorschriften auf dem Gebiet des Naturschutzes und der Landschaftspflege

Gelegenheit zur Stellungnahme gegeben werden, soweit sie durch das jeweilige Vorhaben in ihrem satzungsgemäßen Aufgabenbereich oder in ihren gesetzlichen Aufgaben berührt werden.

§ 24 Betreuung von geschützten Gebieten und Gegenständen

(1) [1]Die für Naturschutz und Landschaftspflege zuständige Behörde kann juristischen Personen des Privatrechts, die nach § 63 Absatz 2 oder § 74 Absatz 3 BNatSchG in der Freien und Hansestadt Hamburg anerkannt sind oder die sich sonst vorwiegend den Zielen des Naturschutzes und der Landschaftspflege im Sinne des Kapitels 4 oder 5 des Bundesnaturschutzgesetzes widmen und Gewähr für eine sachgerechte Aufgabenerfüllung bieten, im gegenseitigen Einvernehmen in bestimmtem Umfang geschützte Teile von Natur und Landschaft zur Betreuung oder zur Durchführung von Maßnahmen des Naturschutzes und der Landschaftspflege übertragen (Gebietsbetreuer). [2]Ein Anspruch auf Erstattung von Kosten wird dadurch nicht begründet. [3]Hoheitliche Befugnisse können nicht übertragen werden.

(2) Die Gebietsbetreuer sollen insbesondere

1. die Allgemeinheit beim Besuch der geschützten Gebiete über die zum Schutz der Gebiete bestehenden Vorschriften informieren und aufklären,

2. die Einhaltung der zum Schutz der Gebiete erlassenen Gebote und Verbote überwachen sowie Zuwiderhandlungen durch Aufklärung unterbinden,

3. die zuständigen Stellen von Zuwiderhandlungen unterrichten und

4. Schäden oder andere Beeinträchtigungen von Natur und Landschaft der Gebiete der für Naturschutz und Landschaftspflege zuständigen Behörde mitteilen.

(3) [1]Die der zuständigen Behörde benannten Mitglieder der Gebietsbetreuer sind, soweit es zur Erfüllung ihrer Aufgaben erforderlich ist, berechtigt, die geschützten Gebiete außerhalb von Wegen zu betreten. [2]Sie haben sich bei ihrer Aufgabenwahrnehmung auf Verlangen auszuweisen.

(4) [1]Die für Naturschutz und Landschaftspflege zuständige Behörde kann zur Unterstützung der hauptamtlich im Naturschutz tätigen Personen geeigneten Personen Aufgaben als Naturschutzdienst übertragen. [2]Der Naturschutzdienst ist ehrenamtlich tätig. [3]Die Übertragung der Aufgaben erfolgt in der Regel für ein bestimmtes Gebiet im Sinne des § 20 Absatz 2 BNatSchG für fünf Jahre. [4]Für den Naturschutzdienst gelten die Absätze 2 und 3 entsprechend. [5]Den Personen des Naturschutzdienstes werden die im Rahmen ihrer Aufgabenwahrnehmung entstandenen notwendigen Aufwendungen erstattet.

§ 25 Naturschutzrat

(1) [1]Für die Zwecke des Naturschutzes und der Landschaftspflege wird bei der zuständigen Behörde ein unabhängiger sachverständiger Naturschutzrat eingerichtet. [2]Der Naturschutzrat setzt sich zusam-

men aus mindestens zehn, höchstens 15 ehrenamtlichen Mitgliedern, die die für Naturschutz und Landschaftspflege bedeutsamen Fachgebiete vertreten und vom Senat auf Vorschlag der zuständigen Behörde ernannt werden. [3]Im Naturschutzrat sollen mindestens die Fachgebiete Botanik, Zoologie, Ökologie, Hydrobiologie, Bodenkunde, Naturschutz, Landschaftsplanung, Wasserwirtschaft sowie Land-, Forst- und Fischereiwirtschaft vertreten sein. [4]Die zuständige Behörde kann Vorschläge von Hochschulen und Fachverbänden einholen.

(2) Der Naturschutzrat soll

1. die Interessen des Naturschutzes und der Landschaftspflege in der Öffentlichkeit fördern,

2. der zuständigen Behörde Vorschläge und Anregungen über Belange des Naturschutzes und der Landschaftspflege unterbreiten und sie beraten.

(3) [1]Die Mitglieder des Naturschutzrates sind an Aufträge und Weisungen nicht gebunden. [2]Sie werden auf drei Jahre ernannt. [3]Die Wiederernennung ist zulässig. [4]Scheidet ein Mitglied vor Ablauf von drei Jahren aus, so ernennt der Senat für die restliche Zeit ein Ersatzmitglied, falls diese mehr als ein halbes Jahr beträgt.

(4) [1]Der Naturschutzrat wählt aus seiner Mitte eine Vorsitzende beziehungsweise einen Vorsitzenden und eine Schriftführerin beziehungsweise einen Schriftführer. [2]Er gibt sich eine Geschäftsordnung, die der Genehmigung der zuständigen Behörde bedarf.

(5) Der Naturschutzrat hat über seine Tätigkeit alle zwei Jahre über den Senat einen Bericht an die Bürgerschaft zu erstatten, erstmals zum 30. April 2015.

§ 26 Anzeigepflichten

[1]Werden bisher unbekannte Naturgebilde, insbesondere unterirdische Torf- und Seeablagerungen, größere Findlinge, fossile Bodenbildungen, wertvolle Fossilien oder sonstige Einzelschöpfungen der Natur aufgedeckt oder aufgefunden, so ist der Fund unverzüglich der zuständigen Behörde anzuzeigen und so lange in seinem bisherigen Zustand zu belassen, bis die zuständige Behörde die notwendigen Schutzmaßnahmen getroffen oder den Fund freigegeben hat. [2]Äußert sich die zuständige Behörde zur Anzeige nicht innerhalb von vier Wochen, so gilt der Fund als freigegeben.

§ 27 Zutritt und Untersuchungen

(1) [1]Die Bediensteten und Beauftragten der zuständigen Behörde sind berechtigt, Grundstücke zu betreten sowie dort Kartierungen und Erhebungen von Tier- und Pflanzenarten sowie von Biotopen, Bodenuntersuchungen, Vermessungen oder ähnliche Arbeiten auszuführen, soweit dies zur Vorbereitung oder Durchführung von Maßnahmen nach den Bestimmungen dieses Gesetzes, des Bundesnaturschutzgesetzes oder aufgrund dieser Gesetze erlassener Rechtsverordnungen erforderlich ist. [2]Das Grundrecht der Unverletzlichkeit der Wohnung (Artikel 13 des Grundgesetzes) wird insoweit eingeschränkt. [3]Nach Durchführung der Arbeiten ist der alte Zustand wiederherzustellen.

(2) Die Verfügungsberechtigten sollen vor dem Betreten der Grundstücke in geeigneter Weise benachrichtigt und, im Fall von Untersuchungen, danach in geeigneter Weise informiert werden.

§ 28 Datenverarbeitung

(1) [1]Die für Naturschutz und Landschaftspflege zuständige Behörde ist berechtigt, die zum Zwecke der Aufgabenerfüllung nach dem Bundesnaturschutzgesetz und nach diesem Gesetz erforderlichen personenbezogenen Daten im Sinne des § 4 Absatz 1 des Hamburgischen Datenschutzgesetzes vom 5. Juli 1990 (HmbGVBl. S. 133, 165, 226), zuletzt geändert am 15. Dezember 2009 (HmbGVBl. S. 405, 435), in der jeweils geltenden Fassung zu erheben und weiterzuverarbeiten. [2]Es handelt sich dabei insbesondere um Daten über

1. Bezeichnung, Größe und Lage von Grundstücken oder Flächen,

2. Ausstattung von Grundstücken oder Flächen mit Arten und Biotopen,

3. Beeinträchtigungen und Gefährdungen von Arten und Biotopen,

4. geschützte Teile von Natur und Landschaft im Sinne der Kapitel 4 und 5 des Bundesnaturschutzgesetzes,

5. Maßnahmen des Naturschutzes und der Landschaftspflege,

6. Maßnahmen im Sinne des Kapitels 3 des Bundesnaturschutzgesetz, insbesondere zur Durchführung der Rechtsverordnung nach § 7,

7. Eigentümerinnen, Eigentümer, Nutzungsberechtigte und deren Betriebe,

8. Nutzungen und Bewirtschaftungsformen sowie
9. Vergütungen für landschaftspflegerische Maßnahmen und Ausgleichszahlungen für Nutzungsbeschränkungen.

[3]Eine Erhebung auch ohne Kenntnis der Betroffenen ist zulässig, wenn andernfalls die Erfüllung der Aufgaben nach dem Bundesnaturschutzgesetz oder nach diesem Gesetz gefährdet würde.

(2) Regelmäßige Datenübermittlungen an andere Behörden oder öffentliche Stellen sind zulässig, soweit dieses durch Bundes- oder Landesrecht unter Festlegung des Anlasses oder Zwecks der Ermittlungen, der Datenempfängerin beziehungsweise des Datenempfängers und der übermittelnden Daten bestimmt ist.

(3) Für andere Zwecke erhobene Daten dürfen zur Erfüllung von Aufgaben nach diesem Gesetz oder nach dem Bundesnaturschutzgesetz weiterverarbeitet werden, wenn die die Daten erhebende Behörde die Daten zu diesem Zweck erheben dürfte, sowie im Übrigen unter den Voraussetzungen des § 13 Absatz 2 Satz 1 Nummern 2 bis 8 des Hamburgischen Datenschutzgesetzes.

(4) Im Übrigen finden das Hamburgische Datenschutzgesetz und das Hamburgische Geodateninfrastrukturgesetz vom 15. Dezember 2009 (HmbGVBl. S. 528) in der jeweils geltenden Fassung Anwendung.

§ 29 Ordnungswidrigkeiten, Geldbuße (zu § 69 BNatSchG)

(1) Über die Bußgeldvorschriften des § 69 BNatSchG hinaus handelt ordnungswidrig, wer vorsätzlich oder fahrlässig

1. einer aufgrund dieses Gesetzes in Verbindung mit dem Bundesnaturschutzgesetz oder einer aufgrund des Hamburgischen Naturschutzgesetzes erlassenen Rechtsverordnung zuwiderhandelt, soweit die Rechtsverordnung für bestimmte Tatbestände auf diese Vorschrift verweist,
2. einer aufgrund dieses Gesetzes erlassenen vollziehbaren schriftlichen Anordnung zuwiderhandelt, soweit die Anordnung auf diese Vorschrift verweist,
3. eine vollziehbare Auflage, unter der eine Befreiung oder Ausnahme von den Vorschriften des Bundesnaturschutzgesetzes, dieses Gesetzes oder den Verboten einer aufgrund dieses Gesetzes in Verbindung mit dem Bundesnaturschutzgesetz oder aufgrund des Hamburgischen Naturschutzgesetzes erlassenen Rechtsverordnung erteilt worden ist, nicht erfüllt,
4. entgegen § 9 Absatz 2 den Gewässerrandstreifen garten- oder ackerbaulich nutzt,
5. entgegen einer vollziehbaren Untersagung nach § 10 Absatz 3 Satz 2 Teile von Natur und Landschaft verändert oder stört,
6. entgegen § 12 Absatz 2 Bezeichnungen für geschützte Teile von Natur und Landschaft oder Kennzeichnungen im Sinne des § 12 Absatz 1 verwendet oder entsprechende Bezeichnungen oder Kennzeichen benutzt, die denen zum Verwechseln ähnlich sind,
7. entgegen § 14 Absatz 2 ein dort genanntes Biotop zerstört oder sonst erheblich beeinträchtigt,
8. entgegen § 15 bauliche Anlagen errichtet oder wesentlich ändert,
9. entgegen § 16 Absatz 1 eine Anzeige nicht, nicht richtig, nicht vollständig oder nicht rechtzeitig erstattet,
10. entgegen § 17 Absatz 1 in Verbindung mit § 59 Absatz 1 BNatSchG die freie Landschaft betritt oder befährt,
11. entgegen § 17 Absatz 2 mitgebrachte Gegenstände zurücklässt oder diese nicht wieder an sich nimmt und aus der freien Landschaft entfernt,
12. entgegen einer vollziehbaren Einschränkung oder Untersagung nach § 17 Absatz 3 Teile der Flur betritt,
13. entgegen § 18 Absatz 1 in der freien Landschaft reitet oder mit bespannten Fahrzeugen fährt,
14. entgegen § 26 seinen Anzeigepflichten nicht nachkommt.

(2) Die Ordnungswidrigkeit nach Absatz 1 kann mit einer Geldbuße bis zu 50.000 Euro geahndet werden.

(3) Soweit Verstöße nach § 69 BNatSchG sowie gegen Absatz 1 zugleich auch Verstöße nach dem Gesetz über Grün- und Erholungsanlagen vom 18. Oktober 1957 (Sammlung des bereinigten hamburgischen Landesrechts I 2133-a), zuletzt geändert am 11. Juli 1989 (HmbGVBl. S. 132), sind, sind die Verstöße nach dem Bundesnaturschutzgesetz oder nach Absatz 1 zu ahnden.

§ 30 Einziehung

[1]Ist eine Ordnungswidrigkeit nach diesem Gesetz begangen worden, so können Gegenstände, auf die sich die Ordnungswidrigkeit bezieht und die zu ihrer Begehung oder Vorbereitung gebraucht worden oder bestimmt gewesen sind, eingezogen werden. [2]§ 23 des Gesetzes über Ordnungswidrigkeiten in der Fassung vom 19. Februar 1987 (BGBl. I S. 603), zuletzt geändert am 29. Juli 2009 (BGBl. I S. 2353, 2354), in der jeweils geltenden Fassung ist anzuwenden.

Anlage

[Ausprägung der gesetzlich geschützten Biotope]

Die in § 30 Absatz 2 Satz 1 Nummern 1 bis 4 und 6 BNatSchG und in § 14 Absatz 2 Nummern 1 und 2 aufgeführten Biotope sind geschützt, sofern sie die im Folgenden erläuterten Eigenschaften haben:

Zu § 30 Absatz 2 Satz 1 Nummern 1 bis 4 und 6 BNatSchG:

1. Natürliche oder naturnahe Bereiche fließender und stehender Binnengewässer einschließlich ihrer Ufer und der dazugehörigen uferbegleitenden natürlichen oder naturnahen Vegetation sowie ihrer natürlichen oder naturnahen Verlandungsbereiche, Altarme und regelmäßig überschwemmten Bereiche.

1.1 Natürliche oder naturnahe Fließgewässer und die noch an das Gewässersystem angeschlossenen Altarme sind nur wenig durch Ausbau und Begradigung verändert beziehungsweise weisen in ehemals ausgebauten Bereichen heute weitgehend ungestörte Formungs- und Sukzessionsprozesse auf. Punktuelle Beeinträchtigungen wie Stege, Anleger, Brücken oder Viehtränken können vorhanden sein. Die Fließgewässer zeigen einen den naturräumlichen Gegebenheiten entsprechenden Lauf, ein vielgestaltiges Bett und Ufer mit naturnahem Bewuchs, in Teilen auch Schlick-, Sand- und Kiesbänke sowie Flachwasserbereiche und Steilufer. Der Bewuchs umfasst sowohl die Wasserpflanzen als auch die krautige und holzige Ufervegetation bis zu Uferweidengebüschen und -wäldern. Geschützt sind ebenfalls natürliche oder naturnahe Bereiche von im Übrigen ausgebauten Fließgewässern. Eingeschlossen in den Schutz sind die regelmäßig überschwemmten Bereiche, die gewässerbegleitende natürliche oder naturnahe Vegetation, die vom Wasser geprägten Randbiotope mit grundwassernahen Bodenbildungen und die Uferböschungen inklusive eines wenigstens 1 m breiten Randstreifens oberhalb der Böschungsoberkante.

1.2 Natürliche oder naturnahe stehende Gewässer (Stillgewässer) fallen – unabhängig von ihrer Größe oder Tiefe – unter den gesetzlichen Schutz, wenn sie keine oder nur eine geringe technische Verbauung oder Abdichtung aufweisen oder keine technisch konstruktive Ausprägung haben. Sie sind gekennzeichnet durch Vegetationsbestände aus heimischen Wasserpflanzen, Schwimmblatt- oder Röhrichtpflanzen, Seggenrieder oder Hochstaudenfluren, Gehölzbeständen aus Weiden oder Erlen im Wasser oder entlang der Ufer und durch unverbaute und natürlichen Formungs- und Sukzessionsprozessen ausgesetzte Ufer. Als naturnah in diesem Sinn werden auch Gewässer angesehen, die eine besondere zoologische Bedeutung, beispielsweise als Laichgewässer einer bedeutenden Amphibienpopulation haben. Hierzu gehören auch zeitweilig austrocknende Gewässer (Tümpel), wenn diese wenigstens das halbe Jahr über Wasser führen oder Vegetation aus Wasserpflanzen vorhanden oder eine gewässertypische, natürliche Funktion beispielsweise als Laichgewässer für Amphibien beziehungsweise Libellen gegeben ist. Naturnah ausgeprägte und artenreiche Gräben der Wasserpest-Laichkraut-Gesellschaften mit ausgeprägter und vielfältiger Unterwasservegetation, die von der Krebsschere geprägten Krebsscheren-Gräben und die artenreichen Niedermoorgräben sind ebenfalls geschützt. Staugewässer (Teiche), auch solche, die im Verlauf eines Fließgewässers liegen und eventuell schwach durchflossen sind, jedoch von der biologischen Ausstattung her einen überwiegenden Stillgewässercharakter haben, sowie vom Fließgewässersystem durch den Menschen oder durch natürliche Prozesse vollständig abgetrennte Teile eines Flusses oder Baches (Altwässer) sind ebenso eingeschlossen wie naturnahe Fischteiche oder Beregnungsbecken mit Nutzungsaufgabe beziehungsweise nicht vorrangig wirtschaftlicher Zweckbindung.
Der gesetzliche Schutz umfasst neben dem Gewässer auch die vom Gewässer geprägten (episodisch überschwemmten oder in der Vegetation von hohen Grundwasserständen geprägten) Randstreifen bis mindestens 1 m über die Böschungsoberkante hinaus und naturnahe und natürliche Teilabschnitte von sonst verbauten oder naturfern gestalteten Gewässern.

2. Moore, Sümpfe, Röhrichte, Großseggenrieder, binsen- und seggenreiche Nasswiesen und Quellbereiche

2.1 Moore sind von Regenwasser oder nährstoffarmem Quellwasser gespeiste Hoch- und Übergangsmoore, einschließlich der noch regenerierbaren Degenerationsstadien, sowie von stagnierendem Grundwasser geprägte, meist nährstoff- und basenreichere Nieder- oder Flachmoore. Die Vegetation wird bei den Hoch- und Übergangsmooren von Torfmoosen und Wollgräsern, bei Übergangsmooren und Degenerationsstadien von Heidekrautgewächsen, Pfeifengras und Birken gebildet. In Niedermooren dominieren Röhrichte, Seggenrieder, Bruchwälder und – bei Nutzung – Nasswiesengesellschaften. Die Torfmächtigkeiten liegen bei mindestens 30 cm. Zum Moorkomplex gehörende Randbereiche mit geringeren Torfmächtigkeiten und solche, die für den Schutz der Flächen vor Nährstoffeinträgen unabdingbar sind, sind eingeschlossen.

2.2   Sümpfe sind nasse bis wechselnasse mineralische Standorte und solche mit Torfmächtigkeiten unter 30 cm mit von Seggen, Binsen, Röhrichtarten, Hochstauden, Arten der Nasswiesen und -weiden bestimmter, überwiegend baumfreier Vegetation (siehe auch Sumpfwälder), die keiner der Kategorien Moore, Brüche, Röhrichte, Rieder oder Nasswiesen eindeutig zugeordnet werden können. Sümpfe werden in der Regel nicht (mehr) oder sehr extensiv genutzt. Abgegrenzt werden größere Röhrichtbestände und genutzte Nasswiesen.

2.3   Röhrichte sind von Röhrichtarten dominierte, hochwüchsige Pflanzenbestände auf dauer- oder wechselnassen Standorten, soweit sie nicht den Niedermooren zuzuordnen sind. Dominanzbestände von Schilf auf frischen Mineralböden (Landröhrichte) – häufig Brachestadien auf feuchten Äckern oder Grünlandflächen – sind nur eingeschlossen, wenn das Auftreten weiterer Feuchte zeigender Arten den Standort als potenziellen Standort der für Moore, Sümpfe, Rieder oder Nasswiesen beschriebenen Vegetationstypen ausweist. Bestandsbildner des Röhrichts sind hochwüchsige Gräser oder grasartige Pflanzen wie Schilf, Wasserschwaden, Rohrglanzgras, Rohrkolben, Igelkolben, hochwüchsige Simsen, Schwanenblume oder andere hochwüchsige Feuchtarten.

2.4   Großseggenrieder sind von Seggen dominierte Vegetationsbestände ohne aktuelle Wiesennutzung auf meist dauerhaft durchfeuchteten bis überfluteten mineralischen oder organischen Standorten, soweit sie nicht den Niedermooren zuzuordnen sind.

2.5   Binsen- und seggenreiche Nasswiesen sind durch Seggen, Binsen, Hochstauden, Röhricht-, Flutrasen- und Feuchtwiesenarten gekennzeichnetes, meist artenreiches Grünland dauerhaft feuchter bis nasser, mineralischer und organischer Standorte. Eingeschlossen sind artenreiche, wechselnasse Stromtalwiesen der Elbmarsch mit Tendenzen zum mesophilen Grünland und mit den entsprechenden Kennarten. Der Biotopkomplex umfasst pflanzensoziologisch alle Molinietalia caeruleae (Feuchtwiesen), Loto-Filipenduletalia (genutzte feuchte Hochstaudenfluren) und artenreiche Ausprägungen der Agrostietalia stoloniferae (Flutrasen). Die wechselnassen Stromtalwiesen sind nur während der Elbhochwässer nass bis wasserüberstaut und können im Sommer stark austrocknen.

2.6   Quellbereiche sind nicht oder wenig verbaute, punktuelle oder flächige, dauerhafte oder periodische Austritte von Grundwasser. Typisch ist das Auftreten einer speziellen Quellflur mit Gesellschaften und Arten der Montio Cardaminetea mit Bitterem Schaumkraut, Milzkraut, Quellsternmiere, Wald-Schaumkraut und verschiedenen Quellmoosen. In beweideten Flächen sind Quellhorizonte jedoch oft stark zertreten und kaum spezifisch bewachsen.

3.   Offene Binnendünen, Zwergstrauch- und Ginsterheiden, Borstgrasrasen, Trockenrasen, Wälder und Gebüsche trockenwarmer Standorte

3.1   Offene Binnendünen sind unbewaldete Flugsandbildungen des Binnenlandes, meist des Elbtales. Die Binnendünen des Hamburger Raumes sind häufig nacheiszeitliche Bildungen im Elbe-Urstromtal, die heute von Heidevegetation oder Trockenrasen eingenommen werden. Jüngere und aktive Dünenbildungen meist geringen Ausmaßes finden sich heute noch im Außendeichsgebiet der Elbe, im Kontakt zu Elbständen.

3.2   Zwergstrauch- und Ginsterheiden sind von Zwergsträuchern, insbesondere Heidekrautgewächsen, dominierte Vegetationsbestände, in die zum Teil Besenginster eingestreut sind, auf meist basenarmen, sandigen und mageren, trockenen oder feuchten Standorten. Bestandsbildend ist in der Regel die Besenheide, in feuchten Bereichen auch Glockenheide. Degenerierte Heidegebiete werden zunehmend von Drahtschmiele beherrscht. Auch diese fallen unter den Schutz, solange noch Reste der typischen Heidevegetation erhalten sind.

3.3   Borstgrasrasen sind niedrigwüchsige Vegetationsbestände mit Kennarten der Borstgrasrasen. Meist vermutlich aus langjähriger Beweidung magerer Sandböden durch Schafe beziehungsweise andere Extensivnutzungen hervorgegangene Vegetation mit Kennarten der Borstgrasrasen, häufig mit Übergängen zu Zwergstrauchheiden und Trockenrasen.

3.4   Trockenrasen sind meist niedrigwüchsige und lückige Gras- und Krautfluren magerer und trockener, meist besonnter Standorte. Die Schutzeinheit ist durch spezielle Arten und Pflanzengesellschaften (Silbergrasfluren, Kleinschmielenrasen, Blauschillergrasfluren, Sandtrockenrasen) gekennzeichnet. Eingeschlossen sind trocken-magere Glatthaferwiesen mit erhöhtem Anteil von Trockenrasenarten. Die im Hamburger Raum vorherrschenden Mager- und Trockenstandorte sind silikatische, basenarme Sande. Zudem gibt es zahlreiche sekundäre Magerstandorte über Hartsubstraten an Verkehrswegen, Hafenanlagen und Gebäuden, die von Dominanzbeständen aus Mauerpfeffer besiedelt werden. Die zu den Trockenrasen gehörenden Halbtrockenrasen sind an trocken-warme, basenreiche Standorte gebunden. Als geschützt im Sinne des Gesetzes gelten zudem arten- und blütenreiche, trocken-magere Wiesen und

Weiden, die sich aus Mischbeständen von Arten der Glatthaferwiesen und der Trockenrasen, oft auch mit hohen Anteilen von Schafschwingel aufbauen.

3.5 Wälder und Gebüsche trocken-warmer Standorte sind lichte, krautreiche, meist aus Eichen oder Kiefern bestehende Wälder und Gebüsche aus Rosen, Weißdornen, Brombeeren, Ginster oder Schlehen in klimabegünstigter, meist südexponierter Lage. In der Strauch- und Krautschicht finden sich regelmäßig Arten der Trockenrasen beziehungsweise Zwergstrauchheiden.

4. Bruch-, Sumpf- und Auwälder

4.1 Bruchwälder sind Wälder mit Dominanz von Schwarzerlen oder Birken auf dauerhaft durchnässten, vermoorten Standorten mit Krautschicht aus Arten der Röhrichte, Rieder und Nasswiesen, bei Birkenbruchwäldern auch mit Arten der Hoch- und Übergangsmoore. Entwässerte Degenerationsstadien und wiedervernässte Regenerationsstadien alter Bruchwälder sind einbezogen, wenn noch Relikte der typischen Krautvegetation erhalten sind. Ebenfalls einbezogen sind sumpfige Weiden- und Gagelgebüsche auf vergleichbaren Standorten. Bruchwälder stocken auf Bruchwaldtorfen von mindestens 30 cm Mächtigkeit. Anderenfalls erfolgt in der Regel eine Zuordnung zu Sumpfwäldern. Randbereiche mit geringeren Torfmächtigkeiten sind in den Schutz eingeschlossen.

4.2 Sumpfwälder sind naturnahe Wälder aus Birken, Weiden, Schwarzerlen oder Eschen auf wechselnassen bis nassen, mineralischen bis anmoorigen Standorten außerhalb der Auen und Moore (Torfmächtigkeiten unter 30 cm). In der Krautschicht kommen regelmäßig Arten der Röhrichte, Seggenrieder, Feuchtwiesen oder Hochmoore vor. Sumpfwälder bilden Übergänge zu Moor- und Bruchwäldern, haben diesen gegenüber aber einen stärker mineralisch geprägten Standort.

4.3 Auwälder sind natürliche oder naturnahe Wälder aus Weiden, Schwarzerlen, Eschen, Ulmen, Eichen oder Schwarzpappeln im Einflussbereich der Hochwässer von Bächen und Flüssen auf mineralischen oder vermoorten, quelligen, zügig nassen oder wechselfeuchten Standorten der Bach- und Flussniederungen inklusive der meist flussnäher gelegenen Weidengebüsche vergleichbarer Standorte. Die Krautschicht ist bei den verschiedenen Auwaldtypen sehr unterschiedlich ausgebildet. Forstlich genutzte Flächen innerhalb der Au mit naturnaher, auentypischer Kraut- und Strauchschicht stehen ebenfalls unter Schutz. Der Tideauwald der Elbe wird unabhängig von Hochwässern periodisch mit dem Gezeitengeschehen überflutet.

5. Küstendünen und Strandwälle, Salzwiesen und Wattflächen im Küstenbereich, Seegraswiesen und sonstige Makrophytenbestände, Riffe, sublitorale Sandbänke sowie artenreiche Kies-, Grobsand- und Schillbereiche im Meeres- und Küstenbereich

5.1 Küstendünen sind durch Wind gebildete, vegetationslose oder bewachsene Sandablagerungen an der Nordseeküste, einschließlich der Dünentäler und der durch Brandung aufgespülten, wenig gestörten Strandwälle und Spülsäume. Die Dünen der Nordseeküste weisen durch den Einfluss der Gischt der salzhaltigen Nordsee und entsprechend ihrem Alter unterschiedliche Vegetationsformen auf, die sich von denen der Binnendünen unterscheiden.

5.2 Salzwiesen sind Vegetationsbestände im Einflussbereich der Nordsee zwischen der Linie des mittleren Tidehochwassers und der Sturmflut-Linie, aufgebaut aus mehr oder weniger salzertragenden Pflanzen. Zum Teil werden sie landwirtschaftlich als Weideflächen genutzt. Die obere, dem Salzwassereinfluss weniger ausgesetzte Salzwiese ist je nach Standort von mehr oder weniger großen Anteilen mesophiler Grünlandarten durchsetzt oder bildet Übergänge zu Trockenrasen. Beweidete Salzwiesen weisen eine charakteristische Verschiebung in der Artenzusammensetzung auf in Richtung Andel- und Rotschwingelrasen mit Grasnelke und Salzbinse.

5.3 Wattflächen sind unter Einfluss der Tide regelmäßig trockenfallende, natürliche oder naturnahe Wattbereiche der Nordsee und der Elbe inklusive der Priele und der unter Brandungseinfluss stehenden Teile von Sandbänken und Stränden. Der Schutz der Wattflächen ist unabhängig von ihrem Bewuchs. Es wird nach Sedimentationsbedingungen in Sand- bis Schlick-Watt unterschieden.

5.4 Seegraswiesen kommen im marinen Flachwasserbereich unterhalb des mittleren Tideniedrigwassers auf lockeren Sedimenten vor. Im Nationalpark Hamburgisches Wattenmeer bestehen marine Makrophytenbestände auf Schlick und Sandböden vor allem aus Algen.

5.5 Riffe sind hier biogenen Ursprungs, zum Beispiel Borstenwürmer-Riffe (Sabellaria-Arten), oder bestehen aus natürlichen Miesmuschelbänken.

5.6 Sublitorale Sandbänke reichen bis dicht unter die Meeresoberfläche und fallen bei MTNW noch nicht frei. Der darüber liegende Wasserkörper ist eingeschlossen. Sie sind vegetationsfrei oder mit meist spärlicher Makrophytenvegetation bewachsen.

5.7 Kies-, Grobsand- und Schillbereiche des Meeresbodens und der Küste sind durch Vegetationsarmut gekennzeichnet. Typisch für sie ist eine artenreiche tierische Besiedlung. Schill besteht aus zerriebenen Muschel- und Schneckenschalen.

Zu § 14 Absatz 1[1) Nummern 1 und 2 dieses Gesetzes:

1.   Bracks sind im Zuge von Deichbrüchen durch Auskolkung entstandene Gewässer in unmittelbarer Nachbarschaft zu Deichen in der Marsch. Sie sind als natur- und kulturhistorisch bedeutsame Sonderform unabhängig von ihrer Ausprägung geschützt. Der Schutz umfasst auch den vom Gewässer geprägten Randstreifen bis mindestens 1 m über die Böschungsoberkante hinaus.

2.   Feldhecken, Knicks und Feldgehölze

2.1   Feldhecken sind zum Zweck der Einfriedung oder als Windschutz innerhalb oder am Rand landwirtschaftlicher Nutzflächen angelegte, ebenerdige Hecken mit oder ohne Überhälter aus vorwiegend heimischen Gehölzen und Krautarten. Anpflanzungen von Ziergehölzen unterfallen nicht dem Schutz. Der Schutz der Feldhecken erstreckt sich auf einen Streifen von mindestens 1,5 Metern von der äußersten Linie der Gehölzstämme, der von einer beeinträchtigenden Bewirtschaftung freizuhalten ist.

2.2   Knicks sind zum Zweck der Einfriedung oder als Windschutz innerhalb oder am Rand landwirtschaftlicher Nutzflächen angelegte ein- beziehungsweise mehrreihige Gehölzpflanzungen auf deutlich vorhandenen Wällen mit oder ohne Überhälter. Sie bestehen aus vorwiegend heimischen Gehölzen und Arten der heimischen Kraut- und Grasflur. In den Schutz eingeschlossen sind auch degenerierte Knicks mit rudimentären Wällen oder mehr oder weniger fehlenden Gehölzen. Anpflanzungen von Ziergehölzen unterfallen nicht dem Schutz. Der Schutz der Knicks erstreckt sich auf die Breite des Knickfußes sowie des eventuell anschließenden Grabens zuzüglich eines beiderseitigen 1 m breiten Streifens, der von einer beeinträchtigenden Bewirtschaftung freizuhalten ist.

       Das Knicken ist zum Erhalt der Knicks etwa alle zehn bis 15 Jahre in der Zeit vom 1. Oktober bis 29. Februar erforderlich. Überhälter sollen alle 30 m bis 50 m stehen bleiben.

2.3   Feldgehölze sind kleinere, innerhalb oder am Rand von landwirtschaftlichen Flächen gelegene waldartige Gehölzbestände bis circa 0,5 Hektar Größe aus vorwiegend heimischen Arten. Meist handelt es sich um kleinflächige Relikte der potenziell natürlichen Vegetation.

---

1)   Richtig wohl: „Absatz 2".

Gesetz
über den Zugang der Öffentlichkeit zu Umweltinformationen in Hamburg
(Hamburgisches Umweltinformationsgesetz – HmbUIG)[1]

Vom 4. November 2005 (HmbGVBl. S. 441)
(BS Hbg 2129-42)

zuletzt geändert durch Art. 2 G zur Änd. des Hamburgischen TransparenzG und des Hamburgischen UmweltinformationsG sowie zum Erlass des AusführungsG zum VerbraucherinformationsG vom 19. Dezember 2019 (HmbGVBl. 2020 S. 19)

Der Senat verkündet das nachstehende von der Bürgerschaft beschlossene Gesetz:

§ 1 Zweck und Anwendungsbereich

(1) Dieses Gesetz schafft den rechtlichen Rahmen für den freien Zugang zu Umweltinformationen bei informationspflichtigen Stellen sowie für die Verbreitung dieser Umweltinformationen in Hamburg.

(2) [1]Auf den freien Zugang zu Umweltinformationen sowie deren Verbreitung finden die Bestimmungen des Umweltinformationsgesetzes des Bundes (UIG) vom 22. Dezember 2004 (BGBl. I S. 3704) in der jeweils geltenden Fassung mit Ausnahme der §§ 11, 12 und 13 Absatz 4 UIG entsprechende Anwendung, soweit dieses Gesetz nichts anderes bestimmt. [2]An die Stelle des Bundes tritt die Freie und Hansestadt Hamburg.

(3) Abweichend von § 2 Absatz 1 Nummer 1 Buchstabe a UIG gehören zu den informationspflichtigen Stellen nicht der Senat und die senatsunmittelbaren Behörden und Ämter einschließlich der Bezirksämter, soweit und solange sie im Rahmen der Gesetzgebung tätig werden.

(4) § 2 Absatz 2 Nummer 3 UIG findet entsprechende Anwendung mit der Maßgabe, dass zumindest der hälftige Anteil an den in § 2 Absatz 1 Nummer 2 UIG genannten juristischen Personen des öffentlichen Rechts zuzuordnen ist.

§ 2 Rechtsschutz gegen die private informationspflichtige Stelle

(1) [1]Ist die antragstellende Person der Auffassung, dass eine private informationspflichtige Stelle den Anspruch nicht vollständig erfüllt hat, kann sie die Entscheidung dieser informationspflichtigen Stelle nach Absatz 2 überprüfen lassen. [2]Wird der antragstellenden Person innerhalb der Frist nach § 3 Absatz 3 UIG keine Entscheidung mitgeteilt, ist ihr gegen die private informationspflichtige Stelle der Rechtsweg zu den Verwaltungsgerichten eröffnet.

(2) [1]Der Anspruch auf Überprüfung ist gegenüber der privaten informationspflichtigen Stelle innerhalb eines Monats, nach dem diese Stelle mitgeteilt hat, dass der Anspruch nicht oder nicht vollständig erfüllt werden kann, schriftlich geltend zu machen. [2]Die informationspflichtige Stelle hat der antragstellenden Person das Ergebnis ihrer nochmaligen Prüfung innerhalb eines Monats zu übermitteln. [3]Geschieht dies nicht oder ist die antragstellende Person der Auffassung, dass ihr Anspruch auch nach einer Entscheidung nach Satz 2 nicht vollständig erfüllt worden ist, so findet Absatz 1 Satz 2 entsprechende Anwendung.

§ 3 Kosten der privaten informationspflichtigen Stelle

[1]Private informationspflichtige Stellen können für die Übermittlung von Informationen nach diesem Gesetz von der antragstellenden Person Kostenerstattung verlangen. [2]Die Höhe der erstattungsfähigen Kosten bemisst sich nach den festgelegten Gebührensätzen für Amtshandlungen von informationspflichtigen Stellen der öffentlichen Verwaltung in Hamburg.

§ 4 Anrufung der oder des Hamburgischen Beauftragten für Datenschutz und Informationsfreiheit

[1]Eine Person, die der Ansicht ist, dass ihr Informationsersuchen nach diesem Gesetz zu Unrecht abgelehnt oder nicht beachtet worden ist oder dass sie von einer informationspflichtigen Stelle eine unzulängliche Antwort erhalten hat, kann die Hamburgische Beauftragte oder den Hamburgischen Beauftragten für Datenschutz und Informationsfreiheit anrufen. [2]§ 14 des Hamburgischen Transparenzgesetzes vom 19. Juni 2012 (HmbGVBl. S. 271), zuletzt geändert am 19. Dezember 2019

---

1) Verkündet als Art. 1 des G v. 4.11.2005 (HmbGVBl. S. 441); Inkrafttreten gem. Art. 54 der Verfassung der Freien und Hansestadt Hamburg v. 6.6.1952 (HmGVBl. S. 117) am 19.11.2005.

(HmbGVBl. S. 19), in der jeweils geltenden Fassung findet entsprechend Anwendung. ³Die Vorschriften über den gerichtlichen Rechtsschutz bleiben unberührt.

Hamburgisches Gesetz
zur Ausführung und Ergänzung des Bundes-Bodenschutzgesetzes (Hamburgisches Bodenschutzgesetz – HmbBodSchG)[1]

Vom 20. Februar 2001 (HmbGVBl. S. 27)

(BS Hbg 2129-32)

zuletzt geändert durch Art. 13 SNH-Gesetz vom 17. Dezember 2013 (HmbGVBl. S. 503)

Der Senat verkündet das nachstehende von der Bürgerschaft beschlossene Gesetz:

Inhaltsübersicht

Erster Teil
Allgemeine Bestimmungen

§ 1 Informations- und Mitwirkungspflichten

(1) [1]Die in § 4 Absätze 3 und 6 des Bundes-Bodenschutzgesetzes vom 17. März 1998 (BGBl. I S. 502) genannten Personen sowie diejenigen, die auf Grund konkreter Anhaltspunkte als Verursacherinnen oder Verursacher einer schädlichen Bodenveränderung oder Altlast in Betracht kommen und ihre Gesamtrechtsnachfolgerinnen bzw. Gesamtrechtsnachfolger sind verpflichtet, ihnen bekannt werdende schädliche Bodenveränderungen und Altlasten auf einem Grundstück sowie konkrete Umstände, die einen dahingehenden Verdacht rechtfertigen, unverzüglich der zuständigen Behörde (Bodenschutzbehörde) mitzuteilen. [2]Die Anzeigepflichten nach § 28a des Hamburgischen Wassergesetzes vom 20. Juni 1960 (HmbGVBl. S. 335), zuletzt geändert am 11. April 2000 (HmbGVBl. S. 78), bleiben unberührt.

(2) Die in Absatz 1 Satz 1 genannten Personen sind auf Verlangen verpflichtet, der zuständigen Behörde und ihren Beauftragten alle Auskünfte zu erteilen und Unterlagen vorzulegen, die diese zur Erfüllung ihrer Aufgaben nach dem Bundes-Bodenschutzgesetz oder nach diesem Gesetz benötigen.

(3) Absatz 1 Satz 1 und Absatz 2 gelten nicht, soweit die Verpflichteten sich selbst oder eine bzw. einen der in § 383 Absatz 1 Nummern 1 bis 3 der Zivilprozessordnung bezeichneten Angehörigen der Gefahr strafrechtlicher Verfolgung oder eines Verfahrens nach dem Gesetz über Ordnungswidrigkeiten in der Fassung vom 19. Februar 1987 (BGBl. I S. 603), zuletzt geändert am 25. August 1998 (BGBl. I S. 2432, 2445), aussetzen würden.

---

1) Verkündet als Art. 1 G v. 20.2.2001 (HmbGVBl. S. 27); Inkrafttreten gemäß Art. 54 der Verfassung der Freien und Hansestadt Hamburg v. 6.6.1952 (BS Hbg I S. 1) am 27.2.2001.

§ 2 Duldungspflichten

(1) Die Grundstückseigentümerin bzw. der Grundstückseigentümer und die Inhaberin bzw. der Inhaber der tatsächlichen Gewalt über ein Grundstück sind zur Duldung von Bodenuntersuchungen verpflichtet, die erforderlich sind, um für das Bodeninformationssystem Erkenntnisse über die Art, Beschaffenheit oder Versiegelung von Böden nach § 5 Absatz 1 Satz 2 Nummer 3 zu erhalten.

(2) [1]Die Grundstückseigentümerin bzw. der Grundstückseigentümer und die Inhaberin bzw. der Inhaber der tatsächlichen Gewalt über ein Grundstück sind im Übrigen verpflichtet, der zuständigen Behörde und ihren Beauftragten zur Wahrnehmung der weiteren Aufgaben nach dem Bundes-Bodenschutzgesetz und nach diesem Gesetz den Zutritt zu Grundstücken, Anlagen und Einrichtungen und die Vornahme sonstiger zur Durchführung dieser Gesetze erforderlicher Maßnahmen, insbesondere die Entnahme von Boden-, Wasser-, Bodenluft-, Deponiegas- und Aufwuchsproben zu gestatten sowie die Einrichtung und den Betrieb von Sicherungs- und Überwachungseinrichtungen zu dulden. [2]Zur Verhütung von dringenden Gefahren für die öffentliche Sicherheit und Ordnung ist in den Fällen des Satzes 1 auch der Zutritt zu Wohnräumen und die Vornahme von Ermittlungen in Wohnräumen zu gewähren. [3]Das Grundrecht der Unverletzlichkeit der Wohnung (Artikel 13 Grundgesetz) wird insoweit eingeschränkt.

(3) Duldungsverpflichtungen gehen auf die Rechtsnachfolgerinnen und Rechtsnachfolger in die Rechte an den in Anspruch genommenen Grundstücken und Anlagen über.

§ 3 Eigenkontrolle und Sanierungsplan bei schädlichen Bodenveränderungen

[1]Bei schädlichen Bodenveränderungen, von denen auf Grund von Art, Ausbreitung oder Menge der Schadstoffe in besonderem Maße Gefahren, erhebliche Nachteile oder erhebliche Belästigungen für Einzelne oder die Allgemeinheit ausgehen, kann die zuständige Behörde von den nach § 4 Absatz 3, 5 oder 6 des Bundes-Bodenschutzgesetzes Verpflichteten die Durchführung von Sanierungsuntersuchungen, die Erstellung eines Sanierungsplans sowie die Durchführung von Eigenkontrollmaßnahmen verlangen. [2]Die §§ 13, 14 und § 15 Absätze 2 und 3 des Bundes-Bodenschutzgesetzes sowie § 6 der Bundes-Bodenschutz- und Altlastenverordnung vom 12. Juli 1999 (BGBl. I S. 1554) finden entsprechende Anwendung.

§ 4 Aufgaben und Pflichten der zuständigen Behörde; behördliche Anordnungen

(1) [1]Die zuständige Behörde hat darüber zu wachen, dass die Bestimmungen des Bundes-Bodenschutzgesetzes, dieses Gesetzes und der auf Grund der vorgenannten Gesetze erlassenen Rechtsverordnungen sowie die auferlegten Verpflichtungen eingehalten werden. [2]Sie erfasst schädliche Bodenveränderungen, Verdachtsflächen, Altlasten und altlastverdächtige Flächen sowie die weiteren für die Einrichtung und den Betrieb des Bodeninformationssystems im Sinne des § 5 erforderlichen Daten.

(2) Zur Erfüllung der Pflichten aus diesem Gesetz und aus den auf Grund dieses Gesetzes erlassenen Rechtsverordnungen kann die zuständige Behörde die erforderlichen Anordnungen treffen.

Zweiter Teil
Bodeninformationssystem und Datenverarbeitung

§ 5 Bodeninformationssystem

(1) [1]Bei der zuständigen Behörde wird ein Bodeninformationssystem geführt. [2]Das Bodeninformationssystem enthält insbesondere Daten über

1. Beeinträchtigungen der Bodenfunktionen, schädliche Bodenveränderungen, Verdachtsflächen, Altlasten und altlastverdächtige Flächen,
2. Bezeichnung, Größe und Lage von Flurstücken,
3. Art, Beschaffenheit und Versiegelung der Böden,
4. Stoffeinträge,
5. Auf- und Abträge sowie sonstige Veränderungen der Böden,
6. gegenwärtige, frühere und geplante Nutzungen, insbesondere stillgelegte Anlagen und Einrichtungen, sowie die Nutzungsfähigkeit,
7. Art, Menge und Beschaffenheit von Abfällen und Stoffen, die abgelagert sein können oder mit denen umgegangen worden sein kann,
8. derzeitige und ehemalige Eigentümerinnen, Eigentümer und Nutzungsberechtigte sowie Betreiberinnen und Betreiber von bestehenden und stillgelegten Anlagen,

9. schädliche Umwelteinwirkungen, die von Böden ausgehen oder von dort zu besorgen sind,

10. die Festsetzung von Bodenplanungsgebieten nach § 9 und über sonstige Schutz- und Beschränkungsmaßnahmen,

11. Erkenntnisse aus Bodendauerbeobachtungsflächen und anderen von der Freien und Hansestadt Hamburg eingerichteten Versuchsflächen.

(2) Auf das Bodeninformationssystem und die mit ihm verbundene Verarbeitung personenbezogener Daten findet, soweit nachfolgend nichts anderes bestimmt ist, das Hamburgische Datenschutzgesetz vom 5. Juli 1990 (HmbGVBl. S. 133, 165, 226), zuletzt geändert am 30. Januar 2001 (HmbGVBl. S. 9), in der jeweils geltenden Fassung Anwendung.

(3) [1]Für den Inhalt der Dateien aus dem Bodeninformationssystem besteht eine zeitlich unbeschränkte Aufbewahrungspflicht. [2]Die zuständige Behörde kann Ausnahmen zulassen. [3]Bestätigt sich der Verdacht auf eine schädliche Bodenveränderung oder Altlast nicht, ist die Einstufung als Verdachtsfläche oder altlastverdächtige Fläche zu löschen.

(4) Die zuständige Behörde teilt der Grundstückseigentümerin bzw. dem Grundstückseigentümer die über ihr bzw. sein Grundstück im Bodeninformationssystem gespeicherten Daten, die nach dem Inkrafttreten dieses Gesetzes zu einer Einstufung als Fläche mit einer schädlichen Bodenveränderung, als Altlast, als Verdachtsfläche oder als altlastverdächtige Fläche führen, mit und gibt ihr bzw. ihm Gelegenheit zur Stellungnahme.

§ 6 Datenverarbeitung; Zweckbindung

(1) [1]Die zuständige Behörde ist berechtigt, die zum Zwecke der Aufgabenerfüllung nach dem Bundes-Bodenschutzgesetz, nach diesem Gesetz und nach den auf Grund der vorgenannten Gesetze erlassenen Rechtsverordnungen, insbesondere zur Führung des in § 5 Absatz 1 bezeichneten Bodeninformationssystems, erforderlichen personenbezogenen Daten im Sinne des § 4 Absatz 1 des Hamburgischen Datenschutzgesetzes zu erheben und weiter zu verarbeiten. [2]Die Mitteilungspflichten nach § 1 bleiben hiervon unberührt.

(2) Die weitere Verarbeitung einschließlich der Übermittlung von personenbezogenen Daten, die für andere Zwecke erhoben wurden, ist zur Erfüllung der Aufgaben nach diesem Gesetz zulässig, soweit die zuständige Behörde die Daten zu diesem Zweck erheben dürfte.

§ 7 Datenübermittlung an andere Behörden und öffentliche Stellen

(1) Die für die Führung des Bodeninformationssystems zuständige Behörde darf einer anderen Behörde oder sonstigen öffentlichen Stelle die in § 5 Absatz 1 genannten Daten übermitteln, soweit

1. dies zur Erfüllung der in ihrer Zuständigkeit oder der Zuständigkeit der Empfängerin bzw. des Empfängers liegenden Aufgaben erforderlich ist und

2. die Empfängerin oder der Empfänger die Daten bei der bzw. dem Betroffenen nicht oder nur mit unverhältnismäßig hohem Aufwand erheben kann und

3. kein Grund zu der Annahme besteht, dass das schutzwürdige Interesse der oder des Betroffenen an der Geheimhaltung überwiegt.

(2) Die Prüfung der Voraussetzungen nach Absatz 1 durch die für das Bodeninformationssystem zuständige Behörde entfällt, wenn die zuständige Behörde von folgenden Behörden oder öffentlichen Stellen um Übermittlung von Daten im Rahmen der Erfüllung ihrer Aufgaben ersucht wird:

1. die für den technischen Umweltschutz zuständigen Fachämter der Bezirksämter,

2. Landesbetrieb Geoinformation und Vermessung,

3. Bauaufsichtsbehörden,

4. planende und bauende öffentliche Stellen sowie deren Beauftragte,

5. Gutachterausschüsse für Grundstückswerte und ihre Geschäftsstellen,

6. mit der Wertermittlung nach § 64 Absatz 2 der Landeshaushaltsordnung vom 17. Dezember 2013 (HmbGVBl. S. 503) in der jeweils geltenden Fassung beauftragte Stellen,

7. Vollzugspolizei,

8. Stellen der staatlichen Landwirtschaftsverwaltung,

9. andere berechtigte öffentliche Stellen, soweit von diesen auf Grund einer Rechtsvorschrift Daten erhoben werden dürfen.

(3) Regelmäßige Datenübermittlungen an andere Behörden oder öffentliche Stellen sind zulässig, soweit dies durch Bundes- oder Landesrecht unter Festlegung des Anlasses oder Zwecks der Ermittlungen, der Datenempfängerin bzw. des Datenempfängers und der zu übermittelnden Daten bestimmt ist.

§ 8 Offenlegung von Daten
Die zuständige Behörde kann die Öffentlichkeit unterrichten über

1. Art und Ausmaß bestehender schädlicher Bodenveränderungen oder Altlasten oder ihre Auswirkungen,
2. Art und Ausmaß eingetretener oder drohender schädlicher Bodenveränderungen oder hierdurch verursachter Gewässerverunreinigungen nach Schadensfällen oder Betriebsstörungen sowie
3. Namen oder Firma, Belegenheit des Grundstücks, auf dem sich die schädliche Bodenveränderung oder Altlast befindet, sowie Branchen- und Geschäftsbezeichnung einer natürlichen oder juristischen Person.

Dritter Teil
Gebietsbezogener Bodenschutz

§ 9 Bodenplanungsgebiete
(1) [1]Der Senat kann zur Durchführung gebietsbezogener Maßnahmen Bodenplanungsgebiete durch Rechtsverordnung festsetzen. [2]Bodenplanungsgebiete sind Gebiete, in denen flächenhaft schädliche Bodenveränderungen auftreten oder zu erwarten sind.

(2) [1]In Rechtsverordnungen nach Absatz 1 sind die aufgetretenen oder zu erwartenden schädlichen Bodenveränderungen, wegen derer das Bodenplanungsgebiet festgesetzt wird, sowie der mit der Festsetzung erstrebte Zweck zu bezeichnen. [2]Es kann insbesondere vorgeschrieben werden, dass

1. der Boden auf Dauer oder auf bestimmte Zeit nicht oder nur eingeschränkt genutzt werden darf,
2. bestimmte Stoffe nicht eingetragen oder eingesetzt werden dürfen,
3. Grundstückseigentümerinnen bzw. Grundstückseigentümer oder Inhaberinnen bzw. Inhaber der tatsächlichen Gewalt über ein Grundstück näher festzulegende Maßnahmen zur Beseitigung oder zur Verminderung von schädlichen Bodenveränderungen und hierdurch verursachter Gewässerverunreinigungen zu dulden oder durchzuführen haben.

(3) [1]Im Einzelfall können Ausnahmen von den in den Verordnungen festgesetzten allgemeinen Verboten und Beschränkungen sowie Handlungs- und Duldungspflichten zugelassen werden, wenn dies im öffentlichen Interesse geboten oder ohne Beeinträchtigung des Schutzzwecks möglich ist. [2]Werden durch eine Rechtsverordnung nach Absatz 1 gegenüber Grundstückseigentümerinnen bzw. Grundstückseigentümern oder Inhaberinnen bzw. Inhabern der tatsächlichen Gewalt über ein Grundstück Maßnahmen zur Beschränkung der land- oder forstwirtschaftlichen Bodennutzung getroffen, gilt § 10 Absatz 2 des Bundes-Bodenschutzgesetzes entsprechend.

§ 10 Verfahren zur Festsetzung von Bodenplanungsgebieten
(1) [1]Der Entwurf einer Rechtsverordnung nach § 9 Absatz 1 wird mit der dazugehörigen Karte und Begründung für die Dauer eines Monats bei der zuständigen Behörde und dem örtlich zuständigen Bezirksamt öffentlich ausgelegt. [2]Ort und Dauer der Auslegung sind mindestens eine Woche vorher im Amtlichen Anzeiger mit dem Hinweis bekannt zu machen, dass Bedenken und Anregungen während der Auslegungsfrist schriftlich vorgebracht werden können.

(2) [1]Nach Beschlussfassung durch den Senat teilt die zuständige Behörde das Ergebnis der Prüfung der fristgemäß vorgebrachten Bedenken oder Anregungen, soweit sie nicht berücksichtigt sind, den Einwenderinnen und Einwendern mit. [2]Haben mehr als einhundert Personen Bedenken und Anregungen vorgebracht, so kann die Mitteilung des Ergebnisses der Prüfung dadurch ersetzt werden, dass diesen Personen eine Einsicht in das Ergebnis der Prüfung ermöglicht wird. [3]Im Amtlichen Anzeiger ist bekannt zu machen, bei welcher Stelle das Ergebnis der Prüfung während der Dienststunden eingesehen werden kann.

(3) Das Verfahren nach den Absätzen 1 und 2 wird nicht angewandt, wenn eine Rechtsverordnung nach § 9 Absatz 1 geändert oder neu erlassen wird, ohne dass das Gebiet räumlich erweitert wird oder Verbote, Beschränkungen oder Maßnahmen nach § 9 Absatz 2 erheblich geändert oder erweitert werden.

Vierter Teil
Ausgleich, Entschädigung, Kosten

§ 11 Ausgleich für Nutzungsbeschränkungen
(1) [1]Der Ausgleich nach § 10 Absatz 2 des Bundes-Bodenschutzgesetzes erfolgt auf Antrag der Inhaberin bzw. des Inhabers des land- oder forstwirtschaftlichen Betriebes. [2]Der Antrag ist für das vorhergehende Kalenderjahr bis zum 1. Februar zu stellen.

(2) Ein Ausgleich wird nicht geleistet, soweit die wirtschaftlichen Nachteile durch andere Leistungen aus öffentlichen Haushalten oder von Dritten ausgeglichen werden.

(3) [1]Der Ausgleich wird jährlich als einmalige Geldleistung zum 1. März für das vorhergehende Kalenderjahr gewährt. [2]Der Ausgleichsbetrag wird durch die zuständige Behörde festgesetzt.

(4) Die zuständige Behörde kann die für die Festsetzung des Ausgleichs erforderlichen Auskünfte und Einsicht in die Betriebsunterlagen verlangen.

(5) [1]Der Anspruch verjährt in fünf Jahren. [2]Die Verjährungsfrist beginnt mit dem Ende des Jahres, für den der Anspruch hätte geltend gemacht werden können. [3]Für Streitigkeiten steht der Rechtsweg vor den ordentlichen Gerichten offen.

§ 12 Entschädigung
[1]Entstehen durch Maßnahmen nach § 2 Schäden, sind die Betroffenen zu entschädigen. [2]Dies gilt nicht, wenn die anspruchstellende Person zu den nach § 4 Absätze 2 und 3 oder § 9 Absatz 2 des Bundes-Bodenschutzgesetzes Verpflichteten gehört oder Anlass zu den behördlichen Maßnahmen gegeben hat. [3]Wird Entschädigung an Dritte geleistet, kann die zuständige Behörde von den in § 4 Bundes-Bodenschutzgesetz genannten Personen Erstattung verlangen.

§ 13 Kosten
[1]Die Kosten der nach § 3 und § 4 Absatz 2 angeordneten Maßnahmen tragen die zur Durchführung Verpflichteten. [2]§ 24 des Bundes-Bodenschutzgesetzes gilt entsprechend.

Fünfter Teil
Schlussvorschriften

§ 14 Sonstige Rechtsverordnungen
(1) Der Senat wird ermächtigt, durch Rechtsverordnung
1.   Einzelheiten der an Sachverständige und Untersuchungsstellen nach § 18 Satz 1 des Bundes-Bodenschutzgesetzes zu stellenden Anforderungen,
2.   das Verfahren zum Nachweis der genannten Anforderungen,
3.   Art und Umfang der von ihnen wahrzunehmenden Aufgaben,
4.   die Vorlage der Ergebnisse ihrer Tätigkeit,
5.   die Bekanntgabe von Sachverständigen und Untersuchungsstellen, welche die Anforderungen erfüllen,
festzulegen.

(2) [1]In anderen Ländern der Bundesrepublik Deutschland anerkannte Nachweise gelten auch in der Freien und Hansestadt Hamburg. [2]Dies gilt auch für in einem Mitgliedstaat der Europäischen Union anerkannte Nachweise, wenn sie mit den in der Bundesrepublik Deutschland anerkannten Nachweisen vergleichbar sind.

§ 15 Ordnungswidrigkeiten
(1) Ordnungswidrig handelt, wer vorsätzlich oder fahrlässig
1.   entgegen § 1 Absatz 1 eine Mitteilung nicht oder nicht unverzüglich erstattet,
2.   entgegen § 1 Absatz 2 Auskünfte nicht, nicht richtig, nicht vollständig oder nicht rechtzeitig erteilt oder Unterlagen nicht vorlegt,
3.   entgegen § 2 Absätze 1 und 2 den Zutritt zu Grundstücken oder Wohnräumen oder die Vornahme von Ermittlungen oder die Entnahme von Proben nicht gestattet,
4.   entgegen § 4 Absatz 2 dieses Gesetzes in Verbindung mit § 13 Absatz 1 oder § 15 Absatz 2 Sätze 1 und 3 oder 4 des Bundes-Bodenschutzgesetzes einer vollziehbaren Anordnung zuwiderhandelt oder entgegen § 4 Absatz 2 dieses Gesetzes in Verbindung mit § 15 Absatz 3 Satz 1 des Bundes-

Bodenschutzgesetzes eine Mitteilung nicht, nicht richtig, nicht vollständig oder nicht rechtzeitig macht oder

5. einer Rechtsverordnung nach §§ 9 oder 14 oder einer vollziehbaren Anordnung auf Grund einer solchen Rechtsverordnung zuwiderhandelt, soweit die Rechtsverordnung für einen bestimmten Tatbestand auf diese Bußgeldvorschrift verweist.

(2) Ordnungswidrigkeiten nach Absatz 1 Nummern 1, 3 und 4 können mit einer Geldbuße bis zu 10 000,– Euro, Ordnungswidrigkeiten nach Absatz 1 Nummern 2 und 5 mit einer Geldbuße bis zu 50 000,– Euro geahndet werden.

Gesetz
über die Umweltverträglichkeitsprüfung in Hamburg
(HmbUVPG)[1)]

Vom 10. Dezember 1996 (HmbGVBl. S. 310)

(BS Hbg 2129-20)

zuletzt geändert durch Art. 2 G zur Umsetzung europarechtlicher Vorschriften im Umweltbereich vom 21. Februar 2018 (HmbGVBl. S. 53)

Der Senat verkündet das nachstehende von der Bürgerschaft beschlossene Gesetz:

§ 1 Umweltverträglichkeitsprüfung von Vorhaben

(1) [1]Für die in der Anlage 1 aufgeführten Vorhaben ist nach Maßgabe dieses Gesetzes eine Umweltverträglichkeitsprüfung in entsprechender Anwendung der Teile 1 und 2 des Gesetzes über die Umweltverträglichkeitsprüfung (UVPG) in der Fassung vom 25. Juni 2005 (BGBl. I S. 1758, 2797), zuletzt geändert am 15. Juli 2006 (BGBl. I S. 1619, 1623), in der jeweils geltenden Fassung durchzuführen. [2]§ 9 Absätze 1 bis 3 und 5 UVPG finden keine Anwendung. [3]§ 73 UVPG gilt entsprechend; § 74 Absätze 1 und 2 UVPG gilt in der am 29. Juli 2017 geltenden Fassung entsprechend.

(2) Ist eine Vorprüfung des Einzelfalls durchzuführen, sind bei einer allgemeinen Vorprüfung die in Anlage 2 dieses Gesetzes aufgeführten Kriterien insgesamt, bei einer standortbezogenen Vorprüfung die in Anlage 2 Nummer 2 genannten Kriterien zu berücksichtigen.

(3) [1]Abweichend von § 27 Satz 1 UVPG erfolgt die Bekanntmachung und Auslegung der Entscheidung nach den für die Entscheidung über das Vorhaben geltenden Vorschriften. [2]Sind danach eine Bekanntmachung oder Auslegung der Entscheidung nicht vorgesehen, ist die Entscheidung zur Zulassung oder Ablehnung ortsüblich bekannt zu machen sowie in entsprechender Anwendung des § 74 Absatz 4 Satz 2 des Hamburgischen Verwaltungsverfahrensgesetzes (HmbVwVfG) vom 9. November 1977 (HmbGVBl. S. 333, 402), zuletzt geändert am 14. März 2014 (HmbGVBl. S. 102), in der jeweils geltenden Fassung auszulegen.

(4) [1]Abweichend von § 18 Absatz 1 Satz 4 UVPG wird kein Erörterungstermin durchgeführt, soweit das für das Vorhaben geregelte Zulassungsverfahren keine Erörterung vorsieht. [2]Eine Erörterung der Äußerungen ist in entsprechender Anwendung des § 73 Absätze 6 und 7 HmbVwVfG durchzuführen, sofern der Träger des Vorhabens dies beantragt.

§ 2 Strategische Umweltprüfung von Plänen und Programmen

(1) [1]Für nach Landesrecht zu erstellende Pläne und Programme ist eine Strategische Umweltprüfung (SUP) in entsprechender Anwendung der Teile 1 und 3 des Gesetzes über die Umweltverträglichkeitsprüfung in der jeweils geltenden Fassung durchzuführen, soweit in Rechtsvorschriften der Freien und Hansestadt Hamburg nichts anderes bestimmt ist. [2]Die in Anlage 3 aufgeführten Pläne und Programme sind den in § 35 Absatz 1 Nummern 1 und 2 UVPG benannten gleichgestellt.

(2) [1]Für die von der Freien und Hansestadt Hamburg zu erstellenden und von den Europäischen Gemeinschaften mitfinanzierten Pläne und Programme gilt Absatz 1 Satz 1 entsprechend. [2]Gehören diese Pläne und Programme zu den in Artikel 3 Absatz 2 Buchstabe a der Richtlinie 2001/42/EG des Europäischen Parlaments und des Rates vom 27. Juni 2001 über die Prüfung der Umweltauswirkungen bestimmter Pläne und Programme (ABl. EG Nr. L 197 S. 30) bezeichneten Sachbereichen, ist eine Strategische Umweltprüfung unter der Voraussetzung einer Rahmensetzung im Sinne des § 35 Absatz 1 Nummer 2 und Absatz 3 UVPG durchzuführen. [3]Die Strategische Umweltprüfung kann im Einklang mit den in den einschlägigen Gemeinschaftsvorschriften festgelegten besonderen Bestimmungen ganz oder teilweise in das Verfahren der Ex-Ante-Bewertung der operationellen Programme und der Entwicklungsprogramme aufgenommen und in diesem Rahmen durchgeführt werden.

(3) Für Pläne und Programme nach den Absätzen 1 und 2 gilt § 74 Absatz 3 UVPG in der am 29. Juli 2017 geltenden Fassung entsprechend.

---

1) Verkündet als Art. 1 des G v. 10.12.1996 (HmbGVBl. S. 310). Inkrafttreten gemäß Art. 54 der Verfassung der Freien und Hansestadt Hamburg v. 6.6.1952 (BS Hbg I S. 1) am 17.12.1996.

Anlage 1

Liste „UVP-pflichtige Vorhaben"

Legende:
X   = Das Vorhaben ist UVP-pflichtig.
A   = Es ist eine allgemeine Vorprüfung des Einzelfalls durchzuführen.
S   = Es ist eine standortbezogene Vorprüfung des Einzelfalls durchzuführen.

Nr.	Vorhaben	Festlegung zur UVP
1.	Wasserwirtschaftliche Vorhaben (einschließlich Benutzung oder Ausbau eines Gewässers):	
1.1	Errichtung und Betrieb einer Abwasserbehandlungsanlage, die	
1.1.1	für organisch belastetes Abwasser von mehr als 600 kg/d bis weniger als 9 000 kg/d biochemischen Sauerstoffbedarfs in fünf Tagen (roh) oder für anorganisch belastetes Abwasser von mehr als 900 m^3 bis weniger als 4 500 m^3 Abwasser in zwei Stunden (ausgenommen Kühlwasser) ausgelegt ist,	A
1.1.2	für organisch belastetes Abwasser von 120 kg/d bis 600 kg/d biochemischen Sauerstoffbedarfs in fünf Tagen (roh) oder für anorganisch belastetes Abwasser von 10 m^3 bis 900 m^3 Abwasser in zwei Stunden (ausgenommen Kühlwasser) ausgelegt ist;	S
1.2	Intensive Fischzucht mit Einbringen oder Einleiten von Stoffen in oberirdische Gewässer oder Küstengewässer in einer Anlage, die	
1.2.1	für die Erzeugung von 1 000 t Fisch oder mehr je Jahr ausgelegt ist,	X
1.2.2	für die Erzeugung von 100 t bis weniger als 1 000 t Fisch je Jahr ausgelegt ist;	A
1.3	Entnehmen, Zutagefördern oder Zutageleiten von Grundwasser oder Einleiten von Oberflächenwasser zum Zwecke der Grundwasseranreicherung, jeweils mit einem jährlichen Volumen von	
1.3.1	100 000 m^3 bis weniger als 10 Mio. m^3 Wasser,	A
1.3.2	weniger als 100 000 m^3 Wasser mit Ausnahme des Einleitens von Oberflächenwasser zum Zweck der Grundwasseranreicherung mit einem jährlichen Volumen bis zu 2 000 m^3, wenn erhebliche nachteilige Auswirkungen auf grundwasserabhängige Ökosysteme zu erwarten sind;	S
1.4	Tiefbohrung zum Zwecke der Wasserversorgung;	A
1.5	Wasserwirtschaftliche Projekte in der Landwirtschaft, einschließlich Bodenbewässerung oder Bodenentwässerung, mit einem Volumen von	
1.5.1	100 000 m^3 und mehr Wasser je Jahr,	A
1.5.2	2 000 m^3 bis weniger als 100 000 m^3 Wasser je Jahr;	S
1.6	Bau eines Stauwerkes oder einer sonstigen Anlage zur Zurückhaltung oder dauerhaften Speicherung von Wasser, wenn	
1.6.1	100 000 m^3 bis weniger als 10 Mio. m^3 Wasser zurückgehalten oder gespeichert werden,	A
1.6.2	2 000 m^3 bis weniger als 100 000 m^3 Wasser zurückgehalten oder gespeichert werden;	S
1.7	Umleitung von Wasser von einem Flusseinzugsgebiet in ein anderes, ausgenommen Transport von Trinkwasser in Rohrleitungsanlagen, mit einem Volumen von weniger als 100 Mio. m^3 pro Jahr, wenn durch die Umleitung Wassermangel verhindert werden soll, oder weniger als 5 % des Durchflusses, wenn der langjährige durchschnittliche Wasserdurchfluss des Flusseinzugsgebietes, dem Wasser entnommen wird, 2 000 Mio. m^3 nicht übersteigt;	A
1.8	Flusskanalisierungs- und Stromkorrekturarbeiten;	A
1.9	Bau eines Seehafens;	X

Nr.	Vorhaben	Festlegung zur UVP
1.10	Bau eines Hafens für die Binnenschifffahrt, wenn der Hafen für Schiffe mit 1 350 t oder weniger zugänglich ist;	A
1.11	Bau eines mit einem Binnenhafen für die Seeschifffahrt verbundenen Landungssteges zum Laden und Löschen von Schiffen (ausgenommen Fährschiffe), der Schiffe mit 1 350 t oder weniger aufnehmen kann;	A
1.12	Bau eines sonstigen Hafens, einschließlich Fischerei-, Jacht- oder Sportboothafens, oder einer Hafenanlage;	A
1.13	Ausbau von Hochwasserschutzanlagen oder Dämmen, die den Hochwasserabfluss beeinflussen,	
1.13.1	wenn Hochwasserschutzanlagen oder Dämme errichtet oder beseitigt werden,	A
1.13.2	wenn vorhandene Hochwasserschutzanlagen oder Dämme wesentlich umgestaltet werden;	S
1.14	Bauten des Küstenschutzes zur Bekämpfung der Erosion und meerestechnische Arbeiten, die geeignet sind, Veränderungen der Küste mit sich zu bringen, mit Ausnahme der Unterhaltung und Wiederherstellung solcher Bauten;	A
1.15	Landgewinnung am Meer;	A
1.16	Bau einer Wasserkraftanlage;	A
1.17	Baggerung in Flüssen, Seen und Küstengewässern zur Gewinnung von Mineralien;	A
1.18	sonstige Ausbaumaßnahmen mit Ausnahme	
	– des Ausbaus von Gewässern zur offenen Oberflächenentwässerung von Baugebieten, wenn die offene Oberflächenentwässerung in einem Bebauungsplan vorgesehen ist,	
	– der Verlegung von Straßenseitengräben in der bebauten Ortslage und ihrer kleinräumigen Verrohrung,	
1.18.1	wenn es sich um naturnahen Ausbau von Bächen, Gräben, Rückhaltebecken und Teichen handelt,	S
1.18.2	im Übrigen;	A
2.	Baurechtliche Vorhaben, soweit nicht eine UVP in einem Bebauungsplanverfahren entsprechend den Nummern 18.1 bis 18.8 der Anlage 1 des UVPG durchgeführt wurde:	
2.1	Bau eines Feriendorfes, eines Hotelkomplexes oder einer sonstigen großen Einrichtung für die Ferien- und Fremdenverkehrsbeherbergung im Außenbereich im Sinne des § 35 des Baugesetzbuchs in der Fassung vom 27. August 1997 (BGBl. 1997 I S. 2142, 1998 I S. 137), zuletzt geändert am 5. April 2002 (BGBl. I S. 1250), in der jeweils geltenden Fassung	
2.1.1	mit einer Bettenzahl von jeweils insgesamt 300 oder mehr oder mit einer Gästezimmerzahl von jeweils 200 oder mehr,	X
2.1.2	mit einer Bettenzahl von jeweils insgesamt 100 bis weniger als 300 oder mit einer Gästezimmerzahl von jeweils insgesamt 80 bis weniger als 200;	A
2.2	Bau eines ganzjährig betriebenen Campingplatzes	
2.2.1	mit 200 oder mehr Stellplätzen im Außenbereich im Sinne des § 35 des Baugesetzbuchs,	X
2.2.2	mit 50 oder mehr Stellplätzen im Übrigen;	A
2.3	Bau eines Freizeitparks mit einer Plangebietsgröße von	
2.3.1	10 ha oder mehr im Außenbereich im Sinne des § 35 des Baugesetzbuchs,	X
2.3.2	4 ha oder mehr im Übrigen;	A
2.4	Bau eines Parkplatzes mit einer Größe von	
2.4.1	1 ha oder mehr im Außenbereich im Sinne des § 35 des Baugesetzbuchs,	X

Nr.	Vorhaben	Festlegung zur UVP
2.4.2	0,5 ha bis weniger als 1 ha im Außenbereich im Sinne des § 35 des Baugesetzbuchs,	A
2.4.3	1 ha oder mehr im Übrigen;	A
2.5	Bau eines Einkaufszentrums, eines großflächigen Einzelhandelsbetriebes oder eines sonstigen großflächigen Handelsbetriebes im Sinne des § 11 Absatz 3 Satz 1 der Baunutzungsverordnung in der Fassung vom 23. Januar 1990 (BGBl. I S. 133), zuletzt geändert am 22. April 1993 (BGBl. I S. 466, 479), in der jeweils geltenden Fassung mit einer Geschossfläche von	
2.5.1	5 000 m² oder mehr im Außenbereich im Sinne des § 35 des Baugesetzbuchs,	X
2.5.2	1 200 m² oder mehr im Übrigen;	A
2.6	Bau eines Städtebauprojekts für sonstige bauliche Anlagen mit einer Grundfläche im Sinne des § 19 Absatz 2 der Baunutzungsverordnung von insgesamt	
2.6.1	100 000 m² oder mehr im Außenbereich im Sinne des § 35 des Baugesetzbuchs,	X
2.6.2	20 000 m² oder mehr im Übrigen;	A
3.	Landwirtschaftliche, forstwirtschaftliche und sonstige Bodennutzungen:	
3.1	Projekte zur Verwendung von Ödland oder naturnahen Flächen zu intensiver Landwirtschaftsnutzung ab 0,5 ha Flächengröße;	A
3.2	Rodung von Wald im Sinne des Landeswaldgesetzes (LWaldG) vom 13. März 1978 (HmbGVBl. S. 74), zuletzt geändert am 17. Dezember 2002 (HmbGVBl. S. 347, 353), in der jeweils geltenden Fassung zum Zwecke der Umwandlung in eine andere Nutzungsart mit einer Größe von	
3.2.1	0,5 bis weniger als 10 ha,	A
3.2.2	weniger als 0,5 ha;	S
3.3	Erstaufforstungen im Sinne des LWaldG unter 50 ha Wald;	A
3.4	Errichtung und Betrieb von Abgrabungen, soweit sie nicht dem Bergrecht unterliegen, wenn die betroffene Grundfläche einschließlich der Betriebsanlagen	
3.4.1	25 ha oder größer ist,	X
3.4.2	größer als 3 ha und kleiner als 25 ha ist,	A
3.4.3	3 ha oder kleiner ist;	S
3.5	Anlage von Schlammlagerplätzen, wenn die betroffene Grundfläche	
3.5.1	größer als 3 ha ist,	A
3.5.2	3 ha oder kleiner ist;	S
4.	Verkehr und Freizeit:	
4.1	Seilbahnen und zugehörige Einrichtungen;	A
4.2	Errichtung von Sportanlagen, wenn die betroffene Grundfläche größer als 6 ha oder die Zahl der Besucherinnen, Besucher oder Benutzerinnen und Benutzer entsprechend dem Zweck der Sportanlage größer als 3 000 ist;	X
4.3	Skipisten, Skilifte und zugehörige Einrichtungen;	A
4.4	Bau und Änderung von öffentlichen Wegen nach Maßgabe der Regelungen des Hamburgischen Wegegesetzes in der Fassung vom 22. Januar 1974 (HmbGVBl. S. 41, 83), zuletzt geändert am 17. Dezember 2002 (HmbGVBl. S. 347, 352), in der jeweils geltenden Fassung;	
5.	Änderung oder Erweiterung:	
	die Änderung oder Erweiterung eines in den Nummern 1.1 bis 4.3 genannten Vorhabens, soweit sie unter Berücksichtigung der innerhalb der letzten zehn Jahre in einem engen räumlichen Zusammenhang vorge-	

Nr.	Vorhaben	Festlegung zur UVP
	nommenen Maßnahmen zu seiner Errichtung, Änderung oder Erweiterung, für die keine Umweltverträglichkeitsprüfung durchgeführt worden ist, die für die erstmalige Errichtung maßgeblichen Größen- und Leistungswerte erreicht oder überschreitet,	
	wenn für die erstmalige Errichtung des Vorhabens vorgesehen ist die	
5.1	UVP-Pflicht	X
5.2	allgemeine Vorprüfung des Einzelfalls	A
5.3	standortbezogene Vorprüfung des Einzelfalls	S

Anlage 2

Kriterien für die Vorprüfung im Rahmen einer Umweltverträglichkeitsprüfung

1.   Merkmale der Vorhaben

       Die Merkmale eines Vorhabens sind insbesondere hinsichtlich folgender Kriterien zu beurteilen:

1.1   Größe und Ausgestaltung des gesamten Vorhabens und, soweit relevant, der Abrissarbeiten,

1.2   Zusammenwirken mit anderen bestehenden oder zugelassenen Vorhaben und Tätigkeiten,

1.3   Nutzung natürlicher Ressourcen, insbesondere Fläche, Boden, Wasser, Tiere, Pflanzen und biologische Vielfalt,

1.4   Erzeugung von Abfällen im Sinne von § 3 Absätze 1 und 8 des Kreislaufwirtschaftsgesetzes vom 24. Februar 2012 (BGBl. I S. 212), zuletzt geändert am 20. Juli 2017 (BGBl. I S. 2808, 2831), in der jeweils geltenden Fassung,

1.5   Umweltverschmutzung und Belästigungen,

1.6   Risiken von Störfällen, Unfällen und Katastrophen, die für das Vorhaben von Bedeutung sind, einschließlich der Störfälle, Unfälle und Katastrophen, die wissenschaftlichen Erkenntnissen zufolge durch den Klimawandel bedingt sind, insbesondere mit Blick auf:

1.6.1 verwendete Stoffe und Technologien,

1.6.2 die Anfälligkeit des Vorhabens für Störfälle im Sinne des § 2 Nummer 7 der Störfall-Verordnung in der Fassung vom 15. März 2017 (BGBl. I S. 484, 3527), zuletzt geändert am 8. Dezember 2017 (BGBl. I S. 3882, 3890), in der jeweils geltenden Fassung, insbesondere auf Grund seiner Verwirklichung innerhalb des angemessenen Sicherheitsabstandes zu Betriebsbereichen im Sinne des § 3 Absatz 5a des Bundes-Immissionsschutzgesetzes in der Fassung vom 17. Mai 2013 (BGBl. I S. 1275), zuletzt geändert am 18. Juli 2017 (BGBl. I S. 2771, 2773), in der jeweils geltenden Fassung,

1.7   Risiken für die menschliche Gesundheit, zum Beispiel durch Verunreinigung von Wasser oder Luft.

2.   Standort der Vorhaben

       Die ökologische Empfindlichkeit eines Gebiets, das durch ein Vorhaben möglicherweise beeinträchtigt wird, ist insbesondere hinsichtlich folgender Nutzungs- und Schutzkriterien unter Berücksichtigung des Zusammenwirkens mit anderen Vorhaben in ihrem gemeinsamen Einwirkungsbereich zu beurteilen:

2.1   bestehende Nutzung des Gebiets, insbesondere als Fläche für Siedlung und Erholung, für land-, forst- und fischereiwirtschaftliche Nutzungen, für sonstige wirtschaftliche und öffentliche Nutzungen, Verkehr, Ver- und Entsorgung (Nutzungskriterien),

2.2   Reichtum, Verfügbarkeit, Qualität und Regenerationsfähigkeit der natürlichen Ressourcen, insbesondere Fläche, Boden, Landschaft, Wasser, Tiere, Pflanzen, biologische Vielfalt, des Gebiets und seines Untergrunds (Qualitätskriterien),

2.3   Belastbarkeit der Schutzgüter unter besonderer Berücksichtigung folgender Gebiete und von Art und Umfang des ihnen jeweils zugewiesenen Schutzes (Schutzkriterien):

2.3.1 Naturschutzgebiete im Sinne von § 23 des Bundesnaturschutzgesetzes (BNatSchG) vom 29. Juli 2009 (BGBl. I S. 2542) in der jeweils geltenden Fassung,

2.3.2 Nationalparke im Sinne von § 24 BNatSchG,

2.3.3   Landschaftsschutzgebiete im Sinne von § 26 BNatSchG,

2.3.4   Naturparke im Sinne von § 27 BNatSchG,

2.3.5   Gebiete von gemeinschaftlicher Bedeutung oder europäische Vogelschutzgebiete im Sinne des § 7 Absatz 1 Nummern 6 und 7 BNatSchG,

2.3.6   gesetzlich geschützte Biotope im Sinne von § 30 BNatSchG und § 14 des Hamburgischen Gesetzes zur Ausführung des Bundesnaturschutzgesetzes (HmbBNatSchAG) vom 11. Mai 2010 (HmbGVBl. S. 350, 402), zuletzt geändert am 13. Mai 2014 (HmbGVBl. S. 167), in der jeweils geltenden Fassung,

2.3.7   Naturdenkmale im Sinne des § 28 BNatSchG oder in amtlichen Listen oder Karten verzeichnete Denkmale, Denkmalensembles, Bodendenkmale oder Gebiete, die von der Denkmalschutzbehörde als archäologisch bedeutende Landschaften eingestuft worden sind,

2.3.8   Wasserschutzgebiete im Sinne von § 27 des Hamburgischen Wassergesetzes (HWaG) in der Fassung vom 29. März 2005 (HmbGVBl. S. 97), geändert am 1. September 2005 (HmbGVBl. S. 377, 380), in der jeweils geltenden Fassung, nach § 34 HWaG festgesetzte Heilquellenschutzgebiete sowie Überschwemmungsgebiete im Sinne des § 52 HWaG,

2.3.9   Gebiete mit hoher Bevölkerungsdichte, insbesondere Zentrale Orte und Siedlungsschwerpunkte in verdichteten Räumen im Sinne des § 2 Absatz 2 Nummern 2 und 5 des Raumordnungsgesetzes vom 18. August 1997 (BGBl. S. 2081, 2102), geändert am 15. Dezember 1997 (BGBl. I S. 2902, 2903), in der jeweils geltenden Fassung,

2.3.10   Gebiete, in denen die in den Gemeinschaftsvorschriften festgelegten Umweltqualitätsnormen bereits überschritten sind.

3.   Art und Merkmale der möglichen Auswirkungen

         Die möglichen erheblichen Auswirkungen eines Vorhabens auf die Schutzgüter sind anhand der unter den Nummern 1 und 2 aufgeführten Kriterien zu beurteilen; dabei ist insbesondere folgenden Gesichtspunkten Rechnung zu tragen:

3.1   der Art und dem Ausmaß der Auswirkungen, insbesondere, welches geographische Gebiet betroffen ist und wie viele Personen von den Auswirkungen voraussichtlich betroffen sind,

3.2   dem etwaigen grenzüberschreitenden Charakter der Auswirkungen,

3.3   der Schwere und der Komplexität der Auswirkungen,

3.4   der Wahrscheinlichkeit von Auswirkungen,

3.5   dem voraussichtlichen Zeitpunkt des Eintretens sowie der Dauer, Häufigkeit und Umkehrbarkeit der Auswirkungen,

3.6   dem Zusammenwirken der Auswirkungen mit den Auswirkungen anderer bestehender oder zugelassener Vorhaben,

3.7   der Möglichkeit, die Auswirkungen wirksam zu vermindern.

Anlage 3

Liste „SUP-pflichtiger Pläne und Programme"

Nummer	Art des Plans oder des Programms
1.1	**Obligatorische Strategische Umweltprüfung nach § 2 Absatz 1 Satz 2 in Verbindung mit § 35 Absatz 1 Nummer 1 UVPG** Abwasserbeseitigungsplan nach § 3 des Hamburgischen Abwassergesetzes in der Fassung vom 24. Juli 2001 (HmbGVBl. S. 258, 280), zuletzt geändert am 17. Dezember 2002 (HmbGVBl. S. 347, 352), in der jeweils geltenden Fassung;
1.2	Landschaftsprogramm nach §§ 4 und 5 HmbBNatSchAG.
2	**Strategische Umweltprüfung bei Rahmensetzung nach § 2 Absatz 1 Satz 2 in Verbindung mit § 35 Absatz 1 Nummer 2 UVPG** Waldfunktionenplan nach § 2 Absatz 1 des Landeswaldgesetzes vom 13. März 1978 (HmbGVBl. S. 74), zuletzt geändert am 17. Dezember 2002 (HmbGVBl. S. 347, 353), in der jeweils geltenden Fassung

Hamburgische Bauordnung (HBauO)

Vom 14. Dezember 2005 (HmbGVBl. S. 525, ber. S. 563)
(BS Hbg 2131-20)

zuletzt geändert durch Art. 2 G zum Neuerlass des Hamburgischen KlimaschutzG sowie zur Anpassung weiterer Vorschriften vom 20. Februar 2020 (HmbGVBl. S. 148)

Der Senat verkündet das nachstehende von der Bürgerschaft beschlossene Gesetz:

Inhaltsübersicht

Erster Teil
Allgemeine Vorschriften

§ 1 Anwendungsbereich

(1) ¹Dieses Gesetz gilt für bauliche Anlagen und Bauprodukte. ²Es gilt auch für Grundstücke sowie für andere Anlagen und Einrichtungen, an die in diesem Gesetz oder in Vorschriften, die auf Grund dieses Gesetzes erlassen wurden, Anforderungen gestellt werden.

(2) Dieses Gesetz gilt nicht für

1. Anlagen des öffentlichen Verkehrs einschließlich Zubehör, Nebenanlagen und Nebenbetrieben, ausgenommen Gebäude,

2. Anlagen, die der Bergaufsicht unterliegen, ausgenommen Gebäude,

3. Leitungen und nach anderen Rechtsvorschriften zulassungsbedürftige Anlagen, die der öffentlichen Versorgung mit Wasser, Gas, Elektrizität, Wärme, der öffentlichen Abwasserentsorgung oder der Telekommunikation dienen, ausgenommen Gebäude,

4. Rohrleitungen, die dem Ferntransport von Stoffen dienen,

5. Kräne und ähnliche Anlagen, mit Ausnahme ihrer ortsfesten Bahnen und Unterstützungen,

6. öffentliche Hochwasserschutzanlagen nach §§ 3a und 4a des Hamburgischen Wassergesetzes in der Fassung vom 29. März 2005 (HmbGVBl. S. 97), ausgenommen Gebäude,

7. nach wasserrechtlichen Vorschriften zulassungsbedürftige Kaianlagen, Dalben und Vorsetzen sowie Schiffe und andere schwimmende Anlagen, die ortsfest benutzt werden, einschließlich ihrer Aufbauten.

§ 2 Begriffe

(1) [1]Bauliche Anlagen sind mit dem Erdboden verbundene, aus Bauprodukten hergestellte Anlagen; eine Verbindung mit dem Boden besteht auch dann, wenn die Anlage

1. durch eigene Schwere auf dem Boden ruht oder
2. auf ortsfesten Bahnen begrenzt beweglich ist oder
3. nach ihrem Verwendungszweck dazu bestimmt ist, über wiegend ortsfest benutzt zu werden.

[2]Bauliche Anlagen sind auch

1. Aufschüttungen und Abgrabungen,
2. Lagerplätze, Abstellplätze und Ausstellungsplätze,
3. Sport-, Spiel- und Freizeitflächen,
4. Campingplätze, Wochenendplätze und Zeltplätze,
5. Freizeit- und Vergnügungsparks,
6. Stellplätze für Kraftfahrzeuge sowie für Camping-, Verkaufs- und Wohnwagen,
7. Standplätze für Abfallbehälter,
8. Gerüste,
9. Hilfseinrichtungen zur statischen Sicherung von Bauzuständen.

[3]Anlagen sind bauliche Anlagen und sonstige Anlagen und Einrichtungen im Sinne des § 1 Absatz 1 Satz 2.

(2) Gebäude sind selbstständig benutzbare, überdeckte bauliche Anlagen, die von Menschen betreten werden können und geeignet oder bestimmt sind, dem Schutz von Menschen, Tieren oder Sachen zu dienen.

(3) [1]Gebäude werden in folgende Gebäudeklassen eingeteilt:

1. Gebäudeklasse 1:
   a) freistehende Gebäude mit einer Höhe bis zu 7,0 m und nicht mehr als zwei Nutzungseinheiten von insgesamt nicht mehr als 400 m^2,
   b) freistehende land- oder forstwirtschaftlich genutzte Gebäude,
2. Gebäudeklasse 2:
   Gebäude mit einer Höhe bis zu 7,0 m und nicht mehr als zwei Nutzungseinheiten von insgesamt nicht mehr als 400 m^2,
3. Gebäudeklasse 3:
   sonstige Gebäude mit einer Höhe bis zu 7,0 m,
4. Gebäudeklasse 4:
   Gebäude mit einer Höhe bis zu 13,0 m und Nutzungseinheiten mit jeweils nicht mehr als 400 m^2,
5. Gebäudeklasse 5:
   sonstige Gebäude einschließlich unterirdischer Gebäude.

[2]Höhe im Sinne des Satzes 1 ist das Maß der Fußbodenoberkante des höchstgelegenen Geschosses, in dem ein Aufenthaltsraum zulässig ist, über der Geländeoberfläche im Mittel. [3]Geländeoberfläche ist die Höhe, die im Bebauungsplan festgesetzt ist oder die von der Bauaufsichtsbehörde bestimmt wird. [4]Ist die Geländeoberfläche nicht festgesetzt oder bestimmt worden, ist die natürliche Geländeoberfläche maßgeblich. [5]Als Nutzungseinheit gilt jede Wohnung sowie alle anderen für eine selbstständige Nutzung bestimmten Räume. [6]Die Grundflächen der Nutzungseinheiten im Sinne dieses Gesetzes sind die Bruttogrundflächen; bei der Berechnung der Bruttogrundflächen nach Satz 1 bleiben Flächen in Kellergeschossen außer Betracht.

(4) Sonderbauten sind Anlagen und Räume besonderer Art oder Nutzung, die einen der nachfolgenden Tatbestände erfüllen:

1. Hochhäuser (Gebäude mit einer Höhe nach Absatz 3 Satz 2 von mehr als 22 m),
2. bauliche Anlagen mit einer Höhe von mehr als 30 m,
3. Gebäude mit mehr als 1 600 m^2 Grundfläche des Geschosses mit der größten Ausdehnung, ausgenommen Wohngebäude und Garagen,

4. Verkaufsstätten, deren Verkaufsräume und Ladenstraßen eine Grundfläche von insgesamt mehr als 800 m² haben,

5. Gebäude mit Räumen, die einer Büro- oder Verwaltungsnutzung dienen und einzeln eine Grundfläche von mehr als 400 m² haben,

6. Gebäude mit Räumen, die einzeln für die Nutzung durch mehr als 100 Personen bestimmt sind,

7. Versammlungsstätten

   a) mit Versammlungsräumen, die insgesamt mehr als 200 Besucher fassen, wenn diese Versammlungsräume gemeinsame Rettungswege haben,

   b) im Freien mit Szenenflächen und Freisportanlagen, die jeweils über ortsfeste Tribünen verfügen und mehr als 1 000 Besucher fassen,

8. Schank- und Speisegaststätten mit mehr als 40 Gastplätzen in Gebäuden oder mehr als 1 000 Gastplätzen im Freien, Beherbergungsstätten mit mehr als zwölf Betten und Spielhallen mit mehr als 150 m² Grundfläche,

9. Krankenhäuser,

9a. Gebäude mit Nutzungseinheiten zum Zwecke der Pflege oder Betreuung von Personen mit Pflegebedürftigkeit oder Behinderung, deren Selbstrettungsfähigkeit erheblich eingeschränkt ist, wenn die Nutzungseinheiten

   a) einzeln für mehr als sechs Personen bestimmt sind oder

   b) einen gemeinsamen Rettungsweg haben, der von insgesamt mehr als zwölf Personen benutzt wird,

9b. sonstige Einrichtungen zur Unterbringung von Personen sowie Wohnheime,

10. Tageseinrichtungen für jeweils mehr als zehn Kinder, Menschen mit Behinderung oder alte Menschen,

11. Schulen, Hochschulen und ähnliche Einrichtungen,

12. Justizvollzugsanstalten und bauliche Anlagen für den Maßregelvollzug,

13. Camping- und Wochenendplätze,

14. Freizeit- und Vergnügungsparks,

15. Fliegende Bauten, soweit sie einer Ausführungsgenehmigung bedürfen,

16. Regallager mit einer Oberkante Lagerguthöhe von mehr als 7,5 m,

17. bauliche Anlagen, deren Nutzung durch Umgang oder Lagerung von Stoffen mit Explosions- oder erhöhter Brandgefahr verbunden ist,

18. Anlagen und Räume, die in den Nummern 1 bis 17 nicht aufgeführt und deren Art oder Nutzung mit vergleichbaren Gefahren verbunden ist.

(5) Aufenthaltsräume sind Räume, die zum nicht nur vorübergehenden Aufenthalt von Menschen bestimmt oder geeignet sind.

(6) ¹Geschosse sind oberirdische Geschosse, wenn ihre Deckenoberkanten im Mittel mehr als 1,40 m über die Geländeoberfläche hinausragen; im Übrigen sind sie Kellergeschosse. ²Vollgeschosse sind Geschosse, deren Deckenoberkante im Mittel mehr als 1,40 m über die Geländeoberfläche hinausragt und die eine lichte Höhe von mindestens 2,3 m haben. ³Das oberste Geschoss und Geschosse im Dachraum sind Vollgeschosse, wenn sie diese Höhe über mindestens zwei Drittel der Geschossfläche des darunter liegenden Geschosses haben.

(7) ¹Garagen sind Gebäude oder Gebäudeteile zum Abstellen von Kraftfahrzeugen. ²Carports (überdachte Stellplätze) gelten als Garagen.

(8) Feuerstätten sind in oder an Gebäuden ortsfest benutzte Anlagen oder Einrichtungen, die dazu bestimmt sind, durch Verbrennung Wärme zu erzeugen.

(9) Rettungswege sind Flächen auf Grundstücken sowie Flächen und Öffnungen in baulichen Anlagen, die dem sicheren Verlassen von Grundstücken und baulichen Anlagen, der Rettung von Menschen und den Löscharbeiten dienen.

(10) Bauprodukte sind

1. Produkte, Baustoffe, Bauteile und Anlagen sowie Bausätze gemäß Artikel 2 Nummer 2 der Verordnung (EU) Nr. 305/2011 des Europäischen Parlaments und des Rates vom 9. März 2011 zur Festlegung harmonisierter Bedingungen für die Vermarktung von Bauprodukten und zur Aufhebung der Richtlinie 89/106/EWG des Rates (ABl. EU 2011 Nr. L 88 S. 5, 2013 Nr. L 103 S. 10),

zuletzt geändert am 21. Februar 2014 (ABl. EU Nr. L 159 S. 41), die hergestellt werden, um dauerhaft in bauliche Anlagen eingebaut zu werden,

2. aus Produkten, Baustoffen, Bauteilen sowie Bausätzen gemäß Artikel 2 Nummer 2 der Verordnung (EU) Nr. 305/2011 vorgefertigte Anlagen, die hergestellt werden, um mit dem Erdboden verbunden zu werden,

und deren Verwendung sich auf die Anforderungen nach § 3 Satz 1 auswirken kann.

(11) Bauart ist das Zusammenfügen von Bauprodukten zu baulichen Anlagen oder Teilen von baulichen Anlagen.

§ 3 Allgemeine Anforderungen

[1]Anlagen sind so anzuordnen, zu errichten, zu ändern und instand zu halten, dass die öffentliche Sicherheit und Ordnung, insbesondere Leben, Gesundheit und die natürlichen Lebensgrundlagen nicht gefährdet werden; dabei sind die Grundanforderungen an Bauwerke gemäß Anhang I der Verordnung (EU) Nr. 305/2011 zu berücksichtigen. [2]Die Anlagen müssen ihrem Zweck entsprechend ohne Missstände zu benutzen sein. [3]Im Rahmen der Arbeiten nach Satz 1 ist sicherzustellen, dass keine unzumutbaren Belästigungen entstehen können. [4]Die Anforderungen der Sätze 1 bis 3 gelten auch für die Beseitigung von Anlagen und bei der Änderung ihrer Nutzung.

Zweiter Teil
Das Grundstück und seine Bebauung

§ 4 Erschließung der Grundstücke

(1) [1]Ein Grundstück darf nur bebaut werden, wenn es in ausreichender Breite von einem befahrbaren und nicht anbaufrei zu haltenden öffentlichen Weg aus unmittelbar oder durch Baulast gesichert über ein anderes Grundstück zugänglich ist. [2]Der öffentliche Weg und der Zugang zum Grundstück müssen so beschaffen sein, dass die Ver- und Entsorgung, der Einsatz von Rettungs- und Löschgeräten sowie der durch die jeweilige Grundstücksnutzung hervorgerufene Verkehr ohne Schwierigkeiten möglich sind. [3]Für die Bebauung von Grundstücken mit Wohngebäuden der Gebäudeklassen 1 bis 3 genügt der unmittelbare Zugang von einem nicht befahrbaren öffentlichen Weg von höchstens 75 m Länge; dabei darf jedoch bei Gebäuden mit mehr als zwei Wohnungen der Gebäudeeingang nicht weiter als 85 m vom befahrbaren öffentlichen Weg entfernt sein. [4]Ein Grundstück darf unter den Voraussetzungen der Sätze 1 bis 3 bereits bebaut werden, wenn der Wegeausbau nach § 14 des Hamburgischen Wegegesetzes (HWG) in der Fassung vom 22. Januar 1974 (HmbGVBl. S. 41, 83), zuletzt geändert am 17. Dezember 2002 (HmbGVBl. S. 347, 352), in der jeweils geltenden Fassung gesichert ist.

(2) [1]Jede Eigentümerin und jeder Eigentümer eines Gebäudes mit Aufenthaltsräumen ist verpflichtet, dieses an das öffentliche Wasserversorgungsnetz anzuschließen und die Wasserversorgungseinrichtungen zu benutzen. [2]Auf Grundstücken, die nicht an das öffentliche Wasserversorgungsnetz angeschlossen werden können, ist die Herstellung von Brunnen zulässig, wenn die hygienischen Anforderungen eingehalten werden können.

(3) [1]Bebaute Grundstücke sind unmittelbar oder durch Baulast gesichert über ein anderes Grundstück durch eine eigene oder gemeinsame unterirdische Leitung (Grundleitung) an die öffentlichen Abwasseranlagen anzuschließen. [2]Ist ein Anschluss an die öffentlichen Abwasseranlagen nicht möglich, so ist eine Bebauung zulässig, wenn das Abwasser versickert oder in ein oberirdisches Gewässer eingeleitet werden darf. [3]Auf Grundstücken, von denen das Schmutzwasser nur einer privaten Abwassersammelgrube zugeleitet werden kann, sind Wohngebäude mit insgesamt nicht mehr als zwei Nutzungseinheiten sowie andere Gebäude mit vergleichbarem Abwasseranfall zulässig.

§ 5 Zugänge und Zufahrten auf den Grundstücken

(1) Von öffentlichen Wegen ist für Rettungs- und Löscharbeiten ein Zu- oder Durchgang in ausreichender Breite und Höhe zu schaffen

1. zur Vorderseite von Gebäuden,
2. zur Rückseite von Gebäuden, wenn der zweite Rettungsweg aus diesen Gebäuden dort über Rettungsgeräte der Feuerwehr führt.

(2) Zu Gebäuden, bei denen die Oberkante der Brüstung von Fenstern oder Stellen, an die Rettungsgeräte der Feuerwehr angelegt werden sollen, mehr als 8,0 m über der Geländeoberfläche liegt, ist abweichend von Absatz 1 anstelle eines Zu- oder Durchgangs eine Zu- oder Durchfahrt zu schaffen.

(3) Ist für die Personenrettung der Einsatz von Hubrettungsfahrzeugen erforderlich, sind die für die Fahrzeuge erforderlichen Aufstell- und Bewegungsflächen vorzusehen.

(4) Bei Gebäuden, die ganz oder mit Teilen mehr als 50 m von einem öffentlichen Weg entfernt sind, sind Zufahrten oder Durchfahrten zu den vor und hinter den Gebäuden gelegenen Grundstücksteilen und Bewegungsflächen herzustellen, wenn sie aus Gründen des Feuerwehreinsatzes erforderlich sind.

(5) [1]Zu- und Durchfahrten, Aufstellflächen und Bewegungsflächen für die Feuerwehrfahrzeuge sind als solche zu kennzeichnen und ständig freizuhalten. [2]Die Kennzeichnung von Zufahrten muss von dem öffentlichen Weg aus sichtbar sein.

§ 6 Abstandsflächen

(1) [1]Vor den Außenwänden von Gebäuden sind Flächen von oberirdischen Gebäuden freizuhalten (Abstandsflächen). [2]Satz 1 gilt entsprechend für andere Anlagen, von denen Wirkungen wie von Gebäuden ausgehen, gegenüber Gebäuden und Grundstücksgrenzen. [3]Eine Abstandsfläche ist nicht erforderlich vor Außenwänden, die an Grundstücksgrenzen errichtet werden, wenn nach planungsrechtlichen oder bauordnungsrechtlichen Vorschriften an die Grenze gebaut werden muss oder gebaut werden darf.

(2) [1]Abstandsflächen müssen auf dem Grundstück liegen. [2]Sie dürfen auch auf öffentlichen Verkehrs-, Grün- und Wasserflächen liegen, jedoch nur bis zu deren Mitte. [3]Bei öffentlichen Grünflächen gilt dies nur sofern die Gebäude oder Anlagen innerhalb von Baulinien oder Baugrenzen errichtet werden. [4]Abstandsflächen dürfen sich ganz oder teilweise auf andere Grundstücke erstrecken, wenn durch Baulast gesichert ist, dass sie nicht überbaut werden; Absatz 3 bleibt unberührt. [5]Bei Wohngebäuden der Gebäudeklassen 1 bis 3 ist ein Flächenausgleich innerhalb einer unregelmäßig begrenzten Abstandsfläche zulässig.

(3) Die Abstandsflächen dürfen sich nicht überdecken; dies gilt nicht für
1.   Außenwände, die in einem Winkel von mehr als 75 Grad zueinander stehen,
2.   Außenwände zu einem fremder Sicht entzogenen Gartenhof bei Wohngebäuden der Gebäudeklassen 1 und 2,
3.   Gebäude und andere Anlagen, die in den Abstandsflächen zulässig sind.

(4) [1]Die Tiefe der Abstandsfläche bemisst sich nach der Wandhöhe; sie wird rechtwinklig zur Wand gemessen. [2]Wandhöhe ist das Maß von der Geländeoberfläche bis zum Schnittpunkt der Wandaußenseite mit der Dachhaut oder bis zum oberen Abschluss der Wand. [3]Die Höhe von Dächern mit einer Neigung von weniger als 70 Grad wird zu einem Drittel der Wandhöhe hinzugerechnet. [4]Andernfalls wird die Höhe des Daches voll hinzugerechnet. [5]Die Sätze 1 bis 4 gelten für Dachaufbauten entsprechend. [6]Das sich ergebende Maß ist H.

(5) [1]Die Tiefe der Abstandsflächen beträgt 0,4 H, mindestens 2,5 m. [2]In Gewerbe- und Industriegebieten genügt eine Tiefe von 0,2 H, mindestens 2,5 m; an den Grenzen zu anderen Baugebieten gilt Satz 1.

(6) Bei der Bemessung der Abstandsflächen bleiben außer Betracht
1.   vor die Außenwand vortretende untergeordnete Bauteile wie Gesimse und Dachüberstände,
2.   Vorbauten einschließlich Balkone, wenn sie
     a)   insgesamt nicht mehr als ein Drittel der Breite der jeweiligen Außenwand in Anspruch nehmen,
     b)   nicht mehr als 1,50 m vor die Außenwand vortreten und
     c)   mindestens 2,50 m von der gegenüberliegenden Nachbargrenze entfernt bleiben,
3.   nachträgliche Wärmeschutzmaßnahmen an bestehenden Gebäuden mit höchstens 0,20 m Dicke.

(7) [1]In den Abstandsflächen eines Gebäudes sowie ohne eigene Abstandsflächen sind, auch wenn sie nicht an die Grundstücksgrenze oder an das Gebäude angebaut werden, zulässig
1.   eingeschossige Garagen und eingeschossige Gebäude ohne Aufenthaltsräume und Feuerstätten mit einer mittleren Wandhöhe bis zu 3,0 m und einer Gesamtlänge je Grundstücksgrenze von bis zu 9,0 m,
2.   gebäudeunabhängige Solaranlagen mit einer Höhe bis zu 3,0 m und einer Gesamtlänge je Grundstücksgrenze von bis zu 9,0 m,
3.   Stützmauern und Einfriedigungen in Gewerbe- und Industriegebieten, außerhalb dieser Baugebiete mit einer Höhe bis zu 2,0 m.

²Die Länge der in Satz 1 Nummern 1 und 2 genannten Anlagen darf auf einem Grundstück insgesamt 15,0 m nicht überschreiten.

(8) Zwingende Festsetzungen eines Bebauungsplans, die andere Bemessungen der Abstandsfläche ergeben, haben Vorrang.

§ 7 Gebäude auf mehreren Grundstücken; Anbau an Nachbargrenzen

(1) Die Errichtung eines Gebäudes auf mehreren Grundstücken ist zulässig, wenn durch Baulast gesichert ist, dass keine Verhältnisse eintreten können, die Vorschriften dieses Gesetzes oder auf Grund dieses Gesetzes erlassenen Vorschriften widersprechen.

(2) ¹Darf nach planungsrechtlichen Vorschriften nicht an die Nachbargrenze gebaut werden, ist aber auf dem Nachbargrundstück ein Gebäude an der Grenze vorhanden, so kann zugelassen oder verlangt werden, dass angebaut wird. ²Darf oder muss nach planungsrechtlichen Vorschriften an die Nachbargrenze gebaut werden, ist aber auf dem Nachbargrundstück ein Gebäude mit Abstand zu dieser Grenze vorhanden, so kann zugelassen oder verlangt werden, dass ein Abstand eingehalten wird.

§ 8 Teilung von Grundstücken

(1) Durch die Teilung eines Grundstücks dürfen keine Verhältnisse geschaffen werden, die diesem Gesetz oder auf Grund dieses Gesetzes erlassenen Vorschriften widersprechen.

(2) Soll bei einer Teilung nach Absatz 1 von diesem Gesetz oder von auf Grund dieses Gesetzes erlassenen Vorschriften abgewichen werden, ist § 69 entsprechend anzuwenden.

§ 9 Nicht überbaute Flächen, Vorgärten

(1) ¹Die nicht mit Gebäuden oder vergleichbaren baulichen Anlagen überbauten Flächen der bebauten Grundstücke sind
1. wasserdurchlässig zu belassen oder herzustellen und
2. durch Begrünung und Bepflanzung gärtnerisch zu gestalten,
soweit dem nicht die Erfordernisse einer anderen zulässigen Verwendung der Flächen entgegenstehen. ²Satz 1 findet keine Anwendung, soweit Bebauungspläne Festsetzungen zu den nicht überbauten Flächen treffen.

(2) ¹Vorgärten (Flächen zwischen der Straßenlinie oder Straßengrenze und der vorderen Fluchtlinie des Gebäudes) in Kleinsiedlungs-, Wohn-, Misch- und Dorfgebieten sind gärtnerisch zu gestalten. ²Sofern die Gartengestaltung nicht erheblich beeinträchtigt wird und ein durch die Vorgärten geprägtes Straßenbild erhalten bleibt, sind Stellplätze für Kraftfahrzeuge, Fahrradplätze und Standplätze für Abfall- und Wertstoffsammelbehälter sowie besondere bauliche Anlagen für Menschen mit Behinderungen zulässig.

§ 10 Kinderspielflächen

(1) ¹Bei Gebäuden mit mehr als drei Wohnungen ist auf dem Grundstück eine ausreichend große Spielfläche mit geeigneter Ausstattung für Kinder herzustellen. ²Die Kinderspielfläche muss eine Größe von mindestens 10 m² je Wohneinheit, mindestens aber 100 m², haben. ³Eine Unterschreitung dieser Größe ist zulässig, wenn sonst die zulässige Bebauung auf dem Grundstück nicht oder nur mit unzumutbarem Aufwand verwirklicht werden kann.

(2) Die Herstellung ist auch auf einem anderen geeigneten Grundstück in unmittelbarer Nähe, dessen dauerhafte Nutzung für diesen Zweck durch Baulast gesichert ist, zulässig.

§ 11 Einfriedigungen

¹Bauliche Einfriedigungen an der Grenze zu öffentlichen Wegen und Grünflächen sowie an der Grenze zu benachbarten Grundstücken in der Tiefe der Vorgärten sind bis zu einer Höhe von 1,50 m, vom eigenen Grund gemessen, zulässig. ²Sie müssen durchbrochen sein. ³Einfriedigungen von gewerblich genutzten Grundstücken dürfen dicht und bis zu 2,25 m hoch ausgeführt werden.

Dritter Teil
Bauliche Anlagen

Erster Abschnitt
Gestaltung

§ 12 Gestaltung

(1) [1]Bauliche Anlagen müssen nach Form, Maßstab, Verhältnis der Baumassen und Bauteile zueinander, Werkstoff und Farbe so gestaltet sein, dass sie nicht verunstaltend wirken. [2]Bauliche Anlagen dürfen das Straßen-, Orts- und Landschaftsbild nicht verunstalten.

(2) Bei baulichen Anlagen, die infolge ihres Umfangs, ihrer Höhe, ihrer Lage oder ihrer erhaltenswerten Gestaltungsmerkmale das Straßenbild, Ortsbild oder Landschaftsbild mitbestimmen, können besondere Anforderungen an die Gestaltung der Außenseiten und der Dächer gestellt werden.

§ 13 Werbeanlagen

(1) [1]Anlagen der Außenwerbung (Werbeanlagen) sind alle ortsfesten Einrichtungen, die der Ankündigung oder Anpreisung oder als Hinweis auf Gewerbe oder Beruf dienen und vom öffentlichen Verkehrsraum aus sichtbar sind. [2]Für Werbeanlagen, die keine baulichen Anlagen sind, gelten die Vorschriften über die Gestaltung baulicher Anlagen sinngemäß.

(2) [1]In Kleinsiedlungsgebieten, Wohngebieten und Dorfgebieten sind Werbeanlagen nur an Gebäuden an der Stätte der Leistung, bis zur unteren Dachkante des Gebäudes, zulässig; in reinen Wohngebieten nur bis zur Höhe des Erdgeschosses. [2]In Misch-, Kern-, Gewerbe- und Sondergebieten sind Werbeanlagen oberhalb der unteren Dachkante nur zulässig, sofern sie keine von der öffentlichen Verkehrsfläche sichtbare Hilfskonstruktion erfordern. [3]Außerhalb der im Zusammenhang bebauten Ortsteile sind Werbeanlagen nur an der Stätte der Leistung, einzelne Hinweiszeichen darauf sowie Sammelschilder als Hinweis auf ortsansässige gewerbliche Betriebe, die den Belangen der Verkehrsteilnehmerinnen und Verkehrsteilnehmer dienen, zulässig. [4]In allen Baugebieten sind zeitlich begrenzte Hinweise auf besondere Veranstaltungen, Messen, Schaustellungen, Feiern und Sportveranstaltungen zulässig.

(3) [1]Unzulässig sind:
1. Werbeanlagen, die die Sicherheit des Verkehrs gefährden,
2. Werbeanlagen in störender Häufung oder von störendem Umfang,
3. Werbeanlagen an Böschungen, Brücken, Ufern und Bäumen,
4. Werbeanlagen an öffentlichen Gebäuden repräsentativer oder städtebaulich hervorragenden Charakters in den Stadtteilen Hamburg-Altstadt, Neustadt und HafenCity, ausgenommen Hinweise auf dort befindliche Dienststellen, Unternehmen oder Veranstaltungen,
5. Werbeanlagen mit Wechsellicht außerhalb der vom Senat durch Rechtsverordnung bestimmten Gebiete,
6. Werbeanlagen in Vorgärten mit Ausnahme von Schildern, die Inhaberinnen und Inhaber und Art eines auf dem Grundstück vorhandenen Betriebes oder eines dort ausgeübten freien Berufes (Stätte der Leistung) kennzeichnen.

[2]Satz 1 gilt nicht für zeitlich befristete Werbeanlagen nach Satz 1 Nummern 2 bis 4, die dem Wohl der Allgemeinheit dienen und insbesondere durch ihre Werbeaussagen kulturelle, karitative oder sportliche Zwecke fördern.

(4) Die Vorschriften dieses Gesetzes sind nicht anzuwenden auf
1. Anschläge an dafür genehmigten Säulen, Tafeln und Flächen,
2. Werbemittel an Zeitungs- und Zeitschriftenverkaufsstellen,
3. Auslagen und Dekorationen in Fenstern und Schaukästen,
4. Wahlwerbung für die Dauer eines Wahlkampfs.

Zweiter Abschnitt
Allgemeine Anforderungen an die Bauausführung

§ 14 Baustellen

(1) Baustellen sind so einzurichten und zu betreiben, dass bauliche Anlagen ordnungsgemäß errichtet, geändert oder beseitigt werden können und Gefahren nicht entstehen.

(2) ¹Bei Bauarbeiten, durch die unbeteiligte Personen gefährdet werden können, ist die Gefahrenzone abzugrenzen oder durch Warnzeichen zu kennzeichnen. ²Soweit erforderlich, sind Baustellen mit einem Bauzaun abzugrenzen, mit Schutzvorrichtungen gegen herabfallende Gegenstände zu versehen und zu beleuchten.

(3) Bei der Ausführung nicht verfahrensfreier Bauvorhaben hat die Bauherrin oder der Bauherr an der Baustelle ein Schild, das die Bezeichnung des Bauvorhabens sowie die Namen und Anschriften der Bauleiterin oder des Bauleiters und der Unternehmerin oder des Unternehmers für die Hauptgewerke enthalten muss, dauerhaft und vom öffentlichen Weg aus sichtbar anzubringen.

(4) Bäume, Hecken und sonstige Bepflanzungen, die auf Grund anderer Rechtsvorschriften zu erhalten sind, müssen während der Bauausführung geschützt werden.

§ 15 Standsicherheit

(1) ¹Jede bauliche Anlage muss im Ganzen und in ihren einzelnen Teilen für sich allein standsicher sein. ²Bauteile müssen auch im Brandfall ausreichend lange standsicher sein. ³Die Standsicherheit muss auch beim Errichten, Ändern und Beseitigen sichergestellt sein. ⁴Die Standsicherheit anderer baulicher Anlagen und die Tragfähigkeit des Baugrundes der Nachbargrundstücke dürfen nicht gefährdet werden.

(2) ¹Die Verwendung gemeinsamer Bauteile für mehrere bauliche Anlagen ist zulässig. ²Für bauliche Anlagen auf mehreren Grundstücken gilt dies nur, wenn durch Baulast gesichert ist, dass die gemeinsamen Bauteile bei der Beseitigung einer der baulichen Anlagen bestehen bleiben können. ³Für verfahrensfreie Gebäude bedarf es nicht der Bestellung einer Baulast.

§ 16 Schutz gegen schädliche Einflüsse

¹Bauliche Anlagen müssen so angeordnet, beschaffen und gebrauchstauglich sein, dass durch Wasser, Feuchtigkeit, pflanzliche und tierische Schädlinge sowie andere chemische, physikalische oder biologische Einflüsse Gefahren oder unzumutbare Belästigungen nicht entstehen können. ²Baugrundstücke müssen für bauliche Anlagen entsprechend geeignet sein.

§ 17 Brandschutz

Bauliche Anlagen sind so anzuordnen, zu errichten, zu ändern und instand zu halten, dass der Entstehung eines Brandes und der Ausbreitung von Feuer und Rauch (Brandausbreitung) vorgebeugt wird und bei einem Brand die Rettung von Menschen und Tieren sowie wirksame Löscharbeiten möglich sind.

§ 18 Wärmeschutz, Schallschutz und Erschütterungsschutz

(1) Gebäude müssen einen ihrer Nutzung und den klimatischen Verhältnissen entsprechenden Wärmeschutz haben.

(2) ¹Gebäude müssen einen ihrer Nutzung entsprechenden Schallschutz haben. ²Geräusche, die von ortsfesten Einrichtungen in baulichen Anlagen oder auf Baugrundstücken ausgehen, sind so zu dämmen, dass Gefahren oder unzumutbare Belästigungen nicht entstehen.

(3) Erschütterungen oder Schwingungen, die von ortsfesten Einrichtungen in baulichen Anlagen oder auf Baugrundstücken ausgehen, sind so zu dämmen, dass Gefahren oder unzumutbare Belästigungen nicht entstehen.

§ 19 Verkehrssicherheit

(1) Bauliche Anlagen und die dem Verkehr dienenden nicht überbauten Flächen von bebauten Grundstücken müssen verkehrssicher sein.

(2) Die Sicherheit und Leichtigkeit des öffentlichen Verkehrs darf durch bauliche Anlagen oder deren Nutzung nicht gefährdet werden.

(3) Allgemein zugängliche Flächen und Treppen in Gebäuden sowie auf Grundstücken müssen eine lichte Durchgangshöhe von mindestens 2 m haben.

(4) Öffentlich zugängliche Wege auf den Grundstücken und Eingänge von Gebäuden müssen überschaubar und zu beleuchten sein.

(5) Gebäude sind mit einer vom öffentlichen Weg aus gut erkennbaren Hausnummer zu kennzeichnen; bei Gebäuden mit Aufenthaltsräumen muss die Hausnummer beleuchtbar sein.

§ 19a Bauarten

(1) Bauarten dürfen nur angewendet werden, wenn bei ihrer Anwendung die baulichen Anlagen bei ordnungsgemäßer Instandhaltung während einer dem Zweck entsprechenden angemessenen Zeitdauer die Anforderungen dieses Gesetzes oder auf Grund dieses Gesetzes erfüllen und für ihren Anwendungszweck tauglich sind.

(2) ¹Bauarten, die von Technischen Baubestimmungen nach § 81a Absatz 2 Nummer 2 oder Nummer 3 Buchstabe a wesentlich abweichen oder für die es allgemein anerkannte Regeln der Technik nicht gibt, dürfen bei der Errichtung, Änderung und Instandhaltung baulicher Anlagen nur angewendet werden, wenn für sie
1. eine allgemeine Bauartgenehmigung oder
2. eine vorhabenbezogene Bauartgenehmigung
durch die Bauaufsichtsbehörde erteilt worden ist. ²§ 20a Absätze 2 bis 7 gilt entsprechend.

(3) ¹Anstelle einer allgemeinen Bauartgenehmigung genügt ein allgemeines bauaufsichtliches Prüfzeugnis für Bauarten, wenn die Bauart nach allgemein anerkannten Prüfverfahren beurteilt werden kann. ²In einer Technischen Baubestimmung nach § 81a werden diese Bauarten mit der Angabe der maßgebenden technischen Regeln bekannt gemacht. ³§ 20b Absatz 2 gilt entsprechend.

(4) Wenn Gefahren im Sinne des § 3 Satz 1 nicht zu erwarten sind, kann die Bauaufsichtsbehörde im Einzelfall oder für genau begrenzte Fälle allgemein festlegen, dass eine Bauartgenehmigung nicht erforderlich ist.

(5) ¹Bauarten bedürfen einer Bestätigung ihrer Übereinstimmung mit den Technischen Baubestimmungen nach § 81a, den allgemeinen Bauartgenehmigungen, den allgemeinen bauaufsichtlichen Prüfzeugnissen für Bauarten oder den vorhabenbezogenen Bauartgenehmigungen; als Übereinstimmung gilt auch eine Abweichung, die nicht wesentlich ist. ²§ 22 Absatz 2 gilt für den Anwender der Bauart entsprechend.

(6) ¹Bei Bauarten, deren Anwendung in außergewöhnlichem Maß von der Sachkunde und Erfahrung der damit betrauten Personen oder von einer Ausstattung mit besonderen Vorrichtungen abhängt, kann in der Bauartgenehmigung oder durch Rechtsverordnung des Senats vorgeschrieben werden, dass die Anwenderin oder der Anwender über solche Fachkräfte und Vorrichtungen verfügt und den Nachweis hierüber gegenüber einer Prüfstelle nach § 23 Satz 1 Nummer 6 zu erbringen hat. ²In der Rechtsverordnung können Mindestanforderungen an die Ausbildung, die durch Prüfung nachzuweisende Befähigung und die Ausbildungsstätten einschließlich der Anerkennungsvoraussetzungen gestellt werden.

(7) Für Bauarten, die einer außergewöhnlichen Sorgfalt bei Ausführung oder Instandhaltung bedürfen, kann in der Bauartgenehmigung oder durch Rechtsverordnung des Senats die Überwachung dieser Tätigkeiten durch eine Überwachungsstelle nach § 23 Satz 1 Nummer 5 vorgeschrieben werden.

Dritter Abschnitt
Bauprodukte

§ 19b Allgemeine Anforderungen für die Verwendung von Bauprodukten

(1) Bauprodukte dürfen nur verwendet werden, wenn bei ihrer Verwendung die baulichen Anlagen bei ordnungsgemäßer Instandhaltung während einer dem Zweck entsprechenden angemessenen Zeitdauer die Anforderungen dieses Gesetzes oder auf Grund dieses Gesetzes erfüllen und gebrauchstauglich sind.

(2) Bauprodukte, die in Vorschriften anderer Vertragsstaaten des Abkommens vom 2. Mai 1992 über den Europäischen Wirtschaftsraum genannten technischen Anforderungen entsprechen, dürfen verwendet werden, wenn das geforderte Schutzniveau gemäß § 3 Satz 1 gleichermaßen dauerhaft erreicht wird.

§ 19c Anforderungen für die Verwendung von CE-gekennzeichneten Bauprodukten

¹Ein Bauprodukt, das die CE-Kennzeichnung trägt, darf verwendet werden, wenn die erklärten Leistungen den in diesem Gesetz oder auf Grund dieses Gesetzes festgelegten Anforderungen für diese Verwendung entsprechen. ²Die §§ 20 bis 22b und § 23a Absatz 1 gelten nicht für Bauprodukte, die die CE-Kennzeichnung auf Grund der Verordnung (EU) 305/2011 tragen.

§ 20 Verwendbarkeitsnachweise

(1) Ein Verwendbarkeitsnachweis (§§ 20a bis 20c) ist für ein Bauprodukt erforderlich, wenn

1. es keine Technische Baubestimmung und keine allgemein anerkannte Regel der Technik gibt,
2. das Bauprodukt von einer Technischen Baubestimmung (§ 81a Absatz 2 Nummer 3) wesentlich abweicht oder
3. eine Verordnung nach § 81 Absatz 4a es vorsieht.

(2) Ein Verwendbarkeitsnachweis ist nicht erforderlich für ein Bauprodukt,

1. das von einer allgemein anerkannten Regel der Technik abweicht oder
2. das für die Erfüllung der Anforderungen dieses Gesetzes oder auf Grund dieses Gesetzes nur eine untergeordnete Bedeutung hat.

(3) Die Technischen Baubestimmungen nach § 81a enthalten eine nicht abschließende Liste von Bauprodukten, die keines Verwendbarkeitsnachweises nach Absatz 1 bedürfen.

§ 20a Allgemeine bauaufsichtliche Zulassung

(1) Die Bauaufsichtsbehörde erteilt unter den Voraussetzungen des § 20 Absatz 1 eine allgemeine bauaufsichtliche Zulassung für Bauprodukte, wenn deren Verwendbarkeit im Sinne des § 19b Absatz 1 nachgewiesen ist.

(2) [1]Die zur Begründung des Antrags erforderlichen Unterlagen sind beizufügen. [2]Soweit erforderlich, sind Probestücke von der Antragstellerin oder dem Antragsteller zur Verfügung zu stellen oder durch Sachverständige, die die Bauaufsichtsbehörde bestimmen kann, zu entnehmen oder Probeausführungen unter Aufsicht der Sachverständigen herzustellen; § 70 Absatz 3 gilt entsprechend.

(3) Die Bauaufsichtsbehörde kann für die Durchführung der Prüfung die sachverständige Stelle und für Probeausführungen die Ausführungsstelle und Ausführungsart vorschreiben.

(4) [1]Die allgemeine bauaufsichtliche Zulassung wird widerruflich und für eine bestimmte Frist erteilt, die in der Regel fünf Jahre beträgt. [2]Die Zulassung kann mit Nebenbestimmungen erteilt werden. [3]Sie kann auf Antrag in der Regel um fünf Jahre verlängert werden. [4]§ 73 Absatz 3 Satz 2 gilt entsprechend.

(5) Die Zulassung wird unbeschadet der privaten Rechte Dritter erteilt.

(6) Die Bauaufsichtsbehörde macht die von ihr erteilten allgemeinen bauaufsichtlichen Zulassungen nach Gegenstand und wesentlichem Inhalt öffentlich bekannt.

(7) Allgemeine bauaufsichtliche Zulassungen nach dem Recht anderer Länder gelten auch in der Freien und Hansestadt Hamburg.

§ 20b Allgemeines bauaufsichtliches Prüfzeugnis

(1) [1]Bauprodukte, die nach allgemein anerkannten Prüfverfahren beurteilt werden, bedürfen anstelle einer allgemeinen bauaufsichtlichen Zulassung nur eines allgemeinen bauaufsichtlichen Prüfzeugnisses. [2]Dies wird mit der Angabe der maßgebenden technischen Regeln in den Technischen Baubestimmungen nach § 81a bekannt gemacht.

(2) [1]Ein allgemeines bauaufsichtliches Prüfzeugnis wird von einer Prüfstelle nach § 23 Satz 1 Nummer 1 für Bauprodukte nach Absatz 1 erteilt, wenn deren Verwendbarkeit im Sinne des § 19b Absatz 1 nachgewiesen ist. [2]§ 20a Absatz 2 und Absätze 4 bis 7 gilt entsprechend. [3]Die Anerkennungsbehörde für Stellen nach § 23 Satz 1 Nummer 1, § 81 Absatz 4 Satz 1 Nummer 4 kann allgemeine bauaufsichtliche Prüfzeugnisse zurücknehmen oder widerrufen; §§ 48 und 49 des Hamburgischen Verwaltungsverfahrensgesetzes finden Anwendung.

§ 20c Nachweis der Verwendbarkeit von Bauprodukten im Einzelfall

[1]Mit Zustimmung der Bauaufsichtsbehörde dürfen unter den Voraussetzungen des § 20 Absatz 1 im Einzelfall Bauprodukte verwendet werden, wenn ihre Verwendbarkeit im Sinne des § 19b Absatz 1 nachgewiesen ist. [2]Wenn Gefahren im Sinne des § 3 Satz 1 nicht zu erwarten sind, kann die Bauaufsichtsbehörde im Einzelfall erklären, dass ihre Zustimmung nicht erforderlich ist.

§ 21 (aufgehoben)

§ 22 Übereinstimmungsbestätigung

(1) Bauprodukte bedürfen einer Bestätigung ihrer Übereinstimmung mit den Technischen Baubestimmungen nach § 81a Absatz 2, den allgemeinen bauaufsichtlichen Zulassungen, den allgemeinen bauaufsichtlichen Prüfzeugnissen oder den Zustimmungen im Einzelfall; als Übereinstimmung gilt auch eine Abweichung, die nicht wesentlich ist.

(2) Die Bestätigung der Übereinstimmung erfolgt durch Übereinstimmungserklärung der Herstellerin oder des Herstellers (§ 22a).

(3) Die Übereinstimmungserklärung hat die Herstellerin oder der Hersteller durch Kennzeichnung der Bauprodukte mit dem Übereinstimmungszeichen (Ü-Zeichen) unter Hinweis auf den Verwendungszweck abzugeben.

(4) Das Ü-Zeichen ist auf dem Bauprodukt, auf einem Beipackzettel oder auf seiner Verpackung oder, wenn dies Schwierigkeiten bereitet, auf dem Lieferschein oder auf einer Anlage zum Lieferschein anzubringen.

(5) Ü-Zeichen aus anderen Ländern und aus anderen Staaten gelten auch in der Freien und Hansestadt Hamburg.

§ 22a Übereinstimmungserklärung der Herstellerin oder des Herstellers

(1) Die Herstellerin oder der Hersteller darf eine Übereinstimmungserklärung nur abgeben, wenn sie oder er durch werkseigene Produktionskontrolle sichergestellt hat, dass das hergestellte Bauprodukt den maßgebenden technischen Regeln, der allgemeinen bauaufsichtlichen Zulassung, dem allgemeinen bauaufsichtlichen Prüfzeugnis oder der Zustimmung im Einzelfall entspricht.

(2) [1]In den Technischen Baubestimmungen nach § 81a, in den allgemeinen bauaufsichtlichen Zulassungen, in den allgemeinen bauaufsichtlichen Prüfzeugnissen oder in den Zustimmungen im Einzelfall kann eine Prüfung der Bauprodukte durch eine Prüfstelle vor Abgabe der Übereinstimmungserklärung vorgeschrieben werden, wenn dies zur Sicherung einer ordnungsgemäßen Herstellung erforderlich ist. [2]In diesen Fällen hat die Prüfstelle das Bauprodukt daraufhin zu überprüfen, ob es den maßgebenden technischen Regeln, der allgemeinen bauaufsichtlichen Zulassung, dem allgemeinen bauaufsichtlichen Prüfzeugnis oder der Zustimmung im Einzelfall entspricht.

(3) [1]In den Technischen Baubestimmungen nach § 81a, in den allgemeinen bauaufsichtlichen Zulassungen oder in den Zustimmungen im Einzelfall kann eine Zertifizierung vor Abgabe der Übereinstimmungserklärung vorgeschrieben werden, wenn dies zum Nachweis einer ordnungsgemäßen Herstellung eines Bauproduktes erforderlich ist. [2]Die Bauaufsichtsbehörde kann im Einzelfall die Verwendung von Bauprodukten ohne Zertifizierung gestatten, wenn nachgewiesen ist, dass diese Bauprodukte den technischen Regeln, Zulassungen, Prüfzeugnissen oder Zustimmungen nach Absatz 1 entsprechen.

(4) Bauprodukte, die nicht in Serie hergestellt werden, bedürfen nur einer Übereinstimmungserklärung nach Absatz 1, sofern nichts anderes bestimmt ist.

§ 22b Zertifizierung

(1) Der Herstellerin oder dem Hersteller ist ein Übereinstimmungszertifikat von einer Zertifizierungsstelle nach § 23 zu erteilen, wenn das Bauprodukt

1. den Technischen Baubestimmungen nach § 81a Absatz 2, der allgemeinen bauaufsichtlichen Zulassung, dem allgemeinen bauaufsichtlichen Prüfzeugnis oder der Zustimmung im Einzelfall entspricht und

2. einer werkseigenen Produktionskontrolle sowie einer Fremdüberwachung nach Maßgabe des Absatzes 2 unterliegt.

(2) [1]Die Fremdüberwachung ist von Überwachungsstellen nach § 23 durchzuführen. [2]Die Fremdüberwachung hat regelmäßig zu überprüfen, ob das Bauprodukt den Technische Baubestimmungen nach § 81a Abs. 2, der allgemeinen bauaufsichtlichen Zulassung, dem allgemeinen bauaufsichtlichen Prüfzeugnis oder der Zustimmung im Einzelfall entspricht.

§ 23 Prüf-, Zertifizierungs-, Überwachungsstellen

[1]Die Bauaufsichtsbehörde kann eine natürliche oder juristische Person als

1. Prüfstelle für die Erteilung allgemeiner bauaufsichtlicher Prüfzeugnisse (§ 20b Absatz 2),

2. Prüfstelle für die Überprüfung von Bauprodukten vor Bestätigung der Übereinstimmung (§ 22a Absatz 2),

3. Zertifizierungsstelle (§ 22b Absatz 1),

4. Überwachungsstelle für die Fremdüberwachung (§ 22b Absatz 2),

5. Überwachungsstelle für die Überwachung nach § 23a Absatz 2 oder

6. Prüfstelle für die Überprüfung nach § 23a Absatz 1

anerkennen, wenn sie oder die bei ihr Beschäftigten nach ihrer Ausbildung, Fachkenntnis, persönlichen Zuverlässigkeit, ihrer Unparteilichkeit und ihren Leistungen die Gewähr dafür bieten, dass diese Aufgaben den öffentlich-rechtlichen Vorschriften entsprechend wahrgenommen werden, und wenn sie über die erforderlichen Vorrichtungen verfügen. [2]Satz 1 ist entsprechend auf Behörden anzuwenden, wenn sie ausreichend mit geeigneten Fachkräften besetzt und mit den erforderlichen Vorrichtungen ausgestattet sind. [3]Die Anerkennung von Prüf-, Zertifizierungs- und Überwachungsstellen anderer Länder gilt auch in der Freien und Hansestadt Hamburg.

§ 23a Besondere Sachkunde- und Sorgfaltsanforderungen

(1) [1]Bei Bauprodukten, deren Herstellung in außergewöhnlichem Maß von der Sachkunde und Erfahrung der damit betrauten Personen oder von einer Ausstattung mit besonderen Vorrichtungen abhängt, kann in der allgemeinen bauaufsichtlichen Zulassung, in der Zustimmung im Einzelfall oder durch Rechtsverordnung des Senats vorgeschrieben werden, dass die Herstellerin oder der Hersteller über solche Fachkräfte und Vorrichtungen verfügt und den Nachweis hierüber gegenüber einer Prüfstelle nach § 23 Satz 1 Nummer 6 zu erbringen hat. [2]In der Rechtsverordnung können Mindestanforderungen an die Ausbildung, die durch Prüfung nachzuweisende Befähigung und die Ausbildungsstätten einschließlich der Anerkennungsvoraussetzungen gestellt werden.

(2) Für Bauprodukte, die wegen ihrer besonderen Eigenschaften oder ihres besonderen Verwendungszwecks einer außergewöhnlichen Sorgfalt bei Einbau, Transport, Instandhaltung oder Reinigung bedürfen, kann in der allgemeinen bauaufsichtlichen Zulassung, in der Zustimmung im Einzelfall oder durch Rechtsverordnung des Senats die Überwachung dieser Tätigkeiten durch eine Überwachungsstelle nach § 23 Satz 1 Nummer 5 vorgeschrieben werden, soweit diese Tätigkeiten nicht bereits durch die Verordnung (EU) Nr. 305/2011 erfasst sind.

Vierter Abschnitt
Wände, Decken, Dächer

§ 24 Allgemeine Anforderungen an das Brandverhalten von Baustoffen und Bauteilen

(1) [1]Baustoffe werden nach den Anforderungen an ihr Brandverhalten unterschieden in
1. nicht brennbare,
2. schwer entflammbare,
3. normal entflammbare.

[2]Baustoffe, die nicht mindestens normal entflammbar sind (leicht entflammbare Baustoffe) dürfen nicht verwendet werden; dies gilt nicht, wenn sie in Verbindung mit anderen Baustoffen nicht leicht entflammbar sind.

(2) [1]Bauteile werden nach den Anforderungen an ihre Feuerwiderstandsfähigkeit unterschieden in
1. feuerbeständige,
2. hoch Feuer hemmende,
3. Feuer hemmende;

die Feuerwiderstandsfähigkeit bezieht sich bei tragenden und aussteifenden Bauteilen auf deren Standsicherheit im Brandfall, bei Raum abschließenden Bauteilen auf deren Widerstand gegen die Brandausbreitung. [2]Bauteile werden zusätzlich nach dem Brandverhalten ihrer Baustoffe unterschieden in
1. Bauteile aus nicht brennbaren Baustoffen,
2. Bauteile, deren tragende und aussteifende Teile aus nicht brennbaren Baustoffen bestehen und die bei Raum ab schließenden Bauteilen zusätzlich eine in Bauteilebene durchgehende Schicht aus nicht brennbaren Baustoffen haben,
3. Bauteile, deren tragende und aussteifende Teile aus brennbaren Baustoffen bestehen und die allseitig eine brandschutztechnisch wirksame Bekleidung aus nicht brennbaren Baustoffen (Brandschutzbekleidung) und Dämmstoffe aus nicht brennbaren Baustoffen haben,
4. Bauteile aus brennbaren Baustoffen.

[3]Soweit in diesem Gesetz oder in Vorschriften auf Grund dieses Gesetzes nichts anderes bestimmt ist, müssen
1. Bauteile, die feuerbeständig sein müssen, mindestens den Anforderungen des Satzes 2 Nummer 2,
2. Bauteile, die hoch Feuer hemmend sein müssen, mindestens den Anforderungen des Satzes 2 Nummer 3

entsprechen.

(3) Bei Gebäuden mit einer Höhe nach § 2 Absatz 3 Satz 2 von bis zu 22 m und Nutzungseinheiten mit jeweils nicht mehr als 200 m² und Brandabschnitten von nicht mehr als 800 m² pro Geschoss sind abweichend von Absatz 2 Satz 3 tragende oder aussteifende sowie raumabschließende Bauteile, die hochfeuerhemmend oder feuerbeständig sein müssen, in Massivholzbauweise zulässig, wenn die geforderte Feuerwiderstandsfähigkeit nachgewiesen wird.

§ 25 Tragende Wände, Stützen

(1) [1]Tragende und aussteifende Wände und Stützen müssen im Brandfall ausreichend lange standsicher sein. [2]Sie müssen
1. in Gebäuden der Gebäudeklasse 5 feuerbeständig,
2. in Gebäuden der Gebäudeklasse 4 hoch Feuer hemmend,
3. in Gebäuden der Gebäudeklassen 2 und 3 Feuer hemmend

sein. [3]Satz 2 gilt
1. für Geschosse im Dachraum nur, wenn darüber noch Aufenthaltsräume zulässig sind; § 27 Absatz 4 bleibt unberührt,
2. nicht für Balkone.

(2) Im Kellergeschoss müssen tragende und aussteifende Wände und Stützen
1. in Gebäuden der Gebäudeklassen 3 bis 5 feuerbeständig,
2. in Gebäuden der Gebäudeklassen 1 und 2 Feuer hemmend

sein.

§ 26 Außenwände

(1) Außenwände und Außenwandteile wie Brüstungen und Schürzen sind so auszubilden, dass eine Brandausbreitung auf und in diesen Bauteilen ausreichend lange begrenzt ist.

(2) [1]Nicht tragende Außenwände und nicht tragende Teile tragender Außenwände müssen aus nicht brennbaren Baustoffen bestehen; sie sind aus brennbaren Baustoffen zulässig, wenn sie als Raum abschließende Bauteile Feuer hemmend sind. [2]Satz 1 gilt nicht für brennbare Fensterprofile und Fugendichtungen sowie brennbare Dämmstoffe in nicht brennbaren geschlossenen Profilen der Außenwandkonstruktion.

(3) [1]Oberflächen von Außenwänden sowie Außenwandbekleidungen müssen einschließlich der Dämmstoffe und Unterkonstruktionen schwer entflammbar sein; Unterkonstruktionen aus normalentflammbaren Baustoffen sind zulässig, wenn die Anforderungen nach Absatz 1 erfüllt sind. [2]Balkonbekleidungen, die über die erforderliche Umwehrungshöhe hinaus hoch geführt werden, müssen schwer entflammbar sein.

(4) Bei Außenwandkonstruktionen mit Geschoss über greifenden Hohl- oder Lufträumen wie Doppelfassaden und hinterlüfteten Außenwandbekleidungen sind gegen die Brandausbreitung besondere Vorkehrungen zu treffen.

(5) Die Absätze 2 und 3 gelten nicht für Gebäude der Gebäudeklassen 1 bis 3.

§ 27 Trennwände

(1) Trennwände nach Absatz 2 müssen als Raum ab schließende Bauteile von Räumen oder Nutzungseinheiten innerhalb von Geschossen ausreichend lange widerstandsfähig gegen die Brandausbreitung sein.

(2) Trennwände sind erforderlich
1. zwischen Nutzungseinheiten sowie zwischen Nutzungseinheiten und anders genutzten Räumen, ausgenommen notwendigen Fluren,
2. zum Abschluss von Räumen mit Explosions- oder erhöhter Brandgefahr,
3. zwischen Aufenthaltsräumen und anders genutzten Räumen im Kellergeschoss.

(3) [1]Trennwände nach Absatz 2 Nummern 1 und 3 müssen die Feuerwiderstandsfähigkeit der tragenden und aussteifenden Bauteile des Geschosses haben, jedoch mindestens Feuer hemmend sein. [2]Trennwände nach Absatz 2 Nummer 2 müssen feuerbeständig sein.

(4) Die Trennwände nach Absatz 2 sind bis zur Rohdecke, im Dachraum bis unter die Dachhaut zu führen; werden in Dachräumen Trennwände nur bis zur Rohdecke geführt, ist diese Decke als Raum abschließendes Bauteil einschließlich der sie tragenden und aussteifenden Bauteile Feuer hemmend herzustellen.

(5) Öffnungen in Trennwänden nach Absatz 2 sind nur zulässig, wenn sie auf die für die Nutzung erforderliche Zahl und Größe beschränkt sind; sie müssen Feuer hemmende, dicht- und selbst schließende Abschlüsse haben.

(6) Die Absätze 1 bis 5 gelten nicht für Wohngebäude der Gebäudeklassen 1 und 2.

§ 28 Brandwände

(1) Brandwände müssen als Raum abschließende Bauteile zum Abschluss von Gebäuden (Gebäudeabschlusswand) oder zur Unterteilung von Gebäuden in Brandabschnitte (innere Brandwand) ausreichend lange die Brandausbreitung auf andere Gebäude oder Brandabschnitte verhindern.

(2) [1]Brandwände sind erforderlich

1. als Gebäudeabschlusswand, wenn diese Wände mit einem geringerem Abstand als 5,0 m gegenüber anderen Gebäuden errichtet werden oder wenn diese Wände mit einem geringerem Abstand als 2,50 m gegenüber Grundstücksgrenzen errichtet werden; es sei denn, dass ein Abstand von mindestens 5 m zu künftigen Gebäuden durch Baulast gesichert ist,
2. als innere Brandwand zur Unterteilung ausgedehnter Gebäude in Abständen von nicht mehr als 40 m,
3. als innere Brandwand zur Unterteilung landwirtschaftlich genutzter Gebäude in Brandabschnitte von nicht mehr als 10 000 m^3 Brutto-Rauminhalt,
4. als Gebäudeabschlusswand zwischen Wohngebäuden und angebauten landwirtschaftlich genutzten Gebäuden sowie als innere Brandwand zwischen dem Wohnteil und dem landwirtschaftlich genutzten Teil eines Gebäudes.

[2]Satz 1 Nummer 1 gilt nicht für

1. Gebäude ohne Aufenthaltsräume und ohne Feuerstätten mit nicht mehr als 50 m^3 Bruttorauminhalt,
2. Gewächshäuser ohne eigene Feuerstätten,
3. seitliche Wände von Vorbauten im Sinne des § 6 Absatz 6, wenn sie von dem Nachbargebäude oder der Nachbargrenze einen Abstand einhalten, der ihrer eigenen Ausladung entspricht, mindestens jedoch 1,0 m beträgt,
4. Wände zwischen aneinandergebauten Gebäuden auf demselben Grundstück, wenn sie den Anforderungen an Trennwände nach § 27 entsprechen und die aneinandergebauten Gebäude in Abständen von höchstens 40 m durch Gebäudeabschlusswände nach Absatz 1 unterteilt werden.

[3]Nachträgliche Wärmeschutzmaßnahmen an bestehenden Außenwänden mit einer zusätzlichen Wandstärke bis zu 0,20 m werden bei der Abstandsbemessung nach Satz 1 Nummer 1 nicht berücksichtigt, sofern die neuen Bauteile aus nicht brennbaren Baustoffen bestehen.

(3) [1]Brandwände müssen auch unter zusätzlicher mechanischer Beanspruchung feuerbeständig sein und aus nicht brennbaren Baustoffen bestehen. [2]Anstelle von Brandwänden nach Satz 1 sind zulässig

1. für Gebäude der Gebäudeklasse 4 Wände, die auch unter zusätzlicher mechanischer Beanspruchung hoch Feuer hemmend sind,
2. für Gebäude der Gebäudeklassen 1 bis 3 hoch Feuer hemmende Wände,
3. für Gebäude der Gebäudeklassen 1 bis 3 Gebäudeabschlusswände, die jeweils von innen nach außen die Feuerwiderstandsfähigkeit der tragenden und aussteifenden Teile des Gebäudes, mindestens jedoch Feuer hemmende Bauteile, und von außen nach innen die Feuerwiderstandsfähigkeit feuerbeständiger Bauteile haben,
4. in den Fällen des Absatzes 2 Satz 1 Nummer 4 feuerbeständige Wände, wenn der umbaute Raum des landwirtschaftlich genutzten Gebäudes oder Gebäudeteils nicht größer als 2000 m^3 ist.

(4) [1]Brandwände müssen bis zur Bedachung durchgehen und in allen Geschossen übereinander angeordnet sein. [2]Abweichend davon dürfen anstelle innerer Brandwände Wände geschossweise versetzt angeordnet werden, wenn

1. die Wände im Übrigen Absatz 3 Satz 1 entsprechen,
2. die Decken, soweit sie in Verbindung mit diesen Wänden stehen, feuerbeständig sind, aus nicht brennbaren Baustoffen bestehen und keine Öffnungen haben,
3. die Bauteile, die diese Wände und Decken unterstützen, feuerbeständig sind und aus nicht brennbaren Baustoffen bestehen,
4. die Außenwände in der Breite des Versatzes in dem Geschoss oberhalb oder unterhalb des Versatzes feuerbeständig sind und

5. Öffnungen in den Außenwänden im Bereich des Versatzes so angeordnet oder andere Vorkehrungen so getroffen sind, dass eine Brandausbreitung in andere Brandabschnitte nicht zu befürchten ist.

(5) [1]Brandwände sind 0,30 m über die Bedachung zu führen oder in Höhe der Dachhaut mit einer beiderseits 0,50 m auskragenden feuerbeständigen Platte aus nichtbrennbaren Baustoffen abzuschließen; darüber dürfen brennbare Teile des Daches nicht hinweggeführt werden. [2]Bei Gebäuden der Gebäudeklassen 1 bis 3 sind Brandwände mindestens bis unter die Dachhaut zu führen; verbleibende Hohlräume sind vollständig mit nicht brennbaren Baustoffen auszufüllen.

(6) Müssen Gebäude oder Gebäudeteile, die über Eck zusammenstoßen, durch eine Brandwand getrennt werden, so muss der Abstand dieser Wand von der inneren Ecke mindestens 5 m betragen; das gilt nicht, wenn der Winkel der inneren Ecke mehr als 120 Grad beträgt oder mindestens eine Außenwand auf 5 m Länge als öffnungslose feuerbeständige Wand aus nicht brennbaren Baustoffen ausgebildet ist.

(7) [1]Bauteile mit brennbaren Baustoffen dürfen über Brandwände nicht hinweggeführt werden. [2]Außenwandkonstruktionen, die eine seitliche Brandausbreitung begünstigen können, wie Doppelfassaden oder hinterlüftete Außenwandbekleidungen, dürfen ohne besondere Vorkehrungen über Brandwände nicht hinweggeführt werden. [3]Außenwandbekleidungen von Gebäudeabschlusswänden sind einschließlich der Dämmstoffe und Unterkonstruktionen nicht brennbar auszuführen. [4]Bauteile dürfen in Brandwände nur soweit eingreifen, dass deren Feuerwiderstandsfähigkeit nicht beeinträchtigt wird; für Leitungen, Leitungsschlitze und Schornsteine gilt dies entsprechend.

(8) [1]Öffnungen in Brandwänden sind unzulässig. [2]Sie sind in inneren Brandwänden nur zulässig, wenn sie auf die für die Nutzung erforderliche Zahl und Größe beschränkt sind; die Öffnungen müssen feuerbeständige, dicht- und selbstschließende Abschlüsse haben.

(9) In inneren Brandwänden sind Verglasungen nur zulässig, wenn sie feuerbeständig und auf die für die Nutzung erforderliche Zahl und Größe beschränkt sind.

(10) Die Absätze 4 bis 9 gelten entsprechend auch für Wände, die nach Absatz 3 Satz 2 anstelle von Brandwänden zulässig sind.

§ 29 Decken

(1) [1]Decken müssen als tragende und Raum abschließende Bauteile zwischen Geschossen im Brandfall ausreichend lange standsicher und widerstandsfähig gegen die Brandausbreitung sein. [2]Sie müssen

1. in Gebäuden der Gebäudeklasse 5 feuerbeständig,
2. in Gebäuden der Gebäudeklasse 4 hoch Feuer hemmend,
3. in Gebäuden der Gebäudeklassen 2 und 3 Feuer hemmend

sein. [3]Satz 2 gilt

1. für Geschosse im Dachraum nur, wenn darüber Aufenthaltsräume zulässig sind; § 27 Absatz 4 bleibt unberührt,
2. nicht für Balkone.

(2) [1]Im Kellergeschoss müssen Decken

1. in Gebäuden der Gebäudeklassen 3 bis 5 feuerbeständig,
2. in Gebäuden der Gebäudeklassen 1 und 2 Feuer hemmend

sein. [2]Decken müssen feuerbeständig sein

1. unter und über Räumen mit Explosions- oder erhöhter Brandgefahr, ausgenommen in Wohngebäuden der Gebäudeklassen 1 und 2,
2. zwischen dem landwirtschaftlich genutzten Teil und dem Wohnteil eines Gebäudes.

(3) Der Anschluss der Decken an die Außenwand ist so herzustellen, dass er den Anforderungen aus Absatz 1 Satz 1 genügt.

(4) Öffnungen in Decken, für die eine Feuerwiderstandsfähigkeit vorgeschrieben ist, sind nur zulässig

1. in Gebäuden der Gebäudeklassen 1 und 2,
2. innerhalb derselben Nutzungseinheit mit nicht mehr als insgesamt 400 m^2 in nicht mehr als zwei Geschossen,
3. im Übrigen, wenn sie auf die für die Nutzung erforderliche Zahl und Größe beschränkt sind und Abschlüsse mit der Feuerwiderstandsfähigkeit der Decke haben.

§ 30 Dächer

(1) Bedachungen müssen gegen eine Brandbeanspruchung von außen durch Flugfeuer und strahlende Wärme ausreichend lange widerstandsfähig sein (harte Bedachung).

(2) [1]Bedachungen, die die Anforderungen nach Absatz 1 nicht erfüllen, sind zulässig bei Gebäuden der Gebäudeklassen 1 bis 3, wenn die Gebäude

1. einen Abstand von der Grundstücksgrenze von mindestens 12,5 m,
2. von Gebäuden auf demselben Grundstück mit harter Bedachung einen Abstand von mindestens 15 m,
3. von Gebäuden auf demselben Grundstück mit Bedachungen, die die Anforderungen nach Absatz 1 nicht erfüllen, einen Abstand von mindestens 24 m,
4. von Gebäuden auf demselben Grundstück ohne Aufenthaltsräume und ohne Feuerstätten mit nicht mehr als 50 m³ Brutto-Rauminhalt einen Abstand von mindestens 5 m

einhalten. [2]Bei Gebäuden nach Satz 1 Nummer 1 sind angrenzende öffentliche Verkehrs-, Grün- und Wasserflächen bis zu deren Mitte anzurechnen. [3]Soweit Gebäude nach Satz 1 Abstand halten müssen, genügt bei Wohngebäuden der Gebäudeklassen 1 und 2 in den Fällen von Satz 1

1. Nummer 1 ein Abstand von mindestens 6 m,
2. Nummer 2 ein Abstand von mindestens 9 m,
3. Nummer 3 ein Abstand von mindestens 12 m.

(3) Die Absätze 1 und 2 gelten nicht für

1. Gebäude ohne Aufenthaltsräume und ohne Feuerstätten mit nicht mehr als 50 m³ Bruttorauminhalt,
2. lichtdurchlässige Bedachungen aus nicht brennbaren Baustoffen; brennbare Fugendichtungen und brennbare Dämmstoffe in nicht brennbaren Profilen sind zulässig,
3. Lichtkuppeln und Oberlichte von Wohngebäuden,
4. Eingangsüberdachungen und Vordächer aus nicht brennbaren Baustoffen,
5. Eingangsüberdachungen aus brennbaren Baustoffen, wenn die Eingänge zu Wohngebäuden der Gebäudeklassen 1 und 2 führen.

(4) Abweichend von den Absätzen 1 und 2 sind

1. lichtdurchlässige Teilflächen aus brennbaren Baustoffen in Bedachungen nach Absatz 1 und
2. begrünte Bedachungen

zulässig, wenn eine Brandentstehung bei einer Brandbeanspruchung von außen durch Flugfeuer und strahlende Wärme nicht zu befürchten ist oder Vorkehrungen hiergegen getroffen werden.

(5) [1]Dachüberstände, Dachgesimse und Dachaufbauten, lichtdurchlässige Bedachungen, Lichtkuppeln und Oberlichte sind so anzuordnen und herzustellen, dass Feuer nicht auf andere Gebäudeteile und Nachbargrundstücke übertragen werden kann. [2]Von Brandwänden und von Wänden, die anstelle von Brandwänden zulässig sind, müssen mindestens 1,25 m entfernt sein

1. Oberlichte, Lichtkuppeln und Öffnungen in der Bedachung, wenn diese Wände nicht mindestens 0,30 m über die Bedachung geführt sind,
2. Dachgauben und ähnliche Dachaufbauten aus brennbaren Baustoffen, wenn sie nicht durch diese Wände gegen Brandübertragung geschützt sind.

(6) [1]Dächer von traufseitig aneinander gebauten Gebäuden müssen als Raum abschließende Bauteile für eine Brandbeanspruchung von innen nach außen einschließlich der sie tragenden und aussteifenden Bauteile Feuer hemmend sein. [2]Öffnungen in diesen Dachflächen müssen waagerecht gemessen mindestens 1,25 m von der Brandwand oder der Wand, die anstelle der Brandwand zulässig ist, entfernt sein.

(7) [1]Dächer von Anbauten, die an Außenwände mit Öffnungen oder ohne Feuerwiderstandsfähigkeit anschließen, müssen innerhalb eines Abstands von 5 m von diesen Wänden als Raum abschließende Bauteile für eine Brandbeanspruchung von innen nach außen einschließlich der sie tragenden und aussteifenden Bauteile die Feuerwiderstandsfähigkeit der Decken des Gebäudeteils haben, an den sie angebaut werden. [2]Dies gilt nicht für Anbauten an Wohngebäude der Gebäudeklassen 1 bis 3, sowie für sonstige Anbauten bis 1,50 m Tiefe mit Dächern aus nicht brennbaren Bauteilen, wenn ein vertikaler Feuerüberschlagsweg von einem Meter zu Öffnungen eingehalten wird.

(8) Glasdächer über Rettungswegen müssen so ausgebildet sein, dass Menschen durch herabfallende Glasteile nicht gefährdet werden.

(9) Für vom Dach aus vorzunehmende Arbeiten sind sicher benutzbare Vorrichtungen anzubringen.

Fünfter Abschnitt
Rettungswege, Öffnungen, Umwehrungen

§ 31 Erster und zweiter Rettungsweg

(1) Für Nutzungseinheiten mit mindestens einem Aufenthaltsraum müssen in jedem Geschoss mindestens zwei voneinander unabhängige Rettungswege ins Freie vorhanden sein; beide Rettungswege dürfen jedoch innerhalb des Geschosses über denselben notwendigen Flur führen.

(2) [1]Für Nutzungseinheiten nach Absatz 1, die nicht zu ebener Erde liegen, muss der erste Rettungsweg über eine notwendige Treppe führen. [2]Der zweite Rettungsweg kann eine weitere notwendige Treppe oder eine mit Rettungsgeräten der Feuerwehr erreichbare Stelle der Nutzungseinheit sein. [3]Ein zweiter Rettungsweg ist nicht erforderlich, wenn die Rettung über einen sicher erreichbaren Treppenraum möglich ist, in den Feuer und Rauch nicht eindringen können (Sicherheitstreppenraum). [4]Bei Sonderbauten ist der zweite Rettungsweg über Rettungsgeräte der Feuerwehr nur zulässig, wenn keine Bedenken wegen der Personenrettung bestehen.

§ 32 Treppen

(1) [1]Jedes nicht zu ebener Erde liegende Geschoss und der benutzbare Dachraum eines Gebäudes müssen über mindestens eine Treppe zugänglich sein (notwendige Treppe). [2]Statt notwendiger Treppen sind Rampen mit flacher Neigung zulässig.

(2) [1]Einschiebbare Treppen und Rolltreppen sind als notwendige Treppen unzulässig. [2]In Gebäuden der Gebäudeklassen 1 und 2 sind einschiebbare Treppen und Leitern als Zugang zu einem Dachraum ohne Aufenthaltsraum zulässig.

(3) [1]Notwendige Treppen sind in einem Zuge zu allen angeschlossenen Geschossen zu führen; sie müssen mit den Treppen zum Dachraum unmittelbar verbunden sein. [2]Dies gilt nicht für Treppen
1. in Gebäuden der Gebäudeklassen 1 bis 3,
2. nach § 33 Absatz 1 Satz 3 Nummer 2.

(4) [1]Die tragenden Teile notwendiger Treppen müssen
1. in Gebäuden der Gebäudeklasse 5 Feuer hemmend und aus nicht brennbaren Baustoffen,
2. in Gebäuden der Gebäudeklasse 4 aus nicht brennbaren Baustoffen,
3. in Gebäuden der Gebäudeklasse 3 aus nicht brennbaren Baustoffen oder Feuer hemmend
sein. [2]Tragende Teile von Außentreppen nach § 33 Absatz 1 Satz 3 Nummer 3 für Gebäude der Gebäudeklassen 3 bis 5 müssen aus nicht brennbaren Baustoffen bestehen.

(5) Die nutzbare Breite der Treppenläufe und Treppenabsätze notwendiger Treppen muss für den größten zu erwartenden Verkehr ausreichen.

(6) [1]Treppen müssen einen festen und griffsicheren Handlauf haben. [2]Für Treppen sind Handläufe auf beiden Seiten und Zwischenhandläufe vorzusehen, soweit die Verkehrssicherheit dies erfordert.

(7) Eine Treppe darf nicht unmittelbar hinter einer Tür beginnen, die in Richtung der Treppe aufschlägt; zwischen Treppe und Tür ist ein Treppenabsatz von mindestens 0,5 m Tiefe anzuordnen.

§ 33 Notwendige Treppenräume, Ausgänge

(1) [1]Jede notwendige Treppe muss zur Sicherstellung der Rettungswege aus den Geschossen ins Freie in einem eigenen, durchgehenden Treppenraum liegen (notwendiger Treppenraum). [2]Notwendige Treppenräume müssen so angeordnet und ausgebildet sein, dass die Nutzung der notwendigen Treppen im Brandfall ausreichend lange möglich ist. [3]Notwendige Treppen sind ohne eigenen Treppenraum zulässig
1. in Gebäuden der Gebäudeklassen 1 und 2,
2. für die Verbindung von höchstens zwei Geschossen innerhalb derselben Nutzungseinheit von insgesamt nicht mehr als 200 m², wenn in jedem Geschoss ein anderer Rettungsweg erreicht werden kann,
3. als Außentreppe, wenn ihre Nutzung ausreichend sicher ist und im Brandfall nicht gefährdet werden kann.

(2) [1]Von jeder Stelle eines Aufenthaltsraumes sowie eines Kellergeschosses muss mindestens ein Ausgang in einen notwendigen Treppenraum oder ins Freie in höchstens 35 m Entfernung erreichbar sein. [2]Übereinander liegende Kellergeschosse müssen jeweils mindestens zwei Ausgänge in notwen-

dige Treppenräume oder ins Freie haben. [3]Sind mehrere notwendige Treppenräume erforderlich, müssen sie so verteilt sein, dass sie möglichst entgegengesetzt liegen und dass die Rettungswege möglichst kurz sind.

(3) [1]Jeder notwendige Treppenraum muss an einer Außenwand liegen und einen unmittelbaren Ausgang ins Freie haben. [2]Innen liegende notwendige Treppenräume sind zulässig, wenn ihre Nutzung ausreichend lange nicht durch Raucheintritt gefährdet werden kann. [3]Sofern der Ausgang eines notwendigen Treppenraumes nicht unmittelbar ins Freie führt, muss der Raum zwischen dem notwendigen Treppenraum und dem Ausgang ins Freie

1. mindestens so breit sein wie die dazugehörigen Treppenläufe,
2. Wände haben, die die Anforderungen an die Wände des Treppenraumes erfüllen,
3. rauchdichte und selbstschließende Abschlüsse zu notwendigen Fluren haben und
4. ohne Öffnungen zu anderen Räumen, ausgenommen zu notwendigen Fluren, sein.

(4) [1]Die Wände notwendiger Treppenräume müssen als Raum abschließende Bauteile

1. in Gebäuden der Gebäudeklasse 5 die Bauart von Brandwänden haben,
2. in Gebäuden der Gebäudeklasse 4 auch unter zusätzlicher mechanischer Beanspruchung hoch Feuer hemmend und
3. in Gebäuden der Gebäudeklasse 3 Feuer hemmend sein.

[2]Dies ist nicht erforderlich für Außenwände von Treppenräumen, die aus nicht brennbaren Baustoffen bestehen und durch andere an diese Außenwände anschließende Gebäudeteile im Brandfall nicht gefährdet werden können. [3]Der obere Abschluss notwendiger Treppenräume muss als Raum abschließendes Bauteil die Feuerwiderstandsfähigkeit der Decken des Gebäudes haben; dies gilt nicht, wenn der obere Abschluss das Dach ist und die Treppenraumwände bis unter die Dachhaut reichen.

(5) In notwendigen Treppenräumen und in Räumen nach Absatz 3 Satz 3 müssen

1. Bekleidungen, Putze, Dämmstoffe, Unterdecken und Einbauten aus nicht brennbaren Baustoffen bestehen,
2. Wände und Decken aus brennbaren Baustoffen eine Bekleidung aus nicht brennbaren Baustoffen in ausreichender Dicke haben,
3. Bodenbeläge, ausgenommen Gleitschutzprofile, aus mindestens schwer entflammbaren Baustoffen bestehen.

(6) [1]In notwendigen Treppenräumen müssen Öffnungen

1. zu Kellergeschossen, zu nicht ausgebauten Dachräumen, Werkstätten, Läden, Lager- und ähnlichen Räumen sowie zu sonstigen Räumen und Nutzungseinheiten mit einer Fläche von mehr als 200 m², ausgenommen Wohnungen, mindestens Feuer hemmende, rauchdichte und selbstschließende Abschlüsse,
2. zu notwendigen Fluren rauchdichte und selbstschließende Abschlüsse,
3. zu sonstigen Räumen und Nutzungseinheiten mindestens dicht- und selbstschließende Abschlüsse haben. [2]Die Feuerschutz- und Rauchschutzabschlüsse dürfen lichtdurchlässige Seitenteile und Oberlichte enthalten, wenn der Abschluss insgesamt nicht breiter als 2,50 m ist.

(7) [1]Notwendige Treppenräume müssen zu beleuchten sein. [2]Innen liegende notwendige Treppenräume müssen in Gebäuden mit einer Höhe nach § 2 Absatz 3 Satz 2 von mehr als 13 m eine Sicherheitsbeleuchtung haben.

(8) [1]Notwendige Treppenräume müssen belüftet werden können. [2]Sie müssen in jedem oberirdischen Geschoss unmittelbar ins Freie führende Fenster mit einem freien Querschnitt von mindestens 0,5 m² haben, die geöffnet werden können. [3]Für innen liegende notwendige Treppenräume und notwendige Treppenräume in Gebäuden mit einer Höhe nach § 2 Absatz 3 Satz 2 von mehr als 13 m ist an der obersten Stelle eine Öffnung zur Rauchableitung mit einem freien Querschnitt von mindestens 1 m² erforderlich; sie muss vom Erdgeschoss sowie vom obersten Treppenabsatz aus geöffnet werden können. [4]Bei Treppenräumen mit einer Grundfläche von über 40 m² sind besondere Vorkehrungen zu treffen zur Unterstützung der Personenrettung.

§ 34 Notwendige Flure, offene Gänge

(1) [1]Flure, über die Rettungswege aus Aufenthaltsräumen oder aus Nutzungseinheiten mit Aufenthaltsräumen zu Ausgängen in notwendige Treppenräume oder ins Freie führen (notwendige Flure),

müssen so angeordnet und ausgebildet sein, dass ihre Benutzung im Brandfall ausreichend lange möglich ist. [2]Notwendige Flure sind nicht erforderlich

1. in Wohngebäuden der Gebäudeklassen 1 und 2,
2. in sonstigen Gebäuden der Gebäudeklassen 1 und 2, aus genommen in Kellergeschossen,
· 3. innerhalb von Wohnungen oder innerhalb von Nutzungseinheiten mit nicht mehr als 200 m²,
4. innerhalb von Nutzungseinheiten, die einer Büro- oder Verwaltungsnutzung dienen, mit nicht mehr als 400 m²; das gilt auch für Teile größerer Nutzungseinheiten, wenn diese Teile nicht größer als 400 m² sind, Trennwände nach § 27 Absatz 2 Nummer 1 haben und jeder Teil unabhängig von anderen Teilen Rettungswege nach § 31 Absatz 1 hat.

(2) [1]Notwendige Flure müssen so breit sein, dass sie für den größten zu erwartenden Verkehr ausreichen, mindestens 1 m. [2]In den Fluren ist eine Folge von weniger als drei Stufen unzulässig.

(3) [1]Notwendige Flure sind durch nicht abschließbare, rauchdichte und selbst schließende Abschlüsse in Rauchabschnitte zu unterteilen. [2]Die Rauchabschnitte dürfen nicht länger als 30 m sein. [3]Die Abschlüsse sind bis an die Rohdecke zu führen; sie dürfen bis an die Unterdecke der Flure geführt werden, wenn die Unterdecke Feuer hemmend ist. [4]Notwendige Flure mit nur einer Fluchtrichtung, die zu einem Sicherheitstreppenraum führen, dürfen nicht länger als 15,0 m sein. [5]Die Sätze 1 bis 4 gelten nicht für offene Gänge nach Absatz 5.

(4) [1]Die Wände notwendiger Flure müssen als Raum ab schließende Bauteile Feuer hemmend, in Kellergeschossen, deren tragende und aussteifende Bauteile feuerbeständig sein müssen, feuerbeständig sein. [2]Die Wände sind bis an die Rohdecke zu führen. [3]Sie dürfen bis an die Unterdecke der Flure geführt werden, wenn die Unterdecke Feuer hemmend und ein nach Satz 1 vergleichbarer Raumabschluss sichergestellt ist. [4]Türen in diesen Wänden müssen dicht schließen; Öffnungen zu Lagerbereichen im Kellergeschoss müssen Feuer hemmende, dicht- und selbstschließende Abschlüsse haben.

(5) [1]Für Wände und Brüstungen notwendiger Flure mit nur einer Fluchtrichtung, die als offene Gänge vor den Außenwänden angeordnet sind, gilt Absatz 4 entsprechend. [2]Fenster sind in diesen Außenwänden ab einer Brüstungshöhe von 0,9 m zulässig.

(6) In notwendigen Fluren sowie in offenen Gängen nach Absatz 5 müssen

1. Bekleidungen, Putze, Unterdecken und Dämmstoffe aus nicht brennbaren Baustoffen bestehen,
2. Wände und Decken aus brennbaren Baustoffen eine Bekleidung aus nicht brennbaren Baustoffen in ausreichender Dicke haben.

§ 35 Fenster, Türen, sonstige Öffnungen

(1) Können die Fensterflächen nicht gefahrlos vom Erdboden, vom Innern des Gebäudes, von Loggien oder Balkonen aus gereinigt werden, so sind Vorrichtungen wie Aufzüge, Halterungen oder Stangen anzubringen, die eine Reinigung ermöglichen.

(2) [1]Glastüren und andere Glasflächen, die bis zum Fußboden allgemein zugänglicher Verkehrsflächen herabreichen, sind so zu kennzeichnen, dass sie leicht erkannt werden können. [2]Weitere Schutzmaßnahmen sind für größere Glasflächen vorzusehen, wenn dies die Verkehrssicherheit erfordert.

(3) [1]Jedes Kellergeschoss ohne Fenster muss mindestens eine Öffnung ins Freie haben, um eine Rauchableitung zu ermöglichen. [2]Gemeinsame Kellerlichtschächte für übereinander liegende Kellergeschosse sind unzulässig.

(4) [1]Fenster, die als Rettungswege nach § 31 Absatz 2 Satz 2 dienen, müssen im Lichten mindestens 0,9 m × 1,2 m groß und nicht höher als 1,20 m über der Fußbodenoberkante angeordnet sein. [2]Liegen diese Fenster in Dachschrägen oder Dachaufbauten, so darf ihre Unterkante oder ein davor liegender Austritt von der Traufkante horizontal gemessen nicht weiter als 1 m entfernt sein.

(5) [1]Ins Freie führende Türen von Gebäuden, die für die Tierhaltung bestimmt sind, müssen nach außen aufschlagen. [2]Ihre Zahl, Höhe und Breite muss so groß sein, dass die Tiere bei Gefahr ohne Schwierigkeiten ins Freie gelangen können.

§ 36 Umwehrungen und Brüstungen

(1) In, an und auf baulichen Anlagen sind zu umwehren oder mit Brüstungen zu versehen:

1. Flächen, die im Allgemeinen zum Begehen bestimmt sind und unmittelbar an mehr als 1 m tiefer liegende Flächen angrenzen; dies gilt nicht, wenn die Umwehrung dem Zweck der Flächen widerspricht,

2. nicht begehbare Oberlichte und Glasabdeckungen in Flächen, die im Allgemeinen zum Begehen bestimmt sind, wenn sie weniger als 0,50 m aus diesen Flächen herausragen,

3. Dächer oder Dachteile, die zum auch nur zeitweiligen Aufenthalt von Menschen bestimmt sind,

4. Öffnungen in begehbaren Decken sowie in Dächern oder Dachteilen nach Nummer 3, wenn sie nicht sicher abgedeckt sind,

5. nicht begehbare Glasflächen in Decken sowie in Dächern oder Dachteilen nach Nummer 3,

6. die freien Seiten von Treppenläufen, Treppenabsätzen und Treppenöffnungen (Treppenaugen),

7. Kellerlichtschächte und Betriebsschächte, die an Verkehrsflächen liegen, wenn sie nicht verkehrssicher abgedeckt sind.

(2) [1]In Verkehrsflächen liegende Kellerlichtschächte und Betriebsschächte sind in Höhe der Verkehrsfläche verkehrssicher abzudecken. [2]An und in Verkehrsflächen liegende Abdeckungen müssen gegen unbefugtes Abheben gesichert sein.

(3) [1]Brüstungen mit einer Mindesttiefe von 15 cm zur Umgrenzung von Flächen mit einer Absturzhöhe bis zu 12,0 m müssen mindestens 0,8m, von Flächen mit mehr als 12,0 m Absturzhöhe mindestens 0,9 m hoch sein. [2]Geringere Brüstungshöhen sind zulässig, wenn durch andere Vorrichtungen wie Geländer die nach Absatz 4 vorgeschriebenen Mindesthöhen eingehalten werden.

(4) Umwehrungen müssen folgende Mindesthöhen haben:

1. Umwehrungen zur Sicherung von Öffnungen in begehbaren Decken und Dächern sowie Umwehrungen von Flächen mit einer Absturzhöhe von 1 m bis zu 12,0 m: 0,9 m,

2. Umwehrungen von Flächen mit mehr als 12,0 m Absturzhöhe: 1,1 m.

Sechster Abschnitt
Technische Gebäudeausrüstung

§ 37 Aufzüge

(1) [1]Aufzüge im Innern von Gebäuden müssen eigene Fahrschächte haben, um eine Brandausbreitung in andere Geschosse ausreichend lange zu verhindern. [2]In einem Fahrschacht dürfen bis zu drei Aufzüge liegen. [3]Aufzüge ohne eigene Fahrschächte sind zulässig

1. innerhalb eines notwendigen Treppenraumes, ausgenommen in Hochhäusern,

2. innerhalb von Räumen, die Geschosse überbrücken,

3. zur Verbindung von Geschossen, die offen miteinander in Verbindung stehen dürfen,

4. in Gebäuden der Gebäudeklassen 1 und 2.

[4]Sie müssen sicher umkleidet sein.

(2) [1]Die Fahrschachtwände müssen als Raum abschließende Bauteile

1. in Gebäuden der Gebäudeklasse 5 feuerbeständig und aus nicht brennbaren Baustoffen,

2. in Gebäuden der Gebäudeklasse 4 hoch Feuer hemmend,

3. in Gebäuden der Gebäudeklasse 3 Feuer hemmend

sein; Fahrschachtwände aus brennbaren Baustoffen müssen schachtseitig eine Bekleidung aus nicht brennbaren Baustoffen in ausreichender Dicke haben. [2]Fahrschachttüren und andere Öffnungen in Fahrschachtwänden mit erforderlicher Feuerwiderstandsfähigkeit sind so herzustellen, dass die Anforderungen nach Absatz 1 Satz 1 nicht beeinträchtigt werden.

(3) [1]Fahrschächte müssen zu lüften sein und eine Öffnung zur Rauchableitung mit einem freien Querschnitt von mindestens 2,5 vom Hundert der Fahrschachtgrundfläche, mindestens jedoch 0,1 m² haben. [2]Die Lage der Rauchaustrittsöffnungen muss so gewählt werden, dass der Rauchaustritt durch Windeinfluss nicht beeinträchtigt wird.

(4) [1]Gebäude mit einer Höhe nach § 2 Absatz 3 Satz 2 von mehr als 13,0 m müssen Aufzüge in ausreichender Zahl haben; dies gilt nicht, soweit bei bestehenden Gebäuden zusätzlicher Wohnraum durch Änderung des Dachgeschosses oder durch Errichtung zusätzlicher Geschosse geschaffen wird. [2]Von diesen Aufzügen muss mindestens ein Aufzug Kinderwagen, Rollstühle, Krankentragen und Lasten aufnehmen können und Haltestellen in allen Geschossen haben. [3]Dieser Aufzug muss von allen Wohnungen in dem Gebäude und von der öffentlichen Verkehrsfläche aus stufenlos erreichbar sein. [4]Haltestellen im obersten Geschoss und in den Kellergeschossen sind nicht erforderlich, wenn sie nur unter besonderen Schwierigkeiten hergestellt werden können.

(5) ¹Fahrkörbe zur Aufnahme einer Krankentrage müssen eine nutzbare Grundfläche von mindestens 1,1 m × 2,1m, zur Aufnahme eines Rollstuhls von mindestens 1,1 m × 1,4 m haben; Türen müssen eine lichte Durchgangsbreite von mindestens 0,9 m haben. ²In einem Aufzug für Rollstühle und Krankentragen darf der für Rollstühle nicht erforderliche Teil der Fahrkorbgrundfläche durch eine verschließbare Tür abgesperrt werden. ³Vor den Aufzügen muss eine ausreichende Bewegungsfläche vorhanden sein.

§ 38 Sicherheitstechnisch bedeutsame und überwachungsbedürftige Anlagen

Für sicherheitstechnisch bedeutsame und überwachungsbedürftige Anlagen, die weder gewerblichen noch wirtschaft lichen Zwecken dienen und in deren Gefahrenbereich auch keine Arbeitnehmerinnen und Arbeitnehmer beschäftigt werden, gelten die Sachanforderungen und die Festlegungen über erstmalige Prüfungen vor Inbetriebnahme und wiederkehrende Prüfungen nach

1. den auf Grund von § 34 des Produktsicherheitsgesetzes vom 8. November 2011 (BGBl. 2011 I S. 2178, 2179, 2012 I S. 131), geändert am 31. August 2015 (BGBl. I S. 1474, 1538), in der jeweils geltenden Fassung erlassenen Verordnungen und

2. der Betriebssicherheitsverordnung vom 3. Februar 2015 (BGBl. I S. 49), zuletzt geändert am 29. März 2017 (BGBl. I S. 626, 648), in der jeweils geltenden Fassung,

sowie der zugehörigen Technischen Regeln sinngemäß.

§ 39 Leitungsanlagen, Installationsschächte und -kanäle

(1) Leitungen dürfen durch Raum abschließende Bauteile, für die eine Feuerwiderstandsfähigkeit vorgeschrieben ist, nur hindurchgeführt werden, wenn eine Brandausbreitung ausreichend lange nicht zu befürchten ist oder Vorkehrungen hiergegen getroffen sind; dies gilt nicht

1. für Gebäude der Gebäudeklassen 1 und 2,

2. innerhalb von Wohnungen,

3. innerhalb derselben Nutzungseinheit mit nicht mehr als insgesamt 400 m² Grundfläche in nicht mehr als zwei Geschossen.

(2) In notwendigen Treppenräumen, in Räumen nach § 33 Absatz 3 Satz 3 und in notwendigen Fluren sind Leitungsanlagen nur zulässig, wenn eine Nutzung als Rettungsweg im Brandfall ausreichend lange möglich ist.

(3) Für Installationsschächte und -kanäle gelten Absatz 1 sowie § 40 Absatz 2 Satz 1 entsprechend.¹⁾

§ 40 Lüftungsanlagen

(1) Lüftungsanlagen müssen betriebssicher und brandsicher sein; sie dürfen den ordnungsgemäßen Betrieb von Feuerungsanlagen nicht beeinträchtigen.

(2) ¹Lüftungsleitungen sowie deren Bekleidungen und Dämmstoffe müssen aus nicht brennbaren Baustoffen bestehen; brennbare Baustoffe sind zulässig, wenn ein Beitrag der Lüftungsleitung zur Brandentstehung und Brandweiterleitung nicht zu befürchten ist. ²Lüftungsleitungen dürfen Raum abschließende Bauteile, für die eine Feuerwiderstandsfähigkeit vorgeschrieben ist, nur überbrücken, wenn eine Brandausbreitung ausreichend lange nicht zu befürchten ist oder wenn Vorkehrungen hiergegen getroffen sind.

(3) Lüftungsanlagen sind so herzustellen, dass sie Gerüche und Staub nicht in andere Räume übertragen.

(4) ¹Lüftungsanlagen dürfen nicht in Abgasanlagen eingeführt werden; die gemeinsame Nutzung von Lüftungsleitungen zur Lüftung und zur Ableitung der Abgase von Feuerstätten ist zulässig, wenn keine Bedenken wegen der Betriebssicherheit und des Brandschutzes bestehen. ²Die Abluft ist ins Freie zu führen. ³Nicht zur Lüftungsanlage gehörende Einrichtungen sind in Lüftungsleitungen unzulässig.

---

1) § 39 Abs. 3 Sätze 2 und 3 der BauO in der bis zum 31.3.2006 geltenden Fassung gilt fort, vgl. hierzu die Übergangsvorschrift in § 83 Abs. 3. § 39 Abs. 3 Sätze 2 und 3 der BauO lautet wie folgt:
²Die Eigentümerinnen und Eigentümer bestehender Gebäude sind verpflichtet, bis zum 1. September 2004 jede Wohnung oder andere Nutzungseinheit nach Satz 1 mit solchen Einrichtungen auszurüsten. ³Ausnahmen können zugelassen werden, soweit die Ausrüstung im Einzelfall wegen besonderer Umstände durch einen unangemessenen Aufwand in sonstiger Weise zu unverhältnismäßigen Kosten führt.

(5) Die Absätze 2 und 3 gelten nicht

1. für Gebäude der Gebäudeklassen 1 und 2,
2. innerhalb von Wohnungen,
3. innerhalb derselben Nutzungseinheit mit nicht mehr als 400 m² in nicht mehr als zwei Geschossen.

(6) Für raumlufttechnische Anlagen und Warmluftheizungen gelten die Absätze 1 bis 5 entsprechend.

§ 41 Feuerungsanlagen, sonstige Anlagen zur Wärmeerzeugung, Brennstoffversorgung

(1) Feuerstätten und Abgasanlagen (Feuerungsanlagen) müssen betriebssicher und brandsicher sein.

(2) Feuerstätten dürfen in Räumen nur aufgestellt werden, wenn nach der Art der Feuerstätte und nach Lage, Größe, baulicher Beschaffenheit und Nutzung der Räume Gefahren nicht entstehen.

(3) [1]Abgase von Feuerstätten sind durch Abgasleitungen, Schornsteine und Verbindungsstücke (Abgasanlagen) so abzuführen, dass keine Gefahren oder unzumutbaren Belästigungen entstehen. [2]Abgasanlagen sind in solcher Zahl und Lage und so herzustellen, dass die Feuerstätten des Gebäudes ordnungsgemäß angeschlossen werden können. [3]Sie müssen leicht gereinigt werden können.

(4) [1]Behälter und Rohrleitungen für brennbare Gase und Flüssigkeiten müssen betriebssicher und brandsicher sein. [2]Diese Behälter sowie feste Brennstoffe sind so aufzustellen oder zu lagern, dass keine Gefahren oder unzumutbaren Belästigungen entstehen.

(5) Für die Aufstellung von ortsfesten Verbrennungsmotoren, Blockheizkraftwerken, Brennstoffzellen und Verdichtern sowie die Ableitung ihrer Verbrennungsgase gelten die Absätze 1 bis 3 entsprechend.

§ 42 Anlagen zum Sammeln und Beseitigen von Abwasser

(1) [1]Abwassersammelgruben und Kleinkläranlagen müssen wasserdicht und ausreichend groß sein. [2]Sie müssen eine dichte und sichere Abdeckung sowie Reinigungs- und Entleerungsöffnungen haben. [3]Diese Öffnungen dürfen nur vom Freien aus zugänglich sein. [4]Die Anlagen sind so zu entlüften, dass Gesundheitsschäden oder unzumutbare Belästigungen nicht entstehen. [5]Die Zuleitungen zu Abwasserentsorgungsanlagen müssen geschlossen, dicht und, soweit erforderlich, zum Reinigen eingerichtet sein.

(2) Schächte oder Öffnungen, von denen Geruchsbelästigungen ausgehen können, müssen mindestens 5 m von Öffnungen von Aufenthaltsräumen und mindestens 2,50 m von der Grundstücksgrenze entfernt sein.

§ 43 Anlagen für Abfälle

(1) Für bauliche Anlagen und Grundstücke, bei deren Nutzung Abfälle anfallen, sind befestigte und ausreichend bemessene Standplätze oder Abfallbehälterräume zur Aufnahme der Abfall- und Wertstoffsammelbehälter auf dem Grundstück oder, durch Baulast gesichert, auf einem anderen Grundstück herzustellen.

(2) [1]Die Standplätze müssen vor Öffnungen von Aufenthaltsräumen mindestens 5 m entfernt sein. [2]Der Abstand darf bis auf 2 m verringert werden, wenn die Behälter in Müllbehälterschränken untergebracht werden. [3]Die Sätze 1 und 2 gelten nicht, wenn auf dem Grundstück nur Abfall- und Wertstoffsammelbehälter bis zu insgesamt 240 Liter Fassungsvermögen untergebracht werden.

(3) Feste Abfallstoffe dürfen innerhalb von Gebäuden vorübergehend aufbewahrt werden, in Gebäuden der Gebäudeklassen 3 bis 5 jedoch nur, wenn die dafür bestimmten Abfallbehälterräume unmittelbar vom Freien entleert werden können und

1. Trennwände und Decken als Raum abschließende Bauteile mit der Feuerwiderstandsfähigkeit der tragenden Wände,
2. Öffnungen vom Gebäudeinnern zum Aufstellraum mit Feuer hemmenden, dicht- und selbstschließenden Abschlüssen und
3. eine ständig wirksame Lüftung

haben.

§ 43a Elektrische Anlagen und Blitzschutzanlagen

(1) Elektrische Anlagen müssen dem Zweck und der Nutzung der baulichen Anlagen entsprechend ausgeführt sowie betriebssicher und brandsicher sein.

(2) Bauliche Anlagen, bei denen nach Lage, Bauart oder Nutzung Blitzschlag leicht eintreten oder zu schweren Folgen führen kann, sind mit dauernd wirksamen Blitzschutzanlagen zu versehen.

Siebter Abschnitt
Nutzungsbedingte Anforderungen

§ 44 Aufenthaltsräume

(1) [1]Aufenthaltsräume müssen eine lichte Raumhöhe von mindestens 2,4 m haben. [2]Für Aufenthaltsräume in Wohngebäuden der Gebäudeklassen 1 und 2 genügt eine lichte Raumhöhe von mindestens 2,3 m. [3]Aufenthaltsräume in Dachgeschossen müssen über mehr als der Hälfte ihrer Grundfläche eine lichte Höhe von mindestens 2,3 m haben; Raumteile mit einer lichten Höhe bis 1,50 m bleiben bei der Berechnung der Grundfläche außer Betracht.

(2) [1]Aufenthaltsräume müssen ausreichend belüftet und mit Tageslicht belichtet werden können. [2]Sie müssen Fenster mit einem Rohbaumaß der Fensteröffnungen von mindestens einem Achtel der Nettogrundfläche des Raumes einschließlich der Nettogrundfläche verglaster Vorbauten und Loggien haben.

(3) Aufenthaltsräume, die nicht dem Wohnen dienen, sind ohne Fenster zulässig, wenn
1. gesundheitliche Belange nicht entgegenstehen und
2. eine ausreichende Beleuchtung und Belüftung auf andere Weise sichergestellt ist oder wenn die Nutzung dieses erfordert.

§ 45 Wohnungen

(1) [1]Jede Wohnung muss eine Küche oder einen Kochplatz haben. [2]Fensterlose Kochplätze sind zulässig, wenn eine wirksame Lüftung gewährleistet ist.

(2) In Wohngebäuden der Gebäudeklassen 3 bis 5 sind leicht erreichbare und gut zugängliche Abstellflächen für Kinderwagen und Mobilitätshilfsmittel in ausreichender Zahl und Größe herzustellen; für jede Wohnung ist ein Abstellraum von mindestens 6 m² Grundfläche herzustellen.

(3) [1]Jede Wohnung muss ein Bad mit Badewanne oder Dusche und eine Toilette haben. [2]Fensterlose Bäder und Toiletten sind zulässig, wenn eine wirksame Lüftung gewährleistet ist.

(4) Jede Wohnung muss einen eigenen Wasserzähler haben.

(5) Wohnungen in Kellergeschossen sind unzulässig.

(6) [1]In Wohnungen müssen Schlafräume, Kinderzimmer und Flure, über die Rettungswege von Aufenthaltsräumen führen, jeweils mindestens einen Rauchwarnmelder haben. [2]Die Rauchwarnmelder müssen so eingebaut und betrieben werden, dass Brandrauch frühzeitig erkannt und gemeldet wird. [3]Vorhandene Wohnungen sind bis zum 31. Dezember 2010 mit Rauchwarnmeldern auszurüsten.

§§ 46, 47 (frei)

§ 48 Stellplätze für Kraftfahrzeuge und Fahrradplätze

(1) [1]Werden bauliche Anlagen sowie andere Anlagen, bei denen ein Zu- und Abfahrtsverkehr zu erwarten ist, errichtet, sind Stellplätze für Kraftfahrzeuge sowie Fahrradplätze auf dem Grundstück oder, durch Baulast gesichert, auf einem geeigneten Grundstück in der Nähe in geeigneter Beschaffenheit herzustellen oder nachzuweisen (notwendige Stellplätze und notwendige Fahrradplätze). [2]Ihre Zahl und Größe richtet sich nach Art und Zahl der vorhandenen und zu erwartenden Kraftfahrzeuge und Fahrräder der ständigen Benutzerinnen und Benutzer und Besucherinnen und Besucher der Anlagen. [3]Bei Änderungen der Anlage und bei Änderung der Nutzung, die nach Maßgabe des Satzes 2 zu Änderungen in Zahl und Größe der notwendigen Stellplätze und notwendigen Fahrradplätze führen, sind nur Stellplätze und Fahrradplätze für den Mehrbedarf als Folge der Änderungen herzustellen.

(1a) [1]Die Verpflichtung zur Herstellung oder zum Nachweis von Stellplätzen für Kraftfahrzeuge gilt abweichend von Absatz 1 nicht für Wohnungen oder Wohnheime. [2]Bei Wohnungen oder Wohnheimen entscheiden die Bauherrinnen und Bauherren in eigener Verantwortung über die Herstellung von Stellplätzen in angemessenem Umfang, wobei sie neben dem Stellplatzbedarf der Bewohnerinnen und Bewohner, den örtlichen Verkehrsverhältnissen, der Anbindung an den öffentlichen Nahverkehr insbesondere die Belange von Menschen mit Mobilitätseinschränkungen berücksichtigen sollen.

(2) Die Unterbringung von Kinderspielflächen sowie von notwendigen Fahrradplätzen auf dem Grundstück hat Vorrang vor der Unterbringung von Stellplätzen.

(3) [1]Notwendige Stellplätze und notwendige Fahrradplätze dürfen nicht für andere als den dafür vorgesehenen Zweck benutzt werden. [2]Einzelne Stellplätze in vorhandenen Garagen dürfen als Fahrradplätze genutzt werden.

(4) Die Herstellung von Stellplätzen kann ganz oder teilweise untersagt werden, wenn

1. die öffentlichen Wege im Bereich des Grundstücks oder die nächsten Verkehrsknoten durch den Kraftfahrzeugverkehr ständig oder regelmäßig zu bestimmten Zeiten überlastet sind oder ihre Überlastung zu erwarten ist oder

2. das Grundstück durch den öffentlichen Personennahverkehr gut erschlossen ist.

§ 49 Ausgleichsabgabe für Stellplätze und Fahrradplätze

(1) [1]Die Verpflichtung nach § 48 wird durch Zahlung eines Ausgleichsbetrages an die Freie und Hansestadt Hamburg erfüllt, wenn

1. notwendige Stellplätze oder notwendige Fahrradplätze nicht oder nur unter unzumutbaren Schwierigkeiten hergestellt oder nachgewiesen werden können oder

2. notwendige Stellplätze als Stellplätze für Wohnungen oder Wohnheime (§ 48 Absatz 1a) genutzt werden sollen und die Stellplätze für Wohnungen oder Wohnheime ansonsten nicht oder nur unter unzumutbaren Schwierigkeiten hergestellt werden können.

[2]Für die Verjährung eines festgesetzten Anspruchs gilt § 22 Absatz 3 des Gebührengesetzes vom 5. März 1986 (HmbGVBl. S. 37), zuletzt geändert am 14. Dezember 2010 (HmbGVBl. S. 667), in der jeweils geltenden Fassung entsprechend.

(2) [1]Der Ausgleichsbetrag nach Absatz 1 beträgt

1.	für die jeweils ersten drei Stellplätze bei einer Nutzungsänderung		0 Euro
2.	für Bauvorhaben in dem in der Anlage 1 rot umrandeten Bereich,		
	a)	je notwendigem Stellplatz	10 000 Euro,
	b)	je notwendigem Fahrradplatz	1 000 Euro,
3.	im Übrigen		
	a)	je notwendigem Stellplatz	6 000 Euro,
	b)	je notwendigem Fahrradplatz	600 Euro.

[2]Der Ausgleichsbetrag ist bis zur Aufnahme der Nutzung des Bauvorhabens zu entrichten.

(3) [1]Die Ausgleichsbeträge nach Absatz 2 und die sich darauf beziehenden Zinsen ruhen auf dem Grundstück als öffentliche Last und, solange das Grundstück mit einem Erbbaurecht belastet ist, auch auf diesem. [2]Die dingliche Haftung kann gegen die jeweilige Eigentümerin bzw. den jeweiligen Eigentümer oder gegen die Erbbauberechtigte bzw. den Erbbauberechtigten geltend gemacht werden. [3]Das gilt auch dann, wenn diese Person nicht persönliche Schuldnerin oder persönlicher Schuldner ist.

(4) Die Ausgleichsbeträge dürfen nur verwendet werden zum Erwerb von Flächen sowie zur Herstellung, Unterhaltung, Grundinstandsetzung und Modernisierung von

1. baulichen Anlagen zum Abstellen von Kraftfahrzeugen außerhalb öffentlicher Straßen und von Fahrrädern,

2. Verbindungen zwischen Parkeinrichtungen und Haltestellen des öffentlichen Personennahverkehrs,

3. Parkleitsystemen und anderen Einrichtungen zur Verringerung des Parksuchverkehrs sowie für sonstige Maßnahmen zugunsten des ruhenden Verkehrs sowie

4. Einrichtungen des öffentlichen Personennahverkehrs und von öffentlichen Radverkehrsanlagen.

§ 50 (frei)

§ 51 Sonderbauten

[1]Soweit die Vorschriften dieses Gesetzes oder die auf Grund dieses Gesetzes erlassenen Vorschriften zur Vermeidung oder Beseitigung von Gefahren, erheblichen Nachteilen oder erheblichen Belästigungen nicht ausreichen, können an Sonderbauten nach § 2 Absatz 4 im Einzelfall zur Verwirklichung der allgemeinen Anforderungen nach § 3, insbesondere zum Brandschutz und zur technischen Gebäudeausrüstung, besondere Anforderungen gestellt werden. [2]Dies gilt auch für bauliche Anlagen, die besonderen Gefährdungen ausgesetzt sein können.

§ 52 Barrierefreies Bauen

(1) [1]In Gebäuden mit mehr als vier Wohnungen müssen die Wohnungen eines Geschosses barrierefrei erreichbar sein; diese Verpflichtung kann auch durch barrierefrei erreichbare Wohnungen in entsprechendem Umfang in mehreren Geschossen erfüllt werden. [2]In diesen Wohnungen müssen die Wohn-

und Schlafräume, eine Toilette, ein Bad sowie die Küche oder die Kochnische barrierefrei sein. [3]§ 37 Absatz 4 bleibt unberührt. [4]Die Sätze 1 und 2 gelten nicht, soweit Anforderungen wegen schwieriger Geländeverhältnisse, wegen des Einbaus eines sonst nicht erforderlichen Aufzugs oder wegen ungünstiger vorhandener Bebauung nur mit einem unverhältnismäßigen Mehraufwand erfüllt werden können.

(2) [1]Bauliche Anlagen, die öffentlich zugänglich sind, müssen in den dem allgemeinen Besucherverkehr dienenden Teilen von Menschen mit Behinderungen, alten Menschen und Personen mit Kleinkindern barrierefrei erreicht und ohne fremde Hilfe zweckentsprechend genutzt werden können. [2]Diese Anforderungen gelten insbesondere für

1. Einrichtungen der Kultur und des Bildungswesens,
2. Sport- und Freizeitstätten,
3. Einrichtungen des Gesundheitswesens,
4. Büro-, Verwaltungs- und Gerichtsgebäude,
5. Verkaufs-, Gaststätten und Beherbergungsbetriebe,
6. Stellplätze, Garagen und Toilettenanlagen.

(3) Für bauliche Anlagen und Einrichtungen, die überwiegend oder ausschließlich von Menschen mit Behinderungen, alten Menschen und Personen mit Kleinkindern genutzt werden, wie

1. Tagesstätten, Werkstätten, Ausbildungsstätten, Heime und Wohnungen für Menschen mit Behinderungen,
2. Altenheime, Altenwohnheime, Pflegeheime und gleichartige Einrichtungen,
3. Tagesstätten und Heime für Kleinkinder

gilt Absatz 2 nicht nur für die dem allgemeinen Besucherverkehr dienenden Teile, sondern für alle Teile, die von dem jeweiligen Personenkreis genutzt werden.

Vierter Teil
Die am Bau Beteiligten

§ 53 Grundpflichten der am Bau Beteiligten
Bei der Errichtung, Änderung, Nutzungsänderung und der Beseitigung von Anlagen sind die Bauherrin oder der Bauherr und im Rahmen ihres Wirkungskreises die anderen am Bau Beteiligten dafür verantwortlich, dass die öffentlich-rechtlichen Vorschriften eingehalten werden.

§ 54 Bauherrin oder Bauherr
(1) Bauherrin oder Bauherr ist, wer auf eigene Verantwortung eine Anlage vorbereitet oder ausführt oder vorbereiten oder ausführen lässt.

(2) [1]Die Bauherrin oder der Bauherr hat zur Vorbereitung, Überwachung und Ausführung eines nicht verfahrensfreien Vorhabens geeignete Beteiligte nach Maßgabe der §§ 55 bis 57 zu bestellen, soweit sie oder er nicht selbst zur Erfüllung der Verpflichtungen nach diesen Vorschriften geeignet ist. [2]Der Bauherrin oder dem Bauherrn obliegen außerdem die nach den öffentlich-rechtlichen Vorschriften erforderlichen Anträge, Anzeigen und Nachweise. [3]Sie oder er hat die zur Erfüllung der Anforderungen dieses Gesetzes oder auf Grund dieses Gesetzes erforderlichen Nachweise und Unterlagen zu den verwendeten Bauprodukten und den angewandten Bauarten bereitzuhalten. [4]Werden Bauprodukte verwendet, die die CE-Kennzeichnung nach der Verordnung (EU) Nr. 305/2011 tragen, ist die Leistungserklärung bereitzuhalten. [5]Die Bauherrin oder der Bauherr hat vor Baubeginn den Namen der Bauleiterin oder des Bauleiters und während der Bauausführung den Wechsel dieser Person unverzüglich der Bauaufsichtsbehörde mitzuteilen. [6]Wechselt die Bauherrin oder der Bauherr, hat die neue Bauherrin oder der neue Bauherr dies der Bauaufsichtsbehörde unverzüglich mitzuteilen.

(3) Treten bei einem Bauvorhaben mehrere Personen als Bauherrin oder als Bauherr auf, so kann die Bauaufsichtsbehörde verlangen, dass eine Vertreterin oder ein Vertreter bestellt wird, die oder der ihr gegenüber die Verpflichtungen der Bauherrin oder des Bauherrn zu erfüllen hat.

§ 55 Entwurfsverfasserin oder Entwurfsverfasser
(1) Entwurfsverfasserin oder Entwurfsverfasser ist, wer mit der selbständigen Planung von Bauvorhaben beauftragt worden ist.

(2) [1]Die Entwurfsverfasserin oder der Entwurfsverfasser muss nach Sachkunde und Erfahrung zur Vorbereitung des jeweiligen Bauvorhabens geeignet sein. [2]Sie oder er ist für die Vollständigkeit und

Brauchbarkeit ihres oder seines Entwurfs und dafür, dass der Entwurf den öffentlich-rechtlichen Vorschriften entspricht, verantwortlich. [3]Die Entwurfsverfasserin oder der Entwurfsverfasser hat dafür zu sorgen, dass die für die Ausführung notwendigen Einzelzeichnungen, Einzelberechnungen und Anweisungen den öffentlich-rechtlichen Vorschriften entsprechen.

(3) [1]Hat die Entwurfsverfasserin oder der Entwurfsverfasser auf einzelnen Fachgebieten nicht die erforderliche Sachkunde und Erfahrung, so sind geeignete Fachplanerinnen oder Fachplaner heranzuziehen. [2]Diese sind für die von ihnen gefertigten Unterlagen, die sie zu unterzeichnen haben, verantwortlich. [3]Für das ordnungsgemäße Ineinandergreifen aller Fachplanungen bleibt die Entwurfsverfasserin oder der Entwurfsverfasser verantwortlich.

§ 56 Unternehmerin oder Unternehmer

(1) Unternehmerin oder Unternehmer ist, wer mit der selbstständigen Ausführung von Bau- oder Abbrucharbeiten beauftragt worden ist.

(2) [1]Jede Unternehmerin und jeder Unternehmer ist für die mit den öffentlich-rechtlichen Anforderungen übereinstimmende Ausführung der von ihr oder ihm übernommenen Arbeiten und insoweit für die ordnungsgemäße Einrichtung und den sicheren Betrieb der Baustelle verantwortlich. [2]Sie oder er hat die zur Erfüllung der Anforderungen dieses Gesetzes oder auf Grund dieses Gesetzes erforderlichen Nachweise und Unterlagen zu den verwendeten Bauprodukten und den angewandten Bauarten zu erbringen und auf der Baustelle bereitzuhalten. [3]Bei Bauprodukten, die die CE-Kennzeichnung nach der Verordnung (EU) Nr. 305/2011 tragen, ist die Leistungserklärung bereitzuhalten.

(3) Jede Unternehmerin und jeder Unternehmer hat auf Verlangen der Bauaufsichtsbehörde für Arbeiten, bei denen die Sicherheit der Anlage in außergewöhnlichem Maße von der besonderen Sachkenntnis und Erfahrung der Unternehmerin oder des Unternehmers oder von einer Ausstattung des Unternehmens mit besonderen Vorrichtungen abhängt, nachzuweisen, dass sie oder er für diese Arbeiten geeignet ist und über die erforderlichen Vorrichtungen verfügt.

§ 57 Bauleiterin oder Bauleiter

(1) Bauleiterin oder Bauleiter ist, wer auf der Baustelle die Bauherrin oder den Bauherrn als sachkundige Person vertritt.

(2) [1]Die Bauleiterin oder der Bauleiter hat darüber zu wachen, dass die Baumaßnahme entsprechend den öffentlich-rechtlichen Anforderungen durchgeführt wird, und die dafür erforderlichen Weisungen zu erteilen. [2]Sie oder er hat im Rahmen dieser Aufgabe auf den sicheren bautechnischen Betrieb der Baustelle, insbesondere auf das gefahrlose Ineinandergreifen der Arbeiten der Unternehmerinnen und Unternehmer zu achten. [3]Die Verantwortlichkeit der Unternehmerinnen und Unternehmer bleibt unberührt.

(3) [1]Die Bauleiterin oder der Bauleiter muss über die für ihre oder seine Aufgabe erforderliche Sachkunde und Erfahrung verfügen. [2]Verfügt sie oder er auf einzelnen Teilgebieten nicht über die erforderliche Sachkunde, so sind geeignete Fachbauleiterinnen oder Fachbauleiter heranzuziehen. [3]Diese treten insoweit an die Stelle der Bauleiterin oder des Bauleiters. [4]Die Bauleiterin oder der Bauleiter hat ihre oder seine Tätigkeit auf die Tätigkeit der Fachbauleiterinnen und der Fachbauleiter abzustimmen.

Fünfter Teil
Bauaufsichtsbehörden, Verfahren

Erster Abschnitt
Bauaufsichtsbehörden

§ 58 Aufgaben und Befugnisse der Bauaufsichtsbehörden, Erfordernis der Schriftform

(1) [1]Die Bauaufsichtsbehörden haben bei der Errichtung, Änderung, Nutzungsänderung und Beseitigung, bei der Nutzung und Instandhaltung von Anlagen und bei der Teilung von Grundstücken darüber zu wachen, dass die öffentlich-rechtlichen Vorschriften eingehalten werden, soweit nicht andere Behörden zuständig sind. [2]Sie können in Wahrnehmung dieser Aufgaben die erforderlichen Maßnahmen treffen.

(2) Bauaufsichtliche Bescheide und sonstige Maßnahmen gelten auch für und gegen Rechtsnachfolgerinnen und Rechtsnachfolger sowie alle über die bauliche Anlage Verfügungsberechtigten.

(3) ¹Die mit dem Vollzug dieses Gesetzes beauftragten Personen sind berechtigt, in Ausübung ihres Amtes Grundstücke und Anlagen einschließlich der Wohnungen zu betreten. ²Das Grundrecht der Unverletzlichkeit der Wohnung (Artikel 13 des Grundgesetzes) wird insoweit eingeschränkt.

(4) ¹Die nach diesem Gesetz und nach den auf Grund dieses Gesetzes erlassenen Vorschriften erforderlichen Anträge, Genehmigungen und Bescheide bedürfen der Schriftform, soweit nicht durch Rechtsvorschrift eine andere, insbesondere die elektronische Form vorgeschrieben oder zugelassen ist. ²Anzeigen, Mitteilungen und Unterrichtungen können schriftlich oder elektronisch erfolgen.

Zweiter Abschnitt
Vorsorgende Überwachung

§ 59 Verfahrensgrundsätze

(1) ¹Die Errichtung, Änderung, Nutzungsänderung und die Beseitigung von Anlagen bedürfen der Baugenehmigung, sofern in den §§ 60, 64 und 66 nichts anderes bestimmt ist. ²Eine Baugenehmigung entfällt, sofern Entscheidungen in sonstigen Verfahren mit Konzentrationswirkung getroffen werden.

(2) Die Genehmigungsfreiheit nach den §§ 60, 64 und 66 sowie die Beschränkung der bauaufsichtlichen Prüfung nach den §§ 61, 62 und § 68 Absatz 2 entbinden nicht von der Verpflichtung zur Einhaltung der Anforderungen, die durch öffentlich-rechtliche Vorschriften an Anlagen gestellt werden, und lassen die bauaufsichtlichen Eingriffsbefugnisse unberührt.

(3) Auf Verlangen der Bauherrin oder des Bauherrn wird für genehmigungsfreie Vorhaben nach § 60 oder § 64 ein Genehmigungsverfahren nach § 61 oder § 62 und für Vorhaben nach § 61 ein Baugenehmigungsverfahren nach § 62 durchgeführt.

(4) ¹In den Verfahren nach den §§ 61 bis 64 findet für

1. die Errichtung, Änderung oder Nutzungsänderung eines oder mehrerer Gebäude, wenn dadurch dem Wohnen dienende Nutzungseinheiten mit einer Größe von insgesamt mehr als 5000 m² Bruttogrundfläche geschaffen werden,
2. die Errichtung, Änderung oder Nutzungsänderung baulicher Anlagen, die öffentlich genutzt sind, wenn dadurch die gleichzeitige Nutzung durch mehr als 100 zusätzliche Besucherinnen und Besucher ermöglicht wird, und
3. die Errichtung oder wesentliche Erweiterung von Sonderbauten nach § 2 Absatz 4 Nummer 9, Nummer 9a Buchstabe b, Nummern 9b, 10, 11, 13 und 14 einschließlich der Herstellung dieser Sonderbauten durch Änderung oder Nutzungsänderung bisher anders genutzter Anlagen,

sofern sich die Anlagen im Sinne der Nummern 1 bis 3 innerhalb des angemessenen Sicherheitsabstands eines Betriebsbereichs nach § 3 Absatz 5a des Bundes-Immissionsschutzgesetzes in der Fassung vom 17. Mai 2013 (BGBl. I S. 1275), zuletzt geändert am 18. Juli 2017 (BGBl. I S. 2771, 2773), in der jeweils geltenden Fassung befinden, eine den Vorschriften der Öffentlichkeitsbeteiligungsverordnung Seveso III vom 13. Juni 2017 (HmbGVBl. S. 157) in der jeweils geltenden Fassung entsprechende Öffentlichkeitsbeteiligung statt. ²Satz 1 findet keine Anwendung, wenn eine diesen Anforderungen entsprechende Öffentlichkeitsbeteiligung bereits im Rahmen eines anderen Verfahrens stattgefunden hat; ein solches Verfahren kann insbesondere das Verfahren, das zur Feststellung eines im betroffenen Bereich gültigen Bebauungsplans durchgeführt wurde, sein.

§ 60 Verfahrensfreie Vorhaben

(1) Verfahrensfreie Vorhaben sind solche, die weder einer Genehmigung noch einer Zustimmung nach diesem Gesetz bedürfen.

(2) Verfahrensfrei sind die in der Anlage 2 zu diesem Gesetz bezeichneten Vorhaben.

§ 61 Vereinfachtes Genehmigungsverfahren

(1) Ein vereinfachtes Genehmigungsverfahren wird durchgeführt für

1. die Errichtung, Änderung und Nutzungsänderung von Wohngebäuden, ausgenommen Hochhäuser, einschließlich der zugehörigen Nebenanlagen und Nebengebäude; das gilt auch für überwiegend Wohnzwecken dienende Gebäude mit

    a) Räumen für die Berufsausübung freiberuflich Tätiger und solcher Gewerbetreibender, die ihren Beruf in ähnlicher Weise ausüben, bis jeweils 200 m² und

    b) sonstigen Nutzungseinheiten bis insgesamt 400 m² ,

außer Sonderbauten,

2. sonstige Gebäude der Gebäudeklassen 1 und 2 einschließlich der zugehörigen Nebenanlagen und Nebengebäude, außer Sonderbauten, und

3. die Beseitigung baulicher Anlagen.

(2) [1]Die Bauaufsichtsbehörde prüft

1. die Zulässigkeit des Vorhabens nach den §§ 14 und 29 bis 37 des Baugesetzbuchs (BauGB) in der Fassung vom 23. September 2004 (BGBl. I S. 2415), zuletzt geändert am 31. Juli 2009 (BGBl. I S. 2585, 2617), in der jeweils geltenden Fassung, nach den weiteren Festsetzungen eines Bebauungsplans und nach auf § 172 BauGB gestützten Verordnungen,

1a. bei Grundstücken im Hafen die Zulässigkeit des Vorhabens nach den §§ 3 und 6 des Hafenentwicklungsgesetzes vom 25. Januar 1982 (HmbGVBl. S. 19), zuletzt geändert am 18. November 2008 (HmbGVBl. S. 390), in der jeweils geltenden Fassung,

2. die Einhaltung der Anforderungen der §§ 4, 6 und 10, des § 16 im Hinblick auf schädliche Bodenveränderungen oder Altlasten im Sinne von § 2 des Bundes-Bodenschutzgesetzes vom 17. März 1998 (BGBl. I S. 502), zuletzt geändert am 31. August 2015 (BGBl. I S. 1474, 1491), in der jeweils geltenden Fassung, der §§ 52 und 68 sowie der Baumschutzverordnung vom 17. September 1948 (Sammlung des bereinigten hamburgischen Landesrechts I 791-i), zuletzt geändert am 11. Mai 2010 (HmbGVBl. S. 350, 359), in der jeweils geltenden Fassung,

3. beantragte Abweichungen im Sinn von § 69,

4. die Einhaltung der Anforderungen nach §§ 14, 15 und 17 des Bundesnaturschutzgesetzes vom 29. Juli 2009 (BGBl. I S. 2542), in der jeweils geltenden Fassung, in den Fällen, in denen dies nach § 18 Absatz 2 des Bundesnaturschutzgesetzes vorgesehen ist sowie

5. bei Gebäuden mit gewerblichen Nutzungen oder mit Tiefgaragen die Einhaltung der Anforderungen nach § 22 des Bundes-Immissionsschutzgesetzes in der Fassung vom 26. September 2002 (BGBl. I S. 3831), zuletzt geändert am 11. August 2010 (BGBl. I S. 1163), in der jeweils geltenden Fassung.

[2]Gesetzlich begründete Zustimmungs- und Einvernehmensvorbehalte bleiben unberührt.

(3) [1]Über den Antrag ist innerhalb einer Frist von zwei Monaten nach Eingang der vollständigen Unterlagen zu entscheiden. [2]Die Bearbeitungsfrist verkürzt sich auf einen Monat für Gebäude der Gebäudeklassen 1 bis 4, die

1. ausschließlich der Wohnnutzung dienen,

2. im Geltungsbereich eines Bebauungsplans im Sinne des § 30 Absatz 1 BauGB liegen,

3. keiner Befreiung oder Abweichung bedürfen,

4. keiner bauaufsichtlichen Prüfung der bautechnischen Nachweise nach § 68 Absatz 2 unterliegen,

5. keiner Prüfung der Zulässigkeit nach § 172 BauGB bedürfen,

6. auf einem Grundstück errichtet werden, für das keine Erkenntnisse im Altlasthinweiskataster über schädliche Bodenveränderungen oder Altlasten vorliegen,

7. keiner Prüfung der Einhaltung der Anforderungen des § 22 des Bundes-Immissionsschutzgesetzes unterliegen und

8. keiner Zulassung einer Ausnahme nach den Vorschriften der Baumschutzverordnung bedürfen.

[3]Im Einvernehmen mit der Bauherrin oder dem Bauherrn können die Fristen nach den Sätzen 1 und 2 verlängert werden. [4]Die Genehmigung gilt als erteilt, wenn sie nicht innerhalb der Fristen nach den Sätzen 1 bis 3 versagt wurde. [5]Nach Ablauf der jeweiligen Frist wird der Bauherrin oder dem Bauherrn der Eintritt der Genehmigungsfiktion bestätigt. [6]Sofern auf Grund gesetzlicher Bestimmungen die Zustimmung oder das Einvernehmen einer anderen Behörde einzuholen ist, treten die Rechtsfolgen nach den Sätzen 1 bis 5 nicht vor Ablauf einer Woche nach Eingang der Erklärung der anderen Behörde ein. [7]Die Fristen nach den Sätzen 1 bis 3 gelten nicht für Vorhaben innerhalb des angemessenen Sicherheitsabstands eines Betriebsbereichs nach § 59 Absatz 4 Satz 1 oder innerhalb des Achtungsabstands, sofern ein angemessener Sicherheitsabstand noch nicht ermittelt wurde.

§ 62 Baugenehmigungsverfahren mit Konzentrationswirkung

(1) [1]Im Baugenehmigungsverfahren mit Konzentrationswirkung prüft die Bauaufsichtsbehörde die Zulässigkeit nach

1. den Vorschriften des Baugesetzbuchs und den auf Grund des Baugesetzbuchs erlassenen Vorschriften,

2. den Vorschriften dieses Gesetzes und den auf Grund dieses Gesetzes erlassenen Vorschriften,

3. anderen öffentlich-rechtlichen Vorschriften, soweit diese für das Vorhaben beachtlich sind; ausgenommen sind die Vorschriften zur Genehmigung nach den §§ 6 und 7 des Atomgesetzes in der jeweils geltenden Fassung sowie Vorschriften, die eine Prüfung im förmlichen Verfahren vorsehen.

[2]Eine Prüfung der Zulässigkeit von Maßnahmen, die ausschließlich die Bauausführung betreffen, sowie des § 13 Absatz 1 des Hamburgischen Abwassergesetzes in der Fassung vom 24. Juli 2001 (HmbGVBl. S. 258, 280), zuletzt geändert am 17. Dezember 2013 (HmbGVBl. S. 540, 542), in der jeweils geltenden Fassung findet nicht statt. [3]§ 59 Absatz 2 bleibt unberührt.

(2) [1]Die Bauaufsichtsbehörde hat über den Antrag innerhalb einer Frist von drei Monaten nach Eingang der vollständigen Unterlagen zu entscheiden; im Fall des § 70 Absatz 6 Satz 1 zweiter Halbsatz ist das Vorliegen der vervollständigten Unterlagen maßgebend für den Fristbeginn. [2]Die Frist kann im Einvernehmen mit der Bauherrin oder dem Bauherrn verlängert werden. [3]Die Frist nach Satz 1 gilt nicht für Vorhaben innerhalb des angemessenen Sicherheitsabstands eines Betriebsbereichs nach § 59 Absatz 4 Satz 1 oder innerhalb des Achtungsabstands, sofern ein angemessener Sicherheitsabstand noch nicht ermittelt wurde.

§ 63 Vorbescheid

(1) [1]Einer Bauherrin oder einem Bauherrn ist auf Antrag zu einzelnen Fragen des Vorhabens ein Bescheid (Vorbescheid) zu erteilen. [2]Die §§ 70, 71 und § 72 Absätze 1 bis 4 gelten entsprechend.

(2) [1]Die Bauaufsichtsbehörde hat über den Antrag innerhalb einer Frist von drei Monaten nach Eingang der vollständigen Unterlagen zu entscheiden; im Fall des § 70 Absatz 6 Satz 1 zweiter Halbsatz ist das Vorliegen der vervollständigten Unterlagen maßgebend für den Fristbeginn. [2]Die Frist kann im Einvernehmen mit der Bauherrin oder dem Bauherrn verlängert werden. [3]Die Frist nach Satz 1 gilt nicht für Vorhaben innerhalb des angemessenen Sicherheitsabstands eines Betriebsbereichs nach § 59 Absatz 4 Satz 1 oder innerhalb des Achtungsabstands, sofern ein angemessener Sicherheitsabstand noch nicht ermittelt wurde.

§ 64 Zustimmungsverfahren

(1) [1]Genehmigungsbedürftige Vorhaben bedürfen keiner Genehmigung und Bauüberwachung, wenn

1. die Leitung der Entwurfsarbeiten und die Bauüberwachung einer Baudienststelle des Bundes oder der Länder übertragen ist und

2. die Baudienststelle mindestens mit einer Beamtin oder einem Beamten mit der Befähigung zum höheren technischen Verwaltungsdienst und mit sonstigen geeigneten Fachkräften ausreichend besetzt ist.

[2]Solche baulichen Anlagen bedürfen jedoch der Zustimmung der Bauaufsichtsbehörde.

(2) Den Beamtinnen oder Beamten des höheren technischen Verwaltungsdienstes werden gleichgestellt

1. technische Angestellte mit abgeschlossener Hochschulausbildung (Diplom-Ingenieurinnen oder Diplom-Ingenieure) des Hochbau- oder Bauingenieurwesens und mindestens dreijähriger Berufspraxis,

2. andere technische Angestellte des Hochbau- oder Bauingenieurwesens mit einer der Entgeltgruppen von Entgeltgruppe 12 des Tarifvertrages für den öffentlichen Dienst der Länder (TV-L) aufwärts und mit mindestens fünfjähriger Berufspraxis,

3. Beamtinnen und Beamte des gehobenen technischen Verwaltungsdienstes von Technischer Amtfrau bzw. vom Technischen Amtmann aufwärts,

die von der Leiterin oder dem Leiter der Baudienststelle für die Vorbereitung und Ausführung von Vorhaben bestellt sind.

(3) [1]Der Antrag auf Zustimmung ist bei der Bauaufsichtsbehörde einzureichen. [2]Die Bauaufsichtsbehörde prüft die Zulässigkeit des Vorhabens nach

1. den Vorschriften des Baugesetzbuchs und auf Grund des Baugesetzbuchs,
2. den Vorschriften dieses Gesetzes und auf Grund dieses Gesetzes mit Ausnahme der Einhaltung der Anforderungen an die Standsicherheit, den Wärmeschutz, die Energieeinsparung, den Schallschutz, den Erschütterungsschutz sowie die technische Ausführung der für den Brandschutz bedeutsamen Anlagen der technischen Gebäudeausrüstung,
3. anderen öffentlich-rechtlichen Vorschriften, soweit diese für das Vorhaben beachtlich sind und eine Zulässigkeitsentscheidung nicht vorsehen. [3]Sie entscheidet über Ausnahmen, Befreiungen und Abweichungen. [4]Für das Zustimmungsverfahren und die Zustimmung gelten die Vorschriften dieses Gesetzes sinngemäß.

(4) Die öffentliche Bauherrin oder der öffentliche Bauherr trägt die Verantwortung, dass Entwurf und Ausführung des Vorhabens den öffentlich-rechtlichen Vorschriften und dem Zustimmungsbescheid entsprechen.

(5) [1]Für bauliche Anlagen, die der Landesverteidigung dienen, finden die Absätze 1 bis 3 keine Anwendung. [2]Sie sind der Bauaufsichtsbehörde vor Baubeginn in geeigneter Weise zur Kenntnis zu bringen. [3]Im Übrigen wirken die Bauaufsichtsbehörden nicht mit.

§ 65 Typengenehmigung

(1) [1]Für bauliche Anlagen, die in derselben Ausführung an mehreren Stellen errichtet werden sollen, führt die Bauaufsichtsbehörde auf Antrag eine Typenprüfung durch. [2]Eine Typengenehmigung wird erteilt, wenn die baulichen Anlagen oder Bauteile den Anforderungen nach diesem Gesetz oder nach auf dieses Gesetz gestützten Rechtsvorschriften entsprechen und die Brauchbarkeit für den jeweiligen Verwendungszweck nachgewiesen ist. [3]Eine Typengenehmigung kann auch erteilt werden für bauliche Anlagen, die in unterschiedlicher Ausführung, aber nach einem bestimmten System und aus bestimmten Bauteilen an mehreren Stellen errichtet werden sollen; in der Typengenehmigung ist die zulässige Veränderbarkeit festzulegen.

(2) [1]Die Typengenehmigung darf nur für eine bestimmte Frist erteilt werden, die fünf Jahre nicht überschreiten soll. [2]Die Frist kann auf Antrag jeweils bis zu fünf Jahren verlängert werden. [3]Weitere Nebenbestimmungen können festgelegt werden.

(3) Typengenehmigungen anderer Länder im Geltungsbereich des Grundgesetzes gelten auch in der Freien und Hansestadt Hamburg.

(4) [1]Eine Typengenehmigung entbindet nicht von der Verpflichtung, eine jeweils erforderliche Baugenehmigung oder Zustimmung einzuholen. [2]Die in der Typengenehmigung entschiedenen Fragen brauchen dabei von der Bauaufsichtsbehörde nicht mehr geprüft zu werden.

§ 66 Genehmigung Fliegender Bauten

(1) [1]Fliegende Bauten sind bauliche Anlagen, die geeignet und bestimmt sind, an verschiedenen Orten wiederholt aufgestellt und zerlegt zu werden. [2]Baustelleneinrichtungen und Baugerüste gelten nicht als Fliegende Bauten.

(2) Fliegende Bauten bedürfen, bevor sie erstmals aufgestellt und in Gebrauch genommen werden, einer Ausführungsgenehmigung; diese ist zu erteilen, wenn die Anforderungen nach diesem Gesetz eingehalten werden.

(3) Zuständig für die Erteilung der Ausführungsgenehmigung ist die Bauaufsichtsbehörde der Freien und Hansestadt Hamburg, wenn
1. die Antragstellerin oder der Antragsteller ihren oder seinen Wohnsitz oder ihre oder seine gewerbliche Niederlassung in der Freien und Hansestadt Hamburg hat,
2. die Antragstellerin oder der Antragsteller ihren oder seinen Wohnsitz oder ihre oder seine gewerbliche Niederlassung außerhalb der Bundesrepublik Deutschland hat und der Fliegende Bau erstmals in der Freien und Hansestadt Hamburg aufgestellt und in Gebrauch genommen werden soll.

(4) [1]Die Ausführungsgenehmigung wird für eine bestimmte Frist erteilt, die höchstens fünf Jahre betragen soll. [2]Sie kann auf Antrag von der nach Absatz 3 zuständigen Behörde jeweils bis zu fünf Jahren verlängert werden; § 73 Absatz 3 Satz 2 gilt entsprechend. [3]Die Ausführungsgenehmigung wird in ein Prüfbuch eingetragen, dem eine Ausfertigung der mit einem Genehmigungsvermerk zu versehenden Bauvorlagen beizufügen ist. [4]Ausführungsgenehmigungen anderer Länder im Geltungsbereich des Grundgesetzes gelten auch in der Freien und Hansestadt Hamburg.

(5) [1]Die Inhaberin oder der Inhaber der Ausführungsgenehmigung hat den Wechsel ihres oder seines Wohnsitzes oder ihrer oder seiner gewerblichen Niederlassung oder die Übertragung eines Fliegenden Baues an Dritte der Bauaufsichtsbehörde mitzuteilen. [2]Diese Änderung wird von der nach Absatz 3 zuständigen Behörde in das Prüfbuch eingetragen.

(6) [1]Fliegende Bauten, die nach Absatz 2 Satz 1 einer Ausführungsgenehmigung bedürfen, dürfen unbeschadet anderer Vorschriften nur in Gebrauch genommen werden, wenn die Aufstellung der örtlich zuständigen Bauaufsichtsbehörde unter Vorlage des Prüfbuches angezeigt ist. [2]Die Bauaufsichtsbehörde kann die Inbetriebnahme dieser Fliegenden Bauten von einer Gebrauchsabnahme durch Sachkundige abhängig machen. [3]Das Ergebnis der Abnahme ist in das Prüfbuch einzutragen. [4]In der Ausführungsgenehmigung kann bestimmt werden, dass Anzeigen nach Satz 1 nicht erforderlich sind, wenn eine Gefährdung im Sinne des § 3 Satz 1 nicht zu erwarten ist.

(7) [1]Die für die Erteilung der Gebrauchsabnahme zuständige Bauaufsichtsbehörde kann Auflagen machen oder die Aufstellung oder den Gebrauch Fliegender Bauten untersagen, soweit dies nach den örtlichen Verhältnissen oder zur Abwehr von Gefahren erforderlich ist, insbesondere weil die Betriebssicherheit oder Standsicherheit nicht oder nicht mehr gewährleistet ist oder weil von der Ausführungsgenehmigung abgewichen wird. [2]Wird die Aufstellung oder der Gebrauch auf Grund von Mängeln am Fliegenden Bau untersagt, so ist dies in das Prüfbuch einzutragen. [3]Wenn innerhalb einer angemessenen Frist ordnungsgemäße Zustände nicht hergestellt worden sind, ist das Prüfbuch einzuziehen und der Bauaufsichtsbehörde zuzuleiten, die das Prüfbuch ausgestellt hat.

(8) [1]Bei Fliegenden Bauten, die von Besucherinnen und von Besuchern betreten und längere Zeit an einem Aufstellungsort betrieben werden, kann die für die Gebrauchsabnahme zuständige Bauaufsichtsbehörde aus Gründen der Sicherheit weitere Besichtigungen und Nachabnahmen durchführen. [2]Das Ergebnis der Nachabnahme ist in das Prüfbuch einzutragen.

(9) § 70 Absätze 1 bis 3 und § 78 Absätze 1 und 2 gelten entsprechend.

§ 67 Bauvorlageberechtigung

(1) [1]Bauvorlagen für das nicht verfahrensfreie Errichten und Ändern von Vorhaben müssen von einer Entwurfsverfasserin oder einem Entwurfsverfasser, die oder der bauvorlageberechtigt ist, unterschrieben sein. [2]Dies gilt nicht für Bauvorlagen, die üblicherweise von Fachkräften mit anderer Ausbildung als nach den Absätzen 2 bis 5 verfasst werden.

(2) Bauvorlageberechtigt ist, wer

1. auf Grund des Hamburgischen Architektengesetzes vom 11. April 2006 (HmbGVBl. S. 157) in der jeweils geltenden Fassung die Berufsbezeichnung „Architektin" oder „Architekt" zu führen berechtigt ist,

2. in der Liste der bauvorlageberechtigten Ingenieurinnen und bauvorlageberechtigten Ingenieure nach § 15 des Hamburgischen Gesetzes über das Ingenieurwesen vom 10. Dezember 1996 (HmbGVBl. S. 321), zuletzt geändert am 18. November 2008 (HmbGVBl. S. 384, 387), in der jeweils geltenden Fassung, oder in der entsprechenden Liste eines anderen Bundeslandes eingetragen ist oder

3. auf Grund des Hamburgischen Gesetzes über das Ingenieurwesen als Angehörige oder Angehöriger der Fachrichtungen Architektur, Hochbau oder Bauingenieurwesen die Berufsbezeichnung „Ingenieurin" oder „Ingenieur" führen darf, eine praktische Tätigkeit von mindestens drei Jahren in der Fachrichtung ausgeübt hat und im Dienst einer Person des öffentlichen Rechts steht, nur für die dienstliche Tätigkeit.

(3) [1]Bauvorlageberechtigt für Wohngebäude der Gebäudeklassen 1 und 2 sind auch

1. die Angehörigen der Fachrichtungen Architektur, Hochbau oder Bauingenieurwesen, die an einer deutschen Hochschule, Fachhochschule oder einer als gleichwertig anerkannten Lehranstalt das Studium erfolgreich abgeschlossen haben,

2. die Meisterinnen und Meister des Maurer-, Zimmerer- oder des Beton- und Stahlbetonbauerhandwerks,

3. die staatlich geprüften Technikerinnen und staatlich geprüften Techniker der Fachrichtung Bautechnik.

[2]Personen, die ihren Wohnsitz, ihre Niederlassung oder ihren Beschäftigungsort in einem anderen Mitgliedstaat der Europäischen Union oder einem nach dem Recht der Europäischen Gemeinschaften

gleichgestellten Staat haben, sind nach Satz 1 bauvorlageberechtigt, wenn sie über eine Ausbildung verfügen, die den in Satz 1 genannten Ausbildungen gleichwertig ist.

(4) Bauvorlageberechtigt für den mit der Berufsaufgabe der Innenarchitektin oder des Innenarchitekten verbundenen Umbau oder Ausbau von Gebäuden ist auch, wer auf Grund des Hamburgischen Architektengesetzes in der jeweils geltenden Fassung die Berufsbezeichnung „Innenarchitektin" oder „Innenarchitekt" zu führen berechtigt ist.

(5) Bauvorlageberechtigt für Freianlagen im Zusammenhang mit dem Errichten und Ändern von Gebäuden ist auch, wer auf Grund des Hamburgischen Architektengesetzes in der jeweils geltenden Fassung die Berufsbezeichnung „Landschaftsarchitektin" oder „Landschaftsarchitekt" zu führen berechtigt ist.

§ 68 Bautechnische Nachweise und ihre Prüfung

(1) [1]Die Einhaltung der Anforderungen an die Standsicherheit, den Brandschutz einschließlich der hierfür bedeutsamen Anlagen der technischen Gebäudeausrüstung, den Wärmeschutz und die Energieeinsparung sowie an den Schallschutz und den Erschütterungsschutz ist für genehmigungs- und zustimmungsbedürftige Vorhaben nach näherer Maßgabe der Verordnung auf Grund § 81 Absatz 6 nachzuweisen (bautechnische Nachweise). [2]Zu den für den Brandschutz bedeutsamen Anlagen der technischen Gebäudeausrüstung gehören insbesondere Rauch- und Wärmeabzugsanlagen, Lüftungsanlagen und Starkstromanlagen sowie CO-Überwachungsanlagen, Brandmeldeanlagen, Alarmierungsanlagen, Feuerlöschanlagen, Schutzvorhänge, Wandhydranten, technische Anlagen zur Unterstützung des Funkverkehrs (Gebäudefunkanlagen) und eine Sicherheitsstromversorgung.

(2) [1]Im vereinfachten Genehmigungsverfahren nach § 61 Absatz 1 bei

1. Wohngebäuden
   a) der Gebäudeklassen 2 und 3 mit Tiefgaragen,
   b) der Gebäudeklasse 3, die nicht freistehen,
   c) der Gebäudeklassen 4 und 5 und
   d) mit sonstigen Nutzungseinheiten nach § 61 Absatz 1 Nummer 1 von mehr als insgesamt 200 m[2],
2. sonstigen Gebäuden, ausgenommen freistehende Gebäude mit Nutzungseinheiten von insgesamt nicht mehr als 200 m[2],

und im Baugenehmigungsverfahren nach § 62 werden die bautechnischen Nachweise zur Standsicherheit, zum Wärmeschutz, zur Energieeinsparung und zum Brandschutz einschließlich der Anforderungen an Rettungswege bauaufsichtlich geprüft. [2]Die Bauaufsichtsbehörde kann bei Vorhaben von geringer sicherheitlicher Bedeutung auf eine Prüfung der bautechnischen Nachweise zur Standsicherheit, zum Wärmeschutz und zur Energieeinsparung verzichten.

(3) [1]Bei der Beseitigung von Gebäuden der Gebäudeklassen 3 bis 5 und baulichen Anlagen von mehr als 15 m Gesamthöhe wird die sichere Abbruchfolge bauaufsichtlich geprüft. [2]Sofern Gebäude der Gebäude klassen 3 bis 5 an das zu beseitigende Gebäude angrenzen, ist deren Standsicherheit ebenfalls bauaufsichtlich zu prüfen.

§ 69 Abweichungen

(1) [1]Die Bauaufsichtsbehörde kann Abweichungen von Anforderungen dieses Gesetzes und auf Grund dieses Gesetzes erlassenen Vorschriften zulassen, wenn

1. sie unter Berücksichtigung des Zwecks der jeweiligen Anforderung und unter Würdigung der öffentlich-rechtlich geschützten nachbarlichen Belange mit den öffentlichen Belangen, insbesondere den Anforderungen des § 3 Satz 1, vereinbar sind,
2. Gründe des Wohls der Allgemeinheit die Abweichung erfordern oder
3. bei bestehenden Gebäuden zusätzlicher Wohnraum durch Änderung des Dachgeschosses oder durch Errichtung zusätzlicher Geschosse geschaffen wird, das Vorhaben ansonsten nicht oder nur mit unzumutbarem Aufwand verwirklicht werden kann und die öffentliche Sicherheit und Ordnung nicht gefährdet werden, insbesondere wenn keine Bedenken wegen des Brandschutzes bestehen.

[2]§ 81a Absatz 1 Satz 3 bleibt unberührt.

(2) [1]Die Zulassung von Abweichungen nach Absatz 1, von Ausnahmen und Befreiungen nach § 31 BauGB oder von Abweichungen nach § 34 Absatz 3a BauGB ist gesondert zu beantragen; der Antrag

ist zu begründen. [2]Für Vorhaben, die keiner Genehmigung bedürfen, sowie für Abweichungen von Vorschriften, die im Genehmigungsverfahren nicht geprüft werden, gilt Satz 1 entsprechend.

§ 70 Bauantrag, Bauvorlagen; Beteiligung anderer Stellen
(1) Der Bauantrag ist unter Angabe, ob ein Verfahren nach § 61 oder nach § 62 durchgeführt werden soll, bei der Bauaufsichtsbehörde einzureichen.

(2) [1]Der Eingang der Unterlagen ist innerhalb von zwei Wochen nach Antragstellung zu bestätigen; sofern Unterlagen fehlen, sind diese zu benennen. [2]Mit dem Bauantrag sind alle für die Beurteilung des Vorhabens und die Bearbeitung des Bauantrags erforderlichen Unterlagen (Bauvorlagen) einzureichen. [3]Bauvorlagen können nach näherer Maßgabe der Rechtsverordnung nach § 81 Absatz 6 in der jeweils geltenden Fassung nachgereicht werden; sie bleiben dann bei der Beurteilung der Vollständigkeit der Unterlagen und der an diese geknüpften Fristen nach § 61 Absatz 3 und §62 Absatz 1 außer Betracht.

(3) [1]Weist der Bauantrag erhebliche Mängel auf, fordert die Bauaufsichtsbehörde die Bauherrin oder den Bauherrn zur Behebung der Mängel innerhalb einer angemessenen Frist auf. [2]Werden die Mängel innerhalb der Frist nicht behoben, gilt der Antrag als zurückgenommen.

(4) In besonderen Fällen kann zur Beurteilung der Einwirkung des Bauvorhabens auf die Umgebung verlangt werden, dass es in geeigneter Weise auf dem Baugrundstück dargestellt wird.

(5) Die Bauaufsichtsbehörde holt unverzüglich die Stellungnahmen der Behörden und Stellen ein, deren Zustimmung oder Einvernehmen zur Baugenehmigung erforderlich ist, deren Entscheidung wegen der Baugenehmigung entfällt oder deren Aufgabenbereich durch das Vorhaben berührt wird.

(6) [1]Die Stellungnahmen der beteiligten Behörden und Stellen sind innerhalb eines Monats nach Eingang der vollständigen Unterlagen abzugeben, soweit nicht andere Fristen durch Rechtsvorschrift vorgesehen sind; sofern die für die fachliche Stellungnahme erforderlichen Unterlagen zu vervollständigen sind, beginnt die Frist mit dem Vorliegen der vervollständigten Unterlagen. [2]Geht die Stellungnahme nicht innerhalb der vorgeschriebenen Frist ein, so soll die Bauaufsichtsbehörde davon ausgehen, dass die von den Behörden und Stellen wahrzunehmenden öffentlichen Belange der Erteilung der Baugenehmigung nicht entgegenstehen. [3]Bedarf die Erteilung der Baugenehmigung der Zustimmung oder des Einvernehmens einer anderen Behörde oder sonstigen Stelle, so gilt diese als erteilt, wenn sie nicht innerhalb der Frist nach Satz 1 verweigert wird.

§ 71 Nachbarliche Belange
(1) Die Belange der Eigentümerinnen und Eigentümer sowie der Erbbauberechtigten angrenzender oder betroffener Grundstücke (Nachbarn) sind nach den Absätzen 2 und 3 zu berücksichtigen.
(2) Die Zustimmung der Eigentümerinnen und Eigentümer sowie der Erbbauberechtigten des angrenzenden Grundstückes ist erforderlich bei Abweichungen von den Anforderungen:
1. an Abstandsflächen, und zwar des § 6 Absatz 5, soweit die Mindesttiefe von 2,50 m unterschritten werden soll; § 6 Absatz 6 Nummer 3 bleibt unberührt,
2. an die Lage der Standplätze für Abfallbehälter und Wertstoffbehälter, und zwar des § 43 Absatz 2, soweit der Mindestabstand zu Öffnungen von Aufenthaltsräumen auf angrenzenden Grundstücken unterschritten werden soll.
(3) [1]Vor Erteilung von Befreiungen von den Festsetzungen eines Bebauungsplans oder vor Abweichungen von § 6 dieses Gesetzes beteiligt die Bauaufsichtsbehörde die Eigentümerinnen und Eigentümer sowie Erbbauberechtigten angrenzender oder betroffener Grundstücke, wenn zu erwarten ist, dass öffentlich-rechtlich geschützte nachbarliche Belange berührt werden. [2]Einwendungen sind innerhalb von zwei Wochen nach Zugang des Beteiligungsschreibens bei der Bauaufsichtsbehörde schriftlich oder zur Niederschrift vorzubringen. [3]Wird den Einwendungen eines Nachbarn nicht entsprochen, so ist ihm die Entscheidung über die Befreiung oder die Abweichung zuzustellen. [4]Sofern Einwendungen innerhalb dieser Frist nicht bei der Bauaufsichtsbehörde eingehen, sind sie ausgeschlossen. [5]Auf den Ausschluss die Einwendungen sind die Nachbarn hinzuweisen. [6]Die Beteiligung nach Satz 1 entfällt, wenn die zu beteiligenden Nachbarn die Lagepläne und Bauzeichnungen unterschrieben oder dem Bauvorhaben auf andere Weise zugestimmt haben.

§ 72 Baugenehmigung
(1) [1]Die Baugenehmigung ist zu erteilen, wenn dem Vorhaben keine öffentlich-rechtlichen Vorschriften entgegenstehen, die im bauaufsichtlichen Genehmigungsverfahren zu prüfen sind. [2]Sie wird in-

nerhalb der gesetzlichen Fristen, gegebenenfalls unter dem Vorbehalt ergänzender Genehmigungen, erteilt.

(2) [1]Die Baugenehmigung schließt andere die Anlage betreffende behördliche Entscheidungen ein, sofern solche nach den im Baugenehmigungsverfahren zu prüfenden öffentlich-rechtlichen Vorschriften erforderlich sind. [2]Diese sind zu benennen.

(3) Die Baugenehmigung kann mit Nebenbestimmungen versehen und unter dem Vorbehalt der nachträglichen Aufnahme, Änderung oder Ergänzung einer Auflage erteilt werden.

(4) Die Baugenehmigung wird unbeschadet der Rechte Dritter erteilt.

(5) [1]Auf Antrag kann eine Genehmigung für einen Teil der Anlage erteilt werden, wenn eine vorläufige Beurteilung ergibt, dass der Errichtung der gesamten Anlage keine von vornherein unüberwindlichen Hindernisse im Hinblick auf die Genehmigungsvoraussetzungen entgegenstehen (Teilbaugenehmigung). [2]Die Bindungswirkung der vorläufigen Gesamtbeurteilung entfällt, wenn eine Änderung der Sach- oder Rechtslage oder Einzelprüfungen im Rahmen späterer Teilgenehmigungen zu einer abweichenden Beurteilung führen.

§ 72a Baubeginn

(1) [1]Mit der Bauausführung, der Beseitigung baulicher Anlagen oder mit der Ausführung des jeweiligen Bauabschnitts darf erst begonnen werden, wenn

1. die Baugenehmigung der Bauherrin oder dem Bauherrn zugegangen ist und
2. die Baubeginnanzeige der Bauaufsichtsbehörde vorliegt.

[2]Abweichend von Satz 1 Nummer 1 kann die Bauaufsichtsbehörde in Bezug auf Aufnahmeeinrichtungen, Gemeinschaftsunterkünfte oder sonstige Unterkünfte für Flüchtlinge oder Asylbegehrende auf Antrag vorläufig zulassen, dass bereits vor Erteilung der Baugenehmigung mit den Maßnahmen nach Satz 1 begonnen wird (Zulassung des vorzeitigen Baubeginns), wenn

1. mit der Erteilung der Baugenehmigung gerechnet werden kann und
2. die Bauherrin oder der Bauherr sich verpflichtet, alle bis zur Entscheidung über die Erteilung der Baugenehmigung durch die Maßnahmen verursachten Schäden zu ersetzen und, wenn das Vorhaben nicht genehmigt wird, den früheren Zustand wiederherzustellen.

[3]Die Zulassung kann jederzeit widerrufen werden. [4]Sie kann mit Auflagen verbunden oder unter dem Vorbehalt nachträglicher Auflagen erteilt werden. [5]Die Bauaufsichtsbehörde kann die Leistung einer Sicherheit verlangen, soweit dies erforderlich ist, um die Erfüllung der Pflichten der Bauherrin oder des Bauherrn zu sichern. [6]§ 72 Absatz 2 gilt entsprechend. [7]Über die Maßnahmen sollen die Nachbarn möglichst frühzeitig informiert werden.

(2) Vor Baubeginn eines Gebäudes müssen die Grundfläche abgesteckt und seine Höhenlage festgelegt und gekennzeichnet sein.

(3) Die Baugenehmigungen beziehungsweise der Bescheid über die Zulassung des vorzeitigen Baubeginns sowie die Bauvorlagen einschließlich der bautechnischen Nachweise müssen an der Baustelle von Baubeginn an vorliegen.

(4) Die Bauherrin oder der Bauherr hat den Ausführungsbeginn genehmigungsbedürftiger Vorhaben und die Wiederaufnahme der Bauarbeiten nach einer Unterbrechung von mehr als drei Monaten mindestens eine Woche vorher der Bauaufsichtsbehörde mitzuteilen (Baubeginnanzeige).

§ 73 Geltungsdauer der Baugenehmigung und des Vorbescheids

(1) Die Baugenehmigung und die Teilbaugenehmigung erlöschen, wenn innerhalb von drei Jahren nach ihrer Erteilung mit der Ausführung des Vorhabens nicht begonnen oder die Bauausführung länger als ein Jahr unterbrochen worden ist.

(2) Der Vorbescheid gilt zwei Jahre.

(3) [1]Die Fristen nach den Absätzen 1 und 2 können auf Antrag jeweils bis zu einem Jahr verlängert werden. [2]Sie können auch rückwirkend verlängert werden, wenn der Antrag vor Fristablauf bei der Bauaufsichtsbehörde eingegangen ist. [3]Ist die Frist des Absatzes 1 bereits zwei Mal verlängert worden, ist eine weitere Verlängerung nicht möglich.

Dritter Abschnitt
Bauaufsichtliche Maßnahmen, Bauüberwachung, Baulasten

§ 74 Inanspruchnahme von Nachbargrundstücken

(1) Die Grundeigentümerinnen und Grundeigentümer sind verpflichtet, das Betreten ihrer Grundstücke und das Aufstellen der erforderlichen Gerüste sowie die Vornahme von Arbeiten zu dulden, soweit dies zur Errichtung, Änderung oder Unterhaltung von Anlagen auf den Nachbargrundstücken erforderlich ist.

(2) Grenzt ein Gebäude unmittelbar an ein höheres Gebäude auf einem Nachbargrundstück, so hat die Eigentümerin oder der Eigentümer des höheren Gebäudes zu dulden, dass die erforderlichen Schornsteine und Lüftungsleitungen des niedrigeren Gebäudes an der Grenzwand des höheren Gebäudes befestigt und instand gehalten werden.

(3) [1]Wird ein Gebäude an ein niedrigeres Gebäude auf einem Nachbargrundstück angebaut, so hat die Eigentümerin oder der Eigentümer des neu errichteten höheren Gebäudes dafür zu sorgen, dass das Dach des vorhandenen niedrigeren Gebäudes dicht an die Wand des höheren Gebäudes angeschlossen wird. [2]Die Eigentümerin oder der Eigentümer des vorhandenen niedrigeren Gebäudes hat dabei zu dulden, dass der erforderliche dichte Anschluss auch durch übergreifende Bauteile hergestellt wird.

(4) Soll eine bauliche Anlage tiefer als eine bereits vorhandene angrenzende Nachbarbebauung gegründet werden, so hat die Eigentümerin oder der Eigentümer der bestehenden baulichen Anlage die Unterfangung zu dulden, wenn und soweit diese zur Erhaltung der Standsicherheit der bestehenden baulichen Anlage erforderlich ist.

(5) Kommt hinsichtlich der Absätze 1 bis 4 eine Einigung zwischen den Beteiligten nicht zustande, so kann die Bauaufsichtsbehörde die entsprechenden Anordnungen erlassen.

(6) [1]Die Bauherrin oder der Bauherr haben Arbeiten, die eine Duldungspflicht auslösen, mindestens zwei Wochen vor Ausführungsbeginn der Nachbarin oder dem Nachbarn mitzuteilen. [2]Die Mitteilung ist nicht erforderlich, wenn die Arbeiten zur Abwendung einer unmittelbaren Gefahr notwendig sind.

(7) [1]Die Bauherrin oder der Bauherr ist der Nachbarin oder dem Nachbarn zum Ersatz jeden Schadens verpflichtet, der aus Maßnahmen aus den Absätzen 1 bis 4 entsteht. [2]Auf Verlangen der Nachbarin oder des Nachbarn ist vor Beginn der Ausführung in Höhe des voraussichtlich entstehenden Schadens Sicherheit zu leisten; die Sicherheitsleistung ist nicht erforderlich, wenn die Arbeiten zur Abwendung einer unmittelbaren Gefahr notwendig sind.

§ 74a Nachträgliche Wärmedämmung

(1) [1]Eigentümerinnen und Eigentümer, Erbbau- und Nutzungsberechtigte eines Grundstücks haben zu dulden (zur Duldung Verpflichtete), dass eine Wärmedämmung, die nachträglich auf die Außenwand eines zulässigerweise an oder auf der Grundstücksgrenze errichteten Gebäudes aufgebracht wird, sowie die mit dieser in Zusammenhang stehenden untergeordneten Bauteile auf das Grundstück übergreifen, soweit beziehungsweise solange

1. die Überbauung die Grenze zum Nachbargrundstück in der Tiefe um nicht mehr als 0,20 m überschreitet,

2. die Benutzung des Grundstücks nicht oder nur geringfügig beeinträchtigt und eine zulässige beabsichtigte Nutzung des Grundstücks nicht oder nur geringfügig behindert wird,

3. die übergreifenden Bauteile öffentlich-rechtlichen Vorschriften entsprechen,

4. eine vergleichbare Wärmedämmung nicht auf andere, die Belange der zur Duldung Verpflichteten weniger stark berührende Weise mit vertretbarem Aufwand vorgenommen werden kann und

5. die Anbringung einer vergleichbaren Wärmedämmung nicht bereits im Zeitpunkt der Errichtung des Gebäudes üblich war.

[2]§ 7 Absatz 1 ist für nach Satz 1 zulässige Maßnahmen nicht anzuwenden. [3]§ 74 Absatz 1 gilt für die zur Duldung Verpflichteten entsprechend.

(2) [1]Die Bauherrin oder der Bauherr hat der oder dem zur Duldung Verpflichteten eine Baumaßnahme nach Absatz 1 Satz 1 spätestens einen Monat vor Beginn der Arbeiten anzuzeigen. [2]Aus der Anzeige müssen Art und Umfang der Baumaßnahme hervorgehen. [3]Ist der Aufenthalt oder des zur Duldung Verpflichteten mit zumutbarem Aufwand nicht zu ermitteln oder ist sie oder er bei einem Aufenthalt im Ausland nicht alsbald erreichbar und hat sie oder er keine Vertretung bestellt, so genügt statt der Anzeige an die zur Duldung Verpflichtete oder den zur Duldung Verpflichteten die Anzeige an die

unmittelbare Besitzerin oder den unmittelbaren Besitzer. [4]Mit der Baumaßnahme darf erst nach erfolgter Anzeige begonnen werden.

(3) [1]Die oder der durch den Überbau Begünstigte ist gegenüber den zur Duldung Verpflichteten verpflichtet, die Wärmedämmung in einem ordnungsgemäßen und funktionsgerechten Zustand zu erhalten und die wärmegedämmte Wand baulich zu unterhalten. [2]§ 74 Absatz 1 gilt entsprechend.

(4) [1]Eigentümerinnen und Eigentümern, Erbbau- und dinglich Nutzungsberechtigten eines Grundstücks ist ein angemessener Ausgleich in Geld zu leisten. [2]Sofern nichts anderes vereinbart wird, gelten § 912 Absatz 2 und die §§ 913 und 914 des Bürgerlichen Gesetzbuchs entsprechend.

(5) [1]Die Bauherrin oder der Bauherr hat der oder dem zur Duldung Verpflichteten auch ohne Verschulden den Schaden zu ersetzen, der durch einen Überbau nach Absatz 1 Satz 1 oder die mit seiner Errichtung verbundenen Arbeiten entsteht. [2]Auf Verlangen ist in Höhe des voraussichtlich entstehenden Schadens Sicherheit zu leisten, die auch in einer Bankbürgschaft bestehen kann. [3]In diesem Fall darf das Recht erst nach Leistung der Sicherheit ausgeübt werden. [4]Eine Sicherheitsleistung kann nicht verlangt werden, wenn der voraussichtlich entstehende Schaden durch eine Haftpflichtversicherung gedeckt ist.

(6) Die oder der zur Duldung Verpflichtete ist berechtigt, die Beseitigung der Wärmedämmung zu verlangen, soweit dadurch eine zulässige beabsichtigte Benutzung ihres oder seines Grundstücks nicht nur unwesentlich beeinträchtigt wird, insbesondere soweit sie oder er selbst zulässigerweise an die Grenzwand anbauen will.

§ 74b Verbot unrechtmäßig gekennzeichneter Bauprodukte
Sind Bauprodukte entgegen § 22 mit dem Ü-Zeichen gekennzeichnet, kann die Bauaufsichtsbehörde die Verwendung dieser Bauprodukte untersagen und deren Kennzeichnung entwerten oder beseitigen lassen.

§ 75 Einstellung von Arbeiten
(1) [1]Werden Anlagen im Widerspruch zu öffentlich-rechtlichen Vorschriften errichtet, geändert oder beseitigt, so kann die Bauaufsichtsbehörde die Einstellung der Arbeiten anordnen. [2]Dies gilt auch dann, wenn

1. die Ausführung eines Vorhabens entgegen den Vorschriften des § 72a begonnen wurde,
2. bei der Ausführung eines Vorhabens von den genehmigten Bauvorlagen abgewichen wird,
3. Bauprodukte verwendet werden, die entgegen der Verordnung (EU) Nr. 305/2011 keine CE-Kennzeichnung oder entgegen § 22 kein Ü-Zeichen tragen, oder
4. Bauprodukte verwendet werden, die unberechtigt mit der CE-Kennzeichnung oder dem Ü-Zeichen (§ 22 Absatz 3) gekennzeichnet sind.

[3]Die Einstellung kann auch mündlich angeordnet werden.

(2) Werden unzulässige Arbeiten trotz einer Einstellung fortgesetzt, so kann die Bauaufsichtsbehörde die Baustelle versiegeln oder die an der Baustelle vorhandenen Bauprodukte, Geräte, Maschinen und Bauhilfsmittel in amtlichen Gewahrsam bringen.

§ 76 Herstellung ordnungsgemäßer Zustände
(1) [1]Werden Anlagen im Widerspruch zu öffentlich-rechtlichen Vorschriften errichtet oder geändert, so kann die Bauaufsichtsbehörde die teilweise oder vollständige Beseitigung der Anlage anordnen, wenn nicht auf andere Weise rechtmäßige Zustände hergestellt werden können. [2]Werden Anlagen im Widerspruch zu öffentlich-rechtlichen Vorschriften genutzt, so kann diese Nutzung untersagt werden.

(2) Die Bauaufsichtsbehörde kann anordnen, dass

1. verwahrloste oder durch Beschriftung und Bemalung verunstaltete Bau- und Werbeanlagen oder Teile von ihnen ganz oder teilweise in Stand gesetzt werden, dass ihr Anstrich erneuert oder dass die Fassade gereinigt wird; ist eine Instandsetzung nicht möglich, so kann die Bauaufsichtsbehörde die Beseitigung der Anlage verlangen,
2. Grundstücke aufgeräumt oder ordnungsgemäß hergerichtet werden oder dass endgültig nicht mehr genutzte Anlagen beseitigt oder dauerhaft gesichert werden,
3. Sachen, insbesondere Fahrzeuge, Schutt und Gerümpel, auf unbebauten Grundstücken und Grundstücksteilen nicht oder nur unter bestimmten Vorkehrungen aufgestellt oder gelagert werden.

(3) [1]Die Bauaufsichtsbehörde kann verlangen, dass bestehende bauliche Anlagen den Anforderungen dieses Gesetzes oder den auf Grund dieses Gesetzes erlassenen Vorschriften angepasst werden, soweit

dies wegen einer Gefährdung der Sicherheit oder Gesundheit notwendig ist. [2]Dies gilt auch für die Herstellung von Folgeeinrichtungen auf den Grundstücken, wie Kinderspielplätze, Standplätze zur Aufnahme der Abfall- und Wertstoffsammelbehälter sowie Stellplätze für Kraftfahrzeuge und Fahrradplätze, wenn geeignete Flächen verfügbar sind. [3]Die Herstellung von Standplätzen zur Aufnahme der Abfallbehälter auf dem Grundstück kann unabhängig von den Voraussetzungen des Satzes 1 auch dann verlangt werden, wenn

1. ausreichend Platz auf dem Grundstück vorhanden ist,
2. die Herstellung nicht mit unverhältnismäßigen Aufwendungen verbunden ist und
3. die Benutzung des Grundstücks durch die Aufstellung von Abfallbehältern nicht oder nur geringfügig beeinträchtigt wird.

[4]§ 43 Absätze 1 und 2 gilt entsprechend. [5]Bei wesentlicher Änderung baulicher Anlagen kann gefordert werden, dass auch die von der Änderung nicht berührten Teile der baulichen Anlage an die Anforderungen dieses Gesetzes oder der auf Grund dieses Gesetzes erlassenen Vorschriften angepasst werden, wenn dies keine unzumutbaren Mehrkosten verursacht.

(4) Werden durch Veränderung der Grenzen bebauter Grundstücke Verhältnisse geschaffen, die öffentlich-rechtlichen Vorschriften zuwiderlaufen, so kann die Bauaufsichtsbehörde verlangen, dass ein rechtmäßiger Zustand hergestellt wird.

§ 77 Bauzustandsanzeigen, Aufnahme der Nutzung

(1) [1]Die Bauaufsichtsbehörde kann verlangen, dass ihr Beginn und Beendigung bestimmter Bauarbeiten angezeigt werden. [2]Die Bauarbeiten dürfen erst fortgesetzt werden, wenn die Bauaufsichtsbehörde der Fortführung der Bauarbeiten zugestimmt hat.

(2) [1]Die Bauherrin oder der Bauherr hat die beabsichtigte Aufnahme der Nutzung einer nicht verfahrensfreien baulichen Anlage mindestens zwei Wochen vorher der Bauaufsichtsbehörde anzuzeigen. [2]Eine bauliche Anlage darf erst benutzt werden, wenn sie selbst, Zufahrtswege, Anlagen zur Wasserversorgung und Abwasserentsorgung sowie Gemeinschaftsanlagen in dem erforderlichen Umfang sicher benutzbar sind, nicht jedoch vor dem in Satz 1 bezeichneten Zeitpunkt. [3]Die Bauherrin oder der Bauherr hat die Errichtung von Abgasanlagen der bevollmächtigten Bezirksschornsteinfegerin oder dem bevollmächtigten Bezirksschornsteinfeger rechtzeitig anzuzeigen. [4]Feuerstätten, ortsfeste Verbrennungsmotoren und Blockheizkraftwerke dürfen erst dann in Betrieb genommen werden, wenn die bevollmächtigte Bezirksschornsteinfegerin oder der bevollmächtigte Bezirksschornsteinfeger die Tauglichkeit und sichere Benutzbarkeit der Abgasanlagen bescheinigt hat.

§ 78 Bauüberwachung

(1) Die Bauaufsichtsbehörde kann bei der Bauausführung und der Beseitigung baulicher Anlagen die Einhaltung der öffentlich-rechtlichen Vorschriften und Anforderungen und die ordnungsgemäße Erfüllung der Pflichten der am Bau Beteiligten überwachen.

(2) Im Rahmen der Bauüberwachung können Proben von Bauprodukten, soweit erforderlich, auch aus fertigen Bauteilen zu Prüfzwecken entnommen werden.

(3) [1]Den mit der Überwachung beauftragten Personen ist jederzeit Einblick in die Bescheide und Genehmigungen, Zulassungen, Prüfzeugnisse, Übereinstimmungszertifikate, Zeugnisse und Aufzeichnungen über die Prüfungen von Bauprodukten, in die CE-Kennzeichnungen und Leistungserklärungen nach der Verordnung (EU) Nr. 305/2011, in die Bautagebücher und andere vorgeschriebene Aufzeichnungen zu gewähren. [2]Die Bauherrin oder der Bauherr hat für die Besichtigungen und die damit verbundenen möglichen Prüfungen die erforderlichen Arbeitskräfte und Geräte bereitzustellen.

(4) Die Bauaufsichtsbehörde oder die bzw. der Prüfsachverständige soll, soweit sie oder er im Rahmen der Bauüberwachung Erkenntnisse über systematische Rechtsverstöße gegen die Verordnung (EU) Nr. 305/2011 erlangt, diese der für die Marktüberwachung zuständigen Stelle mitteilen.

§ 79 Baulasten, Baulastenverzeichnis

(1) [1]Durch Erklärung gegenüber der Bauaufsichtsbehörde können Grundstückseigentümerinnen und Grundstückseigentümer sowie Erbbauberechtigte mit Zustimmung der Grundstückseigentümerin oder des Grundstückseigentümers öffentlich-rechtliche Verpflichtungen zu einem ihre Grundstücke betreffenden Handeln, Dulden oder Unterlassen übernehmen, die sich nicht schon aus öffentlich-rechtlichen Vorschriften ergeben (Baulasten). [2]Baulasten werden unbeschadet der Rechte Dritter mit der Eintragung in das Baulastenverzeichnis wirksam und wirken auch gegenüber der Rechtsnachfolgerin oder

dem Rechtsnachfolger. ³Steht das Grundstück im öffentlichen Eigentum, kann die Bestellung einer Baulast durch eine Erlaubnis nach § 19 HWG, die für den Zeitraum der regelmäßigen Standdauer vergleichbarer baulicher Anlagen erteilt wird, oder die Erteilung einer vergleichbaren öffentlich-rechtlichen Gestattung ersetzt werden.

(2) Die Unterschrift unter die Erklärung nach Absatz 1 muss amtlich oder öffentlich beglaubigt oder vor der Bauaufsichtsbehörde geleistet werden.

(3) ¹Die Baulast geht durch schriftlichen Verzicht der Bauaufsichtsbehörde unter. ²Der Verzicht ist zu erklären, wenn ein öffentliches Interesse an der Baulast nicht mehr besteht. ³Vor dem Verzicht sollen die durch die Baulast Verpflichteten und Begünstigten angehört werden. ⁴Der Verzicht wird mit der Löschung der Baulast im Baulastenverzeichnis wirksam.

(4) ¹Das Baulastenverzeichnis wird von der Bauaufsichtsbehörde geführt. ²Das Baulastenverzeichnis begründet eine widerlegbare Vermutung für den Bestand und Umfang der eingetragenen Baulast. ³Ein Rechtsanspruch auf Übernahme in das Baulastenverzeichnis besteht nicht.

(5) Wer ein berechtigtes Interesse darlegt, kann in das Baulastenverzeichnis Einsicht nehmen oder sich Ablichtungen fertigen lassen.

Sechster Teil
Ordnungswidrigkeiten, Rechtsverordnungen, Übergangs- und Schlussvorschriften

§ 80 Ordnungswidrigkeiten

(1) Ordnungswidrig handelt, wer vorsätzlich oder fahrlässig

1. bei der Errichtung oder dem Betrieb einer Baustelle entgegen § 14 Absatz 1 Gefährdungen oder vermeidbare Belästigungen herbeiführt oder entgegen § 14 Absatz 2 erforderliche Schutzmaßnahmen unterlässt,

2. Bauprodukte entgegen § 22 Absatz 3 ohne das Ü-Zeichen verwendet,

3. Bauarten entgegen § 19a ohne Bauartgenehmigung oder allgemeines bauaufsichtliches Prüfzeugnis für Bauarten anwendet,

4. Bauprodukte mit dem Ü-Zeichen kennzeichnet, ohne dass die Voraussetzungen des § 22 Absatz 3 vorliegen,

5. den Pflichten als Bauherrin oder Bauherr (§ 54 Absatz 2), als Entwurfsverfasserin oder Entwurfsverfasser (§ 55 Absatz 2), als Unternehmerin oder Unternehmer (§ 56 Absatz 2), als Bauleiterin oder Bauleiter (§ 57 Absatz 2) oder als deren Vertretung zuwiderhandelt,

6. Fliegende Bauten ohne Ausführungsgenehmigung (§ 66 Absatz 2) oder ohne Anzeige und Abnahme (§ 66 Absatz 6) in Gebrauch nimmt,

7. ohne die erforderliche Baugenehmigung (§ 72 Absätze 1 und 2) oder Teilbaugenehmigung (§ 72 Absatz 5) beziehungsweise den erforderlichen Bescheid über die Zulassung des vorzeitigen Baubeginns (§ 72a Absatz 1), abweichend davon oder ohne die erforderliche Ausnahme, Befreiung beziehungsweise Abweichungsentscheidung Anlagen errichtet, aufstellt, anbringt, ändert, benutzt oder beseitigt,

8. entgegen § 72a Absatz 1 vor Zugang der Baugenehmigung oder des Bescheides über die Zulassung des vorzeitigen Baubeginns oder ohne dass die Baubeginnsanzeige nach § 72a Absatz 4 der Bauaufsichtsbehörde vorliegt, mit der Bauausführung oder mit der Ausführung des jeweiligen Bauabschnitts beginnt,

9. entgegen § 72a Absatz 2 mit der Bauausführung eines Gebäudes beginnt, ohne dass die Grundfläche abgesteckt und seine Höhenlage festgelegt und gekennzeichnet ist,

10. entgegen § 72a Absatz 3 nicht von Baubeginn an Baugenehmigungen beziehungsweise den Bescheid über die Zulassung des vorzeitigen Baubeginns, Bauvorlagen sowie bautechnische Nachweise an der Baustelle vorhält,

11. entgegen § 72a Absatz 4 die Baubeginnsanzeige nicht mindestens eine Woche vor Ausführungsbeginn genehmigungsbedürftiger Vorhaben und vor Wiederaufnahme der Bauarbeiten nach einer Unterbrechung von mehr als drei Monaten mitteilt,

12. entgegen § 77 Absatz 1 Satz 1 Beginn und Beendigung bestimmter Bauarbeiten nicht anzeigt,

13. entgegen § 77 Absatz 1 Satz 2 bestimmte Bauarbeiten ohne Zustimmung fortführt,

14. entgegen § 77 Absatz 2 Satz 2 bauliche Anlagen benutzt,

15. entgegen § 77 Absatz 2 Satz 4 Feuerungsanlagen oder ortsfeste Verbrennungsmotoren und Blockheizkraftwerke ohne die erforderliche Bescheinigung der bevollmächtigten Bezirksschornsteinfegerin oder des bevollmächtigten Bezirksschornsteinfegers über die sichere Benutzbarkeit der Abgasanlagen und Leitung in Betrieb nimmt,

16. einer nach diesem Gesetz erlassenen oder als auf Grund dieses Gesetzes erlassen geltenden Rechtsverordnung zuwiderhandelt, sofern die Rechtsverordnung für einen bestimmten Tatbestand auf diese Bußgeldvorschrift verweist.

(2) Ordnungswidrig handelt auch, wer wider besseres Wissen unrichtige Angaben macht oder unrichtige Pläne oder Unterlagen vorlegt, um einen nach diesem Gesetz vorgesehenen Verwaltungsakt zu erwirken oder zu verhindern.

(3) Die Ordnungswidrigkeit kann mit einer Geldbuße bis zu 100 000 Euro geahndet werden.

(4) [1]Ist eine Ordnungswidrigkeit nach Absatz 1 Nummern 2 bis 4 begangen worden, so können Gegenstände, auf die sich die Ordnungswidrigkeit bezieht, eingezogen werden. [2]§ 23 des Gesetzes über Ordnungswidrigkeiten in der Fassung vom 19. Februar 1987 (BGBl. I S. 603), zuletzt geändert am 9. Dezember 2004 (BGBl. I S. 3220, 3229), ist anzuwenden.

§ 81 Rechtsverordnungen

(1) Zur Verwirklichung der in § 3 Satz 1, § 19a Absatz 1 und § 19b Absatz 1 bezeichneten Anforderungen wird der Senat ermächtigt, durch Rechtsverordnung Vorschriften zu erlassen über

1. die nähere Bestimmung allgemeiner Anforderungen in den §§ 4 bis 52,

2. *[aufgehoben]*

3. den Nachweis der Befähigung der in § 23a Absatz 1 genannten Personen; dabei können Mindestanforderungen an die Ausbildung, die durch Prüfung nachzuweisende Befähigung und die Ausbildungsstätten einschließlich der Anerkennungsvoraussetzungen gestellt werden,

4. die Überwachung von Tätigkeiten mit einzelnen Bauprodukten nach § 23a Absatz 2; dabei können für die Überwachungsstellen über die in § 23 festgelegten Mindestanforderungen hinaus weitere Anforderungen im Hinblick auf die besonderen Eigenschaften und die besondere Verwendung der Bauprodukte gestellt werden,

5. besondere Anforderungen oder Erleichterungen, die sich aus der besonderen Art oder Nutzung der baulichen Anlagen nach § 51 für Errichtung, Änderung, Unterhaltung, Betrieb und Benutzung ergeben sowie über die Anwendung solcher Anforderungen auf bestehende bauliche Anlagen dieser Art,

6. Erst-, Wiederholungs- und Nachprüfung von Anlagen, die zur Verhütung erheblicher Gefahren oder Nachteile ständig ordnungsgemäß unterhalten werden müssen, und die Erstreckung dieser Nachprüfungspflicht auf bestehende Anlagen,

soweit sich aus Absatz 11 nicht etwas anderes ergibt.

(2) [1]Der Senat wird ermächtigt, durch Rechtsverordnung für bestimmte Gebiete eine bestimmte Heizungsart oder den Anschluss von Gebäuden an gemeinsame Heizungsanlagen bestimmter Art oder an eine Fernheizung und die Benutzung dieser Einrichtungen vorzuschreiben, um Gefahren, unzumutbare Belästigungen oder sonstige Nachteile durch Luftverunreinigungen zu vermeiden oder zur Sicherung der örtlichen Energieversorgung sowie zum umfassenden Schutz der Umwelt, soweit sich aus Absatz 11 nicht etwas anderes ergibt. [2]In der Rechtsverordnung sind Abweichungen vom Anschluss- und Benutzungsgebot in Fällen vorzusehen, in denen auch unter Berücksichtigung der Erfordernisse des Gemeinwohls Anschluss und Benutzung unzumutbar sind.

(2a) [1]Der Senat wird ermächtigt, zur Erreichung baugestalterischer Ziele in genau abgegrenzten bebauten oder unbebauten Teilen des Gebiets der Freien und Hansestadt Hamburg durch Rechtsverordnung[1] Vorschriften über die äußere Gestaltung von baulichen und sonstigen Anlagen (§ 2 Absatz 1) zu erlassen, insbesondere über

1. die Gebäude-, Geschoss- und Traufhöhe,

2. die Auswahl der Baustoffe und Farben der Fassaden und sonstiger von außen sichtbarer Bauteile,

---

1) Die Ermächtigung zum Erlass von Rechtsverordnungen tritt schon am Tage nach der Verkündung am 7.2.2018 in Kraft; siehe Art. 9 Abs. 2 G v. 23.1.2018 (HmbGVBl. S. 19).

3. die Zahl, Größe, Anordnung und Ausführung von Fenstern oder sonstigen verglasten Bauteilen sowie von Hauseingängen,

4. die Art, Ausführung und Neigung von Dächern.

[2]Vorschriften über Werbeanlagen können sich auch auf deren Art, Zahl, Größe und Anbringungsort erstrecken.

(3) [1]Der Senat wird ermächtigt, Rechtsverordnungen, die auf die Verordnung über Baugestaltung vom 10. November 1936 (Reichsgesetzblatt I S. 938) oder zugleich auf die Baupflegesatzung für die Freie und Hansestadt Hamburg vom 14. September 1939 (Sammlung des bereinigten hamburgischen Landesrechts I 21301-b) gestützt sind, aufzuheben oder nach Absatz 1 Nummer 2 zu ändern. [2]Das gilt auch, soweit Vorschriften zugleich auf § 20a des Gesetzes, betreffend das Verhältnis der Verwaltung zur Rechtspflege, vom 23. April 1879 (Sammlung des bereinigten hamburgischen Landesrechts I 20100-b) gestützt sind.

(4) [1]Der Senat wird ermächtigt, durch Rechtsverordnung die Befugnisse zur

1. Entscheidung über allgemeine Bauartgenehmigungen (§ 19a) und allgemeine bauaufsichtliche Zulassungen (§ 20a) sowie deren öffentliche Bekanntmachung,

2. Anerkennung von Prüf-, Zertifizierungs- und Überwachungsstellen (§ 23),

3. Erteilung von Typengenehmigungen anhand von Typenprüfungen (§ 65)

auf nicht zur unmittelbaren Verwaltung der Freien und Hansestadt Hamburg gehörende Behörden zu übertragen. [2]Die in Satz 1 genannten Befugnisse können auch auf eine Behörde eines anderen Landes übertragen werden, die der Aufsicht einer obersten Bauaufsichtsbehörde untersteht oder an deren Willensbildung die Freie und Hansestadt Hamburg mitwirkt.

(4a) Der Senat kann durch Rechtsverordnung[1]) vorschreiben, dass für bestimmte Bauprodukte und Bauarten, auch soweit sie Anforderungen nach anderen Rechtsvorschriften unterliegen, hinsichtlich dieser Anforderungen § 19a Absatz 2, §§ 20 bis 23a ganz oder teilweise anwendbar sind, wenn die anderen Rechtsvorschriften dies verlangen oder zulassen.

(5) Der Senat wird ermächtigt, durch Rechtsverordnung

1. das Ü-Zeichen (§ 22 Absatz 3) festzulegen und zu diesem Zeichen zusätzliche Angaben zu verlangen,

2. das Anerkennungsverfahren nach § 23, die Voraussetzungen für die Anerkennung, ihre Rücknahme, ihren Widerruf und ihr Erlöschen zu regeln, insbesondere auch Altersgrenzen festzulegen, sowie eine ausreichende Haftpflichtversicherung zu fordern.

(6) [1]Der Senat wird ermächtigt, zum bauaufsichtlichen Verfahren durch Rechtsverordnung Vorschriften zu erlassen über

1. die erforderlichen Anträge, Anzeigen, Nachweise und die in diesem Zusammenhang erforderlichen Unterschriften,

2. Umfang, Inhalt und Zahl der Bauvorlagen und die in diesem Zusammenhang erforderlichen Unterschriften,

3. das Verfahren im Einzelnen,

4. das Erheben und Verarbeiten personenbezogener Daten zum Zweck der Erfüllung der bauaufsichtlichen Aufgaben nach § 58, insbesondere die Übermittlung im Rahmen der notwendigen Beteiligung anderer öffentlicher Stellen, sowie die Übermittlung an sonstige Stellen, soweit diese die Daten zur Erfüllung der ihnen obliegenden öffentlichen Aufgaben benötigen. Dabei sind Art, Umfang, Empfängerinnen und Empfänger der zu übermittelnden Daten sowie die Zwecke der Verwendung und die Dauer der Speicherung zu bestimmen.

[2]Dabei können Regelungen zur Übermittlung elektronischer Dokumente sowie zur Ersetzung der Schriftform durch die elektronische Form getroffen werden. [3]Für verschiedene Arten von Vorhaben können unterschiedliche Anforderungen und Verfahren festgelegt werden.

(7) Der Senat wird ermächtigt, durch Rechtsverordnung die Anlage 2 (Anlage zu § 60) zu ändern, soweit die Verwirklichung der allgemeinen Anforderungen nach § 3 nicht gefährdet wird.

---

1) Die Ermächtigung zum Erlass von Rechtsverordnungen tritt schon am Tage nach der Verkündung am 7.2.2018 in Kraft; siehe Art. 9 Abs. 2 G v. 23.1.2018 (HmbGVBl. S. 19).

(8) Der Senat wird ermächtigt, durch Rechtsverordnung Vorschriften für Sachverständige zu erlassen über

1. die Fachbereiche, in denen die Sachverständigen tätig werden,
2. die Anforderungen an die Sachverständigen, insbesondere in Bezug auf deren Ausbildung, Fachkenntnisse, Berufserfahrung, persönliche Zuverlässigkeit sowie Fort- und Weiterbildung,
3. das Verfahren der Anerkennung sowie die Voraussetzungen für die Anerkennung, ihren Widerruf, ihre Rücknahme und ihr Erlöschen,
4. die Festsetzung einer Altersgrenze,
5. das Erfordernis einer ausreichenden Haftpflichtversicherung,
6. die Überwachung der Sachverständigen,
7. die Vergütung der Sachverständigen.

(9) Der Senat wird ermächtigt, durch Rechtsverordnung Vorschriften zu erlassen über Prüfingenieurinnen und Prüfingenieure, denen im Auftrag der Bauaufsichtsbehörde bauaufsichtliche Prüfaufgaben und Aufgaben der Bauüberwachung übertragen werden können.

(10) Der Senat wird ermächtigt, durch Rechtsverordnung zu bestimmen, dass für bestimmte Typengenehmigungen sowie für bestimmte Fliegende Bauten die Aufgaben der Bauaufsichtsbehörde nach §§ 65 und 66 ganz oder teilweise auf andere Stellen übertragen werden, und die Vergütung dieser Stellen zu regeln.

(11) ¹Der Senat wird ermächtigt, durch Rechtsverordnung die Verordnungsermächtigung nach den Absätzen 2 und 2a für die Fälle auf die Bezirksämter zu übertragen, in denen die örtlich zuständigen Bezirksversammlungen den Verordnungsentwürfen zugestimmt haben. ²Die Verordnungen bedürfen in diesen Fällen vor ihrem Erlass durch das Bezirksamt der Genehmigung der zuständigen Behörde. ³Die Bürgerschaft beschließt Vorschriften nach den Absätzen 2 und 2a durch Gesetz, wenn die örtlich zuständige Bezirksversammlung dem Verordnungsentwurf nicht zugestimmt oder nicht binnen vier Monaten nach Vorlage des Entwurfes zur Abstimmung über ihre Zustimmung entschieden hat.

§ 81a Technische Baubestimmungen

(1) ¹Die Anforderungen nach § 3 können durch Technische Baubestimmungen konkretisiert werden. ²Die Technischen Baubestimmungen sind zu beachten. ³Von den in den Technischen Baubestimmungen enthaltenen Planungs-, Bemessungs- und Ausführungsregelungen kann abgewichen werden, wenn mit einer anderen Lösung in gleichem Maße die Anforderungen erfüllt werden und in der Technischen Baubestimmung eine Abweichung nicht ausgeschlossen ist; § 19a Absatz 2, § 20 Absatz 1 und § 69 Absatz 1 bleiben unberührt.

(2) Die Konkretisierungen können durch Bezugnahmen auf Fundstellen technischer Regeln oder auf andere Weise erfolgen, insbesondere in Bezug auf:

1. bestimmte bauliche Anlagen oder ihre Teile,
2. die Planung, Bemessung und Ausführung baulicher Anlagen und ihrer Teile,
3. die Leistung von Bauprodukten in bestimmten baulichen Anlagen oder ihren Teilen, insbesondere:
    a) Planung, Bemessung und Ausführung baulicher Anlagen bei Einbau eines Bauprodukts,
    b) Merkmale von Bauprodukten, die sich für einen Verwendungszweck auf die Erfüllung der Anforderungen nach § 3 Satz 1 auswirken,
    c) Verfahren für die Feststellung der Leistung eines Bauproduktes im Hinblick auf Merkmale, die sich für einen Verwendungszweck auf die Erfüllung der Anforderungen nach § 3 Satz 1 auswirken,
    d) zulässige oder unzulässige besondere Verwendungszwecke,
    e) die Festlegung von Klassen und Stufen in Bezug auf bestimmte Verwendungszwecke,
    f) die für einen bestimmten Verwendungszweck anzugebende oder erforderliche und anzugebende Leistung in Bezug auf ein Merkmal, das sich für einen Verwendungszweck auf die Erfüllung der Anforderungen nach § 3 Satz 1 auswirkt, soweit vorgesehen in Klassen und Stufen,
4. die Bauarten und die Bauprodukte, die nur eines allgemeinen bauaufsichtlichen Prüfzeugnisses nach § 19a Absatz 3 oder nach § 20b Absatz 1 bedürfen,
5. Voraussetzungen zur Abgabe der Übereinstimmungserklärung für ein Bauprodukt nach § 22a,
6. die Art, den Inhalt und die Form technischer Dokumentation.

(3) Die Technischen Baubestimmungen sollen nach den Grundanforderungen gemäß Anhang I der Verordnung (EU) Nr. 305/2011 gegliedert sein.

(4) Die Technischen Baubestimmungen enthalten die in § 20 Absatz 3 genannte Liste.

(5) Die Bauaufsichtsbehörde erlässt die zur Durchführung dieses Gesetzes oder der Rechtsvorschriften auf Grund dieses Gesetzes erforderlichen Technischen Baubestimmungen auf der Grundlage der vom Deutschen Institut für Bautechnik im Einvernehmen mit den Obersten Bauaufsichtsbehörden der Länder veröffentlichten Technischen Baubestimmungen als technische Verwaltungsvorschriften.

§ 82 Aufhebung und Änderung von Vorschriften
[hier nicht wiedergegeben]

§ 83 In-Kraft-Treten; Übergangsbestimmungen; Fortgeltung von Vorschriften

(1) ¹Dieses Gesetz tritt am ersten Tage des vierten auf die Verkündung[1] folgenden Monats in Kraft. ²Die Vorschriften über die Ermächtigung zum Erlass von Rechtsverordnungen treten am Tage nach der Verkündung in Kraft.

(2) ¹Dieses Gesetz gilt für Vorhaben, für die nach seinem In-Kraft-Treten Genehmigungsanträge gestellt werden, sowie für genehmigungsfreie Vorhaben, mit deren Ausführung nach dem In-Kraft-Treten des Gesetzes begonnen wird. ²Ist über einen Antrag beim In-Kraft-Treten dieses Gesetzes noch nicht entschieden worden, so kann die Antragstellerin oder der Antragsteller verlangen, dass die Entscheidung nach diesem Gesetz getroffen wird.

(3) § 39 Absatz 3 Sätze 2 und 3 der Hamburgischen Bauordnung in der bis zum 31. März 2006 geltenden Fassung gilt fort.

(4) Soweit in diesem Gesetz an die Festsetzung von Baugebieten Rechtsfolgen geknüpft werden, gelten diese auch für die entsprechenden Baugebiete in den nach § 173 Absatz 3 Satz 1 des Bundesbaugesetzes übergeleiteten Bebauungsplänen und in Bebauungsplänen nach dem Bundesbaugesetz, bei denen der erste Tag der öffentlichen Auslegung in die Zeit zwischen dem 29. Oktober 1960 und dem 31. Juli 1962 fiel.

(5) Soweit in landesrechtlichen Rechtsvorschriften auf die nach § 82 außer Kraft getretenen Vorschriften verwiesen ist, finden an ihrer Stelle die maßgeblichen Bestimmungen dieses Gesetzes oder der auf Grund dieses Gesetzes erlassenen Vorschriften entsprechende Anwendung.

(6) *[Änderung des Gesetzes über die Feststellung von Bauleitplänen und ihre Sicherung; hier nicht wiedergegeben]*

---

1) Verkündet am 27.12.2005.

Anlage 1
Innenstadtbereich nach § 49 Absatz 2

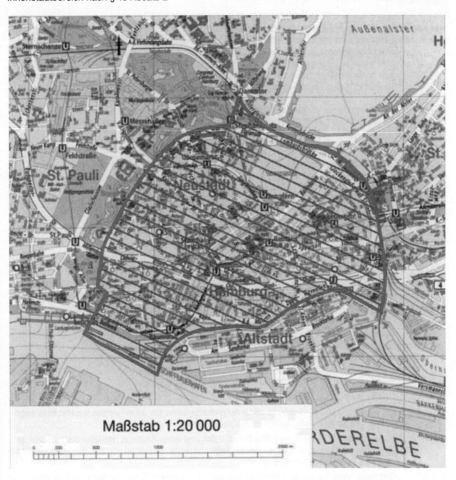

Maßstab 1:20 000

Anlage 2
(zu § 60)

Verfahrensfreie Vorhaben nach § 60

Hinweis: Für die nachfolgenden Vorhaben ist eine Genehmigung der Bauaufsichtsbehörden nicht erforderlich.

Inhaltliche Anforderungen, die durch öffentlich-rechtliche Vorschriften an diese Vorhaben gestellt werden, sind zu beachten. Zulassungsentscheidungen nach anderen Vorschriften als der Hamburgischen Bauordnung und der auf diese gestützten Vorschriften sind einzuholen. Bauaufsichtliche Eingriffsbefugnisse bleiben bei Verstößen gegen diese Vorschriften unberührt.

Sofern von dieser Anlage erfasste Vorhaben Teil eines Vorhabens sind, das in einem Verfahren nach § 61, § 62 oder § 64 zu prüfen ist, werden sie in das jeweilige Verfahren einbezogen.

Übersicht

I   Errichtung und Änderung von Anlagen

1.   Gebäude und Überdachungen:

1.1   ein eingeschossiges Gebäude ohne Aufenthaltsräume bis 30 m³ umbauten Raum je zugehörigem Hauptgebäude, außer im Außenbereich,

1.2   eine Garage mit einer Wandhöhe bis zu 3,0m und einer Bruttogrundfläche bis zu 50m² je zugehörigem Hauptgebäude, außer im Außenbereich; die Fläche von Stellplätzen nach Nummer 13.2 ist anzurechnen,

1.3   Gebäude ohne Feuerungsanlagen mit einer traufseitigen Wandhöhe bis zu 5,0 m, die einem land- oder forstwirtschaftlichen Betrieb oder einem Betrieb der gartenbaulichen Erzeugung dienen, höchstens 100 m² Bruttogrundfläche haben und nur zur Unterbringung von Sachen oder zum vorübergehenden Schutz von Tieren bestimmt sind,

1.4   Gewächshäuser auf landwirtschaftlich oder erwerbsgärtnerisch genutzten Flächen mit höchstens 100m² Grundfläche und

   – bis zu 4,50 m Firsthöhe,

   – bis zu 6,0 m Firsthöhe, wenn eine Typengenehmigung nach § 65 vorliegt;

nicht freigestellt sind Foliengewächshäuser mit Feuerstätten,

1.5   Fahrgastunterstände, die dem öffentlichen Personenverkehr oder der Schülerbeförderung dienen,

1.6   Schutzhütten für Wanderer, die jedermann zugänglich sind und keine Aufenthaltsräume haben,

1.7 Überdachungen von Terassen mit einer Fläche bis zu 30 m² und einer Tiefe bis zu 3,0 m vor Erdgeschossen sowie untergeordnete Überdachungen wie zum Beispiel Hauseingangsüberdachungen,

1.8 Gartenlauben in Kleingartenanlagen mit einer Grundfläche von höchstens 24 m²,

1.9 Wochenendhäuser in festgesetzten Wochenendhausgebieten;

2. Anlagen der technischen Gebäudeausrüstung mit Ausnahme freistehender Abgasanlagen mit einer Höhe von mehr als 10 m,

2a. folgende Anlagen zur Nutzung erneuerbarer Energien:

2a.1 Solaranlagen in, an und auf Dachflächen außer bei Hochhäusern sowie die damit verbundene Änderung der Nutzung oder der äußeren Gestalt des Gebäudes,

2a.2 gebäudeunabhängige Solaranlagen mit einer Höhe bis zu 3 m und einer Gesamtlänge bis zu 9 m,

2a.3 Windenergieanlagen bis zu 10 m Höhe gemessen von der Geländeoberfläche bis zum höchsten Punkt der vom Rotor bestrichenen Fläche und einem Rotordurchmesser bis zu drei Metern außer in reinen Wohngebieten sowie Windenergieanlagen mit einer Gesamthöhe bis zu 15 m über Geländeoberfläche in festgesetzten Gewerbe- und Industriegebieten und im Hafennutzungsgebiet;

3. Anlagen der Ver- und Entsorgung:

3.1 Brunnen,

3.2 Anlagen, die der öffentlichen Versorgung mit Telekommunikation, Elektrizität, Gas, Öl oder Wärme dienen, mit einer Höhe bis zu 5,0 m und einer Bruttogrundfläche bis zu 10 m²,

3.3 Grundstücksentwässerungsanlagen;

4. Masten, Antennen und ähnliche Anlagen:

4.1 unbeschadet der Nummer 3.2 Antennen einschließlich der Masten mit einer Höhe bis zu 10,0 m und zugehöriger Versorgungseinheiten mit einem Bruttorauminhalt bis zu 10 m³ sowie, soweit sie in, auf oder an einer bestehenden baulichen Anlage errichtet werden, die damit verbundene Änderung der Nutzung oder der äußeren Gestalt der Anlage,

4.2 Masten und Unterstützungen für Fernsprechleitungen, für Leitungen zur Versorgung mit Elektrizität, für Seilbahnen und für Leitungen sonstiger Verkehrsmittel, für Sirenen, für Überwachungskameras und für Fahnen,

4.3 Signalhochbauten für die Landesvermessung,

4.4 Flutlichtmasten auf zugelassenen Sportstätten mit einer Höhe bis zu 10,0 m, außer im Außenbereich;

5. Behälter:

5.1 ortsfeste Behälter für Flüssiggas mit einem Fassungsvermögen von weniger als 3t, für nicht verflüssigte Gase mit einem Bruttorauminhalt bis zu 6 m³,

5.2 ortsfeste Behälter für brennbare oder wassergefährdende Flüssigkeiten mit einem Bruttorauminhalt bis zu 10 m³,

5.3 ortsfeste Behälter sonstiger Art mit einem Bruttorauminhalt bis zu 50 m³ und einer Höhe bis zu 3,0 m,

5.4 Gärfutterbehälter mit einer Höhe bis zu 6,0 m und Schnitzelgruben,

5.5 Fahrsilos, Kompost- und ähnliche Anlagen, außer im Außenbereich,

5.6 Wasserbecken mit einem Beckeninhalt bis zu 100 m³,

5.7 Behälter zum Sammeln wieder verwertbarer Abfallstoffe wie Altpapier und Altglas bis zu 10 m³ Größe auf öffentlichen Wegen, Grünflächen oder öffentlich genutzten Privatflächen,

5.8 Standplätze für Wertstoff- und Abfallbehälter einschließlich der zugehörigen Müllbehälterschränke,

5.9 Briefkästen, Behälter und Schränke mit einer Bruttogrundfläche bis zu 10 m², die zu Zwecken der Postannahme bzw. Postverteilung aufgestellt werden;

6. Mauern und Einfriedigungen:

6.1   Mauern einschließlich Stützmauern und Einfriedungen mit einer Höhe bis zu 2,0 m, außer im Außenbereich,

6.2   offene, sockellose Einfriedigungen für Grundstücke, die einem land- oder forstwirtschaftlichen Betrieb oder einem Betrieb der gartenbaulichen Erzeugung dienen;

7.   Verkehrsanlagen:

        Private Verkehrsanlagen einschließlich Brücken und Durchlässe mit einer lichten Weite bis zu 5,0 m und Untertunnelungen mit einem Durchmesser bis zu 3,0 m;

8.   Aufschüttungen und Abgrabungen:

8.1   bis insgesamt 50 m^2 Grundfläche,

8.2   von mehr als 50 m^2 bis zu 400 m^2 Grundfläche und bis zu 2 m Höhe oder Tiefe, soweit nicht an bauliche Anlagen angeschüttet oder an baulichen Anlagen abgegraben wird,

8.3   im Hafennutzungsgebiet bis zu der von der Wasserbehörde festgelegten Höhe des Hochwasserschutzes (Bemessungswasserstand plus Wellenauflauf), sofern sie die Hamburg Port Authority zur hochwassersicheren Aufhöhung von Flächen durchführt,

8.4   ohne Flächen- oder Höhenbegrenzung, sofern die Aufschüttungen oder Abgrabungen einschließlich ihrer Höhe oder Tiefe in einem Bebauungsplan oder in einem Verfahren nach § 14 des Hafenentwicklungsgesetzes festgelegt sind;

9.   Anlagen in Gärten und zur Freizeitgestaltung:

9.1   Schwimmbecken mit einem Beckeninhalt bis zu 100 m^3, außer im Außenbereich und in Kleingartenanlagen,

9.2   Sprungschanzen, Sprungtürme und Rutschbahnen mit einer Höhe bis zu 10 m in Badeanstalten, ansonsten bis zu 3 m,

9.3   Anlagen, die der zweckentsprechenden Einrichtung von Spiel-, Abenteuerspiel-, Bolz- und Sportplätzen, Reit- und Wanderwegen, Trimm- und Lehrpfaden dienen, ausgenommen Gebäude und Tribünen, sowie das Auswechseln von Belägen auf Spiel- und Sportflächen,

9.4   Wohnwagen, Zelte und bauliche Anlagen, die keine Gebäude sind, auf Camping-, Zelt- und Wochenendplätzen,

9.5   Anlagen, die der Gartennutzung, der Gartengestaltung oder der zweckentsprechenden Einrichtung von Gärten dienen,

9.6   Boots- und Badestege, soweit sie nicht – auch nicht vorübergehend – allgemein zugänglich sind und keine Aufbauten haben,

9.7   Maßnahmen zur inneren Erschließung von öffentlichen Freizeit- und Parkanlagen sowie von Kleingartenanlagen,

9.8   Saunaanlagen, die nicht gewerblichen oder öffentlichen Zwecken dienen;

10.   Tragende und nicht tragende Bauteile:

10.1   nicht tragende und nicht aussteifende Bauteile in baulichen Anlagen,

10.2   die Änderung tragender oder aussteifender Bauteile innerhalb von Wohngebäuden der Gebäudeklassen 1 und 2,

10.3   Türen und Fenster, einschließlich Dachflächenfenster, sowie die dafür bestimmten Öffnungen,

10.4   Außenwandbekleidungen einschließlich Maßnahmen der Wärmedämmung außer bei Hochhäusern sowie Verblendungen und Verputz baulicher Anlagen,

10.5   Bedachungen einschließlich Maßnahmen der Wärmedämmung außer bei Hochhäusern,

10.6   Herstellung von Dachgauben und Dacheinschnitten, wobei deren Länge insgesamt nicht mehr als ein Drittel ihrer zugehörigen Gebäudeseitenlänge betragen darf;

11.   Werbeanlagen und Automaten:

11.1   Werbeanlagen mit einer Ansichtsfläche bis zu 1 m^2,

11.2   Automaten,

11.3   Werbeanlagen an der Stätte der Leistung, die nach ihrem erkennbaren Zweck nur vorübergehend für höchstens zwei Monate angebracht werden, außer im Außenbereich,

11.4   Werbeanlagen in Gewerbe-, Industrie- und vergleichbaren Sondergebieten an der Stätte der Leistung mit einer Höhe bis zu 10,0 m ab Geländeoberfläche sowie Sammelschilder als Hinweis auf ortsansässige gewerbliche Betriebe mit einer Höhe bis zu 10,0 m ab Geländeoberfläche,

11.5   Erneuerung und Austausch der Werbemotive bei Wechselwerbeanlagen,

11.6   Erneuerung und Austausch bestehender Werbeanlagen, wenn Art und Größe nicht verändert werden,

11.7   Werbeanlagen, für die eine Genehmigung nach wegerechtlichen Vorschriften erforderlich ist, außer Werbeanlagen an Fassaden und Baugerüsten;

12.   Vorübergehend aufgestellte oder benutzbare Anlagen:

12.1   Baustelleneinrichtungen einschließlich der Bauschilder, Bauzäune, Lagerhallen, Schutzhallen und Unterkünfte, ausgenommen Schutzdächer, deren Firsthöhe über 25 m Geländeoberfläche liegt,

12.2   Gerüste, wenn es sich dabei um eingeschossige Lehr- und Traggerüste bis zu einer Gerüsthöhe von 5 m oder um Arbeits- und Schutzgerüste handelt, bei denen die oberste Gerüstlage nicht höher als 25 m über der Geländeoberfläche liegt und die Gerüste von Sachkundigen aufgestellt werden,

12.3   Toilettenwagen und -häuschen,

12.4   Behelfsbauten, die der Landesverteidigung, dem Katastrophenschutz oder der Unfallhilfe dienen,

12.5   bauliche Anlagen, die für höchstens drei Monate auf genehmigtem Messe- und Ausstellungsgelände errichtet werden, ausgenommen Fliegende Bauten,

12.6   Verkaufsstände und andere bauliche Anlagen auf Straßenfesten, Volksfesten und Märkten, ausgenommen Fliegende Bauten,

12.7   Fliegende Bauten mit einer Höhe bis zu 5 m, die nicht dazu bestimmt sind, von Besuchern betreten zu werden,

12.8   Fliegende Bauten mit einer Höhe bis zu 5 m, die für Kinder betrieben werden und eine Geschwindigkeit von höchstens 1 m/s haben,

12.9   Bühnen, die Fliegende Bauten sind, einschließlich Überdachungen und sonstigen Aufbauten mit einer Höhe bis zu 5 m, einer Bruttogrundfläche bis zu 100 m^2 und einer Fußbodenhöhe bis zu 1,50 m,

12.10   Zelte, die Fliegende Bauten sind, mit einer Bruttogrundfläche bis zu 75 m^2,

12.11   Eingeschossige überdeckte bauliche Anlagen als Fliegende Bauten wie Verkaufs- oder Ausstellungsstände, einschließlich aller Anbauten und Vordächer, mit einer Bruttogrundfläche bis zu 75 m^2 und einer Höhe bis zu 5 m, auch wenn sie von Besuchern betreten werden,

12.12   aufblasbare Spielgeräte mit einer Höhe des betretbaren Bereichs von bis zu 5 m oder mit überdachten Bereichen, bei denen die Entfernung zum Ausgang nicht mehr als 3 m oder sofern ein Absinken der Überdachung konstruktiv verhindert wird, nicht mehr als 10 m beträgt;

13.   Plätze:

13.1   Lager- und Abstellplätze, die einem land- oder forstwirtschaftlichen Betrieb oder einem Betrieb der gartenbaulichen Erzeugung dienen, außer im Außenbereich,

13.2   nicht überdachte Stellplätze mit einer Fläche bis zu 50 m^2 je zugehörigem Hauptgebäude, außer im Außenbereich, wobei die Fläche von Garagen nach Nummer 1.2 anzurechnen ist,

13.3   Kinderspielplätze;

14.   Container:

14.1   Container für den vorübergehenden Aufenthalt von Personal im Hafengebiet nach § 2 Absatz 2 des Hafenentwicklungsgesetzes in der jeweils geltenden Fassung sowie in festgesetzten Gewerbe- und Industriegebieten,

14.2   Schlaf- und Bürocontainer bis zu einer Stapelhöhe von zwei Containern auf Baustellen,

14.3   ortsfeste Container, die der Lagerung von nicht wassergefährdenden Stoffen dienen,

         – im Hafengebiet,

– auf Baustellen,

– auf dafür genehmigten Flächen;

15.   Sonstige Anlagen:

15.1   Fahrradabstellanlagen mit einer Gesamtfläche bis zu 50 m², außer im Außenbereich,

15.2   Zapfsäulen und Tankautomaten genehmigter Tankstellen, Eigenverbrauchstankstellen, sofern die Behältergröße nach Nummern 5.1 (Flüssiggas oder nicht verflüssigtes Gas) und 5.2 (brennbare oder wassergefährdende Flüssigkeiten) nicht überschritten wird,

15.3   Regale mit einer Höhe bis zu 7,50 m Oberkante Lagergut, außer im Außenbereich,

15.4   Grabdenkmale auf Friedhöfen, Feldkreuze, Denkmäler, Skulpturen und sonstige Kunstwerke jeweils mit einer Höhe bis zu 4 m,

15.5   Bedienungs- und Wartungsanlagen einschließlich der zugehörigen Treppen, Leitern, Tritte, Laufstege und Umwehrungen,

15.6   Rohrleitungen und Rohrbrücken bis 10 m Spannweite innerhalb von Industrie- und Gewerbebetrieben, sofern sie nicht über öffentliche Verkehrsflächen führen,

15.7   Verputz baulicher Anlagen, Außenwandanstriche und Anstriche äußerer Bauteile, ausgenommen bildliche Darstellungen,

15.8   Telefonzellen bzw. Telefonstandsäulen,

15.9   andere unbedeutende Anlagen oder untergeordnete Teile von Anlagen wie Markisen, Rollläden, Terrassen, Dacheindeckungen und Dachrinnen, Außenleuchten, Maschinenfundamente, Fahrzeugwaagen, Pergolen, Jägerstände, Wildfütterungsstände, Bienenfreistände, Taubenhäuser, Teppichklopf- und Wäschetrocknungsvorrichtungen im Freien, Sicherheitsvorrichtungen an Dächern und Gebäuden.

II   Änderung der Nutzung

Verfahrensfrei ist die Änderung der Nutzung von Anlagen, wenn

1. für die neue Nutzung keine anderen öffentlich-rechtlichen Anforderungen als für die bisherige gelten oder

2. die Errichtung oder Änderung der Anlagen nach Abschnitt I verfahrensfrei wäre.

III   Beseitigung von Anlagen

Verfahrensfrei ist die Beseitigung von

1. Anlagen nach Abschnitt I,

2. Gebäuden der Gebäudeklassen 1 und 2, es sei denn, die zu beseitigenden Gebäude der Gebäudeklasse 2 grenzen an Gebäude der Gebäudeklassen 3 bis 5 an,

3. sonstigen Anlagen, die keine Gebäude sind, mit einer Höhe bis zu 10 m.

Nach der Beseitigung von Gebäuden, für die eine Hausnummer festgesetzt wurde, ist die Bauaufsichtsbehörde zu informieren. Die beabsichtigte Beseitigung von Gebäuden mit Ausnahme der Anlagen nach Abschnitt I Nummer 1 ist der für den Bauarbeiterschutz zuständigen Behörde einen Monat vorher mitzuteilen.

IV   Instandhaltungsarbeiten

Verfahrensfrei sind Instandhaltungsarbeiten.

Gesetz
über die Feststellung von Bauleitplänen und ihre Sicherung (Bauleitplanfeststellungsgesetz)

In der Fassung der Bekanntmachung vom 30. November 1999[1] (HmbGVBl. S. 271, ber. 2007 S. 354) (BS Hbg 2130-1)

zuletzt geändert durch Art. 5 G zur Erleichterung der Gremienarbeit aus Anlass der COVID-19-Pandemie und zur Schaffung der Voraussetzungen für Fördermaßnahmen im Hochschulbereich vom 26. Juni 2020 (HmbGVBl. S. 380)

Erster Abschnitt
Feststellung der Bauleitpläne

§ 1 [Aufstellungsbeschluss; Auslegung]

(1) [1]Der Senat beschließt die Aufstellung der Bauleitpläne und die Auslegung der Bauleitplan-Entwürfe nach § 2 Absatz 1 und § 3 Absatz 2 sowie die Aufstellung der Verordnungen nach § 34 Absatz 4 und der Erhaltungsverordnungen nach § 172 Absatz 1 des Baugesetzbuchs (BauGB) in der Fassung vom 23. September 2004 (BGBl. I S. 2415), zuletzt geändert am 21. Juni 2005 (BGBl. I S. 1818, 1824), in der jeweils geltenden Fassung. [2]Beschlüsse über die Aufstellung sowie Ort und Dauer der Planauslegung sind im Amtlichen Anzeiger bekannt zu machen.

(2) [1]In den Fällen, in denen das Bezirksamt zur Feststellung der Bebauungspläne befugt ist, führt es die frühzeitige Beteiligung der Öffentlichkeit nach § 3 Absatz 1 BauGB durch seine Bezirksversammlung durch. [2]Diese kann die Aufgabe auf einen ihrer Ausschüsse übertragen.

§ 2 [Feststellung des Flächennutzungsplans]

(1) Der Flächennutzungsplan nach den §§ 5 bis 7 BauGB wird durch Beschluss der Bürgerschaft festgestellt.

(2) [1]Der Beschluss der Bürgerschaft wird vom Senat im Hamburgischen Gesetz- und Verordnungsblatt verkündet. [2]Dabei ist anzugeben, wo der Flächennutzungsplan und der ihm beigegebene Erläuterungsbericht zu kostenfreier Einsicht durch jedermann ausgelegt werden.

§ 3 [Feststellung von Bebauungsplänen]

(1) [1]Bebauungspläne nach dem Baugesetzbuch werden durch Rechtsverordnung des Senats festgestellt, soweit sich aus diesem Gesetz nicht etwas anderes ergibt. [2]Die Feststellung der Pläne durch Rechtsverordnung des Senats setzt voraus, dass das Verfahren nach dem Zweiten Abschnitt abgeschlossen worden ist.

(2) [1]Die Bürgerschaft stellt Bebauungspläne durch Gesetz fest, wenn

1. sie sich die Feststellung vorbehalten hat,
2. die örtlich zuständige Bezirksversammlung dem Planentwurf nicht zugestimmt hat,
3. der Senat ihr Entwürfe zur Feststellung vorlegt.

[2]Der Senat legt den Planentwurf der Bürgerschaft zur Feststellung vor, wenn die örtlich zuständige Bezirksversammlung nicht binnen vier Monaten nach Vorlage des Entwurfes zur Abstimmung über ihre Zustimmung beschlossen hat.

(3) Der Senat wird ermächtigt, gesetzlich festgestellte Bebauungspläne durch Rechtsverordnung zu ändern, zu ergänzen oder aufzuheben.

(4) [1]Abweichend von § 10 BauGB werden die Bebauungspläne im Hamburgischen Gesetz- und Verordnungsblatt verkündet. [2]Die Verkündung von Karten und Zeichnungen kann dadurch ersetzt werden, dass das maßgebliche Stück beim Staatsarchiv zu kostenfreier Einsicht durch jedermann niedergelegt und hierauf im Gesetz oder in der Rechtsverordnung hingewiesen wird.

§ 4 [Rechtsverordnung statt Satzung]

[1]An die Stelle der in § 16 Absatz 1, § 22 Absatz 1 Satz 1, § 25 Absatz 1, § 34 Absatz 4 Satz 1, § 35 Absatz 6 Satz 1, § 142 Absatz 3 Satz 1, § 162 Absatz 2 Satz 1, § 165 Absätze 6 bis 9, § 170 Satz 1,

---

1) Neubekanntmachung des Bauleitplanfeststellungsgesetz v. 4.4.1978 (HmbGVBl. S. 89) in der ab 23.11.1999 geltenden Fassung. Gemäß Art. 5 Abs. 1 des G v. 16.11.1999 (HmbGVBl. S. 255) werden die bei Inkrafttreten dieses Gesetzes bereits eingeleiteten Verfahren nach den Vorschriften dieses Gesetzes zu Ende geführt.

§ 171d Absatz 1 und § 172 Absatz 1 Satz 1 BauGB vorgesehenen Satzung tritt die Form der Rechtsverordnung des Senats, soweit sich aus diesem Gesetz nicht etwas anderes ergibt. ²Für den Erlass von Veränderungssperren nach § 16 Absatz 1 BauGB, Erhaltungsverordnungen nach § 172 Absatz 1 Satz 1 BauGB sowie Verordnungen nach § 34 Absatz 4 und § 35 Absatz 6 BauGB gilt § 3 Absatz 1 Satz 2 und Absatz 2 entsprechend.

§ 5 [Aufnahme weiterer Festsetzungen]
(1) ¹In Rechtsverordnungen über Bebauungspläne können aufgrund von § 81 Absätze 2 und 2a der Hamburgischen Bauordnung vom 14. Dezember 2005 (HmbGVBl. S. 525), zuletzt geändert am 15. Dezember 2009 (HmbGVBl. S. 444, 446), § 7 Absatz 7 Satz 1 und § 15 Absatz 1 des Denkmalschutzgesetzes vom 5. April 2013 (HmbGVBl. S. 142), § 10 Absatz 1 Satz 1 Nummer 4 des Hamburgischen Gesetzes zur Ausführung des Bundesnaturschutzgesetzes (HmbBNatSchAG) vom 11. Mai 2010 (HmbGVBl. S. 350), § 8 Absatz 1 Satz 1 des Hamburgischen Klimaschutzgesetzes vom 20. Februar 2020 (HmbGVBl. S. 148) und § 9 Absatz 4 des Hamburgischen Abwassergesetzes in der Fassung vom 24. Juli 2001 (HmbGVBl. S. 258, 280), zuletzt geändert am 5. Dezember 2009 (HmbGVBl. S. 444, 446), in den jeweils geltenden Fassungen Festsetzungen aufgenommen werden. ²In ihnen können ferner aufgrund von § 4 Absatz 3 und § 10 Absatz 1 Satz 1 Nummern 3 und 5 HmbBNatSchAG in der jeweils geltenden Fassung Festsetzungen nach § 9 Absatz 3 Satz 1 Nummer 4 des Bundesnaturschutzgesetzes (BNatSchG) vom 29. Juli 2009 (BGBl. I S. 2542) in der jeweils geltenden Fassung getroffen sowie Landschaftsschutzgebiete und geschützte Landschaftsbestandteile geändert oder aufgehoben werden. ³Für Gesetze über Bebauungspläne gelten die Sätze 1 und 2 sinngemäß. ⁴§ 3 Absatz 3 gilt entsprechend.

(2) ¹Für Festsetzungen nach Absatz 1 gilt § 33 BauGB in der jeweils geltenden Fassung. ²Für Festsetzungen nach § 9 BNatSchG gelten die Verfahrensvorschriften des Baugesetzbuchs und dieses Gesetzes für die Aufstellung von Bebauungsplänen. ³Im Übrigen finden die Vorschriften des Baugesetzbuchs keine Anwendung.

§ 6 [Weiterübertragung auf Bezirksämter]
(1) Der Senat wird ermächtigt, die Befugnisse nach
1. § 1 Absatz 1 mit Ausnahme des Beschlusses über die Aufstellung und Auslegung des Flächennutzungsplans,
2. § 3 Absätze 1 und 3 sowie
3. § 4 Satz 1 für die in Satz 2 genannten Rechtsverordnungen
auf die Bezirksämter weiter zu übertragen.

(2) Die Beschlüsse des Bezirksamts zur Feststellung von Bebauungsplänen und zum Erlass der weiteren Rechtsverordnungen bedürfen der Zustimmung der Bezirksversammlung.

(3) ¹Die Bebauungspläne sowie die sonstigen Rechtsverordnungen mit Ausnahme des Erlasses von Veränderungssperren nach § 16 Absatz 1 BauGB bedürfen der Genehmigung der zuständigen Behörde. ²Die Genehmigung darf nur versagt werden, wenn der Bebauungsplan und die sonstigen Rechtsverordnungen die im überbezirklichen Interesse geltenden Beschlüsse der Bürgerschaft oder des Senats nicht beachten. ³Die Genehmigung gilt als erteilt, wenn sie nicht innerhalb eines Monats versagt wird.

§ 7 [Vorbehaltsgebiete]
(1) ¹Größere Stadtbereiche, für die durch Änderung einer auf Grund von § 6 Absatz 1 erlassenen Verordnung die Befugnis zur Feststellung von Bebauungsplänen auf den Senat zurück übertragen wird (Vorbehaltsgebiete), werden durch Rechtsverordnung mit Zustimmung der Bürgerschaft benannt. ²Sofern die Bürgerschaft innerhalb von drei Monaten in der Sache keinen Beschluss fasst, gilt die Zustimmung als erteilt.

(2) ¹Die Bezirksversammlungen sind vor Erlass einer Rechtsverordnung nach Absatz 1 mit einer Frist von drei Monaten anzuhören. ²Ihre Stellungnahme ist der Bürgerschaft bei Einholung der Zustimmung mit dem Entwurf der Rechtsverordnung zur Kenntnis zu geben.

(3) Rechtsverordnungen nach Absatz 1 sind zu befristen.

§ 8 [Unberührtheitsklausel]
Die Befugnisse des Senats nach § 1 Absatz 4 des Gesetzes über Verwaltungsbehörden in der Fassung vom 30. Juli 1952 (Sammlung des bereinigten hamburgischen Landesrechts I 2000-a), zuletzt geändert

am 11. April 2006 (HmbGVBl. S. 169), bleiben vorbehaltlich der Regelungen im Zweiten Abschnitt unberührt.

Zweiter Abschnitt
Kommission für Stadtentwicklung

§ 9 [Besetzung der Kommission; Stellung der Mitglieder]
(1) Die Kommission für Stadtentwicklung besteht aus:
1. der Staatsrätin oder dem Staatsrat der für die Stadtentwicklung zuständigen Behörde als Vorsitzende oder Vorsitzenden,
2. elf aus der Mitte der Bürgerschaft gewählten Mitgliedern,
3. je zwei von jeder Bezirksversammlung gewählten ehrenamtlichen Mitgliedern und
4. zwei vom Senat aus Angehörigen der Verwaltung bestellten Mitgliedern.
(2) [1]Die Mitglieder nach Absatz 1 Nummer 2 werden für die Dauer der Wahlperiode der Bürgerschaft, die Mitglieder nach Absatz 1 Nummer 3 für die Amtsdauer der Bezirksversammlungen gewählt. [2]Sie führen ihr Amt bis zur Wahl der ihnen nachfolgenden Mitglieder fort. [3]Die Mitglieder nach Absatz 1 Nummern 2 und 3 können vom Senat mit Zustimmung der Bürgerschaft aus ihrem Amt abberufen werden.
(3) Die an der Sitzung teilnehmenden Mitglieder mit Ausnahme der oder des Vorsitzenden erhalten eine Aufwandsentschädigung.
(4) Die oder der Vorsitzende werden durch die Staatsrätin oder den Staatsrat vertreten, die nach der Geschäftsordnung des Senats zu ihrer Vertretung berufen sind.
(5) [1]Für die Mitglieder der Kommission nach Absatz 1 Nummern 2 bis 4 werden Vertreterinnen und Vertreter berufen. [2]Die Absätze 1 bis 3 gelten sinngemäß.
(6) Die Kommission untersteht der Dienstaufsicht des Senats.

§ 10 [Unabhängigkeit; Verfahren]
(1) [1]Die Mitglieder der Kommission sind bei ihrer Entscheidung an Aufträge und Weisungen nicht gebunden. [2]Die Kommission entscheidet nach ihrer freien, aus den gesamten Verhandlungen und Ermittlungen gewonnenen Überzeugung.
(2) [1]Die Kommission entscheidet mit Stimmenmehrheit. [2]Bei Stimmengleichheit gibt die Stimme der oder des Vorsitzenden den Ausschlag. [3]Die Kommission ist beschlussfähig, wenn außer der oder dem Vorsitzenden mindestens sieben Mitglieder anwesend sind. [4]Die Beschlussfähigkeit gilt für die Dauer der Sitzung als festgestellt, solange sie nicht in Frage gestellt wird; in diesem Fall hat die oder der Vorsitzende sie erneut festzustellen.
(3) [1]Die von den Bezirksversammlungen gewählten ehrenamtlichen Mitglieder nehmen nur an der Beratung und Abstimmung über Rechtsverordnungen, die Festsetzungen für ihren Bezirk treffen, teil. [2]Trifft eine Verordnung Festsetzungen für zwei oder mehrere Bezirke, werden die Stimmen der nicht von den Bezirksversammlungen gewählten Mitglieder mit der Zahl der stimmberechtigten Bezirke vervielfacht.
(4) [1]Ein Mitglied der Kommission darf an der Beratung und Abstimmung nicht mitwirken, wenn es an der zu treffenden Entscheidung wirtschaftlich interessiert ist. [2]Das Gleiche gilt, wenn das wirtschaftliche Interesse in einer Person begründet ist, mit der das Mitglied der Kommission verwandt oder verschwägert ist oder das sie kraft Gesetzes oder Vollmacht vertritt.
(5) [1]Die Sitzungen der Kommission sind öffentlich. [2]Auf Antrag von mindestens drei von der Bürgerschaft gewählten Mitgliedern oder auf Antrag der oder des Vorsitzenden sowie der vom Senat bestellten Mitglieder ist Nichtöffentlichkeit herzustellen. [3]Dies ist in der Regel spätestens zwei Wochen vor dem vorgesehenen Sitzungstermin bei der oder dem Vorsitzenden begründet zu beantragen. [4]In dringlichen, besonders zu begründenden Fällen kann der Antrag auch während der Sitzung gestellt werden.
(6) Im Übrigen regelt die Kommission ihr Verfahren durch eine Geschäftsordnung; diese bedarf der Genehmigung des Senats.

§ 10a [Sitzungen mittels Telefon- oder Videokonferenz]
(1) [1]In außergewöhnlichen Fällen, in denen ein Zusammentreffen der Kommission an einem Sitzungsort auf Grund äußerer, nicht kontrollierbarer Umstände erheblich erschwert ist, können Sitzungen

mittels Telefon- oder Videokonferenz durchgeführt werden. [2]Die Entscheidung trifft die oder der Vorsitzende. [3]Die Durchführung mittels Telefon- oder Videokonferenz ist ausgeschlossen, wenn mindestens sieben Mitglieder oder mindestens drei von der Bürgerschaft gewählte Mitglieder widersprechen. [4]Die Öffentlichkeit wird hergestellt, soweit dies technisch möglich ist. [5]Abstimmungen erfolgen als namentliche Abstimmungen in entsprechender Anwendung des § 10.

(2) [1]In den in Absatz 1 genannten Fällen kann die oder der Vorsitzende entscheiden, die Beschlussfassung der Kommission im schriftlichen oder elektronischen Verfahren durchzuführen, wenn nicht mindestens sieben Mitglieder oder mindestens drei von der Bürgerschaft gewählte Mitglieder widersprechen. [2]Jedem Mitglied des Ausschusses ist dazu einzeln die entsprechende Vorlage zu übermitteln, einschließlich einer Fristsetzung für Rückäußerungen. [3]Die Frist soll mindestens 48 Stunden betragen. [4]§ 10 Absätze 1 bis 4 gilt sinngemäß mit der Maßgabe, dass an die Stelle der anwesenden Mitglieder der Kommission nach § 10 Absatz 2 Satz 3 diejenigen Mitglieder treten, die sich an dem Beschlussverfahren beteiligen. [5]Das Ergebnis der Beschlussfassung gibt die oder der Vorsitzende in der nächsten Sitzung zur Niederschrift bekannt.

§ 11 [Beteiligung der Kommission]

(1) [1]Vor der frühzeitigen Beteiligung der Öffentlichkeit nach § 3 Absatz 1 BauGB informiert die für die Stadtentwicklung zuständige Behörde die Kommission schriftlich oder elektronisch über die der Öffentlichkeit vorzustellenden Planungsabsichten. [2]Im Anschluss an die Beteiligung der Öffentlichkeit unterrichtet die zuständige Behörde die Kommission über die Beteiligung der Öffentlichkeit und erörtert das Ergebnis.

(2) [1]Die zuständige Behörde holt vor der öffentlichen Auslegung des Entwurfs eines Bebauungsplans nach § 3 Absatz 2 BauGB sowie bei wesentlichen Änderungen des Entwurfs oder auf Antrag von mindestens drei von der Bürgerschaft gewählten Mitgliedern nach der Auslegung die Zustimmung der Kommission ein. [2]Der Antrag nach Satz 1 kann bis zum Ablauf von zwei Wochen nach Ende der öffentlichen Auslegung gestellt werden.

(3) Der Senat hat vor einer Beschlussfassung über den Bebauungsplan zusätzlich die Zustimmung der Bürgerschaft einzuholen, wenn dies von mindestens drei von der Bürgerschaft gewählten Mitgliedern beantragt wird oder die Zustimmung der Kommission nach Absatz 2 nicht erteilt wird.

(4) Die Kommission tritt für den Kreis ihrer Aufgaben an die Stelle aller sonst in der Verwaltung mitwirkenden Ausschüsse.

Verordnung
zur Weiterübertragung von Verordnungsermächtigungen im Bereich der Bauleitplanung und der Landschaftsplanung (Weiterübertragungsverordnung-Bau)[1)]

Vom 8. August 2006 (HmbGVBl. S. 481)
(BS Hbg 2130-1-4)

zuletzt geändert durch Art. 4 G zum Neuerlass des Hamburgischen KlimaschutzG sowie zur Anpassung weiterer Vorschriften vom 20. Februar 2020 (HmbGVBl. S. 148)

Auf Grund von § 6 Absatz 1 des Bauleitplanfeststellungsgesetzes in der Fassung vom 30. November 1999 (HmbGVBl. S. 271), zuletzt geändert am 6. Juli 2006 (HmbGVBl. S. 418), § 7 Absatz 1 Satz 3, Absatz 3 Satz 3 und Absatz 9 Satz 2 sowie § 8 Absatz 1 Satz 4 des Hamburgischen Naturschutzgesetzes in der Fassung vom 7. August 2001 (HmbGVBl. S. 281), zuletzt geändert am 20. April 2005 (HmbGVBl. S. 146), § 81 Absatz 11 der Hamburgischen Bauordnung vom 14. Dezember 2005 (HmbGVBl. S. 525, 563), geändert am 11. April 2006 (HmbGVBl. S. 166), § 4 Absatz 3 des Hamburgischen Klimaschutzgesetzes vom 25. Juni 1997 (HmbGVBl. S. 261), zuletzt geändert am 6. Juli 2006 (HmbGVBl. S. 404, 414), § 6 Absatz 6 Satz 1, § 14 Absatz 6 und § 16 Satz 2 des Denkmalschutzgesetzes vom 3. Dezember 1973 (HmbGVBl. S. 466), zuletzt geändert am 4. April 2006 (HmbGVBl. S. 143), und § 9 Absatz 4 Satz 4 des Hamburgischen Abwassergesetzes in der Fassung vom 24. Juli 2001 (HmbGVBl. S. 258, 280), zuletzt geändert am 17. Dezember 2002 (HmbGVBl. S. 347, 352), wird verordnet:

§ 1 Befugnisse im Rahmen des Bebauungsplanverfahrens

[1]Die in § 6 Absatz 1 des Bauleitplanfeststellungsgesetzes genannten Befugnisse werden auf die Bezirksämter weiter übertragen. [2]Satz 1 gilt nicht für den Erlass der Aufstellungsbeschlüsse zu Erhaltungsverordnungen nach § 172 Absatz 1 Satz 1 Nummer 2 des Baugesetzbuchs in der Fassung vom 23. September 2004 (BGBl. I S. 2415), zuletzt geändert am 21. Juni 2005 (BGBl. I S. 1818, 1824).

§ 2 Befugnisse im Rahmen der Landschaftsplanung

(1) Die Befugnis nach § 4 Absatz 3 des Hamburgischen Gesetzes zur Ausführung des Bundesnaturschutzgesetzes vom 11. Mai 2010 (HmbGVBl. S. 350) in der jeweils geltenden Fassung wird für die Fälle auf die Bezirksämter weiter übertragen, in denen die örtlich zuständigen Bezirksversammlungen den Festsetzungen zugestimmt haben.

(2) Die Befugnis nach Artikel 6 Absatz 2 Nummer 4 Satz 1 des Gesetzes zur Änderung des Hamburgischen Naturschutzgesetzes sowie zur Aufhebung und Änderung weiterer Vorschriften vom 3. April 2007 (HmbGVBl. S. 119) wird für die Fälle auf die Bezirksämter weiter übertragen, in denen die örtlich zuständigen Bezirksversammlungen den Verordnungsentwürfen zugestimmt haben.

§ 3 Befugnisse zum Erlass von bauordnungsrechtlichen Rechtsverordnungen

Die in § 81 Absätze 2 und 2a der Hamburgischen Bauordnung enthaltenen Ermächtigungen zum Erlass von Rechtsverordnungen werden für die Fälle auf die Bezirksämter weiter übertragen, in denen die örtlich zuständigen Bezirksversammlungen den Verordnungsentwürfen zugestimmt haben.

§ 4 Festsetzungen im Rahmen von Bebauungsplanverfahren

Die Verordnungsermächtigungen nach
1. § 8 Absatz 1 Satz 1 des Hamburgischen Klimaschutzgesetzes vom 20. Februar 2020 (HmbGVBl. S. 148),
2. § 7 Absatz 7 Satz 1 und § 15 Absatz 1 Satz 1 des Denkmalschutzgesetzes und
3. § 9 Absatz 4 des Hamburgischen Abwassergesetzes

werden für Festsetzungen im Rahmen von Bebauungsplanverfahren auf die Bezirksämter weiter übertragen.

---

1) Die VO gilt gemäß Art. 9 Abs. 2 des G v. 5.4.2013 (HmbGVBl. S. 142) als auf Grund von § 7 Abs. 7 Satz 2 und § 15 Abs. 2 des Denkmalschutzgesetzes v. 5.4.2013 (HmbGVBl. S. 142) erlassen.

§ 5 Schlussvorschriften

(1) [1]Diese Verordnung gilt nicht für das Gebiet der HafenCity. [2]Das Gebiet der HafenCity ist begrenzt durch die verbindliche Beschreibung in Nummer 1.6 der Anlage 2 zu § 2 Absatz 2 des Hafenentwicklungsgesetzes vom 25. Januar 1982 (HmbGVBl. S. 19), zuletzt geändert am 13. Juni 2006 (HmbGVBl. S. 301); es ist kartografisch dargestellt in der Anlage 1f zu § 2 Absatz 2 des Hafenentwicklungsgesetzes.

(2) [1]Diese Verordnung tritt am Tage nach der Verkündung[1]) in Kraft. [2]Zum gleichen Zeitpunkt tritt die Weiterübertragungsverordnung-Bau vom 28. Juni 2000 (HmbGVBl. S. 134) in der geltenden Fassung außer Kraft.

(3) [1]Die beim Inkrafttreten dieser Verordnung eingeleiteten Verfahren werden mit Ausnahme der in der Anlage 1 benannten Verfahren nach den Vorschriften dieser Verordnung zu Ende geführt.

(4) Die Befugnis zur Feststellung von Bebauungsplänen im Bereich des Vorbehaltsgebietes „Mitte Altona" nach Anlage 3 wird bis zum 31. Dezember 2025 auf den Senat zurück übertragen.

Anlagen 1 bis 3 (hier nicht abgedruckt)

---

1) Verkündet am 25.8.2006.

Bauvorlagenverordnung (BauVorlVO)

Vom 30. Juni 2020 (HmbGVBl. S. 391, ber. 2021 S. 280)
(BS Hbg 2131-1-2)

Auf Grund von § 81 Absatz 6 der Hamburgischen Bauordnung (HBauO) vom 14. Dezember 2005 (HmbGVBl. S. 525, 563), zuletzt geändert am 20. Februar 2020 (HmbGVBl. S. 148, 155), wird verordnet:

Inhaltsübersicht

Teil I
Bauvorlagen und Bescheinigungen

Abschnitt I
Allgemeines

§ 1 Begriff, Beschaffenheit, Unterschrift, Verzicht

(1) [1]Bauvorlagen sind die Unterlagen, die für die Beurteilung von Vorhaben oder die Prüfung von Anträgen im bauaufsichtlichen Verfahren erforderlich sind. [2]Bautechnische Nachweise gelten auch dann als Bauvorlagen, wenn sie der Bauaufsichtsbehörde nicht vorzulegen sind.

(2) Bauvorlagen müssen aus alterungsbeständigem Papier oder gleichwertigem Material lichtbeständig hergestellt sein und dem Format DIN A 4 entsprechen oder auf diese Größe gefaltet sein.

(3) Stellt die Bauaufsichtsbehörde Papiervordrucke oder elektronische Formulare zur Verfügung, sind diese zu verwenden.

(4) [1]Anträge sind von der Bauherrin oder dem Bauherrn (§ 54 Absatz 1 HBauO) zu unterschreiben, die Entwurfsverfasserin oder der Entwurfsverfasser (§ 55 Absatz 1 HBauO) sind im Antrag zu benennen. [2]Die Bauvorlagen sind von der Entwurfsverfasserin oder dem Entwurfsverfasser oder von der Fachplanerin oder dem Fachplaner (§ 55 Absatz 3 HBauO) zu unterschreiben. [3]Mehrausfertigungen nach § 2 Satz 2 müssen nicht nach § 67 Absatz 1 HBauO unterschrieben sein. [4]Die Bauaufsichtsbehörde kann die schriftliche Zustimmung der Grundeigentümerin oder des Grundeigentümers zur Antragstellung verlangen, wenn diese Personen nicht zugleich Bauherrin oder Bauherr sind.

(5) Eine Zustimmungserklärung der Nachbarn nach § 71 Absatz 2 HBauO ist ebenso eine Bauvorlage wie eine Baulasterklärung nach § 79 Absatz 1 HBauO oder ein öffentlich-rechtlicher Vertrag für Sondernutzungen nach § 20 Nummer 3.

(6) Die Bauaufsichtsbehörde darf ein Modell oder weitere Bauvorlagen verlangen, wenn dies zur Beurteilung des Vorhabens erforderlich ist.

(7) Die Bauaufsichtsbehörde soll auf Bauvorlagen verzichten, wenn diese im Einzelfall zur Beurteilung des Vorhabens nicht erforderlich sind.

(8) Soweit das Verfahren in elektronischer Form (§ 27) geführt wird, finden die Absätze 2 und 3 sowie, soweit das Erfordernis einer Unterschrift oder der Schriftform betroffen ist, Absatz 4 keine Anwendung.

§ 2 Anzahl

[1]Der im bauaufsichtlichen Verfahren zu stellende Antrag und die dazu erforderlichen Bauvorlagen sind einzureichen

1. in zweifacher Ausfertigung bei Typengenehmigungen und Fliegenden Bauten nach § 7;
2. in einfacher Ausfertigung bei vorhabenbezogenen Bauartgenehmigungen und Zustimmungen im Einzelfall nach § 8;
3. in zweifacher Ausfertigung die Bauvorlagen für den Standsicherheitsnachweis nach § 14, den Nachweis des Wärmeschutzes und zur Energieeinsparung nach § 16;
4. in dreifacher Ausfertigung bei Vorhaben im vereinfachten Genehmigungsverfahren (§ 61 HBauO) nach § 4 Absatz 1, bei Werbeanlagen nach § 5, bei der Beseitigung von Anlagen nach § 6, bei Vorbescheiden und bei Abweichungen nach § 9;
5. in achtfacher Ausfertigung bei Vorhaben im Baugenehmigungsverfahren mit Konzentrationswirkung (§ 62 HBauO) nach § 4 Absatz 2, davon abweichend jedoch
5.1 in dreifacher Ausfertigung die Bauvorlagen für den Brandschutznachweis nach § 15;
5.2 in dreifacher Ausfertigung die Bauvorlagen nach anderen öffentlich-rechtlichen Vorschriften nach §§ 18, 20 bis 25;
5.3 in jeweils zweifacher Ausfertigung die Bauvorlagen zur Prüfung abwasserrechtlicher Belange nach § 19.

[2]Weitere Mehrausfertigungen sind einzureichen, wenn eine Beteiligung weiterer Stellen im Verfahren dies erfordert. [3]Soweit das Verfahren in elektronischer Form geführt wird oder die Bauaufsichtsbehörde auf die Einreichung von Mehrausfertigungen verzichtet, finden die Sätze 1 und 2 keine Anwendung.

§ 3 Übereinstimmungsgebot

Die Bauzeichnungen, Baubeschreibungen, Berechnungen und Konstruktionszeichnungen sowie sonstige Zeichnungen und Beschreibungen, die den bautechnischen Nachweisen zugrunde liegen, müssen miteinander übereinstimmen und gleiche Positionsangaben haben.

Abschnitt II
Verfahrens- und vorhabenbezogene Anforderungen

§ 4 Vereinfachtes und konzentriertes Verfahren

(1) Für die Errichtung, Änderung oder Nutzungsänderung baulicher Anlagen, die einem Verfahren nach § 61 HBauO unterliegen, sind soweit erforderlich vorzulegen:

1. ein aktueller Auszug aus dem Liegenschaftskataster (§ 10 Absatz 1);
2. der Lageplan mit Darstellungen nach § 10 Absatz 6 Nummern 1 bis 10, 12 und 14;

3. die Bauzeichnungen (§ 11);
4. die Baubeschreibung (§ 12);
5. die erforderlichen Angaben über die gesicherte Erschließung hinsichtlich der Versorgung mit Wasser und Energie sowie der Entsorgung von Abwasser und der verkehrsmäßigen Erschließung, soweit das Bauvorhaben nicht an eine öffentliche Wasser- oder Energieversorgung oder eine öffentliche Abwasserentsorgungsanlage angeschlossen werden kann oder nicht in ausreichender Breite an einer öffentlichen Verkehrsfläche liegt;
6. bei Bauvorhaben im Geltungsbereich eines Bebauungsplans, der Festsetzungen über das Maß der baulichen Nutzung enthält, eine Berechnung des zulässigen, des vorhandenen und des geplanten Maßes der baulichen Nutzung;
7. bei Abweichungen, Ausnahmen und Befreiungen die in § 9 Nummern 2 und 3 genannten Bauvorlagen;
8. der Nachweis der Standsicherheit (§ 14), soweit er nach § 68 Absatz 2 HBauO bauaufsichtlich geprüft wird;
9. der Nachweis des Brandschutzes (§ 15), soweit er nach § 68 Absatz 2 HBauO bauaufsichtlich geprüft wird und nicht bereits in den übrigen Bauvorlagen enthalten ist;
10. der Nachweis des Wärmeschutzes und zur Energieeinsparung (§ 16), soweit er nach § 68 Absatz 2 HBauO bauaufsichtlich geprüft wird;
11. bei Eingriffen in Natur und Landschaft die in § 17 Absatz 4 des Bundesnaturschutzgesetzes vom 29. Juli 2009 (BGBl. I S. 2542), zuletzt geändert am 4. März 2020 (BGBl. I S. 440), in der jeweils geltenden Fassung genannten Angaben;
12. bei Ausnahmen nach den Vorschriften der Baumschutzverordnung vom 17. September 1948 (Sammlung des bereinigten hamburgischen Landesrechts I 791-i), zuletzt geändert am 11. Mai 2010 (HmbGVBl. S. 350, 359), in der jeweils geltenden Fassung ein Lageplan auf der Grundlage von § 10 Absätze 2, 4, 5 und 6 im Maßstab 1:500 mit folgenden Darstellungen und Angaben:
    a) Hecken;
    b) geschützter Baumbestand mit eingemessener Lage, Benennung der Arten, Angaben zum Stammdurchmesser (gemessen in 1,30 m Höhe), zum Kronendurchmesser sowie zu den Geländehöhen am Stammfuß der Bäume bei geplanten Geländeveränderungen, auch soweit Baumbestand auf Nachbargrundstücken oder öffentlichen Verkehrsflächen betroffen ist;
    c) Markierung der Bäume und Hecken, die entfernt werden sollen.

(2) Bei Vorhaben, die einem Verfahren nach § 62 HBauO unterliegen, sind soweit erforderlich vorzulegen:
1. ein aktueller Auszug aus dem Liegenschaftskataster (§ 10 Absatz 1);
2. der Lageplan mit Darstellungen nach § 10 Absatz 6;
3. die in Absatz 1 Nummern 3 bis 6 und 8 bis 10 genannten Bauvorlagen;
4. die Betriebsbeschreibung (§ 13);
5. die Bauvorlagen nach anderen öffentlich-rechtlichen Vorschriften (§§ 18 bis 25);
6. bei Abweichungen, Ausnahmen und Befreiungen die in § 9 Nummern 2 bis 4 genannten Bauvorlagen;
7. die vorhabenbezogene Bauartgenehmigung oder die Zustimmung im Einzelfall nach § 8 oder die zu ihrer Erteilung erforderlichen Bauvorlagen;
8. die Berechnung der Anzahl der notwendigen Stellplätze und der Anzahl der notwendigen Fahrradplätze (§ 48 Absatz 1 HBauO).

(3) [1]Die Bauherrin oder der Bauherr können Bauvorlagen, die die grundsätzliche Genehmigungsfähigkeit des Vorhabens nicht berühren, aus der Vollständigkeitsprüfung der Bauvorlagen nach § 70 Absatz 2 HBauO herausnehmen und zu einem späteren Zeitpunkt zur Prüfung nachreichen. [2]Dazu gehören insbesondere
1. die vorhabenbezogene Bauartgenehmigung oder die Zustimmung im Einzelfall nach § 8 oder die zu ihrer Erteilung erforderlichen Bauvorlagen;
2. der Standsicherheitsnachweis (§ 14);
3. die Bauvorlagen zur technischen Ausführung der Starkstromanlagen einschließlich der Sicherheitsstromversorgung sowie der Lüftungs-, Rauch- und Wärmeabzugsanlagen (§ 15 Absatz 3);
4. der Nachweis des Wärmeschutzes und zur Energieeinsparung (§ 16).

§ 5 Werbeanlagen

(1) Vorzulegen sind:

1. ein Auszug aus dem Liegenschaftskataster (§ 10 Absatz 1);
2. ein Lageplan mit Darstellungen nach § 10 Absatz 6 Nummern 1, 2, 4 und 10 mit Einzeichnung des Standorts der Werbeanlage;
3. eine Zeichnung (Absatz 2) und Beschreibung (Absatz 3) oder eine andere geeignete Darstellung der Werbeanlage, wie ein farbiges Lichtbild oder eine farbige Lichtbildmontage;
4. sofern die Standsicherheit betroffen ist, der Standsicherheitsnachweis (§ 14);
5. bei Abweichungen, Ausnahmen und Befreiungen die in § 9 Nummern 2 und 4 genannten Bauvorlagen.

(2) Die Zeichnung muss die Darstellung der Werbeanlage und ihre Maße, auch bezogen auf den Standort und auf Anlagen, an denen die Werbeanlage angebracht oder in deren Nähe sie aufgestellt werden soll, sowie Angaben über die Farbgestaltung enthalten.

(3) ¹In der Beschreibung sind die Art und die Beschaffenheit der Werbeanlage sowie, soweit erforderlich, die Abstände zu öffentlichen Verkehrsflächen anzugeben. ²Bei beleuchteten Werbeanlagen ist die Art der Beleuchtung, deren Lichtstärke und Farbgebung anzugeben.

§ 6 Beseitigung baulicher Anlagen

Für die Beseitigung baulicher Anlagen (§ 61 Absatz 1 Nummer 3 HBauO) sind vorzulegen

1. ein Auszug aus dem Liegenschaftskataster (§ 10 Absatz 1);
2. ein Lageplan mit Darstellungen nach § 10 Absatz 6 Nummern 1, 2, 4 und 10, der die Lage der zu beseitigenden Anlagen unter Bezeichnung des Grundstücks nach Straße und Hausnummer darstellt;
3. ein Verzeichnis über Gefahrstoffe im Sinne der Gefahrstoffverordnung vom 26. November 2010 (BGBl. I S. 1643, 1644), geändert am 29. März 2017 (BGBl. I S. 626, 648), in der jeweils geltenden Fassung sowie biologische Arbeitsstoffe im Sinne der Biostoffverordnung vom 15. Juli 2013 (BGBl. I S. 2514), geändert am 29. März 2017 (BGBl. I S. 626, 648), in der jeweils geltenden Fassung;
4. bei der Beseitigung von Gebäuden der Gebäudeklasse 3 bis 5 und von baulichen Anlagen von mehr als 15 m Gesamthöhe der Nachweis der sicheren Abbruchfolge; dazu gehören bei einfachen erdgeschossigen Anlagen eine Beschreibung der sicheren Abbruchfolge, bei komplexeren Anlagen auch rechnerische Nachweise mit Angaben zur Standsicherheit.

§ 7 Typengenehmigung, Fliegende Bauten

(1) Mit dem Antrag auf Erteilung einer Typengenehmigung nach § 65 HBauO sind Bauvorlagen nach § 4 Absatz 1 Nummern 3, 4, 8 und 9 sowie der Energieausweis nach § 16 Nummer 2 vorzulegen.

(2) ¹Dem Antrag auf Erteilung einer Ausführungsgenehmigung Fliegender Bauten nach § 66 HBauO sind die in § 4 Absatz 1 Nummern 3, 4, 8 und 9 sowie Absatz 2 Nummer 4 genannten Bauvorlagen beizufügen. ²Ergänzend sind Pläne und technische Angaben zu maschinen-, elektro- und sicherheitstechnischen Einrichtungen vorzulegen. ³Die Bau- und Betriebsbeschreibung muss ausreichende Angaben über Konstruktion, Aufbau, Betrieb und die den Besucherinnen und Besuchern dienenden Sicherheitseinrichtungen und Schutzmaßnahmen enthalten.

§ 8 Vorhabenbezogene Bauartgenehmigung, Zustimmung im Einzelfall

Für die vorhabenbezogene Bauartgenehmigung gemäß § 19a Absatz 2 Satz 1 Nummer 2 HBauO und die Zustimmung im Einzelfall gemäß § 20c HBauO sind die für eine Beurteilung erforderlichen Bauvorlagen, insbesondere Unterlagen mit Material- und Konstruktionsangaben sowie Ausführungspläne, vorzulegen.

§ 9 Vorbescheide, Abweichungen, Ausnahmen, Befreiungen

Im Verfahren zur Entscheidung über

1. die Erteilung eines Vorbescheides nach § 63 HBauO;
2. die Zulassung von Abweichungen nach § 69 HBauO;
3. die Zulassung von Ausnahmen und Befreiungen von den Vorschriften zum Wärmeschutz und der Energieeinsparung;
4. die Zulassung von Ausnahmen und Befreiungen von Anforderungen sonstiger öffentlich-rechtlicher Vorschriften in einem Verfahren nach § 62 HBauO

ist neben den nach § 1 Absatz 1 erforderlichen Bauvorlagen jeweils auch eine Begründung vorzulegen.

Abschnitt III
Inhaltliche Anforderungen

§ 10　Auszug aus dem Liegenschaftskataster, Lageplan

(1) [1]Der aktuelle Auszug aus dem darstellenden Teil des Liegenschaftskatasters (Liegenschaftskarte) muss das Baugrundstück und die benachbarten Grundstücke im Umkreis von mindestens 50 m darstellen. [2]Der Auszug aus dem beschreibenden Teil des Liegenschaftskatasters muss Angaben zu der Grundstückseigentümerin oder dem Grundstückseigentümer, der oder dem Erbbauberechtigten sowie Hinweise zu möglichen öffentlich-rechtlichen Beschränkungen enthalten. [3]Das Baugrundstück ist zu kennzeichnen.

(2) [1]Der Lageplan ist auf der Grundlage der Liegenschaftskarte zu erstellen und mit einer numerischen Angabe des Maßstabs sowie einer Maßstabsleiste zu versehen. [2]Dabei ist ein Maßstab von mindestens 1:500 zu verwenden. [3]Ein größerer Maßstab ist zu verwenden, wenn es für die Beurteilung des Vorhabens erforderlich ist.

(3) Bei Änderungen baulicher Anlagen, bei denen Außenwände und Dächer sowie die Nutzung nicht verändert werden, ist der Lageplan nicht erforderlich.

(4) [1]Im Lageplan sind die Zeichen und Farben nach der Anlage zu verwenden; im Übrigen ist die Planzeichenverordnung 1990 vom 18. Dezember 1990 (BGBl. 1991 I S. 58), zuletzt geändert am 4. Mai 2017 (BGBl. I S. 1057, 1063), in der jeweils geltenden Fassung, entsprechend anzuwenden. [2]Sonstige Darstellungen sind zu erläutern.

(5) Der Inhalt des Lageplans ist auf mehreren Teilplänen in geeignetem Maßstab darzustellen, wenn der Lageplan sonst unübersichtlich würde.

(6) Der Lageplan muss, soweit dies zur Beurteilung des Vorhabens erforderlich ist, enthalten:

1. die Nordrichtung;
2. die katastermäßigen Flächengrößen, Flurstücksnummern und die Flurstücksgrenzen des Baugrundstücks und der benachbarten Grundstücke;
3. die Festsetzungen eines Bebauungsplans für das Baugrundstück über die überbaubaren und die nicht überbaubaren Grundstücksflächen;
4. die angrenzenden öffentlichen Verkehrsflächen mit Angabe der Breite und der Höhenlage mit Bezug auf das Höhenbezugssystem;
5. die geplante bauliche Anlage unter Angabe der Außenmaße, der Dachform und der Höhenlage des Erdgeschossfußbodens zur Straße;
6. Flächen, die von Baulasten oder Hofgemeinschaften betroffen sind;
7. die Abstände der geplanten baulichen Anlage zu anderen baulichen Anlagen auf dem Baugrundstück und auf den benachbarten Grundstücken, zu den Nachbargrenzen sowie die Abstandsflächen;
8. die Höhenlage der Eckpunkte des Baugrundstücks und der Eckpunkte der geplanten baulichen Anlage mit Bezug auf das Höhenbezugssystem;
9. die Aufteilung und Nutzung der nicht überbauten Flächen unter Angabe der Lage, Größe und Ausgestaltung der Kinderspielflächen, der Lage, Anzahl und Größe der Stellplätze für Kraftfahrzeuge und Fahrradplätze, der Lage und Breite der Zu- und Abfahrten einschließlich der Rampenneigung, der Anlagen für Abfälle sowie der Flächen, die mittels Begrünung und Bepflanzung gärtnerisch zu gestalten sind;
10. die vorhandenen baulichen Anlagen auf dem Baugrundstück und den benachbarten Grundstücken mit Angabe ihrer Nutzung, First- und Außenwandhöhe, Dachform und der Art der Außenwände und der Bedachung;
11. Baudenkmäler, Ensembles, Gartendenkmäler sowie Bodendenkmäler gemäß § 4 Absatz 1 Satz 1 des Denkmalschutzgesetzes vom 5. April 2013 (HmbGVBl. S. 142) in der jeweils geltenden Fassung, auch solche auf angrenzenden Grundstücken;
12. Leitungen, die der öffentlichen Versorgung mit Wasser, Gas, Elektrizität, Wärme, der öffentlichen Abwasserentsorgung oder der Telekommunikation und Rohrleitungen, die dem Ferntransport von Stoffen dienen sowie deren Abstände zu der geplanten baulichen Anlage;

13. vorhandene Hochspannungsfreileitungen im Bereich des Grundstücks und der angrenzenden Grundstücke (Grundrissprojektion mit Angabe des Abstandsmaßes der Gebäude zur Mittelachse der Freileitung);

14. Hydranten und andere Entnahmestellen für die Feuerwehr;

15. ortsfeste Anlagen zum Umgang mit wassergefährdenden, brennbaren oder entzündlichen Stoffen sowie deren Größe und Abstände zu baulichen Anlagen;

16. die Abstände der geplanten baulichen Anlage zu oberirdischen Gewässern und Hochwasserschutzanlagen;

17. die Lage in einem Wasserschutz- oder Überschwemmungsgebiet;

18. die Lage in einem Wald oder in einem Abstand von weniger als 100 m zu einem Wald.

§ 11 Bauzeichnungen

(1) ¹Jede Bauzeichnung ist mit einer numerischen Angabe des Maßstabs sowie einer Maßstabsleiste zu versehen. ²Für die Bauzeichnungen ist ein Maßstab von mindestens 1:100 zu verwenden. ³Ein größerer Maßstab ist zu verwenden, wenn er zur Darstellung der erforderlichen Eintragung notwendig ist; ein kleinerer Maßstab kann verwendet werden, wenn er dafür ausreicht.

(2) In den Bauzeichnungen sind die Zeichen und Farben nach der Anlage zu verwenden.

(3) In den Bauzeichnungen sind anzugeben:

1. die Maße;
2. die wesentlichen Bauprodukte und Bauarten;
3. die Rohbaumaße der Fensteröffnungen in Aufenthaltsräumen;
4. bei Änderung baulicher Anlagen die zu beseitigenden und die geplanten Bauteile.

(4) In den Bauzeichnungen sind darzustellen:

1. die Grundrisse aller Geschosse mit Angabe der vorgesehenen Nutzung der Räume und mit Einzeichnung der

1.1 Treppen;

1.2 lichten Öffnungsmaße der Türen sowie deren Art und Anordnung an und in Rettungswegen;

1.3 Abgasanlagen;

1.4 Räume für die Aufstellung von Feuerstätten unter Angabe der Nennwärmeleistung sowie der Räume für die Brennstofflagerung unter Angabe der vorgesehenen Art und Menge des Brennstoffes;

1.5 Räume für Mittelspannungsschaltanlagen, Transformatoren, Niederspannungshauptverteilung und Netzersatzaggregat sowie Batterieräume;

1.6 Aufzugsschächte, Aufzüge und deren nutzbaren Grundflächen der Fahrkörbe von Personenaufzügen;

1.7 Installationsschächte, -kanäle und Lüftungsleitungen, soweit sie raumabschließende Bauteile durchdringen;

1.8 Räume für die Aufstellung von Lüftungsanlagen;

2. die Schnitte, aus denen Folgendes ersichtlich ist:

2.1 die Gründung der geplanten baulichen Anlage und, soweit erforderlich, die Gründungen anderer baulicher Anlagen;

2.2 der Anschnitt der vorhandenen und der geplanten Geländeoberfläche;

2.3 die Höhenlage des Erdgeschossfußbodens mit Bezug auf das Höhenbezugssystem;

2.4 die Höhe der Fußbodenoberkante des höchstgelegenen Geschosses, in dem ein Aufenthaltsraum zulässig ist, über der geplanten Geländeoberfläche;

2.5 die lichten Raumhöhen;

2.6 der Verlauf der Treppen und Rampen mit ihrem Steigungsverhältnis sowie die lichten Durchgangshöhen;

2.7 die Wandhöhe im Sinne des § 6 Absatz 4 Satz 2 HBauO;

2.8 die Dachhöhen und Dachneigungen;

3. die Ansichten der geplanten baulichen Anlage mit dem Anschluss an Nachbargebäude unter Angabe von Baustoffen und Farben, der vorhandenen und geplanten Geländeoberfläche sowie des Straßengefälles.

§ 12 Baubeschreibung

[1]In der Baubeschreibung sind das Vorhaben und seine Nutzung zu erläutern, soweit dies zur Beurteilung erforderlich ist und die notwendigen Angaben nicht im Lageplan und den Bauzeichnungen enthalten sind. [2]Die Gebäudeklasse und die Höhe im Sinne des § 2 Absatz 3 Satz 2 HBauO sind anzugeben.

§ 13 Betriebsbeschreibung

[1]Insbesondere bei gewerblichen oder industriellen Vorhaben sind betriebsbedingte Einrichtungen, technische Arbeitsmittel, Anlagen, Arbeits- und Produktionsabläufe, Betriebszeiten und Verkehrsauswirkungen zu beschreiben sowie sich aus der Nutzung und der regelmäßigen Instandhaltung ergebende Maßnahmen zum Umwelt- und Gesundheitsschutz und die Anzahl der voraussichtlich beschäftigten Personen anzugeben. [2]Weiter sind auch die Art und die Menge der beim Betrieb eingesetzten, verarbeiteten, produzierten, gelagerten oder anfallenden Stoffe, Abfälle, Abwässer und durch den Betrieb zu erwartende Immissionen aufgelistet darzustellen.

§ 14 Standsicherheitsnachweis

(1) Für den Nachweis der Standsicherheit tragender Bauteile einschließlich ihrer Feuerwiderstandsfähigkeit nach § 15 Absatz 1 Nummer 1 sind eine Darstellung des gesamten statischen Systems sowie die erforderlichen Konstruktionszeichnungen, Berechnungen und Beschreibungen vorzulegen.

(2) [1]Die statischen Berechnungen müssen die Standsicherheit, auch im Brandfall, der baulichen Anlagen und ihrer Teile nachweisen. [2]Die Beschaffenheit des Baugrundes und seine Tragfähigkeit sind anzugeben. [3]Soweit erforderlich, ist nachzuweisen, dass die Standsicherheit anderer baulicher Anlagen und die Tragfähigkeit des Baugrundes der Nachbargrundstücke nicht gefährdet werden.

(3) [1]Konstruktive Einzelheiten wichtiger baulicher Zwischenzustände sind zu erfassen. [2]Bei schwierigen Baukonstruktionen und Umbauten, die mit Hilfe von Schalungs- und Hilfsgerüsten errichtet werden, sind Berechnungen für die Standsicherheit der Gerüste vorzulegen.

§ 15 Brandschutznachweis

(1) Für den Nachweis des Brandschutzes sind im Lageplan, in den Bauzeichnungen und in der Baubeschreibung, soweit erforderlich, insbesondere anzugeben:

1. das Brandverhalten der Baustoffe (Baustoffklasse) und die Feuerwiderstandsfähigkeit der Bauteile (Feuerwiderstandsklasse) entsprechend den Benennungen nach § 24 HBauO oder entsprechend den Klassifizierungen nach der Verwaltungsvorschrift Technische Baubestimmungen;

2. die Bauteile, Einrichtungen und Vorkehrungen sowie die Anlagen der technischen Gebäudeausrüstung nach § 68 Absatz 1 HBauO, an die Anforderungen hinsichtlich des Brandschutzes gestellt werden;

3. die Nutzungseinheiten, die Brand- und Rauchabschnitte;

4. die aus Gründen des Brandschutzes erforderlichen Abstände innerhalb und außerhalb des Gebäudes;

5. der erste und der zweite Rettungsweg nach § 31 HBauO, insbesondere notwendige Treppenräume, Ausgänge, notwendige Flure, mit Rettungsgeräten der Feuerwehr erreichbare Stellen einschließlich Fenster, die als Rettungswege nach § 31 Absatz 2 Satz 2 HBauO dienen, unter Angabe der lichten Maße und Brüstungshöhen;

6. die Flächen für die Feuerwehr, Zu- und Durchgänge, Zu- und Durchfahrten, Bewegungsflächen und die Aufstellflächen für Hubrettungsfahrzeuge einschließlich ihrer Erreichbarkeit über den öffentlichen Grund mit Schleppkurvennachweis;

7. die Löschwasserversorgung.

(2) Bei Sonderbauten nach § 2 Absatz 4 HBauO sowie Mittel- und Großgaragen nach § 2 Absatz 1 Nummern 2 und 3 der Garagenverordnung vom 17. Januar 2012 (HmbGVBl. S. 8) in der jeweils geltenden Fassung müssen, soweit es für die Beurteilung erforderlich ist, zusätzlich Angaben gemacht werden insbesondere über

1. brandschutzrelevante Einzelheiten der Nutzung, insbesondere auch die Anzahl und Art der die bauliche Anlage nutzenden Personen sowie Explosions- oder erhöhte Brandgefahren, Brandlasten, Gefahrstoffe und Risikoanalysen;

2. Rettungswegbreiten und -längen, Einzelheiten der Rettungswegführung und -ausbildung und der Kennzeichnung;

3. die Bemessung der Löschwasserversorgung, Einrichtungen zur Löschwasserentnahme sowie die Löschwasserrückhaltung;

4. betriebliche und organisatorische Maßnahmen zur Brandverhütung, Brandbekämpfung und Rettung von Menschen und Tieren wie Feuerwehrplan, Brandschutzordnung, Werkfeuerwehr, Bestellung von Brandschutzbeauftragten und Selbsthilfekräften;

5. die in § 68 Absatz 1 HBauO genannten Anlagen der technischen Gebäudeausrüstung mit Grundrisszeichnungen, aus denen die Lage der Zentrale und der Wirkbereiche hervorgeht, und einer Anlagenbeschreibung.

(3) Bei

1. Hochhäusern nach § 2 Absatz 4 Nummer 1 HBauO;

2. Verkaufsstätten nach § 1 der Verkaufsstättenverordnung vom 5. August 2003 (HmbGVBl. S. 413) in der jeweils geltenden Fassung;

3. Versammlungsstätten nach § 2 Absatz 4 Nummer 7 HBauO;

4. Beherbergungsstätten nach § 2 Absatz 4 Nummer 8 HBauO;

5. Krankenhäusern nach § 2 Absatz 4 Nummer 9 HBauO;

6. Pflege- und Betreuungseinrichtungen nach § 2 Absatz 4 Nummer 9a HBauO und Einrichtungen mit vergleichbarer Nutzung;

7. Mittel- und Großgaragen nach § 2 Absatz 1 Nummern 2 und 3 der Garagenverordnung;

8. Schulen nach § 2 Absatz 4 Nummer 11 HBauO;

9. Hallenbauten mit industrieller oder gewerblicher Nutzung mit einer Geschossfläche von mehr als 1.600 m²

müssen zusätzliche Angaben und Darstellungen gemacht werden für die in § 68 Absatz 1 HBauO genannten

a) Starkstromanlagen einschließlich der Sicherheitsstromversorgung auch mit Strangschemata der allgemeinen Stromversorgung und der Sicherheitsstromversorgung, Grundrisszeichnungen der Geschosse und Schnitte mit Angabe der Lage der Verteiler, der Leitungsführung sowie der brandschutztechnischen Maßnahmen, die Art und Lage der Verbraucher der Sicherheitsstromversorgungsanlage, der Sicherheitsleuchten und ihrer Stromkreisbezeichnungen;

b) Lüftungsanlagen, Rauch- und Wärmeabzugsanlagen (RWA-Anlagen) mit Schemadarstellungen der Lüftungs- und RWA-Anlagen, Grundrisszeichnungen der Geschosse und Schnitte mit Darstellung der Kanalführungen sowie der brandschutztechnischen Maßnahmen an den Anlagen, Darstellungen der Zuluft- und Entrauchungsöffnungen für die RWA-Anlagen.

(4) Der Brandschutznachweis kann auch gesondert in Form eines objektbezogenen Brandschutzkonzeptes dargestellt werden.

§ 16 Nachweis des Wärmeschutzes und zur Energieeinsparung

Für den Nachweis des Wärmeschutzes und zur Energieeinsparung sind

1. Berechnungen zur Einhaltung der Anforderungen nach den Vorschriften des Wärmeschutzes und zur Energieeinsparung;

2. der Energieausweis nach § 18 der Energieeinsparverordnung vom 24. Juli 2007 (BGBl. I S. 1519), geändert am 24. Oktober 2015 (BGBl. I S. 1789, 1790), in der jeweils geltenden Fassung

vorzulegen.

§ 17 Nachweise des Schall- und Erschütterungsschutzes

Der nach bauordnungsrechtlichen Vorschriften geforderte Schall- und Erschütterungsschutz ist nachzuweisen.

§ 18 Bauvorlagen nach anderen öffentlich-rechtlichen Vorschriften

Im Genehmigungsverfahren nach § 62 HBauO sind auch die Bauvorlagen vorzulegen, die zur Prüfung der Zulässigkeit des Vorhabens nach anderen öffentlich-rechtlichen Vorschriften im Sinne von § 62 Absatz 1 Satz 1 Nummer 3 HBauO erforderlich sind.

§ 19 Abwasserrecht

Zur Prüfung abwasserrechtlicher Belange sind folgende Bauvorlagen vorzulegen:

1. für genehmigungspflichtige Einleitungen von Niederschlagswasser mit Begrenzung der Einleitmenge nach § 11a des Hamburgischen Abwassergesetzes (HmbAbwG) in der Fassung vom

24. Juli 2001 (HmbGVBl. S. 258, 280), zuletzt geändert am 23. Januar 2018 (HmbGVBl. S. 19, 27), in der jeweils geltenden Fassung:

1.1 aktueller Auszug aus dem Liegenschaftskataster (§ 10 Absatz 1);

1.2 aktueller Auszug aus der Anlagendokumentation (Sielkataster) der Hamburger Stadtentwässerung;

1.3 Entwässerungslageplan auf der Grundlage von § 10 Absätze 2 und 4 mit folgenden Darstellungen:

1.3.1 Darstellungen nach § 10 Absatz 6 Nummern 1, 2, 4, 5, 6, 10, 15 und 17;

1.3.2 Schmutz- und Niederschlagswasserleitungen von der Gebäudeaußenwand bis zur Einleitungsstelle einschließlich aller Schächte, Inspektionsöffnungen und Ablaufstellen;

1.3.3 öffentliche Abwasserleitungen vor dem Baugrundstück einschließlich der Deckel- und Sohlhöhen;

1.3.4 Abwasservolumenströme sowie Nennweiten, Gefälle und Sohlhöhen der Rohrleitungen für Misch- und Niederschlagswasser;

1.3.5 abflusswirksame Flächen mit Angabe der Größen und Befestigungsarten;

1.3.6 Höhenangaben bezogen auf Normalhöhennull für die Hoch- und Tiefpunkte des Baugrundstücks, aller zur Grundstücksentwässerungsanlage gehörenden Schachtabdeckungen, der Ablaufstellen für Niederschlagswasser und der Zu- und Abläufe des Regenwasserrückhalteraumes;

1.3.7 Abwasserbehandlungsanlagen, Abwasserhebeanlagen, Abwassersammelgruben mit Angabe der Deckel- und Sohlhöhen bezogen auf Normalhöhennull;

1.4 Entwässerungslageplan mit Darstellung der zur Verfügung stehenden Überflutungsflächen mindestens im Maßstab 1:500 mit Höhenangaben des Geländes und der Einstauhöhen bezogen auf Normalhöhennull;

1.5 Dachflächenaufsichtsplan von Dächern, die über Dachabläufe oder innen liegende Rinnen entwässert werden, im Maßstab 1:100 mit Darstellung der Dachentwässerung und dem Gefälle der Dachflächen sowie gegebenenfalls Dachnotentwässerung einschließlich Angabe der Aufstauhöhen;

1.6 Grundrisse der Geschosse, in denen sich Regenwasserrückhaltungen befinden;

1.7 Entwässerungsschema mit Angabe der Volumenströme, Nennweiten und Gefälle der Abwasserleitungen für Niederschlagswasser;

1.8 technische Bauzeichnungen im Maßstab 1:100 sowie technische Datenblätter von Abwasserhebeanlagen, Regenwasserrückhaltungen und Abflussbegrenzern (Drosseleinrichtungen);

1.9 Erläuterungsbericht zur Entwässerung mit Beschreibung der für die Einleitungsgenehmigung relevanten Entwässerungsgegenstände;

1.10 tabellarische Zusammenstellung der

1.10.1 abflusswirksamen Flächen und dazugehörigen Abflussbeiwerte;

1.10.2 hydraulischen Berechnung und Bemessung für das Regenwassersystem einschließlich der Regenwasserrückhaltung, statischen Drosseln und Drosselstrecken sowie Berechnung für den Nachweis der schadlosen Überflutung und der Dachnotentwässerung bei Retentionsdächern, nach den allgemein anerkannten Regeln der Technik;

2. für genehmigungspflichtige Einleitungen von Abwasser nach § 11a HmbAbwG im Übrigen:

2.1 aktueller Auszug aus dem Liegenschaftskataster (§ 10 Absatz 1);

2.2 aktueller Auszug aus der Anlagendokumentation (Sielkataster) der Hamburger Stadtentwässerung;

2.3 Entwässerungslageplan auf der Grundlage von § 10 Absätze 2 und 4 mit folgenden Darstellungen:

2.3.1 Darstellungen nach § 10 Absatz 6 Nummern 1, 2, 4, 5, 6, 10 und 15;

2.3.2 soweit eine Abwasserbehandlungsanlage erforderlich ist, die damit in Verbindung stehenden Leitungen von der Anfallstelle bis zur Einleitungsstelle;

2.3.3 Abwasservolumenströme für Schmutz- und Niederschlagswasser;

2.3.4 Angaben nach Nummer 1.3.5;

2.3.5 Höhenangaben bezogen auf Normalhöhennull für die Hoch- und Tiefpunkte des Baugrundstücks, aller zur Grundstücksentwässerungsanlage gehörenden Schachtabdeckungen, der Zu- und Abläufe der Abwasserbehandlungsanlage und der Ablaufstellen für Niederschlagswasser;

2.3.6 Angaben nach Nummer 1.3.7;

2.4 Grundrisse mit den Anfallstellen für das genehmigungspflichtige Abwasser und zugehörigen Entwässerungsgegenständen;

2.5 Entwässerungsschemata mit Angabe der Volumenströme, Nennweiten und Gefälle der Abwasserleitungen;

2.6 technische Bauzeichnungen im Maßstab 1:100 sowie technische Datenblätter von Abwasserbehandlungsanlagen einschließlich Regenwasserbehandlungsanlagen;

2.7 Erläuterungsbericht zur Entwässerung mit Angaben zur Abwasserentstehung, -ableitung und -behandlung mit den erforderlichen Angaben zu Art, Menge und Dauer der Einleitung, Art der eingesetzten technischen Verfahren, der Schmutzwasser- beziehungsweise Regenwasserbehandlungsanlagen und -verfahren und der Einleitstellen;

2.8 tabellarische Zusammenstellung der

2.8.1 hydraulischen Berechnung und Bemessung für das Regenwasser- und Schmutzwassersystem;

2.8.2 Berechnung und Bemessung der Abwasserbehandlungsanlagen einschließlich der Regenwasserbehandlungsanlagen;

3. für genehmigungspflichtige Anschlüsse an das öffentliche Siel nach § 7 HmbAbwG:

3.1 aktueller Auszug aus dem Liegenschaftskataster (§ 10 Absatz 1);

3.2 aktueller Auszug aus der Anlagendokumentation (Sielkataster) der Hamburger Stadtentwässerung;

3.3 Lageplan, Maßstab 1:250 oder 1:500 im Format DIN A 4 oder DIN A 3 mit folgenden Darstellungen und Angaben:

3.3.1 Darstellungen nach § 10 Absatz 6 Nummern 1, 2, 4, 5 und 10;

3.3.2 Leitungsführung Regenwasser und Schmutzwasser auf dem Grundstück mit Kennzeichnung der Einleitungsstellen und der Abwassermengen;

3.3.3 überbaute, bebaute und befestigte (voll- und teilversiegelte) und an das öffentliche Sielnetz direkt oder indirekt angeschlossene Flächen;

3.3.4 Einzugsgebietsgrenzen (Regenwasser), Rückhalteeinrichtungen, Versickerungsanlagen;

3.3.5 Nennweite (DN) der Sielanschlussleitungen, Sielanschlüsse gekennzeichnet mit zum Beispiel „S – Anschluss vorhanden" oder zum Beispiel „R – Anschluss neu herstellen", vorhandene Einleitbegrenzungen (Regenwasser in Liter pro Sekunde l/s) bezogen auf die Anschlussleitungen;

3.4 Bei Sielanschlussleitungen eine hydraulische Berechnung der Einleitmengen.

§ 20 Wegerecht

Zur Prüfung wegerechtlicher Belange sind folgende Bauvorlagen vorzulegen:

1. Lageplan zum Wegerecht auf der Grundlage von § 10 Absätze 2 und 6 im Maßstab 1:250 mit folgenden Darstellungen und Angaben:

1.1 die für das Bauvorhaben in Anspruch genommenen öffentlichen Verkehrsflächen oder öffentlich genutzten privaten Verkehrsflächen;

1.2 Lage und Größe der vorhandenen und geplanten Überfahrten über öffentliche Wege mit Art und Gewicht der Fahrzeuge, Anzahl der betroffenen Stellplätze und der mit der Überfahrt verbundenen Nutzungen, einschließlich der erforderlichen Schleppkurven für Feuerwehr- und Lieferfahrzeuge;

2.   die Beschreibung von Art, Dauer (Beginn und Ende) und Umfang von Sondernutzungen öffentlicher Wege oder öffentlich genutzter privater Verkehrsflächen mit Ausnahme der Sondernutzungen für ausschließlich die Bauausführung betreffende Maßnahmen;

3.   bei Inanspruchnahme von Sondernutzungen die Sondernutzungsverträge nach § 19 Absatz 5 des Hamburgischen Wegegesetzes (HWG) in der Fassung vom 22. Januar 1974 (HmbGVBl. S. 41, 83), zuletzt geändert am 28. November 2017 (HmbGVBl. S. 361), in der jeweils geltenden Fassung; bei Umbauten des öffentlichen Grundes der öffentlich-rechtliche Vertrag nach § 13 Absatz 5 HWG sowie die Beschreibung der Art, Dauer (Beginn und Ende) und des Umfangs der Maßnahme.

§ 21 Naturschutzrecht

Zur Prüfung naturschutzrechtlicher Belange sind folgende Bauvorlagen vorzulegen:

1.   Lageplan zum Naturschutzrecht auf der Grundlage von § 10 Absätze 2 und 6 im Maßstab 1:500 mit folgenden Darstellungen und Angaben:

1.1 Gehölzbestand und Hecken, die dem Naturschutz unterliegen;

1.2 geschützter Baumbestand mit eingemessener Lage, Benennung der Arten, Angaben zum Stammdurchmesser (gemessen in 1,30 m Höhe), zum Kronendurchmesser sowie zu den Geländehöhen am Stammfuß der Bäume bei geplanten Geländeveränderungen, auch soweit Baumbestand auf Nachbargrundstücken oder öffentlichen Verkehrsflächen betroffen ist;

1.3 Markierung der Bäume, Gehölze und Hecken, die entfernt werden sollen;

1.4 Naturdenkmale;

1.5 vorhandene oberirdische Gewässer sowie geschützte und schützenswerte Biotope nach § 30 des Bundesnaturschutzgesetzes und § 14 des Hamburgischen Gesetzes zur Ausführung des Bundesnaturschutzgesetzes vom 11. Mai 2010 (HmbGVBl. S. 350, 402), zuletzt geändert am 24. Januar 2020 (HmbGVBl. S. 92), in der jeweils geltenden Fassung;

1.6 Angaben und Darstellungen zur Umsetzung der naturschutzrechtlichen Anforderungen des Bebauungsplans;

2.   bei Eingriffen in Natur und Landschaft die in § 17 Absatz 4 des Bundesnaturschutzgesetzes genannten Angaben;

3.   Angaben zu vorkommenden geschützten Arten (§ 44 des Bundesnaturschutzgesetzes) und der beabsichtigten Berücksichtigung der Artenschutzbelange.

§ 22 Wasserrecht

(1) Zur Prüfung wasserrechtlicher Belange (Oberflächengewässer) sind folgende Bauvorlagen vorzulegen:

1.   Lageplan Oberflächengewässer im Maßstab 1:5 000 (Deutsche Grundkarte) als Übersichtsplan mit Angaben zur Lage des Grundstücks und des Einleitgewässers;

2.   aktueller Auszug aus dem Liegenschaftskataster (§ 10 Absatz 1);

3.   Erläuterungsbericht als Betriebsbeschreibung mit Darstellung und Angaben zu relevanten Produktionsprozessen wie Anfallort und Entstehungsprozess des Abwassers, Abwasserkreisläufe, Kontaminationsquellen, zeitliche Veränderung der Abwassermenge sowie chemische und physikalische Eigenschaften, Produktionskapazität, Auslastung, Vermeidungs- und Wiederverwendungsmöglichkeiten für Abwasser, Wassersparmaßnahmen und gegebenenfalls Benennung der verantwortlichen Aufsichtsperson (Gewässerschutzbeauftragter), Bauzeichnung (Draufsicht/Schnitte/Fließbild), bautechnische Zulassung, Wartungsplan;

4.   Beschreibung der Abwasseranlage, der Abwasserbehandlungsverfahren mit Nachweis insbesondere der Bemessung sowie der Bemessungsgrundlagen, voraussichtliche Reinigungsleistung/Ablaufwerte, Redundanzen, Wartung, Maßnahmen bei Schadens- oder Störfällen, Anfall von Reststoffen, Analyseergebnisse der Rohwasseranalysen, Sicherheitsdatenblätter, Einleitmenge ins Gewässer, zeichnerische Darstellung des Einleitbauwerks, hydraulische Berechnung sowie Bewertung der Behandlungsbedürftigkeit von abzuleitendem Niederschlagswasser nach geltenden Vorschriften;

5.   Nachweis der schadlosen Überflutung und der Regenwasserrückhaltung nach den allgemein anerkannten Regeln der Technik einschließlich der erforderlichen Berechnungen und Darstellung der Überflutungsflächen auf einem gesonderten Überflutungsplan (bei Einleitungsmengenbegrenzung);

6. Beschreibung der Entnahme- beziehungsweise Einleitungsstellen in ein Gewässer;
7. bei der Gewässerbenutzung nach § 15 des Hamburgischen Wassergesetzes in der Fassung vom 29. März 2005 (HmbGVBl. S. 97), zuletzt geändert am 4. Dezember 2012 (HmbGVBl. S. 510, 519), in der jeweils geltenden Fassung durch bauliche Anlagen in, an, über und unter oberirdischen Gewässern je nach Erfordernis zusätzlich zu den Angaben in Nummern 1 und 2
7.1 Baubeschreibung mit den erforderlichen Angaben zu den Auswirkungen des Vorhabens auf das Gewässer;
7.2 Bauzeitenplan mit Darstellung der Arbeiten am Gewässer.

(2) Zur Prüfung wasserrechtlicher Belange (Grundwasser) sind folgende Bauvorlagen vorzulegen:
1. Lageplan zum Wasserrecht im Maßstab 1:500 auf der Grundlage von § 10 Absatz 2 mit den erforderlichen Darstellungen und Angaben insbesondere zur Lage der geplanten Anlagen, vor allem der Brunnen, der Messstellen, der Versickerungsanlage sowie der Erdwärmesonden und -kollektoren;
2. Erläuterungsbericht mit Beschreibung der Maßnahmen mit den erforderlichen Angaben wie zur Art, Menge und Dauer der Entnahme oder Einleitung, Ausbautiefen (insbesondere bei Brunnen und Erdwärmesonden), Art und Größe der Versickerungseinrichtungen, Art der eingesetzten technischen Verfahren;
3. bei der dauerhaften Benutzung von Grundwasser nach § 9 des Wasserhaushaltsgesetzes (WHG) vom 31. Juli 2009 (BGBl. I S. 2585), zuletzt geändert am 4. Dezember 2018 (BGBl. I S. 2254, 2255), in der jeweils geltenden Fassung zusätzlich zu den Angaben in Nummern 1 und 2 je nach Erfordernis:
3.1 Angaben zur Untergrundbeschaffenheit (insbesondere Bodenschichtenverzeichnisse, Baugrundgutachten, Grundwasserstände);
3.2 Grundwasseranalysen;
3.3 hydraulische Berechnung (bei Versickerungsanlagen);
3.4 Nachweis der schadlosen Überflutung nach den allgemein anerkannten Regeln der Technik einschließlich der erforderlichen Berechnungen und Darstellung der Überflutungsflächen auf einem gesonderten Überflutungsplan (bei Versickerungsanlagen);
3.5 Sicherheitsdatenblätter der verwendeten Stoffe (bei Erdwärmesonden und -kollektoren);
3.6 Darstellung der Umweltauswirkungen der verwendeten technischen Verfahren.

(3) Zur Prüfung wasserrechtlicher Belange (Umgang mit wassergefährdenden Stoffen) sind folgende Bauvorlagen vorzulegen:
1. Betriebsbeschreibung mit den erforderlichen Angaben zu Anlagen zum Umgang mit wassergefährdenden Stoffen (§§ 52, 62 und 63 WHG) und zu den Auswirkungen des Vorhabens auf das Gewässer mit:
1.1 Angabe der Menge der wassergefährdenden Stoffe, unterschieden nach Wassergefährdungsklassen, Aggregatzustand sowie Lagerort;
1.2 Beschreibung der organisatorischen Vorkehrungen zur Verhinderung von Schadensfällen;
2. zeichnerische Darstellung und Beschreibung der Anlagen zur Lagerung und zum Umschlag von wassergefährdenden Stoffen;
3. zeichnerische Darstellung und Beschreibung der Bauteile, deren Eignung nach § 63 WHG festzustellen ist;
4. Nachweis über die Einhaltung der in öffentlich-rechtlichen Vorschriften oder Technischen Baubestimmungen nach § 81a HBauO geregelten Vorgaben für die Bemessung von Löschwasser-Rückhalteanlagen beim Lagern wassergefährdender Stoffe.

§ 23 Immissionsschutzrecht
Zur Prüfung immissionsschutzrechtlicher Belange sind folgende Bauvorlagen vorzulegen:
1. Schallquellenplan im Maßstab 1:500 auf Grundlage von § 10 Absatz 2;
2. Beschreibung der Schallquellen nach Art, Intensität und Dauer;
3. Lageplan zur Außenbeleuchtung im Maßstab 1:500 auf Grundlage von § 10 Absatz 2;
4. Beschreibung der Außenbeleuchtung (Art, Lichtabstrahlung, Betriebsdauer);
5. Lageplan zu Luftemissionsquellen (außer Gebäudeheizung) im Maßstab 1:500 auf Grundlage von § 10 Absatz 2;
6. Beschreibung der Luftemissionsquellen (Art, Betriebsdauer).

§ 24 Abfallrecht
Zur Prüfung der abfallrechtlichen Belange sind folgende Bauvorlagen vorzulegen:
1. Angaben über Art und Menge der Abfälle;
2. Beschreibung der Abfallentsorgung.

§ 25 Lebensmittelrecht
Zur Prüfung lebensmittelrechtlicher Belange sind bei der Errichtung oder Änderung von gewerblichen Küchen folgende Bauvorlagen vorzulegen:
1. Grundrisszeichnung der gesamten Küche mit Darstellung aller Räume, Funktionsbereiche, Arbeitsflächen, Schränke, Handwaschbecken, Kochstellen, fest eingebauten Geräte, Wrasenabzüge, Spülen, Bodeneinläufe und Schmutzwasserausgüsse im Maßstab 1:50, soweit erforderlich im Maßstab 1:20 oder 1:25;
2. Betriebsbeschreibung und Darstellung der Funktionsabläufe.

§ 26 Asbestsanierung
[1]Der Bauaufsichtsbehörde ist nach einer Asbestsanierung in Gebäuden der Bericht eines akkreditierten Messinstituts über die Erfolgskontrollmessung nach der Sanierung beziehungsweise nach der Durchführung von vorläufigen Maßnahmen innerhalb von Gebäuden vorzulegen. [2]Dies gilt nicht bei Beachtung der allgemein anerkannten Regeln der Technik für Sanierungsarbeiten geringen Umfangs. [3]Vor Beginn der genehmigungsbedürftigen Beseitigung baulicher Anlagen ist die Bescheinigung einer oder eines Sachkundigen einzureichen, dass asbesthaltige Bauteile vollständig entfernt wurden oder dass solche nicht vorhanden sind. [4]Akkreditierte Messinstitute und Sachkundige dürfen nicht tätig werden, wenn sie, ihre Mitarbeiterinnen und Mitarbeiter oder Angehörige der Organisation oder des Unternehmens bereits, insbesondere als Entwurfsverfasserin, Entwurfsverfasser, Nachweiserstellerin, Nachweisersteller, Bauleiterin, Bauleiter, Unternehmerin oder Unternehmer, mit dem Gegenstand der Prüfung oder der Bescheinigung befasst waren oder wenn ein sonstiger Befangenheitsgrund vorliegt.

Teil II
Verfahren

§ 27 Elektronisches Verfahren
(1) [1]Bauaufsichtliche Verfahren sollen in elektronischer Form über einen von der Freien und Hansestadt Hamburg zur Verfügung gestellten elektronischen Zugang durchgeführt werden (elektronisches Verfahren). [2]Die Bauaufsichtsbehörde kann Bestimmungen zur verpflichtenden Nutzung des elektronischen Verfahrens treffen; sie macht ihre Entscheidung jeweils öffentlich bekannt.
(2) [1]Die von der Bauaufsichtsbehörde festgelegten technischen Anforderungen an Bauvorlagen, die im elektronischen Verfahren eingereicht werden, werden im elektronischen Zugang nach Absatz 1 Satz 1 hinterlegt und der Antragstellerin beziehungsweise dem Antragsteller dort auf geeignete Art und Weise zur Kenntnis gegeben. [2]Bauvorlagen, die diesen Anforderungen nicht genügen, können als nicht eingereicht behandelt werden. [3]Die übermittelnde Person sowie die Antragstellerin beziehungsweise der Antragsteller sind von der Bauaufsichtsbehörde über diese Entscheidung zu informieren.
(3) Die Bauaufsichtsbehörde kann bestimmen, dass
1. im Einzelnen bezeichnete Daten zum bauaufsichtlichen Verfahren sowie
2. Anzeigen gegenüber der Bauaufsichtsbehörde
auch außerhalb des elektronischen Verfahrens auf dem von ihr vorgegebenen Weg elektronisch zu übermitteln sind; sie macht ihre Entscheidung jeweils öffentlich bekannt.
(4) [1]Die Bauaufsichtsbehörde kann elektronisch übermittelte Dokumente in Papier nachfordern, wenn dies für die Bearbeitung erforderlich ist. [2]Die Antragstellerin beziehungsweise der Antragsteller ist für die Übereinstimmung der elektronischen mit den Papierdokumenten verantwortlich; die Bauaufsichtsbehörde ist zur Überprüfung dieser Übereinstimmung nicht verpflichtet.
(5) [1]Im bauaufsichtlichen Verfahren erteilte Bescheide bedürfen auch im elektronischen Verfahren der Schriftform. [2]§ 3a des Hamburgischen Verwaltungsverfahrensgesetzes vom 9. November 1977 (HmbGVBl. S. 333, 402), zuletzt geändert am 18. März 2020 (HmbGVBl. S. 171), in der jeweils geltenden Fassung bleibt unberührt.

Teil III
Datenschutz und Aufbewahrungspflicht

§ 28 Verarbeiten von personen- und vorhabensbezogenen Daten für Aufgaben der Bauaufsichtsbehörden

(1) [1]Die Bauaufsichtsbehörde ist berechtigt, die nach den §§ 1, 2, 4 bis 25 erhobenen Daten zur Erteilung eines baurechtlichen Bescheides sowie im Rahmen der ihr zugewiesenen Aufgaben zu verarbeiten und zu nutzen. [2]Diese Daten können übermittelt werden, soweit die Übermittlung notwendig ist, um die Vereinbarkeit des Vorhabens oder eines Sachverhalts mit öffentlich-rechtlichen Vorschriften zu prüfen.

(2) Die Bauaufsichtsbehörde hat die Übermittlung ohne Nennung von Namen und Anschrift der Bauherrin oder des Bauherrn, der Entwurfsverfasserin oder des Entwurfsverfassers und der oder des Bauvorlageberechtigten vorzunehmen, wenn der Zweck der Übermittlung auch auf diese Weise ohne zusätzliche Erschwerung erreicht werden kann und wenn die Antragstellerin oder der Antragsteller entsprechende Bauvorlagen einreicht.

§ 29 Übermittlung von Daten zur Aufgabenerfüllung anderer Stellen

(1) [1]Die Bauaufsichtsbehörde ist berechtigt, folgende Daten nach Maßgabe des Absatzes 2 an Dritte zu deren Aufgabenerfüllung zu übermitteln:

1. Name und Anschrift der am Bau Beteiligten (§§ 54 bis 57 HBauO);
2. Name und Anschrift der Grundstückseigentümerin oder des Grundstückseigentümers, der oder des Erbbau- und Nießbrauchberechtigten;
3. Lage des Grundstücks, genaue Flurstücksbezeichnung und wenn möglich Hausnummer;
4. Bauvorlagen nach den §§ 4 bis 9.

[2]Zur Anschrift gehören auch Angaben zu Telekommunikationsmedien.

(2) Die Bauaufsichtsbehörde ist berechtigt, folgende Daten zu übermitteln:

1. über den Eingang eines Antrages Daten nach Absatz 1 Satz 1 an
1.1 die zuständigen Behörden oder Stellen für Landesplanung, Stadterneuerung und Gesundheitsschutz, Brandschutz und Notfallrettung, Luftverkehr, Verkehr und Straßenwesen, Eisenbahnwesen, Denkmalschutz, Zollrecht, Gewerberecht, Bergrecht, Wohnungswesen, Waldrecht, Wasserrecht, Bodenordnung, Umweltschutz, Naturschutz, Immissionsschutz, Arbeitsschutz, Hafenentwicklung und für andere Rechtsbereiche, soweit diese für das Vorhaben beachtlich sind;
1.2 die Deutsche Post AG und die für die Telekommunikation zuständigen Unternehmen für Entwicklungsplanungen und für Straßenübersichten für das Fernmeldewesen;
1.3 die Ver- und Entsorgungsunternehmen für Elektrizität, Fernwärme, Gas, Wasser, Abwasser und Abfälle für die Planung und Herstellung der Ver- und Entsorgungseinrichtungen;
1.4 die Bezirksschornsteinfegermeisterin beziehungsweise den Bezirksschornsteinfegermeister zur Prüfung von Schornsteinen und anderen Abgasanlagen;
2. über die Erteilung einer Genehmigung, einer Zustimmung, eines Vorbescheides sowie einer abweichenden Entscheidung Daten nach Absatz 1 Satz 1 an
2.1 die zuständigen Behörden oder Stellen für Landesplanung, Stadterneuerung und Bodenordnung, Brandschutz und Notfallrettung, Umweltschutz, Naturschutz, Immissionsschutz, Arbeitsschutz, Gesundheitsschutz, Luftverkehr, Verkehr und Straßenwesen, Eisenbahnwesen, Denkmalschutz, Zollrecht, Gewerberecht, Bergrecht, Wohnungswesen, Waldrecht, Wasserrecht, Hafenentwicklung und für andere Rechtsbereiche, soweit diese für das Vorhaben beachtlich sind;
2.2 Verkehrsunternehmen bei Vorhaben im Nahbereich eines Verkehrsweges;
2.3 die Ver- und Entsorgungsunternehmen für Elektrizität, Fernwärme, Gas, Wasser, Abwasser, Post, Telekommunikation und Abfälle sowie die hierfür zuständige Behörde oder Stelle;
2.4 die für den Bauarbeiterschutz zuständige Behörde zur Erfüllung der Aufgaben zum Schutz von Personen bei der Bauausführung;
2.5 die für die Führung des Liegenschaftskatasters zuständige Stelle;
2.6 die für die Steuererhebung zuständige Behörde für die Einheitsbewertung des Grundbesitzes und für die Festsetzung der Grundsteuer;

2.7	die Berufsgenossenschaften zur Einhaltung der Unfallverhütungsvorschriften;
2.8	die für die Flächensanierung oder Kampfmittelbeseitigung jeweils zuständigen Behörden;
2.9	die für die Erhebung der Sielbau- und Sielanschlussbeiträge und Erschließungsbeiträge zuständige Behörde;
2.10	die für die Eingriffsregelung nach Naturschutzrecht zuständige Behörde;
2.11	die für statistische Erhebungen zuständige Behörde;
2.12	die für die Eintragung ins Wasserbuch zuständige Behörde;
3.	über den Eingang einer Baubeginnanzeige und einer Anzeige über den Beginn einer Beseitigung Daten nach Absatz 1 Satz 1 Nummern 1 bis 3 an
3.1	die auf Baustellen für den Schutz von Personen und der Umwelt zuständige Behörde;
3.2	die für die Führung des Liegenschaftskatasters zuständige Behörde;
3.3	die örtliche Polizeidienststelle zur Vornahme vorhabenbedingter verkehrsregelnder Maßnahmen;
3.4	die für die Flächensanierung oder Kampfmittelbeseitigung jeweils zuständigen Behörden;
3.5	die im Genehmigungsverfahren beteiligten Behörden und Stellen;
3.6	sofern im Einzelfall erforderlich, Behörden und Stellen nach Nummer 2;
4.	über die Meldung der Aufnahme der Nutzung nach § 77 Absatz 2 HBauO Daten nach Absatz 1 Satz 1 Nummer 3 an
4.1	die zuständigen Behörden oder Stellen für Landesplanung, Stadterneuerung und Gesundheitsschutz, Brandschutz und Notfallrettung, Luftverkehr, Verkehr und Straßenwesen, Eisenbahnwesen, Denkmalschutz, Zollrecht, Gewerberecht, Bergrecht, Wohnungswesen, Waldrecht, Wasserrecht, Bodenordnung, Umweltschutz, Naturschutz, Immissionsschutz, Arbeitsschutz, Hafenentwicklung und für andere Rechtsbereiche, soweit diese für das Vorhaben beachtlich sind;
4.2	die Ver- und Entsorgungsunternehmen für Elektrizität, Fernwärme, Gas, Wasser, Abwasser, Post, Telekommunikation und Abfälle sowie die hierfür zuständige Behörde oder Stelle;
4.3	die für die Steuererhebung zuständige Behörde für die Einheitsbewertung des Grundbesitzes und für die Festsetzung der Grundsteuer;
4.4	die für die Führung des Liegenschaftskatasters zuständige Behörde;
4.5	die für die Erhebung der Sielbenutzungsgebühr, der Sielbau- und Sielanschlussbeiträge und für Erschließungsbeiträge zuständige Behörde oder Stelle;
4.6	die für statistische Erhebungen zuständige Behörde oder Stelle;
5.	über die Erteilung, Aufhebung und Änderung der Hausnummern zur Vervollständigung und Berichtigung der Unterlagen Daten nach Absatz 1 Satz 1 Nummern 2 und 3 an
5.1	die für die Steuererhebung zuständige Behörde;
5.2	die für die Landesplanung zuständige Behörde;
5.3	die für die Abwasserbeseitigung zuständige Behörde;
5.4	die für die Abfallentsorgung zuständige Behörde;
5.5	die für die Grundstücksentwässerung zuständige Behörde;
5.6	die für die Führung des Liegenschaftskatasters zuständige Behörde;
5.7	die für die Telekommunikation, Post sowie die Elektrizitäts-, Fernwärme-, Wasser- und Gasversorgung zuständigen Unternehmen;
5.8	die für die Führung des Hausnummernverzeichnisses zuständige Stelle;
6.	über die Bestellung und Löschung einer Baulast Daten nach Absatz 1 Satz 1 Nummern 2 und 3 an
6.1	die für die Abwasserbeseitigung zuständige Behörde;
6.2	die für die Stadterneuerung und Bodenordnung zuständige Behörde;
6.3	die für die Führung des Liegenschaftskatasters zuständige Behörde.

(3) [1]Die Bauaufsichtsbehörde ist in begründeten Einzelfällen berechtigt, die Daten nach Absatz 1 Satz 1 an die zuständigen Behörden zu übermitteln

1. zur Abwehr von Gefahren für die öffentliche Sicherheit;
2. zur Verhinderung und Verfolgung von Straftaten von erheblicher Bedeutung;

3. zur Abwehr von Gefahren für die in § 1 Absatz 1 des Hamburgischen Verfassungsschutzgesetzes vom 7. März 1995 (HmbGVBl. S. 45), zuletzt geändert am 24. Januar 2020 (HmbGVBl. S. 99), in der jeweils geltenden Fassung genannten Schutzgüter.

²Die Entscheidung für eine Übermittlung nach Satz 1 trifft die Leiterin oder der Leiter der Bauaufsichtsbehörde oder im Falle ihrer oder seiner Verhinderung die Vertreterin oder der Vertreter.

(4) An andere Stellen dürfen Daten mit Einwilligung der Bauherrin oder des Bauherrn übermittelt werden.

§ 30 Dauer der Speicherung von Daten

¹Für die Dauer der Speicherung der Daten gelten für die behördlichen Dienststellen die Vorschriften über die Aufbewahrung von Akten. ²Nichtöffentliche Stellen haben die auf Grund der §§ 21 und 22 übermittelten Daten spätestens vier Wochen nach Erfüllung des Zwecks, zu dem sie übermittelt wurden, zu löschen.

§ 31 Aufbewahrungspflicht

Die Bauherrin beziehungsweise der Bauherr und ihre oder seine Rechtsnachfolgerin beziehungsweise Rechtsnachfolger haben die Baugenehmigung einschließlich der geprüften Bauvorlagen, die bautechnischen Nachweise, auch soweit sie nicht bauaufsichtlich geprüft sind, und Bescheinigungen von Prüfsachverständigen bis zur Beseitigung der baulichen Anlage oder einer die Genehmigungsfrage als solche berührenden Änderung oder Nutzungsänderung aufzubewahren und auf Verlangen der Bauaufsichtsbehörde vorzulegen.

Teil IV
Schlussbestimmung

§ 32 Außerkrafttreten

Die Bauvorlagenverordnung vom 14. Dezember 2010 (HmbGVBl. S. 643) in der geltenden Fassung wird aufgehoben.

Anlage
(zu § 10 Absatz 4 und § 11 Absatz 2)

Zeichen und Farben für Bauvorlagen

	Zeichen:	Farbe:
1. Lageplan:		
a) Grenzen des Grundstücks	– – – – –	Violett
b) vorhandene bauliche Anlagen		Grau
c) geplante bauliche Anlagen		Rot
d) zu beseitigende bauliche Anlagen		Gelb
e) Flächen, die von Baulasten betroffen sind		Braun
2. Bauzeichnungen:		
a) vorhandene Bauteile		Grau
b) geplante Bauteile		Rot
c) zu beseitigende Bauteile		Gelb

Verordnung
über den Bau und Betrieb von Garagen und offenen Stellplätzen (Garagenverordnung – GarVO)

Vom 17. Januar 2012 (HmbGVBl. S. 8)
(BS Hbg 2131-1-7)

Auf Grund von § 81 Absatz 1 Nummern 1 und 3 der Hamburgischen Bauordnung (HBauO) vom 14. Dezember 2005 (HmbGVBl. S. 525, 563), zuletzt geändert am 20. Dezember 2011 (HmbGVBl. S. 554), wird verordnet:

Inhaltsübersicht

Teil I
Allgemeine Vorschriften

§ 1 Anwendungsbereich
Diese Verordnung gilt für Garagen und offene Stellplätze.

§ 2 Begriffe
(1) Es sind Garagen mit einer Nutzfläche
1. bis 100 m² Kleingaragen,
2. über 100 m² bis 1000 m² Mittelgaragen,
3. über 1000 m² Großgaragen.

(2) [1]Die Nutzfläche einer Garage ist die Summe aller miteinander verbundenen Flächen der Garagenstellplätze und der Verkehrsflächen. [2]Die Nutzfläche einer automatischen Garage ist die Summe der Flächen aller Garagenstellplätze. [3]Stellplätze auf Dächern und die dazugehörigen Verkehrsflächen werden der Nutzfläche nicht zugerechnet; § 4 Absatz 6 bleibt unberührt.

(3) Offene Garagen sind Garagen, die unmittelbar ins Freie führende unverschließbare Öffnungen in einer Größe von insgesamt mindestens einem Drittel der Gesamtfläche der Umfassungswände haben, bei denen mindestens zwei sich gegenüberliegende Umfassungswände mit den ins Freie führenden Öffnungen nicht mehr als 70 m voneinander entfernt sind und bei denen eine ständige Querlüftung vorhanden ist.

(4) Offene Kleingaragen sind Kleingaragen, die unmittelbar ins Freie führende unverschließbare Öffnungen in einer Größe von insgesamt mindestens einem Drittel der Gesamtfläche der Umfassungswände haben.

(5) Geschlossene Garagen sind Garagen, die die Voraussetzungen nach den Absätzen 3 und 4 nicht erfüllen.

(6) Oberirdische Garagen sind Garagen oder Garagengeschosse, deren Fußboden des untersten Geschosses im Mittel nicht mehr als 1,50 m unter der festgelegten Geländeoberfläche liegt.

(7) Tiefgaragen sind Garagen oder Garagengeschosse, deren Fußboden des obersten Geschosses im Mittel mehr als 1,50 m unter der festgelegten Geländeoberfläche liegt.

(8) Automatische Garagen sind Garagen ohne Personen- und Fahrverkehr, in denen die Kraftfahrzeuge mit mechanischen Förderanlagen von der Garagenzufahrt zu den Garagenstellplätzen befördert und ebenso zum Abholen an die Garagenausfahrt zurückbefördert werden.

(9) [1]Stellplätze sind Flächen, die dem Abstellen von Kraftfahrzeugen außerhalb der öffentlichen Flächen dienen. [2]Ausstellungsräume, Verkaufsräume, Werkräume und Lagerräume für Kraftfahrzeuge sind keine Stellplätze oder Garagen.

§ 3 Allgemeine Anforderungen, allgemeine Sicherheit

(1) Soweit in dieser Verordnung nichts Abweichendes geregelt ist, sind auf tragende und aussteifende sowie auf raumabschließende Bauteile von Garagen die Anforderungen der Hamburgischen Bauordnung an diese Bauteile in Gebäuden der Gebäudeklasse 5 anzuwenden; die Erleichterungen des § 28 Absatz 3 Satz 2, § 29 Absatz 4 Nummern 1 und 2, § 34 Absatz 1 Satz 2 Nummer 2, § 37 Absatz 1 Satz 3 Nummer 4, § 39 Absatz 1 Nummern 1 und 3 sowie des § 40 Absatz 5 Nummern 1 und 3 HBauO sind nicht anzuwenden.

(2) [1]Stellplätze, Verkehrsflächen, Treppenräume und sonstige allgemein zugängliche Flächen von Mittel- und Großgaragen sind so überschaubar zu halten, dass nicht einsehbare Bereiche vermieden werden; sie müssen so angeordnet sein, dass sie durch Aufsichtspersonen oder elektronische Anlagen wie Videoanlagen überwacht werden können. [2]Wände und Decken müssen helle Oberflächen haben.

Teil II
Bauvorschriften

§ 4 Zu- und Abfahrten

(1) [1]Zwischen Garagen und öffentlichen Verkehrsflächen müssen Zu- und Abfahrten von mindestens 3 m Länge vorhanden sein. [2]Geringere Längen sind zulässig, wenn keine Bedenken wegen der Sicht auf die Verkehrsfläche bestehen.

(2) Vor den die freie Zufahrt zur Garage zeitweilig hindernden Anlagen, wie Schranken oder Tore, kann ein Stauraum für wartende Kraftfahrzeuge gefordert werden, wenn dies wegen der Sicherheit oder Leichtigkeit des Verkehrs erforderlich ist.

(3) [1]Die Fahrbahnen von Zu- und Abfahrten vor Mittel- und Großgaragen müssen mindestens 2,75 m breit sein; der Halbmesser des inneren Fahrbahnrandes muss mindestens 5 m betragen. [2]Für Fahrbahnen im Bereich von Zu- und Abfahrtssperren genügt eine Breite von 2,30 m. [3]Breitere Fahrbahnen können in Kurven mit Innenradien von weniger als 10 m verlangt werden, wenn dies wegen der Verkehrssicherheit erforderlich ist.

(4) Großgaragen müssen getrennte Fahrbahnen für Zu- und Abfahrten haben.

(5) [1]Bei Großgaragen ist neben den Fahrbahnen der Zu- und Abfahrten ein mindestens 0,80 m breiter Gehweg erforderlich. [2]Der Gehweg muss gegenüber der Fahrbahn erhöht oder verkehrssicher abgegrenzt werden.

(6) In den Fällen der Absätze 3 bis 5 sind die Stellplätze auf Dächern und die dazugehörigen Verkehrsflächen der Nutzfläche zuzurechnen.

(7) Für Zu- und Abfahrten von Stellplätzen gelten die Absätze 2 bis 5 sinngemäß.

(8) [1]Offene Stellplätze und Garagen müssen vom öffentlichen Straßengrund in Vorwärtsfahrt angefahren und verlassen werden können. [2]Dies gilt nicht für Kleingaragen und offene Anlagen bis zu vier Stellplätzen in unmittelbarer Straßennähe.

§ 5 Rampen

(1) [1]Rampen von Mittel- und Großgaragen dürfen nicht mehr als 15 vom Hundert (v.H.) geneigt sein. [2]Bei gewendelten Rampen ist die Neigung in der Mitte der Fahrspur zu messen. [3]Die Breite der Fahrbahnen auf diesen Rampen muss mindestens 2,75 m, in gewendelten Rampenbereichen mindestens 3,50 m betragen. [4]Gewendelte Rampenteile müssen eine Querneigung von mindestens 3 v.H. haben. [5]Der Halbmesser des inneren Fahrbahnrandes muss mindestens 5,0 m betragen.

(2) Zwischen öffentlicher Verkehrsfläche und einer Rampe mit mehr als 10 v.H. Neigung muss eine geringer geneigte Fläche von mindestens 3 m Länge liegen.

(3) [1]In Großgaragen müssen Rampen, die von Fußgängern benutzt werden, einen mindestens 0,80 m breiten Gehweg haben, der gegenüber der Fahrbahn erhöht oder verkehrssicher abgegrenzt ist. [2]An Rampen, die von Fußgängern nicht benutzt werden dürfen, ist auf das Verbot hinzuweisen.

(4) Für Rampen von offenen Stellplatzanlagen gelten die Absätze 1 bis 3 sinngemäß.

(5) Kraftbetriebene geneigte Hebebühnen sind keine Rampen.

§ 6 Stellplätze und Fahrgassen

(1) [1]Ein Stellplatz muss mindestens 5 m lang sein. [2]Die Breite eines Stellplatzes muss mindestens betragen

1. 2,30 m, wenn keine Längsseite,
2. 2,40 m, wenn eine Längsseite,
3. 2,50 m, wenn beide Längsseiten des Stellplatzes durch Wände, Stützen, andere Bauteile oder Einrichtungen begrenzt sind,
4. 3,50 m, wenn der Stellplatz für Menschen mit Behinderung bestimmt ist.

[3]Stellplätze auf kraftbetriebenen Hebebühnen brauchen in den Fällen des Satzes 2 Nummern 1 bis 3 nur 2,30 m breit zu sein. [4]Die Sätze 1 und 2 gelten nicht für Stellplätze auf horizontal verschiebbaren Plattformen und für diese Plattformen.

(2) [1]Fahrgassen müssen, soweit sie unmittelbar der Zu- oder Abfahrt von Stellplätzen dienen, hinsichtlich ihrer Breite mindestens die Anforderungen der folgenden Tabelle erfüllen; Zwischenwerte sind zu interpolieren:

Anordnung der Stellplätze zur Fahrgasse	Erforderliche Fahrgassenbreite (in m) Bei einer Stellplatzbreite von		
	2,30 m	2,40 m	2,50 m
90 Grad	6,50	6,00	5,50
bis 45 Grad	3,50	3,25	3,00

[2]Vor kraftbetriebenen Hebebühnen müssen die Fahrgassen mindestens 8 m breit sein, wenn die Hebebühnen Fahrspuren haben oder beim Absenken in die Fahrgasse hineinragen.

(3) [1]Fahrgassen müssen, soweit sie nicht unmittelbar der Zu- oder Abfahrt von Stellplätzen dienen, mindestens 2,75 m breit sein. [2]Fahrgassen mit Gegenverkehr müssen in Mittel- und Großgaragen mindestens 5 m breit sein. [3]Das gilt auch für offene Stellplatzanlagen.

(4) Stellplätze auf horizontal verschiebbaren Plattformen sind in Fahrgassen zulässig, wenn

1. eine Breite der Fahrgassen von mindestens 2,75 m erhalten bleibt,
2. die Plattformen nicht vor kraftbetriebenen Hebebühnen angeordnet werden und
3. in Fahrgassen mit Gegenverkehr kein Durchgangsverkehr stattfindet.

(5) [1]Die einzelnen Stellplätze und die Fahrgassen sind durch Markierungen am Boden leicht erkennbar und dauerhaft gegeneinander abzugrenzen. [2]Dies gilt nicht für

1. Kleingaragen ohne Fahrgassen,
2. Stellplätze auf kraftbetriebenen Hebebühnen,
3. Stellplätze auf horizontal verschiebbaren Plattformen.

[3]Mittel- und Großgaragen müssen in jedem Geschoss leicht erkennbare und dauerhafte Hinweise auf Fahrtrichtungen und Ausfahrten haben.

(6) Abschlüsse zwischen Fahrgasse und Stellplätzen sind in Mittel- und Großgaragen nur zulässig, wenn wirksame Löscharbeiten möglich bleiben.

(7) Die Absätze 1 bis 5 gelten nicht für automatische Garagen.

§ 7 Lichte Höhe

[1]Mittel- und Großgaragen müssen in den zum Begehen bestimmten Bereichen, auch unter Unterzügen, Lüftungsleitungen und sonstigen Bauteilen eine lichte Höhe von mindestens 2 m haben. [2]Dies gilt nicht für kraftbetriebene Hebebühnen.

§ 8 Tragende Wände, Decken, Dächer

(1) Tragende Wände von Garagen sowie Decken über und unter Garagen und zwischen Garagengeschossen müssen feuerbeständig sein.

(2) Liegen Stellplätze nicht mehr als 22 m über der Geländeoberfläche, so brauchen Wände und Decken nach Absatz 1

1. bei oberirdischen Mittel- und Großgaragen nur feuerhemmend zu sein und aus nichtbrennbaren Baustoffen zu bestehen, soweit sich aus den §§ 25 und 29 HBauO keine weitergehenden Anforderungen ergeben,

2. bei offenen Mittel- und Großgaragen in Gebäuden, die allein der Garagennutzung dienen, nur aus nichtbrennbaren Baustoffen zu bestehen.

(3) Wände und Decken nach Absatz 1 brauchen bei eingeschossigen oberirdischen Mittel- und Großgaragen auch mit Dachstellplätzen, wenn das Gebäude allein der Garagennutzung dient, nur feuerhemmend zu sein oder aus nichtbrennbaren Baustoffen zu bestehen.

(4) Wände und Decken nach Absatz 1 brauchen bei automatischen Garagen nur aus nichtbrennbaren Baustoffen zu bestehen, wenn das Gebäude allein als automatische Garage genutzt wird.

(5) Für befahrbare Dächer von Garagen gelten die Anforderungen an Decken.

(6) [1]Bekleidungen und Dämmschichten unter Decken und Dächern müssen

1. bei Großgaragen aus nichtbrennbaren,

2. bei Mittelgaragen aus mindestens schwerentflammbaren

Baustoffen bestehen. [2]Bei Großgaragen dürfen Bekleidungen aus mindestens schwerentflammbaren Baustoffen bestehen, wenn deren Bestandteile volumenmäßig überwiegend nichtbrennbar sind und deren Abstand zur Decke oder zum Dach höchstens 0,02 m beträgt.

(7) Für Pfeiler und Stützen gelten die Absätze 1 bis 6 sinngemäß.

§ 9 Außenwände

(1) Außenwände von Mittel- und Großgaragen müssen aus nichtbrennbaren Baustoffen bestehen.

(2) Absatz 1 gilt nicht für Außenwände von eingeschossigen oberirdischen Mittel- und Großgaragen, wenn das Gebäude allein der Garagennutzung dient.

§ 10 Trennwände, sonstige Innenwände und Tore

(1) [1]Trennwände zwischen Garagen und anders genutzten Räumen müssen § 27 Absatz 3 Satz 1 HBauO entsprechen. [2]Wände zwischen Mittel- oder Großgaragen und anderen Gebäuden müssen feuerbeständig sein.

(2) In Mittel- und Großgaragen müssen sonstige Innenwände und Tore, Einbauten, insbesondere Einrichtungen für mechanische Parksysteme, aus nichtbrennbaren Baustoffen bestehen.

§ 11 Gebäudeabschlusswände

Als Gebäudeabschlusswände nach § 28 Absatz 2 Satz 1 Nummer 1 HBauO genügen bei eingeschossigen oberirdischen Mittel- und Großgaragen feuerbeständige Abschlusswände ohne Öffnungen, wenn das Gebäude allein der Garagennutzung dient.

§ 12 Wände und Decken von Kleingaragen

(1) Für Kleingaragen sind tragende Wände und Decken ohne Feuerwiderstand zulässig; für Kleingaragen in sonst anders genutzten Gebäuden gelten die Anforderungen des § 25 HBauO für diese Gebäude.

(2) [1]Wände und Decken zwischen geschlossenen Kleingaragen und anderen Räumen müssen feuerhemmend sein und feuerhemmende Abschlüsse haben, soweit sich aus § 27 Absatz 3 HBauO keine weitergehenden Anforderungen ergeben. [2]§ 27 Absatz 6 HBauO bleibt unberührt. [3]Abstellräume mit bis zu 20 m² Fläche bleiben unberücksichtigt.

(3) [1]Als Gebäudeabschlusswand nach § 28 Absatz 2 Satz 1 Nummer 1 HBauO genügen Wände, die feuerhemmend sind oder aus nichtbrennbaren Baustoffen bestehen. [2]Für offene Kleingaragen ist eine Gebäudeabschlusswand nach § 28 Absatz 2 Satz 1 Nummer 1 HBauO nicht erforderlich.

(4) § 10 Absatz 1 gilt nicht für Trennwände
1. zwischen Kleingaragen und Räumen oder Gebäuden, die nur Abstellzwecken dienen und nicht mehr als 20 m² Grundfläche haben,
2. zwischen offenen Kleingaragen und anders genutzten Räumen oder Gebäuden.

§ 13 Rauchabschnitte, Brandabschnitte

(1) [1]Geschlossene Garagen, ausgenommen automatische Garagen, müssen durch mindestens feuerhemmende, aus nichtbrennbaren Baustoffen bestehende Wände in Rauchabschnitte unterteilt sein. [2]Die Nutzfläche eines Rauchabschnitts darf
1. in oberirdischen geschlossenen Garagen höchstens 5000 m²,
2. in sonstigen geschlossenen Garagen höchstens 2500 m²
betragen; sie darf höchstens doppelt so groß sein, wenn die Garagen automatische Feuerlöschanlagen haben. [3]Ein Rauchabschnitt darf sich auch über mehrere Geschosse erstrecken.

(2) [1]Öffnungen in den Wänden nach Absatz 1 müssen mit Rauchschutzabschlüssen versehen sein. [2]Abweichend davon sind dicht- und selbstschließende Abschlüsse aus nichtbrennbaren Baustoffen zulässig. [3]Die Abschlüsse müssen Feststellanlagen haben, die bei Raucheinwirkung ein selbsttätiges Schließen bewirken; sie müssen auch von Hand geschlossen werden können.

(3) Automatische Garagen müssen durch Brandwände nach § 28 Absatz 3 Satz 1 HBauO in Brandabschnitte von höchstens 6000 m³ Brutto-Rauminhalt unterteilt sein.

(4) § 28 Absatz 2 Satz 1 Nummer 2 HBauO gilt nicht für Garagen.

§ 14 Verbindungen zu Garagen und zwischen Garagengeschossen

(1) Flure, Treppenräume und Aufzugsvorräume, die nicht nur den Benutzern der Garagen dienen, dürfen verbunden sein
1. mit geschlossenen Mittel- und Großgaragen nur durch Räume mit feuerbeständigen Wänden und Decken sowie feuerhemmenden, rauchdichten und selbstschließenden Türen, die in Fluchtrichtung aufschlagen (Sicherheitsschleusen); zwischen Sicherheitsschleusen und Fluren oder Treppenräumen genügen selbst- und dichtschließende Türen; abweichend davon darf die Sicherheitsschleuse direkt mit einem Aufzug verbunden sein, wenn der Aufzug in einem eigenen, feuerbeständigen Schacht liegt oder direkt ins Freie führt,
2. mit anderen Garagen unmittelbar nur durch Öffnungen mit mindestens feuerhemmenden und selbstschließenden Türen.

(2) [1]Mittel- und Großgaragen dürfen mit sonstigen nicht zur Garage gehörenden Räumen sowie mit anderen Gebäuden unmittelbar nur durch Öffnungen mit mindestens feuerhemmenden, rauchdichten und selbstschließenden Türen verbunden sein. [2]Automatische Garagen dürfen mit nicht zur Garage gehörenden Räumen sowie mit anderen Gebäuden nicht verbunden sein.

(3) Die Absätze 1 und 2 gelten nicht für Verbindungen
1. zu offenen Kleingaragen,
2. zwischen Kleingaragen und Räumen oder Gebäuden, die nur Abstellzwecken dienen, und nicht mehr als 20 m² Grundfläche haben.

(4) Türen zu Treppenräumen, die Garagengeschosse miteinander verbinden, müssen mindestens feuerhemmend, rauchdicht und selbstschließend sein und aus nichtbrennbaren Baustoffen bestehen.

§ 15 Rettungswege

(1) [1]Jede Mittel- und Großgarage muss in jedem Geschoss mindestens zwei voneinander unabhängige Rettungswege nach § 31 Absatz 1 HBauO haben. [2]In oberirdischen Mittel- und Großgaragen genügt ein Rettungsweg, wenn ein Ausgang ins Freie in höchstens 10 m Entfernung erreichbar ist. [3]Der zweite Rettungsweg darf auch über eine Rampe führen. [4]Bei oberirdischen Mittel- und Großgaragen, deren Stellplätze im Mittel nicht mehr als 3 m über der Geländeoberfläche liegen, sind Treppenräume für notwendige Treppen nicht erforderlich.

(2) [1]Von jeder Stelle einer Mittel- und Großgarage muss in demselben Geschoss mindestens ein Treppenraum einer notwendigen Treppe oder, wenn ein Treppenraum nicht erforderlich ist, mindestens eine notwendige Treppe oder ein Ausgang ins Freie
1. bei offenen Mittel- und Großgaragen in einer Entfernung von höchstens 50 m,
2. bei geschlossenen Mittel- und Großgaragen in einer Entfernung von höchstens 30 m
erreichbar sein. [2]Die Entfernung ist in der Luftlinie, jedoch nicht durch Bauteile zu messen.

(3) [1]In Mittel- und Großgaragen müssen dauerhafte und leicht erkennbare Hinweise auf die Ausgänge vorhanden sein. [2]In Großgaragen müssen die zu den notwendigen Treppen oder zu den Ausgängen ins Freie führende Wege auf dem Fußboden durch dauerhafte und leicht erkennbare Markierungen sowie an den Wänden durch beleuchtete Hinweise gekennzeichnet sein.

(4) Für Dachstellplätze gelten die Absätze 1 bis 3 sinngemäß.

(5) Die Absätze 1 bis 3 gelten nicht für automatische Garagen.

§ 16 Beleuchtung

(1) [1]In Mittel- und Großgaragen muss eine allgemeine elektrische Beleuchtung vorhanden sein. [2]Sie muss so beschaffen sein, dass in Fahr- und Rettungswegen eine Beleuchtungsstärke von mindestens 75 Lux und an allen übrigen Stellen der Nutzfläche eine Beleuchtungsstärke von mindestens 20 Lux erreicht wird. [3]Sie kann in zwei Stufen schaltbar sein, wobei in der ersten Stufe an allen Stellen eine Beleuchtungsstärke von 1 Lux erreicht werden muss.

(2) In geschlossenen Großgaragen, ausgenommen eingeschossige Großgaragen mit festem Benutzerkreis, muss zur Beleuchtung der Rettungswege eine Sicherheitsbeleuchtung vorhanden sein.

(3) Die Absätze 1 und 2 gelten nicht für automatische Garagen.

§ 17 Lüftung

(1) [1]Geschlossene Mittel- und Großgaragen müssen maschinelle Abluftanlagen aufweisen. [2]Die Verteilung und Größe der Zuluftöffnungen muss so bemessen sein, dass sämtliche Teile der Garage ausreichend gelüftet werden. [3]Bei nicht ausreichenden Zuluftöffnungen muss eine maschinelle Zuluftanlage vorhanden sein. [4]Die maschinellen Abluftanlagen von geschlossenen Großgaragen müssen für eine wirksame Rauchabführung im Brandfall geeignet sein.

(2) [1]Für geschlossene Mittel- und Großgaragen mit geringem Zu- und Abgangsverkehr, wie Wohnhausgaragen, genügt eine natürliche Lüftung durch Lüftungsöffnungen oder über Lüftungsschächte. [2]Die Lüftungsöffnungen müssen

1. einen freien Gesamtquerschnitt von mindestens 1500 cm² je Garagenstellplatz haben,
2. in den Außenwänden oberhalb der Geländeoberfläche in einer Entfernung von höchstens 35 m einander gegenüberliegen,
3. unverschließbar sein und
4. so über die Garage verteilt sein, dass in sämtlichen Bereichen eine ständige Querlüftung gesichert ist.

[3]Die Lüftungsschächte müssen

1. untereinander in einem Abstand von höchstens 20 m angeordnet sein und
2. bei einer Höhe bis zu 2 m einen freien Gesamtquerschnitt von mindestens 1500 cm² je Garagenstellplatz und bei einer Höhe von mehr als 2 m einen freien Gesamtquerschnitt von mindestens 3000 cm² je Garagenstellplatz haben.

(3) Für geschlossene Mittel- und Großgaragen genügt abweichend von den Absätzen 1 und 2 eine natürliche Lüftung, wenn im Einzelfall nach dem Gutachten eines nach Bauordnungsrecht anerkannten Prüfsachverständigen der Fachrichtung Lüftungsanlagen zu erwarten ist, dass der Mittelwert des Volumengehalts an Kohlenmonoxid in der Luft, gemessen über jeweils eine halbe Stunde und in einer Höhe von 1,50 m über dem Fußboden (CO-Halbstundenmittelwert), auch während der regelmäßigen Verkehrsspitzen im Mittel nicht mehr als 100 ppm (= 100 cm³/m³) betragen wird und wenn dies auf der Grundlage der Messungen, die nach Inbetriebnahme der Garage über einen Zeitraum von mindestens einem Monat durchzuführen sind, von einem nach Bauordnungsrecht anerkannten Prüfsachverständigen der Fachrichtung Lüftungsanlagen bestätigt wird.

(4) [1]Die maschinellen Abluftanlagen sind so zu bemessen und zu betreiben, dass der CO-Halbstundenmittelwert unter Berücksichtigung der regelmäßig zu erwartenden Verkehrsspitzen nicht mehr als 100 ppm beträgt. [2]Diese Anforderungen gelten als erfüllt, wenn die Abluftanlage in Garagen mit geringem Zu- und Abgangsverkehr mindestens 6 m³, bei anderen Garagen mindestens 12 m³ Abluft in der Stunde je m² Garagennutzfläche abführen kann; für Garagen mit regelmäßig besonders hohen Verkehrsspitzen kann im Einzelfall ein Nachweis der nach Satz 1 erforderlichen Leistung der Abluftanlage verlangt werden.

(5) [1]Maschinelle Abluftanlagen müssen in jedem Lüftungssystem mindestens zwei gleich große Ventilatoren haben, die bei gleichzeitigem Betrieb zusammen den erforderlichen Gesamtvolumenstrom

erbringen. [2]Jeder Ventilator einer maschinellen Zu- oder Abluftanlage muss aus einem eigenen Stromkreis gespeist werden, an dem andere elektrische Anlagen nicht angeschlossen werden dürfen. [3]Soll das Lüftungssystem zeitweise nur mit einem Ventilator betrieben werden, müssen die Ventilatoren so geschaltet sein, dass sich bei Ausfall eines Ventilators der andere selbsttätig einschaltet.

(6) [1]Geschlossene Großgaragen mit nicht nur geringem Zu- und Abgangsverkehr müssen Kohlenmonoxid-Anlagen zur Messung, Steuerung und Warnung (CO-Warnanlagen) haben. [2]Die CO-Warnanlagen müssen so beschaffen sein, dass die Benutzer der Garagen bei einem Kohlenmonoxid-Gehalt der Luft von mehr als 250 ppm über Lautsprecher und durch Blinkzeichen dazu aufgefordert werden, die Garage zügig zu verlassen oder im Stand die Motoren abzustellen. [3]Während dieses Zeitraumes müssen die Garagenausfahrten ständig offen gehalten werden und die maschinelle Lüftungsanlage in Betrieb sein. [4]Die CO-Warnanlagen müssen an eine Ersatzstromquelle angeschlossen sein.

(7) Automatische Garagen müssen abweichend von den Absätzen 1 bis 6 nur Öffnungen zur wirksamen Rauchabführung haben.

§ 18 Feuerlöschanlagen

(1) Nichtselbsttätige Feuerlöschanlagen müssen vorhanden sein in
1. geschlossenen Garagen mit mehr als 20 Stellplätzen auf kraftbetriebenen Hebebühnen, wenn jeweils mehr als zwei Kraftfahrzeuge übereinander angeordnet werden können,
2. automatischen Garagen mit bis zu 20 Stellplätzen.

(2) Automatische Feuerlöschanlagen müssen vorhanden sein
1. in Geschossen von Großgaragen, wenn der Fußboden der Geschosse mehr als 4 m unter der Geländeoberfläche liegt und das Gebäude nicht allein der Garagennutzung dient; dies gilt nicht, wenn die Großgarage zu Geschossen mit anderer Nutzung in keiner Verbindung steht,
2. in automatischen Garagen mit mehr als 20 Garagenstellplätzen.

§ 19 Brandmeldeanlagen

Geschlossene Mittel- und Großgaragen müssen Brandmeldeanlagen haben, wenn sie in Verbindung stehen mit baulichen Anlagen oder Räumen, für die Brandmeldeanlagen erforderlich sind.

Teil III
Betriebsvorschriften

§ 20 Betriebsvorschriften für Garagen

(1) [1]In Mittel- und Großgaragen muss die allgemeine elektrische Beleuchtung nach § 16 Absatz 1 während der Benutzungszeit ständig mit einer Beleuchtungsstärke von mindestens 1 Lux eingeschaltet sein, soweit nicht Tageslicht mit einer entsprechenden Beleuchtungsstärke vorhanden ist. [2]Dies gilt nicht für automatische Garagen.

(2) [1]In Mittel- und Großgaragen dürfen brennbare Stoffe außerhalb von Kraftfahrzeugen nicht aufbewahrt werden. [2]In Kleingaragen dürfen bis zu 200 Liter Dieselkraftstoff und bis zu 20 Liter Benzin in dicht verschlossenen, bruchsicheren Behältern aufbewahrt werden.

§ 21 Abstellen von Kraftfahrzeugen in anderen Räumen als Garagen

(1) Kraftfahrzeuge dürfen in Treppenräumen, Fluren und Kellergängen nicht abgestellt werden.

(2) Kraftfahrzeuge dürfen in sonstigen Räumen, die keine Garagen sind, mit Ausnahme von § 2 Absatz 9 Satz 2 nur abgestellt werden, wenn
1. das Gesamtfassungsvermögen der Kraftstoffbehälter aller abgestellten Kraftfahrzeuge nicht mehr als 12 Liter beträgt,
2. Kraftstoff außer dem Inhalt der Kraftstoffbehälter abgestellter Kraftfahrzeuge in diesen Räumen nicht aufbewahrt wird und
3. diese Räume keine Zündquellen oder leicht entzündliche Stoffe enthalten und von Räumen mit Feuerstätten oder leicht entzündlichen Stoffen durch Türen mit geschlossener Oberfläche abgetrennt sind

oder wenn die Kraftfahrzeuge Arbeitsmaschinen sind.

Teil IV
Schlussvorschriften

§ 22 Weitergehende Anforderungen
Weitergehende Anforderungen als nach dieser Verordnung können zur Erfüllung des § 3 HBauO gestellt werden, soweit Garagen oder Stellplätze für Kraftfahrzeuge bestimmt sind, deren Länge mehr als 5 m, deren Breite mehr als 2 m oder deren Höhe mehr als 1,70 m beträgt.

§ 23 Ordnungswidrigkeiten
Ordnungswidrig nach § 80 Absatz 1 Nummer 16 HBauO handelt, wer vorsätzlich oder fahrlässig
1. entgegen § 17 Absatz 4 maschinelle Lüftungsanlagen so betreibt, dass der genannte Wert des Kohlenmonoxid-Gehaltes der Luft überschritten wird,
2. entgegen § 20 Absatz 1 Mittel- und Großgaragen nicht ständig beleuchtet,
3. entgegen § 20 Absatz 2 brennbare Stoffe in Garagen aufbewahrt.

§ 24 Änderung von Rechtsvorschriften
[hier nicht wiedergegeben]

§ 25 Schlussbestimmungen
(1) ¹Diese Verordnung tritt am 1. Februar 2012 in Kraft. ²Zum selben Zeitpunkt tritt die Garagenverordnung vom 17. April 1990 (HmbGVBl. S. 75) in der geltenden Fassung außer Kraft.

(2) Für die zum Zeitpunkt des Inkrafttretens dieser Verordnung bestehenden Garagen gilt § 20 entsprechend.

Gesetz
über den Schutz und die Erhaltung von Wohnraum
(Hamburgisches Wohnraumschutzgesetz – HmbWoSchG)

Vom 8. März 1982 (HmbGVBl. S. 47)

(BS Hbg 2133-1)

zuletzt geändert durch § 1 Drittes G zur Änd. von Vorschriften im Bereich des Wohnungswesens vom 23. Oktober 2018 (HmbGVBl. S. 349)

Der Senat verkündet das nachstehende von der Bürgerschaft beschlossene Gesetz:

Inhaltsübersicht

Erster Abschnitt
Einführungsvorschriften

§ 1 Grundsätze

(1) [1]Wohnraum muss sich zu jeder Zeit in einem Zustand befinden, der seinen Gebrauch zu Wohnzwecken ohne erhebliche Beeinträchtigungen zulässt. [2]Er muss so benutzt werden, dass Bewohner und Nachbarn nicht gefährdet oder unzumutbar belästigt werden.

(2) Die zuständige Behörde hat die Aufgabe, auf die Instandsetzung, die Erfüllung von Mindestanforderungen und die ordnungsmäßige Nutzung von Wohnraum hinzuwirken und die dazu erforderlichen Maßnahmen zu treffen.

§ 2 Begriffsbestimmung, Anwendbarkeit

(1) Wohnraum im Sinne dieses Gesetzes ist jeder einzelne Raum, der zu Wohnzwecken objektiv geeignet und subjektiv bestimmt ist.

(2) Für Wohnraum, der zu anderen als zu Wohnzwecken genutzt wird, gelten die Vorschriften des Dritten Abschnitts dieses Gesetzes, soweit die Zweckentfremdung genehmigungspflichtig ist.

Zweiter Abschnitt
Anforderungen an die Erhaltung und Pflege von Wohnraum

§ 3 Erfüllung von Mindestanforderungen

(1) Entspricht die bauliche Beschaffenheit von Wohnraum nicht den Mindestanforderungen an erträgliche Wohnverhältnisse, so soll die zuständige Behörde anordnen, daß der Verfügungsberechtigte die Mindestanforderungen zu erfüllen hat.

(2) Die Mindestanforderungen sind insbesondere nicht erfüllt, wenn

1. die Heizungsmöglichkeit oder die Möglichkeit des Anschlusses eines Herdes, von elektrischer Beleuchtung oder elektrischen Geräten fehlt oder ungenügend ist,
2. Wasserversorgung, Ausguß oder Toilette fehlen oder ungenügend sind,
3. nicht wenigstens ein zum Wohnen bestimmter Raum der Wohnung eine Wohnfläche von mindestens 10 Quadratmetern hat,
4. Fußböden, Wände oder Decken dauernd durchfeuchtet sind oder
5. nicht wenigstens ein zum Wohnen bestimmter Raum ausreichend belüftbar oder durch Tageslicht beleuchtet ist.

(3) Die Absätze 1 und 2 gelten entsprechend für Räume, die zwar nicht zur Wohnung selbst gehören, die aber zur bestimmungsgemäßen Nutzung der Wohnung unmittelbar erforderlich sind oder deren Benutzung im direkten Zusammenhang mit der Nutzung der Wohnung stehen.

§ 4 Instandsetzung

(1) [1]Sind an Wohnraum Arbeiten unterblieben oder unzureichend ausgeführt worden, die zur Erhaltung oder Wiederherstellung des für den Gebrauch zu Wohnzwecken geeigneten Zustands notwendig gewesen wären, so soll die zuständige Behörde anordnen, daß der Verfügungsberechtigte diese Arbeiten nachholt. [2]Die Anordnung setzt voraus, daß der Gebrauch zu Wohnzwecken erheblich beeinträchtigt ist oder die Gefahr einer solchen Beeinträchtigung besteht.

(2) [1]Der Gebrauch ist insbesondere dann erheblich beeinträchtigt, wenn

1. Dächer, Wände, Decken, Fußböden, Fenster oder Türen keinen ausreichenden Schutz gegen Witterungseinflüsse oder gegen Feuchtigkeit bieten,
2. Feuerstätten, Heizungsanlagen oder ihre Verbindungen mit den Schornsteinen sich nicht ordnungsgemäß benutzen lassen,
3. Treppen oder Beleuchtungsanlagen in allgemein zugänglichen Räumen sich nicht ordnungsgemäß benutzen lassen oder
4. Wasserzapfstellen, Ausgüsse, Toiletten, Bäder oder Duschen nicht ordnungsgemäß benutzt werden können.

(3) § 3 Absatz 3 gilt entsprechend.

§ 5 Ausnahmen

(1) Von Anordnungen nach § 3 oder § 4 kann für die Dauer eines Jahres abgesehen werden, wenn der Verfügungsberechtigte nachgewiesen hat, dass der Wohnraum auf Grund der ihm erteilten Genehmigung der zuständigen Behörde anderen als Wohnzwecken zugeführt, insbesondere abgebrochen werden darf.

(2) [1]Von Anordnungen nach § 3 oder § 4 ist bei Wohngebäuden oder Wohnungen abzusehen, wenn die erforderlichen Maßnahmen nur mit einem Kostenaufwand durchgeführt werden können, der bei Wohngebäuden zwei Drittel des ortsüblichen Neubauwertes des Gebäudes, bei einzelnen Wohnungen zwei Drittel ihres anteiligen ortsüblichen Neubauwertes überschreiten würde. [2]Der ortsübliche Neubauwert ist der Geldbetrag, der aufzuwenden ist, um das Gebäude in gleicher Größe, Ausstattung und am gleichen Standort wieder aufzubauen.

(3) [1]Von Anordnungen nach § 3 oder § 4 ist abzusehen, wenn der Verfügungsberechtigte nachgewiesen hat, daß die Bewirtschaftungskosten und die sich aus der Aufnahme fremder Mittel oder dem Einsatz eigener Mittel ergebenden Kapitalkosten nicht aus den Erträgen des Grundstücks aufgebracht werden können. [2]Dabei sind angebotene Förderungsmittel zu berücksichtigen. [3]Satz 1 gilt nicht, wenn der Verfügungsberechtigte oder Rechtsvorgänger öffentlich-rechtliche Instandsetzungspflichten nicht erfüllt und der Verfügungsberechtigte den Nachweis versäumt hat, daß ihre Vornahme wirtschaftlich unvertretbar oder aus einem anderen Grunde nicht zumutbar war.

(4) Das Recht, Maßnahmen zur Abwehr einer Gefahr für die öffentliche Sicherheit oder Ordnung oder zum Schutze der Gesundheit anzuordnen, bleibt unberührt.

§ 6 Unbewohnbarkeitserklärung

(1) [1]Die zuständige Behörde kann Wohnraum für unbewohnbar erklären, wenn die Mindestanforderungen im Sinne von § 3 Absatz 2 nicht erfüllt sind oder wenn Mängel der in § 4 Absatz 2 genannten Art den Gebrauch zu Wohnzwecken erheblich beeinträchtigen und deswegen gesundheitliche Schäden für die Bewohner zu befürchten sind. [2]Die Unbewohnbarkeitserklärung darf nur erlassen werden, wenn die Beseitigung der Mängel oder die Erfüllung der Mindestanforderungen auf Grund des § 5 nicht angeordnet werden kann.

(2) Die Unbewohnbarkeitserklärung ist dem Verfügungsberechtigten und dem Nutzungsberechtigten bekannt zu geben.

(3) [1]Wer für unbewohnbar erklärten Wohnraum bewohnt, ist verpflichtet, diesen bis zu einem von der zuständigen Behörde zu bestimmenden Zeitpunkt zu räumen. [2]Die Behörde soll im Falle des Absatzes 4 Satz 1 keinen früheren als den Zeitpunkt bestimmen, in dem angemessener Ersatzwohnraum zu zumutbaren Bedingungen zur Verfügung steht. [3]Dieses gilt jedoch nicht, wenn auf Grund des Zustands des Wohngebäudes, der Wohnung oder des Wohnraums eine unmittelbare Gefahr für Leib, Leben und Gesundheit der Bewohner besteht.

(4) [1]Der Verfügungsberechtigte hat auf Verlangen der zuständigen Behörde dafür zu sorgen, daß die Nutzungsberechtigten anderweitig zu zumutbaren Bedingungen untergebracht werden. [2]Geschieht dies nicht binnen angemessener Frist, kann die zuständige Behörde das ganz oder teilweise selbst übernehmen und dem Verfügungsberechtigten die Kosten auferlegen.

(5) [1]Der für unbewohnbar erklärte Wohnraum darf nicht mehr für Wohnzwecke oder ohne Genehmigung für andere Nutzungszwecke überlassen oder in Benutzung genommen werden. [2]Der Verfügungsberechtigte hat auf Verlangen der zuständigen Behörde für unverzügliche Räumung zu sorgen.

§ 7 Belegung

(1) [1]Wohnungen dürfen nur überlassen oder benutzt werden, wenn für jede Person eine Wohnfläche von mindestens 10 Quadratmetern vorhanden ist. [2]Die Zahl der Bewohner soll die Zahl der Wohnräume über 6 Quadratmeter Wohnfläche – ohne Küche und Bad – bei Wohnungen bis einschließlich zwei Wohnräumen um nicht mehr als eine, bei Wohnungen mit drei oder vier Wohnräumen um nicht mehr als zwei überschreiten; je Wohnung darf dabei ein Wohnraum über 20 Quadratmeter als zwei Wohnräume gezählt werden.

(2) [1]Einzelne Wohnräume dürfen nur überlassen oder benutzt werden, wenn für jede Person eine Wohnfläche von mindestens 8 Quadratmetern vorhanden ist und Nebenräume zur Mitbenutzung zur Verfügung stehen. [2]Stehen Nebenräume nicht ausreichend zur Verfügung, muß für jede Person eine Wohnfläche von mindestens 10 Quadratmetern vorhanden sein.

(3) [1]Die zuständige Behörde kann vom Verfügungs- oder Nutzberechtigten verlangen, daß bis zu einem von ihr zu bestimmenden Zeitpunkt so viele Bewohner die Wohnungen oder Wohnräume räumen, wie zur Herstellung einer ordnungsgemäßen Belegung nach den vorstehenden Absätzen notwendig ist. [2]Dabei sollen der Zeitpunkt des Einzugs sowie die besonderen persönlichen und familiären Verhältnisse berücksichtigt werden. [3]Bei dem Räumungsverlangen sind soziale Härten zu vermeiden. [4]Bezieht sich das Räumungsverlangen auf Nutzungsberechtigte, so ist die Räumung erst für einen Zeitpunkt anzuordnen, in dem angemessener Ersatzwohnraum zu zumutbaren Bedingungen zur Verfügung steht.

§ 8 Benutzung

(1) In Wohnraum dürfen

1. Gegenstände oder Stoffe nicht so und nicht in solchen Mengen gelagert und

2. Tiere nicht von solcher Art und nicht in solcher Zahl gehalten werden,

daß die Bewohner oder Dritte gefährdet oder unzumutbar belästigt werden.

(2) [1]Die zuständige Behörde kann Maßnahmen anordnen, die zur Herstellung eines den Anforderungen des Absatzes 1 entsprechenden Zustandes erforderlich sind. [2]Die Anordnungen müssen sich an den Verursacher oder an den Verfügungsberechtigten richten.

(3) § 3 Absatz 3 gilt entsprechend.

Dritter Abschnitt
Verbot der Zweckentfremdung von Wohnraum

§ 9 Verbot der Zweckentfremdung von Wohnraum

(1) [1]Sofern die ausreichende Versorgung der Bevölkerung mit Wohnraum zu angemessenen Bedingungen besonders gefährdet ist, darf Wohnraum im Gebiet der Freien und Hansestadt Hamburg anderen als Wohnzwecken nur mit Genehmigung der zuständigen Behörde zugeführt werden. [2]Der Senat wird ermächtigt, durch Rechtsverordnung befristet oder unbefristet festzustellen, ob eine Gefährdungslage im Sinne des Satzes 1 gegeben ist.

(2) [1]Eine Zweckentfremdung im Sinne dieses Gesetzes liegt vor, wenn Wohnraum zu anderen als Wohnzwecken verwendet wird. [2]Ohne Genehmigung verboten ist jedes Handeln oder Unterlassen Verfügungsberechtigter oder Nutzungsberechtigter, durch das Wohnraum seiner eigentlichen Zweckbestimmung entzogen wird. [3]Als Zweckentfremdung gelten insbesondere

1. die Verwendung von Wohnraum für ausschließlich gewerbliche oder freiberufliche Zwecke,
2. die Überlassung von Wohnraum an wechselnde Nutzer zum Zwecke des nicht auf Dauer angelegten Gebrauchs und eine entsprechende Nutzung,
3. der Abbruch von Wohnraum,
4. das Unbrauchbarmachen durch Zerstören von Wohnraum,
5. das Leerstehenlassen von Wohnraum über einen Zeitraum von länger als vier Monaten.

[4]Findet die Nutzung des Wohnraums zu anderen als Wohnzwecken in der Hauptwohnung des Nutzungsberechtigten statt und beträgt weniger als 50 vom Hundert der Gesamtwohnfläche, so ist im Zweifel anzunehmen, dass gleichzeitig die Wohnnutzung aufrechterhalten wird und damit keine Zweckentfremdung im Sinne dieses Gesetzes vorliegt. [5]Gleiches gilt, wenn die Nutzung des Wohnraums zu anderen als Wohnzwecken in der Hauptwohnung des Nutzungsberechtigten auf höchstens acht Wochen innerhalb eines Kalenderjahres beschränkt bleibt. [6]Als Beginn des Leerstehenlassens von Wohnraum gilt grundsätzlich der Auszug des letzten Bewohners, bei Neubauten der Zeitpunkt der Bezugsfertigkeit.

(3) [1]Verfügungsberechtigte haben die Verpflichtung, Zweckentfremdungen im Sinne dieses Gesetzes abzuwenden. [2]Wenn Um- oder Neubaumaßnahmen geplant sind, und diese Maßnahmen durch ein unbefristetes Mietverhältnis erheblich erschwert würden, ist der Abschluss von Zeitmietverträgen (Zwischenvermietung) oder eine andere Zwischennutzung zu Wohnzwecken zur Abwendung von Zweckentfremdungen durch Leerstehenlassen grundsätzlich zumutbar. [3]Eine Zwischennutzung ist insbesondere dann nicht zumutbar, wenn Belange der Schaffung und Erhaltung sozial stabiler Bewohnerstrukturen entgegenstehen.

§ 10 Genehmigungsgründe

(1) [1]Die Genehmigung nach § 9 ist auf Antrag des Verfügungsberechtigten zu erteilen, wenn ein öffentliches oder ein berechtigtes Interesse Verfügungsberechtigter oder Nutzungsberechtigter an der zweckfremden Nutzung vorliegt, welches das öffentliche Interesse am Erhalt der Wohnnutzung überwiegt. [2]Das öffentliche oder berechtigte Interesse Verfügungsberechtigter zum Leerstehenlassen von Wohnraum ist bei Um- oder Neubaumaßnahmen nur gegeben, wenn eine Zwischennutzung gemäß § 9 Absatz 3 Sätze 2 und 3 bis zum Beginn der Baumaßnahmen unzumutbar ist. [3]Der Nutzungsberechtigte darf im Einvernehmen mit dem Verfügungsberechtigten einen Antrag nach Satz 1 stellen.

(2) [1]Ein beachtliches Angebot zur Bereitstellung von Ersatzwohnraum gleicht das öffentliche Interesse an der Erhaltung des Wohnraums in der Regel aus. [2]Ein beachtliches Angebot im Sinne dieses Gesetzes liegt vor, wenn

1. der Ersatzwohnraum innerhalb des Geltungsbereiches dieses Gesetzes geschaffen wird,
2. zwischen der Zweckentfremdung und der Bereitstellung von Ersatzwohnraum ein zeitlicher Zusammenhang besteht,
3. die Verfügungsberechtigung über den zweckentfremdeten und den Ersatzwohnraum übereinstimmt,
4. der Ersatzwohnraum nicht kleiner als der durch die Zweckentfremdung entfallende Wohnraum ist,
5. der Ersatzwohnraum nicht als Luxuswohnraum anzusehen ist, der den Standard des durch die Zweckentfremdung entfallenden Wohnraums in besonders erheblicher Weise überschreitet, und

6. der Ersatzwohnraum dem Wohnungsmarkt in gleicher Weise wie der durch die Zweckentfremdung entfallende Wohnraum zu Verfügung steht.

§ 11 Nebenbestimmungen

(1) ¹Die Genehmigung kann dem Verfügungsberechtigten oder dem Nutzungsberechtigten befristet, bedingt oder unter Auflagen, insbesondere zur Leistung einer einmaligen oder laufenden Ausgleichszahlung, erteilt werden. ²Das Ersatzwohnraumangebot kann durch Nebenbestimmungen gesichert werden.

(2) ¹Die Höhe der Ausgleichszahlung soll den Schaden, der dem Wohnungsmarkt durch die Zweckentfremdung des Wohnraums entsteht, ausgleichen. ²Die Ausgleichszahlung kann im Einzelfall abgesenkt werden, insbesondere wenn bei gewerblicher oder freiberuflicher Nutzung die Festsetzung einer Ausgleichszahlung in voller Höhe nachweislich zu einer Existenzgefährdung oder Abwanderung führen würde. ³Das Gleiche gilt, wenn die Zweckentfremdung nachweislich in erheblichem Maße der Sicherung bestehender oder der Schaffung neuer Arbeitsplätze dient.

§ 12 Wohnnutzungs-, Räumungs- und Wiederherstellungsgebot

(1) ¹Wird Wohnraum entgegen § 9 zu anderen als Wohnzwecken genutzt, so soll die zuständige Behörde anordnen, daß der Verfügungsberechtigte oder der Nutzungsberechtigte die Wohngebäude, Wohnungen oder Wohnräume wieder Wohnzwecken zuzuführen hat (Wohnnutzungsgebot). ²Die zuständige Behörde setzt hierfür eine Frist, die im Regelfall zwei Monate beträgt. ³Die zuständige Behörde kann auch die Räumung anordnen (Räumungsgebot).

(2) ¹Ist Wohnraum entgegen § 9 so verändert worden, daß er nicht mehr für Wohnzwecke geeignet ist, so soll die zuständige Behörde anordnen, dass der Verfügungsberechtigte auf seine Kosten den früheren Zustand wieder herstellt oder einen zumindest gleichwertigen Zustand schafft (Wiederherstellungsgebot). ²Ein Wiederherstellungsgebot scheidet aus, soweit es für den Verfügungsberechtigten unzumutbar wäre. ³Dies ist der Fall, wenn die Herstellungskosten die ortsüblichen Kosten für einen Neubau in gleicher Größe, Ausstattung und am gleichen Standort überschreiten würden. ⁴Ist die Wiederherstellung des früheren Zustandes nicht oder nur mit unzumutbarem Aufwand möglich, so soll die zuständige Behörde die Schaffung von Ersatzwohnraum nach § 10 Absatz 2 oder die Zahlung einer einmaligen Ausgleichszahlung nach § 11 Absatz 1 verlangen.

§ 12a Treuhänder bei Veränderungen von Wohnraum

(1) Ist Wohnraum entgegen § 9 so verändert worden, dass er nicht mehr für Wohnzwecke geeignet ist, so kann die zuständige Behörde zur Wiederherstellung für Wohnzwecke einen Treuhänder einsetzen, sofern der Verfügungsberechtigte nicht nachweist, dass er selbst innerhalb der von der zuständigen Behörde gesetzten Fristen die für die Wiederherstellung erforderlichen Maßnahmen eingeleitet und durchgeführt hat.

(2) ¹Der Treuhänder hat die Aufgabe, anstelle des Verfügungsberechtigten den Wohnraum wieder für Wohnzwecke herzustellen. ²Er hat das Recht und die Pflicht, das Grundstück zu verwalten und alle weiteren zur Erfüllung seiner Aufgabe erforderlichen Rechtshandlungen und Rechtsgeschäfte mit Wirkung für und gegen den Verfügungsberechtigten vorzunehmen und abzuschließen. ³Der Treuhänder hat dem Verfügungsberechtigten und der zuständigen Behörde zu den von ihr bestimmten Zeitpunkten Rechnung zu legen. ⁴Der Treuhänder hat Anspruch auf eine angemessene Vergütung und die Erstattung seiner Auslagen. ⁵§ 16 Absatz 3 Sätze 2 und 3 des Hamburgischen Verwaltungsverfahrensgesetzes gilt entsprechend.

(3) ¹Mit der Bestellung des Treuhänders ist dem Verfügungsberechtigten der Besitz an dem Grundstück entzogen und der Treuhänder in den Besitz eingewiesen. ²Die zuständige Behörde verschafft dem Treuhänder – erforderlichenfalls mit Zwangsmaßnahmen – den tatsächlichen Besitz.

(4) ¹Die Einsetzung des Treuhänders ist wieder aufzuheben, sobald er seine Aufgabe erfüllt hat oder zur Sicherstellung der Wiederherstellung des Wohnraums für Wohnzwecke für ihn kein Bedürfnis mehr besteht. ²Die zuständige Behörde kann den Treuhänder, auch wenn die Voraussetzungen des Satzes 1 nicht vorliegen, jederzeit abberufen.

(5) Die Befugnis, andere Vollstreckungsmaßnahmen nach dem Hamburgischen Verwaltungsvollstreckungsgesetz vom 4. Dezember 2012 (HmbGVBl. S. 510), geändert am 21. Mai 2013 (HmbGVBl. S. 210), in der jeweils geltenden Fassung anzuordnen, bleibt unberührt.

§ 12b Treuhänder bei leer stehendem Wohnraum

(1) Kommt der Verfügungsberechtigte einem Wohnnutzungsgebot nach § 12 Absatz 1 nicht nach, so kann die zuständige Behörde zur Wiederzuführung des Wohnraums zu Wohnzwecken einen Treuhänder einsetzen, sofern der Verfügungsberechtigte nicht nachweist, dass er selbst innerhalb der von der zuständigen Behörde gesetzten Fristen die dafür erforderlichen Maßnahmen eingeleitet und durchgeführt hat.

(2) Die Einsetzung des Treuhänders kann mit dem Wohnnutzungsgebot verbunden werden.

(3) § 12a Absätze 2 bis 5 gilt entsprechend.

Vierter Abschnitt
Verfahren

§ 13 Auskunftspflicht, Anzeigepflicht, erweiterte Anzeige mit Genehmigungsfiktion, Hinweisrecht, Wohnraumschutznummer

(1) [1]Verfügungsberechtigte, Nutzungsberechtigte, Bewohner, Verwalter und Vermittler haben unentgeltlich Auskünfte zu geben und Unterlagen vorzulegen, soweit es zur Durchführung dieses Gesetzes erforderlich ist. [2]Satz 1 gilt auch für Diensteanbieter im Sinne des Telemediengesetzes vom 26. Februar 2007 (BGBl. I S. 179), zuletzt geändert am 31. Mai 2010 (BGBl. I S. 692), in der jeweils geltenden Fassung und für die Anbieter von Druckerzeugnissen und anderer Medien. [3]Satz 1 gilt auch für Beschäftigte und Beauftragte der in den Sätzen 1 und 2 genannten Auskunftspflichtigen. [4]Verwalter, Vermittler und Diensteanbieter sollen nur dann herangezogen werden, wenn und soweit der Sachverhalt dadurch einfacher oder zügiger aufgeklärt werden kann. [5]Kommt ein Diensteanbieter seiner Pflicht nach Satz 2 nicht innerhalb von zwei Wochen nach, hat er auf Verlangen der zuständigen Behörde Angebote, Werbung oder weitere Informationen, auf die sich das Auskunftsverlangen bezog, von den von ihm betriebenen Internetseiten unverzüglich zu entfernen.

(2) Wird Wohnraum ab Beginn des Leerstehenlassens nicht innerhalb von vier Monaten zu Wohnzwecken genutzt, so haben die Verfügungsberechtigten dies der zuständigen Behörde unverzüglich anzuzeigen; sie haben die Gründe hierfür anzugeben und nachzuweisen sowie Belegenheit, Größe, wesentliche Ausstattung und die vorgesehene Miete mitzuteilen.

(3) [1]Zeigt der Verfügungsberechtigte gemäß Absatz 2 das Leerstehenlassen und die damit verbundene konkrete Absicht von Um- oder Neubaumaßnahmen an, gilt die Genehmigung zum Leerstehenlassen nach § 10 für die Dauer des durch die baulichen Maßnahmen bedingten Leerstehenlassens als erteilt, wenn die zuständige Behörde nicht innerhalb von acht Wochen widerspricht. [2]In der Anzeige sind neben der Belegenheit und Größe die Anzahl der betroffenen Wohneinheiten sowie Art, Umfang und voraussichtliche Dauer der baulichen Maßnahmen anzugeben und nachzuweisen (erweiterte Anzeige mit Genehmigungsfiktion). [3]Widerspricht die zuständige Behörde im Sinne des Satzes 1 gilt die erweiterte Anzeige als Antrag auf Erteilung einer Genehmigung zum Leerstehenlassen nach § 10.

(4) [1]Steht Wohnraum leer, kann die zuständige Behörde den Verfügungsberechtigten auf Wohnungsuchende hinweisen. [2]Hingewiesen werden kann auch auf Haushalte, die als vordringlich wohnungsuchend anerkannt sind. [3]Die zuständige Behörde ist berechtigt, Wohnungsuchenden die Belegenheit des leer stehenden Wohnraums sowie Name und Anschrift des Verfügungsberechtigten zugänglich zu machen, wenn der Verfügungsberechtigte den ihm nachgewiesenen Wohnungsuchenden nicht innerhalb eines Monats ein Wohnungsangebot unterbreitet hat.

(5) [1]Wird Wohnraum an wechselnde Nutzer zum Zwecke des nicht auf Dauer angelegten Gebrauchs überlassen oder entsprechend genutzt, so hat der Nutzungsberechtigte dies in den Fällen des § 9 Absatz 2 Sätze 4 und 5 der zuständigen Behörde zuvor anzuzeigen; er hat seinen Familiennamen, seine Vornamen, seine Anschrift, sein Geburtsdatum, die Belegenheit der Wohnung, die Verwendung als Hauptoder als Nebenwohnung und den verwendeten oder beabsichtigten Vertriebsweg für die Gebrauchsüberlassung an wechselnde Nutzer anzugeben. [2]Wenn sich die nach Satz 1 anzugebenden Daten ändern, hat der Nutzungsberechtigte dies der zuständigen Behörde unverzüglich anzuzeigen.

(6) [1]Die zuständige Behörde teilt dem ordnungsgemäß Anzeigenden nach Absatz 5 unverzüglich eine amtliche Nummer (Wohnraumschutznummer) mit. [2]Diese Mitteilung kann vollständig automatisiert erfolgen. [3]Der Nutzungsberechtigte hat die Wohnraumschutznummer stets und für die Öffentlichkeit gut sichtbar anzugeben, wenn er die Nutzung seiner Wohnung durch wechselnde Nutzer zum Zwecke

des nicht auf Dauer angelegten Gebrauchs anbietet oder dafür wirbt. [4]Die Behörde kann die Gültigkeit der Wohnraumschutznummer befristen; eine nach Ablauf der Befristung gültige weitere Wohnraumschutznummer wird sodann erst nach erneuter Anzeige nach Absatz 5 mitgeteilt. [5]Die Wohnraumschutznummer erlischt, sobald der Anzeigende nicht mehr persönlich Nutzungsberechtigter des angegebenen Wohnraums ist oder aus anderen Gründen die Voraussetzungen des Absatzes 5 nicht mehr vorliegen. [6]Der Nutzungsberechtigte hat auf Verlangen der zuständigen Behörde den Nachweis über die Einhaltung der Voraussetzungen des § 9 Absatz 2 Sätze 4 und 5 zu führen.

(7) [1]Jede einzelne Überlassung von Wohnraum an wechselnde Nutzer zum Zwecke des nicht auf Dauer angelegten Gebrauchs oder eine entsprechende Nutzung hat der Nutzungsberechtigte der zuständigen Behörde zudem jeweils spätestens am zehnten Tag nach Beginn der Überlassung anzuzeigen. [2]Erfolgt keine Anzeige, erlischt die Wohnraumschutznummer.

(8) [1]Wird eine Genehmigung nach § 9 für die Überlassung von Wohnraum an wechselnde Nutzer zum Zwecke des nicht auf Dauer angelegten Gebrauchs erteilt, wird mit der Genehmigung unverzüglich eine Wohnraumschutznummer vergeben. [2]Absätze 5 und 6 gelten entsprechend. [3]Wird die Genehmigung befristet erteilt, ist auch die Wohnraumschutznummer für denselben Zeitraum befristet.

(9) [1]Wer unter Nutzung eines Telemediendienstes oder eines Druckerzeugnisses oder anderen Mediums, in dem überwiegend Angebote oder Werbung für die Überlassung von Wohnraum an wechselnde Nutzer zum nicht auf Dauer angelegten Gebrauch angezeigt werden oder angezeigt werden können, ohne einer gesetzlichen Impressumspflicht zu unterliegen und dieser nachzukommen, die Überlassung von ein oder mehreren Räumen anbietet oder bewirbt, hat dies zuvor der zuständigen Behörde anzuzeigen. [2]Absätze 5 und 6 gelten entsprechend.

(10) Wer es Dritten ermöglicht, Angebote oder Werbung für die Überlassung von Räumen, die der öffentlichen Angabe einer Wohnraumschutznummer nach Absatz 6, auch in Verbindung mit Absatz 8 oder Absatz 9, bedürfen, zu veröffentlichen oder daran mitwirkt, hat sicherzustellen, dass diese Angebote oder Werbung nicht ohne eine öffentlich sichtbare Wohnraumschutznummer veröffentlicht werden oder veröffentlicht sind.

§ 13a Mitwirkungs- und Duldungspflicht

(1) [1]Verfügungsberechtigte, Nutzungsberechtigte und Bewohner sind verpflichtet, den Beauftragten der zuständigen Behörde das Betreten des Wohnraumes zu gestatten, wenn dies für die Entscheidung über eine Maßnahme nach diesem Gesetz erforderlich ist, insbesondere die Einholung von Auskünften nicht ausreicht. [2]Das Betreten ist vorher anzukündigen; es darf nur zu angemessenen Tageszeiten erfolgen. [3]Die zuständige Behörde kann auch anordnen, daß Verfügungsberechtigte, Nutzungsberechtigte und Bewohner persönlich erscheinen.

(2) Besteht begründeter Verdacht, daß Wohnraum entgegen § 6 unzulässig benutzt wird, nach § 7 überbelegt ist oder ohne Genehmigung nach § 9 auch entgegen einem Wohnnutzungsgebot nicht zu Wohnzwecken genutzt wird, sind die Beauftragten der zuständigen Behörde auch ohne Ankündigung jederzeit zum Betreten berechtigt.

(3) Verfügungsberechtigte, Nutzungsberechtigte und Bewohner sind verpflichtet, die nach diesem Gesetz angeordneten Maßnahmen zu dulden und, soweit erforderlich, den Wohnraum vorübergehend zu räumen.

(4) Auf der Grundlage dieses Gesetzes erlassene Verwaltungsakte sind nach § 80 Absatz 2 Satz 1 Nummer 3 der Verwaltungsgerichtsordnung sofort vollziehbar und gelten auch für und gegen den Rechtsnachfolger.

§ 14 Freiwillige Abhilfe, Informationsrecht

(1) [1]Bevor die zuständige Behörde eine Anordnung zur Erhaltung und Pflege von Wohnraum (§§ 3 bis 8) erläßt, sollen die Verpflichteten unter Fristsetzung zur freiwilligen Abhilfe veranlaßt werden. [2]Die zuständige Behörde kann auf den Abschluß eines öffentlich–rechtlichen Vertrages mit einer Unterwerfung unter die sofortige Vollstreckung hinwirken, in dem die zur Abhilfe erforderlichen Maßnahmen von dem Verpflichteten zugesagt sowie die Fristen genannt sind.

(2) Die zuständige Behörde hat vor der Anordnung von Maßnahmen den Betroffenen Gelegenheit zur Stellungnahme zu geben; ihre Stellungnahmen sollen angemessen berücksichtigt werden.

(3) Absatz 1 findet keine Anwendung, wenn Art und Umfang der Mängel oder der Verstöße es erfordern, daß die zuständige Behörde eine Anordnung sofort erläßt.

(4) [1]Die Verfügungsberechtigten sollen von Anordnungen und Genehmigungen, die sie berühren und an den Nutzungsberechtigten oder an die Bewohner gerichtet werden, eine Durchschrift erhalten. [2]Dies gilt entsprechend für den Nutzungsberechtigten bei Anordnungen oder Genehmigungen, die sich an den Verfügungsberechtigten oder die Bewohner richten.

Fünfter Abschnitt
Ordnungswidrigkeiten und Schlußvorschriften

§ 15 Ordnungswidrigkeiten

(1) [1]Ordnungswidrig handelt, wer vorsätzlich oder fahrlässig

1. einer unanfechtbaren Anordnung der zuständigen Behörde nach § 3 Absatz 1, § 4 Absatz 1, § 8 Absatz 2 oder § 13a Absatz 1 nicht oder nicht fristgemäß nachkommt,

2. einem Verlangen der zuständigen Behörde nach § 6 Absatz 4 oder 5 nicht nachkommt,

3. entgegen § 6 Absatz 5 oder § 7 Absatz 1 oder 2 Wohnungen oder Wohnräume überläßt,

4. entgegen § 9 Absatz 2 ohne die erforderliche Genehmigung Wohnraum für andere als Wohnzwecke verwendet oder überlässt,

5. entgegen § 9 Absatz 3 eine Zweckentfremdung nicht abwendet, obwohl dies zumutbar war,

6. entgegen § 11 Absatz 1 einer mit einer Genehmigung verbundenen Auflage nicht, nicht vollständig oder nicht rechtzeitig nachkommt,

7. entgegen § 13 Absatz 1 oder 5 Auskünfte nicht, nicht richtig oder nicht vollständig gibt, oder Unterlagen nicht oder nicht vollständig vorlegt,

8. entgegen § 13 Absatz 2 die Anzeige nicht oder nicht rechtzeitig vornimmt, oder die Angaben nicht oder nicht rechtzeitig macht, oder die Nachweise nicht oder nicht rechtzeitig erbringt,

9. entgegen § 13 Absatz 6 Satz 3 auch in Verbindung mit § 13 Absatz 8 oder § 13 Absatz 9 die Wohnraumschutznummer nicht, nicht richtig oder nicht vollständig oder eine ungültige, falsche oder gefälschte Wohnraumschutznummer angibt.

[2]In den Fällen des Satzes 1 Nummer 4 ist auch der Versuch ordnungswidrig.

(2) [1]Ordnungswidrig handelt ferner, wer vorsätzlich oder fahrlässig

1. ohne die erforderliche Genehmigung für die zweckfremde Verwendung des Wohnraums gemäß § 9 Absatz 2 erhalten zu haben dessen Überlassung an wechselnde Nutzer zum Zwecke des nicht auf Dauer angelegten Gebrauchs anbietet oder dafür wirbt,

2. Angebote oder Werbung im Sinne der Nummer 1 verbreitet oder deren Verbreitung ermöglicht,

3. es entgegen § 13 Absatz 10 ermöglicht oder daran mitwirkt, Angebote oder Werbung ohne Wohnraumschutznummer zu veröffentlichen oder seiner Entfernungspflicht nach Absatz 4 oder § 13 Absatz 1 Satz 5 nicht nachkommt.

[2]Die Ordnungswidrigkeit kann auch dann geahndet werden, wenn sie nicht im Inland begangen wird.

(3) Die Ordnungswidrigkeit kann mit einer Geldbuße bis zu 500000 Euro geahndet werden.

(4) Diensteanbieter im Sinne des Telemediengesetzes haben auf Verlangen der zuständigen Behörde Angebote und Werbung, die nach Absatz 1 Satz 1 Nummer 9 oder Absatz 2 ordnungswidrig sind, von den von ihnen betriebenen Internetseiten unverzüglich zu entfernen.

§ 15a Informationspflichten und Datenübermittlung

(1) [1]Die zuständige Behörde hat der für die Besteuerung des Nutzungsberechtigten zuständigen Stelle Familienname, Vornamen, Geburtsdatum, Wohnanschrift, Belegenheit des Vermietungsobjekts, Wohnraumschutznummer, den angezeigten Vertriebsweg und Daten zur Belegung des nach § 13 Absätze 5 und 8 anzeigenden Nutzungsberechtigten mitzuteilen, soweit diese Informationen ihr bei der Ausführung dieses Gesetzes bekannt werden. [2]Im Übrigen unterrichtet die zuständige Behörde die zuständige Stelle, wenn sich bei der Durchführung ihrer Aufgaben nach diesem Gesetz Anhaltspunkte für Verstöße gegen die steuerrechtlichen Vorschriften ergeben.

(2) Die zuständige Behörde darf ein automatisiertes Abrufverfahren nach § 38 des Bundesmeldegesetzes vom 3. Mai 2013 (BGBl. I S. 1084), zuletzt geändert am 18. Juli 2017 (BGBl. I S. 2745, 2752), in der jeweils geltenden Fassung durchführen, um die nach § 13 Absätze 5, 8 und 9 erhobenen Daten automatisiert auf Plausibilität, Richtigkeit und Vollständigkeit zu überprüfen.

§ 16 Einschränkung eines Grundrechts

Durch dieses Gesetz wird das Grundrecht der Unverletzlichkeit der Wohnung (Artikel 13 des Grundgesetzes) eingeschränkt.

§ 17 Berechnung der Wohnfläche

[1]Die Wohnfläche einer Wohnung ist die Summe der anrechenbaren Grundflächen der ausschließlich zur Wohnung gehörenden Räume. [2]Der Senat wird ermächtigt, zur Durchführung dieses Gesetzes durch Rechtsverordnung Vorschriften zur Berechnung der Grundfläche und zur Anrechenbarkeit auf die Wohnfläche zu erlassen. [3]Bis zum Erlass einer Verordnung nach Satz 2 ist die Wohnfläche nach der Wohnflächenverordnung vom 25. November 2003 (BGBl. I S. 2346) in der jeweils geltenden Fassung zu berechnen.

§ 18 Übergangsregelung

[1]Die Regelungen zur Angabe der Wohnraumschutznummer nach § 13 Absatz 6 Satz 3 und zur Anzeige der einzelnen Überlassung nach § 13 Absatz 7 sind ab 1. April 2019 anzuwenden. [2]Wurde vor dem 1. Januar 2019 bereits eine Genehmigung nach § 9 für die Überlassung von Wohnraum an wechselnde Nutzer zum Zwecke des nicht auf Dauer angelegten Gebrauchs erteilt, wird auf Antrag unverzüglich eine Wohnraumschutznummer vergeben. [3]§ 13 Absätze 5, 6 und 8 gilt entsprechend.

§ 19 Aufhebung und Fortgeltung von Vorschriften

(1) Mit dem Inkrafttreten dieses Gesetzes treten außer Kraft:

1. das Wohnungspflegegesetz vom 31. März 1938 (Sammlung des bereinigten hamburgischen Landesrechts I 21303–a) mit der Änderung vom 2. März 1970 (Hamburgisches Gesetz- und Verordnungsblatt Seite 90),

2. die Wohnungsordnung der Freien und Hansestadt Hamburg vom 31. März 1938 (Sammlung des bereinigten hamburgischen Landesrechts I 21303–a–1) mit der Änderung vom 15. Oktober 1973 (Hamburgisches Gesetz- und Verordnungsblatt Seite 423).

(2) Unberührt bleiben andere Rechtsvorschriften, die die Instandhaltung, die Instandsetzung, die Erfüllung von Mindestanforderungen oder die Benutzung von Wohngebäuden, Wohnungen oder Wohnräumen zu Wohnzwecken regeln, insbesondere Vorschriften des Bauordnungsrechts.

§ 20 Inkrafttreten

Dieses Gesetz tritt am ersten Tag des auf die Verkündung[1)] folgenden Monats in Kraft.

---

1) Verkündet am 12.3.1982.

Verordnung
über die Feststellung einer Gefährdungslage nach § 9 Absatz 1 des Hamburgischen Wohnraumschutzgesetzes

Vom 20. März 2018 (HmbGVBl. S. 70)
(BS Hbg 2133-1-1)

Auf Grund von § 9 Absatz 1 Satz 2 des Hamburgischen Wohnraumschutzgesetzes vom 8. März 1982 (HmbGVBl. S. 47), zuletzt geändert am 21. Mai 2013 (HmbGVBl. S. 244), wird verordnet:

§ 1 [Gefährdete Wohnraumversorgung]
Die Freie und Hansestadt Hamburg ist ein Gebiet, in dem die ausreichende Versorgung der Bevölkerung mit Wohnraum zu angemessenen Bedingungen besonders gefährdet ist.

§ 2 [Inkrafttreten; Außerkrafttreten]
Diese Verordnung tritt am 1. April 2018 in Kraft und mit Ablauf des 31. März 2028 außer Kraft.

Hamburgisches Enteignungsgesetz[1)]

In der Fassung vom 11. November 1980 (HmbGVBl. S. 305)
(BS Hbg 214-1)
zuletzt geändert durch Art. 1 G zur Änd. von Enteigungsvorschriften vom 18. Februar 2004
(HmbGVBl. S. 107)

§ 1 Anwendungsbereich

Dieses Gesetz ist für alle Enteignungen anzuwenden, wenn dafür keine andere gesetzliche Regelung besteht oder wenn auf dieses Gesetz verwiesen wird.

§ 2 Enteignungszweck

[1]Die Enteignung ist nur für Vorhaben zulässig, die dem Wohl der Allgemeinheit dienen. [2]Wird für solche Vorhaben enteignet, so ist es zulässig, durch Enteignung Grundstücke zur Entschädigung in Land zu beschaffen und entzogene Rechte durch neue Rechte zu ersetzen.

§ 3 Zulässigkeit der Enteignung

(1) [1]Die Enteignung ist im Einzelfall nur zulässig, wenn das Wohl der Allgemeinheit sie erfordert und der Enteignungszweck auf andere zumutbare Weise nicht erreicht werden kann. [2]Sie setzt voraus, dass der Antragsteller glaubhaft macht, er werde das Vorhaben innerhalb angemessener Frist ausführen.

(2) Für die Enteignung von Grundstücken zur Entschädigung in Land und für die Enteignung zu dem Zweck, entzogene Rechte durch neue Rechte zu ersetzen (§ 2 Satz 2), gelten die §§ 90 und 91 mit Ausnahme von § 90 Absatz 1 Nummern 2 und 3 des Baugesetzbuchs – BauGB – sinngemäß.

(3) Für den Umfang, die Beschränkung und die Ausdehnung der Enteignung gilt § 92 Absätze 1 bis 3 und 5 BauGB sinngemäß.

§ 4 Gegenstand der Enteignung

(1) Durch Enteignung können

1. das Eigentum an Grundstücken entzogen oder belastet werden;
2. andere Rechte an Grundstücken entzogen oder belastet werden;
3. Rechte entzogen werden, die zum Erwerb, zum Besitz oder zur Nutzung von Grundstücken berechtigen oder die den Verpflichteten in der Benutzung von Grundstücken beschränken;
4. soweit es in den durch dieses Gesetz für anwendbar erklärten Vorschriften des Fünften Teils des Ersten Kapitels des Baugesetzbuchs vorgesehen ist, Rechtsverhältnisse begründet werden, die Rechte der in Nummer 3 bezeichneten Art gewähren;
5. die Änderung oder Beseitigung vorhandener baulicher Anlagen angeordnet werden;
6. die Befugnis begründet werden, bei der Ausführung von Vorhaben, für welche die Enteignung zulässig ist, Grundstücke vorübergehend zu benutzen.

(2) Auf das Zubehör eines Grundstücks sowie auf Sachen, die nur zu einem vorübergehenden Zweck mit dem Grundstück verbunden oder in ein Gebäude eingefügt sind, ist die Enteignung nur auszudehnen, wenn der Eigentümer es verlangt und wenn und soweit er die Gegenstände infolge der Enteignung nicht mehr wirtschaftlich nutzen oder in anderer Weise angemessen verwerten kann.

(3) Die für die Entziehung oder Belastung des Eigentums an Grundstücken geltenden Vorschriften sind auf die Entziehung, Belastung oder Begründung der in Absatz 1 Nummern 2 bis 4 bezeichneten Rechte sinngemäß anzuwenden.

§ 5 Entschädigung

(1) Für die Enteignung ist Entschädigung zu leisten.

(2) [1]Die §§ 93 bis 101, 102 Absatz 1 Nummer 1 und Absätze 3 bis 6 sowie § 103 BauGB sind sinngemäß anzuwenden. [2]Die Rückenteignung (§ 102 BauGB) kann nicht verlangt werden, wenn

1. der Enteignete selbst das Grundstück im Wege der Enteignung erworben hatte oder
2. ein Verfahren zur Enteignung des Grundstücks zugunsten eines anderen eingeleitet worden ist und der enteignete frühere Eigentümer nicht glaubhaft macht, dass er das Grundstück innerhalb angemessener Frist zu dem vorgesehenen Zweck verwenden wird.

---

1) Neubekanntmachung des G v. 14.6.1963 (HmbGVBl. S. 77) in der gemäß Art. 54 der Verfassung der Freien und Hansestadt Hamburg v. 6.6.1952 (HmGVBl. S. 117) ab 23.10.1980 geltenden Fassung.

§ 6 Planfeststellung

(1) [1]Erstreckt sich das Vorhaben auf mehrere Grundstücke, so kann das Enteignungsverfahren erst eingeleitet werden, wenn die zuständige Behörde einen Enteignungsplan festgestellt hat und dieser Plan vollziehbar ist. [2]Die Feststellung des Plans ist nur zulässig, wenn das Vorhaben dem Wohl der Allgemeinheit dient. [3]Eines Enteignungsplans bedarf es nicht, wenn die Enteignung in einem anderen Gesetz zugelassen ist, dem Vorhaben ein in einem Planfeststellungsverfahren festgestellter Plan zugrunde liegt und der Planfeststellungsbeschluss vollziehbar ist.

(2) Bei Vorhaben von unwesentlicher Bedeutung oder wenn die Beteiligten zugestimmt haben, kann die zuständige Behörde von einer Planfeststellung absehen.

§ 7 Enteignungsverfahren

(1) Das Enteignungsverfahren wird von der Enteignungsbehörde auf Antrag durchgeführt.

(2) Der Enteignungsplan (§ 6 Absatz 1) ist dem Enteignungsverfahren als bindend zugrunde zu legen.

(3) Der Senat kann durch Rechtsverordnung bestimmen, dass an den Entscheidungen der Enteignungsbehörde ehrenamtliche Beisitzer mitzuwirken haben.

(4) [1]Die §§ 106 bis 122, 194, 200 und 201, 208 bis 212 BauGB sowie die auf Grund des § 199 BauGB erlassenen Rechtsverordnungen sind sinngemäß anzuwenden. [2]§ 209 BauGB gilt sinngemäß auch für die Vorbereitung der Planung nach § 6.

§ 8 Vertreter von Amts wegen

(1) Um die Rechte Beteiligter zu wahren, hat das Vormundschaftsgericht auf Ersuchen der Enteignungsbehörde einen geeigneten Vertreter zu bestellen, wenn ein Vertreter nicht vorhanden ist:

1. für einen Beteiligten, dessen Person unbekannt, oder für eine Person, deren Beteiligung ungewiss ist;
2. für einen abwesenden Beteiligten, dessen Aufenthalt unbekannt oder dessen Aufenthalt zwar bekannt ist, der aber an der Besorgung seiner Vermögensangelegenheiten verhindert ist;
3. für einen Beteiligten ohne Aufenthalt im Geltungsbereich des Grundgesetzes, wenn er der Aufforderung der Enteignungsbehörde, einen Vertreter zu bestellen, innerhalb der ihm gesetzten Frist nicht nachgekommen ist;
4. für einen Beteiligten, der infolge einer psychischen Krankheit oder einer körperlichen, geistigen und seelischen Behinderung nicht in der Lage ist, in dem Enteignungsverfahren selbst tätig zu werden;
5. für Gesamthandseigentümer oder Eigentümer nach Bruchteilen sowie für mehrere Inhaber eines sonstigen Rechts an einem Grundstück oder an einem das Grundstück belastenden Recht, wenn die Enteignungsbehörde erfolglos versucht hat, auf die Bestellung eines gemeinsamen Vertreters hinzuwirken, und auch eine alsdann den betroffenen Rechtsinhabern von der Enteignungsbehörde gesetzte Frist für die Bestellung eines gemeinsamen Vertreters verstrichen ist.

(2) Für die Bestellung des Vertreters ist das Vormundschaftsgericht zuständig, in dessen Bezirk das von dem Enteignungsverfahren betroffene Grundstück liegt.

(3) Auf die Vertretungsmacht des nach Absatz 1 Nummer 5 bestellten Vertreters ist es ohne Einfluss, wenn während des Verfahrens ein Wechsel eines oder mehrerer der Rechtsinhaber eintritt.

(4) [1]Der Vertreter hat gegen den Antragsteller des Enteignungsverfahrens Anspruch auf eine angemessene Vergütung und auf Erstattung seiner baren Auslagen. [2]§ 121 Absatz 2 Satz 2 erster Satzteil und Satz 3 sowie Absatz 3 erster Halbsatz BauGB gelten sinngemäß. [3]Über den Anspruch entscheidet die Enteignungsbehörde.

(5) [1]Ist dem Beteiligten durch Verschulden des Vertreters in Ausübung seiner Tätigkeit ein Schaden entstanden, so haftet neben dem Vertreter die Freie und Hansestadt Hamburg als Gesamtschuldnerin. [2]Im Verhältnis zur Freien und Hansestadt Hamburg ist der Vertreter allein verpflichtet.

(6) Im übrigen gelten für die Bestellung und für das Amt des Vertreters in den Fällen des Absatzes 1 Nummer 4 die Vorschriften über die Betreuung, in den übrigen Fällen die Vorschriften über die Pflegschaft entsprechend.

§ 9 Verfahren vor den Gerichten

(1) [1]Verwaltungsakte der Enteignungsbehörde sowie Verwaltungsakte der zuständigen Behörde nach § 7 Absatz 4 Satz 2 dieses Gesetzes in Verbindung mit § 209 Absatz 2 BauGB können nur durch Antrag

auf gerichtliche Entscheidung angefochten werden. [2]Über den Antrag entscheidet das Landgericht, Kammer für Baulandsachen.

(2) Für das gerichtliche Verfahren gelten § 217 Absätze 2 bis 4, §§ 218, 221 bis 228 und 231 BauGB sinngemäß.

(3) Gegen die Endurteile des Landgerichts findet die Revision an das Oberlandesgericht, Senat für Baulandsachen, statt, wenn der Wert des Beschwerdegegenstandes zweihundertfünfzig Euro übersteigt.

§ 10   Anwendung des Baugesetzbuchs

[1]Soweit in diesem Gesetz Bestimmungen des Baugesetzbuchs für anwendbar erklärt werden, ist die Fassung vom 27. August 1997 (BGBl. 1997 I S. 2142, 1998 I S. 137) maßgebend. [2]Die in diesen Bestimmungen für die Bundesregierung oder für die Landesregierung enthaltenen Ermächtigungen gelten für den Senat.

§ 11   Ordnungswidrigkeiten

(1) Ordnungswidrig handelt, wer

1. wider besseres Wissen unrichtige Angaben macht oder unrichtige Pläne oder Unterlagen vorlegt, um einen begünstigenden Verwaltungsakt zu erwirken oder einen belastenden Verwaltungsakt zu verhindern;

2. Pfähle, Pflöcke oder sonstige Markierungen, die Vorarbeiten dienen, wegnimmt, verändert, unkenntlich macht oder unrichtig setzt.

(2) Die Ordnungswidrigkeit kann mit einer Geldbuße geahndet werden.

Hamburgisches Wegegesetz (HWG)

In der Fassung der Bekanntmachung vom 22. Januar 1974[1] (HmbGVBl. S. 41)
(BS Hbg 2136-1)
zuletzt geändert durch 23. ÄndG vom 28. November 2017 (HmbGVBl. S. 361)

Inhaltsübersicht

---

1) Neubekanntmachung des Hamburgischen Wegegesetzes v. 4.4.1961 (HmbGVBl. S. 117) in der ab 6.2.1974 geltenden Fassung.

Erster Teil
Einleitende Bestimmungen

§ 1 Geltungsbereich

(1) [1]Dieses Gesetz gilt für die öffentlichen Wege im Gebiet der Freien und Hansestadt Hamburg. [2]Für die Bundesfernstraßen gilt das Gesetz nur, soweit das Bundesfernstraßengesetz in der Fassung vom 19. April 1994 (Bundesgesetzblatt I Seite 855) in der jeweils geltenden Fassung keine Regelung trifft.

(2) Der Senat kann durch Rechtsverordnung bestimmen, dass dieses Gesetz oder einzelne seiner Vorschriften auf bestimmte Wege, die zu einer öffentlichen Grün- oder Erholungsanlage gehören, neben dem Gesetz über Grün- und Erholungsanlagen vom 18. Oktober 1957 (Sammlung des bereinigten hamburgischen Landesrechts I 2133-a), zuletzt geändert am 11. Juli 1989 (Hamburgisches Gesetz- und Verordnungsblatt Seite 132), anzuwenden sind.

§ 2 Öffentliche Wege

(1) Öffentliche Wege im Sinne dieses Gesetzes sind alle Wege, Straßen und Plätze, die dem Gemeingebrauch gewidmet sind und nicht zu einer öffentlichen Grün- und Erholungsanlage gehören.

(2) [1]Zu den öffentlichen Wegen gehören:

1. der Wegekörper;
   das sind insbesondere der Wegegrund, der Wegeunterbau, die Wegedecke, die Brücken, Tunnel, Durchlässe, Dämme, Gräben, Entwässerungsanlagen, Böschungen, Rampen, Stützmauern, Trenn-, Seiten-, Rand- und Sicherheitsstreifen;
2. der Luftraum über dem Wegekörper;
3. das Wegezubehör;
   das sind die Beleuchtung, die Verkehrszeichen und die sonstigen Anlagen, die der Sicherheit und Leichtigkeit des Straßenverkehrs, dem Schutz der am Verkehr Teilnehmenden oder der Anliegerinnen und Anlieger oder der Ordnung auf dem Wege dienen, und die Bepflanzung.

[2]Bei öffentlichen Wegen auf Hochwasserschutzanlagen gehören zum Wegekörper lediglich der Wegeunterbau und die Wegedecke.

§ 3 Anliegerinnen und Anlieger

(1) Anliegerinnen und Anlieger im Sinne dieses Gesetzes sind die Eigentümerinnen und Eigentümer sowie die Erbbau- und Nießbrauchsberechtigten der Grundstücke, die an die öffentlichen Wege angrenzen.

(2) Ist ein Grundstück von dem öffentlichen Weg durch Wasserläufe, Gräben, Böschungen, Gleisanlagen oder ähnliche nicht zum Weg gehörende Geländestreifen getrennt, so bleibt die trennende Fläche außer Betracht, wenn eine Verbindung des Grundstücks mit dem Weg durch eine geeignete Anlage (Brücke, Überfahrt oder dergleichen) hergestellt oder zulässig ist.

(3) Für öffentliche Wege auf oder an Deichen sind die Absätze 1 und 2 mit der Maßgabe anzuwenden, dass die Eigentümerinnen und Eigentümer eines auf dem Deich errichteten Gebäudes für die mit seinem Anwesen genutzte Deichstrecke als Anliegerinnen und Anlieger gelten.

§ 4 Wegeeigentum

(1) [1]Grundflächen, die als öffentliche Wege gewidmet sind und der Freien und Hansestadt Hamburg gehören, stehen einschließlich der in § 2 Absatz 2 genannten Gegenstände im öffentlichen Eigentum der Freien und Hansestadt Hamburg. [2]Die Freie und Hansestadt Hamburg kann ausnahmsweise, insbesondere bei über- oder unterbauten, für den Fußgängerverkehr vorgesehenen Wegeflächen, vom Erwerb der Grundflächen absehen und auf die Begründung öffentlichen Eigentums verzichten. [3]Das öffentliche Eigentum am Weg steht, soweit es sich auf öffentliche Abwasseranlagen bezieht, die keine baulichen Anlagen im Sinne des § 4 Absatz 4 Satz 1 sind, der Hamburger Stadtentwässerung zu. [4]Das öffentliche Eigentum begründet eine hoheitliche Sachherrschaft. [5]Die in öffentlichem Eigentum stehenden Gegenstände sind dem Rechtsverkehr entzogen. [6]Die Vorschriften des bürgerlichen Rechts, insbesondere über den Besitz und das Eigentum, finden keine Anwendung.

(2) [1]Das öffentliche Eigentum an einer Grundfläche oder an einem sonstigen Gegenstand besteht, solange diese zum Öffentlichen Weg gehören. [2]Öffentliches Eigentum entsteht frühestens mit dem Zeitpunkt, in dem die Freie und Hansestadt Hamburg nach bürgerlichem Recht unbelastetes Eigentum erwirbt. [3]Endet die Zugehörigkeit zum öffentlichen Weg, so ist die Freie und Hansestadt Hamburg wieder Eigentümerin im Sinne des bürgerlichen Rechts.

(3) Werden Gegenstände im Sinne des § 2 Absatz 2 getrennt, so verwandelt sich das öffentliche Eigentum an ihnen in bürgerlich-rechtliches Eigentum der Freien und Hansestadt Hamburg oder derjenigen, denen die Freie und Hansestadt Hamburg die Aneignung gestattet hat.

(4) [1]Bauliche Anlagen, die auf oder unter einer in öffentlichem Eigentum stehenden Grundfläche in Ausübung einer Befugnis nach dem Fünften Teil dieses Gesetzes hergestellt worden sind, werden nicht Bestandteile dieser Grundfläche. [2]Bestehen solche baulichen Anlagen bei der Entstehung des öffentlichen Eigentums, so verlieren sie gleichzeitig die etwaige Eigenschaft als Bestandteil des Wegegrundes.

(5) Grundflächen, an denen öffentliches Eigentum entstanden ist, sind aus dem Grundbuch auszuschneiden und zum öffentlichen Grund zu tilgen.

§ 5 Haftung

[1]Die Rechte und Pflichten, die der Freien und Hansestadt Hamburg und ihren Bediensteten in Zusammenhang mit der Durchführung dieses Gesetzes, insbesondere mit der Anlage, Unterhaltung und Benutzung der öffentlichen Wege zustehen oder obliegen, bestimmen sich ausschließlich nach den Vorschriften des öffentlichen Rechts. [2]Die Pflichten werden als Amtspflicht im Sinne des Artikels 34 des Grundgesetzes von den Bediensteten der Freien und Hansestadt Hamburg erfüllt.

Zweiter Teil
Widmung

§ 6 Entstehung und Wirkung

(1) [1]Wege, Straßen und Plätze erhalten die Eigenschaft eines öffentlichen Weges durch Widmung der Wegeaufsichtsbehörde. [2]Diese hat vorher die Zustimmung der Grundeigentümerin bzw. des Grundeigentümers und der sonst zur Nutzung dinglich Berechtigten herbeizuführen und die Straßenverkehrsbehörde zu hören. [3]Die Widmung ist öffentlich bekannt zu geben.

(2) [1]Die Widmung kann auf einzelne Verkehrsarten sowie auf einzelne Verkehrszwecke, insbesondere den Anliegerverkehr, den Wirtschaftsverkehr oder den öffentlichen Personennahverkehr beschränkt werden. [2]Darauf ist in der Bekanntgabe nach Absatz 1 hinzuweisen.

(3) [1]Wege auf oder an Hochwasserschutzanlagen sind mit dem Vorbehalt zu widmen, dass ihre Benutzung jederzeit aus Gründen des Hochwasserschutzes eingeschränkt oder untersagt werden kann. [2]Der Wegekörper bleibt Bestandteil der Hochwasserschutzanlage; die deichrechtlichen Bestimmungen bleiben unberührt.

(4) Durch privatrechtliche Verfügung oder durch Verfügungen im Wege der Zwangsvollstreckung über die dem öffentlichen Weg dienenden Grundstücke oder über Rechte an ihnen wird die Widmung nicht berührt.

§ 7 Entwidmung

(1) [1]Die Eigenschaft eines öffentlichen Weges verliert der Weg durch Entwidmung. [2]Diese wird von der Wegeaufsichtsbehörde nach Anhörung der Straßenverkehrsbehörde und der Trägerin der Wege-

baulast ausgesprochen, wenn der öffentliche Weg für den Verkehr entbehrlich ist oder überwiegende Gründe des öffentlichen Wohls die Entwidmung erforderlich machen.

(2) [1]Die Absicht der Entwidmung ist im Amtlichen Anzeiger bekannt zu machen. [2]Einwendungen gegen die vorgesehene Entwidmung können innerhalb einer Ausschlussfrist von einem Monat seit dem Tage der Bekanntmachung bei der Wegeaufsichtsbehörde erhoben werden. [3]Die Entwidmung ist öffentlich bekannt zu geben.

(3) Werden förmlich festgesetzte Straßenlinien oder Verkehrsflächen durch die Entwidmung betroffen, so bedarf diese der Zustimmung des Senats oder der von ihm bestimmten Behörde.

(4) Soweit öffentliche Wege in einem Bebauungsplan nach dem Inkrafttreten des Bundesbaugesetzes vom 23. Juni 1960 (Bundesgesetzblatt I Seite 341) nicht mehr als Verkehrsflächen festgesetzt sind, beschränkt sich das Entwidmungsverfahren darauf, den Zeitpunkt der Entwidmung zu bestimmen.

(5) Mit der Entwidmung entfallen Gemeingebrauch (§ 16), Anliegergebrauch (§ 17) und Sondernutzungen (§ 19).

§ 8 Veränderung

[1]Für die Veränderung eines öffentlichen Weges, insbesondere für die Verbreiterung, Einengung, Höher- oder Tieferlegung, gelten die §§ 6 und 7 entsprechend. [2]Der Bekanntmachung im Amtlichen Anzeiger und der öffentlichen Bekanntgabe bedarf es nur, wenn die bisherige Benutzungsmöglichkeit des Weges mehr als geringfügig eingeschränkt wird.

Dritter Teil
Wegeverzeichnis

§ 9 Eintragung und Einsicht

Die Wegeaufsichtsbehörde führt ein Verzeichnis über die öffentlichen Wege, das der Allgemeinheit zur Einsicht offen steht.

§ 10 Inhalt

(1) Das Wegeverzeichnis soll für jeden öffentlichen Weg enthalten:
1. den Namen oder die Wegenummer,
2. das Flurstückskennzeichen des amtlichen Verzeichnisses der Grundstücke unter Angabe der Flächengröße und der Eigentümerin bzw. des Eigentümers.

(2) Dem Wegeverzeichnis sollen Wegekarten beigefügt werden.

§ 11 Wirkung

Das Wegeverzeichnis und die Wegekarten begründen die Vermutung der Richtigkeit für die Angaben über Bestand und Umfang der Widmung.

Vierter Teil
Wegebau

§ 12 Trägerin der Wegebaulast

(1) Trägerin der Wegebaulast ist die Freie und Hansestadt Hamburg, soweit gesetzlich nichts anderes bestimmt ist.

(2) Die Wegeaufsichtsbehörde kann die Wegebaulast ganz oder teilweise durch öffentlich-rechtlichen Vertrag oder nach Maßgabe bestehender Rechtsvorschriften auf die Bundesrepublik Deutschland, ein anderes Bundesland, andere Körperschaften des öffentlichen Rechts oder Personen, die eine Eisenbahn des öffentlichen Verkehrs im Sinne des § 2 Absatz 1 des Allgemeinen Eisenbahngesetzes vom 27. Dezember 1993 (Bundesgesetzblatt 1993 I Seiten 2378, 2396; 1994 I Seite 2439) oder eine Straßenbahn im Sinne des § 2 Absatz 1 Nummer 1 des Personenbeförderungsgesetzes in der Fassung vom 8. August 1990 (Bundesgesetzblatt I Seite 1691), zuletzt geändert am 27. Dezember 1993 (Bundesgesetzblatt I Seiten 2378, 2418), betreiben, übertragen.

(3) [1]Dritte, denen die Baulast durch Gesetz oder Vertrag übertragen wurde, haben bei Planung, Bau und Ausbau der öffentlichen Wege die durch den Flächennutzungsplan für die Freie und Hansestadt Hamburg und die Entscheidungen des Senats vorgegebenen Leitvorstellungen und Grundsätze zur Entwicklung der Freien und Hansestadt Hamburg zu beachten und umzusetzen. [2]Sie haben bei We-

geplanungen, die Auswirkungen auf das übrige Straßennetz haben können, das Einvernehmen mit der für den Verkehr zuständigen Behörde herzustellen.

(4) Der Senat wird ermächtigt, für die Bereiche, in denen die öffentlichen Wege unterschiedlicher Trägerinnen der Wegebaulast aufeinander treffen, durch Rechtsverordnung Bestimmungen über den Bau und die Änderung von Kreuzungen sowie über Umleitungen bei vorübergehenden Verkehrsbeschränkungen auf öffentlichen Wegen zu treffen.

§ 13 Umfang der Wegebaulast

(1) [1]Die Wegebaulast umfasst alle mit dem Bau und der Unterhaltung der öffentlichen Wege zusammenhängenden Aufgaben. [2]Bei öffentlichen Wegen auf Hochwasserschutzanlagen umfasst die Wegebaulast auch die Pflicht zur Beseitigung von Schäden an den Hochwasserschutzanlagen, die durch die Benutzung des Weges entstehen.

(2) Art, Umfang und Zeitpunkt der ersten Anlage sowie des Ausbaues eines öffentlichen Weges bestimmt die Wegeaufsichtsbehörde.

(3) [1]Die öffentlichen Wege sind im Rahmen der Leistungsfähigkeit der Trägerin der Wegebaulast in einem dem regelmäßigen Verkehrsbedürfnis genügenden Zustand zu unterhalten. [2]Soweit die Trägerin der Wegebaulast unter Berücksichtigung ihrer Leistungsfähigkeit zu einer solchen Unterhaltung außerstande ist, ist der Weg durch Warnzeichen zu kennzeichnen.

(4) [1]Erfordert die regelmäßige Benutzung eines öffentlichen Weges durch bestimmte am Verkehr teilnehmende Personen besondere, für den allgemeinen Verkehr nicht erforderliche bauliche Maßnahmen, Anlagen oder Zeichen, so kann die Trägerin der Wegebaulast verlangen, dass sie die Mehrkosten für die Herstellung und Unterhaltung erstatten. [2]Das gilt insbesondere für Verkehrsarten im Sinne des § 2 Absatz 1 Nummern 1 bis 3 des Personenbeförderungsgesetzes oder für Fahrzeuge, die wegen ihrer Bauart, ihrer Abmessungen oder ihres Gewichtes nur ausnahmsweise zugelassen sind (§ 70 der Straßenverkehrs-Zulassungs-Ordnung in der Fassung vom 28. September 1988 [Bundesgesetzblatt I Seite 1797], zuletzt geändert am 19. Juni 1996 [Bundesgesetzblatt I Seiten 885, 886]). [3]Die Wegeaufsichtsbehörde kann durch öffentlich-rechtliche Verträge Vereinbarungen über die Ablösungen derartiger Kosten treffen.

(5) Absatz 4 gilt entsprechend, wenn im Interesse und auf Antrag der Anliegerinnen und Anlieger oder sonstiger Interessenten besondere bauliche Maßnahmen an öffentlichen Wegen durchgeführt werden.

§ 13a Umweltverträglichkeitsprüfung

(1) Der Umweltverträglichkeitsprüfung nach dem Gesetz über die Umweltverträglichkeitsprüfung in Hamburg vom 10. Dezember 1996 (HmbGVBl. S. 310), geändert am 17. Dezember 2002 (HmbGVBl. S. 347), in der jeweils geltenden Fassung unterliegen

1. der Bau von Schnellstraßen im Sinne der Begriffsbestimmung des Europäischen Übereinkommens über die Hauptstraßen des internationalen Verkehrs vom 15. November 1975,
2. der Bau von neuen vier- oder mehrstreifigen Straßen auf einer Länge von mindestens 5 km,
3. der Ausbau und die Verlegung von ein- oder zweistreifigen Straßen zu vier- oder mehrstreifigen Straßen auf einer Länge von mindestens 10 km.

(2) Der Umweltverträglichkeitsprüfung unterliegen auch

1. der Bau von sonstigen Straßen, die überwiegend dem durchgehenden innerörtlichen Verkehr oder dem überörtlichen Durchgangsverkehr dienen (Hauptverkehrsstraßen), mit einer Länge von mindestens 1 km,
2. der Bau, die Verlegung oder die Erweiterung von für den Verkehr mit Kraftfahrzeugen bestimmten öffentlichen Wegen, wenn Flächen, die nach § 10 des Hamburgischen Gesetzes zur Ausführung des Bundesnaturschutzgesetzes (HmbBNatSchAG) vom 11. Mai 2010 (HmbGVBl. S. 350, 402) in Verbindung mit § 23, § 24, § 25 oder § 28 des Bundesnaturschutzgesetzes (BNatSchG) vom 29. Juli 2009 (BGBl. I S. 2542) unter besonderen Schutz gestellt worden sind oder nach § 30 BNatSchG in Verbindung mit § 14 HmbBNatSchAG oder nach der Richtlinie 2009/147/EG des Europäischen Parlaments und des Rates vom 30. November 2009 über die Erhaltung der wild lebenden Vogelarten (ABl. EU 2010 Nr. L 20 S. 7) oder der Richtlinie 92/43/EWG des Rates vom 21. Mai 1992 zur Erhaltung der natürlichen Lebensräume sowie der wild lebenden Tiere und Pflanzen (ABl. EG Nr. L 206 S. 7), zuletzt geändert am 20. November 2006 (ABl. EU Nr. 363 S. 368), unter besonderem Schutz stehen, oder mindestens 10000 m^2 einer nach § 10

HmbBNatSchAG in Verbindung mit § 26 oder § 27 BNatSchG unter besonderen Schutz gestellten Fläche in Anspruch genommen werden oder

3. die Änderung von Hauptverkehrsstraßen, wenn hierdurch eine Fläche von mindestens 10 000 m^2 zusätzlich versiegelt wird,

wenn das Vorhaben unter Berücksichtigung der innerhalb der letzten zehn Jahre in einem engen räumlichen Zusammenhang vorgenommenen Maßnahmen zu seiner Errichtung, Änderung oder Erweiterung, für die keine Umweltverträglichkeitsprüfung durchgeführt worden ist, die genannten Schwellenwerte erreicht und es nach einer allgemeinen Vorprüfung des Einzelfalls erhebliche nachteilige Umweltauswirkungen haben kann.

(3) Die Absätze 1 und 2 gelten nicht für Vorhaben, die in einem Bebauungsplan festgesetzt oder nach § 125 Absatz 3 des Baugesetzbuchs (BauGB) in der Fassung vom 23. September 2004 (BGBl. I S. 2415), zuletzt geändert am 21. Juni 2005 (BGBl. I S. 1818, 1824), zulässig sind.

§ 13b Beteiligung der Öffentlichkeit

(1) Die nachfolgenden Bestimmungen gelten für die erste Anlage und die zur vermehrten Aufnahme des Straßenverkehrs führende wesentliche Änderung öffentlicher Wege, die innerhalb des angemessenen Sicherheitsabstands im Sinne von § 3 Absatz 5c des Bundesimmissionsschutzgesetzes in der Fassung vom 17. Mai 2013 (BGBl. I S. 1275), zuletzt geändert am 30. November 2016 (BGBl. I S. 2749), liegen, sofern keine Umweltverträglichkeitsprüfung nach § 13a Absätze 1 und 2 durchzuführen ist und das Vorhaben nicht in einem Bebauungsplan festgesetzt oder nach § 125 Absatz 3 BauGB zulässig ist.

(2) Die zuständige Wegeaufsichtsbehörde macht mindestens eine Woche vorher ortsüblich bekannt, wo und in welchem Zeitraum der Plan für das Vorhaben zur Einsicht ausgelegt wird, unter welcher Internetadresse die Planunterlagen abrufbar sind, welche Behörde für die Entscheidung über den Plan und zur Entgegennahme von Stellungnahmen oder Fragen zuständig ist, und welche weitere Behörden relevante Informationen über das Vorhaben geben können.

(3) [1]Entsprechend der Bekanntmachung sind der Plan einschließlich der wichtigsten Berichte und Empfehlungen, die der zuständigen Behörde zu dem Zeitpunkt vorliegen, und die weiteren in Absatz 2 genannten Angaben für die Dauer eines Monats auszulegen und im Internet zugänglich zu machen. [2]Die Veröffentlichung nach Satz 1 ist durch Informationen zu ergänzen, die für die Entscheidung über das Vorhaben von Bedeutung sind und die erst zugänglich werden, nachdem die Veröffentlichung bereits erfolgt ist. [3]Die Frist nach Satz 1 beginnt im Fall der Ergänzung nach Satz 2 neu.

(4) Jeder, dessen Belange durch das Vorhaben berührt werden, kann bis zwei Wochen nach Ablauf der Frist zur Veröffentlichung nach Absatz 3 schriftlich oder zur Niederschrift der nach Absatz 2 benannten Behörde, die zur Entgegennahme von Stellungnahmen zuständig ist, Stellungnahmen zu dem Vorhaben abgeben.

(5) Der Inhalt der Entscheidung über das Vorhaben und die Gründe, auf denen sie beruht, einschließlich aller nachfolgenden Aktualisierungen sowie die Ergebnisse der vor der Entscheidung durchgeführten Konsultationen und einer Erklärung, wie diese im Rahmen der Entscheidung angemessen berücksichtigt wurden, sind entsprechend Absatz 3 zu veröffentlichen.

§ 14 Wegebau für Aufschließungen

(1) [1]Wird die Aufschließung eines Grundstücks beabsichtigt, so hat die Trägerin der Wegebaulast unter Berücksichtigung ihrer sonstigen Aufgaben auf Antrag der Eigentümerin bzw. des Eigentümers oder der Erbbauberechtigten mit dem Ausbau zu beginnen, sobald dieser gesichert ist. [2]Der Ausbau eines öffentlichen Weges ist gesichert, wenn

1. die Trägerin der Wegebaulast über die dazu notwendigen Flächen und Ausbaukosten verfügen kann,

2. die zum Anschluss an das öffentliche Wegenetz erforderlichen Wege bereits endgültig hergestellt sind oder die Trägerin der Wegebaulast auch über die dazu notwendigen Flächen und Ausbaukosten verfügen kann.

(2) [1]Die Flächen sind verfügbar, wenn

1. die Freie und Hansestadt Hamburg Eigentümerin ist oder durch Vertrag einen unbedingten und unbefristeten Anspruch auf Erwerb des lastenfreien Eigentums erlangt hat,

2. sie frei von baulichen Anlagen und Nutzungsverhältnissen sind.

²Dem Vertrag steht ein unbedingtes und auf mindestens drei Jahre befristetes Angebot der Eigentümerin bzw. des Eigentümers auf unentgeltliche, kosten- und lastenfreie Übereignung gleich.

(3) Die Ausbaukosten sind verfügbar, wenn sie als Haushaltsmittel der Freien und Hansestadt Hamburg für diesen Wegebau bereitstehen oder wenn sie ihr von der Person, die den Antrag gestellt hat, gezahlt sind.

(4) ¹Die antragstellende Person kann die Voraussetzungen nach den Absätzen 1 bis 3 herbeiführen. ²Auf ihren Antrag werden von der Wegeaufsichtsbehörde

1. die notwendigen Flächen festgesetzt, soweit sie nicht schon in städtebaulichen Plänen festgestellt sind;

2. die von ihr zu zahlenden Ausbaukosten vorläufig festgesetzt.

³Sobald die Wege endgültig hergestellt sind, werden die Ausbaukosten abschließend festgesetzt; Unterschiedsbeträge sind dann nachzuzahlen oder zu erstatten.

(5) ¹Hat die Freie und Hansestadt Hamburg binnen eines Jahres, nachdem der Ausbau gesichert und beantragt worden ist, damit nicht begonnen, so kann die antragstellende Person von der Wegeaufsichtsbehörde verlangen, dass ihr der Wegebau in eigener Verantwortung gestattet wird. ²Dies gilt nicht, wenn das Grundstück wegen anderer Hindernisse ohnehin nicht aufgeschlossen werden kann. ³In dem Wegebaubescheid werden bestimmt:

1. Art und Maß des Wegeausbaues mit Ausnahme der Verkehrseinrichtungen und -zeichen;

2. die Auskehrung der gezahlten Ausbaukosten nach dem Grad der Herstellung;

3. die Unterhaltung der Wege durch die antragstellende Person mit Ausnahme der Beleuchtung und Reinigung;

4. Auflagen für den Ausbau und die Unterhaltung sowie die behördliche Überwachung;

5. die Übernahme der Wegebaulast durch die Freie und Hansestadt Hamburg spätestens zehn Jahre nach der ersten Abnahme.

⁴Der Wegebaubescheid wird ungültig, wenn die antragstellende Person nicht binnen eines Jahres nach der Erteilung mit dem Ausbau begonnen oder diesen länger als ein Jahr unterbrochen hat. ⁵Die Gültigkeit kann nur schriftlich verlängert werden.

§ 15 Planfeststellung, Plangenehmigung

(1) ¹Vorhaben, für die § 13a eine Umweltverträglichkeitsprüfung vorschreibt, dürfen nur durchgeführt werden, wenn der Plan vorher festgestellt ist. ²Dies gilt nicht für Vorhaben, die vor dem 29. November 2006 nach § 13 Absatz 2 zugelassen worden sind. ³Für den Bau oder die Änderung anderer öffentlicher Wege kann auf Antrag der Trägerin der Wegebaulast ein Planfeststellungsverfahren durchgeführt werden. ⁴Im Fall des Satzes 3 findet § 25 Absatz 3 des Hamburgischen Verwaltungsverfahrensgesetzes (HmbVwVfG) vom 9. November 1977 (HmbGVBl. S. 333, 402), zuletzt geändert am 14. März 2014 (HmbGVBl. S. 102), in der jeweils geltenden Fassung keine Anwendung.

(2) ¹Bebauungspläne im Sinne des Baugesetzbuchs ersetzen die Planfeststellung nach Absatz 1. ²Wird eine Ergänzung notwendig oder soll von Festsetzungen des Bebauungsplans abgewichen werden, so ist die Planfeststellung insoweit zusätzlich durchzuführen. ³In diesen Fällen gelten § 40, § 43 Absätze 1, 2, 4 und 5 sowie § 44 Absätze 1 bis 4 BauGB.

(3) Anstelle des Planfeststellungsbeschlusses kann eine Plangenehmigung erteilt werden, wenn mit den Trägern öffentlicher Belange, deren Aufgabenbereich berührt wird, das Benehmen hergestellt worden ist, im Falle des § 13b das dort geregelte Verfahren zur Beteiligung der Öffentlichkeit durchgeführt worden ist und Rechte anderer nicht oder nicht wesentlich beeinträchtigt werden oder die Betroffenen sich mit der Inanspruchnahme ihres Eigentums oder eines anderen Rechts schriftlich einverstanden erklärt haben.

(4) Eine Pflicht zur Durchführung eines Erörterungstermins im Sinne von § 73 Absatz 6 HmbVwVfG besteht nicht.

(5) Die Anfechtungsklage gegen einen Planfeststellungsbeschluss oder eine Plangenehmigung hat keine aufschiebende Wirkung.

(6) Wird mit der Durchführung des Plans nicht innerhalb von zehn Jahren nach Eintritt der Unanfechtbarkeit begonnen, so tritt er außer Kraft.

§ 15a Veränderungssperre, Vorkaufsrecht

(1) [1]Vom Beginn der Auslegung der Pläne im Planfeststellungsverfahren oder von dem Zeitpunkt an, zu dem den Betroffenen Gelegenheit gegeben wird, den Plan nach § 73 Absatz 3 HmbVwVfG einzusehen, dürfen auf den vom Plan betroffenen Flächen bis zu ihrer Inanspruchnahme wesentlich Wert steigernde oder die geplanten Baumaßnahmen erheblich erschwerende Veränderungen nicht vorgenommen werden (Veränderungssperre). [2]Veränderungen, die in rechtlich zulässiger Weise vorher begonnen worden sind, Unterhaltungsarbeiten und die Fortführung einer bisher ausgeübten Nutzung werden davon nicht berührt. [3]Unzulässige Veränderungen bleiben bei der Erteilung von Auflagen im Sinne von § 74 Absatz 2 Satz 2 HmbVwVfG und im Entschädigungsverfahren unberücksichtigt.

(2) [1]Dauert die Veränderungssperre über vier Jahre, können die Eigentümerinnen und Eigentümer für die dadurch entstandenen Vermögensnachteile Entschädigung verlangen. [2]Sie können ferner Entschädigung durch Übernahme der betroffenen Flächen verlangen, wenn es ihnen mit Rücksicht auf die Veränderungssperre wirtschaftlich nicht zuzumuten ist, die Fläche in der bisherigen oder einer anderen zulässigen Art zu nutzen. [3]Kommt keine Einigung über die Übernahme zustande, so können die Eigentümerinnen und Eigentümer die Enteignung des Eigentums an der Fläche verlangen.

(3) [1]In den Fällen von Absatz 1 Satz 1 steht dem Vorhabenträger an den betroffenen Flächen ein Vorkaufsrecht zu. [2]Das Vorkaufsrecht geht unbeschadet bundesrechtlicher Regelungen allen anderen Vorkaufsrechten im Range vor und bedarf nicht der Eintragung im Grundbuch. [3]§ 28 BauGB findet sinngemäß Anwendung.

§ 15b Enteignung

(1) [1]Für Zwecke des Baus und des Ausbaus öffentlicher Wege ist die Enteignung zulässig, soweit sie zur Ausführung eines festgestellten oder genehmigten Plans notwendig ist. [2]Der festgestellte oder genehmigte Plan ist dem Enteignungsverfahren zugrunde zu legen und bindet die Enteignungsbehörde.

(2) Hat sich eine Betroffene oder ein Betroffener mit der Inanspruchnahme des Eigentums schriftlich einverstanden erklärt, kann das Entschädigungsverfahren unmittelbar durchgeführt werden.

(3) Im Übrigen gilt das Hamburgische Enteignungsgesetz in der jeweils geltenden Fassung.

§ 15c Vorzeitige Besitzeinweisung

(1) [1]Ist der sofortige Beginn von Bauarbeiten geboten und weigert sich die Eigentümerin bzw. der Eigentümer oder die Besitzerin bzw. der Besitzer, den Besitz eines benötigten Grundstücks durch Vereinbarung unter Vorbehalt aller Entschädigungsansprüche zu überlassen, so hat die Enteignungsbehörde die Trägerin der Wegebaulast auf Antrag nach Feststellung des Plans oder Erteilung der Plangenehmigung in den Besitz einzuweisen. [2]Der Planfeststellungsbeschluss oder die Plangenehmigung müssen vollziehbar sein. [3]Weiterer Voraussetzungen bedarf es nicht.

(2) [1]Die Enteignungsbehörde hat spätestens sechs Wochen nach Eingang des Antrags auf Besitzeinweisung mit den Beteiligten mündlich zu verhandeln. [2]Hierzu sind die Trägerin der Wegebaulast und die Betroffenen zu laden. [3]Dabei ist den Betroffenen der Antrag auf Besitzeinweisung mitzuteilen. [4]Die Ladungsfrist beträgt drei Wochen. [5]Mit der Ladung sind die Betroffenen aufzufordern, etwaige Einwendungen gegen den Antrag vor der mündlichen Verhandlung bei der Enteignungsbehörde einzureichen. [6]Sie sind außerdem darauf hinzuweisen, dass auch bei Nichterscheinen über den Antrag auf Besitzeinweisung und andere im Verfahren zu erledigende Anträge entschieden werden kann.

(3) [1]Soweit der Zustand des Grundstücks von Bedeutung ist, hat die Enteignungsbehörde diesen bis zum Beginn der mündlichen Verhandlung in einer Niederschrift festzustellen oder durch eine Sachverständige bzw. einen Sachverständigen ermitteln zu lassen. [2]Den Beteiligten ist eine Abschrift der Niederschrift oder des Ermittlungsergebnisses zu übersenden.

(4) [1]Der Beschluss über die Besitzeinweisung ist der Trägerin der Wegebaulast und den Betroffenen spätestens zwei Wochen nach der mündlichen Verhandlung zuzustellen. [2]Die Besitzeinweisung wird in dem von der Enteignungsbehörde bezeichneten Zeitpunkt wirksam. [3]Dieser Zeitpunkt soll auf höchstens zwei Wochen nach Zustellung der Anordnung über die vorzeitige Besitzeinweisung an die unmittelbare Besitzerin beziehungsweise den unmittelbaren Besitzer festgesetzt werden. [4]Durch die Besitzeinweisung wird der Besitzerin bzw. dem Besitzer der Besitz entzogen und die Trägerin der Wegebaulast Besitzerin. [5]Auf dem Grundstück dürfen das im Antrag auf Besitzeinweisung bezeichnete Bauvorhaben durchgeführt und die dafür erforderlichen Maßnahmen getroffen werden.

(5) [1]Die Trägerin der Wegebaulast hat für die durch die vorzeitige Besitzeinweisung entstehenden Vermögensnachteile Entschädigung zu leisten, soweit die Nachteile nicht durch die Verzinsung der Geldentschädigung für die Entziehung oder Beschränkung des Eigentums oder eines anderen Rechts ausgeglichen werden. [2]Art und Höhe der Entschädigung sind von der Enteignungsbehörde in einem Beschluss festzusetzen.

(6) [1]Wird der Planfeststellungsbeschluss oder die Plangenehmigung rechtskräftig aufgehoben, so ist auch die vorzeitige Besitzeinweisung aufzuheben und die vorherige Besitzerin beziehungsweise der vorherige Besitzer wieder in den Besitz einzuweisen. [2]Die Trägerin der Wegebaulast hat für alle durch die Besitzeinweisung entstandenen besonderen Nachteile Entschädigung zu leisten.

(7) [1]Ein Rechtsbehelf gegen eine vorzeitige Besitzeinweisung hat keine aufschiebende Wirkung. [2]Der Antrag auf Anordnung der aufschiebenden Wirkung nach § 80 Absatz 5 Satz 1 der Verwaltungsgerichtsordnung kann nur innerhalb eines Monats nach der Zustellung des Besitzeinweisungsbeschlusses gestellt und begründet werden.

§ 15d Vorzeitiger Baubeginn
(1) Die Planfeststellungsbehörde kann in jederzeit widerruflicher Weise zulassen, dass bereits vor Planfeststellung oder Plangenehmigung mit dem Vorhaben begonnen wird, wenn
1. mit einer Entscheidung zugunsten der Trägerin der Wegebaulast gerechnet werden kann,
2. an dem vorzeitigen Beginn ein öffentliches Interesse besteht und
3. die Trägerin der Wegebaulast sich verpflichtet, alle bis zur Entscheidung durch die Planfeststellungsbehörde verursachten Schäden zu ersetzen und, falls das Vorhaben nicht zugelassen wird, den früheren Zustand wieder herzustellen.

(2) Die Zulassung kann befristet und mit Bedingungen erteilt und mit Auflagen verbunden werden.

Fünfter Teil
Wegenutzung

§ 16 Gemeingebrauch
(1) [1]Die öffentlichen Wege dienen dem Gemeingebrauch. [2]Sie dürfen ohne besondere Erlaubnis im Rahmen der Widmung und der Vorschriften über den Straßenverkehr zum Verkehr benutzt werden, soweit andere dadurch nicht in ihrem Gemeingebrauch unzumutbar beeinträchtigt werden und Sondernutzungen nicht entgegenstehen. [3]Im Rahmen des Gemeingebrauchs hat der fließende Verkehr den Vorrang vor dem ruhenden Verkehr.

(2) [1]Zum Gemeingebrauch gehört nicht die Benutzung eines Weges zu anderen Zwecken, insbesondere zur Gewerbeausübung.[1)] [2]Das Nähere bestimmt der Senat durch Rechtsverordnung.

(3) Die Wegeaufsichtsbehörde kann den Gemeingebrauch an Wegen oder Wegeteilen zeitweilig beschränken oder aufheben; sie hat die betreffenden Wege entsprechend zu kennzeichnen.

§ 17 Anliegergebrauch
[1]Die Anliegerinnen und Anlieger dürfen die an ihr Grundstück angrenzenden Wegeteile über den Gemeingebrauch hinaus auch für Zwecke ihres Grundstücks benutzen, soweit nicht diese Benutzung den Gemeingebrauch dauernd ausschließt oder erheblich beeinträchtigt oder in den Wegekörper eingreift. [2]Sie haben Beeinträchtigungen des Anliegergebrauchs zu dulden, die sich aus einer zeitweiligen Beschränkung oder Aufhebung des Gemeingebrauchs oder aus einer Sondernutzung ergeben.

§ 18 Überfahrten
(1) [1]Die Anliegerinnen und Anlieger dürfen Wegeflächen, die nicht zum Befahren bestimmt sind, mit Fahrzeugen nur mit Erlaubnis der Wegeaufsichtsbehörde und nur auf einer besonderen Überfahrt benutzen. [2]Die Erlaubnis darf nur versagt werden, wenn das Überfahren in Bebauungsplänen ausgeschlossen worden ist oder den Gemeingebrauch erheblich beeinträchtigen würde oder wenn bei Wegen auf Hochwasserschutzanlagen Gründe des Hochwasserschutzes entgegenstehen. [3]Die Wegeaufsichtsbehörde kann erlauben, dass besondere Überfahrten zur Erfüllung öffentlich-rechtlicher Verpflichtungen der Anliegerinnen und Anlieger hergestellt werden.

(2) [1]In den Erlaubnissen nach Absatz 1 Sätze 1 und 3 wird die Lage der Überfahrt und die Art ihrer Ausführung nach den Anforderungen des Verkehrs bestimmt. [2]Die Erlaubnis darf widerrufen oder

---

1) Siehe zu § 16 Absatz 2 Satz 1 die BVerfGE v. 9.10.1984 – 2 BvL10/82 – (BGBl. I S. 1367 und HmbGVBl. S. 247).

geändert werden, wenn die Verkehrsverhältnisse oder der Zustand der öffentlichen Wege dies erfordern. [3]Eine Änderung ist auch zulässig, wenn die Art der Benutzung durch die Anliegerinnen und Anlieger dies notwendig macht.

(3) [1]Die Überfahrt wird von der Trägerin der Wegebaulast hergestellt, unterhalten, geändert und beseitigt. [2]Auf Antrag kann die Trägerin der Wegebaulast den Anliegerinnen und Anliegern in der Erlaubnis nach Absatz 1 Satz 1 gestatten, die Überfahrten gemäß Absatz 1 Sätze 1 und 3 selbst herzustellen, zu ändern oder zu beseitigen. [3]Die Gestattung kann mit Nebenbestimmungen versehen werden, die insbesondere die Art und Weise der Errichtung der Überfahrt, die hierbei zu beachtenden Regeln der Technik und die fachlichen Anforderungen der Trägerin der Wegebaulast, das Verfahren zur Abnahme und Übernahme, erforderliche Maßnahmen für die Sicherheit und Leichtigkeit des Verkehrs und zur Erfüllung der Verkehrssicherungspflichten regeln.

(4) [1]Die Anliegerinnen und Anlieger tragen die Kosten, wenn eine Überfahrt durch die Trägerin der Wegebaulast hergestellt, infolge der Benutzung des anliegenden Grundstücks geändert oder nach Widerruf der Erlaubnis beseitigt wird. [2]Nehmen sie die Maßnahmen auf Grund einer Gestattung nach Absatz 3 Satz 2 selbst vor, tragen sie die eigenen Kosten. [3]Im Übrigen werden die Kosten von der Trägerin der Wegebaulast getragen. [4]Wird die Überfahrt geändert oder beseitigt, wird der Wert etwa anfallender Baustoffe den Anliegerinnen und Anliegern erstattet, sofern die Überfahrt weniger als zwei Jahre bestanden hat.

(5) [1]Die Kosten nach Absatz 4 Satz 1 schulden diejenigen, die im Zeitpunkt der Bekanntgabe des Kostenbescheides Anliegerinnen oder Anlieger sind. [2]Ist die Herstellung, Änderung oder Beseitigung der Überfahrt beantragt worden, schuldet die Kosten nach Absatz 4 Satz 1 daneben auch die antragstellende Person. [3]Mehrere Kostenpflichtige haften gesamtschuldnerisch.

§ 19 Sondernutzungen

(1) [1]Jede Benutzung der öffentlichen Wege, die ihren Gebrauch durch andere dauernd ausschließt oder in den Wegekörper eingreift oder über die Teilnahme am allgemeinen öffentlichen Verkehr (Gemeingebrauch) oder den Anliegergebrauch hinausgeht, ist Sondernutzung. [2]Sie bedarf der Erlaubnis der Wegeaufsichtsbehörde. [3]Ein Anspruch auf die Erlaubnis oder auf eine erneute Erteilung der Erlaubnis besteht nicht. [4]Sie kann erteilt werden, wenn

1. die Sicherheit des Verkehrs nicht eingeschränkt und die Leichtigkeit des Verkehrs nicht unverhältnismäßig beeinträchtigt wird,

2. der Gemeingebrauch entweder nicht unverhältnismäßig eingeschränkt oder nicht für unverhältnismäßige Dauer ausgeschlossen wird und

3. insbesondere Wegebestandteile, Maßnahmen der Wegebaulast, die Umgebung oder die Umwelt, städtebauliche oder sonstige öffentliche Belange einschließlich der Erzielung von öffentlichen Einnahmen auf Grund der Wegenutzung und die öffentlichen oder privaten Rechte Dritter nicht unverhältnismäßig beeinträchtigt werden.

(2) Die Erlaubnis darf nur befristet erteilt werden.

(2a) [1]Das Verfahren zur Erlaubnis von Sondernutzungen kann über den Einheitlichen Ansprechpartner Hamburg abgewickelt werden. [2]Es gelten die Bestimmungen zum Verfahren über die einheitliche Stelle nach §§ 71a bis 71e HmbVwVfG. [3]Die Frist für das Verfahren beträgt drei Monate. [4]§ 42a Absatz 2 Sätze 2 bis 4 HmbVwVfG ist anzuwenden.

(3) [1]Die Freie und Hansestadt Hamburg kann für die Sondernutzung Gebühren nach den Bestimmungen des Gebührengesetzes vom 5. März 1986 (HmbGVBl. S. 37), zuletzt geändert am 4. Dezember 2001 (HmbGVBl. S. 531, 532), und der dazu erlassenen Gebührenordnungen in der jeweils geltenden Fassung oder in den Fällen des Absatzes 5 ein Entgelt, das den vollen Wert der Nutzung ausgleicht, verlangen. [2]Sie kann ferner die Erstattung aller Kosten fordern, die ihr im Zusammenhang mit der Sondernutzung entstehen, soweit sie nicht bei der Bemessung des vollen Wertes der Nutzung oder der Gebührenhöhe berücksichtigt worden sind. [3]Zu diesen Kosten gehören auch Entschädigungs- und Schadensersatzleistungen, welche die Freie und Hansestadt Hamburg in Zusammenhang mit der Sondernutzung auf Grund einer Rechtspflicht erbringen muss. [4]Sie kann für die Kosten angemessene Vorauszahlungen oder Sicherheiten verlangen.

(4) Die Erlaubnis darf auch widerrufen werden, wenn die für die Sondernutzungen zu entrichtenden Gebühren trotz Fälligkeit und Mahnung nicht oder nicht vollständig entrichtet werden.

(5) Der Senat oder mit seiner Zustimmung die Wegeaufsichtsbehörde können Sondernutzungen auch durch öffentlich-rechtliche Verträge einräumen und hierbei auch ausschließliche Rechte zur Sondernutzung vorsehen.

(6) Bei Umlegungen nach den Vorschriften des Vierten Teiles des Ersten Kapitels des Baugesetzbuchs kann die Umlegungsstelle mit Zustimmung des Senats oder der von ihm bestimmten Behörde Sondernutzungen einräumen und dabei von den Bestimmungen der Absätze 2 bis 4 abweichen, soweit dies für die planungsgemäße Nutzung geboten ist.

(7) [1]Der Senat kann durch Rechtsverordnung bestimmen, dass Sondernutzungen allgemein oder in bestimmten Teilen der Freien und Hansestadt Hamburg ohne Erlaubnis nach diesem Gesetz ausgeübt werden dürfen. [2]Das Recht der Wegeaufsichtsbehörde, diese Sondernutzungen im Einzelfall nachträglich zu untersagen, wenn sie mit dem Gemeingebrauch nicht vereinbar sind, bleibt unberührt.

Sechster Teil
Wegeordnung

§ 20 Benennung und Kennzeichnung
(1) Die öffentlichen Wege werden vom Senat benannt und von der Wegeaufsichtsbehörde entsprechend gekennzeichnet, sobald dies in öffentlichem Interesse, insbesondere im Interesse der Sicherheit und Leichtigkeit des Verkehrs, erforderlich ist.

(2) [1]Unter denselben Voraussetzungen werden für die Gebäude und sonstigen Anlagen an den öffentlichen Wegen von der Wegeaufsichtsbehörde Hausnummern festgesetzt. [2]Kleingartengelände und dessen Parzellen sind nach Anweisung der Wegeaufsichtsbehörde zu kennzeichnen.

§ 21 Duldungspflichten
(1) Einwirkungen auf Grundstücke sind zu dulden, wenn sie von öffentlichen Wegen ausgehen und sich ergeben aus
1. der Ausübung des Gemeingebrauchs oder des Anliegergebrauchs;
2. Arbeiten auf, über oder unter den Wegen;
3. der Ausübung von Sondernutzungen für den öffentlichen Nahverkehr, zum Betrieb von Fernmeldeanlagen, für die Versorgung mit Elektrizität, Gas, Wärme und Wasser und soweit die Trägerin der Wegebaulast nach anderen Vorschriften zur Duldung der Sondernutzung verpflichtet ist.

(2) Im Übrigen werden bürgerlich-rechtliche Ansprüche gegen die einwirkenden Personen nicht ausgeschlossen.

(3) [1]Das Anbringen von Wegenamen, Hausnummern, Feuer- und Polizeimeldern, Halte- und Schaltvorrichtungen und Leitungen für die Beleuchtung der öffentlichen Wege sowie von Hinweisschildern des öffentlichen Versorgungsnetzes ist zu dulden. [2]Vor dem Anbringen sind die Anliegerinnen und Anlieger zu benachrichtigen.

(4) [1]Eigentümerinnen und Eigentümer sowie sonstige Nutzungsberechtigte haben zur Vorbereitung der Planung und der Baudurchführung notwendige Vermessungen, Boden- und Grundwasseruntersuchungen einschließlich der Anbringung von Markierungszeichen und sonstige Vorarbeiten durch die Trägerin der Wegebaulast oder von ihr Beauftragte zu dulden. [2]Wohnungen dürfen nur mit Zustimmung des Wohnungsinhabers betreten werden. [3]Satz 2 gilt nicht für Arbeits-, Betriebs- oder Geschäftsräume während der jeweiligen Arbeits-, Betriebs- oder Aufenthaltszeiten.

(5) [1]Die Absicht, Arbeiten im Sinne des Absatzes 4 auszuführen, ist den Eigentümerinnen und Eigentümern sowie den sonstigen Nutzungsberechtigten mindestens zwei Wochen vorher durch die Trägerin der Wegebaulast bekannt zu geben. [2]Sind die Betroffenen von Person nicht bekannt oder ist deren Aufenthalt unbekannt und lassen sie sich in angemessener Frist nicht ermitteln, so kann die Benachrichtigung durch Bekanntmachung im Amtlichen Anzeiger erfolgen.

(6) [1]Entstehen durch eine Maßnahme nach Absatz 4 einer Eigentümerin oder einem Eigentümer oder sonstigen Nutzungsberechtigten unmittelbare Vermögensnachteile, so hat die Trägerin der Wegebaulast eine angemessene Entschädigung in Geld zu leisten. [2]Kommt eine Einigung über die Geldentschädigung nicht zu Stande, setzt die Enteignungsbehörde auf Antrag der Trägerin der Wegebaulast oder des Berechtigten die Entschädigung fest. [3]Vor der Entscheidung sind die Beteiligten zu hören.

§ 22 Veränderungsverbot

(1) [1]Öffentliche Wege dürfen nur mit Erlaubnis der Wegeaufsichtsbehörde verändert, insbesondere aufgegraben werden. [2]Aufgrabungen sind nur im unabdingbaren Umfang zulässig.

(2) [1]Muss wegen der Aufgrabung ein öffentlicher Weg gesperrt oder der Verkehr beschränkt oder umgeleitet werden, so kann die Freie und Hansestadt Hamburg von den Antragstellenden die Erstattung aller Kosten verlangen, die ihr im Zusammenhang hiermit entstehen. [2]§ 19 Absatz 3 Satz 2 findet entsprechende Anwendung.

(3) [1]Wer die Veränderung vorgenommen oder sie veranlasst hat, ist verpflichtet, den Weg endgültig wiederherzustellen. [2]Die Trägerin der Wegebaulast kann anordnen, dass sie die endgültige Wiederherstellung selbst durchführt. [3]In diesem Fall haben diejenigen, die die Veränderung vorgenommen oder sie veranlasst haben, den Wegekörper in einer ersten Baustufe vorläufig herzurichten. [4]In allen Fällen ist sicherzustellen, dass die technischen und fachlichen Anforderungen der Trägerin der Wegebaulast erfüllt werden, keine vermeidbaren Unterschiede zwischen der Beschaffenheit des vorhandenen und des wiederhergestellten Wegekörpers entstehen und die Verkehrssicherheit nicht beeinträchtigt wird.

(4) [1]Die Kosten der Wiederherstellung einschließlich erforderlicher Nachbesserungen tragen diejenigen, die die Veränderung vorgenommen oder sie veranlasst haben, als Gesamtschuldner. [2]§ 19 Absatz 3 Satz 2 findet entsprechende Anwendung. [3]Für Fahrbahnen ist ein pauschaler Nachbesserungszuschlag zu erheben. [4]Der Nachbesserungszuschlag bemisst sich nach der von der Veränderung in Anspruch genommenen Fahrbahnfläche.

(5) [1]Der Senat wird ermächtigt, pauschale Nachbesserungszuschläge durch Rechtsverordnung festzulegen und fortzuschreiben, um solche Kosten für aufgrabungsbedingte Mängel der Fahrbahn auszugleichen, die nicht oder nicht ohne unzumutbaren Verwaltungsaufwand bestimmten Verursachern oder Verursacherinnen angelastet werden können. [2]Durch den Nachbesserungszuschlag wird auch der Verwaltungsaufwand abgegolten. [3]§ 62 Absatz 2 findet keine Anwendung. [4]In der Rechtsverordnung kann bestimmt werden, dass Nachbesserungszuschläge nach festen Sätzen oder gestaffelt erhoben werden.

§ 23 Schutz der öffentlichen Wege

(1) Die öffentlichen Wege dürfen weder verunreinigt noch beschädigt werden.

(2) Es ist unzulässig, auf den an öffentlichen Wegen angrenzenden Grundstücken

1. ohne ausreichende Sicherung des Weges Aufschüttungen, Aufgrabungen oder sonstige Bodenveränderungen vorzunehmen;

2. ohne Schutzvorrichtungen Einfriedigungen mit Stacheldraht anzubringen;

3. sonstige Handlungen vorzunehmen, die zu einer Beschädigung des Wegekörpers, zu einer Beeinträchtigung des Gemeingebrauchs oder zu einer Gefährdung der den Weg Benutzenden führen können.

(3) Unzulässig ist ferner:

1. auf öffentlichen Wegen Handzettel zu gewerblichen Zwecken zu verteilen;

1a. Personen anzusprechen oder anzuhalten, um für das Aufsuchen von Gaststätten, Vergnügungsstätten oder sonstigen Betriebs- und Verkaufsstätten zu werben;

2. auf öffentlichen Wegen Fahrzeuge zum Verkauf feilzubieten und gewerbsmäßig in stand zu setzen oder Hausmüllgefäße aufzustellen, soweit es nicht zur Müllabfuhr erforderlich ist;

3. Schnee, Laub, Schutt, Müll oder andere Gegenstände von den Grundstücken auf einen öffentlichen Weg zu bringen oder Regen- und Schmutzwasser dorthin abzuleiten;

4. Dung- oder Abfallgruben in einem geringeren Abstand als 5 m von der Grenze eines öffentlichen Weges anzulegen;

5. Türen, Fenster, Fensterläden, Fahnenstangen, Markisen, Antennen und dergleichen so anzulegen, dass sie in den Luftraum über Geh- und Radwegen in einer Höhe von weniger als 2,50 m oder über Fahrbahnen in einer Höhe von weniger als 5,50 m aufschlagen oder hineinragen.

(4) Die Wegeaufsichtsbehörde kann verlangen, dass zur Vermeidung von Tropfenfall von Dächern, Balkonen, Brücken und anderen Bauteilen, die in einen öffentlichen Weg hineinragen, Schutzvorrichtungen angebracht, instandgesetzt oder verändert werden.

(5) [1]Die Anliegerinnen und Anlieger sind verpflichtet, Bäume und Sträucher auf ihrem Grundstück so zu halten, dass keine Zweige in den Luftraum über einem öffentlichen Weg in einer Höhe von weniger als 2,50 m über Geh- und Radwegen und von weniger als 4,50 m über Fahrbahnen hineinragen.

²Darüber hinaus kann die Wegeaufsichtsbehörde verlangen, dass Zweige im Luftraum über einem öffentlichen Weg beseitigt werden, soweit das aus Gründen des Verkehrs erforderlich ist oder die öffentliche Beleuchtung beeinträchtigt wird.

(6) ¹Die in § 21 Absatz 3 genannten Zeichen und Einrichtungen dürfen nicht entfernt, verunreinigt oder beschädigt werden. ²Auch ist alles zu unterlassen, was die freie Sicht auf diese Zeichen und Einrichtungen oder ihr Auffinden erschwert.

(6a) Dauern Arbeiten zur Veränderung öffentlicher Wege nach § 22 einschließlich ihrer endgültigen Wiederherstellung oder die nach § 19 erlaubte Nutzung öffentlicher Wegeflächen zur Einrichtung von Baustellen länger als 48 Stunden, sind die für die jeweiligen Arbeiten oder Nutzungen Verantwortlichen, der Anlass der Bauarbeiten und die Bauzeiten für die Verkehrsteilnehmerinnen und Verkehrsteilnehmer deutlich sichtbar am Ort der Baustelle bekannt zu geben.

(7) ¹Die Wegeaufsichtsbehörde kann in besonderen Fällen von den Vorschriften der Absätze 2, 3 und 5 Ausnahmen zulassen. ²Soweit die Ausnahme zu einer Sondernutzung führt, wird sie durch eine Erlaubnis nach § 19 ersetzt.

§ 24 Einfriedigung
Die Wegeaufsichtsbehörde kann von den Anliegerinnen und Anliegern verlangen, ihr Grundstück einzufriedigen, wenn und soweit es zur Vermeidung von Störungen oder Gefahren für den Gemeingebrauch, die von dem Grundstück ausgehen könnten, erforderlich ist.

§ 25 Private Verkehrsflächen
(1) ¹Anliegerinnen und Anlieger, die die an einen öffentlichen Weg angrenzenden Flächen tatsächlich dem allgemeinen Verkehr zugänglich machen, haben diese Flächen zuvor so herzurichten und dauerhaft so zu unterhalten, dass Gefahren für die Sicherheit und Leichtigkeit des Verkehrs nicht entstehen können. ²Sie haben diese Flächen ferner auf Anforderung der Wegeaufsichtsbehörde den Bedürfnissen des Verkehrs und Veränderungen an den öffentlichen Wegen anzupassen. ³§ 31 Absatz 2 gilt für diese Flächen entsprechend.

(2) ¹Das Aufstellen von Gegenständen auf diesen Flächen bedarf der Erlaubnis der Wegeaufsichtsbehörde. ²§ 19 Absatz 2, Absatz 4 und Absatz 7 finden entsprechende Anwendung.

§ 26 Anschluss von baulichen Anlagen
(1) ¹Für eine bauliche Anlage, die in Beziehung zur Höhenlage eines öffentlichen Weges steht, ist die von der Wegeaufsichtsbehörde für den Weg vorgesehene endgültige Höhenlage maßgebend. ²Wird eine bauliche Anlage errichtet, bevor der Weg in seiner endgültigen Höhenlage hergestellt ist, so ist sie vorläufig an die bestehende Höhe des Weges anzupassen.

(2) Ist für den öffentlichen Weg eine endgültige Höhenlage nicht bestimmt, so ist für bauliche Anlagen die vorhandene Höhenlage des Weges maßgebend.

(3) Wird die Höhenlage eines Weges verändert, so werden die bestehenden baulichen Anlagen von der Trägerin der Wegebaulast auf ihre Kosten angemessen angepasst.

§ 27 Verhältnis zum Baupolizeirecht
Die baupolizeilichen Bestimmungen werden von den Vorschriften dieses Teiles nicht berührt.

Siebenter Teil
Wegereinigung

§ 28 Reinigung und Winterdienst
(1) ¹Soweit die Reinigung der öffentlichen Wege von Laub, Unrat und sonstigen Verschmutzungen (Wegereinigung) durch dieses Gesetz nicht den Anliegerinnen und Anliegern zugewiesen ist, obliegt sie nach Maßgabe der nachfolgenden Bestimmungen der Stadtreinigung Hamburg (Stadtreinigung). ²Die Verpflichtung der Stadtreinigung nach Satz 1 erstreckt sich auch auf Flächen, die zwar nicht unmittelbar dem fließenden Verkehr dienen, aber zu den öffentlichen Wegen gehören, insbesondere Parkplätze, Rinnen, Trenn-, Seiten-, Rand- und Sicherheitsstreifen, Flächen des Straßenbegleitgrüns und Baumscheiben. ³Im Hafengebiet erstreckt sich die Verpflichtung der Stadtreinigung zur Wegereinigung allein auf die Fahrbahnen und Fußgängerüberwege sowie die in Satz 2 genannten Flächen. ⁴Im Übrigen tritt im Hafengebiet und auf Neuwerk bei der Wahrnehmung von Aufgaben der Wegereinigung die Trägerin der Wegebaulast an die Stelle der Stadtreinigung. ⁵Die Wegereinigung durch

die Stadtreinigung oder die Trägerin der Wegebaulast erfolgt, soweit es für die Sicherheit und Leichtigkeit des Verkehrs sowie den Erhalt eines sauberen Stadtbildes erforderlich ist und ihre Leistungsfähigkeit nicht überschritten wird.

(2) [1]Soweit die Anliegerinnen und Anlieger nicht zum Winterdienst verpflichtet sind, führt die Stadtreinigung den Winterdienst nach Maßgabe der nachfolgenden Bestimmungen durch. [2]Ausgenommen von der Verpflichtung der Stadtreinigung zum Winterdienst sind die ausschließlich dem Fußgängerverkehr oder dem Fahrradverkehr dienenden Wegeflächen im Hafengebiet und die öffentlichen Wege auf Neuwerk. [3]Dort tritt bei der Wahrnehmung von Aufgaben des Winterdienstes die Trägerin der Wegebaulast an die Stelle der Stadtreinigung.

(3) [1]Bei Schnee- und Eisglätte sollen die öffentlichen Wege, soweit es sich um besonders gefährliche Stellen verkehrswichtiger Wege handelt, von der Stadtreinigung oder der Trägerin der Wegebaulast nach besten Kräften im Rahmen ihrer Leistungsfähigkeit geräumt und gestreut werden. [2]Dabei ist die Erreichbarkeit und Funktionsfähigkeit des öffentlichen Personenverkehrs besonders zu berücksichtigen. [3]Der Einsatz von Tausalz oder tausalzhaltigen Mitteln ist nur auf Fahrbahnen zulässig und dort so gering wie möglich zu halten; auf die Belange des Umweltschutzes ist besondere Rücksicht zu nehmen.

§ 29 Reinigung durch die Anliegerinnen und Anlieger

(1) Die Anliegerinnen und Anlieger sind zur Reinigung der dem Fußgängerverkehr und der dem Fahrradverkehr dienenden öffentlichen Wegeflächen in geschlossener Ortslage nach Maßgabe der folgenden Bestimmungen verpflichtet.

(2) Bei juristischen Personen trifft die Verpflichtung die zur gesetzlichen Vertretung berufenen Personen, bei den Wohnungseigentumsgemeinschaften die nach den §§ 20 und 26 des Wohnungseigentumsgesetzes vom 15. März 1951 (Bundesgesetzblatt I Seiten 175, 209), zuletzt geändert am 5. Oktober 1994 (Bundesgesetzblatt I Seiten 2911, 2926), mit der Verwaltung beauftragten Personen.

(3) [1]Eine geschlossene Ortslage ist vorhanden, wenn die Grundstücke überwiegend im räumlichen Zusammenhang bebaut sind. [2]Einzelne unbebaute Grundstücke, wie Bauplätze, Lagerplätze, Gärten, Grünanlagen, unterbrechen den Zusammenhang nicht.

(4) [1]Die Pflicht zur Reinigung nach Absatz 1 besteht nicht, soweit Wasserläufe, Bahnkörper mit Ausnahme von Bahnhöfen oder sonstigen Bahnanlagen mit Zu- und Abgangsverkehr, öffentliche Grün- und Erholungsanlagen sowie landwirtschaftlich oder forstwirtschaftlich genutzte, nicht Wohnzwecken dienende Flächen an die zu reinigenden Wegestrecken grenzen. [2]Befinden sich derartige Nutzungen an einer Seite des Weges, so entfällt die Reinigungspflicht der Anliegerinnen und Anlieger nur auf dieser.

§ 30 Umfang und Häufigkeit der Reinigung durch die Anliegerinnen und Anlieger

(1) Die Reinigungspflicht nach § 29 umfasst die gesamte die Anliegereigenschaft der Reinigungsverpflichteten begründende Strecke auf folgenden Wegeflächen:
1. die dem Fußgängerverkehr oder dem Fahrradverkehr dienenden, von der Fahrbahn baulich abgesetzten Wegeanlagen (Gehwege und Fahrradwege) in voller Breite,
2. Wohnwege bis zur Wegemitte,
3. in Fußgängerzonen, wenn die Seitenbereiche von dem übrigen Straßenraum abgegrenzt sind, bis zu dieser Abgrenzung, anderenfalls bis zur Wegemitte,
4. in verkehrsberuhigten Bereichen, wenn die Seitenbereiche von dem übrigen Straßenraum abgegrenzt sind, bis zu dieser Abgrenzung, anderenfalls bis zu 2 m ab der Grundstücksgrenze.

(2) [1]Die Reinigungspflicht umfasst die Beseitigung von Laub, Unrat und sonstigen Verschmutzungen. [2]Der Kehricht ist aufzunehmen und von den öffentlichen Wegen wegzuschaffen; er darf nicht auf oder in andere Bestandteile der öffentlichen Wege verbracht werden.

(3) Die Reinigungshäufigkeit ist den örtlichen Erfordernissen anzupassen.

§ 31 Winterdienst durch die Anliegerinnen und Anlieger

(1) [1]Die Anliegerinnen und Anlieger sind verpflichtet, die Anlagen nach § 30 Absatz 1 mit Ausnahme der ausschließlich dem Fahrradverkehr dienenden Flächen und der in § 29 Absatz 4 aufgeführten Wegestrecken von Eis und Schnee in der für den Fußgängerverkehr erforderlichen Breite, mindestens aber einen 1 m breiten Streifen zu reinigen. [2]Auf Anlagen nach § 30 Absatz 1 Nummern 2 bis 4 ist auf jeder Seite des Weges außerhalb der für den ruhenden Verkehr bestimmten Flächen zu reinigen. [3]Bei Eck-

grundstücken ist bis an den Fahrbahnrand der kreuzenden oder einmündenden Straße zu reinigen. [4]Bei Grundstücken, vor denen sich ein Fußgängerüberweg oder eine signalisierte Fußgängerfurt befindet, ist ein Streifen bis an den Fahrbahnrand zu reinigen. [5]Treppen sind in voller Breite zu reinigen.

(2) [1]Bei Glätte ist mit abstumpfenden Mitteln, wenn notwendig wiederholt, zu streuen. [2]Tausalz und tausalzhaltige Mittel dürfen nicht verwendet werden. [3]Der Senat kann durch Rechtsverordnung die Verwendung weiterer Streumittel, die sich auf die Wegebenutzerinnen und Wegebenutzer, den Wegekörper oder auf Pflanzen, Boden oder Gewässer schädlich auswirken können, untersagen. [4]Im Hafengebiet kann die Wegeaufsichtsbehörde Ausnahmen von Satz 2 zulassen.

(3) [1]Schnee ist unverzüglich nach Beendigung des Schneefalls zu räumen. [2]Glätte ist sofort nach Eintritt abzustreuen; Eisbildungen, denen nicht ausreichend durch Streuen entgegengewirkt werden kann, sind zu beseitigen. [3]Dauert der Schneefall über 20 Uhr hinaus an oder tritt danach Schneefall, Eis oder Glätte auf, sind die Arbeiten bis 8.30 Uhr des folgenden Tages, an Sonn- und Feiertagen bis 9.30 Uhr, vorzunehmen.

(4) [1]Der Schnee ist auf dem Außenrand der in Absatz 1 genannten Anlagen oder außerhalb der Treppen so anzuhäufen, dass der Verkehr nicht behindert wird. [2]Dabei sind Fußgängerübergänge, Radwege, Haltestellen der öffentlichen Verkehrsmittel sowie Flächen für Abfallbehälter und Sperrmüll am Abfuhrtag in dem erforderlichen Umfang freizuhalten. [3]Vor Hauseingängen, Einfahrten, Schaltschränken sowie an Beleuchtungs- und Lichtsignalmasten darf der Schnee nicht angehäuft werden. [4]Über den für Feuerlöschzwecke bestimmten Unterflurhydranten und an deren rotumrandeten Hinweisschildern im Bereich der Anlagen nach Absatz 1 ist der Schnee so zu beseitigen, dass diese Einrichtungen erkennbar bleiben.

(5) Straßenrinnen sind spätestens bei Eintritt von Tauwetter von Schnee und Eis so freizumachen, dass Schmelzwasser ablaufen kann.

§ 32 Öffentlicher Reinigungsdienst

(1) [1]Der öffentliche Reinigungsdienst umfasst die Leistungen der Stadtreinigung nach Maßgabe der näheren Bestimmungen im Wegereinigungsverzeichnis
1. auf öffentlichen Wegen nach § 28 Absatz 1,
2. auf den in § 29 Absatz 1 und § 30 Absatz 1 genannten Anlagen.
[2]Vom öffentlichen Reinigungsdienst ausgenommen sind die Reinigung von Schnee und Eis (§ 31) und die Beseitigung außergewöhnlicher Verschmutzungen (§ 36).

(2) Für die Leistungen des öffentlichen Reinigungsdienstes gemäß Absatz 1 Satz 1 Nummer 2 werden Benutzungsgebühren erhoben, die Leistungen nach Absatz 1 Satz 1 Nummer 1 sind gebührenfrei.

(3) [1]Der Senat wird ermächtigt, das Wegereinigungsverzeichnis durch Rechtsverordnung aufzustellen und fortzuschreiben. [2]Im Wegereinigungsverzeichnis werden bestimmt:
1. die Häufigkeit der Reinigung durch den öffentlichen Reinigungsdienst nach Absatz 1 Satz 1 Nummern 1 und 2 jeweils nach Maßgabe der örtlichen Erfordernisse und der Verkehrsbedeutung für alle öffentlichen Wege und
2. die öffentlichen Wege, auf denen der öffentliche Reinigungsdienst nach Absatz 1 Satz 1 Nummer 2 in Erfüllung der den Anliegerinnen und Anliegern obliegenden Pflichten erfolgt.
[3]Liegt die Wegebaulast für die zu reinigenden öffentlichen Wege nicht bei der Freien und Hansestadt Hamburg, können abweichende Bestimmungen zur Häufigkeit der Reinigung nach Satz 2 Nummer 1 nach Maßgabe der örtlichen Erfordernisse unter Berücksichtigung der Anforderungen der Trägerin der Wegebaulast getroffen werden. [4]Bei den Bestimmungen nach den Sätzen 2 und 3 ist im Interesse der Wirtschaftlichkeit und der betrieblichen Belange des öffentlichen Reinigungsdienstes die Schaffung zusammenhängender Reinigungsgebiete unter besonderer Berücksichtigung der örtlichen Gegebenheiten und des Ausbauzustandes der in § 29 Absatz 1 und § 30 Absatz 1 genannten Anlagen anzustreben.

(4) [1]Der Senat kann die Ermächtigung des Absatzes 3 zur Fortschreibung des Wegereinigungsverzeichnisses durch Rechtsverordnung auf die zuständige Behörde weiterübertragen. [2]Die Rechtsverordnung nach Satz 1 kann auch eine Mitwirkung der jeweils örtlich zuständigen Bezirksversammlung an der Fortschreibung des Wegereinigungsverzeichnisses vorsehen.

§ 33 Gebühren für den öffentlichen Reinigungsdienst

(1) [1]Für die Reinigung der in das Wegereinigungsverzeichnis aufgenommenen Anlagen, auf denen der öffentliche Reinigungsdienst nach § 32 Absatz 1 Satz 1 Nummer 2 in Erfüllung der den Anliegerinnen und Anliegern obliegenden Pflicht erfolgt, werden Benutzungsgebühren erhoben. [2]Die Gebühren bemessen sich nach der Frontlänge des angrenzenden Grundstücks und nach der Reinigungshäufigkeit. [3]Die §§ 234, 238 und 239 der Abgabenordnung vom 16. März 1976 (Bundesgesetzblatt 1976 I Seite 613, 1977 I Seite 269), zuletzt geändert am 11. Oktober 1995 (Bundesgesetzblatt I Seiten 1250, 1405), finden auf diese Gebühren abweichend von § 21 Absatz 2 des Gebührengesetzes in der jeweils geltenden Fassung auch insoweit Anwendung, als sie nicht von den Landesfinanzbehörden verwaltet werden.

(2) Die Gebühren nach Absatz 1 und die sich darauf beziehenden Zinsen und Auslagen ruhen auf dem angrenzenden Grundstück als öffentliche Last und, solange das Grundstück mit einem Erbbaurecht belastet ist, auch auf diesem.

§ 34 Beauftragte

[1]Die nach § 29 zur Reinigung und nach § 31 zum Winterdienst Verpflichteten müssen, soweit die Reinigung nicht durch den öffentlichen Reinigungsdienst übernommen worden ist, eine geeignete Person mit der Ausführung der Reinigung und des Winterdienstes beauftragen, wenn sie

1. eine Personenmehrheit ohne eigene Rechtspersönlichkeit sind,
2. nicht auf dem Grundstück oder in seiner Nähe wohnen oder
3. wegen ihres Alters, wegen Krankheit oder aus sonstigen Gründen nicht in der Lage sind, die Pflichten zur Reinigung oder zum Winterdienst zu erfüllen.

[2]Sie haben im Falle des vorübergehenden oder dauernden Wegfalls der Eignung unverzüglich eine andere Person mit der Ausführung der Reinigung und des Winterdienstes zu beauftragen.

§ 35 Bekanntgabe der zur Reinigung und zum Winterdienst Verpflichteten und der Beauftragten

Befinden sich auf einem Grundstück mehrere Haushaltungen, so hat die Anliegerin bzw. der Anlieger den Namen und die Anschrift der zur Reinigung und zum Winterdienst Verpflichteten, gegebenenfalls auch der Beauftragten, durch Anschlag im Hausflur des Gebäudes oder an sonst geeigneter Stelle bekannt zu geben.

§ 36 Außergewöhnliche Verschmutzung durch besondere Grundstücksnutzung

[1]Tritt infolge der besonderen Nutzung eines Grundstücks, insbesondere bei Veranstaltungen oder durch Baustellenbetrieb oder durch die Eigenart der gewerblichen Nutzung, eine außergewöhnliche Verschmutzung öffentlicher Wege ein, so ist sie von der Eigentümerin oder dem Eigentümer dieses Grundstücks oder den Nutzungsberechtigten sofort zu beseitigen. [2]Wird dieser Beseitigungspflicht nicht nachgekommen, so kann die Wegeaufsichtsbehörde die Verschmutzung ohne vorherige Ankündigung kostenpflichtig selbst beseitigen oder beseitigen lassen.

Achter Teil
Entschädigung

§ 37 Entschädigungsanspruch

Für Folgen, die sich aus den Vorschriften dieses Gesetzes, aus den auf dieses Gesetz gestützten rechtmäßigen Maßnahmen oder aus der Ausübung von Befugnissen nach diesem Gesetz ergeben, wird Entschädigung gewährt, soweit es in den §§ 38 bis 43 bestimmt ist.

§ 38 Dauernde Beeinträchtigungen

(1) [1]Die Anliegerinnen und Anlieger eines öffentlichen Weges haben Anspruch auf Entschädigung nach den Bestimmungen des Absatzes 2, wenn durch die Wegeaufsichtsbehörde

1. der Weg entwidmet oder verändert wird, insbesondere in seiner Höhenlage,
2. die Benutzung des Weges dauernd eingeschränkt wird oder
3. der Anliegergebrauch oder die Überfahrbefugnis in sonstiger Weise entzogen oder dauernd eingeschränkt wird

und dadurch eine wirtschaftlich angemessene Nutzung oder Benutzung des Grundstücks oder der baulichen Anlagen unmöglich gemacht oder wesentlich erschwert wird. [2]Satz 1 gilt auch für Personen, die in Ausübung eines Rechts auf dem Grundstück bauliche Anlagen errichtet haben.

(2) Eine Entschädigung wird nur gewährt

1. für Wertminderungen des Grundstücks und der baulichen Anlagen, höchstens jedoch bis zu dem Betrag, der erforderlich ist, um eine wirtschaftlich angemessene Nutzung des Grundstücks oder der baulichen Anlagen zu ermöglichen;

2. für Wertminderungen eines die Anliegereigenschaft begründenden Erbbaurechts oder Nießbrauchs, höchstens jedoch bis zu dem Betrag, der erforderlich ist, um ein entsprechendes Nutzungsverhältnis an einem anderen Grundstück zu begründen.

§ 39 Vorübergehende Beeinträchtigungen

(1) Für die Beeinträchtigung der Wegenutzung vor einem eingerichteten Gewerbebetrieb, der rechtmäßig schon bei Beginn der Bauarbeiten betrieben wurde, durch Baumaßnahmen wird Entschädigung nach Maßgabe der Absätze 2 und 3 gewährt, wenn die Beeinträchtigung

1. die wirtschaftliche Existenz des Unternehmens gefährdet oder

2. länger als 3 Jahre dauert.

(2) [1]Im Falle des Absatzes 1 Nummer 1 (Existenzgefährdung) kann Entschädigung in der Höhe beansprucht werden, die erforderlich ist, um bei Anspannung der eigenen Kräfte und Anpassungsmöglichkeiten des Unternehmers seine wirtschaftliche Existenz vor der Vernichtung zu bewahren. [2]Der Anspruch ist ausgeschlossen, soweit der gleiche Erfolg durch wirtschaftlich sinnvolle Kredithilfen der Entschädigungspflichtigen erzielt werden kann.

(3) [1]Im Falle des Absatzes 1 Nummer 2 (langfristige Sperrung) kann die anteilige Deckung der notwendigen Betriebskosten beansprucht werden. [2]Die anteilige Kostendeckung bemisst sich nach dem Umfang, in dem der Umsatz gegenüber dem durchschnittlichen Umsatz der letzten drei Jahre vor dem Beginn der Bauarbeiten zurückgegangen ist. [3]Außerdem kann die Erstattung notwendiger Mehraufwendungen beansprucht werden, die ohne die Beschränkung der Wegenutzung nicht eingetreten wären. [4]Das betroffene Unternehmen hat den Nachweis zu führen, dass der Umsatzrückgang und die Mehraufwendungen durch die Beschränkung der Wegenutzung verursacht worden sind. [5]Die Entschädigung wird monatlich, beginnend mit dem Ablauf der Frist nach Absatz 1 Nummer 2, gezahlt; sie wird bis zum Ablauf des dritten vollen Monats geleistet, nachdem die Beschränkung der Wegenutzung weggefallen ist.

§ 40 Anspruchsgrenzen

(1) Der Entschädigungsanspruch nach den §§ 38 und 39 entfällt insoweit, als der Nachteil durch bauliche Maßnahmen hätte vermieden oder ausgeglichen werden können, deren Vornahme die Entschädigungspflichtigen angeboten und die Entschädigungsberechtigten abgelehnt oder verhindert haben.

(2) Der Entschädigungsanspruch nach § 39 gilt als nicht geltend gemacht, solange die erforderliche Prüfung des Betriebes und der Bücher des entschädigungsberechtigten Unternehmens verhindert wird.

(3) Die §§ 38 und 39 gelten nicht gegenüber Bahnunternehmen sowie Eigentümerinnen und Eigentümern und Benutzerinnen und Benutzern von Bahnanlagen und oberirdischen Gewässern bei Arbeiten an Kreuzungsbauwerken.

§ 41 Entschädigung bei Sondernutzungen

[1]Entfällt eine Sondernutzung durch Entwidmung (§ 7 Absatz 5), so besteht ein Entschädigungsanspruch nach den allgemeinen Vorschriften über den Widerruf rechtmäßiger begünstigender Verwaltungsakte. [2]Das gilt nicht, sofern die Sondernutzung auf § 19 Absatz 7 oder auf Rechtsvorschriften des Bundes beruht, nach denen die Trägerin der Wegebaulast zur Einräumung der Sondernutzung verpflichtet ist; Verträge nach § 19 Absatz 5 bleiben unberührt.

§ 42 Entschädigung der Duldungspflichtigen

(1) Sind Einwirkungen auf ein Grundstück zu dulden, so kann im Falle des

1. § 21 Absatz 1 Nummer 2 bei Schäden an Sachen,

2. § 21 Absatz 1 Nummer 3 bei erheblichen Beeinträchtigungen des Zutritts von Licht und Luft oder des Zugangs zum Grundstück

eine angemessene Entschädigung verlangt werden, sofern die Trägerin der Wegebaulast die Einwirkungen nicht unverzüglich beseitigt.

(2) Verursacht das Anbringen von Einrichtungen nach § 21 Absatz 3 Schäden auf dem Grundstück oder an den darauf errichteten Bauanlagen, so haben die Duldungspflichtigen Anspruch auf Beseitigung der Schäden oder Erstattung der Kosten der hierfür notwendigen Maßnahmen.

§ 43 Erfüllung des Entschädigungsanspruchs

(1) [1]Der Anspruch auf Entschädigung richtet sich in den Fällen der §§ 38, 41 und 42 gegen die Trägerin der Wegebaulast. [2]Soweit der Anspruch in den Fällen der §§ 39 und 42 auf Bauarbeiten zurückzuführen ist, richtet er sich gegen die Person, die die Bauarbeiten veranlasst hat; soweit er auf die Ausübung einer Sondernutzung zurückzuführen ist, gegen die Sondernutzerin bzw. den Sondernutzer.

(2) Die Entschädigung ist in Geld zu leisten.

(3) Der Anspruch auf Entschädigung kann nur bis zum Ablauf von drei Kalenderjahren seit Beendigung der Maßnahme, welche die Entschädigungspflicht auslöst, geltend gemacht werden.

(4) [1]Die Entschädigung wird von der Wegeaufsichtsbehörde durch Bescheid festgesetzt. [2]Gegen den Bescheid ist die Klage vor den ordentlichen Gerichten zulässig. [3]Auf das Vorverfahren und die Klagefrist finden die Vorschriften für das Verwaltungsstreitverfahren entsprechende Anwendung.

Neunter Teil
Erschließungsbeiträge

§ 44 Erhebung des Erschließungsbeitrages

Die Freie und Hansestadt Hamburg erhebt zur Deckung ihres anderweitig nicht gedeckten Aufwandes für Erschließungsanlagen einen Erschließungsbeitrag nach den §§ 127 bis 135 des BauGB und den folgenden Bestimmungen.

§ 45 Art und Umfang der Erschließungsanlagen

(1) [1]Der Aufwand für Erschließungsanlagen im Sinne von § 127 Absatz 2 Nummer 1 BauGB, die der Erschließung von Grundstücken dienen, ist beitragsfähig bis zu einer Fläche, die sich aus dem Produkt aus der Länge der Erschließungsanlage und den nachstehend genannten Höchstbreiten ergibt:

1. Die beitragsfähigen Höchstbreiten für beidseitig zum Anbau bestimmte Straßen und befahrbare Wege betragen in

    a) Kleinsiedlungs- und Wochenendhausgebieten für die

Fahrbahn	6,0 m,
Parkflächen	2,0 m,
Nebenflächen	4,0 m;

    b) Wohn- und Mischgebieten bei einer zulässigen Bebauung mit ein oder zwei Vollgeschossen sowie in Dorfgebieten für die

Fahrbahn	7,0 m,
Parkflächen	4,0 m,
Nebenflächen	6,0 m;

    c) Kern-, Gewerbe- und Industriegebieten für die

Fahrbahn	9,0 m,
Parkflächen	6,0 m,
Nebenflächen	11,0 m;

    d) Gebieten, die nicht unter die Buchstaben a bis c fallen, für die

Fahrbahn	8,0 m,
Parkflächen	5,0 m,
Nebenflächen	8,0 m;

2. die beitragsfähigen Höchstbreiten für einseitig zum Anbau bestimmte Straßen und befahrbare Wege betragen für die

Fahrbahn	100 vom Hundert,
Park- und Nebenflächen	50 vom Hundert,

    der in Nummer 1 Buchstaben a bis d genannten Breiten;

3. für Plätze gelten für jede zum Anbau bestimmte Seite die gleichen Höchstbreiten wie in Nummer 2;

4. für Erschließungsanlagen im Sinne von § 127 Absatz 2 Nummer 1 BauGB, die der Mehrfachnutzung durch Fußgängerinnen und Fußgänger und sonstige am Verkehr teilnehmende Personen dienen (Mischflächen), gelten jeweils die Summen der in Nummer 1 Buchstaben a bis d und in Nummer 2 genannten Höchstbreiten.

[2]Maßgebend für die Ermittlung des beitragsfähigen Aufwandes für die Herstellung der Einrichtungen für die Entwässerung und für die Beleuchtung sowie für den Erwerb und die Freilegung der Flächen der Straßen, befahrbaren Wege und Plätze ist jeweils die Summe der nach Satz 1 Nummern 1 bis 3 beitragsfähigen Flächen der Teileinrichtungen. [3]Nebenflächen sind die Teile der Erschließungsanlagen, die nicht als Fahrbahn oder Parkfläche angelegt sind. [4]Zu den Nebenflächen gehören insbesondere die Flächen der Gehwege einschließlich der zum Gehwegparken zugelassenen Flächen, der Radwege und der Mittel- und Trennstreifen sowie die Flächen von offenen Entwässerungseinrichtungen und von Grünanlagen, die Bestandteil der Erschließungsanlagen sind.

(2) Der Aufwand für Erschließungsanlagen im Sinne von § 127 Absatz 2 Nummer 2 BauGB, insbesondere für nicht befahrbare Wege, ist beitragsfähig bis zu einer Fläche, die sich aus der Länge der Erschließungsanlage und einer Höchstbreite von 6,0 m ergibt.

(3) [1]Werden Grundstücke in Gebieten oder Gebietsteilen unterschiedlicher Nutzbarkeit durch eine einheitliche Anlage erschlossen, bestimmt sich die Höchstbreite danach, welche Nutzbarkeit überwiegt. [2]Dabei ist das Verhältnis der erschlossenen Grundstücksflächen zueinander maßgebend.

§ 46 Ermittlung des beitragsfähigen Erschließungsaufwandes

(1) Der beitragsfähige Erschließungsaufwand wird vorbehaltlich des Absatzes 2 nach den tatsächlich entstandenen Kosten ermittelt.

(2) [1]Der beitragsfähige Erschließungsaufwand für die erstmalige Herstellung der Erschließungsanlagen (§ 128 Absatz 1 Satz 1 Nummer 2 BauGB) wird nach Einheitssätzen ermittelt. [2]Der Senat wird ermächtigt, die Höhe der Einheitssätze durch Rechtsverordnung zu bestimmen. [3]Dabei dürfen die durch Rechtsverordnung festzulegenden Einheitssätze nicht um mehr als 2,5 vom Hundert erhöht und der Zeitraum für eine Anpassung von einem Jahr nicht unterschritten werden.

(3) Die Freie und Hansestadt Hamburg trägt 10 vom Hundert des beitragsfähigen Erschließungsaufwandes.

§ 47 Verteilung des beitragsfähigen Erschließungsaufwandes

(1) Der um den Anteil der Freien und Hansestadt Hamburg gekürzte beitragsfähige Erschließungsaufwand ist auf die durch die Erschließungsanlage erschlossenen Grundstücke in dem Verhältnis zu verteilen, in dem die Produkte aus Grundstücksflächen und Nutzungsfaktoren zueinander stehen.

(2) Bei Erschließungsanlagen, an denen nur eine einheitliche bauliche oder eine einheitliche sonstige Nutzung zulässig ist, ist der gekürzte beitragsfähige Aufwand abweichend von Absatz 1 im Verhältnis der Grundstücksflächen auf die erschlossenen Grundstücke zu verteilen.

§ 47a Grundstücke an mehreren Erschließungsanlagen

(1) [1]Bei der Verteilung des beitragsfähigen Erschließungsaufwandes für Erschließungsanlagen im Sinne von § 127 Absatz 2 Nummer 1 BauGB ist für Grundstücke, die von mehr als einer dieser Erschließungsanlagen erschlossen werden und für die der Nutzungsfaktor 1,2 bis 1,6 beträgt, die nach § 47 anzusetzende Grundstücksfläche um 40 vom Hundert, höchstens jedoch um 600 m², zu vermindern. [2]Satz 1 gilt für die Verteilung des beitragsfähigen Erschließungsaufwandes für Erschließungsanlagen im Sinne von § 127 Absatz 2 Nummer 2 BauGB entsprechend.

(2) [1]Die Beitragsminderung nach Absatz 1 findet auf ausschließlich gewerblich genutzte Grundstücke keine Anwendung. [2]Als gewerbliche Nutzung gilt auch die Berufsausübung freiberuflich Tätiger.

§ 47b Nutzungsfaktoren

(1) Der Nutzungsfaktor beträgt

1. für Grundstücke in Wochenendhausgebieten 1,2,

2. für Grundstücke in Kleinsiedlungsgebieten 1,3,

3. für Grundstücke in Wohn-, Misch-, Dorf- und Ferienhausgebieten mit einer zulässigen Bebauung von

a)	einem Vollgeschoss	1,4,
b)	zwei Vollgeschossen	1,6,
c)	drei Vollgeschossen	1,9,
d)	vier und fünf Vollgeschossen	2,0,
e)	sechs und mehr Vollgeschossen	2,2,

4. für Grundstücke in Kern- und Gewerbegebieten mit einer zulässigen Bebauung von

a)	einem Vollgeschoss	2,5,
b)	zwei Vollgeschossen	3,1,
c)	drei Vollgeschossen	3,5,
d)	vier und fünf Vollgeschossen	3,7,
e)	sechs und mehr Vollgeschossen	3,9,

5. für Grundstücke in Industrie- und Hafengebieten — 4,5,

6. für Grundstücke in Hochschul-, Klinik- und Kurgebieten — 1,8,

7. für Grundstücke in Ladengebieten, Gebieten für Einkaufszentren und großflächige Handelsbetriebe, Gebieten für Messen, Ausstellungen und Kongresse — 2,8,

8. für Grundstücke in Gebieten mit einer festgesetzten Nutzung als Campingplatz, Badeplatz, Friedhof, Dauerkleingarten, Sportplatz — 0,5,

9. für Grundstücke in Gebieten mit einer festgesetzten Nutzung als Fläche für den Gemeinbedarf, Fläche für Versorgungsanlagen und für die Verwertung oder Beseitigung von Abwasser oder festen Abfallstoffen, Fläche für Verkehrsanlagen — 1,8.

(2) Für Grundstücke mit einer festgesetzten Nutzung als Stellplatz, Garage oder Gemeinschaftsanlage ist der Nutzungsfaktor zugrunde zu legen, der nach Absatz 1 für die Grundstücke gilt, denen sie zugeordnet sind.

(3) [1]Sofern im Bebauungsplan nur die Höhe baulicher Anlagen festgesetzt ist, gilt als anrechenbare Geschosszahl ein Drittel der dort in Metern festgesetzten höchstzulässigen Höhe der baulichen Anlagen. [2]Die ermittelte Zahl wird auf einen vollen Wert abgerundet.

(4) Für Grundstücke, die nach der Verkehrsauffassung Bauland sind und für die Art und Maß der Nutzung nicht festgesetzt sind, ist,

1. wenn sie bebaut sind, bei der Bestimmung des Nutzungsfaktors nach Absatz 1 die tatsächliche Nutzung zugrunde zu legen,

2. wenn sie nicht bebaut sind, aber nach der geordneten baulichen Entwicklung zur Bebauung anstehen, bei Bestimmung des Nutzungsfaktors nach Absatz 1 die Nutzung zugrunde zu legen, die bei den übrigen Grundstücken an der Erschließungsanlage überwiegt. Dabei ist das Verhältnis der erschlossenen Grundstücksflächen zueinander maßgebend.

(5) Sind für ein Grundstück unterschiedliche Nutzungen zulässig, so bestimmt sich der Nutzungsfaktor nach der zulässigen Nutzungsart, für die in Absatz 1 der höchste Nutzungsfaktor vorgesehen ist.

§ 48 Kostenspaltung

Der Erschließungsbeitrag kann selbständig erhoben werden für

1. den Erwerb und die Freilegung der Flächen für die Erschließungsanlage,
2. die erstmalige Herstellung der Fahrbahnen,
3. die erstmalige Herstellung der Nebenflächen,
4. die erstmalige Herstellung der Parkflächen,
5. die erstmalige Herstellung der Einrichtungen für die Beleuchtung der Erschließungsanlage,
6. die erstmalige Herstellung der Einrichtungen für die Entwässerung der Erschließungsanlage.

§ 49 Merkmale der endgültigen Herstellung

(1) [1]Straßen, befahrbare Wege und Plätze sind endgültig hergestellt, wenn ihre Flächen im Eigentum der Freien und Hansestadt Hamburg stehen oder an diesen eine Dienstbarkeit zu ihren Gunsten besteht und die Flächen mindestens mit einer Fahrbahn versehen und Beleuchtungs- und Entwässerungseinrichtungen hergestellt sind. [2]Für sie gelten ferner folgende Merkmale:

1. Fahrbahnen und Parkflächen müssen mit einer festen Decke aus Asphalt, Beton, Reihenstein-pflaster, Kleinpflaster oder anderem gleichwertigen Material versehen und gegen die übrigen Flächen durch Bordsteine, Straßenrinnen oder Trennstreifen abgegrenzt sein;
2. Nebenflächen müssen
    a) als Radwege mit einer festen Decke aus Asphalt, Beton oder anderem gleichwertigen Material versehen sein,
    b) als Grünanlagen durch Bepflanzung oder Einsaat gärtnerisch angelegt sein,
    c) als offene Entwässerungseinrichtungen in Form eines Grabens, einer Mulde oder Rinne aus-gebildet sein und eine naturnahe Profilsicherung aus Rasen, Bepflanzung, Steinschüttung oder anderem gleichwertigen Material aufweisen,
    d) im Übrigen mindestens mit gewalzter Schlacke befestigt sein.

(2) Mischflächen im Sinne von § 45 Absatz 1 Satz 1 Nummer 4 sind endgültig hergestellt, wenn
1. ihre Flächen im Eigentum der Freien und Hansestadt Hamburg stehen oder an diesen eine Dienst-barkeit zu ihren Gunsten besteht,
2. eine feste Decke aus Asphalt, Beton, Reihensteinpflaster, Kleinpflaster oder anderem gleichwer-tigen Material in einer für das Befahren mit Kraftfahrzeugen geeigneten Breite hergestellt ist und die übrigen Flächen mindestens mit gewalzter Schlacke befestigt oder durch Bepflanzung oder Einsaat gärtnerisch angelegt sind,
3. Beleuchtungs- und Entwässerungseinrichtungen hergestellt sind.

(3) Nicht befahrbare Wege im Sinne von § 127 Absatz 2 Nummer 2 BauGB sind endgültig hergestellt, wenn
1. ihre Flächen im Eigentum der Freien und Hansestadt Hamburg stehen oder an diesen eine Dienst-barkeit zu ihren Gunsten besteht,
2. ein Belag aus Betonplatten oder anderem gleichwertigen Material in mindestens 1,5 m Breite hergestellt ist,
3. die übrigen Flächen mindestens mit gewalzter Schlacke befestigt oder durch Bepflanzung oder Einsaat gärtnerisch angelegt sind,
4. Beleuchtungs- und Entwässerungseinrichtungen hergestellt sind.

(4) Die Absätze 1 bis 3 gelten sinngemäß für die endgültige Herstellung von Teileinrichtungen nach § 48.

(5) Die endgültige Herstellung der Erschließungsanlagen und der Abschluss der Maßnahmen nach den Nummern 1 bis 6 von § 48 sind im Amtlichen Anzeiger bekannt zu machen.

§ 50 Ablösung
¹Die Freie und Hansestadt Hamburg kann die Ablösung des Erschließungsbeitrages im Ganzen vor der Entstehung der Beitragspflicht zulassen. ²Der Ablösungsbetrag bestimmt sich nach der voraus-sichtlichen Höhe des Erschließungsbeitrages. ³Die Ablösung ist durch öffentlich-rechtlichen Vertrag zu vereinbaren. ⁴Ein Rechtsanspruch auf Ablösung besteht nicht.

§§ 51–56 (aufgehoben)

§ 57 Anrechnung bisheriger Leistungen
(1) ¹Auf den Erschließungsbeitrag ist den Beitragspflichtigen der Wert der von ihnen oder ihren Rechtsvorgängerinnen und -vorgängern gegen Anrechnung auf künftig fällig werdende Straßenbau-kosten abgetretenen Wegeflächen anzurechnen, soweit der Wert bei der Ermittlung des Erschließungs-aufwandes berücksichtigt worden ist. ²Maßgebend ist der Verkehrswert im Zeitpunkt der Bereitstel-lung, soweit vertraglich kein anderer Wert vereinbart worden ist.

(2) Auf den Erschließungsbeitrag sind den Beitragspflichtigen Sicherheitsleistungen für künftig fällig werdende Straßenbaukosten anzurechnen.

§ 58 Berücksichtigung bisheriger Sielbaubeiträge
Bei der Ermittlung des beitragsfähigen Erschließungsaufwandes nach § 46 bleiben die Kosten für die erstmalige Herstellung der öffentlichen Sielanlagen, soweit sie der Straßenentwässerung dienen, un-berücksichtigt, wenn diese Anlagen vor dem 1. Januar 1972 betriebsfertig hergestellt und abgenommen worden sind.

§ 59 (aufgehoben)

Zehnter Teil
Verfahren

§ 60 Beseitigungspflicht

(1) ¹Stellt das Verhalten einer Person oder der Zustand einer Sache einen Verstoß gegen dieses Gesetz oder die auf Grund dieses Gesetzes erlassenen Rechtsverordnungen dar, ist die nach allgemeinem Polizeirecht verantwortliche Person verpflichtet, die Folgen zu beseitigen und den ordnungsmäßigen Zustand wieder herzustellen. ²An ihrer Stelle und auf ihre Kosten handelt die Wegeaufsichtsbehörde, wenn dazu in den öffentlichen Weg eingegriffen, dieser instand gesetzt werden muss oder Gefahr im Verzuge besteht.

(2) Absatz 1 gilt entsprechend, wenn eine Erlaubnis zur Sondernutzung erloschen ist, insbesondere durch Fristablauf, Widerruf oder Rücknahme.

§ 61 Anordnungsbefugnis

¹Die Wegeaufsichtsbehörde kann die zur Durchführung dieses Gesetzes, insbesondere der Beseitigungspflicht nach § 60 erforderlichen Verfügungen gegen den Pflichtigen erlassen. ²Wer verpflichtet ist, bestimmt sich nach allgemeinem Polizeirecht, soweit dies Gesetz keine Regelung trifft. ³Die Vollzugsbeamtinnen und -beamten der Behörde können solche Verfügungen auch mündlich an Ort und Stelle treffen.

§ 62 Kostenfestsetzung

(1) ¹Sind nach den Bestimmungen dieses Gesetzes Kosten zu erstatten, so werden diese durch Bescheid der Wegeaufsichtsbehörde festgesetzt. ²Die Ausführung von baulichen Maßnahmen an öffentlichen Wegen kann von einer Vorauszahlung in Höhe der voraussichtlichen Kosten abhängig gemacht werden. ³Die Vorauszahlung ist mit den endgültig entstandenen Kosten zu verrechnen, auch wenn die Person, die die Vorauszahlung leistete, die Kosten nicht zu tragen hat.

(2) ¹Zur Abgeltung der der Trägerin der Wegebaulast bei der Ausführung von Arbeiten auf Veranlassung anderer oder bei der Beseitigung von Schäden entstehenden allgemeinen Kosten werden Gemeinkostenzuschläge erhoben, deren Höhe der Senat durch Rechtsverordnung¹⁾ festsetzt.

(3) ¹Werden festgesetzte Erstattungsbeträge innerhalb einer gesetzten Frist nicht entrichtet, so werden Säumniszinsen erhoben. ²Die Höhe der Säumniszinsen richtet sich nach § 19 des Gebührengesetzes in der jeweils geltenden Fassung.

§ 63 Verjährung des Zahlungsanspruchs

(1) ¹Eine Festsetzung von Erschließungsbeiträgen und von anderen Zahlungsansprüchen der Freien und Hansestadt Hamburg nach diesem Gesetz sowie eine Aufhebung oder Änderung der Festsetzung sind nicht mehr zulässig, wenn die Festsetzungsfrist abgelaufen ist. ²Die Festsetzungsfrist für Erschließungsbeiträge beträgt fünf Jahre, für andere Zahlungsansprüche drei Jahre; sie beginnt mit Ablauf des Kalenderjahres, in dem der Zahlungsanspruch entstanden ist. ³Wird vor Ablauf der Frist außerhalb eines Widerspruchs- oder Klageverfahrens ein Antrag auf Festsetzung oder Aufhebung oder Änderung der Festsetzung gestellt, so ist die Festsetzungsfrist solange gehemmt, bis über den Antrag entschieden ist.

(2) ¹Wird ein Kostenfestsetzungsbescheid mit einem Widerspruch oder einer Klage angefochten, so läuft die Festsetzungsfrist nicht ab, bevor über den Rechtsbehelf unanfechtbar entschieden ist; dies gilt auch, wenn der Rechtsbehelf nach Ablauf der Festsetzungsfrist eingelegt wird. ²Der Ablauf der Festsetzungsfrist ist hinsichtlich des gesamten Zahlungsanspruchs gehemmt; dies gilt nicht, soweit der Rechtsbehelf unzulässig ist. ³In den Fällen des § 113 Absatz 1 Satz 1 und Absatz 4 der Verwaltungsgerichtsordnung ist über den Rechtsbehelf erst dann unanfechtbar entschieden, wenn ein auf Grund der genannten Vorschriften erlassener Kostenfestsetzungsbescheid unanfechtbar geworden ist.

(3) ¹Festgesetzte Erschließungsbeiträge verjähren in fünf Jahren, andere Zahlungsansprüche in drei Jahren. ²Die Verjährung beginnt mit Ablauf des Kalenderjahres, in dem der Zahlungsanspruch erstmals fällig geworden ist.

(4) Die Verjährung wird unterbrochen durch schriftliche Geltendmachung des Anspruchs, durch Zahlungsaufschub, durch Stundung, durch Verrentung, durch Aussetzung der Vollziehung, durch Sicherheitsleistung, durch Vollstreckungsaufschub, durch eine Vollstreckungsmaßnahme, durch Anmeldung

---

1) Siehe ua die Wegegesetz-Durchführungsanordnung.

im Insolvenzverfahren, durch Aufnahme in einen Insolvenzplan oder einen gerichtlichen Schuldenbereinigungsplan, durch Einbeziehung in ein Verfahren, das die Restschuldbefreiung für den Schuldner zum Ziel hat, und durch Ermittlungen der zuständigen Behörde nach dem Wohnsitz oder dem Aufenthaltsort des Zahlungspflichtigen.

(5) ¹Die Unterbrechung der Verjährung durch Zahlungsaufschub, durch Stundung, durch Verrentung, durch Aussetzung der Vollziehung, durch Sicherheitsleistung, durch Vollstreckungsaufschub, durch eine Vollstreckungsmaßnahme, die zu einem Pfändungspfandrecht, einer Zwangshypothek oder einem sonstigen Vorzugsrecht auf Befriedigung führt, durch Anmeldung im Insolvenzverfahren, durch Aufnahme in einen Insolvenzplan oder einen gerichtlichen Schuldenbereinigungsplan oder durch Einbeziehung in ein Verfahren, das die Restschuldbefreiung für den Schuldner zum Ziel hat, dauert fort, bis der Zahlungsaufschub, die Stundung, die Verrentung, die Aussetzung der Vollziehung oder der Vollstreckungsaufschub abgelaufen, die Sicherheit, das Pfändungspfandrecht, die Zwangshypothek oder ein sonstiges Vorzugsrecht auf Befriedigung erloschen, das Insolvenzverfahren beendet ist, der Insolvenzplan oder der gerichtliche Schuldenbereinigungsplan erfüllt oder hinfällig wird, die Restschuldbefreiung wirksam wird oder das Verfahren, das die Restschuldbefreiung zum Ziel hat, vorzeitig beendet wird. ²Wird gegen die zuständige Behörde ein Anspruch geltend gemacht, so endet die hierdurch eingetretene Unterbrechung der Verjährung nicht, bevor über den Anspruch rechtskräftig entschieden worden ist.

(6) Mit Ablauf des Kalenderjahres, in dem die Unterbrechung endet, beginnt eine neue Verjährungsfrist.

(7) Durch die Verjährung erlischt der Anspruch mit seinen Nebenansprüchen; entrichtete Beträge können jedoch nicht zurückgefordert werden.

Elfter Teil
Überleitung

§ 64 Vorhandene öffentliche Wege
¹Die beim Inkrafttreten des Gesetzes vorhandenen Straßen, Wege und Plätze sind öffentliche Wege im Sinne dieses Gesetzes, wenn sie nach den bisherigen Rechtsvorschriften dem Gemeingebrauch als öffentliche Straßen, Wege oder Plätze gewidmet worden sind oder wenn für die Widmung die Rechtsvermutung der unvordenklichen Zeit besteht. ²Sie sind in das Wegeverzeichnis einzutragen; dabei ist auch die Trägerin oder der Träger der Wegebaulast anzugeben, sofern dies nicht die Freie und Hansestadt Hamburg ist.

§ 65 Übernahmepflicht für Unternehmensstraßen
(1) ¹Die Freie und Hansestadt Hamburg hat unter den Voraussetzungen der Absätze 2 bis 4 die Wegebaulast für öffentliche Wege im Sinne des § 64 zu übernehmen, soweit sie beim Inkrafttreten dieses Gesetzes einer anderen Person obliegt. ²Der Weg ist innerhalb von fünf Jahren zu übernehmen, sofern die bisherige Trägerin bzw. der bisherige Träger der Wegebaulast schriftlich zur Übernahme auffordert. ³Dies gilt nicht, wenn die Deutsche Bahn Aktiengesellschaft oder eine andere Eisenbahn des öffentlichen Verkehrs im Sinne des Allgemeinen Eisenbahngesetzes Trägerin der Wegebaulast ist.
(2) ¹Die Freie und Hansestadt Hamburg muss Eigentümerin der Wegefläche sein oder werden. ²§ 14 Absatz 2 findet entsprechende Anwendung.
(3) ¹Der Weg muss nach den in Verträgen oder Straßenbaugenehmigungen festgelegten Bedingungen und Auflagen vollständig hergestellt sein. ²Sind weitere Bestimmungen über die endgültige Herstellung des Weges vorbehalten worden, so muss auch diesen Bestimmungen genügt sein, es sei denn, dass die Wegeaufsichtsbehörde binnen eines Jahres nach schriftlicher Aufforderung durch die bisher Verpflichteten keine zusätzlichen Bedingungen oder Auflagen gemacht hat.
(4) Der Weg muss bis zur Übernahme ordnungsgemäß unterhalten sein.
(5) ¹Die Übernahme wird durch Bescheid gegenüber der bisherigen Trägerin bzw. dem bisherigen Träger der Wegebaulast ausgesprochen. ²Sie ist öffentlich bekannt zu geben und wird mit Beginn des Rechnungsjahres wirksam, das auf die Bekanntgabe folgt.

§ 66 Freiwillige Übernahme
(1) Die Freie und Hansestadt Hamburg kann die Wegebaulast auch übernehmen, wenn sie dazu nach § 65 nicht verpflichtet ist.

(2) ¹Die Übernahmeabsicht wird den Trägerinnen und Trägern der Wegebaulast, den Eigentümerinnen und Eigentümern der Wegeflächen und den Anliegerinnen und Anliegern mitgeteilt. ²Die Betroffenen können innerhalb einer Ausschlussfrist von einem Monat Einwendungen gegen die Übernahme erheben. ³Nach Ablauf der Einwendungsfrist entscheidet die Wegeaufsichtsbehörde über die Übernahme und über die Einwendungen durch Bescheid. ⁴Im Bescheid ist der Zeitpunkt der Übernahme festzusetzen. ⁵Die Übernahme ist öffentlich bekannt zu geben, wenn der Bescheid unanfechtbar geworden ist.

(3) Zu dem in der Bekanntgabe bestimmten Zeitpunkt treten folgende Rechtswirkungen ein:

1. Das Eigentum an dem Wege geht lastenfrei auf die Freie und Hansestadt Hamburg über, soweit es ihr nicht bereits zusteht.

2. Die Freie und Hansestadt Hamburg wird Trägerin der Wegebaulast.

(4) *[aufgehoben]*

(5) ¹Der Eigentumsverlust ist durch eine angemessene Entschädigung in Geld auszugleichen, sofern die Eigentümerin bzw. der Eigentümer nicht nach bisherigem Recht oder Verträgen zur unentgeltlichen Übertragung des Eigentums verpflichtet war. ²Soweit der Weg im Eigentum der bisherigen Trägerin bzw. des bisherigen Trägers der Wegebaulast stand, gilt die Abfindung durch die Übernahme der Wegebaulast als abgegolten. ³Satz 1 gilt entsprechend für die dinglich Berechtigten. ⁴§ 43 Absatz 4 findet Anwendung.

(6) ¹Ist der Weg bis zur Übernahme nicht ordnungsgemäß unterhalten und sind die Mängel nach der Übernahme beseitigt worden, so kann die Freie und Hansestadt Hamburg die Zahlung der Kosten verlangen. ²Der Anspruch entsteht mit dem Abschluss der Unterhaltungsmaßnahme; er richtet sich gegen die bisher Verpflichteten. ³Soweit mehrere Anliegerinnen und Anlieger verpflichtet gewesen sind, haben sie nach dem Verhältnis der Frontlängen Zahlung zu leisten. ⁴Der Anspruch ruht als öffentliche Last auf dem Grundstück. ⁵Solange an dem Grundstück ein Erbbaurecht besteht, ruht die öffentliche Last auf diesem. ⁶§ 135 des BauGB findet entsprechende Anwendung.

§ 67 Wegebaulast bis zur Übernahme

(1) ¹Die Wegebaulast verbleibt bis zur Übernahme durch die Freie und Hansestadt Hamburg im bisherigen Umfang unverändert bei der bisherigen Trägerin bzw. dem bisherigen Träger. ²Für die aus der Wegebaulast folgenden Verpflichtungen haften auch die Anliegerinnen und Anlieger im Verhältnis der Frontlänge ihrer Grundstücke zur Gesamtlänge des Weges. ³Die Verpflichtung aus der Wegebaulast ruht als öffentliche Last auf dem Grundstück. ⁴Solange an dem Grundstück ein Erbbaurecht besteht, ruht die öffentliche Last auf diesem.

(2) ¹Kommt die Trägerin bzw. der Träger der Wegebaulast den Obliegenheiten hinsichtlich der Unterhaltung, Instandsetzung, Beleuchtung, Entwässerung und dergleichen nicht oder nicht ausreichend nach, so kann die Wegeaufsichtsbehörde die erforderlichen Maßnahmen anordnen. ²Soweit die Trägerin bzw. der Träger der Wegebaulast hierzu nach der Leistungsfähigkeit nicht in der Lage ist, kann auch gestattet werden, auf einen verkehrsunsicheren Zustand durch Warn- oder Sperrzeichen hinzuweisen.

§ 68 Bisherige Überfahrten

Soweit nach bisherigem Recht eine Überfahrt rechtmäßig hergestellt ist, findet § 18 Anwendung; die Erlaubnis nach § 18 gilt als erteilt.

§ 69 Bisherige Sondernutzungen

Sondernutzungen, die bei Inkrafttreten dieses Gesetzes rechtmäßig ausgeübt werden, bleiben unberührt; § 19 Absatz 4 ist jedoch anwendbar.

§ 70 Bisherige Reinigungspflichten

Ist nach den Rechtsvorschriften über die Wegereinigung, die bis zum 14. Oktober 1940 gegolten haben, noch beim Inkrafttreten dieses Gesetzes eine andere Person als die Anliegerin oder der Anlieger zur Reinigung verpflichtet, so gilt diese Regelung bis zur Beendigung des Nutzungsverhältnisses fort.

Zwölfter Teil
Schlussbestimmungen

§ 71 Befreiung

(1) Die Wegeaufsichtsbehörde kann von den Vorschriften dieses Gesetzes befreien, wenn die öffentlichen Belange die Abweichung erfordern oder wenn die Durchführung der Vorschriften im Einzelfall zu einer offenbar nicht beabsichtigten Härte führen würde, die Abweichung mit öffentlichen Interessen vereinbar ist und keine wesentliche Beeinträchtigung der Belange Beteiligter mit sich bringt.

(2) Zahlungsverpflichtungen auf Grund dieses Gesetzes mit Ausnahme der Erschließungsbeiträge können in entsprechender Anwendung des § 21 des Gebührengesetzes in der jeweils geltenden Fassung gestundet, erlassen oder erstattet werden.

§ 72 Ordnungswidrigkeiten

(1) Ordnungswidrig handelt, wer vorsätzlich oder fahrlässig

1. nicht zum Befahren bestimmte Wegeflächen unbefugt mit Fahrzeugen benutzt;
2. einen öffentlichen Weg über den Gemeingebrauch oder den Anliegergebrauch hinaus ohne die nach § 19 erforderliche Erlaubnis oder eine private Verkehrsfläche zum Aufstellen von Gegenständen ohne die nach § 25 Absatz 2 erforderliche Erlaubnis benutzt;
3. die in einer Erlaubnis nach den §§ 18, 19, 22 oder 25 Absatz 2 enthaltenen Auflagen nicht erfüllt;
4. einen öffentlichen Weg ohne die nach § 22 erforderliche Erlaubnis verändert;
5. den Vorschriften des § 23 Absätze 1 bis 3, 6 und 6a zuwiderhandelt;
6. einer Pflicht nach den §§ 23 Absatz 5, 29, 30, 31, 34, 35 oder 36 nicht nachkommt, insbesondere als reinigungspflichtige Person nicht dafür sorgt, dass nach § 34 Beauftragte die Reinigung ordnungsgemäß ausführen, oder im Falle des vorübergehenden oder dauernden Wegfalls der Eignung der Beauftragten nicht unverzüglich eine andere Person mit der Reinigung beauftragt;
7. entgegen § 30 Absatz 2 Satz 2 Kehricht auf oder in andere Bestandteile der öffentlichen Wege verbringt;
8. der Pflicht nach § 25 Absatz 1 Satz 1 nicht nachkommt;
9. entgegen § 25 Absatz 1 Satz 3 oder § 31 Absatz 2 Satz 2 Tausalz oder tausalzhaltige Mittel zum Streuen verwendet.

(2) Die Ordnungswidrigkeit kann mit einer Geldbuße bis zu 50 000 Euro geahndet werden.

Hafenentwicklungsgesetz (HafenEG)

Vom 25. Januar 1982 (HmbGVBl. S. 19)
(BS Hbg 9504-1)
zuletzt geändert durch Neunte ÄndVO vom 4. Mai 2021 (HmbGVBl. S. 293)

Der Senat verkündet das nachstehende von der Bürgerschaft beschlossene Gesetz:

Inhaltsübersicht

I. Allgemeine Bestimmungen

§ 1 Hafenentwicklung

(1) Dieses Gesetz regelt die Entwicklung des Hamburger Hafens als Universalhafen.

(2) [1]Die Hafenentwicklung erfolgt durch Hafenerweiterung und Weiterentwicklung des vorhandenen Hafens im Rahmen der hamburgischen Raumordnung. [2]Sie ist zur ständigen Anpassung an die wirtschaftlichen und technischen Erfordernisse notwendig, um

1. die Konkurrenzfähigkeit des Hamburger Hafens als internationaler Universalhafen aus wirtschafts- und arbeitsmarktpolitischen Gründen aufrechtzuerhalten,
2. dem Hafen aus strukturpolitischen Gründen ein festes Ladungsaufkommen zu sichern und
3. die aufwendige öffentliche Infrastruktur möglichst wirkungsvoll für Hafenzwecke zu nutzen.

(3) Das Hafengebiet ist für Hafenzwecke bestimmt und damit Gegenstand einer Sonderplanung im Sinne des § 5 Absatz 4 Baugesetzbuch (BauGB).

(4) [1]Die Hafenzwecke des Hamburger Universalhafens umfassen den Hafenverkehr, den hafengebundenen Handel und die Hafenindustrie. [2]Zur Hafenindustrie gehören

1. industrielle Unternehmen, für die es einen wirtschaftlichen erheblichen Standortvorteil bedeutet, am Wasserweg zu liegen, sowie
2. Unternehmen, für die es nach dem Gegenstand ihrer Tätigkeit aus wirtschaftlichen Gründen geboten ist, mit Unternehmen im Sinne der Nummer 1 räumlich verbunden zu sein.

(5) [1]Die Hafenentwicklung und die dafür erforderliche dauernde Bereitstellung für Hafenzwecke nutzbarer Flächen obliegen als öffentliche Aufgabe der Freien und Hansestadt Hamburg. [2]Zur Erfüllung dieser Aufgabe soll sie das Eigentum an den Grundstücken des Hafengebiets erwerben und behält sie die ihr im Hafengebiet gehörenden Grundstücke in ihrem Eigentum. [3]Sie darf das Eigentum an den Grundstücken auf die Hamburg Port Authority übertragen. [4]Satz 2 gilt für die Hamburg Port Authority

entsprechend. [5]Die Hamburg Port Authority darf das Eigentum an den Grundstücken auf die Freie und Hansestadt Hamburg zurückübertragen.

§ 2 Gebietsbeschreibungen

(1) Das Hafengebiet gliedert sich in das bereits in Nutzung genommene oder für Hafennutzung vorbereitete Gebiet (Hafennutzungsgebiet) und das Hafenerweiterungsgebiet.

(2) [1]Die Grenzen des Hafengebiets, des Hafennutzungsgebiets sowie des Hafenerweiterungsgebiets sind in dem Hafengebietsplan (Anlage 1 mit Änderungen) dargestellt. [2]Das Hafenerweiterungsgebiet ist in die Zonen I und II eingeteilt (Anlage 1a), in denen entsprechend dem geplanten zeitlichen Ablauf der Hafenerweiterung verschiedene Arten von Sonderbestimmungen gelten. [3]Die genauen Grenzen ergeben sich aus der Grenzbeschreibung (Anlage 2). [4]Der Hafengebietsplan kann im Maßstab 1 : 1000 beim Staatsarchiv, bei der für Wirtschaft zuständigen Behörde, der für die Bauleitplanung zuständigen Fachbehörde sowie bei den Bezirksämtern Altona, Bergedorf, Hamburg-Mitte und Harburg kostenfrei eingesehen werden.

II.
Sicherung und Ordnung der Hafenentwicklung

§ 3 Zulässige Nutzungen im Hafenerweiterungsgebiet

(1) [1]Im Hafenerweiterungsgebiet dürfen die Grundstücke nicht wesentlich verändert, insbesondere nicht bebaut werden. [2]Ebenso dürfen weder bauliche Anlagen verändert noch Betriebe errichtet oder verändert werden. [3]Soweit nicht neue Bauanlagen errichtet werden sollen, bleiben zulässig:

1. Maßnahmen zur Erhaltung bestehender Anlagen.
2. Maßnahmen, die sich im Rahmen einer bisher ausgeübten landwirtschaftlichen Bewirtschaftung halten.

(2) Ferner bleiben zulässig:

1. staatliche Maßnahmen zur Hafenerweiterung sowie zum Schutz, zur Pflege und zur Entwicklung von Natur und Landschaft,
2. Maßnahmen der Wasser- und Bodenverbände im Rahmen ihrer satzungsgemäßen Aufgaben, soweit sie nicht durch Maßnahmen der Hafenerweiterung entbehrlich werden, sowie Maßnahmen der Wasserwirtschaftsverwaltung und des öffentlichen Hochwasserschutzes.

(3) In der Zone II des Hafenerweiterungsgebietes dürfen landwirtschaftliche, gewerblich gärtnerische sowie forstwirtschaftliche Bauten und Betriebe errichtet oder verändert werden.

(4) Der Senat wird ermächtigt, durch Rechtsverordnung für Teile des Hafenerweiterungsgebiets, die innerhalb von fünf Jahren nach Inkrafttreten der Verordnung umgestaltet werden sollen, jede Veränderung zu untersagen.

(5) [1]Die zuständige Behörde kann für das Hafenerweiterungsgebiet Ausnahmen von den Verboten nach Absatz 1 und von den auf Absatz 4 gestützten Rechtsverordnungen zulassen. [2]In der Zone I des Hafenerweiterungsgebietes sollen die Ausnahmen befristet erteilt werden. [3]War die Ausnahme befristet oder war der Widerruf vorbehalten worden, so sind nach Ablauf der Frist oder bei Widerruf Entschädigungsansprüche ausgeschlossen. [4]Als Ausnahmen von den Verboten nach Absatz 1 sollen insbesondere zugelassen werden:

1. Anlagen für Versorgungseinrichtungen der Bewohner mit Gütern des täglichen Bedarfs,
2. Anlagen für soziale Einrichtungen der Bewohner des Ortes,
3. bauliche Maßnahmen zur Verbesserung der örtlichen Entsorgungseinrichtungen,
4. Ausbauten von Einliegerwohnungen bis zu 50 m² Grundfläche in bestehenden Gebäuden,
5. Errichtung einer Altenteilerwohnung je Betrieb, sofern dies betrieblich notwendig und gerechtfertigt ist,
6. Ausbauten an bestehenden Gebäuden (wie Garagen und Wintergärten) von nicht mehr als 20 m².

§ 4 Vorschriften über Hafenplanungsverordnungen

(1) [1]Der Senat beschließt die in diesem Gesetz vorgesehenen Hafenplanungsverordnungen als Rechtsverordnungen. [2]Bei ihrem Erlass, sind die öffentlichen und privaten Belange gegeneinander und untereinander abzuwägen.

(2) [1]Die zuständige Behörde hat den Entwurf einer Hafenplanungsverordnung mit der Begründung auf die Dauer eines Monats öffentlich auszulegen. [2]Ort und Zeit der Auslegung sind mindestens eine

Woche vorher im Amtlichen Anzeiger bekannt zu machen. [3]Dabei ist darauf hinzuweisen, dass Bedenken und Anregungen während der Auslegungsfrist bei einer zu bezeichnenden Stelle vorgebracht werden können.

(3) Die zuständige Behörde legt dem Senat den Entwurf der Hafenplanungsverordnung mit einer Stellungnahme zu den nicht berücksichtigten Bedenken und Anregungen vor.

(4) [1]Nach der Beschlussfassung durch den Senat teilt die zuständige Behörde den Einwendenden das Ergebnis der Prüfung der fristgemäß vorgebrachten Bedenken und Anregungen mit, soweit diese nicht berücksichtigt worden sind. [2]Haben mehr als einhundert Personen Bedenken und Anregungen vorgebracht, so kann die Mitteilung des Ergebnisses der Prüfung dadurch ersetzt werden, dass diesen Personen die Einsicht in das Ergebnis ermöglicht wird. [3]Im Amtlichen Anzeiger ist bekannt zu machen, bei welcher Stelle das Ergebnis der Prüfung während der Dienststunden eingesehen werden kann.

§ 5 Änderung der planungsrechtlichen Ausweisung

(1) Der Senat wird ermächtigt, durch Hafenplanungsverordnung

1. Flächen nach Abschluss der Vorbereitungsmaßnahmen aus dem Hafenerweiterungsgebiet herauszunehmen und gemäß § 6 Absatz 1 als Nutzungszonen des Hafennutzungsgebiets auszuweisen;
2. Flächen der Zone II in die Zone I des Hafenerweiterungsgebiets zu übernehmen;
3. die Grenzen des Hafennutzungsgebiets oder des Hafenerweiterungsgebiets unwesentlich zu ändern, wenn Rechte anderer dadurch nicht beeinträchtigt werden.

(2) [1]Der Senat wird ermächtigt, durch Rechtsverordnung innerhalb der in Anlage 1f zu § 2 Absatz 2 des Hafenentwicklungsgesetzes kartographisch dargestellten Flächen und der in Nummer 1.4 der Anlage 2 zu § 2 Absatz 2 des Hafenentwicklungsgesetzes verbindlich beschriebenen Grenzen dieser Flächen die Grenzen des Hafengebiets zu ändern, wenn sowohl die Entwicklung der an die Innenstadt gebundenen Nutzungen als auch die Hafenentwicklung eine Umwandlung des innenstädtischen Hafenrandes erfordern und die dortigen hafenwirtschaftlichen Nutzungen erforderlichenfalls an andere Standorte im Hafengebiet verlagert werden können. [2]Satz 1 gilt nicht für das Hafentorquartier nach Nummer 1.4.3 der Anlage 2. [3]Im Gebiet nach Satz 1 mit Ausnahme des Gebietes nach Satz 2 bleiben die für die vorbereitende Bauleitplanung geltenden Vorschriften des Baugesetzbuchs unberührt. [4]Insbesondere dort bleiben die §§ 1 bis 4 BauGB auch insoweit unberührt, als sie die verbindliche Bauleitplanung betreffen.

§ 6 Zulässige Nutzungen im Hafennutzungsgebiet

(1) Der Senat wird ermächtigt, durch Hafenplanungsverordnung im Hafennutzungsgebiet folgende Nutzungszonen auszuweisen:

1. Hafenzwecke;
2. Hafenzwecke mit Ausnahme erheblich belästigender Gewerbebetriebe; zulässig sind alle Nutzungen für Hafenzwecke, soweit sie für die Umgebung keine erheblichen Nachteile oder Belästigungen zur Folge haben können;
3. besondere Anlagen für Hafenzwecke.

(2) [1]Auch soweit damit keine Hafenzwecke verfolgt werden, können Flächen des Hafennutzungsgebiets für den Verkehr und Hochwasserschutz, für die Ver- und Entsorgung, zum Schutz vor schädlichen Umwelteinwirkungen sowie für Naturschutz und Landschaftspflege genutzt werden. [2]Für Wassersportanlagen kann die zuständige Behörde Ausnahmen zulassen.

(3) [1]Im Hafennutzungsgebiet darf die Nutzung oder Bebauung der Grundstücke nur dann wesentlich verändert oder erweitert werden, wenn die Maßnahmen

1. weder den Regelungen des § 1 noch den Festsetzungen einer Hafenplanungsverordnung widersprechen oder
2. durch Absatz 2 gedeckt sind.

[2]Die zuständige Behörde darf Ausnahmen zulassen, wenn es im öffentlichen Interesse oder zur Vermeidung einer offenbar nicht beabsichtigten Härte erforderlich ist.

(4) [1]Das Verbot des Absatzes 3 gilt nicht für Maßnahmen, die der Fortführung einer bisher ausgeübten Nutzung dienen. [2]Hafenplanungsverordnungen nach § 7 sind aber auch in diesem Fall anzuwenden.

§ 7 Nutzungsbeschränkungen durch Hafenplanungsverordnungen

(1) Der Senat wird ermächtigt, durch Hafenplanungsverordnung für Teile des Hafennutzungsgebiets

1. im Rahmen des § 1 und des § 6 Absätze 1 und 2 Festsetzungen zur Freihaltung von Flächen vorzunehmen, insbesondere für die Infrastruktur oder den Hochwasserschutz;

2. Nutzungsbeschränkungen festzusetzen, soweit es erforderlich ist, insbesondere zur Rücksichtnahme auf die planerische Ausweisung außerhalb des Hafengebiets und um Radarsektoren offen zu halten.

(2) Im Rahmen der Nutzungsbeschränkungen nach Absatz 1 Nummer 2 können festgesetzt

1. das Maß der baulichen Nutzung im Sinne des Zweiten und Dritten Abschnitts der Baunutzungsverordnung in der Fassung vom 15. September 1977 (Bundesgesetzblatt I Seite 1764);

2. die Gebiete, in denen bestimmte Emissionsgrenzwerte nicht überschritten werden dürfen;

3. die von der Bebauung freizuhaltenden Schutzflächen und ihre Nutzung, die Flächen für besondere Anlagen und Vorkehrungen zum Schutz vor schädlichen Umwelteinwirkungen sowie die zum Schutz vor solchen Einwirkungen oder zur Vermeidung oder Minderung solcher Einwirkungen zu treffenden Vorkehrungen;

4. Maßnahmen zum Schutz, zur Pflege und zur Entwicklung von Natur und Landschaft.

§ 8 Veränderungssperre

(1) Wenn eine Hafenplanungsverordnung nach § 6 Absatz 1 oder § 7 Absatz 1 Nummern 1 oder 2 erlassen werden soll, kann der Senat zur Sicherung der Planung für den künftigen Planbereich durch Rechtsverordnung eine Veränderungssperre mit dem Inhalt beschließen, dass

1. erhebliche oder wesentlich wertsteigernde Veränderungen der Grundstücke nicht vorgenommen werden dürfen;

2. nicht genehmigungsbedürftige, aber wertsteigernde bauliche Anlagen nicht errichtet oder wertsteigernde Änderungen solcher Anlagen nicht vorgenommen werden dürfen;

3. genehmigungsbedürftige bauliche Anlagen nicht errichtet, geändert oder beseitigt werden dürfen.

(2) ¹Wenn Belange der Hafenentwicklung und andere öffentliche Belange nicht entgegenstehen, kann die zuständige Behörde Ausnahmen von der Veränderungssperre zulassen. ²War die Ausnahme befristet oder war der Widerruf vorbehalten worden, so sind nach Ablauf der Frist oder bei Widerruf Entschädigungsansprüche ausgeschlossen.

(3) Unterhaltungsarbeiten und die Fortführung einer bisher ausgeübten Nutzung werden von der Veränderungssperre nicht berührt.

§ 9 Geltungsdauer der Veränderungssperre

(1) ¹Die Veränderungssperre tritt nach Ablauf von zwei Jahren außer Kraft. ²Der Senat kann die Frist um ein Jahr verlängern. ³Wenn besondere Umstände es erfordern, kann er die Frist bis zu einem weiteren Jahr nochmals verlängern.

(2) Ist die Veränderungssperre außer Kraft getreten, so kann sie der Senat, soweit die Voraussetzungen für ihren Erlass fortbestehen, erneut beschließen.

(3) Die Veränderungssperre ist vor Fristablauf ganz oder teilweise außer Kraft zu setzen, sobald die Voraussetzungen für ihren Erlass weggefallen sind. 2 Sie tritt in jedem Fall mit dem Inkrafttreten einer Hafenplanungsverordnung nach §§ 6 oder 7 außer Kraft.

§ 10 Duldungspflicht

¹Soweit eine Duldungspflicht nicht bereits nach anderen Vorschriften besteht, haben Eigentümer von Grundstücken im Hafenerweiterungsgebiet Einwirkungen auf ihre Grundstücke, die sich aus rechtmäßigen Maßnahmen der Hafenentwicklung oder aus rechtmäßigen Nutzungen des Hafengebiets ergeben, zu dulden. ²Dies gilt sinngemäß für Nutzungsberechtigte.

§ 11 Übernahme und Ablösung

(1) Auf Verlangen des Eigentümers ist die Freie und Hansestadt Hamburg verpflichtet, Grundstücke im Hafenerweiterungsgebiet gegen Entschädigung zu übernehmen, wenn und soweit

1. anzunehmen ist, dass das Grundstück ohne die Beschränkungen, die dieses Gesetz oder die auf dieses Gesetz gestützten Rechtsverordnungen enthalten, zulässigerweise neu oder anderweitig bebaut werden würde;

2. es dem Eigentümer infolge einer Duldungspflicht gemäß § 10 oder infolge der Beschränkungen, die dieses Gesetz oder die auf dieses Gesetz gestützten Rechtsverordnungen enthalten, wirtschaftlich nicht mehr zuzumuten ist, das Grundstück zu behalten oder wie bisher zu nutzen.

(2) Ist die Freie und Hansestadt Hamburg zur Übernahme nicht bereit oder kommt eine Einigung über die Entschädigung nicht zustande, so kann der Eigentümer die Entziehung des Eigentums bei der Enteignungsbehörde beantragen.

(3) [1]Für die Übernahme und für die Entschädigung gelten die §§ 15 und 16 entsprechend. [2]Hat der Eigentümer die Übernahme verlangt und die Freie und Hansestadt Hamburg daraufhin ein Angebot auf Übernahme zu angemessenen Bedingungen gemacht, so bleiben Werterhöhungen, die nach dem Angebot eingetreten sind, bei der Bemessung der Entschädigung außer Betracht; dies gilt nicht für Werterhöhungen, die der Eigentümer in zulässiger Weise durch Aufwendung von Vermögen oder Arbeit herbeigeführt hat.

(4) [1]Nutzungsberechtigte können unter den Voraussetzungen des Absatzes 1 die Ablösung ihrer Rechte verlangen. [2]Die Absätze 2 und 3 gelten entsprechend. [2]An die Stelle der Entschädigung tritt der Ablösungsbetrag.

§ 12 Entschädigung in Geld

(1) Wird im Hafennutzungsgebiet die zulässige Nutzung eines Grundstücks, dessen Erschließung gesichert ist, durch § 1 Absatz 3 oder durch eine auf § 6 Absatz 1 oder § 7 gestützte Hafenplanungsverordnung aufgehoben oder geändert und stellt dies eine Enteignung dar, so kann der Betroffene für die eingetretenen Vermögensnachteile von der Freien und Hansestadt Hamburg angemessene Entschädigung in Geld verlangen.

(2) Die Entschädigung nach Absatz 1 kann auch für Vermögensnachteile verlangt werden, die dadurch entstehen, dass eine Veränderungssperre nach den §§ 8 und 9 länger als vier Jahre dauert.

(3) [1]Die für die Enteignung geltenden Entschädigungsvorschriften des § 15 gelten sinngemäß. [2]Die Entschädigung ist ab Eingang des Entschädigungsantrags bei der zuständigen Behörde mit 2 vom Hundert über dem Diskontsatz der Deutschen Bundesbank jährlich zu verzinsen. [3]Der Anspruch erlischt, wenn der Entschädigungsberechtigte die Leistung der Entschädigung nicht innerhalb von drei Jahren nach Ablauf des Kalenderjahres, in dem der Vermögensnachteil eingetreten ist, schriftlich beantragt.

(4) Kommt eine Einigung über die Entschädigung nicht zustande, entscheidet die zuständige Behörde.

(5) Abweichend von Absatz 1 kann der Eigentümer nur die Übernahme des Grundstücks und der Nutzungsberechtigte nur die Ablösung seines Rechts nach Maßgabe des § 11 verlangen, soweit

1. das Grundstück durch eine Hafenplanungsverordnung nach § 7 Absatz 1 Nummer 1 für öffentliche Zwecke freigehalten wird;

2. das Grundstück im Falle des Absatzes 2 nach dem Stand der Planungen durch eine Hafenplanungsverordnung nach § 7 Absatz 1 Nummer 1 für öffentliche Zwecke freigehalten werden soll.

§ 13 Vorkaufsrecht

(1) [1]Der Hamburg Port Authority steht an allen Flächen im Hafengebiet ein gesetzliches Vorkaufsrecht zu. [2]Es hat den Rang vor allen anderen Vorkaufsrechten und bedarf nicht der Eintragung in das Grundbuch. [3]§ 28 Absätze 1 und 2 BauGB gilt sinngemäß. [4]Soweit die Hamburg Port Authority ihr Vorkaufsrecht nach Satz 1 nicht ausübt, steht dieses der Freien und Hansestadt Hamburg zu.

(2) [1]Übersteigt der vereinbarte Kaufpreis die im Falle einer Enteignung des Grundstücks zu zahlende Entschädigung, so sind die Vorkaufsberechtigten gemäß Absatz 1 berechtigt, bei der Ausübung des Vorkaufsrechts den von ihnen zu zahlenden Betrag auf den Entschädigungswert herabzusetzen. [2]Die Vertragsparteien sind hierzu vor der Ausübung des Vorkaufsrechts zu hören. [3]Auf Verlangen einer Vertragspartei hat der jeweilige Vorkaufsberechtigte ein Gutachten des Gutachterausschusses für Grundstückswerte einzuholen. [4]Durch das Verlangen wird die Frist für die Ausübung des Vorkaufsrechts bis zum Eingang des Gutachtens unterbrochen; das gilt entsprechend, wenn der jeweilige Vorkaufsberechtigte von sich aus ein Gutachten des Gutachterausschusses einholt und dies den Parteien vor Ablauf der Frist mitteilt.

(3) [1]Der Verkäufer ist berechtigt, bis zum Ablauf eines Monats nach Unanfechtbarkeit des Bescheids über die Herabsetzung des Kaufpreises (Absatz 2) vom Vertrag zurückzutreten. [2]Das Rücktrittsrecht ist ausgeschlossen, soweit

1. das veräußerte Grundstück im Geltungsbereich eines Planes nach § 14 liegt oder

2. die Enteignung des Grundstücks nach den Festsetzungen eines Enteignungsplanes oder eines Planes nach anderen gesetzlichen Vorschriften zulässig wäre.

³Besteht das Rücktrittsrecht nur für einen Teil des Grundstücks, so kann in dem Bescheid nach Absatz 2 der Entschädigungswert für den anderen Teil gesondert festgesetzt werden.

(4) ¹Der Rücktritt (Absatz 3) ist sowohl gegenüber dem Käufer als auch gegenüber der Hamburg Port Authority oder der Freien und Hansestadt Hamburg zu erklären. ²Im Übrigen gelten die §§ 346 bis 348, 350 bis 354 und 356 des Bürgerlichen Gesetzbuchs entsprechend. ³Im Falle des Rücktritts trägt derjenige, der das Vorkaufsrecht ausüben wollte, die Kosten des Vertrags auf der Grundlage des festgesetzten Entschädigungswerts.

(5) ¹Das Eigentum an dem Grundstück geht auf die Hamburg Port Authority oder die Freie und Hansestadt Hamburg über, wenn der Bescheid über die Ausübung des Vorkaufsrechts unanfechtbar geworden ist oder ein Urteil nach § 20 Absatz 1 Satz 2 rechtskräftig festgestellt hat, dass das Vorkaufsrecht ausgeübt werden durfte, und wenn der Übergang des Eigentums in das Grundbuch eingetragen worden ist. ²Die Eintragung in das Grundbuch erfolgt auf Ersuchen der zuständigen Behörde.

(6) ¹Wer ein vertragliches Recht zum Erwerb des Grundstücks hatte, bevor das Vorkaufsrecht der Hamburg Port Authority oder der Freien und Hansestadt Hamburg nach diesem Gesetz oder anderen gesetzlichen Vorschriften, insbesondere nach dem Hafenerweiterungsgesetz vom 30. Oktober 1961 mit den Änderungen vom 10. Dezember 1963 und 21. Januar 1974 (Hamburgisches Gesetz- und Verordnungsblatt 1961 Seite 339, 1963 Seite 229, 1974 Seite 12), begründet worden ist, kann für die ihm durch die Ausübung des Vorkaufsrechts entstandenen Vermögensnachteile von demjenigen, der das Vorkaufsrecht ausgeübt hat, Entschädigung verlangen. ²Kommt eine Einigung über die Höhe der Entschädigung nicht zustande, entscheidet die zuständige Behörde.

III.
Planfeststellung und Enteignung

§ 14 Planfeststellung für Vorbereitungsmaßnahmen

(1) ¹Soweit Teile des Hafengebietes zur vorbereitenden Herrichtung für Hafenzwecke (Aufhöhung und Bodengewinnung) in Anspruch genommen werden sollen, legt die zuständige Behörde die Grenzen dieses Gebiets durch Planfeststellungsbeschluss in einem Verfahren fest, das den Anforderungen des Gesetzes über die Umweltverträglichkeitsprüfung in Hamburg (HmbUVPG) vom 10. Dezember 1996 (Hamburgisches Gesetz- und Verordnungsblatt Seite 310) in der jeweils geltenden Fassung entspricht. ²§ 25 Absatz 3 des Hamburgischen Verwaltungsverfahrensgesetzes vom 9. November 1977 (HmbGVBl. S. 333, 402), zuletzt geändert am 14. März 2014 (HmbGVBl. S. 102), in der jeweils geltenden Fassung findet keine Anwendung.

(2) Der Plan darf nur festgestellt werden, wenn die Vorbereitungsmaßnahmen im Rahmen einer umfassenden Planung der Entwicklung des Hafens

1. nach Art und Umfang des zu erwartenden hafenwirtschaftlichen Flächenbedarfs und

2. im Hinblick auf die Lage des Planungsgebiets

zum geplanten Zeitpunkt und am geplanten Ort zum Wohle der Allgemeinheit geboten sind.

(3) ¹Bei der Planfeststellung sind die von den Vorbereitungsmaßnahmen berührten öffentlichen und privaten Belange gegeneinander und untereinander abzuwägen. ²In die Abwägung sind die Grundzüge der Planung für die endgültige Nutzung des Plangebiets und die durch diese Planung betroffenen Belange einzubeziehen.

(4) In die Grundzüge der Planung für die endgültige Nutzung des Plangebiets darf Gelände für Hafenindustrie im Sinne des § 1 Absatz 4 Satz 2 nur einbezogen werden, wenn damit einer der Zwecke des § 1 Absatz 2 Satz 2 Nummern 1 bis 3 verfolgt wird.

(5) Bei Vorbereitungsmaßnahmen von unwesentlicher Bedeutung kann von der Planfeststellung abgesehen werden.

(6) ¹Vorbereitungsmaßnahmen können ohne vorherige Durchführung eines Planfeststellungsverfahrens genehmigt werden, wenn mit Einwendungen nicht zu rechnen ist und keine Pflicht zur Durchführung einer Umweltverträglichkeitsprüfung besteht. ²Absätze 1 und 2 gelten entsprechend. ³In dem Verfahren sind dem Träger des Vorhabens Auflagen zu machen, die im öffentlichen Interesse oder zur

Vermeidung nachteiliger Wirkungen auf Rechte anderer erforderlich sind, sowie der Ausgleich von Schäden anzuordnen.

(7) Wird mit der Durchführung des Planes nicht innerhalb von fünf Jahren nach dem Zeitpunkt begonnen, in dem das für seine Durchführung benötigte Gelände zur Verfügung steht, so tritt er außer Kraft.

§ 15 Enteignung

Für die Enteignung gelten im Hafengebiet die Bestimmungen des Hamburgischen Enteignungsgesetzes in der Fassung vom 11. November 1980 (Hamburgisches Gesetz- und Verordnungsblatt Seite 305) in seiner jeweiligen Fassung mit folgenden Abweichungen:

1. Eines Enteignungsplanes (§ 6 des Hamburgischen Enteignungsgesetzes) bedarf es nicht, wenn dem Vorhaben ein Plan nach § 14 oder nach anderen gesetzlichen Vorschriften zugrunde liegt. Das Enteignungsverfahren kann erst eingeleitet werden, wenn der den Enteignungsplan ersetzende Plan vollziehbar ist; dieser Plan ist dem Enteignungsverfahren als bindend zugrunde zu legen.

2. Zur Durchführung eines Planes nach § 14 ist die Entziehung des Eigentums an den Grundstücken des Planungsgebiets zugunsten der Freien und Hansestadt Hamburg zulässig. Die Enteignung setzt voraus, dass sich die Freie und Hansestadt Hamburg um den freihändigen Erwerb des zu enteignenden Grundstücks zu angemessenen Bedingungen vergeblich bemüht hat. Weitere Voraussetzungen, insbesondere nach anderen Gesetzes vorgeschriebene Planfeststellungen für die endgültige Herrichtung von Gelände für Hafenzwecke, sind nicht erforderlich.

3. Bei der Enteignung von Grundstücken des Hafenerweiterungsgebiets ist eine Verwendungsfrist nicht festzusetzen.

4. Bei der Bemessung der Entschädigung für Grundstücke im Hafenerweiterungsgebiet bleiben auch außer Betracht:
    a) Wertänderungen, die infolge der Hafenerweiterung nach Inkrafttreten dieses Gesetzes – für die vom Hafenerweiterungsgesetz vom 30. Oktober 1961 erfassten Grundstücke nach dessen Inkrafttreten – eingetreten sind;
    b) wertsteigernde Veränderungen, die unter Verstoß gegen § 3 dieses Gesetzes oder eine auf Grund dieser Vorschrift erlassenen Rechtsverordnung vorgenommen worden sind.

5. Entschädigung in Land kann nur nach Maßgabe des § 16 beantragt werden

6. Für Grundstücke des Hafenerweiterungsgebiets, die nach den Bestimmungen dieses Gesetzes enteignet werden, kann die Rückübereignung nur nach Maßgabe des § 17 gefordert werden.

§ 16 Entschädigung in Land

(1) Die Entschädigung ist auf Antrag des Eigentümers anstatt in Geld in geeignetem Ersatzland festzusetzen, wenn

1. a) er zur Sicherung seiner Berufs- oder Erwerbstätigkeit oder zur Erfüllung der ihm wesensgemäß obliegenden Aufgaben auf Ersatzland angewiesen ist oder
    b) das Grundstück mit einem Eigenheim oder einer Kleinsiedlung bebaut ist, der Eigentümer dort wohnt und
2. die Freie und Hansestadt Hamburg außerhalb des Hafengebiets
    a) über als Ersatzland geeignete Grundstücke verfügt, die nicht zur Erfüllung der ihr obliegenden Aufgaben benötigt werden, oder
    b) geeignetes Ersatzland freihändig zu angemessenen Bedingungen beschaffen kann.

(2) ¹Ist die Entschädigung für ein landwirtschaftlich genutztes Grundstück nach einem höheren als dem innerlandwirtschaftlichen Verkehrswert zu bemessen, so gilt Absatz 1 nur, wenn die Entschädigung in Land bei gerechter Abwägung der Interessen der Allgemeinheit und des Betroffenen dennoch geboten ist. ²Dabei sind die begrenzten Möglichkeiten der Freien und Hansestadt Hamburg, geeignetes Ersatzland zu stellen, zu berücksichtigen, insbesondere auch im Hinblick auf den Landbedarf der Stadt zur Erfüllung ihrer sonstigen Aufgaben.

(3) Die Beschränkung des Ersatzlandanspruchs nach Absatz 1 Nummer 2 auf Grundstücke außerhalb des Hafengebiets entfällt, wenn der Eigentümer zur Sicherung seiner Berufs- oder Erwerbstätigkeit oder zur Erfüllung der ihm wesensgemäß obliegenden Aufgaben auf Ersatzland im Hafengebiet angewiesen ist.

(4) Im Übrigen bleibt es bei den Bestimmungen des Hamburgischen Enteignungsgesetzes mit Ausnahme der in § 5 Absatz 2 dieser Bestimmungen für anwendbar erklärten § 100 Absatz 1, Absatz 3 Satz 1 und Absatz 4 sowie § 101 des BauGB.

§ 17 Rückerwerbsrecht für enteignete Grundstücke im Hafenerweiterungsgebiet

(1) Soweit das Eigentum an Grundstücken des Hafenerweiterungsgebiets durch Enteignung entzogen worden ist, kann der frühere Eigentümer die Rückübereignung verlangen, wenn

1. die Vorbereitungsmaßnahmen fünf Jahre nach dem Zeitpunkt, in dem das für die Durchführung des Planes nach § 14 benötigte Gelände zur Verfügung steht, oder
2. die Maßnahmen zur endgültigen Herrichtung des Geländes für Hafenzwecke zehn Jahre nach dem Zeitpunkt in dem es der Freien und Hansestadt Hamburg nach Abschluss, der Vorbereitungsmaßnahmen zur Verfügung steht,

noch nicht begonnen worden sind.

(2) Die Rückübereignung kann auch dann verlangt werden, wenn die Freie und Hansestadt Hamburg die Absicht aufgegeben hat, das Grundstück für Hafenzwecke herzurichten.

(3) Im Übrigen bleibt es bei den Bestimmungen des Hamburgischen Enteignungsgesetzes mit Ausnahme des in § 5 Absatz 2 dieser Bestimmungen für anwendbar erklärten § 102 Absatz 1 Nummer 1 des BauGB.

IV.
Schlussvorschriften

§ 18 Vorarbeiten auf Grundstücken

(1) [1]Beauftragte der zuständigen Behörden sind befugt, im Hafengebiet Grundstücke zu betreten, um Vermessungen, Untergrunduntersuchungen und Wertschätzungen vorzunehmen. [2]Die Absicht, solche Arbeiten auszuführen, ist den Verfügungsberechtigten vorher mitzuteilen. [3]Wohnungen dürfen nur mit Zustimmung des Wohnungsinhabers betreten werden.

(2) [1]Entstehen durch Maßnahmen nach Absatz 1 dem Eigentümer oder Besitzer eines Grundstücks unmittelbare Vermögensnachteile, so sind sie angemessen in Geld zu entschädigen. [2]Kommt eine Einigung über die Entschädigung nicht zustande, so entscheidet die zuständige Behörde.

§ 19 Verhältnis zu anderen Vorschriften

(1) Bundes- und Landesgesetze, in denen Planfeststellungen geregelt sind, bleiben von den Vorschriften dieses Gesetzes unberührt.

(2) Soweit in diesem Gesetz Bestimmungen des Baugesetzbuchs für anwendbar erklärt werden, ist die Fassung vom 8. Dezember 1986 (Bundesgesetzblatt I Seite 2254) maßgebend.

(3) [1]Das Veränderungsverbot nach der Verordnung zur Durchführung des Hafenerweiterungsgesetzes vom 9. Juli 1974 (Hamburgisches Gesetz- und Verordnungsblatt Seite 237) gilt weiter, bis die Vorbereitungsmaßnahmen (§ 14 dieses Gesetzes) im betroffenen Gebiet abgeschlossen sind. [2]Der Senat bleibt ermächtigt, die Verordnung aufzuheben.

§ 20 Verfahren vor den Gerichten

(1) [1]Für die Anfechtung von Entscheidungen nach § 12 Absatz 4, § 13 Absätze 2 und 6 sowie nach § 18 Absatz 2 gilt § 9 des Hamburgischen Enteignungsgesetzes in seiner jeweiligen Fassung entsprechend. [2]In den Fällen des § 13 Absatz 2, in denen kein Rücktrittsrecht nach § 13 Absatz 3 besteht, hat das Gericht auf Antrag eines der Beteiligten vorab über die Wirksamkeit der Ausübung des Vorkaufsrecht zu entscheiden.

(2) [1]Für die Einhaltung des Abwägungsgebots bei der Aufstellung von Hafenplanungsverordnungen (§ 4 Absatz 1) oder Plänen für Vorbereitungsmaßnahmen (§ 14 Absätze 2 und 3) ist maßgebend, ob die Abwägung sachgerecht ist. [2]Verletzungen von Verfahrens- oder Formvorschriften oder Mängel im Abwägungsvorgang sind nur beachtlich, wenn sie offensichtlich sind und das Abwägungsergebnis beeinflusst haben.

§ 21 *[aufgehoben]*

§ 22 Übergangsvorschrift

Bebauungspläne gelten im Hafengebiet weiter, bis sie im Verfahren nach dem Baugesetzbuch aufgehoben werden.

§ 23 Aufhebung des Hafenerweiterungsgesetzes

Mit dem Inkrafttreten[1] dieses Gesetzes tritt das Hafenerweiterungsgesetz vom 30. Oktober 1961 mit den Änderungen vom 10. Dezember 1963 und 21. Januar 1974 (Hamburgisches Gesetz- und Verordnungsblatt 1961 Seite 339, 1963 Seite 229, 1974 Seite 12) außer Kraft.

Anlage 1 bis 1.31
[hier nicht wiedergegeben]

Anlage 2
zu § 2 Absatz 2 des Hafenentwicklungsgesetzes
vom 25. Januar 1982

Grenzbeschreibung

1.

1.1 Äußere Grenze
Beginn an der Landesgrenze bei Tinsdal.

Nordgrenze der Wassergrundstücke am rechten Ufer der Elbe (Flurstück Nr. 4069 der Gemarkung Rissen, Nr. 1896 der Gemarkung Blankenese, Nr. 4123 der Gemarkung Dockenhuden, Nr. 886 der Gemarkung Nienstedten, Nr. 325 der Gemarkung Klein Flottbek, Nr. 1287 der Gemarkung Othmarschen) bis zum Flurstück 1460, Verlängerung der Wassergrundstücksgrenze des Flurstücks Nr. 1287 bis zum Schnittpunkt mit der Hochwasserschutzwand auf dem Flurstück Nr. 1461, Hochwasserschutzwand bis zum Schnittpunkt mit der Grenze des räumlichen Geltungsbereiches des Bebauungsplanes Ottensen 1/ Othmarschen 26 vom 19. September 1972 (Hamburgisches Gesetz- und Verordnungsblatt Seite 161), Grenze des Bebauungsplans bis zum Schnittpunkt mit der Westgrenze des Flurstücks Nummer 4167 der Gemarkung Ottensen, der westlichen Grenze folgend bis zum Schnittpunkt mit der Nordgrenze des Wassergrundstücks Nummer 4177, der Nordgrenze des Flurstücks Nummer 4177 in östlicher Richtung folgend bis zum Schnittpunkt mit der Nordostecke des Flurstücks Nummer 4177 der Gemarkung Ottensen, den nördlichen Flurstücksgrenzen der Flurstücke Nummer 4177 und Nummer 4176 der Gemarkung Ottensen in östlicher Richtung folgend bis zur Gauß-Krüger-Koordinate (G.-Kr.) Rechts 3561792.6 m; Hoch 5935156.1 m, von dort in südlicher Richtung bis zur G.-Kr. Rechts 3561796.4 m; Hoch 5935058.3 m (Nordwestecke des Radarturms auf dem Leitdamm), der nördlichen und östlichen Begrenzung des Radarturms folgend bis zur Nordseite des Leitdammes in der Norderelbe, diesem in östlicher Richtung folgend bis zur G.-Kr. Rechts 3561912.8 m; Hoch 5935056.9 m, von dort in südlicher Richtung bis zur G.-Kr. Rechts 3561913.4 m; Hoch 5935031.1 m, von dort in östlicher Richtung bis zur Südwestecke des Flurstücks Nummer 2280 der Gemarkung Altona-Südwest, der südlichen Flurstücksgrenze und damit der nördlichen Begrenzung der Bundeswasserstraße Norderelbe, Flurstück Nummer 2281 der Gemarkung Altona-Südwest in östlicher Richtung folgend bis zum Schnittpunkt mit der Grenze des räumlichen Geltungsbereiches des Bebauungsplanes Altona-Altstadt 27/ St. Pauli 21 vom 16. November 1976 (Hamburgisches Gesetz- und Verordnungsblatt Seite 209), Grenze des Bebauungsplanes bis zum Schnittpunkt mit der Ufermauer, Wasserseite der Ufermauer bis zur Hochwasserschutzanlage.

Wasserseite der Hochwasserschutzanlage entlang des Nordufers der Norderelbe im Bereich der Straße Bei den St.Pauli-Landungsbrücken, im Bereich des Niederhafens, des Binnenhafens bis zum Schnittpunkt mit der Westseite der Fußgängerbrücke über den Binnenhafen, entlang der Westseite der Fußgängerbrücke bis zum Schnittpunkt mit der südlichen Ufermauer des Binnenhafens, weiter in wechselnden Richtungen der Wasserseite der Ufermauer folgend bis zum Schnittpunkt mit der Nordwestecke des Wasserflurstücks des Kehrwiederfleets, der Westgrenze des Flurstücks folgend bis zum Schnittpunkt mit der nördlichen Ufermauer des Sandtorhöfts, der Ufermauer in südwestlicher Richtung folgend bis zum Schnittpunkt mit der Nordwestecke des Wasserflurstücks Sandtorhafen, der westlichen Flurstücksgrenze des Sandtorhafens in südlicher Richtung folgend bis zum Schnittpunkt mit der Ufermauer des Kaiserhöfts, der Ufermauer in westlicher, südlicher und östlicher Richtung folgend bis zum Schnittpunkt mit der nordwestlichen Ecke der Begrenzung der Wasserfläche des Grasbrookhafens, dieser Begrenzung in südöstlicher Richtung folgend bis zur Ufermauer am Strandhöft, der Ufermauer in südlicher und östlicher Richtung folgend bis zum Schnittpunkt mit dem Westufer des Magdeburger Hafens, weiter in östlicher Richtung bis zur G.-Kr. Rechts 3566609.8; Hoch 5934578.9 Baakenhöft, weiter in südlicher und östlicher Richtung bis zur Westkante des Kirchenpauerkais (Lagestatus 310) Rechts 566568.5; Hoch 5932563.2, weiter am Kirchenpauerkai auf der Nordseite des Wasserflurstücks Nr. 2155 der Gemarkung Altstadt-Süd

---

[1] Inkrafttreten gemäß Art. 54 der Verfassung der Freien und Hansestadt Hamburg v. 6.6.1952 (HmGVBl. S. 117) am 4.2.1982.

in östlicher Richtung bis zur Koordinate (Lagestatus 310) Rechts 567639.0; Hoch 5932289.2, weiter in östliche Richtung entlang des Nordufers der Norderelbe bis zur Koordinate (Lagestatus 310) Rechts 567768.6; Hoch 5932246.8, der Uferkante in Richtung Süden folgend bis zur Koordinate (Lagestatus 310) Rechts 567771.1; Hoch 5932209.4, weiter entlang der nördlichen Uferkante der Norderelbe bis zur Koordinate (Lagestatus 310) Rechts 567803.0; Hoch 5932192.6, von dort in nördlicher Richtung zur Koordinate (Lagestatus 310) Rechts 567807.9; Hoch 5932200.2 auf der nördlichen Flurstücksgrenze des Wasserflurstücks Nr. 2155 der Gemarkung Altstadt Süd, dieser in südöstlicher Richtung folgend bis zur Koordinate (Lagestatus 310) Rechts 567837.8; Hoch 5932184.2, weiter in östlicher Richtung entlang des Nordufers der Norderelbe ab Koordinate (Lagestatus 310) Rechts 567837.8; Hoch 5932184.2 bis zur Spitze (Koordinate Rechts 568187.7; Hoch 5932024.1), weiter entlang des Westufers des Oberhafenkanals und des südlichen Ufers des Oberhafens bis zur Südostecke des Wasserflurstücks Nr. 2541 der Gemarkung Altstadt Süd (Koordinate Rechts 566681,18; Hoch 5933342,5 im Lagestatus 310), von dort in nordwestlicher Richtung bis zum Schnittpunkt mit der Ufermauer der Ericusspitze, der Ufermauer in nordwestlicher Richtung folgend bis zum Schnittpunkt mit der Westseite der Oberbaumbrücke, der Westseite entlang bis zum Schnittpunkt mit dem nordöstlichen Ufer des Oberhafens, weiter entlang der nördlichen Begrenzung des Oberhafens, des Billhafens und des Oberhafenkanals bis 30 m vor der westlichen Begrenzung der Fußgängerbrücke über den Haken, in südlicher Richtung bis zum Schnittpunkt mit der nördlichen Flurstücksgrenze des Oberhafenkanals, von dort bis zum Nordufer der Norderelbe, dem Nordufer in östlicher Richtung folgend bis zum Sperrwerk Billwerder Bucht.

Über die Sperrwerksfläche bis zum Nordufer der Billwerder Bucht, dem Nordufer folgend bis zur Vorderkante der Schleusenanlage der Tiefstackschleuse, diese entlang in südlicher Richtung bis zur Gemarkungsgrenze der Gemarkungen Billwerder Ausschlag und Billbrook, diese entlang bis zur westlichen Begrenzung des Wassergrundstücks des Moorfleeter Kanals (Flurstück Nr. 1867 der Gemarkung Billbrook), den Uferbegrenzungen des Moorfleeter Kanals, des Tidekanals (Flurstück Nr. 182) und des Industriekanals (Flurstück Nr. 765) folgend bis hinter die Andreas-Meyer-Brücke, neue Ausbaulinie der Landspitze zwischen Moorfleeter Kanal und Billwerder Bucht, Begrenzung des Wassergrundstücks Billwerder Bucht (Flurstücke Nr. 579 und Nr. 1911), östliche Begrenzung des Wassergrundstücks (Flurstücke Nr. 579 und Nr. 1911 der Gemarkung Moorfleet) bis zur südlichen Uferlinie des Holzhafenufers (Alte Doove Elbe), das südliche Ufer entlang bis zum Schnittpunkt mit der Bezirksgrenze des Bezirks Bergedorf, dieser in westlicher Richtung folgend bis zum Schnittpunkt mit dem westlichen Ufer des Alten Doove Elbe, dem westlichen Ufer der Doove Elbe und südlichen und westlichen Ufer des Holzhafens folgend bis zur Nordostecke des Flurstücks Nr. 2071 der Gemarkung Billwerder Ausschlag, der nördlichen Flurstücksgrenze in westlicher Richtung folgend bis zum Schnittpunkt mit der östlichen Flurstücksgrenze des Flurstücks Nr. 2070, dieser in nördlicher Richtung folgend bis zur nordwestlichen Ecke des Flurstücks Nr. 2798 (Kaltehofe Hinterdeich) dem Verlauf dieser Flurstücksgrenze in unterschiedlicher Richtung folgend bis zum Schnittpunkt mit der nördlichen Grenze des Flurstücks Nr. 2804 (Kaltehofe Hauptdeich), dem Verlauf der nordöstlichen Straßenbegrenzung und in westlicher Richtung folgend bis zum Sperrwerk Billwerder Bucht, von dort entlang der südlichen Begrenzung des Wassergrundstücks Billwerder Bucht in westlicher Richtung bis zum Schnittpunkt mit dem rechten Ufer der Norderelbe, dem rechten Ufer der Norderelbe folgend bis zum Schnittpunkt mit dem nördlichen Ufer der Dove Elbe, am rechten Ufer der Dove Elbe bis zur Nordseite der Schleusenanlagen der Tatenberger Schleuse, Westgrenze der Straße Tatenberger Weg, Gemarkungsgrenze, Westgrenze des Flurstücks Nr. 644 der Gemarkung Tatenberg, dem linken Ufer der Dove Elbe folgend bis zum Schnittpunkt mit dem rechten Ufer der Norderelbe, dem rechten Ufer der Norderelbe in südlicher Richtung folgend bis zur außenseitigen Deichgrundgrenze des Overwerder Hauptdeichs im Bereich des Hafens Oortkaten, Unterkante der Böschung des rechten Ufers der Elbe im Bereich des Hafens Oortkaten bis querab Strom-km 607,5, Verbindungslinie zur Landesgrenze bei Strom-km 607,5, Landesgrenze bis zur Südecke des Flurstücks Nr. 1770 der Gemarkung Neuland, in westlicher Richtung entlang der Begrenzung des Wassergrundstücks am linken Ufer der Süderelbe, weiter entlang der Oberkante der ausgebauten Uferböschung bzw. Regulierungslinie am linken Ufer der Süderelbe bis zum Schnittpunkt mit der Wassergrundstücksgrenze (Flurstück Nr. 4273 der Gemarkung Harburg).

Südostecke des Wasserflurstücks der Bundeswasserstraße Süderelbe Nr. 4273, von dort weiter in westlicher Richtung entlang der südlichen Flurstücksgrenze des Flurstücks Nr. 4273 bis zum Schnittpunkt mit der östlichen Uferbegrenzung der Schleuseneinfahrt, von dort weiter in südlicher Richtung bis zum Schnittpunkt mit der nördlichen Grenze des Flurstücks Nr. 4945, Nordgrenze des Flurstücks Nr. 4945 bis zum Schnittpunkt mit der östlichen Deichgrundgrenze des Harburger Hauptdeiches, der östlichen Deichgrundgrenze folgend bis zum Schnittpunkt mit der südlichen Begrenzung mit dem Wasserflurstück der Bundeswasserstraße Süderelbe Nr. 4651, der südlichen Flurstücksgrenze in westlicher Richtung folgend bis zur Nordostecke des Flurstücks Nr. 4434, von dort entlang der östlichen und südlichen Flurstücksgrenze des Flurstücks Nr. 4434 bis zur Südostecke des Flurstücks Nr. 5181 der Gemarkung Harburg, der südlichen und westlichen Flurstücksgrenze folgend bis zur nord-nordöstlichen Ecke des Flurstücks Nr. 5180, von dort bis zur nord-nordwestlichen Ecke des Flurstücks Nr. 5180 der Gemarkung Harburg, von dort in nord-nordwestlicher Richtung über das Flurstück Nr. 5181 der Gemarkung Harburg bis zum Schnittpunkt mit dem Wasserflurstück der Bundeswasserstraße Süderelbe Nr. 4651, von dort weiter in westlicher Richtung bis zur G.-Kr. Rechts 3565406; Hoch 5927380 am Südufer der Süderelbe, weiter in südlicher Richtung über das Flurstück Nr. 5181 der Gemarkung Harburg bis zum Schnittpunkt mit dem Flurstück Nr. 3563, an der Nord- und Ostgrenze des Flurstücks entlang bis zum Schnittpunkt mit Flurstück Nr. 5158, weiter in südlicher Richtung über die Flurstücke Nr. 5158 und Nr. 5164 der Gemarkung Harburg bis zur Nordwestecke des Straßenflurstücks Nr. 5183 (Dampfschiffsweg), dieses in südlicher Richtung entlang bis zum Schnittpunkt mit Straßenflurstück Nr. 3571 der Gemarkung Heimfeld, weiter in südwestlicher Richtung bis zum Schnittpunkt mit Straßenflurstück Nr. 5029, dieses entlang in nordwestlicher Richtung bis zur G.-Kr. Rechts 3565344; Hoch 5927210, weiter in südwestlicher Richtung entlang der Westgrenze des Flurstücks Nr. 3111 bis zur G.-Kr. Rechts 3565293; Hoch 5927146, weiter in Verlängerung bis zur G.-Kr. Rechts 3565288; Hoch 5927144, weiter in südlicher Richtung auf der Westgrenze des Wasserflurstücks Nr. 126 bis zum Schnittpunkt mit dem Böschungsfuß der G.-Kr. Rechts 3565266; Hoch 5927106, entlang des Böschungsfußes in südlicher Richtung bis zur G.-Kr. Rechts 3565218; Hoch 5926941, weiter in südlicher Richtung an der Westgrenze des Wasserflurstücks Nr. 126 bis zur Südwestecke des Wasserflurstücks Nr. 126 und in südwestlicher Verlängerung bis zur G.-Kr. Rechts 3565177; Hoch 5926826 und weiter bis G.-Kr. Rechts 3565174; Hoch 5926818, weiter in südwestlicher Richtung an der Westgrenze des Wasserflurstücks Nr. 158 des Ziegelwiesenkanals bis zum Schnittpunkt mit Flurstück Nr. 4817 bei der G.-Kr. Rechts 3565009; Hoch 5926485, weiter in südwestlicher Richtung bis zur G.-Kr. Rechts 3565000; Hoch 5926467 dem Schnittpunkt der südlichen Begrenzung des Flurstücks Nr. 4817 der Seehafenstraße bis zur Hochwasserschutzanlage, außenseitige Deichgrundgrenze des Bostelbeker Hauptdeichs bis zur Moorburger Straße, Nord- und West-Grenze des Flurstücks Nr. 3742 und Westgrenze des Flurstücks Nr. 3741 bis zum Flurstück Nr. 176, nördliche Begrenzung der Flurstücke Nr. 176 und 3345 der Straße Am Radeland der Gemarkung Heimfeld, über das Flurstück Nr. 3345 bis zum Schnittpunkt mit der Verlängerung der Westgrenze des Flurstücks Nr. 2614, Westgrenze des Flurstücks Nr. 2614 bis zur Nordwestecke, gerade Verbindungslinie in westlicher Richtung bis zum Schnittpunkt mit der östlichen Flurstücksgrenze des Flurstücks Nr. 2623 (Straße Moorburger Bogen), diese entlang bis zum Schnittpunkt mit der Grenze des räumlichen Geltungsbereiches des Bebauungsplanes, Ost- und Nordgrenze des räumlichen Geltungsbereiches des Bebauungsplanes Heimfeld 27/ Moorburg 3, Blatt 2 und 1, bis zur Kreuzung mit der HEW-Leitungstrasse, Verbindungslinie in der Flucht der HEW-Leitungstrasse bis zum Schnittpunkt mit der Ostgrenze des Flurstücks Nr. 1681 der Gemarkung Moorburg (16 m südlich der Nordspitze des Flurstücks Nr. 1681), östliche Begrenzung der Flurstücke Nr. 1681, 1685, 1689, 1697, 1701, 1705 und 1709 (Autobahngrundstücke) bis zur Nordspitze des Flurstücks Nr. 1709, Verbindungslinie zur Nordwestecke des Flurstücks Nr. 540, Westgrenze des Straßengrundstücks der Waltershofer Straße (Flurstück Nr. 540) bis zum Punkt A.

Nördliche Begrenzung der geplanten Bundesautobahn A 26, die festgelegt wird durch die gradlinige Verbindung der Punkte A, B, C, D, E, F und G, wobei Punkt A auf der Westgrenze des Flurstücks Nr. 540 der Waltershofer Straße in einer Entfernung von 105 m von der Nordwestecke des Flurstücks Nr. 540 in Richtung Süden, Punkt B auf der Ostgrenze des Flurstücks Nr. 584 in einer Entfernung von 100 m von der Südostecke des Flurstücks Nr. 584 in Richtung Norden, Punkt C auf der Westgrenze des Flurstücks Nr. 650 in einer Entfernung von 75 m von der Nordwestecke des Flurstücks Nr. 650 in Richtung Süden, Punkt D auf der Westgrenze des Flurstücks Nr. 680 in einer Entfernung von 35 m von der Nordwestecke des Flurstücks Nr. 680 in Richtung Süden, Punkt E auf der Ostgrenze des Flurstücks Nr. 50 der Gemarkung Neugraben in einer Entfernung von 35 m von der Südostecke des Flurstücks Nr. 50 in Richtung Norden, Punkt F auf der Nordostgrenze des Flurstücks Nr. 71 in einer Entfernung von 15 m von der Nordecke des Flurstücks Nr. 71 in Richtung Südosten und Punkt G auf der Westgrenze des Flurstücks Nr. 32 in einer Entfernung von 90 m von der Südwestecke des Flurstücks Nr. 32 in Richtung Norden liegt.

Östliche Begrenzung des Flurstücks Nr. 31 der Francoper Straße der Gemarkung Neugraben, östliche Begrenzung der Flurstücke Nr. 464, 1223 und 1441 der Straße Hinterdeich der Gemarkung Francop und deren Verlängerung nach Norden bis zur nördlichen Grenze des Flurstücks Nr. 2048, Ost- und Nordgrenze der Flurstücke Nr. 2048 und 2047 entlang der Hohenwischer Straße bis zur Südwestecke des Flurstücks Nr. 1634, Westgrenze des Flurstücks Nr. 1634 und deren geradlinige Verbindung bis zum Schnittpunkt mit der südlichen Begrenzung der Maßnahmenfläche der Hakengrabenaufweitung, dieser in westlicher Richtung folgend bis zum Schnittpunkt mit der westlichen Flurstücksgrenze des Flurstücks Nr. 2022 der Gemarkung Francop, Westgrenze des Flurstücks Nr. 2022, gerade Verbindung zwischen der Nordwestecke des Flurstücks Nr. 2022 und dem Schnittpunkt mit der Nordgrenze des Flurstücks

Nr. 1642 der Gemarkung Finkenwerder-Süd, Nord- und Ostgrenze des Flurstücks Nr. 1642, Südgrenze des Flurstücks Nr. 809 bis zur binnenseitigen Deichgrundgrenze des Aue-Hauptdeiches.

Binnenseitige Deichgrundgrenze des Aue-Hauptdeiches bis zur Südwestecke des Flurstücks Nr. 1120 der Gemarkung Finkenwerder-Süd, der Süd- und Ostgrenze der Flurstücke Nr. 1120 und 1143 folgend bis zum Schnittpunkt mit der binnenseitigen Deichgrundgrenze des Aue-Hauptdeiches, dieser in nördlicher Richtung folgend bis zum Schnittpunkt mit der binnenseitigen Deichgrundgrenze des Köhlfleet-Hauptdeiches, binnenseitige Deichgrundgrenze des Köhlfleet-Hauptdeiches bis 30 m vor der südöstlichen Uferbegrenzung des Finkenwerder Kutterhafens, über den Deichgrund bis zum Schnittpunkt mit der äußeren Deichgrundgrenze des Köhlfleet-Hauptdeiches, die Deichgrundgrenze in nordöstlicher Richtung bis zum Schnittpunkt mit der Gemarkungsgrenze der Gemarkung Finkenwerder- Nord, die Gemarkungsgrenze in nordwestlicher Richtung folgend bis zur Gauß-Krüger-Koordinate (G.-Kr.) Rechts 3558592.1 - Hoch 5933965.6, von dort weiter in nordöstlicher Richtung bis zur G.-Kr. Rechts 3558609.1 - Hoch 5933936.0, von dort weiter in nordwestlicher Richtung bis zur G.-Kr. Rechts 3558573.9 - Hoch 5933969.3, von dort weiter in nordwestlicher Richtung bis zur G.-Kr. Rechts 3558540.7 - Hoch 5933993.9, von dort weiter in südwestlicher Richtung bis zur nordöstlichen Ecke des Flurstücks Nr. 5429 der Gemarkung Finkenwerder-Nord, der nordwestlichen Flurstücksgrenze der Flurstücke Nr. 5429 und Nr. 5021 folgend bis zur binnenseitigen Deichgrundgrenze des Köhlfleet-Hauptdeiches, binnenseitige Deichgrundgrenze des Köhlfleet-Hauptdeiches bis zur Südostgrenze des Flurstücks Nr. 3229 (Stackmeisterei Finkenwerder). Südost-, Südwest- und Nordwestgrenze des Flurstücks Nr. 3229, binnenseitige Deichgrundgrenze des Köhlfleet-Hauptdeiches bis zur Nordecke des Flurstücks Nr. 3283, Oberkante der Böschung der Landzunge Gorch-Fock-Park entlang des Köhlfleets und des Steendiekkanals bis zum Schnittpunkt mit der Nordwestgrenze des Flurstücks Nr. 3164, Grenze des räumlichen Geltungsbereiches des Bebauungsplanes Finkenwerder 22 vom 19. Januar 1982 (Hamburgisches Gesetz- und Verordnungsblatt Seite 5) bis zur binnenseitigen Deichgrundgrenze des Finkenwerder Hauptdeiches, diese 455 m in westlicher Richtung entlang, von dort in nördlicher Richtung bis zum Schnittpunkt mit der westlichen Straßenbegrenzungslinie des Hein-Saß-Weges, diese 353 m in nordwestlicher Richtung entlang, über den Hein-Saß-Weg, über das Flurstück Nummer 4281 der Gemarkung Finkenwerder Nord bis an den Steendiekkanals bis zum Schnittpunkt mit der Deichgrundgrenze des Finkenwerder Hauptdeiches, über den Deichgrund, der binnenseitigen Deichgrundgrenze in südöstlicher Richtung folgend bis zum Schnittpunkt mit der gedachten Verlängerung der Oberkante der Böschung des südlichen Steendiekkanals, dem Verlauf der Oberkante der Böschung am Steendiekkanal folgend bis zum Schnittpunkt mit der Außenkante der Kaimauer am Westufer des Steendiekkanals, von da aus weiter entlang der Außenkante der Kaimauer folgend bis zum Knickpunkt am Südufer der Elbe, von dort aus 21 m in nordwestlicher Richtung bis zum Schnittpunkt der geradlinigen Verlängerung der Hafengebietsgrenze an der Oberkante der elbseitigen Böschung, diese in westlicher Richtung entlang bis zum Schnittpunkt der Gauß-Krüger-Koordinate (G.-Kr.) X = 56913 - Y = 34877, von dort in südlicher Richtung bis zur G.-Kr. X = 56881 - Y = 34729, weiter in süd-südwestlicher Richtung bis zur G.-Kr. X = 56759 - Y = 34653, weiter in westlicher Richtung bis zur G.-Kr. X = 56618 - Y = 34670 auf der Oberkante der Böschung des Rüschkanals am Rüschweg, die Oberkante der Böschung des Rüschkanals in südöstlicher Richtung entlang bis zum Schnittpunkt mit der Nordgrenze des Straßenflurstücks Nr. 4457 der Gemarkung Finkenwerder Nord (Rüschwinkel), diese entlang in westlicher und nordwestlicher Richtung bis zur Nordspitze des Straßenflurstücks Nr. 4457, Nordwestgrenze des Flurstücks Nr. 4352, Nordostgrenze des Flurstücks Nr. 4405 bis zum Schnittpunkt mit der südlichen Grenze des Wassergrundstücks Nr. 356, dieser Grenze in westlicher Richtung folgend bis zum Fuß der Böschung des Rüschkanals auf dem Flurstück Nr. 4362, von dort rechtwinklig zur Oberkante der Böschung, der Oberkante der Böschung des Rüschkanals in nordwestlicher Richtung folgend bis zum Schnittpunkt der G.-Kr. X = 56457 - Y = 34654, von dort in nordöstlicher Richtung bis zur G.-Kr. X = 56584 - Y = 34757, weiter in östlicher Richtung bis zur G.-Kr. X = 56722 - Y = 34740, weiter in nördlicher Richtung bis zur G.-Kr. X = 56774 - Y = 34917, weiter in nord-nordwestlicher Richtung bis zur G.-Kr. X = 56746 - Y = 34940, weiter in westlicher Richtung bis zur G.-Kr. X = 56682 - Y = 34954, weiter in nord-nordwestlicher Richtung bis zur G.-Kr. X = 56603 - Y = 35052, weiter in westlicher Richtung bis zur G.-Kr. X = 56465 - Y = 35090, weiter in süd-westlicher Richtung bis zur G.-Kr. X = 56303 - Y = 34998, weiter in westlicher Richtung bis zu G.-Kr. X = 56270 - Y = 35006 auf der alten Kaianlage am Südufer der Elbe (Flurstück Nr. 4239 der Gemarkung Finkenwerder Nord), der Kaianlage und der Oberkante der Böschung am linken Ufer der Elbe in westlicher Richtung folgend bis zum Schnittpunkt mit der südlichen Begrenzung des Wassergrundstücks am linken Ufer der Elbe (Flurstück Nr. 791), dieser Begrenzungslinie folgend bis zum Schnittpunkt der G.-Kr. X = 55190 - Y = 35298 an der Ostseite der neuen RoRo-Kaianlage, entlang der wasserseitigen Begrenzung der Kaianlage bis zum Schnittpunkt der G.-Kr. X = 54950 - Y = 35359 auf der südlichen Begrenzung des Wassergrundstücks (Flurstück Nr. 791), dieser Begrenzung in westlicher Richtung folgend bis zur Gemarkungsgrenze, gerade Verbindungslinie zum Schnittpunkt auf der Gemarkungsgrenze der Gemarkung Finkenwerder-Süd im Abstand von 260 m von der Nordwestecke des Flurstücks Nr. 1 in Richtung Südwesten, gerade Verbindungslinie zum Schnittpunkt auf der Landesgrenze im Abstand von 145 m von der Südwestecke des Flurstücks Nr. 1192 in Richtung Norden, Landesgrenze bis zur Nordwestecke des Flurstücks Nr. 4069 der Gemarkung Rissen.

1.2 Innere Grenze im Bereich von Wilhelmsburg
Beginn an der Brücke über die Süderelbe (Alte Harburger Elbbrücke).

Wasserseitige Deichgrundgrenze des Buschwerder Hauptdeiches und des Pollhorner Hauptdeiches bis zur Straßenkehre des Pollhornweges, rechtwinklige Überquerung der Hochwasserschutzanlage bis zum Schnittpunkt mit der nach Süden verlängerten östlichen Begrenzung des Flurstücks Nr. 5688 der Gemarkung Wilhelmsburg, Verbindungslinie zur Grenze des Bebauungsplans Wilhelmsburg 82, der südlichen, westlichen und nördlichen Grenze des Geltungsbereichs des Bebauungsplanes Wilhelmsburg 82 folgend bis zum Schnittpunkt mit der östlichen Grenze des Flurstücks Nr. 2533, östliche Begrenzung der Flurstücke Nr. 2533 und 5299 und deren Verlängerung bis zum Schnittpunkt mit der Grenze des räumlichen Geltungsbereiches des Bebauungsplans Wilhelmsburg 5 vom 9. Juli 1980 (Hamburgisches Gesetz- und Verordnungsblatt Seite 115), Grenze des Bebauungsplanes Wilhelmsburg 5 bis zum Veringkanal, südöstliche Begrenzung des Veringkanals, Binnenhaupt der Schleuse und nordwestliche Begrenzung des Veringkanals bis zur Grenze des Bebauungsplanes Wilhelmsburg 5, Grenze des Bebauungsplanes Wilhelmburg 5 bis zur Straße Alte Schleuse, Grenze des räumlichen Geltungsbereiches des Bebauungsplanes Wilhelmsburg 65 vom 9. Juli 1980 (Hamburgisches Gesetz- und Verordnungsblatt Seite 116) und der Verlängerung bis zur außenseitigen Deichgrundgrenze des Reiherstieg-Hauptdeiches, außenseitige Deichgrundgrenze des Reiherstieg-Hauptdeiches, Binnenhaupt der Ernst-August-Schleuse, Zollgrenze entlang des Klütjenfelder Hauptdeiches bis zur Müggenburger Durchfahrt, Südgrenze des Wassergrundstücks Müggenburger Durchfahrt (Flurstück Nr. 216 der Gemarkung Kleiner Grasbrook und Flurstück Nr. 492 der Gemarkung Veddel), außenseitige Deichgrundgrenze der Hochwasserschutzanlage entlang des Müggenburger Zollhafens und der Packersweide bis zum Flurstück Nr. 200, West- und Nordgrenze des Flurstücks Nr. 200 (Packersweide) der Gemarkung Veddel, Nordgrenze des Flurstücks Nr. 178, Nord- und Ostgrenze des Flurstücks Nr. 814, Überquerung des Flurstücks Nr. 178 zur Nordostecke des Flurstücks Nr. 635, Ostgrenze des Flurstücks Nr. 635, Ost- und Südgrenze des Flurstücks Nr. 698, Nordostgrenze des Flurstücks Nr. 704 (Autobahn), Nordostgrenze des Flurstücks Nr. 691, Gemarkungsgrenze bis zum Flurstück Nr. 753, Nordost- bzw. Nordgrenze des Flurstücks Nr. 753, Gemarkungsgrenze bis zum Flurstück Nr. 6895 der Gemarkung Wilhelmsburg, Begrenzung des Wassergrundstücks Flurstück Nr. 6895 der Gemarkung Wilhelmsburg am linken Ufer der Norderelbe, Begrenzung des Wassergrundstücks Flurstück Nr. 946 der Gemarkung Moorwerder, geradlinig am linken Ufer der Norderelbe entlang bis 136 m südlich der Nordostecke des Flurstücks Nr. 471, Verbindungslinie zur Südecke des Flurstücks Nr. 826, Südgrenze des Flurstücks Nr. 826, Südostgrenze des Flurstücks Nr. 4, Begrenzung des Wassergrundstücks (Flurstück Nr. 2) am rechten Ufer der Süderelbe, Begrenzung des Wassergrundstücks (Flurstücke Nr. 109 und 90 der Gemarkung Neuland) am rechten Ufer der Süderelbe, Oberkante der ausgebauten Uferböschung am rechten Ufer der Süderelbe von der Nordwestecke des Flurstücks Nr. 90 der Gemarkung Neuland, geradlinige Verbindung vom Ende der ausgebauten Uferböschung zur Nordostecke des Flurstücks Nr. 457 der Gemarkung Moorwerder, Begrenzung des Wassergrundstücks (Flurstück Nr. 457) am rechten Ufer der Süderelbe, Begrenzung des Wasser-grundstücks (Flurstück Nr. 4581 der Gemarkung Wilhelmsburg) am rechten Ufer der Süderelbe, westliche Begrenzung des Flurstücks Nr. 4442.

1.3 Innere Grenze im Bereich der Veddel
Beginn an der Brücke über die Norderelbe von der Nordwestecke des Flurstücks Nr. 801 der Gemarkung Veddel entlang der Südgrenze des Wassergrundstücks (Flurstück Nr. 1) bis 6 m östlich des Widerlagers der Norderelbbrücke, 6 m parallel zur nach Süden verlaufenden Grenze des Flurstücks Nr. 106 bis zum südlichen Ende der Stützmauer, Unterkante der Böschung bis zur wasserseitigen Deichgrundgrenze.

Wasserseitige Deichgrundgrenze der Hochwasserschutzanlage bis zum Sperrwerk Marktkanal, westliche Begrenzung des Wassergrundstücks Marktkanal (Flurstück Nr. 806 der Gemarkung Veddel) bis zum Flurstück Nr. 451, Nord- und Westgrenze des Flurstücks Nr. 451, rechtwinklige Überquerung der Wegeflurstücke Nr. 873 und 874 bis zum Schnittpunkt mit der Hochwasserschutzwand, Wasserseite der Hochwasserschutzwand bis zum Schnittpunkt mit der Grenze des Flurstücks Nr. 872 (Autobahn), Nordost- und Südgrenze des Flurstücks Nr. 872, Überquerung des Flurstücks Nr. 717 zur Nordostecke des Flurstücks Nr. 716, Ost-, Süd- und Westgrenze des Flurstücks Nr. 716 (Fundament Autobahnbrücke), Nordbegrenzung des Wassergrundstücks Müggenburger Zollhafen (Flurstück Nr. 505) und Müggenburger Durchfahrt (Flurstück Nr. 492), Ostgrenze des Flurstücks Nr. 673, Überquerung des Flurstücks Nr. 563, Westgrenze des Flurstücks Nr. 425, Überquerung des Flurstücks Nr. 607, Westgrenze des Flurstücks Nr. 107 bis zum Flurstück Nr. 703, Südgrenze des Flurstücks Nr. 703, West-, Süd- und Ostgrenze des Flurstücks Nr. 784

(Zollamt Veddel) bis zur Ostecke, Überquerung der Prielstraße, Ostseite der von der Prielstraße nach Norden abzweigenden Stichstraße, bis zur binnenseitigen Deichgrundgrenze der Hochwasserschutzanlage, diese und die wasserseitige Deichgrundgrenze bis zur Unterkante der Böschung, diese bis zur Wassergrundstücksgrenze der Norderelbe, Südgrenze des Wassergrundstücks (Flurstück Nr. 1) bis zur Nordwestecke des Flurstücks Nr. 801.

1.4 Innere Grenze im Bereich innenstädtischer Hafenrand
Der Bereich besteht aus den im Folgenden abgegrenzten Gebieten HafenCity, Moldauhafenquartier, Freihafenelbquartier und Hafentorquartier.

1.4.1 HafenCity
Beginn am Schnittpunkt der Flurstücksbegrenzung des Wasserflurstücks Nr. 1626 der Gemarkung Altstadt Süd (Sandtorhafen) mit der Wasserseite der Ufermauer (Sandtorkai), dieser in östlicher Richtung folgend bis zum Schnittpunkt mit der östlichen Flurstücksgrenze des Flurstücks Nr. 1559, dieser in nördlicher Richtung folgend bis zum Schnittpunkt mit der südlichen Flurstücksgrenze des Straßengrundstücks Am Sandtorkai (Flurstück Nr. 1584), dieser und den südlichen Flurstücksgrenzen der Straßenflurstücke Nr. 1285 (Am Sandtorkai) und Nr. 1152 (Brooktorkai) in östlicher Richtung folgend bis zum Schnittpunkt mit der südwestlichen Flurstücksgrenze des Flurstücks Nr. 1038, über das Flurstück Nr. 1038 bis zum Schnittpunkt mit der westlichen Flurstücksgrenze des Straßengrundstücks Poggenmühle (Flurstück Nr. 1141), über das Flurstück Nr. 1141 bis zum Schnittpunkt mit der südwestlichen Flurstücksgrenze des Straßengrundstücks Oberbaumbrücke (Flurstück Nr. 1147) mit der Flurstücksgrenze des Flurstücks Nr. 1166, der nordöstlichen Flurstücksgrenze des Flurstücks Nr. 1141 in nordwestlicher Richtung folgend bis zur Wasserseite der Ufermauer am Südufer des Wandrahmfleets, der Wasserseite der Ufermauer in nordöstlicher Richtung folgend bis zum Schnittpunkt mit der südwestlichen Flurstücksgrenze des Wasserflurstücks Nr. 900 (Zollkanal, Oberhafen), dieser in südöstlicher Richtung folgend bis zum Schnittpunkt mit der östlichen Begrenzung des Wassergrundstücks Nr. 981 der Gemarkung Altstadt Süd (Ericusgraben), der Flurstücksgrenze in südöstlicher Richtung folgend bis zum Schnittpunkt mit der Wasserseite der südlichen Ufermauer des Oberhafens und Oberhafenkanals, dieser in wechselnden Richtungen folgend bis zum Schnittpunkt mit der nordöstlichen Grenze des Flurstücks Nr. 995, dieser in südöstlicher Richtung folgend bis zum Schnittpunkt mit der nordöstlichen Begrenzung des Wasserflurstücks Nr. 1004 (Norderelbe), dem Nordufer der Norderelbe (Wasserflurstücke Nr. 1004 und 1619) in nordwestlicher Richtung folgend bis zum westlichen Eckpunkt der Wasserseite der Kaianlage Kirchenpauerkai, von dort aus in gerader, westlicher Verbindung bis zum Schnittpunkt mit dem südlichen Knickpunkt an der Wasserseite der Kaianlage Strandkai an der Südgrenze des Flurstücks Nr. 1535, dieser in wechselnden Richtungen folgend bis zum Schnittpunkt mit der südwestlichen Begrenzung des Wasserflurstücks Nr. 1110 (Grasbrookhafen), dieser in nordwestlicher Richtung folgend bis zur Wasserseite der Ufermauer am Schiffbauer Hafen, der Wasserseite der Ufermauer am Schiffbauer Hafen in nordwestlicher Richtung folgend bis zum Kaiserhöft, der Wasserseite der Ufermauer am Kaiserhöft in wechselnden Richtungen folgend bis zum Schnittpunkt mit der südwestlichen Begrenzung des Wasserflurstücks Nr. 1626 (Sandtorhafen), dieser in nordwestlicher Richtung folgend bis zum Schnittpunkt mit der südöstlichen Wasserseite der Ufermauer am Sandtorkai.

1.4.2 Moldauhafenquartier/Freihafenelbquartier
Beginn an der westlichen Außenkante der südlichen Widerlagers der Freihafenelbbrücke (Punkt 1: G.-Kr. X = 67776,523 – Y = 33881,627) in südlicher Richtung außen entlang an der historischen Widerlagerwand über die Zufahrt zum Überseezentrum (Schumacherwerder), in westlicher Richtung außen entlang der Hochwasserschutzanlage Veddel bis zum östlichen Widerlager der Niedernfelder Brücken (Punkt 2: G.-Kr. X = 67074,200 – Y = 32882,264), den südlichen Saalehafen querend zur östlichen Seite des nördlichen Widerlagers der Hansabrücke, in östlicher Richtung abbiegend zur südöstlichen Ecke des Kaispeichers G (Punkt IV: G.-Kr. X = 67075,439 – Y = 33012,979) und von dort entlang der Uferlinie parallel zu den Kaispeichern G, F, E bis zur südlichen Spitze des westlichen Widerlagers der Sachsenbrücke (Punkt III: G.-Kr. X = 67308,015 – Y = 33451,259), parallel zum westlichen Widerlager, entlang der Uferlinie in nordwestlicher Richtung bis zur östlichen Kante des Schuppens D (Punkt II: G.-Kr. X = 67308,794 – Y = 33689,720), weiter in nordwestlicher Richtung entlang der Bestandsbebauung parallel zum Melniker Ufer weiter bis zum Krahnhöft (Flurstück Nr. 588) (Punkt I: G.-Kr. X = 66492,985 – Y =34235,701), weiter in östlicher Richtung über die Einmündung des Moldauhafens (Flurstück Nr. 589) in die Norderelbe zum Veddelhöft (Flurstück Nr. 578) und entlang der Außenkante der Uferlinie „Holthusenkai" auf der Südseite des „Bundesvermögens Norderelbe" (Grenzen zwischen den Flurstücken Nr. 579, 574, 575 und dem Flurstück Nr. 492, 487), weiter zum Übergang der Kaimauer in die Böschung Holthusenkai (Punkt 7: G.-Kr. X = 67363,584 – Y = 34062,264) zurück bis zum Beginn am südlichen Widerlager der Freihafenelbbrücke (Punkt 1: G.-Kr X = 67776,523 – Y = 33881,627).

1.4.3 Hafentorquartier

Beginn an der östlichen Seite des nördlichen Widerlagers der Hansabrücke parallel des Widerlagers der Hansabrücke in westlicher Richtung bis auf 3,5 m an die Gleisachse der Hafenbahn (Gleisachse Nr. 181) (Punkt 3: G.-Kr. X = 66999,899 – Y = 33024,508), in nördlicher Richtung im Abstand von 3,5 m entlang des Hafenbahngleises (Nr. 181) über das Gelände des O'Swaldkais weiter im Verlauf der vormalig gewidmeten Asiastraße, weiter in Verlängerung parallel südlich zur Asiastraße in nordwestlicher Richtung (Punkt 4: G.-Kr. X = 66738,536 – Y = 33938,369), vor der Gleisweiche verspringend in nördlicher Richtung (Punkt 5: G.-Kr. X = 66783,336 – Y = 34005,297), weiter parallel zum Melniker Ufer in nordwestlicher Richtung bis zum Krahnhöft (Flurstück Nr. 588) (Punkt 6: G.-Kr. X = 66432,180 – Y = 34240,309), in südöstlicher Richtung entlang der Bestandsbebauung parallel zum Melniker Ufer weiter bis zur östlichen Kante des Schuppens D (Punkt II: G.-Kr. X = 67308,794 – Y = 33689,720), weiter entlang der Uferlinie des Moldauhafens in südlicher Richtung, dann in östlicher Richtung bis zur nordwestlichen Widerlagerecke der Sachsenbrücke, weiter parallel zum westlichen Widerlager der Sachsenbrücke (Punkt II: G.-Kr. X = 67308,794 – Y = 33689,720), entlang der Uferlinie parallel zu den Kaispeichern E, F und G (Punkt IV: G.-Kr. X = 67075,439 – Y = 33012,979) zurück bis zur östlichen Seite des nördlichen Widerlagers der Hansabrücke.

Östlich der Sachsenbrücke folgende Flächen: Fläche 1 von folgenden Punkten umschlossen: im Nordwesten (Punkt a: G.-Kr. X = 67533,088 – Y = 33522,102), im Nordosten (Punkt b: X = 67553,198 – Y = 33511,754), im Südwesten (Punkt c: G.-Kr. X = 67451,448 – Y = 33397,076), im Südosten (Punkt d: G.-Kr. X = 67485,432 – Y = 33380,051). Fläche 2 von folgenden Punkten umschlossen: im Nordwesten (Punkt e: G.-Kr. X = 67444,196 – Y = 33383,902), im Nordosten (Punkt f: G.-Kr. X = 67479,237 – Y = 33365,564), im Südwesten (Punkt g: G.-Kr. X = 67247,603 – Y = 33012,165), im Südosten (Punkt j: G.-Kr. X = 67278,950 – Y = 32980,671). An der Südseite der Fläche verspringt die Flächenabgrenzung an den Zwischenpunkten (Punkt h: G.-Kr. X = 67264,093 – Y = 33003,370 und Punkt i: G.-Kr. X = 67258,182 – Y = 32991,546).

2. Grenze zwischen dem Hafenerweiterungsgebiet und dem Hafennutzungsgebiet

Beginn am Schnittpunkt der Bezirksgrenze zwischen dem Bezirk Hamburg-Mitte und dem Bezirk Harburg mit den Gemarkungsgrenzen der Gemarkungen Finkenwerder-Süd und Finkenwerder-Nord und Altenwerder.

Der Bezirksgrenze des Bezirkes Hamburg-Mitte in südöstlicher Richtung folgend bis zur Nordostecke des Flurstücks Nr. 1920 der Gemarkung Altenwerder, von dort in südlicher Richtung entlang der Ostgrenzen der Flurstücke Nr. 1920, 1928 und 1923, weiter entlang der Westgrenze des Flurstücks Nr. 2139 der Gemarkung Altenwerder, der Westgrenzen der Flurstücke Nr. 2198 und 2202 der Gemarkung Francop bis zur Südwestecke des Flurstücks Nr. 2202, von dort in östlicher Richtung entlang der Südgrenzen der Flurstücke Nr. 2202 und 2198 der Gemarkung Francop und weiter entlang der Südgrenze des Flurstücks Nr. 2139 der Gemarkung Altenwerder bis zum Schnittpunkt mit dem Böschungsfuß des Altspülfeldes Altenwerder West, dem Böschungsfuß des Spülfelddamms inunterschiedlichen Richtungen folgend bis zur Koordinate (Lagestatus 310) Rechts 558967.9; Hoch 5928779.7, von dort in gerader Linie bis zur Koordinate (Lagestatus 310) Rechts 558984.6;Hoch 5928766.6 am Böschungsfuß des Spülfelddamms, diesem in unterschiedlicher Richtung folgend bis zur Koordinate (Lagestatus 310) Rechts 559557.7; Hoch 5928574.0, von dort in geraderLinie bis zur Koordinate (Lagestatus 310) Rechts 559576.2; Hoch 5928549.1 am Böschungsfuß des Spülfelddamms, diesem in unterschiedlicher Richtung folgend bis zum Schnittpunkt mit der nördlichen Begrenzung des Flurstücks Nr. 1976 der Gemarkung Altenwerder. Den nordöstlichen Flurstücksgrenzen der Flurstücke Nr. 1976, 1988, 2149, 2150 der Gemarkung Altenwerder und der Flurstücke Nr. 2405, 2404 der Gemarkung Moorburg in östlicher Richtung folgend bis zur Nordostecke des Flurstücks Nr. 2404, weiter in südlicher Richtung entlang der Westseite des Flurstücks Nr. 2299 und dann nach Osten knickend entlang der südlichen Flurstücksgrenzen der Flurstücke Nr. 2299 und 2296 bis zum Schnittpunkt mit der Westgrenze des Flurstücks Nr. 2052, von dort die Richtung beibehaltend bis zur Ostgrenze des Flurstücks Nr. 2052 und weiter entlang der südlichen Flurstücksgrenzen der Flurstücke Nr. 2296 und 2297 und von dessen südöstlicher Ecke in gerader Linie zur Koordinate (Lagestatus 310) Rechts 561841.3; Hoch 5927921.5, von dort weiter bis zur Koordinate (Lagestatus 310) Rechts 562066.4; Hoch 5927990.3 auf der nördlichen Begrenzung des Weges oberhalb der neuen Uferböschung am südlichen Drehkreis in der Süderelbe. Die nördliche Begrenzung des Weges in östlicher Richtung entlang bis zur Nordwestecke des Flurstückes Nr. 2398 und weiter entlang der östlichen Flurstücksgrenzen der Flurstücke Nr. 2398, 2396, 2268, 4535 bis zu der Nordgrenze des Flurstücks Nr. 2386 (Straße Kattwykdamm), den Nordwestgrenzen der Flurstücke Nr. 2386 und 2387 bis zum Schnittpunkt mit der nördlichen Straßenbegrenzung des Moorburger Elbdeiches (Oberkante Böschung), diese entlang bis zur Koordinate (Lagestatus 310) Rechts 562563.3; Hoch 5927139.7, weiter in gerader Linie bis zur Nordwestecke des Flurstücks Nr. 2450, in östlicher Richtung den Nordgrenzen der Flurstücke Nr. 2450 und 2438 (Moorburger Schanze) der Gemarkung Moorburg folgen, dann in südliche Richtung entlang der Ostgrenzen der Flurstücke Nr. 2438, 2434, 2432 und 2430. Weiter entlang Flurstück Nr. 2430 in nordwestlicher Richtung und dann wieder Richtung Süden knickend bis zur Südostecke des Flurstückes Nr. 2430, dort in südlicher Richtung der Gemarkungsgrenze der Gemarkungen Moorburg und Heimfeld folgend bis zur Nordwestecke von Flurstück Nr. 2471 der Gemarkung Heimfeld. Weiter entlang der westlichen Flurstücksgrenzen der Flurstücke Nr. 2471, 3486, 3487 und 3482 der Gemarkung Heimfeld und in östlicher Richtung entlang der südlichen Flurstücksgrenzen der Flurstücke Nr. 3482, 2415 und wieder 3482 der Gemarkung Heimfeld und der Flurstücke Nr. 5571 und 5572 der Gemarkung Harburg.

3. Grenze zwischen den Zonen I und II des Hafenerweiterungsgebiets
Beginn an der Ostseite des Bahndammes der Waltershofer Bahn im Schnittpunkt der nach Südosten verlängerten Südwestgrenze des Flurstücks Nr. 1370 (Gemarkung Altenwerder) mit der Unterkante der Bahndammböschung in der Gemarkung Moorburg. Die Unterkante entlang bis zum Schnittpunkt mit der Nordgrenze des Flurstücks Nr. 1364 (Gemarkung Moorburg), Nord- und Ostgrenze des Flurstücks Nr. 1364, Ostgrenze des Flurstücks Nr. 1767 bis zur Südostecke, Nordgrenze des Flurstücks Nr. 574 (Straßengrundstück Moorburger Elbdeich) nach Osten bis zur Südostecke des Flurstücks Nr. 1781. Gerade Verbindungslinie zur Nordwestecke des Flurstücks Nr. 1787 (Straßengrundstück Waltershofer Straße), Westgrenze des Flurstücks Nr. 1787 bis zur Nordwestecke des Flurstücks Nr. 540 (Straßengrundstück Waltershofer Straße).

Gesetz
über die Hamburg Port Authority
(HPAG)[1]

Vom 29. Juni 2005 (HmbGVBl. S. 256)
(BS Hbg 9504-2)

zuletzt geändert durch Viertes G zur Änd. des Gs über die Hamburg Port Authority
vom 14. November 2019 (HmbGVBl. S. 396)

Der Senat verkündet das nachstehende von der Bürgerschaft beschlossene Gesetz:

Nichtamtliche Inhaltsübersicht

§ 1 Zielsetzung

(1) [1]Der Hamburger Hafen erfüllt als Welthafen eine ihm durch Geschichte und Lage zugewiesene besondere Aufgabe sowohl als Verkehrszentrum als auch als Träger wirtschaftlichen Wachstums. [2]Dieser besonderen Verantwortung folgend dient die Errichtung der rechtsfähigen Anstalt „Hamburg Port Authority" der Erfüllung dieser Aufgabe und zugleich einer verbesserten und effizienteren Aufgabenwahrnehmung.

(2) Anstaltszweck der Hamburg Port Authority ist die Entwicklung, Erweiterung und Bewirtschaftung des Hamburger Hafens, der Betrieb und die Instandhaltung einer leistungsfähigen Hafeninfrastruktur einschließlich der Hafenbahn, Entwicklung und Vermarktung hafenspezifischer Leistungen sowie die Ansiedlung von Unternehmen und die Bereitstellung von Hafengrundstücken.

(3) [1]Im Rahmen ihrer Aufgabenwahrnehmung hat die Hamburg Port Authority die von Bürgerschaft und Senat festgelegten öffentlichen Interessen und hafenpolitischen Zielsetzungen zu beachten. [2]Die Hamburg Port Authority beachtet dabei insbesondere die klima- und energiepolitischen Ziele des Senats.

§ 2 Errichtung, Rechtsform, Name, Vermögensübergang

(1) Die Freie und Hansestadt Hamburg errichtet die Hamburg Port Authority als rechtsfähige Anstalt des öffentlichen Rechts mit Sitz in Hamburg.

(2) [1]Das Amt Hamburg Port Authority der Behörde für Wirtschaft und Arbeit sowie das Hafenreferat der Liegenschaftsverwaltung der Finanzbehörde gehen im Wege der Rechtsnachfolge von der Freien und Hansestadt Hamburg auf die Hamburg Port Authority auf der Grundlage des von der Bürgerschaft beschlossenen Überleitungsplanes über. [2]Der Überleitungsplan wird im Staatsarchiv zur kostenlosen Einsicht durch jedermann niedergelegt.

---

1) Verkündet als Artikel 1 des G v. 29. Juni 2005 (HmbGVBl. S. 256); Inkrafttreten gemäß Art. 8 Abs. 2 am 1.10.2005.

(3) [1]Die den in Absatz 2 genannten Organisationseinheiten zuzuordnenden Verbindlichkeiten und Vermögensgegenstände mit Ausnahme der öffentlichen Wege und der öffentlichen Hochwasserschutzanlagen gehen in dem zum Zeitpunkt des Inkrafttretens dieses Gesetzes vorhandenen Umfang nach Maßgabe des Überleitungsplanes auf die Hamburg Port Authority über. [2]Der Hamburg Port Authority wird das Eigentum an den für die Wahrnehmung ihrer Aufgaben erforderlichen Grundstücken nach Maßgabe des Überleitungsplanes von der Freien und Hansestadt Hamburg übertragen. [3]Das maßgebliche Stück der Grundstücksübersicht des Überleitungsplanes wird im Staatsarchiv zur kostenlosen Einsicht durch jedermann niedergelegt. [4]Die Hamburg Port Authority tritt in alle bestehenden Rechte und Verpflichtungen der Freien und Hansestadt Hamburg ein, soweit sie den Aufgabenbereichen der in Absatz 2 genannten Organisationseinheiten zuzurechnen sind. [5]Davon ausgenommen sind Wegebenutzungsverträge, deren Wirkung über den Aufgabenbereich der in Absatz 2 genannten Organisationseinheiten hinausgeht. [6]Die Hamburg Port Authority wird sicherstellen, dass die Freie und Hansestadt Hamburg die Verpflichtungen aus solchen Verträgen erfüllen kann, soweit sie sich auf das Aufgabengebiet der Hamburg Port Authority beziehen.

(3a) [1]Der Hamburg Port Authority wird auch das Eigentum an allen im Bereich der Hafenerweiterung Altenwerder benannten Flurstücken in den Gemarkungen Altenwerder, Moorburg und Kattwyk nach Maßgabe der beigefügten Grundstücksübersicht übertragen. [2]Das maßgebliche Stück der Grundstücksübersicht wird im Staatsarchiv zur kostenlosen Einsicht durch jedermann niedergelegt.

(3b) [1]Der Hamburg Port Authority wird auch das Eigentum an den im Bereich der Hafenerweiterung Altenwerder benannten Flurstücken in der Gemarkung Altenwerder nach Maßgabe der beigefügten Grundstücksübersicht übertragen. [2]Das maßgebliche Stück der Grundstücksübersicht wird im Staatsarchiv zur kostenlosen Einsicht durch jedermann niedergelegt.

(4) Die Hamburg Port Authority führt ein kleines Dienstsiegel.

(5) Die Hamburg Port Authority besitzt Dienstherrnfähigkeit.

(6) Das Hamburgische Insolvenzunfähigkeitsgesetz vom 12. September 2001 (HmbGVBl. S. 375, 382), zuletzt geändert am 29. Juni 2005 (HmbGVBl. S. 256, 262), findet keine Anwendung.

§ 3 Übertragene Aufgaben

(1) [1]Als von der Freien und Hansestadt Hamburg übertragene Aufgaben obliegen der Hamburg Port Authority

1. Planung, Bau, Betrieb, Verwaltung und Instandhaltung
   a) der im Sinne des europäischen Beihilferechts nicht wirtschaftlich genutzten Infrastruktur im Hafengebiet nach dem Hafenentwicklungsgesetz (HafenEG) vom 25. Januar 1982 (HmbGVBl. S. 19) und zuletzt geändert am 29. Juni 2005 (HmbGVBl. S. 256, 262), in der jeweils geltenden Fassung,
   b) der Bundeswasserstraße Elbe nach den Wasserstraßenverträgen vom 29. Juli 1921 (Reichsgesetzblatt S. 962) und vom 18. Februar 1922 (Reichsgesetzblatt S. 222), geändert am 22. Dezember 1928 (Reichsgesetzblatt 1929 II S. 1) mit späteren Nachträgen,
2. die Vorbereitung und Durchführung hafenplanungsrechtlicher Aufgaben nach dem Hafenentwicklungsgesetz mit Ausnahme der Aufgaben der Planfeststellung,
3. die Gewährleistung der Sicherheit und Leichtigkeit des Schiffsverkehrs nach dem Hafenverkehrs- und Schifffahrtsgesetz vom 3. Juli 1979 (HmbGVBl. S. 177), zuletzt geändert am 29. Juni 2005 (HmbGVBl. S. 256, 262), in der jeweils geltenden Fassung,
4. die Wahrnehmung von Aufgaben auf dem Gebiet des Hafenlotswesens nach dem Hafenlotsgesetz vom 19. Januar 1981 (HmbGVBl. S. 9), zuletzt geändert am 18. Juli 2001 (HmbGVBl. S. 251, 257), in der jeweils geltenden Fassung,
5. die Wahrnehmung von Aufgaben im Rahmen des Wasserrechts und der Wasserwirtschaft für die oberirdischen Gewässer nach dem Hamburgischen Wassergesetz in der Fassung vom 29. März 2005 (HmbGVBl. S. 97) in der jeweils geltenden Fassung,
6. die Überwachung von privaten Hochwasserschutzanlagen gemäß der Polderordnung vom 13. Dezember 1977 (HmbGVBl. S. 394), zuletzt geändert am 3. Februar 1981 (HmbGVBl. S. 28), in der jeweils geltenden Fassung,
7. Planung, Entwurf, Ausführung, Unterhaltung und Überwachung von öffentlichen Hochwasserschutzanlagen sowie Instandhaltung und Betrieb von Sonderbauwerken mit Ausnahme der

Schöpfwerke und Deichsiele nach dem Hamburgischen Wassergesetz und der Deichordnung vom 27. Mai 2003 (HmbGVBl. S. 151),

8.   die Wahrnehmung der Aufgaben der Wegeaufsichtsbehörde und der Trägerin der Wegebaulast nach dem Hamburgischen Wegegesetz, soweit sie sich nicht auf den Abschluss der in § 2 Absatz 3 Satz 5 genannten Verträge und solcher Verträge, die auf Grund ihrer Bedeutung nur für das gesamte Stadtgebiet abgeschlossen werden, die der Stadtreinigung obliegende Wegereinigung oder die von der Hamburger Stadtentwässerung wahrgenommenen Aufgaben beziehen,

9.   die Wahrnehmung von Aufgaben im Rahmen des Sedimentmanagements,

10. einzelne hafenbezogene Angelegenheiten des Naturschutzes und der Landschaftspflege nach dem Hamburgischen Gesetz zur Ausführung des Bundesnaturschutzgesetzes vom 11. Mai 2010 (HmbGVBl. S. 350, 402), zuletzt geändert am 13. Mai 2014 (HmbGVBl. S. 167), und des Bodenschutzes nach dem Bundes-Bodenschutzgesetz vom 17. März 1998 (BGBl. I S. 502), zuletzt geändert am 27. September 2017 (BGBl. I S. 3465, 3504), und dem Hamburgischen Bodenschutzgesetz vom 20. Februar 2001 (HmbGVBl. S. 27), zuletzt geändert am 17. Dezember 2013 (HmbGVBl. S. 503, 525),

11. die Mitwirkung beim vorbeugenden und abwehrenden Katastrophenschutz nach dem Hamburgischen Katastrophenschutzgesetz vom 16. Januar 1978 (HmbGVBl. S. 31), zuletzt geändert am 18. Juli 2001 (HmbGVBl. S. 251, 254); die Hamburg Port Authority unterliegt dabei den Weisungen der zuständigen Katastrophenschutzbehörde,

12. die Organisation und der Betrieb des Hamburger Sturmflutwarndienstes,

13. die Wahrnehmung von Aufgaben im Rahmen der Bauaufsicht nach der Hamburgischen Bauordnung vom 14. Dezember 2005 (HmbGVBl. S. 525, 563), zuletzt geändert am 26. November 2018 (HmbGVBl. S. 371), in der jeweils geltenden Fassung.

[2]Der Hamburg Port Authority obliegt darüber hinaus in enger Abstimmung mit der Aufsichtsbehörde die Aufgabe, die Interessen des Hamburger Hafens auf nationaler und internationaler Ebene zu vertreten und diese im Zusammenhang mit der Erarbeitung und Umsetzung hafenpolitischer Konzepte einzubringen. [3]Auch führt die Hamburg Port Authority die Erhebung, Auswertung, Aufbereitung und Bereitstellung von hydrologischen, meteorologischen und hydrographischen Daten durch.

(2) Innerhalb der nach Absatz 1 übertragenen Aufgabenbereiche regelt der Senat die Zuständigkeiten der Hamburg Port Authority inhaltlich und räumlich abschließend durch Rechtsverordnung.

(3) Der Senat wird ermächtigt, der Hamburg Port Authority durch Rechtsverordnung weitere Aufgaben zu übertragen, die im Zusammenhang mit den Aufgaben nach Absatz 1 stehen, oder der Hamburg Port Authority bereits übertragene Aufgaben auf die Freie und Hansestadt Hamburg zurück zu übertragen.

(4) Der Senat kann der Hamburg Port Authority gegen Aufwandsentschädigung weitere Aufgaben und Einzelaufträge im Interesse der Freien und Hansestadt Hamburg übertragen.

§ 4 Eigenkapital, Grundstücke

(1) [1]Die Hamburg Port Authority wird mit einem Eigenkapital in Höhe der Differenz zwischen den übertragenen Vermögenswerten und den Verbindlichkeiten und Rückstellungen sowie einem Sonderposten für vor der Anstaltserrichtung getätigte Investitionen der abnutzbaren allgemeinen Infrastruktur in Höhe der bestehenden Buchwerte errichtet. [2]Das Eigenkapital setzt sich aus dem Grundkapital in Höhe von 150 Millionen Euro und den Rücklagen zusammen.

(2) [1]Grundstücke und Flächen, die der Hamburg Port Authority gemäß § 2 Absatz 3 Satz 2 werterstattungsfrei im Wege einer Sacheinlage übertragen wurden, sind auf Verlangen der Freien und Hansestadt Hamburg durch gesonderten Vertrag lasten- und nutzungsfrei im Wege der Sachentnahme zurück zu übertragen, wenn

1.   sie für konkrete städtebauliche Maßnahmen oder als Straßen-, Deich- oder Hochwasserschutzflächen von der Freien und Hansestadt Hamburg benötigt werden oder

2.   sie für betriebliche Zwecke der Hamburg Port Authority nicht mehr benötigt werden oder

3.   sie aus dem Hafennutzungsgebiet entlassen werden.

[2]Grundstücke und Flächen, die mit finanziellen Mitteln der Hamburg Port Authority erworben wurden, sind auf Verlangen der Freien und Hansestadt Hamburg nach Maßgabe von Satz 1 Nummern 1 bis 3 gegen Erstattung des Verkehrswertes im Rahmen der Nutzung auf die Freie und Hansestadt Hamburg zu übertragen.

(3) ¹Die Grundstücke sind geräumt herauszugeben. ²Abweichende Vereinbarungen sind möglich. ³Durch die Rückübertragung verursachte Aufwendungen und Schäden, insbesondere an Nutzungsberechtigte wegen vorzeitiger Vertragsauflösung zu leistende Entschädigungen und von der Hamburg Port Authority zu tragende Rückbaukosten, werden der Hamburg Port Authority von der Freien und Hansestadt Hamburg auf Nachweis erstattet. ⁴Gleiches gilt für eigene finanzielle Mittel, die die Hamburg Port Authority für wertsteigernde Maßnahmen an den Grundstücken aufgewendet hat. ⁵Abweichende Vereinbarungen zwischen der Freien und Hansestadt Hamburg und der Hamburg Port Authority zur Kostentragung bei schädlichen Bodenveränderungen und Altlasten sowie hieraus verursachte Grundwasserverunreinigungen bleiben hiervon unberührt.

(4) Werden im Hafennutzungsgebiet gemäß § 2 HafenEG nach Inkrafttreten dieses Gesetzes Straßen-, Deich- oder Hochwasserschutzflächen der Freien und Hansestadt Hamburg entwidmet, so übereignet die Freie und Hansestadt Hamburg diese durch gesonderten Vertrag an die Hamburg Port Authority zum Buchwert.

(5) Wenn die Anstalt erlischt, fallen die Grundstücke der Hamburg Port Authority zurück an die Freie und Hansestadt Hamburg.

§ 5 Organe
Organe der Hamburg Port Authority sind der Aufsichtsrat und die Geschäftsführung.

§ 6 Zusammensetzung und Wahl des Aufsichtsrates
(1) Der Aufsichtsrat hat neun Mitglieder und besteht aus
1. sechs vom Senat der Freien und Hansestadt Hamburg berufenen Mitgliedern und
2. drei in unmittelbarer, freier, gleicher und geheimer Wahl von den Beschäftigten der Anstalt gewählten Mitgliedern; die Wahlberechtigung, die Wählbarkeit, das Wahlverfahren und das Ausscheiden der zu wählenden Mitglieder aus dem Kreise der Beschäftigten regelt der Aufsichtsrat durch eine Wahlordnung; sie ist den Beschäftigten in geeigneter Form bekannt zu geben.

(2) ¹Alle Mitglieder des Aufsichtsrates können längstens für die nach § 102 des Aktiengesetzes vom 6. September 1965 (BGBl. I S. 1089), zuletzt geändert am 17. Juli 2017 (BGBl. I S. 2446, 2931), in der jeweils geltenden Fassung zulässige Zeit bestellt werden. ²Wenn bei Ablauf der Amtszeit die neuen Mitglieder noch nicht berufen oder gewählt sind, führen die bisherigen Mitglieder ihr Amt bis zum Eintritt der neuen Mitglieder fort, längstens jedoch sechs Monate über den Ablauf ihrer Amtszeit hinaus. Scheidet ein gewähltes Mitglied vorzeitig aus, tritt das nächstgewählte Ersatzmitglied ein. ³Im Falle vorzeitigen Ausscheidens eines Aufsichtsratsmitgliedes kann, falls ein Ersatzmitglied nicht bestellt ist, ein neues Mitglied nur für den Rest der Amtszeit des ausgeschiedenen Mitglieds bestellt werden. ⁴Wiederbestellung ist zulässig.

(3) Dem Aufsichtsrat soll nicht mehr als ein ehemaliges Mitglied der Geschäftsführung angehören, Aufsichtsratsmitglieder sollen keine Organfunktion oder Beratungsaufgaben bei Wettbewerbern der Hamburg Port Authority ausüben.

(4) Gleichzeitig mit den Aufsichtsratsmitgliedern kann für ein oder mehrere bestimmte Mitglieder jeweils ein Ersatzmitglied bestellt werden, das bei Ausscheiden des betreffenden Mitglieds für dessen restliche Amtszeit an dessen Stelle tritt.

(5) ¹Der Aufsichtsrat wählt zu Beginn seiner Amtszeit aus seiner Mitte eine Vorsitzende bzw. einen Vorsitzenden und deren bzw. dessen Stellvertretung. ²Scheidet die bzw. der Vorsitzende oder deren oder dessen Stellvertretung aus dem Amt, hat der Aufsichtsrat unverzüglich eine Ersatzwahl vorzunehmen.

§ 7 Aufgaben und Zustimmungsvorbehalte des Aufsichtsrates
(1) ¹Der Aufsichtsrat hat die Geschäftsführung zu beraten und zu überwachen. ²Er kann von der Geschäftsführung jederzeit einen Bericht über die Angelegenheiten der Hamburg Port Authority verlangen, die Bücher und Schriften der Hamburg Port Authority einsehen und prüfen sowie örtliche Besichtigungen vornehmen. ³Er kann damit auch einzelne Mitglieder des Aufsichtsrates oder für besondere Aufgaben besondere Sachverständige beauftragen.

(2) ¹Dem Aufsichtsrat obliegt die Bestellung, Anstellung und Abberufung der Geschäftsführerinnen bzw. Geschäftsführer. ²Bestellung und Anstellung erfolgen auf höchstens fünf Jahre; wiederholte Bestellung und Anstellung sind zulässig. ³Die Anstellung erfolgt als Arbeitnehmerin oder Arbeitnehmer.

(3) [1]Der Aufsichtsrat hat die Abschlussprüferin oder den Abschlussprüfer zu bestellen, den Prüfauftrag für den Jahresabschluss, den Lagebericht, den Prüfauftrag der Ordnungsmäßigkeit der Geschäftsführung nach § 53 des Haushaltsgrundsätzegesetzes (HGrG) vom 19. August 1969 (BGBl. I S. 1273), zuletzt geändert am 14. August 2017 (BGBl. I S. 3122, 3139), in der jeweils geltenden Fassung sowie die Prüfung der zweckentsprechenden, wirtschaftlichen und sparsamen Verwendung der von der Freien und Hansestadt Hamburg gewährten Zuwendungen zu erteilen. [2]Der Aufsichtsrat hat den Jahresabschluss, den Lagebericht und den Vorschlag für die Verwendung des Jahresergebnisses zu prüfen und über das Ergebnis schriftlich an die Aufsichtsbehörde und die für die Finanzen zuständige Behörde zu berichten.

(4) Der Zustimmung des Aufsichtsrates bedürfen

1. der Wirtschaftsplan und seine Änderungen sowie Entscheidungen über Aufträge, die im Wirtschaftsplan nicht vorgesehen sind oder bei denen die Ansätze im Wirtschaftsplan überschritten werden, ab einer vom Aufsichtsrat in der Satzung festgelegten Wertgrenze,

2. die Festsetzung allgemein gültiger Entgelte,

3. die Festsetzung grundsätzlicher Regelungen für Nutzungs- und Grundstücksverträge,

4. Verträge von grundsätzlicher Bedeutung,

5. Grundstücksgeschäfte sowie Abschluss, Änderung oder Aufhebung von Miet- und Pachtverträgen ab einer vom Aufsichtsrat in der Satzung zu bestimmenden Zeitdauer beziehungsweise Wertgrenze,

6. die Aufnahme von Anleihen oder Krediten ab einer vom Aufsichtsrat festzulegenden Wertgrenze, sofern damit das mit dem Wirtschaftsplan genehmigte Aufnahmevolumen überschritten wird,

7. die Festlegung von Grundsätzen und Handlungsrahmen für die Aufnahme und Gewährung von Krediten und Darlehen sowie die Übernahme von Bürgschaften, Garantien sowie sonstigen Verpflichtungen zum Einstehen für fremde Verbindlichkeiten; Darlehen an Geschäftsführerinnen bzw. Geschäftsführer, bevollmächtigte Beschäftigte sowie an Aufsichtsratsmitglieder und jeweils auch deren Angehörige sind unzulässig,

8. die allgemeinen Vereinbarungen und Maßnahmen zur Regelung der arbeits-, dienst-, tarif- und versorgungsrechtlichen Verhältnisse der Beschäftigten mit finanziellen Auswirkungen,

9. der Abschluss von Vermögensschaden-Haftpflichtversicherungen (D&O-Versicherungen) für Geschäftsführungen,

10. die Gründung von Unternehmen, Erwerb, Erhöhung, Belastung oder Veräußerung von Beteiligungsrechten und Maßnahmen vergleichbarer Bedeutung (zum Beispiel insbesondere bei Kapitalerhöhungen oder -herabsetzungen, Änderung des Unternehmensgegenstandes, Abschluss, Änderung und Aufhebung von Unternehmensverträgen, Änderung des staatlichen Einflusses im Aufsichtsorgan) sowie die Errichtung, Verlegung und Aufhebung von Zweigstellen oder Betriebsstätten,

11. die Bestellung und Abberufung von Personen der zweiten Führungsebene, deren Vertretungsbefugnis sich auch auf Geschäfte außerhalb des üblichen Geschäftsbetriebes erstreckt; eine Generalvertretungsbefugnis darf nicht erteilt werden,

12. die Aufnahme neuer oder die strukturelle Änderung bestehender Geschäftsbereiche und der Arbeitsorganisation einschließlich der Veräußerung oder Ausgliederung von Betriebsteilen,

13. die Ausübung des der Hamburg Port Authority zustehenden Stimmrechts in Gesellschafterversammlungen und Aufsichtsgremien von Tochter- und Beteiligungsgesellschaften, soweit sie in personeller oder finanzieller Hinsicht von besonderer Bedeutung sind,

14. die Einleitung von Rechtsstreitigkeiten gegen die Freie und Hansestadt Hamburg oder ihre Unternehmen sowie die Einleitung von Rechtsstreitigkeiten von grundsätzlicher Bedeutung oder mit einem Streitwert von mehr als 100.000 Euro; der Abschluss von Vergleichen und der Erlass von Forderungen, sofern der durch den Vergleich gewährte Nachlass oder der Nennwert erlassener Forderungen eine vom Aufsichtsrat festzulegende Wertgrenze übersteigt,

15. Rechtsgeschäfte, an denen Mitglieder des Aufsichtsrates persönlich oder als Vertreterin oder Vertreter einer Handelsgesellschaft oder einer juristischen Person des öffentlichen Rechts beteiligt sind,

16. an den Senat zu richtende Anträge zur Neufestsetzung von Gebühren.

(5) Der Aufsichtsrat kann für bestimmte Geschäfte seine Zustimmung allgemein erteilen.

(6) In der Satzung gemäß § 11 ist bestimmt, welche weiteren Geschäfte nur mit Zustimmung des Aufsichtsrates vorgenommen werden dürfen.

(7) Im Übrigen bestimmen sich die Rechte und Pflichten des Aufsichtsrates nach den aktienrechtlichen Vorschriften.

§ 8 Geschäftsordnung und Ausschüsse des Aufsichtsrates

(1) Der Aufsichtsrat gibt sich eine Geschäftsordnung.

(2) Er kann Ausschüsse von mindestens drei seiner Mitglieder bilden und ihnen einzelne seiner Aufgaben zur Vorbereitung oder, soweit § 107 Absatz 3 Satz 4 des Aktiengesetzes nicht entgegensteht, durch einstimmigen Beschluss zur selbstständigen Erledigung übertragen.

§ 9 Beschlussfähigkeit und Stellvertretung des Aufsichtsrates

(1) [1]Der Aufsichtsrat ist beschlussfähig, wenn mindestens die Hälfte seiner Mitglieder an der Beschlussfassung teilnimmt, von denen zumindest drei nach § 6 Absatz 1 Nummer 1 bestellt wurden; § 108 Absatz 3 des Aktiengesetzes ist anwendbar. [2]Das Gleiche gilt für die Ausschüsse mit der Maßgabe, dass in jedem Fall mindestens drei Mitglieder an der Beschlussfassung teilnehmen müssen, von denen zumindest zwei nach § 6 Absatz 1 Nummer 1 bestellt wurden.

(2) [1]Der Aufsichtsrat und seine Ausschüsse fassen ihre Beschlüsse mit einfacher Stimmenmehrheit. [2]Stimmenthaltungen werden nicht gezählt. [3]Bei Stimmengleichheit gibt die Stimme der bzw. des Vorsitzenden den Ausschlag.

(3) [1]Stellvertreterinnen bzw. Stellvertreter von Aufsichtsratsmitgliedern können nicht bestellt werden. [2]An den Sitzungen des Aufsichtsrates und seiner Ausschüsse können jedoch Personen, die dem Aufsichtsrat nicht angehören, anstelle von verhinderten Aufsichtsratsmitgliedern teilnehmen, wenn sie von diesen hierzu schriftlich ermächtigt sind. [3]Sie können auch schriftliche Stimmabgaben der abwesenden Aufsichtsratsmitglieder überreichen.

§ 10 Geschäftsführung; Vertretung

(1) [1]Die Geschäftsführung besteht aus einer Geschäftsführerin bzw. einem Geschäftsführer oder mehreren Geschäftsführerinnen bzw. Geschäftsführern. [2]Mehrere Geschäftsführerinnen bzw. Geschäftsführer tragen gemeinschaftlich die Verantwortung.

(2) [1]Die Geschäftsführung leitet die Hamburg Port Authority. [2]Sie hat die Vorschriften dieses Gesetzes, die allgemeinen Rechtsvorschriften sowie die Bestimmungen der Satzung zu beachten und auf ihre Einhaltung zu achten. [3]Die Geschäftsführerinnen oder Geschäftsführer sind der Anstalt gegenüber auch verpflichtet, die Beschränkungen einzuhalten, welche für den Umfang ihrer Befugnisse, die Anstalt zu vertreten, durch Weisungen der Aufsichtsbehörde festgesetzt sind. [4]Im Übrigen gelten für die Sorgfaltspflichten und Verantwortlichkeiten der Geschäftsführung die §§ 90 bis 93 des Aktiengesetzes entsprechend. [5]Die Geschäftsführung unterliegt dem Wettbewerbsverbot entsprechend § 88 des Aktiengesetzes.

(3) [1]Die Hamburg Port Authority wird von der Geschäftsführung gerichtlich und außergerichtlich vertreten. [2]Die Geschäftsführung kann die Vertretung so regeln, dass neben einem Mitglied der Geschäftsführung eine bevollmächtigte Person oder zwei andere von der Geschäftsführung bevollmächtigte Personen gemeinsam zeichnen können. [3]Das Nähere regelt die Satzung. [4]Die Bevollmächtigten und Art und Umfang ihrer Vertretungsbefugnis sowie das gänzliche oder teilweise Erlöschen ihrer Vertretungsbefugnis sind im Amtlichen Anzeiger zu veröffentlichen (Delegationsregelung).

(4) Erklärungen, durch die die Hamburg Port Authority privatrechtlich verpflichtet werden soll, bedürfen der Schriftform und sind nur wirksam, wenn sie unter Beachtung der Vertretungsregelung nach Absatz 3, der dazu erlassenen Satzungsbestimmungen und der Delegationsregelung erfolgen.

(5) [1]Die Geschäftsführung ist oberste Dienstbehörde im Sinne des § 3 Absatz 1 Satz 2 des Hamburgischen Beamtengesetzes vom 15. Dezember 2009 (HmbGVBl. S. 405) in der jeweils geltenden Fassung. [2]Sie ernennt und entlässt die Beamtinnen und Beamten und ist deren Dienstvorgesetzter. [3]Sie kann ihre Befugnisse nach Satz 2 auf Beschäftigte der Anstalt übertragen.

(6) [1]In beamtenrechtlichen Angelegenheiten, die mit der Bestellung, Anstellung und Abberufung der Geschäftsführung in Zusammenhang stehen, oder soweit Beamtinnen oder Beamte der Hamburg Port Authority mit der Geschäftsführung betraut sind, nimmt der Aufsichtsrat die Aufgaben als Dienstvorgesetzter und oberste Dienstbehörde der betroffenen Beamtinnen und Beamten wahr. [2]Er kann diese Befugnisse allgemein und im Einzelfall auf seinen Vorsitzenden übertragen.

§ 11 Satzung

(1) ¹Die Hamburg Port Authority erhält eine Satzung, in der neben allen Regelungen, die nach diesem Gesetz der Satzung vorbehalten sind, ergänzende Regelungen über die Befugnisse und Pflichten ihrer Organe und die Anforderungen an die Wirtschafts- und Finanzplanung getroffen werden. ²Sie enthält Regelungen über Zusammensetzung, Organisation, Geschäftsverteilung, Vertretungsbefugnisse, Befugnisse und Pflichten der Geschäftsführung sowie über die Einberufung und Beschlussfassung des Aufsichtsrats.

(2) ¹Der Senat wird ermächtigt, die erste Satzung durch Rechtsverordnung zu erlassen. ²Änderungen der Satzung beschließt der Aufsichtsrat. ³Derartige Beschlüsse bedürfen der Zustimmung der Aufsichtsbehörde und sind im Amtlichen Anzeiger zu veröffentlichen.

§ 12 Beziehungen zur Freien und Hansestadt Hamburg, Beteiligungen

(1) Die Aufsicht über die Hamburg Port Authority übt die zuständige Behörde (Aufsichtsbehörde) aus.

(2) ¹Die Beschlüsse des Aufsichtsrates gemäß § 7 Absatz 2 sowie Absatz 4 Nummern 5, 7, 10, 12 und 15 bedürfen der Zustimmung der Aufsichtsbehörde. ²Die Beschlüsse gemäß § 7 Absatz 4 Nummern 5 und 10 bedürfen zusätzlich der Zustimmung der für die Finanzen zuständigen Behörde.

(3) Die Aufsichtsbehörde beschließt im Einvernehmen mit der für die Finanzen zuständigen Behörde über Veränderungen des gezeichneten Kapitals sowie der Kapitalrücklagen.

(4) ¹Die Aufsichtsbehörde beschließt im Einvernehmen mit der für die Finanzen zuständigen Behörde über die Feststellung des Jahresabschlusses, die Genehmigung des Lageberichts und die Verwendung des Jahresergebnisses. ²Sie erteilt der Geschäftsführung die Entlastung.

(5) ¹Die Aufsichtsbehörde sowie die für die Finanzen zuständige Behörde sind berechtigt, sich von der Ordnungs- und Zweckmäßigkeit des Geschäftsgebarens zu überzeugen. ²Sie können dazu durch Beauftragte Einsicht in den Betrieb, in die Bücher und Schriften der Anstalt und der von ihr gegründeten Gesellschaften nehmen.

(6) ¹Die für die Finanzen zuständige Behörde erteilt dem Aufsichtsrat die Entlastung. ²Die Entlastung ist durch eine Vertreterin oder einen Vertreter der für die Finanzen zuständigen Behörde auszusprechen, die oder der nicht Mitglied des Aufsichtsrates ist.

(7) ¹Die Hamburg Port Authority kann Unternehmen gründen oder sich an Unternehmen beteiligen. ²Die §§ 53 und 54 HGrG und die §§ 65 und 67 bis 69 der Landeshaushaltsordnung (LHO) vom 17. Dezember 2013 (HmbGVBl. S. 503), zuletzt geändert am 29. Mai 2018 (HmbGVBl. S. 200), in der jeweils geltenden Fassung sind entsprechend anzuwenden.

(8) ¹Die Hamburg Port Authority darf sich mit mehr als 20 vom Hundert am Grund- oder Stammkapital eines Unternehmens nur beteiligen, wenn hierfür die Zustimmung der zuständigen Behörde vorliegt und in der Satzung oder im Gesellschaftsvertrag dieses Unternehmens die sich aus den §§ 53 und 54 HGrG ergebenden Rechte und Pflichten sowie die Aufstellung und Prüfung von Jahresabschluss und Lagebericht gemäß § 65 Absatz 1 Nummer 4 LHO festgelegt sind. ²Der Zustimmung der zuständigen Behörde bedarf es auch, wenn eine solche Beteiligung erhöht, ganz oder zum Teil veräußert oder eine Maßnahme vergleichbarer Bedeutung (zum Beispiel Kapitalerhöhung/-herabsetzung, Änderung des Unternehmensgegenstandes, Abschluss, Änderung und Aufhebung von Beherrschungsverträgen, Änderung des staatlichen Einflusses im Aufsichtsorgan) durchgeführt werden soll. ³Bei einer Mehrheitsbeteiligung ist außerdem eine Regelung gemäß den Sätzen 1 und 2 zu treffen. ⁴Die Haftung der Hamburg Port Authority ist in den Fällen der Sätze 1 bis 3 auf die Einlage oder den Wert des Gesellschaftsanteils zu beschränken.

§ 13 Wirtschaftsführung

Die Hamburg Port Authority wird nach kaufmännischen Grundsätzen und wirtschaftlichen Gesichtspunkten geführt.

§ 14 Erhebung von Gebühren, Entgelten und sonstigen Abgaben

(1) ¹Die Hamburg Port Authority hat Anspruch auf Zahlung von Benutzungsgebühren für die Benutzung von Einrichtungen des Anstaltsvermögens durch die Anstaltsnutzer, soweit die Benutzung nicht auf Grund vertraglicher Vereinbarungen erfolgt. ²Die Hamburg Port Authority ist außerdem berechtigt, Verwaltungsgebühren für die Vornahme von Amtshandlungen und für erfolglose Widerspruchsverfahren nach § 3 des Gebührengesetzes vom 5. März 1986 (HmbGVBl. S. 37), zuletzt geändert am

4. Dezember 2001 (HmbGVBl. S. 531, 532), in der jeweils geltenden Fassung zu erheben. [3]Die Vorschriften des Gebührengesetzes sind anzuwenden, soweit gesetzlich nichts anderes geregelt ist.

(2) [1]Der Senat wird ermächtigt, die gebührenpflichtigen Tatbestände und Gebührensätze durch Rechtsverordnung (Gebührenordnung) festzulegen. [2]Bei der Ermittlung der durch Verwaltungsgebühren abzudeckenden Kosten ist § 6 Absätze 1 und 2 des Gebührengesetzes in der jeweils geltenden Fassung anzuwenden; für die Bemessung der Benutzungsgebühren ist § 14 Nummer 1 des Hafenverkehrs- und Schifffahrtsgesetzes anzuwenden.

(3) Die Hamburg Port Authority hat Anspruch auf Zahlung von Verwaltungs- und Benutzungsgebühren für Sondernutzungen im Rahmen der ihr übertragenen Aufgaben im Bereich der öffentlichen Wege und Grün- und Erholungsanlagen nach der Gebührenordnung für die Verwaltung und Benutzung der öffentlichen Wege, Grün- und Erholungsanlagen vom 6. Dezember 1994 (HmbGVBl. S. 385), zuletzt geändert am 7. Dezember 2004 (HmbGVBl. S. 467, 478), sowie von Benutzungsgebühren für die Benutzung des in ihrem Zuständigkeitsbereich gelegenen Deichgrundes nach Anlage 2 der Umweltgebührenordnung vom 5. Dezember 1995 (HmbGVBl. S. 365), zuletzt geändert am 21. März 2005 (HmbGVBl. S. 80, 85), in ihrer jeweils geltenden Fassung.

(4) Soweit auf Grund vertraglicher Vereinbarungen Leistungen erbracht werden, kann die Hamburg Port Authority Entgelte erheben.

(5) Erträge aus Geldbußen und Nebenfolgen, die zu einer Geldzahlung verpflichten, stehen der Hamburg Port Authority zu.

§ 15 Rechnungswesen, Jahresabschluss

(1) Geschäftsjahr ist das Kalenderjahr.

(2) [1]Die Vorschriften des Dritten Buchs des Handelsgesetzbuchs für große Kapitalgesellschaften sowie des Einführungsgesetzes zum Handelsgesetzbuch vom 10. Mai 1897 (BGBl. III 4101-1), zuletzt geändert am 4. Oktober 2013 (BGBl. I S. 3746, 3747), in der jeweils geltenden Fassung, sind anzuwenden, soweit in diesem Gesetz nichts anderes bestimmt ist. [2]Abweichend davon ist in der Eröffnungsbilanz auf der Passivseite ein Sonderposten für vor der Anstaltserrichtung getätigte Investitionen der abnutzbaren allgemeinen Infrastruktur in Höhe der bestehenden Buchwerte zu bilden. [3]Dieser Sonderposten ist in Höhe der Abschreibungen des abnutzbaren Anlagevermögens der allgemeinen Infrastruktur ertragswirksam aufzulösen.

(3) [1]Auf die Jahresabschlussprüfung ist § 53 HGrG entsprechend anzuwenden. [2]Die Freie und Hansestadt Hamburg nimmt die Rechte gemäß § 68 LHO wahr.

(4) [1]Die Geschäftsführung hat in den ersten drei Monaten des Geschäftsjahres für das vergangene Geschäftsjahr den Jahresabschluss und den Lagebericht aufzustellen und der Abschlussprüferin oder dem Abschlussprüfer vorzulegen. [2]Nach dortiger Prüfung werden der Jahresabschluss und der Lagebericht bis zum Ende des vierten Monats des neuen Geschäftsjahres der Aufsichtsbehörde, der für die Finanzen zuständigen Behörde und dem Aufsichtsrat vorgelegt. [3]Soweit sich aus der Feststellung des Jahresabschlusses Änderungen ergeben, sind diese der für die Finanzen zuständigen Behörde unverzüglich mitzuteilen.

(5) Der festgestellte Jahresabschluss ist im Amtlichen Anzeiger zu veröffentlichen.

§ 16 Finanzkontrolle, Anwendung der Landeshaushaltsordnung

(1) Der Rechnungshof der Freien und Hansestadt Hamburg überwacht die Haushalts- und Wirtschaftsführung gemäß § 104 LHO.

(2) Für Maßnahmen, die durch Investitionszuschüsse aus dem Haushalt finanziert werden, sind die §§ 7, 46, 57 bis 59 LHO anzuwenden.

(3) Die §§ 99 bis 103 LHO sind nicht anzuwenden.

§ 17 Freiheit von Abgaben, Gebühren und Steuern

(1) [1]Die aus Anlass der Anstaltserrichtung erforderlichen Geschäfte und Verhandlungen einschließlich der erforderlichen Eintragungen und Berichtigungen in den öffentlichen Büchern und Registern sind von Abgaben und Gebühren der Freien und Hansestadt Hamburg und ihrer juristischen Personen des öffentlichen Rechts mit Ausnahme der nach einem Wirtschaftsplan arbeitenden Landesbetriebe befreit. [2]Das Gleiche gilt für Steuern, soweit der Freien und Hansestadt Hamburg das Recht der Gesetzgebung hierfür zusteht.

(2) [1]Für Wegebaumaßnahmen, die vor Inkrafttreten dieses Gesetzes fertig gestellt waren, verzichtet die Freie und Hansestadt Hamburg auf die Erhebung der Erschließungs- und Ausbaubeiträge. [2]Für Sielbaumaßnahmen, die vor dem 1. Januar 1995 fertig gestellt waren, wird auf die Erhebung von Sielbau- und Sielanschlussbeiträgen verzichtet.

§ 18 Überleitung der Arbeitnehmerinnen und Arbeitnehmer

(1) [1]Mit Inkrafttreten dieses Gesetzes gehen die Arbeitsverhältnisse der Arbeitnehmerinnen und Arbeitnehmer, die zu diesem Zeitpunkt bei den in § 2 Absatz 2 bezeichneten Organisationseinheiten der Freien und Hansestadt Hamburg beschäftigt sind, mit allen Rechten und Pflichten auf die Anstalt über (übergeleitete Arbeitnehmerinnen und Arbeitnehmer). [2]Berufsausbildungsverhältnisse stehen dabei und bei der Anwendung der nachfolgenden Absätze den Arbeitsverhältnissen gleich.

(2) [1]Die Kündigung des Arbeitsverhältnisses einer übergeleiteten Arbeitnehmerin und eines übergeleiteten Arbeitnehmers wegen der Ausgliederung ist unwirksam. [2]Die Anstalt trägt dafür Sorge, dass die Rechtsstellung der übergeleiteten Arbeitnehmerinnen und Arbeitnehmer und die von ihnen erworbenen Besitzstände infolge der Umwandlung in eine Anstalt nicht eingeschränkt werden (Bestandssicherungsklausel).

(3) Ein Widerspruchsrecht der übergeleiteten Arbeitnehmerinnen und Arbeitnehmer gegen die Überleitung ihrer Arbeitsverhältnisse auf die Anstalt ist ausgeschlossen.

(4) Für die übergeleiteten Arbeitnehmerinnen und Arbeitnehmer werden die Zeiten einer Beschäftigung bei der Freien und Hansestadt Hamburg so angerechnet, als wenn sie bei der Anstalt geleistet worden wären.

(5) [1]Der Übergang der Arbeitsverhältnisse ist den übergeleiteten Arbeitnehmerinnen und Arbeitnehmern unverzüglich nach Inkrafttreten dieses Gesetzes in schriftlicher Form mitzuteilen. [2]In den Mitteilungen ist auf die Regelungen dieses Paragraphen hinzuweisen.

(6) [1]Die Anstalt ist verpflichtet, eine drohende Zahlungsunfähigkeit unverzüglich der Freien und Hansestadt Hamburg anzuzeigen und ihr die erforderlichen Daten zu übermitteln und Einblick in die einschlägigen Unterlagen zu gewähren. [2]Soweit die Anstalt wegen drohender oder eingetretener Zahlungsunfähigkeit mit der Zahlung der Vergütung oder mit der Erfüllung einer anderen Geldleistungspflicht aus dem Arbeitsverhältnis einer übergeleiteten Arbeitnehmerin und eines übergeleiteten Arbeitnehmers in Verzug gerät, hat die Freie und Hansestadt Hamburg die unerfüllten Zahlungspflichten zu erfüllen. [3]Die Erfüllung hat unverzüglich zu erfolgen, erforderlichenfalls pauschaliert, als Abschlagszahlung und unter dem Vorbehalt einer Schlussabrechnung. [4]Soweit die Freie und Hansestadt Hamburg Verbindlichkeiten der Anstalt gegenüber den Arbeitnehmerinnen und Arbeitnehmern nach den vorstehenden Regelungen erfüllt hat, gehen die Ansprüche der Arbeitnehmerinnen und Arbeitnehmer gegen die Anstalt auf die Freie und Hansestadt Hamburg über.

(7) [1]Wird über das Vermögen der Anstalt das Insolvenzverfahren eröffnet oder wird die Eröffnung des Insolvenzverfahrens mangels Masse abgelehnt, so ist jede übergeleitete Arbeitnehmerin und jeder übergeleitete Arbeitnehmer auf Antrag in den Dienst der Freien und Hansestadt Hamburg zu übernehmen, wenn die Anstalt eine betriebsbedingte Entlassung ausspricht oder die Anstalt erlischt. [2]Der Antrag ist innerhalb von zwölf Wochen nach der Entlassung oder dem Erlöschen der Anstalt schriftlich zu stellen. [3]Die Übernahme in den Dienst der Freien und Hansestadt Hamburg hat innerhalb von drei Wochen nach Eingang des Antrages bei der früheren Beschäftigungsbehörde oder bei einer Behörde, die deren frühere Aufgaben übernommen hat, unter Wahrung des bei der Anstalt erreichten ständigen Entgeltes zu erfolgen. [4]Wurde der Antrag nach Satz 1 unverzüglich nach der Entlassung oder dem Erlöschen der Anstalt gestellt, wird das Arbeitsverhältnis zur Freien und Hansestadt Hamburg auf Wunsch rückwirkend ab Beendigung des Arbeitsverhältnisses mit der Anstalt begründet. [5]Die Zeiten einer Beschäftigung bei der Anstalt werden im Falle der Übernahme nach Satz 1 so angerechnet, als wenn sie bei der Freien und Hansestadt Hamburg geleistet worden wären.

§ 19 Zusatzversorgung der übergeleiteten Arbeitnehmerinnen und Arbeitnehmer

(1) [1]Den übergeleiteten Arbeitnehmerinnen und Arbeitnehmern (§ 18 Absatz 1 Satz 1) wird von der Hamburg Port Authority eine zusätzliche Alters- und Hinterbliebenenversorgung unter sinngemäßer Anwendung der für die Arbeitnehmerinnen und Arbeitnehmer der Freien und Hansestadt Hamburg sowie deren Hinterbliebene jeweils geltenden Vorschriften gewährt. [2]Dabei zählt die Beschäftigungszeit bei der Freien und Hansestadt Hamburg als Beschäftigungszeit bei der Hamburg Port Authority.

(2) ¹Versorgungsbezüge, die von der Freien und Hansestadt Hamburg oder von der Hamburg Port Authority an übergeleitete Arbeitnehmerinnen und Arbeitnehmer oder ihre Hinterbliebenen gezahlt werden, werden zwischen der Freien und Hansestadt Hamburg und der Hamburg Port Authority in dem Verhältnis aufgeteilt, in dem sie auf einer Tätigkeit bei der Freien und Hansestadt Hamburg einerseits und bei der Hamburg Port Authority andererseits beruhen. ²Die Freie und Hansestadt Hamburg verpflichtet sich gegenüber der Hamburg Port Authority, für sämtliche Versorgungsansprüche ihrer ehemaligen Beschäftigten, die auf bei ihr zurückgelegte Zeiten entfallen, in vollem Umfang einzustehen. ³Sie stellt sicher, dass die verauslagten Beträge an die Hamburg Port Authority erstattet werden.

(3) Zusatzversorgungsansprüche aus Arbeitsverhältnissen zur Freien und Hansestadt Hamburg, die bereits vor der Errichtung der Hamburg Port Authority endeten, gehen nicht auf die Hamburg Port Authority über, sondern verbleiben bei der Freien und Hansestadt Hamburg.

§ 20 Überleitung der Beamtinnen und Beamten

(1) Für die Überleitung der bei den in § 2 Absatz 2 bezeichneten Organisationseinheiten der Freien und Hansestadt Hamburg beschäftigten Beamtinnen und Beamten gelten die Regelungen des Kapitels II Abschnitt III des Beamtenrechtsrahmengesetzes (BRRG) in der Fassung vom 31. März 1999 (BGBl. I S. 655), zuletzt geändert am 27. Dezember 2004 (BGBl. I S. 3835, 3839).

(2) Von dem in § 23 Absatz 4 sowie § 130 Absatz 1 Satz 2 und Absatz 2 Satz 1 BRRG eingeräumten Ermessen wird aus Anlass der Errichtung kein Gebrauch gemacht.

(3) Die Aufteilung der Versorgungslasten zwischen der Freien und Hansestadt Hamburg und der Hamburg Port Authority für die Beamtinnen und Beamten, die nach Absatz 1 in den Dienst der Hamburg Port Authority übergetreten sind, richtet sich nach § 81 des Hamburgischen Beamtenversorgungsgesetzes vom 26. Januar 2010 (HmbGVBl. S. 23, 72) in der jeweils geltenden Fassung.

§ 21 Übergangsvorschriften

(1) ¹Bis zur Berufung von mindestens zwei Dritteln der Mitglieder des Aufsichtsrates werden dessen Aufgaben von der Aufsichtsbehörde wahrgenommen. ²Sie lädt umgehend nach Inkrafttreten dieses Gesetzes zur konstituierenden Sitzung des Aufsichtsrates ein. ³Bis zur Auswahl der Geschäftsführung leiten die bisherigen Leiter des Amtes „Hamburg Port Authority" die Hamburg Port Authority.

(2) Der bisherige Personalrat des Amtes „Hamburg Port Authority" führt die Geschäfte weiter, bis ein neuer Personalrat gewählt ist, längstens jedoch bis zur Dauer von sechs Monaten nach Inkrafttreten dieses Gesetzes.

(3) Die Jugend- und Auszubildendenvertretungen des in Absatz 2 genannten Amtes behalten ihre Zuständigkeit bis zur Neuwahl der jeweiligen Vertretung der Hamburg Port Authority, längstens jedoch bis zur Dauer von sechs Monaten nach Inkrafttreten des Gesetzes.

(4) Die Schwerbehindertenvertretung bleibt bis zum Ablauf ihrer Amtszeit gemäß § 94 Absätze 5 und 7 des Neunten Buches Sozialgesetzbuch vom 19. Juni 2001 (BGBl. I S. 1046, 1047), zuletzt geändert am 21. März 2005 (BGBl. I S. 818, 827), in der jeweils geltenden Fassung im Amt.

(5) Die Gleichstellungsbeauftragte oder der Gleichstellungsbeauftragte des in Absatz 2 genannten Amtes behält ihre oder seine Zuständigkeit bis zur Bestellung der Gleichstellungsbeauftragten oder des Gleichstellungsbeauftragten der Hamburg Port Authority.

(6) Die bei Inkrafttreten dieses Gesetzes für die in § 2 Absatz 2 genannten Organisationseinheiten bestehenden Dienstvereinbarungen und die einschlägigen Vereinbarungen nach § 94 des Hamburgischen Personalvertretungsgesetzes in der Fassung vom 16. Januar 1979 (HmbGVBl. S. 17), zuletzt geändert am 28. Dezember 2004 (HmbGVBl. S. 517, 518), in der jeweils geltenden Fassung gelten bis zum Abschluss der sie ersetzenden Dienstvereinbarungen durch die Hamburg Port Authority als Dienstvereinbarung in der Anstalt fort, wenn sie nicht durch Zeitablauf, Kündigung oder Aufhebungsvereinbarung außer Kraft treten, längstens jedoch bis zum 31. Dezember 2008.

(7) Der bisherige Personalrat nach Absatz 2 bestimmt unverzüglich nach Inkrafttreten dieses Gesetzes die drei Mitglieder des Aufsichtsrates gemäß § 6 Absatz 1 Nummer 2 sowie ihre Stellvertreterinnen oder Stellvertreter für den Zeitraum bis zur Wahl durch die Beschäftigten der Anstalt.

(8) Der Grundsatz der Nichtversicherung gemäß § 34 LHO gilt bis zum 31. Dezember 2007.

Denkmalschutzgesetz (DSchG)[1]

Vom 5. April 2013 (HmbGVBl. S. 142)

(BS Hbg 224-1)

zuletzt geändert durch Art. 14 G zur Erleichterung der Gremienarbeit aus Anlass der COVID-19-Pandemie und zur Schaffung der Voraussetzungen für Fördermaßnahmen im Hochschulbereich vom 26. Juni 2020 (HmbGVBl. S. 380)

Nichtamtliche Inhaltsübersicht

Abschnitt I
Allgemeine Bestimmungen

§ 1 Aufgaben des Denkmalschutzes und der Denkmalpflege

(1) Es ist Aufgabe von Denkmalschutz und Denkmalpflege, die Denkmäler wissenschaftlich zu erforschen und nach Maßgabe dieses Gesetzes zu schützen und zu erhalten, sowie darauf hinzuwirken, dass sie in die städtebauliche Entwicklung, Raumordnung und Landespflege einbezogen werden.

(2) ¹Die Freie und Hansestadt Hamburg soll auch als Eigentümerin oder sonst Verfügungsberechtigte und als obligatorisch Berechtigte durch vorbildliche Unterhaltungsmaßnahmen an Denkmälern für den Wert des kulturellen Erbes in der Öffentlichkeit eintreten und die Privatinitiative anregen. ²Dazu gehört auch die Verbreitung des Denkmalgedankens und des Wissens über Denkmäler in der Öffentlichkeit.

§ 2 Denkmalpflegerin oder Denkmalpfleger, Bodendenkmalpflegerin oder Bodendenkmalpfleger

Der Senat bestellt auf Vorschlag der zuständigen Behörde eine Kunsthistorikerin oder einen Kunsthistoriker oder eine kunsthistorisch vorgebildete Architektin oder einen kunsthistorisch vorgebildeten

---

1) Verkündet als Art. 1 G v. 5.4.2013 (HmbGVBl. S. 142); Inkrafttreten gem. Art. 10 dieses G am 1.5.2013.

Architekten als Denkmalpflegerin oder Denkmalpfleger und eine Archäologin oder einen Archäologen als Bodendenkmalpflegerin oder Bodendenkmalpfleger.

§ 3 Denkmalrat

(1) [1]Für die Zwecke des Denkmalschutzes und der Denkmalpflege wird der zuständigen Behörde der Denkmalrat als unabhängiger sachverständiger Beirat beigeordnet. [2]Der Denkmalrat besteht aus zwölf Mitgliedern. [3]Er soll sich zusammensetzen aus Vertreterinnen und Vertretern der Fachgebiete der Denkmalpflege, Geschichte und Architektur sowie aus in der Sache engagierten Bürgerinnen und Bürgern und Institutionen der Freien und Hansestadt Hamburg. [4]Frauen und Männer sollen zu gleichen Teilen berücksichtigt werden. [5]Die Leiterin oder der Leiter des Staatsarchivs nimmt mit beratender Stimme an den Sitzungen des Denkmalrats teil.

(2) [1]Die Mitglieder des Denkmalrates werden auf Vorschlag der zuständigen Behörde vom Senat ernannt. [2]Die zuständige Behörde hat Vorschläge der Fachverbände und des Landeskirchenamtes der Evangelisch-Lutherischen Kirche in Norddeutschland und des Erzbistums Hamburg einzuholen. [3]Die Amtsdauer beträgt drei Jahre. [4]Das Amt wird fortgeführt, bis ein neues Mitglied ernannt worden ist. [5]Eine einmalige Wiederernennung ist zulässig. [6]Eine erneute dritte Ernennung ist frühestens drei Jahre nach dem Ausscheiden möglich. [7]Für die Berechnung der Amtszeit ist das Kalenderjahr maßgebend. [8]Scheidet ein Mitglied während der Amtszeit aus, so ernennt der Senat ein Ersatzmitglied, falls der Rest der Amtszeit des ausscheidenden Mitglieds mehr als ein Vierteljahr beträgt.

(3) Beamtete Mitglieder des Denkmalrates sind an Weisungen nicht gebunden.

(4) [1]Der Denkmalrat wählt aus seiner Mitte eine Vorsitzende oder einen Vorsitzenden und eine stellvertretende Vorsitzende oder einen stellvertretenden Vorsitzenden. [2]Er gibt sich eine Geschäftsordnung, die der Genehmigung der zuständigen Behörde bedarf. [3]Der Denkmalrat kann andere Sachverständige und die Bezirksämter hören.

(5) [1]Der Denkmalrat berät die zuständige Behörde. [2]Er nimmt Stellung zu grundsätzlichen und aktuellen Fragestellungen des Denkmalschutzes und der Denkmalpflege. [3]Der Denkmalrat ist berechtigt, Empfehlungen auszusprechen. [4]Der Senat berichtet alle zwei Jahre der Bürgerschaft über die Arbeit des Denkmalrates zu Denkmalschutz und Denkmalpflege. [5]Die Beschlüsse des Denkmalrates sollen auf der Internetseite der zuständigen Behörde unter Beachtung datenschutzrechtlicher Bestimmungen veröffentlicht werden.

§ 4 Gegenstand des Denkmalschutzes

(1) [1]Nach diesem Gesetz sind Baudenkmäler, Ensembles, Gartendenkmäler und Bodendenkmäler als Denkmäler geschützt. [2]Das Gleiche gilt für bewegliche Denkmäler, deren Verfügung über die Unterschutzstellung unanfechtbar geworden ist oder wenn sofortige Vollziehung angeordnet wurde.

(2) [1]Ein Baudenkmal ist eine bauliche Anlage oder ein Teil einer baulichen Anlage im Sinne des § 2 Absatz 1 der Hamburgischen Bauordnung vom 14. Dezember 2005 (HmbGVBl. S. 525, 563), zuletzt geändert am 20. Dezember 2011 (HmbGVBl. S. 554), in der jeweils geltenden Fassung, deren oder dessen Erhaltung wegen der geschichtlichen, künstlerischen oder wissenschaftlichen Bedeutung oder zur Bewahrung charakteristischer Eigenheiten des Stadtbildes im öffentlichen Interesse liegt. [2]Zu einem Baudenkmal gehören auch sein Zubehör und seine Ausstattung, soweit sie mit dem Baudenkmal eine Einheit von Denkmalwert bilden.

(3) [1]Ein Ensemble ist eine Mehrheit baulicher Anlagen einschließlich der mit ihnen verbundenen Straßen und Plätze sowie Grünanlagen und Frei- und Wasserflächen, deren Erhaltung aus in Absatz 2 genannten Gründen im öffentlichen Interesse liegt, und zwar auch dann, wenn kein oder nicht jeder einzelne Teil des Ensembles ein Denkmal darstellt. [2]Zu einem Ensemble gehören auch das Zubehör und die Ausstattung seiner Bestandteile, soweit sie mit den Bestandteilen des Ensembles eine Einheit von Denkmalwert bilden.

(4) [1]Ein Gartendenkmal ist eine Grünanlage, eine Garten- oder Parkanlage, ein Friedhof, eine Allee oder ein sonstiges Zeugnis der Garten- und Landschaftsgestaltung einschließlich der Wasser- und Waldflächen oder Teile davon, deren oder dessen Erhaltung aus in Absatz 2 genannten Gründen im öffentlichen Interesse liegt. [2]Zu einem Gartendenkmal gehören auch sein Zubehör und seine Ausstattung, soweit sie mit dem Gartendenkmal eine Einheit von Denkmalwert bilden.

(5) Ein Bodendenkmal ist ein Überrest, eine bewegliche oder eine unbewegliche Sache, der oder die von Epochen und Kulturen zeugt, für die Ausgrabungen und Funde eine der Hauptquellen wissen-

schaftlicher Erkenntnis sind und deren Erhaltung aus in Absatz 2 genannten Gründen im öffentlichen Interesse liegt.

(6) Bewegliche Denkmäler sind alle nicht ortsfesten Sachen, die nicht unter die Absätze 2 bis 5 fallen und deren Erhaltung aus den in Absatz 2 genannten Gründen im öffentlichen Interesse liegt, insbesondere:

1. bewegliche Einzelgegenstände,
2. Sammlungen und sonstige Gesamtheiten von beweglichen Einzelgegenständen.

§ 5 Unterschutzstellung beweglicher Denkmäler

(1) [1]Die Unterschutzstellung beweglicher Denkmäler wird von der zuständigen Behörde durch Verwaltungsakt verfügt. [2]Die zuständige Behörde ist in Fällen der Gefahr befugt, zur Sicherung der durch dieses Gesetz geschützten Interessen anzuordnen, dass bewegliche Denkmäler vorläufig in das Verzeichnis der beweglichen Denkmäler (§ 6 Absatz 4) eingetragen werden. [3]Die Anordnung tritt außer Kraft, wenn die Unterschutzstellung nicht innerhalb von drei Monaten eingeleitet und nach weiteren sechs Monaten verfügt worden ist.

(2) Bewegliche Sachen werden als bewegliche Denkmäler nur unter Schutz gestellt, wenn sie von besonderer Bedeutung sind.

§ 6 Nachrichtliche Denkmalliste, konstitutives Verzeichnis beweglicher Denkmäler

(1) [1]Bei der zuständigen Behörde wird eine Denkmalliste für die Denkmäler im Sinne des § 4 Absätze 2 bis 5 geführt. [2]In dieser Denkmalliste werden eine Identitätsnummer, die Belegenheit und eine Denkmalkurzbezeichnung aufgeführt. [3]Der Schutz nach diesem Gesetz ist nicht von der Eintragung dieser Denkmäler in die Denkmalliste abhängig. [4]Die Einhaltung der gesetzlichen Schutzpflichten kann von der bzw. dem Verfügungsberechtigten erst ab der Eintragung verlangt werden. [5]Die Denkmalliste kann von jeder natürlichen und jeder juristischen Person eingesehen werden. [6]Soweit es sich um eine Einsichtnahme im Hinblick auf die Bodendenkmäler handelt, ist ein berechtigtes Interesse darzulegen.

(2) [1]Die Eintragung erfolgt von Amts wegen oder auf Anregung der bzw. des Verfügungsberechtigten. [2]Eintragungen in der Denkmalliste werden gelöscht, wenn die Eintragungsvoraussetzungen entfallen sind. [3]Dies gilt nicht, wenn die Wiederherstellung eines Denkmals angeordnet ist.

(3) [1]Verfügungsberechtigte, deren Denkmäler bis zum 30. April 2013 noch nicht in die Denkmalliste eingetragen waren, werden von der Eintragung unterrichtet. [2]Ist die Ermittlung der bzw. des Verfügungsberechtigten nicht oder nur mit unverhältnismäßigen Schwierigkeiten oder Kosten möglich, ist die Eintragung öffentlich bekannt zu machen. [3]Ebenso kann die Eintragung oder Löschung öffentlich bekannt gemacht werden, wenn mehr als 20 Verfügungsberechtigte betroffen sind.

(4) [1]Bei der zuständigen Behörde wird gesondert ein konstitutives Verzeichnis der beweglichen Denkmäler geführt. [2]In diesem Verzeichnis werden die Identitätsnummer und eine Denkmalkurzbezeichnung aufgeführt. [3]Es kann von jeder natürlichen und jeder juristischen Person eingesehen werden.

Abschnitt II
Schutzbestimmungen und Genehmigungsverfahren

§ 7 Denkmalgerechte Erhaltung, Instandsetzung, Ersatzvornahme

(1) [1]Die Verfügungsberechtigten sind verpflichtet, das Denkmal im Rahmen des Zumutbaren denkmalgerecht zu erhalten, vor Gefährdungen zu schützen und instand zu setzen. [2]Unzumutbarkeit ist insbesondere gegeben, soweit die Kosten der Erhaltung und Bewirtschaftung dauerhaft nicht durch die Erträge oder den Gebrauchswert des Denkmals aufgewogen werden können. [3]Können die Verfügungsberechtigten Zuwendungen aus öffentlichen oder privaten Mitteln oder steuerliche Vorteile in Anspruch nehmen, so sind diese anzurechnen. [4]Die Verfügungsberechtigten können sich nicht auf die Belastung durch erhöhte Erhaltungskosten berufen, die dadurch verursacht wurden, dass Erhaltungsmaßnahmen diesem Gesetz oder sonstigem öffentlichen Recht zuwider unterblieben sind.

(2) Die Freie und Hansestadt Hamburg trägt zu den Kosten der Erhaltung und Instandsetzung von Denkmälern nach Maßgabe der im Haushalt hierfür bereit gestellten Mittel bei.

(3) Bei allen Entscheidungen nach diesem Gesetz sind die berechtigten Interessen der Verfügungsberechtigten über das Denkmal, insbesondere die Belange von Menschen mit Behinderungen oder mit Mobilitätsbeeinträchtigungen, zu berücksichtigen.

(4) Die Verfügungsberechtigten haben der zuständigen Behörde das Auftreten offenkundiger Mängel anzuzeigen, welche die Erhaltung des Denkmals gefährden.

(5) Wird in ein Denkmal eingegriffen, es von seinem Standort entfernt oder beseitigt, so hat die Verursacherin oder der Verursacher des Eingriffes im Rahmen des Zumutbaren alle Kosten zu tragen, die für die Erhaltung und fachgerechte Instandsetzung, Bergung und wissenschaftliche Dokumentation des Denkmals anfallen.

(6) [1]Die Verfügungsberechtigten können durch die zuständige Behörde verpflichtet werden, bestimmte Maßnahmen zur Erhaltung des Denkmals durchzuführen. [2]Kommen die Verfügungsberechtigten ihrer Verpflichtung nach Absatz 1 nicht nach, kann die zuständige Behörde die gebotenen Maßnahmen selbst durchführen oder durchführen lassen. [3]Die Kosten der Maßnahmen tragen im Rahmen des Zumutbaren die Verfügungsberechtigten. [4]Mieterinnen und Mieter, Pächterinnen und Pächter sowie sonstige Nutzungsberechtigte haben die Durchführung der Maßnahmen zu dulden.

(7) [1]Der Senat wird ermächtigt, durch Rechtsverordnung nähere Vorschriften über die Erhaltung von Bau- und Gartendenkmälern sowie Ensembles zu erlassen. [2]Der Senat wird ferner ermächtigt, durch Rechtsverordnung die Verordnungsermächtigung nach Satz 1 für Festsetzungen im Rahmen von Bebauungsplänen für die Fälle auf die Bezirksämter weiter zu übertragen, in denen die örtlich zuständigen Bezirksversammlungen den Bebauungsplanentwürfen zugestimmt haben. [3]Dabei besteht insbesondere die Möglichkeit, Ensembles baulich zu verdichten, wenn hierfür eine denkmalverträgliche Planung vorliegt.

(8) Bei Maßnahmen und Planungen ist die Verpflichtung zur Bewahrung des Kulturerbes gemäß dem Übereinkommen zum Schutz des Kultur- und Naturerbes der Welt vom 16. November 1972 (BGBl. 1977 II S. 215) zu berücksichtigen.

(9) Bescheide und sonstige Maßnahmen gelten auch für und gegen Rechtsnachfolgerinnen und Rechtsnachfolger.

§ 8 Umgebungsschutz

Die unmittelbare Umgebung eines Denkmals, soweit sie für dessen Erscheinungsbild oder Bestand von prägender Bedeutung ist, darf ohne Genehmigung der zuständigen Behörde durch Errichtung, Änderung oder Beseitigung baulicher Anlagen, durch die Gestaltung der unbebauten öffentlichen oder privaten Flächen oder in anderer Weise nicht dergestalt verändert werden, dass die Eigenart und das Erscheinungsbild des Denkmals wesentlich beeinträchtigt werden.

§ 9 Genehmigungsvorbehalt für Veränderungen von Denkmälern

(1) [1]Denkmäler dürfen ohne Genehmigung der zuständigen Behörde nicht ganz oder teilweise beseitigt, wiederhergestellt, erheblich ausgebessert, von ihrem Standort entfernt oder sonst verändert werden. [2]Einer Genehmigung für eine Standortveränderung beweglicher Denkmäler innerhalb des Geltungsbereichs dieses Gesetzes bedarf es nicht; die Verfügungsberechtigten sind jedoch verpflichtet, bei der zuständigen Behörde den jeweiligen Standort anzuzeigen.

(2) [1]Die beantragte Genehmigung darf nur versagt werden, wenn ihr überwiegende Gründe des Denkmalschutzes entgegenstehen. [2]Sie ist zu erteilen, sofern überwiegende öffentliche Interessen dies verlangen, dabei sind insbesondere Belange des Wohnungsbaus, der energetischen Sanierung, des Einsatzes erneuerbarer Energien und die Belange von Menschen mit Behinderungen oder Mobilitätsbeeinträchtigungen zu berücksichtigen. [3]Der Senat kann alle Entscheidungen selbst treffen. [4]Entscheidet der Senat, ist die Frist des § 11 Absatz 1 während dieses Zeitraums gehemmt.

(3) [1]Die Genehmigung kann mit Nebenbestimmungen erteilt werden, soweit dies zum Schutz des Denkmals oder zur Dokumentation erforderlich ist. [2]Insbesondere kann eine Genehmigung an die Bedingung geknüpft werden, dass die Ausführung nur nach einem von der zuständigen Behörde gebilligten Plan gemäß § 10, einer gebilligten denkmalpflegerischen Zielstellung gemäß § 10 Absatz 2 Satz 2 Nummer 3 oder unter Leitung einer oder eines von der zuständigen Behörde bestimmten Sachverständigen erfolgt.

(4) [1]Die Genehmigung der Beseitigung eines Denkmals und die Genehmigung der Entfernung eines Denkmals von seinem Standort können an die Bedingung der Wiedererrichtung des Denkmals an geeigneter Stelle und für eine seiner Eigenart entsprechenden Verwendung auf Kosten der Verfügungsberechtigten geknüpft werden. [2]Die Wiedererrichtung kann auch auf einem Grundstück gefordert werden, das den über das Denkmal Verfügungsberechtigten nicht gehört.

§ 10 Denkmalpflegepläne, Denkmalpflegerische Zielstellung

(1) ¹Für Denkmäler kann die Erstellung von Denkmalpflegeplänen durch die oder den Verfügungsberechtigten von der zuständigen Behörde angeordnet werden, sofern dies zur dauerhaften Erhaltung der Denkmäler sowie zur Vermittlung des Denkmalgedankens und des Wissens über Denkmäler erforderlich ist. ²Denkmäler sind nach diesen Denkmalpflegeplänen im Rahmen des Zumutbaren zu erhalten und zu pflegen.

(2) ¹Der Denkmalpflegeplan gibt die Ziele und Erfordernisse des Denkmalschutzes und der Denkmalpflege sowie die Darstellungen und die Festsetzungen der Bauleitplanung wieder. ²Er kann insbesondere enthalten:

1. die Bestandsaufnahme und Analyse des Plangebietes unter denkmalfachlichen und denkmalschutzrechtlichen Gesichtspunkten,
2. die topographischen Angaben über Lage und Ausdehnung der Denkmäler und der Bodendenkmäler,
3. die denkmalpflegerischen Zielstellungen, unter deren Beachtung die Pflege und Erhaltung der Denkmäler jeweils zu verwirklichen ist.

§ 11 Entscheidung über einen Genehmigungsantrag

(1) ¹Wird ein Genehmigungsantrag nicht innerhalb von zwei Monaten nach Eingang des schriftlichen Antrags und Vorlage vollständiger Unterlagen im Sinne des Absatzes 2 bei der zuständigen Behörde beschieden, gilt die Genehmigung als erteilt. ²Wird die Antragstellerin oder der Antragsteller dahin beschieden, dass der Antrag noch nicht abschließend geprüft werden konnte, so verlängert sich die Frist nach Satz 1 um drei Monate.

(2) ¹Mit dem Genehmigungsantrag sind alle für die Beurteilung des Vorhabens und die Bearbeitung des Antrags erforderlichen Unterlagen einzureichen. ²Das können insbesondere Pläne, Dokumentationen, Fotografien, Gutachten, Nutzungskonzepte sowie Kosten- und Wirtschaftlichkeitsberechnungen sein. ³Die zuständige Behörde kann im Einzelfall die erforderlichen Unterlagen anfordern und verlangen, dass der Genehmigungsantrag durch vorbereitende Untersuchungen ergänzt wird.

(3) ¹Die Genehmigung erlischt, wenn nicht innerhalb von drei Jahren nach ihrer Erteilung mit der Ausführung begonnen oder die Ausführung länger als ein Jahr unterbrochen worden ist. ²Die Fristen nach Satz 1 können auf schriftlichen Antrag jeweils bis zu einem Jahr verlängert werden.

(4) Über den Eingang eines Genehmigungsantrages ist der Antragstellerin oder dem Antragsteller auf Verlangen eine Bescheinigung auszustellen.

§ 12 Änderungen im Verfügungsrecht

Änderungen im Verfügungsrecht über Denkmäler sind der zuständigen Behörde durch die oder den Verfügungsberechtigten, im Erbfall durch die Erbin, den Erben, die Testamentsvollstreckerin oder den Testamentsvollstrecker unverzüglich anzuzeigen.

§ 13 Wiederherstellung, Stilllegung

(1) ¹Ist ein Denkmal ohne Genehmigung verändert und dadurch in seinem Denkmalwert gemindert worden oder ist es ganz oder teilweise beseitigt oder zerstört worden, so soll die zuständige Behörde anordnen, dass derjenige, der die Veränderung, Beseitigung oder Zerstörung zu vertreten hat, den früheren Zustand wiederherstellt. ²Die zuständige Behörde soll die erforderlichen Arbeiten auf Kosten des Verpflichteten durchführen lassen, wenn die denkmalgerechte Wiederherstellung sonst nicht gesichert erscheint. ³Sie kann von dem Verpflichteten einen angemessenen Kostenvorschuss verlangen. ⁴Verfügungsberechtigte, Mieterinnen, Mieter, Pächterinnen, Pächter und sonstige Nutzungsberechtigte haben die Durchführung der Maßnahmen zu dulden.

(2) ¹Werden genehmigungspflichtige Maßnahmen ohne Genehmigung begonnen, so kann die zuständige Behörde die vorläufige Einstellung anordnen. ²Werden unzulässige Bauarbeiten trotz einer schriftlich oder mündlich verfügten Einstellung fortgesetzt, so kann die zuständige Behörde die Baustelle versiegeln oder die an der Baustelle vorhandenen Baustoffe, Bauteile, Geräte, Maschinen und Bauhilfsmittel in amtlichen Gewahrsam bringen.

§ 14 Genehmigungspflicht für Ausgrabungen

(1) ¹Wer Bodendenkmäler ausgraben, aus einem Gewässer bergen oder unter Einsatz von technischen Suchgeräten entdecken will, bedarf der Genehmigung der zuständigen Stelle. ²Die Genehmigung kann insbesondere gemäß § 7 Absatz 5 an Bedingungen oder Auflagen hinsichtlich der Ausführung der

Ausgrabungen, der Dokumentation, des Fundverbleibes sowie der Konservierung und Restaurierung der aufzufindenden Überreste, Sachen oder Spuren geknüpft werden.

(2) [1]Beabsichtigte Änderungen der Bodennutzung an einem Grundstück, welches Bodendenkmäler enthält, sind von den Verfügungsberechtigten bei der zuständigen Stelle anzuzeigen. [2]Nach Eingang der Anzeige darf die Änderung der Bodennutzung nicht vor Ablauf einer Frist von zwei Monaten vorgenommen werden. [3]Die Änderung der Bodennutzung bedarf der Genehmigung, sofern sie die Bodendenkmäler beeinträchtigen kann. [4]Ob eine Beeinträchtigung zu erwarten ist, entscheidet die zuständige Stelle. [5]Absatz 1 Satz 2 gilt entsprechend.

(3) Absätze 1 und 2 gelten auch, wenn die Auffindung von Bodendenkmälern zwar nicht bezweckt wird, der Antragstellerin oder dem Antragsteller aber bekannt ist oder bekannt sein müsste, dass solche bei Erdarbeiten voraussichtlich entdeckt werden könnten.

(4) §§ 11 und 18 gelten entsprechend.

(5) Der Senat wird ermächtigt, durch Rechtsverordnung eine zuständige Stelle für die Ausübung der Bodendenkmalpflege zu bestimmen und dieser den Gebührenanspruch für diesen Bereich zu übertragen.

§ 15 Grabungsschutzgebiete

(1) Bestimmte abgegrenzte Flächen, in denen Bodendenkmäler vorhanden oder zu vermuten sind, können vom Senat durch Rechtsverordnung befristet oder auf unbestimmte Zeit zu Grabungsschutzgebieten erklärt werden, um die Bodendenkmäler zu erhalten.

(2) Der Senat wird ermächtigt, durch Rechtsverordnung die Verordnungsermächtigung nach Absatz 1 für Festsetzungen im Rahmen von Bebauungsplanverfahren für die Fälle auf die Bezirksämter weiter zu übertragen, in denen die örtlich zuständigen Bezirksversammlungen den Bebauungsplanentwürfen zugestimmt haben.

§ 16 Maßnahmen in Grabungsschutzgebieten

[1]In Grabungsschutzgebieten bedürfen alle Maßnahmen, die Bodendenkmäler gefährden können, der Genehmigung der zuständigen Stelle. [2]§ 9 Absatz 3, § 7 Absatz 5 und § 11 gelten entsprechend.

§ 17 Funde

(1) [1]Werden bei Erdarbeiten, Baggerungen oder anderen Gelegenheiten Sachen oder Sachteile gefunden, bei denen Anlass zu der Annahme besteht, dass es sich um bisher unbekannte Bodendenkmäler handeln kann, so haben die Finderin oder der Finder und die oder der Verfügungsberechtigte den Fund unverzüglich anzuzeigen und die zu seiner Sicherung und Erhaltung ergehenden Anordnungen zu befolgen. [2]§ 9 Absatz 3 gilt entsprechend.

(2) [1]Die gleiche Verpflichtung obliegt der Leiterin oder dem Leiter der Arbeiten, bei denen der Fund gemacht worden ist. [2]Zur Erfüllung der Anzeigepflicht genügt die Erstattung der Anzeige durch einen der Anzeigepflichtigen.

(3) [1]Denkmäler, die so lange im Boden verborgen gewesen sind, dass die Eigentümerin oder der Eigentümer nicht mehr zu ermitteln ist, werden mit der Entdeckung Eigentum der Freien und Hansestadt Hamburg. [2]Der Fund ist unverzüglich der zuständigen Stelle anzuzeigen.

(4) Liegt kein Fall nach § 14 vor, dürfen die Arbeiten vor Ablauf von drei Tagen – Sonnabende, Sonn- und Feiertage nicht gerechnet – nach Anzeigeerstattung nicht fortgesetzt werden, es sei denn, die zuständige Stelle genehmigt die vorzeitige Fortsetzung.

§ 18 Überlassungspflicht

Bewegliche Funde, die unter die Anzeigepflicht nach § 17 Absätze 1 und 2 fallen, sind der zuständigen Stelle vorübergehend zur wissenschaftlichen Bearbeitung zu überlassen.

Abschnitt III
Enteignung und ausgleichspflichtige Maßnahmen

§ 19 Enteignungsgründe

Enteignungen im Rahmen dieses Gesetzes sind zulässig

1. zur Erhaltung eines gefährdeten Denkmals,

2. zur Entfernung eines Denkmals von seinem Standort und zur Wiedererrichtung eines Denkmals auf einem anderen geeigneten Grundstück gemäß § 9 Absatz 4,

3. zur Erhaltung oder Umgestaltung der Umgebung eines Denkmals, soweit sie aus zwingenden Gründen des Denkmalschutzes erforderlich sind,

4. zur Vornahme von Ausgrabungen von Bodendenkmälern.

§ 20 Begünstigte

[1]Maßnahmen nach §§ 19, 21 und 22 sollen zu Gunsten der Freien und Hansestadt Hamburg getroffen werden. [2]Sie dürfen zu Gunsten Dritter getroffen werden, wenn die Verwirklichung des Zwecks der Enteignung oder sonstigen Maßnahme erreicht und durch die Begünstigten dauerhaft gesichert wird.

§ 21 Ausgleichspflichtige Maßnahmen

[1]Soweit Maßnahmen nach diesem Gesetz zu einer wirtschaftlich unzumutbaren, die Grenzen der Sozialbindung überschreitenden Belastung des Eigentums führen, ist ein angemessener Ausgleich in Geld zu gewähren, sofern und soweit die Belastung nicht in anderer Weise ausgeglichen werden kann. [2]Über den Ausgleich ist durch die zuständige Behörde zugleich mit der belastenden Maßnahme zumindest dem Grunde nach zu entscheiden.

§ 22 Übertragungsanspruch der Freien und Hansestadt Hamburg

(1) [1]Die Freie und Hansestadt Hamburg kann von der durch eine ausgleichspflichtige Maßnahme nach diesem Gesetz betroffenen Eigentümerin oder von dem durch eine ausgleichspflichtige Maßnahme nach diesem Gesetz betroffenen Eigentümer die Übertragung des Eigentums verlangen, wenn der an die Eigentümerin oder den Eigentümer zu zahlende Ausgleich mehr als 50 vom Hundert des Wertes betragen würde. [2]Die Übertragung eines Grundstücksteils kann verlangt werden, wenn die Teilung nach dem Baugesetzbuch zulässig ist. [3]Der Übertragungsanspruch erlischt durch Verzicht der Eigentümerin oder des Eigentümers auf den Mehrbetrag.

(2) Kommt eine Einigung über die Übertragung nicht zustande, so kann das Eigentum durch Enteignung entzogen werden.

(3) Die Absätze 1 und 2 gelten entsprechend für Erbbauberechtigte.

§ 23 Verfahren

Soweit dieses Gesetz nichts anderes bestimmt, gelten die Vorschriften des Hamburgischen Enteignungsgesetzes in der Fassung vom 11. November 1980 (HmbGVBl. S. 305), zuletzt geändert am 18. Februar 2004 (HmbGVBl. S. 107), in der jeweils geltenden Fassung.

Abschnitt IV
Ausführungs- und Schlussbestimmungen

§ 24 Denkmäler, die der Religionsausübung dienen

(1) [1]Sollen Entscheidungen über Denkmäler getroffen werden, die unmittelbar gottesdienstlichen Zwecken der Kirchen oder anerkannter Religionsgemeinschaften dienen, beziehungsweise deren Gemeindeleben, so hat die zuständige Behörde die von der zuständigen kirchlichen Oberbehörde festgestellten liturgischen und gemeindlichen Belange und Erfordernisse zu berücksichtigen. [2]Die Kirchen und die öffentlich-rechtlichen Religionsgemeinschaften sind im Verfahren zu beteiligen. [3]Die zuständige Behörde entscheidet nur im Benehmen mit der zuständigen kirchlichen Oberbehörde.

(2) Der Vertrag zwischen der Freien und Hansestadt Hamburg und der Nordelbischen Evangelisch-Lutherischen Kirche (heutige Evangelisch-Lutherische Kirche in Norddeutschland) vom 29. November 2005 (HmbGVBl. 2006 S. 430) und der Vertrag zwischen dem Heiligen Stuhl und der Freien und Hansestadt Hamburg vom 29. November 2005 (HmbGVBl. 2006 S. 436) bleiben hiervon unberührt.

§ 25 Besichtigung von Denkmälern und Fundstellen

(1) [1]Bedienstete und Beauftragte der zuständigen Behörde dürfen nach vorheriger Benachrichtigung Grundstücke, zur Abwehr einer dringenden Gefahr für ein Denkmal auch Wohnungen, betreten, soweit es zur Durchführung dieses Gesetzes notwendig ist. [2]Sie dürfen Denkmäler oder als Denkmal in Betracht kommende Sachen besichtigen und die notwendigen wissenschaftlichen Erfassungsmaßnahmen, insbesondere zur Inventarisation, durchführen. [3]Im Falle einer Gefahr für das Denkmal ist das Betreten von Grundstücken auch ohne vorherige Benachrichtigung zulässig.

(2) Verfügungsberechtigte von Denkmälern oder als Denkmal in Betracht kommenden Sachen haben der zuständigen Behörde sowie ihren Beauftragten die zum Vollzug dieses Gesetzes erforderlichen Auskünfte zu erteilen.

§ 26 Einschränkung von Grundrechten

Durch dieses Gesetz wird das Grundrecht auf Unverletzlichkeit der Wohnung (Artikel 13 des Grundgesetzes) eingeschränkt.

§ 27 Ordnungswidrigkeiten

(1) Ordnungswidrig handelt, wer vorsätzlich oder fahrlässig

1. Maßnahmen, die nach § 8, § 9, § 14 oder § 16 der Genehmigung bedürfen, ohne Genehmigung oder abweichend von ihr durchführt oder durchführen lässt,
2. Anordnungen, Bedingungen oder Auflagen nach § 9 Absätze 3 und 4, § 10 Absatz 1, § 13 Absatz 1, § 14 oder § 17 Absätze 1 und 2 nicht erfüllt,
3. den ihr oder ihm nach § 7 Absatz 1, § 18 oder § 25 Absatz 2 obliegenden Pflichten nicht nachkommt,
4. im Falle des § 17 Absatz 4 die Arbeiten vorzeitig fortsetzt, ohne dass eine der dort genannten Zulässigkeitsvoraussetzungen vorliegt.

(2) Ordnungswidrig handelt, wer wider besseres Wissen unrichtige Angaben macht oder unrichtige Pläne oder Unterlagen vorlegt, um einen Verwaltungsakt nach diesem Gesetz zu erwirken oder zu verhindern.

(3) Ordnungswidrig handelt, wer einer ihm nach § 7 Absatz 4, § 12, § 14 Absatz 2 oder § 17 Absätze 1 bis 3 obliegenden Anzeigepflicht nicht nachkommt.

(4) Ordnungswidrig handelt, wer ein Denkmal im Sinne von § 4 fahrlässig zerstört.

(5) Die Ordnungswidrigkeit kann mit einer Geldbuße bis zu 500.000 Euro geahndet werden.

(6) Gegenstände, die durch ordnungswidrige Handlungen unter Verletzung des § 12 oder § 14 erlangt worden sind, können eingezogen werden.

§ 28 Fortführung der Denkmalliste

[1]Das Verzeichnis der erkannten Denkmäler wird zusammen mit der bisherigen Denkmalliste als Denkmalliste fortgeführt. [2]Es gilt als nach diesem Gesetz angelegt. [3]Die in der bisherigen Denkmalliste eingetragenen beweglichen Denkmäler werden in das Verzeichnis der beweglichen Denkmäler überführt und gelten als rechtskräftig eingetragen. [4]Die Denkmalliste wird spätestens bis zum 1. November 2013 öffentlich bekannt gemacht. [5]Dies gilt nicht für Bodendenkmäler, soweit es für ihren Schutz erforderlich ist.

§ 29 Verordnungsermächtigung

Der Senat wird ermächtigt, für Amtshandlungen nach diesem Gesetz Gebührenordnungen zu erlassen.

Hamburgisches Hochschulgesetz (HmbHG)[1][2]

Vom 18. Juli 2001 (HmbGVBl. S. 171)
(BS Hbg 221-1)
zuletzt geändert durch Art. 1 G zur Änd. von Vorschriften zur digitalen Fortentwicklung der Hochschulen vom 17. Juni 2021 (HmbGVBl. S. 468)

Inhaltsübersicht

---

1) Verkündet als Art. 1 des Hochschulrecht-NeuordnungsG v. 18.7.2001 (HmbGVBl. S. 171); Inkrafttreten gemäß Art. 7 Abs. 1 dieses G am 28.7.2001.
2) Beachte zu § 53 Abs. 1 und 2, § 19 Abs. 1, § 24 sowie § 28 Abs. 2 auch die Abweichungen gem. §§ 1, 2 G v. 8.9.2020 (HmbGVBl. S. 431) und deren Geltungszeitraum gem. § 3 des G v. 8.9.2020 (HmbGVBl. S. 431).

Erster Teil
Allgemeine Bestimmungen und Weiterentwicklung des Hochschulwesens

§ 1 Geltungsbereich

(1) Staatliche Hochschulen der Freien und Hansestadt Hamburg sind:
1. die Universität Hamburg,
2. die Hochschule für Angewandte Wissenschaften Hamburg,
3. die HafenCity Universität Hamburg – Universität für Baukunst und Metropolenentwicklung,
4. die Hochschule für bildende Künste Hamburg,
5. die Hochschule für Musik und Theater Hamburg,
6. die Technische Universität Hamburg,
7. der Fachhochschulbereich der Akademie der Polizei Hamburg,
8. der Fachhochschulbereich der Norddeutschen Akademie für Finanzen und Steuerrecht Hamburg,
9. die Berufliche Hochschule Hamburg.

(2) [1]Dieses Gesetz gilt für die in Absatz 1 Nummern 1 bis 6 genannten Hochschulen. [2]Es regelt ferner die staatliche Anerkennung von Bildungseinrichtungen, die nicht staatliche Hochschulen sind, als Hochschulen. [3]Die Rechtsverhältnisse des Fachhochschulbereichs der Akademie der Polizei Hamburg, des Fachhochschulbereichs der Norddeutschen Akademie für Finanzen und Steuerrecht Hamburg und der Beruflichen Hochschule Hamburg werden durch besondere Gesetze geregelt.

(3) Staatliche Hochschulen werden durch Gesetz errichtet und aufgehoben.

(4) Dieses Gesetz findet auf die Körperschaft des öffentlichen Rechts „Universitätsklinikum Hamburg-Eppendorf (UKE)", eine Gliedkörperschaft der Universität Hamburg, Anwendung, soweit das Gesetz zur Errichtung der Körperschaft „Universitätsklinikum Hamburg-Eppendorf" vom 12. September 2001 (HmbGVBl. S. 375), geändert am 14. Mai 2002 (HmbGVBl. S. 75), in der jeweils geltenden Fassung nichts anderes bestimmt.

§ 2 Rechtsstellung, Ziel- und Leistungsvereinbarungen

(1) [1]Die Hochschulen, Einrichtungen der Freien und Hansestadt Hamburg, sind rechtsfähige Körperschaften des öffentlichen Rechts mit dem Recht der Selbstverwaltung. [2]Die Überführung von Hochschulen in eine andere Rechtsform bedarf eines Gesetzes.

(2) Die Hochschulen regeln ihre Selbstverwaltungsangelegenheiten durch eine Grundordnung und weitere Satzungen.

(3) [1]Die Hochschulen und die Freie und Hansestadt Hamburg, vertreten durch die zuständige Behörde, treffen verbindliche Ziel- und Leistungsvereinbarungen über die Wahrnehmung ihrer Aufgaben. [2]Die Vereinbarungen sind jährlich oder zweijährlich fortzuschreiben. [3]Die Ziel- und Leistungsvereinbarungen regeln für die Globalzuweisung nach § 6 Absatz 1 deren Aufteilung sowie die anzuwendenden Kennzahlen und Indikatoren. [4]Die Ziel- und Leistungsvereinbarungen sollen die Verfahren für die Feststellung des Zielerreichungsgrades und die sich aus dem Zielerreichungsgrad ergebenden Konsequenzen regeln.

§ 3 Gemeinsame Aufgaben der Hochschulen

(1) [1]Die Hochschulen dienen je nach ihrer besonderen Aufgabenstellung (§ 4) der Pflege und der Entwicklung der Wissenschaften und der Künste durch Forschung, Lehre, Studium und Weiterbildung in einem freiheitlichen, demokratischen und sozialen Rechtsstaat. [2]Sie bereiten auf berufliche Tätigkeiten und Aufgaben vor, für die die Anwendung wissenschaftlicher Erkenntnisse und wissenschaftlicher Methoden oder die Fähigkeit zu künstlerischer Gestaltung erforderlich oder nützlich ist. [3]Sie fördern die Nutzung ihrer Forschungs- und Entwicklungsergebnisse in der Praxis. [4]Sie orientieren sich bei der Wahrnehmung ihrer Aufgaben an den Grundsätzen einer nachhaltigen Entwicklung. [5]Die Hochschulen fördern die wissenschaftliche Redlichkeit, achten auf die Einhaltung der allgemein anerkannten Grundsätze guter wissenschaftlicher Praxis und wirken wissenschaftlichem Fehlverhalten entgegen.

(2) [1]Die Hochschulen sorgen dafür, dass die Qualität ihrer Arbeit in Forschung und Lehre, zur Förderung des wissenschaftlichen und künstlerischen Nachwuchses und zur Erfüllung des Gleichstellungsauftrages systematisch und regelmäßig bewertet wird. [2]Bei den Qualitätsbewertungsverfahren sind interne und externe Sachverständige zu beteiligen. [3]Bei der Bewertung der Lehre sind die Studierenden zu beteiligen, insbesondere wirken sie in den dafür eingesetzten Gremien mit. [4]Die Hochschulen treffen in Satzungen die näheren Bestimmungen über die Qualitätsbewertungsverfahren und veröffentlichen die Ergebnisse der Bewertungen. [5]Die Hochschulen untersuchen die Gründe, die bei Studierenden zum Abbruch des Studiums führen.

(3) [1]Die Hochschulen stellen unter Berücksichtigung der Qualitätsbewertungen nach Absatz 2 Struktur- und Entwicklungspläne auf und schreiben sie fort; sie sind dabei an die Strukturentscheidungen der staatlichen Hochschulplanung gebunden. [2]Sofern Vereinbarungen nach § 2 Absatz 3 nicht rechtzeitig zu Stande kommen, können die zu erbringenden Leistungen und die zu erreichenden Ziele durch die staatliche Hochschulplanung festgelegt werden.

(4) [1]Die Hochschulen stellen für ihre Mitglieder ein diskriminierungsfreies Studium beziehungsweise eine diskriminierungsfreie berufliche oder wissenschaftliche Tätigkeit sicher. [2]Sie wirken im Rahmen ihrer Möglichkeiten auf den Abbau bestehender Benachteiligungen hin. [3]Die Hochschulen erarbeiten Konzepte zum konstruktiven Umgang mit Verschiedenheit (Diversity Management). [4]§ 3 Absatz 4, § 7 Absatz 1, § 12 Absätze 1 bis 4 sowie § 13 Absatz 1 des Allgemeinen Gleichbehandlungsgesetzes vom 14. August 2006 (BGBl. I S. 1897), zuletzt geändert am 3. April 2013 (BGBl. I S. 610, 615), gelten für Mitglieder und Angehörige der Hochschulen, die keine Beschäftigten sind, entsprechend.

(5) [1]Die Hochschulen tragen zur Verwirklichung der Gleichstellung von Frauen und Männern und zur Erhöhung ihres jeweiligen Anteils in allen Bereichen bei, in denen sie jeweils unterrepräsentiert sind; dabei ist insbesondere einer bestehenden Unterrepräsentanz von Frauen entgegenzuwirken. [2]Die Hochschulen wirken darauf hin, dass die insbesondere für weibliche Hochschulmitglieder bestehenden geschlechtsspezifischen Nachteile beseitigt werden. [3]Sie stellen Gleichstellungspläne auf und erlassen Richtlinien zur Erhöhung des Anteils des jeweils unterrepräsentierten Geschlechts am wissenschaftlichen und künstlerischen Personal, in die insbesondere auch Regeln über die entsprechende Ausschreibung von Stellen aufzunehmen sind. [4]Sie sind verpflichtet, auf eine angemessene Vertretung von Frauen und Männern in den Organen der Hochschule hinzuwirken. [5]Sie legen in Abständen von zwei Jahren Erfahrungsberichte über die Gleichstellung nach diesem Gesetz vor.

(6) [1]Die Hochschulen beteiligen sich an Veranstaltungen der Erwachsenenbildung. [2]Sie berücksichtigen die Bedürfnisse von beruflich qualifizierten Studierenden ohne schulische Hochschulzugangsberechtigung bei der Studiengangsplanung und erarbeiten besondere Angebote für diese Personengruppe. [3]Die Hochschulen ergreifen Maßnahmen, um den Studienerfolg dieser Personen zu verbessern. [4]Die Hochschulen fördern die Weiterbildung ihres Personals.

(7) ¹Die Hochschulen wirken an der sozialen Förderung der Studierenden mit; sie berücksichtigen die besonderen Bedürfnisse von Studierenden mit Kindern . ²Sie fördern in ihrem Bereich die sportlichen und kulturellen Interessen ihrer Mitglieder.

(8) ¹Die Hochschulen berücksichtigen die besonderen Bedürfnisse von Studierenden mit Behinderungen. ²Sie fördern die Integration von Studierenden mit Behinderungen und ermöglichen für diese insbesondere beim Studium und bei den Prüfungen einen Nachteilsausgleich. ³Die vorstehenden Bestimmungen gelten für Studienbewerberinnen und Studienbewerber mit Behinderungen entsprechend.

(9) Die Hochschulen fördern die internationale Zusammenarbeit im Hochschulbereich und den Austausch zwischen deutschen und ausländischen Hochschulen; sie berücksichtigen im Rahmen der geltenden Rechtsvorschriften die besonderen Bedürfnisse ausländischer Studierender.

(10) ¹Die Hochschulen berücksichtigen im Rahmen der geltenden Rechtsvorschriften die besonderen Bedürfnisse von Studierenden mit Migrationshintergrund. ²Sie richten Anpassungslehrgänge nach dem Berufsqualifikationsfeststellungsgesetz vom 6. Dezember 2011 (BGBl. I S. 2515), geändert am 25. Juli 2013 (BGBl. I S. 2749, 2758), sowie nach dem Hamburgischen Berufsqualifikationsfeststellungsgesetz vom 19. Juni 2012 (HmbGVBl. S. 254) in der jeweils geltenden Fassung ein.

(11) ¹Die Hochschulen wirken bei der Wahrnehmung ihrer Aufgaben untereinander und mit anderen Forschungs- und Bildungseinrichtungen zusammen. ²Mehrere Hochschulen können zur Erfüllung gemeinsamer Aufgaben Vereinbarungen treffen, besondere Entscheidungsorgane bilden und mit Einwilligung der zuständigen Behörde gemeinsame Einrichtungen schaffen.

(12) Die Hochschulen können zur Unterstützung bei der Wahrnehmung ihrer Aufgaben Vereinbarungen mit Unternehmen treffen sowie mit Einwilligung der zuständigen Behörden Unternehmen gründen oder sich an Unternehmen beteiligen.

(13) ¹In den Fällen des Absatzes 11 sind die beteiligten öffentlichen Stellen befugt, personenbezogene Daten zu verarbeiten, soweit dies für die Aufgabenwahrnehmung erforderlich ist. ²Die Verarbeitung für andere Zwecke ist ausgeschlossen. ³§ 111 bleibt unberührt. ⁴Die Sätze 1 und 2 gelten in den Fällen der Absätze 11 und 12 für juristische Personen des privaten Rechts, Gesellschaften und andere Personenvereinigungen des privaten Rechts entsprechend, soweit ihnen die jeweilige Hochschule die zur Aufgabenwahrnehmung erforderlichen Befugnisse zur Datenverarbeitung unter Bezeichnung der Aufgaben, Zwecke und Grenzen übertragen hat (Beleihung).

(14) Die Hochschulen bieten Online-Kurse nach § 58 Absatz 2 an.

(15) Die Hochschulen fördern in den entsprechenden Fächern die Entwicklung von Methoden und Materialien, die die Verwendung von lebenden oder eigens hierfür getöteten Tieren verringern oder ganz ersetzen können.

§ 4 Aufgaben einzelner Hochschulen

(1) ¹Der Universität Hamburg obliegt die Weiterentwicklung der Wissenschaften durch Forschung und die Vermittlung einer wissenschaftlichen Ausbildung. ²Ziel der Ausbildung ist die Befähigung zur selbständigen Anwendung und Entwicklung wissenschaftlicher Methoden und Erkenntnisse. ³Die Universität Hamburg bildet den wissenschaftlichen Nachwuchs heran.

(2) ¹Die Hochschule für Angewandte Wissenschaften Hamburg vermittelt eine Ausbildung auf wissenschaftlicher oder künstlerischer Grundlage. ²Ziel der Ausbildung ist die Vorbereitung auf berufliche Tätigkeitsfelder, die die selbständige Anwendung wissenschaftlicher Methoden und Erkenntnisse oder die Fähigkeit zu künstlerischer Gestaltung erfordern. ³Die Hochschule nimmt praxisnahe Forschungs- und Entwicklungsaufgaben wahr. ⁴Sie bietet duale Studiengänge an.

(3) Die HafenCity Universität Hamburg erfüllt grundsätzlich fächerübergreifend folgende Aufgaben:

1. die Durchführung wissenschaftlicher, anwendungsbezogener und gestalterischer Studiengänge im gesamten Bereich der Architektur, des Bauwesens, der Stadtentwicklung sowie verwandter Gebiete mit dem Ziel der Befähigung zur selbstständigen Arbeit in den genannten Bereichen und der Vorbereitung auf entsprechende berufliche Tätigkeitsfelder,

2. die Weiterentwicklung von Wissenschaft, Technik und Gestaltung in den genannten Bereichen durch Forschung sowie anwendungsbezogene und gestalterische Entwicklungsvorhaben,

3. die Heranbildung des wissenschaftlichen Nachwuchses.

(4) ¹Der Hochschule für bildende Künste Hamburg obliegt die Weiterentwicklung von Kunst und Wissenschaft in den Bereichen bildende Kunst, Kommunikation und Gestaltung. ²Sie vermittelt eine

künstlerische und wissenschaftliche Ausbildung. ³Ziel der Ausbildung ist die Befähigung zu selbständiger Arbeit in diesen Bereichen. ⁴Sie bildet den künstlerischen und wissenschaftlichen Nachwuchs heran.

(5) ¹Der Hochschule für Musik und Theater Hamburg obliegt die Weiterentwicklung von Kunst und Wissenschaft in den Bereichen Musik und Theater. ²Sie vermittelt eine künstlerische und wissenschaftliche Ausbildung. ³Ziel der Ausbildung ist die Befähigung zu selbständiger Arbeit in diesen Bereichen. ⁴Sie bildet den künstlerischen und wissenschaftlichen Nachwuchs heran.

(6) ¹Der Technischen Universität Hamburg obliegt die Weiterentwicklung der Wissenschaften insbesondere in den Bereichen Technik und Naturwissenschaften durch Forschung und die Vermittlung einer wissenschaftlichen Ausbildung. ²Ziel der Ausbildung ist die Befähigung zur selbständigen Anwendung und Entwicklung wissenschaftlicher Methoden und Erkenntnisse. ³Die Technische Universität Hamburg bildet den wissenschaftlichen Nachwuchs heran.

(7) ¹Die Hochschulausbildung für die Lehrämter an Schulen obliegt vornehmlich der Universität Hamburg. ²Die anderen Hochschulen wirken im Rahmen ihrer Aufgaben daran mit.

§ 5 Selbstverwaltung

(1) Die Hochschulen nehmen ihre Selbstverwaltungsangelegenheiten unter der Rechtsaufsicht der zuständigen Behörde selbständig wahr.

(2) Selbstverwaltungsangelegenheiten sind alle Angelegenheiten, die nicht staatliche Auftragsangelegenheiten sind.

§ 6 Hochschulhaushalte, staatliche Auftragsangelegenheiten

(1) ¹Die Freie und Hansestadt Hamburg stellt den Hochschulen die zur Erfüllung ihrer Aufgaben erforderlichen Mittel zur Verfügung. ²Die Finanzmittel werden den Hochschulen als jährliche Globalzuweisung zur Verfügung gestellt. ³Diese besteht aus dem Grundbudget und dem indikatorengesteuerten Leistungsbudget, das sich an den bei der Erfüllung der Hochschulaufgaben erbrachten Leistungen orientiert. ⁴Daneben können den Hochschulen zusätzliche Mittel als konkreter Finanzbetrag für bestimmte Ziele oder für die Erfüllung bestimmter Aufgaben zugewiesen werden.

(2) Die Hochschulen nehmen als staatliche Auftragsangelegenheiten wahr:

1. die Bewirtschaftung der ihnen zugewiesenen Haushaltsmittel einschließlich des Gebühren-, Kassen- und Rechnungswesens,
2. die Verwaltung der ihnen zur Verfügung gestellten Grundstücke und Einrichtungen sowie die Mitwirkung bei der Planung und Realisierung solcher Einrichtungen; die Hochschulen sind an der Planung frühzeitig zu beteiligen,
3. die Personalangelegenheiten der Angehörigen des öffentlichen Dienstes an den Hochschulen und die Einstellung von Personal, soweit die Entscheidung nicht durch Gesetz oder auf Grund eines Gesetzes staatlichen Stellen vorbehalten ist,
4. die Ermittlung der Ausbildungskapazität und die Vorschläge für die Festsetzung der Zulassungszahlen im zentralen Vergabeverfahren sowie die ihnen nach dem Ausbildungskapazitätsgesetz vom 14. März 2014 (HmbGVBl. S. 99) in der jeweils geltenden Fassung obliegenden Aufgaben,
5. die Genehmigung zur Weiterführung der akademischen Bezeichnung „Professorin" oder „Professor" (§ 17 Absatz 3 Satz 3).

(3) ¹Im Benehmen mit den Hochschulen kann ihnen die Wahrnehmung weiterer Angelegenheiten, die mit ihren Aufgaben zusammenhängen, als staatliche Auftragsangelegenheit übertragen werden. ²Die Hochschulen können mit Einwilligung der zuständigen Behörde vereinbaren, dass eine von ihnen staatliche Auftragsangelegenheiten für eine andere wahrnimmt oder mehrere Hochschulen staatliche Auftragsangelegenheiten gemeinsam wahrnehmen.

(4) ¹In Auftragsangelegenheiten sind die staatlichen Vorschriften anzuwenden. ²Die zuständige Behörde übt die Fachaufsicht grundsätzlich durch Richtlinien und allgemeine Weisungen aus; soweit Ziel- und Leistungsvereinbarungen nach § 2 Absatz 3 abgeschlossen worden sind, gelten allein die Regelungen in diesen Vereinbarungen.

§ 6a Verwaltungskostenbeitrag

(1) ¹Für die Verwaltungsdienstleistungen, die für die Studierenden außerhalb der fachlichen Betreuung erbracht werden, erheben die in § 1 Absatz 1 dieses Gesetzes genannten Hochschulen ab dem Wintersemester 2005/2006 einen Verwaltungskostenbeitrag. ²Zu den Verwaltungsdienstleistungen zählen

insbesondere die Leistungen im Zusammenhang mit der Immatrikulation, Beurlaubung, Rückmeldung, Exmatrikulation, Hochschulzulassung einschließlich der Leistungen der Stiftung für Hochschulzulassung, der Organisation der Prüfungen und der zentralen Studienberatung, ferner die Leistungen der Auslandsämter und die Leistungen bei der Vermittlung von Praktika und der Förderung des Übergangs in das Berufsleben. [3]Der Verwaltungskostenbeitrag beträgt 50 Euro für jedes Semester. [4]Der Beitrag ist mit dem Immatrikulationsantrag oder mit der Rückmeldung fällig, ohne dass es eines Bescheids bedarf.

(2) [1]Ausgenommen von der Beitragspflicht sind Studierende in einem öffentlich-rechtlichen Ausbildungsverhältnis. [2]Weiterhin ausgenommen sind ausländische Studierende, die im Rahmen von zwischenstaatlichen oder übernationalen Abkommen oder von Hochschulvereinbarungen, die Abgabenfreiheit garantieren, oder im Rahmen von Förderprogrammen, die überwiegend aus öffentlichen Mitteln des Bundes oder der Länder finanziert werden, immatrikuliert sind, sowie Studierende, die für mehr als ein Semester beurlaubt sind. [3]Ist in einer Studien- oder Prüfungsordnung bestimmt, dass das Studium durch gleichzeitige Immatrikulation an mehreren Hochschulen erfolgen muss, so ist der Beitrag nach Absatz 1 nur an einer Hochschule zu entrichten.

(3) Die Hochschulen können auf Antrag den Beitrag im Einzelfall ganz oder teilweise erlassen, wenn die oder der Studierende binnen eines Monats nach Semesterbeginn in einem zulassungsbeschränkten Studiengang an einer anderen Hochschule zugelassen und immatrikuliert wird.

§ 6b Gebühren und Entgelte

(1) Studiengebühren werden mit Ausnahme von Absatz 2 nicht erhoben.

(2) [1]Die Hochschulen erheben für Studienangebote in der Weiterbildung nach § 57 auf Grund von Satzungen grundsätzlich kostendeckende Gebühren. [2]Sie können für Studiengänge nach § 71a und für Masterstudiengänge, die im Rahmen internationaler Kooperationsprogramme durchgeführt werden, auf Grund von Satzungen Gebühren nach Satz 1 erheben.

(3) [1]Die Hochschulen können für besondere Leistungen im Rahmen der Hochschulzulassung aufgrund von Satzungen Gebühren erheben. [2]Hierzu zählen insbesondere Studieneingangstests und Aufnahmeprüfungen nach § 37 Absätze 3 und 4 (künstlerische Studiengänge). [3]In den Satzungen nach Satz 1 sind Härtefallklauseln, insbesondere aus sozialen Gründen, vorzusehen.

(4) Die Hochschulen können auch in anderen als in den in Absatz 2 genannten Fällen auf Grund von Satzungen Gebühren oder Entgelte für besondere Leistungen und die Benutzung ihrer Einrichtungen erheben.

§ 7 Angehörige des öffentlichen Dienstes

(1) Die Beamtinnen und Beamten, sowie die Arbeitnehmerinnen und Arbeitnehmer an den Hochschulen sind Angehörige des öffentlichen Dienstes der Freien und Hansestadt Hamburg.

(2) Die Präsidentinnen oder Präsidenten sind Dienstvorgesetzte aller Beamtinnen und Beamten an ihrer Hochschule mit Ausnahme der Mitglieder des Präsidiums.

Zweiter Teil
Mitglieder der Hochschulen

Erster Abschnitt
Allgemeine Bestimmungen

§ 8 Mitglieder und Angehörige der Hochschulen

(1) [1]Mitglieder einer Hochschule als Körperschaft sind die in der Hochschule hauptberuflich Beschäftigten sowie die immatrikulierten Studierenden einschließlich der Doktorandinnen und Doktoranden. [2]Die Grundordnung kann bestimmen, dass weitere Personen Mitglieder einer Hochschule als Körperschaft sind.

(2) Die Grundordnung regelt die Rechte und Pflichten der Mitglieder sowie der Personen, die Angehörige der Hochschule werden sollen, ohne deren Mitglieder als Körperschaft zu sein.

§ 9 Allgemeine Rechte und Pflichten

(1) [1]Die Hochschulen und ihre Mitglieder sind gehalten, die ihnen durch Artikel 5 Absatz 3 des Grundgesetzes und durch dieses Gesetz verbürgte Freiheit in Lehre und Studium, Forschung und Kunst im Bewusstsein ihrer Verantwortung vor der Gesellschaft auf der Grundlage der verfassungsmäßigen

Ordnung zu nutzen und zu bewahren. ²Die Hochschulen und ihre Mitglieder dürfen Mittel Dritter für Lehre, Forschung und Kunst nicht unter Bedingungen annehmen, die deren Freiheit oder die Freiheit des Studiums beeinträchtigen.

(2) ¹Alle an den Hochschulen wissenschaftlich Tätigen einschließlich der Studierenden sind zu wissenschaftlicher Redlichkeit verpflichtet. ²Die allgemein anerkannten Grundsätze guter wissenschaftlicher Praxis sind einzuhalten. ³Das Nähere hierzu sowie zum Verfahren zur Feststellung wissenschaftlichen Fehlverhaltens regeln die Hochschulen durch Satzung. ⁴Die disziplinar-, arbeits- und prüfungsrechtlichen Bestimmungen bleiben daneben unberührt. ⁵Die Hochschulen können ihre Feststellungen im Einzelfall veröffentlichen, wenn das Fehlverhalten veröffentlichte Schriften oder Forschungsergebnisse betrifft.

(3) Die Mitglieder der Hochschulen haben, unbeschadet weitergehender Verpflichtungen aus einem Dienst- oder Arbeitsverhältnis, im gegenseitigem Zusammenwirken dazu beizutragen, dass die Hochschulen und deren Organe die ihnen nach diesem Gesetz obliegenden Aufgaben erfüllen können, und sich so zu verhalten, dass niemand gehindert wird, seine Rechte und Pflichten an den Hochschulen wahrzunehmen.

(4) ¹Die Mitwirkung an der Selbstverwaltung ist Recht und Pflicht der Mitglieder. ²Für Studierende, die in der Selbstverwaltung tätig sind, soll ein Ausgleich durch Sitzungsentgelte vorgesehen werden, wenn mit der Tätigkeit in einem Gremium üblicherweise eine erhebliche zeitliche Belastung verbunden ist.

(5) ¹Niemand darf wegen seiner Tätigkeit in der Selbstverwaltung benachteiligt werden. ²Die Übernahme einer Funktion in der Selbstverwaltung kann nur abgelehnt werden, wenn wichtige Gründe dafür vorliegen; das Nähere können die Hochschulen durch Satzung bestimmen.

§ 10 Gruppen

(1) Für die Vertretung in den Gremien bilden je eine Gruppe:
1. die Professorinnen und Professoren sowie die Juniorprofessorinnen und Juniorprofessoren (Hochschullehrerinnen und Hochschullehrer),
2. die Studierenden,
3. die wissenschaftlichen und künstlerischen Mitarbeiterinnen und Mitarbeiter (akademisches Personal),
4. das Technische, Bibliotheks- und Verwaltungspersonal (TVP).

(2) Die Hochschule regelt durch Satzung die Zuordnung anderer Mitglieder zu diesen Gruppen nach deren Qualifikation, Funktion, Verantwortung und Betroffenheit.

Zweiter Abschnitt
Wissenschaftliches und künstlerisches Personal, Unterrichtstutorinnen und Unterrichtstutoren

§ 11 Freiheit von Lehre und Forschung

(1) ¹Soweit die selbständige Abhaltung von Lehrveranstaltungen zu den dienstlichen Aufgaben von Angehörigen des wissenschaftlichen und künstlerischen Personals gehört, umfasst die Freiheit der Lehre (Artikel 5 Absatz 3 Satz 1 des Grundgesetzes), unbeschadet des Artikels 5 Absatz 3 Satz 2 des Grundgesetzes, im Rahmen der zu erfüllenden Lehraufgaben insbesondere die Abhaltung von Lehrveranstaltungen und deren inhaltliche und methodische Gestaltung sowie das Recht auf Äußerung von wissenschaftlichen und künstlerischen Lehrmeinungen. ²Entscheidungen der zuständigen Hochschulorgane in Fragen der Lehre sind insoweit zulässig, als sie sich auf die Organisation des Lehrbetriebs, die Aufstellung und Einhaltung von Studien- und Prüfungsordnungen und die Bewertung der Lehre beziehen; sie dürfen die Freiheit im Sinne von Satz 1 nicht beeinträchtigen.

(2) ¹Soweit die Forschung zu den dienstlichen Aufgaben von Angehörigen des wissenschaftlichen Personals gehört, umfasst die Freiheit der Forschung (Artikel 5 Absatz 3 Satz 1 des Grundgesetzes) insbesondere die Fragestellung, die Grundsätze der Methodik sowie die Bewertung des Forschungsergebnisses und seine Verbreitung. ²Entscheidungen der zuständigen Hochschulorgane in Fragen der Forschung sind insoweit zulässig, als sie sich auf die Organisation des Forschungsbetriebs, die Förderung und Abstimmung von Forschungsvorhaben und auf die Bildung von Forschungsschwerpunkten beziehen; sie dürfen die Freiheit im Sinne von Satz 1 nicht beeinträchtigen. ³Die Sätze 1 und 2 gelten

für die Angehörigen des künstlerischen Personals und für künstlerische Entwicklungsvorhaben entsprechend.

§ 12 Dienstliche Aufgaben der Hochschullehrerinnen und Hochschullehrer

(1) Professorinnen und Professoren nehmen die ihrer Hochschule jeweils obliegenden Aufgaben in Wissenschaft und Kunst, Forschung und Lehre in ihren Fächern nach näherer Ausgestaltung ihres Dienstverhältnisses selbständig wahr.

(2) [1]Sie sind im Rahmen der für ihr Dienstverhältnis geltenden Regelungen verpflichtet, Lehrveranstaltungen ihrer Fächer in allen grundständigen Studiengängen und Masterstudiengängen, in der Weiterbildung und gegebenenfalls im Konzertexamen abzuhalten und die zur Sicherstellung des Lehrangebots gefassten Beschlüsse der Hochschulorgane zu verwirklichen. [2]In der Vorlesungszeit haben die Lehrverpflichtungen grundsätzlich Vorrang vor anderen Aufgaben; eine Vertretung ist nur aus wichtigem Grund mit Genehmigung des zuständigen Hochschulorgans zulässig.

(3) Sie können auf begrenzte Zeit für Aufgaben der Forschung in ihrem Fach, für Entwicklungsaufgaben im Rahmen angewandter Forschung oder für künstlerische Entwicklungsaufgaben von anderen Aufgaben ganz oder teilweise freigestellt werden.

(4) [1]Zu ihren Aufgaben im Sinne des Absatzes 1 gehören insbesondere auch:

1. die Mitwirkung an Hochschul- und Staatsprüfungen sowie an kirchlichen Prüfungen nach Maßgabe der Prüfungsordnungen,
2. die Studienfachberatung,
3. die Mitwirkung an der Studienreform und an Qualitätsbewertungsverfahren nach § 3 Absatz 2,
4. die Betreuung des wissenschaftlichen und künstlerischen Nachwuchses, soweit dies zu den Aufgaben der Hochschule gehört,
5. die Mitwirkung an der Verwaltung der Hochschule,
6. die Wahrnehmung von Aufgaben in der Krankenversorgung, soweit diese zu den Aufgaben der Hochschule gehört,
7. die Wahrnehmung von Aufgaben nach § 6 Absatz 3.

[2]Auf ihren Antrag soll die Hochschule die Wahrnehmung von Aufgaben in Einrichtungen der Wissenschafts- oder Kunstförderung, die überwiegend aus staatlichen Mitteln finanziert werden, zur dienstlichen Aufgabe erklären, wenn sie nach den Feststellungen der Hochschule mit der Erfüllung der übrigen dienstlichen Aufgaben vereinbar ist.

(5) Sie sind im Rahmen der für ihr Dienstverhältnis geltenden Regelungen verpflichtet, die fachliche Betreuung des Studiums einzelner Studierender zu übernehmen.

(6) [1]Sie sind auf Anforderung ihrer Hochschule verpflichtet, Gutachten einschließlich der dazu erforderlichen Untersuchungen ohne besondere Vergütung zu erstellen. [2]Ist der Hochschule der Auftrag zur Erstellung des Gutachtens von einer Behörde oder staatlichen Einrichtung übertragen worden, hat diese der Hochschule alle entstandenen Kosten zu erstatten, soweit nicht zwischenbehördliche Vereinbarungen die Kostentragung abweichend regeln.

(7) [1]Art und Umfang der im Einzelfall wahrzunehmenden Aufgaben richten sich unter Beachtung der Absätze 1 bis 4 nach der Ausgestaltung des Dienstverhältnisses und der Funktionsbeschreibung der Stelle. [2]Die Festlegung steht unter dem Vorbehalt einer Überprüfung in angemessenen Abständen.

(8) [1]Die Absätze 1 bis 7 gelten für Juniorprofessorinnen und Juniorprofessoren entsprechend. [2]Ihre Aufgaben sind so festzulegen, dass ihnen hinreichend Zeit zur Erbringung der zusätzlichen wissenschaftlichen Leistungen nach § 15 Absatz 4 bleibt.

(9) [1]Professorinnen und Professoren der Hochschule für Angewandte Wissenschaften Hamburg können abweichend von Absatz 1 als Dienstaufgabe eine überwiegende Tätigkeit in der Forschung, zur Entwicklung von Lehrinnovationen, Kooperationsbeziehungen oder Transferbeziehungen (Schwerpunktprofessur) mit einem reduzierten Umfang bis zu elf Lehrveranstaltungsstunden übertragen werden. [2]Die Übertragung ist angemessen zu befristen. [3]Die Befristung kann längstens sechs Jahre betragen.

§ 13 Berufungen

(1) [1]Die Hochschullehrerinnen und Hochschullehrer werden vom Präsidium der Hochschule berufen. [2]Bei der Berufung soll in der Regel nach der vorgeschlagenen Reihenfolge verfahren werden. [3]Ab-

weichungen sind, ebenso wie eine Rückgabe des Berufungsvorschlages, gegenüber dem Hochschulsenat, in Hochschulen mit Fakultäten gegenüber dem Fakultätsrat, zu begründen.

(2) Absatz 1 Satz 1 gilt für Bleibeverhandlungen entsprechend.

(3) Zusagen oder Vereinbarungen, die sich auf die personelle, sächliche oder finanzielle Ausstattung des Arbeitsbereichs einer Hochschullehrerin oder eines Hochschullehrers beziehen (Ausstattungszusagen), sind auf längstens fünf Jahre zu befristen; die §§ 24 und 28 bleiben unberührt.

§ 14 Berufungsvorschläge

(1) [1]Die Hochschule überprüft bei freien oder frei werdenden Professuren und Juniorprofessuren die zukünftige Verwendung der Stelle. [2]Professuren und Juniorprofessuren, die besetzt oder wieder besetzt werden sollen, sind von der Hochschule öffentlich, in der Regel international, auszuschreiben. [3]Bei der Ausschreibung ist auf die Regelung des § 12 Absatz 7 Satz 2 hinzuweisen und eine über das Erforderliche hinausgehende fachliche Verengung zu vermeiden.

(2) [1]In den Hochschulen werden Berufungsausschüsse gebildet, die rechtzeitig die Berufungsvorschläge aufstellen. [2]Ihnen gehören Vertreterinnen und Vertreter der in § 10 Absatz 1 Nummern 1 bis 3 genannten Gruppen an. [3]Die Professorinnen und Professoren verfügen mindestens über die absolute Mehrheit der Sitze und Stimmen, die in § 10 Absatz 1 Nummern 2 und 3 genannten Gruppen über je eine Vertreterin oder einen Vertreter. [4]In Hochschulen mit Fakultäten werden Berufungsausschüsse von der Fakultät gebildet; der Fakultätsrat entscheidet über den vom Berufungsausschuss vorgelegten Berufungsvorschlag und leitet ihn über das Dekanat an das Präsidium weiter. [5]Mindestens zwei Professorinnen oder Professoren im Berufungsausschuss dürfen nicht Mitglieder der Hochschule nach § 8 Absatz 1 sein (externe Mitglieder); diese Personen werden vom Präsidium benannt und sind auf das Datengeheimnis zu verpflichten. [6]Jedes Geschlecht muss im Berufungsausschuss mit mindestens 40 vom Hundert der Mitglieder des Berufungsausschusses vertreten sein; erforderlichenfalls ist die Anzahl der externen Mitglieder zu erhöhen. [7]Ausnahmen von Satz 6 müssen vom Präsidium im Benehmen mit der oder dem Gleichstellungsbeauftragten (§ 87) genehmigt werden.

(3) [1]Berufungsvorschläge sollen eine Liste von drei Personen enthalten. [2]Nichtbewerberinnen und Nichtbewerber dürfen vorgeschlagen werden. [3]Frauen beziehungsweise Männer sind bei gleichwertiger Qualifikation bevorzugt zu berücksichtigen, solange der Frauen- beziehungsweise Männeranteil unter den Mitgliedern nach § 10 Absatz 1 Nummer 1 in einer Fakultät, bei Hochschulen ohne Fakultäten in der Hochschule, 50 vom Hundert nicht erreicht; Ausnahmen sind nur zulässig, wenn in der Person einer Mitbewerberin oder eines Mitbewerbers schwerwiegende Gründe sozialer Art vorliegen. [4]Bei der Beurteilung der Eignung, Leistung und Befähigung von Bewerberinnen und Bewerbern mit einer Behinderung sind bisherige Nachteile auf Grund der Behinderung zu berücksichtigen.

(4) [1]Bei der Berufung auf eine Professur können Juniorprofessorinnen und Juniorprofessoren der eigenen Hochschule außer in den Fällen von Absatz 6 Nummer 3 nur dann berücksichtigt werden, wenn sie nach ihrer Promotion die Hochschule gewechselt hatten oder mindestens zwei Jahre außerhalb der berufenden Hochschule wissenschaftlich tätig waren. [2]Wissenschaftliche und künstlerische Mitarbeiterinnen und Mitarbeiter der eigenen Hochschule können bei der Berufung auf eine Professur nur in begründeten Ausnahmefällen berücksichtigt werden; zusätzlich müssen die Voraussetzungen des Satzes 1 vorliegen.

(5) [1]Die Hochschulen treffen in Satzungen (Berufungsordnungen) die näheren Regelungen über ihre Verfahren. [2]Dabei sind Regelungen vorzusehen, die eine Erhöhung des Anteils des jeweils unterrepräsentierten Geschlechts in der Gruppe der Hochschullehrerinnen und Hochschullehrer zum Ziel haben.

(6) Eine Ausschreibung und die Aufstellung eines Berufungsvorschlages entfallen:

1. im Falle des § 16 Absatz 2 Satz 1 Nummer 4 zweiter Halbsatz;

2. wenn einer Person übergangsweise bis zur endgültigen Besetzung einer Professur die Wahrnehmung der Aufgaben einer Professur übertragen wird (Professurenvertretung);

3. wenn eine Juniorprofessorin oder ein Juniorprofessor auf eine Professur derselben Hochschule berufen werden soll, sofern bei der Ausschreibung der Juniorprofessur auf diese Möglichkeit hingewiesen worden ist (Tenure Track); dies setzt voraus, dass die Bewährung der Juniorprofessorin oder des Juniorprofessors in einem durch Satzung geregelten Bewertungsverfahren unter Hinzuziehung externen Sachverstandes festgestellt worden ist;

4. wenn in einem Ausnahmefall mit Zustimmung des Hochschulrates eine Person berufen werden soll, die herausragend geeignet ist und an deren Gewinnung ein besonderes Interesse der Hochschule besteht (außerordentliche Berufung); in Hochschulen mit Fakultäten ist vorher der zuständige Fakultätsrat, in anderen Hochschulen der Hochschulsenat, anzuhören;

5. ein Professor der Besoldungsgruppe W2, die oder der einen auswärtigen Ruf auf eine Professur der Besoldungsgruppe W3 oder auf eine vergleichbare ausländische Professur vorlegt, im Rahmen von Bleibeverhandlungen im Einvernehmen mit dem zuständigen Dekanat auf eine Professur der Besoldungsgruppe W3 an derselben Hochschulen berufen werden soll;

6. wenn in einem Ausnahmefall eine nebenberufliche Professorin oder ein nebenberuflicher Professor nach § 32, die oder der bei der Einstellung ein an ein Berufungsverfahren angelehntes Verfahren durchlaufen hat und deren oder dessen Leistungen unter Einbeziehung externen Sachverstandes positiv bewertet worden ist, auf eine Professur an derselben Hochschule berufen werden soll.

§ 15 Einstellungsvoraussetzungen für Professorinnen und Professoren

(1) Einstellungsvoraussetzungen für Professorinnen und Professoren sind neben den allgemeinen dienstrechtlichen Voraussetzungen

1. ein abgeschlossenes Hochschulstudium,

2. die pädagogische Eignung für die Lehre an der Hochschule,

3. die besondere Befähigung zu wissenschaftlicher oder künstlerischer Arbeit und

4. darüber hinaus je nach den Anforderungen der Stelle

   a) zusätzliche wissenschaftliche (Absatz 4) oder zusätzliche künstlerische Leistungen (Absatz 5) oder

   b) besondere Leistungen bei der Anwendung oder Entwicklung wissenschaftlicher Erkenntnisse und Methoden in einer mindestens fünfjährigen beruflichen Praxis, von der mindestens drei Jahre außerhalb des Hochschulbereichs ausgeübt worden sein müssen.

(2) Die pädagogische Eignung wird in der Regel durch entsprechende Leistungen im Rahmen der Juniorprofessur nachgewiesen.

(3) Die besondere Befähigung zu wissenschaftlicher Arbeit (Absatz 1 Nummer 3) wird in der Regel durch eine qualifizierte Promotion nachgewiesen; an die Stelle der Promotion kann eine gleichwertige wissenschaftliche Leistung treten.

(4) ¹Die zusätzlichen wissenschaftlichen Leistungen nach Absatz 1 Nummer 4 Buchstabe a werden in der Regel im Rahmen einer Juniorprofessur erbracht. ²Sie können auch im Rahmen einer Tätigkeit als wissenschaftliche Mitarbeiterin oder wissenschaftlicher Mitarbeiter an einer Hochschule oder einer außeruniversitären Forschungseinrichtung oder im Rahmen einer wissenschaftlichen Tätigkeit in der Wirtschaft oder im Rahmen einer anderen gleichwertigen Tätigkeit im In- oder Ausland erbracht werden. ³Sie sollen nicht Gegenstand eines Prüfungsverfahrens sein.

(5) Bei Professuren mit künstlerischen Aufgaben werden die besondere Befähigung zu künstlerischer Arbeit (Absatz 1 Nummer 3) und die zusätzlichen künstlerischen Leistungen (Absatz 1 Nummer 4 Buchstabe a) durch entsprechende hervorragende Leistungen während einer mehrjährigen künstlerischen Tätigkeit nachgewiesen.

(6) Bei Professuren in der Hochschule für Angewandte Wissenschaften Hamburg müssen die Einstellungsvoraussetzungen nach Absatz 1 Nummer 4 Buchstabe b nachgewiesen werden; in besonders begründeten Ausnahmefällen können auch Personen berufen werden, die die Einstellungsvoraussetzungen nach Absatz 1 Nummer 4 Buchstabe a erfüllen.

(7) ¹Die Einstellung setzt bei Professuren mit ärztlichen, zahnärztlichen oder tierärztlichen Aufgaben außerdem voraus, dass zusätzlich die Anerkennung als Gebietsärztin oder Gebietsarzt, Gebietszahnärztin oder Gebietszahnarzt oder Gebietstierärztin oder Gebietstierarzt nachgewiesen wird, sofern für das betreffende Gebiet nach Landesrecht eine entsprechende Weiterbildung vorgesehen ist. ²Auf eine Professur mit erziehungswissenschaftlichen oder fachdidaktischen Aufgaben in der Lehrerausbildung kann nur berufen werden, wer eine dreijährige Schulpraxis oder entsprechende andere Praxiserfahrungen nachweist.

(8) Soweit es den Eigenarten des Faches und den Anforderungen der Stelle entspricht, kann abweichend von den Absätzen 1 bis 6 und Absatz 7 Satz 2 auch eingestellt werden, wer die allgemeinen dienst-

rechtlichen Voraussetzungen erfüllt, hervorragende fachbezogene Leistungen in der Praxis und die pädagogische Eignung nachweist.

§ 16 Dienstrechtliche Stellung der Professorinnen und Professoren

(1) [1]Professorinnen und Professoren werden, soweit sie in das Beamtenverhältnis berufen werden, vorbehaltlich des Satzes 2 und des Absatzes 2 zu Beamtinnen oder Beamten auf Lebenszeit ernannt. [2]Sie sollen zunächst zu Beamtinnen oder Beamten auf Probe ernannt werden, wenn sie nicht bereits Professorin, Professor, Juniorprofessorin, Juniorprofessor, Hochschuldozentin, Hochschuldozent, Oberassistentin, Oberassistent, Oberingenieurin, Oberingenieur, wissenschaftliche oder künstlerische Assistentin oder wissenschaftlicher oder künstlerischer Assistent gewesen sind; die Probezeit dauert ein Jahr.

(2) [1]Professorinnen und Professoren können zu Beamtinnen oder Beamten auf Zeit ernannt werden

1. zur Wahrnehmung der Funktion von Oberärztinnen oder Oberärzten für höchstens sechs Jahre oder, soweit sie nach der Promotion in der Regel weniger als fünf Jahre an der Hochschule beschäftigt waren, für höchstens neun Jahre,

2. zur Gewinnung von Personen, die in der Wissenschaft, der Kunst oder sonst in ihrer Berufspraxis hervorragende Leistungen aufweisen können, für höchstens sechs Jahre,

3. für eine befristete Tätigkeit im Hochschulbereich, wenn dem Land die entstehenden Kosten ganz oder überwiegend von dritter Seite erstattet werden, für höchstens sechs Jahre,

4. wenn es sich um die erste Berufung in ein Professorenamt handelt, für höchstens sechs Jahre; das Beamtenverhältnis kann in ein Beamtenverhältnis auf Lebenszeit umgewandelt werden, wenn die Hochschule zuvor ein Bewertungsverfahren durchgeführt hat, dessen Ergebnis positiv war.

[2]Eine Verlängerung ist nur nach § 24 Absatz 1 zulässig. [3]Die erneute Einstellung als Professorin oder Professor unter Berufung in das Beamtenverhältnis auf Zeit ist zulässig

1. in den Fällen des Satzes 1 Nummern 1 und 2, soweit die zulässige Amtszeit nicht ausgeschöpft worden ist und die verbleibende Amtszeit mindestens zwei Jahre beträgt

2. im Fall des Satzes 1 Nummer 3.

(3) [1]Professorinnen und Professoren können ohne ihre Zustimmung in ein gleichwertiges Amt an einer anderen Hochschule abgeordnet oder versetzt werden, wenn die Hochschule oder die Hochschuleinrichtung, an der sie tätig sind, aufgelöst oder mit einer anderen Hochschule zusammengeschlossen wird oder wenn die Studien- oder Fachrichtung, in der sie tätig sind, ganz oder teilweise aufgegeben oder an eine andere Hochschule verlegt wird. [2]In diesen Fällen beschränkt sich die Mitwirkung der aufnehmenden Hochschule oder Hochschuleinrichtung bei der Einstellung auf eine Anhörung.

(4) Erfordert der Aufgabenbereich einer Hochschuleinrichtung eine regelmäßige oder planmäßige Anwesenheit von Professorinnen und Professoren, kann die Arbeitszeit für bestimmte Beamtengruppen nach § 61 des Hamburgischen Beamtengesetzes (HmbBG) vom 15. Dezember 2009 (HmbGVBl. S. 405) in der jeweils geltenden Fassung geregelt werden.

(5) [1]Professorinnen und Professoren haben ihren Erholungsurlaub während der vorlesungsfreien Zeit zu nehmen. [2]Ausnahmen sind zulässig, soweit

1. der Lehrveranstaltungsplan eine andere Regelung erfordert,

2. Belange der Krankenversorgung oder der betrieblichen Sicherheit anderenfalls nicht gewahrt werden können; das notwendige Lehrangebot ist sicherzustellen.

(6) [1]Bei Professuren, bei denen die Verbindung zur Praxis aufrecht erhalten werden soll, oder in anderen begründeten Fällen, ist die Beschäftigung im Umfang von mindestens der Hälfte der Aufgaben einer vollen Professur zulässig, wenn die Stelle entsprechend ausgeschrieben worden ist (Teilzeitprofessur). [2]Die Wahrnehmung einer Teilzeitprofessur im Beamtenverhältnis ist nur auf Antrag der Bewerberin oder des Bewerbers zulässig.

(7) [1]Bei Professorinnen und Professoren im Beamtenverhältnis kann der Eintritt in den Ruhestand in begründeten Ausnahmefällen um bis zu drei Jahre hinausgeschoben werden. [2]Voraussetzung hierfür sind besondere wissenschaftliche oder künstlerische Leistungen sowie eine Vereinbarung zwischen der Professorin oder dem Professor und der Hochschule über den Zeitpunkt des Eintritts in den Ruhestand. [3]Die Vereinbarung bedarf der Zustimmung des Präsidiums, in Hochschulen mit Fakultäten auch der Zustimmung des Dekanats.

(8) Professorinnen und Professoren stehen nach dem Eintritt in den Ruhestand ausschließlich die mit der Lehrbefugnis verbundenen Rechte zur Abhaltung von Lehrveranstaltungen und zur Beteiligung an Prüfungsverfahren zu.

(9) [1]Eine Professorin oder ein Professor aus der Hochschule oder aus einer anderen Hochschule aus dem In- oder Ausland, die oder der in den Ruhestand getreten ist, kann bei hervorragender Eignung als Professorin oder als Professor an der Hochschule beschäftigt werden, jedoch nicht länger als bis zum Ende des letzten Monats des Semesters, in dem das 75. Lebensjahr vollendet wird. [2]Die §§ 13 und 14 finden keine Anwendung. [3]Die Beschäftigung erfolgt auf der Grundlage eines öffentlich-rechtlichen Vertrages, den die Hochschule mit der Professorin oder dem Professor abschließt. [4]§ 17 Absatz 3 gilt entsprechend. [5]In dem Vertrag ist zu regeln, welche Rechte und Pflichten die Professorin oder der Professor in Forschung und Lehre hat und, wenn es sich um eine Professorin oder einen Professor aus einer anderen Hochschule handelt, ob und in welchem Umfange ihr oder ihm nach Ablauf der Beschäftigungszeit die in Satz 4 und Absatz 8 bezeichneten Rechte zustehen.

§ 17 Akademische Bezeichnung „Professorin" oder „Professor", Lehrbefugnis als Privatdozentin oder Privatdozent

(1) Die Hochschule kann Personen, die sich durch hervorragende, denjenigen einer Professorin oder eines Professors entsprechende Leistungen ausgezeichnet und in der Regel seit mindestens drei Jahren an einer Hochschule erfolgreich selbständig gelehrt haben, die akademische Bezeichnung „Professorin" oder „Professor" verleihen.

(2) Die Hochschulen verleihen habilitierten Wissenschaftlerinnen und Wissenschaftlern, die die akademische Lehrbefähigung haben, auf Antrag die Lehrbefugnis als Privatdozentin oder Privatdozent; damit gewähren sie keinen Anspruch auf einen Arbeitsplatz in der Hochschule.

(3) [1]Mit der Ernennung zur Professorin oder zum Professor ist zugleich die akademische Bezeichnung „Professorin" oder „Professor" verliehen. [2]Die Bezeichnung kann nach dem Eintritt in den Ruhestand weitergeführt werden. [3]Im Falle des Ausscheidens aus dem Dienst aus anderen Gründen kann die Bezeichnung nur weitergeführt werden, wenn die Hochschule dies auf Antrag genehmigt hat.

(4) Juniorprofessorinnen und Juniorprofessoren führen während der Dauer ihres Dienstverhältnisses die akademische Bezeichnung „Professorin" beziehungsweise „Professor".

(5) [1]Die Hochschulen regeln das Nähere zu den Absätzen 1 und 2 durch Satzung. [2]Dabei sind auch Regelungen zur Entziehung der Bezeichnung beziehungsweise der Lehrbefugnis vorzusehen, wenn die jeweilige Person sich vor Eintritt in den Ruhestand über einen längeren Zeitraum nicht mehr angemessen am Lehrbetrieb beteiligt.

§ 18 Einstellungsvoraussetzungen für Juniorprofessorinnen und Juniorprofessoren

(1) Einstellungsvoraussetzungen für Juniorprofessorinnen und Juniorprofessoren sind neben den allgemeinen dienstrechtlichen Voraussetzungen

1. ein abgeschlossenes Hochschulstudium,
2. pädagogische Eignung,
3. besondere Befähigung zu wissenschaftlicher Arbeit, die in der Regel durch die herausragende Qualität einer Promotion nachgewiesen wird.

(2) Juniorprofessorinnen und Juniorprofessoren mit ärztlichen, zahnärztlichen oder tierärztlichen Aufgaben sollen zusätzlich die Anerkennung als Gebietsärztin oder Gebietsarzt, Gebietszahnärztin oder Gebietszahnarzt oder Gebietstierärztin oder Gebietstierarzt nachweisen, soweit für das betreffende Gebiet nach Landesrecht eine entsprechende Weiterbildung vorgesehen ist.

(3) Auf eine Juniorprofessur mit erziehungswissenschaftlichen oder fachdidaktischen Aufgaben in der Lehrerausbildung soll nur berufen werden, wer eine dreijährige Schulpraxis oder vergleichbare Praxiserfahrungen nachweist.

(4) [1]Sofern vor oder nach der Promotion eine Beschäftigung als wissenschaftliche Mitarbeiterin oder wissenschaftlicher Mitarbeiter oder als wissenschaftliche Hilfskraft erfolgt ist, sollen Promotions- und Beschäftigungsphase zusammen nicht mehr als sechs Jahre, im Bereich der Medizin nicht mehr als neun Jahre betragen haben. [2]Verlängerungen nach § 2 Absatz 5 Satz 1 Nummern 1 und 3 bis 5 des Wissenschaftszeitvertragsgesetzes vom 12. April 2007 (BGBl. I S. 506) in der jeweils geltenden Fassung bleiben hierbei außer Betracht; § 2 Absatz 3 Satz 1 des Wissenschaftszeitvertragsgesetzes gilt entsprechend. [3]Behinderungsbedingte Überschreitungen dieser Zeiträume bleiben außer Betracht.

(5) Die in Absatz 4 genannte Frist von sechs Jahren gilt insbesondere dann nicht, wenn in dem betreffenden Fachgebiet längere Beschäftigungszeiten als wissenschaftliche Mitarbeiterin oder als wissenschaftlicher Mitarbeiter erforderlich sind.

§ 19 Dienstrechtliche Stellung der Juniorprofessorinnen und Juniorprofessoren

(1) [1]Juniorprofessorinnen und Juniorprofessoren werden für die Dauer von drei Jahren zu Beamtinnen oder Beamten auf Zeit ernannt. [2]Das Dienstverhältnis der Juniorprofessorin oder des Juniorprofessors soll mit ihrer oder seiner Zustimmung im Laufe des dritten Jahres um weitere drei Jahre verlängert werden, wenn sie oder er sich als Hochschullehrerin oder Hochschullehrer bewährt hat; anderenfalls kann das Dienstverhältnis mit Zustimmung der Juniorprofessorin oder des Juniorprofessors um höchstens ein Jahr verlängert werden. [3]Bei der Beurteilung der Bewährung von Juniorprofessorinnen und Juniorprofessoren mit einer Behinderung sind die bisherigen Nachteile auf Grund der Behinderung zu berücksichtigen. [4]Eine weitere Verlängerung ist abgesehen von den Fällen des § 24 nicht zulässig; dies gilt auch für eine erneute Einstellung als Juniorprofessorin oder Juniorprofessor.

(2) § 16 Absätze 3 bis 5 findet auf Juniorprofessorinnen und Juniorprofessoren entsprechende Anwendung.

§§ 20–23 *[aufgehoben]*

§ 24 Sonderregelungen für Beamtinnen und Beamte auf Zeit

(1) Soweit Hochschullehrerinnen und Hochschullehrer oder wissenschaftliche und künstlerische Mitarbeiterinnen und Mitarbeiter Beamtinnen oder Beamte auf Zeit sind, ist das Dienstverhältnis, sofern dienstliche Gründe nicht entgegenstehen, auf Antrag der Beamtin oder des Beamten in entsprechender Anwendung von § 2 Absatz 5 des Wissenschaftszeitvertragsgesetzes zu verlängern.

(2) Die Dienstzeit von Juniorprofessorinnen und Juniorprofessoren sowie von wissenschaftlichen und künstlerischen Mitarbeiterinnen und Mitarbeitern im Sinne des § 28 Absatz 2 Satz 1 im Beamtenverhältnis auf Zeit wird auf Antrag bei Vorliegen der Voraussetzungen des § 2 Absatz 1 Satz 4 des Wissenschaftszeitvertragsgesetzes um bis zu einem Jahr je Kind, höchstens jedoch um zwei Jahre verlängert.

§ 25 *[aufgehoben]*

§ 26 Lehrbeauftragte

(1) [1]Zur Ergänzung des Lehrangebots, an künstlerisch-wissenschaftlichen Hochschulen auch zur Sicherung des Lehrangebots in einem Fach können Lehraufträge erteilt werden. [2]Die Lehrbeauftragten nehmen die ihnen übertragenen Lehraufgaben selbständig wahr. [3]Der Umfang eines Lehrauftrags soll die Hälfte der Lehrverpflichtung von Professorinnen und Professoren nicht überschreiten. [4]Ein Lehrauftrag ist grundsätzlich zu befristen.

(2) Erhalten Mitglieder der Hochschule einen Lehrauftrag, bleibt ihre Rechtsstellung in der Hochschule unberührt.

(3) [1]Der Lehrauftrag ist ein öffentlich-rechtliches Rechtsverhältnis eigener Art; er begründet kein Dienst- oder Arbeitsverhältnis. [2]Der Lehrauftrag ist zu vergüten; dies gilt nicht, wenn die Lehrbeauftragten auf eine Vergütung verzichten oder wenn die durch den Lehrauftrag entstehende Belastung bei der Bemessung der Dienstaufgaben von Angehörigen des öffentlichen Dienstes entsprechend berücksichtigt wird.

(4) Die Hochschulen regeln das Nähere durch Satzung.

§ 27 Aufgaben der wissenschaftlichen und künstlerischen Mitarbeiterinnen und Mitarbeiter

(1) [1]Den wissenschaftlichen und künstlerischen Mitarbeiterinnen und Mitarbeitern obliegen wissenschaftliche und künstlerische Dienstleistungen. [2]Hierzu gehören auch Aufgaben in der Krankenversorgung in der klinischen Medizin, Aufgaben in der Wissenschaftsverwaltung, in Bibliotheken, Laboren, Rechenzentren und ähnlichen Bereichen, sowie Lehraufgaben, die selbstständig oder unter der Verantwortung von Hochschullehrerinnen oder Hochschullehrern zu erfüllen sind. [3]In geeigneten Fällen kann ihnen bei entsprechender Qualifikation die selbstständige Wahrnehmung von Forschungsaufgaben oder künstlerischen Entwicklungsvorhaben übertragen werden. [4]Sie wirken an der Studienfachberatung mit.

(2) [1]Art und Umfang der im Einzelfall wahrzunehmenden Aufgaben richten sich nach der Ausgestaltung des Dienst- oder Arbeitsverhältnisses und der Funktionsbeschreibung der Stelle. [2]Danach be-

stimmt sich auch, ob es sich um eine zeitlich begrenzte oder um eine Daueraufgabe handelt und ob die Aufgaben selbstständig oder unter der Verantwortung einer Hochschullehrerin oder eines Hochschullehrers wahrgenommen werden. [3]Die Tätigkeit soll überwiegend in der Wahrnehmung von Aufgaben aus den Bereichen Forschung, Lehre oder Kunst bestehen.

(3) Soweit wissenschaftliche und künstlerische Mitarbeiterinnen und Mitarbeiter dem Aufgabenbereich einer Hochschullehrerin oder eines Hochschullehrers zugewiesen sind, ist diese beziehungsweise dieser weisungsbefugt.

§ 28 Dienstrechtliche Stellung der wissenschaftlichen und künstlerischen Mitarbeiterinnen und Mitarbeiter

(1) [1]Wissenschaftliche Mitarbeiterinnen und Mitarbeiter, die die Promotion oder eine vergleichbare Qualifikation anstreben, werden in befristeten Arbeitsverhältnissen beschäftigt, deren Dauer bei der ersten Anstellung grundsätzlich drei Jahre betragen soll. [2]Im Falle einer behinderungsbedingten Verzögerung des Abschlusses soll eine angemessene Überschreitung um bis zu 18 Monate zugelassen werden. [3]Sie werden grundsätzlich mit mindestens der Hälfte der regelmäßigen Arbeitszeit des öffentlichen Dienstes beschäftigt. [4]Ihnen ist Gelegenheit zur Vorbereitung einer Promotion oder einer vergleichbaren Qualifikation zu geben; dafür erhalten sie mindestens ein Drittel der jeweiligen Arbeitszeit. [5]Die ihnen übertragenen Aufgaben sollen zugleich der angestrebten Qualifikation förderlich sein.

(2) [1]Wissenschaftliche und künstlerische Mitarbeiterinnen oder Mitarbeiter, deren Aufgabe auch die Erbringung zusätzlicher wissenschaftlicher Leistungen (§ 15 Absatz 4 Satz 2) oder zusätzlicher künstlerischer Leistungen (§ 15 Absatz 5) ist, werden in einem befristeten Arbeitsverhältnis oder als Akademische Rätinnen und Räte im Beamtenverhältnis auf Zeit für die Dauer von drei Jahren beschäftigt. [2]Das Arbeitsoder Dienstverhältnis wird mit ihrer Zustimmung um die erforderliche Zeit, höchstens jedoch um drei Jahre, verlängert, wenn die bisher erbrachten Leistungen positiv bewertet worden sind und zu erwarten ist, dass sie in dieser Zeit die zusätzlichen wissenschaftlichen oder künstlerischen Leistungen erbringen werden. [3]Ihnen ist ein Zeitanteil von mindestens einem Drittel der Arbeitszeit zur eigenen wissenschaftlichen oder künstlerischen Arbeit zu gewähren.

(3) [1]Wissenschaftliche und künstlerische Mitarbeiterinnen und Mitarbeiter, die nicht nach den Absätzen 1 und 2 beschäftigt werden, werden in unbefristeten oder befristeten Arbeitsverhältnissen beschäftigt. [2]Soweit überwiegend Daueraufgaben in Forschung oder Lehre wahrgenommen werden, die nicht der Qualifizierung der oder des Beschäftigten dienen, sind hierfür Stellen zur unbefristeten Beschäftigung vorzuhalten. [3]Zur Wahrnehmung unbefristeter Aufgaben können sie im Akademischen Dienst in der Laufbahn der wissenschaftlichen Dienste im Beamtenverhältnis auf Probe mit dem Ziel der Verbeamtung auf Lebenszeit eingestellt werden.

§ 29 Einstellungsvoraussetzungen für wissenschaftliche und künstlerische Mitarbeiterinnen und Mitarbeiter

(1) Einstellungsvoraussetzungen für wissenschaftliche und künstlerische Mitarbeiterinnen und Mitarbeiter sind mindestens
1. das Erfüllen der allgemeinen dienstrechtlichen Voraussetzungen,
2. ein geeignetes, mit einem Mastergrad oder einem gleichwertigen Abschluss abgeschlossenes Hochschulstudium, in den akademischen Heilberufen eine qualifizierte, das Studium oder die Ausbildung abschließende Staatsprüfung,
3. bei einer Beschäftigung nach § 28 Absatz 2 eine geeignete qualifizierte Promotion,
4. bei einer Beschäftigung nach § 28 Absatz 3 Satz 3 das Erfüllen der näheren laufbahnrechtlichen Voraussetzungen.

(2) Die Promotion nach Absatz 1 Nummer 3 kann ersetzt werden
1. außerhalb der akademischen Heilberufe durch eine qualifizierte zweite Staatsprüfung,
2. in den Ingenieurwissenschaften und in Bereichen, in denen eine Promotion nicht üblich ist, durch einen qualifizierten Master- oder Diplomabschluss,
3. durch andere wissenschaftliche Leistungen, die einer qualifizierten Promotion gleichwertig sind, oder in künstlerischen Fächern durch hervorragende künstlerische Leistungen.

(3) ¹Das Hochschulstudium nach Absatz 1 Nummer 2 kann ersetzt werden

1. unter Berücksichtigung der Anforderungen der Stelle bei künstlerischen Mitarbeiterinnen und Mitarbeitern durch eine mehrjährige künstlerische Berufstätigkeit, soweit durch diese der Nachweis der künstlerischen Befähigung erbracht wird,

2. bei einer Beschäftigung an der Hochschule für Angewandte Wissenschaften Hamburg durch ein geeignetes, mit einem Bachelorgrad oder einem gleichwertigen Abschluss abgeschlossenes Hochschulstudium, wenn nach der Ausgestaltung des Dienst- oder Arbeitsverhältnisses und der Funktionsbeschreibung der Stelle die Tätigkeit überwiegend darin besteht,

a) den Studierenden Fachwissen und praktische Fertigkeiten unter der Verantwortung einer Hochschullehrerin oder eines Hochschullehrers zu vermitteln und sie in der Anwendung wissenschaftlicher Methoden zu unterweisen oder

b) unter der Verantwortung einer Hochschullehrerin oder eines Hochschullehrers Dienstleistungen im Bereich der Forschung zu erbringen.

²In den Fällen von Satz 1 Nummer 2 Buchstabe a sollen die Beschäftigten in der Regel über geeignete Berufserfahrung verfügen.

§ 30 Personen mit ärztlichen Aufgaben

An der Hochschule tätige Personen mit ärztlichen, zahnärztlichen oder tierärztlichen Aufgaben, die nicht Professorinnen, Professoren, Juniorprofessorinnen, Juniorprofessoren, Hochschuldozentinnen, Hochschuldozenten, Oberassistentinnen, Oberassistenten oder wissenschaftliche Assistentinnen oder Assistenten sind, sind in der Regel dienst- und mitgliedschaftsrechtlich den wissenschaftlichen Mitarbeiterinnen und Mitarbeitern gleichgestellt.

§ 31 Beamtenrecht, Angestellte

(1) Soweit dieses Gesetz nichts anderes bestimmt, gelten für das beamtete wissenschaftliche und künstlerische Personal die allgemeinen beamtenrechtlichen Vorschriften.

(2) ¹Wissenschaftliches und künstlerisches Personal kann auch in einem Angestelltenverhältnis beschäftigt werden. ²In diesem Fall sind die Vorschriften dieses Abschnitts sinngemäß anzuwenden.

§ 32 Nebenberuflich tätige Professorinnen und Professoren in künstlerischen Studiengängen

(1) ¹In künstlerischen Studiengängen können Professorinnen und Professoren nebenberuflich in einem öffentlich-rechtlichen Beschäftigungsverhältnis mit weniger als der Hälfte der Lehrverpflichtung ihrer hauptberuflich tätigen Kolleginnen und Kollegen befristet oder unbefristet beschäftigt werden. ²Die für hauptberufliche Professorinnen und Professoren geltenden Regelungen dieses Gesetzes sind entsprechend anzuwenden.

(2) ¹Das Beschäftigungsverhältnis ist zu befristen, wenn die wahrzunehmende Aufgabe von begrenzter Dauer oder wenn die künstlerische Aktualität wesentlicher Grund der Beschäftigung ist. ²Das Beschäftigungsverhältnis kann befristet werden, wenn das Fortbestehen der hauptberuflichen Tätigkeit in der bei Vertragsschluss bestehenden Form einer der Gründe der Beschäftigung ist. ³Das Beschäftigungsverhältnis kann ohne Angabe von Gründen bis zum Ablauf des ersten Monats eines Semesters zum Semesterende gekündigt werden.

(3) Das Beschäftigungsverhältnis wird durch öffentlich-rechtlichen Vertrag geregelt.

§ 33 Unterrichtstutorinnen und Unterrichtstutoren

(1) ¹Unterrichtstutorinnen und Unterrichtstutoren haben die Aufgabe, Studierende und studentische Arbeitsgruppen in ihrem Studium zu unterstützen. ²Ihre Tätigkeit ist in der Regel einer bestimmten Lehrveranstaltung zugeordnet.

(2) Als Unterrichtstutorinnen und Unterrichtstutoren können Studierende mit besonderer fachlicher Qualifikation oder Personen mit abgeschlossenem Hochschulstudium bestellt werden.

(3) Für die fachliche und didaktische Betreuung der Unterrichtstutorinnen und Unterrichtstutoren sind die die Lehrveranstaltung durchführenden Personen verantwortlich.

(4) Die Hochschulen regeln das Nähere durch Satzung.

§ 34 Lehrverpflichtung

(1) Der Senat regelt durch Rechtsverordnung nach Anhörung der Hochschulen die dienstrechtliche Lehrverpflichtung des hauptberuflichen wissenschaftlichen und künstlerischen Personals.

(2) Bei der Festlegung der Lehrverpflichtung sind die Beanspruchung durch sonstige dienstliche Aufgaben, insbesondere die Forschung und die Krankenversorgung, sowie der unterschiedliche Zeitaufwand für die Vorbereitung, Durchführung und Nachbereitung der verschiedenen Arten von Lehrveranstaltungen zu berücksichtigen.

(3) Es soll ermöglicht werden, dass Lehrende ihre Lehrverpflichtung im Durchschnitt in mehreren aufeinander folgenden Semestern erfüllen können, und dass Lehrende einer Lehreinheit mit der gleichen Lehrverpflichtung ihre Lehrverpflichtungen innerhalb eines bestimmten Zeitraumes untereinander ausgleichen können.

(4) In der Rechtsverordnung nach Absatz 1 kann vorgesehen werden, dass die jeweilige Regellehrverpflichtung durch Entscheidung der Hochschule im Einzelfall innerhalb eines vorgegebenen Rahmens abgesenkt oder angehoben werden kann.

Dritter Abschnitt
Die Studierenden

§ 35 Mitgliedschaft

(1) [1]Die Studierenden werden durch die Immatrikulation Mitglieder einer Hochschule. [2]Sie verlieren die Mitgliedschaft durch die Exmatrikulation.

(2) Werden Studierende nach § 36 Absatz 2 Satz 1 für mehrere Teilstudiengänge oder nach § 36 Absatz 2 Satz 2 für ein zulässiges Doppelstudium immatrikuliert und finden die Teilstudiengänge oder das Doppelstudium an mehreren Hochschulen statt, werden die Studierenden Mitglieder aller dieser Hochschulen.

§ 36 Immatrikulation

(1) [1]Deutsche im Sinne des Artikels 116 des Grundgesetzes sind zu immatrikulieren, wenn sie die für den gewählten Studiengang erforderliche Hochschulzugangsberechtigung besitzen und kein Versagungsgrund vorliegt. [2]Andere Personen können unter den Voraussetzungen des Satzes 1 immatrikuliert werden. [3]Staatsangehörige eines anderen Mitgliedsstaates der Europäischen Union sind Deutschen gleichgestellt. [4]Rechtsvorschriften, nach denen andere Personen Deutschen gleichgestellt sind, bleiben unberührt. [5]Zulassungsbeschränkungen werden durch besonderes Gesetz geregelt.

(2) [1]Studierende werden für einen Studiengang immatrikuliert, in den Fällen des § 52 Absatz 5 unter Angabe der Teilstudiengänge. [2]Für einen weiteren Studiengang (Doppelstudium) können sie in begründeten Ausnahmefällen immatrikuliert werden, auch wenn der weitere Studiengang an einer anderen Hochschule absolviert wird; eine ordnungsgemäße Durchführung der beiden Studiengänge muss gewährleistet sein. [3]Bei Studiengängen nach § 55 kann vorgesehen werden, dass die Studierenden an mehreren Hochschulen immatrikuliert werden.

(3) [1]Die Immatrikulation kann in besonders begründeten Ausnahmefällen vorläufig oder auf Probe erteilt oder befristet werden. [2]Für Fernstudierende sowie für Studierende in weiterbildenden Studiengängen, in Promotionsstudiengängen, in Teilzeitstudiengängen (Absatz 4) und in Studiengängen nach § 56 können besondere, den Erfordernissen ihres Studiums entsprechende Immatrikulationsregelungen getroffen werden.

(4) Die Hochschulen können in geeigneten Fächern für Personen, die nachweislich nicht ihre volle, mindestens aber die Hälfte ihrer Arbeitszeit dem Studium widmen können, die Möglichkeit der Immatrikulation als Teilzeitstudierende vorsehen.

(5) Personen mit ausländischen Vorbildungsnachweisen, die zur Vorbereitung eines Hochschulstudiums an einem Studienkolleg studieren, kann nach Maßgabe der Immatrikulationsordnung die Rechtsstellung von Studierenden verliehen werden; ein Anspruch auf Zulassung zu einem Studiengang wird dadurch nicht erworben.

(6) [1]In der Geschäftsfähigkeit beschränkte Personen, die über eine Hochschulzugangsberechtigung verfügen und mindestens 16 Jahre alt sind, gelten für die Aufnahme, Durchführung und Beendigung des Studiums als rechtlich handlungsfähig im Sinne von § 12 Absatz 1 Nummer 2 des Hamburgischen Verwaltungsverfahrensgesetzes vom 9. November 1977 (HmbGVBl. S. 333, 402), zuletzt geändert am 4. Dezember 2012 (HmbGVBl. S. 510, 518), in der jeweils geltenden Fassung. [2]Entsprechendes gilt für Personen, die an einem Verfahren nach § 38 teilnehmen wollen, wenn sie das 16. Lebensjahr vollendet haben.

(7) Die Hochschulen treffen in Satzungen (Immatrikulationsordnungen) die näheren Bestimmungen über die Immatrikulation, Rückmeldung, Beurlaubung und Exmatrikulation.

§ 37 Berechtigung zum Studium in grundständigen Studiengängen

(1) [1]Zum Studium in Bachelorstudiengängen und Studiengängen mit staatlicher oder kirchlicher Abschlussprüfung nach § 72 (grundständige Studiengänge) sind berechtigt:

1. Inhaberinnen und Inhaber der allgemeinen Hochschulreife nach dem Hamburgischen Schulgesetz vom 16. April 1997 (HmbGVBl. S. 97), zuletzt geändert am 9. März 2010 (HmbGVBl. S. 249), in der jeweils geltenden Fassung oder einer als gleichwertig anerkannten Vorbildung,

2. Inhaberinnen und Inhaber eines Hochschulabschlusses, der an einer deutschen Hochschule nach einem Studium mit einer Regelstudienzeit von mindestens sechs Semestern erworben wurde, sowie Personen, die an einer deutschen Fachhochschule die Vorprüfung mit weit überdurchschnittlichem Erfolg bestanden haben,

3. Meisterinnen und Meister nach der Handwerksordnung in der Fassung vom 24. September 1998 (BGBl. 1998 I S. 3075, 2006 I S. 2095), zuletzt geändert am 17. Juli 2009 (BGBl. I S. 2091, 2094), in der jeweils geltenden Fassung,

4. Fachwirtinnen und Fachwirte sowie Inhaberinnen und Inhaber anderer Fortbildungsabschlüsse nach den §§ 53 und 54 des Berufsbildungsgesetzes vom 23. März 2005 (BGBl. I S. 931), zuletzt geändert am 5. Februar 2009 (BGBl. I S. 160, 262), in der jeweils geltenden Fassung oder der §§ 42 und 42a der Handwerksordnung, sofern die Lehrgänge in der Regel mindestens 400 Unterrichtsstunden umfassen,

5. Inhaberinnen und Inhaber von Befähigungszeugnissen nach der Seeleute-Befähigungsverordnung vom 8. Mai 2014 (BGBl. I S. 460), geändert am 2. Juni 2016 (BGBl. I S. 1257, 1274), in der jeweils geltenden Fassung,

6. Inhaberinnen und Inhaber von Abschlüssen von Fachschulen nach Maßgabe der Rechtsverordnungen nach § 24 Absatz 2 des Hamburgischen Schulgesetzes sowie Inhaberinnen und Inhaber als gleichwertig anerkannter Abschlüsse,

7. Inhaberinnen und Inhaber von Abschlüssen landesrechtlicher Fortbildungsregelungen für Berufe im Gesundheitswesen sowie im Bereich der sozialpflegerischen und sozialpädagogischen Berufe, die mit Nummer 4 oder 6 vergleichbar sind,

8. Inhaberinnen und Inhaber ausländischer Qualifikationen, die als gleichwertig mit den in den Nummern 3 bis 7 genannten Qualifikationen anerkannt sind.

[2]Zum Studium in den grundständigen Studiengängen der Hochschule für Angewandte Wissenschaften Hamburg sind auch Inhaberinnen und Inhaber der Fachhochschulreife nach dem Hamburgischen Schulgesetz oder einer als gleichwertig anerkannten Vorbildung berechtigt. [3]Die Fakultät Wirtschafts- und Sozialwissenschaften der Universität Hamburg kann durch Satzung bestimmen, dass in ihren grundständigen Studiengängen oder in einzelnen ihrer grundständigen Studiengänge ein Zeugnis der Fachhochschulreife zum Studium berechtigt.

(2) [1]Die Hochschulen können durch Satzung bestimmen, dass entsprechend den Anforderungen der Studiengänge neben der Erfüllung der Voraussetzungen des Absatzes 1 eine praktische Tätigkeit, eine besondere Befähigung, eine besondere Vorbildung oder die Teilnahme an einem anonymen Selbsttestverfahren nachzuweisen ist. [2]In die Satzungen sind bei Wahrung der in Satz 1 genannten Anforderungen geeignete Maßnahmen des Nachteilsausgleichs für behinderte Studienbewerberinnen und Studienbewerber aufzunehmen. [3]Die besondere Vorbildung soll in Qualifikationen bestehen, die im Rahmen der gymnasialen Oberstufe beziehungsweise in entsprechenden Bildungsgängen erworben werden können. [4]Darüber hinaus sollen die Hochschulen durch Satzung vorsehen, dass Bewerberinnen und Bewerber nach Absatz 1 Satz 1 Nummern 3 bis 7 die Teilnahme an einem von der Hochschule angebotenen Beratungsgespräch nachweisen müssen.

(3) [1]Zum Studium in grundständigen Studiengängen der Hochschule für bildende Künste Hamburg und der Hochschule für Musik und Theater Hamburg berechtigt abweichend von Absatz 1 der in einer Aufnahmeprüfung zu erbringende Nachweis einer besonderen künstlerischen Befähigung; die Geltungsdauer der Aufnahmeprüfung kann begrenzt werden. [2]Soweit die Studiengänge dies erfordern, kann anstelle oder neben der besonderen künstlerischen Befähigung die allgemeine Hochschulreife oder eine andere Vorbildung verlangt werden. [3]Die Hochschulen regeln das Nähere durch Satzung (Hochschulprüfungsordnung).

(4) Die Hochschule für Angewandte Wissenschaften Hamburg kann durch Satzung (Hochschulprüfungsordnung) bestimmen, dass in ihren grundständigen künstlerischen Studiengängen zusätzlich zu einer Berechtigung nach Absatz 1 oder an deren Stelle eine für den Studiengang erforderliche künstlerische Befähigung nachzuweisen ist; zur Erbringung dieses Nachweises kann eine Aufnahmeprüfung vorgesehen werden.

(5) Bei hochschulübergreifenden grundständigen Studiengängen kann vorgesehen werden, dass neben einer Berechtigung nach Absatz 1 Satz 1 auch eine Berechtigung nach Absatz 1 Satz 2 oder eine andere Befähigung zum Studium berechtigt.

(6) [1]Bewerberinnen und Bewerber mit einer ausländischen Hochschulzugangsberechtigung, die nach den vorstehenden Bestimmungen keine Berechtigung zum Studium verleiht, können die Berechtigung zum Studium durch die Feststellungsprüfung am Studienkolleg erlangen. [2]Das Studienkolleg bereitet solche Bewerberinnen und Bewerber in einem in der Regel einjährigen Bildungsgang auf die Feststellungsprüfung vor. [3]Der Besuch des Studienkollegs ist gebührenfrei. [4]Der Senat wird ermächtigt, das Nähere zum Betrieb des Studienkollegs, zur Zulassung zum Studienkolleg und zur Ausgestaltung des Studienkollegs sowie zu den Prüfungsanforderungen und -verfahren durch Rechtsverordnung zu regeln.

§ 38 Studiengangbezogene Berechtigung zum Studium in grundständigen Studiengängen

(1) Zum Studium in einem grundständigen Studiengang sind abweichend von § 37 Absatz 1 auch Personen berechtigt, die

1. über eine abgeschlossene Berufsausbildung verfügen,
2. eine danach abgeleistete Berufstätigkeit nachweisen und
3. die Studierfähigkeit für den gewählten Studiengang in einer Eingangsprüfung nachweisen.

(2) [1]Die Dauer der Berufstätigkeit nach Absatz 1 Nummer 2 muss mindestens drei Jahre betragen; in begründeten Ausnahmefällen genügt eine zweijährige Berufstätigkeit. [2]Zeiten der Kindererziehung, einer Pflegetätigkeit oder eines Wehr-, Ersatz- oder Freiwilligendienstes können bis zur Dauer von zwei Jahren, in den Fällen des Satzes 1 zweiter Halbsatz bis zur Dauer von einem Jahr, auf die Zeit der Berufstätigkeit angerechnet werden.

(3) Wer nach den dafür geltenden Bestimmungen in ein Probestudium aufgenommen wurde, kann die Eingangsprüfung nach Absatz 1 Nummer 3 durch den Nachweis einer mindestens einjährigen erfolgreichen Teilnahme an dem Probestudium ersetzen.

(4) Eingangsprüfungen nach Absatz 1 Nummer 3 sind grundsätzlich für alle Studiengänge durchzuführen.

(5) Wer an einer deutschen Hochschule mindestens ein Jahr lang erfolgreich studiert hat, kann in dem gleichen Studiengang oder einem Studiengang derselben Fachrichtung an einer Hamburger Hochschule weiterstudieren.

(6) [1]Die Hochschulen regeln das Nähere durch Satzung. [2]Sie können von den Absätzen 1 und 2 abweichende Zulassungsvoraussetzungen festlegen, wenn die besonderen Verhältnisse der Hochschule oder des Faches dies erfordern. [3]Für behinderte Studienbewerberinnen und Studienbewerber sind bei Wahrung der genannten Anforderungen geeignete Maßnahmen des Nachteilsausgleichs aufzunehmen.

§ 39 Berechtigung zum Studium in Masterstudiengängen

(1) [1]Zum Studium in Masterstudiengängen ist berechtigt, wer das Studium in einem grundständigen Studiengang erfolgreich abgeschlossen hat. [2]In weiterbildenden Masterstudiengängen ist darüber hinaus eine berufspraktische Tätigkeit von in der Regel nicht unter einem Jahr nachzuweisen. [3]Die Hochschulen regeln weitere Zugangsvoraussetzungen zu Masterstudiengängen nach Satz 1 oder 2 entsprechend den Anforderungen des jeweiligen Studiengangs durch Satzung; § 37 Absatz 2 Sätze 1 und 2 gilt entsprechend. [4]In künstlerischen Studiengängen kann eine künstlerische Aufnahmeprüfung vorgesehen werden.

(2) [1]Abweichend von Absatz 1 Satz 1 kann die Zulassung zu einem Masterstudiengang auch beantragt werden, wenn der erste berufsqualifizierende Abschluss wegen Fehlens einzelner Prüfungsleistungen noch nicht vorliegt und auf Grund des bisherigen Studienverlaufs, insbesondere der bisherigen Prüfungsleistungen, zu erwarten ist, dass der Abschluss rechtzeitig bis zum Ende des ersten Semesters des Masterstudiums erlangt wird. [2]Eine Zulassung ist in diesem Falle unter der Bedingung auszusprechen, dass der Abschluss innerhalb einer von der Hochschule gesetzten Frist nachzuweisen ist. [3]Die Zulas-

sung kann auch davon abhängig gemacht werden, dass bereits eine bestimmte Anzahl von Leistungspunkten erreicht wurde. [4]Das Nähere regeln die Hochschulen durch Satzung.

(3) [1]Abweichend von Absatz 1 Satz 1 ist zum Studium in einem künstlerischen oder einem weiterbildenden Masterstudiengang auch berechtigt, wer eine Eingangsprüfung bestanden hat, in der eine fachliche Qualifikation, in künstlerischen Studiengängen auch eine künstlerische Befähigung, nachgewiesen wird, die der eines abgeschlossenen grundständigen Studiums gleichwertig ist. [2]Das Nähere regeln die Hochschulen durch Satzung.

§ 40 Anerkennung und Anrechnung von Leistungen; Frühstudierende

(1) Beim Übergang auf eine andere Hochschule sind Studien- und Prüfungsleistungen sowie Studien- und berufspraktische Zeiten anzuerkennen, sofern keine wesentlichen Unterschiede zwischen den erworbenen und den an der aufnehmenden Hochschule zu erwerbenden Kenntnissen und Fähigkeiten bestehen.

(2) Auf andere Weise als durch ein Studium erworbene Kenntnisse und Fähigkeiten, die jenen gleichwertig und für einen erfolgreichen Abschluss eines Studiengangs erforderlich sind, sind in einem Umfang von bis zur Hälfte auf die zu erbringenden Studien- und Prüfungsleistungen anzurechnen.

(3) [1]Die Hochschulen können die Anrechnung von Kenntnissen und Fähigkeiten nach Absatz 2, die durch bestimmte berufliche Aus- und Fortbildungen vermittelt werden, in allgemeiner Form regeln; sie veröffentlichen diese Regelungen. Für in der Hochschulpraxis häufig vorkommende Aus- und Fortbildungen soll dies erfolgen. [2]Soweit es sich um eine berufliche Aus- oder Fortbildung nach dem Berufsbildungsgesetz handelt, ist die für die Berufsbildung zuständige Stelle (Kammer) vorher anzuhören. [3]Die Kammer kann der Hochschule schriftlich Vorschläge für Regelungen nach Satz 1 unterbreiten. [4]Die Hochschule hat innerhalb von sechs Monaten nach Eingang eines solchen Vorschlages entweder eine Regelung nach Satz 1 zu erlassen oder der Kammer schriftlich mitzuteilen, warum eine solche Regelung nicht in Betracht kommt. [5]Erlässt die Hochschule eine Regelung, weicht hierbei aber von den Vorschlägen der Kammer ab, so ist die Kammer vorher zu hören. [6]Die Kammer kann die für das Hochschulwesen zuständige Behörde um Vermittlung ersuchen.

(4) [1]Schülerinnen oder Schüler, die besondere Begabungen aufweisen, können in Einzelfällen als Frühstudierende ohne Hochschulzulassung und Immatrikulation zu bestimmten Lehrveranstaltungen und Prüfungen zugelassen werden. [2]Ihre Studien- und Prüfungsleistungen werden bei einem späteren Studium angerechnet.

(5) Die Hochschulen regeln das Nähere zu den Absätzen 1, 2 und 4 durch Satzung.

§ 41 Versagung der Immatrikulation

(1) [1]Die Immatrikulation ist zu versagen
1. in einem zulassungsbeschränkten Studiengang, wenn die Zulassung abgelehnt worden ist,
2. wenn von den Studierenden zu entrichtende fällige Beiträge oder Gebühren nicht gezahlt worden sind,
3. wenn keine ausreichende Krankenversicherung nachgewiesen wird,
4. wenn ein Studiengangswechsel nach § 43 Absatz 2 nicht zulässig ist oder das Studium aus den in § 44 genannten Gründen nicht fortgesetzt werden kann,
5. wenn die zum Nachweis der Immatrikulationsvoraussetzungen erforderlichen Unterlagen nicht innerhalb der gesetzten Frist vollständig eingereicht werden.

[2]In den Fällen von § 36 Absatz 2 Satz 3 kann die Immatrikulation davon abhängig gemacht werden, dass die Immatrikulation an der anderen Hochschule innerhalb der gesetzten Frist nachgewiesen wird.

(2) Die Immatrikulation kann bei Vorliegen der Voraussetzungen des § 42 Absatz 3 Nummer 3 in dem dort bestimmten Verfahren sowie ferner dann versagt werden, wenn eine Person keine ausreichenden Kenntnisse der Unterrichtssprache nachweist.

§ 42 Exmatrikulation

(1) Mit der Aushändigung eines Zeugnisses über die bestandene Abschlussprüfung ist grundsätzlich die Exmatrikulation vorzunehmen.

(2) Studierende sind zu exmatrikulieren, wenn sie
1. dies beantragen,
2. die Immatrikulation durch Zwang, arglistige Täuschung oder Bestechung herbeigeführt haben,

3. das Studium nach § 44 nicht fortsetzen können und den Studiengang nicht nach § 43 Absatz 2 wechseln können oder wechseln,[1] oder wenn sie gemäß § 60 Absatz 6 ihren Prüfungsanspruch verloren haben,

4. auf Grund eines rechtswidrigen Zulassungsbescheides immatrikuliert worden sind und der Zulassungsbescheid zurückgenommen wird,

5. auf Grund eines mit einer Befristung oder Bedingung versehenen Zulassungsbescheides immatrikuliert worden sind und die Zulassung deshalb erlischt,

6. bis zum Ende der Rückmeldefrist keine ausreichende Krankenversicherung nachgewiesen haben,

7. die in § 51 Absatz 2 Satz 2 festgelegte Verpflichtung zur Teilnahme an der Studienfachberatung nicht erfüllt haben.

(3) Studierende können exmatrikuliert werden, wenn

1. nach der Immatrikulation Tatsachen bekannt werden oder eintreten, die zur Versagung der Immatrikulation führen können,

2. sie sich zu Beginn eines Semesters nicht fristgerecht zum Weiterstudium angemeldet haben (Rückmeldung),

3. sie der Hochschule durch schweres schuldhaftes Fehlverhalten erheblichen Schaden zugefügt haben; die Entscheidung wird von einem Ausschuss getroffen, den der Hochschulsenat einsetzt und dem zu gleichen Teilen Mitglieder des Hochschulsenats und des Präsidiums angehören; das Nähere regeln die Hochschulen durch Satzung,

4. sie die zu entrichtenden Gebühren oder Beiträge trotz Mahnung und Fristsetzung mit Androhung der Maßnahme nicht entrichtet haben,

5. sie sich wiederholt oder in einem besonders schweren Fall bei einer schriftlichen Prüfungsarbeit oder bei einer wissenschaftlichen Tätigkeit eines wissenschaftlichen Fehlverhaltens schuldig gemacht haben.

(4) [1] Die Hochschulen exmatrikulieren Studierende, die ihr Studium über einen längeren Zeitraum nicht betreiben; diese Voraussetzung ist in der Regel erfüllt, wenn die doppelte Regelstudienzeit zuzüglich zweier Semester überschritten wurde oder in vier aufeinander folgenden Semestern kein Leistungsnachweis erbracht wurde, wobei Zeiten einer Beurlaubung nicht eingerechnet werden. [2] In Fällen einer besonderen persönlichen Härte soll von der Exmatrikulation abgesehen werden; bei der Entscheidung sind erhebliche Erschwernisse beim Studium auf Grund einer Behinderung, durch die Pflege und Erziehung eines Kindes unter vierzehn Jahren, durch die Pflege einer oder eines nahen Angehörigen sowie durch vergleichbar schwerwiegende Umstände angemessen zu berücksichtigen.

§ 43 Wechsel des Studiengangs

(1) Studierende können grundsätzlich den Studiengang frei wechseln.

(2) [1] Ein Studiengangswechsel nach Beginn des dritten Semesters ist nur mit Begründung zulässig und bedarf der Zustimmung der Hochschule. [2] Die Hochschulen regeln das Nähere durch Satzung (Immatrikulationsordnung).

§ 44 Versagung der Fortführung des Studiums

[1] Haben Studierende an einer Hochschule eine nach der Prüfungsordnung vorgeschriebene Prüfung endgültig nicht bestanden, so können sie das Studium an einer Hamburger Hochschule nicht in dem gleichen Studiengang fortsetzen. [2] Sie können das Studium auch in einem anderen Studiengang nicht fortsetzen, wenn die Prüfungsgegenstände der endgültig nicht bestandenen Prüfung auch in diesem Studiengang durch die Prüfungsordnung verbindlich vorgeschrieben sind. [3] Satz 2 gilt nicht für Wahlpflichtprüfungen.

Vierter Abschnitt
Akademische Ehrungen

§ 45 Verleihung besonderer Würden

(1) Die Hochschulen können für besondere Verdienste um die Hochschule die Würde von Ehrensenatorinnen und Ehrensenatoren, Ehrenbürgerinnen und Ehrenbürgern und andere Ehren verleihen.

(2) Das Verfahren der Ehrung und sich aus der Ehrung ergebende Rechte bestimmt die Hochschule durch Satzung.

---

1) Richtig wohl: „wechseln".

Dritter Teil
Studienreform, Studium und Prüfungen

Erster Abschnitt
Studienreform

§ 46 Aufgaben der Hochschulen

(1) Die Hochschulen haben die ständige Aufgabe, Inhalte und Formen des Studiums, einschließlich der Hochschuldidaktik, im Hinblick auf die Entwicklungen in Wissenschaft und Kunst, die Bedürfnisse der beruflichen Praxis und die notwendigen Veränderungen in der Berufswelt sowie auf die Abschätzung der Folgen von Wissenschaft, Kunst und Technik für Gesellschaft und Natur zu überprüfen und weiterzuentwickeln.

(2) Die Hochschulen sorgen im Rahmen ihrer Zuständigkeiten dafür, dass die Gleichwertigkeit einander entsprechender Studien- und Prüfungsleistungen sowie Studienabschlüsse und die Möglichkeit des Hochschulwechsels gewährleistet werden.

(3) [1]Die Hochschulen schaffen zum Nachweis von Studien- und Prüfungsleistungen Leistungspunktsysteme, die auch die Übertragung erbrachter Leistungen auf andere Studiengänge ermöglichen. [2]Studiengänge sollen so gestaltet werden, dass bei einem Übergang in einen fachlich verwandten Studiengang eine weitgehende Anrechnung vergleichbarer Studien- und Prüfungsleistungen möglich ist.

(4) Die Hochschulen wirken bei der Wahrnehmung der in den Absätzen 1 bis 3 genannten Aufgaben mit den zuständigen staatlichen Stellen zusammen.

§ 47 Aufgaben des Staates

(1) [1]Der Senat und die zuständige Behörde sorgen im Rahmen ihrer Zuständigkeit für die Realisierung der in § 46 Absätze 1 bis 3 genannten Ziele. [2]Sie arbeiten dabei mit den Hochschulen, den anderen Bundesländern und dem Bund zusammen und beteiligen auch Sachverständige aus der Berufspraxis. [3]Sie können im Benehmen mit den Hochschulen Rahmenbestimmungen für die Studienreform treffen.

(2) Die zuständige Behörde kann zu einzelnen Bereichen Studienreformberichte anfordern.

§ 48 Rahmen für Studium und Prüfungen

[1]Der Senat gibt durch Rechtsverordnung im Benehmen mit den Hochschulen Rahmendaten für Studium und Prüfungen in Studiengängen mit Hochschulprüfungen vor. [2]Die Rechtsverordnung kann den Rahmen für Studienvolumina, für Aufbau und Struktur des Studiums, für die Zahl der Studien- und Prüfungsleistungen sowie für die Bearbeitungszeit von Studien- und Abschlussarbeiten, Regelstudienzeiten und die für Hochschulprüfungen anzuwendenden Grundsätze festlegen.

Zweiter Abschnitt
Studium

§ 49 Ziel des Studiums

(1) [1]Durch die in dem gewählten Studiengang vermittelten fachlichen Fähigkeiten, Kenntnisse und Methoden wird die Befähigung zu wissenschaftlicher oder künstlerischer Arbeit und zu verantwortlichem Handeln in einem freiheitlichen, demokratischen und sozialen Rechtsstaat erworben. [2]Gleichzeitig bereiten sich die Studierenden durch ihr Studium auf ein berufliches Tätigkeitsfeld vor.

(2) [1]Die Hochschulen tragen dafür Sorge, dass die Studierenden diese Ziele gemäß der Aufgabenstellung ihrer Hochschule (§§ 3 und 4) während ihres Studiums erreichen können. [2]In das Studium sollen auch die Anwendung der wissenschaftlichen Erkenntnisse und die Abschätzung ihrer Folgen einbezogen werden. [3]Sofern es die mit dem Studium bezweckte Berufstätigkeit zulässt, andere Lehrmethoden und -materialien einzusetzen, soll in der Lehre auf die Verwendung von lebenden oder eigens hierfür getöteten Tieren verzichtet werden.

§ 50 Freiheit des Studiums

(1) Die Studierenden haben das Recht,

1. die Lehrveranstaltungen der Hochschulen zu besuchen,

2. im Rahmen der dafür erlassenen Ordnungen die Einrichtungen der Hochschulen zu benutzen,

3. innerhalb ihres Studiengangs Studienrichtungen und Studienschwerpunkte nach eigener Wahl zu bestimmen,
4. wissenschaftliche und künstlerische Meinungen frei zu erarbeiten und zu äußern.

(2) Die Freiheit des Studiums entbindet nicht von der Pflicht, die Studien- und Prüfungsordnungen sowie die Beschlüsse der zuständigen Organe für Organisation und Durchführung von Lehre und Studium zu beachten.

(3) [1]Die Hochschulen können den Besuch einzelner Lehrveranstaltungen beschränken, wenn dies zu deren ordnungsgemäßer Durchführung geboten ist. [2]Die Beschränkungen sind in geeigneter Weise bekannt zu geben.

(4) Auf begründeten Antrag kann der Prüfungsausschuss im Einzelfall zulassen, dass einzelne in der Prüfungsordnung vorgeschriebene Studien- und Prüfungsleistungen ohne die Verwendung eigens hierfür getöteter Tiere erbracht werden können.

§ 51 Studienberatung

(1) [1]Die Hochschulen sind verpflichtet, Studienbewerberinnen und Studienbewerber sowie Studierende über allgemeine Fragen des Studiums zu unterrichten und pädagogische und psychologische Beratungen für diese Personen anzubieten (allgemeine Studienberatung). [2]Sie sind verpflichtet, die Studierenden in ihrem Studium insbesondere auch in den ersten beiden Studienfachsemestern durch eine studienbegleitende Beratung vor allem über Studienmöglichkeiten und Studientechniken in der Fachrichtung sowie Gestaltung, Aufbau und Durchführung des Studiums und der Prüfungen zu unterstützen (Studienfachberatung). [3]Allgemeine Studienberatung und Studienfachberatung sind aufeinander abzustimmen.

(2) [1]Die Studierenden nehmen an der Studienfachberatung teil. [2]Studierende, die die Regelstudienzeit überschritten haben, müssen innerhalb von zwei Semestern nach dem Ende der Regelstudienzeit an einer Studienfachberatung teilnehmen, wenn sie sich nicht bis zum Ende dieses Zeitraums zur Abschlussprüfung gemeldet haben.

(3) Die Hochschulen sollen bei der Studienberatung insbesondere mit den für die Berufsberatung und die Beratung in den Schulen sowie mit den für die staatlichen Prüfungsordnungen zuständigen Stellen zusammenwirken.

(4) [1]Die Hochschulen regeln das Nähere durch Satzung. [2]Dabei sind über § 42 Absatz 2 Nummer 7 hinaus keine weiteren Sanktionen bei Nichtteilnahme an der Studienfachberatung vorzusehen.

§ 52 Studiengänge

(1) [1]Studiengang ist ein Studium, das zu einem bestimmten, durch eine Prüfungsordnung geregelten Abschluss führt, der in der Regel berufsqualifizierend ist. [2]Als berufsqualifizierend gilt auch ein Abschluss, durch den die fachliche Eignung für einen beruflichen Vorbereitungsdienst oder eine berufliche Einführung vermittelt wird. [3]Studiengänge, die im Wesentlichen dieselben Wissenschaftsgebiete zum Gegenstand haben, bilden eine Fachrichtung.

(2) [1]Der Abschluss eines Studiengangs kann eine Hochschulprüfung, eine staatliche oder eine kirchliche Prüfung sein. [2]Soweit ein Studiengang wegen seiner Eigenart nicht mit einer Prüfung abgeschlossen werden muss, gilt das zu dem jeweiligen Studienziel führende Studium als Studiengang; die Hochschule bestimmt die Dauer des Studiums durch Satzung.

(3) Soweit bereits das jeweilige Studienziel eine berufspraktische Tätigkeit erfordert, ist sie mit den übrigen Teilen des Studiums inhaltlich und zeitlich abzustimmen und nach Möglichkeit in den Studiengang einzuordnen.

(4) [1]Studiengänge sollen in Module und Abschnitte gegliedert sein. [2]Innerhalb eines Studiengangs sollen Studienrichtungen oder Studienschwerpunkte vorgesehen werden. [3]Der Zugang zu Studienabschnitten oder zu einzelnen Lehrveranstaltungen kann von bestimmten Voraussetzungen abhängig gemacht werden.

(5) Wenn auf Grund der für den Studiengang maßgeblichen Prüfungsordnung aus einer größeren Zahl zulässiger Fächer für das Studium mehrere Fächer ausgewählt werden müssen, ist jedes dieser Fächer ein Teilstudiengang und gilt als Studiengang im Sinne von § 36 Absatz 2 Satz 1, § 37, § 41 Absatz 1 Nummer 1, § 42 Absatz 2 Nummer 3, § 43 und § 44.

(6) Bei der Organisation von Studiengängen soll, soweit möglich, den besonderen Bedürfnissen von Teilzeitstudierenden Rechnung getragen werden.

(7) ¹Studiengänge werden von den Hochschulen eingerichtet, geändert und aufgehoben. ²Der Lehrbetrieb darf in einem neuen Studiengang grundsätzlich erst aufgenommen werden, wenn die entsprechende Prüfungsordnung genehmigt ist. ³In einem Studiengang, dessen Aufhebung beschlossen wurde, ist der Lehrbetrieb für einen angemessenen Zeitraum, der in der Regel die Regelstudienzeit zuzüglich vier Semester nicht unterschreiten soll, aufrecht zu erhalten.

(8) ¹Die Hochschulen sind verpflichtet, die Qualität ihrer Bachelor- und Masterstudiengänge nachzuweisen. ²Der Nachweis wird durch die jeweils in einem anerkannten Verfahren durchzuführende Akkreditierung der Studiengänge, durch systemakkreditierte interne Qualitätssicherungssysteme der Hochschulen oder durch die Kombination beider Akkreditierungsformen erbracht. ³Das Nähere wird in den Ziel- und Leistungsvereinbarungen nach § 2 Absatz 3 festgelegt.

§ 53 Regelstudienzeit

(1) ¹Die Studienzeit, in der bei einem Studiengang ein berufsqualifizierender Abschluss erworben werden kann, heißt Regelstudienzeit. ²Die Regelstudienzeit schließt Zeiten einer in den Studiengang eingeordneten berufspraktischen Tätigkeit, praktische Studiensemester und Prüfungszeiten ein.

(2) Die Regelstudienzeit ist verbindlich für die Gestaltung des Studiengangs, die Sicherstellung des Lehrangebots, die Gestaltung des Prüfungsverfahrens sowie die Berechnung der Ausbildungskapazitäten und die Berechnung der Studierendenzahlen bei der Hochschulplanung.

(3) ¹Die Regelstudienzeit bis zum ersten berufsqualifizierenden Abschluss beträgt bei Fachhochschulstudiengängen höchstens vier, bei anderen Studiengängen viereinhalb Jahre. ²Längere Regelstudienzeiten dürfen in besonders begründeten Fällen festgesetzt werden; in geeigneten Fachrichtungen sind kürzere Regelstudienzeiten vorzusehen. ³§ 54 bleibt unberührt.

§ 54 Bachelor- und Masterstudiengänge

(1) Die Hochschulen richten Studiengänge ein, die zu einem Bachelor- oder Baccalaureusgrad und zu einem Master- oder Magistergrad führen.

(2) ¹Aufgrund von Prüfungen, mit denen ein erster berufsqualifizierender Abschluss erworben wird, kann die Hochschule einen Bachelor- oder Baccalaureusgrad verleihen. ²Die Regelstudienzeit beträgt mindestens drei und höchstens vier Jahre.

(3) ¹Aufgrund von Prüfungen, mit denen ein weiterer berufsqualifizierender Abschluss erworben wird, kann die Hochschule einen Master- oder Magistergrad verleihen. ²Die Regelstudienzeit beträgt mindestens ein Jahr und höchstens zwei Jahre.

(4) Bei konsekutiven Studiengängen, die zu Graden nach den Absätzen 2 und 3 führen, beträgt die Gesamtregelstudienzeit höchstens fünf Jahre.

(5) In besonders begründeten Fällen dürfen längere Regelstudienzeiten festgesetzt werden.

(6) Den Urkunden über die Verleihung der akademischen Grade fügen die Hochschulen auf Antrag eine englischsprachige Übersetzung bei.

§ 55 Hochschulübergreifende Studiengänge

(1) Die Hochschulen können hochschulübergreifende Studiengänge einrichten.

(2) Die Einrichtung, Änderung und Aufhebung hochschulübergreifender Studiengänge bedarf der Genehmigung der zuständigen Behörde.

(3) Im Übrigen regeln die Hochschulen die Durchführung hochschulübergreifender Studiengänge durch Vereinbarung.

§ 56 Berufsbegleitende und duale Studiengänge; Zertifikatsstudien

(1) Die Hochschulen sollen Studiengänge einrichten, die durch die zeitliche Lage der Lehrveranstaltungen und durch den Aufbau des Studiums neben einer beruflichen Tätigkeit studierbar sind (berufsbegleitende Studiengänge).

(2) Die Hochschulen können Studiengänge einrichten, in denen eine berufspraktische Ausbildung oder Tätigkeit mit dem Studium verbunden wird und beide Lernorte inhaltlich oder organisatorisch aufeinander abgestimmt sind (duale Studiengänge).

(3) ¹Die Hochschulen können auch außerhalb des Bereichs der Weiterbildung besondere Studien anbieten, deren erfolgreicher Abschluss bescheinigt wird (Zertifikatsstudien). ²§ 57 Absatz 3 Satz 2 und Absatz 5 gilt entsprechend.

§ 57 Weiterbildung

(1) Weiterbildende Studien und weiterbildende Masterstudiengänge (Studienangebote in der Weiterbildung) dienen der wissenschaftlichen oder künstlerischen Vertiefung und Ergänzung berufspraktischer Erfahrungen.

(2) Zugangsvoraussetzung zu weiterbildenden Studien ist die für eine Teilnahme erforderliche Eignung, die durch berufspraktische Tätigkeit oder auf eine andere Weise erworben sein kann.

(3) ¹Die Hochschulen sollen Studienangebote in der Weiterbildung einrichten. ²Das Lehrangebot für Studiengänge nach § 52 muss sichergestellt bleiben.

(4) ¹Für weiterbildende Studien darf ein Grad nicht erteilt werden. ²Für die weiterbildenden Masterstudiengänge gelten die §§ 49 bis 55 entsprechend.

(5) ¹Studienangebote in der Weiterbildung können auf privatrechtlicher Grundlage durchgeführt werden. ²§ 77 Absatz 6 gilt entsprechend.

§ 58 Fernstudium; Online-Kurse

(1) Eine in einer Prüfungs- oder Studienordnung vorgesehene Leistung wird auch durch die erfolgreiche Teilnahme an einer staatlich anerkannten Fernstudieneinheit nachgewiesen, wenn die Einheit dem entsprechenden Lehrangebot des Präsenzstudiums gleichwertig ist; die Teilnahme an einer solchen Fernstudieneinheit wird wie das entsprechende Präsenzstudium auf die Studienzeit angerechnet.

(2) Absatz 1 gilt entsprechend für Leistungen, die im Rahmen von Studieneinheiten erbracht werden, die über ein elektronisches Datenfernnetz angeboten werden (Online-Kurse).

Dritter Abschnitt
Prüfungen

§ 59 Hochschulprüfungen

(1) Hochschulprüfungen dienen der Feststellung, ob Studierende das Studienziel erreichen können (Aufnahme-, Eingangs- und Zwischenprüfungen), ob am Ende eines Studiengangs das Studienziel erreicht worden ist (Abschlussprüfungen) oder ob die Befähigung zu wissenschaftlicher oder künstlerischer Arbeit nachgewiesen worden ist (Promotion, Habilitation, Konzertexamen).

(2) Hochschulprüfungen können nur auf der Grundlage einer Hochschulprüfungsordnung abgenommen werden.

(3) ¹Die Prüfungsbewerberinnen und Prüfungsbewerber haben bei einer ohne Aufsicht angefertigten schriftlichen Abschlussarbeit, einer Dissertation oder einer Habilitationsschrift gegenüber der Hochschule eine Versicherung an Eides Statt über die Eigenständigkeit der erbrachten wissenschaftlichen Leistung abzugeben. ²Auf Grund von Satzungen können die Hochschulen entsprechende Versicherungen an Eides Statt auch bei nicht unter Aufsicht angefertigten schriftlichen Prüfungsleistungen für Aufnahme-, Eingangs- und Zwischenprüfungen verlangen und abnehmen.

§ 60 Hochschulprüfungsordnungen

(1) Die Hochschulprüfungsordnungen regeln Prüfungsanforderungen und Prüfungsverfahren.

(2) In Hochschulprüfungsordnungen, die Prüfungen in modularisierten Studiengängen, Zwischen- und Abschlussprüfungen oder Abschlussprüfungen betreffen, sind insbesondere Bestimmungen aufzunehmen über

1. Inhalt und Aufbau des Studiums, Studienziel und Prüfungszweck; Inhalt und Aufbau des Studiums können auch in gesonderten Ordnungen (Studienordnungen) geregelt werden; in Studiengängen nach § 54 kann sich die Studienordnung darauf beschränken, auf eine bestimmte Fassung der in geeigneter Form anderweitig veröffentlichten Zusammenstellung der Modulbeschreibungen (Modulhandbuch) zu verweisen,
2. die Voraussetzungen für die Zulassung zur Prüfung,
3. die Prüfungsfächer und ihre Gewichtung,
4. Zahl, Art, Dauer und Bewertung von Prüfungsleistungen,
5. bei studienbegleitenden Prüfungen, sofern erforderlich, die Abfolge der Prüfungsleistungen,
6. die Fristen, innerhalb derer Prüfungsleistungen zu bewerten sind,
7. die Anrechnung von in anderen Studiengängen oder an anderen Hochschulen erbrachten Prüfungsleistungen und Studienzeiten,
8. die Regelstudienzeit, gegebenenfalls auch für die Zwischenprüfung,

9.   die Fristen für die Meldung zu den Prüfungen,
10. den Ablauf des Prüfungsverfahrens,
11. eine Gliederung der Prüfung in Abschnitte,
12. die Mitteilung von Teilergebnissen und das Recht zur Akteneinsicht,
13. die Wiederholbarkeit von Prüfungen und die Fristen für die Ablegung von Prüfungen sowie bei allen geeigneten Studiengängen die Voraussetzungen, unter denen eine innerhalb der Regelstudienzeit abgelegte Abschlussprüfung im Fall des Nichtbestehens als nicht unternommen gilt und im Fall des Bestehens zur Notenverbesserung wiederholt werden kann,
14. die nach bestandener Prüfung zu verleihenden Hochschulgrade und die sonstigen Abgangszeugnisse,
15. geeignete Maßnahmen des Nachteilsausgleichs bei Prüfungen für behinderte Studierende,
16. die Berücksichtigung der besonderen Bedürfnisse von Studierenden mit Kindern.

(2a) [1]In Prüfungsordnungen kann geregelt werden, dass Prüfungen in elektronischer Form (elektronische Prüfungen) oder über ein elektronisches Datenfernnetz (Online-Prüfungen) durchgeführt werden. [2]In den Prüfungsordnungen nach Satz 1 sind Bestimmungen zur Gewährleistung des Datenschutzes, zur Sicherstellung der persönlichen Leistungserbringung durch die zu Prüfenden und ihrer eindeutigen Authentifizierung, zur Verhinderung von Täuschungshandlungen sowie zum Umgang mit technischen Problemen aufzunehmen.[1]

(3) Bei der Genehmigung einer Hochschulprüfungsordnung nach Absatz 2 können Abweichungen von den §§ 61 bis 67 zugelassen werden, wenn es sich um zeitlich begrenzte studienreformerische Maßnahmen handelt.

(4) Hochschulprüfungsordnungen nach Absatz 2 müssen Schutzbestimmungen entsprechend den gesetzlichen Regelungen über die Mutterschutzfristen sowie entsprechend den gesetzlichen Regelungen über die Elternzeit vorsehen.

(5) Die Hochschulprüfungsordnungen können bestimmen, dass Personen, die die in der Hochschulprüfungsordnung vorgeschriebenen Voraussetzungen nachweisen, ihren Anspruch auf Zulassung zur Prüfung auch dann behalten, wenn sie nach § 42 Absatz 4 exmatrikuliert worden sind; der Prüfungsanspruch gilt dann für Prüfungen des Studiengangs, für den die oder der Betreffende immatrikuliert war.

(6) In Studiengängen, die aufgehoben worden sind, kann nach Ablauf einer angemessenen Frist seit Einstellung des Lehrbetriebs, die in der Regel zwei Jahre nicht unterschreiten soll, die Prüfungsordnung aufgehoben werden; der Prüfungsanspruch erlischt damit.

§ 61 Zwischen- und Abschlussprüfungen
(1) [1]In Studiengängen mit einer Regelstudienzeit von mindestens vier Jahren findet eine Zwischenprüfung statt. [2]Für den Übergang in das Hauptstudium ist in der Regel die erfolgreiche Ablegung der Zwischenprüfung erforderlich.

(2) Die Abschlussprüfung besteht in der Regel aus einer Abschlussarbeit, deren Bearbeitungszeit sechs Monate nicht überschreiten soll, und weiteren Teilleistungen.

(3) Zwischenprüfungen sollen, Abschlussprüfungen können studienbegleitend abgenommen werden.

(4) In anderen Studiengängen erbrachte gleichwertige Studienleistungen, Prüfungsleistungen und Studienzeiten sind anzurechnen.

§ 62 Bewertung
(1) [1]In den Prüfungen werden die Leistungen der einzelnen Studierenden bewertet. [2]Bei Gruppenarbeiten können die Beiträge einzelner Studierender als Prüfungsleistung anerkannt werden, wenn sie deutlich abgrenzbar und bewertbar sind.

(2) [1]Leistungen in Abschluss- und Zwischenprüfungen müssen mit differenzierten Noten bewertet werden. [2]In modularisierten Studiengängen bezeichnen die Prüfungsordnungen die Module, die mit differenzierten Noten zu bewerten sind. [3]In besonders begründeten Fällen können auch mehrere Module mit einer Prüfung abgeschlossen werden.

(3) Aus den Prüfungsleistungen eines Prüfungsfaches ist eine Fachnote, aus den Fachnoten ist eine Gesamtnote zu bilden.

---

1) § 60 Absatz 2a Satz 2 tritt am 1.10.2021 in Kraft; siehe Art. 4 Abs. 1 Satz 1 G v. 17.6.2021 (HmbGVBl. S. 468).

(4) In Studiengängen nach § 54 sollen die Hochschulen im Abschlusszeugnis neben einer Gesamtnote nach den vorstehenden Vorschriften auch eine relative Note oder einen Prozentrang nach den Standards des „European Credit Transfer and Accumulation System" (ECTS-Note) ausweisen.

§ 63 Prüfungsausschüsse, Öffentlichkeit

(1) [1]Den Prüfungsausschüssen obliegt die Organisation der Prüfungen. [2]Die Prüfungsordnungen können ihnen weitere Aufgaben übertragen. [3]Für die Bewertung von Prüfungsleistungen sind sie nicht zuständig. [4]In Prüfungsausschüssen ist auch die stimmberechtigte Mitwirkung von Studierenden vorzusehen.

(2) Die Prüfungsausschüsse gestalten das Prüfungsverfahren so, dass die Abschlussprüfung innerhalb der Regelstudienzeit abgenommen werden kann.

(3) Mitgliedern der Hochschule, vor allem Studierenden des gleichen Studiengangs, wird die Teilnahme an mündlichen Prüfungen als Zuhörerinnen und Zuhörer ermöglicht, wenn nicht die Bewerberin oder der Bewerber den Ausschluss der Öffentlichkeit beantragt.

§ 64 Prüferinnen und Prüfer

(1) Zur Prüferin oder zum Prüfer kann bestellt werden, wer das Prüfungsfach hauptberuflich oder nebenberuflich nach § 32 an der Hochschule lehrt und mindestens die durch die Prüfung festzustellende oder eine gleichwertige Qualifikation besitzt.

(2) [1]Hochschullehrerinnen und Hochschullehrer sowie habilitierte Mitglieder der Hochschule können in allen Prüfungen ihres Fachgebiets prüfen. [2]Andere Angehörige des hauptberuflich tätigen wissenschaftlichen und künstlerischen Personals sowie Lehrbeauftragte können nur den in ihren Lehrveranstaltungen dargebotenen Prüfungsstoff sowie den Prüfungsstoff des zu ihren Lehrveranstaltungen gehörenden Moduls prüfen, soweit sie Lehraufgaben wahrzunehmen haben.

(3) [1]In den Prüfungsordnungen kann vorgesehen werden, dass auch Angehörige anderer Hochschulen sowie Wissenschaftlerinnen und Wissenschaftler außerhochschulischer Forschungseinrichtungen, Angehörige künstlerischer Einrichtungen oder herausragende freie Künstlerinnen und Künstler oder in der beruflichen Praxis und Ausbildung erfahrene Personen prüfen dürfen. [2]Sie müssen mindestens die durch die Prüfung festzustellende oder eine gleichwertige Qualifikation besitzen; sie sollen über prüfungsdidaktische Kenntnisse verfügen und in geeigneter Weise am Lehrbetrieb oder an der Betreuung der Prüfungsbewerberinnen und Prüfungsbewerber teilgenommen haben. [3]Unter den gleichen Voraussetzungen behalten grundsätzlich prüfungsberechtigte Personen, die befristet beurlaubt oder an eine Stelle außerhalb der Hochschule abgeordnet sind oder die befristet eine hauptberufliche Tätigkeit in der Hochschulverwaltung übernommen haben, ihr Prüfungsrecht.

(4) [1]Die jeweiligen Prüferinnen und Prüfer werden vom Prüfungsausschuss oder der sonst nach der Prüfungsordnung zuständigen Stelle bestellt. [2]Die Studierenden können für mündliche Prüfungen und die Abschlussarbeit Prüferinnen und Prüfer vorschlagen. [3]Den Vorschlägen ist, soweit möglich und vertretbar, zu entsprechen. [4]Die Sätze 1 bis 3 gelten nicht für studienbegleitende Prüfungen.

(5) [1]Prüferinnen und Prüfer bestimmen die Prüfungsgegenstände. [2]Für mündliche Prüfungen und die Abschlussarbeit können die Studierenden Prüfungsgegenstände vorschlagen.

(6) [1]An der Bewertung von Prüfungsleistungen dürfen nur prüfungsberechtigte Personen mitwirken. [2]Dies gilt auch, soweit Entscheidungen über die Bewertung von Prüfungsleistungen Prüfungskommissionen oder anderen Gremien übertragen sind.

(7) [1]Prüfungsleistungen in Abschlussprüfungen und in Zwischenprüfungen, soweit diese nicht studienbegleitend stattfinden, sind in der Regel von mindestens zwei Prüferinnen oder Prüfern zu bewerten. [2]Das Gleiche gilt für andere Prüfungsleistungen, sofern sie als nicht ausreichend erachtet werden sollen. [3]Mündliche Prüfungen sind von mehreren Prüferinnen oder Prüfern oder von einer Prüferin oder einem Prüfer in Gegenwart einer sachkundigen Person abzunehmen.

(8) Abweichend von Absatz 6 kann für Aufnahmeprüfungen vorgesehen werden, dass Studierende an der Bewertung der mündlichen Prüfungsleistungen beratend mitwirken.

§ 65 Wiederholbarkeit

(1) [1]Zwischen- und Abschlussprüfungen können zweimal, studienbegleitende Prüfungen mindestens zweimal, andere Prüfungen bis zu zweimal wiederholt werden. [2]Die Abschlussarbeit kann einmal, nur in begründeten Ausnahmefällen ein zweites Mal wiederholt werden.

(2) Die Wiederholung findet in der Regel nur für die Prüfungsleistungen statt, die nicht bestanden worden sind.

§ 66 Widersprüche, Beschwerden

(1) [1]Über Widersprüche in Prüfungsangelegenheiten entscheidet der Widerspruchsausschuss. [2]Ihm gehören an:

1. ein Mitglied des TVP mit der Befähigung zum Richteramt,
2. eine Professorin oder ein Professor sowie eine Studierende oder ein Studierender der Fachrichtung, in der die Prüfung durchgeführt worden ist.

[3]Das Mitglied nach Satz 2 Nummer 1 wird vom Präsidium bestellt, die Mitglieder nach Satz 2 Nummer 2 werden vom Hochschulsenat, in Hochschulen mit Fakultäten vom Fakultätsrat der Fakultät gewählt. [4]Die Mitglieder des Widerspruchsausschusses dürfen nicht gleichzeitig dem zuständigen Prüfungsausschuss angehören.

(2) [1]Das Mitglied nach Absatz 1 Satz 2 Nummer 1 führt den Vorsitz. [2]Es bereitet die Sitzungen vor und leitet sie. [3]Die Sitzungen des Widerspruchsausschusses sind nicht öffentlich. [4]Die oder der Vorsitzende kann über unzulässige Widersprüche sowie in Sachen, die nach ihrer oder seiner Auffassung keiner weiteren Erörterung bedürfen oder von geringer Bedeutung sind, allein entscheiden.

(3) [1]Eine Ombudsfrau oder ein Ombudsmann nimmt unbeschadet der Absätze 1 und 2 gemeinsam mit einer Vertreterin oder einem Vertreter der Studierendenschaft die Aufgabe einer Beschwerdestelle in Prüfungsangelegenheiten wahr. [2]Beschwerdestellen können auch in Fakultäten eingerichtet werden.

(4) Die Hochschulen regeln das Nähere in der Grundordnung.

§ 67 Hochschulgrade

(1) [1]Die Hochschule verleiht aufgrund einer Hochschulprüfung, mit der ein berufsqualifizierender Abschluss erworben wird, den Diplomgrad mit Angabe der Fachrichtung oder den Magistergrad. [2]In der Diplom- oder Magisterurkunde ist auf Antrag der Studiengang zu bezeichnen.

(2) Aufgrund einer bestandenen Abschlussprüfung eines Fachhochschulstudiengangs wird der Diplomgrad mit dem Zusatz „Fachhochschule" („FH") verliehen.

(3) Die Hochschule kann für den berufsqualifizierenden Abschluss eines Studiums andere Grade verleihen, wenn dies in einer Vereinbarung mit einer ausländischen Hochschule und der Prüfungsordnung vorgesehen ist.

(4) § 54 bleibt unberührt.

§ 68 Deutsche Grade

(1) Von einer deutschen staatlichen oder staatlich anerkannten Hochschule verliehene Hochschulgrade, Hochschulbezeichnungen oder Hochschultitel sowie entsprechende staatliche Grade, Bezeichnungen oder Titel (Grade) können im Geltungsbereich dieses Gesetzes geführt werden.

(2) [1]Grade dürfen nur verliehen werden, wenn hamburgische Bestimmungen es vorsehen. [2]Bezeichnungen, die Graden zum Verwechseln ähnlich sind, dürfen nicht verliehen werden.

§ 69 Ausländische Grade

(1) [1]Ein ausländischer akademischer Hochschulgrad, der auf Grund einer Prüfung im Anschluss an ein tatsächlich absolviertes Studium von einer nach dem Recht des Herkunftslandes anerkannten Hochschule ordnungsgemäß verliehen wurde, kann in der Form, in der er verliehen wurde, unter Angabe der verleihenden Institution geführt werden. [2]Die verliehene Form des Grades kann bei fremden Schriftarten in die lateinische Schrift übertragen werden; ferner kann die im Herkunftsland zugelassene oder nachweislich allgemein übliche Abkürzung geführt sowie eine wörtliche Übersetzung in Klammern hinzugefügt werden. [3]Die Sätze 1 und 2 gelten für ausländische staatliche und kirchliche Hochschulgrade entsprechend. [4]§ 10 des Bundesvertriebenengesetzes in der Fassung vom 3. Juni 1993 (BGBl. I S. 830), zuletzt geändert am 22. Dezember 1999 (BGBl. I S. 2534, 2535), in der jeweils geltenden Fassung bleibt unberührt.

(2) [1]Ein ausländischer Ehrengrad, der von einer nach dem Recht des Herkunftslandes zur Verleihung berechtigten Hochschule oder einer anderen Stelle verliehen wurde, kann nach Maßgabe der für die Verleihung geltenden Rechtsvorschriften in der verliehenen Form unter Angabe der verleihenden Stelle geführt werden. [2]Ein ausländischer Ehrengrad darf nicht geführt werden, wenn die verleihende Institution kein Recht zur Vergabe des entsprechenden Grades nach Absatz 1 besitzt.

(3) Die Absätze 1 und 2 gelten für die Führung von Hochschultiteln und Hochschultätigkeitsbezeichnungen entsprechend.

(4) [1]Soweit Vereinbarungen und Abkommen der Bundesrepublik Deutschland mit anderen Staaten über Gleichwertigkeiten im Hochschulbereich und Vereinbarungen der Länder der Bundesrepublik Deutschland die Betroffenen gegenüber den Absätzen 1 bis 3 begünstigen, erhalten diese Regelungen den Vorrang. [2]Die zuständige Behörde trifft durch Allgemeinverfügung die erforderlichen Bestimmungen zur Umsetzung.

(5) Die zuständige Behörde kann in begründeten Fällen Ausnahmeregelungen treffen, die Betroffene gegenüber den Absätzen 1 bis 4 begünstigen.

(6) [1]Eine von den Absätzen 1 bis 5 abweichende Grad- oder Titelführung ist ebenso untersagt wie die Führung von durch Kauf erworbenen Graden und Hochschultiteln. [2]Wer einen ausländischen Grad oder Hochschultitel führt, hat auf Verlangen der zuständigen Behörde die Berechtigung hierzu nachzuweisen.

§ 70 Promotion

(1) Die Promotion dient dem Nachweis der Befähigung zu vertiefter selbständiger wissenschaftlicher Arbeit.

(2) Die Promotion wird aufgrund einer wissenschaftlichen Arbeit (Dissertation) oder gleichwertiger wissenschaftlicher Leistungen und einer mündlichen Leistung vorgenommen.

(3) [1]Die Zulassung zur Promotion setzt grundsätzlich ein abgeschlossenes Hochschulstudium voraus. [2]Inhaberinnen und Inhaber von Masterabschlüssen der Hochschule für Angewandte Wissenschaften Hamburg oder einer anderen Fachhochschule dürfen nicht benachteiligt werden. [3]Bewerberinnen und Bewerber müssen die Befähigung zur wissenschaftlichen Arbeit erkennen lassen. [4]Die Hochschule, an der die Promotion erfolgen soll, legt fest, wie Bewerberinnen und Bewerber diese Befähigung nachzuweisen haben. [5]Bei der Beurteilung der Befähigung von Bewerberinnen und Bewerbern mit einer Behinderung sind die bisherigen Nachteile auf Grund der Behinderung zu berücksichtigen.

(4) [1]Aufgrund der Promotion wird der Doktorgrad verliehen. [2]Für Abschlüsse nach Absatz 5 Satz 4 kann in geeigneten Fächern an Stelle des Doktorgrades der Grad „Doctor of Philosophy" verliehen werden; der Grad kann in der abgekürzten Form „Ph.D." oder als Doktorgrad nach Satz 1 geführt werden.

(5) [1]Personen, die promovieren, werden als Doktorandinnen und Doktoranden der Hochschule immatrikuliert. [2]Die Hochschule wirkt auf die wissenschaftliche Betreuung ihrer Doktorandinnen und Doktoranden hin. [3]Sie soll für sie forschungsorientierte Studien anbieten und ihnen den Erwerb von akademischen Schlüsselqualifikationen ermöglichen. [4]Darüber hinaus sollen die promotionsberechtigten Hochschulen zur Heranbildung des wissenschaftlichen Nachwuchses im Rahmen ihrer Forschungsförderung besondere Promotionsstudiengänge (Doktorandenkollegs) einrichten, deren Ausbildungsziel die Qualifikation für Wissenschaft und Forschung ist.

(6) Das Nähere regeln die Promotionsordnungen.

(7) [1]Die Universitäten richten mit der Hochschule für Angewandte Wissenschaften Hamburg kooperative Promotionsprogramme ein, bei denen die Betreuung der Promovierenden gemeinsam erfolgt. [2]Hierbei und bei etwaigen kooperativen Promotionsprogrammen mit den künstlerischen Hochschulen sind Professorinnen und Professoren der Hochschule für Angewandte Wissenschaften Hamburg am Prüfungsverfahren zu beteiligen.

§ 71 Habilitation

(1) Die Habilitation dient dem Nachweis besonderer Befähigung zu selbständiger wissenschaftlicher Forschung.

(2) [1]Die Zulassung zur Habilitation setzt ein abgeschlossenes Hochschulstudium und die Promotion voraus. [2]Von dem Erfordernis der Promotion kann in Ausnahmefällen abgesehen werden.

(3) [1]Die Befähigung nach Absatz 1 wird durch eine Habilitationsschrift, durch eine oder mehrere wissenschaftliche Veröffentlichungen oder Leistungen von außerordentlicher Bedeutung oder in Ausnahmefällen durch eine hervorragende Dissertation nachgewiesen. [2]§ 70 Absatz 3 Satz 5 gilt entsprechend.

(4) Das Nähere regeln die Habilitationsordnungen.

§ 71a Konzertexamen

(1) Die an der Hochschule für Musik und Theater Hamburg angebotenen Studiengänge mit dem Ziel des Konzertexamens dienen der zusätzlichen künstlerischen Qualifikation oder Vertiefung des Studiums.

(2) [1]Die Regelstudienzeit der zum Konzertexamen führenden Studiengänge soll höchstens vier Semester betragen. [2]Zugangsvoraussetzung ist mindestens der hervorragende Abschluss eines geeigneten künstlerischen Master- oder Diplomstudiengangs oder eines vergleichbaren Studiengangs. [3]Das Nähere regeln die Prüfungsordnungen.

(3) [1]Studiengänge mit dem Ziel des Konzertexamens können auf privatrechtlicher Grundlage durchgeführt werden. [2]§ 77 Absatz 6 gilt entsprechend.

§ 72 Staatliche und kirchliche Prüfungen, staatliche Prüfungsordnungen

(1) Die zuständige staatliche Stelle und die Hochschulen bestimmen im gegenseitigen Einvernehmen, ob an die Stelle einer staatlichen Abschlussprüfung eine Hochschulabschlussprüfung oder an die Stelle einer Hochschulabschlussprüfung eine staatliche Abschlussprüfung treten soll.

(2) Der Senat wird ermächtigt, durch Rechtsverordnung nach Anhörung der Hochschule für Studiengänge, die durch staatliche Prüfungen abgeschlossen werden, Prüfungsordnungen zu erlassen.

(3) [1]Die §§ 59 bis 65 gelten für staatliche Prüfungsordnungen entsprechend, soweit dies mit dem Zweck der jeweiligen staatlichen Prüfung vereinbar ist. [2]Abweichend von § 64 Absatz 1 kann auch zur Prüferin oder zum Prüfer bestellt werden, wer die betreffende oder eine vergleichbare Prüfung abgelegt hat. [3]Die staatlichen Prüfungsordnungen sollen dem § 66 entsprechende Regelungen enthalten.

(4) Die Hochschulen können auf Grund einer bestandenen staatlichen oder kirchlichen Abschlussprüfung einen Hochschulgrad verleihen; die Hochschulen regeln das Nähere durch Satzung.

Vierter Teil
Forschung

§ 73 Aufgaben und Gegenstände der Forschung

[1]Die Forschung in den Hochschulen dient der Gewinnung wissenschaftlicher Erkenntnisse sowie der wissenschaftlichen Grundlegung und Weiterentwicklung von Lehre und Studium. [2]Die Forschung soll in enger Verknüpfung mit Lehre und Studium geplant und durchgeführt werden. [3]Gegenstand der Forschung in den Hochschulen können unter Berücksichtigung der Aufgabenstellung der Hochschule alle wissenschaftlichen Bereiche sowie die Anwendung wissenschaftlicher Erkenntnisse in der Praxis sein. [4]In die Forschungsvorhaben sollen auch die Anwendung der wissenschaftlichen Erkenntnisse und die Folgen der Anwendung einbezogen werden.

§ 74 Koordinierung der Forschung, Zusammenwirken mit der Praxis

(1) Forschungsvorhaben sind innerhalb einer Hochschule mit dem Ziel zu koordinieren, die Tätigkeit der Mitglieder der Hochschule in der Forschung zu fördern und die bereitgestellten Mittel bestmöglich zu nutzen.

(2) Die Hochschulen sollen die Bildung von Forschungsschwerpunkten, auch von solchen mit fachübergreifendem Charakter, und die Bildung gemeinsamer Forschungsschwerpunkte mit anderen Hochschulen oder mit Einrichtungen außerhalb des Hochschulbereichs aufgrund von Vereinbarungen anstreben.

(3) Zur gegenseitigen Abstimmung von Forschungsvorhaben und Forschungsschwerpunkten und zur Planung und Durchführung gemeinsamer Forschungsvorhaben wirken die Hamburger Hochschulen untereinander, mit anderen Hochschulen oder Forschungseinrichtungen und mit Einrichtungen der überregionalen Forschungsplanung und Forschungsförderung zusammen.

(4) Die Hochschulen fördern in der Forschung die Zusammenarbeit mit Personen und Einrichtungen der Berufspraxis.

§ 75 Berichterstattung über die Forschungstätigkeit

[1]Die Hochschulen unterrichten die Öffentlichkeit regelmäßig in allgemeinverständlicher Form über bedeutsame Forschungsvorhaben. [2]Sie geben in ihren Jahresberichten einen Gesamtüberblick über ihre Forschungstätigkeit.

§ 76 Veröffentlichung von Forschungsergebnissen

Bei der Veröffentlichung von Forschungsergebnissen sind diejenigen, die einen eigenständigen Beitrag geleistet haben, als Mitautorinnen oder Mitautoren zu nennen; soweit möglich, ist ihr Beitrag zu kennzeichnen.

§ 77 Forschung mit Mitteln Dritter

(1) [1]Mitglieder der Hochschulen, zu deren dienstlichen Aufgaben die Forschung gehört, sind berechtigt, im Rahmen dieser Aufgaben auch solche Forschungsvorhaben durchzuführen, die nicht aus den der Hochschule zur Verfügung stehenden Haushaltmitteln, sondern aus Mitteln Dritter finanziert werden; ihre Verpflichtung zur Erfüllung der übrigen dienstlichen Aufgaben bleibt unberührt. [2]Die Durchführung von Vorhaben nach Satz 1 ist Teil der Hochschulforschung.

(2) Ein Hochschulmitglied ist berechtigt, ein Forschungsvorhaben nach Absatz 1 in der Hochschule durchzuführen, wenn die Erfüllung anderer Aufgaben der Hochschule sowie die Rechte und Pflichten anderer Personen dadurch nicht beeinträchtigt werden und entstehende Folgelasten angemessen berücksichtigt sind; die Forschungsergebnisse sollen in absehbarer Zeit veröffentlicht werden.

(3) [1]Ein Forschungsvorhaben nach Absatz 1 ist anzuzeigen; die Anzeige muss alle Angaben enthalten, die eine Beurteilung des Vorhabens nach Absatz 2 ermöglichen. [2]Die Durchführung eines solchen Vorhabens darf nicht von einer Genehmigung abhängig gemacht werden. [3]Die Inanspruchnahme von Personal, Sachmitteln und Einrichtungen der Hochschule darf nur untersagt oder durch Auflagen beschränkt werden, soweit die Voraussetzungen des Absatzes 2 dies erfordern.

(4) [1]Die Mittel für Forschungsvorhaben, die in der Hochschule durchgeführt werden, sollen von der Hochschule oder von Einrichtungen der Hochschule verwaltet werden. [2]Die Mittel sind für den von der Geldgeberin oder vom Geldgeber bestimmten Zweck zu verwenden und nach deren oder dessen Bedingungen zu bewirtschaften, soweit gesetzliche Bestimmungen nicht entgegenstehen. [3]Treffen die Bedingungen keine Regelung, so gelten ergänzend die hamburgischen Bestimmungen. [4]Auf Antrag des Hochschulmitglieds, das das Vorhaben durchführt, soll von der Verwaltung der Mittel durch die Hochschule abgesehen werden, sofern dies mit den Bedingungen der Geldgeberin oder des Geldgebers vereinbar ist; Satz 3 gilt in diesem Falle nicht.

(5) [1]Aus Mitteln Dritter bezahlte hauptberufliche Mitarbeiterinnen und Mitarbeiter an Forschungsvorhaben, die in der Hochschule durchgeführt werden, sollen als Personal der Hochschule im Arbeitsvertragsverhältnis eingestellt werden. [2]Die Einstellung setzt voraus, dass die Mitarbeiterin oder der Mitarbeiter von dem Hochschulmitglied, dass das Vorhaben durchführt, vorgeschlagen wurde. [3]Sofern dies mit den Bedingungen der Geldgeberin oder des Geldgebers vereinbar ist, kann das Hochschulmitglied in begründeten Fällen die Arbeitsverträge mit den Mitarbeiterinnen und Mitarbeitern abschließen; dabei sollen mindestens die im öffentlichen Dienst für vergleichbare Tätigkeiten üblichen Vergütungs- und Urlaubsregelungen vereinbart werden.

(6) [1]Sämtliche Einnahmen, einschließlich von Gemeinkosten und Entgelten für die Inanspruchnahme von Personal, Sachmitteln und Einrichtungen, stehen der Hochschule für die Erfüllung ihrer Aufgaben zusätzlich zur Verfügung. [2]Die Verpflichtung zur Abführung von Versorgungszuschlägen bleibt unberührt.

(7) Das Nähere über Drittmittelprojekte regeln die Hochschulen durch Satzung.

(8) [1]Das Präsidium unterrichtet die Öffentlichkeit in geeigneter Form über Forschungsvorhaben mit Mitteln Dritter, insbesondere über deren Gegenstände, den Umfang der Mittel Dritter sowie über die Person des jeweiligen Dritten. [2]Die §§ 4, 6 und 7 des Hamburgischen Transparenzgesetzes vom 19. Juni 2012 (HmbGVBl. S. 271) in der jeweils geltenden Fassung gelten entsprechend. [3]Die Sätze 1 und 2 gelten für Entwicklungsvorhaben und für Vorhaben zur Nutzung von Forschungs- und Entwicklungsergebnissen in der Praxis entsprechend.

§ 78 Künstlerische Entwicklungsvorhaben und Entwicklungsvorhaben im Rahmen angewandter Forschung

Die §§ 73 bis 77 gelten für künstlerische Entwicklungsvorhaben und für Entwicklungsvorhaben im Rahmen angewandter Forschung sinngemäß.

Fünfter Teil
Aufbau und Organisation der Hochschulen

Erster Abschnitt
Leitung der Hochschulen

§ 79 Präsidium

(1) Die Präsidentin oder der Präsident, die Vizepräsidentinnen und Vizepräsidenten sowie die Kanzlerin oder der Kanzler bilden das Präsidium.

(2) [1]Das Präsidium leitet die Hochschule. [2]Es hat die folgenden Aufgaben:

1.   in Hochschulen mit Fakultäten die Wahrnehmung der fakultätsübergreifenden Steuerungs- und Koordinierungsaufgaben; § 79a bleibt unberührt;
2.   Abschluss der Ziel- und Leistungsvereinbarungen mit der zuständigen Behörde;
3.   Beschlussfassung über die Wirtschaftspläne , Gebührensatzungen und Satzungen nach § 111 Absatz 8; vor der Beschlussfassung über den Wirtschaftsplan ist dem Hochschulsenat und der Studierendenschaft Gelegenheit zur Stellungnahme zu geben;
4.   Aufstellung der Vorschläge für die Struktur- und Entwicklungsplanung; in Hochschulen mit Fakultäten ist vor der Zuleitung an den Hochschulrat und den Hochschulsenat den Fakultäten Gelegenheit zur Stellungnahme zu geben;
5.   Aufstellung der Vorschläge für die Grundsätze der Ausstattung und Mittelverteilung;
6.   die Überprüfung und Entscheidung über die zukünftige Verwendung der freien oder frei werdenden Professuren und Juniorprofessuren; vor der Entscheidung ist in Hochschulen mit Fakultäten das erweiterte Präsidium, in anderen Hochschulen ein in der Grundordnung hierfür vorgesehenes besonderes Gremium zu beteiligen; in Hochschulen mit Fakultäten ist vor der Beteiligung des erweiterten Präsidiums den betroffenen Fakultäten die Gelegenheit zur Stellungnahme zu geben;
7.   die Ausschreibung der Professuren und Juniorprofessuren;
8.   die Berufung der Professorinnen, Professoren, Juniorprofessorinnen und Juniorprofessoren;
9.   Sorge dafür, dass die zuständigen Organe den Gleichstellungsauftrag der Hochschule erfüllen;
10. Sorge für das Zusammenwirken von Organen und Mitgliedern der Hochschule und erforderlichenfalls für einen Ausgleich zwischen ihnen;
11. Erledigung der durch Gesetz übertragenen anderen Aufgaben;
12. Wahrnehmung aller anderen Angelegenheiten der Hochschule, für die gesetzlich keine andere Zuständigkeit bestimmt ist.

[3]Die zuständige Behörde kann eine Entscheidung des Präsidiums nach Satz 2 Nummer 6 oder 7 beanstanden (§ 107 Absatz 2), wenn die Entscheidung den mit der Behörde vereinbarten Ziel- und Leistungsvereinbarungen oder den Strukturentscheidungen der staatlichen Hochschulplanung widerspricht.

(3) [1]Das Präsidium kann einzelne Leitungsaufgaben auf andere Stellen der Hochschule delegieren. [2]Es wirkt darauf hin, dass die Mitglieder der Hochschule ihre Lehr-, Studienfachberatungs- und Prüfungsverpflichtungen ordnungsgemäß erfüllen und kann entsprechende Weisungen erteilen.

(4) Das Präsidium erstattet jährlich einen Bericht.

(5) Die Aufgaben und Befugnisse des Präsidiums der Universität Hamburg und seiner Mitglieder in Bezug auf das Universitätsklinikum Hamburg-Eppendorf sind auf übergreifende Selbstverwaltungsangelegenheiten, die die Fakultät für Medizin zugleich mit anderen Selbstverwaltungseinheiten der Universität Hamburg betreffen, sowie auf die in § 6a genannten Angelegenheiten beschränkt.

§ 79a Erweitertes Präsidium

[1]In Hochschulen mit Fakultäten bilden die Mitglieder des Präsidiums nach § 79 Absatz 1 und die Dekaninnen und Dekane das erweiterte Präsidium. [2]Die Grundordnung kann für das erweiterte Präsidium eine andere Bezeichnung vorsehen. [3]Das erweiterte Präsidium erörtert Angelegenheiten von besonderer Bedeutung sowie Angelegenheiten, die mehrere Fakultäten betreffen, mit dem Ziel, die Entscheidungen des Präsidiums und der Dekanate aufeinander abzustimmen. [4]Insbesondere sind die Entwürfe

1. der Ziel- und Leistungsvereinbarungen,
2. der Struktur- und Entwicklungspläne,
3. der Grundsätze der Ausstattung und Mittelverteilung sowie
4. der Wirtschaftspläne

vor dem Abschluss beziehungsweise vor der Vorlage bei dem Hochschulrat oder dem Hochschulsenat, die Entwürfe der Struktur- und Entwicklungspläne vor der Zuleitung an die Fakultäten, im erweiterten Präsidium zu erörtern.

§ 80 Rechtsstellung der Präsidentin oder des Präsidenten

(1) [1]Die Präsidentin oder der Präsident wird auf Vorschlag einer Findungskommission vom Hochschulsenat gewählt, vom Hochschulrat bestätigt und vom Senat bestellt. [2]Voraussetzungen für die Bestellung sind mindestens eine abgeschlossene Hochschulausbildung und zusätzlich eine mehrjährige Berufstätigkeit in leitender Stellung insbesondere in Wissenschaft, Wirtschaft, Verwaltung oder Rechtspflege.

(2) [1]Der Hochschulrat setzt die Findungskommission ein, die zu gleichen Teilen aus Mitgliedern des Hochschulrats und des Hochschulsenats besteht und von der Vorsitzenden oder dem Vorsitzenden des Hochschulrats geleitet wird. [2]Die zuständige Behörde entsendet ein Mitglied ohne Stimmrecht. [3]Die Findungskommission schreibt die Stelle aus und schlägt eine Person für die Wahl durch den Hochschulsenat vor.

(3) [1]Die Amtszeit beträgt sechs Jahre. [2]Wiederwahl und Wiederbestellung sind möglich; in diesem Fall kann die Amtszeit bis zu sechs Jahren betragen. [3]Kandidiert eine Präsidentin oder ein Präsident erneut und sind Hochschulrat und Hochschulsenat mit der Wiederbestellung einverstanden, ist sie oder er erneut dem Senat zur Bestellung vorzuschlagen, ohne dass ein Findungsverfahren durchgeführt wird.

(4) [1]Der Hochschulsenat kann mit einer Mehrheit von drei Vierteln seiner Mitglieder die Präsidentin oder den Präsidenten abwählen. [2]Die Abwahl bedarf der Bestätigung durch den Hochschulrat mit einer Mehrheit von drei Vierteln seiner Mitglieder.

(5) [1]Wird die Präsidentin oder der Präsident aus einem Beamtenverhältnis auf Lebenszeit zur Freien und Hansestadt Hamburg nach § 7 Absatz 1 Nummer 7 HmbBG für die Amtszeit nach Absatz 3 zur Beamtin oder zum Beamten auf Zeit ernannt, gelten für das Beamtenverhältnis auf Lebenszeit die Bestimmungen des § 5 Absatz 5 Satz 1 und Absatz 9 Satz 3 HmbBG über das Ruhen und das Wiederaufleben eines solchen Beamtenverhältnisses entsprechend. [2]§ 22 Absatz 3 des Beamtenstatusgesetzes vom 17. Juni 2008 (BGBl. I S. 1010), zuletzt geändert am 5. Februar 2009 (BGBl. I S. 160, 262), in der jeweils geltenden Fassung findet keine Anwendung. [3]Einer Bewerberin oder einem Bewerber, die oder der nicht in einem Beamtenverhältnis auf Lebenszeit oder einem unbefristeten Arbeitsverhältnis zur Freien und Hansestadt Hamburg steht, kann zugesagt werden, dass sie oder er nach dem Ausscheiden aus dem Amt als Professorin oder Professor oder in anderer Stellung im Hochschuldienst weiterbeschäftigt wird.

(6) [1]Die Präsidentin oder der Präsident im Beamtenverhältnis auf Zeit tritt, sofern sie oder er nicht in ein Beamtenverhältnis auf Lebenszeit nach Absatz 5 zurückkehrt oder nach Absatz 5 Satz 3 in einem Beamtenverhältnis weiterbeschäftigt wird, in den Ruhestand, wenn

1. sie oder er während einer Amtszeit nach Absatz 3 die gesetzliche Altersgrenze erreicht, dienstunfähig wird oder die Amtszeit abläuft und
2. sie oder er eine Dienstzeit von mindestens zehn Jahren in einem Beamtenverhältnis mit Dienstbezügen zurückgelegt hat oder aus einem Beamtenverhältnis auf Lebenszeit zur Beamtin oder zum Beamten auf Zeit ernannt worden ist.

[2]Im Übrigen ist die Präsidentin oder der Präsident aus dem Beamtenverhältnis auf Zeit entlassen.

(7) [1]Wird eine Präsidentin oder ein Präsident im Beamtenverhältnis auf Zeit nach Absatz 4 abgewählt, endet das Beamtenverhältnis auf Zeit mit der Abwahl; die Amtszeit gilt mit dem Zeitpunkt der Abwahl als abgelaufen. [2]Die Präsidentin oder der Präsident tritt mit dem Zeitpunkt der Abwahl in den Ruhestand, wenn die Voraussetzungen des Absatzes 6 Satz 1 Nummer 2 vorliegen.

§ 81 Aufgaben der Präsidentin oder des Präsidenten

(1) [1]Die Präsidentin oder der Präsident leitet das Präsidium. [2]Ihr oder ihm steht die Richtlinienkompetenz innerhalb des Präsidiums zu. [3]Sie oder er trägt Sorge für die strategische Entwicklung der Hochschule, hat für wichtige Angelegenheiten der Hochschule persönlich einzutreten und grundle-

gende Entwicklungen hinsichtlich der Forschung und Lehre in der Hochschule anzustoßen und zu fördern. [4]Die Präsidentin oder der Präsident legt im Benehmen mit den Vizepräsidentinnen und Vizepräsidenten für diese bestimmte Aufgabenbereiche fest. [5]Bei Stimmengleichheit im Präsidium gibt die Stimme der Präsidentin oder des Präsidenten den Ausschlag.

(2) Die Präsidentin oder der Präsident vertritt die Hochschule gerichtlich und außergerichtlich.

(3) [1]Verletzt eine andere Stelle der Hochschule das Recht oder ist sie handlungsunfähig, so ergreift die Präsidentin oder der Präsident in entsprechender Anwendung von § 107 die erforderlichen Maßnahmen. [2]Das Gleiche gilt, wenn ein Beschluss, eine andere Maßnahme oder eine Unterlassung einer anderen Stelle der Hochschule mit einer abgeschlossenen Ziel- und Leistungsvereinbarung (§ 2 Absatz 3) oder mit der beschlossenen Struktur- und Entwicklungsplanung der Hochschule unvereinbar ist.

(4) [1]Die Präsidentin oder der Präsident übt das Hausrecht und die Ordnungsgewalt aus. [2]Diese Aufgaben werden als staatliche Auftragsangelegenheiten wahrgenommen; sie können für bestimmte Bereiche oder für bestimmte Fälle anderen Personen übertragen werden.

§ 82 Vizepräsidentinnen, Vizepräsidenten

(1) [1]Die Vizepräsidentinnen und Vizepräsidenten werden von der Präsidentin oder dem Präsidenten für drei bis sechs Jahre ausgewählt und vom Hochschulsenat bestätigt. [3]Voraussetzung für die Auswahl ist mindestens ein abgeschlossenes Hochschulstudium sowie eine mindestens dreijährige Berufstätigkeit in verantwortlicher Stellung. [4]Eine Wiederwahl ist möglich.

(2) [1]Die Zahl der Vizepräsidentinnen und Vizepräsidenten beträgt mindestens eins, an Hochschulen mit Fakultäten mindestens zwei, und höchstens drei; sie wird auf Vorschlag der Präsidentin oder des Präsidenten von der zuständigen Behörde festgelegt. [2]Mindestens eine Vizepräsidentin oder ein Vizepräsident muss bereits vor der Wahl Mitglied der Hochschule gewesen sein. [3]Mindestens eine Vizepräsidentin oder ein Vizepräsident muss Professorin oder Professor sein. [4]Dem Präsidium (§ 79 Absatz 1) sollen mindestens zwei Personen aus jedem Geschlecht angehören, in einem Präsidium mit nur drei Mitgliedern mindestens eine Person.

(3) Die Vizepräsidentinnen und Vizepräsidenten nehmen ihre Aufgaben innerhalb der Richtlinien der Präsidentin oder des Präsidenten und der Beschlüsse des Präsidiums selbständig wahr und vertreten entsprechend einer von der Präsidentin oder dem Präsidenten zu treffenden näheren Regelung die Präsidentin oder den Präsidenten.

(4) Die Präsidentin oder der Präsident kann Vizepräsidentinnen und Vizepräsidenten im Benehmen mit dem Hochschulsenat abberufen.

(5) Wird eine Vizepräsidentin oder ein Vizepräsident für die nach Absatz 1 Satz 1 festgelegte Amtszeit nach § 7 Absatz 1 Nummer 7 HmbBG zur Beamtin oder zum Beamten auf Zeit ernannt, gilt § 80 Absätze 5 bis 7 entsprechend.

§ 83 Kanzlerin oder Kanzler

(1) [1]Die Kanzlerin oder der Kanzler leitet die Verwaltung der Hochschule innerhalb der Richtlinien der Präsidentin oder des Präsidenten eigenverantwortlich und trägt dafür Sorge, dass die von der Verwaltung umzusetzenden Entscheidungen des Präsidiums und seiner Mitglieder beachtet werden. [2]Sie oder er vollzieht eigenverantwortlich die Beschlüsse des Präsidiums zur Mittelbewirtschaftung nach § 100 Absatz 1. [3]Sie oder er stellt die Einhaltung der haushaltsrechtlichen Bestimmungen sowie die Vorschriftsmäßigkeit des Bau-, Beschaffungs- und Vergabewesens sicher. [4]Ihr oder ihm obliegen die Aufstellung der Entwürfe für die mittelfristige Finanzplanung und den Wirtschaftsplan. [5]Sie oder er ist bei allen Maßnahmen von finanzieller Bedeutung zu beteiligen. [6]Erhebt die Kanzlerin oder der Kanzler Widerspruch gegen eine Entscheidung des Präsidiums in einer Angelegenheit von finanzieller Bedeutung, ist erneut abzustimmen. [7]Zwischen der ersten und der erneuten Abstimmung sollen mindestens sechs Tage liegen. [8]Kommt bei einer erneuten Abstimmung ein Beschluss gegen die Stimme der Kanzlerin oder des Kanzlers zustande, kann diese oder dieser die Entscheidung des Hochschulrats über die Angelegenheit herbeiführen. [9]Die Kanzlerin oder der Kanzler trifft die notwendigen Maßnahmen im Bereich der Arbeitssicherheit und des Umweltschutzes; diese Aufgaben werden als staatliche Auftragsangelegenheiten wahrgenommen und können für bestimmte Bereiche oder für bestimmte Fälle anderen Personen übertragen werden.

(2) ¹Die Kanzlerin oder der Kanzler wird vom Hochschulrat auf Vorschlag der Präsidentin oder des Präsidenten gewählt und vom Präses der zuständigen Behörde bestellt. ²Die Amtszeit beträgt neun Jahre. ³Wiederwahl und Wiederbestellung sind möglich.

(3) Voraussetzung für die Bestellung ist ein abgeschlossenes Hochschulstudium oder eine entsprechende Qualifikation sowie eine in der Regel mindestens fünfjährige Berufstätigkeit in verantwortlicher Stellung, insbesondere im Bereich der Hochschulleitung, der Verwaltung, der Wirtschaft oder der Rechtspflege.

(4) Der Hochschulrat kann die Kanzlerin oder den Kanzler mit einer Mehrheit von drei Vierteln seiner Mitglieder abwählen.

(5) Wird die Kanzlerin oder der Kanzler nach § 7 Absatz 1 Nummer 7 HmbBG für die Amtszeit nach Absatz 2 Satz 2 zur Beamtin oder zum Beamten auf Zeit ernannt, gilt § 80 Absätze 5 bis 7 entsprechend.

Zweiter Abschnitt
Hochschulrat, Hochschulsenat

§ 84 Hochschulrat

(1) Der Hochschulrat hat folgende Aufgaben:

1. Bestätigung der Wahl und Abwahl der Präsidentin oder des Präsidenten (§ 80 Absätze 1 und 4),
2. Entscheidung im Fall des § 83 Absatz 1 Satz 8 und Wahl sowie Abwahl der Kanzlerin oder des Kanzlers (§ 83 Absätze 2 und 4),
3. Genehmigung der Grundordnung und der Satzung über Qualitätsbewertungsverfahren; unberührt bleibt die in den Fällen des § 101 erforderliche zusätzliche Genehmigung der zuständigen Behörde,
4. im Einvernehmen mit dem Hochschulsenat Beschlussfassung über die Struktur- und Entwicklungspläne sowie deren Fortschreibung; wurde innerhalb von vier Monaten seit der Vorlage des Vorschlages des Präsidiums keine Einigung mit dem Hochschulsenat erzielt, so kann der Hochschulrat die zuständige Behörde anrufen,
5. Beschlussfassung über die Grundsätze für die Ausstattung und die Mittelverteilung,
6. Genehmigung der Wirtschaftspläne,
8. Beratung über den Jahresabschluss der Hochschule,
7. Entgegennahme des Jahresberichts des Präsidiums,
9. Stellungnahme zur Gewährung von Leistungsbezügen an Mitglieder des Hochschulpräsidiums.

(2) ¹Der Hochschulrat kann sich jederzeit über die Wirtschaftsführung und das Rechnungswesen der Hochschule unterrichten und Einsicht in alle diesbezüglichen Unterlagen nehmen. ²Er kann damit einzelne seiner Mitglieder oder für bestimmte Aufgaben besondere Sachverständige beauftragen. ³Ihm sind alle erforderlichen Auskünfte zu erteilen.

(3) ¹Der Hochschulrat gibt ferner Empfehlungen zur Profilbildung der Hochschule und zur Schwerpunktsetzung in Forschung und Lehre sowie zur Weiterentwicklung des Studienangebots. ²Die zuständigen Organe der Hochschule haben die Empfehlungen des Hochschulrats zu würdigen. ³Der Hochschulrat hat das Recht, das Erscheinen von Mitgliedern des Präsidiums der Hochschule zu seinen Sitzungen zu verlangen und von allen anderen Hochschulorganen die zur Wahrnehmung seiner Aufgaben nötigen Informationen einzuholen.

(4) ¹Der Hochschulrat hat in der Universität Hamburg und in der Hochschule für Angewandte Wissenschaften Hamburg neun und in den anderen Hochschulen fünf Mitglieder. ²Von diesen Mitgliedern werden in der Universität Hamburg und in der Hochschule für Angewandte Wissenschaften Hamburg acht und in den übrigen Hochschulen vier jeweils zur Hälfte vom Senat und vom Hochschulsenat bestimmt. ³Das weitere Mitglied des Hochschulrats wird von den in Satz 2 genannten Mitgliedern gewählt. ⁴Die Amtszeit aller Mitglieder beträgt vier Jahre. ⁵Wiederbenennung und Wiederwahl sind möglich. ⁶Die zuständige Behörde kann ein Mitglied des Hochschulrates aus wichtigem Grunde vorzeitig abberufen.

(5) ¹Bestimmt und gewählt werden können mit dem Hochschulwesen vertraute Persönlichkeiten aus Wissenschaft, Kultur, Wirtschaft oder Politik, die nicht der zuständigen Behörde angehören. ²Die vom Hochschulsenat bestimmten Mitglieder dürfen jeweils zur Hälfte der Hochschule angehören. ³In einem Hochschulrat mit fünf Mitgliedern muss jedes Geschlecht mit mindestens zwei Mitgliedern vertreten sein, in einem Hochschulrat mit neun Mitgliedern muss jedes Geschlecht mit mindestens vier Mit-

gliedern vertreten sein. [4]Die Mitglieder des Hochschulrats arbeiten ehrenamtlich. [5]Ihre Haftung bei Pflichtverletzungen ist auf Vorsatz und grobe Fahrlässigkeit beschränkt.

(6) [1]Der Hochschulrat wählt aus seinen nicht der Hochschule angehörenden Mitgliedern eine Vorsitzende oder einen Vorsitzenden sowie die Stellvertreterin oder den Stellvertreter der oder des Vorsitzenden. [2]Die erste Sitzung wird von dem an Lebensjahren ältesten Mitglied einberufen und geleitet. [3]Der Hochschulrat ist beschlussfähig, wenn mehr als die Hälfte der gesetzlichen Mitglieder anwesend ist. [4]Der Hochschulrat gibt sich eine Geschäftsordnung.

(7) [1]Die zuständige Behörde nimmt durch eine Vertreterin oder einen Vertreter ohne Stimmrecht an den Sitzungen teil. [2]Die Behörde ist wie ein Mitglied zu laden.

(8) Der Hochschulrat berichtet der zuständigen Behörde sowie dem Hochschulsenat und der Hochschulöffentlichkeit regelmäßig, wenigstens aber zwei Mal im Jahr, sowie bei besonderem Bedarf über seine Tätigkeit.

§ 85 Hochschulsenat

(1) Der Hochschulsenat hat folgende Aufgaben:

1. Beschlussfassung über die Grundordnung sowie über andere Satzungen, soweit durch Gesetz keine andere Zuständigkeit bestimmt ist,

2. Wahl und Abwahl der Präsidentin oder des Präsidenten (§ 80 Absätze 1 und 4) sowie Mitwirkung bei der Bestellung des Hochschulrats (§ 84 Absatz 4 Satz 2),

3. Bestätigung von Vizepräsidentinnen und Vizepräsidenten (§ 82 Absatz 1),

4. Beschlussfassung über Einrichtung, Änderung und innere Struktur von Selbstverwaltungseinheiten, soweit keine abweichende Zuständigkeit besteht,

5. im Einvernehmen mit dem Hochschulrat Beschlussfassung über die Struktur- und Entwicklungspläne sowie deren Fortschreibung; wurde innerhalb von vier Monaten seit der Vorlage des Vorschlags des Präsidiums keine Einigung mit dem Hochschulrat erzielt, so kann der Hochschulsenat die zuständige Behörde anrufen,

6. Beschlussfassung über Einrichtung, Änderung und Aufhebung von Studiengängen, soweit hierüber nicht der jeweils zuständige Fakultätsrat zu entscheiden hat,

7. in Hochschulen mit Fakultäten Beschlussfassung über Vorgaben für die Prüfungsund Studienordnungen und die Satzungen nach den §§ 37 bis 40 (Rahmenprüfungsordnungen); die Rahmenprüfungsordnungen können zum allgemeinen Prüfungsverfahren und zur allgemeinen Studienstruktur auch unmittelbar geltende Regelungen enthalten,

8. in Hochschulen ohne Fakultäten Einsetzung der Berufungsausschüsse, Beschlussfassung über Berufungsvorschläge und die Aufstellung von Vorschlägen für die Verleihung der akademischen Bezeichnung »Professorin« oder »Professor«; weicht der Hochschulsenat bei der Beschlussfassung über einen Berufungsvorschlag von der Vorlage des Berufungsausschusses ab, so hat er dies zu begründen und die unveränderte Vorlage beizufügen,

9. Erlass von Richtlinien zur Gleichstellung, Aufstellung von Gleichstellungsplänen und Wahl der oder des Gleichstellungsbeauftragten nach § 87,

10. Wahl der Behindertenbeauftragten nach § 88,

11. Stellungnahmen zu Grundsätzen für die Ausstattung und die Mittelverteilung,

12. Stellungnahmen zu den Wirtschaftsplänen,

13. Stellungnahmen zu den Gebührensatzungen,

14. Entgegennahme des Jahresberichts des Präsidiums,

15. Verleihung akademischer Ehrungen.

(2) Der Hochschulsenat kann in allen Selbstverwaltungsangelegenheiten, die die gesamte Hochschule berühren, vom Präsidium Auskunft verlangen und Empfehlungen aussprechen.

(3) [1]Den Hochschulsenaten gehören je nach Größe der Hochschule 11 bis 21 stimmberechtigte Mitglieder an. [2]Die Gruppe der Hochschullehrerinnen und Hochschullehrer verfügt über die absolute Mehrheit der Sitze und Stimmen. [3]Alle anderen Gruppen müssen angemessen vertreten sein. [4]Das Nähere regelt die Grundordnung.

(4) [1]Die Präsidentin oder der Präsident ist beratendes Mitglied des Hochschulsenats und führt in ihm den Vorsitz. [2]Der Hochschulsenat kann für einzelne seiner Aufgaben Ausschüsse und Beauftragte einsetzen und diesen Entscheidungsbefugnisse übertragen. [3]Der Hochschulsenat muss Stellungnahmen

zu Vorlagen, die die Präsidentin oder der Präsident als dringlich bezeichnet, innerhalb von vier Wochen nach Zugang der Vorlage abgeben.

(5) Die Aufgaben und Befugnisse des Hochschulsenats der Universität Hamburg in Bezug auf das Universitätsklinikum Hamburg-Eppendorf sind auf übergreifende Selbstverwaltungsangelegenheiten beschränkt, die die Fakultät für Medizin zugleich mit anderen Fakultäten der Universität Hamburg betreffen.

§ 86 *[aufgehoben]*

Dritter Abschnitt
Sonstige Organisationsvorschriften

§ 87 Gleichstellungsbeauftragte

(1) [1]Die Hochschule wählt für drei Jahre die Gleichstellungsbeauftragte oder den Gleichstellungsbeauftragten der Hochschule und ihre beziehungsweise seine Stellvertreterin oder ihren beziehungsweise seinen Stellvertreter. [2]Wählbar sind Hochschullehrerinnen und Hochschullehrer, Mitglieder des akademischen Personals sowie andere Personen, die einen Hochschulabschluss und geeignete berufliche Erfahrungen nachweisen können. [3]Die oder der Gleichstellungsbeauftragte soll dem in der Gruppe der Hochschullehrerinnen und Hochschullehrer der Hochschule unterrepräsentierten Geschlecht angehören.

(2) [1]Der oder dem Gleichstellungsbeauftragten sind die für die Wahrnehmung ihrer oder seiner Aufgaben notwendigen Personal- und Sachmittel zur Verfügung zu stellen. [2]Sie oder er ist von der dienstlichen Tätigkeit ohne Minderung der Bezüge oder des Arbeitsentgelts zu befreien, soweit es ihre oder seine Aufgaben erfordern.

(3) [1]Die oder der Gleichstellungsbeauftragte unterstützt die Hochschule bei allen Gleichstellungsmaßnahmen. [2]Sie oder er wirkt insbesondere bei Struktur- und Personalentscheidungen sowie bei der Entwicklungsplanung der Hochschule mit. [3]Sie oder er ist bei Richtlinien zur Gleichstellung und den Gleichstellungsplänen zu beteiligen. [4]Sie oder er kann gegenüber allen Organen der Hochschule Stellung nehmen und Vorschläge machen. [5]Sie oder er hat Rede- und Antragsrecht in allen Selbstverwaltungsgremien und ist wie ein Mitglied zu laden und zu informieren. [6]Sie oder er hat bei der Einstellung von wissenschaftlichem Personal das Recht zur Einsicht in alle Bewerbungsunterlagen.

(4) [1]In der Universität Hamburg, der Hochschule für Angewandte Wissenschaften Hamburg und der Technischen Universität Hamburg kann für sechs Jahre eine hauptberufliche Gleichstellungsbeauftragte oder ein hauptberuflicher Gleichstellungsbeauftragter gewählt werden. [2]Die Hochschule hat in diesem Fall die Stelle öffentlich auszuschreiben. [3]Für die Gleichstellungsbeauftragte oder den Gleichstellungsbeauftragten wird ein privatrechtliches Dienstverhältnis begründet.

(5) [1]Ist eine den Gleichstellungsauftrag berührende Entscheidung eines Hochschulorgans gegen das schriftliche Votum der oder des Gleichstellungsbeauftragten getroffen worden, kann diese oder dieser innerhalb von einer Woche eine erneute Entscheidung verlangen (Widerspruch). [2]Die erneute Entscheidung darf erst nach dem Versuch einer Einigung und frühestens eine Woche nach Einlegung des Widerspruchs getroffen werden. [3]Der Widerspruch ist in derselben Angelegenheit nur einmal zulässig.

(6) Mitglieder und Angehörige der Hochschule, die keine Beschäftigten der Hochschule sind, können sich in Fällen sexueller Belästigung an die Gleichstellungsbeauftragte oder den Gleichstellungsbeauftragten wenden.

(7) [1]Die Zuständigkeit der oder des Gleichstellungsbeauftragten erstreckt sich nicht auf die Angehörigen des Technischen, Bibliotheks- und Verwaltungspersonals. [2]Sie oder er arbeitet vertrauensvoll mit der oder dem Gleichstellungsbeauftragten nach § 18 des Hamburgischen Gleichstellungsgesetzes vom 2. Dezember 2014 (HmbGVBl. S. 495) zusammen.

§ 88 Behindertenbeauftragte

(1) Die Hochschule wählt für drei Jahre eine Beauftragte oder einen Beauftragten für die Belange der behinderten Studierenden (Behindertenbeauftragte oder Behindertenbeauftragter) sowie eine Stellvertreterin oder einen Stellvertreter.

(2) [1]Den Behindertenbeauftragten sind die für die Wahrnehmung ihrer Aufgaben notwendigen Personal- und Sachmittel zur Verfügung zu stellen. [2]Sie sind von der dienstlichen Tätigkeit ohne Minderung der Bezüge zu befreien, soweit es ihre Aufgaben erfordern.

(3) ¹Die Behindertenbeauftragten wirken bei allen Maßnahmen zur sozialen Förderung von behinderten Studierenden und zum Nachteilsausgleich bei der Hochschulzulassung, beim Studium und bei Prüfungen mit. ²Sie können gegenüber allen Organen der Hochschulen Stellungnahmen abgeben und Vorschläge machen. ³Sie haben Rede- und Antragsrecht in allen Selbstverwaltungsgremien. ⁴Sie sind über alle geplanten Maßnahmen zu informieren, die Belange von behinderten Studierenden betreffen.

§ 89 Fakultäten

(1) ¹Die Universität Hamburg und die Hochschule für Angewandte Wissenschaften Hamburg werden in Fakultäten gegliedert, die auf ihren Gebieten die Aufgaben in Lehre, Forschung und Entwicklung und die dafür nötigen Verwaltungsaufgaben wahrnehmen. ²Organe der Fakultäten sind das Dekanat und der Fakultätsrat. ³Die Fakultäten haben Satzungsrecht nach Maßgabe von § 91 Absatz 2 und § 92 Absätze 1 und 2. ⁴Sie erhalten eigene Verwaltungen.

(2) ¹Soweit gesetzlich nicht anderes bestimmt ist, trifft die Grundordnung die näheren Regelungen über die Fakultäten. ²Hierbei sind die Vorgaben der staatlichen Hochschulplanung zu beachten. ³Das Präsidium bestimmt auf der Grundlage der staatlichen Planungsvorgaben und des Struktur- und Entwicklungsplans der Hochschule, welche Selbstverwaltungseinheiten und sonstigen Einrichtungen mit welchen Stellen und welchem Personal den Fakultäten zugeordnet werden.

(3) ¹Das Präsidium regelt die Zuordnung der Verwaltungsaufgaben zwischen der Präsidialverwaltung und den Fakultätsverwaltungen auf den Grundsätzen von Wirtschaftlichkeit und Leistungsfähigkeit für die Hochschule insgesamt. ²Es weist den Fakultätsverwaltungen die erforderlichen Einrichtungen und Stellen sowie das erforderliche Personal zu. ³Entscheidungen nach den Sätzen 1 und 2 sind nach Erörterung im erweiterten Präsidium zu treffen.

(4) ¹Die Leiterin oder der Leiter der Verwaltung der Fakultät (Verwaltungsleiterin, Verwaltungsleiter) wird im Rahmen der dienst- und arbeitsrechtlichen Vorschriften von der Dekanin oder dem Dekan im Einvernehmen mit der Kanzlerin oder dem Kanzler ausgewählt. ²Die Verwaltungsleiterin oder der Verwaltungsleiter ist der Dekanin oder dem Dekan unterstellt, soweit nachfolgend nichts Abweichendes bestimmt ist. ³Die Kanzlerin oder der Kanzler sorgt für die Recht und Ordnungsmäßigkeit sowie die Wirtschaftlichkeit und Sparsamkeit der Verwaltungstätigkeit in den Fakultäten. ⁴Sie oder er kann sich zu diesem Zweck über alle Angelegenheiten der Fakultätsverwaltung unterrichten und Weisungen erteilen; in der Regel beschränkt sie oder er sich hierbei auf die Anforderung regelmäßiger Berichte sowie auf den Erlass von Richtlinien.

(5) ¹Der Fachbereich Medizin der Universität Hamburg bildet eine Fakultät im Sinne dieses Gesetzes. ²Für seine Organisation und seine Aufgaben ist ausschließlich das Gesetz zur Errichtung der Körperschaft „Universitätsklinikum Hamburg-Eppendorf" in seiner jeweils geltenden Fassung maßgeblich.

(6) In den Fakultäten werden Gleichstellungsbeauftragte gewählt.

§ 90 Dekanat¹⁾

(1) ¹Das Dekanat leitet die Fakultät. ²Es besteht aus einer Dekanin oder einem Dekan sowie den Prodekaninnen oder Prodekanen. ³Die Dekanin oder der Dekan wird auf Vorschlag einer Findungskommission (Absatz 2) vom Fakultätsrat gewählt. ⁴Die Prodekaninnen oder Prodekane werden auf Vorschlag der Dekanin oder des Dekans vom Fakultätsrat gewählt. ⁵Die Amtszeit der Dekanin oder des Dekans beträgt fünf Jahre, die der Prodekaninnen oder Prodekane drei bis fünf Jahre. ⁶Die Verwaltungsleiterin oder der Verwaltungsleiter nimmt an den Sitzungen des Dekanats mit beratender Stimme teil.

(2) ¹Die Mitglieder der Findungskommission werden jeweils zur Hälfte vom Präsidium benannt und vom Fakultätsrat gewählt. ²Die oder der Vorsitzende wird von der Präsidentin oder dem Präsidenten im Einvernehmen mit dem Fakultätsrat aus der Mitte der Findungskommission bestellt; kommt eine Einigung nicht zustande, so entscheidet der Hochschulrat. ³Die Findungskommission schreibt die Stelle aus und unterbreitet dem Fakultätsrat einen Wahlvorschlag. ⁴Findet der Wahlvorschlag keine Mehrheit, so gilt er als an die Findungskommission zurückverwiesen.

(3) ¹Der Dekanin oder dem Dekan steht bei der Wahrnehmung der Leitungsaufgaben die Richtlinienkompetenz zu. ²Sie oder er überträgt jeder Prodekanin oder jedem Prodekan einen eigenen Aufgabenbereich.

---

1) § 90 Abs. 1 Satz 3, Abs. 4 Satz 2 und 3, Abs. 5 Nr. 1, 2 1. Alternative und Nr. 7 sind gem. Beschl. des BVerfG v. 20.7.2010 – 1 BvR 748/06 mit Art. 5 Abs. 3 Satz 1 GG unvereinbar; siehe Bek. v. 7.1.2011 (HmbGVBl. S. 26).

(4) [1]Die Dekanin oder der Dekan und die Prodekaninnen und Prodekane müssen die Einstellungsvoraussetzungen für Professoren an ihrer Hochschule oder für Präsidenten nach § 80 Absatz 1 Satz 2 erfüllen. [2]Die Dekanin oder der Dekan muss nicht Mitglied der Hochschule gewesen sein. [3]Wird eine Dekanin oder ein Dekan zur Beamtin oder zum Beamten auf Zeit ernannt, gilt § 80 Absätze 5 bis 7 entsprechend. [4]Jedes Geschlecht soll im Dekanat mit mindestens zwei Fünfteln der Mitglieder des Dekanats vertreten sein, in Dekanaten mit drei Mitgliedern mit mindestens einem Mitglied.

(5) [1]Wiederwahl und Wiederbestellung der Mitglieder des Dekanats sind möglich. [2]Soll eine Dekanin oder ein Dekan wiedergewählt werden, so kann der Fakultätsrat auf Vorschlag des Präsidiums beschließen, dass das Findungsverfahren entfällt. [3]Der Fakultätsrat kann mit einer Mehrheit von drei Vierteln die Dekanin oder den Dekan abwählen. [4]Eine Prodekanin oder ein Prodekan kann auf Antrag der Dekanin oder des Dekans abgewählt werden.

(6) Das Dekanat nimmt folgende Aufgaben wahr:

1. Bewirtschaftung der vom Präsidium der Fakultät zugewiesenen Haushaltsmittel und Entscheidung über die Zuordnung von Stellen innerhalb der Fakultät; das Dekanat berichtet dem Fakultätsrat regelmäßig über die Verteilung der Mittel und über die Zuordnung und Besetzung der Stellen,

2. Weiterleitung der Berufungsvorschläge und Verabschiedung der Vorschläge für Bleibevereinbarungen; bei der Weiterleitung der Berufungsvorschläge kann das Dekanat seine abweichende Auffassung beifügen,

3. Erstellung von Vorschlägen für die Gewährung von Leistungsbezügen an Professorinnen und Professoren nach dem Hamburgischen Besoldungsgesetz vom 26. Januar 2010 (HmbGVBl. S. 23) in der jeweils geltenden Fassung,

4. Entscheidungen über die Lehrverpflichtung,

5. Erstellung eines Rechenschaftsberichts gegenüber dem Fakultätsrat nach Ablauf eines Kalenderjahres,

6. Erstellung von Vorschlägen über die Organisation in der Fakultät und für die Fakultätssatzung gemäß § 92 Absätze 1 und 2,

7. Weiterleitung der Stellungnahme des Fakultätsrates zur Struktur- und Entwicklungsplanung sowie zu Entscheidungen über die zukünftige Verwendung der freien oder frei werdenden Professuren und Juniorprofessuren; hierbei kann das Dekanat seine abweichende Auffassung beifügen,

8. alle sonstigen Aufgaben der Fakultät, die nicht vom Fakultätsrat wahrzunehmen sind.

§ 91 Fakultätsrat[1]

(1) In jeder Fakultät wird ein Fakultätsrat gewählt, in dem die Gruppe der Hochschullehrerinnen und Hochschullehrer über die absolute Mehrheit der Sitze und Stimmen verfügt und die in § 10 Absatz 1 Nummern 2 bis 4 genannten Gruppen angemessen vertreten sind.

(2) Der Fakultätsrat hat neben der Wahl der Dekanin oder des Dekans folgende Aufgaben:

1. Erlass, Änderung und Aufhebung von Hochschulprüfungsordnungen, Studienordnungen und Satzungen nach den §§ 37 bis 40; bei der Beschlussfassung sind die Rahmenprüfungsordnungen (§ 85 Absatz 1 Nummer 7) zu beachten,

2. Erlass, Änderung und Aufhebung von Satzungen nach § 10 Absatz 1 des Hochschulzulassungsgesetzes vom 28. Dezember 2004 (HmbGVBl. S. 515), zuletzt geändert am 6. Juli 2010 (HmbGVBl. S. 473, 476), in der jeweils geltenden Fassung,

3. Entscheidung über die Einrichtung, Änderung und Aufhebung von Studiengängen im Rahmen des Struktur- und Entwicklungsplans der Hochschule,

4. Stellungnahme zur Struktur- und Entwicklungsplanung sowie zu Entscheidungen über die zukünftige Verwendung der freien oder frei werdenden Professuren und Juniorprofessuren,

5. mit Zustimmung des Dekanats Beschlussfassung über fakultätsspezifische Ergänzungen der hochschulweiten Grundsätze für die Ausstattung und Mittelverteilung; das Dekanat hat entsprechende Vorschläge zu unterbreiten,

6. Entscheidung über die Organisation in der Fakultät gemäß § 92 Absätze 1 und 2 einschließlich des Erlasses der Fakultätssatzung,

7. Entscheidung über die Einrichtung, Änderung und Aufhebung von einzelnen Selbstverwaltungseinheiten in Lehre und Forschung,

---

1) § 91 Abs. 2 ist gem. Beschl. des BVerfG v. 20.7.2010 – 1 BvR 748/06 mit Art. 5 Abs. 3 Satz 1 GG unvereinbar; siehe Bek. v. 7.1.2011 (HmbGVBl. S. 26).

8. Einsetzung der Berufungsausschüsse, Beschlussfassung über Berufungsvorschläge und die Aufstellung von Vorschlägen für die Verleihung der akademischen Bezeichnung „Professorin" oder „Professor"; weicht der Fakultätsrat bei der Beschlussfassung über einen Berufungsvorschlag von der Vorlage des Berufungsausschusses ab, so hat er dies zu begründen und die unveränderte Vorlage beizufügen,

9. Wahl von Gleichstellungsbeauftragten,

10. Entgegennahme des Rechenschaftsberichts und Kontrolle des Dekanats,

11. Stellungnahme zu allen Angelegenheiten der Fakultät.

§ 92 Organisation in der Fakultät

(1) [1]Die Fakultäten können sich nach Maßgabe der Grundordnung durch Fakultätssatzung in Institute gliedern. [2]Durch die Grundordnung können den Instituten Aufgaben in den folgenden Bereichen übertragen werden:

1. Organisation des Lehrbetriebs, der Nachwuchsförderung und der Studienfachberatung;

2. Beschlussfassung über Angelegenheiten nach § 91 Absatz 2 Nummern 1 bis 3; hierbei sind etwaige Rahmenbeschlüsse des Fakultätsrates sowie die Entscheidungen zur Stellen- und Mittelbewirtschaftung zu beachten; die Beschlüsse sind in entsprechender Anwendung von § 108 Absatz 2 vom Dekanat zu genehmigen; soweit daneben gemäß § 108 Absatz 1 eine Genehmigung des Präsidiums erforderlich ist, wird diese vom Dekanat eingeholt;

3. vorbehaltlich einer Zuständigkeit nach Nummer 2 Vorschläge für Studien- und Prüfungsordnungen;

4. Vorschläge für die Lehrverpflichtung;

5. Vorschläge für die Zusammensetzung von Berufungsausschüssen.

[3]Die Grundordnung kann für die Institute eine andere Bezeichnung einführen. [4]Sie kann neben der Bildung von Instituten auch die Einrichtung anderer unmittelbar der Fakultät nachgeordneter Organisationseinheiten durch Fakultätssatzung vorsehen und diesen Organisationseinheiten Aufgaben nach Satz 2 Nummer 1 sowie Aufgaben in der Forschung übertragen. [5]Die Aufgaben sind jeweils einer Organisationseinheit zuzuordnen; § 90 Absatz 6 Nummer 1 bleibt unberührt.

(2) [1]Die Grundordnung kann vorsehen, dass durch Fakultätssatzung große Fakultäten in Fachbereiche gegliedert und einige oder alle der in Absatz 1 bezeichneten Organisationseinheiten jeweils einem Fachbereich zugeordnet werden können. [2]Den Fachbereichen können durch die Grundordnung an Stelle der Institute einzelne Aufgaben nach Absatz 1 Satz 2 übertragen werden; Absatz 1 Satz 5 gilt entsprechend. [3]Die Grundordnung kann für die Fachbereiche eine andere Bezeichnung einführen.

(3) [1]Soweit Institute oder andere Organisationseinheiten die in Absatz 1 Satz 2 Nummern 1 und 2 vorgesehenen Aufgaben oder Aufgaben in der Forschung wahrnehmen, unterstehen sie der Aufsicht des Dekanats. [2]Das Dekanat kann mit ihnen Ziel- und Leistungsvereinbarungen abschließen. [3]Die Fachbereiche nach Absatz 2 führen im Auftrage des Dekanats die Aufsicht über die ihnen zugeordneten Organisationseinheiten; Satz 2 gilt entsprechend.

(4) In den Instituten werden nach Gruppen zusammengesetzte Gremien gebildet. In den anderen Organisationseinheiten werden solche Gremien nicht gebildet.

(5) [1]An der Hochschule für Angewandte Wissenschaften Hamburg kann die Grundordnung abweichend von den vorstehenden Regelungen vorsehen, dass die Fakultäten durch Fakultätssatzung in Fachbereiche gegliedert werden; Absatz 1 Sätze 2 bis 5 gilt entsprechend. [2]In diesem Falle kann die Grundordnung die weitere Gliederung der Fachbereiche in Institute zulassen; Absatz 2 Sätze 2 und 3 gilt entsprechend. [3]In den Fachbereichen werden nach Gruppen zusammengesetzte Gremien gebildet. [4]In den anderen Organisationseinheiten werden solche Gremien nicht gebildet. [5]Absatz 3 gilt entsprechend.

(6) [1]Für Hochschulen ohne Fakultäten gelten die Absätze 1 bis 4 entsprechend. [2]Die Grundordnung kann auch Regelungen nach Absatz 5 vorsehen.

§ 92a Fakultätsgemeinsame und zentrale Organisationseinheiten

(1) [1]Organisationseinheiten nach § 92 Absatz 1 können mit Zustimmung des Präsidiums auch von mehreren Fakultäten gemeinsam gebildet werden. [2]Die entsprechenden Organisationssatzungen werden von den beteiligten Dekanaten, etwa erforderliche weitere Satzungen von den beteiligten Fakultätsräten im gegenseitigen Einvernehmen beschlossen.

(2) ¹Zur Wahrnehmung bestimmter Aufgaben von besonderer Bedeutung in Forschung und Lehre können an Hochschulen mit Fakultäten zentrale Organisationseinheiten gebildet werden. ²Die entsprechenden Organisationssatzungen werden vom Präsidium nach Erörterung im erweiterten Präsidium erlassen, etwa erforderliche weitere Satzungen vom Hochschulsenat.

§ 93 Betriebseinheiten

(1) Zur Erbringung von Dienstleistungen für die Hochschulen können Betriebseinheiten gebildet werden.

(2) ¹Das Präsidium entscheidet über die Bildung, Änderung und Aufhebung von Betriebseinheiten sowie über die Bestellung der Leiterinnen und Leiter. ²In Hochschulen mit Fakultäten ist vorher das erweiterte Präsidium (§ 79a) anzuhören.

§ 94 Bibliothekswesen

(1) ¹Die Staats- und Universitätsbibliothek ist eine zentrale Bibliothek der Hochschulen. ²Sie bildet mit den Bibliothekseinrichtungen der Hochschulen einen Bibliothekenverbund, in dem die Erwerbung, Bereitstellung und Nutzung von Medien sowie die bibliothekarischen Arbeitsverfahren koordiniert werden. ³In den Bibliothekenverbund können andere Bibliotheken einbezogen werden.

(2) ¹Die Direktorin oder der Direktor der Staats- und Universitätsbibliothek bildet für den Bibliothekenverbund einen Bibliotheksbeirat, den sie oder er leitet und in den die Hochschulen Vertreterinnen und Vertreter entsenden. ²Der Bibliotheksbeirat kann Empfehlungen aussprechen.

(3) Die Direktorin oder der Direktor der Staats- und Universitätsbibliothek übt die Fachaufsicht über die Bibliothekseinrichtungen der Hochschulen aus.

§ 95 Wissenschaftliche Einrichtungen außerhalb der Hochschule

¹Die Hochschule kann einer wissenschaftlichen Einrichtung außerhalb der Hochschule, an der die Freiheit von Forschung und Lehre gesichert ist, mit deren Zustimmung die Befugnis verleihen, die Bezeichnung einer wissenschaftlichen Einrichtung an der Hochschule zu führen. ²Die Verleihung kann widerrufen werden.

Vierter Abschnitt
Gemeinsame Bestimmungen

§ 96 Verfahrensgrundsätze

(1) ¹Bei den Selbstverwaltungsgremien, deren Zusammensetzung in diesem Gesetz nicht geregelt ist, müssen alle Mitgliedergruppen angemessen vertreten sein. ²Soweit solche Selbstverwaltungsgremien Entscheidungsbefugnisse in Angelegenheiten haben, die Forschung, künstlerische Entwicklungsvorhaben oder die Lehre unmittelbar berühren, muss die Gruppe der Hochschullehrerinnen und Hochschullehrer über die absolute Mehrheit der Sitze und Stimmen verfügen. ³§ 14 Absatz 2 bleibt unberührt.

(2) ¹In einem Selbstverwaltungsgremium soll jedes Geschlecht mit einem Anteil von mindestens 40 vom Hundert der Mitglieder vertreten sein; in Gremien mit drei Mitgliedern soll jedes Geschlecht mit mindestens einem Mitglied vertreten sein. ²In die die Wahl regelnden Vorschriften sind Regelungen aufzunehmen, die dies im weitest möglichen Umfange sicherstellen.

(3) Die Mitglieder der Selbstverwaltungsgremien sind an Weisungen und Aufträge nicht gebunden.

(4) Die Selbstverwaltungsgremien sind beschlussfähig, wenn mindestens die Hälfte der gewählten Mitglieder anwesend und die Sitzung ordnungsgemäß einberufen ist.

(5) ¹Sitzungen können auch mittels Telefon- oder Videokonferenz durchgeführt werden; § 98 bleibt unberührt. ²Beschlüsse können auch im schriftlichen oder elektronischen Verfahren gefasst werden.

(6) ¹Beschlüsse werden, soweit dieses Gesetz nichts anderes bestimmt, mit der Mehrheit der abgegebenen gültigen Stimmen gefasst. ²Mitglieder des TVP wirken bei Entscheidungen, die Lehre, Forschung oder künstlerische Entwicklungsvorhaben unmittelbar berühren, unter Berücksichtigung ihrer Funktion in der Hochschule stimmberechtigt mit; das Nähere regelt die Grundordnung.

(7) In Personalangelegenheiten ist geheim abzustimmen.

§ 96a Ausschüsse für hochschul- und fakultätsübergreifende Studiengänge

(1) [1]Um die Planung und Durchführung von Studiengängen nach § 55 abzustimmen, sollen die beteiligten Hochschulen die Bildung eines gemeinsamen Ausschusses vereinbaren. [2]Entsprechendes gilt, wenn Teilstudiengänge nach § 52 Absatz 5 hochschulübergreifend aufeinander abzustimmen sind.

(2) [1]In einer Vereinbarung nach Absatz 1 soll dem gemeinsamen Ausschuss auch die Zuständigkeit für die Beschlussfassung über die Studien- und Prüfungsordnung übertragen werden. [2]In diesem Falle sind die Mitglieder des Ausschusses von den Selbstverwaltungsgremien zu wählen, die für die Beschlussfassung über die Studien- und Prüfungsordnungen zuständig wären, wenn keine Vereinbarung nach Satz 1 bestünde. [3]Die Verteilung der Sitze und Stimmen ist unter Beachtung der Vorgaben des § 96 in der Vereinbarung zu regeln.

(3) Absätze 1 und 2 gelten für Studiengänge, die von mehreren Fakultäten derselben Hochschule gemeinsam durchgeführt werden, entsprechend.

§ 97 Gemeinsame Berufungsverfahren

(1) [1]Ist eine Stelle mit einer Professorin oder einem Professor zu besetzen, mit der eine Aufgabe in einer wissenschaftlichen Einrichtung außerhalb der Hochschule verbunden ist, soll die Hochschule mit dem Träger der Einrichtung eine Vereinbarung über den Ablauf der Verfahrens bis zur Aufstellung des Berufungsvorschlags treffen. [2]In der Regel soll sich das Verhältnis der Stimmrechte an der Aufgabenverteilung orientieren. [3]Dabei ist zu gewährleisten, dass die Hochschullehrerinnen und Hochschullehrer sowie die Vertreterinnen und Vertreter der wissenschaftlichen Einrichtung, die den Hochschullehrerinnen und Hochschullehrern nach Funktion und Qualifikation vergleichbar sind, gemeinsam über die absolute Mehrheit der Sitze und Stimmen im Berufungsausschuss verfügen.

(2) Kommt eine Vereinbarung nach Absatz 1 nicht in angemessener Zeit zustande, kann die zuständige Behörde die notwendigen Regelungen treffen.

§ 98 Öffentlichkeit

(1) [1]An den Sitzungen der Selbstverwaltungsgremien können grundsätzlich alle Mitglieder der Hochschule als Zuhörerinnen und Zuhörer teilnehmen. [2]Bei Sitzungen, die mittels Telefon- oder Videokonferenz durchgeführt werden, findet eine Beteiligung der Hochschulöffentlichkeit statt, soweit dies technisch möglich ist.

(2) [1]Personalangelegenheiten, Prüfungsangelegenheiten und personenbezogene Bewertungen von Lehrveranstaltungen nach § 111 Absatz 4 werden in nichtöffentlicher Sitzung behandelt. [2]Die Beteiligten sind zur Verschwiegenheit über die Sitzungsgegenstände verpflichtet.

(3) [1]Der Hochschulrat tagt nicht öffentlich. [2]Er kann in seiner Geschäftsordnung Ausnahmen zulassen.

§ 99 Wahlen

(1) [1]Die Mitglieder der nach Gruppen zusammengesetzten Selbstverwaltungsgremien werden von den jeweiligen Mitgliedergruppen in freier, gleicher, geheimer und in der Regel unmittelbarer Wahl gewählt. [2]Briefwahl ist zu ermöglichen.

(2) [1]Die Amtszeit der Mitglieder der nach Gruppen zusammengesetzten Selbstverwaltungsgremien soll zwei Jahre, die der Studierenden ein Jahr betragen. [2]Eine Abwahl ist ausgeschlossen.

(3) [1]Die Wahlordnung trifft die näheren Bestimmungen über Wahlen. [2]Die Bestimmungen der Wahlordnung und die Festlegung des Zeitpunktes der Wahl sollen die Voraussetzung für eine möglichst hohe Wahlbeteiligung schaffen.

(4) [1]Über Wahlanfechtungen nach Feststellung des Wahlergebnisses entscheidet ein Wahlprüfungsausschuss. [2]Gegen Entscheidungen des Wahlprüfungsausschusses findet ein Widerspruchsverfahren nicht statt.

§ 100 Haushaltsangelegenheiten

(1) Die zugewiesenen Haushaltsmittel werden vom Präsidium bewirtschaftet.

(2) Die für Lehre, Forschung und künstlerische Entwicklungsvorhaben zur Verfügung stehenden Haushaltsmittel sind unter Berücksichtigung von leistungs- und belastungsorientierten Kriterien zu verteilen.

(3) [1]Zur Umsetzung der mit der Behörde geschlossenen Vereinbarungen nach § 2 Absatz 3 trifft das Präsidium in Hochschulen mit Fakultäten mit den Dekanaten Ziel- und Leistungsvereinbarungen über

1. die Mittelzuweisung an die Fakultät,
2. die Kriterien nach Absatz 2, die Messung der erbrachten Leistungen und die Feststellung des Zielerreichungsgrades,
3. die von der Fakultät zu erbringenden Leistungen und die von ihr zu verfolgenden Ziele. [2]Das Dekanat beteiligt vor Abschluss der Vereinbarung den Fakultätsrat und berücksichtigt seine Stellungnahme.

(4) Das Präsidium berichtet regelmäßig dem Hochschulrat, dem Hochschulsenat und der Hochschulöffentlichkeit über den Vollzug des Wirtschaftsplans sowie über die Verteilung der Mittel.

§ 101 Abweichende Organisationsregelungen
[1]Die zuständige Behörde kann auf Antrag einer Hochschule Regelungen in der Grundordnung genehmigen, die eine von den §§ 79 bis 85 abweichende Organisation vorsehen. [2]Solche Regelungen müssen befristet sein.

Sechster Teil
Studierendenschaft

§ 102 Rechtsstellung, Aufgaben, Organe
(1) [1]Die an der Hochschule immatrikulierten Studierenden bilden vorbehaltlich des § 36 Absatz 3 Satz 2 die Studierendenschaft. [2]Diese ist eine rechtsfähige Gliedkörperschaft der Hochschule. [3]Sie nimmt ihre Angelegenheiten selbst wahr.

(2) [1]Die Studierendenschaft hat die Aufgabe, die Interessen der Studierenden wahrzunehmen und bei der Verwirklichung von Zielen und Aufgaben der Hochschule mitzuwirken. [2]Ihre Aufgabe ist es insbesondere,

1. im Rahmen ihrer Aufgabenstellung nach Satz 1 die hochschulpolitischen Belange der Studierenden wahrzunehmen; sie hat kein allgemeinpolitisches Mandat,
2. die politische Bildung und das staatsbürgerliche Verantwortungsbewusstsein der Studierenden sowie ihre Bereitschaft zum Einsatz für die Grund- und Menschenrechte sowie zur Toleranz auf der Grundlage der verfassungsmäßigen Ordnung zu fördern,
3. zu allen Fragen Stellung zu nehmen, die sich mit der Anwendung der wissenschaftlichen Erkenntnisse auf und der Abschätzung ihrer Folgen für Gesellschaft und Natur beschäftigen,
4. die wirtschaftlichen und sozialen Belange der Studierenden wahrzunehmen; hierzu können auch Maßnahmen gehören, die den Studierenden die preisgünstige Benutzung öffentlicher Verkehrsmittel ermöglichen,
5. die geistigen und kulturellen Interessen der Studierenden zu unterstützen,
6. die Beziehungen zu deutschen und ausländischen Studierenden zu pflegen,
7. bei Verfahren zur Bewertung der Qualität der Lehre mitzuwirken,
8. bei Beschwerdeverfahren in Prüfungsangelegenheiten mitzuwirken.

(3) Organe der Studierendenschaft sind das Studierendenparlament und der Allgemeine Studierendenausschuss.

(4) [1]Die Studierenden einer Fakultät bilden eine Fachschaft, die eigene Organe wählen kann. [2]Auch in anderen Fällen können Fachschaften vorgesehen werden. [3]Die Satzung der Studierendenschaft regelt das Nähere.

(5) Die Mitglieder der Organe der Studierendenschaft und der Fachschaften sind an Weisungen und Aufträge nicht gebunden.

§ 103 Satzung
(1) [1]Die Studierendenschaft regelt ihre innere Ordnung durch eine Satzung, die vom Studierendenparlament beschlossen wird. [2]Sie bedarf der Genehmigung des Präsidiums.

(2) Die Satzung muss insbesondere Bestimmungen enthalten über:

1. die Zusammensetzung, die Wahl, die Einberufung, die Befugnisse und die Beschlussfassung der Organe der Studierendenschaft,
2. die Amtszeit der Mitglieder der Organe der Studierendenschaft und den Verlust der Mitgliedschaft
3. die Aufstellung und Ausführung des Haushaltsplans der Studierendenschaft, die Zuweisung von Mitteln an die Fachschaften und die Rechnungslegung.

(3) Die in Absatz 2 Nummer 1 genannten Bestimmungen über die Wahl sowie die in Absatz 2 Nummer 3 genannten Bestimmungen können auch in besonderen Ordnungen (Wahlordnung; Wirtschaftsordnung) getroffen werden.

§ 104 Beitrag der Studierenden

(1) Die Studierenden leisten einen Beitrag, der der Studierendenschaft zur Erfüllung ihrer Aufgaben zur Verfügung steht.

(2) [1]Das Studierendenparlament erlässt eine Beitragsordnung, die der Genehmigung des Präsidiums bedarf. [2]Sie muss insbesondere Bestimmungen enthalten über die Beitragspflicht und die Höhe des Beitrags; Beitragsanteile für Maßnahmen, die den Studierenden die preisgünstige Benutzung öffentlicher Verkehrsmittel ermöglichen, sind ebenso gesondert auszuweisen wie Beitragsanteile zur Finanzierung von Kosten, die auf Grund von Erstattungsleistungen im Einzelfall entstehen können. [3]Der Beitrag ist so festzusetzen, dass er unter Berücksichtigung anderer Einnahmen in einem angemessenen Verhältnis zu dem Umfang der von der Studierendenschaft zu erfüllenden Aufgaben steht.

(3) Der Beitrag wird von der für die Hochschule zuständigen Kasse eingezogen.

§ 105 Haushaltswirtschaft

(1) Für das Haushalts-, Kassen- und Rechnungswesen der Studierendenschaft sind die für die Freie und Hansestadt Hamburg geltenden Vorschriften entsprechend anzuwenden, soweit die Satzung der Studierendenschaft oder die Wirtschaftsordnung nichts anderes bestimmt.

(2) [1]Die Studierendenschaft stellt einen Haushaltsplan auf. [2]Er ist entweder von der Präsidentin oder dem Präsidenten oder von einem gesondert bestellten Wirtschaftsrat zu genehmigen, dem eine Professorin oder ein Professor, ein Mitglied des TVP und drei vom Studierendenparlament gewählte Studierende angehören.

(3) Der Genehmigung der Präsidentin, des Präsidenten oder des Wirtschaftsrats bedürfen auch Änderungen und Überschreitungen des Haushaltsplans sowie das Eingehen von Verbindlichkeiten für eine längere Zeit als ein Jahr.

(4) [1]Die Haushaltsführung der Studierendenschaft ist entweder von der Präsidentin oder dem Präsidenten, von einer anerkannten Wirtschaftsprüfergesellschaft oder dem Wirtschaftsrat zu überprüfen. [2]Sofern die Überprüfung dem Wirtschaftsrat übertragen ist, beschließt er über die Entlastung des Allgemeinen Studierendenausschusses mit einer Mehrheit von zwei Dritteln seiner Mitglieder.

(5) Die Satzung der Studierendenschaft oder die Wirtschaftsordnung regelt das Nähere.

§ 106 Haftung, Aufsicht

(1) Für Verbindlichkeiten der Studierendenschaft haftet nur deren Vermögen.

(2) [1]Die Studierendenschaft untersteht der Rechtsaufsicht des Präsidiums. [2]Die in § 107 der zuständigen Behörde eingeräumten Befugnisse stehen gegenüber der Studierendenschaft dem Präsidium zu.

Siebter Teil
Aufsicht

§ 107 Rechtsaufsicht

(1) [1]Die zuständige Behörde kann sich jederzeit über Angelegenheiten der Hochschule unterrichten. [2]Die Hochschulleitung ist verpflichtet, die dafür erforderliche Unterstützung zu leisten.

(2) [1]Die zuständige Behörde kann rechtswidrige Beschlüsse und andere rechtswidrige Maßnahmen beanstanden und deren Aufhebung verlangen. [2]Die Beanstandung hat aufschiebende Wirkung.

(3) Erfüllen Organe der Hochschule nicht die ihnen nach diesem Gesetz obliegenden Pflichten, kann die zuständige Behörde sie mit Fristsetzung auffordern, das Erforderliche zu veranlassen.

(4) Die zuständige Behörde kann anstelle einer Hochschule handeln, wenn deren Organe handlungsunfähig sind oder die Hochschule es rechtswidrig unterlässt zu handeln.

(5) [1]Wenn und solange die Befugnisse nach den Absätzen 2 bis 4 nicht ausreichen, kann die zuständige Behörde Beauftragte bestellen, die die Aufgaben einzelner oder mehrerer Organe wahrnehmen. [2]Soweit möglich, sollen als Beauftragte solche Personen bestellt werden, die für entsprechende Ämter wählbar sind.

(6) [1]Aufsichtsmaßnahmen nach den Absätzen 2 bis 5 müssen darauf gerichtet sein, die Wahrnehmung der Aufgaben der Hochschule nach den Vorschriften dieses Gesetzes zu gewährleisten. [2]Sie sind so auszuwählen und anzuwenden, dass die Hochschule ihre Aufgaben alsbald wieder selbst erfüllen kann.

§ 108 Genehmigung, Anzeige, Veröffentlichung

(1) [1]Satzungsregelungen nach § 38 Absatz 6 Satz 2 sowie Satzungen nach § 72 Absatz 4 bedürfen der Genehmigung der zuständigen Behörde. [2]Grundordnungen und Satzungen über Qualitätsbewertungsverfahren bedürfen der Genehmigung des Hochschulrats; Regelungen in der Grundordnung zur Anzahl und zum Zuschnitt der Fakultäten sowie nach § 92 Absatz 2 und Absatz 5 Satz 2 bedürfen darüber hinaus auch der Genehmigung der zuständigen Behörde. [3]Satzungen nach § 37 Absatz 2, § 39 Absatz 1 Satz 3 und Fakultätssatzungen nach § 92 sowie Hochschulprüfungsordnungen und Rahmenprüfungsordnungen bedürfen der Genehmigung des Präsidiums. [4]In den Fällen des § 96a Absatz 2 wird die Genehmigung von den Präsidien der beteiligten Hochschulen im gegenseitigen Einvernehmen erteilt, soweit die Zuständigkeit nicht in der Vereinbarung auf ein Präsidium übertragen wurde; sofern das Einvernehmen nicht hergestellt werden kann, entscheidet die zuständige Behörde.

(2) [1]Die Genehmigung ist zu versagen, wenn gegen Vorschriften dieses Gesetzes oder andere Rechtsvorschriften verstoßen wird. [2]Sie kann versagt werden, wenn die in diesem Gesetz oder anderen Rechtsvorschriften niedergelegten Ziele nicht angemessen verwirklicht werden oder wenn ein Verstoß gegen die Grundsätze der Wirtschaftlichkeit und Sparsamkeit im Sinne der Landeshaushaltsordnung vorliegt.

(3) [1]Die Genehmigung einer Hochschulprüfungsordnung ist ferner zu versagen, wenn sie eine mit § 53 nicht vereinbare Regelstudienzeit vorsieht. [2]Sie kann ferner versagt werden, wenn die Prüfungsordnung anderen Vorschriften über die Regelstudienzeit, überregionalen Empfehlungen oder Rahmenprüfungsordnungen nicht entspricht.

(4) [1]Eine Genehmigung kann teilweise erteilt oder befristet werden. [2]Sie kann widerrufen werden; die Vorschrift tritt mit dem im Widerruf bezeichneten Zeitpunkt außer Kraft. [3]Bei der Genehmigung können Schreibfehler, Rechenfehler und ähnliche offenbare Unrichtigkeiten berichtigt sowie nach Anhörung der Körperschaft, die die Satzung erlassen hat, Unstimmigkeiten und Unklarheiten des Wortlauts beseitigt und gesetzlich zwingend gebotene Änderungen vorgenommen werden.

(5) [1]Grundordnungen, Immatrikulationsordnungen, Gebührensatzungen nach § 6b und Wahlordnungen sowie Satzungen und Beitragsordnungen der Studierendenschaften sind im Amtlichen Anzeiger zu veröffentlichen. [2]Sonstige Satzungen werden von der Hochschule in geeigneter Weise bekannt gemacht.

(6) [1]Wurde in den Fällen der § 84 Absatz 1 Nummer 4 und § 85 Absatz 1 Nummer 5 innerhalb von vier Monaten seit der Vorlage des Vorschlags des Präsidiums keine Einigung zwischen dem Hochschulrat und dem Hochschulsenat erzielt, so soll die zuständige Behörde einen Vermittlungsversuch unternehmen und auf eine baldige Einigung hinwirken. [2]Ihr sind auf Verlangen Auskünfte über den Streitstand zu erteilen; sie kann Vorschläge unterbreiten. [3]Die Zuständigkeit verbleibt bei Hochschulrat und Hochschulsenat; § 107 bleibt unberührt.

§ 109 Haushaltswirtschaft

(1) [1]Die Hochschulen sind in ihrer Wirtschaftsführung und ihrem Rechnungswesen eigenständig. [2]§ 106 Absätze 3 bis 6 der Landeshaushaltsordnung vom 17. Dezember 2013 (HmbGVBl. S. 503) in der jeweils geltenden Fassung ist entsprechend anzuwenden. [3]Der Rechnungshof der Freien und Hansestadt Hamburg überwacht die Haushalts- und Wirtschaftsführung der Hochschulen. [4]Teil V der Landeshaushaltsordnung ist entsprechend anzuwenden. [5]Der Senat wird ermächtigt, durch eine Rechtsverordnung (Hochschulfinanzverordnung) für die staatlichen Hochschulen Hamburgs und die Staats- und Universitätsbibliothek Carl von Ossietzky weitergehende Regelungen zu treffen.

(2) Im Haushaltsplan ist über die Ziel- und Leistungsvereinbarungen zu berichten.

§ 110 Studienjahr

(1) Die Hochschulen legen die Einteilung des Studienjahres in Vorlesungszeiten und vorlesungsfreie Zeiten fest.

(2) Die zuständige Behörde trifft nach Anhörung der Hochschulen allgemeine Bestimmungen für die Einteilung des Studienjahres.

§ 111 Personenbezogene Daten

(1) [1]Die Hochschulen dürfen diejenigen personenbezogenen Daten von Studienbewerberinnen und Studienbewerbern, Studierenden, Prüfungskandidatinnen und Prüfungskandidaten, Absolventinnen und Absolventen und anderen ehemaligen Studierenden sowie Nutzerinnen und Nutzern von Hochschuleinrichtungen verarbeiten, die für die Identifikation, die Zulassung, die Immatrikulation, die Erhebung von Beiträgen und Gebühren nach den §§ 6a und 6b, die Rückmeldung, die Beurlaubung, die Lehrveranstaltungen, die Prüfungen, die Nutzung von Hochschuleinrichtungen, die Hochschulplanung, die Sicherung und Verbesserung der Qualität in Studium und Lehre sowie die Kontaktpflege mit ehemaligen Hochschulmitgliedern erforderlich sind. [2]Für Studierende kann zu diesem Zweck ein maschinenlesbarer Studierendenausweis eingeführt werden.

(2) [1]Für die Durchführung von Online-Lehre dürfen Lehrveranstaltungen mittels Video- und Tonaufnahmen übertragen werden. [2]Die Teilnehmerinnen und Teilnehmer sind auf die Übertragung über ein elektronisches Datenfernnetz hinzuweisen und in präziser, transparenter, verständlicher und leicht zugänglicher Form insbesondere darüber zu informieren, zu welchem Zweck erhobene personenbezogene Daten verarbeitet und wann diese wieder gelöscht werden. [3]Auf die Betroffenenrechte nach den Artikeln 12 bis 21 der Verordnung (EU) 2016/679 des Europäischen Parlaments und des Rates vom 27. April 2016 zum Schutz natürlicher Personen bei der Verarbeitung personenbezogener Daten, zum freien Datenverkehr und zur Aufhebung der Richtlinie 95/46/ EG (Datenschutz-Grundverordnung) (ABl. EU 2016 Nr. L 119 S. 1, L 314 S. 72, 2018 Nr. L 127 S. 2, 2021 Nr. L 74 S. 35) ist ausdrücklich hinzuweisen. [4]Für die Online-Lehre sollen Lernmanagementsysteme, -plattformen, Videokonferenzsysteme und andere technische Hilfsmittel so genutzt werden, dass Installationen auf den entsprechenden Kommunikationseinrichtungen der Teilnehmerinnen und Teilnehmer nur im erforderlichen Maße vorgenommen werden müssen. [5]Zur Begrenzung der Datenerhebung und -verarbeitung sollen die Hochschulen bei der Nutzung von Videokonferenzsystemen auf einen koordinierten Einsatz in möglichst genau zu benennenden Situationen achten.

(3) [1]Bei der Durchführung von Online-Prüfungen dürfen personenbezogene Daten der Teilnehmerinnen und Teilnehmer auch zum Zwecke der Authentifizierung und einer Videoaufsicht verarbeitet werden. [2]Die Videoaufsicht ist so einzurichten, dass der Persönlichkeitsschutz und der Datenschutz der Betroffenen nicht mehr als zu den berechtigten Kontrollzwecken erforderlich eingeschränkt werden. [3]Eine Aufzeichnung oder eine automatische Auswertung der Bild- und Tondaten der Videoaufsicht sind unzulässig. Absatz 2 Sätze 2 bis 5 gilt entsprechend. [4]Die Teilnahme an einer Online-Prüfung ist freiwillig.

(4) [1]Die Hochschulen können zur Wahrnehmung ihrer Aufgaben in der Lehre die Teilnehmerinnen und Teilnehmer von Lehrveranstaltungen anonym über Ablauf sowie Art und Weise der Darbietung des Lehrstoffs sowie Inhalt und Ablauf von Prüfungen befragen und die gewonnenen Daten verarbeiten. [2]Eine Auskunftspflicht der Teilnehmerinnen und Teilnehmer besteht nicht. [3]Die ausgewerteten Ergebnisse sind den betroffenen Lehrenden bekannt zu geben. [4]Die Bezeichnung der Lehrveranstaltungen, die Namen der Lehrenden und die ausgewerteten Ergebnisse können ferner den zuständigen Gremien bekannt gegeben und zur Bewertung und Evaluation der Lehre verarbeitet werden. [5]Die ausgewerteten Ergebnisse können auch zur Erteilung von Lehraufträgen verarbeitet werden. [6]Eine Verarbeitung zu anderen Zwecken ist unzulässig. [7]Die Hochschulen können ferner die Lehrenden anonym über Inhalt und Ablauf von Lehrveranstaltungen und Prüfungen befragen, die gewonnenen Daten verarbeiten und die ausgewerteten Ergebnisse den zuständigen Gremien bekannt geben.

(5) [1]Die Hochschulen können zur Sicherung und Verbesserung der Qualität in Studium und Lehre sowie zur Wahrnehmung ihrer Aufgaben nach § 3 Absatz 2 Satz 5 Absolventinnen und Absolventen und andere ehemalige Studierende über die Gründe für Studienverlauf und -ergebnis, insbesondere hinsichtlich Hochschulwechsel, Studienabbruch und endgültigem Nichtbestehen der Abschlussprüfung, befragen. [2]Die Betroffenen sind über die Freiwilligkeit von Angaben aufzuklären, die Näheres zu ihren gesundheitlichen oder familiären Verhältnissen oder zum sonstigen persönlichen Bereich betreffen. [3]Für die weitere Verarbeitung bedarf es einer ausdrücklichen Einwilligung. [4]Im Übrigen sind die Befragten im Rahmen einer Satzung nach Absatz 8 Nummer 4 zur Auskunft verpflichtet, sofern keine überwiegenden berechtigten Belange der Befragten entgegenstehen. [5]Die Daten dürfen nicht für andere Zwecke verarbeitet werden und sind zum frühestmöglichen Zeitpunkt zu anonymisieren.

(6) Die Hochschulen können diejenigen personenbezogenen Daten des wissenschaftlichen und künstlerischen Personals verarbeiten, die zur Beurteilung der Lehr- und Forschungstätigkeit, des Studienangebotes und des Ablaufs von Studium und Prüfungen, für Planungs- und Organisationsentscheidungen, zur Erfüllung des Gleichstellungsauftrags sowie zur Kontaktpflege mit ehemaligen Mitgliedern erforderlich sind.

(7) [1]Die Hochschulen und die Staats- und Universitätsbibliothek dürfen personenbezogene Daten ihrer Mitglieder, Angehörigen, Nutzerinnen und Nutzer im automatisierten Verfahren verarbeiten, soweit dies erforderlich ist zur

1. Erstellung einer einheitlichen Benutzerkennung für von ihnen betriebene automatisierte Verfahren,

2. Aktualisierung von Kommunikations- und Statusangaben sowie

3. Einrichtung eines Kontos für elektronische Post.

[2]Zu diesen Zwecken können sie eine gemeinsame automatisierte Datei einrichten. [3]Eine Verarbeitung der Daten zu anderen Zwecken ist ausgeschlossen.

(8) Die Hochschulen regeln das Nähere durch Satzung, insbesondere

1. welche Daten nach den Absätzen 1 bis 3 verarbeitet werden dürfen und die Aufbewahrungsfrist,

2. welche dieser Daten für die Zwecke der Hochschulstatistik verarbeitet und der dafür zuständigen Behörde übermittelt werden dürfen,

3. die Daten und Funktionen eines maschinenlesbaren Studierendenausweises, die in diesem Zusammenhang nötigen Verfahrensregelungen sowie die Daten, die zur Erteilung des Ausweises verarbeitet werden müssen,

4. welche Daten nach den Absätzen 5 und 6 verarbeitet werden dürfen, sowie das Verfahren ihrer Verarbeitung,

5. welche Daten nach Absatz 7 Satz 1 verarbeitet werden dürfen und wie die gemeinsame Datei nach Absatz 7 Satz 2 auszugestalten ist; Betroffene können sich zur Wahrnehmung ihrer Rechte auf Auskunft, Berichtigung, Sperrung und Löschung an jede der beteiligten Stellen wenden.

(9) Der Senat wird ermächtigt, für den Bereich der Staats- und Universitätsbibliothek Regelungen nach Absatz 8 Nummer 5 durch Rechtsverordnung zu erlassen.

(10) Soweit die Auskunftspflicht der Hochschulen nach dem Hochschulstatistikgesetz vom 2. November 1990 (BGBl. I S. 2414), zuletzt geändert am 7. Dezember 2016 (BGBl. I S. 2826, 2833), in der jeweils geltenden Fassung, auch Daten umfasst, die die Hochschulen nicht nach den Absätzen 1 bis 9 verarbeiten, so sind die Hochschulen unabhängig hiervon befugt, diese Daten der betreffenden Personen ausschließlich für Aufgaben nach dem Hochschulstatistikgesetz entsprechend den statistikrechtlichen Anforderungen zu verarbeiten.

Achter Teil
Staatliche Anerkennung als Hochschule

§ 112 Helmut-Schmidt-Universität/Universität der Bundeswehr Hamburg

(1) Die zuständige Behörde kann der Helmut-Schmidt-Universität/Universität der Bundeswehr Hamburg, die von der Bundesrepublik Deutschland als wissenschaftliche Hochschule für die Ausbildung von Soldatinnen und Soldaten errichtet worden ist, für bestimmte Studiengänge das Recht übertragen, Prüfungen abzunehmen, akademische Grade zu verleihen und in diesen Studiengängen auch zivile Studierende auszubilden.

(2) Die Übertragung darf nur erfolgen, wenn gewährleistet ist, dass

1. die Studiengänge allgemein anerkannten Qualitätsstandards für wissenschaftliche Hochschulen genügen,

2. die hauptberuflich Lehrenden die Einstellungsvoraussetzungen erfüllen, die für entsprechende Tätigkeiten an der Universität Hamburg oder einer entsprechenden anderen wissenschaftlichen Hochschule gefordert werden, und sie im Einvernehmen mit der zuständigen Behörde berufen werden,

3. die Studierenden die Voraussetzungen nach den §§ 37 bis 39 erfüllen,

4. die Angehörigen der Hochschule an der Gestaltung der akademischen Angelegenheiten in sinngemäßer Anwendung der Grundsätze dieses Gesetzes mitwirken.

(3) [1]Die Prüfungsordnungen der Hochschule sowie die Bestimmungen über die Bezeichnung der zu verleihenden akademischen Grade bedürfen der Genehmigung durch die zuständige Behörde; § 108 Absätze 2 bis 4 gilt entsprechend. [2]Studienordnungen der Hochschule sind der zuständigen Behörde anzuzeigen.

(4) [1]Ist der Hochschule für bestimmte Studiengänge das Recht übertragen, Prüfungen abzunehmen und akademische Grade zu verleihen, kann die zuständige Behörde der Hochschule für die zu diesen Studiengängen gehörenden Fächer das Promotions- und Habilitationsrecht übertragen. [2]Absatz 3 Satz 1 gilt entsprechend.

(5) [1]Die Hochschule untersteht hinsichtlich des akademischen Unterrichts und der akademischen Prüfungen, der Heranbildung des wissenschaftlichen Nachwuchses und der Verleihung akademischer Grade der Aufsicht durch die zuständige Behörde. [2]Über Inhalt und Umfang der Aufsicht im Einzelnen sowie über das Verfahren bei der Ausübung der Aufsicht kann der Übertragungsbescheid nähere Bestimmungen treffen. [3]Die zuständige Behörde überwacht die Einhaltung der Bestimmungen des Übertragungsbescheides.

(6) § 114 Absatz 4 gilt entsprechend.

§ 113 Evangelische Fachhochschule für Sozialpädagogik

(1) Die aufgrund von § 54 des Fachhochschulgesetzes in der Fassung vom 24. April 1973 (HmbGVBl. S. 147) in der bis zum 1. Januar 1979 geltenden Fassung genehmigte Evangelische Fachhochschule für Sozialpädagogik kann fortgeführt werden, wenn

1. die Studienbewerberinnen und Studienbewerber die Voraussetzungen für den Zugang zum Studiengang Sozialpädagogik an der Hochschule für Angewandte Wissenschaften Hamburg erfüllen,
2. die hauptberuflich Lehrenden die Einstellungsvoraussetzungen erfüllen, die für eine entsprechende Tätigkeit an der Hochschule für Angewandte Wissenschaften Hamburg gefordert werden,
3. die Angehörigen dieser Einrichtung an den Beschlüssen über Organisation und Gestaltung von Studium und Lehre in sinngemäßer Anwendung der Vorschriften dieses Gesetzes mitwirken.

(2) [1]Die Evangelische Fachhochschule für Sozialpädagogik untersteht der Aufsicht der zuständigen Behörde. [2]Die Prüfungsordnung bedarf der Genehmigung durch die zuständige Behörde. [3]§ 108 Absätze 2 bis 4 gilt entsprechend. [4]Eine Studienordnung ist der zuständigen Behörde anzuzeigen.

(3) Die Genehmigung kann widerrufen werden, wenn die Voraussetzungen des Absatzes 1 nicht mehr vorliegen oder Auflagen des Genehmigungsbescheides nicht erfüllt werden.

(4) Die Evangelische Fachhochschule für Sozialpädagogik trägt die Bezeichnung „Evangelische Hochschule für soziale Arbeit und Diakonie".

(5) § 114 Absatz 1 Satz 2 Nummer 3 und Absatz 4 gilt entsprechend.

§ 114 Staatliche Anerkennung als Hochschule

(1) [1]Eine Bildungseinrichtung, die nicht staatliche Hochschule ist, kann als Hochschule staatlich anerkannt werden, wenn sie bei einer Gesamtwürdigung aller Umstände die Gewähr dafür bietet, Leistungen in Lehre und Forschung zu erbringen, die anerkannten wissenschaftlichen Maßstäben genügen. [2]Dies setzt insbesondere voraus, dass

1. das Studium an dem in § 49 genannten Ziel ausgerichtet ist,
2. eine Mehrzahl von nebeneinander bestehenden oder aufeinander folgenden Studiengängen an der Bildungseinrichtung allein oder im Verbund mit anderen Einrichtungen des Bildungswesens vorhanden oder im Rahmen einer Ausbauplanung vorgesehen ist; dies gilt nicht, wenn innerhalb einer Fachrichtung die Einrichtung einer Mehrzahl von Studiengängen durch die wissenschaftliche Entwicklung oder das entsprechende berufliche Tätigkeitsfeld nicht nahegelegt wird,
3. die Studiengänge allgemein anerkannten Qualitätsstandards genügen,
4. die Studienbewerberinnen und Studienbewerber die Voraussetzungen für die Aufnahme in eine entsprechende staatliche Hochschule erfüllen,
5. die Lehraufgaben der Bildungseinrichtung in der Regel von hauptberuflich Lehrenden als ständige Aufgabe erfüllt werden,
6. die hauptberuflich Lehrenden die Einstellungsvoraussetzungen erfüllen, die für entsprechende Tätigkeiten an staatlichen Hochschulen gefordert werden,
7. die Angehörigen der Bildungseinrichtung an der Gestaltung der akademischen Angelegenheiten in sinngemäßer Anwendung der Grundsätze dieses Gesetzes mitwirken,

8. die Vermögensverhältnisse des Trägers der Bildungseinrichtung deren vollständige Finanzierung aus eigenen Mitteln des Trägers auf Dauer gesichert erscheinen lassen,

9. die wirtschaftliche Stellung der Lehrenden dauerhaft gesichert ist; dies setzt in der Regel eine Vergütung voraus, die derjenigen entsprechender Lehrpersonen an staatlichen Hochschulen vergleichbar ist.

(2) Die Anerkennung kann davon abhängig gemacht werden, dass eine von der zuständigen Behörde ausgewählte sachverständige Stelle bescheinigt, dass das Konzept für die geplante Hochschule eine ausreichende Grundlage bildet, um die Anforderung des Absatzes 1 Satz 1 zu erfüllen (Konzeptprüfung).

(3) [1]Nach erfolgter Anerkennung ist der Träger verpflichtet, an der Begutachtung der Hochschule durch eine von der zuständigen Behörde ausgewählte sachverständige Stelle mitzuwirken. [2]Die Begutachtung ist darauf gerichtet, ob die Anforderung des Absatzes 1 Satz 1 erfüllt ist (institutionelle Akkreditierung). [3]Die Begutachtung wird innerhalb der im Anerkennungsbescheid genannten Frist und, soweit dort vorgesehen, nach Ablauf bestimmter Zeiträume jeweils erneut (Reakkreditierung) durchgeführt.

(4) [1]Der Träger ist verpflichtet, durch das Gutachten einer im Einvernehmen mit der zuständigen Behörde ausgewählten sachverständigen Stelle nachzuweisen, dass die Studiengänge der Anforderung des Absatzes 1 Satz 2 Nummer 3 genügen. [2]Der Nachweis ist grundsätzlich vor Aufnahme des Studienbetriebs zu erbringen. [3]Der Nachweis kann mit Zustimmung der zuständigen Behörde auch durch die positive Begutachtung eines internen Qualitätssicherungssystems erfolgen.

§ 115 Anerkennungsverfahren

(1) Die Anerkennung wird vom Senat auf Antrag ausgesprochen; sie kann mit Nebenbestimmungen gemäß § 36 des Hamburgischen Verwaltungsverfahrensgesetzes versehen werden, insbesondere kann die Erbringung einer Sicherheitsleistung verlangt werden.

(2) In dem Anerkennungsbescheid ist festzulegen,

1. auf welche Studiengänge sich die Anerkennung erstreckt,
2. wie die Hochschule gegliedert ist,
3. welche Kollegialorgane zu bilden und wie sie zusammenzusetzen sind,
4. welche Hochschulprüfungen abgenommen und welche Hochschulgrade verliehen werden dürfen und
5. welche Bezeichnung die Hochschule führt.

(3) [1]Über den Antrag ist innerhalb von sechs Monaten zu entscheiden. [2]Die Frist beginnt mit dem Eingang der vollständigen Unterlagen. [3]Die zuständige Behörde kann die Frist vor ihrem Ablauf einmal um bis zu drei Monate verlängern, wenn dies wegen der Schwierigkeit der Angelegenheit oder des Umfanges der zu prüfenden Fragen gerechtfertigt ist. [4]Die Verlängerung ist der Antragstellerin oder dem Antragsteller mitzuteilen und zu begründen. [5]Hat die zuständige Behörde eine Vorauszahlung nach § 18 des Gebührengesetzes vom 5. März 1986 (HmbGVBl. S. 37), zuletzt geändert am 11. Juli 2007 (HmbGVBl. S. 236), verlangt, so ist der Lauf der Frist bis zur Leistung der Vorauszahlung gehemmt.

(4) [1]Verfahren nach §§ 114 bis 117 können über den Einheitlichen Ansprechpartner Hamburg abgewickelt werden. [2]Es gelten die Bestimmungen zum Verfahren über die einheitliche Stelle nach §§ 71a bis 71e des Hamburgischen Verwaltungsverfahrensgesetzes .

(5) Spätere Änderungen des Anerkennungsbescheides können von der zuständigen Behörde verfügt werden, sofern die Änderungen keine grundsätzliche Bedeutung haben.

§ 116 Rechtswirkungen der Anerkennung

(1) [1]Die Hochschule kann im Rahmen der Anerkennung Hochschulprüfungen abnehmen, Zeugnisse erteilen und Hochschulgrade verleihen; diese verleihen die gleichen Berechtigungen wie Hochschulprüfungen, Zeugnisse und Hochschulgrade gleicher Studiengänge an staatlichen Hochschulen. [2]Die Hochschule kann mit staatlichen Hochschulen zusammenwirken.

(2) Das an einer staatlich anerkannten Hochschule abgeschlossene Studium ist ein abgeschlossenes Hochschulstudium im Sinne dieses Gesetzes.

(3) [1]Die Prüfungsordnungen sowie die Bezeichnung der zu verleihenden Hochschulgrade bedürfen der Genehmigung durch die zuständige Behörde; § 108 Absätze 2 bis 4 gilt entsprechend. [2]Studienordnungen sind der zuständigen Behörde anzuzeigen.

(4) [1]Die Einstellung von hauptberuflich Lehrenden und die Änderung der mit ihnen abgeschlossenen Verträge sind der zuständigen Behörde anzuzeigen. [2]Der Träger der Hochschule kann nach Maßgabe des Anerkennungsbescheides an hauptberuflich Lehrende oder an Personen, die die Voraussetzungen des § 17 Absatz 1 erfüllen, besondere Bezeichnungen verleihen; die Verleihung bedarf der Genehmigung durch die zuständige Behörde.

(5) [1]Die zuständige Behörde kann sich jederzeit über Angelegenheiten der Hochschule unterrichten; die Hochschule ist verpflichtet, die dafür erforderliche Unterstützung zu leisten. [2]Die zuständige Behörde kann staatliche Beauftragte zu Hochschulprüfungen entsenden.

(6) Die Hochschule wirkt an der staatlichen Hochschulstatistik mit.

§ 117 Verlust der Anerkennung

(1) Die Anerkennung erlischt, wenn die Hochschule nicht binnen eines Jahres seit Zustellung des Anerkennungsbescheides den Studienbetrieb aufnimmt oder wenn der Studienbetrieb ein Jahr geruht hat.

(2) Die Anerkennung ist zurückzunehmen, wenn ihre Voraussetzungen im Zeitpunkt der Erteilung nicht gegeben waren und diesem Mangel trotz Aufforderung durch die zuständige Behörde innerhalb einer bestimmten Frist nicht abgeholfen wird.

(3) Die Anerkennung ist zu widerrufen, wenn

1. Voraussetzungen für die Anerkennung weggefallen sind und diesem Mangel trotz Aufforderung durch die zuständige Behörde innerhalb einer bestimmten Frist nicht abgeholfen wird oder

2. der Träger oder die Leitung der Hochschule wiederholt gegen die ihm nach diesem Gesetz oder dem Anerkennungsbescheid obliegenden Pflichten verstößt.

(4) [1]Im Fall der Rücknahme oder des Widerrufs der Anerkennung soll den Studierenden die Beendigung ihres Studiums ermöglicht werden [2]Die zuständige Behörde kann zu diesem Zweck dem Träger der erloschenen Hochschule oder einer anderen Bildungseinrichtung, die sich zur Übernahme der Studierenden verpflichtet hat, die Befugnis verleihen, die Studiengänge mit den vorhandenen Studierenden weiterzuführen und insoweit Prüfungen abzunehmen und Grade zu verleihen. [3]Ein Anspruch gegen die Freie und Hansestadt Hamburg auf Beendigung des Studiums besteht nicht.

(5) [1]Die Aufhebung der Hochschule durch ihren Träger ist bei Einteilung des Studiums in Semester nur zum Ende eines Semesters und bei Einteilung des Studiums in Studienjahre nur zum Ende eines Studienjahres zulässig. [2]Sie ist spätestens ein Jahr vor ihrem Wirksamwerden der zuständigen Behörde anzuzeigen.

§ 117a Niederlassungen auswärtiger Hochschulen; Franchising

(1) [1]Hochschulen mit Sitz in einem anderen Bundesland oder in einem anderen Mitgliedstaat der Europäischen Union können im Gebiet der Freien und Hansestadt Hamburg Niederlassungen errichten. [2]Der Betrieb der Niederlassung, das Studium, die Prüfungen und die Verleihung der Grade richten sich nach dem am Sitz der Hochschule geltenden Recht; die §§ 68 und 69 bleiben unberührt. [3]Die Aufnahme, Einstellung und wesentliche Änderung des Studienbetriebs ist wenigstens drei Monate im Voraus der zuständigen Behörde anzuzeigen.

(2) [1]Wer im Gebiet der Freien und Hansestadt Hamburg eine Einrichtung betreibt, die keine Hochschule ist, die aber Studiengänge einer Hochschule durchführt oder zu Abschlüssen einer Hochschule hinführt (Franchising), hat die Aufnahme, Einstellung und wesentliche Änderung des Studienbetriebs wenigstens drei Monate im Voraus der zuständigen Behörde anzuzeigen. [2]Sie oder er ist verpflichtet, bei der Werbung für die Bildungsgänge darauf hinzuweisen, welche Hochschule die Prüfung abnimmt oder den Grad verleiht.

Neunter Teil
Ordnungswidrigkeiten

§ 118 Ordnungswidrigkeiten

(1) Ordnungswidrig handelt, wer vorsätzlich oder fahrlässig

1. entgegen § 68 Absatz 2 Grade oder Graden zum Verwechseln ähnliche Bezeichnungen verleiht,
2. unbefugt die Bezeichnung Universität, Hochschule, Fachhochschule, Kunsthochschule allein oder in Verbindung mit anderen Bezeichnungen oder eine Bezeichnung führt, die ihnen zum Verwechseln ähnlich ist,
3. Auskünfte, zu deren Erteilung sie oder er nach § 111 Absatz 5 Satz 4 verpflichtet ist, nicht oder nicht rechtzeitig erteilt,
4. eine Anzeige nach § 117a Absatz 1 Satz 3 oder Absatz 2 Satz 1 nicht oder nicht rechtzeitig erstattet,
5. bei der Bewerbung seiner Bildungsgänge den in § 117a Absatz 2 Satz 2 vorgeschriebenen Hinweis unterlässt.

(2) [1]Ordnungswidrigkeiten nach Absatz 1 können in den Fällen des Absatzes 1 Nummer 3 mit Geldbußen bis zu 400 Euro, in den anderen Fällen mit Geldbußen bis zu 100 000 Euro geahndet werden. [2]In den Fällen des Absatzes 1 Nummer 3 ist von der Ahndung abzusehen, wenn die Verhängung einer Geldbuße aus sozialen Gründen, insbesondere auf Grund der persönlichen Lage der auskunftspflichtigen Person, unverhältnismäßig wäre.

Zehnter Teil
Übergangs- und Schlussbestimmungen

Erster Abschnitt
Personal- und mitgliedschaftsrechtliche Bestimmungen

§ 119 Personalrechtliche Übergangsbestimmungen

(1) Auf die beim Inkrafttreten des Hochschulrechtsänderungsgesetzes vom 18. April 1991 (HmbGVBl. S. 139) noch nicht abgeschlossenen Übernahmeverfahren finden die §§ 160 bis 163 und § 165 in der bis zum 30. April 1991 geltenden Fassung dieses Gesetzes weiterhin Anwendung.

(2) [1]Das Regelerfordernis der Juniorprofessur nach § 15 Absatz 4 Satz 1 und des Nachweises der pädagogischen Eignung durch entsprechende Leistungen in der Juniorprofessur nach § 15 Absatz 2 ist ab dem 1. Januar 2010 zu erfüllen; bis zu diesem Zeitpunkt sind die entsprechenden Bestimmungen des § 15 Absätze 2 und 4 dieses Gesetzes in der bis zum 14. Mai 2003 geltenden Fassung weiterhin anzuwenden. [2]§ 15 Absatz 4 Satz 3 gilt nicht für Prüfungsverfahren, die vor dem 1. Januar 2010 beendet worden sind; bei Juniorprofessorinnen und Juniorprofessoren findet jedoch § 15 Absatz 4 Satz 3 bereits ab dem 15. Mai 2003 Anwendung.

(3) Die Hochschulen können frei werdende Stellen des wissenschaftlichen oder künstlerischen Personals nach Maßgabe der mit der zuständigen Behörde abzustimmenden Personalstrukturplanung unter Wahrung der Kostenneutralität in dem erforderlichen Umfang in Planstellen der Besoldungsgruppe W 1 umwandeln.

§ 120 Fortbestehende Rechtsverhältnisse

(1) Beamtinnen und Beamte, die am 1. Januar 1979 an einer Hochschule tätig waren und nicht in ein anderes Amt übergeleitet oder übernommen werden, verbleiben in ihrem bisherigen Dienstverhältnis.

(2) Wissenschaftliche und künstlerische Assistentinnen und Assistenten, Oberassistentinnen und Oberassistenten, Oberingenieurinnen und Oberingenieure sowie Hochschuldozentinnen und Hochschuldozenten, die am 14. Mai 2003 an einer Hochschule tätig waren, verbleiben in ihren bisherigen Dienstverhältnissen.

(3) [1]Beschäftigte, die bis zum 1. Mai 2010 als Lehrkräfte für besondere Aufgaben tätig waren, werden nunmehr als wissenschaftliche oder künstlerische Mitarbeiterinnen und Mitarbeiter tätig. [2]Sie verbleiben in ihren bisherigen Arbeits- oder Dienstverhältnissen.

(4) [1]§ 29 Absatz 3 Nummer 2 gilt für wissenschaftliche und künstlerische Mitarbeiterinnen und Mitarbeiter an der HafenCity Universität Hamburg, deren Beschäftigungsverhältnisse am 1. Mai 2010 bereits bestanden, entsprechend. [2]Dies gilt auch für wissenschaftliche und künstlerische Mitarbeiterinnen und Mitarbeiter nach Absatz 3.

§ 121 Mitgliedschaftsrechtliche Zuordnung

(1) [1]Die Hochschulen regeln die mitgliedschaftsrechtliche Zuordnung der in § 166 des Hamburgischen Hochschulgesetzes in der Fassung vom 2. Juli 1991 (HmbGVBl. S. 249) in seiner bis zum 27. Juli 2001 geltenden Fassung genannten Personen bis zum 31. Dezember 2002 durch Satzungen nach § 10 Absatz 2. [2]Bis zum Inkrafttreten dieser Satzungen bleibt die Gruppenzuordnung der genannten Personen unverändert.

(2) Hochschuldozentinnen und Hochschuldozenten nach § 22 dieses Gesetzes in der bis zum 14. Mai 2003 geltenden Fassung sind der Gruppe der Hochschullehrerinnen und Hochschullehrer zugeordnet.

(3) Wissenschaftliche und künstlerische Assistentinnen und Assistenten, Oberassistentinnen und Oberassistenten sowie Oberingenieurinnen und Oberingenieure nach den §§ 18 bis 21 dieses Gesetzes in der bis zum 14. Mai 2003 geltenden Fassung sind der Gruppe des akademischen Personals zugeordnet.

§ 122 Vertretung der Dozentinnen und Dozenten in der Universität

(1) Die Universität kann durch Satzung bestimmen, dass nicht habilitierte Dozentinnen und Dozenten im Sinne des § 7 Nummer 1 Buchstabe b des Universitätsgesetzes in der Fassung vom 24. April 1973 (HmbGVBl. S. 127, 284) in der bis zum 1. Januar 1979 geltenden Fassung eine weitere Gruppe im Sinne des § 10 Absatz 1 bilden, deren Sitze auf die Sitze des akademischen Personals angerechnet werden.

(2) [1]Die Satzung trifft alle näheren Bestimmungen, insbesondere für welche Gremien Absatz 1 Anwendung finden soll, wie viele Sitze die Gruppe erhält, und bis wann die Regelung gelten soll. [2]Bis zum Inkrafttreten der Satzung bleibt die Gruppenzuordnung dieser Personen unverändert.

§ 123 Fortsetzung von Berufungsverfahren

(1) Berufungsverfahren, deren Ausschreibungsfrist bei Inkrafttreten dieses Gesetzes abgelaufen war, werden nach den bis dahin geltenden Vorschriften fortgesetzt.

(2) Berufungsverfahren, deren Ausschreibungsfrist bei Inkrafttreten des Hochschulmodernisierungsgesetzes abgelaufen war, werden nach den bis dahin geltenden Vorschriften fortgesetzt.

(3) [1]Bis zur Verabschiedung des ersten Struktur- und Entwicklungsplans durch den Hochschulrat nach § 84 Absatz 1 Nummer 4 sind Entwürfe von Ausschreibungstexten für Professuren und Juniorprofessuren vor der Veröffentlichung der zuständigen Behörde zur Stellungnahme zuzuleiten. [2]Die zuständige Behörde kann innerhalb von vier Wochen nach der Zuleitung eines Entwurfs Einwendungen gegen diesen erheben.

§ 123a Übergangsregelung zur Berufung nebenberuflicher Professorinnen und Professoren auf ordentliche Professuren

Eine nebenberufliche Professorin oder ein nebenberuflicher Professor nach § 32, die oder der vor dem 1. Januar 2014 eingestellt worden ist, kann außer in den Fällen von § 14 Absatz 6 Nummer 6 auch dann ohne Ausschreibung und ohne Aufstellung eines Berufungsvorschlages auf eine Professur berufen werden, wenn

1. sie oder er seit mindestens fünf Jahren als nebenberufliche Professorin oder nebenberuflicher Professor tätig ist,

2. ihre oder seine Leistungen von einem unabhängigen Ausschuss unter Heranziehung externer Gutachterinnen oder Gutachter positiv bewertet worden ist und

3. die Berufung im Rahmen eines von der zuständigen Behörde genehmigten Konzeptes erfolgt.

Das Verfahren nach Satz 1 Nummer 2 regelt die Hochschule durch Satzung.

§ 124 Präsidentinnen, Präsidenten, Vizepräsidentinnen, Vizepräsidenten

(1) [1]Die Präsidentinnen, Präsidenten, Vizepräsidentinnen und Vizepräsidenten erhalten mit Inkrafttreten des Hochschulmodernisierungsgesetzes die Rechtsstellung nach dem genannten Gesetz. [2]Endet ihre Amtszeit vor der Bestimmung von Nachfolgerinnen oder Nachfolgern nach dem in Satz 1 genannten Gesetz, führen sie ihre Ämter bis zum Amtsantritt der Nachfolgerinnen oder Nachfolger fort.

(2) [1]Vizepräsidentinnen und Vizepräsidenten sind innerhalb eines Jahres nach Inkrafttreten des Hochschulmodernisierungsgesetzes nach den Bestimmungen des genannten Gesetzes neu zu wählen. [2]Mit ihrem Amtsantritt enden noch laufende Amtsperioden vorhandener Vizepräsidentinnen und Vizepräsidenten.

Zweiter Abschnitt
Wahl- und Organisationsbestimmungen

§ 125 Hochschulräte und Hochschulsenate

(1) Innerhalb von sechs Monaten nach Inkrafttreten des Hochschulmodernisierungsgesetzes sind erstmals die Hochschulräte nach § 84 zu bestimmen und zu wählen.

(2) [1]Die Hochschulsenate sind erstmals im Sommersemester 2004 nach den Bestimmungen des Hochschulmodernisierungsgesetzes neu zu wählen. [2]Die bestehenden Hochschulsenate erhalten mit Inkrafttreten des Hochschulmodernisierungsgesetzes die Rechtsstellung nach dem genannten Gesetz; ihre Amtszeit endet mit dem Beginn der Amtszeiten der nach Satz 1 neu gewählten Hochschulsenate. [3]Die bestehenden Hochschulsenate beschließen so rechtzeitig Grundordnungsregelungen nach § 82 Absatz 2 Satz 1 und § 85 Absatz 3 Satz 4, dass diese rechtzeitig vor den Wahlen nach Satz 1 und nach § 124 Absatz 2 Satz 1 in Kraft treten können.

(3) Bis zur ersten Bestimmung und Wahl von Hochschulräten nach Absatz 1 richtet sich das Verfahren zur Aufstellung der Wirtschaftspläne nach § 84 Absatz 1 Nummer 5 und § 109 dieses Gesetzes in seiner bis zum 14. Mai 2003 geltenden Fassung.

§ 126 Organisation unterhalb der zentralen Ebene

(1) [1]Die in den Hochschulen bestehenden Selbstverwaltungseinheiten, sonstigen Organisationsgliederungen und Organe unterhalb der zentralen Ebene sowie deren Zuständigkeiten werden durch das Inkrafttreten dieses Gesetzes nicht berührt. [2]Die Selbstverwaltungsstruktur in Hochschulen und Fakultäten ist unterhalb der Fakultätsebene bis zum 31. Dezember 2006 nach den §§ 89 bis 92 neu zu ordnen. [3]Mit diesem Zeitpunkt sind alle unterhalb der Fakultätsebene bei Inkrafttreten des Gesetzes bestehenden wissenschaftlichen Einrichtungen aufgelöst.

(2) [1]In der Universität Hamburg und der Hochschule für Angewandte Wissenschaften Hamburg werden spätestens mit Wirkung vom 30. Juni 2005 Fakultäten gebildet. [2]Die bestehenden Fachbereiche sind mit Wirkung des Tages der Fakultätsbildung aufgelöst; die Amtszeit ihrer Organe sowie bereits bestehender Fakultätsorgane endet jedoch erst mit dem Amtsantritt der Organe der Fakultäten.

§ 126a Studiengänge

Bis zur Verabschiedung des ersten Struktur- und Entwicklungsplans durch den Hochschulrat nach § 84 Absatz 1 Nummer 4 bedarf die Einrichtung, Änderung oder Aufhebung eines Studiengangs der Genehmigung der zuständigen Behörde.

§ 126b Nachträgliche Befristung bestehender Ausstattungszusagen

(1) Für Ausstattungszusagen, die nicht auf höchstens fünf Jahre befristet sind (§ 13 Absatz 3), gilt Folgendes:

1. Sofern die Ausstattungszusagen unbefristet gegeben wurden, enden sie fünf Jahre nach ihrem Geltungsbeginn, jedoch nicht vor dem 31. Dezember 2015.
2. Sofern die Ausstattungszusagen befristet gegeben wurden, enden sie mit Ablauf der vereinbarten Frist, spätestens am 31. Dezember 2015, es sei denn, zu diesem Zeitpunkt sind noch keine fünf Jahre seit ihrem Geltungsbeginn vergangen; in diesem Falle enden sie fünf Jahre nach ihrem Geltungsbeginn.

(2) Sofern eine Ausstattungszusage nach Absatz 1 vorzeitig endet, entscheidet auf Antrag das Präsidium nach pflichtgemäßem Ermessen über die Fortgewährung von personeller, sächlicher oder finanzieller Ausstattung.

Dritter Abschnitt
Andere Rechtsvorschriften

§ 127 Prüfungsordnungen

Hochschulprüfungsordnungen und staatliche Prüfungsordnungen nach § 65 Absatz 1 des Hamburgischen Hochschulgesetzes in der Fassung vom 2. Juli 1991 in der bis zum 27. Juli 2001 geltenden Fassung sind innerhalb von zwei Jahren nach Inkrafttreten dieses Gesetzes den Vorschriften dieses Gesetzes anzupassen.

§ 128 Satzungen

[1]Satzungen nach § 128 des Hamburgischen Hochschulgesetzes in der Fassung vom 2. Juli 1991 in der bis zum 27. Juli 2001 geltenden Fassung und Satzungen der Studierendenschaften gelten fort. [2]Satzungen der Studierendenschaften treten zwei Jahre nach Inkrafttreten dieses Gesetzes außer Kraft, soweit sie diesem Gesetz widersprechen. [3]Satzungen nach § 111 Absatz 4 sind bis zum 31. Dezember 2003 zu beschließen.

§ 129 Grundordnungen

Die Grundordnungen sind so rechtzeitig zu erlassen, dass sie bis zum 31. Dezember 2005 in Kraft treten können.

§ 129a Abwicklung der Studiengebühren und des Studiendarlehens

(1) Die Hochschulen dürfen von Personen, die bis einschließlich des Sommersemesters 2012 immatrikuliert waren, diejenigen personenbezogenen Daten erheben und verarbeiten, die für die Erhebung von Studiengebühren und die Feststellung der Voraussetzungen zur Gewährung einer Gebührenstundung gemäß §§ 6b und 6c in der am 30. September 2012 geltenden Fassung erforderlich sind.

(2) [1]Die Bestimmungen des § 6d in der am 30. September 2012 geltenden Fassung gelten für die bis zum 30. September 2012 entstandenen Gebührenforderungen mit der Maßgabe fort, dass in § 6d Absatz 5 an die Stelle der Wörter „Freie und Hansestadt Hamburg erstattet" die Wörter „Hochschulen erstatten" und in § 6d Absatz 6 an die Stelle der Wörter „Erstattung der Kosten durch die Freie und Hansestadt Hamburg" die Wörter „Erstattung der Kosten" treten. [2]Der Senat wird ermächtigt, die mit der Maßgabe des Satzes 1 in § 6d Absatz 6 in der am 30. September 2012 geltenden Fassung bezeichneten Angelegenheiten hinsichtlich der bis zum 30. September 2012 entstandenen Gebührenforderungen sowie die Aufteilung der mit der Maßgabe des Satzes 1 in § 6d Absatz 5 in der am 30. September 2012 geltenden Fassung bezeichneten Kosten auf die Hochschulen durch Rechtsverordnung zu regeln. [3]Er kann die Ermächtigung auf die zuständige Behörde weiter übertragen.

§ 130 Übertragungsermächtigung

Der Senat kann die in diesem Gesetz enthaltenen Ermächtigungen zum Erlass von Rechtsverordnungen auf die zuständige Behörde weiter übertragen.

§ 131 Außerkrafttreten von Vorschriften, Fortgeltende Verordnungsermächtigungen, Weitergeltung von Prüfungsordnungen

(1) Mit Inkrafttreten dieses Gesetzes tritt das Hamburgische Hochschulgesetz in der Fassung vom 2. Juli 1991 (HmbGVBl. S. 249) in der geltenden Fassung außer Kraft.

(2) Am 30. September 2002 treten außer Kraft:

1. die Ordnung der Diplomprüfung für Soziologie an der Universität Hamburg vom 7. Mai 1985 (HmbGVBl. S. 119),

2. die vorläufige Ordnung über die Verleihung des Diplomgrades nach bestandener Abschlussprüfung an der Hochschule für Wirtschaft und Politik vom 20. März 1979 (HmbGVBl. S. 108),

3. die Ordnung für den besonderen Hochschulzugang für Berufstätige vom 24. November 1992 (HmbGVBl. S. 243) in der geltenden Fassung,

4. die Verordnung über den Zugang zu den künstlerischen Studiengängen an der Hochschule für Musik und Theater und der Hochschule für bildende Künste vom 23. Oktober 1984 (HmbGVBl. S. 217) in der geltenden Fassung,

5. die Verordnung über das Weiterstudium an anderen Hochschulen nach bestandener Vorprüfung an der Fachhochschule Hamburg vom 1. April 1980 (HmbGVBl. S. 49),

6. die Verordnung über den Zugang zum Studium in den Studiengängen der Fachrichtung Gestaltung der Fachhochschule Hamburg vom 5. Dezember 1989 (HmbGVBl. S. 235) in der geltenden Fassung.

(3) Am 30. September 2005 treten außer Kraft:

1. die Verordnung über die Verleihung des Diplomgrades durch die Fachhochschule Hamburg auf Grund einer bestandenen staatlichen Abschlussprüfung vom 24. September 1991 (HmbGVBl. S. 328) in der geltenden Fassung,

2. die Verordnung über die Verleihung des Diplomgrades durch die Evangelische Fachhochschule für Sozialpädagogik auf Grund einer bestandenen staatlichen Abschlussprüfung vom 24. September 1991 (HmbGVBl. S. 329),

3. die Ordnung der staatlichen Zwischen- und Diplomprüfung im Studiengang Softwaretechnik an der Fachhochschule Hamburg vom 26. September 1995 (HmbGVBl. S. 267),

4. die Ordnung der staatlichen Zwischen- und Diplomprüfung im Studiengang Technische Informatik an der Fachhochschule Hamburg vom 26. September 1995 (HmbGVBl. S. 257),

5. die Ordnung der staatlichen Zwischen- und Diplomprüfung im Studiengang Fahrzeugbau und Flugzeugbau an der Fachhochschule Hamburg vom 22. November 1994 (HmbGVBl. S. 291),

6. die Ordnung der staatlichen Zwischen- und Diplomprüfung im Studiengang Mediendokumentation an der Fachhochschule Hamburg vom 11. Juli 1995 (HmbGVBl. S. 159, 256),

7. die Ordnung der staatlichen Zwischen- und Diplomprüfung der Fachrichtung Gestaltung an der Fachhochschule Hamburg vom 18. Dezember 1984 (HmbGVBl. 1985 S. 1), zuletzt geändert am 28. Juni 1994 (HmbGVBl. S. 191),

8. die vorläufige Ordnung der staatlichen Zwischenprüfung im Studiengang Technische Betriebswirtschaftslehre an der Fachhochschule Hamburg vom 10. August 1993 (HmbGVBl. S. 222),

9. die Ordnung der staatlichen Zwischen- und Diplomprüfung im Studiengang Vermessungswesen an der Fachhochschule Hamburg vom 23. Juli 1985 (HmbGVBl. S. 189), zuletzt geändert am 28. Juni 1994 (HmbGVBl. S. 191),

10. die Vorläufige Ordnung der staatlichen Zwischen- und Diplomprüfung im Studiengang Schiffsbetrieb an der Fachhochschule Hamburg vom 21. Januar 1992 (HmbGVBl. S. 9).

(4) Folgende Rechtsverordnungen gelten als auf Grund dieses Gesetzes erlassen:

1. die Verordnung zur Weiterübertragung der Ermächtigungen zum Erlass von Rechtsverordnungen im Hochschulbereich vom 18. Januar 1994 (HmbGVBl. S. 15),

2. die Hochschuldatenverordnung vom 24. November 1992 (HmbGVBl. S. 248), geändert am 9. Dezember 1994 (HmbGVBl. S. 434), in der geltenden Fassung,

3. die Lehrverpflichtungsverordnung vom 18. Januar 1994 (HmbGVBl. S. 16),

4. die Kunsthochschul-Lehrverpflichtungsverordnung vom 3. November 1997 (HmbGVBl. S. 517)

5. die Übernahmeverordnung vom 18. Dezember 1979 (HmbGVBl. S. 359),

6. die Verordnung über die Erste Staatsprüfung für Lehrämter an Hamburger Hochschulen vom 18. Mai 1982 (HmbGVBl. S. 143).

(5) Folgende Rechtsverordnungen gelten als Satzungen der Hochschulen weiter:

1. die Ordnung für die Diplomprüfung in Erziehungswissenschaft an der Universität Hamburg vom 27. August 1985 (HmbGVBl. S. 233), geändert am 15. Juni 1994 (Amtl. Anz. 1995 S. 1009),

2. die Ordnung über die Verleihung des akademischen Grades „Diplom in Lebensmittelchemie" durch den Fachbereich Chemie der Universität Hamburg vom 31. März 1992 (HmbGVBl. S. 69),

3. die Ordnung der Diplomprüfung für den Studiengang Schauspieltheater-Regie an der Universität Hamburg und der Hochschule für Musik und Theater vom 1. November 1988 (HmbGVBl. S. 209), geändert am 12. Februar 1992 (Amtl. Anz. S. 365).

(6) Mit dem Zeitpunkt, an dem eine Satzung nach § 111 Absatz 4 in Kraft tritt, tritt für die betreffende Hochschule die Hochschuldatenverordnung vom 24. November 1992 (HmbGVBl. S. 248), geändert am 9. Dezember 1994 (HmbGVBl. S. 434), außer Kraft.

Hamburgisches Schulgesetz (HmbSG)

Vom 16. April 1997 (HmbGVBl. S. 97)
(BS Hbg 223-1)

zuletzt geändert durch Art. 1 Fünfundzwanzigstes ÄndG zum SchulG vom 11. Mai 2021 (HmbGVBl. S. 322)

Der Senat verkündet das nachstehende von der Bürgerschaft beschlossene Gesetz:

Inhaltsübersicht

Erster Teil
Recht auf schulische Bildung und Auftrag der Schule

§ 1 Recht auf schulische Bildung

[1]Jeder junge Mensch hat das Recht auf eine seinen Fähigkeiten und Neigungen entsprechende Bildung und Erziehung und ist gehalten, sich nach seinen Möglichkeiten zu bilden. [2]Dies gilt ungeachtet seines Geschlechts, seiner Abstammung, seiner Rasse, seiner Sprache, seiner Heimat und Herkunft, seines Glaubens, seiner religiösen oder politischen Anschauungen oder einer Behinderung. [3]Das Recht auf schulische Bildung und Erziehung wird durch ein Schulwesen gewährleistet, das nach Maßgabe dieses Gesetzes einzurichten und zu unterhalten ist. [4]Aus dem Recht auf schulische Bildung ergeben sich individuelle Ansprüche, wenn sie nach Voraussetzungen und Inhalt in diesem Gesetz oder aufgrund dieses Gesetzes bestimmt sind.

§ 2 Bildungs- und Erziehungsauftrag der Schule

(1) [1]Unterricht und Erziehung richten sich an den Werten des Grundgesetzes und der Verfassung der Freien und Hansestadt Hamburg aus. [2]Es ist Aufgabe der Schule, die Schülerinnen und Schüler zu befähigen und ihre Bereitschaft zu stärken,

– ihre Beziehungen zu anderen Menschen nach den Grundsätzen der Achtung und Toleranz, der Gerechtigkeit und Solidarität sowie der Gleichberechtigung der Geschlechter zu gestalten und Verantwortung für sich und andere zu übernehmen,

– an der Gestaltung einer der Humanität verpflichteten demokratischen Gesellschaft mitzuwirken und für ein friedliches Zusammenleben der Kulturen sowie für die Gleichheit und das Lebensrecht aller Menschen einzutreten,

– das eigene körperliche und seelische Wohlbefinden ebenso wie das der Mitmenschen wahren zu können und

– Mitverantwortung für die Erhaltung und den Schutz der natürlichen Umwelt zu übernehmen.

(2) [1]Unterricht und Erziehung sind auf die Entfaltung der geistigen, körperlichen und sozialen Fähigkeiten sowie auf die Stärkung der Leistungsfähigkeit und Leistungsbereitschaft der Schülerinnen und Schüler auszurichten. [2]Sie sind so zu gestalten, dass sie die Selbständigkeit, Urteilsfähigkeit, Kooperations-, Kommunikations- und Konfliktfähigkeit sowie die Fähigkeit, verantwortlich Entscheidungen zu treffen, stärken.

(3) [1]Auf allen Schulstufen und in allen Schulformen der allgemeinbildenden Schule ist in altersgemäßer Form in die Arbeits- und Berufswelt einzuführen und eine umfassende berufliche Orientierung zu gewährleisten. [2]Dabei sind den Schülerinnen und Schülern grundlegende Kenntnisse über die Struktur der Berufs- und Arbeitswelt und die Bedingungen ihres Wandels zu vermitteln. [3]Unterricht und Erziehung sind so zu gestalten, dass die Schülerinnen und Schüler die für den Übergang in die berufliche Ausbildung erforderliche Berufsreife erwerben.

(4) Die Schule soll durch die Vermittlung von Wissen und Kenntnissen, Fähigkeiten und Fertigkeiten die Entfaltung der Person und die Selbständigkeit ihrer Entscheidungen und Handlungen so fördern, dass die Schülerinnen und Schüler aktiv am sozialen, gesellschaftlichen, wirtschaftlichen, beruflichen, kulturellen und politischen Leben teilhaben können.

§ 3 Grundsätze für die Verwirklichung

(1) [1]Das Schulwesen ist so zu gestalten, dass die gemeinsame Erziehung und das gemeinsame Lernen von Kindern und Jugendlichen in größtmöglichem Ausmaß verwirklicht werden können. [2]Diesem Grundsatz entsprechend sollen Formen äußerer und innerer Differenzierung der besseren Förderung der einzelnen Schülerin oder des einzelnen Schülers dienen. [3]Eine Lernkultur mit stärkerer und dokumentierter Individualisierung bestimmt das schulische Lernen.

(2) [1]Staatliche Schulen sind grundsätzlich Koedukationsschulen. [2]Mädchen und Jungen können in einzelnen Fächern zeitweise getrennt unterrichtet werden, wenn dies einer zielgerechten Förderung dient.

(3) [1]Unterricht und Erziehung sind auf den Ausgleich von Benachteiligungen und auf die Verwirklichung von Chancengerechtigkeit auszurichten. [2]Sie sind so zu gestalten, dass Schülerinnen und Schüler in ihren individuellen Fähigkeiten und Begabungen, Interessen und Neigungen gestärkt und bis zur vollen Entfaltung ihrer Leistungsfähigkeit gefördert und gefordert werden. [3]Die Ausrichtung an schulform- und bildungsgangübergreifenden Bildungsstandards gewährleistet die Durchlässigkeit des Bildungswesens. [4]Kinder und Jugendliche, deren Erstsprache nicht Deutsch ist, sind so zu fördern, dass ihnen eine aktive Teilnahme am Unterrichtsgeschehen und am Schulleben ermöglicht wird.

(4) [1]Die Schule achtet das verfassungsmäßige Recht der Sorgeberechtigten auf die Erziehung ihrer Kinder. [2]Schule und Eltern arbeiten vertrauensvoll zusammen und informieren sich wechselseitig über die Entwicklung der Schülerinnen und Schüler.

(5) [1]Staat und Wirtschaft kooperieren insbesondere bei der Gestaltung des beruflichen Schulwesens. [2]Vertreterinnen und Vertreter der Wirtschaft wirken unter Wahrung der Letztverantwortlichkeit des Staates nach dem Prinzip gleichberechtigter Partnerschaft bei der Gestaltung der Berufsschule, der Berufsvorbereitungsschule und der in sozialpädagogischen Bildungsgängen vollqualifizierenden Schulformen mit.

(6) Die Schule eröffnet Schülerinnen und Schülern alters- und entwicklungsgemäß ein größtmögliches Maß an Mitgestaltung von Unterricht und Erziehung, um sie zunehmend in die Lage zu versetzen, ihren Bildungsprozess in eigener Verantwortung zu gestalten.

(7) [1]Die Schulen wirken im Rahmen ihres Bildungs- und Erziehungsauftrages mit anderen behördlichen Einrichtungen zusammen. [2]Auch nach Erfüllung der Schulpflicht kooperieren die Schulen mit den Trägern der beruflichen Bildung und den Sozialleistungsträgern, um solche Schülerinnen und Schüler zu beraten und zu fördern, die noch keine Ausbildung abgeschlossen haben.

(8) Auch nach Ende der Schulpflicht können junge Erwachsene ihren schulischen Bildungsgang bis zum Abschluss fortsetzen.

Zweiter Teil
Gestaltung von Unterricht und Erziehung

§ 4 Bildungspläne

(1) Grundlage für Unterricht und Erziehung sind Bildungspläne für die in diesem Gesetz festgelegten Schulformen und Bildungsgänge.

(2) [1]In Bildungsplänen wird vorgegeben, über welche Kompetenzen Schülerinnen und Schüler am Ende einer Schulstufe oder beim Abschluss eines Bildungsgangs verfügen müssen. [2]Ferner werden darin die Ziele, Inhalte und Grundsätze der Gestaltung von Unterricht und Erziehung und die Gestaltungsräume der Schulen sowie Grundsätze der Leistungsbewertung festgelegt. [3]Die Durchlässigkeit zwischen den Bildungsgängen und das Zusammenwirken der Schulformen sind in den Bildungsplänen angemessen zu berücksichtigen.

(3) Die Bildungspläne sind nach Maßgabe der Entwicklung in den Fachwissenschaften, der pädagogischen Forschung und der Vorgaben, die Grundlage für die Anerkennung von Abschlüssen zwischen den Ländern der Bundesrepublik Deutschland sind, regelmäßig zu überprüfen, zu evaluieren und entsprechend fortzuschreiben.

(4) [1]Der Senat wird ermächtigt, das Verfahren, in dem die Bildungspläne erstellt, erprobt und durch die zuständige Behörde für verbindlich erklärt werden, durch Verordnung zu regeln. [2]Die Bildungspläne sind in allgemein zugänglicher Form zu veröffentlichen.

§ 5 Fächer, Lernbereiche, Lernfelder und Aufgabengebiete

(1) Unterricht wird in Fächern, Lernbereichen, Aufgabengebieten und in beruflichen Bildungsgängen in Lernfeldern erteilt.

(2) [1]Lernbereiche werden durch Entscheidung der Schule oder in Bildungsplänen verbindlich gebildet. [2]In Lernbereichen werden Fächer auf der Grundlage übergreifender Fragestellungen und aufeinander abgestimmter Lernziele und Inhalte fächerverbindend oder fächerübergreifend zusammengefasst unterrichtet; Lernziele und Inhalte der jeweiligen Fächer sind angemessen zu berücksichtigen. [3]Die Schulkonferenz kann die Einrichtung eines Lernbereiches empfehlen. [4]Der Empfehlung soll eine curricular und pädagogisch begründete, die Möglichkeiten der Schule berücksichtigende Konzeption beigefügt sein.

(3) [1]Besondere Bildungs- und Erziehungsaufgaben der Schule werden in Aufgabengebieten erfasst. [2]Hierzu zählen insbesondere Umwelterziehung, Gesundheitsförderung, Sexualerziehung, Sozial- und Rechtserziehung, interkulturelle Erziehung, Berufsorientierung, Verkehrserziehung und Medienerziehung. [3]Diese Aufgabengebiete werden fächerübergreifend unterrichtet. [4]Sie können unter Berücksichtigung der fachbezogenen Lernziele und Unterrichtsmethoden auch jahrgangs- und schulformübergreifend unterrichtet werden.

(4) Lernfelder sind durch Ziel, Inhalte und Zeitrichtwerte beschriebene thematische Einheiten, die an beruflichen Aufgabenstellungen und Handlungsfeldern orientiert sind und den Arbeits- und Geschäftsprozess reflektieren.

§ 6 Sexualerziehung

(1) [1]Aufgabe der Sexualerziehung ist es, eine positive Einstellung der Schülerinnen und Schüler zur Sexualität zu fördern. [2]Die Sexualerziehung soll das Bewusstsein für eine persönliche Intimsphäre und für Gleichberechtigung, Partnerschaftlichkeit und Gewaltfreiheit in persönlichen Beziehungen entwickeln und fördern. [3]Zu diesem Zweck sollen Schülerinnen und Schüler ein fundiertes Sachwissen über die biologischen, ethischen, kulturellen und sozialen Bezüge der menschlichen Sexualität erwerben. [4]Die Sexualerziehung ist für die vielfältigen unterschiedlichen Wertvorstellungen hinsichtlich der menschlichen Sexualität im Rahmen der Werteordnung des Grundgesetzes offen zu gestalten; jede einseitige Beeinflussung ist zu vermeiden.

(2) Die Sorgeberechtigten sind über Ziele, Inhalte und Formen der Sexualerziehung rechtzeitig zu informieren.

§ 7 Religionsunterricht

(1) [1]Der Religionsunterricht ist ordentliches Lehrfach. [2]Er wird in Übereinstimmung mit den Grundsätzen der Religionsgemeinschaften im Geiste der Achtung und Toleranz gegenüber anderen Bekenntnissen und Weltanschauungen erteilt.

(2) Keine Lehrerin und kein Lehrer darf verpflichtet werden, gegen ihren oder seinen Willen Religionsunterricht zu erteilen.

(3) Über die Teilnahme am Religionsunterricht entscheiden die Sorgeberechtigten, nach Vollendung des 14. Lebensjahres die Schülerinnen und Schüler.

(4) Soweit in der Stundentafel vorgesehen, wird den Schülerinnen und Schülern eine Wahlpflicht-Alternative zum Religionsunterricht in den Bereichen Ethik und Philosophie angeboten.

§ 8 Stundentafeln

(1) [1]Die Zahl der Unterrichtsstunden, die auf die Fächer, Lernbereiche und Aufgabengebiete entfällt, wird für die einzelnen Bildungsgänge in Stundentafeln festgelegt. [2]Soweit den Schulen Gestaltungsmöglichkeiten eröffnet sind, sind diese in einer schuleigenen Stundentafel umzusetzen. [3]Dabei ist nach Maßgabe der Ausbildungs- und Prüfungsordnung für die Grundschule und die Jahrgangsstufen 5 bis 10 der Stadtteilschule und des Gymnasiums vom 22. Juli 2011 (HmbGVBl. S. 325), zuletzt geändert am 29. Juni 2020 (HmbGVBl. S. 389), zu entscheiden, in welchem Fach und welcher Jahrgangsstufe in innerer oder äußerer Differenzierung unterrichtet wird. [4]Einzelheiten zu der Schulform, den Fächern und den Jahrgangsstufen, für die diese Entscheidungen zu treffen sind, werden durch Rechtsverordnung

geregelt. [5]Die schuleigene Stundentafel erlässt die Schulkonferenz beziehungsweise der Schulvorstand auf Vorschlag der Lehrerkonferenz.

(2) [1]Die Stundentafel soll Entscheidungsmöglichkeiten für individuelle Bildungsschwerpunkte der Schülerinnen und Schüler eröffnen. [2]Entsprechend ist in der Stundentafel zu unterscheiden,

1. welche Fächer, Lernbereiche und Aufgabengebiete zum Pflichtunterricht gehören, an dem teilzunehmen alle Schülerinnen und Schüler verpflichtet sind,

2. welche Fächer, Lernbereiche und Aufgabengebiete im Wahlpflichtbereich angeboten werden, unter denen Schülerinnen und Schüler auswählen müssen,

3. welche Fächer, Lernbereiche und Aufgabengebiete Wahlangebote sind, unter denen Schülerinnen und Schüler auswählen können.

[3]Die Entscheidung über die Teilnahme an den in Satz 2 Nummern 2 und 3 genannten Fächern, Lernbereichen und Aufgabengebieten treffen die Sorgeberechtigten beziehungsweise die volljährigen Schülerinnen und Schüler.

(3) [1]Ergänzende Unterrichtsveranstaltungen zur Vertiefung und Erweiterung des Bildungsauftrags der Schule können eingerichtet werden, sofern die erforderlichen Voraussetzungen gegeben sind. [2]Die Teilnahme ist für Schülerinnen und Schüler freiwillig.

(4) [1]Der Senat erlässt die Stundentafeln nach Maßgabe der Absätze 1 bis 3 durch Rechtsverordnung. [2]Die Rechtsverordnung legt die Stundenzahlen, die auf die einzelnen Fächer oder Lernbereiche entfallen, sowie die schulischen Gestaltungsmöglichkeiten fest. [3]Dabei sind die Vorgaben zu beachten, die Grundlage für die Anerkennung von Abschlüssen zwischen den Ländern der Bundesrepublik Deutschland sind.

§ 9 Lernmittel und Lehrmittel, Lernmittelausschuss

(1) [1]Lernmittel werden von Schülerinnen und Schülern selbstständig und eigenverantwortlich sowohl im Unterricht als auch bei der häuslichen Vor- und Nachbereitung verwendet. [2]Lehrmittel verbleiben in der Regel in der Schule und werden dort von den Lehrkräften und den Schülerinnen bzw. Schülern genutzt.

(2) [1]Über die Auswahl und Einführung von Lernmitteln entscheidet der Lernmittelausschuss nach Maßgabe der Grundsatzbeschlüsse der Schulkonferenz oder des Schulvorstands. [2]Der Lernmittelausschuss besteht aus der Schulleiterin bzw. dem Schulleiter, drei von der Lehrerkonferenz gewählten Lehrkräften der Schule, zwei vom Elternrat gewählten Vertreterinnen bzw. Vertretern der Eltern der Schule und zwei vom Schülerrat gewählten Schülerinnen bzw. Schülern der Schule. [3]Außerdem ist die gleiche Anzahl von Ersatzmitgliedern zu wählen. [4]Ersatzmitglieder vertreten die ordentlichen Mitglieder, solange diese an der Wahrnehmung ihrer Aufgaben gehindert sind. [5]Der Lernmittelausschuss ist bei Anwesenheit der Mehrheit seiner Mitglieder beschlussfähig. [6]Die Amtszeit der gewählten Mitglieder beträgt zwei Jahre. [7]Die Schulleiterin bzw. der Schulleiter führt den Vorsitz des Lernmittelausschusses. [8]Jedes in Satz 2 genannte Mitglied hat eine Stimme, bei Stimmengleichheit gibt die Stimme der Vorsitzenden bzw. des Vorsitzenden den Ausschlag. [9]Sitzungen des Lernmittelausschusses sind nicht schulöffentlich.

(3) Über die Einführung von Lehrmitteln entscheidet die Lehrerkonferenz im Rahmen der zur Verfügung stehenden Mittel und der Beschlüsse der Schulkonferenz.

(4) Näheres über die Art und Einführung der Lernmittel, über Ausnahmen von der Zusammensetzung des Lernmittelausschusses und zusätzliche beratende Mitglieder kann der Senat durch Rechtsverordnung regeln.

§ 10 Schulversuche und Versuchsschulen

(1) [1]Schulversuche und Versuchsschulen dienen dazu, das Schulwesen pädagogisch und organisatorisch weiterzuentwickeln. [2]Mit ihnen können Abweichungen von Aufbau und Gliederung des Schulwesens, Veränderungen oder Ergänzungen der Unterrichtsinhalte, der Unterrichtsorganisation und der Unterrichtsmethoden sowie neue Formen der Schulverfassung und der Schulleitung erprobt werden. [3]Schulversuche sind außerdem zulässig, um innovative Formen der Kompetenzmessung und -beschreibung (Kompetenzraster) zu erproben. [4]Diese müssen mindestens den gleichen Informationswert wie Noten zur weiteren Schullaufbahn für Schülerinnen und Schüler und ihre Sorgeberechtigten haben.

(2) Die im Rahmen eines Schulversuchs erreichbaren Abschlüsse und Berechtigungen müssen den Abschlüssen und Berechtigungen der Regelschulen gleichwertig sein.

(3) ¹Über die Durchführung eines Schulversuchs und über die Errichtung einer Versuchsschule entscheidet die zuständige Behörde. ²Entsprechende Anträge können von der Schulkonferenz gestellt werden. ³Inhalte, Ziele und Durchführung sind in einem Versuchsprogramm festzulegen. ⁴Die Versuche sind nach wissenschaftlichen Methoden zu begleiten und auszuwerten. ⁵Die Ergebnisse sind zu veröffentlichen.

(4) ¹Die Teilnahme an einem Schulversuch oder der Besuch einer Versuchsschule sind für die Schülerinnen und Schüler freiwillig. ²Über die Teilnahme entscheiden die Sorgeberechtigten oder die volljährigen Schülerinnen und Schüler; haben sie sich für die Teilnahme am Schulversuch oder für den Besuch der Versuchsschule entschieden, so ist der Schulbesuch verpflichtend.

(5) Absatz 3 Sätze 4 und 5 und Absatz 4 gelten nicht für Schulversuche, in denen ausschließlich neue Formen der Schulverfassung und der Schulleitung erprobt werden.

Dritter Teil
Aufbau des Schulwesens

Erster Abschnitt
Struktur und Organisationsformen

§ 11 Gliederung des Schulwesens und Organisation des Unterrichts

(1) Das Schulwesen gliedert sich nach Jahrgangsstufen, Schulstufen und Schulformen.

(2) Die Jahrgangsstufen 1 bis 4 bilden die Primarstufe, die Jahrgangsstufen 5 bis 10 die Sekundarstufe I, die Jahrgangsstufen 11 bis 13 und die beruflichen Schulen die Sekundarstufe II.

(3) ¹Jede Schülerin und jeder Schüler gehört einer Klasse an, die von einer Klassenlehrerin oder einem Klassenlehrer geleitet wird, die für ihren beziehungsweise seinen schulischen Werdegang verantwortlich ist. ²Die Organisation des Unterrichts und sonstiger schulischer Pflichtveranstaltungen der einzelnen Schülerinnen oder Schüler orientiert sich an deren individuellem Bildungsweg. ³Sie kann unabhängig von ihrer oder seiner Zugehörigkeit zu einer Klasse erfolgen.

§ 12 Integration von Schülerinnen und Schülern mit sonderpädagogischem Förderbedarf und Betreuung kranker Schülerinnen und Schüler

(1) ¹Kinder und Jugendliche mit sonderpädagogischem Förderbedarf haben das Recht, allgemeine Schulen zu besuchen. ²Sie werden dort gemeinsam mit Schülerinnen und Schülern ohne sonderpädagogischen Förderbedarf unterrichtet und besonders gefördert. ³Die Förderung kann zeitweilig in gesonderten Lerngruppen erfolgen, wenn dieses im Einzelfall pädagogisch geboten ist.

(2) ¹Sonderpädagogischer Förderbedarf besteht bei Schülerinnen und Schülern, die auf Grund einer Behinderung so schwerwiegend in ihren Bildungs-, Entwicklungs- und Lernmöglichkeiten beeinträchtigt sind, dass sie im Unterricht der allgemeinen Schule ohne eine spezifische fachliche Unterstützung nicht hinreichend gefördert werden können. ²Sonderpädagogischer Förderbedarf kann in den Bereichen „Lernen", „Sprache", „emotionale und soziale Entwicklung", „geistige Entwicklung", „körperliche und motorische Entwicklung", „Hören" und „Sehen" bestehen.

(3) Sonderpädagogischer Förderbedarf wird auf der Grundlage eines sonderpädagogischen Gutachtens unter Einbeziehung der Sorgeberechtigten durch die zuständige Behörde festgestellt.

(4) ¹Ist sonderpädagogischer Förderbedarf festgestellt worden, werden Art und Ausmaß der Hilfen in einem diagnosegestützten Förderplan festgelegt. ²Bei dessen Aufstellung sollen die Sorgeberechtigten und nach Maßgabe ihrer oder seiner Einsichtsfähigkeit die Schülerin oder der Schüler sowie die sie oder ihn außerhalb der Schulzeit betreuenden Einrichtungen der Jugendhilfe und der Sozialleistungsträger beteiligt werden. ³Mit dem Förderplan werden auch die Integrationsleistungen bewilligt, für die der Schulträger zuständig ist. ⁴Der Förderplan ist spätestens nach Ablauf eines Jahres fortzuschreiben, soweit nicht eine wesentliche Veränderung der Lebensumstände der Schülerin oder des Schülers eine kurzfristige Anpassung erfordert. ⁵Bei der Festlegung des Lernortes sind die Wünsche der Sorgeberechtigten zu berücksichtigen, § 42 Absätze 3 und 4 gilt entsprechend. ⁶Schulen erfüllen die gegenüber Schülerinnen und Schülern mit sonderpädagogischem Förderbedarf erhöhte Aufsichtspflicht und leisten die notwendigen Hilfestellungen bei den regelmäßig anfallenden Verrichtungen im Schulalltag. ⁷Das Nähere zur Feststellung eines sonderpädagogischen Förderbedarfs nach Absatz 3 und zur Aufstellung des Förderplans regelt der Senat durch Rechtsverordnung.

(5) Schülerinnen und Schüler, die wegen körperlicher, geistiger oder seelischer Erkrankung auf längere Zeit oder auf Dauer keine Schule besuchen können, werden im Haus- und Krankenhausunterricht schulisch betreut.

(6) Absatz 4 gilt entsprechend auch für solche Schülerinnen und Schüler, die wegen einer Behinderung besonderer Integrationsleistungen im Zusammenhang mit dem Schulbesuch bedürfen, jedoch keinen sonderpädagogischen Förderbedarf haben.

§ 13 Ganztägige Bildung und Betreuung

(1) [1]Schülerinnen und Schüler von der Vorschulklasse bis zur Vollendung des 14. Lebensjahres haben Anspruch auf eine umfassende Bildung und Betreuung in der Zeit von 8.00 Uhr bis 16.00 Uhr an jedem Schultag. [2]Der Anspruch nach Satz 1 wird durch den Besuch einer Ganztagsschule oder einer Schule in Verbindung mit der Inanspruchnahme von Leistungen von Trägern der Jugendhilfe, mit denen die Schule kooperiert, erfüllt. [3]Wer für ein Schuljahr seine Teilnahme an dem Betreuungsangebot im Anschluss an die Unterrichtszeit erklärt, ist zur Inanspruchnahme in diesem Schuljahr verpflichtet.

(2) [1]In der Ganztagsschule ist die Teilnahme am Unterricht nach Stundentafel stets verpflichtend. [2]Den Umfang der Teilnahmepflicht an den ergänzenden Angeboten legt die Schule fest, die Schule kann auch festlegen, dass Sorgeberechtigte die Teilnahme wählen können. [3]Ein Rechtsanspruch auf den Besuch einer Ganztagsschule besteht nicht.

(2a) Die Behörde stellt sicher, dass ein regional ausgewogenes Angebot Halbtagsbeschulung in zumutbarer Entfernung zum Wohnort besteht.

(3) [1]Schülerinnen und Schüler haben das Recht, über den in Absatz 1 vorgesehenen zeitlichen Umfang hinaus Betreuungsleistungen zwischen 6.00 Uhr und 8.00 Uhr sowie 16.00 Uhr und 18.00 Uhr an jedem Schultag und in den Schulferien in Anspruch zu nehmen. [2]Aus organisatorischen Gründen kann auch eine Inanspruchnahme des Betreuungsangebotes an einer anderen als der Stammschule oder in einer Tageseinrichtung mit speziellem Förderangebot erforderlich sein. [3]Die Leistungen nach Satz 1 sowie Bildung und Betreuung für Schülerinnen und Schüler in Vorschulklassen ab 13.00 Uhr sind gebührenpflichtig. [4]Soweit solche Leistungen in Kooperation mit der Schule als Jugendhilfeleistung erbracht werden, wird eine pauschalierte Kostenbeteiligung gemäß § 90 Absatz 1 Nummer 3 des Achten Buches Sozialgesetzbuch in der Fassung vom 14. Dezember 2006 (BGBl. I S. 3135), zuletzt geändert am 22. Dezember 2011 (BGBl. I S. 2975, 2976), in der jeweils geltenden Fassung durch die Schule als Gebühr erhoben. [5]Bei der Bemessung dieser Gebühren sind insbesondere das Einkommen, die Anzahl der betreuten Kinder in der Familie und die tägliche Betreuungszeit zu berücksichtigen. [6]Soweit eine Erfüllung des Anspruches nach Satz 1 nicht als Gruppenangebot erfolgen kann, kann der Anspruch auch durch Nachweis einer Tagespflegeperson erfüllt werden; die §§ 28 und 29 des Hamburger Kinderbetreuungsgesetzes vom 27. April 2004 (HmbGVBl. S. 211), zuletzt geändert am 19. Juni 2012 (HmbGVBl. S. 263), in der jeweils geltenden Fassung gelten entsprechend.

(4) Sonderschulen mit dem Förderschwerpunkt geistige Entwicklung und körperliche und motorische Entwicklung werden in der Regel als Ganztagsschule geführt.

Zweiter Abschnitt
Schulformen und Bildungsgänge

§ 14 Grundschule

(1) [1]Die Grundschule umfasst die Jahrgangsstufen 1 bis 4. [2]Die Grundschule wird in der Regel eigenständig geführt; sie kann einer Stadtteilschule angegliedert sein. [3]In diesem Fall werden Schülerinnen und Schüler beim Übergang von Jahrgangsstufe 4 in 5 auf Wunsch der Eltern an ihrer Schule vor dem Verfahren nach § 42 Absatz 7 in die Jahrgangsstufe 5 aufgenommen. [4]Die Unterrichtszeit beträgt fünf Zeitstunden an fünf Wochentagen. [5]Dabei kann eine offene Anfangs- und Schlussphase vorgesehen werden.

(2) [1]Zu einer Grundschule sollen Vorschulklassen gehören. [2]Unterricht und Betreuung in der Vorschulklasse sollen im Rahmen eines einheitlichen didaktischen Konzepts der Grundschule erfolgen und können jahrgangsübergreifend organisiert werden. [3]Kinder, die bis zum 31. Dezember das fünfte Lebensjahr vollenden, werden auf Antrag der Sorgeberechtigten in demselben Jahr in eine Vorschulklasse aufgenommen, wenn dafür örtlich die räumlichen, organisatorischen und personellen Voraussetzungen gegeben sind.

(3) [1]Die Grundschule vermittelt allen Schülerinnen und Schülern in einem gemeinsamen Bildungsgang grundlegende Kenntnisse, Fähigkeiten und Fertigkeiten und schafft so die Grundlage für die weitere schulische Bildung. [2]Sie vermittelt den Schülerinnen und Schülern je nach ihren individuellen Lernfortschritten in einem vierjährigen Bildungsgang die Kompetenzen, die den Übergang in die Sekundarstufe I ermöglichen.

(4) [1]Mit Zustimmung der Sorgeberechtigten tauschen sich die Schulen und Kindertagesstätten über die Entwicklung der Kinder aus und können gemeinsame Empfehlungen für den Bildungs- und Erziehungsprozess an die Sorgeberechtigten geben. [2]Grundschulen können mit Einrichtungen der Kinder- und Jugendhilfe als „Bildungshäuser" geführt werden.

§ 14a *[aufgehoben]*

§ 15 Stadtteilschule

(1) [1]Die Stadtteilschule umfasst die Jahrgangsstufen 5 bis 13. [2]Die Jahrgangsstufe 11 bildet die Vorstufe, die Jahrgangsstufen 12 und 13 bilden die Studienstufe der Oberstufe.

(2) [1]Die Stadtteilschule vermittelt ihren Schülerinnen und Schülern eine grundlegende und vertiefte allgemeine Bildung und ermöglicht ihnen entsprechend ihren Leistungen und Neigungen eine Schwerpunktbildung, die sie befähigt, nach Maßgabe der Abschlüsse ihren Bildungsweg an einer Hochschule oder in berufsqualifizierenden Bildungsgängen fortzusetzen. [2]Die Schulen ermöglichen individuelles Lernen durch innere und äußere Differenzierung.

(3) [1]In der Studienstufe können die Schülerinnen und Schüler durch die Wahl eines Profilbereichs nach ihren Interessen und Neigungen Schwerpunkte in ihrer schulischen Bildung setzen. [2]Die Leistungen der Schülerinnen und Schüler werden durch Noten bewertet, die in ein Punktesystem eingehen, das Grundlage für die Feststellung der Gesamtqualifikation ist.

(4) [1]Die Stadtteilschule schließt mit der Abiturprüfung ab. [2]Mit dem erfolgreichen Abschluss dieser Prüfung wird die allgemeine Hochschulreife erworben. [3]In der Studienstufe können die schulischen Voraussetzungen für die Fachhochschulreife erworben werden. [4]Am Ende der Jahrgangsstufe 9 wird der erste allgemeinbildende Schulabschluss, am Ende der Jahrgangsstufe 10 der erweiterte erste allgemeinbildende Schulabschluss oder der mittlere Schulabschluss erworben, wenn die Schülerinnen und Schüler die für diese Abschlüsse erwarteten Kompetenzen nachgewiesen haben.

§ 16 Oberstufe

[1]Gymnasien und Stadtteilschulen führen eine eigene Oberstufe. [2]Sie können untereinander und schulformübergreifend kooperieren.

§ 17 Gymnasium

(1) [1]Das Gymnasium umfasst die Jahrgangsstufen 5 bis 12. [2]Die Jahrgangsstufen 5 und 6 bilden als pädagogische Einheit die Beobachtungsstufe. [3]Sie bereitet auf den weiteren Besuch des Gymnasiums vor und schafft eine Grundlage für die Entscheidung über die weiterführende Schulform. [4]Die Jahrgangsstufen 7 bis 10 bilden die Mittelstufe. [5]Die Einführung in die Oberstufe beginnt in der Jahrgangsstufe 10. [6]Die Jahrgangsstufen 11 und 12 bilden die Studienstufe der Oberstufe.

(2) [1]Das Gymnasium vermittelt seinen Schülerinnen und Schülern eine vertiefte allgemeine Bildung und ermöglicht ihnen entsprechend ihren Leistungen und Neigungen eine Schwerpunktbildung, die sie befähigt, nach Maßgabe der Abschlüsse ihren Bildungsweg an einer Hochschule oder in berufsqualifizierenden Bildungsgängen fortzusetzen. [2]Die Schulen ermöglichen individuelles Lernen durch innere und äußere Differenzierung.

(3) [1]In der Studienstufe können die Schülerinnen und Schüler durch die Wahl eines Profilbereichs nach ihren Interessen und Neigungen Schwerpunkte in ihrer schulischen Bildung setzen. [2]Die Leistungen der Schülerinnen und Schüler werden durch Noten bewertet, die in ein Punktesystem eingehen, das Grundlage für die Feststellung der Gesamtqualifikation ist.

(4) [1]Das Gymnasium schließt mit der Abiturprüfung ab. [2]Mit dem erfolgreichen Abschluss dieser Prüfung wird die allgemeine Hochschulreife erworben. [3]In der Studienstufe können die schulischen Voraussetzungen für die Fachhochschulreife erworben werden. [4]Am Ende der Jahrgangsstufe 9 wird der erste allgemeinbildende Schulabschluss, am Ende der Jahrgangsstufe 10 der erweiterte erste allgemeinbildende Schulabschluss oder der mittlere Schulabschluss erworben, wenn die Schülerinnen und Schüler die für diese Abschlüsse erwarteten Kompetenzen nachgewiesen haben.

§ 18 *[aufgehoben]*

§ 19 Sonderschule

(1) [1]Sonderschulen sind entsprechend dem Förderbedarf ihrer Schülerinnen und Schüler in ihrer Arbeit auf die Förderschwerpunkte Lern- und Leistungsverhalten, Hören, Sehen, Sprache, emotionale und soziale Entwicklung, geistige Entwicklung und körperliche und motorische Entwicklung ausgerichtet. [2]Im Rahmen einer Sonderschule können mehrere Förderschwerpunkte sowohl als organisatorische als auch als pädagogische Einheit geführt werden. [3]Den Sonderschulen kann eine Vorschulklasse angegliedert sein.

(2) *[aufgehoben]*

§ 20 Berufsschule

(1) [1]Die Berufsschule vermittelt berufsbezogene und berufsübergreifende Kenntnisse, Fähigkeiten und Fertigkeiten. [2]Der berufsbezogene Unterricht ist mit der betrieblichen und überbetrieblichen Ausbildung abzustimmen. [3]Dabei sind die Vorgaben zu beachten, die Grundlage für die Anerkennung von Abschlüssen zwischen den Ländern der Bundesrepublik Deutschland sind. [4]Der Unterricht in der Berufsschule wird in zusammenhängenden Abschnitten (Blöcken) oder in Teilzeitform erteilt. [5]Die Schulen sind gehalten, die nähere Ausgestaltung der Organisationsformen des Unterrichts und seine zeitliche Strukturierung mit den Ausbildungsbetrieben abzusprechen. [6]Die nähere Ausgestaltung bedarf der Genehmigung der zuständigen Behörde.

(2) [1]Die Abschlüsse der Berufsschule sowie ein im Einzelfall von der zuständigen Behörde als gleichwertig anerkannter Abschluss einer öffentlich geförderten Bildungsmaßnahme entsprechen in ihren Berechtigungen dem ersten allgemeinbildenden Schulabschluss. [2]Im Übrigen wird der Abschluss der Berufsschule weiter gehenden Abschlüssen der allgemeinbildenden Schulen gleichgestellt, wenn der für diese Abschlüsse jeweils erforderliche Leistungsstand erreicht worden ist; das Nähere regelt der Senat durch Rechtsverordnung.

§ 21 Berufsfachschule, Berufsvorbereitungsschule

(1) [1]Die Berufsfachschule vermittelt berufsbezogene und berufsübergreifende Kenntnisse, Fähigkeiten und Fertigkeiten mit dem Ziel, die Schülerinnen und Schüler zu befähigen, einen anerkannten Ausbildungsberuf auszuüben oder einen Teil der Berufsausbildung in einem oder mehreren anerkannten Ausbildungsberufen zu erwerben oder die Schülerinnen und Schüler zu einem Berufsausbildungsabschluss zu führen, der nur in Schulen erworben werden kann. [2]Der Besuch der Berufsfachschule dauert mindestens ein Jahr.

(2) Der Senat wird ermächtigt, durch Rechtsverordnung zu regeln, welche Berufsfachschulen welche Berechtigungen vermitteln.

(3) [1]Schulpflichtige Schülerinnen und Schüler, die im allgemeinbildenden Schulwesen keinen Abschluss erreicht haben oder nach Erreichen eines Abschlusses weder in einen beruflichen schulischen noch in einen öffentlich geförderten beruflichen Bildungsgang übergehen, können in die Berufsvorbereitungsschule übergehen. [2]Die Berufsvorbereitungsschule vermittelt Schülerinnen und Schülern grundlegende berufsbezogene und berufsübergreifende Kompetenzen und befähigt sie, in eine Berufsausbildung, in eine weiterführende Schule oder in eine berufliche Erwerbstätigkeit einzutreten. [3]Schülerinnen und Schülern, deren Kenntnisse der deutschen Sprache nicht ausreichen, um mit Aussicht auf Erfolg am Unterricht teilzunehmen, vermittelt die Berufsvorbereitungsschule die für einen weiteren Schulbesuch notwendigen Sprachkompetenzen.

(4) [1]Der Senat wird ermächtigt, das Nähere zur Berufsvorbereitungsschule und deren Abschlüssen durch Rechtsverordnung zu regeln. [2]Dabei können für Schülerinnen und Schüler mit Förderbedarf im Bereich der geistigen und der körperlichen und motorischen Entwicklung, deren gleichwertige Förderung nicht anderweitig gewährleistet ist und für die Aussichten auf Übernahme in ein reguläres Beschäftigungsverhältnis bestehen, Ausnahmen vom Erfordernis der Schulpflicht und von der Dauer des Bildungsgangs zugelassen werden.

§ 22 Fachoberschule

(1) [1]Die Fachoberschule führt Schülerinnen und Schüler in einem einjährigen Bildungsgang zur Fachhochschulreife. [2]Zulassungsvoraussetzung ist der mittlere Schulabschluss oder eine von der zuständigen Behörde als gleichwertig anerkannte Vorbildung sowie eine mindestens zweijährige einschlägige Berufsausbildung oder eine dreijährige einschlägige Berufstätigkeit.

(2) In der Fachoberschule werden berufsbezogene und berufsübergreifende Kenntnisse, Fähigkeiten und Fertigkeiten vermittelt; der Unterricht wird in Teilzeit-, Block- oder Vollzeitform erteilt.

§ 22a Berufsoberschule

(1) [1]Die Berufsoberschule vermittelt Schülerinnen und Schülern allgemeine sowie berufsbezogene Kenntnisse und Fähigkeiten. [2]Sie umfasst die Jahrgangsstufen 12 und 13 und kann in Teilzeit- oder Vollzeitform durchgeführt werden. [3]Die Berufsoberschule schließt mit der Abiturprüfung ab und verleiht die fachgebundene Hochschulreife sowie bei Nachweis der notwendigen Kenntnisse in einer zweiten Fremdsprache die allgemeine Hochschulreife. [4]Schülerinnen und Schüler können nach der Jahrgangsstufe 12 die Fachhochschulreife erwerben.

(2) Zulassungsvoraussetzungen sind der mittlere Schulabschluss oder eine von der zuständigen Behörde als gleichwertig anerkannte Vorbildung sowie eine mindestens zweijährige erfolgreich abgeschlossene Berufsausbildung oder eine mindestens fünfjährige einschlägige Berufstätigkeit.

§ 23 Berufliche Gymnasien

(1) [1]Die beruflichen Gymnasien umfassen die Vorstufe und die Studienstufe. [2]Sie sind einer beruflichen Schule angegliedert.

(2) [1]Die beruflichen Gymnasien vermitteln Schülerinnen und Schülern mit dem mittleren Schulabschluss oder einer gleichwertigen Vorbildung durch berufsbezogene und vertiefte allgemeinbildende Unterrichtsinhalte eine Bildung, die sie befähigt, ihren Bildungsweg an einer Hochschule oder in berufsqualifizierenden Bildungsgängen fortzusetzen. [2]Schülerinnen und Schüler können in die Vorstufe der beruflichen Gymnasien eintreten, wenn sie die Voraussetzungen für eine erfolgreiche Mitarbeit erwarten lassen und Neigung und Eignung für die berufsbezogene Ausrichtung des Bildungsgangs nachweisen. [3]§ 17 Absatz 3 gilt entsprechend.

(3) [1]Die beruflichen Gymnasien schließen mit der Abiturprüfung ab. [2]Mit dem erfolgreichen Abschluss dieser Prüfung wird die allgemeine Hochschulreife erworben. [3]Schülerinnen und Schülern können die schulischen Voraussetzungen für die Fachhochschulreife vermittelt werden.

§ 24 Fachschule

(1) [1]Die Fachschule dient der beruflichen Weiterbildung und fördert die berufsübergreifende Bildung. [2]Bildungsgänge an der Fachschule in Vollzeitform dauern mindestens ein Jahr, in Teilzeitform entsprechend länger. [3]Der Besuch einer Fachschule setzt den Abschluss einer einschlägigen Berufsausbildung und in der Regel eine Berufsausübung oder eine entsprechende Berufstätigkeit voraus. [4]Die Fachschulen können auch in Teilzeitform geführt werden.

(2) Der Senat wird ermächtigt, durch Rechtsverordnung zu regeln, welche Fachschulen welche Berechtigungen vermitteln.

§ 25 Abendschule

[1]Die Abendschule führt Berufstätige, die das 18. Lebensjahr vollendet haben, zum ersten allgemeinbildenden Schulabschluss. [2]Berufstätige, die das 18. Lebensjahr vollendet haben und den ersten allgemeinbildenden Schulabschluss oder eine von der zuständigen Behörde als gleichwertig anerkannte Vorbildung nachweisen, führt sie zum mittleren Schulabschluss. [3]Die zuständige Behörde kann von der Voraussetzung der Berufstätigkeit befreien.

§ 26 Hansa-Kolleg, Abendgymnasium

(1) [1]Das Hansa-Kolleg führt Schülerinnen und Schüler, die eine Berufsausbildung abgeschlossen haben oder über eine mindestens zweijährige berufliche Erfahrung verfügen, im Tagesunterricht zur allgemeinen Hochschulreife. [2]§ 17 Absatz 3 und Absatz 4 Sätze 1 und 2 gilt entsprechend. [3]Die Ausbildung dauert in der Regel drei Jahre. [4]Die Aufnahme ist vom Bestehen einer Prüfung abhängig. [5]Das Nähere regelt der Senat durch Rechtsverordnung.

(2) [1]Das Abendgymnasium führt Berufstätige, die das 19. Lebensjahr vollendet und eine Berufsausbildung abgeschlossen haben oder über eine mindestens zweijährige berufliche Erfahrung verfügen, zur allgemeinen Hochschulreife. [2]Die zuständige Behörde kann von der Voraussetzung der Berufstätigkeit während des Besuchs des Abendgymnasiums befreien. [3]Die Ausbildung umfasst die Vorstufe und die Studienstufe; ein Vorbereitungsjahr kann vorangestellt werden. [4]§ 17 Absatz 3 und Absatz 4 Sätze 1 und 2 gilt entsprechend.

§ 27 *[aufgehoben]*

Vierter Teil
Schulverhältnis

Erster Abschnitt
Allgemeine Bestimmungen

§ 28 Rechte und Pflichten aus dem Schulverhältnis

(1) [1]Mit der Aufnahme einer Schülerin oder eines Schülers in eine staatliche Schule wird ein öffentlich-rechtliches Schulverhältnis begründet. [2]Die von einer Schülerin oder einem Schüler jeweils besuchte Schule bleibt so lange als Stammschule für die Sicherstellung des regelmäßigen Schulbesuchs und für alle sonstigen schulischen Belange verantwortlich, bis der Wechsel in eine andere Schule tatsächlich erfolgt ist oder die Schülerin oder der Schüler nach Erfüllung der Schulpflicht aus dem staatlichen Schulsystem entlassen worden ist.

(2) Die Schülerinnen und Schüler sind verpflichtet, regelmäßig am Unterricht und an den pflichtmäßigen Schulveranstaltungen teilzunehmen und die erforderlichen Arbeiten anzufertigen.

(3) [1]Auf Antrag kann die Schule Schülerinnen und Schüler aus wichtigem Grund vom Unterricht bis zur Dauer von sechs Wochen beurlauben oder von der Teilnahme an einzelnen Unterrichtsveranstaltungen befreien, ohne dass das Schulverhältnis unterbrochen wird. [2]Die zuständige Behörde kann Vorschriften für weitere Beurlaubungen erlassen. [3]Dies gilt insbesondere für Auslandsaufenthalte, für den Fall der Betreuung eines eigenen Kindes und für Schulpflichtige, die überbetriebliche Ausbildungsstätten besuchen.

(4) [1]Ist ein Schulverhältnis unterbrochen, werden die Zeiten der Unterbrechung nicht auf die Dauer des Schulbesuchs angerechnet. [2]Eine Unterbrechung liegt vor, wenn die Schülerin oder der Schüler in einem Schuljahr für einen Zeitraum von mehr als sechs Monaten nicht regelmäßig am Unterricht teilnimmt. [3]Über Ausnahmen im Zusammenhang mit einem Auslandsschulbesuch entscheidet auf Antrag die zuständige Behörde.

(5) [1]Die Höchstdauer des Schulbesuchs einer Schülerin oder eines Schülers ergibt sich aus den Festlegungen in diesem Gesetz für die einzelnen Schulformen und Schulstufen in Verbindung mit den für diese geltenden Ausbildungs- und Prüfungsordnungen. [2]Die zuständige Behörde kann Ausnahmen zulassen.

(6) [1]Das Schulverhältnis endet mit der Entlassung aus einer staatlichen Schule. [2]Eine Entlassung erfolgt auf Antrag, wenn die Schülerin oder der Schüler die Schule wechselt oder eine nichtschulpflichtige Schülerin oder ein nichtschulpflichtiger Schüler von der Schule abgemeldet wird. [3]Die Schülerin oder der Schüler ist zu entlassen, wenn das Ziel der besuchten Schule erreicht worden ist. [4]Sie oder er ist in der Regel zu entlassen, wenn die für den jeweiligen Bildungsgang festgelegte Höchstzeit erreicht worden ist. [5]Die Entscheidung trifft die Schulleitung auf der Grundlage einer Beratung durch die Klassenkonferenz. [6]Die Entlassung einer nicht mehr schulpflichtigen Schülerin oder eines nicht mehr schulpflichtigen Schülers kann auch erfolgen, wenn die Schülerin oder der Schüler im Verlauf eines Monats insgesamt zwanzig Unterrichtsstunden dem Unterricht unentschuldigt ferngeblieben ist oder wenn durch ihre oder seine wiederholte unentschuldigte Abwesenheit bei schriftlichen Lernerfolgskontrollen in mindestens zwei Unterrichtsfächern keine Möglichkeit besteht, die schriftlichen Leistungen zu bewerten; die Entscheidung trifft die zuständige Behörde auf Antrag der Schule. [7]Die Schülerin oder der Schüler ist auf diese Folge rechtzeitig hinzuweisen.

§ 28a Sprachförderung

(1) Schülerinnen und Schüler, deren Sprachkenntnisse nicht ausreichen, um erfolgreich am Unterricht teilzunehmen, sind verpflichtet, an zusätzlichem Unterricht zum Erwerb der deutschen Sprache oder zur Verbesserung ihrer Sprachkenntnisse teilzunehmen.

(2) Kinder, deren Sprachkenntnisse nicht ausreichen werden, um erfolgreich am Unterricht teilzunehmen, sind verpflichtet, in dem Schuljahr vor Beginn ihrer Schulpflicht eine Vorschulklasse zu besuchen und an zusätzlichen schulischen Sprachfördermaßnahmen teilzunehmen.

(3) [1]Von der Verpflichtung zum Besuch einer Vorschulklasse wird auf Antrag unter der Auflage befreit, eine geeignete Einrichtung der Kindertagesbetreuung zu besuchen. [2]§ 38 Absatz 3 Satz 1 findet auf den verpflichtenden Besuch der Vorschulklasse mit der Maßgabe Anwendung, dass das noch nicht

schulpflichtige Kind ein Jahr vor Beginn der Schulpflicht nur aufgrund einer unzureichenden geistigen, seelischen und körperlichen Entwicklung von der Sprachförderung zurückgestellt werden kann.

§ 28b Integration von Schülerinnen und Schülern mit Migrationshintergrund

(1) [1]Schülerinnen und Schüler, deren Vorkenntnisse wegen ihres Migrationshintergrundes nicht ausreichen, um erfolgreich am Unterricht ihrer Altersgruppe in Regelklassen teilzunehmen, sollen besonders gefördert werden. [2]Um sie zügig in das Schulleben zu integrieren, können besondere Lerngruppen, wie zum Beispiel Internationale Vorbereitungsklassen, eingerichtet werden.

(2) [1]Der Lernort von Schülerinnen und Schülern, die in öffentlichen Wohneinrichtungen wie zentralen Erstaufnahmestellen oder Wohnunterkünften leben, kann durch die zuständige Behörde bestimmt werden. [2]Dabei sind die Wünsche der Sorgeberechtigten nach Möglichkeit zu erfüllen.

§ 29 Gebührenfreiheit des Schulbesuches

(1) [1]Der Besuch staatlicher Schulen ist unbeschadet des Satzes 2 und der Regelung in § 13 Absatz 3 gebührenfrei. [2]Gebühren können erhoben werden

1. für den Schulbesuch von Schülerinnen und Schülern, die nicht im Sinne des § 37 Absätze 1 und 2 in Hamburg schulpflichtig sind; bestehende Abkommen mit anderen Ländern bleiben davon unberührt,

2. für Umschulungsmaßnahmen der Arbeitsverwaltung, Rehabilitationsmaßnahmen der Rehabilitationsträger, für den Besuch der Berufsschule durch Personen, die sich extern auf eine Prüfung vor einer zuständigen Stelle nach dem Berufsbildungsgesetz vom 23. März 2005 (BGBl. I S. 931), geändert am 23. März 2005 (BGBl. I S. 931, 962), in der jeweils geltenden Fassung oder dem Altenpflegegesetz in der Fassung vom 25. August 2003 (BGBl. I S. 1691), zuletzt geändert am 8. Juni 2005 (BGBl. I S. 1530, 1532), in der jeweils geltenden Fassung vorbereiten, sowie für Kurse und Lehrgänge der beruflichen und allgemeinen Fort- und Weiterbildung.

(2) [1]Der Senat wird ermächtigt, die gebührenpflichtigen Tatbestände und die Gebührensätze durch Rechtsverordnung festzulegen. [2]Die Verordnung kann Gebührenermäßigungen und Gebührenbefreiungen in Abhängigkeit von der Einkommenshöhe und Kinderzahl und der Zahl der Familienangehörigen sowie den Erlass von Gebühren in Härtefällen vorsehen. [3]Die Sorgeberechtigten haben Änderungen in den Verhältnissen, die für die Festsetzung der Gebühr erheblich sind, unverzüglich mitzuteilen. [4]Erhebliche Änderungen sind insbesondere die Beendigung des Vorschulklassenbesuchs, eine Änderung der Einkommensverhältnisse um mehr als 15 vom Hundert und eine Änderung der Zahl der bei der Festsetzung der Gebühr berücksichtigungsfähigen Familienmitglieder.

§ 30 Lernmittel

(1) [1]Die Lernmittel werden von den Schulen beschafft und den Schülerinnen und Schülern unentgeltlich leihweise zur Verfügung gestellt. [2]Lernmittel von geringem Wert werden nicht gewährt. [3]Für Gegenstände und Materialien, die im Unterricht verarbeitet und danach von der Schülerin oder dem Schüler verbraucht werden oder ihnen verbleiben, kann ein Kostenbeitrag der Sorgeberechtigten oder der volljährigen Schülerinnen und Schüler erhoben werden.

(2) Das Nähere zur Beschaffung und Überlassung der Lernmittel sowie zu Art und Umfang der Lernmittel von geringem Wert regelt der Senat durch Rechtsverordnung.

§ 31 Beaufsichtigung, Weisungen, Hausordnung, Videoüberwachung

(1) [1]Schülerinnen und Schüler sind während des Unterrichts, während des Aufenthalts auf dem Schulgelände in der Unterrichtszeit und bei sonstigen Schulveranstaltungen sowie während der Schulausflüge durch Lehrerinnen oder Lehrer zu beaufsichtigen. [2]Durch die Beaufsichtigung sollen sie vor Gefahren geschützt werden, die sie aufgrund ihrer altersgemäßen Erfahrung nicht selbst übersehen und abwenden können, und vor Handlungen bewahrt werden, mit denen sie sich oder anderen Schaden zufügen können. [3]Zur Beaufsichtigung und zur Unfallverhütung können Schülerinnen und Schülern Weisungen erteilt werden.

(2) In begründeten Fällen können auch Sorgeberechtigte, andere zum pädagogischen Personal der Schule gehörende Personen, geeignete Schülerinnen und Schüler oder andere geeignete Personen mit der Beaufsichtigung betraut werden, wenn es die Umstände erfordern oder zulassen.

(3) [1]Die Schule legt in der Hausordnung Näheres über die Rechte und Pflichten der Schülerinnen und Schüler sowie des pädagogischen und des nichtpädagogischen Personals fest. [2]Das Mitführen von Waffen, unerlaubten Betäubungsmitteln im Sinne des Betäubungsmittelgesetzes in der Fassung vom

1. März 1994 (BGBl. I S. 359), zuletzt geändert am 21. Juni 2005 (BGBl. I S. 1818, 1824), in der jeweils geltenden Fassung, und das Mitführen von alkoholischen Getränken ist an Schulen und auf schulischen Veranstaltungen grundsätzlich untersagt. [3]Als Waffen im Sinne des Satzes 2 gelten dabei alle Waffen im Sinne des Waffengesetzes vom 11. Oktober 2002 (BGBl. 2002 I S. 3970, 4592, 2003 I S. 1957), zuletzt geändert am 21. Juni 2005 (BGBl. I S. 1818, 1826), in der jeweils geltenden Fassung, unabhängig von dort geregelten Einzelerlaubnissen oder von dortigen Regelungen, nach denen der Umgang erlaubnisfrei gestellt ist, wie z.B. Reizstoffsprühgeräte, sowie Gegenstände, die ihrer Art und den Umständen nach als Angriffs- oder Verteidigungsmittel mitgeführt werden. [4]Ausnahmen vom Verbot alkoholischer Getränke im Einzelfall bedürfen der Genehmigung der Schulleitung.

(4) [1]Die Videobeobachtung und Videoaufzeichnung von Schulräumen und schulischen Freiflächen (Videoüberwachung) und die Verarbeitung der Daten ist nur bei Vorliegen der Voraussetzungen nach § 9 des Hamburgischen Datenschutzgesetzes vom 18. Mai 2018 (HmbGVBl. S. 145) in der jeweils geltenden Fassung zulässig. [2]Eine Videoüberwachung nach Satz 1 des Inneren von Klassenräumen, Beratungs- und Lehrerzimmern, sanitären Anlagen und Umkleideräumen ist nicht zulässig. [3]Über die Einrichtung entscheidet die zuständige Behörde auf Antrag der Schulleitung unter Einbeziehung der oder des behördlichen Datenschutzbeauftragten. [4]Diesem Antrag sind eine Stellungnahme der Schulkonferenz oder des Schulvorstandes beizufügen. [5]Die Erforderlichkeit solcher Maßnahmen ist nach Ablauf von zwei Jahren erneut zu bewerten. [6]Der Senat wird ermächtigt, durch Rechtsverordnung nähere Regelungen über die Datenverarbeitung im Zuge der Videoüberwachung zu treffen. [7]Die Verordnung regelt insbesondere Art und Umfang der zu verarbeitenden Daten, Dateiformate und technische Wege der Datenübermittlung, technische und organisatorische Maßnahmen und Maßnahmen zur Datenschutzkontrolle, Kennzeichnungs- und Aufbewahrungsfristen sowie das Verfahren bei der Ausübung der Rechte der betroffenen Personen.

§ 32 Auskunfts- und Informationsrechte der Sorgeberechtigten und der Schülerinnen und Schüler, Informationspflichten

(1) [1]Schülerinnen und Schüler und ihre Sorgeberechtigten sind in allen wichtigen Schulangelegenheiten zu informieren, unter anderem über

1. Aufbau und Gliederung der Schule und der Bildungsgänge,
2. die Stundentafel, den Bildungsplan und das schuleigene Curriculum und deren Ziele, Inhalte und Anforderungen,
3. die Kriterien der Leistungsbeurteilung einschließlich der Versetzung und Kurseinstufung,
4. die Übergänge zwischen den Bildungsgängen,
5. die Abschlüsse und Berechtigungen einschließlich der Zugänge zu den Berufen,
6. die Mitwirkungsmöglichkeiten von Schülerinnen und Schülern sowie deren Eltern,
7. die Ziel- und Leistungsvereinbarung und deren festgestellten Grad der Zielerreichung,
8. die Ergebnisse der Schulinspektion,
9. die Veränderungen des Versuchsprogramms von an der Schule bestehenden Schulversuchen.

[2]Die Information soll frühestmöglich und in angemessenem Umfang erfolgen. [3]Die Sorgeberechtigten werden zu Beginn des Schuljahres, in der Regel im Rahmen eines Elternabends, über den Bildungsplan, die schuleigene Stundentafel und das schulische Curriculum sowie die Kriterien der Leistungsbeurteilung informiert. [4]In Abstimmung mit der Lehrerin oder dem Lehrer und der Schulleitung können die Sorgeberechtigten in der Grundschule und in der Sekundarstufe I den Unterricht ihrer Kinder besuchen.

(2) Die Schulleitung sowie die Lehrkräfte informieren und beraten die Sorgeberechtigten und Schülerinnen und Schüler in angemessenem Umfang

1. über die Lernentwicklung und über das Arbeits- und Sozialverhalten der Schülerin oder des Schülers,
2. bei Problemen im Lern- und Leistungsverhalten sowie bei sonstigen Verhaltensschwierigkeiten mit dem Ziel der frühzeitigen Einleitung von Hilfemaßnahmen,
3. über die Leistungsbeurteilung einschließlich der Versetzung und Kurseinstufung sowie
4. bei der Wahl der Bildungsgänge sowie die daran anschließenden Ausbildungswege und deren Anforderungen an die Schülerinnen und Schüler.

(3) [1]Der Anspruch der Sorgeberechtigten sowie der Schülerinnen und Schüler auf Auskunft aus Akten der Schule, der zuständigen Behörde, des Schulberatungsdienstes, des Schulärztlichen Dienstes, in

denen personenbezogene Daten über sie enthalten sind, und aus anderen Akten, die personenbezogene Daten über sie enthalten und im Rahmen des Schulverhältnisses verarbeitet werden, umfasst auch die Einsichtnahme. [2]Die Einsichtnahme ist unzulässig, soweit die Daten der betroffenen Personen mit personenbezogenen Daten Dritter oder geheimhaltungsbedürftigen nichtpersonenbezogenen Daten derart verbunden sind, dass eine für die Gewährung der Auskunft gegebenenfalls notwendige Trennung nicht oder nur mit unverhältnismäßig großem Aufwand möglich ist.

(4) [1]Die Informationsrechte nach den Absätzen 1 und 2 stehen auch den früheren Sorgeberechtigten volljähriger Schülerinnen und Schüler zu, sofern die Schülerin oder der Schüler dem nicht widersprochen hat und deren oder dessen schutzwürdige Interessen dem nicht entgegen stehen. [2]Volljährige Schülerinnen und Schüler sind vor einer Bekanntgabe von Daten zum Zwecke der Information nach den Absätzen 1 und 2 durch die Schule auf das Widerspruchsrecht in geeigneter Form hinzuweisen. [3]Personenbezogene Daten besonderer Kategorien im Sinne des Artikel 9 Absatz 1 der Verordnung (EU) 2016/679 des Europäischen Parlaments und des Rates vom 27. April 2016 zum Schutz natürlicher Personen bei der Verarbeitung personenbezogener Daten, zum freien Datenverkehr und zur Aufhebung der Richtlinie 95/46/EG (Datenschutz-Grundverordnung) (ABl. 2016 EU Nr. L 119 S. 1, 2016 EU Nr. L 314 S. 72, 2018 EU Nr. L 127 S. 2) dürfen im Rahmen einer Information nach Satz 1 nur mit Einwilligung der betroffenen Schülerinnen und Schüler an die früheren Sorgeberechtigten übermittelt werden.

(5) [1]Unbeschadet dessen kann die Schule die früheren Sorgeberechtigten volljähriger Schülerinnen und Schüler über

1. die Nichtversetzung
2. die Nichtzulassung zur Abschlussprüfung,
3. das Nichtbestehen der Abschlussprüfung,
4. die Entlassung aus einer Schulform wegen zweifacher Verfehlung des Klassenziels,
5. Ordnungsmaßnahmen gemäß § 49 Absatz 4 Nummern 4 bis 6 sowie die Entlassung oder die bevorstehende Entlassung aus der Schule nach § 28 Absatz 6 sowie
6. die Beendigung des Schulverhältnisses durch die Schülerin oder den Schüler

unterrichten. [2]Gleiches gilt, wenn die Zulassung zur Abschlussprüfung oder deren Bestehen gefährdet sind. [3]Auch über sonstige schwerwiegende Sachverhalte, die das Schulverhältnis wesentlich beeinträchtigen, kann eine Unterrichtung der früheren Sorgeberechtigten erfolgen. [4]Die volljährigen Schülerinnen und Schüler werden in der Regel vorab über entsprechende Auskünfte von der Schule in Kenntnis gesetzt. [5]Diese Regelung findet keine Anwendung, soweit die Schülerin oder der Schüler das 21. Lebensjahr vollendet oder den bestehenden Bildungsgang nach Vollendung des 18. Lebensjahres begonnen hat.

(6) Die Schulleiterin oder der Schulleiter macht die Ziel- und Leistungsvereinbarung, den festgestellten Grad der Zielerreichung, die die Schule betreffenden Ergebnisse der Schulinspektion, die Veränderungen des Versuchsprogramms von an der Schule bestehenden Schulversuchen und die Aufstellung gemäß § 57 Absatz 2 Nummer 5 über die Verwendung der Haushaltsmittel in geeigneter Weise schulöffentlich.

(7) [1]Anlässlich der Vorstellung gemäß § 42 Absatz 1 oder mit der Begründung des Schulverhältnisses, spätestens aber mit der erstmaligen Erhebung personenbezogener Daten, teilt die Schule den Schülerinnen und Schülern sowie den Sorgeberechtigten die nach den Artikeln 13 und 14 der Verordnung (EU) 2016/679 zur Datenverarbeitung erforderlichen Informationen in Papierform oder in elektronischer Form mit. [2]Die individuellen Zugangsmöglichkeiten der von der Datenerarbeitung betroffenen Personen zum elektronischen Abruf der Informationen sowie der von diesen jeweils bestimmte Datenverarbeitungszweck sind angemessen zu berücksichtigen.

§ 33 Schülerzeitungen, Schülergruppen

(1) [1]Die Schülerinnen und Schüler haben das Recht, Schülerzeitungen herauszugeben und auf dem Schulgrundstück zu verbreiten. [2]Schülerzeitungen sind Zeitungen, die von Schülerinnen und Schülern einer oder mehrerer Schulen für diese herausgegeben werden. [3]Sie stehen anders als die von einer Schule unter Verantwortung der Schulleitung herausgegebene Schulzeitung außerhalb der Verantwortung der Schule und unterliegen dem Hamburgischen Pressegesetz vom 29. Januar 1965 (Hamburgisches Gesetz- und Verordnungsblatt Seite 15), zuletzt geändert am 5. Februar 1985 (Hamburgisches Gesetz- und Verordnungsblatt Seite 62), in der jeweils geltenden Fassung sowie den übrigen

gesetzlichen Bestimmungen. [4]Die Schule und die zuständige Behörde fördern die Arbeit von Schülerzeitungen im Rahmen ihrer Möglichkeiten.

(2) [1]Die Schülerinnen und Schüler haben das Recht, sich an ihrer Schule in Schülergruppen zu betätigen. [2]Die Betätigung in der Schule kann von der Schulleitung eingeschränkt oder verboten werden, wenn es die Sicherung des Bildungs- und Erziehungsauftrags erfordert. [3]Den Schülergruppen können Räume und sonstige schulische Einrichtungen zur Verfügung gestellt werden, wenn der Schul- und Unterrichtsbetrieb dadurch nicht beeinträchtigt wird. [4]Die Schulkonferenz oder der Schulvorstand regelt Grundsätze für die Betätigung von Schülergruppen in der Schule.

§ 34 Schulärztliche, schulzahnärztliche, schulpsychologische und sonderpädagogische Untersuchungen

(1) Soweit zur Vorbereitung einer Entscheidung nach diesem Gesetz im Einzelfall schulärztliche, schulpsychologische und sonderpädagogische Untersuchungen erforderlich werden, sind schulpflichtig werdende Kinder sowie Schülerinnen und Schüler verpflichtet, sich untersuchen zu lassen.

(2) [1]Die in Absatz 1 genannten Personen und ihre Sorgeberechtigten haben die für diese Untersuchungen erforderlichen Angaben zu machen. [2]Die Beantwortung von Fragen zum gesundheitlichen Zustand und zur Vorgeschichte einschließlich der sich darauf beziehenden Angaben zur sozialen Situation ist freiwillig. [3]Die betroffenen Personen sind hierauf vor Beginn der Untersuchung hinzuweisen sowie über den Zweck der Untersuchung zu unterrichten. [4]Ihnen ist Gelegenheit zur Besprechung der Ergebnisse, zur Einsichtnahme in die Unterlagen und zur Einholung von Auskünften gemäß § 32 Absatz 3 zu geben.

(3) [1]Schülerinnen und Schüler werden schulärztlich und schulzahnärztlich betreut, um gesundheitlichen Gefährdungen vorzubeugen, bereits vorliegende Erkrankungen und Behinderungen zu erkennen sowie bei gesundheitlichen Beeinträchtigungen Hilfestellung zu geben. [2]Absätze 1 und 2 gelten entsprechend. [3]Die Sorgeberechtigten werden über das Ergebnis aller schulärztlichen Untersuchungen informiert und auf notwendige oder empfehlenswerte Maßnahmen der Gesundheitsförderung hingewiesen.

(4) [1]Die schulärztliche Betreuung beginnt mit der ersten schulärztlichen Untersuchung im Rahmen der Vorstellung bei der regional zuständigen Grundschule gemäß § 42 Absatz 1. [2]Zweck der ersten schulärztlichen Untersuchung ist es, gesundheitliche Probleme bei Kindern, die eine erfolgreiche Teilnahme am Unterricht gefährden könnten, rechtzeitig zu erkennen und für die betroffenen Kinder auf geeignete Maßnahmen hinzuwirken.

(5) [1]Im zeitlichen Zusammenhang mit der Anmeldung zur Grundschule gemäß § 42 Absatz 2 findet eine Schuleingangsuntersuchung statt; Absatz 4 Satz 2 gilt entsprechend. [2]Hierbei sind, soweit vorhanden, das Vorsorgeheft der Kinderuntersuchungen nach § 26 des Fünften Buches Sozialgesetzbuch – Gesetzliche Krankenversicherung – (SGB V) vom 20. Dezember 1988 (BGBl. I S. 2477, 2482), zuletzt geändert am 23. Dezember 2002 (BGBl. I S. 4637), in der jeweils geltenden Fassung, und der Impfausweis vorzulegen. [3]Absatz 2 gilt entsprechend.

(6) [1]Von der Verpflichtung zur Teilnahme an den Untersuchungen im Rahmen der schulärztlichen und schulzahnärztlichen Betreuung nach den Absätzen 3 und 4 kann bei Vorlage einer Bescheinigung über die letzte altersgemäße ärztliche Vorsorgeuntersuchung im Vorsorgeheft der Kinderuntersuchungen nach § 26 SGB V oder einer ärztlichen Bescheinigung über eine einschlägige ärztliche Betreuung befreit werden. [2]Über die Durchführung solcher Untersuchungen sowie über die Möglichkeiten der Befreiung von der Teilnahme sind die Schülerinnen und Schüler und ihre Sorgeberechtigten rechtzeitig zu unterrichten. [3]Für die Vorlage der zur Befreiung erforderlichen Unterlagen nach Satz 1 kann die Schule eine Frist setzen.

§ 35 Beratungen

[1]Die schulpsychologische und sozialpädagogische Beratung dient der Unterstützung von Schülerinnen und Schülern und ihren Sorgeberechtigten bei Schwierigkeiten im Lern- und Leistungsbereich, im Zusammenleben und beim gemeinsamen Lernen in der Schule sowie deren Vorbeugung. [2]Die Beantwortung von Fragen im Rahmen der schulpsychologischen und sozialpädagogischen Beratung ist freiwillig.

§ 36 Schuljahr und Ferien

(1) [1]Das Schuljahr beginnt am 1. August und endet am 31. Juli des folgenden Kalenderjahres. [2]Die zuständige Behörde kann für einzelne Schulformen oder Schulen abweichende Regelungen treffen, soweit besondere Umstände dies erfordern.

(2) [1]Die zuständige Behörde legt fest, an welchen Tagen der Woche Unterricht erteilt wird. [2]Sie bestimmt die Dauer und die zeitliche Verteilung der Ferien sowie die Einteilung des Schuljahres in Halbjahre.

Zweiter Abschnitt
Schulpflicht

§ 37 Grundsätze zur Schulpflicht

(1) [1]Wer in der Freien und Hansestadt Hamburg seinen Wohnsitz oder gewöhnlichen Aufenthalt hat, ist in Hamburg zum Schulbesuch verpflichtet. [2]Jeder junge Mensch, der die Schulpflicht erfüllt hat, ist zum weiteren Schulbesuch berechtigt, soweit er die in den Ausbildungs- und Prüfungsordnungen genannten Voraussetzungen erfüllt. [3]Völkerrechtliche Abkommen und zwischenstaatliche Vereinbarungen bleiben unberührt.

(2) Auszubildende sind für die Dauer ihres Berufsausbildungsverhältnisses in Hamburg schulpflichtig, wenn sie ihre Ausbildungsstätte innerhalb Hamburgs haben.

(3) [1]Die Schulpflicht dauert elf Schulbesuchsjahre, sie endet spätestens mit Vollendung des 18. Lebensjahres. [2]Sie wird einschließlich der Pflicht nach § 42 Absatz 1 durch den Besuch einer staatlichen Schule, einer staatlich anerkannten oder staatlich genehmigten Ersatzschule erfüllt; aus wichtigen Gründen kann gestattet werden, dass die Schulpflicht an einer Ergänzungsschule erfüllt wird. [3]Der Besuch der Grundschule wird mit vier Jahren auf die Schulpflicht angerechnet.

§ 38 Beginn der Schulpflicht

(1) Kinder, die vor dem 1. Juli das 6. Lebensjahr vollendet haben, werden am 1. August desselben Kalenderjahres schulpflichtig.

(2) [1]Kinder, die nach dem 30. Juni das 6. Lebensjahr vollenden, können unter Berücksichtigung ihres geistigen, seelischen, körperlichen und sprachlichen Entwicklungsstandes auf Antrag der Sorgeberechtigten zu Beginn des Schuljahres in die Schule aufgenommen werden. [2]Mit der Aufnahme beginnt die Schulpflicht.

(3) [1]Kinder, die zwischen dem 1. Januar und dem 30. Juni das 6. Lebensjahr vollenden, können von der zuständigen Behörde unter Berücksichtigung ihrer geistigen, seelischen, körperlichen oder sprachlichen Entwicklung auf Antrag der Sorgeberechtigten oder auf Antrag der Schule nach Anhörung der Sorgeberechtigten für ein Jahr vom Schulbesuch zurückgestellt werden. [2]Zurückgestellte Kinder werden in eine bestehende Vorschulklasse aufgenommen. [3]In begründeten Ausnahmefällen kann genehmigt werden, dass zurückgestellte Kinder stattdessen eine Kindertageseinrichtung besuchen; dies gilt nicht in den Fällen einer Zurückstellung auf Grund der sprachlichen Entwicklung eines Kindes im Sinne des Satzes 1.

§ 39 Befreiung von der Schulpflicht

(1) Von der Schulpflicht wird befreit, wer

1. die Berufsfachschule erfolgreich abgeschlossen hat, sofern kein Berufsausbildungsverhältnis begründet wird,

2. nach Feststellung der zuständigen Behörde anderweitig hinreichend ausgebildet ist.

(2) [1]Eine Schülerin oder ein Schüler kann von der Schulpflicht befreit werden, wenn ein wichtiger Grund dies rechtfertigt und hinreichender Unterricht oder eine gleichwertige Förderung anderweitig gewährleistet ist. [2]Jugendliche, die eine Ausbildung im öffentlichen Dienst oder eine dem Berufsschulunterricht entsprechende Ausbildung auf bundes- oder landesgesetzlicher Grundlage erhalten, kann die zuständige Behörde von der Schulpflicht nach § 37 Absatz 1 befreien.

§ 40 Ruhen der Schulpflicht

(1) Die Schulpflicht ruht für eine Schülerin mindestens vier Monate vor und sechs Monate nach einer Niederkunft, sofern die Schülerin dies beantragt.

(2) ¹Die Schulpflicht ruht für die Dauer des Wehr- und Zivildienstes oder eines freiwilligen sozialen oder ökologischen Jahres. ²Sie kann auf Antrag für die Dauer des Besuchs einer Bildungseinrichtung oder einer Berufstätigkeit oder in sonstigen begründeten Einzelfällen ruhen.

(3) Die Zeit, in der die Schulpflicht nach Absatz 2 ruht, wird auf die Dauer der Schulpflicht angerechnet.

§ 41 Verantwortung für die Einhaltung der Schulpflicht

(1) ¹Die Sorgeberechtigten sind dafür verantwortlich, dass die Schulpflichtigen am Unterricht und an den Unterrichtsveranstaltungen der Schule regelmäßig teilnehmen. ²Sie sind verpflichtet, die Schulpflichtigen bei der zuständigen Schule an- und abzumelden.

(2) ¹Ausbildende melden die in einem Ausbildungsverhältnis stehenden Berufsschulpflichtigen an und ab. ²Sie gewähren ihnen die zur Erfüllung der Schulpflicht erforderliche Zeit und halten sie dazu an, dass sie am Unterricht und an den sonstigen Veranstaltungen der Schule regelmäßig teilnehmen.

§ 41a Schulzwang

¹Kinder, die trotz schriftlicher Aufforderung einer Vorstellung nach § 42 Absatz 1 oder der Anmeldung nach § 42 Absatz 2 fernbleiben, oder Kinder und Jugendliche, die einer Vorstellung nach § 42 Absatz 5 fernbleiben oder der Schulpflicht nach §§ 37 und 38 nicht nachkommen, können der Schule oder der mit der Untersuchung beauftragten Stelle zwangsweise zugeführt werden. ²§ 19 Absätze 2 und 3 des Hamburgischen Verwaltungsvollstreckungsgesetzes vom 4. Dezember 2012 (HmbGVBl. S. 510) in der jeweils geltenden Fassung findet Anwendung.

Dritter Abschnitt
Einschulung und Wahl der Bildungsgänge

§ 42 Einschulung, Übergänge, Elternwahlrecht, Umschulung

(1) ¹Alle Kinder sind von ihren Sorgeberechtigten nach öffentlicher Bekanntmachung zu Beginn des der Einschulung vorangehenden Jahres einer regional zuständigen Grundschule vorzustellen. ²Dabei ist der geistige, seelische, körperliche und sprachliche Entwicklungsstand zu überprüfen. ³Für die Überprüfung des Sprachstandes gilt § 34 Absätze 1 und 2 entsprechend. ⁴Hierauf sowie auf bestehende Fördermöglichkeiten und die Zurückstellungsmöglichkeit nach § 38 Absatz 3 sind die Sorgeberechtigten hinzuweisen.

(2) Alle Kinder sind von den Sorgeberechtigten nach öffentlicher Bekanntmachung rechtzeitig vor Beginn der Schulpflicht in einer regional zuständigen Grundschule anzumelden; Absatz 1 Sätze 2 und 3 gilt entsprechend.

(3) Die Sorgeberechtigten oder die volljährige Schülerin oder der volljährige Schüler entscheiden im Rahmen der der Schülerin oder dem Schüler nach ihren oder seinen Leistungen eröffneten Möglichkeiten und im Rahmen der schulorganisatorischen Gegebenheiten über den Übergang von einer Schulform in eine andere.

(4) ¹Am Ende des ersten Halbjahres der Jahrgangsstufe 4 gibt die Zeugniskonferenz eine Einschätzung zur weiteren Schullaufbahn der Schülerin oder des Schülers vor dem Hintergrund ihrer beziehungsweise seiner bisherigen Lern- und Leistungsentwicklung und ihrer beziehungsweise seiner überfachlichen Kompetenzen ab. ²Die Grundlagen und die Einschätzung der Schule sind den Sorgeberechtigten auszuhändigen und im Schülerbogen zu dokumentieren. ³Die Sorgeberechtigten entscheiden nach eingehender fachlich-pädagogischer Beratung durch die Klassenlehrerin oder den Klassenlehrer und gegebenenfalls weitere Lehrkräfte, welche Schulform die Schülerin oder der Schüler im Anschluss an die Grundschule besuchen soll (Elternwahlrecht).

(5) ¹Für den Übergang in die Jahrgangsstufe 7 des Gymnasiums, in die Sekundarstufe II oder in eine andere Schulform ist erforderlich, dass die Schülerin oder der Schüler die Voraussetzungen für eine erfolgreiche Mitarbeit in der gewählten Schulstufe oder Schulform erfüllt. ²Die Zeugniskonferenz stellt fest, ob die Voraussetzungen für den Übergang vorliegen. ³Ist nicht zu erwarten, dass die Schülerin oder der Schüler den Anforderungen des achtjährigen gymnasialen Bildungsgangs gewachsen sein wird, wechselt die Schülerin oder der Schüler in die Jahrgangsstufe 7 der Stadtteilschule.

(6) Der Senat wird ermächtigt, das Verfahren, die individuellen und organisatorischen Voraussetzungen und den Zeitpunkt der Übergänge durch Rechtsverordnung zu regeln.

(7) ¹Bei der Anmeldung von Schülerinnen und Schülern ist anzugeben, an welcher Schule das Kind nach Möglichkeit aufgenommen werden soll; es sollen Zweit- und Drittwünsche für den Fall er-

schöpfter Kapazitäten genannt werden. [2]Übersteigt die Zahl der Anmeldungen für eine Schule deren Aufnahmefähigkeit, werden Schülerinnen und Schüler in anderen Schulen aufgenommen. [3]Maßgeblich sind die geäußerten Wünsche und die Ermöglichung altersangemessener Schulwege sowie die gemeinsame schulische Betreuung von Geschwistern. [4]Der Besuch von Klassen mit einem erweiterten Lernangebot für sportlich besonders talentierte Schülerinnen und Schüler kann von einem entsprechenden Nachweis abhängig gemacht werden. [5]Die zuständige Behörde kann Schülerinnen und Schüler aus schulorganisatorischen Gründen unter Berücksichtigung altersangemessener Schulwege in die gleiche Klasse einer gleichartigen Schule umschulen.

(8) [1]Die Sorgeberechtigten oder volljährigen Schülerinnen und Schüler sind vor Übergängen zu beraten und vor schulorganisatorischen Entscheidungen anzuhören. [2]Zur Anmeldung und Aufnahme in eine Schule und zur Beratung über ihren weiteren Ausbildungsgang sind schulpflichtig werdende Kinder, Schülerinnen und Schüler sowie ihre Sorgeberechtigten verpflichtet, sich bei der Schule vorzustellen. [3]Sie haben die für die Anmeldung und Aufnahme erforderlichen Angaben zu machen und die Erfüllung der Anmelde- und Aufnahmevoraussetzungen nachzuweisen. [4]Bei der Anmeldung an einer Schule informiert die Schule die Sorgeberechtigten oder volljährigen Schülerinnen und Schüler in geeigneter Weise über das Schulprogramm, das Leitbild der Schule und die Ergebnisse der Schulinspektion und händigt ihnen die Versuchsprogramme der an der Schule bestehenden Schulversuche aus. [5]Bei der Anmeldung an einer Schule informiert die Schule die Sorgeberechtigten oder volljährigen Schülerinnen und Schüler in geeigneter Weise über das Schulprogramm und das Leitbild der Schule und händigt ihnen die Versuchsprogramme der an der Schule bestehenden Schulversuche sowie ein Exemplar dieses Gesetzes aus.

§ 43 Zulassungsbeschränkungen

(1) Die Zulassung schulpflichtiger Schülerinnen und Schüler zum Besuch von allgemeinbildenden Schulen darf nicht beschränkt werden.

(2) [1]Die Zulassung zum Besuch der Berufsfachschule, der Berufsoberschule, der Fachschule und der Fachoberschule, des Hansa-Kollegs, der Abendschule und des Abendgymnasiums kann beschränkt werden, wenn die vorhandenen Kapazitäten erschöpft sind. [2]Entsprechend der Kapazität werden Höchstzahlen festgesetzt, die von der zuständigen Behörde jährlich zu überprüfen sind. [3]Die Höchstzahlen dürfen nicht geringer angesetzt werden, als dies unter Berücksichtigung der personellen, räumlichen, sächlichen und fachspezifischen Gegebenheiten zur Aufrechterhaltung eines geordneten Unterrichts unbedingt erforderlich ist.

(3) [1]Der Senat wird ermächtigt, das Nähere durch Rechtsverordnung zu bestimmen. [2]Dabei sind Bewerberinnen und Bewerber, wenn die Zahl der Bewerbungen die Zahl der Plätze übersteigt, nach folgenden Gesichtspunkten zuzulassen:

1. Eignung und Leistung,
2. Zeitraum, der seit dem ersten Antrag auf Zulassung zum Besuch der Schule verstrichen ist,
3. die mit einer Ablehnung verbundene außergewöhnliche Härte.

Vierter Abschnitt
Leistungsbeurteilung, Versetzung, Abschlüsse

§ 44 Leistungsbeurteilung, Zeugnis

(1) [1]Die Beurteilung der Lernentwicklung und des Lernstands der Schülerinnen und Schüler sowie die Einschätzung ihrer überfachlichen Kompetenzen obliegen den beteiligten Lehrkräften, gestützt auf regelmäßige Lernbeobachtung, in pädagogischer Verantwortung. [2]Grundlage der Bewertung sind die schriftlichen, mündlichen, praktischen und sonstigen Leistungen der Schülerinnen und Schüler, die diese im Rahmen des Schulverhältnisses erbracht haben. [3]Zur Feststellung der Leistungsentwicklung können in den Schulen Lernstandserhebungen durchgeführt werden.

(2) [1]Zeugnisse werden in der Form des Lernentwicklungsberichts, als Punktebewertung oder als Notenzeugnis erteilt. [2]Schülerinnen und Schüler erhalten in den Jahrgangsstufen 1 bis 3 einmal jährlich, ab der Jahrgangsstufe 4 auch zum Schulhalbjahr ein Zeugnis. [3]Beim Verlassen der Schule nach Erfüllung der Schulpflicht nach diesem Gesetz, in der Jahrgangsstufe 6 des Gymnasiums und ab der Jahrgangsstufe 9 erhalten die Schülerinnen und Schüler Notenzeugnisse, ansonsten ab Jahrgangsstufe 4 Leistungsbewertungen mit Punkten oder Noten. [4]Auf Wunsch der Sorgeberechtigten wird in der

Jahrgangsstufe 3 der Leistungsstand ihrer Kinder ergänzend zum Lernentwicklungsbericht mit Punkten oder Noten ausgewiesen. [5]In der gymnasialen Oberstufe erfolgt die Leistungsbewertung mit Punkten oder Noten. [6]Zeugnisse sollen auch von Dritten zertifizierte Leistungen und Fähigkeiten dokumentieren.

(3) [1]Die Schule ist verpflichtet, die Schülerinnen und Schüler und deren Sorgeberechtigte regelmäßig über die individuellen Lernfortschritte und die erreichten Lernstände zu unterrichten. [2]Hierzu ist mindestens einmal im Schuljahr ein Lernentwicklungsgespräch zu führen.

(4) [1]Der Senat wird ermächtigt, Beurteilungsgrundsätze für die Bewertung nach Absatz 1, Notenstufen und eine entsprechende Punktebewertung sowie weitere Angaben im Zeugnis durch Rechtsverordnung zu regeln. [2]Die Rechtsverordnung kann vorsehen, dass

1. in den Jahrgangsstufen 5 und 7 bis 9 des Gymnasiums, den Jahrgangsstufen 5 bis 8 der Stadtteilschule und in der Berufsschule auf Zeugnisse am Ende des ersten Schulhalbjahres verzichtet werden kann und

2. in Berufsvorbereitungsschulen sowie für Schülerinnen und Schüler mit sonderpädagogischem Förderbedarf Noten und Punkte durch Lernentwicklungsberichte ersetzt werden können.

§ 45 Aufrücken, Übergänge, Kurseinstufung, individuelle Förderung, Wiederholung und Versetzung

(1) [1]Zwischen den Jahrgangsstufen 1 bis 10 rücken die Schülerinnen und Schüler am Ende des Schuljahres in die nächsthöhere Jahrgangsstufe ihrer Schulform auf; § 42 Absatz 5 bleibt unberührt. [2]Die Fortsetzung eines schulischen Bildungsgangs in der Sekundarstufe II kann von einer Versetzung, dem erfolgreichen Besuch eines Probehalbjahres oder von einer Höchstaufenthaltsdauer im Bildungsgang abhängig gemacht werden.

(2) [1]Erfüllt eine Schülerin oder ein Schüler nicht die in den Rahmenplänen festgelegten Leistungsanforderungen in einem oder mehreren Fächern bzw. Lernbereichen, schließen Schule und Schülerin beziehungsweise Schüler unter Einbeziehung der Sorgeberechtigten eine Lern- und Fördervereinbarung ab, in der die gegenseitigen Pflichten, insbesondere individuelle Fördermaßnahmen neben der regulären Unterrichtsteilnahme, vereinbart werden. [2]Auf Antrag kann mit Genehmigung der zuständigen Behörde aus besonderem Grund auch eine Jahrgangsstufe wiederholt werden, wenn so eine bessere Förderung der Leistungsentwicklung und der sozialen Integration der Schülerin oder des Schülers zu erwarten ist, in den Klassenstufen 9 und 10 jedoch nur, wenn ein höherer Schulabschluss oder die erstmalige Versetzung in die gymnasiale Oberstufe zu erwarten ist.

(3) [1]Wird in leistungsdifferenzierten Kursen unterrichtet, sind die Schülerinnen und Schüler in den Kurs einzustufen, in dem aufgrund ihrer bisherigen Leistungen und deren Entwicklung eine erfolgreiche Mitarbeit zu erwarten ist. [2]Änderungen der Einstufung (Umstufungen) sollen grundsätzlich zu Beginn eines Schulhalbjahres erfolgen.

(4) [1]Die nähere Ausgestaltung der Versetzung, der Wiederholung, des Aufrückens, der individuellen Förderung sowie der Einstufung und der Umstufung erfolgt durch Rechtsverordnung. [2]Dabei ist auf die besonderen Bedürfnisse der jungen Menschen, die erst als Jugendliche in die Bundesrepublik Deutschland eingewandert sind, insbesondere durch die Anerkennung außerschulisch erworbener Kompetenzen und schulischer Leistungen im Herkunftsland, Rücksicht zu nehmen.

§ 46 Ausbildung, Abschlussverfahren und Prüfungen

(1) Der erfolgreiche Abschluss der schulischen Ausbildung wird durch ein Abschlussverfahren oder durch eine Prüfung festgestellt, sofern im Einzelfall nichts anderes bestimmt ist.

(2) Der Senat wird ermächtigt, Ausbildung, Prüfungen und Abschlussverfahren durch Rechtsverordnung zu regeln, insbesondere

1. Art und Dauer der Ausbildung,
2. Ausbildungsinhalte,
3. Zulassungsvoraussetzungen,
4. Bildung und Zusammensetzung der Prüfungsausschüsse,
5. Zweck, Dauer und Verlauf der Prüfung,
6. Prüfungsgebiete,
7. Art und Umfang der Prüfungsleistungen,
8. Bewertungsmaßstäbe und Voraussetzungen für das Bestehen der Prüfung,

9. Bewertung des Prüfungsergebnisses,
10. Erteilung von Prüfungszeugnissen und der damit verbundenen Berechtigungen,
11. Folgen des Nichtbestehens der Prüfung, insbesondere Wiederholungsmöglichkeiten.

§ 47 Fremdenprüfung

(1) [1]Durch eine Fremdenprüfung können Schülerinnen und Schüler der staatlich genehmigten Privatschulen und andere Bewerberinnen und Bewerber den Abschluss einer staatlichen Schulform erwerben. [2]Gegenstand der Prüfung für den Erwerb des Zeugnisses der allgemeinen Hochschulreife können neben Fächern der gymnasialen Oberstufe auch solche Kenntnisse und Fähigkeiten sein, die aufgrund längerer Berufstätigkeit erworben wurden und die Eignung für ein Studium erkennen lassen. [3]Die Zulassung zur Fremdenprüfung kann versagt werden, wenn die Bewerberin oder der Bewerber die Möglichkeit hat, an ihrem oder seinem Wohnsitz oder an einem dem Wohnsitz näher gelegenen Ort diese Fremdenprüfung abzulegen.

(2) Der Senat wird ermächtigt, das Nähere durch Rechtsverordnung zu regeln; § 46 Absatz 2 ist entsprechend anzuwenden.

§ 48 Anerkennung von Abschlüssen

[1]Abschlüsse, Berechtigungen und Vorbildungen, die außerhalb Hamburgs erworben worden sind, bedürfen außer bei der Hochschulzulassung und der Immatrikulation an einer Hochschule der Anerkennung durch die zuständige Behörde. [2]Sie werden anerkannt, wenn die damit als erfüllt bestätigten Anforderungen mit den Anforderungen eines nach diesem Gesetz vorgesehenen Bildungsgangs gleichwertig sind. [3]Staatsverträge bleiben davon unberührt.

Fünfter Abschnitt
Maßnahmen bei Erziehungskonflikten

§ 49 Erziehungsmaßnahmen und Ordnungsmaßnahmen

(1) [1]Erziehungsmaßnahmen und förmliche Ordnungsmaßnahmen gewährleisten die Erfüllung des Bildungs- und Erziehungsauftrags der Schule. [2]Sie können auch dem Schutz beteiligter Personen dienen. [3]Jede Maßnahme muss in einem angemessenen Verhältnis zum Fehlverhalten der Schülerin oder des Schülers stehen. [4]Die körperliche Züchtigung und andere entwürdigende Erziehungsmaßnahmen sind verboten. [5]Bei fortgesetzten Erziehungsschwierigkeiten haben Erziehungsmaßnahmen einschließlich der Hilfestellung durch die Beratungslehrkraft, den Schulberatungsdienst oder die Schulsozialbetreuung grundsätzlich Vorrang vor Ordnungsmaßnahmen. [6]Ordnungsmaßnahmen sollen mit Erziehungsmaßnahmen verknüpft werden. [7]Aus Anlass desselben Fehlverhaltens darf höchstens eine Ordnungsmaßnahme getroffen werden.

(2) [1]Erziehungsmaßnahmen dienen der pädagogischen Einwirkung auf einzelne Schülerinnen und Schüler. [2]Erziehungsmaßnahmen sind insbesondere Ermahnungen und Absprachen, kurzfristiger Ausschluss vom oder Nachholen von Unterricht, die zeitweilige Wegnahme von Gegenständen einschließlich der dazu im Einzelfall erforderlichen Nachschau in der Kleidung oder in mitgeführten Sachen, die Auferlegung sozialer Aufgaben für die Schule, die Teilnahme an einem Mediationsverfahren, die Teilnahme an innerschulischen sozialen Trainingsmaßnahmen und die Wiedergutmachung des angerichteten Schadens. [3]Erforderlichenfalls ist die Maßnahme mit der Beratungslehrkraft, dem Beratungsdienst oder der Schulsozialbetreuung abzustimmen. [4]Gewichtige Erziehungsmaßnahmen werden in der Schülerakte dokumentiert.

(3) In der Grundschule können zur Lösung schwerwiegender Erziehungskonflikte folgende Ordnungsmaßnahmen getroffen werden:
1. der Ausschluss von einer Schulfahrt,
2. die Umsetzung in eine Parallelklasse oder
3. die Überweisung in eine andere Schule in zumutbarer Entfernung.

(4) In den Sekundarstufen I und II können zur Sicherung der Erziehungs- und Unterrichtsarbeit der Schule oder zum Schutz beteiligter Personen folgende Ordnungsmaßnahmen getroffen werden:
1. der schriftliche Verweis,
2. der Ausschluss vom Unterricht für einen bis höchstens zehn Unterrichtstage oder von einer Schulfahrt,
3. die Umsetzung in eine Parallelklasse oder eine entsprechende organisatorische Gliederung,

4. die Androhung der Überweisung in eine andere Schule mit dem gleichen Bildungsabschluss sowie bei schwerem Fehlverhalten

5. die Überweisung in eine andere Schule mit dem gleichen Bildungsabschluss oder

6. die Entlassung aus der allgemeinbildenden Schule und aus den Bildungsgängen der beruflichen Schulen, soweit die Schulpflicht erfüllt ist.

(5) [1]Vor einer Ordnungsmaßnahme sind die Schülerin oder der Schüler und deren Sorgeberechtigte zu hören. [2]Sie können dabei eine zur Schule gehörende Person ihres Vertrauens beteiligen. [3]Die Anhörung kann zu Beginn der Sitzung der Klassenkonferenz stattfinden. [4]Vor einer Ordnungsmaßnahme nach Absatz 3 Nummern 2 und 3 ist eine schulpsychologische Stellungnahme einzuholen. [5]Vor einer Ordnungsmaßnahme nach Absatz 4 Nummern 5 und 6 kann eine schulpsychologische Stellungnahme eingeholt werden.

(6) [1]Über Ordnungsmaßnahmen nach Absatz 3 Nummer 1, Absatz 4 Nummern 1 und 2 und über Anträge an die Lehrerkonferenz auf weitergehende Maßnahmen gemäß Absatz 4 Nummern 3 bis 6 entscheidet die Klassenkonferenz unter Vorsitz der Schulleiterin oder des Schulleiters. [2]Die Klassenelternvertreterinnen und Klassenelternvertreter nehmen teil, wenn die Sorgeberechtigten und ab der Jahrgangsstufe 4 die betroffene Schülerin beziehungsweise der betroffene Schüler dies wünschen und schutzwürdige Interessen eines Dritten nicht entgegenstehen. [3]Für die Teilnahme der Vertreterinnen und Vertreter der Schülerinnen und Schüler gilt Satz 2 entsprechend. [4]In der Schule beschäftigte Personen, die nicht dem Personenkreis des § 61 Absatz 2 Satz 1 angehören, können an der Klassenkonferenz mit beratender Stimme teilnehmen, sofern dies der Entscheidungsfindung dienlich ist. [5]Bei Stimmengleichheit entscheidet die Stimme der Schulleiterin oder des Schulleiters.

(7) [1]Über Ordnungsmaßnahmen nach Absatz 3 Nummer 2 und Absatz 4 Nummern 3 und 4 entscheidet die Lehrerkonferenz oder ein von ihr zu wählender Ausschuss. [2]Über Ordnungsmaßnahmen nach Absatz 3 Nummer 3 und Absatz 4 Nummern 5 und 6 entscheidet die zuständige Behörde auf Antrag der Lehrerkonferenz oder eines von ihr zu wählenden Ausschusses.

(8) [1]Nach der Verhängung von Ordnungsmaßnahmen sind die Sorgeberechtigten darüber zu unterrichten. [2]In den Fällen einer Ordnungsmaßnahme nach Absatz 4 Nummern 4 bis 6 können gemäß § 32 Absatz 5 auch die früheren Sorgeberechtigten volljähriger Schülerinnen und Schüler unterrichtet werden. [3]Bei der Verhängung von Ordnungsmaßnahmen nach Absatz 4 Nummern 5 und 6 prüft die zuständige Behörde, ob eine Unterrichtung des Jugendamtes geboten ist. [4]Über von Schülerinnen und Schülern in der Schule begangene Straftaten informiert die Schulleitung grundsätzlich die Polizei.

(9) [1]In dringenden Fällen ist die Schulleiterin oder der Schulleiter befugt, die Schülerin oder den Schüler bis zur Entscheidung vorläufig vom Schulbesuch zu beurlauben, wenn auf andere Weise die Aufrechterhaltung eines geordneten Schullebens nicht gewährleistet werden kann. [2]Die Höchstdauer einer vorläufigen Beurlaubung beträgt zehn Unterrichtstage. [3]Widerspruch und Anfechtungsklage haben keine aufschiebende Wirkung.

Fünfter Teil
Schulverfassung

Erster Abschnitt
Grundlagen

§ 50 Schulische Selbstverwaltung

[1]Bei der Verwirklichung des Bildungs- und Erziehungsauftrags ist die einzelne Schule im Rahmen der staatlichen Gesamtverantwortung verantwortlich für die planmäßige Erteilung von Unterricht, die Erziehung der Schülerinnen und Schüler und die Verwaltung und Organisation ihrer inneren Angelegenheiten. [2]Dabei sollen die mit diesem Gesetz gegebenen Möglichkeiten einer eigenständigen Gestaltung von Unterricht und Schulleben aktiv genutzt werden.

§ 51 Schulprogramm

(1) [1]Die Schule legt die besonderen Ziele, Schwerpunkte und Organisationsformen ihrer pädagogischen Arbeit sowie Kriterien für die Zielerreichung in einem Schulprogramm fest. [2]Sie konkretisiert darin den allgemeinen Bildungs- und Erziehungsauftrag im Hinblick auf die spezifischen Voraussetzungen und Merkmale ihrer Schülerschaft und die spezifischen Gegebenheiten der Schule und ihres regionalen

Umfeldes unter Nutzung der ihr nach diesem Gesetz gegebenen inhaltlichen und unterrichtsorganisatorischen Gestaltungsmöglichkeiten. [3]Zu den Festlegungen des Schulprogramms können gehören:
- besondere didaktisch methodische Schwerpunkte im Unterricht,
- die Umsetzung der fächerübergreifend zu unterrichtenden Aufgabengebiete,
- die Ausgestaltung der Stunden- und Pausenordnung,
- besondere Maßnahmen zur Förderung spezifischer Schülergruppen, insbesondere von Schülerinnen und Schülern mit Lernschwierigkeiten, von Schülerinnen und Schülern mit besonderen Begabungen, von behinderten oder von Behinderung bedrohten Schülerinnen und Schülern und von zwei- oder mehrsprachig aufwachsenden Schülerinnen und Schülern,
- besondere Beratungs-, Betreuungs- und Freizeitangebote,
- besondere Formen der Schülermitwirkung,
- besondere Maßnahmen zur Förderung des Schullebens,
- die Kooperation mit anderen Schulen und Einrichtungen des Stadtteils.

(2) Bei der Erarbeitung des Schulprogramms sind die Rechts- und Verwaltungsvorschriften, insbesondere die in den §§ 1 bis 3 niedergelegten Ziele und Grundsätze sowie die Bildungspläne, zu beachten.

(3) Die Ziele und die Umsetzung des Schulprogramms überprüft die Schule in regelmäßigen Abständen auch eigenverantwortlich im Rahmen der Evaluation nach § 100.

Zweiter Abschnitt
Schulkonferenz

§ 52 Aufgaben

(1) [1]Die Schulkonferenz ist das oberste Beratungs- und Beschlussgremium der schulischen Selbstverwaltung der allgemeinbildenden Schulen. [2]Sie fördert die Zusammenarbeit zwischen Schülerinnen und Schülern, Eltern, Lehrkräften, den sonstigen Mitarbeiterinnen und Mitarbeitern der Schule.

(2) [1]Die Schulkonferenz berät über alle wichtigen Angelegenheiten der Schule, insbesondere über das Schulprogramm sowie die Ziel- und Leistungsvereinbarungen, und beschließt darüber nach Maßgabe dieses Gesetzes. [2]Schülerrat, Elternrat und Lehrerkonferenz können der Schulkonferenz hierfür Vorschläge unterbreiten.

§ 53 Entscheidungsrechte

(1) [1]Die Schulkonferenz beschließt mit einer Mehrheit von zwei Dritteln ihrer anwesenden Mitglieder, mindestens jedoch mit der Mehrheit ihrer stimmberechtigten Mitglieder, auf der Grundlage von Vorlagen der Lehrerkonferenz über das Schulprogramm gemäß § 51 Absatz 1 und bewertet die Durchführung und den Erfolg der pädagogischen Arbeit der Schule. [2]Sie kann die Lehrerkonferenz mit einer Weiterentwicklung des Schulprogramms beauftragen.

(2) Die Schulkonferenz beschließt ferner mit einer Mehrheit von zwei Dritteln ihrer anwesenden Mitglieder, mindestens jedoch mit der Mehrheit ihrer stimmberechtigten Mitglieder, über einen Antrag
1. auf Durchführung eines Schulversuchs oder Errichtung einer Versuchsschule oder auf Einrichtung besonderer Formen der Schulleitung gemäß § 10 Absatz 3 Satz 2,
2. auf Führung der Schule als Ganztagsschule gemäß § 13 Absatz 2 Satz 1 oder auf Einrichtung von Betreuungsangeboten,
3. auf Namensgebung für die Schule,
4. auf Einrichtung einer Vorschulklasse,
5. auf Einrichtung einer Schule gemäß § 14 Absatz 1 Satz 2 zweiter Halbsatz.

(3) Die Schulkonferenz der Grundschule beschließt stets mit einer Mehrheit von zwei Dritteln ihrer anwesenden Mitglieder, mindestens jedoch mit der Mehrheit ihrer stimmberechtigten Mitglieder.

(4) [1]Die Schulleitung unterrichtet die Schulkonferenz insbesondere über die Verwendung der Haushalts-, Personal- und Sachmittel, die Ergebnisse der Schulinspektionen (§ 85 Absatz 3) und der Evaluationen nach § 100 sowie das Fortbildungsprogramm für das schulische Personal. [2]Die Schulkonferenz entscheidet über
1. die Hausordnung,
2. die schuleigene Stundentafel,
3. die Kooperation mit externen Partnern,

4. die Grundsätze für die Durchführung von Klassenkonferenzen,
5. die Grundsätze für den Umfang und die Verteilung der Hausaufgaben und der Lernerfolgskontrollen im Rahmen der Vorgaben der zuständigen Behörde,
6. den Abschluss der Ziel- und Leistungsvereinbarung,
7. die Grundsätze für die innerschulische Qualitätsentwicklung,
8. die Form der Anhörung der Vertreterinnen und Vertreter der Eltern und der Vertreterinnen und Vertreter der Schülerinnen und Schüler vor der abschließenden Beschlussfassung über die Zeugnisse nach § 62 Absatz 3,
9. die Grundsätze für die Verwendung der Personal- und Sachmittel, die der Schule zur eigenen Bewirtschaftung zur Verfügung stehen, im Rahmen ihrer Zweckbestimmung, sowie über die Grundsätze der Beschaffung und Verwaltung der Lernmittel,
10. die Grundsätze für die Planung von Projektwochen und weiterer schulischer Veranstaltungen sowie über die Grundsätze für Angelegenheiten der Schülerbetreuung,
11. die Grundsätze für Arbeitsgemeinschaften, Neigungsgruppen und Wahlangebote,
12. die Grundsätze für die Mitwirkung von Eltern im Unterricht und bei sonstigen Veranstaltungen,
13. die Grundsätze für die Betätigung von Schülergruppen in der Schule nach § 33 Absatz 2,
14. die Grundsätze für die Überlassung von Räumen der Schule an Lehrerinnen und Lehrer, Eltern und Schülerinnen und Schüler der Schule für andere als schulische Zwecke,
15. die Durchführung von Geldsammlungen unter Schülerinnen und Schülern und Eltern,
16. die Grundsätze für soziale Aufgaben im Sinne des § 49 Absatz 2 Satz 2,
17. eine von § 61 Absatz 2 abweichende Zusammensetzung der Klassenkonferenz.

§ 54 Anhörungsrechte
[1]Die Schulkonferenz ist rechtzeitig zu hören
1. vor der Zusammenlegung, Teilung, Verlegung oder Schließung der Schule sowie zur Verlegung von Klassen oder Schulstufen an andere Schulen,
2. vor größeren Um- oder Neubaumaßnahmen an der Schule.
[2]Der Schulkonferenz kann eine Frist von vier Wochen zur Stellungnahme gesetzt werden.

§ 55 Zusammensetzung
(1) [1]Die Schulkonferenz besteht aus der Schulleiterin oder dem Schulleiter und an Schulen einschließlich der bei ihnen bestehenden Vorschulklassen
1. mit bis zu 300 Schülerinnen und Schülern aus je drei,
2. mit 301 bis 800 Schülerinnen und Schülern aus je vier,
3. mit über 800 Schülerinnen und Schülern aus je fünf
gewählten Mitgliedern des Schülerrats, des Elternrats und der Lehrerkonferenz. [2]Die vom Schülerrat gewählten Mitglieder müssen der Jahrgangsstufe 5 oder einer höheren Jahrgangsstufe angehören. [3]Die nicht der Lehrerkonferenz angehörenden Mitarbeiterinnen und Mitarbeiter der Schule wählen aus ihrer Mitte ein Mitglied. [4]In Schulen gemäß § 14 Absatz 1 Satz 2 zweiter Halbsatz mit bis zu 800 Schülerinnen und Schülern muss
1. mindestens eines der gewählten Mitglieder des Elternrats ein Kind oder mehrere Kinder in der Grundschule haben,
2. mindestens eines der gewählten Mitglieder des Elternrats ein Kind oder mehrere Kinder in einer der Sekundarstufen haben,
3. mindestens eines der gewählten Mitglieder der Lehrerkonferenz in der Grundschule unterrichten und
4. mindestens eines der gewählten Mitglieder der Lehrerkonferenz in einer der Sekundarstufen unterrichten.
[5]In Schulen gemäß § 14 Absatz 1 Satz 2 zweiter Halbsatz mit mehr als 800 Schülerinnen und Schülern müssen
1. mindestens zwei der gewählten Mitglieder des Elternrats ein Kind oder mehrere Kinder in der Grundschule haben,
2. mindestens zwei der gewählten Mitglieder des Elternrats ein Kind oder mehrere Kinder in einer der Sekundarstufen haben,

3. mindestens zwei der gewählten Mitglieder der Lehrerkonferenz in der Grundschule unterrichten und

4. mindestens zwei der gewählten Mitglieder der Lehrerkonferenz in einer der Sekundarstufen unterrichten.

(2) Abweichend von Absatz 1 besteht die Schulkonferenz neben der Schulleiterin oder dem Schulleiter und dem Mitglied, das die nicht der Lehrerkonferenz angehörenden Mitarbeiterinnen und Mitarbeiter gewählt haben,

1. an Schulen, in denen auf der Grundlage von § 72 Absatz 1 kein Elternrat gebildet worden ist, aus Mitgliedern der Lehrerkonferenz und des Schülerrats in der sich aus Absatz 1 ergebenden Anzahl,

2. an Schulen, in denen auf der Grundlage von § 64 Absatz 1 Satz 2 kein Schülerrat gebildet worden ist, aus Mitgliedern der Lehrerkonferenz und des Elternrats in der sich aus Absatz 1 ergebenden Anzahl.

(3) ¹Die in die Schulkonferenz zu wählenden Mitglieder werden innerhalb von zwei Monaten nach Beginn des Unterrichts im neuen Schuljahr für zwei Jahre gewählt. ²Außerdem ist die gleiche Anzahl von Ersatzmitgliedern zu wählen. ³Die Ersatzmitglieder der Schulkonferenz vertreten die ordentlichen Mitglieder, solange diese an der Wahrnehmung ihrer Aufgaben gehindert sind.

§ 56 Verfahrensgrundsätze

(1) ¹Den Vorsitz in der Schulkonferenz führt die Schulleiterin oder der Schulleiter. ²Die Schulkonferenz wird von der Vorsitzenden oder dem Vorsitzenden mindestens viermal im Schuljahr unter Mitteilung einer Tagesordnung mit einer Einladungsfrist von zwei Wochen einberufen. ³Auf Verlangen eines Drittels der Mitglieder muss innerhalb von zwei Wochen eine Sitzung unter Angabe der zu behandelnden Tagesordnung einberufen werden.

(2) ¹Die Schulkonferenz ist bei Anwesenheit der Mehrheit ihrer Mitglieder beschlussfähig. ²Ist oder wird sie beschlussunfähig, so kann sie frühestens zwei, längstens zehn Tage später zu derselben Tagesordnung erneut einberufen werden und ist dann ohne Rücksicht auf die Zahl der Teilnehmerinnen und Teilnehmer beschlussfähig. ³In Angelegenheiten, in denen eine zügige Entscheidung zu treffen ist und eine rechtzeitige Beschlussfassung der Schulkonferenz nicht herbeigeführt werden kann, ist die Schulleiterin oder der Schulleiter berechtigt, vorläufige Regelungen zu treffen.

(3) ¹Die Ersatzmitglieder der Schulkonferenz sowie Vertreterinnen oder Vertreter der zuständigen Behörde können mit beratender Stimme an den Sitzungen teilnehmen. ²Soweit nicht über Personalangelegenheiten beraten wird, sind Sitzungen der Schulkonferenz schulöffentlich; andere Personen können zur Teilnahme an einzelnen Sitzungen oder zu einzelnen Tagesordnungspunkten eingeladen werden.

§ 56a Ganztagsausschuss

(1) ¹Zur Planung, Umsetzung und Begleitung der ganztägigen Bildung und Betreuung gemäß § 13 Absatz 1 Satz 2 setzt die Schulkonferenz der jeweiligen Schule einen Ganztagsausschuss ein, der paritätisch aus der Schulleitung, den vom Elternrat und an GBS-Schulen, die mit einem Träger der Jugendhilfe kooperieren, den vom Elternausschuss im Sinne von § 24 des Hamburger Kinderbetreuungsgesetzes entsandten Sorgeberechtigten, den Mitgliedern der Lehrerkonferenz, gegebenenfalls den Mitgliedern des Schülerrats sowie an GBS-Schulen, die mit einem Träger der Jugendhilfe kooperieren, den Vertreterinnen oder Vertretern des Trägers der Jugendhilfe besteht. ²Die Zahl der Mitglieder des Ausschusses wird durch die Schulkonferenz bestimmt. ³§ 55 Absatz 1 Satz 2 und Absatz 3 gilt entsprechend. ⁴Bei der Vertretung des Elternrats ist dafür Sorge zu tragen, dass insbesondere Eltern im Ganztagsausschuss vertreten sind, deren Kinder auch am Ganztagsangebot teilnehmen. ⁵Der Ausschuss soll mindestens viermal jährlich zusammentreten und tagt schulöffentlich.

(2) ¹Der Ganztagsausschuss berät über alle wichtigen Fragen der ganztägigen Bildung und Betreuung und ist vor Entscheidungen der Schulkonferenz zu Fragen der ganztägigen Bildung und Betreuung zu hören. ²Die Schulleitung und bei entsprechender Beteiligung die Leitung des jeweiligen Trägers der Jugendhilfe unterrichten den Ganztagsausschuss über grundlegende Entwicklungen der ganztägigen Bildung und Betreuung in der jeweiligen Schule. ³Jedes einzelne Mitglied hat das Recht, Tagesordnungspunkte anzumelden. ⁴Der Ganztagsausschuss kann Empfehlungen oder Beschlussvorschläge entsprechend § 52 Absatz 2 Satz 2 an die Schulkonferenz richten. ⁵Vertreterinnen und Vertretern des Ganztagsausschusses ist Gelegenheit zu geben, die Empfehlung oder den Vorschlag in der Schulkon-

ferenz zu erläutern. [6]Die Ablehnung oder Abänderung der Empfehlung oder des Vorschlags des Ganztagsausschusses muss die Schulkonferenz gegenüber dem Ganztagsausschuss begründen.

Dritter Abschnitt
Lehrerkonferenz

§ 57 Aufgaben

(1) [1]Die Lehrerkonferenz ist das Beratungs- und Beschlussgremium der Lehrerinnen und Lehrer der Schule. [2]Sie berät über die Gestaltung der Bildungs- und Erziehungsarbeit der Schule und entscheidet darüber unter Berücksichtigung der von der Schulkonferenz oder dem Schulvorstand beschlossenen Grundsätze. [3]Sie erstellt auf Verlangen der Schulkonferenz die für Beschlüsse nach § 53 Absatz 1 notwendigen Vorlagen. [4]Sie fördert die Zusammenarbeit der Lehrkräfte. [5]Sie wählt aus ihrer Mitte ihre Vertreterinnen und Vertreter für die Schulkonferenz oder den Schulvorstand und den Findungsausschuss.

(2) Die Lehrerkonferenz beschließt insbesondere über

1. Grundsätze der Unterrichtsgestaltung, der Unterrichtsmethoden und der Leistungsbeurteilung sowie Verfahren zu deren Koordinierung und Auswertung,
2. Grundsätze der Unterrichtsverteilung, der Aufsichts- und Vertretungsregelungen und der Übertragung dienstlicher Aufgaben an Lehrerinnen und Lehrer der Schule,
3. Grundsätze der Erziehung, Betreuung und Beratung an der Schule,
4. Inhalt und Durchführung der schulinternen Lehrerfortbildung,
5. die Verwendung der Haushaltsmittel im Rahmen der von der Schulkonferenz oder dem Schulvorstand beschlossenen Grundsätze.

§ 58 Zusammensetzung, Sitzungen

(1) [1]Die Lehrerkonferenz besteht aus der Schulleiterin oder dem Schulleiter als Vorsitzender oder Vorsitzendem und dem an der Schule tätigen pädagogischen Personal. [2]Stimmberechtigt ist, wer an der Schule regelmäßig mindestens sechs Wochenstunden selbständig Unterricht erteilt, das sonstige pädagogische Personal, soweit es mit mindestens einem Viertel der Regelarbeitszeit an der Schule beschäftigt ist sowie die Schulleiterin als Vorsitzende oder der Schulleiter als Vorsitzender. [3]Die übrigen Mitglieder haben Rede- und Antragsrecht.

(2) [1]Die Lehrerkonferenz wird von der Vorsitzenden oder dem Vorsitzenden einberufen. [2]Sie muss einberufen werden, wenn ein Viertel der Mitglieder dies unter Angabe der zu behandelnden Tagesordnung verlangt. [3]Die Sitzungen sind nicht öffentlich. [4]Die Lehrerkonferenz kann zu ihren Sitzungen andere Personen einladen.

(3) Die nicht der Lehrerkonferenz angehörenden stimmberechtigten Mitglieder der Schulkonferenz oder des Schulvorstands haben das Recht, an den Sitzungen der Lehrerkonferenz mit beratender Stimme teilzunehmen, soweit nicht Tagesordnungspunkte behandelt werden, die Personal- und Disziplinarangelegenheiten Einzelner betreffen.

§ 59 Abteilungskonferenzen, Fachkonferenzen

(1) [1]An Schulen, die in Abteilungen gegliedert sind, kann die Lehrerkonferenz ihre Befugnisse ganz oder teilweise auf Abteilungskonferenzen übertragen. [2]Deren Vorsitz hat die jeweilige Abteilungsleiterin oder der jeweilige Abteilungsleiter. [3]Die Schulleiterin oder der Schulleiter, die jeweilige Abteilungsleiterin oder der jeweilige Abteilungsleiter oder eine andere Abteilungskonferenz können binnen einer Woche mit aufschiebender Wirkung gegen einen Beschluss einer Abteilungskonferenz die Lehrerkonferenz anrufen. [4]§ 58 Absatz 3 gilt sinngemäß.

(2) [1]Die Lehrerkonferenz kann weitere Ausschüsse, insbesondere Fachkonferenzen, einsetzen und ihre Befugnisse ganz oder teilweise auf diese Ausschüsse übertragen. [2]Absatz 1 gilt sinngemäß.

§ 60 *[aufgehoben]*

Vierter Abschnitt
Klassenkonferenz und Zeugniskonferenz

§ 61 Klassenkonferenz

(1) [1]Soweit Schülerinnen und Schüler in Klassen unterrichtet werden, sind Klassenkonferenzen zu bilden. [2]Die Klassenkonferenz berät über alle Angelegenheiten, die für die gemeinsame Arbeit in der Klasse von wesentlicher Bedeutung sind, insbesondere über die fachliche und pädagogische Koordination der Fachlehrerinnen und Fachlehrer. [3]Die Klassenkonferenz tagt mindestens zweimal im Schuljahr.

(2) [1]Stimmberechtigte Mitglieder der Klassenkonferenz sind

1. die Schulleiterin oder der Schulleiter,
2. die Klassenlehrerin oder der Klassenlehrer,
3. von der Lehrerkonferenz bestimmte Lehrerinnen und Lehrer. Die Lehrerinnen und Lehrer, die alle Schülerinnen und Schüler einer Klasse unterrichten, sollen teilnehmen,
4. die beiden Klassenelternvertreterinnen oder Klassenelternvertreter,
5. ab Jahrgangsstufe 4 die beiden Klassensprecherinnen oder Klassensprecher.

[2]Den Vorsitz in der Klassenkonferenz hat die Klassenlehrerin oder der Klassenlehrer. [3]Die Sitzung ist nicht öffentlich.

(3) [1]In Bereichen, in denen die Schülerinnen und Schüler nicht in Klassen unterrichtet werden, nimmt die Halbjahreskonferenz unter Mitwirkung der Schulstufensprecherinnen und Schulstufensprecher die Aufgaben der Klassenkonferenz wahr. [2]Für klassenübergreifende Angelegenheiten können mehrere Klassenkonferenzen durch Beschluss der Schulkonferenz zusammengelegt werden.

§ 62 Zeugniskonferenz

(1) Aufgaben der Zeugniskonferenz sind die Beratung und Beschlussfassung über

1. den Inhalt der Zeugnisse der Schülerinnen und Schüler sowie
2. die erforderlichen Empfehlungen und Feststellungen zur weiteren Schullaufbahn in der besuchten Schule oder zum Übergang in eine andere Schulstufe und Schulform

auf der Grundlage der Vorschläge der unterrichtenden Lehrerinnen und Lehrer.

(2) [1]Der Zeugniskonferenz gehören die Schulleiterin oder der Schulleiter als Vorsitzende oder Vorsitzender und die in der Klasse unterrichtenden Lehrkräfte an. [2]Bei Entscheidungen über Angelegenheiten einzelner Schülerinnen und Schüler sind neben der Schulleiterin oder dem Schulleiter nur die Lehrkräfte stimmberechtigt, die sie unterrichtet haben.

(3) Den Vertreterinnen und Vertretern der Eltern und den Vertreterinnen und Vertretern der Schülerinnen und Schüler ist vor der abschließenden Beratung und Beschlussfassung über die Zeugnisse Gelegenheit zur Stellungnahme zu allgemeinen Fragen der Zeugniserteilung und der Entwicklung des Leistungsstands der Klasse zu geben.

Fünfter Abschnitt
Mitwirkung von Schülerinnen und Schülern

§ 63 Klassensprecherinnen und Klassensprecher, Schulstufensprecherinnen und Schulstufensprecher

(1) [1]Die Schülerinnen und Schüler jeder Klasse wählen spätestens vier Wochen nach Beginn des Unterrichts im neuen Schuljahr für dessen Dauer in geheimer Wahl zwei gleichberechtigte Klassensprecherinnen oder Klassensprecher. [2]Bestehen für eine Schulstufe keine Klassenverbände, so werden Schulstufensprecherinnen oder Schulstufensprecher nach Maßgabe des § 109 gewählt.

(2) [1]Wählbar sind alle Schülerinnen und Schüler der Klasse oder – wenn keine Klassenverbände bestehen – der Schulstufe. [2]Die Stellvertreterinnen und Stellvertreter werden in einem zweiten Wahlgang gewählt.

(3) [1]Die Klassensprecherinnen und Klassensprecher oder die Vertreterinnen und Vertreter der Schulstufe ab Jahrgangsstufe 4 sind Mitglieder der Klassenkonferenz und wirken in dieser Funktion an der Beratung und Beschlussfassung über alle Angelegenheiten mit, die für die gemeinsame Arbeit in der Klasse von wesentlicher Bedeutung sind. [2]Sie vertreten die Schülerinnen und Schüler insbesondere in Fragen der Unterrichtsgestaltung und der Leistungsbeurteilung sowie bei Konflikten in der Klasse.

§ 64 Bildung und Aufgaben des Schülerrats

(1) [1]Die Sprecherinnen und Sprecher aller Klassen in den Sekundarstufen bilden mit den nach § 65 gewählten Schulsprecherinnen und Schulsprechern und den Vertreterinnen und Vertretern im Kreisschülerrat den Rat der Schülerinnen und Schüler (Schülerrat) der Schule. [2]An Schulen für Geistigbehinderte können auf Beschluss der Schulkonferenz anstelle eines Schülerrats alters- und entwicklungsgemäße Formen der Mitwirkung eingerichtet werden.

(2) [1]Für Schülerinnen und Schüler der Grundschulen sind durch Beschluss der Schulkonferenz alters- und entwicklungsgemäße Formen der Mitwirkung an der Gestaltung des Unterrichts, den Klassenkonferenzen und des Schullebens einzurichten. [2]Sie erhalten mindestens einmal im Halbjahr Gelegenheit, ihre Anliegen in der Schulkonferenz vorzutragen.

(3) Der Schülerrat wählt seine Vertreterinnen und Vertreter in der Schulkonferenz oder im Schulvorstand und im Kreisschülerrat sowie deren Ersatzvertreterinnen und Ersatzvertreter.

(4) [1]Der Schülerrat vertritt die Interessen der Schülerinnen und Schüler in der Schule und gegenüber der zuständigen Behörde. [2]Er kann im Rahmen des Bildungs- und Erziehungsauftrags der Schule selbstgestellte Aufgaben in eigener Verantwortung wahrnehmen.

(5) Dem Schülerrat ist Gelegenheit zur Stellungnahme zu geben

1.   vor Beschlüssen der Schulkonferenz oder des Schulvorstands von grundsätzlicher Bedeutung,

2.   zu Fragen der Unterrichtsgestaltung und der Leistungsbeurteilung in der Schule.

(6) [1]Der Schülerrat darf zur Deckung seiner Kosten freiwillige Beiträge erheben und über den Schulverein Spenden annehmen, wenn diese frei von Auflagen und Bedingungen sind. [2]Die Schulkonferenz oder der Schulvorstand stellt dem Schülerrat aus den der Schule zur Verfügung stehenden Mitteln einen festen Betrag für die Durchführung schulbezogener Veranstaltungen zur Verfügung. [3]Über Herkunft und Verwendung der Mittel ist den Schülerinnen und Schülern sowie der Schulkonferenz oder dem Schulvorstand auf Verlangen Rechnung zu legen.

(7) [1]Der Schülerrat kann jährlich aus den stimmberechtigten Mitgliedern der Lehrerkonferenz für die Dauer des Schuljahres bis zu zwei Verbindungslehrerinnen oder Verbindungslehrer wählen, die die Verbindung zwischen Schülerrat, Lehrerkonferenz und Schulleitung fördern sollen. [2]Die Verbindungslehrerinnen oder Verbindungslehrer nehmen an den Sitzungen des Schülerrats mit beratender Stimme teil.

(8) Die Mitgliedschaft im Schülerrat endet vorzeitig, sobald die Schülerinnen und Schüler aus der Klasse, der Schulstufe oder der Schule ausscheiden, für die sie gewählt wurden.

§ 65 Schulsprecherinnen und Schulsprecher

(1) [1]Soweit nach § 64 Absatz 1 ein Schülerrat zu bilden ist, wählen die Schülerinnen und Schüler der Schule von der vierten Klasse an spätestens sechs Wochen nach Beginn des Unterrichts eines neuen Schuljahres in geheimer Abstimmung aus ihrer Mitte für die Dauer des Schuljahres eine Schulsprecherin oder einen Schulsprecher und zwei stellvertretende Schulsprecherinnen oder Schulsprecher. [2]Abweichend von Satz 1 kann auch eine aus höchstens sieben Personen bestehende Schulsprechergruppe gewählt werden.

(2) [1]In den beruflichen Schulen wählen die Klassensprecherinnen und Klassensprecher sowie Schulstufensprecherinnen und Schulstufensprecher innerhalb von sechs Wochen nach Beginn des Unterrichts eines neuen Schuljahres in geheimer Abstimmung aus ihrer Mitte für die Dauer des Schuljahres eine Schulsprecherin oder einen Schulsprecher und zwei stellvertretende Schulsprecherinnen oder Schulsprecher. [2]Abweichend von Satz 1 kann der Schülerrat beschließen, dass die Funktion der Schulsprecherin oder des Schulsprechers für die Dauer eines Schuljahres einer von ihm zu wählenden und aus höchstens sieben Schülerinnen und Schülern bestehenden Schulsprechergruppe übertragen wird. [3]Die Klassensprecherinnen und Klassensprecher der Klassen mit Blockunterricht, die während derselben Zeiträume die Schule besuchen, wählen eine Gruppensprecherin oder einen Gruppensprecher und zwei Stellvertreterinnen oder Stellvertreter. [4]Die Sprecherinnen und Sprecher der Klassen mit Teilzeitunterricht, die am selben Wochentag die Schule besuchen, wählen eine Tagessprecherin oder einen Tagessprecher und zwei Stellvertreterinnen oder Stellvertreter.

(3) Die Schulsprecherin oder der Schulsprecher vertritt im Rahmen der Beschlüsse des Schülerrats die Schülerinnen und Schüler gegenüber Schulleitung, Lehrerkonferenz, Elternrat, Schulkonferenz und Schulvorstand.

§ 66 Sitzungen, Vollversammlungen

(1) [1]Der Schülerrat wird von den Schulsprecherinnen und Schulsprechern einberufen. [2]Er kann für seine Sitzungen bis zu zwanzig Unterrichtsstunden pro Schuljahr in Anspruch nehmen. [3]Auf Verlangen eines Viertels der Mitglieder oder auf Verlangen der Schulleiterin oder des Schulleiters muss binnen zwei Wochen eine Sitzung stattfinden.

(2) [1]Der Schülerrat oder die Schulsprecherinnen oder Schulsprecher können bis zu zehn Unterrichtsstunden pro Schuljahr für Vollversammlungen aller Schülerinnen und Schüler in Anspruch nehmen. [2]Sie haben das Recht zur Abhaltung weiterer Versammlungen außerhalb der Unterrichtszeit. [3]Die Schülerinnen und Schüler können auf diesen Versammlungen Empfehlungen an den Schülerrat beschließen. [4]Die Schulleiterin oder der Schulleiter muss, die Lehrkräfte und die Vorsitzende oder der Vorsitzende des Elternrats können zu allen Versammlungen eingeladen werden.

§ 67 Kreisschülerrat

(1) [1]Der Kreisschülerrat soll die Verbindung der Schülerräte eines Schulkreises untereinander und mit der Schülerkammer pflegen. [2]Er besteht aus je einer Vertreterin oder einem Vertreter, bei Schulen mit mehr als 800 Schülerinnen und Schülern aus je zwei Vertreterinnen und Vertretern der Schülerräte der Schulen, die in dem jeweiligen Schulkreis liegen oder zu ihm gehören, und nach deren Wahl den Vertreterinnen und Vertretern des Schulkreises in der Schülerkammer.

(2) [1]Der Kreisschülerrat wählt unverzüglich aus seiner Mitte für die Dauer eines Jahres eine Vorsitzende oder einen Vorsitzenden, deren oder dessen Stellvertreterin oder Stellvertreter sowie eine Schriftführerin oder einen Schriftführer. [2]Diese Personen können auch einen gleichberechtigten Vorstand bilden.

(3) [1]Der Kreisschülerrat wird vom Vorstand einberufen. [2]Auf Verlangen eines Viertels der Mitglieder oder auf Verlangen der zuständigen Behörde muss binnen zwei Wochen eine Sitzung stattfinden. [3]Die Sitzungen des Kreisschülerrats sind nicht öffentlich. [4]Der Kreisschülerrat kann andere Personen zur Teilnahme an einzelnen Sitzungen oder zu einzelnen Tagesordnungspunkten einladen.

(4) [1]Die betroffenen Kreisschülerräte sind rechtzeitig zu hören vor

1.   der Zusammenlegung, Teilung oder Schließung von Schulen innerhalb des Schulkreises,
2.   einer Neubegrenzung von Schulkreisen und
3.   der Einrichtung und Änderung von Schulkreisen für bestimmte Schulformen.

[2]Die Vertreterinnen und Vertreter der Schülerräte betroffener Schulen haben in den zuständigen Kreisschülerräten Rede- und Antragsrecht.

Sechster Abschnitt
Mitwirkung von Eltern

§ 68 Träger der Elternrechte, Wahlberechtigung und Wählbarkeit

(1) Die Rechte und Pflichten der Eltern nach diesem Gesetz nehmen wahr:

1.   die nach bürgerlichem Recht für die Person des Kindes Sorgeberechtigten,
2.   anstelle der oder neben den Personensorgeberechtigten diejenigen, denen die Erziehung des Kindes mit Einverständnis der Personensorgeberechtigten anvertraut oder mitanvertraut ist; das Einverständnis ist der Schule schriftlich nachzuweisen.

(2) [1]Wahlberechtigt und wählbar sind alle Eltern. [2]Stimmberechtigte Mitglieder der Lehrerkonferenz dürfen an der Schule, an der sie tätig sind, nicht zu Klassenelternvertreterinnen oder Klassenelternvertretern oder zu Mitgliedern des Elternrats gewählt werden.

(3) [1]Das Amt der Elternvertreterinnen und Elternvertreter endet vorzeitig, sobald keines ihrer Kinder mehr die Klasse, Schulstufe oder Schule besucht, für die sie gewählt wurden, oder sobald sie das Personensorgerecht verlieren. [2]Wird das Kind des Mitglieds eines Elternrats, Kreiselternrats oder der Elternkammer während dessen Amtszeit volljährig, so endet das Recht zur Ausübung des Amtes abweichend von Satz 1 erst mit Ablauf der Wahlperiode, für die das Mitglied gewählt worden ist.

§ 69 Wahl der Klassenelternvertretung

(1) [1]Die Eltern der Schülerinnen und Schüler der einzelnen Schulklassen einschließlich der Vorschulklassen wählen spätestens vier Wochen nach Beginn des Unterrichts eines neuen Schuljahres auf einem Elternabend zwei Klassenelternvertreterinnen oder Klassenelternvertreter (Klassenelternvertretung). [2]In einem zweiten Wahlgang sind zwei Ersatzpersonen zu wählen.

(2) ¹Die Eltern haben für jedes ihrer Kinder zwei Stimmen. ²Dies gilt auch, wenn nur ein Elternteil anwesend ist. ³Die Stimmen können getrennt abgegeben werden. ⁴Gewählt sind die Eltern, die die meisten Stimmen erhalten haben und die Wahl annehmen.

§ 70 Aufgaben der Klassenelternvertretung

(1) ¹Die Klassenelternvertreterinnen und Klassenelternvertreter sind Mitglieder der Klassenkonferenz und wirken in dieser Funktion an der Beratung über alle Angelegenheiten mit, die für die gemeinsame Arbeit in der Klasse von wesentlicher Bedeutung sind. ²Sie haben insbesondere die Aufgabe,

1. die Beziehungen der Eltern einer Klasse oder – wenn keine Klassenverbände bestehen – einer Schulstufe untereinander und mit den jeweiligen Lehrkräften zu pflegen,
2. bei Meinungsverschiedenheiten zwischen einzelnen Eltern und Lehrkräften zu vermitteln,
3. die Eltern über aktuelle Fragen der Schule zu informieren,
4. den Elternrat zu wählen,
5. die Schule und die Lehrerinnen und Lehrer bei der Erfüllung des Bildungs- und Erziehungsauftrags zu unterstützen.

(2) Die Klassenelternvertretung ist vor der Zusammenlegung und Teilung der von ihren Kindern besuchten Klassen und Schulstufen oder deren Verlegung an andere Schulen zu hören.

(3) Die in der Klasse unterrichtenden Lehrkräfte erteilen den Mitgliedern der Klassenelternvertretung die zur Erfüllung ihrer Aufgaben erforderlichen Auskünfte.

§ 71 Elternabende

(1) Auf Klassen- oder Schulstufenelternabenden, die mindestens zweimal im Schuljahr, im Übrigen auf Verlangen der Klassenelternvertretung oder eines Viertels der Eltern stattfinden, beraten die Eltern mit den in der Klasse unterrichtenden Lehrkräften, insbesondere der Klassenlehrerin oder dem Klassenlehrer, wichtige Fragen des Unterrichts und der Erziehung.

(2) ¹Die Elternabende werden in Abstimmung mit der Klassenelternvertretung von der Klassenlehrerin oder dem Klassenlehrer, bei Schulstufen ohne Klassenverbände von einer von der Schulleitung beauftragten Lehrkraft mit einer Frist von wenigstens einer Woche einberufen. ²Die Leitung übernimmt ein Mitglied der Klassenelternvertretung, nach Absprache auch gemeinsam mit der Klassenlehrerin oder dem Klassenlehrer. ³Solange die Klassenelternvertretung nicht gewählt ist, leitet die Klassenlehrerin oder der Klassenlehrer den Elternabend. ⁴Auf Verlangen der Elternvertretung sollen weitere Lehrkräfte teilnehmen. ⁵Die Klassensprecherinnen und Klassensprecher oder die Schulstufensprecherinnen und Schulstufensprecher können, wenn sie dem Schülerrat angehören, an den Elternabenden teilnehmen. ⁶Im Einvernehmen zwischen der Klassenlehrerin oder dem Klassenlehrer und der Elternvertretung können weitere Schülerinnen und Schüler der Klasse oder Schulstufe eingeladen werden.

(3) Die Klassenelternvertretung kann Elternabende ohne Teilnahme von Lehrkräften und Schülerinnen und Schülern durchführen.

§ 72 Aufgaben des Elternrats

(1) An den allgemeinbildenden Schulen mit Ausnahme der Schulen, die ausschließlich nicht mehr schulpflichtige Schülerinnen und Schüler unterrichten, muss, an beruflichen Schulen soll ein Elternrat gebildet werden.

(2) Der Elternrat soll

1. die Eltern oder die Klassenelternvertretungen über aktuelle Schulfragen und vor wichtigen Entscheidungen der Schulkonferenz oder des Schulvorstands informieren; er kann dazu Versammlungen der Eltern oder der Klassenelternvertretungen einberufen,
2. mit der Schulleitung, den Lehrkräften und dem Schülerrat bei der Erfüllung des Bildungs- und Erziehungsauftrags der Schule zusammenwirken,
3. sich in der regionalen Öffentlichkeit im Rahmen der von der Schulkonferenz oder dem Schulvorstand vorgegebenen Grundsätze für die Belange der Schule einsetzen.

(3) Der Elternrat wählt die Mitglieder für den Kreiselternrat und die Schulkonferenz oder den Schulvorstand.

(4) Dem Elternrat ist Gelegenheit zur Stellungnahme zu geben vor

1. Beschlüssen der Schulkonferenz oder des Schulvorstands von grundsätzlicher Bedeutung,
2. der Zusammenlegung und Teilung von Klassen und Schulstufen oder deren Verlegung an andere Schulen.

(5) [1]Elternrat und Klassenelternvertretung sollen einander in der Wahrnehmung ihrer Aufgaben unterstützen. [2]Die Vorsitzende oder der Vorsitzende oder einzelne vom Elternrat beauftragte Mitglieder sind berechtigt, an Klassen- oder Schulstufenelternabenden teilzunehmen.

§ 73 Zusammensetzung und Wahl des Elternrats

(1) [1]Im Elternrat soll jede Schulstufe vertreten sein. [2]An Schulen gemäß § 14 Absatz 1 Satz 2 zweiter Halbsatz müssen die Grundschule und die Stadtteilschule jeweils von mindestens einem Drittel der gewählten Elternratsmitglieder vertreten sein. [3]Der Elternrat besteht an Schulen

1. mit bis zu 26 Klassen aus neun,
2. mit mehr als 26 Klassen aus zwölf,
3. für jeweils begonnene neun über die Zahl von 35 hinausgehende Klassen aus weiteren drei Vertreterinnen und Vertretern der Eltern.

(2) [1]Die Mitglieder des Elternrats werden spätestens sechs Wochen nach Beginn des Unterrichts eines neuen Schuljahres von der Versammlung der Klassenelternvertreterinnen und Klassenelternvertreter gewählt. [2]Bei Verhinderung einer Elternvertreterin oder eines Elternvertreters kann die für sie oder ihn gewählte Ersatzperson das Stimmrecht ausüben. [3]In einem zweiten Wahlgang sind mindestens zwei Ersatzmitglieder für die Dauer eines Jahres zu wählen. [4]Die Leitung der Versammlung obliegt der Vorsitzenden oder dem Vorsitzenden des Elternrats, solange diese oder dieser noch nicht bestimmt ist, der Schulleiterin oder dem Schulleiter. [5]Bei Schulen mit weniger als sechs Klassen erfolgt die Wahl des Elternrates durch eine Versammlung aller Eltern der Schule.

(3) [1]Die Mitglieder des Elternrats werden für drei, an beruflichen Schulen auf zwei Jahre gewählt. [2]Jedes Jahr scheidet ein Drittel, an beruflichen Schulen die Hälfte der Mitglieder aus. [3]Die ausgeschiedenen Mitglieder werden durch Neuwahlen ersetzt. [4]Eine Wiederwahl ist zulässig. [5]Bei der Erst- oder Neubildung des Elternrats wird in drei getrennten Wahlgängen je ein Drittel der Mitglieder für ein Jahr, für zwei Jahre und für drei Jahre gewählt. [6]An beruflichen Schulen wird entsprechend jeweils die Hälfte der Mitglieder für ein Jahr und für zwei Jahre gewählt.

(4) Der Elternrat ist aufgelöst, wenn

1. mehr als die Hälfte der Mitglieder das Amt gleichzeitig niederlegt oder
2. die Schule geteilt, mit einer anderen zusammengelegt oder geschlossen wird.

§ 74 Verfahrensgrundsätze

(1) [1]Der Elternrat wählt unverzüglich aus seiner Mitte für die Dauer eines Jahres eine Vorsitzende oder einen Vorsitzenden, deren Stellvertreterin oder Stellvertreter sowie eine Schriftführerin oder einen Schriftführer. [2]Diese Personen können auch einen gleichberechtigten Vorstand bilden. [3]Der Elternrat wählt ferner unverzüglich seine Vertreterinnen und Vertreter in der Schulkonferenz und im Schulvorstand sowie im Kreiselternrat und deren Ersatzvertreterinnen und Ersatzvertreter.

(2) [1]Der Elternrat wird von seinem Vorstand einberufen. [2]Sind die Mitglieder des Vorstands verhindert, so beruft die Schulleiterin oder der Schulleiter den Elternrat ein. [3]Auf Verlangen eines Viertels der Mitglieder oder auf Verlangen der Schulleiterin oder des Schulleiters muss binnen zwei Wochen eine Sitzung stattfinden.

(3) [1]Der Elternrat kann beschließen, schulöffentlich zu tagen. [2]Die Schulleiterin oder der Schulleiter sowie deren Stellvertreterin oder deren Stellvertreter, die Ersatzmitglieder und die Klassenelternvertreterinnen und Klassenelternvertreter sind zur Teilnahme berechtigt. [3]Der Elternrat kann andere Personen zur Teilnahme an einzelnen Sitzungen einladen. [4]Er kann in Ausnahmefällen ohne die Schulleitung tagen.

(4) [1]Der Elternrat ist beschlussfähig, wenn die Mehrzahl seiner Mitglieder anwesend ist. [2]Er kann zur Vorbereitung seiner Beschlüsse Ausschüsse einsetzen, denen auch Mitglieder des Schülerrats, Lehrkräfte und Eltern angehören sollen.

(5) Schulleitung und Lehrkräfte erteilen dem Elternrat die für seine Aufgabenwahrnehmung erforderlichen Auskünfte.

(6) [1]Der Elternrat beruft wenigstens einmal jährlich eine Versammlung der Klassenelternvertreterinnen und Klassenelternvertreter oder der Eltern ein, um über seine Tätigkeit zu berichten und Fragen des Schullebens zu erörtern. [2]Die Schulleiterin oder der Schulleiter muss zur Teilnahme eingeladen werden, die Lehrkräfte und die Mitglieder des Schülerrats können zur Teilnahme eingeladen werden.

§ 75 Kreiselternrat

(1) [1]Der Kreiselternrat soll die Verbindung der Elternräte eines Schulkreises untereinander und mit der Elternkammer pflegen und allgemeine Angelegenheiten des Schulkreises erörtern. [2]Er besteht aus je einer Vertreterin oder einem Vertreter, bei Schulen mit mehr als 800 Schülerinnen und Schülern aus je zwei Vertreterinnen und Vertretern der Elternräte der Schulen, die in dem jeweiligen Schulkreis liegen oder zu ihm gehören, und nach deren Wahl den Vertreterinnen und Vertretern des Schulkreises in der Elternkammer.

(2) [1]Der Kreiselternrat wählt unverzüglich aus seiner Mitte für die Dauer eines Jahres die Vorsitzende oder den Vorsitzenden, deren Stellvertreterin oder Stellvertreter sowie eine Schriftführerin oder einen Schriftführer. [2]Diese Personen können auch einen gleichberechtigten Vorstand bilden.

(3) [1]Der Kreiselternrat wird vom Vorstand einberufen. [2]Auf Verlangen eines Viertels der Mitglieder oder auf Verlangen der zuständigen Behörde muss binnen zwei Wochen eine Sitzung stattfinden. [3]Die Sitzungen des Kreiselternrats sind nicht öffentlich. [4]Eine Vertreterin oder ein Vertreter der zuständigen Behörde, die Ersatzmitglieder und Elternratsmitglieder des Schulkreises sind zur Teilnahme berechtigt. [5]Der Kreiselternrat kann andere Personen zur Teilnahme an einzelnen Sitzungen oder zu einzelnen Tagesordnungspunkten einladen. [6]Er kann in Ausnahmefällen ohne eine Vertreterin oder einen Vertreter der zuständigen Behörde tagen.

(4) [1]Die betroffenen Kreiselternräte sind rechtzeitig zu hören vor
1. der Zusammenlegung, Teilung oder Schließung von Schulen innerhalb des Schulkreises,
2. einer Neubegrenzung von Schulkreisen sowie
3. der Einrichtung und Änderung von Schulkreisen für bestimmte Schulformen.
[2]Die Vertreterinnen und Vertreter der Elternräte betroffener Schulen haben in den zuständigen Kreiselternräten Rede- und Antragsrecht.

Siebter Abschnitt
Besonderheiten der Schulverfassung an beruflichen Schulen

§ 76 Aufgaben und Rechte der Schulvorstände

(1) [1]An beruflichen Schulen berät der Schulvorstand die Schulleiterin oder den Schulleiter in sämtlichen Angelegenheiten und fasst Beschlüsse nach Maßgabe dieses Gesetzes. [2]Der Schulvorstand fördert die Zusammenarbeit zwischen Schülerinnen und Schülern, Eltern, Lehrkräften, den nicht der Lehrerkonferenz angehörenden Mitarbeiterinnen und Mitarbeitern der beruflichen Schule, den zuständigen Fachgewerkschaften und den Ausbildungsbetrieben.

(2) Der Schulvorstand entscheidet auf der Grundlage von Vorlagen der Schulleiterin oder des Schulleiters über folgende grundlegende Ziele und wirtschaftliche Angelegenheiten der Schule:
1. die Ziele, Schwerpunkte und Organisationsformen der pädagogischen Arbeit im Rahmen eines Qualitätsmanagementsystems,
2. die Ziel- und Leistungsvereinbarung,
3. die Grundsätze für die Verwendung der Personal- und Sachmittel im Rahmen ihrer Zweckbestimmung sowie über die Grundsätze der Beschaffung und Verwaltung der Lernmittel,
4. den Wirtschaftsplan,
5. den Jahresbericht.

(3) Der Schulvorstand entscheidet ferner auf der Grundlage von Vorlagen der Schulleiterin oder des Schulleiters über folgende Elemente der Gestaltung des Schullebens:
1. die Hausordnung,
2. die Namensgebung für die Schule,
3. die Grundsätze für die Betätigung von Schülergruppen in der Schule,
4. die Durchführung von Geldsammlungen unter Schülerinnen und Schülern sowie Eltern,
5. die Form der Anhörung der Vertreterinnen und Vertreter der Eltern und der Vertreterinnen und Vertreter der Schülerinnen und Schüler vor der abschließenden Beschlussfassung über die Zeugnisse nach § 62 Absatz 3,
6. die Grundsätze für die Durchführung außerunterrichtlicher Veranstaltungen und die diesbezügliche Mitwirkung von Externen,
7. die Grundsätze für soziale Aufgaben im Sinne des § 49 Absatz 2 Satz 2.

(4) Der Schülerrat, der Elternrat, die Lehrerkonferenz, die nicht der Lehrerkonferenz angehörenden Mitarbeiterinnen und Mitarbeiter und die Lernortkooperationen können den Schulvorständen Vorschläge zur Beratung oder Beschlussfassung unterbreiten.

§ 77 Zusammensetzung, Wahl und Stimmrechte

(1) Der Schulvorstand wird unter Vorsitz der stimmberechtigten Schulleiterin oder des stimmberechtigten Schulleiters aus
1. drei Mitgliedern der Lehrerkonferenz,
2. drei Wirtschaftsvertreterinnen oder Wirtschaftsvertretern,
3. drei Vertreterinnen oder Vertretern der für die Ausbildungsbetriebe zuständigen Fachgewerkschaften oder selbstständigen Vereinigungen von Arbeitnehmern mit sozial- oder berufspolitischer Zielsetzung,
4. einem Mitglied des Schülerrats und
5. einem Mitglied des Elternrats, sofern an der Schule ein Elternrat gebildet ist, sonst einem weiteren Mitglied des Schülerrats
gebildet.

(2) [1]Die Lehrerkonferenz wählt aus ihrer Mitte drei Mitglieder des Schulvorstands für eine Amtszeit von drei Jahren. [2]Sie wählt außerdem drei Ersatzmitglieder. [3]Können die in den Sätzen 1 und 2 genannten Mitglieder nicht innerhalb der in Absatz 4 genannten Frist einschließlich einer angemessenen Nachfrist gewählt werden, werden diese von der Schulleiterin oder dem Schulleiter nach pflichtgemäßem Ermessen berufen. [4]Die Vertreterinnen oder Vertreter nach Absatz 1 Nummer 2 sowie bis zu drei Ersatzvertreterinnen oder Ersatzvertreter werden auf Vorschlag der Verbände und Innungen, die für die an der Schule unterrichteten Ausbildungsberufe zuständig sind, im Einvernehmen mit den Kammern aus der Mitte der Ausbildungsbetriebe für drei Jahre ernannt. [5]Die Lernortkooperationen der Schule können den Verbänden und Innungen Vorschläge unterbreiten. [6]Der Schülerrat und der Elternrat wählen aus ihrer Mitte jeweils ein Mitglied für den Schulvorstand und ein Ersatzmitglied für die Dauer der Schulzugehörigkeit, höchstens jedoch für eine Amtszeit von drei Jahren. [7]Die Vertreterinnen oder Vertreter nach Absatz 1 Nummer 3 sowie bis zu drei Ersatzvertreterinnen oder Ersatzvertreter werden auf Vorschlag der für die Ausbildungsbetriebe der Schule zuständigen Fachgewerkschaften oder selbständigen Vereinigungen von Arbeitnehmerinnen und Arbeitnehmern mit sozial- oder berufspolitischer Zielsetzung für drei Jahre ernannt.

(3) Allen Mitgliedern der Schulvorstände stehen zu sämtlichen Beschlussvorlagen Rede-, Antrags- und Informationsrechte zu.

(4) Die Mitglieder und Ersatzmitglieder sind innerhalb von zwei Monaten nach Beginn des Unterrichts im neuen Schuljahr zu benennen oder zu wählen.

§ 78 Verfahrensgrundsätze

(1) [1]Die Schulleiterin oder der Schulleiter führt die Geschäfte des Schulvorstandes. [2]Sie oder er lädt die Mitglieder des Schulvorstandes mindestens zweimal je Schuljahr zu einer Schulvorstandssitzung ein. [3]Auf Verlangen der Hälfte der stimmberechtigten Mitglieder muss innerhalb von zwei Wochen eine Sitzung unter Angabe der zu behandelnden Tagesordnung einberufen werden. [4]Der Schulvorstand gibt sich zur Ergänzung nachfolgender Verfahrensgrundsätze eine Geschäftsordnung.

(2) [1]Der Schulvorstand beschließt mit der Mehrheit der Schulvertreterinnen oder Schulvertreter als auch der Mehrheit der Wirtschaftsvertreterinnen oder Wirtschaftsvertreter als auch der Mehrheit der Vertreterinnen oder Vertreter der Fachgewerkschaften oder selbständigen Vereinigungen von Arbeitnehmern mit sozial- oder berufspolitischer Zielsetzung (Prinzip der kumulativen Mehrheit). [2]Kommt ein Beschluss nicht zustande, stehen der Schulleiterin oder dem Schulleiter die Rechte aus § 90 Absatz 1 zu.

(3) Ist oder wird der Schulvorstand beschlussunfähig, so kann er frühestens zwei, längstens zehn Tage später zu derselben Tagesordnung erneut einberufen werden und ist dann ohne Rücksicht auf die Zahl der Teilnehmerinnen und Teilnehmer beschlussfähig.

(4) In Angelegenheiten, in denen eine zügige Entscheidung zu treffen ist, ist die Schulleiterin oder der Schulleiter berechtigt, vorläufige Regelungen zu treffen.

(5) [1]Die Sitzungen sind nicht schulöffentlich. [2]Andere Personen können zur Teilnahme an einzelnen Sitzungen oder zu einzelnen Tagesordnungspunkten eingeladen werden.

§ 78a Lernortkooperationen

(1) [1]An staatlichen berufsbildenden Schulen sind berufsbezogene Lernortkooperationen einzurichten. [2]Sie sollen die Zusammenarbeit zwischen Betrieben und Schulen fördern und durch Absprachen die Qualität der Berufsausbildung weiterentwickeln. [3]Für Berufe mit ähnlichen Berufsbildern können berufsübergreifende Lernortkooperationen gebildet werden.

(2) [1]In die berufsbezogenen Lernortkooperationen kann jeder in einem entsprechenden Beruf ausbildende Betrieb, jede überbetriebliche Ausbildungseinrichtung, jeder Praktikumsbetrieb sowie die jeweilige Innung oder der jeweilige Fachverband je eine Vertreterin oder einen Vertreter entsenden. [2]Den Lernortkooperationen gehören ferner die im entsprechenden Bildungsgang unterrichtenden Lehrkräfte an.

(3) Die Lernortkooperationen sollen insbesondere

1. an der Weiterentwicklung der Ausbildungsinhalte und der Ausbildungsqualität mitwirken,
2. betriebliches und schulisches Wissen gegenseitig nutzbar machen,
3. die Ausbildungsinhalte zwischen Betrieb und Schule abstimmen,
4. an der Ausgestaltung der Bildungspläne mitwirken,
5. die jeweiligen Schulvorstände in strategischen Fragen, insbesondere bei der Ausrichtung und Organisation der Ausbildung und bei größeren Investitionsvorhaben, beraten,
6. Kooperationen von Betrieben und Schule vereinbaren,
7. Zusatzqualifikationen und Förderangebote für einzelne Schülergruppen entwickeln,
8. die nähere Ausgestaltung der Organisationsformen des Berufsschulunterrichtes unter Berücksichtigung der Vorgaben und der Erfordernisse des Gesamtsystems der jeweiligen beruflichen Schule vereinbaren.

(4) [1]Die Lernortkooperationen können Ausschüsse bilden. [2]Näheres zum Verfahren, insbesondere zu den Teilversammlungen und Ausschüssen, können die Lernortkooperationen durch Geschäftsordnung bestimmen.

(5) Die Jugend- und Auszubildendenvertretungen der nach Absatz 2 zur Teilnahme an der Lernortkooperation berechtigten Betriebe besitzen gegenüber der Lernortkooperation ein Anwesenheits-, Antrags- und Initiativrecht zu den in Absatz 3 genannten Angelegenheiten.

Achter Abschnitt
Kammern, Landesschulbeirat

§ 79 Aufgaben

(1) [1]Die Schülerkammer, die Elternkammer und die Lehrerkammer (Kammern) beraten die zuständige Behörde bei allen das Schulwesen betreffenden Entscheidungen von grundsätzlicher Bedeutung. [2]Sie sollen die Beziehungen von Schule, Schülerinnen und Schülern, Eltern und Lehrkräften untereinander und zur Öffentlichkeit pflegen.

(2) [1]Die zuständige Behörde hat die Kammern vor Entscheidungen von grundsätzlicher Bedeutung rechtzeitig zu beteiligen, insbesondere soweit sie Fragen der Schul- oder Unterrichtsgestaltung, der Leistungsbeurteilung der Schülerinnen und Schüler oder der inneren Ordnung der Schule betreffen. [2]Die Lehrerkammer ist darüber hinaus bei grundsätzlichen Fragen der Aus- und Fortbildung der Lehrkräfte zu beteiligen.

(3) Erhebt eine Kammer gegen ein Vorhaben der zuständigen Behörde nach Absatz 2 grundsätzliche Einwendungen, so hat der Präses der zuständigen Behörde oder eine von ihm bestimmte Vertreterin oder ein von ihm bestimmter Vertreter vor der Entscheidung die Vorsitzenden der Kammer zu hören.

(4) Die Kammern können der zuständigen Behörde Vorschläge zu allen Fragen des Schulwesens zuleiten.

(5) [1]Die Arbeit der Kammern wird nach Maßgabe des Haushaltsplans durch öffentliche Mittel gefördert. [2]Die zuständige Behörde hat in dem erforderlichen Umfang Räume zur Verfügung zu stellen und die Benutzung technischer Einrichtungen zu gestatten.

§ 80 Schülerkammer

(1) [1]Die Kammer der Schülerinnen und Schüler (Schülerkammer) besteht aus je zwei von den Kreisschülerräten für zwei Jahre gewählten Mitgliedern. [2]Sofern erforderlich, sind in einer Ergänzungswahl so viele weitere Mitglieder zu wählen, dass die Stadtteilschulen, die Gymnasien, die Sonderschulen

und die beruflichen Schulen durch mindestens je vier Mitglieder vertreten werden. [3]Voraussetzung für die Wahl ist die Mitgliedschaft im Schülerrat einer im Schulkreis gelegenen oder zu ihm gehörenden Schule.

(2) Mitglieder der Schülerkammer scheiden vorzeitig aus, sobald sie keine staatliche Schule der Freien und Hansestadt Hamburg mehr besuchen.

§ 81 Elternkammer

(1) [1]Die Elternkammer besteht aus je zwei von den Kreiselternräten für drei Jahre gewählten Mitgliedern. [2]Sofern erforderlich, sind in einer Ergänzungswahl so viele weitere Mitglieder zu wählen, dass die Grundschulen, die Stadtteilschulen, die Gymnasien, die Sonderschulen und die beruflichen Schulen durch mindestens je vier Mitglieder vertreten werden. [3]Voraussetzung für die Wahl ist die Mitgliedschaft im Elternrat einer im Schulkreis gelegenen oder zu ihm gehörenden Schule. [4]Nicht wählbar zur Elternkammer ist, wer gemäß § 82 Absatz 2 in die Lehrerkammer gewählt werden kann.

(2) Mitglieder der Elternkammer scheiden vorzeitig aus, sobald keines ihrer Kinder mehr eine staatliche Schule der Freien und Hansestadt Hamburg besucht.

§ 82 Lehrerkammer

(1) [1]Die Kammer der Lehrerinnen und Lehrer (Lehrerkammer) besteht aus vierzig nach den Grundsätzen der Verhältniswahl für vier Jahre gewählten Mitgliedern. [2]In der Lehrerkammer sollen die Schulstufen und Schulformen angemessen vertreten sein.

(2) Wahlberechtigt und wählbar sind alle stimmberechtigten Mitglieder der Lehrerkonferenzen.

(3) Mitglieder der Lehrerkammer scheiden vorzeitig aus ihrem Amt aus, sobald sie nicht mehr an einer staatlichen Schule der Freien und Hansestadt Hamburg tätig sind.

§ 83 Landesschulbeirat

(1) [1]Der Landesschulbeirat dient der Zusammenarbeit zwischen den am Schulwesen unmittelbar beteiligten Gruppen und den mittelbar beteiligten öffentlichen Institutionen. [2]Er kann zu allen Grundsatzfragen des Schulwesens Stellung nehmen und berät die zuständige Behörde bei grundlegenden Änderungen des Schulwesens.

(2) Der Landesschulbeirat besteht aus

1. den Vorsitzenden der Lehrerkammer, der Elternkammer und der Schülerkammer,
2. je einem Mitglied, das auf Vorschlag der Handelskammer Hamburg, der Handwerkskammer Hamburg, des Integrationsbeirates, des Senatskoordinators für die Gleichstellung behinderter Menschen, der Landesarbeitsgemeinschaft für Behinderte, der Agentur für Arbeit Hamburg, des Deutschen Gewerkschaftsbundes Hamburg, der Vereinten Dienstleistungsgewerkschaft Hamburg, des Deutschen Beamtenbundes Hamburg, der Universität Hamburg, der Technischen Universität Hamburg-Harburg, der Hochschule für angewandte Wissenschaften, der Evangelischen Kirche, der Katholischen Kirche, der Arbeitsgemeinschaft der freien Schulträger in der Freien und Hansestadt Hamburg, der Jüdischen Gemeinde, des Rates der islamischen Gemeinden und des Verbandes freier Weltanschauungsgemeinschaften Hamburg e.V. von der zuständigen Behörde berufen wird,
3. je zwei Mitgliedern, die von der Elternkammer, der Lehrerkammer und der Schülerkammer aus deren Mitte gewählt werden.

§ 84 Verfahrensgrundsätze

(1) Die Kammern und der Landesschulbeirat wählen aus ihrer Mitte jeweils einen Vorstand, der zwischen den Sitzungen die laufenden Geschäfte führt.

(2) [1]Die Sitzungen werden vom Vorstand, im Verhinderungsfall von seiner Vertretung einberufen und geleitet. [2]Auf Verlangen eines Viertels der Mitglieder oder der zuständigen Behörde muss binnen zwei Wochen eine Sitzung stattfinden. [3]Die zuständige Behörde und je zwei für die Dauer eines Jahres benannte Vertreterinnen und Vertreter der anderen Gremien sind zu allen Sitzungen unter Beifügung der Tagesordnung einzuladen.

(3) [1]Die Sitzungen sind nicht öffentlich. [2]Die Gremien können andere Personen zur Teilnahme an der Sitzung oder zu einzelnen Tagesordnungspunkten einladen.

(4) [1]Über jede Sitzung ist eine Niederschrift anzufertigen, die von der Vorsitzenden oder dem Vorsitzenden und der Protokollführerin oder dem Protokollführer zu unterzeichnen ist. [2]Je ein Exemplar ist den anderen Gremien und der zuständigen Behörde zu übersenden.

(5) [1]Im Übrigen regeln die Gremien ihre Geschäftsordnung selbst. [2]Sie müssen sicherstellen, dass die Beschlussfähigkeit nur bei angemessener Vertretung der Schulformen gegeben ist.

Sechster Teil
Schulverwaltung

Erster Abschnitt
Grundlagen

§ 85 Schulaufsicht, Schulberatung und Schulinspektion

(1) [1]Das gesamte Schulwesen steht in der Verantwortung des Staates. [2]Die zuständige Behörde ist verantwortlich für

1. die Beachtung der Rechts- und Verwaltungsvorschriften, insbesondere der in den §§ 1 bis 3 niedergelegten Ziele und Grundsätze sowie der Bildungspläne,
2. die Führung der Fachaufsicht über Unterricht und Erziehung in den Schulen,
3. die Dienstaufsicht über das pädagogische Personal, soweit diese nicht gemäß § 89 Absatz 2 Satz 2 auf die Schulleitungen übertragen ist.

[3]Die Schulaufsicht über die staatlichen Schulen erfolgt insbesondere durch den Abschluss und die Kontrolle von Ziel- und Leistungsvereinbarungen mit den Schulleitungen.

(2) Die Schulaufsicht berät und unterstützt die Schulen in der Wahrnehmung ihrer Aufgaben auch im Bereich der erweiterten Selbstverantwortung.

(3) [1]Die Schulinspektion untersucht die Qualität des Bildungs- und Erziehungsprozesses an staatlichen Schulen und berichtet darüber den Schulen und der Schulaufsicht. [2]Schulinspektorinnen und Schulinspektoren sind in der Bewertung der Qualität einzelner Schulen an Weisungen nicht gebunden. [3]Durch die Schulinspektion wird schulübergreifend und vergleichend der Erfolg der pädagogischen Arbeit geprüft.

(4) Die zuständige Behörde überprüft schulübergreifend und vergleichend den Erfolg der pädagogischen Arbeit, um die Gleichwertigkeit und Qualität sowie die Durchlässigkeit und Vielfalt des schulischen Bildungs- und Erziehungsangebots zu gewährleisten.

§ 85a Hamburger Institut für Berufliche Bildung (HIBB)

(1) Schulverwaltung und Schulaufsicht der staatlichen beruflichen Schulen erfolgen durch das Hamburger Institut für Berufliche Bildung (HIBB), das als Landesbetrieb nach der Landeshaushaltsordnung geführt werden soll.

(2) [1]Organe des HIBB sind das Kuratorium und die Geschäftsführung. [2]Die Geschäftsführung, der die operative Verantwortung obliegt, soll im Einvernehmen mit dem Kuratorium vom Präses der zuständigen Behörde ernannt werden.

(3) Staatliche berufliche Schulen sollen als Teil des HIBB im Rahmen ihrer Selbstverantwortung eine weitgehende Übertragung der Budget- und Personalverantwortung erhalten und können selbst als Landesbetrieb nach der Landeshaushaltsordnung geführt werden.

§ 85b Aufgaben des HIBB

(1) Das HIBB hat folgende Aufgaben:

1. Beratung und Unterstützung der beruflichen Schulen,
2. Wahrnehmung der Rechts- und Fachaufsicht über die beruflichen Schulen,
3. Dienstaufsicht über das pädagogische Personal, soweit diese nicht gemäß § 89 Absatz 2 Satz 2 auf die Schulleitungen übertragen ist,
4. Abschluss der jährlichen Ziel- und Leistungsvereinbarung mit der zuständigen Behörde,
5. Aufstellung eines Wirtschaftsplans sowie die Verteilung der Einzelbudgets auf die beruflichen Schulen,
6. Steuerung der beruflichen Schulen über Ziel- und Leistungsvereinbarungen, Clearingstellen, kontinuierliche Qualitätsentwicklung, Controlling und Berichtswesen,
7. Entscheidung über die Vorschläge an den Präses der zuständigen Behörde für die Bestellung zur Schulleiterin oder zum Schulleiter und für die Bestellung sonstiger Leitungsmitglieder,
8. Beratung der Schülerinnen und Schüler, Eltern und Lehrkräfte beruflicher Schulen.

(2) Das HIBB kann mit der Wahrnehmung ministerieller Aufgaben beauftragt werden.

(3) Dem HIBB können Aufgaben der außerschulischen Bildung übertragen werden.

§ 85c Mitglieder des Kuratoriums

(1) [1]Stimmberechtigte Mitglieder des Kuratoriums sind:

1. eine vom Präses der zuständigen Behörde benannte Vorsitzende oder ein von ihm benannter Vorsitzender,
2. zwei Vertreterinnen oder Vertreter der zuständigen Behörde, die von deren Präses benannt werden,
3. drei Vertreterinnen oder Vertreter von Kammern und Unternehmensverbänden, von denen zwei zuständige Stellen im Sinne des Berufsbildungsgesetzes vom 23. März 2005 (BGBl. I S. 931), zuletzt geändert am 20. Dezember 2011 (BGBl. I S. 2854, 2923), in der jeweils geltenden Fassung, vertreten müssen, die im Einvernehmen mit den auf dem Gebiet der Freien und Hansestadt Hamburg tätigen Unternehmensverbänden und Innungen benannt werden,
4. drei Vertreterinnen oder Vertreter der auf dem Gebiet der Freien und Hansestadt Hamburg tätigen Gewerkschaften.

[2]Zwei Schulleiterinnen oder Schulleiter berufsbildender Schulen, die von der zuständigen Behörde benannt werden, nehmen als beratende Mitglieder an den Sitzungen des Kuratoriums teil.

(2) Die Ernennung der Kuratoriumsmitglieder erfolgt durch den Präses der zuständigen Behörde.

(3) [1]Die Amtsdauer der Mitglieder des Kuratoriums beträgt vier Jahre. [2]Sind bei Ablauf der Amtszeit die neuen Mitglieder noch nicht bestellt, führen die bisherigen Mitglieder ihr Amt bis zur Bestellung der neuen Mitglieder fort. [3]Die Mitglieder des Kuratoriums können vor Ablauf der Amtszeit nach Anhörung der benennenden Stelle vom Präses der zuständigen Behörde abberufen werden. [4]Scheidet ein Mitglied aus diesem oder einem anderen Grund vorzeitig aus, wird für den Rest seiner Amtszeit ein neues Mitglied benannt und bestellt. [5]Einzelheiten regelt die Geschäftsordnung des Kuratoriums.

(4) [1]Die Mitglieder des Kuratoriums verwalten ihr Amt als unentgeltliches Ehrenamt. [2]Sie erhalten weder Tagegeld noch Reisekostenvergütung oder sonstigen Auslagenersatz. [3]Das Gesetz über Entschädigungsleistungen anlässlich ehrenamtlicher Tätigkeit in der Verwaltung vom 1. Juli 1963 (HmbGVBl. S. 111), zuletzt geändert am 3. Juni 2005 (HmbGVBl. S. 225), in der jeweils geltenden Fassung findet keine Anwendung.

§ 85d Aufgaben des Kuratoriums

(1) [1]Das Kuratorium berät die Geschäftsführung in sämtlichen Angelegenheiten der beruflichen Bildung und beschließt über:

1. berufsbildungspolitische Schwerpunktsetzungen der Berufsschule und der Berufsvorbereitungsschule,
2. curriculare Rahmenbedingungen der Berufsschule und der Berufsvorbereitungsschule,
3. Vorschläge zur Verteilung des Globalhaushaltes auf die einzelnen Schulen und
4. Vorschläge zur Ernennung von Schulleitungen.

[2]Die Beschlüsse nach Satz 1 Nummern 1 bis 3 bilden die Grundlage einer Ziel- und Leistungsvereinbarung zwischen der zuständigen Behörde und dem HIBB nach § 85b Absatz 1 Nummer 4.

(2) Dem Kuratorium obliegt die Feststellung des Jahresabschlusses des HIBB.

(3) [1]Das Kuratorium gibt sich eine Geschäftsordnung. [2]Es kann Ausschüsse bilden und diesen einzelne Aufgaben zur Vorbereitung oder durch einstimmigen Beschluss zur selbstständigen Erledigung übertragen. [3]In den Ausschüssen müssen mindestens die in § 85c Absatz 1 Satz 1 Nummern 1 und 2 genannten Personen mitwirken.

§ 85e Beschlussfassung des Kuratoriums

(1) [1]Das Kuratorium tritt mindestens zweimal im Jahr zusammen. [2]Die oder der Vorsitzende kann jederzeit Sitzungen des Kuratoriums einberufen. [3]Auf Verlangen der Hälfte der Kuratoriumsmitglieder ist eine Sitzung unverzüglich einzuberufen. [4]Das Kuratorium und Ausschüsse, denen Angelegenheiten zur Beschlussfassung übertragen worden sind, sind beschlussfähig, wenn mindestens die Hälfte der Mitglieder insgesamt und die Mitglieder nach § 85c Absatz 1 Satz 1 Nummern 1 und 2 an der Beschlussfassung mitwirken. [5]Können wegen fehlender Beschlussfähigkeit keine Beschlüsse gefasst werden, so ist das Kuratorium binnen zwei Wochen zu einer erneuten Sitzung einzuberufen. [6]Ist in dieser Sitzung keine Beschlussfähigkeit gegeben, trifft der Präses der zuständigen Behörde die erforderlichen Entscheidungen.

(2) [1]Das Kuratorium fasst seine Beschlüsse in einer Sitzung oder im Umlaufverfahren. [2]Die schriftliche Stimmabgabe ist möglich. [3]Bei Stimmengleichheit entscheidet die Stimme der oder des Vorsitzenden.

(3) [1]Widersprechen sämtliche Vertreterinnen oder Vertreter der zuständigen Stellen im Sinne des Berufsbildungsgesetzes einem Beschluss, können diese Mitglieder verlangen, dass der Präses der zuständigen Behörde die Entscheidung an sich zieht. [2]Das Verlangen muss begründet werden. [3]Der Präses der zuständigen Behörde trifft innerhalb von zwei Wochen die erforderliche Entscheidung. [4]Während dieses Zeitraums haben die Mitglieder nach § 85c Absatz 1 Satz 1 Nummer 3 die Möglichkeit, eine ausführliche Stellungnahme abzugeben.

(4) Absatz 3 gilt entsprechend, wenn die oder der Vorsitzende widerspricht.

§ 86 Regionale Bildungskonferenzen, Schulentwicklungsplanung

(1) [1]Um ein an den Bedürfnissen der Familien ausgerichtetes schulisches Bildungs- und Erziehungsangebot in der Region sicherzustellen, werden Regionale Bildungskonferenzen gebildet. [2]Sie erarbeiten insbesondere Empfehlungen für die fachlichen Profile der Schulen aller Schulformen und Art und Umfang der Betreuungsangebote der Schulen in Abstimmung mit den Angeboten der Einrichtungen der Kinder- und Jugendhilfe. [3]An Regionalen Bildungskonferenzen nehmen die staatlichen allgemeinbildenden Schulen und deren Schulaufsichtsbeamtinnen und Schulaufsichtsbeamte sowie die Kreiselternräte und Kreisschülerräte teil; die in der Region gelegenen beruflichen Schulen, die Schulen in freier Trägerschaft, die örtlich zuständigen Bezirksämter und örtlich tätigen Jugendhilfeträger sollen mitwirken. [4]Alle staatlichen Schulen sind zur Kooperation hinsichtlich eines vielfältigen Bildungsangebotes in der Region gehalten. [5]Bei der Erarbeitung der Empfehlungen für die Bildungsangebote der Schulen werden die vorhandenen Angebote berücksichtigt und weiterentwickelt.

(2) [1]Zur Vorbereitung von Entscheidungen zur Schulorganisation und zur Weiterentwicklung des Schulwesens stellt die zuständige Behörde einen Schulentwicklungsplan auf. [2]Dieser soll zeigen, wie sich die Schulformen in Abhängigkeit von den Entscheidungen der Sorgeberechtigten nach § 42, von Schülerzahlen sowie von personellen und räumlichen Mitteln nebeneinander entwickeln. [3]Er soll für die allgemeinbildenden Schulen die Möglichkeit eines regionalen Schulformangebots nach Maßgabe der in § 87 Absatz 3 genannten Kriterien darlegen.

(3) Der Schulentwicklungsplan ist zu veröffentlichen und bei Bedarf insgesamt oder für einzelne Regionen fortzuschreiben.

§ 87 Klassengrößen, Mindestzügigkeiten und Schulstandorte

(1) [1]An Stadtteilschulen soll in den Jahrgangsstufen 5 und 6 keine Klasse größer sein als 23 Schülerinnen und Schüler, in den übrigen Jahrgangsstufen soll keine Klasse größer sein als 25 Schülerinnen und Schüler. [2]An Gymnasien soll die Klassengröße von 28 Schülerinnen und Schülern nicht überschritten werden. [3]Schülerinnen und Schüler an Grundschulen haben Anspruch auf Unterricht in Klassen, die nicht größer sind als 23 Schülerinnen und Schüler, an Grundschulen mit einer sozialstrukturell benachteiligten Schülerschaft auf Klassengrößen, die 19 nicht überschreiten. [4]Aus Gründen besonderer räumlicher Gegebenheiten oder besonderer pädagogischer Aufgaben kann die Klassengröße im Einzelfall unterschritten, aus Gründen der regionalen Versorgung aller Schülerinnen und Schüler im Einzelfall überschritten werden.

(2) [1]Die Grundschule wird mindestens zweizügig, die Stadtteilschule und das Gymnasium werden mindestens dreizügig geführt. [2]Wird die Mindestzügigkeit in den Eingangsklassen in zwei aufeinanderfolgenden Schuljahren nicht erreicht, so werden an der betreffenden Schule im darauf folgenden Schuljahr keine Eingangsklassen mehr eingerichtet. [3]Bei der Einrichtung von Eingangsklassen ist darauf hinzuwirken, dass von den Sorgeberechtigten nachgefragte Bildungsangebote in ausreichendem Umfang angeboten werden.

(3) [1]Schulorganisatorische Entscheidungen einschließlich derjenigen, ob und wo Eingangsklassen eingerichtet werden, erfolgen durch Rechtsverordnung des Senats; diese kann auch Ausnahmen von der Regel des Absatzes 2 Satz 2 vorsehen. [2]Die Verordnung hat eine gleichmäßige Versorgung mit altersangemessen erreichbaren Angeboten der verschiedenen Schulformen und Schulstufen, die Entwicklung der Anmeldungen an den einzelnen Schulen und Schulformen sowie die Grundsätze einer sparsamen und wirtschaftlichen Haushaltsführung zu beachten.

Zweiter Abschnitt
Lehrerinnen und Lehrer, Schulleitung

§ 88 Stellung der Lehrerinnen und Lehrer
(1) Lehrerin oder Lehrer im Sinne dieses Gesetzes ist, wer an einer Schule selbständig Unterricht erteilt.

(2) Die Lehrerinnen und Lehrer unterrichten, erziehen, beraten und betreuen in eigener Verantwortung im Rahmen der Ziele und Grundsätze der §§ 1 bis 3 sowie der sonstigen Rechts- und Verwaltungsvorschriften und der Beschlüsse der Schulkonferenz oder des Schulvorstands und der Lehrerkonferenz.

(3) [1]Lehrerinnen und Lehrer sind verpflichtet, die schulische Gemeinschaft durch fachliche und pädagogische Kooperation zu unterstützen. [2]Sie fördern sich gegenseitig in ihrem unterrichtlichen Handeln durch kollegiale Hospitationen und Teamarbeit und stimmen ihre pädagogische Arbeit in Jahrgangsteams ab.

(4) [1]Lehrerinnen und Lehrer sind verpflichtet, sich zur Erhaltung und weiteren Entwicklung ihrer Unterrichts- und Erziehungsfähigkeit in der unterrichtsfreien Zeit fortzubilden und dies nachzuweisen. [2]Die Fortbildung wird durch entsprechende Angebote der zuständigen Behörde, die die Qualität von Unterricht und Erziehung sichern, unterstützt.

(5) An der Erziehung und dem Unterricht in der Schule können geeignete Personen ohne pädagogische Spezialausbildung, insbesondere die Sorgeberechtigten der Schülerinnen und Schüler, mitwirken.

§ 89 Aufgaben der Schulleiterin oder des Schulleiters (Schulleitung)
(1) [1]Die Schulleiterin oder der Schulleiter leitet die Schule im Rahmen der geltenden Rechts- und Verwaltungsvorschriften, der Anordnungen der zuständigen Behörde sowie der Beschlüsse der Schulkonferenz oder des Schulvorstands und der Lehrerkonferenz und ist verantwortlich für die ordnungsgemäße Durchführung der Unterrichts-, Erziehungs- und Verwaltungsarbeit. [2]Solange die Schule keine Schulleiterin oder keinen Schulleiter hat oder im Falle von deren Verhinderung, tritt die stellvertretende Schulleiterin oder der stellvertretende Schulleiter an deren oder dessen Stelle. [3]Die Schulleiterin oder der Schulleiter kann einzelne Aufgaben der Schulleitung, unter anderem die Aufgabe der Erstbeurteilung, auf die stellvertretende Schulleiterin oder den stellvertretenden Schulleiter, auf Inhaberinnen und Inhaber von Funktionsstellen nach § 96 oder im Ausnahmefall auf andere Lehrkräfte der Schule übertragen. [4]Die Schulleiterin oder der Schulleiter schließt die Ziel- und Leistungsvereinbarung nach § 85 ab.

(2) [1]Die Schulleiterin oder der Schulleiter ist Vorgesetzte oder Vorgesetzter aller an der Schule tätigen Personen. [2]Sie oder er übt in laufenden Angelegenheiten die Dienstaufsicht aus. [3]Sie oder er sorgt für die Einhaltung der dienstlichen Pflichten und erteilt die dafür erforderlichen Weisungen. [4]Die Weisungsbefugnis gegenüber Lehramtsanwärterinnen und -anwärtern ist auf deren Ausbildung an der Schule beschränkt. [5]Die Schulleiterin oder der Schulleiter ist verantwortlich für alle innerschulisch notwendigen Maßnahmen der Personalentwicklung, insbesondere in der Berufseingangsphase. [6]Sie oder er vertritt die Schule nach außen und übt das Hausrecht aus. [7]Das Hausrecht für die Unterrichtsräume wird während der Unterrichtszeit von der jeweils unterrichtenden Lehrkraft ausgeübt.

(3) [1]Die Schulleiterin oder der Schulleiter sorgt in Zusammenarbeit mit den Lehrkräften, den Eltern, den Schülerinnen und Schülern sowie der zuständigen Behörde für die Erfüllung des Bildungs- und Erziehungsauftrags. [2]Sie oder er bereitet die Beschlüsse der Schulkonferenz oder des Schulvorstands und der Lehrerkonferenz vor und sorgt für die Erstellung, Einhaltung, Auswertung und Weiterentwicklung des Schulprogramms sowie der Fortbildungsplanung der Schule im Rahmen der Verpflichtung der Lehrkräfte zur Fortbildung gemäß § 88 Absatz 4. [3]Sie oder er ist insbesondere verpflichtet,
1. sich über den ordnungsgemäßen Ablauf der Erziehungs- und Unterrichtsarbeit zu informieren und ihn, soweit erforderlich, durch geeignete Maßnahmen sicherzustellen,
2. die Lehrkräfte zu beraten und für ihre Zusammenarbeit zu sorgen,
3. die Einhaltung der Fortbildungsverpflichtung der Lehrkräfte (§ 88 Absatz 4) zu überprüfen,
4. die Ausbildung der Referendarinnen und Referendare zu fördern,
5. den Elternrat und den Schülerrat über für die Schule wichtige Angelegenheiten zu informieren und deren Arbeit zu unterstützen,
6. die Öffnung der Schule zu ihrem Umfeld zu fördern.

§ 90 Beanstandung von Entscheidungen durch die Schulleiterin oder den Schulleiter

(1) Die Schulleiterin oder der Schulleiter muss eine Entscheidung eines schulischen Gremiums binnen zwei Wochen schriftlich gegenüber den Mitgliedern des Gremiums beanstanden, wenn

1. der Entscheidung Rechts- oder Verwaltungsvorschriften oder Anordnungen der zuständigen Behörde entgegenstehen oder

2. sie oder er für die Durchführung der Entscheidung nicht die Verantwortung übernehmen kann oder

3. die Entscheidung der mit der zuständigen Behörde getroffenen Ziel- und Leistungsvereinbarung widerspricht.

(2) [1]Hält das betroffene Gremium die Entscheidung in einer zweiten Sitzung, die frühestens einen Tag nach der Beanstandung stattfinden darf, aufrecht, so hat die Schulleiterin oder der Schulleiter unverzüglich die Entscheidung der zuständigen Behörde einzuholen. [2]Die zuständige Behörde entscheidet innerhalb von vier Wochen, ob die Entscheidung ausgeführt werden darf.

§ 91 Eignung von Schulleiterinnen und Schulleitern

[1]Zur Schulleiterin oder zum Schulleiter wird von der zuständigen Behörde nur bestellt, wer über die Ausbildung für das Lehramt hinausgehende Kenntnisse und Fähigkeiten erworben hat, die für die Leitung einer Schule erforderlich sind. [2]Dies sind insbesondere Führungskompetenz, Teamfähigkeit, Konfliktfähigkeit, Innovationsfähigkeit, Organisationskompetenz sowie die Fähigkeit und Bereitschaft, mit schulischen wie außerschulischen Gremien zusammenzuarbeiten und schulische Aufgaben im Kontext bildungs-, sozial- und gesellschaftspolitischer Entwicklungen wahrzunehmen. [3]Die Eignung kann auch im Rahmen von Qualifizierungsmaßnahmen oder besonderen Auswahlverfahren nachgewiesen werden. [4]Bewerberinnen und Bewerber sollen sich insbesondere an einer anderen Schule, an anderen Bildungseinrichtungen, in der Verwaltung oder in der Wirtschaft bewährt haben und nicht aus der betreffenden Schule kommen. [5]Ausnahmen können insbesondere zugelassen werden, wenn die fachliche Aufgabenstellung der Schule dies erfordert.

§ 92 Öffentliche Ausschreibung und Findungsverfahren

(1) [1]Die Besetzung von Schulleitungsstellen wird von der zuständigen Behörde durch ein Findungsverfahren vorbereitet. [2]Neu zu besetzende Schulleitungsstellen werden dazu unverzüglich ausgeschrieben.

(2) [1]Die Durchführung des Findungsverfahrens obliegt dem Findungsausschuss. [2]Dieser besteht aus

1. einer Vertreterin oder einem Vertreter der zuständigen Behörde als Vorsitzende oder Vorsitzender,

2. einer von der zuständigen Behörde berufenen Schulleiterin oder einem von der zuständigen Behörde berufenen Schulleiter,

3. einem von der zuständigen Behörde berufenen, nicht dieser Behörde angehörenden Mitglied, in beruflichen Schulen einer weiteren vom HIBB beauftragten Person,

4. einem von der Schulkonferenz aus ihrer Mitte gewählten Mitglied aus der Gruppe der Schülerinnen und Schüler, das mindestens vierzehn Jahre alt sein muss, oder der Gruppe der Eltern, in beruflichen Schulen einer Wirtschaftsvertreterin oder einem Wirtschaftsvertreter des Schulvorstands,

5. einem von der Lehrerkonferenz aus ihrer Mitte gewählten Mitglied, in beruflichen Schulen einem Mitglied des Schulvorstands,

6. einem Mitglied des für die Schule zuständigen Personalrats mit beratender Stimme.

[3]Bei Stimmengleichheit entscheidet die Stimme der oder des Vorsitzenden.

(3) Benennen die Schulkonferenz beziehungsweise der Schulvorstand, die Lehrerkonferenz oder der Personalrat nicht innerhalb von vier Wochen nach entsprechender Aufforderung durch die Vorsitzende oder den Vorsitzenden ihre Vertreterinnen oder Vertreter oder bleiben diese trotz ordnungsgemäßer Einladung der Sitzung fern, so entscheiden die Vorsitzende oder der Vorsitzende und die erschienenen Mitglieder allein.

(4) [1]Die Vorsitzende oder der Vorsitzende lädt zu den Sitzungen mit einer Frist von wenigstens einer Woche ein. [2]Die zuständige Behörde legt dem Findungsausschuss die Bewerbungsunterlagen und die aktuellen dienstlichen Beurteilungen der Bewerberinnen und Bewerber vor.

(5) [1]Der Findungsausschuss schlägt der zuständigen Behörde die Bewerberin oder den Bewerber für die Bestellung zur Schulleiterin oder zum Schulleiter vor, die oder den er für am besten geeignet hält.

[2]In begründeten Ausnahmefällen können zwei Vorschläge erfolgen. [3]Kommt der Findungsausschuss nicht innerhalb von zwei Monaten seit seiner ersten Sitzung zu einem Vorschlag, so entscheidet die zuständige Behörde unmittelbar nach § 94.

§ 93 *[aufgehoben]*

§ 94 Bestellung einer Schulleiterin oder eines Schulleiters

(1) [1]Die Lehrerkonferenz, der Elternrat und die mindestens vierzehn Jahre alten Mitglieder des Schülerrates erhalten Gelegenheit, innerhalb von drei Wochen eine Stellungnahme zum Vorschlag des Findungsausschusses abzugeben; sie können die vorgeschlagene Person anhören. [2]Die zuständige Behörde entscheidet unter Einbeziehung dieser Stellungnahmen und wählt die am besten geeignete Bewerberin oder den am besten geeigneten Bewerber aus. [3]Sie setzt sie oder ihn für eine Bewährungszeit von zwölf Monaten vorläufig als Schulleiterin oder Schulleiter ein; die Bewährungszeit kann verkürzt werden. [4]Soll die Bewährungszeit mehr als zwölf Monate betragen, ist dies besonders zu begründen.

(2) Nach Ablauf der Bewährungszeit und nach Anhörung der Lehrerkonferenz und der Schulkonferenz, an beruflichen Schulen des Schulvorstands, wird die Schulleiterin oder der Schulleiter von der zuständigen Behörde bestellt, wenn sie oder er sich bewährt hat.

(3) Schlägt der Findungsausschuss eine Bewerberin oder einen Bewerber vor, die oder der sich bereits in entsprechender Stellung in der zuständigen Behörde, in der Lehreraus- und -fortbildung, an einer staatlichen Hamburger Schule oder im Auslandsschuldienst bewährt hat, wird nach § 96a verfahren.

§ 95 Schulleitung an neuerrichteten Schulen

(1) Für neuerrichtete Schulen leitet die zuständige Behörde das Findungsverfahren spätestens zwei Jahre nach der Errichtung ein.

(2) [1]Für die Zeit bis zur vorläufigen Bestellung der Schulleiterin oder des Schulleiters nach § 94 Absatz 1 setzt die zuständige Behörde eine Schulleiterin oder einen Schulleiter ein, die oder den sie jederzeit abberufen kann. [2]Diese Einsatzzeit kann ganz oder teilweise auf die Bewährungszeit angerechnet werden. [3]§ 91 gilt sinngemäß.

(3) [1]Wird die nach Absatz 2 eingesetzte Person vom Findungsausschuss vorgeschlagen, so kann sie ohne weitere Bewährungszeit gemäß § 94 Absatz 2 bestellt werden. [2]Die zuständige Behörde kann die nach Absatz 2 eingesetzte Person auch ohne Einleitung des Findungsverfahrens bestellen, wenn sie oder er sich bewährt hat. [3]Die in § 94 Absatz 1 Satz 1 genannten Gremien erhalten zuvor Gelegenheit zur Stellungnahme.

§ 96 Funktionsstellen

(1) Die Bestimmungen der §§ 91 bis 94 finden in Verfahren für neu zu besetzende Stellen der stellvertretenden Schulleiterin oder des stellvertretenden Schulleiters sowie der Abteilungsleiterinnen und Abteilungsleiter, für die besoldungsrechtlich besondere Ämter vorgesehen sind, entsprechende Anwendung.

(2) [1]Im Findungsausschuss für die Besetzung von Stellen der stellvertretenden Schulleitung ist die Schulleitung der jeweiligen Schule Mitglied gemäß § 92 Absatz 2 Satz 2 Nummer 2. [2]Der Findungsausschuss für die Besetzung der übrigen in Absatz 1 genannten Funktionsstellen besteht aus der Schulleiterin oder dem Schulleiter der jeweiligen Schule als Vorsitzender oder Vorsitzendem, einer Vertreterin oder einem Vertreter der zuständigen Behörde und den Mitgliedern nach § 92 Absatz 2 Satz 2 Nummern 3 bis 6. [3]Auf ein Mitglied nach § 92 Absatz 2 Satz 2 Nummer 3 kann in allgemeinbildenden Schulen verzichtet werden; die Entscheidung hierüber trifft die zuständige Behörde im Benehmen mit der Schulleitung. [4]Hat die Schulleitung im Findungsausschuss gemäß Satz 2 den Vorsitz, kommt der Vorschlag einer Bewerberin oder eines Bewerbers nach § 92 Absatz 5 Satz 1 nur mit ihrer Stimme zustande.

§ 96a Absehen von einem Findungsverfahren

[1]Die Bestimmungen der §§ 92 bis 96 finden keine Anwendung, wenn die Stelle mit einer Lehrkraft besetzt wird, die sich in entsprechender Stellung in der zuständigen Behörde, in der Lehreraus- und -fortbildung, an einer Schule oder im Auslandsschuldienst bewährt hat. [2]Die in § 94 Absatz 1 Satz 1 genannten Gremien erhalten vor der Entscheidung über die Besetzung Gelegenheit zur Stellungnahme.

§ 97 *[aufgehoben]*

Siebter Teil
Datenschutz

§ 98 Datenverarbeitung im Schulbereich

(1) [1]Die zuständige Behörde und die staatlichen Schulen dürfen zur Erfüllung ihrer gesetzlichen Aufgaben personenbezogene Daten von Kindern und Jugendlichen, Schülerinnen und Schülern, ihren Sorgeberechtigten, Erziehungsberechtigten und Familienangehörigen sowie an der schulischen Bildung und Erziehung beteiligter Dritter verarbeiten. [2]Die Befugnis nach Satz 1 gilt auch für gemäß § 34 Absatz 2 verarbeitete Gesundheitsdaten, ärztliche Bescheinigungen, Daten zu Verhaltensauffälligkeiten, Therapiebedarfen, etwaigen Behinderungen und Förderbedarfen, wenn die Datenverarbeitung zur Erfüllung des Unterrichts- und Erziehungsauftrags erforderlich ist. [3]Die Verarbeitung darf auch zu Zwecken der Schulaufsicht, der Schulstatistik, der Qualitätssicherung der staatlichen Schulen und der Finanzhilfe für Schulen in freier Trägerschaft erfolgen. [4]Die zuständige Behörde ist befugt, zum Zwecke der Schulaufsicht über Schulen in freier Trägerschaft erhobene Daten auch zum Zwecke der Finanzhilfe und zum Zwecke der Finanzhilfe erhobene Daten auch zum Zwecke der Schulaufsicht zu verwenden. [5]Die zuständige Behörde darf Daten von Schülerinnen und Schülern und ehemaligen Schülerinnen und Schülern, die bei Verlassen der Schule entweder kein Studium oder keine Berufsausbildung begonnen haben, bis zur Vollendung ihres 25. Lebensjahres zu Zwecken der Förderung der beruflichen Ausbildung verarbeiten, um diese Personen für eine Qualifizierungsmaßnahme, eine Berufsausbildung zu motivieren und zu vermitteln oder hinsichtlich der Aufnahme eines Studiums unterstützend hinzuwirken, sofern die Schülerinnen und Schüler der Datenverarbeitung nicht widersprochen haben. [6]Auf das Widerspruchsrecht ist in geeigneter Form hinzuweisen. [7]Zu den in Satz 5 genannten Zwecken dürfen Name, Vorname, Geburtsdatum, Anschrift, das Datum des Verlassens der Schule, der letzte besuchte Bildungsgang, das Datum des Beginns einer Berufsausbildung, einer sozialversicherungspflichtigen Beschäftigung oder der Name und der Beginn einer berufsqualifizierenden oder einer sonstigen Maßnahme, wie zum Beispiel eines Freiwilligen Sozialen oder Ökologischen Jahres, beziehungsweise eines Bundesfreiwilligendiensts auch automatisiert an Agenturen für Arbeit, an Jobcenter, team.arbeit.hamburg und an Träger der öffentlichen Jugendhilfe und der Grundsicherung für Arbeitsuchende übermittelt werden, sofern die Schülerinnen und Schüler der Übermittlung nicht widersprochen haben.

(2) [1]Bei der Verarbeitung zum Zwecke der Schulstatistik sind personenbezogene Daten außerhalb der staatlichen Schule und der zuständigen Behörde, soweit und sobald der Forschungs- oder Statistikzweck dies zulässt, durch die zuständige Behörde zu verändern. [2]Dabei ist sicherzustellen, dass die Einzelangaben über persönliche oder sachliche Verhältnisse nicht mehr oder nur mit einem unverhältnismäßig großen Aufwand an Zeit, Kosten und Arbeitskraft einer bestimmten oder bestimmbaren natürlichen Person zugeordnet werden können (Anonymisierung).

(3) [1]Die staatlichen Schulen, die Schulen in freier Trägerschaft und die zuständige Behörde dürfen nach näherer Bestimmung durch eine Rechtsverordnung nach § 101 ein gemeinsames automatisiertes Zentrales Schülerregister führen, um die Verpflichtung zur Vorstellung nach § 42 Absätze 1 und 2, zur Schuleingangsuntersuchung nach § 34 Absatz 5, zur Teilnahme an einer Sprachfördermaßnahme nach § 28a sowie die Schulpflicht nach den §§ 37 bis 41 und die Pflichten aus bestehenden Schulverhältnissen nach § 28 Absatz 2 durchzusetzen. [2]In dem Zentralen Schülerregister dürfen die durch Rechtsverordnung näher bezeichneten personenbezogenen Daten aller Personen, die in der Freien und Hansestadt Hamburg ihren Hauptwohnsitz haben und zwischen der Vollendung des 4. Lebensjahres und der Vollendung des 18. Lebensjahres stehen, aller einer der staatlichen Schulaufsicht in der Freien und Hansestadt Hamburg unterliegenden Schule besuchenden Schülerinnen und Schüler sowie ihrer jeweiligen Sorge- und Erziehungsberechtigten verarbeitet werden.

(4) [1]Schulträger, Schülerinnen und Schüler, Kinder, die nach § 42 Absätze 1 und 2 vorzustellen sind, Kinder, die nach § 28a sprachförderpflichtig sind, ihre Sorgeberechtigten, Erziehungsberechtigten und Familienangehörigen sowie an der schulischen Bildung und Erziehung beteiligte Dritte sind verpflichtet, die durch Rechtsverordnung näher bezeichneten personenbezogenen Daten mitzuteilen. [2]Abweichend von § 6 Absatz 1 des Hamburgischen Datenschutzgesetzes ist die Erhebung personenbezogener Daten beim Träger der Schule zulässig. [3]Die zuständige Behörde kann festlegen, dass Daten in einem bestimmten Dateiformat auf elektronischem Wege übermittelt werden.

(5) [1]Soweit personenbezogene Daten nach Absatz 1 Sätze 1 und 2 von Lehrkräften und sonstigem Personal der Schule in automatisierter Form verarbeitet werden, sollen vorrangig die durch die zuständige Behörde für diese Zwecke zur Verfügung gestellten dienstlichen digitalen Endgeräte und Verfahren zur Datenverarbeitung genutzt werden. [2]Wenn sachliche Gründe vorliegen, den datenschutzrechtlichen Bestimmungen entsprochen wird und insbesondere die erforderlichen Datensicherheitsmaßnahmen zum Schutz der Daten vor unbefugtem Zugriff ergriffen werden, dürfen zur Erfüllung der gesetzlichen Aufgaben auch digitale private Endgeräte genutzt werden.

§ 98a Vertrauensstelle

(1) [1]Für die Verknüpfung personenbezogener Daten zur schulischen Qualitätssicherung (Bildungsmonitoring) oder zu wissenschaftlichen Zwecken ist im Organisationsbereich der zuständigen Behörde eine eigenständige, von den übrigen Verwaltungseinheiten, insbesondere von den Dienststellen des Verwaltungsvollzugs sowie den Schulen unabhängige und abgeschottete Vertrauensstelle zuständig. [2]Die gesetzlichen Aufgaben der Vertrauensstelle sind von den Regelaufgaben der zuständigen Behörde getrennt.

(2) [1]Die zuständige Behörde ist befugt, die zur Erfüllung ihrer gesetzlichen Aufgaben erforderlichen personenbezogenen Daten, die einer Geschäftsstatistik zugrunde liegen, sowie Daten von Evaluationen und wissenschaftlichen Untersuchungen, die auf Grund von § 100 Absatz 3 Satz 1 im Rahmen von verpflichtenden Testverfahren, Unterrichtsbeobachtungen und Befragungen verarbeitet worden sind, für die in Absatz 1 genannten Zwecke in einer zentralen Datenbank in pseudonymisierter Form über die für den Verwaltungsvollzug erforderliche Dauer hinaus zu verarbeiten. [2]Die zu den verschiedenen gesetzlichen Aufgaben verarbeiteten personenbezogenen Daten dürfen in dieser Datenbank weder im Quer- noch im Längsschnitt miteinander verknüpft werden.

(3) [1]Die Vertrauensstelle nach Absatz 1 stellt hinsichtlich der für die Erfüllung der gesetzlichen Aufgaben erforderlichen personenbezogenen Daten sowie hinsichtlich der erforderlichen personenbezogenen Daten von Evaluationen und wissenschaftlichen Untersuchungen, die auf Grund von § 100 Absatz 3 Satz 1 im Rahmen von verpflichtenden Testverfahren, Unterrichtsbeobachtungen und Befragungen verarbeitet worden sind, auf Antrag projektspezifische Zuordnungsschlüssel zur Verfügung (Querschnittsuntersuchungen). [2]Sie ist ferner befugt, auf Antrag projektspezifische Zuordnungsschlüssel zu erzeugen und zur Verfügung zu stellen, mit Hilfe derer schulische Bildungsverläufe unter Verwendung miteinander verknüpfter Merkmale zum Zweck der schulischen Qualitätssicherung (Bildungsmonitoring) und für wissenschaftliche Untersuchungen dargestellt werden können (Längsschnittuntersuchungen).

(4) Bei den Datenverknüpfungen sind geeignete technisch-organisatorische Maßnahmen zur Anonymisierung der erzeugten Datensätze derart zu treffen, dass die Einzelangaben über persönliche oder sachliche Verhältnisse außerhalb der Vertrauensstelle nicht mehr oder nur mit einem unverhältnismäßig großen Aufwand an Zeit, Kosten und Arbeitskraft einer bestimmten oder bestimmbaren natürlichen Person zugeordnet werden können.

(5) [1]Die Vertrauensstelle ist von anderen Dienststellen des Verwaltungsvollzugs so zu trennen, dass die für eine Verknüpfung von personenbezogenen Daten erforderlichen projektspezifischen Zuordnungsschlüssel von anderen Verwaltungsdaten abgeschottet und ihre strikte Zweckbindung durch räumliche, personelle, organisatorische und technische Maßnahmen hinreichend gewährleistet sind. [2]Dabei ist zur Geheimhaltung zu gewährleisten, dass auch das Wissen um die technischen Verfahren sowie die Instrumente zur Verknüpfung von Daten und zur Erstellung der hierfür erforderlichen projektspezifischen Zuordnungsschlüssel im alleinigen Verantwortungsbereich der Vertrauensstelle verbleiben und nicht anderen Dienststellen des Verwaltungsvollzugs oder Dritten bekannt werden. [3]Die mit der Bereitstellung von projektspezifischen Zuordnungsschlüsseln befassten Personen der Vertrauensstelle dürfen die aus ihrer Tätigkeit gewonnenen personenbezogenen Erkenntnisse nicht in anderen Verfahren verarbeiten oder bekannt machen. [4]Sie nehmen ihre Aufgaben unabhängig und weisungsfrei wahr und dürfen wegen der Erfüllung ihrer Aufgaben nicht benachteiligt werden.

(6) [1]Die Vertrauensstelle ist befugt, die Daten der zentralen Datenbank und projektspezifische Zuordnungsschlüssel zum Zweck der schulischen Qualitätssicherung und für wissenschaftliche Zwecke an Dienststellen der öffentlichen Verwaltung der Freien und Hansestadt Hamburg und an anerkannte, wissenschaftliche Einrichtungen auf Antrag zu übermitteln, wenn ein berechtigtes öffentliches Interesse vorliegt. [2]Die Erforderlichkeit der Datennutzung, die fachliche Geeignetheit und die inhaltliche

Konzeption der wissenschaftlichen Untersuchung sind gegenüber der Vertrauensstelle bei Antragstellung glaubhaft zu machen. [3]Eine Übermittlung der Daten und projektspezifischen Zuordnungsschlüssel darf nur mit Einwilligung der betroffenen Personen erfolgen oder in solchen Fällen, in denen das öffentliche Interesse an der Durchführung der Untersuchung die schutzwürdigen Belange der Betroffenen wesentlich überwiegt und der Zweck der Untersuchung nicht auf andere Weise oder nur mit unverhältnismäßigem Aufwand erreicht werden kann. [4]Hiervon ist grundsätzlich auszugehen, wenn die Daten für Untersuchungen zum Zweck der schulischen Qualitätssicherung (Bildungsmonitoring) geeignet und zwingend erforderlich sind. [5]Die Empfängerinnen und Empfänger sind zur Geheimhaltung der ihnen übermittelten Daten und projektspezifischen Zuordnungsschlüssel verpflichtet. [6]Die Vertrauensstelle hat die Empfängerinnen und Empfänger auf die Geheimhaltungsverpflichtung anlässlich jedes Antragsverfahrens hinzuweisen. [7]Ein Anspruch auf Übermittlung der Daten und projektspezifischer Zuordnungsschlüssel besteht nicht, die Vorschriften des Hamburgischen Transparenzgesetzes vom 19. Juni 2012 (HmbGVBl. S. 271) in der jeweils geltenden Fassung bleiben unberührt.

(7) [1]Die bzw. der Hamburgische Beauftragte für Datenschutz und Informationsfreiheit ist zur regelmäßigen datenschutzrechtlichen Kontrolle der Vertrauensstelle sowie der ihr zugrunde liegenden Datenbank und Verfahren verpflichtet. [2]Die Kontrolle soll in angemessenen Abständen von höchstens zwei Kalenderjahren erfolgen.

§ 98b Pädagogische Netzwerke und Lernportale

(1) [1]Zum Zweck der Vermittlung und Stärkung medialer Kompetenzen der Schülerinnen und Schüler ist die zuständige Behörde befugt, schulische elektronische Lernportale und pädagogische Netzwerke zu betreiben und im Unterricht einzusetzen. [2]Der Einsatz soll der Erschließung von Informationen durch die Schülerinnen und Schüler und dem Ziel dienen, die Funktionsweise, die Vor- und Nachteile sowie Risiken sozialer Netzwerke pädagogisch aufzuarbeiten. [3]Der Einsatz beinhaltet insbesondere die elektronische Kommunikation von Schülerinnen und Schülern untereinander, die pädagogische Arbeit mit digitalen Endgeräten sowie die Erstellung, Bearbeitung und den Abruf von elektronischen Lerninhalten unter Einbeziehung des Internets. [4]Im Rahmen der Vorgaben der Bildungspläne können die Schülerinnen und Schüler verpflichtet werden, Lernportale und pädagogische Netzwerke zu nutzen, soweit die Nutzung aus pädagogischen Gründen erforderlich ist. [5]Die Sorgeberechtigten sind über die Art des Einsatzes im Unterricht sowie die Lerninhalte und angestrebten Lernziele rechtzeitig und umfassend zu informieren.

(2) [1]Die Lernportale und pädagogischen Netzwerke sollen durch die zuständige Behörde oder in ihrem Auftrag durch andere Stellen betrieben werden. [2]Ist es aus technischen oder pädagogischen Gründen erforderlich, darf die zuständige Behörde sich beim Betrieb der pädagogischen Netzwerke unter Beachtung der datenschutzrechtlichen Bestimmungen auch anderer Stellen außerhalb des öffentlichen Bereichs bedienen und deren digitale Lernangebote und Lerninhalte in die schulisch betriebenen Netzwerke einbinden. [3]Die Nutzung soll so erfolgen, dass die Daten der Schülerinnen und Schüler Stellen außerhalb des öffentlichen Bereichs nur anonymisiert, aggregiert oder pseudonymisiert zugänglich werden. [4]Ausnahmsweise darf die zuständige Behörde zu den in Absatz 1 genannten Zwecken personenbezogene Daten von Schülerinnen und Schülern, ihren Sorgeberechtigten, Lehrkräften sowie an der schulischen Bildung und Erziehung Beteiligten an andere Stellen außerhalb des öffentlichen Bereichs in pseudonymisierter Form übermitteln. [5]Die pseudonymisierte Übermittlung ist nur zulässig, soweit dies aus pädagogischen oder technisch-organisatorischen Gründen zwingend erforderlich ist, kein Grund zu der Annahme besteht, dass schutzwürdige Interessen der betroffenen Personen an der Geheimhaltung überwiegen und die Stelle, der die Daten übermittelt werden sollen, vertraglich verpflichtet wird, die Daten nicht zu wirtschaftlichen Zwecken zu nutzen.

(3) Im Rahmen der schulischen Nutzung der pädagogischen Netze ist die zuständige Behörde verpflichtet, in Erfüllung ihrer Aufsichtspflicht zur Gewährleistung des Kinder- und Jugendschutzes sowie zur Verhinderung einer missbräuchlichen Nutzung der innerhalb der pädagogischen Netzwerke zur Verfügung gestellten Dienste die geeigneten und erforderlichen technisch-organisatorischen Maßnahmen zum Schutz der Rechte der Schülerinnen und Schüler sowie der an der schulischen Bildung und Erziehung Beteiligten zu ergreifen.

**§ 98c Fern-, Wechsel- oder Hybridunterricht, Videoübertragung, Verarbeitung von Ton-, Bild-
und Videodaten**

(1) [1]Der Unterricht und die sonstigen pflichtgemäßen Schulveranstaltungen können in Form eines
gleichzeitigen Informationsaustausches zur Bild- und Tonübertragung zwischen der Schule und der
Wohnung der Schülerinnen und Schüler oder einem anderen geeigneten Lernort erfolgen, wenn einzelnen oder mehreren Schülerinnen oder Schülern die Teilnahme am Präsenzunterricht in der Schule
aus wichtigem Grund nicht möglich oder die Beschulung bei Abwesenheit von Teilgruppen nur in
Form eines Wechsel- oder Hybridunterrichts organisierbar ist (Fern-, Wechsel- oder Hybridunterricht).
[2]Wichtige Gründe nach Satz 1 liegen insbesondere bei Katastrophenfällen, Störungen der schulischen
Infrastruktur sowie zur Sicherstellung des Gesundheits-, Infektions- und Seuchenschutzes vor. [3]§ 28
Absatz 2 gilt entsprechend für den Fern-, Wechsel- oder Hybridunterricht.

(2) [1]Der Fern-, Wechsel- oder Hybridunterricht ist in der Form vertraulich durchzuführen, dass an ihm
nur die Schülerinnen und Schüler, gegebenenfalls ihre Sorgeberechtigten, die Lehrkräfte sowie an der
schulischen Bildung und Erziehung Beteiligten der jeweiligen Klasse teilnehmen können. [2]Zur Durchführung des Fern-, Wechsel- oder Hybridunterrichts sollen elektronische Lernportale und pädagogische Netzwerke gemäß § 98b genutzt werden. [3]Sonstige datenschutzrechtliche Bestimmungen dieses
Gesetzes bleiben unberührt.

(3) [1]Die Schulen und die zuständige Behörde sind zur Durchführung des Fern-, Wechsel- oder Hybridunterrichts befugt, personenbezogene Daten, insbesondere Ton-, Bild- und Videodaten der in Absatz 2 Satz 1 genannten Personen zu verarbeiten, soweit dies zur Durchführung des Fern-, Wechsel-
oder Hybridunterrichts und zur Erreichung der Lernziele in der jeweiligen Unterrichtssituation zwingend erforderlich ist. [2]Eine Aufzeichnung der genannten personenbezogenen Daten ist nicht zulässig.

(4) [1]Zum Schutz der Rechte der Betroffenen nach Absatz 3, insbesondere zur Gewährleistung des
Kinder- und Jugendschutzes, zur Verhinderung der missbräuchlichen Nutzung sowie zur Wahrung der
Vertraulichkeit des Fern-, Wechsel- oder Hybridunterrichts ergreifen die Schulen und die zuständige
Behörde die geeigneten und erforderlichen technischen und organisatorischen Maßnahmen. [2]Hierzu
gehören neben den in den Artikeln 12, 13 und 32 Absatz 1 der Verordnung (EU) 2016/679 genannten
Informationspflichten und Maßnahmen insbesondere:

1. Maßnahmen, die sicherstellen, dass keine Aufzeichnung erfolgt und keine Daten nach Absatz 3
   an andere als die in Absatz 2 Satz 1 genannten Personen offengelegt werden,
2. Sensibilisierung der am Fern-, Wechsel- oder Hybridunterricht beteiligten Personen hinsichtlich
   der Gefahren und Risiken für die Rechte und Interessen betroffener Personen sowie über die
   Bedeutung des Schutzes der eigenen und der Daten anderer im Rahmen des Fern-, Wechsel- oder
   Hybridunterrichts,
3. Verzicht von Bildübertragungen der Betroffenen, wenn das Lernziel in der jeweiligen Unterrichtssituation auch ohne diese erreicht werden kann.

(5) Die Schulen und die zuständige Behörde sorgen dafür, dass alle Schülerinnen und Schüler über
eine geeignete technische Ausstattung und geeignete örtliche Rahmenbedingungen zur Durchführung
des Fern-, Wechsel- oder Hybridunterrichts verfügen.

§ 99 Datenverarbeitung beim Schulärztlichen Dienst und Schulberatungsdienst

(1) [1]Die für die schulärztlichen Aufgaben und für den Schulberatungsdienst zuständigen Stellen dürfen
personenbezogene Daten von Kindern, Schülerinnen, Schülern und Dritten verarbeiten, soweit dies
zur Durchführung der ihnen nach § 34 obliegenden Aufgaben erforderlich ist. [2]Im Rahmen von Un-
tersuchungsverfahren nach § 34 Absätze 1, 4 und 5 darf der Schule und der zuständigen Behörde nur
das für sie maßgebende Ergebnis einer Pflichtuntersuchung übermittelt werden. [3]Die entsprechenden
Untersuchungsunterlagen dürfen der Schule und der zuständigen Behörde auch zum Zwecke der
Durchführung von Verfahren nach §§ 12, 19 und 41a übermittelt werden. [4]Entsprechendes gilt hinsichtlich der zuständigen Behörde zum Zwecke der Durchführung von Dienstaufsichtsbeschwerden
und Disziplinarverfahren.

(2) Personenbezogene Daten über freiwillige Untersuchungen dürfen der Schule oder der zuständigen
Behörde nur mit Einwilligung der betroffenen Personen übermittelt werden.

(3) Daten, die die für schulärztliche Aufgaben und für den Schulberatungsdienst zuständigen Stellen
verarbeiten, müssen sicher gegen Einsichtnahme und Verarbeitung anderer Stellen, auch den Schulen
und der für das Schulwesen zuständigen Behörde, geschützt sein.

§ 100 Evaluation

(1) [1]Das Maß und die Art und Weise, in dem die Kurse, Klassen, Stufen und Schulen den Bildungs- und Erziehungsauftrag der Schule nach § 2 erfüllt haben, ist nach dem Stand der empirischen Sozialwissenschaften durch Maßnahmen der Evaluation zu ermitteln. [2]Die Ergebnisse der Evaluation einschließlich der Ergebnisse landesweiter Lernstandserhebungen sind in geeigneter Weise zu veröffentlichen.

(2) [1]Evaluationen können von den Schulen für sich oder einzelne Kurse, Klassen und Stufen, durch die zuständige Behörde auch für eine Mehrzahl von Schulen oder deren Stufen, Klassen und Kurse durchgeführt werden. [2]Bei der Konzeption, Durchführung und Auswertung können sich die Schulen und die zuständige Behörde Dritter bedienen.

(3) [1]An Testverfahren und Unterrichtsbeobachtungen müssen Schülerinnen und Schüler teilnehmen. [2]Die Teilnahme an weiteren Befragungen ist freiwillig.

(4) [1]Vor der Durchführung einer Evaluation muss die durchführende Stelle

1. den Kreis der einbezogenen Personen,
2. den Erhebungs- und Berichtszeitraum,
3. die Art der Testverfahren,
4. Zweck, Art und Umfang von Befragungen und Beobachtungen,
5. die einzelnen Erhebungs- und Hilfsmerkmale bei einer Befragung,
6. die Trennung und Löschung der Daten,
7. die verantwortliche Leiterin oder den verantwortlichen Leiter der Maßnahme

schriftlich festlegen. [2]Schülerinnen und Schüler, Eltern minderjähriger Schülerinnen und Schüler und Lehrkräfte sind rechtzeitig vor Durchführung der Maßnahme schriftlich über die vorstehenden Festlegungen sowie über ihre Rechte und Pflichten nach Absatz 3 zu unterrichten. [3]Dies gilt auch für weitere Personen, die im Rahmen der Evaluation befragt werden sollen. [4]Führt die zuständige Behörde Evaluationen durch, ist der bzw. dem Hamburgischen Beauftragten für Datenschutz und Informationsfreiheit Gelegenheit zur Stellungnahme zu geben.

(5) [1]Die zuständige Behörde kann die Durchführung und Auswertung der Testverfahren an Dritte vergeben, soweit sichergestellt ist, dass die dabei erlangten Kenntnisse über Betroffene nicht für andere Zwecke verwendet werden und die Pflichten aus §§ 6 und 7 des Hamburgischen Statistikgesetzes vom 19. März 1991 (HmbGVBl. S. 79, 474) eingehalten werden. [2]Für die Auftragsvergabe gilt § 5 Absatz 2 des Hamburgischen Statistikgesetzes sinngemäß.

§ 101 Verordnungsermächtigung

[1]Der Senat wird ermächtigt, durch Rechtsverordnung nähere Regelungen über die Verarbeitung personenbezogener Daten nach den §§ 98 bis 100 und zu den Auskunftspflichten zu treffen. [2]Die Verordnung regelt insbesondere Art und Umfang der zu verarbeitenden Daten, Dateiformate, technische und organisatorische Maßnahmen, Maßnahmen zur Datenschutzkontrolle, das Einzelne zur technischen und organisatorischen Ausgestaltung der Endgerätenutzung, Aufbewahrungs-, Speicher- und Löschfristen, das Verfahren bei der Ausübung des Rechtes auf Auskunft und Einsicht in Unterlagen und Einzelheiten zum automatisierten Zentralen Schülerregister sowie das Nähere zur Anonymisierung, Pseudonymisierung, Aufbewahrung und Löschung der in der zentralen Datenbank gespeicherten Daten. [3]In der Rechtsverordnung kann geregelt werden, zu welchem Zweck und in welchem Umfang anderen Behörden und sonstigen öffentlichen Stellen Daten aus dem Zentralen Schülerregister übermittelt werden dürfen und dass die Einrichtung automatisierter Abrufverfahren für andere Behörden zugelassen werden kann.

Achter Teil
Gemeinsame Bestimmungen

§ 102 Gleichstellung von Mädchen und Jungen, Frauen und Männern
Bei der Besetzung der schulischen Gremien ist darauf hinzuwirken, dass Mädchen und Jungen, Frauen und Männer entsprechend ihrem jeweiligen Anteil an der Personengruppe, der sie zugehören, vertreten sind.

§ 103 Wechselseitige Unterrichtung der Gremien

[1]Jedes der schulischen Gremien übersendet den Vorsitzenden der anderen Gremien sowie der Schulleitung unverzüglich seine Beschlüsse und Protokolle, sofern die Verpflichtung zur Amtsverschwiegenheit dem nicht entgegensteht. [2]Sitzungen sollen durch die rechtzeitige Übersendung einer Tagesordnung vorbereitet und so terminiert werden, dass auch außerhalb der Schule berufstätige Mitglieder teilnehmen können. [3]Gremien können zur Vorbereitung ihrer Beschlussfassung Arbeitsgruppen einsetzen.

§ 104 Stellung gewählter Mitglieder

(1) [1]Die Mitglieder der in diesem Gesetz genannten Gremien sind an Aufträge und Weisungen nicht gebunden. [2]Dienstrechtliche Bestimmungen bleiben unberührt. [3]Die Tätigkeit in schulischen Gremien von Personen, die nicht Bedienstete der Freien und Hansestadt Hamburg sind, ist ein Ehrenamt.

(2) [1]Die gewählten Mitglieder bleiben über die Dauer der Wahlperiode hinaus im Amt, bis die neugewählten Mitglieder erstmals zusammengetreten sind. [2]Dies gilt auch für die Vertreterinnen und Vertreter der Elternschaft und der Schülerschaft der Jahrgangsstufen in der nachfolgenden Jahrgangsstufe. [3]Sie können jederzeit zurücktreten. [4]Ihr Amt endet außerdem vorzeitig

1. durch Abwahl,
2. bei vorsätzlichen Verstößen gegen zwingende schulrechtliche Bestimmungen in Ausübung ihres Mandats,
3. bei Mitgliedern der Schulkonferenz und des Landesschulbeirats mit dem Verlust der Mitgliedschaft in dem Gremium, das sie gewählt hat.

[5]Ein gewähltes Mitglied kann abgewählt werden, wenn es unentschuldigt an mindestens drei aufeinander folgenden Sitzungen seines Gremiums nicht teilgenommen hat. [6]Im Übrigen kann ein Mitglied der Elternkammer oder der Schülerkammer auf deren Antrag mit der Mehrheit von drei Vierteln der stimmberechtigten Mitglieder des entsendenden Kreiselternrates oder Kreisschülerrates abgewählt werden.

(3) [1]Scheidet ein gewähltes Mitglied vorzeitig aus, so tritt für die restliche Dauer der Wahlperiode ein Ersatzmitglied ein. [2]Die Ersatzmitglieder sind bei der Wahl der ordentlichen Mitglieder in einem besonderen Wahlgang zu wählen; Absatz 2 Satz 1 gilt entsprechend. [3]Sie werden in der Reihenfolge der auf sie entfallenden Stimmen berufen; bei Stimmengleichheit entscheidet das Los. [4]Die vom Senat zu erlassende Wahlordnung kann vorsehen, dass bei Listenwahl die nicht zu ordentlichen Mitgliedern gewählten Listenbewerberinnen und Listenbewerber Ersatzmitglieder sind.

§ 105 Verschwiegenheit

(1) [1]Die Mitglieder der in diesem Gesetz genannten Gremien sind zur Verschwiegenheit verpflichtet

1. in allen persönlichen und Disziplinarangelegenheiten,
2. in allen weiteren Angelegenheiten, für die das Gremium Vertraulichkeit der Beratung beschließt.

[2]Die Verpflichtung zu dienstlichen Auskünften bleibt unberührt.

(2) [1]Die Mitglieder der in diesem Gesetz genannten Gremien sind vor Aufnahme ihrer Tätigkeit von der Schulleiterin beziehungsweise vom Schulleiter oder einer von ihr oder ihm beauftragten Person förmlich zur Verschwiegenheit zu verpflichten. [2]Die Verpflichtung ist aktenkundig zu machen. [3]Ein Mitglied, das die Verpflichtung zur Verschwiegenheit verletzt, kann mit den Stimmen von zwei Dritteln der übrigen Mitglieder aus dem Gremium ausgeschlossen werden.

§ 106 Wahlen und Abstimmungen

(1) Bei Wahlen und Abstimmungen entscheidet die einfache Mehrheit der abgegebenen Stimmen, sofern im Einzelfall nichts anderes bestimmt ist.

(2) Wahlen und Abstimmungen sind auch in den Fällen, für die das Gesetz es nicht vorschreibt, geheim durchzuführen, wenn es von einer Stimmberechtigten beziehungsweise von einem Stimmberechtigten gewünscht wird.

§ 107 Wahlordnungen

[1]Für die Schulsprecherwahlen gemäß § 65 und für die Wahlen zu den Kammern gemäß den §§ 80 bis 82 kann der Senat im Wege der Rechtsverordnung Wahlordnungen erlassen. [2]Diese können – auch für die einzelnen Gremien unterschiedlich – insbesondere Regelungen treffen über

1. Persönlichkeits- oder Listenwahl,
2. die Bildung von Wahlvorständen,

3. Formen und Fristen für die Einreichung von Wahlvorschlägen,
4. die Wahl und Berufung von Ersatzmitgliedern,
5. das Verfahren bei und die Folgen von Wahlanfechtungen sowie
6. die Anzahl von Mitgliedern in den Kammern, mit denen einzelne Schulstufen, Schulformen und Einrichtungen mindestens vertreten sein müssen.

§ 108 Fristen, Schriftform

[1]Bei der Berechnung der in diesem Gesetz vorgesehenen Fristen bleiben Ferientage unberücksichtigt. [2]Die zuständige Behörde kann die Fristen bei Vorliegen besonderer Umstände um höchstens vier Wochen verlängern. [3]Soweit nach diesem Gesetz oder nach auf Grund dieses Gesetzes erlassenen Rechtsvorschriften die Schriftform erforderlich ist, ist die elektronische Form ausgeschlossen. [4]Die zuständige Behörde ist ermächtigt, zur Glaubhaftmachung von Tatsachen, die den Besuch einer bestimmten Schule in der Freien und Hansestadt Hamburg oder die Inanspruchnahme außerschulischer Bildungsangebote begründen sollen, Versicherungen an Eides Statt zu verlangen und abzunehmen.

§ 109 Schulen ohne Klassenverbände

Soweit an einer Schule keine Klassenverbände bestehen, gelten für die Anwendung dieses Gesetzes jeweils 25 Schülerinnen und Schüler als eine Klasse.

§ 110 Interessenkollision

Bewerberinnen und Bewerber für Stellen, die nach diesem Gesetz zu besetzen sind, dürfen an Beratungen oder Abstimmungen über die Stelle, um die sie sich beworben haben, nicht teilnehmen.

Neunter Teil
Übergangs- und Schlussvorschriften

§ 111 Geltungsbereich

(1) Dieses Gesetz gilt für die staatlichen Schulen der Freien und Hansestadt Hamburg.

(2) [1]Die staatlichen Schulen sind nichtrechtsfähige Anstalten des öffentlichen Rechts. [2]Sie sind nicht nur für vorübergehende Zeit bestimmte, vom Wechsel der Lehrerinnen und Lehrer und der Schülerinnen und Schüler unabhängige Einrichtungen für die in diesem Gesetz festgelegten Schulformen, Schulstufen und Schulversuche. [3]Einrichtungen der Weiterbildung und der Jugendbildung sind nicht Schulen im Sinne dieses Gesetzes.

§ 112 Schulen in freier Trägerschaft

(1) [1]Schulen in freier Trägerschaft (Privatschulen) sind Bestandteil des Schulwesens der Freien und Hansestadt Hamburg. [2]Sie erweitern das schulische Angebot und können das Schulwesen durch besondere Inhalte und Formen der Erziehung und des Unterrichts fördern.

(2) Das Nähere regelt das Hamburgische Gesetz über Schulen in freier Trägerschaft in der Fassung vom 21. September 2004 (HmbGVBl. S. 365) in der jeweils geltenden Fassung.

§ 113 Ordnungswidrigkeiten

(1) [1]Ordnungswidrig handelt, wer vorsätzlich oder fahrlässig den Bestimmungen über die Schulpflicht zuwiderhandelt oder wer vorsätzlich Kinder, Schulpflichtige, Sorgeberechtigte, Ausbildende, Arbeitgeber oder Dritte dazu veranlasst, den Bestimmungen über die Schulpflicht oder die verbindliche Teilnahme an Sprachförderung zuwiderzuhandeln. [2]Dies gilt auch für die Schulbesuchspflicht gemäß § 28 Absatz 2 und für solche Schülerinnen und Schüler, die volljährig und nicht schulpflichtig auf Grund einer dualen Ausbildung sind.

(2) Die Ordnungswidrigkeit kann mit einer Geldbuße geahndet werden.

§ 114 Straftat

(1) Wer eine Schulpflichtige oder einen Schulpflichtigen der Schulpflicht oder ein Kind der besonderen Sprachförderung nach § 28a dauernd oder wiederholt entzieht, kann mit einer Freiheitsstrafe bis zu sechs Monaten oder mit einer Geldstrafe bis zu 180 Tagessätzen bestraft werden.

(2) [1]Die Verfolgung tritt auf Antrag der zuständigen Behörde ein. [2]Der Antrag kann zurückgenommen werden.

§ 115 Einschränkung von Grundrechten
Das Grundrecht der körperlichen Unversehrtheit (Artikel 2 Absatz 2 Satz 1 des Grundgesetzes) wird nach Maßgabe des § 34 Absätze 1 und 2 (Verpflichtung zu schulärztlichen, schulpsychologischen und sonderpädagogischen Untersuchungen), das Grundrecht der Freiheit der Person (Artikel 2 Absatz 2 Satz 2 des Grundgesetzes) nach Maßgabe von § 28 Absatz 2, § 28a Absätze 1 und 2 (Verpflichtung zur regelmäßigen Teilnahme am Unterricht und an Sprachfördermaßnahmen) und der §§ 37 bis 42 (Schulpflicht, Vorstellungspflicht und Anmeldepflicht) und das Grundrecht der Unverletzlichkeit der Wohnung (Artikel 13 Absatz 1 des Grundgesetzes) durch § 41a (Schulzwang) eingeschränkt.

§ 116 Übertragung der Regelungsbefugnis auf die zuständige Behörde
Soweit der Senat nach den Bestimmungen dieses Gesetzes ermächtigt ist, Regelungen im Wege der Rechtsverordnung zu treffen, kann er seine Regelungsbefugnis durch Rechtsverordnung auf die zuständige Behörde übertragen.

§ 117 Übergangsregelungen
(1) Vorschriften, die zur Ausführung der in § 118 Absatz 2 aufgeführten Gesetze erlassen wurden, gelten fort, soweit sie den Bestimmungen dieses Gesetzes nicht widersprechen, bis Vorschriften auf der Grundlage dieses Gesetzes erlassen worden sind.
(2) Die Albert-Schweitzer-Schule besteht als staatliche Versuchsschule fort.

§ 118 Inkrafttreten
(1) [1]Das Gesetz tritt am 1. August 1997 in Kraft. [2]Bestimmungen dieses Gesetzes, mit denen der Senat ermächtigt wird, Regelungen im Wege der Rechtsverordnung zu treffen, treten am Tage nach der Verkündung[1] in Kraft.
(2) Am 1. August 1997 treten außer Kraft:
1. das Schulverfassungsgesetz (SchVG) vom 12. April 1973 (Hamburgisches Gesetz- und Verordnungsblatt Seite 91) in der geltenden Fassung;
2. das Schulgesetz der Freien und Hansestadt Hamburg vom 17. Oktober 1977 (Hamburgisches Gesetz- und Verordnungsblatt Seite 297) in der geltenden Fassung; § 31 Absatz 1 Satz 2 SchulG ist bis zum Erlass entsprechender Ausführungsbestimmungen durch den Senat weiterhin anzuwenden;
3. die Verordnung über die Bildung des Schülerrats und der Schulkonferenz an Sonderschulen nach dem Schulverfassungsgesetz vom 24. Juli 1973 (Hamburgisches Gesetz- und Verordnungsblatt Seite 365);
4. die Verordnung über die Gleichstellung von Personen, die Schüler tatsächlich erziehen, mit den Erziehungsberechtigten nach dem Schulverfassungsgesetz vom 24. Juli 1973 (Hamburgisches Gesetz- und Verordnungsblatt Seite 365);
5. die Wahlordnung für die Landesausschüsse nach dem Schulverfassungsgesetz vom 16. Juli 1991 (Hamburgisches Gesetz- und Verordnungsblatt Seite 291);
6. die Ordnung der Zeugnisse und der Übergänge für den Schulversuch Orientierungsstufe vom 4. November 1980 (Hamburgisches Gesetz- und Verordnungsblatt Seite 302);
7. die Ausbildungs- und Prüfungsordnung der Fachschule für Druck- und Reproduktionsberufe vom 7. Juli 1981 (Hamburgisches Gesetz- und Verordnungsblatt Seite 197);
8. die Ausbildungs- und Prüfungsordnung der Berufsaufbauschule vom 2. Juli 1985 (Hamburgisches Gesetz- und Verordnungsblatt Seite 158).

---

1) Verkündet am 24.4.1997.

Gesetz
über den Vollzug der Freiheitsstrafe
(Hamburgisches Strafvollzugsgesetz – HmbStVollzG)[1]

Vom 14. Juli 2009 (HmbGVBl. S. 257)
(BS Hbg 3120-3)
zuletzt geändert durch Art. 1 Covid-19-G zur Regelung der AnO und Umsetzung von Maßnahmen zum Gesundheitsschutz und der Hygiene in den hamburgischen Justizvollzugsanstalten vom 27. April 2021 (HmbGVBl. S. 285)

Inhaltsübersicht

---

1) Verkündet als Art. 1 G v. 14.7.2009 (HmbGVBl. S. 257); Inkrafttreten gem. Art. 4 des G am 1.9.2009.

Teil 1
Anwendungsbereich

§ 1 Anwendungsbereich
Dieses Gesetz regelt den Vollzug der Freiheitsstrafe.

Teil 2
Vollzug der Freiheitsstrafe

Abschnitt 1
Grundsätze

§ 2 Aufgaben des Vollzuges
[1]Der Vollzug dient dem Ziel, die Gefangenen zu befähigen, künftig in sozialer Verantwortung ein Leben ohne Straftaten zu führen. [2]Gleichermaßen hat er die Aufgabe, die Allgemeinheit vor weiterer Straftaten zu schützen. [3]Zwischen dem Vollzugsziel und der Aufgabe, die Allgemeinheit vor weiterer Straftaten zu schützen, besteht kein Gegensatz.

§ 3 Gestaltung des Vollzuges
(1) [1]Das Leben im Vollzug ist den allgemeinen Lebensverhältnissen soweit wie möglich anzugleichen. [2]Schädlichen Folgen des Freiheitsentzuges ist entgegenzuwirken. [3]Der Vollzug ist von Beginn an darauf auszurichten, dass er den Gefangenen hilft, sich in das Leben in Freiheit einzugliedern.
(2) [1]Die Belange von Sicherheit und Ordnung der Anstalt sowie die Belange der Allgemeinheit sind zu beachten. [2]Die unterschiedlichen Lebenslagen und Bedürfnisse von weiblichen und männlichen Gefangenen werden bei der Vollzugsgestaltung und bei Einzelmaßnahmen berücksichtigt. [3]Insbesondere ist auf die Schaffung und die Bewahrung eines gewaltfreien Klimas im Vollzug zu achten.

§ 4 Grundsätze der Behandlung
[1]Den Gefangenen werden im Rahmen eines an ihren persönlichen Erfordernissen orientierten Vollzugs- und Behandlungsprozesses alle vollzuglichen Maßnahmen und therapeutischen Programme angeboten, die geeignet sind, ihnen Chancen zur Förderung ihrer Eingliederung in ein Leben in sozialer Verantwortung ohne Straftaten zu vermitteln und ihre Fähigkeiten zur Selbsthilfe zu stärken (Behandlung). [2]Die Behandlung dient der Prävention und dem Schutz der Opfer von Straftaten. [3]Als Bestandteil der Behandlung sollen sich die Maßnahmen und Programme insofern auch auf die Auseinandersetzung der Gefangenen mit den eigenen Straftaten, deren Ursachen und Folgen, insbesondere für die Opfer, richten.

§ 5 Stellung der Gefangenen
(1) [1]Die Gefangenen sind verpflichtet, an der Gestaltung ihrer Behandlung und an der Erfüllung des Vollzugsziels mitzuwirken. [2]Ihre Bereitschaft hierzu ist zu wecken und zu fördern.
(2) Die Bereitschaft zur Mitwirkung kann durch Maßnahmen der Belohnung und Anerkennung gefördert werden, bei denen die Beteiligung an Maßnahmen, wie auch besonderer Einsatz und erreichte Fortschritte angemessen zu berücksichtigen sind.
(3) [1]Die Gefangenen unterliegen den in diesem Gesetz vorgesehenen Beschränkungen ihrer Freiheit. [2]Soweit das Gesetz eine besondere Regelung nicht enthält, dürfen ihnen nur Beschränkungen auferlegt werden, die zur Aufrechterhaltung der Sicherheit oder zur Abwendung einer schwerwiegenden Störung der Ordnung der Anstalt unerlässlich sind.
(4) Vollzugsmaßnahmen sollen den Gefangenen erläutert werden.

Abschnitt 2
Planung und Ablauf des Vollzuges

§ 6 Aufnahme

(1) ¹Mit den Gefangenen wird unverzüglich ein Aufnahmegespräch geführt. ²Sie werden umgehend ärztlich untersucht.

(2) Die Gefangenen werden bei der Aufnahme

1. in einer für sie verständlichen Form über ihre Rechte und Pflichten, insbesondere über ihre Pflicht zur Mitwirkung (§ 5 Absatz 1) und über die Möglichkeiten der Aufrechterhaltung einer Sozialversicherung unterrichtet,
2. darin unterstützt, die notwendigen Maßnahmen für hilfsbedürftige Angehörige zu veranlassen und ihre Habe außerhalb der Anstalt sicherzustellen.

(3) Beim Aufnahmeverfahren dürfen andere Gefangene in der Regel nicht zugegen sein.

(4) Bei Gefangenen, die eine Ersatzfreiheitsstrafe verbüßen oder die im Anschluss an Freiheitsstrafe Ersatzfreiheitsstrafe zu verbüßen haben werden, sind die Möglichkeiten der Verkürzung der Vollstreckung durch gemeinnützige Arbeit oder ratenweise Tilgung der Geldstrafe zu erörtern und zu fördern, um so auf eine möglichst baldige Entlassung hinzuwirken.

§ 7 Behandlungsuntersuchung

(1) Die Behandlung der Gefangenen beginnt mit der fachkundigen Erforschung ihrer Persönlichkeit und ihrer Lebensverhältnisse (Behandlungsuntersuchung) einschließlich der in § 9 Absatz 4 des Hamburgischen Resozialisierungs- und Opferhilfegesetzes genannten Sachverhalten.

(2) ¹Die Behandlungsuntersuchung erstreckt sich auf die Persönlichkeit, die Lebensverhältnisse, die Ursachen und Umstände der Straftat sowie alle sonstigen Gesichtspunkte, deren Kenntnis für eine zielgerichtete und wirkungsorientierte Vollzugsgestaltung und die Eingliederung der Gefangenen nach der Entlassung notwendig erscheint. ²Neben den vollstreckungsrechtlichen Unterlagen sind mit Zustimmung der Gefangenen insbesondere auch Erkenntnisse der Gerichts- und Bewährungshilfe sowie der Führungsaufsichtsstellen einzubeziehen.

(3) ¹In der Behandlungsuntersuchung werden die im Einzelfall die Straffälligkeit begünstigenden Faktoren ermittelt. ²Gleichzeitig sollen die Fähigkeiten der Gefangenen ermittelt werden, deren Stärkung einer erneuten Straffälligkeit entgegenwirken kann.

(4) ¹Die Untersuchung kann bei einer voraussichtlichen Vollzugsdauer bis zu einem Jahr auf die Umstände beschränkt werden, deren Kenntnis für eine angemessene Vollzugsgestaltung unerlässlich und für die Eingliederung erforderlich ist. ²Unabhängig von der Vollzugsdauer gilt dies auch, wenn ausschließlich Ersatzfreiheitsstrafen zu vollziehen sind.

(5) Die Ergebnisse der Untersuchung sind zu dokumentieren und mit den Gefangenen zu erörtern.

§ 8 Resozialisierungsplan

(1) Auf der Grundlage der Behandlungsuntersuchung wird regelmäßig innerhalb der ersten sechs Wochen nach der Aufnahme ein Resozialisierungsplan erstellt.

(2) ¹Der Resozialisierungsplan enthält insbesondere folgende Angaben:

1. Unterbringung im geschlossenen oder offenen Vollzug,
2. Zuweisung zu Wohngruppen und Behandlungsgruppen oder -abteilungen,
3. Unterbringung in einer sozialtherapeutischen Einrichtung,
4. Teilnahme an Maßnahmen der schulischen oder beruflichen Aus- oder Weiterbildung oder Zuweisung von Arbeit,
5. besondere Hilfs- und Behandlungsmaßnahmen, insbesondere Schuldenregulierung einschließlich Unterhaltszahlungen, Schadensausgleich, Maßnahmen des Täter-Opfer-Ausgleichs, Suchtberatung, Maßnahmen des Verhaltenstrainings,
6. Lockerungen des Vollzuges,
7. Vorbereitung der Eingliederung.

²Die Angaben sind in Grundzügen zu begründen.

(3) ¹Die Gefangenen werden darin unterstützt, ihre persönlichen, wirtschaftlichen und sozialen Schwierigkeiten zu beheben. ²Sie sollen dazu angeregt und in die Lage versetzt werden, ihre Angelegenheiten

selbst zu regeln, insbesondere eine Schuldenregulierung herbeizuführen. [3]Sie sollen angehalten werden, den durch die Straftat verursachten materiellen und immateriellen Schaden wiedergutzumachen.

(4) [1]Der Resozialisierungsplan ist mit der Entwicklung der Gefangenen in Einklang zu halten. [2]Er wird regelmäßig alle sechs Monate überprüft und fortgeschrieben. [3]Bei einer Vollzugsdauer von mehr als drei Jahren verlängert sich die Frist auf zwölf Monate.

(5) [1]Der Resozialisierungsplan und seine Fortschreibungen sind mit den Gefangenen zu erörtern. [2]Der Resozialisierungsplan ist ihnen auszuhändigen.

(6) [1]Zur Aufstellung und Fortschreibung des Resozialisierungsplans führt die Anstaltsleitung Konferenzen mit an der Behandlung maßgeblich Beteiligten durch. [2]An der Behandlung maßgeblich mitwirkende Personen außerhalb des Vollzuges sollen in die Planung einbezogen werden. [3]Sie können mit Zustimmung der Gefangenen auch an den Konferenzen beteiligt werden. [4]Standen die Gefangenen vor ihrer Inhaftierung unter Bewährungsoder Führungsaufsicht, kann mit Zustimmung der Gefangenen auch die für sie zuständige Bewährungshelferin oder der für sie zuständige Bewährungshelfer an der Konferenz beteiligt werden.

(7) [1]Werden die Gefangenen nach der Entlassung voraussichtlich unter Bewährungs- oder Führungsaufsicht gestellt, so ist mit Zustimmung der Gefangenen der künftig zuständigen Bewährungshelferin oder dem künftig zuständigen Bewährungshelfer in den letzten zwölf Monaten vor dem voraussichtlichen Entlassungszeitpunkt die Teilnahme an der Konferenz zu ermöglichen und sind ihr bzw. ihm der Resozialisierungsplan und seine Fortschreibungen zu übersenden.

(8) Sofern die oder der Gefangene durch eine Fallmanagerin oder einen Fallmanager nach dem Hamburgischen Resozialisierungs- und Opferhilfegesetz betreut wird, finden die Absätze 6 und 7 entsprechende Anwendung.

§ 8a Opferschutz
[1]Für besonders gefährliche Sexual- und Gewaltstraftäterinnen und Sexual- und Gewaltstraftäter wird eine Risikoeinschätzung durch eine psychologische Fachkraft erstellt. [2]Bei der Suche und Gestaltung des sozialen Empfangsraumes nach der Entlassung sind die Schutzinteressen des Opfers einzubeziehen. [3]Vorschläge für gerichtliche Weisungen an die oder den Betroffenen, die auch dem Schutz des Opfers dienen sollen, werden in einer Fallkonferenz der in § 30 Absatz 2 Satz 2 des Hamburgischen Resozialisierungs- und Opferhilfegesetzes genannten Stellen erörtert und dem Gericht vorgeschlagen.

§ 9 Verlegung, Überstellung, Ausantwortung
(1) Die Gefangenen dürfen abweichend vom Vollstreckungsplan in eine andere für den Vollzug der Freiheitsstrafe zuständige Anstalt verlegt werden, wenn ihre Behandlung oder ihre Eingliederung nach der Entlassung hierdurch gefördert wird oder dies aus Gründen der Vollzugsorganisation oder aus anderen wichtigen Gründen erforderlich ist.

(2) Die Gefangenen dürfen auch verlegt werden, wenn in erhöhtem Maß Fluchtgefahr gegeben ist oder sonst ihr Verhalten, ihr Zustand oder ihre Kontakte zu anderen Gefangenen eine Gefahr für die Sicherheit oder Ordnung der Anstalt darstellen und die aufnehmende Anstalt wegen der mit der Verlegung bewirkten Veränderungen der Haftverhältnisse oder wegen höherer Sicherheitsvorkehrungen zur sicheren Unterbringung der Gefangenen besser geeignet ist.

(3) Die Gefangenen dürfen aus wichtigem Grund vorübergehend in eine andere Anstalt überstellt werden.

(4) § 92 bleibt unberührt.

(5) Die Gefangenen dürfen auf begründeten Antrag befristet einer Polizeibehörde übergeben werden (Ausantwortung).

§ 10 Sozialtherapie
(1) Gefangene sind in einer sozialtherapeutischen Einrichtung unterzubringen, wenn sie wegen einer Straftat nach den §§ 174 bis 180 oder 182 des Strafgesetzbuchs zu einer Freiheitsstrafe von mehr als zwei Jahren verurteilt worden sind und die Behandlung in einer sozialtherapeutischen Einrichtung angezeigt ist.

(2) Andere Gefangene können mit ihrer Zustimmung in eine sozialtherapeutische Einrichtung verlegt werden, wenn die besonderen therapeutischen Mittel und sozialen Hilfen zu ihrer Behandlung angezeigt sind und die Leitung der Einrichtung zustimmt.

(3) ¹Kann der Zweck der Behandlung aus Gründen, die in der Person von Gefangenen liegen, nicht erreicht werden, ist von einer Verlegung nach Absatz 1 oder 2 abzusehen oder die Gefangenen sind zurückzuverlegen. ²Über die Verlegung von Gefangenen nach Absatz 1 ist jeweils spätestens nach Ablauf von sechs Monaten neu zu entscheiden.

(4) § 9 bleibt unberührt.

§ 11 Geschlossener und offener Vollzug

(1) Die Gefangenen werden im geschlossenen oder offenen Vollzug untergebracht.

(2) ¹Die Gefangenen sollen im offenen Vollzug untergebracht werden, wenn sie hierfür geeignet sind. ²Geeignet sind Gefangene, wenn sie den besonderen Anforderungen des offenen Vollzuges genügen, insbesondere, wenn nicht zu befürchten ist, dass sie sich dem Vollzug entziehen oder die Möglichkeiten des offenen Vollzuges zu Straftaten missbrauchen werden.

(3) ¹Ist gegen Gefangene eine Freiheitsstrafe wegen einer Straftat nach den §§ 174 bis 180, 182 des Strafgesetzbuchs, wegen grober Gewalttätigkeit gegen Personen oder, sofern diese Straftaten als Rauschtat begangen wurden, wegen Vollrausches (§ 323a des Strafgesetzbuchs) zu vollziehen oder war dies während eines vorangegangenen Freiheitsentzuges der Fall, ist vor ihrer Verlegung in den offenen Vollzug eine schriftliche Stellungnahme einer psychologischen Fachkraft, die nicht mit den Gefangenen therapeutisch befasst ist oder war, oder ein psychiatrisches Gutachten einzuholen. ²Hiervon kann mit Zustimmung der Aufsichtsbehörde abgesehen werden, wenn die betroffene Freiheitsstrafe während eines vorangegangenen Freiheitsentzuges zu vollziehen war und die seither eingetretene Entwicklung der Gefangenen eine fachdienstliche Begutachtung nicht mehr erfordert.

§ 12 Lockerungen

(1) ¹Den Gefangenen kann als Lockerung des Vollzuges insbesondere erlaubt werden,

1. die Anstalt für eine bestimmte Tageszeit unter Aufsicht (Ausführung) zu verlassen,
2. die Anstalt für eine bestimmte Tageszeit in Begleitung einer von der Anstalt zugelassenen Person (Begleitausgang) zu verlassen,
3. die Anstalt für eine bestimmte Tageszeit ohne Aufsicht (Ausgang) zu verlassen,
4. die Anstalt für die Dauer von bis zu 24 Kalendertagen in einem Vollstreckungsjahr zu verlassen (Freistellung von der Haft),
5. außerhalb der Anstalt regelmäßig einer Beschäftigung unter Aufsicht (Außenbeschäftigung) oder ohne Aufsicht (Freigang) nachzugehen.

²Die Lockerungen dürfen gewährt werden, wenn verantwortet werden kann zu erproben, dass die Gefangenen sich dem Vollzug der Freiheitsstrafe nicht entziehen oder die Lockerungen nicht zu Straftaten missbrauchen werden. ³Gefangenen, die sich seit mindestens fünf Jahren ununterbrochen in Freiheitsentziehung befinden, sollen darüber hinaus jährlich mindestens zwei Ausführungen gemäß Satz 1 Nummer 1 zur Erhaltung der Lebenstüchtigkeit gewährt werden, wenn nicht konkrete Anhaltspunkte die Gefahr begründen, dass die Gefangenen sich trotz Sicherungsmaßnahmen einschließlich ständiger und unmittelbarer Aufsicht dem Vollzug entziehen oder die Ausführung zu erheblichen Straftaten missbrauchen werden. ⁴§ 11 Absatz 3 gilt in den Fällen des Satzes 1 Nummern 2 bis 5 und des Satzes 3 entsprechend.

(2) Lockerungen können versagt werden, wenn die Gefangenen ihren Mitwirkungspflichten nicht nachkommen.

(3) Durch die Freistellung von der Haft wird die Strafvollstreckung nicht unterbrochen.

(4) Die Anstaltsleitung kann den Gefangenen Weisungen für Lockerungen erteilen.

(5) ¹Bei der Entscheidung über Gewährung und Ausgestaltung der Lockerungen sind die Belange der Opfer zu berücksichtigen. ²§ 406d Absätze 2 und 3 der Strafprozessordnung gilt entsprechend.

(6) Im Rahmen der Resozialisierungsplanung ist zu prüfen, ob vorgesehene Vollzugslockerungen mit Weisungen zur Unterbindung von Kontaktaufnahmen mit dem Opfer oder dessen Angehörigen verbunden werden sollen.

§ 13 Lockerungen aus wichtigem Anlass

(1) Die Anstaltsleitung kann Gefangenen aus Anlass der lebensgefährlichen Erkrankung oder des Todes von Angehörigen oder aus anderem wichtigen Anlass nach Maßgabe des § 12 Ausgang oder weitere Freistellung von der Haft gewähren, aus anderem wichtigen Anlass jedoch nur jeweils bis zu sieben Kalendertagen.

(2) [1]Sind die Gefangenen für die Gewährung von Ausgang oder für die Freistellung von der Haft nicht geeignet, kann die Anstaltsleitung sie ausführen lassen. [2]Die Kosten tragen die Gefangenen. [3]Der Anspruch ist nicht geltend zu machen, wenn dies die Behandlung oder die Eingliederung behindern würde.

(3) [1]Kranke Gefangene, bei denen auf Grund ihrer Krankheit in Kürze mit dem Tod gerechnet werden muss, können bis zur Entscheidung über einen Strafausstand von der Haft freigestellt werden, wenn nicht zu befürchten ist, dass sie die Freistellung von der Haft zu Straftaten von erheblicher Bedeutung missbrauchen werden. [2]§ 12 Absätze 3 und 4 gilt entsprechend.

§ 14 Lockerungen aus Anlass gerichtlicher Termine

(1) Die Anstaltsleitung kann Gefangenen nach Maßgabe des § 12 Absätze 1, 3 und 4 Ausgang oder weitere Freistellung von der Haft zur Teilnahme an gerichtlichen Terminen gewähren, wenn anzunehmen ist, dass sie der Ladung folgen.

(2) [1]Wenn Gefangene zu gerichtlichen Terminen geladen sind und Ausgang oder Freistellung von der Haft nicht gewährt wird, lässt die Anstaltsleitung sie mit ihrer Zustimmung zu den Terminen ausführen, sofern wegen Entweichungs- oder Missbrauchsgefahr (§ 12 Absatz 1 Satz 2) keine überwiegenden Gründe entgegenstehen. [2]Sind die Gefangenen als Partei oder Beteiligte geladen, ist ihre Ausführung nur zu ermöglichen, wenn ihr persönliches Erscheinen angeordnet oder von Gesetzes wegen erforderlich ist, sonst kann sie ermöglicht werden. [3]Die Kosten tragen die Gefangenen. [4]Sind sie dazu nicht in der Lage, kann die Anstalt die Kosten in begründeten Fällen in angemessenem Umfang übernehmen.

(3) [1]Auf Ersuchen eines Gerichts lässt die Anstaltsleitung die Gefangenen vorführen. [2]Sie erteilt die erforderlichen Weisungen und entscheidet über besondere Sicherungsmaßnahmen, insbesondere über die Dauer der während der Vorführung erforderlichen Fesselung der Gefangenen.

(4) Die Anstalt unterrichtet das Gericht über das Veranlasste.

§ 15 Lockerungen zur Vorbereitung der Eingliederung

(1) Um die Eingliederung vorzubereiten, sollen den Gefangenen Lockerungen gewährt werden (§ 12).

(2) [1]Darüber hinaus können den Gefangenen nach Maßgabe des § 12 zur Vorbereitung der Eingliederung

1. innerhalb von drei Monaten vor der Entlassung weitere Freistellung von der Haft bis zu sieben Kalendertagen,
2. in einer sozialtherapeutischen Einrichtung (§ 10) weitere Freistellung von der Haft bis zu sechs Monaten vor der Entlassung,

gewährt werden. [2]Gefangenen im offenen Vollzug, die mehrere Jahre ihrer Freiheitsstrafe im geschlossenen Vollzug verbracht haben und der längerfristigen Eingliederung bedürfen, kann nach Maßgabe des § 12 weitere Freistellung von der Haft bis zu sechs Monaten vor der Entlassung gewährt werden. [3]In einer sozialtherapeutischen Anstalt kann zur Vorbereitung der Eingliederung in begründeten Einzelfällen nach Unterrichtung der Strafvollstreckungskammer weitere Freistellung von der Haft in eine geeignete Wohnform für einen längeren als den in Satz 1 Nummer 2 genannten Zeitraum erfolgen.

(3) Zum Freigang zugelassene Gefangene können innerhalb von neun Monaten vor der Entlassung weitere Freistellung von der Haft bis zu sechs Tagen im Monat erhalten; Absatz 2 Nummer 1 findet keine Anwendung.

(4) Die Gefangenen können in den offenen Vollzug (§ 11) verlegt werden, wenn dies der Vorbereitung der Eingliederung dient.

(5) [1]Werden Lockerungen nach Absatz 2 Satz 1 Nummer 2 oder Satz 2 gewährt, sollen den Gefangenen Weisungen erteilt werden. [2]Sie können insbesondere angewiesen werden, sich einer von der Anstalt bestimmten Betreuungsperson zu unterstellen und jeweils für kurze Zeit in die Anstalt zurückzukehren.

§ 16 Vorbereitung der Eingliederung

[1]Zur Vorbereitung der Eingliederung sind die Gefangenen bei der Ordnung ihrer persönlichen, wirtschaftlichen und sozialen Angelegenheiten zu beraten und zu unterstützen. [2]Die Bereitschaft der Gefangenen, ihre Angelegenheiten dabei soweit wie möglich selbstständig zu regeln, ist zu wecken und zu fördern. [3]Die Anstalt arbeitet daneben frühzeitig mit den in § 107 Absatz 1 genannten Behörden, Institutionen und Personen zusammen, um zu erreichen, dass die Eingliederung der Gefangenen gefördert wird und sie insbesondere über eine geeignete Unterbringung, eine Arbeits- oder Ausbildungs-

stelle und, soweit dies im Einzelfall geboten erscheint, persönliche Betreuung verfügen. [4]Insbesondere mit der Fachstelle Übergangsmanagement, der Bewährungshilfe, den Aufsichtsstellen für die Führungsaufsicht und weiteren Stellen der Entlassenenhilfe ist frühzeitig Kontakt aufzunehmen. [5]Die Kontaktaufnahme zu den zuständigen Fallmanagerinnen oder Fallmanagern soll in der Regel sechs Monate vor der voraussichtlichen Haftentlassung erfolgen. [6]Die Fallmanagerinnen oder die Fallmanager leiten nach Zustimmung der betroffenen Gefangenen im Einvernehmen mit der Justizvollzugsanstalt Maßnahmen zur Planung der Eingliederung und zur praktischen Vorbereitung der Haftentlassung ein. [7]Die Bewährungshilfe beteiligt sich nach der Beauftragung durch das zuständige Gericht an entsprechenden Maßnahmen.

§ 17 Entlassung

(1) [1]Die Gefangenen sollen am letzten Tag ihrer Strafzeit möglichst frühzeitig, jedenfalls noch am Vormittag entlassen werden. [2]Dies gilt auch, wenn sie auf Grund einer gerichtlichen Entscheidung oder auf Grund eines Gnadenerweises vorzeitig zu entlassen sind.

(2) Fällt das Strafende auf einen Samstag oder Sonntag, einen gesetzlichen Feiertag, den ersten Werktag nach Ostern oder Pfingsten oder in die Zeit vom 22. Dezember bis zum 6. Januar, so können die Gefangenen an dem diesem Tag oder Zeitraum vorhergehenden Werktag entlassen werden, wenn sie sich zum Zeitpunkt der beabsichtigten Entlassung mindestens einen Monat ununterbrochen im Vollzug befinden und fürsorgerische Gründe nicht entgegenstehen.

(2a) [1]Fällt das Strafende in die Zeit vom 1. Dezember bis zum 6. Januar, so können die Gefangenen an dem diesem Zeitraum vorhergehenden Werktag entlassen werden, wenn

1.   sie sich zum Zeitpunkt der beabsichtigten Entlassung mindestens drei Monate ununterbrochen im Vollzug befinden und
2.   fürsorgerische Gründe nicht entgegenstehen.

[2]Satz 1 findet keine Anwendung bei Gefangenen,

1.   sofern mit dem Strafende eine Freiheitsstrafe von mindestens einem Jahr endet,
2.   bei denen ein sich unmittelbar anschließender, über den 6. Januar hinausgehender Vollzug vorgemerkt ist,
3.   bei denen die Vollzugsanstalt oder Vollstreckungsbehörde Kenntnis davon hat, dass mit der Ausweisung oder Abschiebung zu rechnen oder ein Auslieferungsverfahren anhängig ist,
4.   die strafrechtlich verfolgt werden, weil ihnen zur Last gelegt wird, während des Vollzuges oder während einer Strafunterbrechung Straftaten begangen zu haben,
5.   gegen die in der Strafhaft in den fünf Monaten vor dem in Satz 1 genannten Zeitraum ein nicht zur Bewährung ausgesetzter Arrest als Disziplinarmaßnahme verhängt wurde oder
6.   die in den fünf Monaten vor dem in Satz 1 genannten Zeitraum entwichen oder aus einer Lockerung nicht oder schuldhaft verspätet zurückkehrten.

[3]Wenn der durch gerichtliche Entscheidung nach § 57 des Strafgesetzbuchs, § 14a Absatz 2 des Wehrstrafgesetzes in der Fassung vom 24. Mai 1974 (BGBl. I S. 1214), zuletzt geändert am 30. Oktober 2017 (BGBl. I S. 3618, 3623), in der jeweils geltenden Fassung festgelegte Entlassungszeitpunkt in die Zeit vom 1. Dezember bis zum 6. Januar fällt, gelten Sätze 1 und 2 mit der Maßgabe entsprechend, dass die Gefangenen an dem Werktag entlassen werden können, der auf den Tag der Rechtskraft der gerichtlichen Entscheidung folgt, frühestens jedoch an dem vor dem 1. Dezember liegenden Werktag. [4]Absatz 2 bleibt unberührt. [5]Absatz 3 findet keine Anwendung.

(3) Die Entlassung kann bis zu zwei Tagen vorverlegt werden, wenn die Gefangenen zu ihrer Eingliederung hierauf angewiesen sind.

(4) Absätze 2 bis 3 gelten auch nach einer Anrechnung der Freistellung auf den Entlassungszeitpunkt (§ 40 Absatz 5 Satz 1) oder wenn eine Strafe oder Ersatzfreiheitsstrafe infolge der Vorverlegung überhaupt nicht vollzogen wird.

(5) Bedürftigen Gefangenen kann bei der Entlassung ein Zuschuss zu den Reisekosten, angemessene Kleidung und sonstige notwendige Unterstützung gewährt werden.

§ 18 Unterstützung nach der Entlassung

(1) Die Anstalt kann Gefangenen auf Antrag auch nach der Entlassung Hilfestellung gewähren, soweit diese nicht anderweitig, insbesondere nicht durch die betreuende Fallmanagerin oder den betreuenden

Fallmanager oder die Bewährungshilfe sichergestellt werden kann und der Erfolg der Behandlung gefährdet erscheint.

(2) Sozialtherapeutische Einrichtungen können auf Antrag der Gefangenen eine im Vollzug begonnene Betreuung nach der Entlassung vorübergehend fortführen, soweit sie nicht anderweitig durchgeführt werden kann.

(3) [1]Im Zuge der nachgehenden Betreuung nach Absatz 2 können Gefangene auf Antrag vorübergehend wieder in den dort genannten Einrichtungen aufgenommen werden, wenn der Erfolg ihrer Behandlung gefährdet und die Aufnahme aus diesem Grunde gerechtfertigt ist. [2]Die Anträge der Gefangenen und die Aufnahme sind jederzeit widerruflich. [3]Gegen die Aufgenommenen dürfen Maßnahmen des Vollzuges nicht mit unmittelbarem Zwang durchgesetzt werden. [4]§ 79 Absätze 2 und 3 bleibt unberührt.

Abschnitt 3
Unterbringung und Ernährung der Gefangenen

§ 19 Unterbringung während der Arbeit und der Freizeit

(1) [1]Die Gefangenen arbeiten in der Gemeinschaft mit anderen, soweit dies mit Rücksicht auf die Anforderungen der verfügbaren Arbeitsplätze möglich ist. [2]Dasselbe gilt für Berufsausbildung, berufliche Weiterbildung sowie arbeitstherapeutische und sonstige Beschäftigung während der Arbeitszeit.

(2) [1]Während der Freizeit können die Gefangenen sich in der Gemeinschaft mit anderen aufhalten. [2]Für die Teilnahme an gemeinschaftlichen Veranstaltungen kann die Anstaltsleitung mit Rücksicht auf die räumlichen, personellen und organisatorischen Verhältnisse der Anstalt besondere Regelungen treffen.

(3) Die gemeinschaftliche Unterbringung während der Arbeitszeit und Freizeit kann eingeschränkt werden, wenn
1. die Gefangenen nach § 7 untersucht werden, aber nicht länger als zwei Monate,
2. es die Sicherheit oder Ordnung der Anstalt erfordert,
3. ein schädlicher Einfluss auf andere Gefangene zu befürchten ist oder
4. die Gefangenen zustimmen.

§ 20 Unterbringung während der Ruhezeit

[1]Die Gefangenen werden während der Ruhezeit allein in ihren Hafträumen untergebracht. [2]Sie können auch während der Ruhezeit gemeinsam untergebracht werden, wenn
1. Gefangene hilfsbedürftig sind oder eine Gefahr für Leben oder Gesundheit von Gefangenen besteht und bei einer gemeinsamen Unterbringung mit nicht hilfsbedürftigen oder gefährdeten Gefangenen diese zugestimmt haben,
2. im offenen Vollzug die räumlichen Verhältnisse der Anstalt dies erfordern.

§ 21 Mütter mit Kindern

(1) [1]Ist das Kind einer Gefangenen noch nicht fünf Jahre alt und gibt es keine Alternative, so kann es mit Zustimmung der Inhaber des Aufenthaltsbestimmungsrechts in der Anstalt untergebracht werden, in der sich seine Mutter befindet, wenn dies seinem Wohl entspricht. [2]Vor der Unterbringung ist das Jugendamt zu hören.

(2) [1]Die Unterbringung einschließlich der Gesundheitsfürsorge erfolgt auf Kosten der für das Kind Unterhaltspflichtigen. [2]Von der Geltendmachung des Kostenersatzanspruchs kann abgesehen werden, wenn hierdurch die gemeinsame Unterbringung von Mutter und Kind gefährdet würde.

§ 22 Ausstattung des Haftraumes, persönlicher Besitz

(1) [1]Die Gefangenen dürfen ihre Haftäume in angemessenem Umfang mit eigenen Sachen ausstatten. [2]Lichtbilder nahe stehender Personen und Erinnerungsstücke von persönlichem Wert werden ihnen belassen.

(2) Vorkehrungen und Gegenstände, die die Übersichtlichkeit des Haftraumes behindern oder in anderer Weise Sicherheit oder Ordnung der Anstalt gefährden, können ausgeschlossen werden.

(3) Die Anstaltsleitung kann besondere Regelungen zum angemessenen Umfang der Haftraumausstattung und zu Art und Umfang der Vorkehrungen und Gegenstände nach Absatz 2, insbesondere zu Wertgrenzen für Armbanduhren, Schmuckgegenstände und Elektrogeräte, treffen.

§ 23 Kleidung

(1) [1]Die Gefangenen dürfen eigene Kleidung tragen, wenn sie für Reinigung und Instandsetzung auf eigene Kosten sorgen. [2]§ 22 Absatz 2 gilt entsprechend.

(2) Die Anstaltsleitung kann das Tragen von Anstaltskleidung allgemein oder im Einzelfall anordnen, wenn dies aus Gründen der Sicherheit oder Ordnung der Anstalt erforderlich ist.

§ 24 Verpflegung

[1]Die Gefangenen erhalten Anstaltsverpflegung. [2]Zusammensetzung und Nährwert der Anstaltsverpflegung werden ärztlich überwacht. [3]Religiöse Speisegebote werden beachtet.

§ 25 Einkauf

(1) Die Gefangenen können regelmäßig aus einem von der Anstalt vermittelten Angebot einkaufen (Regeleinkauf).

(2) Die Gefangenen können in angemessenem Umfang dreimal jährlich zusätzlich zu dem Regeleinkauf einkaufen.

(3) Für die Organisation des Einkaufs und den Inhalt des Warenangebots kann die Anstaltsleitung unter Würdigung der Wünsche und Bedürfnisse der Gefangenen besondere Regelungen treffen.

(4) [1]Gegenstände, die die Sicherheit oder Ordnung der Anstalt gefährden, können vom Einkauf ausgeschlossen werden. [2]Auf ärztliche Anordnung kann den Gefangenen der Einkauf einzelner Nahrungs- und Genussmittel ganz oder teilweise untersagt werden, wenn zu befürchten ist, dass sie ihre Gesundheit ernsthaft gefährden. [3]In Krankenhäusern und Krankenabteilungen kann der Einkauf einzelner Nahrungs- und Genussmittel auf ärztliche Anordnung allgemein untersagt oder eingeschränkt werden.

Abschnitt 4
Verkehr mit Personen außerhalb der Anstalt

§ 26 Besuch

(1) [1]Die Gefangenen dürfen regelmäßig Besuch empfangen. [2]Die Gesamtdauer beträgt mindestens eine Stunde im Monat.

(2) Kontakte der Gefangenen zu ihren Angehörigen im Sinne des Strafgesetzbuchs werden besonders gefördert.

(3) Besuche sollen darüber hinaus zugelassen werden, wenn sie die Behandlung oder die Eingliederung der Gefangenen fördern oder persönlichen, rechtlichen oder geschäftlichen Angelegenheiten dienen, die nicht von den Gefangenen schriftlich erledigt, durch Dritte wahrgenommen oder bis zur Entlassung der Gefangenen aufgeschoben werden können.

(4) [1]Die Anstaltsleitung kann Besuche, deren ununterbrochene Dauer ein Mehrfaches der Gesamtdauer nach Absatz 1 Satz 2 beträgt und die in der Regel nicht überwacht werden (Langzeitbesuche), zulassen, wenn dies mit Rücksicht auf die Dauer der zu vollziehenden Freiheitsstrafe zur Behandlung der Gefangenen, insbesondere zur Förderung ihrer partnerschaftlichen oder ihnen gleichzusetzender Kontakte, geboten erscheint und die Gefangenen hierfür geeignet sind. [2]Für die Durchführung der Langzeitbesuche kann die Anstaltsleitung mit Rücksicht auf die räumlichen, personellen und organisatorischen Verhältnisse der Anstalt besondere Regelungen treffen.

(5) [1]Aus Gründen der Sicherheit und Ordnung der Anstalt können die Besuche davon abhängig gemacht werden, dass Besucherinnen und Besucher sich durchsuchen lassen. [2]Für Art und Umfang der Durchsuchungen, insbesondere für den Einsatz technischer Hilfsmittel, und für den für Durchsuchungen in Betracht kommenden Personenkreis kann die Anstaltsleitung mit Rücksicht auf die Sicherheitsbedürfnisse der Anstalt besondere Regelungen treffen.

(6) Die Anstaltsleitung kann Besuche untersagen,

1. wenn die Sicherheit oder Ordnung der Anstalt gefährdet würde,
2. bei Besucherinnen und Besuchern, die nicht Angehörige der Gefangenen im Sinne des Strafgesetzbuchs sind, wenn zu befürchten ist, dass sie einen schädlichen Einfluss auf die Gefangenen haben oder ihre Eingliederung behindern würden.

§ 27 Überwachung der Besuche

(1) [1]Besuche dürfen aus Gründen der Behandlung oder der Sicherheit oder Ordnung der Anstalt überwacht werden, es sei denn, es liegen im Einzelfall Erkenntnisse dafür vor, dass es der Überwachung nicht bedarf. [2]Die Überwachung der Besuche mit optisch-elektronischen Einrichtungen (Videobeobachtung) ist zulässig. [3]Die Gefangenen und die Besucherinnen und Besucher sind vor dem Besuch darauf hinzuweisen.

(2) [1]Die Unterhaltung darf nur überwacht werden, soweit dies im Einzelfall aus den in Absatz 1 Satz 1 genannten Gründen erforderlich ist. [2]Absatz 1 Sätze 2 und 3 findet keine Anwendung.

(3) [1]Besuche dürfen abgebrochen werden, wenn Besucherinnen und Besucher oder Gefangene gegen die Vorschriften dieses Gesetzes oder die auf Grund dieses Gesetzes getroffenen Anordnungen trotz Abmahnung verstoßen. [2]Die Abmahnung unterbleibt, wenn es unerlässlich ist, den Besuch sofort abzubrechen.

(4) [1]Gegenstände dürfen beim Besuch nur mit Erlaubnis übergeben werden. [2]Die Anstaltsleitung kann im Einzelfall die Nutzung einer Trennvorrichtung anordnen, wenn dies mit Rücksicht auf die Sicherheit oder Ordnung der Anstalt zur Verhinderung einer unerlaubten Übergabe von Gegenständen erforderlich ist.

§ 28 Besuche von Rechtsanwältinnen und Rechtsanwälten und Notarinnen und Notaren

(1) [1]Besuche von Rechtsanwältinnen, Rechtsanwälten, Notarinnen und Notaren in einer die Gefangenen betreffenden Rechtssache sind zu gestatten. [2]§ 26 Absatz 5 gilt entsprechend.

(2) Besuche von Rechtsanwältinnen, Rechtsanwälten, Notarinnen und Notaren werden nicht überwacht.

(3) Beim Besuch von Rechtsanwältinnen, Rechtsanwälten, Notarinnen und Notaren mitgeführte Schriftstücke und sonstige Unterlagen dürfen übergeben werden, ihre inhaltliche Überprüfung ist nicht zulässig.

(4) Liegt dem Vollzug der Freiheitsstrafe eine Straftat nach § 129a, auch in Verbindung mit § 129b Absatz 1 des Strafgesetzbuchs zugrunde oder ist eine solche Freiheitsstrafe im Anschluss an den Vollzug einer wegen einer anderen Straftat verhängten Freiheitsstrafe zu vollziehen, gelten § 148 Absatz 2 und § 148a der Strafprozessordnung entsprechend, es sei denn, die Gefangenen befinden sich im offenen Vollzug (§ 11) oder ihnen werden Lockerungen gewährt (§ 12) und Gründe für einen Widerruf oder eine Zurücknahme der Lockerungen (§ 92 Absätze 2 und 3) liegen nicht vor.

§ 29 Schriftwechsel

(1) [1]Die Gefangenen dürfen unbeschränkt Schreiben absenden und empfangen. [2]Absendung und Empfang der Schreiben vermittelt die Anstalt, eingehende und ausgehende Schreiben werden unverzüglich weitergeleitet.

(2) Die Anstaltsleitung kann den Schriftwechsel mit bestimmten Personen untersagen,

1. wenn die Sicherheit oder Ordnung der Anstalt gefährdet würde,
2. bei Personen, die nicht Angehörige der Gefangenen im Sinne des Strafgesetzbuchs sind, wenn zu befürchten ist, dass der Schriftwechsel einen schädlichen Einfluss auf die Gefangenen haben oder ihre Eingliederung behindern würde.

(3) [1]Die Kosten des Schriftwechsels tragen die Gefangenen. [2]Sind sie dazu nicht in der Lage, kann die Anstalt sie in besonders begründeten Fällen in angemessenem Umfang übernehmen.

§ 30 Überwachung des Schriftwechsels

(1) Der Schriftwechsel darf aus Gründen der Behandlung oder der Sicherheit oder Ordnung der Anstalt überwacht werden.

(2) [1]Der Schriftwechsel mit Mitgliedern der Anstaltsbeiräte (§§ 114 bis 117) und mit Rechtsanwältinnen, Rechtsanwälten, Notarinnen und Notaren soweit sie von den Gefangenen mit der Vertretung einer Rechtsangelegenheit nachweislich beauftragt wurden, wird nicht überwacht. [2]Für den Schriftwechsel mit Rechtsanwältinnen, Rechtsanwälten, Notarinnen und Notaren gilt § 28 Absatz 4 entsprechend.

(3) Nicht überwacht werden ferner Schreiben der Gefangenen

1. an Volksvertretungen des Bundes und der Länder, an das Europäische Parlament und an die Mitglieder dieser Gremien, soweit die Schreiben an die Anschriften der Gremien gerichtet sind und die Absender zutreffend angeben,
2. an den Europäischen Gerichtshof für Menschenrechte,

3. an den Europäischen Ausschuss zur Verhütung von Folter und unmenschlicher oder erniedrigender Behandlung oder Strafe,
4. an die Nationale Stelle zur Verhütung von Folter,
5. an sonstige Organisationen oder Einrichtungen, mit denen der Schriftverkehr auf Grund völkerrechtlicher Verpflichtungen der Bundesrepublik Deutschland geschützt ist,
6. an die Datenschutzbeauftragten des Bundes, der Länder und der Aufsichtsbehörde,
7. an Gerichte, Staatsanwaltschaften und die Aufsichtsbehörde (§ 111) und
8. an nicht in der Anstalt tätige Ärztinnen oder Ärzte, die nachweislich mit der Untersuchung oder Behandlung der Gefangenen befasst sind.

(4) Schreiben der in Absatz 3 genannten Stellen, die an die Gefangenen gerichtet sind, werden nicht überwacht, sofern die Identität der Absender zweifelsfrei feststeht.

§ 31 Anhalten von Schreiben

(1) Die Anstaltsleitung kann Schreiben anhalten,

1. wenn durch sie das Vollzugsziel oder die Sicherheit oder Ordnung der Anstalt gefährdet würde,
2. wenn die Weitergabe in Kenntnis ihres Inhalts einen Straf- oder Bußgeldtatbestand verwirklichte,
3. wenn sie grob unrichtige oder erheblich entstellende Darstellungen von Anstaltsverhältnissen enthalten,
4. wenn sie grobe Beleidigungen enthalten,
5. wenn sie die Eingliederung anderer Gefangener gefährden können oder
6. wenn sie in Geheimschrift, unlesbar, unverständlich oder ohne zwingenden Grund in einer fremden Sprache abgefasst sind.

(2) Ausgehenden Schreiben, die unrichtige Darstellungen enthalten, kann ein Begleitschreiben beigefügt werden, wenn die Gefangenen auf der Absendung bestehen.

(3) [1]Ist ein Schreiben angehalten worden, werden die Gefangenen unterrichtet. [2]Angehaltene Schreiben werden an die Absender zurückgegeben oder behördlich verwahrt.

(4) Schreiben, deren Überwachung nach § 30 Absätze 2 bis 4 ausgeschlossen ist, dürfen nicht angehalten werden.

§ 32 Telekommunikation

(1) [1]Den Gefangenen kann gestattet werden, auf eigene Kosten Telefongespräche zu führen. [2]Die Gespräche dürfen aus Gründen der Behandlung oder der Sicherheit oder Ordnung der Anstalt überwacht werden. [3]Ist die Überwachung des Telefongesprächs erforderlich, ist die beabsichtigte Überwachung den Gesprächspartnern der Gefangenen durch die Anstalt oder durch die Gefangenen unmittelbar nach Herstellung der Verbindung mitzuteilen. [4]§ 30 Absatz 2 Satz 1 und Absatz 3 gilt entsprechend. [5]Die Gefangenen sind rechtzeitig vor Beginn des Telefongesprächs über die beabsichtigte Überwachung und die Mitteilungspflicht nach Satz 3 zu unterrichten.

(2) [1]Nach Zulassung anderer Formen der Telekommunikation im Sinne des Telekommunikationsgesetzes vom 22. Juni 2004 (BGBl. I S. 1190), zuletzt geändert am 3. Mai 2012 (BGBl. I S. 958), in der jeweils geltenden Fassung durch die Aufsichtsbehörde kann die Anstaltsleitung den Gefangenen gestatten, diese Formen auf ihre Kosten zu nutzen. [2]Die Bestimmungen dieses Abschnitts gelten entsprechend.

(3) [1]Auf dem Gelände der Anstalt können technische Geräte zur Störung von Frequenzen betrieben werden, die der Herstellung unerlaubter Mobilfunkverbindungen dienen. [2]Es ist sicherzustellen, dass der Mobilfunkverkehr außerhalb des Anstaltsgeländes hierdurch nicht beeinträchtigt wird. [3]Die von der Bundesnetzagentur gemäß § 55 Absatz 1 Satz 5 des Telekommunikationsgesetzes festgelegten Rahmenbedingungen sind zu beachten.

§ 33 Pakete

(1) [1]Der Empfang von Paketen bedarf der Erlaubnis der Anstalt, welche Zeitpunkt und Höchstmenge für die Sendung und für einzelne Gegenstände festsetzen kann. [2]§ 25 Absatz 4 Satz 1 gilt entsprechend. [3]Der Empfang von Paketen mit Nahrungs- und Genussmitteln ist nicht gestattet.

(2) [1]Pakete sind in Gegenwart der Gefangenen zu öffnen. [2]Ausgeschlossene Gegenstände können zu ihrer Habe genommen oder den Absendern zurückgesandt werden. [3]Nicht ausgehändigte Gegenstände, durch die bei der Versendung oder Aufbewahrung Personen verletzt oder Sachschäden verursacht

werden können, dürfen vernichtet werden. [4]Die hiernach getroffenen Maßnahmen werden den Gefangenen eröffnet.

(3) [1]Den Gefangenen kann gestattet werden, Pakete zu versenden. [2]Die Anstalt kann ihren Inhalt aus Gründen der Sicherheit oder Ordnung der Anstalt überprüfen.

(4) [1]Die Kosten des Paketverkehrs tragen die Gefangenen. [2]Sind sie dazu nicht in der Lage, kann die Anstalt sie in besonders begründeten Fällen in angemessenem Umfang übernehmen.

Abschnitt 5
Beschäftigung

§ 34 Beschäftigung

(1) [1]Arbeit, arbeitstherapeutische Beschäftigung und Maßnahmen der beruflichen und schulischen Aus- und Weiterbildung (Beschäftigung) sind auf Grund ihrer zentralen Bedeutung für die Erfüllung des Eingliederungsauftrags im Strafvollzug besonders zu fördern. [2]Sie dienen insbesondere dem Ziel, Fähigkeiten für eine Erwerbstätigkeit nach der Entlassung zu vermitteln, zu erhalten oder zu fördern.

(1a) Zur Abwendung der Vollstreckung von Ersatzfreiheitsstrafe kann nach der Tilgungsverordnung vom 11. Dezember 2012 (HmbGVBl. 2012 S. 521, 2013 S. 8) in der jeweiligen Fassung auch im Vollzug gemeinnützige Arbeit geleistet werden.

(2) [1]Die Anstalt soll den Gefangenen sofern sie nicht Ersatzfreiheitsstrafe verbüßen, der Eingliederung förderliche Arbeit oder arbeitstherapeutische oder sonstige Beschäftigung zuweisen und dabei ihre Fähigkeiten, Fertigkeiten und Neigungen berücksichtigen. [2]Sie soll auch im Zusammenwirken mit den Vereinigungen und Stellen des Arbeits- und Wirtschaftslebens dazu beitragen, dass die Gefangenen beruflich gefördert, beraten und vermittelt werden.

(2a) [1]Gefangenen, die Ersatzfreiheitsstrafe verbüßen, soll die Anstalt gemeinnützige Arbeit zur Abwendung der Vollstreckung von Ersatzfreiheitsstrafe nach der Tilgungsverordnung anbieten. [2]Steht keine Beschäftigungsmöglichkeit im Sinne des Satzes 1 zur Verfügung, soll die Anstalt Gefangenen, die Ersatzfreiheitsstrafe verbüßen, der Eingliederung förderliche Arbeit oder arbeitstherapeutische oder sonstige Beschäftigung zuweisen, wobei ihre Fähigkeiten, Fertigkeiten und Neigungen zu berücksichtigen sind. Gefangenen, die im Anschluss an Freiheitsstrafe oder Jugendstrafe Ersatzfreiheitsstrafe zu verbüßen haben werden, soll die Anstalt gemeinnützige Arbeit zur Abwendung der Vollstreckung von Ersatzfreiheitsstrafe nach der Tilgungsverordnung anbieten. [3]Haben diese während der Freiheitsstrafe oder Jugendstrafe bereits eine Ausbildungsmaßnahme begonnen, kann von dem Angebot nach Satz 3 zugunsten der Weiterführung der Ausbildungsmaßnahme abgesehen werden. [4]Dies gilt auch während der Verbüßung der Ersatzfreiheitsstrafe. [5]Absatz 2 Satz 2 bleibt unberührt.

(3) Aus Gründen der Integration und zur Förderung der Sprachkompetenz sollen Gefangenen Deutschkurse angeboten werden.

(4) [1]Geeigneten Gefangenen soll Gelegenheit zur Berufsausbildung, beruflichen Weiterbildung oder Teilnahme an anderen ausbildenden oder weiterbildenden Maßnahmen (Bildungsmaßnahmen) gegeben werden. [2]Bei der beruflichen Ausbildung ist berufsbildender Unterricht vorzusehen; dies gilt auch für die berufliche Weiterbildung, soweit die Art der Maßnahme es erfordert.

(5) Sind Gefangene zu wirtschaftlich ergiebiger Arbeit nicht fähig, sollen sie arbeitstherapeutisch beschäftigt werden.

(6) [1]Für geeignete Gefangene soll Unterricht in den zum ersten allgemeinbildenden Schulabschluss führenden Fächern oder nach Möglichkeit zur Erlangung anderer staatlich anerkannter Schulabschlüsse sowie zur Grundbildung und Berufsvorbereitung vorgesehen werden. [2]Unterricht soll während der Arbeitszeit stattfinden.

§ 35 Abschluss im Vollzug begonnener Bildungsmaßnahmen

(1) [1]Die Anstalt kann Gefangenen auf schriftlichen Antrag gestatten, nach der Entlassung eine im Vollzug begonnene Bildungsmaßnahme fortzuführen und abzuschließen, soweit

1. dies anderweitig nicht möglich oder nicht zumutbar ist,
2. dies zur Eingliederung erforderlich ist,
3. der Abschluss der Maßnahme in einem engen zeitlichen Zusammenhang zum Entlassungszeitpunkt steht und
4. Gründe der Sicherheit oder Ordnung der Anstalt dem nicht entgegenstehen.

²Hierzu können die Betroffenen, sofern sie es wünschen und es die Belegungssituation zulässt, über den Entlassungszeitpunkt hinaus in der Anstalt verbleiben oder vorübergehend wieder aufgenommen werden. ³Die Anträge auf Fortführung, Verbleib oder Wiederaufnahme sind jederzeit widerruflich. ⁴Erfolgt ein Widerruf, sind die verbliebenen oder aufgenommenen Personen unverzüglich zu entlassen.

(2) ¹Für die Betroffenen gelten die Vorschriften dieses Gesetzes entsprechend mit der Maßgabe, dass Maßnahmen des Vollzuges nicht mit unmittelbarem Zwang durchgesetzt werden können. ²Das Hausrecht bleibt hiervon unberührt.

(3) Bei Gefährdung der Sicherheit oder Ordnung der Anstalt kann die Gestattung jederzeit widerrufen werden.

§ 36 Freies Beschäftigungsverhältnis, Selbstbeschäftigung

(1) Den Gefangenen soll gestattet werden, einer Arbeit, Berufsausbildung oder beruflichen Weiterbildung auf der Grundlage eines freien Beschäftigungsverhältnisses außerhalb der Anstalt nachzugehen oder sich innerhalb oder außerhalb der Anstalt selbst zu beschäftigen, wenn sie hierfür geeignet sind, dies im Rahmen des Resozialisierungsplans dem Ziel dient, Fähigkeiten für eine Erwerbstätigkeit nach der Entlassung zu vermitteln, zu erhalten oder zu fördern und nicht überwiegende Gründe des Vollzuges entgegenstehen.

(2) § 12 Absatz 1 Satz 1 Nummer 5 und Sätze 2 und 3, Absätze 2 und 4 bleibt unberührt.

(3) Die Anstalt kann verlangen, dass ihr das Entgelt zur Gutschrift für die Gefangenen überwiesen wird.

§ 37 Zeugnisse

Aus Zeugnissen oder Bescheinigungen über die Teilnahme an Bildungsmaßnahmen darf nicht erkennbar sein, dass sie während des Vollzuges einer Freiheitsstrafe erworben wurden.

§ 38 Arbeitspflicht

(1) ¹Die Gefangenen sind verpflichtet, eine ihnen zugewiesene, ihren körperlichen Fähigkeiten angemessene Arbeit oder arbeitstherapeutische Beschäftigung auszuüben, zu deren Verrichtung sie auf Grund ihres Zustands in der Lage sind. ²Sie können zu Hilfstätigkeiten in der Anstalt verpflichtet werden. ³Diese Tätigkeiten sollen in der Regel nicht über drei Monate jährlich hinausgehen. ⁴Soweit gemeinnützige Arbeit nach § 34 Absatz 1a geleistet wird, steht dies der Erfüllung der Arbeitspflicht gleich. ⁵Die Sätze 1 und 2 gelten nicht für Gefangene, die die Regelaltersgrenze der gesetzlichen Rentenversicherung erreicht haben. ⁶Die gesetzlichen Beschäftigungsverbote zum Schutz erwerbstätiger Mütter finden Anwendung.

(2) ¹Die Teilnahme an einer Maßnahme nach § 34 Absatz 4 bedarf der Zustimmung der Gefangenen. ²Die Zustimmung darf nicht zur Unzeit widerrufen werden.

§ 39 Freistellung von der Arbeitspflicht

(1) ¹Gefangene, die sechs Monate lang zusammenhängend eine Tätigkeit nach § 34 Absatz 2 oder Absatz 2a Satz 2 oder eine Hilfstätigkeit nach § 38 Absatz 1 Satz 2 ausgeübt haben, werden auf ihren Antrag hin elf Arbeitstage von der Arbeitspflicht freigestellt. ²Zeiten, in denen die Gefangenen infolge Krankheit an ihrer Arbeitsleistung verhindert waren, werden bis zu drei Wochen halbjährlich angerechnet. ³Auf die Zeit der Freistellung von der Arbeitspflicht werden Lockerungen nach § 12 Absatz 1 Satz 1 Nummer 4 angerechnet, soweit sie in die Arbeitszeit fallen.

(2) ¹Die Freistellung von der Arbeitspflicht kann nur innerhalb von sechs Monaten nach Ablauf eines Berechnungszeitraumes in Anspruch genommen werden. ²Die Gesamtdauer der Freistellungen von der Arbeitspflicht innerhalb eines Jahres darf zweiundzwanzig Arbeitstage nicht übersteigen.

(3) Die Gefangenen erhalten für die Zeit der Freistellung von der Arbeitspflicht ihre zuletzt gezahlten Bezüge weiter.

(4) Urlaubsregelungen der Beschäftigungsverhältnisse außerhalb des Strafvollzuges bleiben unberührt.

§ 40 Vergütung der Arbeitsleistung

(1) ¹Die Arbeitsleistung der Gefangenen wird vergütet mit einem Arbeitsentgelt und mit einer Freistellung von der Arbeit, die auch als Freistellung von der Haft genutzt oder auf den Entlassungszeitpunkt angerechnet werden kann. ²Darüber hinaus können sie auf Antrag einen Erlass von Verfahrenskosten nach Absatz 8 erhalten. ³Sätze 1 und 2 finden keine Anwendung in den Fällen des § 34 Absatz 2a Sätze 1 und 3.

(2) [1]Üben die Gefangenen eine Tätigkeit nach § 34 Absatz 2 oder 3 oder eine Hilfstätigkeit nach § 38 Absatz 1 Satz 2 aus, so erhalten sie ein Arbeitsentgelt. [2]Dies gilt auch, sofern die Gefangenen arbeitstherapeutisch beschäftigt werden und dies der Art ihrer Beschäftigung und ihrer Arbeitsleistung entspricht. [3]Das Arbeitsentgelt

1. ist unter Zugrundelegung von 9 vom Hundert der Bezugsgröße nach § 18 des Vierten Buches Sozialgesetzbuch in der Fassung vom 23. Januar 2006 (BGBl. I S. 89, 466), zuletzt geändert am 26. August 2008 (BGBl. I S. 1728, 1730), in der jeweils geltenden Fassung zu bemessen (Eckvergütung); ein Tagessatz ist der zweihundertfünfzigste Teil der Eckvergütung; ein Stundensatz kann ermittelt werden,

2. kann je nach Leistung der Gefangenen und der Art der Arbeit gestuft werden; 75 vom Hundert der Eckvergütung dürfen nur dann unterschritten werden, wenn die Arbeitsleistungen der Gefangenen den Mindestanforderungen nicht genügen,

3. ist den Gefangenen schriftlich bekannt zu geben.

(3) [1]Haben die Gefangenen zwei Monate lang zusammenhängend eine Tätigkeit nach § 34 Absatz 2 oder eine Hilfstätigkeit nach § 38 Absatz 1 Satz 2 ausgeübt, so werden sie auf ihren Antrag hin einen Kalendertag von der Arbeit freigestellt. [2]§ 39 bleibt unberührt, § 39 Absatz 3 gilt entsprechend. [3]Durch Zeiten, in denen die Gefangenen ohne ihr Verschulden infolge Krankheit, Lockerungen, Freistellung von der Arbeitspflicht oder sonstiger nicht von ihnen zu vertretenden Gründe an der Arbeitsleistung gehindert sind, wird die Frist nach Satz 1 gehemmt. [4]Beschäftigungszeiträume von weniger als zwei Monaten bleiben unberücksichtigt.

(4) [1]Die Gefangenen können beantragen, dass die Freistellung nach Absatz 3 in Form der Freistellung von der Haft nach Maßgabe des § 12 gewährt wird. [2]§ 39 Absatz 3 gilt entsprechend.

(5) [1]Nehmen die Gefangenen die Freistellung nach Absatz 3 oder 4 nicht innerhalb eines Jahres nach Vorliegen der Voraussetzungen in Anspruch oder kann die Freistellung nach Absatz 4 nicht gewährt werden, weil die Gefangenen hierfür nicht geeignet sind, so wird die Freistellung auf den Entlassungszeitpunkt des Gefangenen angerechnet. [2]Eine Anrechnung ist ausgeschlossen, wenn

1. dies durch das Gericht im Zuge einer Entscheidung über eine Aussetzung der Vollstreckung des Restes einer Freiheitsstrafe zur Bewährung angeordnet wird,

2. der Zeitraum, der nach einer Entscheidung des Gerichts über eine Aussetzung der Vollstreckung des Restes einer Freiheitsstrafe zur Bewährung bis zur Entlassung verbleibt, für eine Anrechnung zu kurz ist,

3. die Gefangenen im Gnadenwege aus der Haft entlassen werden,

4. nach § 456a Absatz 1 der Strafprozessordnung von der Vollstreckung abgesehen wird,

5. die Gefangenen eine lebenslange Freiheitsstrafe verbüßen und ein Entlassungszeitpunkt noch nicht bestimmt ist.

(6) [1]Ist eine Anrechnung nach Absatz 5 ausgeschlossen, erhalten die Gefangenen bei ihrer Entlassung eine Ausgleichsentschädigung. [2]Die Höhe der Ausgleichsentschädigung beträgt 15 vom Hundert des nach Absatz 2 gewährten Arbeitsentgelts oder der ihnen nach § 41 gewährten Ausbildungsbeihilfe. [3]Der nicht verzinsliche, nicht abtretbare und nicht vererbliche Anspruch auf Auszahlung der Ausgleichsentschädigung entsteht mit der Entlassung.

(7) Ist eine Anrechnung nach Absatz 5 Satz 2 Nummer 5 ausgeschlossen, wird die Ausgleichszahlung den Gefangenen bereits nach Verbüßung von jeweils zehn Jahren der lebenslangen Freiheitsstrafe zum Eigengeld (§ 48) gutgeschrieben, sofern die Gefangenen nicht vor diesem Zeitpunkt entlassen werden; § 57 Absatz 4 des Strafgesetzbuchs gilt entsprechend.

(8) [1]Gefangene können auf Antrag einen Erlass von Verfahrenskosten erhalten. [2]Sie erwerben einen Anspruch auf Erlass der von ihnen zu tragenden Kosten des Strafverfahrens im Sinne von § 464a der Strafprozessordnung, soweit diese der Freien und Hansestadt Hamburg zustehen, wenn sie

1. jeweils sechs Monate zusammenhängend eine Tätigkeit nach § 34 ausgeübt haben, in Höhe der von ihnen zuletzt erzielten monatlichen Vergütung, höchstens aber fünf vom Hundert der zu tragenden Kosten, oder

2. unter Vermittlung der Anstalt von ihrer Vergütung nach § 40 Absätze 1 und 2 Schadenswiedergutmachung leisten, in Höhe der Hälfte der geleisteten Zahlungen.

§ 41 Ausbildungsbeihilfe, Entgeltfortzahlung

(1) [1]Nehmen die Gefangenen an einer Maßnahme der beruflichen oder schulischen Aus- und Weiterbildung teil, so erhalten sie eine Ausbildungsbeihilfe, soweit ihnen keine Leistungen zum Lebensunterhalt zustehen, die freien Personen aus solchem Anlass gewährt werden. [2]Der Nachrang der Sozialhilfe nach § 2 Absatz 2 des Zwölften Buches Sozialgesetzbuch vom 27. Dezember 2003 (BGBl. I S. 3022, 3023), zuletzt geändert am 28. Mai 2008 (BGBl. I S. 874, 891), in der jeweils geltenden Fassung wird nicht berührt.

(2) [1]Für die Bemessung der Ausbildungsbeihilfe gilt § 40 Absatz 2 entsprechend. [2]Die Regelungen für die Freistellung von der Arbeitspflicht nach § 39 und für die Freistellung von der Arbeit nach § 40 Absätze 3 bis 7 sind entsprechend anzuwenden.

(3) Nehmen die Gefangenen stunden- oder tageweise an einzel- oder gruppentherapeutischen Maßnahmen, an Maßnahmen zur Behandlung von Suchtmittelabhängigkeit und -missbrauch, an Trainingsmaßnahmen zur Verbesserung der sozialen Kompetenz sowie sozialtherapeutischen Behandlungsmaßnahmen teil, so erhalten sie in Höhe des ihnen dadurch entgehenden Arbeitsentgelts gemäß § 40 Absatz 2 oder der Ausbildungsbeihilfe gemäß Absatz 2 eine Entgeltfortzahlung.

§ 42 Arbeitslosenversicherung

Soweit die Vollzugsbehörden Beiträge zur Bundesagentur für Arbeit zu entrichten haben – § 347 Nummer 3 des Dritten Buches Sozialgesetzbuch vom 24. März 1997 (BGBl. I S. 594, 595), zuletzt geändert am 26. August 2008 (BGBl. I S. 1728, 1730), in der jeweils geltenden Fassung –, können sie von dem Arbeitsentgelt oder der Ausbildungsbeihilfe einen Betrag einbehalten, der dem Anteil der Gefangenen am Beitrag entspräche, wenn sie diese Bezüge als Arbeitnehmer erhielten.

§ 43 Vergütungsordnung

[1]Der Senat wird ermächtigt, durch Rechtsverordnung nähere Bestimmungen zur Vergütung nach den §§ 40 und 41 zu erlassen (Vergütungsordnung). [2]Der Senat kann die Ermächtigung nach Satz 1 durch Rechtsverordnung auf die zuständige Behörde weiter übertragen.

Abschnitt 6
Gelder der Gefangenen

§ 44 Grundsatz

[1]Die Gelder der Gefangenen werden auf Hausgeldkonten, Überbrückungsgeldkonten und Eigengeldkonten der Gefangenen in der Anstalt geführt. [2]Für Freigänger (§ 36) sind Ausnahmen mit Zustimmung der Anstaltsleitung zulässig. [3]Die Gelder dürfen nach Maßgabe der §§ 45 bis 48 verwendet werden.

§ 45 Hausgeld

(1) [1]Das Hausgeld wird aus monatlich drei Siebteln der in diesem Gesetz geregelten Bezüge der Gefangenen (§§ 40, 41) gebildet. [2]Es darf für den Einkauf (§ 25) oder anderweitig verwendet werden.

(2) Für Gefangene, die in einem freien Beschäftigungsverhältnis stehen oder denen gestattet ist, sich selbst zu beschäftigen (§ 36 Absatz 1), wird aus ihren Bezügen ein angemessenes Hausgeld festgesetzt.

§ 46 Taschengeld

[1]Den Gefangenen wird auf Antrag ein Taschengeld in Höhe von 14 vom Hundert der Eckvergütung (§ 40 Absatz 2 Satz 3 Nummer 1) gewährt, wenn sie ohne ihr Verschulden weder Arbeitsentgelt noch Ausbildungsbeihilfe erhalten und ihnen im laufenden Monat aus Hausgeld (§ 45) und Eigengeld (§ 48) nicht ein Betrag bis zur Höhe des Taschengeldes zur Verfügung steht und sie auch im Übrigen bedürftig sind. [2]Es wird dem Hausgeldkonto gutgeschrieben und darf für den Einkauf (§ 25) oder anderweitig verwendet werden.

§ 47 Überbrückungsgeld

(1) [1]Das Überbrückungsgeld wird aus den in diesem Gesetz geregelten Bezügen (§§ 40, 41) und aus den Bezügen der Gefangenen gebildet, die in einem freien Beschäftigungsverhältnis stehen oder denen gestattet ist, sich selbst zu beschäftigen (§ 36 Absatz 1), soweit die Bezüge den Gefangenen nicht als Hausgeld zur Verfügung stehen und das Überbrückungsgeld noch nicht die angemessene Höhe erreicht hat. [2]Die angemessene Höhe wird von der Aufsichtsbehörde (§ 111) festgesetzt.

(2) [1]Das Überbrückungsgeld dient dem Lebensunterhalt der Gefangenen und ihrer Unterhaltsberechtigten für die ersten vier Wochen nach ihrer Entlassung. [2]Es wird den Gefangenen bei der Entlassung

in die Freiheit ausgezahlt. [3]Die Anstalt kann es ganz oder zum Teil den Bewährungshelfern oder einer mit der Entlassenenbetreuung befassten Stelle überweisen, die darüber entscheiden, wie das Geld innerhalb der ersten vier Wochen nach der Entlassung an die Gefangenen ausgezahlt wird. [4]Die Bewährungshelfer und die mit der Entlassenenbetreuung befasste Stelle sind verpflichtet, das Überbrückungsgeld von ihrem Vermögen gesondert zu halten. [5]Mit Zustimmung der Gefangenen kann das Überbrückungsgeld auch den Unterhaltsberechtigten überwiesen werden.

(3) [1]Die Gefangenen dürfen vor ihrer Entlassung nicht über das Überbrückungsgeld verfügen. [2]Die Anstaltsleitung kann jedoch gestatten, dass das Überbrückungsgeld in Anspruch genommen wird

1. für notwendige Maßnahmen der Entlassungsvorbereitung, insbesondere zur Erlangung eines Arbeitsplatzes und einer Unterkunft,

2. bei Aufnahme eines freien Beschäftigungsverhältnisses oder einer Selbstbeschäftigung außerhalb der Anstalt in den ersten beiden Monaten zur Finanzierung der hierfür erforderlichen Mittel, insbesondere von Kleidung und Kosten zu benutzender Verkehrsmittel,

3. für Kosten der Krankenbehandlung nach § 60 Absätze 2 und 3,

wenn die Maßnahmen ohne die Inanspruchnahme des Überbrückungsgeldes gefährdet wären. [3]Die Anstaltsleitung kann Gefangenen auch gestatten, dass das Überbrückungsgeld in Anspruch genommen wird, um die Vollstreckung von Ersatzfreiheitsstrafe zu vermeiden oder um Opfer ihrer Straftaten zu entschädigen, soweit der Zweck nach Absatz 2 Satz 1 dadurch nicht gefährdet wird.

§ 48 Eigengeld

(1) Das Eigengeld wird gebildet

1. aus Bargeld, das den Gefangenen gehört und ihnen als Eigengeld gutzuschreiben ist,

2. aus Geldern, die für die Gefangenen eingezahlt werden, und

3. aus Bezügen der Gefangenen, die nicht als Hausgeld, Haftkostenbeitrag oder Überbrückungsgeld in Anspruch genommen werden.

(2) [1]Hat das Überbrückungsgeld noch nicht die nach § 47 Absatz 1 bestimmte Höhe erreicht, so ist die Verfügung über das Eigengeld in Höhe des Unterschiedbetrages ausgeschlossen. [2]§ 47 Absatz 3 Satz 2 gilt entsprechend. [3]Daneben kann die Anstaltsleitung die Inanspruchnahme von Eigengeld für den Einkauf (§ 25) im ersten Monat nach der Aufnahme gestatten.

(3) Hat das Überbrückungsgeld die nach § 47 Absatz 1 bestimmte Höhe erreicht, dürfen die Gefangenen über das Eigengeld verfügen, für den Einkauf (§ 25) jedoch nur, wenn sie ohne ihr Verschulden nicht über Haus- oder Taschengeld in ausreichendem Umfang verfügen und nur in angemessener Höhe.

(4) [1]Wird für Gefangene Geld eingezahlt, das ausdrücklich für einen zusätzlichen Einkauf (§ 25 Absatz 2) bestimmt ist, so ist es als zweckgebundenes Eigengeld gutzuschreiben. [2]Zweckgebundenes Eigengeld, das nicht oder nicht in vollem Umfang für den folgenden zusätzlichen Einkauf verwendet wird, ist in Höhe des nicht verwendeten Betrages als Eigengeld nach Absatz 1 zu behandeln.

(5) Wurde den Gefangenen Bargeld als Eigengeld gutgeschrieben, das sie unerlaubt in die Anstalt eingebracht oder einzubringen versucht haben oder das sie in der Anstalt aus anderen Gründen unerlaubt im Besitz hatten, dürfen sie über das Eigengeld in Höhe des gutgeschriebenen Betrages nicht verfügen.

§ 49 Haftkostenbeitrag, Kostenbeteiligung

(1) [1]Als Teil der Kosten der Vollstreckung der Rechtsfolgen einer Tat (§ 464a Absatz 1 Satz 2 der Strafprozessordnung) erhebt die Anstalt von den Gefangenen einen Haftkostenbeitrag. [2]Ein Haftkostenbeitrag wird nicht erhoben, wenn die Gefangenen

1. Bezüge nach diesem Gesetz erhalten,

2. ohne ihr Verschulden nicht arbeiten können oder

3. nicht arbeiten, weil sie nicht zur Arbeit verpflichtet sind.

[3]Haben Gefangene, die ohne ihr Verschulden während eines zusammenhängenden Zeitraumes von mehr als einem Monat nicht arbeiten können oder nicht arbeiten, weil sie nicht zur Arbeit verpflichtet sind, auf diese Zeit entfallende Einkünfte, so haben sie den Haftkostenbeitrag für diese Zeit bis zur Höhe der auf sie entfallenen Einkünfte zu entrichten. [4]Den Gefangenen muss ein Betrag verbleiben, der der Eckvergütung (§ 40 Absatz 2 Satz 3 Nummer 1) entspricht. [5]Von der Geltendmachung des Anspruchs ist abzusehen, soweit dies notwendig ist, um die Wiedereingliederung der Gefangenen in die Gemeinschaft nicht zu gefährden.

(2) [1]Der Haftkostenbeitrag wird im Kalenderjahr in Höhe des Betrags erhoben, der nach § 17 Absatz 1 Satz 1 Nummer 4 des Vierten Buches Sozialgesetzbuch durchschnittlich zur Bewertung der Sachbezüge festgesetzt ist. [2]Die Aufsichtsbehörde stellt den Durchschnittsbetrag für jedes Kalenderjahr nach den am 1. Oktober des vorhergehenden Jahres geltenden Bewertungen der Sachbezüge fest. [3]Bei Selbstverpflegung entfallen die für die Verpflegung vorgesehenen Beträge. [4]Für den Wert der Unterkunft ist die festgesetzte Belegungsfähigkeit maßgebend. [5]Der Haftkostenbeitrag darf nicht zu Lasten des Hausgeldes und der Ansprüche unterhaltsberechtigter Angehöriger angesetzt werden.

(3) Die Gefangenen können in angemessenem Umfang an den Stromkosten beteiligt werden, die durch die Nutzung der in ihrem Besitz befindlichen Gegenstände entstehen.

Abschnitt 7
Freizeit

§ 50 Allgemeines
[1]Die Gefangenen erhalten im Rahmen der Behandlung Gelegenheit, sich in ihrer Freizeit sinnvoll zu beschäftigen. [2]Die Teilnahme an Lehrgängen und anderen Veranstaltungen der Weiterbildung, an Freizeitgruppen, an Gruppengesprächen sowie an sportlichen und kulturellen Veranstaltungen und die Nutzung einer Bücherei soll ermöglicht werden.

§ 51 Zeitungen und Zeitschriften
(1) Die Gefangenen dürfen auf eigene Kosten Zeitungen und Zeitschriften in angemessenem Umfang durch Vermittlung der Anstalt beziehen.

(2) [1]Ausgeschlossen sind Zeitungen und Zeitschriften, deren Verbreitung mit Strafe oder Geldbuße bedroht ist. [2]Einzelne Ausgaben oder Teile von Zeitungen oder Zeitschriften können den Gefangenen vorenthalten werden, wenn sie das Vollzugsziel oder die Sicherheit oder Ordnung der Anstalt erheblich gefährden würden.

§ 52 Rundfunk
(1) [1]Die Gefangenen dürfen eigene Rundfunkgeräte unter den Voraussetzungen des § 53 besitzen, soweit ihnen nicht von der Anstalt Geräte überlassen werden. [2]Die Betriebskosten können den Gefangenen auferlegt werden. [3]Andere Geräte der Informations- und Unterhaltungselektronik können unter diesen Voraussetzungen zugelassen werden.

(2) Der Rundfunkempfang kann vorübergehend ausgesetzt oder einzelnen Gefangenen untersagt werden, wenn dies zur Aufrechterhaltung der Sicherheit oder Ordnung der Anstalt unerlässlich ist.

(3) Ein Anspruch der Gefangenen auf Teilnahme an einem durch die Anstalt vermittelten gemeinschaftlichen Rundfunkempfang besteht nicht.

§ 53 Gegenstände der Freizeitbeschäftigung
(1) Die Gefangenen dürfen in angemessenem Umfang Bücher und andere Gegenstände zur Fortbildung oder zur Freizeitbeschäftigung besitzen.

(2) Dies gilt nicht, wenn der Besitz, die Überlassung oder die Benutzung des Gegenstands das Vollzugsziel oder die Sicherheit oder Ordnung der Anstalt gefährden würde.

Abschnitt 8
Religionsausübung

§ 54 Seelsorge
(1) [1]Den Gefangenen darf religiöse Betreuung durch Seelsorgerinnen und Seelsorger ihrer Religionsgemeinschaft nicht versagt werden. [2]Auf ihren Wunsch ist ihnen zu helfen, mit Seelsorgerinnen oder Seelsorgern ihrer Religionsgemeinschaft in Verbindung zu treten.

(2) [1]Die Gefangenen dürfen grundlegende religiöse Schriften besitzen. [2]Sie dürfen ihnen nur bei grobem Missbrauch entzogen werden.

(3) Den Gefangenen sind Gegenstände des religiösen Gebrauchs in angemessenem Umfang zu belassen.

§ 55 Religiöse Veranstaltungen
(1) Die Gefangenen haben das Recht, am Gottesdienst und an anderen religiösen Veranstaltungen ihres Bekenntnisses teilzunehmen.

(2) Zu dem Gottesdienst oder zu religiösen Veranstaltungen einer anderen Religionsgemeinschaft werden die Gefangenen zugelassen, wenn die Seelsorgerinnen oder Seelsorger der anderen Religionsgemeinschaft zustimmen.

(3) Die Gefangenen können von der Teilnahme am Gottesdienst oder anderen religiösen Veranstaltungen ausgeschlossen werden, wenn dies aus überwiegenden Gründen der Sicherheit oder Ordnung geboten ist; die Seelsorgerinnen oder Seelsorger sollen vorher gehört werden.

§ 56 Weltanschauungsgemeinschaften
Für Angehörige weltanschaulicher Bekenntnisse gelten §§ 54 und 55 entsprechend.

Abschnitt 9
Gesundheitsfürsorge

§ 57 Gesundheitsuntersuchungen, Vorsorgeleistungen, Gesundheitsschutz und Hygiene
(1) Die Gefangenen haben Anspruch auf Gesundheitsuntersuchungen und medizinische Vorsorgeleistungen.

(2) Weibliche Gefangene haben für ihre Kinder, die mit ihnen in der Anstalt untergebracht sind, Anspruch auf Untersuchungen zur Früherkennung von Krankheiten, die die körperliche oder geistige Entwicklung ihrer Kinder gefährden.

(3) Gefangene können sich zur Verhütung von Zahnerkrankungen einmal pro Kalenderjahr zahnärztlich untersuchen lassen.

(4) Die Gefangenen haben die notwendigen Anordnungen zum Gesundheitsschutz und zur Hygiene zu befolgen sowie die dafür erforderlichen Maßnahmen zur Umsetzung des Gesundheitsschutzes und der Hygiene in der Anstalt zu dulden.

§ 58 Krankenbehandlung
[1]Gefangene haben Anspruch auf Krankenbehandlung. [2]Die Krankenbehandlung umfasst
1. ärztliche Behandlung einschließlich Psychotherapie,
2. zahnärztliche Behandlung,
3. Versorgung mit Zahnersatz einschließlich Zahnkronen und Suprakonstruktionen,
4. Versorgung mit Arznei-, Verband-, Heil- und Hilfsmitteln,
5. Krankenhausbehandlung,
6. Leistungen zur medizinischen Rehabilitation und ergänzende Leistungen, soweit Belange des Vollzugs dem nicht entgegenstehen.

§ 59 Versorgung mit Hilfsmitteln
[1]Gefangene haben Anspruch auf Versorgung mit Seh- und Hörhilfen, Körperersatzstücken, orthopädischen und anderen Hilfsmitteln, sofern dies nicht mit Rücksicht auf die Kürze des verbleibenden Freiheitsentzugs ungerechtfertigt ist. [2]Der Anspruch umfasst auch die notwendige Änderung, Instandsetzung und Ersatzbeschaffung von Hilfsmitteln sowie die Ausbildung in ihrem Gebrauch, soweit Belange des Vollzuges dem nicht entgegenstehen.

§ 60 Art und Umfang der Leistungen, Kostenbeteiligung
(1) Art und Umfang der Gesundheitsuntersuchungen und medizinischen Vorsorgeleistungen (§ 57), der Leistungen zur Krankenbehandlung (§ 58) und der Versorgung mit Hilfsmitteln (§ 59) entsprechen den Leistungen nach den Vorschriften des Sozialgesetzbuches und den auf Grund dieser Vorschriften getroffenen Regelungen.

(2) An den Kosten für Leistungen nach den §§ 57 bis 59 können die Gefangenen in angemessenem Umfang beteiligt werden, höchstens jedoch bis zum Umfang der Beteiligung vergleichbarer gesetzlich Versicherter.

(3) Für Leistungen, die nach Art oder Umfang über das in Absatz 1 genannte Maß hinausgehen, können den Gefangenen die gesamten Kosten auferlegt werden.

§ 61 Behandlung aus besonderem Anlass
[1]Mit Zustimmung der Gefangenen soll die Anstalt ärztliche Behandlungen, insbesondere Operationen oder prothetische Maßnahmen durchführen lassen, die ihre soziale Eingliederung fördern. [2]Die Kosten tragen die Gefangenen. [3]Sind sie dazu nicht in der Lage, kann die Anstalt sie in begründeten Fällen in angemessenem Umfang übernehmen.

§ 62 Aufenthalt im Freien

Den Gefangenen wird ermöglicht, sich täglich mindestens eine Stunde im Freien aufzuhalten, wenn die Witterung dies zulässt.

§ 63 Überstellung, Verlegung zum Zweck der Behandlung

(1) Kranke Gefangene können in das Zentralkrankenhaus der Untersuchungshaftanstalt überstellt oder in eine für die Behandlung ihrer Krankheit besser geeignete Anstalt verlegt werden.

(2) Kann die Krankheit der Gefangenen in einer Anstalt oder im Zentralkrankenhaus der Untersuchungshaftanstalt nicht erkannt oder behandelt werden oder ist es nicht möglich, die Gefangenen rechtzeitig in das Zentralkrankenhaus zu überstellen, sind sie in ein Krankenhaus außerhalb des Vollzuges zu bringen.

(3) Wird während des Aufenthaltes der Gefangenen in einem Krankenhaus außerhalb des Vollzuges die Strafvollstreckung unterbrochen, so tragen die Vollzugsbehörden die bis zum Beginn der Strafunterbrechung angefallenen Kosten.

§ 64 *[aufgehoben]*

§ 65 Behandlung während Lockerungen, freies Beschäftigungsverhältnis

(1) Während einer Freistellung von der Haft oder eines Ausgangs haben die Gefangenen gegen die Vollzugsbehörden nur einen Anspruch auf Krankenbehandlung in den für sie zuständigen Anstalten.

(2) Der Anspruch auf Leistungen nach den §§ 57 bis 59 ruht, solange die Gefangenen auf Grund eines freien Beschäftigungsverhältnisses (§ 36 Absatz 1) krankenversichert sind.

§ 66 Schwangerschaft und Mutterschaft

(1) [1]Weibliche Gefangene haben während der Schwangerschaft sowie bei und nach der Entbindung Anspruch auf ärztliche Betreuung und auf Hebammenhilfe in der Anstalt sowie auf die notwendigen Arznei-, Verband- und Heilmittel. [2]Zur ärztlichen Betreuung gehören insbesondere Untersuchungen zur Feststellung der Schwangerschaft sowie Vorsorgeuntersuchungen einschließlich der laborärztlichen Untersuchungen.

(2) [1]Zur Entbindung sind weibliche Gefangene in ein Krankenhaus außerhalb des Vollzuges zu bringen. [2]Ist dies aus besonderen Gründen nicht angezeigt, so ist die Entbindung im Zentralkrankenhaus der Untersuchungshaftanstalt vorzunehmen.

(3) § 60 Absatz 1 und §§ 63 und 65 gelten entsprechend.

(4) In der Anzeige einer Geburt an das Standesamt dürfen die Anstalt als Geburtsstätte des Kindes, das Verhältnis der Anzeigenden zur Anstalt und die Inhaftierung der Mutter nicht vermerkt sein.

§ 67 Benachrichtigung bei Erkrankung oder Todesfall

(1) Erkranken Gefangene schwer oder versterben sie, so sind ihre Angehörigen oder die gesetzlichen Vertreter unverzüglich zu benachrichtigen.

(2) Dem Wunsch von Gefangenen, auch andere Personen zu benachrichtigen, soll nach Möglichkeit entsprochen werden.

(3) Versterben Gefangene, so gilt für die Unterrichtung von Opfern § 406d Absätze 2 und 3 der Strafprozessordnung entsprechend.

(4) Beim Tod ausländischer Staatsangehöriger ist die zuständige Auslandsvertretung zu verständigen.

Abschnitt 10
Sicherheit und Ordnung

§ 68 Grundsatz, Verhaltensregelungen

(1) Die Pflichten und Beschränkungen, die den Gefangenen zur Aufrechterhaltung der Sicherheit und Ordnung der Anstalt auferlegt werden, sind so zu wählen, dass sie in einem angemessenen Verhältnis zu ihrem Zweck stehen und die Gefangenen nicht mehr und nicht länger als notwendig beeinträchtigen.

(2) Die Gefangenen sind verpflichtet,

1. die Tageseinteilung der Anstalt (Arbeitszeit, Freizeit, Ruhezeit) zu beachten,
2. durch ihr Verhalten gegenüber anderen Personen, insbesondere gegenüber Vollzugsbediensteten und anderen Gefangenen, nicht das geordnete Zusammenleben zu stören,
3. Anordnungen der Bediensteten zu befolgen, auch wenn sie sich beschwert fühlen,
4. den ihnen zugewiesenen Bereich nicht ohne Erlaubnis zu verlassen,

5. ihren Haftraum und die ihnen von der Anstalt überlassenen Sachen in Ordnung zu halten und schonend zu behandeln,

6. Umstände, die eine Gefahr für das Leben oder eine erhebliche Gefahr für die Gesundheit einer Person bedeuten, unverzüglich zu melden.

§ 69 Persönlicher Gewahrsam

(1) [1]Die Gefangenen dürfen nur Sachen in Gewahrsam haben, die ihnen von der Anstalt oder mit ihrer Zustimmung überlassen werden. [2]Sie dürfen Sachen weder an andere Gefangene abgeben noch von anderen Gefangenen annehmen, es sei denn, es handelt sich um Sachen von offensichtlich geringem Wert. [3]Die Anstalt kann die Abgabe, die Annahme und den Gewahrsam auch dieser Sachen von ihrer Zustimmung abhängig machen.

(2) [1]Eingebrachte Sachen, die die Gefangenen nicht in Gewahrsam haben dürfen, sind für sie aufzubewahren, sofern dies nach Art und Umfang möglich ist. [2]Den Gefangenen wird Gelegenheit gegeben, ihre Sachen, die sie während des Vollzugs und für ihre Entlassung nicht benötigen, abzusenden.

(3) Weigern sich Gefangene, eingebrachtes Gut, dessen Aufbewahrung nach Art und Umfang nicht möglich ist, aus der Anstalt zu verbringen, so ist die Anstalt berechtigt, diese Gegenstände auf Kosten der Gefangenen aus der Anstalt entfernen zu lassen.

(4) Aufzeichnungen und andere Gegenstände, die Kenntnisse über Sicherungsvorkehrungen der Anstalt vermitteln, dürfen von der Anstalt vernichtet oder unbrauchbar gemacht werden.

§ 70 Durchsuchung

(1) [1]Zur Aufrechterhaltung der Sicherheit und Ordnung der Anstalt dürfen Gefangene, ihre Sachen und die Hafträume jederzeit durchsucht werden, die Sachen und die Hafträume auch in Abwesenheit der Gefangenen. [2]Zur Unterstützung der Durchsuchung dürfen technische Mittel eingesetzt werden, bei der Durchsuchung der Sachen und Hafträume auch Spürhunde. [3]Die Durchsuchung männlicher Gefangener darf nur von Männern, die Durchsuchung weiblicher Gefangener darf nur von Frauen vorgenommen werden. [4]Das Schamgefühl ist zu schonen.

(2) [1]Bei Gefahr im Verzug oder auf Anordnung der Anstaltsleitung im Einzelfall ist eine mit einer Entkleidung verbundene körperliche Durchsuchung zulässig. [2]Sie darf bei männlichen Gefangenen nur in Gegenwart von Männern, bei weiblichen Gefangenen nur in Gegenwart von Frauen erfolgen und ist in einem geschlossenen Raum durchzuführen. [3]Andere Gefangene dürfen nicht anwesend sein.

(3) Die Anstaltsleitung kann allgemein anordnen, dass Gefangene bei der Aufnahme, nach Kontakten mit Besucherinnen und Besuchern und nach jeder Abwesenheit von ihrer Unterkunft in der Anstalt nach Absatz 2 zu durchsuchen sind.

§ 71 Erkennungsdienstliche Maßnahmen

(1) Zur Sicherung des Vollzuges, zur Aufrechterhaltung der Sicherheit oder Ordnung der Anstalt oder zur Identitätsfeststellung sind mit Kenntnis der Gefangenen zulässig

1. die Aufnahme von Lichtbildern,

2. die Erfassung biometrischer Merkmale von Fingern, Händen, Gesicht und Stimme,

3. die Feststellung äußerlicher körperlicher Merkmale,

4. Körpermessungen.

(2) [1]Die gewonnenen Unterlagen und Daten werden zu den Gefangenenpersonalakten genommen oder in personenbezogenen Dateien gespeichert. [2]Sie können auch in kriminalpolizeilichen Sammlungen verwahrt werden.

(3) [1]Bestehen Zweifel an der Identität einer Gefangenen oder eines Gefangenen, ergreifen die Vollzugsbehörden geeignete Maßnahmen zur Identitätsfeststellung. [2]Sie können zu diesem Zweck Fingerabdruckdaten an das Landeskriminalamt, das Bundeskriminalamt oder das Bundesamt für Migration und Flüchtlinge übermitteln. [3]Weichen die personenbezogenen Daten von den den Vollzugsbehörden bekannten Daten ab, teilen die angefragten Behörden den Vollzugsbehörden die abweichenden Daten mit. [4]Die Daten dürfen auch im Wege eines automatisierten Abrufverfahrens oder einer regelmäßigen Datenübermittlung abgefragt und übermittelt werden. [5]Der Senat kann durch Rechtsverordnung weitere Einzelheiten zur Datenerhebung und -übermittlung sowie zum Verfahren der Ersuchen regeln. [6]Der Senat kann die Ermächtigung nach Satz 5 durch Rechtsverordnung auf die zuständige Behörde weiter übertragen.

(4) [1]Die nach Absatz 1 erhobenen Daten dürfen von den Vollzugsbehörden im Übrigen nur für die in Absatz 1, die in § 73 Absatz 2 und in § 10 Absatz 2 Satz 1 Nummer 4, Absatz 3 Satz 1 Nummer 2 und Nummer 3 Buchstabe e des Hamburgischen Justizvollzugsdatenschutzgesetzes vom 18. Mai 2018 (HmbGVBl. S. 158) genannten Zwecke verarbeitet werden. [2]Die Übermittlung der Unterlagen oder Daten an Polizeibehörden des Bundes oder der Länder ist auch zulässig, soweit dies zur Abwehr einer gegenwärtigen Gefahr für erhebliche Rechtsgüter innerhalb der Anstalt erforderlich ist. [3]Die Daten dürfen ferner öffentlichen Stellen auf deren Ersuchen übermittelt werden, soweit die betroffenen Personen verpflichtet wären, eine unmittelbare Erhebung der zu übermittelnden Daten durch die empfangende Stelle zu dulden oder an einer solchen Erhebung mitzuwirken. [4]Die ersuchende Stelle hat in ihrem Ersuchen die Rechtsgrundlage der Mitwirkungs- oder Duldungspflicht mitzuteilen. [5]Beruht diese Pflicht auf einer Regelung gegenüber der betroffenen Person im Einzelfall, weist die ersuchende Stelle zugleich nach, dass eine entsprechende Regelung ergangen und vollziehbar ist.

(5) Die in Dateien gespeicherten personenbezogenen Daten sind spätestens drei Jahre nach der Entlassung oder Verlegung der Gefangenen in eine andere Anstalt zu löschen.

§ 72 Feststellung von Suchtmittelmissbrauch

(1) [1]Zur Aufrechterhaltung der Sicherheit oder Ordnung der Anstalt kann die Anstaltsleitung bei Gefangenen, bei denen der konkrete Verdacht des Suchtmittelmissbrauchs besteht, allgemein oder im Einzelfall Maßnahmen anordnen, die geeignet sind, den Suchtmittelmissbrauch festzustellen. [2]Die Maßnahmen dürfen nicht mit einem körperlichen Eingriff verbunden sein.

(2) Wird Suchtmittelmissbrauch festgestellt, können die Kosten der Maßnahme den Gefangenen auferlegt werden.

§ 73 Festnahmerecht

(1) Gefangene, die entwichen sind oder sich sonst ohne Erlaubnis außerhalb der Anstalt aufhalten, können durch die Anstalt oder auf ihre Veranlassung hin festgenommen und in die Anstalt zurückgebracht werden.

(2) Die nach diesem Gesetz erhobenen Daten dürfen den Vollstreckungs- und Strafverfolgungsbehörden übermittelt werden, soweit dies für Zwecke der Fahndung und Festnahme der entwichenen oder sich sonst ohne Erlaubnis außerhalb der Anstalt aufhaltenden Gefangenen erforderlich ist.

§ 74 Besondere Sicherungsmaßnahmen

(1) Gegen Gefangene können besondere Sicherungsmaßnahmen angeordnet werden, wenn nach ihrem Verhalten oder auf Grund ihres seelischen Zustandes in erhöhtem Maß Fluchtgefahr oder die Gefahr von Gewalttätigkeiten gegen Personen oder Sachen oder die Gefahr der Selbsttötung oder der Selbstverletzung besteht.

(2) [1]Als besondere Sicherungsmaßnahmen sind zulässig:
1. der Entzug oder die Vorenthaltung von Gegenständen,
2. die Beobachtung der Gefangenen, in besonderen Hafträumen auch mit technischen Hilfsmitteln, insbesondere auch durch den Einsatz von optisch-elektronischen Einrichtungen (§ 21 des Hamburgischen Justizvollzugsdatenschutzgesetzes),
3. die Absonderung von anderen Gefangenen,
4. der Entzug oder die Beschränkung des Aufenthalts im Freien,
5. die Unterbringung in einem besonders gesicherten Haftraum ohne gefährdende Gegenstände und
6. die Fesselung.
[2]Eine Fesselung nach Satz 1 Nummer 6 von nach § 70 Absatz 2 entkleideten Gefangenen darf nur erfolgen, wenn und solange dies unerlässlich ist. [3]In diesen Fällen sind besondere Maßnahmen zur Schonung des Schamgefühls zu treffen, soweit dies möglich ist.

(3) [1]Die unausgesetzte Absonderung Gefangener (Einzelhaft) ist nur zulässig, wenn sie aus den Gründen des Absatzes 1 unerlässlich ist. [2]Einzelhaft von mehr als drei Monaten Gesamtdauer in einem Jahr bedarf der Zustimmung der Aufsichtsbehörde. [3]Diese Frist wird nicht dadurch unterbrochen, dass die Gefangenen am Gottesdienst oder an der Freistunde teilnehmen. [4]Während des Vollzuges der Einzelhaft sind die Gefangenen in besonderem Maße zu betreuen.

(4) Maßnahmen nach Absatz 2 Satz 1 Nummern 1 und 3 bis 5 sind auch zulässig, wenn die Gefahr einer Befreiung oder eine erhebliche Störung der Anstaltsordnung anders nicht vermieden oder behoben werden kann.

(5) Bei einer Ausführung, Vorführung oder beim Transport ist die Fesselung auch zulässig, wenn zu befürchten ist, dass die Gefangenen sich dem Vollzug entziehen werden (einfache Fluchtgefahr).

(6) [1]Fesseln dürfen in der Regel nur an den Händen oder an den Füßen angelegt werden. [2]Im Interesse der Gefangenen kann die Anstaltsleitung eine andere Art der Fesselung anordnen. [3]Eine Fixierung sämtlicher Gliedmaßen ist nur zulässig, soweit und solange eine gegenwärtige erhebliche Gefahr von Gewalttätigkeiten gegen Personen, der Selbsttötung oder der Selbstverletzung besteht und die Fixierung zur Abwehr dieser Gefahr unerlässlich ist.

§ 75 Anordnungsbefugnis, Verfahren

(1) [1]Besondere Sicherungsmaßnahmen ordnet die Anstaltsleitung an. [2]Bei Gefahr im Verzug können auch andere Bedienstete der Anstalt diese Maßnahmen vorläufig anordnen. [3]Die Entscheidung der Anstaltsleitung ist unverzüglich einzuholen. [4]Eine nicht nur kurzfristige Fixierung im Sinne von § 74 Absatz 6 Satz 3 ist nur auf Grund vorheriger Anordnung durch das zuständige Gericht zulässig. [5]Eine Fixierung ist kurzfristig, wenn sie absehbar die Dauer einer halben Stunde unterschreitet. [6]Die gerichtliche Anordnung erfolgt auf Grund eines Antrags der Anstaltsleitung, bei Gefahr im Verzug anderer Bediensteter der Anstalt. [7]Bei Gefahr im Verzug können auch die Anstaltsleitung oder, wenn deren Entscheidung nicht rechtzeitig eingeholt werden kann, andere Bedienstete der Anstalt eine Fixierung nach Satz 4 vorläufig anordnen; die richterliche Entscheidung ist unverzüglich nachträglich einzuholen. [8]Die nachträgliche Einholung einer richterlichen Entscheidung gemäß Satz 7 ist nicht erforderlich, wenn bereits zu Beginn der Fixierung abzusehen ist, dass die richterliche Entscheidung erst nach Wegfall des Grundes ihrer Anordnung ergehen wird, oder die Fixierung vor Herbeiführung der Entscheidung tatsächlich beendet und auch keine Wiederholung zu erwarten ist.

(2) [1]Die Entscheidung wird den Gefangenen von der Anstaltsleitung mündlich eröffnet und mit einer kurzen Begründung schriftlich abgefasst. [2]Bei einer Fixierung im Sinne von § 74 Absatz 6 Satz 3 sind die Anordnung und die dafür maßgeblichen Gründe sowie der Verlauf, die Dauer, die Art der Überwachung und die Beendigung zu dokumentieren. [3]Nach Beendigung der Fixierung sind die Gefangenen unverzüglich auf ihr Recht hinzuweisen, die Rechtmäßigkeit der durchgeführten Fixierung gerichtlich überprüfen zu lassen; auch dies ist zu dokumentieren.

(3) Besondere Sicherungsmaßnahmen sind in angemessenen Abständen daraufhin zu überprüfen, ob und in welchem Umfang sie aufrechterhalten werden müssen.

(4) Besondere Sicherungsmaßnahmen nach § 74 Absatz 2 Satz 1 Nummern 5 und 6 sind der Aufsichtsbehörde unverzüglich mitzuteilen, wenn sie länger als drei Tage aufrechterhalten werden.

§ 76 Ärztliche Überwachung besonderer Sicherungsmaßnahmen

(1) [1]Werden Gefangene ärztlich behandelt oder beobachtet oder bildet ihr seelischer Zustand den Anlass für die Anordnung einer besonderen Sicherungsmaßnahme, ist vorher eine ärztliche Stellungnahme einzuholen. [2]Ist dies wegen Gefahr im Verzug nicht möglich, wird die Stellungnahme unverzüglich nachträglich eingeholt.

(2) Sind Gefangene in einem besonders gesicherten Haftraum untergebracht oder nach § 74 Absatz 2 Satz 1 Nummer 6 gefesselt, so sucht die Anstaltsärztin oder der Anstaltsarzt sie unverzüglich und sodann im erforderlichen Umfang, mindestens jedoch täglich auf.

(3) Die Ärztin oder der Arzt sind regelmäßig zu hören, solange den Gefangenen der tägliche Aufenthalt im Freien entzogen wird oder Einzelhaft (§ 74 Absatz 3) andauert.

(4) [1]Während der Absonderung und Unterbringung in einem besonders gesicherten Haftraum sind die Gefangenen in besonderem Maße zu betreuen. [2]Sind die Gefangenen darüber hinaus gefesselt, sind sie durch einen Bediensteten ständig und in unmittelbarem Sichtkontakt zu beobachten, im Falle einer Fixierung im Sinne von § 74 Absatz 6 Satz 3 durch eine für die Überwachung von Fixierungen geschulte Bedienstete oder einen für die Überwachung von Fixierungen geschulten Bediensteten.

§ 77 Ersatz von Aufwendungen

(1) [1]Die Gefangenen sind verpflichtet, der Anstalt Aufwendungen zu ersetzen, die sie durch eine vorsätzliche oder grob fahrlässige Selbstverletzung oder Verletzung anderer Gefangener oder Beschädigung fremder Sachen verursacht haben. [2]Ansprüche aus sonstigen Rechtsvorschriften bleiben unberührt.

(2) Bei der Geltendmachung dieser Forderungen kann auch ein den dreifachen Tagessatz der Eckvergütung nach § 40 Absatz 2 Satz 3 Nummer 1 übersteigender Teil des Hausgeldes in Anspruch genommen werden.

(3) Von der Aufrechnung oder Vollstreckung wegen der in Absatz 1 genannten Forderungen ist abzusehen, soweit hierdurch die Behandlung der Gefangenen oder ihre Eingliederung behindert würde.

Abschnitt 11
Unmittelbarer Zwang

§ 78 Begriffsbestimmungen
(1) Unmittelbarer Zwang ist die Einwirkung auf Personen oder Sachen durch körperliche Gewalt, ihre Hilfsmittel und durch Waffen.
(2) Körperliche Gewalt ist jede unmittelbare körperliche Einwirkung auf Personen oder Sachen.
(3) Hilfsmittel der körperlichen Gewalt sind insbesondere Fesseln und Reizstoffe.
(4) Waffen sind die dienstlich zugelassenen Hieb- und Schusswaffen.

§ 79 Voraussetzungen
(1) Bedienstete des Vollzuges dürfen unmittelbaren Zwang anwenden, wenn sie Vollzugs- und Sicherungsmaßnahmen rechtmäßig durchführen und der damit verfolgte Zweck auf andere Weise nicht erreicht werden kann.
(2) Gegen andere Personen als Gefangene darf unmittelbarer Zwang angewendet werden, wenn sie es unternehmen, Gefangene zu befreien oder in den Anstaltsbereich widerrechtlich einzudringen, oder wenn sie sich unbefugt darin aufhalten.
(3) Das Recht zu unmittelbarem Zwang auf Grund anderer Regelungen bleibt unberührt.

§ 80 Grundsatz der Verhältnismäßigkeit
(1) Unter mehreren möglichen und geeigneten Maßnahmen des unmittelbaren Zwangs sind diejenigen zu wählen, die die einzelne Person und die Allgemeinheit voraussichtlich am wenigsten beeinträchtigen.
(2) Unmittelbarer Zwang unterbleibt, wenn ein durch ihn zu erwartender Schaden erkennbar außer Verhältnis zu dem angestrebten Erfolg steht.

§ 81 Handeln auf Anordnung
(1) Wird unmittelbarer Zwang von Vorgesetzten oder sonst befugten Personen angeordnet, sind die Bediensteten verpflichtet, die Anordnung zu befolgen, es sei denn, sie verletzt die Menschenwürde oder ist nicht zu dienstlichen Zwecken erteilt worden.
(2) [1]Die Anordnung darf nicht befolgt werden, wenn dadurch eine Straftat begangen würde. [2]Befolgen die Bediensteten sie trotzdem, trifft sie eine Schuld nur, wenn sie erkennen oder wenn es nach den ihnen bekannten Umständen offensichtlich ist, dass dadurch eine Straftat begangen wird.
(3) [1]Bedenken gegen die Rechtmäßigkeit der Anordnung haben die Bediensteten den Anordnenden gegenüber vorzubringen, soweit das nach den Umständen möglich ist. [2]Abweichende Vorschriften des allgemeinen Beamtenrechts über die Mitteilung solcher Bedenken an Vorgesetzte sind nicht anzuwenden.

§ 82 Androhung
[1]Unmittelbarer Zwang ist vorher anzudrohen. [2]Die Androhung darf nur unterbleiben, wenn die Umstände sie nicht zulassen oder unmittelbarer Zwang sofort angewendet werden muss, um eine rechtswidrige Tat zu verhindern, die den Tatbestand eines Strafgesetzes erfüllt, oder eine gegenwärtige Gefahr abzuwenden.

§ 83 Vorschriften für den Schusswaffengebrauch
(1) [1]Schusswaffen dürfen nur gebraucht werden, wenn andere Maßnahmen des unmittelbaren Zwangs bereits erfolglos waren oder keinen Erfolg versprechen. [2]Gegen Personen ist ihr Gebrauch nur zulässig, wenn der Zweck nicht durch Waffenwirkung gegen Sachen erreicht wird.
(2) [1]Schusswaffen dürfen nur die dazu bestimmten Bediensteten gebrauchen und nur, um angriffs- oder fluchtunfähig zu machen. [2]Ihr Gebrauch unterbleibt, wenn erkennbar Unbeteiligte mit hoher Wahrscheinlichkeit gefährdet würden.

(3) [1]Gegen Gefangene dürfen Schusswaffen gebraucht werden,
1. wenn sie eine Waffe oder ein anderes gefährliches Werkzeug trotz wiederholter Aufforderung nicht ablegen,
2. wenn sie eine Meuterei (§ 121 des Strafgesetzbuchs) unternehmen,
3. um ihre Flucht zu vereiteln oder um sie wieder zu ergreifen.
[2]Um die Flucht aus dem offenen Vollzug zu vereiteln, dürfen Schusswaffen nicht gebraucht werden.

(4) Gegen andere Personen dürfen Schusswaffen gebraucht werden, wenn sie es unternehmen, Gefangene gewaltsam zu befreien oder gewaltsam in eine Anstalt einzudringen.

(5) [1]Als Androhung (§ 82) des Gebrauchs von Schusswaffen gilt auch ein Warnschuss. [2]Ohne Androhung dürfen Schusswaffen nur gebraucht werden, wenn das zur Abwehr einer gegenwärtigen Gefahr für Leib oder Leben erforderlich ist.

§ 84 Zwangsmaßnahmen auf dem Gebiet der Gesundheitsfürsorge

(1) [1]Bei Lebensgefahr, schwerwiegender Gefahr für die Gesundheit der Gefangenen oder bei schwerwiegender Gefahr für die Gesundheit anderer Personen sind medizinische Untersuchung und Behandlung sowie Ernährung gegen den natürlichen Willen der Gefangenen unter den Voraussetzungen der Absätze 2 bis 5 zulässig, wenn diese zur Einsicht in die Schwere der Krankheit und die Notwendigkeit der Maßnahme oder zum Handeln gemäß solcher Einsicht krankheitsbedingt nicht fähig sind. [2]Bei schwerwiegender Gefahr für die Gesundheit anderer Personen sind medizinische Untersuchung und Behandlung unter den Voraussetzungen der Absätze 2 bis 5 auch gegen den freien Willen der Gefangenen zulässig.

(2) Eine Maßnahme nach Absatz 1 darf nur angeordnet werden, wenn
1. erfolglos versucht worden ist, die Zustimmung der Gefangenen zu der Untersuchung, Behandlung oder Ernährung zu erwirken,
2. die Gefangenen über Art, Umfang und Dauer der Maßnahme durch eine Ärztin oder einen Arzt aufgeklärt wurden,
3. die Maßnahme zur Abwendung der Gefahren nach Absatz 1 geeignet und erforderlich ist,
4. der von der Maßnahme erwartete Nutzen die mit der Maßnahme verbundenen Belastungen deutlich überwiegt und
5. die Maßnahme nicht mit einer erheblichen Gefahr für das Leben oder die Gesundheit der Gefangenen verbunden ist.

(3) [1]Maßnahmen nach Absatz 1 dürfen nur auf Anordnung und unter Leitung einer Ärztin oder eines Arztes durchgeführt werden, unbeschadet der Leistung erster Hilfe für den Fall, dass eine Ärztin oder ein Arzt nicht rechtzeitig erreichbar und mit einem Aufschub Lebensgefahr verbunden ist. [2]Die Anordnung bedarf der Zustimmung der Leitung der Anstalt und einer Ärztin oder eines Arztes, die oder der nicht in der Anstalt tätig ist. [3]Die Gründe für die Anordnung der Maßnahme nach Absatz 1, das Vorliegen der Voraussetzungen des Absatzes 2 sowie die ergriffene Maßnahme, einschließlich ihres Zwangscharakters, der Durchsetzungsweise, der Wirkungsüberwachung sowie der Untersuchungs- und Behandlungsverlauf sind zu dokumentieren. [4]Gleiches gilt für Erklärungen der Gefangenen, die im Zusammenhang mit Zwangsmaßnahmen von Bedeutung sein können.

(4) [1]Anordnungen nach Absatz 3 sind den Gefangenen unverzüglich bekannt zu geben. [2]Sie sind darüber zu belehren, dass sie gegen die Anordnung bei Gericht um einstweiligen Rechtsschutz ersuchen und auch Antrag auf gerichtliche Entscheidung stellen können. [3]Mit dem Vollzug einer Anordnung ist zuzuwarten, bis die Gefangenen Gelegenheit hatten, eine Entscheidung im einstweiligen Rechtsschutz herbeizuführen.

(5) Von den Bestimmungen in Absatz 2 Nummern 1 und 2, Absatz 3 Satz 2 und Absatz 4 Sätze 2 und 3 kann abgesehen werden, wenn Gefahr im Verzug besteht.

(6) Zur Gewährleistung des Gesundheitsschutzes und der Hygiene ist die zwangsweise körperliche Untersuchung der Gefangenen zulässig, wenn sie nicht mit einem körperlichen Eingriff verbunden ist.

Abschnitt 12
Pflichtwidrigkeiten der Gefangenen

§ 85 Disziplinarmaßnahmen

(1) [1]Verstoßen Gefangene rechtswidrig und schuldhaft gegen Pflichten, die ihnen durch dieses Gesetz oder auf Grund dieses Gesetzes auferlegt sind, kann die Anstaltsleitung Disziplinarmaßnahmen anordnen, es sei denn, es genügt, die Gefangenen zu verwarnen. [2]Satz 1 gilt nicht für Verstöße gegen die Mitwirkungspflichten der Gefangenen nach § 5 Absatz 1.

(2) Disziplinarmaßnahmen können angeordnet werden, wenn die Gefangenen rechtswidrig und schuldhaft

1. gegen Strafgesetze verstoßen oder eine Ordnungswidrigkeit begehen,
2. andere Personen verbal oder tätlich angreifen,
3. sich den ihnen zugewiesenen Aufgaben entziehen,
4. verbotene Gegenstände in die Anstalt einbringen,
5. sich am Einschmuggeln verbotener Gegenstände beteiligen oder sie besitzen,
6. entweichen oder zu entweichen versuchen,
7. Lebensmittel oder fremde Sachen zerstören oder beschädigen,
8. unerlaubt Betäubungsmittel oder andere berauschende Stoffe konsumieren,
9. gegen Weisungen im Zusammenhang mit der Gewährung von Lockerungen verstoßen oder
10. in sonstiger Weise wiederholt oder schwerwiegend gegen die Hausordnung verstoßen oder das geordnete Zusammenleben in der Anstalt stören.

§ 86 Arten der Disziplinarmaßnahmen

(1) Die zulässigen Disziplinarmaßnahmen sind:

1. Verweis,
2. die Beschränkung oder der Entzug der Verfügung über das Hausgeld und des Einkaufs bis zu drei Monaten,
3. die Beschränkung oder der Entzug des Rundfunkempfangs bis zu drei Monaten,
4. die Beschränkung oder der Entzug der Gegenstände für eine Beschäftigung in der Freizeit mit Ausnahme des Lesestoffs oder die Beschränkung oder der Entzug der Teilnahme an gemeinschaftlichen Veranstaltungen bis zu drei Monaten,
5. die getrennte Unterbringung während der Freizeit bis zu vier Wochen,
6. der Entzug der zugewiesenen Arbeit oder Beschäftigung bis zu vier Wochen unter Wegfall der in diesem Gesetz geregelten Bezüge,
7. die Beschränkung der Freistellung von der Haft gemäß § 12 Absatz 1 Satz 1 Nummer 4 und § 15 Absätze 2 und 3,
8. Arrest bis zu zwei Wochen.

(2) Arrest darf nur wegen schwerer oder mehrfach wiederholter Verfehlungen verhängt werden.

(3) Mehrere Disziplinarmaßnahmen können miteinander verbunden werden.

(4) Disziplinarmaßnahmen sind unabhängig von der Einleitung eines Straf- oder Bußgeldverfahren wegen desselben Sachverhalts zulässig.

§ 87 Vollzug der Disziplinarmaßnahmen, Aussetzung zur Bewährung

(1) Disziplinarmaßnahmen werden in der Regel sofort vollzogen.

(2) Der Vollzug einer Disziplinarmaßnahme kann ganz oder teilweise bis zu sechs Monaten zur Bewährung ausgesetzt werden.

(3) [1]Wird die Verfügung über das Hausgeld beschränkt oder entzogen, ist das in dieser Zeit anfallende Hausgeld dem Überbrückungsgeld gutzuschreiben. [2]Die Festsetzung des Überbrückungsgeldes nach § 47 Absatz 1 Satz 2 ist entsprechend anzupassen.

(4) [1]Arrest wird in Einzelhaft vollzogen. [2]Die Gefangenen können in einem besonderen Arrestraum untergebracht werden, der den Anforderungen entsprechen muss, die an einen zum Aufenthalt bei Tag und Nacht bestimmten Haftraum gestellt werden. [3]Soweit nichts anderes angeordnet wird, ruhen die Befugnisse der Gefangenen aus § 22, § 23 Absatz 1, §§ 25, 34 bis 36 und 51 bis 53.

§ 88 Anordnungsbefugnis

(1) [1]Disziplinarmaßnahmen ordnet die Anstaltsleitung an. [2]Bei einer Pflichtwidrigkeit während eines Transports in eine andere Anstalt ist die Leitung der Bestimmungsanstalt zuständig. [3]Ist die Durchführung des Disziplinarverfahrens dort nicht möglich, liegt die Disziplinarbefugnis bei der Leitung der Stammanstalt.

(2) Die Aufsichtsbehörde entscheidet, wenn sich die Pflichtwidrigkeit der Gefangenen gegen die Anstaltsleitung richtet.

(3) [1]Disziplinarmaßnahmen, die gegen Gefangene in einer anderen Anstalt oder während einer Untersuchungshaft angeordnet worden sind, werden auf Ersuchen vollzogen. [2]§ 87 Absatz 2 bleibt unberührt.

§ 89 Verfahren

(1) [1]Der Sachverhalt ist umfassend zu klären. [2]Die Gefangenen werden vor ihrer Anhörung über den Inhalt der ihnen zur Last gelegten Pflichtwidrigkeit und über ihr Recht, sich nicht zur Sache zu äußern, belehrt. [3]Die Erhebungen, insbesondere die Ergebnisse der Anhörungen der Gefangenen und anderer Befragter, werden schriftlich festgehalten.

(2) [1]In geeigneten Fällen können zur Abwendung von Disziplinarmaßnahmen im Wege einvernehmlicher Streitbeilegung Vereinbarungen getroffen werden. [2]Insbesondere kommen die Wiedergutmachung des Schadens, die Entschuldigung bei Geschädigten, die Erbringung von Leistungen für die Gemeinschaft und der vorübergehende Verbleib auf dem Haftraum in Betracht. [3]Erfüllen die Gefangenen die Vereinbarung, ist die Anordnung einer Disziplinarmaßnahme auf Grund dieser Verfehlung unzulässig.

(3) Bei schweren Verstößen soll die Anstaltsleitung sich vor der Entscheidung mit Personen besprechen, die bei der Behandlung der Gefangenen mitwirken.

(4) Die Entscheidung wird den Gefangenen von der Anstaltsleitung mündlich eröffnet und mit einer kurzen Begründung schriftlich abgefasst.

§ 90 Ärztliche Mitwirkung

(1) [1]Vor dem Vollzug von Disziplinarmaßnahmen nach § 86 Absatz 1 Nummern 2 bis 7, die gegen Gefangene in ärztlicher Behandlung oder gegen Schwangere oder stillende Mütter angeordnet wurden, ist die Ärztin oder der Arzt zu hören. [2]Während des Arrestes stehen die Gefangenen unter ärztlicher Aufsicht.

(2) Der Vollzug der Disziplinarmaßnahme unterbleibt oder wird unterbrochen, wenn die Gesundheit der Gefangenen gefährdet würde.

Abschnitt 13
Verfahrensregelungen

§ 91 Beschwerderecht

(1) [1]Die Gefangenen erhalten Gelegenheit, sich mit Wünschen, Anregungen und Beschwerden in Angelegenheiten, die sie selbst betreffen, schriftlich und mündlich an die Anstaltsleitung zu wenden. [2]Regelmäßige Sprechstunden sind einzurichten.

(2) Die Abwicklung der Sprechstunden nach Absatz 1 Satz 2 kann in Anstalten, die wegen ihrer Größe in Teilanstalten oder in mehrere eigenständige Hafthäuser gegliedert sind, auf die Leitung der Teilanstalten oder die Leitung der Hafthäuser übertragen werden.

(3) Besichtigt ein Vertreter oder eine Vertreterin der Aufsichtsbehörde die Anstalt, so ist zu gewährleisten, dass die Gefangenen sich in Angelegenheiten, die sie selbst betreffen, an sie wenden können.

(4) Die Möglichkeit der Dienstaufsichtsbeschwerde bleibt unberührt.

§ 92 Anordnung, Aufhebung vollzuglicher Maßnahmen

(1) Die Anstaltsleitung kann Maßnahmen zur Regelung allgemeiner Angelegenheiten der baulichen, personellen, organisatorischen und konzeptionellen Gestaltung des Vollzuges anordnen oder mit Wirkung für die Zukunft ändern, wenn neue strukturelle oder organisatorische Entwicklungen des Vollzuges, neue Anforderungen an die (instrumentelle, administrative oder soziale) Anstaltssicherheit oder neue wissenschaftliche Erkenntnisse dies aus Gründen der Behandlung, der Aufrechterhaltung der

Sicherheit oder zur Abwendung einer schwerwiegenden Störung der Ordnung der Anstalt erforderlich machen.

(2) Die Anstaltsleitung kann rechtmäßige Maßnahmen zur Regelung einzelner Angelegenheiten auf dem Gebiete des Strafvollzuges ganz oder teilweise mit Wirkung für die Zukunft widerrufen, wenn

1. sie auf Grund nachträglich eingetretener oder bekannt gewordener Umstände berechtigt wäre, die Maßnahme zu versagen,
2. sie auf Grund einer geänderten Rechtsvorschrift berechtigt wäre, die Maßnahme zu versagen und ohne den Widerruf das öffentliche Interesse gefährdet würde,
3. die Gefangenen die Maßnahme missbrauchen oder
4. die Gefangenen Weisungen nach § 12 Absatz 4 nicht nachkommen.

(3) Die Anstaltsleitung kann Maßnahmen zur Regelung einzelner Angelegenheiten auf dem Gebiete des Strafvollzuges ganz oder teilweise mit Wirkung für die Zukunft zurücknehmen, wenn die Voraussetzungen für ihre Bewilligung nicht vorgelegen haben.

Teil 3
Besondere Vorschriften bei angeordneter oder vorbehaltener Sicherungsverwahrung

§ 93 Aufgaben, Gestaltung des Vollzuges

(1) Bei angeordneter oder vorbehaltener Sicherungsverwahrung dient der Vollzug der Freiheitsstrafe auch dem Ziel, die Gefährlichkeit der Gefangenen für die Allgemeinheit so zu mindern, dass die Vollstreckung der Unterbringung oder deren Anordnung entbehrlich wird.

(2) [1]Bereits im Vollzug der Freiheitsstrafe ist eine individuelle, intensive und therapiegerichtete Betreuung im Sinne von § 66c Absatz 1 Nummer 1 des Strafgesetzbuchs anzubieten. [2]Die Bereitschaft der Gefangenen, an der Erreichung der Vollzugsziele mitzuwirken, ist fortwährend zu wecken und zu fördern. [3]Die Motivationsmaßnahmen sind zu dokumentieren.

§ 94 Behandlungsuntersuchung

(1) An das Aufnahmeverfahren schließt sich zur Vorbereitung der Resozialisierungsplanung unverzüglich eine umfassende Behandlungsuntersuchung an.

(2) [1]Die Behandlungsuntersuchung erstreckt sich auf alle Umstände, die für die Beurteilung der Gefährlichkeit der Gefangenen maßgeblich sind. [2]Im Rahmen der Behandlungsuntersuchung sind die Ursachen der Straftaten, die individuellen Risikofaktoren sowie der Behandlungsbedarf, die Behandlungsfähigkeit und die Behandlungsmotivation der Gefangenen festzustellen. [3]Gleichzeitig sollen die Fähigkeiten der Gefangenen ermittelt werden, deren Stärkung der Gefährlichkeit der Gefangenen entgegen wirkt. [4]Erkenntnisse aus vorangegangenen Freiheitsentziehungen sind einzubeziehen.

(3) Die Behandlungsuntersuchung berücksichtigt wissenschaftliche Erkenntnisse.

(4) Die Ergebnisse der Untersuchung sind zu dokumentieren und mit den Gefangenen zu erörtern.

§ 95 Resozialisierungsplan

(1) [1]Auf der Grundlage der in der Behandlungsuntersuchung gewonnenen Erkenntnisse wird unverzüglich ein Resozialisierungsplan aufgestellt, der unter Berücksichtigung auch des Alters, der Persönlichkeit und des Entwicklungsstands die individuellen Behandlungsziele festlegt und die zu ihrer Erreichung geeigneten und erforderlichen Maßnahmen benennt. [2]Er enthält insbesondere Angaben über

1. psychiatrische, psychotherapeutische oder sozialtherapeutische Behandlungsmaßnahmen,
2. andere Einzel- oder Gruppenbehandlungsmaßnahmen,
3. Maßnahmen zur Förderung der Behandlungsmotivation,
4. die Unterbringung in einer sozialtherapeutischen Einrichtung,
5. die Zuweisung zu Wohngruppen,
6. Art und Umfang der Beschäftigung,
7. Maßnahmen zur Gestaltung der Freizeit,
8. Maßnahmen zur Ordnung der finanziellen Verhältnisse,
9. Maßnahmen zur Ordnung der familiären Verhältnisse,
10. Maßnahmen zur Förderung von Außenkontakten,
11. Maßnahmen zur Vorbereitung eines sozialen Empfangsraums,
12. Lockerungen, Verlegung in den offenen Vollzug,
13. Vorbereitung der Eingliederung und Nachsorge.

³Der Resozialisierungsplan ist in Grundzügen zu begründen.

(2) ¹Der Resozialisierungsplan ist fortlaufend der Entwicklung der Gefangenen anzupassen und mit weiteren für die Behandlung bedeutsamen Erkenntnissen in Einklang zu halten. ²Der Resozialisierungsplan und die darin vorgesehenen Maßnahmen werden regelmäßig alle sechs Monate überprüft und fortgeschrieben. ³Die durchgeführten Maßnahmen sind zu dokumentieren.

(3) ¹Der Resozialisierungsplan wird mit den Gefangenen erörtert. ²Dabei werden deren Anregungen und Vorschläge einbezogen, soweit sie der Erreichung des Resozialisierungsziels dienen. ³Den Gefangenen wird der Resozialisierungsplan eröffnet und erläutert. ⁴Sie können darüber hinaus an der Konferenz beteiligt werden. ⁵Der Resozialisierungsplan ist den Gefangenen auszuhändigen.

(4) § 8 Absätze 6 bis 8 findet entsprechende Anwendung.

§ 96 Behandlung, Unterbringung in einer sozialtherapeutischen Einrichtung, Freistellung von der Haft

(1) ¹Den Gefangenen sind die zur Erreichung der Vollzugsziele erforderlichen Behandlungsmaßnahmen anzubieten. ²Diese haben wissenschaftlichen Erkenntnissen zu entsprechen. ³Soweit standardisierte Angebote nicht ausreichen oder keinen Erfolg versprechen, sind individuelle Behandlungsangebote zu entwickeln.

(2) ¹Bei der Behandlung wirken Bedienstete verschiedener Fachrichtungen in enger Abstimmung zusammen. ²Soweit dies erforderlich ist, sind externe Fachkräfte einzubeziehen. ³Den Gefangenen sollen Bedienstete als feste Ansprechpartnerinnen bzw. Ansprechpartner zur Verfügung stehen.

(3) ¹Ist Sicherungsverwahrung angeordnet oder vorbehalten, sind Gefangene bereits während des Vollzuges der Freiheitsstrafe in einer sozialtherapeutischen Einrichtung unterzubringen, wenn ihre Teilnahme an den dortigen Behandlungsprogrammen zur Verringerung der Gefährlichkeit für die Allgemeinheit angezeigt ist. ²Die Unterbringung soll zu einem Zeitpunkt erfolgen, der den Abschluss der Behandlung während des Vollzuges der Freiheitsstrafe erwarten lässt.

(4) ¹Die Anstalt kann den Gefangenen nach Anhörung der Vollstreckungsbehörde zur Vorbereitung der Eingliederung Freistellung von der Haft bis zu sechs Monaten gewähren. ²§ 12 Absatz 1 Sätze 2 und 3 gilt entsprechend.

(5) § 26 Absatz 1 gilt mit der Maßgabe, dass die Gesamtdauer des Besuchs mindestens fünf Stunden im Monat beträgt.

§ 97 Unterstützung nach der Entlassung

(1) Die Anstalt kann früheren Gefangenen auf Antrag Hilfestellung gewähren, soweit diese nicht anderweitig, insbesondere nicht durch die betreuende Fallmanagerin oder den betreuenden Fallmanager oder die Bewährungshilfe sichergestellt werden kann und der Erfolg der Behandlung gefährdet erscheint.

(2) ¹Frühere Gefangene können auf ihren Antrag vorübergehend in einer Anstalt des Justizvollzuges verbleiben oder wiederaufgenommen werden, wenn die Eingliederung gefährdet ist. ²Der Verbleib und die Aufnahme sind jederzeit widerruflich.

(3) Gegen verbliebene oder aufgenommene Personen dürfen Maßnahmen des Vollzuges nicht mit unmittelbarem Zwang durchgesetzt werden.

(4) Auf ihren Antrag sind die verbliebenen oder aufgenommenen Personen unverzüglich zu entlassen.

Teil 4
Vollzugsbehörden

Abschnitt 1
Arten und Einrichtungen der Justizvollzugsanstalten

§ 98 Justizvollzugsanstalten, Trennungsgrundsätze

(1) Der Vollzug von Freiheitsstrafen erfolgt in Justizvollzugsanstalten (Anstalten) der Freien und Hansestadt Hamburg.

(2) Freiheitsstrafe und Jugendstrafe werden in getrennten Anstalten vollzogen.

(3) Frauen und Männer werden in der Regel in getrennten Anstalten oder Abteilungen untergebracht.

(4) Von der getrennten Unterbringung nach den Absatz 3 darf abgewichen werden, um die Teilnahme an Behandlungsmaßnahmen in einer anderen Anstalt oder in einer anderen Abteilung zu ermöglichen.

§ 99 Differenzierung

(1) [1]Es sind Haftplätze in verschiedenen Anstalten oder Abteilungen vorzusehen, die den Sicherheitserfordernissen Rechnung tragen und eine auf die Bedürfnisse des Einzelnen abgestellte Behandlung gewährleisten. [2]Die Gliederung der Anstalten soll die Unterbringung der Gefangenen in überschaubaren Betreuungs- und Behandlungsgruppen ermöglichen.

(2) Für den Vollzug nach § 10 (Sozialtherapie) sind eigenständige Anstalten oder getrennte Abteilungen (sozialtherapeutische Einrichtung) vorzusehen.

(3) Anstalten des geschlossenen Vollzugs sehen eine sichere Unterbringung der Gefangenen vor, Anstalten oder Abteilungen des offenen Vollzugs nur verminderte Vorkehrungen gegen Entweichungen.

§ 100 Mütter mit Kindern

In Anstalten oder Abteilungen für Frauen sollen Einrichtungen vorgesehen werden, in denen Mütter mit ihren Kindern untergebracht werden können.

§ 101 Größe und Gestaltung der Räume

[1]Räume für den Aufenthalt während der Ruhe- und Freizeit sowie Gemeinschafts- und Besuchsräume sind wohnlich oder sonst ihrem Zweck entsprechend auszugestalten. [2]Sie müssen hinreichend Luftinhalt haben und für eine gesunde Lebensführung ausreichend mit Heizung und Lüftung, Boden- und Fensterfläche ausgestattet sein.

§ 102 Festsetzung der Belegungsfähigkeit

[1]Die Aufsichtsbehörde setzt die Belegungsfähigkeit für jede Anstalt so fest, dass eine angemessene Unterbringung während der Ruhezeit (§ 20) gewährleistet ist. [2]Dabei ist zu berücksichtigen, dass eine ausreichende Anzahl von Plätzen für Arbeit, Ausbildung und Weiterbildung sowie von Räumen für Seelsorge, Freizeit, Sport, therapeutische Maßnahmen und Besuche zur Verfügung steht.

§ 103 Verbot der Überbelegung

(1) Hafträume dürfen nicht mit mehr Personen als zugelassen belegt werden.

(2) Ausnahmen hiervon sind nur vorübergehend und nur mit Zustimmung der Aufsichtsbehörde zulässig.

Abschnitt 2
Organisation der Justizvollzugsanstalten

§ 104 Anstaltsleitung

(1) [1]Die Aufsichtsbehörde bestellt für jede Anstalt eine Beamtin oder einen Beamten des höheren Dienstes zur hauptamtlichen Leiterin oder zum hauptamtlichen Leiter. [2]Aus besonderen Gründen kann eine Anstalt auch von einer Beamtin oder einem Beamten des gehobenen Dienstes geleitet werden.

(2) Die Anstaltsleiterin oder der Anstaltsleiter trägt die Verantwortung für den gesamten Vollzug, soweit nicht bestimmte Aufgabenbereiche der Verantwortung anderer Bediensteter oder ihrer gemeinsamen Verantwortung übertragen sind, und vertritt die Anstalt nach außen.

(3) Die Befugnis, Durchsuchungen nach § 70 Absatz 2, besondere Sicherungsmaßnahmen nach § 74 und Disziplinarmaßnahmen nach § 86 anzuordnen, darf nur mit Zustimmung der Aufsichtsbehörde übertragen werden.

(4) Die Aufsichtsbehörde bestimmt die stellvertretende Anstaltsleiterin oder den stellvertretenden Anstaltsleiter.

§ 105 Bedienstete des Vollzuges

(1) [1]Die Aufgaben der Anstalten werden von Vollzugsbeamten wahrgenommen. [2]Aus besonderen Gründen können sie auch anderen Bediensteten der Anstalten sowie nebenamtlichen oder vertraglich verpflichteten Personen übertragen werden.

(2) [1]Für jede Anstalt ist entsprechend ihrer Aufgabe die erforderliche Anzahl von Bediensteten der verschiedenen Berufsgruppen vorzusehen. [2]Sie wirken in enger Zusammenarbeit an den Aufgaben des Vollzuges (§ 2) mit.

§ 106 Seelsorgerinnen, Seelsorger

(1) Seelsorgerinnen und Seelsorger werden im Einvernehmen mit der jeweiligen Religionsgemeinschaft im Hauptamt bestellt oder vertraglich verpflichtet.

(2) Wenn die geringe Anzahl der Angehörigen einer Religionsgemeinschaft eine Seelsorge nach Absatz 1 nicht rechtfertigt, ist die seelsorgerische Betreuung auf andere Weise zuzulassen.

(3) Mit Zustimmung der Anstaltsleitung dürfen die Anstaltsseelsorginnen und Anstaltsseelsorger freie Seelsorgehelferinnen und Seelsorgehelfer hinzuziehen und an Gottesdiensten sowie anderen religiösen Veranstaltungen Seelsorgerinnen und Seelsorger von außen beteiligen.

§ 107 Zusammenarbeit

(1) Die Anstalten arbeiten mit der betreuenden Fallmanagerin oder dem betreuenden Fallmanager, den Behörden und Stellen der Entlassenen- und Straffälligenhilfe, der Bewährungs- und Jugendbewährungshilfe, den Aufsichtsstellen für die Führungsaufsicht, der Agentur für Arbeit Hamburg, dem Jobcenter team.arbeit.hamburg, den weiteren Trägern der Sozialversicherung und der Sozialhilfe, den Hilfeeinrichtungen anderer Behörden, den Verbänden der freien Wohlfahrtspflege sowie mit Vereinen und Personen, deren Einfluss die Eingliederung des Gefangenen fördern kann, insbesondere auch ehrenamtlich engagierten Personen, eng zusammen.

(2) Die Anstalten stellen durch geeignete organisatorische Maßnahmen sicher, dass die Bundesagentur für Arbeit die ihr obliegenden Aufgaben der Berufsberatung, Ausbildungsvermittlung und Arbeitsvermittlung durchführen kann.

§ 108 Konferenzen

[1]Zur Vorbereitung wichtiger Entscheidungen im Vollzug führt die Anstaltsleitung Konferenzen mit den hieran maßgeblich Beteiligten durch. [2]§ 8 Absatz 6 bleibt unberührt.

§ 109 Gefangenenmitverantwortung

Den Gefangenen wird ermöglicht, an der Verantwortung für Angelegenheiten von gemeinsamem Interesse teilzunehmen, die sich ihrer Eigenart und der Aufgabe der Anstalt nach für ihre Mitwirkung eignen.

§ 110 Hausordnung

(1) [1]Die Anstaltsleitung erlässt eine Hausordnung. [2]Sie bedarf der Zustimmung der Aufsichtsbehörde.

(2) In die Hausordnung sind namentlich die Anordnungen aufzunehmen über

1. die Besuchszeiten, Häufigkeit und Dauer der Besuche,
2. die Arbeitszeit, Freizeit und Ruhezeit sowie
3. die Gelegenheit, Anträge und Beschwerden anzubringen, oder sich an eine Vertreterin oder einen Vertreter der Aufsichtsbehörde zu wenden.

(3) Die Gefangenen erhalten einen Abdruck der Hausordnung.

Abschnitt 3
Aufsicht über die Justizvollzugsanstalten

§ 111 Aufsichtsbehörde

Die für Justiz zuständige Behörde (Aufsichtsbehörde) führt die Dienst- und Fachaufsicht über die Anstalten.

§ 112 Vollstreckungsplan

Die Aufsichtsbehörde regelt die örtliche und sachliche Zuständigkeit der Anstalten in einem Vollstreckungsplan.

§ 113 Evaluation, kriminologische Forschung

(1) Behandlungsprogramme für die Gefangenen sind auf der Grundlage wissenschaftlicher Erkenntnisse zu konzipieren, zu standardisieren und auf ihre Wirksamkeit hin zu überprüfen.

(2) [1]Der Vollzug, insbesondere seine Aufgabenerfüllung und Gestaltung, die Umsetzung seiner Leitlinien sowie die Behandlungsprogramme und deren Wirkungen auf das Vollzugsziel, soll regelmäßig durch den kriminologischen Dienst, durch eine Hochschule oder durch eine andere Stelle wissenschaftlich begleitet und erforscht werden. [2]§ 476 der Strafprozessordnung gilt entsprechend mit der Maßgabe, dass auch elektronisch gespeicherte personenbezogene Daten übermittelt werden können.

Abschnitt 4
Anstaltsbeiräte

§ 114 Bildung der Anstaltsbeiräte

(1) Bei den Anstalten sind Beiräte zu bilden.

(2) [1]Die Mitglieder des Beirates werden für jeden Beirat von der Bürgerschaft auf Vorschlag der Aufsichtsbehörde für die Dauer der Wahlperiode der Bürgerschaft gewählt. [2]Einem Beirat gehören mindestens drei Mitglieder an. [3]Sie führen ihr Amt bis zur Wahl ihrer Nachfolgerin oder ihres Nachfolgers fort. [4]Mitglieder eines Beirates können durch die Bürgerschaft aus ihrem Amt entlassen werden. [5]Bedienstete dürfen nicht Mitglieder der Beiräte sein.

(3) Das Nähere regelt die Aufsichtsbehörde.

§ 115 Aufgabe

[1]Die Mitglieder des Beirats wirken bei der Gestaltung des Vollzugs und bei der Betreuung der Gefangenen mit. [2]Sie unterstützen die Anstaltsleitung durch Anregungen und Verbesserungsvorschläge und helfen bei der Eingliederung der Gefangenen nach der Entlassung.

§ 116 Befugnisse

(1) [1]Die Mitglieder des Beirats können insbesondere Wünsche, Anregungen und Beanstandungen entgegennehmen. [2]Sie können sich über die Unterbringung, Beschäftigung, berufliche Bildung, Verpflegung, ärztliche Versorgung und Behandlung unterrichten sowie die Anstalt und ihre Einrichtungen besichtigen.

(2) Die Mitglieder des Beirats können die Gefangenen in ihren Räumen ohne Überwachung aufsuchen.

§ 117 Verschwiegenheitspflicht

[1]Die Mitglieder des Beirats sind verpflichtet, außerhalb ihres Amtes über alle Angelegenheiten, die ihrer Natur nach vertraulich sind, besonders über Namen und Persönlichkeit der Gefangenen, Verschwiegenheit zu bewahren. [2]Dies gilt auch nach Beendigung ihres Amtes.

Abschnitt 5
[aufgehoben]

§§ 118–128 *[aufgehoben]*

Teil 5
Schlussvorschriften

§ 129 Einschränkung von Grundrechten

Durch dieses Gesetz werden die Grundrechte aus Artikel 2 Absatz 2 Sätze 1 und 2 (körperliche Unversehrtheit und Freiheit der Person) und Artikel 10 Absatz 1 (Brief-, Post- und Fernmeldegeheimnis) des Grundgesetzes eingeschränkt.

§ 130 Ersetzung und Fortgeltung von Bundesrecht

Dieses Gesetz ersetzt gemäß Artikel 125a Absatz 1 des Grundgesetzes in seinem Geltungsbereich das Strafvollzugsgesetz vom 16. März 1976 (BGBl. 1976 I S. 581, 2088, 1977 I S. 436), zuletzt geändert am 5. Dezember 2012 (BGBl. I S. 2425, 2428), mit Ausnahme der Vorschriften über

1. den Pfändungsschutz (§ 50 Absatz 2 Satz 5, § 51 Absätze 4 und 5, § 75 Absatz 3),
2. das gerichtliche Verfahren (§§ 109 bis 121),
3. die Unterbringung in einem psychiatrischen Krankenhaus und einer Entziehungsanstalt (§§ 136 bis 138),
4. den Vollzug des Strafarrestes in Justizvollzugsanstalten (§§ 167 bis 170),
5. den Vollzug von Ordnungs-, Sicherungs-, Zwangs- und Erzwingungshaft (§§ 171 bis 175) und
6. den unmittelbaren Zwang in Justizvollzugsanstalten für andere Arten des Freiheitsentzugs (§ 178).

Gesetz
über den Vollzug von Maßregeln der Besserung und Sicherung in einem psychiatrischen Krankenhaus oder einer Entziehungsanstalt (Hamburgisches Maßregelvollzugsgesetz – HmbMVollzG)

Vom 7. September 2007 (HmbGVBl. S. 301)
(BS Hbg 3120-8)

zuletzt geändert durch Art. 2 G zur Gewährleistung der verfassungsrechtlichen Anforderungen an Fixierungen sowie zur Änd. weiterer gesundheitsrechtlicher Vorschriften vom 17. Dezember 2018 (HmbGVBl. 2019 S. 5)

Der Senat verkündet das nachstehende von der Bürgerschaft beschlossene Gesetz:

Inhaltsübersicht

Abschnitt 1
Allgemeine Vorschriften

§ 1 Anwendungsbereich
Dieses Gesetz regelt den Vollzug der als Maßregel der Besserung und Sicherung angeordneten Unterbringung in einem psychiatrischen Krankenhaus oder einer Entziehungsanstalt nach § 61 Nummern 1 und 2 des Strafgesetzbuchs (StGB) in der Fassung vom 13. November 1998 (BGBl. I S. 3324), zuletzt geändert am 22. Dezember 2006 (BGBl. I S. 3416, 3432), in der jeweils geltenden Fassung.

§ 2 Ziele und Grundsätze des Maßregelvollzugs
(1) [1]Ziel einer Unterbringung ist es, die untergebrachte Person so weit wie möglich zu heilen oder ihren Zustand so weit zu verbessern, dass sie keine Gefahr mehr für die Allgemeinheit darstellt. [2]Die Maßregeln dienen dem Schutz der Allgemeinheit. [3]Beide Ziele sind gleichrangig.

(2) [1]Behandlung und Betreuung während des Vollzugs haben medizinisch-therapeutischen und pädagogischen Erfordernissen Rechnung zu tragen. [2]Mitarbeit und Verantwortungsbewusstsein der untergebrachten Person sollen geweckt und gefördert werden. [3]Soweit wie möglich soll der Vollzug den allgemeinen Lebensverhältnissen angeglichen werden und die untergebrachte Person auf eine selbständige Lebensführung vorbereiten. [4]Dazu gehört auch ihre familiäre, soziale und berufliche Eingliederung.

§ 3 Rechte und Pflichten der untergebrachten Person
(1) [1]Der untergebrachten Person ist Gelegenheit zu geben, an der Gestaltung ihrer Behandlung und der weiteren Maßnahmen mitzuwirken, die der Verwirklichung der in § 2 genannten Ziele und Grundsätze dienen. [2]Ihre Bereitschaft hierzu ist zu wecken und zu fördern.

(2) [1]Die untergebrachte Person soll sich so verhalten, dass die Ziele des Maßregelvollzugs auch für die anderen untergebrachten Personen nicht gefährdet werden und das geordnete Zusammenleben in der Vollzugseinrichtung nicht gestört wird. [2]Ihr soll ermöglicht werden, an der Verantwortung für Angelegenheiten von gemeinsamem Interesse teilzunehmen, die sich ihrer Eigenart und der Aufgabe der Vollzugseinrichtung nach für eine Mitwirkung eignen.

(3) Soweit dieses Gesetz keine besondere Regelung enthält, dürfen der untergebrachten Person Beschränkungen auferlegt werden, die zur Abwehr einer Gefahr für die Sicherheit oder das geordnete Zusammenleben in der Vollzugseinrichtung unerlässlich sind, sofern vorherige therapeutische Bemühungen erfolglos geblieben sind oder von vornherein keinen Erfolg versprechen.

(4) Beschränkungen müssen in einem angemessenen Verhältnis zu ihrem Zweck stehen und dürfen die untergebrachte Person nicht mehr und nicht länger als notwendig beeinträchtigen.

Abschnitt 2
Organisation

§ 4 Vollzugseinrichtungen, Beleihung
(1) [1]Die Maßregeln werden in hierfür bestimmten psychiatrischen Abteilungen der Asklepios Klinik Nord/Ochsenzoll vollzogen. [2]Diese Abteilungen bilden insgesamt eine Vollzugseinrichtung. [3]Sie können auch in einer anderen geeigneten Einrichtung auf dem Gebiet der Freien und Hansestadt Hamburg oder in Einrichtungen anderer Bundesländer vollzogen werden, wenn dadurch die Ziele des Maßregelvollzugs ebenso gut erreicht werden können. [4]Die zuständige Behörde kann die Durchführung des Maßregelvollzugs einem freigemeinnützigen oder privaten Träger übertragen und diesen mit den für die Durchführung dieser Aufgabe erforderlichen hoheitlichen Befugnissen beleihen. [5]Die Beleihung erfolgt durch öffentlich-rechtlichen Vertrag (Beleihungsvertrag) der zuständigen Behörde mit dem freigemeinnützigen oder privaten Träger. [6]Der freigemeinnützige oder private Träger hat sich der sofortigen Vollziehung aus dem Beleihungsvertrag zu unterwerfen. [7]Im Übrigen gelten die §§ 54 bis 62

des Hamburgischen Verwaltungsverfahrensgesetzes (HmbVwVfG) vom 9. November 1977 (HmbGVBl. S. 333, 402), zuletzt geändert am 6. Juli 2006 (HmbGVBl. S. 404, 413), in der jeweils geltenden Fassung entsprechend. [8]Der Beleihungsvertrag muss insbesondere sicherstellen, dass

1. in der Einrichtung jederzeit die zur ordnungsgemäßen Durchführung des Maßregelvollzugs erforderlichen personellen, sachlichen, baulichen und organisatorischen Voraussetzungen gegeben sind,
2. der Träger durch die Wahrnehmung der nach Satz 4 übertragenen Aufgaben keinen Gewinn erzielt,
3. die Leiterin bzw. der Leiter der Vollzugseinrichtung bei Entscheidungen nach § 5 Absatz 2 frei von Weisungen des freigemeinnützigen oder privaten Trägers ist und
4. die Beschäftigung von Personal in der Vollzugseinrichtung von einem auf die persönliche und fachliche Eignung bezogenen Einwilligungsvorbehalt der Leiterin bzw. des Leiters der Vollzugseinrichtung abhängig ist.

[9]Im Falle der Beleihung und Aufgabenübertragung gemäß Satz 4 dürfen die Aufgaben, die mit den in § 5 Absatz 1 Sätze 1 bis 4 benannten Funktionen verbunden sind, nur durch Beschäftigte des freigemeinnützigen oder privaten Trägers wahrgenommen werden, die von der zuständigen Behörde bestellt worden sind. [10]Sie dürfen nur bestellt werden, wenn sie für die Wahrnehmung der Aufgaben nach diesem Gesetz persönlich und fachlich geeignet sind.

(2) [1]Vollzugseinrichtungen im Sinne von Absatz 1 sind so auszustatten und, soweit ihre Größe es sinnvoll erscheinen lässt, so zu gliedern, dass eine auf die unterschiedlichen Anforderungen ausgerichtete Behandlung der untergebrachten Personen ermöglicht, die Eingliederung der untergebrachten Personen gefördert und der erforderliche Schutz der Allgemeinheit gewährleistet wird. [2]Insbesondere sind die Voraussetzungen für einen offenen und einen geschlossenen Vollzug zu schaffen. [3]Die für die Behandlung der untergebrachten Personen und die darüber hinaus zur Erreichung der Ziele des Maßregelvollzugs benötigten Fachkräfte der verschiedenen Berufsgruppen sind vorzusehen.

(3) Vollzugseinrichtungen im Sinne von Absatz 1 sollen mit Behörden, Gerichten, Einrichtungen der Wissenschaft und Forschung sowie sonstigen Stellen und Personen zusammenarbeiten, soweit diese die Ziele des Maßregelvollzugs fördern können.

(4) [1]Im Fall der Beleihung und Aufgabenübertragung gemäß Absatz 1 Satz 4 hat die zuständige Behörde die Rechtmäßigkeit und Zweckmäßigkeit der Durchführung des Maßregelvollzugs zu überwachen (Rechts- und Fachaufsicht). [2]Sie hat zu diesem Zweck ein unbeschränktes Weisungsrecht gegenüber dem freigemeinnützigen oder privaten Träger. [3]Kommt der freigemeinnützige oder private Träger den Weisungen der zuständigen Behörde nicht innerhalb der von dieser gesetzten Frist nach, kann diese die erforderlichen Maßnahmen für den Träger selbst und auf dessen Kosten vornehmen. [4]Sie tritt dabei kommissarisch in die Rechte des Trägers ein und kann sich der personellen, sachlichen, baulichen und organisatorischen Ausstattung des Trägers bedienen. [5]Der Träger ist verpflichtet sicherzustellen, dass die Selbstvornahme nicht durch Rechte Dritter beeinträchtigt wird. [6]Im Rahmen der Rechts- und Fachaufsicht ist der zuständigen Behörde insbesondere Auskunft zu erteilen und Einsicht in Akten und sonstige Schriftstücke zu gewähren, soweit dies erforderlich ist. [7]Der zuständigen Behörde ist jederzeit Zutritt zu den Räumlichkeiten der Vollzugseinrichtung zu gewähren.

(5) [1]Die zuständige Behörde kann auch den Vollzug der Unterbringung gemäß § 81 der Strafprozessordnung (StPO) und den Vollzug der einstweiligen Unterbringung gemäß § 126a StPO einem freigemeinnützigen oder privaten Träger übertragen und diesen mit den für die Durchführung dieser Aufgaben erforderlichen hoheitlichen Befugnissen beleihen. [2]Die Beleihung erfolgt durch Beleihungsvertrag der zuständigen Behörde mit dem freigemeinnützigen oder privaten Träger. [3]Der freigemeinnützige oder private Träger hat sich der sofortigen Vollziehung aus dem Beleihungsvertrag zu unterwerfen. [4]Im Übrigen gelten die §§ 54 bis 62 HmbVwVfG in der jeweils geltenden Fassung entsprechend. [5]Der Beleihungsvertrag muss insbesondere sicherstellen, dass

1. in der Einrichtung jederzeit die zum ordnungsgemäßen Vollzug der Unterbringung und der einstweiligen Unterbringung erforderlichen personellen, sachlichen, baulichen und organisatorischen Voraussetzungen gegeben sind,
2. der Träger durch die Wahrnehmung der nach Satz 1 übertragenen Aufgaben keinen Gewinn erzielt und

3. die Beschäftigung von Personal in der Vollzugseinrichtung von einem auf die persönliche und fachliche Eignung bezogenen Einwilligungsvorbehalt der Leiterin bzw. des Leiters der Vollzugseinrichtung abhängig ist.

[6]Absatz 1 Satz 9 und Absatz 4 gelten entsprechend.

§ 5 Entscheidungsbefugnisse

(1) [1]Die jeweilige Vollzugseinrichtung wird von einer Ärztin bzw. einem Arzt geleitet, die bzw. der die Verantwortung für die Durchführung des Maßregelvollzugs im Bereich dieser Einrichtung trägt. [2]Im Vertretungsfall obliegen die Verantwortung nach Satz 1 und die Entscheidungsbefugnisse nach Absatz 2 der Stellvertretung der Leiterin bzw. des Leiters der Vollzugseinrichtung; die Stellvertretung muss gleichfalls Ärztin oder Arzt sein. [3]Die Leiterin bzw. der Leiter der Vollzugseinrichtung kann die Verantwortung für Untergliederungen der Vollzugseinrichtung auf entsprechend qualifizierte Ärztinnen und Ärzte übertragen. [4]Die Verantwortung für den Pflegedienst trägt die Pflegedienstleitung der Vollzugseinrichtung. [5]Die Leiterin bzw. der Leiter der Vollzugseinrichtung kann Entscheidungsbefugnisse für bestimmte Aufgaben an entsprechend qualifizierte Beschäftigte der Vollzugseinrichtung übertragen.

(2) Der Leiterin bzw. dem Leiter der Vollzugseinrichtung sind vorbehalten:

1. Entscheidungen über die nicht nur vorübergehende Verlegung einer untergebrachten Person von einem Bereich in einen anderen derselben Vollzugseinrichtung oder in eine andere Vollzugseinrichtung,
2. die Anordnung von Beschränkungen nach § 3 Absatz 3,
3. Entscheidungen über Vollzugslockerungen, Verlegung in den offenen Vollzug und Urlaub und damit verbundene Weisungen (§§ 23 bis 26) sowie die Anregung einer Aussetzung zur Bewährung (§ 27),
4. die Anordnung von wiederholt durchzuführenden Durchsuchungen und Untersuchungen (§ 31 Absatz 3),
5. die Anordnung von besonderen Sicherungsmaßnahmen (§ 32), die über 24 Stunden hinaus andauern sollen.

(3) Die Vollzugseinrichtung unterrichtet die Vollstreckungsbehörde über die Verlegung einer untergebrachten Person in eine andere Vollzugseinrichtung.

§ 6 Qualitätssicherung, Sicherheitsstandard

(1) [1]Die Behandlung und Betreuung sowie die Unterbringung und Sicherung während des Maßregelvollzugs haben den therapeutischen Erfordernissen des Einzelfalls sowie dem Schutz der Allgemeinheit Rechnung zu tragen. [2]Die sich an anerkannten aktuellen wissenschaftlichen Standards orientierende Qualität insbesondere der Behandlung, der Behandlungsergebnisse und der Versorgungsabläufe ist zu gewährleisten. [3]Die Träger der Vollzugseinrichtungen führen regelmäßig qualitätssichernde Maßnahmen durch. [4]Den Angestellten der Vollzugseinrichtung sollen die für ihre Tätigkeit notwendigen zusätzlichen Kenntnisse durch Fort- und Weiterbildungsmaßnahmen vermittelt werden.

(2) Absatz 1 Sätze 3 und 4 gilt für Sicherheitsmaßnahmen entsprechend.

(3) Zur qualitativen Weiterentwicklung des Maßregelvollzugs, insbesondere hinsichtlich der Personalausstattung, sind Vereinbarungen zwischen der zuständigen Behörde und den Trägern von Vollzugseinrichtungen zu treffen.

§ 7 Dokumentation

(1) [1]Entscheidungen und Anordnungen im Maßregelvollzug sind der untergebrachten Person bekannt zu geben und, soweit es ihr Zustand zulässt, zu erläutern. [2]Sie sind in den über die untergebrachte Person geführten Akten zu vermerken und zu begründen. [3]Von schriftlich gegenüber der untergebrachten Person erlassenen Entscheidungen und Anordnungen erhält die gesetzliche Vertretung der untergebrachten Person eine Abschrift.

(2) Entscheidungen und Anordnungen zur Organisation der Vollzugseinrichtung sind schriftlich festzuhalten und zu begründen.

(3) Schriftliche Stellungnahmen der untergebrachten Person sind zur jeweiligen Akte zu nehmen.

Abschnitt 3
Gestaltung des Maßregelvollzugs

§ 8 Aufnahme

(1) Die untergebrachte Person ist bei der Aufnahme über ihre Rechte und Pflichten während des Maßregelvollzugs zu unterrichten.

(2) [1]Die untergebrachte Person ist unverzüglich, spätestens innerhalb von 24 Stunden, ärztlich zu untersuchen. [2]Die ärztliche Untersuchung erstreckt sich auch auf die Umstände, deren Kenntnis für die Aufstellung des Behandlungs- und Eingliederungsplans bedeutsam ist. [3]Die Untersuchung ist der untergebrachten Person zu erläutern.

§ 9 Behandlungs- und Eingliederungsplan

(1) [1]Unverzüglich nach der Aufnahmeuntersuchung ist für die untergebrachte Person ein vorläufiger Plan über die vorgesehenen Untersuchungen und Behandlungen aufzustellen und mit der untergebrachten Person zu erörtern. [2]Die Erörterung darf unterbleiben, wenn sich durch eine Erörterung der Gesundheitszustand oder die Therapieaussichten der untergebrachten Person verschlechtern würden. [3]Sie ist nachzuholen, sobald der Gesundheitszustand der untergebrachten Person dies zulässt.

(2) [1]Innerhalb von sechs Wochen nach der Aufnahme ist für die untergebrachte Person unter Berücksichtigung ihrer Persönlichkeit, ihres Alters, ihres Entwicklungsstands, ihrer Lebensverhältnisse und ihrer Gefährlichkeit für die Allgemeinheit ein Behandlungs- und Eingliederungsplan über die während des Maßregelvollzugs vorgesehenen Maßnahmen aufzustellen. [2]Der Behandlungs- und Eingliederungsplan hat, soweit eine Aussage darüber bereits möglich ist, insbesondere Angaben zu enthalten über

1. die Heilbehandlung einschließlich der psychotherapeutischen, soziotherapeutischen und heilpädagogischen Behandlung,
2. die Form der Unterbringung,
3. die Teilnahme an Unterrichtsveranstaltungen und an Maßnahmen der beruflichen Ausbildung, Fortbildung und Umschulung,
4. Maßnahmen zur Freizeitgestaltung,
5. die Einbeziehung von der untergebrachten Person nahe stehenden Personen in die Behandlungsmaßnahmen, sofern die untergebrachte Person einwilligt,
6. Vollzugslockerungen, Beurlaubungen und Maßnahmen zur Vorbereitung der Entlassung.

(3) Der Behandlungs- und Eingliederungsplan ist in Abständen von längstens sechs Monaten zu überprüfen und der Entwicklung der untergebrachten Person anzupassen.

(4) [1]Der Behandlungs- und Eingliederungsplan und spätere Änderungen sind der Leiterin bzw. dem Leiter der Vollzugseinrichtung unverzüglich vorzulegen. [2]Nach Billigung durch die Leiterin bzw. den Leiter der Vollzugseinrichtung sind der Behandlungs- und Eingliederungsplan und spätere Änderungen jeweils mit der untergebrachten Person und, wenn sie eine gesetzliche Vertretung hat, auch mit dieser zu erörtern. [3]Die Erörterung mit der untergebrachten Person darf unterbleiben, wenn sich durch eine Erörterung der Gesundheitszustand oder die Therapieaussichten der untergebrachten Person verschlechtern würden. [4]Sie ist nachzuholen, sobald der Gesundheitszustand der untergebrachten Person dies zulässt.

(5) Zur Dokumentation gemäß § 7 gehören insbesondere der Behandlungs- und Eingliederungsplan, dessen Änderungen, die Gründe für die den Behandlungs- und Eingliederungsplan betreffenden Maßnahmen, der Zeitpunkt der Erörterung oder etwaige Gründe für das Absehen von einer Erörterung und der Hinweis, in welcher Weise der Behandlungs- und Eingliederungsplan vollzogen worden ist.

§ 10 Behandlung der Anlasserkrankung

(1) [1]Die untergebrachte Person hat einen Anspruch auf Angebote zur Behandlung der psychischen Erkrankung, die zur Anordnung der Maßregel geführt hat (Anlasserkrankung). [2]Die Behandlung umfasst die gebotenen medizinischen, psychotherapeutischen, soziotherapeutischen und heilpädagogischen Maßnahmen sowie die dazu notwendigen Untersuchungen. [3]Die untergebrachte Person ist in einer ihrem Gesundheitszustand angemessenen Weise über beabsichtigte Behandlungen und ihre beabsichtigten Wirkungen sowie mögliche Nebenwirkungen aufzuklären.

(2) [1]Die Behandlung der Anlasserkrankung bedarf der Einwilligung der untergebrachten Person. [2]Die im einwilligungsfähigen Zustand erklärte oder als natürlicher Wille geäußerte Ablehnung der Be-

handlung ist zu beachten. [3]Die Vorschriften zur Patientenverfügung im Bürgerlichen Gesetzbuch sind zu beachten.

(3) [1]Die medizinische Behandlung der Anlasserkrankung zur Erreichung des in § 2 Absatz 1 genannten Vollzugsziels gegen den natürlichen Willen der untergebrachten Person (ärztliche Zwangsbehandlung) ist zulässig, wenn

1. die untergebrachte Person auf Grund einer psychischen Krankheit die Notwendigkeit der medizinischen Behandlung nicht erkennen oder nicht nach dieser Einsicht handeln kann,

2. zuvor ernsthaft, mit dem nötigen Zeitaufwand und ohne Ausübung unzulässigen Drucks, versucht wurde, die auf Vertrauen gegründete Zustimmung der untergebrachten Person zu erreichen,

3. die ärztliche Zwangsbehandlung im Hinblick auf das Behandlungsziel, das ihren Einsatz rechtfertigt, Erfolg verspricht und

4. das Behandlungsziel durch keine andere der untergebrachten Person zumutbare Maßnahme erreicht werden kann und der zu erwartende Nutzen der ärztlichen Zwangsbehandlung die zu erwartenden Beeinträchtigungen deutlich überwiegt.

[2]Eine ärztliche Zwangsbehandlung nach Satz 1 ist nur auf Anordnung und unter Leitung einer Ärztin oder eines Arztes zulässig. [3]Bei einer ärztlichen Zwangsbehandlung ist insbesondere die Einhaltung der in Satz 1 genannten Voraussetzungen zu dokumentieren. [4]Eine ärztliche Zwangsbehandlung bedarf der vorherigen Zustimmung einer Fachärztin oder eines Facharztes im Schwerpunkt Forensische Psychiatrie, die oder der nicht in der Vollzugseinrichtung, in dem Krankenhaus, zu dem die Vollzugseinrichtung gehört, oder in einem anderen Krankenhaus des Trägers des Krankenhauses, zu dem die Vollzugseinrichtung gehört, beschäftigt ist; diese Ärztin oder dieser Arzt wird jeweils von der Vollzugseinrichtung im Einvernehmen mit der zuständigen Behörde beauftragt. [5]Eine ärztliche Zwangsbehandlung ist der untergebrachten Person zwei Wochen vor Beginn der Behandlung unter Nennung der für sie maßgeblichen Gründe schriftlich anzukündigen.

(4) [1]Darüber hinaus darf eine auf die Anlasserkrankung bezogene ärztliche Maßnahme gegen den Willen der untergebrachten Person (ärztliche Zwangsmaßnahme) durchgeführt werden, wenn

1. die untergebrachte Person auf Grund einer psychischen Krankheit nicht fähig ist, die Notwendigkeit der Behandlung zu erkennen oder nach dieser Einsicht zu handeln, und die Maßnahme dazu dient, eine Lebensgefahr oder eine gegenwärtige schwer wiegende Gefahr für die Gesundheit der untergebrachten Person abzuwenden oder

2. die Maßnahme dazu dient, eine Lebensgefahr oder eine gegenwärtige schwer wiegende Gefahr für die Gesundheit anderer Personen abzuwenden.

[2]Für ärztliche Zwangsmaßnahmen nach Satz 1 gilt Absatz 3 Sätze 3 bis 5 entsprechend. [3]Die Anordnung und Leitung einer Ärztin oder eines Arztes ist nicht erforderlich bei der Leistung erster Hilfe in dem Fall, dass eine Ärztin oder ein Arzt nicht erreichbar ist und mit einem Aufschub Lebensgefahr verbunden wäre. [4]Die vorherige Zustimmung nach Absatz 3 Satz 4 und eine Ankündigung nach Absatz 3 Satz 5 sind nicht erforderlich, wenn sich hierdurch erhebliche Nachteile für das Leben oder die Gesundheit der gefährdeten Person ergeben würden.

(5) [1]Eine operative Behandlung, die die Persönlichkeit der untergebrachten Person in einem Kernbereich auf Dauer verändern würde, ist unzulässig. [2]Ebenfalls unzulässig ist eine Behandlung, die der Erprobung von Arzneimitteln oder der Erprobung solcher Verfahren dient, die auch außerhalb des Maßregelvollzugs bisher nicht anerkannt sind.

§ 11 Andere Behandlungen

(1) [1]Die untergebrachte Person hat Anspruch auf Krankenhilfe, Vorsorgeleistungen und sonstige medizinische Maßnahmen entsprechend den Grundsätzen und Maßstäben der gesetzlichen Krankenversicherung. [2]Kann die erforderliche Maßnahme in der Vollzugseinrichtung nicht durchgeführt werden, so ist die untergebrachte Person in ein geeignetes Krankenhaus außerhalb des Maßregelvollzugs zu verlegen. [3]§ 10 Absatz 1 Satz 3 gilt entsprechend.

(2) [1]Die Behandlung bedarf der Einwilligung der untergebrachten Person. [2]Ist die untergebrachte Person nicht einwilligungsfähig, ist die Einwilligung der gesetzlichen Vertretung maßgebend.

(3) [1]Wegen einer Erkrankung, die nicht Anlass für die Anordnung der Maßregel war, ist eine ärztliche Untersuchung und Behandlung bei Lebensgefahr für die untergebrachte Person oder bei schwer wiegender Gefahr für die Gesundheit anderer Personen auch ohne Einwilligung der untergebrachten Person oder der gesetzlichen Vertretung zulässig. [2]Ohne Einwilligung dürfen ferner dem Gesundheits-

schutz oder der Hygiene dienende körperliche Untersuchungen, die nicht mit einem körperlichen Eingriff verbunden sind, Blutentnahmen und Anordnungen zur Abgabe einer Urinprobe für Untersuchungszwecke sowie Röntgenuntersuchungen ohne Kontrastmittelgabe vorgenommen werden.

(4) [1]Zwangsmaßnahmen nach Absatz 3 müssen für die Beteiligten zumutbar sein. [2]Sie dürfen insbesondere das Leben der untergebrachten Person nicht gefährden. [3]Sie dürfen nur auf Anordnung und unter Leitung einer Ärztin bzw. eines Arztes durchgeführt werden, unbeschadet der Leistung erster Hilfe für den Fall, dass eine Ärztin oder ein Arzt nicht rechtzeitig erreichbar und mit einem Aufschub Lebensgefahr verbunden ist.

(5) § 10 Absatz 5 Satz 2 gilt entsprechend.

§ 12 Beschäftigung, Arbeit, Aus- und Fortbildung

(1) [1]Die Vollzugseinrichtung soll der untergebrachten Person eine Beschäftigung oder Arbeit zuweisen, die ihren Fähigkeiten und Fertigkeiten entspricht oder diese fördert. [2]Die Beschäftigung oder Arbeit dient auch dem Ziel, Fähigkeiten für eine Erwerbstätigkeit nach der Entlassung zu vermitteln, zu erhalten oder zu fördern.

(2) Geeigneten untergebrachten Personen soll Gelegenheit zur beruflichen Fortbildung oder Teilnahme an anderen ausbildenden oder fortbildenden Maßnahmen gegeben werden.

(3) Geeigneten untergebrachten Personen, bei denen die Voraussetzungen für eine Vollzugslockerung nach § 23 Absatz 1 vorliegen, soll gestattet werden, einer Arbeit, Berufsausbildung, beruflichen Fortbildung oder Umschulung außerhalb der Vollzugseinrichtung nachzugehen oder an anderen ausbildenden oder fortbildenden Maßnahmen teilzunehmen.

§ 13 Unterricht

[1]Untergebrachten Personen ohne Schulabschluss soll Unterricht in den zum Schulabschluss führenden Fächern erteilt werden. [2]Untergebrachten Personen mit Schulabschluss kann die Gelegenheit zum Erwerb eines weiterführenden Schulabschlusses gewährt werden. [3]Bei der beruflichen Fortbildung oder Umschulung ist nach Maßgabe des Satzes 2 berufsbildender Unterricht zu ermöglichen. [4]§ 12 Absatz 3 gilt entsprechend.

§ 14 Persönlicher Besitz

(1) [1]Die untergebrachte Person ist berechtigt, ihre persönliche Kleidung zu tragen und Gegenstände für den persönlichen Gebrauch in angemessenem Umfang in ihrem Wohn- und Schlafbereich zu haben. [2]Sie darf Zeitungen und Zeitschriften in angemessenem Umfang durch Vermittlung der Vollzugseinrichtung beziehen. [3]Der Besitz von Bild-, Ton- und Datenträgern kann davon abhängig gemacht werden, dass die untergebrachte Person ihrer Überprüfung zustimmt.

(2) [1]Soweit es die Sicherung des Zwecks der Unterbringung erfordert oder Gegenstände die Sicherheit oder das geordnete Zusammenleben in der Vollzugseinrichtung oder die Übersichtlichkeit des Wohn- und Schlafbereichs der untergebrachten Personen gefährden, können Gegenstände überprüft, der untergebrachten Person vorenthalten oder der untergebrachten Person entzogen werden. [2]Sie sind für sie aufzubewahren, soweit dies nach Art und Umfang möglich ist. [3]Andernfalls sind sie an eine von der untergebrachten Person oder von ihrer gesetzlichen Vertretung benannte Person zu übergeben oder zu versenden, sofern der Vollzugseinrichtung dadurch keine Kosten entstehen. [4]Ist auch dies nicht möglich, so sind sie zugunsten der untergebrachten Person zu veräußern oder aber zu vernichten.

§ 15 Besuche

(1) [1]Die untergebrachte Person ist berechtigt, regelmäßig Besuch zu empfangen. [2]Besuche bei der untergebrachten Person können eingeschränkt oder untersagt werden, wenn andernfalls der Zweck der Unterbringung oder die Sicherheit oder das geordnete Zusammenleben in der Vollzugseinrichtung gefährdet werden würde.

(2) [1]Gegenstände dürfen bei Besuchen nur mit Erlaubnis übergeben werden. [2]Aus Gründen der Sicherheit, bei suchtkranken untergebrachten Personen auch zur Sicherung des Zwecks der Unterbringung, können Besuche überwacht und davon abhängig gemacht werden, dass sich die Besuchsperson durchsuchen lässt. [3]Eine Videoüberwachung der Besuche mit optisch-elektronischen Einrichtungen ist nur aus den in Satz 2 genannten Gründen zulässig. [4]Die untergebrachte Person und die Besucherinnen und Besucher sind vor dem Besuch auf die Videoüberwachung hinzuweisen. [5]Die Aufzeichnungen dürfen nur für die in § 42 Absatz 1 Satz 1 Nummer 3 genannten Zwecke verarbeitet werden. [6]Sie sind spätestens nach Ablauf eines Monats zu löschen. [7]Die Unterhaltung darf nur überwacht

werden, soweit dies im Einzelfall aus den in Satz 2 genannten Gründen erforderlich ist. [8]Eine Aufzeichnung der Unterhaltung ist nicht zulässig.

(3) [1]Besuche durch die gesetzliche Vertretung der untergebrachten Person, durch Verteidigerinnen oder Verteidiger der untergebrachten Person, durch Rechtsanwältinnen und Notarinnen oder Rechtsanwälte und Notare in einer die untergebrachte Person betreffenden Rechtssache und durch Seelsorgerinnen oder Seelsorger derjenigen Religionsgemeinschaft, der die untergebrachte Person angehört, dürfen zahlenmäßig nicht beschränkt werden. [2]Bei diesen Besuchen dürfen Schriftstücke, die mit dem Anlass des Besuchs im Zusammenhang stehen, übergeben werden; eine vorherige Überprüfung der Schriftstücke kann angeordnet werden. [3]Eine Überwachung der Besuche von Verteidigerinnen und Verteidigern und eine inhaltliche Überprüfung der von diesen mitgeführten, übergebenen oder entgegengenommenen Schriftstücke findet nicht statt.

§ 16 Schriftverkehr

(1) [1]Die untergebrachte Person ist berechtigt, Schreiben abzusenden und zu empfangen. [2]Der Schriftverkehr mit bestimmten Personen kann eingeschränkt oder untersagt werden, wenn andernfalls der Zweck der Unterbringung gefährdet werden würde.

(2) [1]Der Schriftverkehr darf überwacht werden, soweit es zur Sicherung des Zwecks der Unterbringung oder zur Verhinderung von Nachteilen für die untergebrachte Person oder von Gefahren für die Sicherheit oder das geordnete Zusammenleben in der Vollzugseinrichtung erforderlich ist. [2]Die untergebrachte Person ist unverzüglich über die Überwachung zu unterrichten, sobald dies ohne Gefährdung der Ziele des Maßregelvollzugs möglich ist.

(3) [1]Schreiben dürfen wegen ihres Inhalts nur angehalten werden, wenn

1. ihre Weiterleitung
   a) die Sicherheit oder das geordnete Zusammenleben in der Vollzugseinrichtung oder
   b) die Eingliederung der untergebrachten Person oder einer anderen untergebrachten Person nach der Entlassung gefährden würde oder
2. sie unlesbar, verschlüsselt oder ohne vernünftigen Grund in einer fremden Sprache abgefasst sind.

[2]Schreiben an die untergebrachte Person dürfen auch angehalten werden, wenn ihre Weiterleitung den Zweck der Unterbringung gefährden würde. [3]Schreiben der untergebrachten Person dürfen auch angehalten werden, wenn durch ihre Weiterleitung erhebliche Nachteile für die untergebrachte Person zu befürchten sind und die untergebrachte Person auf Grund ihres Zustands unfähig ist, die Folgen ihres Verhaltens zu übersehen oder nach dieser Einsicht zu handeln. [4]Schreiben der untergebrachten Person, die unrichtige Darstellungen enthalten oder auf krankhaften Vorstellungen beruhen, kann ein Begleitschreiben beigefügt werden, wenn die untergebrachte Person auf die Absendung besteht.

(4) [1]An die untergebrachte Person gerichtete Schreiben, die angehalten werden, sind, sofern die untergebrachte Person eine gesetzliche Vertretung hat, dieser zu übergeben. [2]Andernfalls sind die Schreiben an die Absenderin oder den Absender zurückzugeben oder, wenn dies nicht möglich oder wegen einer zu erwartenden Besserung des Gesundheitszustands der untergebrachten Person nicht zweckmäßig ist, für die untergebrachte Person zu verwahren. [3]Wird ein solches Schreiben länger als drei Tage angehalten, ohne zurückgegeben zu werden, so ist dies der Absenderin oder dem Absender und, wenn der Zweck der Unterbringung dadurch nicht gefährdet wird, der untergebrachten Person mitzuteilen. [4]Schreiben der untergebrachten Person, die angehalten werden, sind der untergebrachten Person zurückzugeben, oder, wenn sich dadurch der Gesundheitszustand oder die Therapieaussichten der untergebrachten Person verschlechtern würde, für die untergebrachte Person zu verwahren; die Verwahrung ist der untergebrachten Person spätestens am dritten Tag danach mitzuteilen.

(5) [1]Der Schriftverkehr der untergebrachten Person mit ihrer Verteidigerin oder ihrem Verteidiger, Gerichten, Behörden und Volksvertretungen in der Bundesrepublik Deutschland, dem Europäischen Parlament, des Europäischen Gerichtshofs für Menschenrechte, der Aufsichtskommission nach § 48 und der bzw. dem Hamburgischen Beauftragten für Datenschutz und Informationsfreiheit darf nicht eingeschränkt, untersagt oder überwacht werden. [2]Ferner dürfen Schreiben der untergebrachten Person an ihre gesetzliche Vertretung, an Rechtsanwältinnen und Notarinnen oder Rechtsanwälte und Notare in einer untergebrachte Person betreffenden Rechtssache und an Seelsorgerinnen und Seelsorger derjenigen Religionsgemeinschaft, der die untergebrachte Person angehört, nicht angehalten werden.

(6) Für die Absendung und den Empfang von Telegrammen gelten die Absätze 1 bis 5, für die Absendung und den Empfang von Bild-, Ton- und Datenträgern sowie für ähnliche Formen der individuellen Nachrichtenübermittlung gelten Absatz 1 Satz 2 und die Absätze 2 bis 5 entsprechend.

§ 17 Telefongespräche
(1) [1]Für Telefongespräche gilt § 15 Absatz 1 entsprechend. [2]§ 15 Absatz 3 Satz 1 gilt mit der Maßgabe entsprechend, dass auch Anrufe der untergebrachten Person bei ihrer Verteidigerin oder Rechtsanwältin oder bei ihrem Verteidiger oder Rechtsanwalt zahlenmäßig nicht beschränkt werden dürfen.

(2) [1]Telefongespräche dürfen in entsprechender Anwendung des § 16 Absatz 2 Satz 1 sowie Absätze 3 und 5 überwacht und abgebrochen werden. [2]Wird ein Telefongespräch überwacht, so sind die Gesprächspartnerinnen oder Gesprächspartner zu Beginn darüber zu unterrichten.

§ 18 Pakete
(1) [1]Die untergebrachte Person ist berechtigt, Pakete abzusenden und zu empfangen. [2]Der Empfang von Paketen kann eingeschränkt oder untersagt werden, wenn andernfalls der Zweck der Unterbringung gefährdet werden würde.

(2) Der Inhalt von Paketen kann in Gegenwart der untergebrachten Person daraufhin überprüft werden, ob darin

1. Schreiben oder sonstige Nachrichten oder
2. Gegenstände, die die untergebrachte Person nach § 14 Absatz 2 Satz 1 nicht besitzen darf oder deren Versendung den Zweck der Unterbringung oder die Sicherheit oder das geordnete Zusammenleben in der Vollzugseinrichtung gefährden würde,

enthalten sind.

(3) [1]Auf Schreiben oder sonstige Nachrichten, die in Paketen enthalten sind, ist § 16 anzuwenden. [2]Enthält ein Paket Gegenstände der in Absatz 2 Nummer 2 genannten Art, so sind diese Gegenstände der Absenderin bzw. dem Absender oder der Eigentümerin bzw. dem Eigentümer zurückzugeben. [3]Ist dies nicht möglich oder in begründeten Einzelfällen nicht zweckmäßig, so sind sie an eine von der untergebrachten Person oder von ihrer gesetzlichen Vertretung benannte Person zu versenden, sofern der Vollzugseinrichtung dadurch keine Kosten entstehen, oder für die untergebrachte Person aufzubewahren, soweit dies nach Art und Umfang möglich ist. [4]Anderenfalls sind sie zugunsten der untergebrachten Person zu veräußern oder aber zu vernichten.

§ 19 Verwertung von Kenntnissen
[1]Kenntnisse aus einer Überwachung der Besuche, des Schriftverkehrs, der Telefongespräche oder der Überprüfung von Paketen dürfen außer für den mit der Überwachung verfolgten Zweck nur für die Behandlung der untergebrachten Person und zur Abwehr von Gefahren für die Sicherheit oder das geordnete Zusammenleben in der Vollzugseinrichtung verwendet werden. [2]Die Kenntnisse dürfen außerdem Polizeidienststellen durch Übermittlung offengelegt werden, soweit konkrete Anhaltspunkte dafür vorliegen, dass eine der in § 138 Absätze 1 oder 2 oder in § 181b StGB aufgeführten Straftaten oder eine gefährliche oder schwere Körperverletzung, eine Entziehung Minderjähriger, eine Freiheitsberaubung, ein Diebstahl in den Fällen der §§ 244 und 244a StGB, ein besonders schwerer Fall des Diebstahls, eine Erpressung, eine gemeinschädliche Sachbeschädigung oder eine Straftat nach dem Betäubungsmittelgesetz begangen werden soll. [3]Die in Satz 1 genannten Daten sind als solche zu kennzeichnen. [4]Nach einer Offenlegung durch Übermittlung gemäß Satz 2 ist die Kennzeichnung durch die Polizeidienststellen, denen Kenntnisse mitgeteilt wurden, und alle weiteren Datenempfänger aufrecht zu erhalten. [5]Unter den Voraussetzungen von Satz 1 bekannt gewordene personenbezogene Daten besonderer Kategorien dürfen für die in den Sätzen 1 und 2 genannten Zwecke nur verarbeitet werden, soweit dies unbedingt erforderlich ist.

§ 20 Freizeitgestaltung, Freistunde
(1) Die untergebrachte Person erhält Gelegenheit und Anregungen, ihre Freizeit zu gestalten.

(2) Beschränkungen bei der Freizeitgestaltung sind nur zulässig, wenn andernfalls der Zweck der Unterbringung oder die Sicherheit oder das geordnete Zusammenleben in der Vollzugseinrichtung gefährdet werden würde oder der Aufwand für Sicherung und Kontrolle unverhältnismäßig hoch wäre.

(3) Der untergebrachten Person wird täglich mindestens eine Stunde Aufenthalt im Freien ermöglicht.

§ 21 Religionsausübung

(1) [1]Die untergebrachte Person ist berechtigt, innerhalb der Vollzugseinrichtung an Gottesdiensten und sonstigen religiösen Veranstaltungen ihrer Religionsgemeinschaft teilzunehmen und die seelsorgerliche Betreuung durch eine Seelsorgerin oder einen Seelsorger ihrer Religionsgemeinschaft in Anspruch zu nehmen. [2]Die Betreuung durch Seelsorgerinnen oder Seelsorger anderer Religionsgemeinschaften oder die Teilnahme an Veranstaltungen anderer Religionsgemeinschaften ist möglich, wenn deren Seelsorgerin oder Seelsorger zustimmt.

(2) [1]Die untergebrachte Person kann von der Teilnahme an religiösen Veranstaltungen nur in begründeten Fällen ausgeschlossen werden, wenn andernfalls der Zweck der Unterbringung oder die Sicherheit oder das geordnete Zusammenleben in der Vollzugseinrichtung gefährdet werden würde. [2]Unter den gleichen Voraussetzungen darf auch die seelsorgerliche Betreuung eingeschränkt oder untersagt werden.

(3) Die untergebrachte Person ist berechtigt sich die zentrale Literatur ihrer Religionsgemeinschaft, insbesondere die Bibel, die Tora oder den Koran nebst entsprechender Liturgieliteratur (Gesangsbuch, Gebetbuch) auf eigene Kosten zu besorgen und zu nutzen.

(4) Als Religionsgemeinschaften gelten auch Zusammenschlüsse von Personen eines gleichen weltanschaulichen Bekenntnisses.

§ 22 Hausordnungen

(1) [1]Der Träger der Vollzugseinrichtung erlässt nach Zustimmung der zuständigen Behörde für die Vollzugseinrichtung Hausordnungen, die die Rechte und Pflichten der untergebrachten Personen im Rahmen dieses Gesetzes näher regeln. [2]Die jeweilige Hausordnung ist den untergebrachten Personen bekannt zu geben.

(2) Die Hausordnungen haben insbesondere Regelungen zu treffen über

1. die Mitwirkung der untergebrachten Personen in Angelegenheiten von gemeinsamem Interesse (§ 3 Absatz 2 Satz 2),
2. die Einteilung des Tages in Beschäftigungs- und Behandlungszeiten, Freizeit und Ruhezeit,
3. die Ausstattung der Zimmer mit persönlichen Gegenständen (§ 14 Absatz 1),
4. den Umgang mit den Sachen der Vollzugseinrichtung,
5. die Besuchszeiten sowie Häufigkeit und Dauer von Besuchen (§ 15), wobei eine Besuchsdauer von einer Stunde in der Woche nicht unterschritten werden darf,
6. das Verfahren bei Absendung und Empfang von Schreiben und Paketen (§§ 16 und 18),
7. die Telefonbenutzung (§ 17),
8. Maßnahmen zur Freizeitgestaltung (§ 20),
9. die Verfügung über Geld (§ 35),
10. die Nutzung von elektronischen Geräten.

Abschnitt 4
Lockerung und Aufhebung des Maßregelvollzugs

§ 23 Vollzugslockerungen, offener Vollzug

(1) [1]Das Maß des Freiheitsentzugs richtet sich nach der psychischen Erkrankung der untergebrachten Person und den Gefährdungen der Allgemeinheit, die von der untergebrachten Person ausgehen können. [2]Der Vollzug der Maßregel soll gelockert werden, sobald

1. zu erwarten ist, dass dadurch die Ziele des Maßregelvollzugs gefördert werden, und
2. nach allen aus der bisherigen Behandlung gewonnenen Erkenntnissen davon auszugehen ist, dass die untergebrachte Person die ihr eingeräumten Möglichkeiten nicht missbrauchen, insbesondere die Allgemeinheit nicht durch rechtswidrige Taten gefährden wird.

(2) Als Vollzugslockerung kann insbesondere zugelassen werden, dass die untergebrachte Person

1. regelmäßig einer Beschäftigung außerhalb der geschlossenen Vollzugseinrichtung
    a) unter Aufsicht von Angestellten der Vollzugseinrichtung (Außenbeschäftigung) oder
    b) ohne Aufsicht (Freigang)
    nachgeht,
2. zu bestimmten Zeiten die geschlossene Vollzugseinrichtung

a) unter Aufsicht von Angestellten der Vollzugseinrichtung (Ausführung) oder
b) ohne Aufsicht (Ausgang)

verlässt.

(3) Unter den Voraussetzungen des Absatzes 1 kann eine untergebrachte Person auch in eine nicht geschlossene Vollzugseinrichtung verlegt werden (offener Vollzug).

(4) Ausführungen können aus wichtigen Gründen, insbesondere zur Erledigung persönlicher, familiärer, rechtlicher oder geschäftlicher Angelegenheiten der untergebrachten Person, auch dann zugelassen werden, wenn die Voraussetzungen des Absatzes 1 Satz 2 Nummer 1 nicht erfüllt sind.

(5) Vor der erstmaligen Bewilligung einer Vollzugslockerung auch nach einem Widerruf im Sinne von § 25 unterrichtet die Vollzugseinrichtung die zuständige Polizeidienststelle über die Art der Maßnahme und den Namen, den Vornamen, das Geschlecht, den Geburtstag und -ort sowie das Geburtsland der untergebrachten Person.

§ 24 Urlaub

(1) Der untergebrachten Person kann unter den Voraussetzungen des § 23 Absatz 1 Satz 2 und Absatz 4 Urlaub gewährt werden.

(2) [1]Urlaub aus dem geschlossenen Vollzug darf zusammenhängend höchstens für sechs Wochen und innerhalb eines Jahres höchstens für drei Monate gewährt werden. [2]Urlaub aus dem offenen Vollzug darf zusammenhängend höchstens für drei Monate und innerhalb eines Jahres höchsten für sechs Monate gewährt werden. [3]Zur Vorbereitung der Entlassung kann in begründeten Einzelfällen nach Unterrichtung der Strafvollstreckungskammer eine Beurlaubung in eine geeignete Wohnform für einen längeren als den in Satz 2 genannten Zeitraum erfolgen.

(3) [1]Wird Urlaub gewährt, unterrichtet die Vollzugseinrichtung die zuständige Polizeidienststelle über die Art der Maßnahme und den Namen, den Vornamen, das Geschlecht sowie den Geburtstag und -ort sowie das Geburtsland der untergebrachten Person. [2]Die Übermittlung einer Urlaubsanschrift außerhalb Hamburgs und Umgebung an die zuständige Polizeidienststelle darf nur mit Einwilligung der untergebrachten Person erfolgen.

§ 25 Weisungen, Widerruf von Vollzugslockerungen

(1) [1]Vollzugslockerungen, Verlegung in den offenen Vollzug und Urlaub können mit Weisungen verbunden werden, soweit es zur Förderung der Ziele des Maßregelvollzugs erforderlich ist. [2]Der untergebrachten Person kann insbesondere die Weisung erteilt werden,

1. die psychische Erkrankung, die zur Anordnung der Maßregel geführt hat, behandeln zu lassen,
2. sich von einer bestimmten Stelle oder Person beaufsichtigen zu lassen,
3. Anordnungen über den Aufenthalt oder ein bestimmtes Verhalten außerhalb der Vollzugseinrichtung zu befolgen,
4. in bestimmten zeitlichen Abständen in die Vollzugseinrichtung zurückzukehren.

(2) Vollzugslockerungen, Verlegung in den offenen Vollzug und Urlaub können widerrufen werden, wenn

1. nachträglich Umstände eintreten oder bekannt werden, die eine Versagung gerechtfertigt hätten,
2. die untergebrachte Person die Vollzugslockerungen missbraucht oder
3. die untergebrachte Person Weisungen nicht nachkommt.

§ 26 Beteiligung der Vollstreckungsbehörde

(1) [1]Vor der ersten Bewilligung von Vollzugslockerungen nach § 23 Absatz 2 Nummer 1 Buchstabe b und Nummer 2 Buchstabe b, Absätze 3 und 4 sowie § 24, bei denen eine Aufsicht durch Bedienstete der Einrichtung nicht gewährleistet ist, ist die Vollstreckungsbehörde zu hören. [2]Vor der weiteren Bewilligung einer Vollzugslockerung nach Satz 1 ist die Vollstreckungsbehörde zu hören, wenn die vorangegangene Lockerung nach § 25 Absatz 2 widerrufen wurde. [3]Bedenken gegen die geplante Vollzugslockerung hat die Vollstreckungsbehörde innerhalb von vier Wochen nach Zugang der Aufforderung zur Abgabe der Stellungnahme zu erheben. [4]In diesem Fall soll sie hinsichtlich der Art der Maßnahme oder einer Weisung Änderungen vorschlagen.

(2) [1]Bei untergebrachten Personen, die hinsichtlich ihrer Anlasstat, insbesondere bei Tötungs-, schweren Gewalt- und Sexualdelikten, ihrer Störung und ihres Behandlungsverlaufs besondere Schwierigkeiten bei der Beurteilung ihrer Gefährlichkeit bieten, ist vor Vollzugslockerungen nach Absatz 1 Satz

1 stets das Benehmen mit der Vollstreckungsbehörde herzustellen. ²Soweit erforderlich ist ein Sachverständigengutachten einzuholen. ³Absatz 1 Sätze 3 und 4 gilt entsprechend.

(3) Die geplanten Lockerungsmaßnahmen dürfen nicht vollzogen werden, wenn

1. die Frist nach Absatz 1 Satz 3, auch in Verbindung mit Absatz 2 Satz 3, noch nicht abgelaufen ist, oder

2. die Vollstreckungsbehörde innerhalb der Frist nach Absatz 2 Satz 3 in Verbindung mit Absatz 1 Satz 3 Einwände erhebt.

(4) Die Vollzugseinrichtung unterrichtet die Vollstreckungsbehörde über den Widerruf einer Maßnahme nach Absatz 1.

(5) Die Vollzugseinrichtung unterrichtet die Vollstreckungsbehörde über die Verlegung einer untergebrachten Person in eine andere Vollzugseinrichtung.

§ 27 Anregung einer Aussetzung zur Bewährung

Die Vollzugseinrichtung unterrichtet Vollstreckungsbehörde und Strafvollstreckungskammer, sobald sie es für geboten hält, die Vollstreckung der Unterbringung zur Bewährung auszusetzen.

§ 28 Entlassungsvorbereitungen, Nachsorge

(1) ¹Steht die Entlassung der untergebrachten Person bevor oder ist zu erwarten, dass die Vollstreckung der Unterbringung zur Bewährung ausgesetzt werden wird, so soll die Vollzugseinrichtung der untergebrachten Person dabei helfen, für die Zeit nach der Entlassung Arbeit und persönlichen Beistand zu finden. ²Sie soll ihr außerdem eine geeignete Unterkunft vermitteln.

(2) Zu diesem Zweck arbeitet die Vollzugseinrichtung insbesondere mit Sozialleistungsträgern, Trägern der freien Wohlfahrtspflege, der für die Gewährung nachgehender Hilfen für psychisch Kranke zuständigen Behörde, der Führungsaufsichtsstelle und der Bewährungshilfe zusammen.

(3) Nachsorgende Hilfen sollen in enger Zusammenarbeit zwischen der Vollzugseinrichtung und insbesondere dem Träger der Sozialhilfe, dem sozialpsychiatrischen Dienst, der Führungsaufsichtsstelle und der Bewährungshilfe so umfassend und rechtzeitig eingeleitet und vorbereitet werden, dass eine weiterhin erforderliche ambulante Betreuung und Behandlung des aus der Unterbringung Entlassenen gesichert ist.

(4) ¹Bei den nachsorgenden Hilfen ist ein besonderes Gewicht auf die Beratung des Entlassenen über die erforderliche gesundheitliche Lebensführung und die Einhaltung etwaiger Auflagen zu legen. ²Alle nachsorgenden Hilfen sind auf das Ziel der Wiedereingliederung des Entlassenen in die Gemeinschaft auszurichten.

Abschnitt 5
Sicherungsmaßnahmen

§ 29 Erkennungsdienstliche Unterlagen

(1) ¹Zur Sicherung des Vollzugs der Maßregel werden in Abstimmung mit den zuständigen Polizeidienststellen erkennungsdienstliche Unterlagen über die untergebrachten Personen angefertigt. ²Zu diesem Zweck können Lichtbilder aufgenommen, äußerliche körperliche Merkmale festgestellt und Messungen an den untergebrachten Personen vorgenommen werden.

(2) Die erkennungsdienstlichen Unterlagen sind, soweit sie nicht zugleich für die Behandlung erforderlich sind, getrennt von den Personal- und Krankenakten aufzubewahren.

(3) ¹Die Verarbeitung der nach Absatz 1 erhobenen Daten für andere als die in Absatz 1 genannten Zwecke ist zulässig, soweit dies

1. für Zwecke der Fahndung und Festnahme der entwichenen oder sich sonst ohne Erlaubnis außerhalb der Vollzugseinrichtung aufhaltenden Person,

2. zur Abwehr erheblicher Nachteile für das Gemeinwohl oder einer Gefahr für die öffentliche Sicherheit oder

3. zur Verhinderung oder Verfolgung von Straftaten sowie zur Verhinderung oder Verfolgung von Ordnungswidrigkeiten, durch welche die Sicherheit oder Ordnung der Anstalt gefährdet werden,

erforderlich ist. ²Personenbezogene Daten besonderer Kategorien dürfen nur verarbeitet werden, soweit dies unbedingt erforderlich ist.

§ 30 Festnahmerecht

Hält sich die untergebrachte Person ohne Erlaubnis außerhalb der Vollzugseinrichtung auf, so kann sie durch die Vollzugseinrichtung oder auf ihre Veranlassung hin festgenommen und zurückgebracht werden.

§ 31 Durchsuchungen

(1) [1]Besteht der Verdacht, dass eine untergebrachte Person im Besitz von Gegenständen ist, die den Zweck der Unterbringung oder die Sicherheit oder das geordnete Zusammenleben in der Vollzugseinrichtung gefährden, so dürfen die untergebrachte Person, ihre Sachen und ihr Wohn- und Schlafbereich durchsucht werden. [2]Die Durchsuchung männlicher untergebrachter Personen darf nur von Männern, die Durchsuchung weiblicher untergebrachter Personen nur von Frauen vorgenommen werden. [3]Das Schamgefühl ist zu schonen. [4]Durchsuchungen dürfen nicht von einer oder einem Angestellten der Vollzugseinrichtung allein durchgeführt werden und nur in Gegenwart einer Person, die nicht zu den diese untergebrachte Person regelmäßig betreuenden Angestellten gehört. [5]Für die inhaltliche Überprüfung von Schriftstücken gelten die Beschränkungen des § 16 Absatz 5 Satz 1 entsprechend.

(2) [1]Besteht der begründete Verdacht, dass eine untergebrachte Person solche Gegenstände im oder am Körper versteckt hat, kann außerdem die untergebrachte Person durch eine Ärztin bzw. einen Arzt untersucht werden. [2]Absatz 1 Satz 3 gilt entsprechend, wobei neben der untersuchenden Ärztin bzw. dem untersuchenden Arzt bei der Untersuchung männlicher untergebrachter Personen nur Männer und bei der Untersuchung weiblicher untergebrachter Personen nur Frauen anwesend sein dürfen. [3]Die Untersuchung ist in einem geschlossenen Raum durchzuführen. [4]Andere Patientinnen oder Patienten dürfen nicht anwesend sein.

(3) In den Fällen der Absätze 1 und 2 kann auch angeordnet werden, dass bestimmte untergebrachte Personen bei der Aufnahme, bei jeder Rückkehr in die Vollzugseinrichtung oder in die Station und nach jedem Besuch zu durchsuchen oder zu untersuchen sind.

§ 32 Besondere Sicherungsmaßnahmen

(1) Gegen eine untergebrachte Person können besondere Sicherungsmaßnahmen angeordnet werden, wenn und soweit nach ihrem Verhalten oder auf Grund ihres psychischen Zustands in erhöhtem Maße Fluchtgefahr, die Gefahr von Gewalttätigkeiten gegen Personen oder Sachen oder die Gefahr einer Selbsttötung oder Selbstverletzung besteht.

(2) Als besondere Sicherungsmaßnahmen sind zulässig

1. der Entzug oder die Vorenthaltung von Gegenständen,
2. die Trennung von anderen untergebrachten Personen,
3. der Entzug oder die Beschränkung des Aufenthalts im Freien oder die Erteilung von Auflagen hinsichtlich der Durchführung,
4. die Unterbringung in einem besonders gesicherten Raum ohne gefährdende Gegenstände.

(3) [1]Die in Absatz 2 genannten besonderen Sicherungsmaßnahmen dürfen nur auf Anordnung einer Ärztin oder eines Arztes und unter ärztlicher Überwachung vorgenommen werden. [2]Bei Gefahr im Verzug dürfen sie auch von anderen Angestellten der Vollzugseinrichtung angeordnet werden; die Zustimmung einer Ärztin oder eines Arztes ist unverzüglich einzuholen. [3]§ 5 Absatz 2 Nummer 5 bleibt unberührt.

(4) Für Maßnahmen nach Absatz 2 Nummer 4 gilt § 33 Absatz 3 entsprechend.

§ 33 Fixierungen

(1) [1]Die untergebrachte Person darf zeitweise fixiert werden, wenn und solange die gegenwärtige erhebliche Gefahr besteht, dass sie gegen Personen gewalttätig wird oder sich selbst tötet oder sich verletzt, und diese Gefahr nicht anders abgewendet werden kann. [2]Die fixierte untergebrachte Person ist an Ort und Stelle ständig in geeigneter Weise persönlich zu betreuen. [3]Wenn begründete Aussicht besteht, auf diese Weise eine schnellere Beendigung der Fixierung zu erreichen, kann im Einzelfall von einer unmittelbaren Anwesenheit der Betreuungsperson in dem Raum, in dem die Fixierung erfolgt, vorübergehend abgesehen werden, wenn sichergestellt ist, dass ein ständiger Sicht- und Sprechkontakt außerhalb des Fixierungsraums zur fixierten Person besteht.

(2) [1]Eine Fixierung darf nur von einer in der Psychiatrie erfahrenen Ärztin oder einem in der Psychiatrie erfahrenen Arzt auf Grund einer eigenen Untersuchung befristet angeordnet werden. [2]Die ärztliche Überwachung ist im erforderlichen Maß zu gewährleisten. [3]Bei Gefahr im Verzug darf eine Fixierung

vorläufig auch von anderen Mitarbeitern der Vollzugseinrichtung angeordnet werden; die Entscheidung einer Ärztin oder eines Arztes auf Grund eigener Untersuchung ist unverzüglich herbeizuführen. [4]Die Leiterin bzw. der Leiter der Vollzugseinrichtung ist zu unterrichten. [5]Soll eine Fixierung über zwölf Stunden hinaus andauern oder nach weniger als zwölf Stunden erneut angeordnet werden, so ist außerdem die Zustimmung der Leiterin bzw. des Leiters der Vollzugseinrichtung oder einer weiteren Ärztin bzw. eines weiteren Arztes mit einer abgeschlossenen Weiterbildung auf psychiatrischem Gebiet erforderlich.

(3) [1]Zur Dokumentation gemäß § 7 gehören insbesondere Art, Beginn und Ende einer Fixierung, die Gründe für ihre Anordnung und die Art der ständigen Betreuung und Überwachung sowie das etwaige Vorliegen der Voraussetzungen von Absatz 1 Satz 3 und die entsprechende Umsetzung sowie die Nachbesprechung. [2]Die untergebrachte Person ist nach Beendigung der Fixierung unverzüglich auf die Möglichkeit hinzuweisen, die Zulässigkeit der Maßnahme gerichtlich überprüfen zu lassen. [3]Der Hinweis ist aktenkundig zu machen.

(4) [1]Die nicht nur kurzfristige Fixierung sämtlicher Gliedmaßen bedarf der vorherigen Anordnung durch das zuständige Gericht. [2]Sie erfolgt auf Grund eines Antrages durch den für die Fixierung zuständigen Arzt oder die dafür zuständige Ärztin oder durch dessen oder deren Vorgesetzen oder Vorgesetzte. [3]Kann eine gerichtliche Entscheidung nicht rechtzeitig herbeigeführt werden, ist die Antragstellung unverzüglich nachzuholen. [4]Die nachträgliche Einholung einer richterlichen Entscheidung gemäß Satz 3 ist nicht erforderlich, wenn bereits zu Beginn der Fixierung abzusehen ist, dass die richterliche Entscheidung erst nach Wegfall des Grundes ihrer Anordnung ergehen wird, oder die Fixierung vor Herbeiführung der Entscheidung tatsächlich beendet und auch keine Wiederholung zu erwarten ist. [5]Eine Fixierung ist in der Regel kurzfristig, wenn sie absehbar die Dauer von einer halben Stunde unterschreitet. [6]Absatz 3 Sätze 2 und 3 gilt entsprechend.

§ 34 Unmittelbarer Zwang

(1) Anordnungen nach diesem Gesetz dürfen im Wege des unmittelbaren Zwangs gegenüber den untergebrachten Personen durchgesetzt werden, wenn andere Mittel keinen Erfolg versprechen.

(2) Gegenüber anderen Personen darf unmittelbarer Zwang angewendet werden, wenn sie es unternehmen, untergebrachte Personen zu befreien, oder wenn sie unbefugt in den Bereich der Vollzugseinrichtung eindringen oder sich unbefugt darin aufhalten.

(3) Das Recht zu unmittelbarem Zwang auf Grund anderer Vorschriften bleibt unberührt.

Abschnitt 6
Finanzielle Regelungen

§ 35 Taschengeld, Verfügung über andere Gelder

(1) Die untergebrachte Person erhält einen angemessenen Barbetrag zur persönlichen Verfügung (Taschengeld) nach den Grundsätzen und Maßstäben des Zwölften Buches Sozialgesetzbuch vom 27. Dezember 2003 (BGBl. I S. 3022, 3023), zuletzt geändert am 2. Dezember 2006 (BGBl. I S. 2670), in der jeweils geltenden Fassung.

(2) [1]Über einen Betrag in Höhe des Taschengeldes kann die untergebrachte Person frei verfügen, es sei denn, dass dadurch der Zweck der Unterbringung gefährdet werden würde. [2]Über sonstige Geldbeträge und über sonstiges Vermögen darf die untergebrachte Person nur mit Genehmigung der Vollzugseinrichtung verfügen, es sei denn, dass sich die Verfügungen nicht auf das Leben in der Vollzugseinrichtung auswirken.

(3) Geldbeträge, die von der untergebrachten Person in die Vollzugseinrichtung eingebracht werden oder die sie während ihrer Unterbringung dort erhält, sind, soweit sie nicht von der gesetzlichen Vertretung der untergebrachten Person verwaltet oder als Beitrag zum Überbrückungsgeld (§ 37) oder zu den Kosten der Unterbringung (§ 38) in Anspruch genommen werden, von der Vollzugseinrichtung für die untergebrachte Person zu verwahren.

§ 36 Arbeitsentgelt, Zuwendungen bei Eingliederungsmaßnahmen

[1]Für Arbeitsleistungen erhält die untergebrachte Person ein Arbeitsentgelt. [2]Übt die untergebrachte Person aus therapeutischen Gründen eine sonstige Beschäftigung aus oder nimmt sie an einer heilpädagogischen Förderung, am Unterricht oder an Maßnahmen der Berufsausbildung, der beruflichen Fortbildung oder Umschulung teil, so kann ihr eine Zuwendung gewährt werden.

§ 37 Überbrückungsgeld

(1) [1]Ein Teil des Arbeitsentgelts, der Einkünfte aus einer in § 12 Absatz 3 genannten Tätigkeit, der Zuwendungen und, falls die untergebrachte Person oder die gesetzliche Vertretung zustimmen, auch der sonstigen der untergebrachten Person zur Verfügung stehenden Einkünfte muss zur Bildung eines Überbrückungsgeldes verwendet werden, wenn dadurch nicht andere rechtliche Verpflichtungen beeinträchtigt werden. [2]Näheres kann die zuständige Behörde bestimmen. [3]Das Überbrückungsgeld dient dazu, den notwendigen Lebensunterhalt der untergebrachten Person und ihrer Unterhaltsberechtigten für die ersten vier Wochen nach ihrer Entlassung zu sichern.

(2) [1]Das Überbrückungsgeld ist in geeigneter Weise anzulegen oder von der Vollzugseinrichtung in Höhe des für ein Sparbuch mit gesetzlicher Kündigungsfrist geltenden Zinssatzes zu verzinsen. [2]Es wird der untergebrachten Person bei der Entlassung ausgezahlt. [3]Ein Teil des Überbrückungsgeldes kann der untergebrachten Person auch ausgezahlt werden, wenn ihr Urlaub gewährt wird oder wenn sie es für sonstige Ausgaben, die ihrer Eingliederung dienen, benötigt.

(3) Beabsichtigte Entscheidungen über die Bildung und die Auszahlung des Überbrückungsgeldes sollen mit der untergebrachten Person und, falls sie eine gesetzliche Vertretung hat, auch mit dieser erörtert werden.

§ 38 Kosten der Unterbringung

Die Kosten der Unterbringung nach diesem Gesetz trägt die Freie und Hansestadt Hamburg, soweit nicht ein Träger von Sozialleistungen zur Gewährung von gleichartigen Leistungen verpflichtet ist oder die untergebrachte Person zu den Kosten beizutragen hat.

§ 39 Ersatz von Aufwendungen

[1]Wird die Vollzugseinrichtung in persönlichen Angelegenheiten der untergebrachten Person tätig und entspricht dies ihrem wirklichen oder mutmaßlichen Willen, so hat sie die erforderlichen Aufwendungen zu ersetzen. [2]Der Anspruch auf Ersatz der Aufwendungen ist nicht geltend zu machen, wenn dies die Behandlung oder die Eingliederung behindern würde.

Abschnitt 7
Datenverarbeitung, Aufsichtskommission

§ 40 Datenverarbeitung durch die verantwortlichen Stellen

(1) [1]Die zuständige Behörde und die jeweilige Vollzugseinrichtung (verantwortliche Stellen) dürfen personenbezogene Daten verarbeiten, soweit dies zur Erfüllung der gesetzlichen Aufgaben des Maßregelvollzuges oder für die Eingliederung der untergebrachten Person erforderlich ist. [2]Die zuständige Behörde darf personenbezogene Daten über die untergebrachte Person auch verarbeiten, soweit dies zur Ausübung der Aufsicht gemäß § 4 Absätze 4 und 5 erforderlich ist.

(2) Personenbezogene Daten besonderer Kategorien dürfen die verantwortlichen Stellen nur verarbeiten, soweit dies zur Erfüllung der Aufgaben nach Absatz 1 unbedingt erforderlich ist.

(3) Zu den Daten über die untergebrachte Person gehören insbesondere

1. die ihrer Identifizierung dienenden Angaben (Name, Geschlecht, Geburtstag und -ort sowie -land, Anschrift, Staatsangehörigkeit),

2. Name, Anschrift und Telefonnummer einer bzw. eines nach § 1896 des Bürgerlichen Gesetzbuchs für sie bestellten Betreuerin bzw. Betreuers oder einer sonstigen gesetzlichen Vertretung, der Verteidigerin oder des Verteidigers sowie von nahen Angehörigen oder sonstigen ihr nahe stehenden Personen,

3. Name, Anschrift und Telefonnummer von Ärztinnen und Ärzten und sonstigen Personen oder Stellen, die die untergebrachte Person behandeln oder betreuen,

4. Angaben über Verwaltungs- und Gerichtsverfahren, die die Bestellung einer Betreuerin bzw. eines Betreuers für die untergebrachte Person zum Gegenstand haben oder in denen ein psychiatrisches Gutachten eingeholt worden ist,

5. das Urteil, durch das die Maßregel angeordnet worden ist, frühere Strafurteile oder, wenn ein Urteil nicht ergangen und der Tatverdacht nicht ausgeräumt worden ist, der Sachverhalt aus gegen die untergebrachte Person gerichteten Ermittlungsverfahren sowie psychiatrische und psychologische Gutachten, die in gerichtlichen oder staatsanwaltlichen Verfahren über die untergebrachte Person erstattet worden sind,

6. der Lebenslauf der untergebrachten Person und Angaben über ihre bisherige Entwicklung,

7. Angaben über gegenwärtige und frühere Krankheiten, Körperschäden und Verhaltensauffälligkeiten, Untersuchungsergebnisse und Diagnosen sowie Angaben über die Behandlung der untergebrachten Person,

8. Angaben über das soziale Umfeld der untergebrachten Person,

9. die Angabe des Kostenträgers.

(4) ¹Sonstige personenbezogene Daten, die auch Dritte betreffen, insbesondere Daten über Verwandte der untergebrachten Person und über Personen aus ihrem sozialen Umfeld und über Geschädigte dürfen die verantwortlichen Stellen verarbeiten, soweit dies zur Beurteilung des Gesundheitszustands der untergebrachten Person, zur Eingliederung der untergebrachten Person, zur Abwehr von Gefahren für die Sicherheit oder das geordnete Zusammenleben in der Vollzugseinrichtung oder zur Verhinderung weiterer rechtswidriger Taten der untergebrachten Person erforderlich ist und keine entgegenstehenden schutzwürdigen Interessen des Dritten überwiegen. ²Für personenbezogene Daten besonderer Kategorien gilt nur, soweit dies zur rechtmäßigen Erfüllung der in Satz 1 genannten Zwecke unbedingt erforderlich ist und keine entgegenstehenden schutzwürdigen Interessen des Dritten überwiegen. ³Daten über Dritte dürfen nur in den über die jeweilige untergebrachte Person geführten Aufzeichnungen gespeichert werden und nicht unter dem Namen des Dritten abrufbar sein.

(5) ¹Die Angestellten der Vollzugseinrichtung dürfen personenbezogene Daten nur einsehen, soweit dies zur rechtmäßigen Erfüllung der ihnen obliegenden Aufgaben erforderlich ist. ²Sie dürfen personenbezogene Daten anderen Angestellten der Vollzugseinrichtung nur mitteilen, soweit dies zur rechtmäßigen Erfüllung der ihnen obliegenden Aufgaben erforderlich ist. ³Für personenbezogene Daten besonderer Kategorien gelten die Sätze 1 und 2 nur, soweit es zur rechtmäßigen Erfüllung der dort genannten Zwecke unbedingt erforderlich ist. ⁴Sind mit den Daten andere personenbezogene Daten derart verbunden, dass sie nur mit unvertretbarem Aufwand getrennt werden können, so dürfen auch die anderen Daten weitergegeben werden, soweit nicht berechtigte Interessen der Betroffenen an deren Geheimhaltung offensichtlich überwiegen. ⁵Eine Verwendung dieser Daten ist unzulässig.

§ 40a Datenerhebung durch optisch-elektronische Einrichtungen

(1) Die Überwachung und Aufzeichnung des Geländes und des Gebäudes der Vollzugseinrichtung sowie der unmittelbaren Anstaltsumgebung mittels offen angebrachter optisch-elektronischer Einrichtungen ist zulässig, soweit dies zur Aufrechterhaltung der Sicherheit und Ordnung der Einrichtung erforderlich ist.

(2) ¹Der Einsatz von optisch-elektronischen Einrichtungen zur Überwachung in Wohn- und Schlafräumen ist zulässig, wenn dies zur Abwehr von erheblichen Gefahren für Leib und Leben von untergebrachten Personen oder Dritten sowie zur Verhinderung von Straftaten von erheblicher Bedeutung erforderlich ist. ²Eine Beobachtung mit Aufzeichnung ist nur auf Anordnung der Leiterin oder des Leiters der Vollzugseinrichtung im Einzelfall zulässig.

(3) Auf Umstand der Videoüberwachung ist durch geeignete Maßnahmen hinzuweisen.

(4) ¹Die Datenerhebung durch optisch-elektronische Einrichtungen kann auch erfolgen, wenn untergebrachte Personen unvermeidlich betroffen werden, hinsichtlich derer die Voraussetzung des Einsatzes nicht vorliegen. ²Soweit Personen, die nicht untergebrachte Personen sind, von der Datenerhebung durch optisch-elektronische Einrichtungen betroffen werden, sind diese auf die Möglichkeit des Einsatzes von optisch-elektronischen Einrichtungen hinzuweisen.

(5) Werden durch Videoüberwachung erhobene Daten einer bestimmten Person zugeordnet, richtet sich die Verarbeitung und Nutzung der Daten nach §§ 42, 43.

§ 41 Datenerhebung bei Dritten

(1) ¹Personenbezogene Daten über die untergebrachte Person sollen bei ihr erhoben werden. ²Sie dürfen bei Dritten erhoben werden, soweit die Daten zur Beurteilung des Gesundheitszustands der untergebrachten Person oder zu ihrer Eingliederung erforderlich sind oder soweit eine Erhebung bei der untergebrachten Person nicht möglich ist.

(2) ¹Ärztinnen und Ärzte, sonstige behandelnde oder betreuende Personen sowie Gerichte und Behörden sind, wenn Daten nach Absatz 1 Satz 2 bei ihnen erhoben werden, befugt, den verantwortlichen Stellen die in § 40 Absatz 3 genannten Angaben durch Übermittlung offen zu legen, soweit diese zur Durchführung des Maßregelvollzugs erforderlich sind und Rechtsvorschriften außerhalb der allge-

meinen Regelungen über die Berufs- und Amtsverschwiegenheit die Offenlegung durch Übermittlung nicht untersagen. [2]Für personenbezogene Daten besonderer Kategorien gilt dies nur, soweit dies zur rechtmäßigen Erfüllung der in Satz 1 genannten Zwecke unbedingt erforderlich ist.

§ 42

(1) [1]Die verantwortlichen Stellen dürfen personenbezogene Daten über die untergebrachte Person auch verarbeiten, soweit dies erforderlich ist zur

1. Fortsetzung oder Wiederaufnahme einer während des früheren Vollzugs einer Maßregel begonnenen Behandlung der untergebrachten Person,

2. Anfertigung von Gutachten für ein Verfahren über eine Betreuung der untergebrachten Person,

3. Abwehr von Gefahren für die öffentliche Sicherheit oder das geordnete Zusammenleben in der Vollzugseinrichtung, zur Verfolgung von Straftaten, zur Verfolgung von Ordnungswidrigkeiten, durch welche die Sicherheit und Ordnung der Vollzugseinrichtung gefährdet werden,

4. Geltendmachung von Ansprüchen der Vollzugseinrichtung oder zur Abwehr von Ansprüchen, welche gegen die Vollzugseinrichtung oder ihre Angestellten gerichtet sind,

5. Auswertung der Tätigkeit der Vollzugseinrichtung zu organisatorischen oder statistischen Zwecken; hinsichtlich der Auswertung zu statistischen Zwecken gilt § 6 Absatz 2 Nummer 9 sowie § 11 Absätze 2 bis 5 des Hamburgischen Datenschutzgesetzes vom 18. Mai 2018 (HmbGVBl. S. 145) in der jeweils geltenden Fassung entsprechend,

6. Überprüfung der Tätigkeit der Angestellten der Vollzugseinrichtung,

7. Aus-, Fort- und Weiterbildung der Angestellten der Vollzugseinrichtung, soweit im Einzelfall überwiegende Interessen der Betroffenen nicht entgegenstehen.

[2]Personenbezogene Daten besonderer Kategorien dürfen die verantwortlichen Stellen nur verarbeiten, soweit dies zur Erfüllung der Aufgaben nach Satz 1 unbedingt erforderlich ist.

(2) [1]Die verantwortlichen Stellen dürfen personenbezogene Daten darüber hinaus an Dritte durch Übermittlung offenlegen, soweit dies erforderlich ist

1. zur Unterrichtung der Vollstreckungsbehörde, der Strafvollstreckungskammer, der Führungsaufsichtsstelle oder der Bewährungshilfe,

2. zur Weiterbehandlung der untergebrachten Person durch eine Einrichtung, in die sie im Rahmen des Maßregelvollzugs verlegt worden ist oder verlegt werden soll,

3. zur Erläuterung einer Anfrage, die an den Dritten zur Durchführung des Maßregelvollzugs bei der jeweilig untergebrachten Person gerichtet wird,

4. zur Abwehr erheblicher Nachteile für die untergebrachte Person,

5. für die Einleitung oder Durchführung eines Verfahrens über eine Betreuung der untergebrachten Person,

6. für die Festnahme einer entwichenen oder nicht zurückgekehrten untergebrachten Person,

7. zur Unterrichtung des Dritten im Rahmen einer ihm über die Vollzugseinrichtung obliegenden Aufsicht.

[2]Die Offenlegung durch Übermittlung personenbezogener Daten besonderer Kategorien ist zu den Zwecken nach Satz 1 zulässig, soweit sie unbedingt erforderlich ist. [3]Bei nach § 126a StPO einstweilig untergebrachten Personen unterbleibt die Übermittlung nach Satz 1, wenn für die verantwortlichen Stellen erkennbar ist, dass unter Berücksichtigung der Art der Information und der Rechtsstellung der einstweilig untergebrachten Person die betroffenen Personen ein schutzwürdiges Interesse an dem Ausschluss der Offenlegung durch Übermittlung haben. [4]Die Übermittlung personenbezogener Daten ist auch zulässig, wenn sie der Bearbeitung von Eingaben, parlamentarischen Anfragen oder Aktenvorlageersuchen der Bürgerschaft dient und überwiegende schutzwürdige Interessen der betroffenen Person nicht entgegenstehen. [5]Unterliegen die personenbezogenen Daten einem Berufsgeheimnis und sind sie den verantwortlichen Stellen von der zur Verschwiegenheit verpflichteten Person in Ausübung ihrer Berufspflicht offengelegt worden, findet Satz 4 keine Anwendung.

(3) [1]Die Empfängerin oder der Empfänger darf die offengelegten personenbezogenen Daten nur für die Zwecke verarbeiten, zu denen sie ihr oder ihm durch Übermittlung offengelegt wurden. [2]Sie oder er darf sie an andere nur weiterübermitteln, wenn diese Daten auch unmittelbar von der verantwortlichen Stelle durch Übermittlung offengelegt werden dürften.

(4) [1]Es darf in Listenform festgehalten werden, welche Personen zu welchem Zeitpunkt die jeweilige Vollzugseinrichtung betreten oder verlassen haben. [2]Nach der Entlassung der untergebrachten Person

dürfen die über sie geführten Akten zur Aufbewahrung in ein Archiv der Vollzugseinrichtung gegeben werden. [3]Für die in § 40 Absatz 3 Nummer 5 genannten Unterlagen gilt die Aktenordnung der für Justiz zuständigen Behörde einschließlich der Hamburgischen Zusatzbestimmungen vom 23. September 2008 (Hamburgisches Justizverwaltungsblatt S. 72), geändert am 26. Juli 2011 (Hamburgisches Justizverwaltungsblatt S. 107), in der jeweils geltenden Fassung in Verbindung mit den Bestimmungen über die Aufbewahrungsfristen für das Schriftgut der ordentlichen Gerichtsbarkeit, der Staatsanwaltschaften und der Justizvollzugsbehörden in der jeweils geltenden Fassung.

§ 43 Datenverarbeitung durch optisch-elektronische Einrichtungen

(1) Die Videobeobachtung und Videoaufzeichnung (Videoüberwachung) des Geländes und des Gebäudes der Vollzugseinrichtung sowie der unmittelbaren Anstaltsumgebung mittels offen angebrachter optisch-elektronischer Einrichtungen ist zulässig, soweit dies zur Aufrechterhaltung der Sicherheit und Ordnung der Einrichtung erforderlich ist.

(2) [1]Der Einsatz von optisch-elektronischen Einrichtungen zur Videobeobachtung in Wohn- und Schlafräumen ist zulässig, wenn dies zur Abwehr von erheblichen Gefahren für Leib und Leben von untergebrachten Personen oder Dritten sowie zur Verhinderung von Straftaten von erheblicher Bedeutung erforderlich ist. [2]Eine Beobachtung mit Aufzeichnung ist nur auf Anordnung der Leiterin oder des Leiters der Vollzugseinrichtung im Einzelfall zulässig. [3]Auf die elementaren Bedürfnisse der untergebrachten Person nach Wahrung ihrer Intimsphäre ist angemessen Rücksicht zu nehmen.

(3) Auf den Umstand der Videoüberwachung ist durch geeignete Maßnahmen hinzuweisen.

(4) [1]Der Einsatz von optisch-elektronischen Einrichtungen kann auch erfolgen, wenn untergebrachte Personen unvermeidlich betroffen werden, hinsichtlich derer die Voraussetzung des Einsatzes nicht vorliegt. [2]Soweit Personen, die nicht untergebrachte Personen sind, von der Videoüberwachung betroffen werden, sind diese darauf hinzuweisen.

(5) [1]Werden durch Videoüberwachung erlangte Daten einer bestimmten Person zugeordnet, richtet sich die Verarbeitung der Daten nach § 40 Absätze 1 und 2 sowie § 42 Absatz 1 Satz 1 Nummer 3. [2]§ 15 Absatz 2 bleibt unberührt.

§ 44 Entsprechende Anwendbarkeit anderer Vorschriften, Datenschutzbeauftragte oder Datenschutzbeauftragter

(1) [1]Neben den Vorschriften dieses Gesetzes sind für die Datenverarbeitung folgende Regelungen des Hamburgischen Justizvollzugsdatenschutzgesetzes (HmbJVollzDSG) vom 18. Mai 2018 (HmbGVBl. S. 158) in der jeweils geltenden Fassung entsprechend anzuwenden:

1. aus Abschnitt 1 §§ 2 bis 5,
2. aus Abschnitt 2 §§ 13 und 17,
3. aus Abschnitt 3 §§ 30, 31 und 34 bis 36,
4. aus Abschnitt 4 §§ 37 bis 39,
5. die Abschnitte 5, 7 und 8; § 47 HmbJVollzDSG gilt dabei mit der Maßgabe, dass an die Stelle der Anpassung des automatisierten Verarbeitungssystems an die Vorgaben dieses Gesetzes die Anpassung der automatisierten Verarbeitungssysteme an Artikel 25 Absatz 1 der Richtlinie (EU) 2016/680 tritt.

[2]Dabei treten an die Stelle der

1. Justizvollzugsbehörden die verantwortlichen Stellen,
2. Gefangenen die untergebrachten Personen,
3. vollzuglichen Zwecke die jeweiligen Zwecke der verantwortlichen Stellen nach § 40 Absatz 1.

(2) [1]Die verantwortlichen Stellen benennen jeweils eine Datenschutzbeauftragte oder einen Datenschutzbeauftragten. [2]Für die Benennung, Stellung und die Aufgaben der oder des Datenschutzbeauftragten gelten §§ 5 bis 7 des Bundesdatenschutzgesetzes vom 30. Juni 2017 (BGBl. I S. 2097) in der jeweils geltenden Fassung entsprechend.

(3) [1]Für die weiteren Pflichten der verantwortlichen Stellen im Zusammenhang mit der Verarbeitung personenbezogener Daten sind §§ 52, 54, 62, 64 bis 72, 74 und 77 bis 81 des Bundesdatenschutzgesetzes entsprechend anwendbar. [2]Dabei treten an die Stelle des Verantwortlichen die verantwortlichen Stellen. [3]An die Stelle der oder des Bundesbeauftragten für den Datenschutz und die Informationsfreiheit tritt die oder der Hamburgische Beauftragte für Datenschutz und Informationsfreiheit.

§ 45 Wissenschaftliche Forschung mit personenbezogenen Daten

Für die Verarbeitung von personenbezogenen Daten, die nach § 40 verarbeitet oder nach § 41 erhoben wurden, gilt für wissenschaftliche Forschungszwecke § 11 des Hamburgischen Datenschutzgesetzes mit folgenden Maßgaben:

1. Eine Offenlegung durch Übermittlung an nicht-öffentliche Stellen ist nur zulässig, wenn die betroffene Person eingewilligt hat oder die Daten vor der Offenlegung durch Übermittlung so verändert werden, dass ein Bezug auf eine bestimmte natürliche Person nicht mehr erkennbar ist,
2. über die Offenlegung durch Übermittlung entscheidet die zuständige Behörde.

§ 46 Auskunft, Akteneinsicht

(1) [1]Die Vollzugseinrichtung hat der untergebrachten Person und der gesetzlichen Vertretung auf Verlangen Auskunft über die zur untergebrachten Person gespeicherten Daten zu erteilen und, soweit dies ohne Verletzung schutzwürdiger Belange anderer Personen möglich ist, Einsicht in die über die untergebrachte Person geführten Akten zu gewähren. [2]Der Umfang der Auskunftserteilung richtet sich nach § 32 Absatz 1 Satz 2 HmbJVollzDSG [3]Der untergebrachten Person können Auskunft und Einsicht versagt werden, wenn eine Verständigung mit ihr wegen ihres Gesundheitszustands nicht möglich ist oder soweit die Auskunft oder Einsicht nicht ohne erhebliche Nachteile für ihren Gesundheitszustand oder ihre Therapieaussicht wäre [4]Des Weiteren gilt § 32 Absätze 2 bis 6 HmbJVollzDSG für die Vollzugseinrichtung und für die zuständige Behörde entsprechend.

(2) [1]Dritten ist auf Verlangen Auskunft über die über sie unter dem Namen einer untergebrachten Person gespeicherten personenbezogenen Daten zu erteilen, soweit dadurch die Eingliederung und sonstige schutzwürdige Belange der untergebrachten Person nicht gefährdet werden. [2]Die Auskunft braucht nur erteilt zu werden, wenn im Auskunftsverlangen der Name der untergebrachten Person angegeben worden ist. [3]Ferner kann Dritten die Auskunft verweigert werden, soweit diejenige bzw. derjenige, die bzw. der die Daten der Vollzugseinrichtung mitgeteilt hat, ein schutzwürdiges Interesse an deren Geheimhaltung hat. [4]Im Übrigen gilt § 32 Absatz 1 Satz 2, Absatz 2 Satz 1 und Absätze 3 bis 6 HmbJVollzDSG entsprechend.

§ 47 Berichtigung, Löschung und Einschränkung der Verarbeitung

(1) [1]Die personenbezogenen Daten sind zu löschen von der

1. zuständigen Fachbehörde und der für die Vollstreckung zuständigen Behörde spätestens 15 Jahre nach Vollzugsende,
2. Vollzugseinrichtung spätestens 20 Jahre nach der Beendigung der Unterbringung.

[2]Ist zu den in Satz 1 genannten Zeitpunkten ein Rechtsstreit anhängig, so sind die für den Rechtsstreit benötigten Daten erst nach dessen Beendigung zu löschen.

(2) Erkennungsdienstliche Unterlagen nach § 29 sind von der Vollzugseinrichtung unverzüglich nach der Entlassung der untergebrachten Person aus dem Maßregelvollzug zu vernichten.

(3) [1]Aufzeichnungen nach § 43 sind spätestens nach Ablauf eines Monats zu löschen. [2]Dies gilt nicht, wenn und solange eine fortdauernde Speicherung oder Aufbewahrung zur Aufklärung und Verfolgung der aufgezeichneten Vorkommnisse unerlässlich ist.

(4) Im Übrigen gilt § 29 Absätze 1 bis 3, 8 bis 10 und 12 sowie § 33 HmbJVollzDSG entsprechend.

(5) Soweit die Vollzugseinrichtung im Vollzug einer einstweiligen Unterbringung nach § 126a StPO von einer nicht nur vorläufigen Einstellung des Verfahrens, einer unanfechtbaren Ablehnung der Eröffnung des Hauptverfahrens oder einem rechtskräftigen Freispruch Kenntnis erlangt, sind personenbezogene Daten nach spätestens einem Monat ab Kenntniserlangung zu löschen.

§ 48 Aufsichtskommission

(1) [1]Die zuständige Behörde beruft eine Aufsichtskommission, die jährlich mindestens zweimal, in der Regel unangemeldet, die Vollzugseinrichtungen im Sinne von § 4 Absatz 1 besucht und daraufhin überprüft, ob die mit dem Maßregelvollzug verbundenen besonderen Aufgaben erfüllt und die Rechte der untergebrachten Personen gewahrt werden. [2]Die untergebrachten Personen und ihre gesetzlichen Vertretungen sowie die Leiterinnen und Leiter und die Angestellten der Vollzugseinrichtungen können der Aufsichtskommission Wünsche oder Beschwerden mündlich oder schriftlich vortragen. [3]Schriftliche Eingaben, die den Maßregelvollzug betreffen, nimmt die Aufsichtskommission auch von anderen Personen entgegen.

(2) Die Angestellten der Vollzugseinrichtungen sind verpflichtet, die Aufsichtskommission auf Verlangen bei ihrer Besichtigung zu begleiten und die gewünschten Auskünfte zu erteilen.

(3) Die Aufsichtskommission ist berechtigt, die über die untergebrachten Personen geführten Aufzeichnungen einzusehen, soweit dies zur Erfüllung ihrer Aufgaben erforderlich ist.

(4) [1]Die Aufsichtskommission fertigt nach einem Besuch einen Bericht für die zuständige Behörde an, der das Ergebnis der Überprüfung sowie die vorgetragenen Wünsche und Beschwerden der untergebrachten Personen mit einer Stellungnahme der Aufsichtskommission enthält. [2]Eine Zusammenfassung der Berichte übersendet der Senat alle zwei Jahre der Bürgerschaft der Freien und Hansestadt Hamburg.

(5) [1]Der Aufsichtskommission müssen angehören:
1. eine Vertreterin oder ein Vertreter der für das Gesundheitswesen zuständigen Behörde,
2. eine Ärztin oder ein Arzt mit einer abgeschlossenen Weiterbildung auf psychiatrischem Gebiet,
3. ein Mitglied mit der Befähigung zum Richteramt,
4. drei weitere Mitglieder.
[2]Die Mitglieder werden für vier Jahre bestellt. [3]Nach Ablauf ihrer Amtszeit führen sie ihr Amt bis zur Bestellung einer Nachfolgerin oder eines Nachfolgers fort. [4]Die zuständige Behörde kann weitere Mitglieder, auch für einzelne Besuche der Aufsichtskommission, bestellen.

(6) Die bzw. der Vorsitzende der Aufsichtskommission wird von den Mitgliedern gewählt.

§ 48a Einsichtnahme in Akten durch internationale Organisationen
Die Mitglieder einer Delegation des Europäischen Ausschusses zur Verhütung von Folter und unmenschlicher oder erniedrigender Behandlung oder Strafe und die Mitglieder einer durch das Übereinkommen der Vereinten Nationen gegen Folter und andere grausame, unmenschliche oder erniedrigende Behandlung oder Strafe legitimierten Stelle erhalten während des Besuchs in der Vollzugseinrichtung auf Verlangen Einsicht in die Patientenakten, soweit dies zur Wahrnehmung der Aufgaben des Ausschusses oder der Stelle erforderlich ist.

Abschnitt 8
Schlussvorschriften

§ 49 Einschränkung von Grundrechten
Durch dieses Gesetz werden die Rechte auf körperliche Unversehrtheit und Freiheit (Artikel 2 Absatz 2 des Grundgesetzes), auf freie Meinungsäußerung (Artikel 5 des Grundgesetzes), auf Unverletzlichkeit des Brief-, Post- und Fernmeldegeheimnisses (Artikel 10 des Grundgesetzes), auf Unverletzlichkeit der Wohnung (Artikel 13 des Grundgesetzes) und auf Gewährleistung des Eigentums (Artikel 14 des Grundgesetzes) eingeschränkt.

§ 50 Inkrafttreten, Außerkrafttreten
(1) Dieses Gesetz tritt am ersten Tage des zweiten auf die Verkündung[1)] folgenden Monats in Kraft.
(2) Zum selben Zeitpunkt tritt das Hamburgische Maßregelvollzugsgesetz vom 14. Juni 1989 (HmbGVBl. S. 99) in der geltenden Fassung außer Kraft.

---

1) Verkündet am 28.7.2007.

Gesetz
zur Ausführung der Verwaltungsgerichtsordnung
vom 21. Januar 1960

Vom 29. März 1960 (HmbGVBl. S. 291)
(BS Hbg 340-1)
zuletzt geändert durch Art. 10 Personalvertretungsrecht-Neuregelungsgesetz vom 8. Juli 2014
(HmbGVBl. S. 299)

Der Senat verkündet das nachstehende, von der Bürgerschaft beschlossene Gesetz:

§ 1 (Zu § 195 Absatz 6 Verwaltungsgerichtsordnung)
(1) Das Hamburgische Oberverwaltungsgericht und das Landesverwaltungsgericht Hamburg bleiben als Gerichte der allgemeinen Verwaltungsgerichtsbarkeit bestehen.
(2) Das Landesverwaltungsgericht Hamburg erhält die Bezeichnung Verwaltungsgericht Hamburg.

§ 2 (Zu §§ 38 und 39 Verwaltungsgerichtsordnung)
Die §§ 22 bis 24a des Hamburgischen Ausführungsgesetzes zum Gerichtsverfassungsgesetz in ihrer jeweils geltenden Fassung gelten entsprechend.

§ 3 (Zu § 9 Absatz 3 Verwaltungsgerichtsordnung)
[1]Die Senate des Hamburgischen Oberverwaltungsgerichts entscheiden in der Besetzung mit drei Richtern und zwei ehrenamtlichen Richtern. [2]Bei Beschlüssen außerhalb der mündlichen Verhandlung wirken die ehrenamtlichen Richter nicht mit.

§ 4 (Zu § 26 Verwaltungsgerichtsordnung)
(1) [1]Die für die Wahl der ehrenamtlichen Richter und ihrer Vertreter zu bestimmenden sieben Vertrauensleute und ihre Vertreter werden von der Bürgerschaft gewählt. [2]Gewählt ist, wer die Mehrheit der abgegebenen Stimmen erhält.
(2) [1]Die Vertrauensleute und ihre Vertreter werden auf fünf Jahre gewählt. [2]Im übrigen gelten die §§ 20 bis 24 der Verwaltungsgerichtsordnung für die Vertrauensleute und ihre Vertreter entsprechend.

§ 5 (Zu § 40 Verwaltungsgerichtsordnung)
Soweit öffentlich-rechtliche Streitigkeiten auf dem Gebiete des Landesrechts anderen Gerichten zugewiesen sind, ist der Rechtsweg zu den allgemeinen Verwaltungsgerichten ausgeschlossen.

§ 6 [Widerspruchsverfahren]
(1) [1]Verwaltungsakte werden in einem Vorverfahren (Widerspruchsverfahren) nachgeprüft. [2]Das gilt auch für Anordnungen, Verfügungen oder sonstige Maßnahmen der Vollzugsbehörden, über deren Rechtmäßigkeit auf Antrag die ordentlichen Gerichte zu entscheiden haben (§ 23 Absatz 1 Satz 2 Einführungsgesetz zum Gerichtsverfassungsgesetz, § 109 Strafvollzugsgesetz).
(2) Absatz 1 gilt nicht für
1. Verwaltungsakte der Bürgerschaft,
2. Beschlüsse des Senats,
3. Anordnungen, Verfügungen oder sonstige Maßnahmen, die von den Justizbehörden zur Regelung einzelner Angelegenheiten auf den Gebieten des bürgerlichen Rechts einschließlich des Handelsrechts, des Zivilprozesses, der freiwilligen Gerichtsbarkeit und der Strafrechtspflege getroffen werden (§ 23 Absatz 1 Satz 1 Einführungsgesetz zum Gerichtsverfassungsgesetz),
4. Widerspruchsbescheide, die gegenüber dem ursprünglichen Verwaltungsakt eine zusätzliche, selbständige Beschwer enthalten,
5. Entscheidungen des Ordnungsausschusses einer Hochschule,
6. Verwaltungsakte, die in förmlichen Verwaltungsverfahren erlassen werden, und Planfeststellungsbeschlüsse (§§ 70, 74 Hamburgisches Verwaltungsverfahrensgesetz).
(3) Für das Widerspruchsverfahren gelten die §§ 69 bis 73 Absatz 1 Satz 1, 73 Absatz 3 und 80 Absatz 4 der Verwaltungsgerichtsordnung.

§ 7 (Zu § 73 Absatz 1 Satz 2 und § 185 Absatz 2 Verwaltungsgerichtsordnung)
(1) Über den Widerspruch entscheidet die Stelle, die den angefochtenen Verwaltungsakt erlassen hat.

(2) [1]Durch Rechtsverordnung des Senats kann bestimmt werden, daß die Entscheidung über den Widerspruch durch einen Ausschuß getroffen wird. [2]Dabei sind die Zusammensetzung und das Verfahren des Ausschusses zu regeln. [3]Die Zuständigkeit des Ausschusses kann auf bestimmte Verwaltungsakte und bestimmte Fachgebiete beschränkt werden.

(3) § 1 Absatz 4 des Gesetzes über Verwaltungsbehörden in der Fassung vom 30. Juli 1952 (Hamburgisches Gesetz- und Verordnungsblatt Seite 163) bleibt unberührt.

§ 8 [Widersprüche ohne aufschiebende Wirkung]

[1]Widersprüche gegen die in § 6 Absatz 1 Satz 2 bezeichneten Maßnahmen der Vollzugsbehörden haben keine aufschiebende Wirkung. [2]§ 80 Absätze 5 bis 7 der Verwaltungsgerichtsordnung gilt sinngemäß. [3]Gericht der Hauptsache ist das für die Entscheidung über den Antrag auf gerichtliche Entscheidung zuständige Gericht.

§ 9 (Zu § 187 Absätze 1 und 2 Verwaltungsgerichtsordnung)

Unberührt bleiben

1.　das Hamburgische Disziplinargesetz vom 18. Februar 2004 (HmbGVBl. S. 69),
2.　das Hamburgische Personalvertretungsgesetz (HmbPersVG) vom 8. Juli 2014 (HmbGVBl. S. 299) in der jeweils geltenden Fassung.

§ 10 [Inkrafttreten; bisheriges Recht]

(1) [1]Dies Gesetz tritt mit Ausnahme des Absatzes 3 und des § 7 Absatz 2 am 1. April 1960 in Kraft. [2]Absatz 3 und § 7 Absatz 2 treten am Tage nach der Verkündung des Gesetzes in Kraft.

(2) Mit dem Inkrafttreten dieses Gesetzes werden die folgenden Gesetze und Verordnungen mit den zu ihrer Änderung ergangenen Vorschriften aufgehoben, soweit sie nicht schon unwirksam geworden sind: *[hier nicht wiedergegeben].*

(3) Rechtsverordnungen, die auf das in Absatz 2 Nummer 5 genannte Gesetz gestützt sind, gelten als auf Grund dieses Gesetzes erlassen.

§ 11 [„Beschwerde" oder „Einspruch" gegen Verwaltungsakte]

Soweit in Gesetzen und Rechtsverordnungen in Bestimmungen über die Nachprüfung von Verwaltungsakten die Wörter „Beschwerde" oder „Einspruch" einzeln oder in Wortverbindungen verwendet worden sind, tritt an ihre Stelle das Wort „Widerspruch".

Gesetz
über den Einsatz der Informations- und Kommunikationstechnik bei Gerichten und Staatsanwaltschaften der Freien und Hansestadt Hamburg (IT-Justizgesetz – HmbITJG)[1)]

Vom 23. Oktober 2019 (HmbGVBl. S. 343)
(BS Hbg 204-6)

Der Senat verkündet das nachstehende von der Bürgerschaft beschlossene Gesetz:

§ 1 Regelungszweck und Geltungsbereich
(1) [1]Bei Organisation und Betrieb von Informations- und Kommunikationstechnik (IT) für die Gerichte und Staatsanwaltschaften sind die richterliche Unabhängigkeit, die sachliche Unabhängigkeit der Rechtspflegerinnen und Rechtspfleger sowie das Legalitätsprinzip in der Strafverfolgung zu beachten und besonders zu schützen. [2]Insbesondere sollen die Integrität und die Vertraulichkeit der Entscheidungsprozesse geschützt werden. [3]Zudem ist die Funktionsfähigkeit der Justiz zu sichern.

(2) Der Einsatz von IT darf nicht zur Ausweitung von Verhaltens- und Leistungskontrollen im richterlichen Bereich führen.

(3) Das Gesetz regelt zur Gewährleistung dieser Ziele organisatorische und rechtliche Rahmenbedingungen des IT-Betriebes für die Gerichte und Staatsanwaltschaften einschließlich des Hamburgischen Verfassungsgerichtes.

(4) [1]Die jeweils anwendbaren datenschutzrechtlichen Regelungen bleiben von diesem Gesetz unberührt. [2]Sie finden auf die Verarbeitung personenbezogener Daten vorrangig Anwendung.

§ 2 Verantwortlichkeit
(1) Die zuständige Behörde stellt durch geeignete Maßnahmen die Einhaltung der Ziele und Vorschriften dieses Gesetzes sicher.

(2) Die Aktenhoheit liegt bei dem jeweils zuständigen Gericht beziehungsweise der jeweils zuständigen Staatsanwaltschaft.

(3) Die Einhaltung der Ziele und Vorschriften dieses Gesetzes wird durch ein unabhängiges Kontrollgremium (IT-Kontrollkommission) überwacht.

§ 3 Zu schützende Daten, Prozesse und Personen; unmittelbar Berechtigte
(1) Zu schützen sind die gesamten Prozesse der richterlichen, rechtspflegerischen oder staatsanwaltschaftlichen Entscheidungsfindung und die Entscheidungen selbst.

(2) Zu den zu schützenden Daten zählen im Rahmen der geschützten Prozesse insbesondere:
1. sämtliche erstellten, erhaltenen oder weiterverarbeiteten elektronischen Dokumente oder sonstigen Daten einschließlich aller Metadaten (Inhaltsdaten),
2. verfahrensbezogene Daten, die in Fachverfahren, in der elektronischen Akte oder in sonstigen Programmen oder Datenspeichern – auch nur zeitlich befristet – erfasst werden (Verfahrensdaten),
3. systemintern automatisch erstellte Daten über die Benutzung der zur Verfügung stehenden IT (Logdaten).

(3) [1]Inhaltsdaten, welche die richterliche, rechtspflegerische oder staatsanwaltschaftliche Entscheidungsfindung ganz oder teilweise dokumentieren, sowie Verfahrensdaten, die Rückschlüsse auf den Prozess der Entscheidungsfindung ermöglichen, sind besonders geschützt. [2]Umfassend geschützt sind Entwürfe zu Urteilen, Beschlüssen und Verfügungen, die Arbeiten zu ihrer Vorbereitung, Annotationen zu Dokumenten und die Dokumente, die Beratungen und Abstimmungen betreffen, sowie die auf die IT-Nutzung durch geschützte Amtsträger bezogenen Log- und Metadaten.

(4) Besonders geschützt sind Richterinnen und Richter, Rechtspflegerinnen und Rechtspfleger, Staatsanwältinnen und Staatsanwälte sowie Amtsanwältinnen und Amtsanwälte (geschützte Amtsträgerinnen und Amtsträger).

(5) [1]Unmittelbar berechtigt für jede Art des Umganges mit den jeweiligen Daten sind die mit der Verfahrensbearbeitung betrauten Amtsträgerinnen und Amtsträger der Gerichte und Staatsanwalt-

---

1) Inkrafttreten gem. Art. 54 der Verfassung der Freien und Hansestadt Hamburg v. 6.6.1952 (HmbGVBl. S. 117) am 26.10.2019.

schaften im Rahmen ihrer jeweiligen Zuständigkeit (unmittelbar Berechtigte). [2]Zuständigkeiten können sich auf Grund gesetzlicher Vorschriften, aus den Geschäftsverteilungsplänen der Gerichte und aus Regelungen im Rahmen der Organisationshoheit der Leitungen der Gerichte und Staatsanwaltschaften sowie im nichtrichterlichen Bereich der Landesjustizverwaltung ergeben.

§ 4 Technische, betriebliche und organisatorische Maßnahmen

(1) Im Anwendungsbereich des § 3 sind bei der Ausgestaltung der zur Verarbeitung von Daten eingesetzten Anwendungssoftware und dem Betrieb der IT die Grundsätze der Datensparsamkeit und Datenvermeidung zu beachten.

(2) Die in der Datenverarbeitung tätigen Auftragsverarbeiter sowie in der Datenverarbeitung tätige Dienststellen (datenverarbeitende Stellen) haben eine sichere Verarbeitung der zu schützenden Daten unter Beachtung des Standes der Technik zu gewährleisten.

(3) Bei dem Betrieb der IT und der Datenverarbeitung haben sie unter Beachtung des Standes der Technik insbesondere sicherzustellen, dass

1. keine unbefugten Einsichtnahmen und Eingriffe in die richterliche, rechtspflegerische und staatsanwaltschaftliche Tätigkeit erfolgen,
2. unbefugte Übermittlungen und sonstige Verarbeitungen nach § 3 geschützter Daten unterbleiben,
3. keine unbefugten Veränderungen der technischen Zugriffsberechtigungen erfolgen und
4. die Funktionsfähigkeit der IT nicht eingeschränkt wird.

(4) [1]Die datenverarbeitenden Stellen erstellen Sicherheitskonzepte, die eine effektive Kontrolle durch die IT-Kontrollkommission und die zuständige Behörde gewährleisten. [2]Dazu gehört die Etablierung geeigneter Mechanismen zur internen Kontrolle, mittels derer sicherheitsrelevante Betriebsabläufe und Zustände regelmäßig nachvollziehbar daraufhin überprüft werden, ob unbefugte Zugriffe, Unregelmäßigkeiten oder Probleme des ordnungsgemäßen Betriebs aufgetreten sind. [3]Zugriffe durch Administratorinnen und Administratoren sind revisionssicher zu protokollieren, es sei denn, der Zugriff erfolgt mit ausdrücklicher Einwilligung der oder des unmittelbar Berechtigten. [4]Die Einwilligung soll protokolliert werden. [5]Die Konzepte und Protokolle sind der zuständigen Behörde, den Leitungen der Gerichte und Staatsanwaltschaften für ihren jeweiligen Geschäftsbereich sowie der IT-Kontrollkommission auf Verlangen zugänglich zu machen.

(5) Die Inhaberinnen und Inhaber administrativer Zugänge sind der IT-Kontrollkommission sowie für ihren jeweiligen Geschäftsbereich den Leitungen der Gerichte und Staatsanwaltschaften bekanntzugeben.

(6) Sicherheitsrelevante Ereignisse sind der IT-Kontrollkommission, der zuständigen Behörde und den Leitungen der Gerichte und Staatsanwaltschaften innerhalb angemessener Frist zu melden.

(7) [1]Der Senat wird ermächtigt[1]), Einzelheiten zu den technischen Anforderungen, zu internen Kontrollmechanismen, zur Protokollierung und den Aufbewahrungsfristen, zu Meldepflichten im Sinne des Absatzes 6 und zu den Sicherheitskonzepten durch Rechtsverordnung zu regeln. [2]Der Senat kann die Ermächtigung durch Rechtsverordnung auf die zuständige Behörde weiter übertragen. [3]Bei Erlass oder Änderungen der Verordnung nach Satz 1 sind die Leitungen der Gerichte und Staatsanwaltschaften sowie die IT-Kontrollkommission zu beteiligen.

§ 5 Behandlung der Daten und Prozesse

(1) [1]Einsichtnahmen und Eingriffe in die geschützten Daten und Prozesse sind grundsätzlich nur Berechtigten gestattet, soweit es zur Erfüllung ihrer Aufgabe erforderlich ist. [2]Einsichtnahmen und Eingriffe in die in § 3 Absatz 3 Satz 2 genannten Daten sind im richterlichen Bereich nur zulässig mit Einwilligung der unmittelbar berechtigten Richterinnen und Richter oder auf Grund zwingender technischer Erfordernisse. [3]Die betroffenen Richterinnen und Richter sind über technisch bedingte Eingriffe nach Möglichkeit angemessen zu informieren.

(2) [1]Neben den unmittelbar Berechtigten sind weitere Amtsträgerinnen und Amtsträger der Gerichte und Staatsanwaltschaften sowie die in den datenverarbeitenden Stellen tätigen Beschäftigten nur berechtigt, soweit sich das aus

---

1) Die Ermächtigung wird gemäß VO auf die Justizbehörde übertragen. Die Übertragung der Ermächtigung erfolgt mit der Maßgabe, dass die Justizbehörde zum Erlass der Rechtsverordnungen des Einvernehmens mit der Senatskanzlei bedarf.

1. der Einwilligung der unmittelbar Berechtigten,
2. gesetzlichen Vorschriften, insbesondere auch zur Dienstaufsicht, unter Beachtung des Absatzes 3,
3. Erfordernissen des technischen IT-Betriebes oder
4. dem zwingenden Erfordernis, eine unmittelbar bevorstehende Gefahr für die Schutzgüter des § 1 Absatz 1 und des § 3 abzuwehren,

ergibt. [2]Im Einzelfall sowie für regelmäßig wiederkehrende Fälle kann die IT-Kontrollkommission außerhalb des Bereiches des § 3 Absatz 3 Satz 2, höchstens für die Dauer ihrer jeweiligen Amtszeit, aus wichtigen dienstlichen Gründen Eingriffe zulassen, etwa wenn eine Einwilligung wegen der großen Zahl der Betroffenen nicht von allen zuständigen Amtsträgerinnen und Amtsträgern eingeholt werden kann oder wenn unklar ist, welche Personen betroffen sind oder dies nur mit einem unverhältnismäßig hohen Aufwand ermittelt werden kann; die Betroffenen sind hierüber nach Möglichkeit zu informieren.

(3) [1]Statistik im richterlichen Bereich der Justiz darf ausschließlich aus hinreichend aggregierten und anonymisierten Daten im Sinne des § 3 Absatz 2 Nummer 2, soweit sie in Fachverfahren erfasst werden, erstellt werden. [2]Die erforderlichen Daten werden von den jeweiligen Leitungen der Gerichte an das Statistische Amt für Hamburg und Schleswig-Holstein – Anstalt des öffentlichen Rechts – oder an eine andere hierfür unter Beachtung der Grundsätze des § 5 Absatz 2 des Hamburgischen Statistikgesetzes vom 19. März 1991 (HmbGVBl. S. 79, 474), zuletzt geändert am 17. Februar 2009 (HmbGVBl. S. 29, 34), in der jeweils geltenden Fassung bestimmte Stelle übermittelt. [3]An eine andere entsprechende Stelle können die Daten auch vom Statistischen Amt für Hamburg und Schleswig-Holstein – Anstalt des öffentlichen Rechts – weiterübermittelt werden. [4]Eine Weitergabe der übermittelten nicht aggregierten Daten an weitere Stellen oder ein Zugriff auf die übermittelten nicht aggregierten Daten durch sonstige Dritte ist unzulässig. [5]Zu anderen, auch statistischen Zwecken können anonymisierte Daten im Sinne des § 3 Absatz 2 Nummern 1 und 2 von den Leitungen der Gerichte bei hinreichender Beachtung der zu schützenden Interessen übermittelt oder freigegeben werden, wenn diese Daten – soweit möglich – aggregiert sind und sichergestellt ist, dass aus diesen kein Rückschluss auf einzelne Richterinnen und Richter gezogen wird und sie nicht für eine Beobachtung, Analyse und Kontrolle von Verhalten und Leistung der Richterinnen und Richter beziehungsweise Kollegialspruchkörper verwendet werden. [6]Die für die Geschäftsverteilung und die Dienstaufsicht unter Berücksichtigung des § 1 Absätze 1 und 2 erforderlichen Daten gemäß § 3 Absatz 2 Nummer 2 stehen der jeweiligen Leitung des Gerichtes und dem Präsidium im Rahmen ihrer Zuständigkeit zur Verfügung. [7]Entsprechendes gilt für den Kollegialspruchkörper. [8]Über weitergehende interne Auswertungen können die Leitungen der Gerichte mit den Richterräten Dienstvereinbarungen schließen.

(4) [1]Die datenverarbeitenden Stellen erstellen nach Maßgabe der vorstehenden Bestimmungen Konzepte für die Zuordnung von technischen Berechtigungen und den Zugriff auf Daten und Prozesse nach § 3 durch Administratorinnen und Administratoren. [2]Einzelne geschützte Amtsträgerinnen und Amtsträger, die Leitungen der Gerichte und Staatsanwaltschaften sowie Richter- und Personalräte haben im Einzelfall das Recht, die Konzepte und deren Umsetzung einzusehen, soweit Daten und Prozesse nach § 3 betroffen sind.

(5) [1]Soweit für die Einrichtung und den Betrieb der IT Auftragsverarbeiter, einzelne Dienststellen der Justiz oder Dritte eingeschaltet werden, ist die Einhaltung der Vorschriften dieses Gesetzes, gegebenenfalls vertraglich, sicherzustellen. [2]Bei wesentlichen Veränderungen oder dem Neuabschluss von Verträgen ist die IT-Kontrollkommission zu beteiligen.

(6) [1]Der Senat wird ermächtigt[1]), Einzelheiten der Ausgestaltung der Konzepte gemäß Absatz 4 durch Rechtsverordnung zu regeln. [2]Der Senat kann die Ermächtigung durch Rechtsverordnung auf die zuständige Behörde weiter übertragen. [3]Bei Erlass oder Änderungen der Verordnung nach Satz 1 sind die Leitungen der Gerichte und die Staatsanwaltschaften sowie die IT-Kontrollkommission zu beteiligen.

§ 6 IT-Kontrollkommission

(1) [1]Die IT-Kontrollkommission wird bei der zuständigen Behörde eingerichtet. [2]Diese hält für sie eine Koordinierungsstelle vor, stellt ihr die für die Wahrnehmung ihrer Aufgaben erforderlichen Mittel zur Verfügung und trägt die durch ihre Tätigkeit entstehenden Kosten.

---

1) Die Ermächtigung wird gemäß VO auf die Justizbehörde übertragen. Die Übertragung der Ermächtigung erfolgt mit der Maßgabe, dass die Justizbehörde zum Erlass der Rechtsverordnungen des Einvernehmens mit der Senatskanzlei bedarf.

(2) [1]Die IT-Kontrollkommission besteht aus
1. vier Vertreterinnen beziehungsweise Vertretern der Richterschaft,
2. einer Staatsanwältin beziehungsweise einem Staatsanwalt oder einer Amtsanwältin beziehungsweise einem Amtsanwalt sowie
3. einer Rechtspflegerin beziehungsweise einem Rechtspfleger

mit gleichem Stimmrecht. [2]Der Kommission gehören ferner als beratende Mitglieder zwei Vertreterinnen beziehungsweise Vertreter der Gerichtsleitungen sowie zwei Angehörige der zuständigen Behörde (behördliche Mitglieder) an. [3]Zwei der Mitglieder nach Satz 1 Nummer 1 werden gemeinsam von den Richterräten gemäß § 29 Absatz 1 Nummern 1 bis 3 des Hamburgischen Richtergesetzes (HmbRiG) vom 2. Mai 1991 (HmbGVBl. S. 169), zuletzt geändert am 4. April 2017 (HmbGVBl. S. 96, 97), in der jeweils geltenden Fassung, die zwei weiteren gemeinsam von den Richterräten gemäß § 29 Absatz 1 Nummern 4 bis 8 HmbRiG, das Mitglied nach Satz 1 Nummer 2 vom Personalrat der Staatsanwaltschaften, das Mitglied nach Satz 1 Nummer 3 gemeinsam von den Personalräten der Gerichte und Staatsanwaltschaften gewählt. [4]Die Amtszeit der Mitglieder beträgt drei Jahre. [5]Für ausgeschiedene Mitglieder werden entsprechend Satz 3 neue Mitglieder für die restliche Amtszeit nachgewählt. [6]Der Präses der zuständigen Behörde benennt die behördlichen Mitglieder, die Gerichtsleitungen benennen ihre Vertreterinnen beziehungsweise Vertreter.

(3) Für die Beratung konkreter Vorgänge ist auf Antrag mindestens zweier – auch nicht stimmberechtigter – Mitglieder eine Vertreterin beziehungsweise ein Vertreter der Leitung des betroffenen Gerichtes oder der betroffenen Staatsanwaltschaft hinzuzuziehen.

(4) [1]Die IT-Kontrollkommission trifft ihre Entscheidungen mit der Mehrheit der stimmberechtigten Mitglieder. [2]Die IT-Kontrollkommission gibt sich eine Geschäftsordnung. [3]Sie kann durch Beschluss Befugnisse auf einzelne Mitglieder übertragen.

(5) [1]Die Beratungen der IT-Kontrollkommission sind grundsätzlich vertraulich, Einzelheiten regelt die Geschäftsordnung. [2]Die Mitglieder der IT-Kontrollkommission sind zur Verschwiegenheit verpflichtet, soweit das zum Schutz der Rechte Einzelner, zum Schutz von Betriebs- und Geschäftsgeheimnissen oder zur Gewährleistung der IT-Sicherheit erforderlich ist. [3]Absatz 3 sowie § 7 Absätze 3 und 4 sowie § 8 bleiben unberührt.

(6) Die Mitglieder der IT-Kontrollkommission mit Ausnahme der Vertreterinnen beziehungsweise Vertreter der Gerichtsleitungen sind von ihrer dienstlichen Tätigkeit teilweise freizustellen, wenn und soweit es zur ordnungsgemäßen Durchführung ihrer Aufgaben erforderlich ist; für nicht freigestellte Mitglieder ist eine angemessene Aufwandsentschädigung nach § 3 Nummer 12 des Einkommensteuergesetzes in der Fassung vom 8. Oktober 2009 (BGBl. I S. 3369, 3862), zuletzt geändert am 25. März 2019 (BGBl. I S. 357), in der jeweils geltenden Fassung vorzusehen.

(7) [1]Der Senat wird ermächtigt[1]), weitere Einzelheiten der Wahl und der Amtszeit der Mitglieder nach Absatz 2 Satz 1 Nummern 1 bis 3, der Bestimmung und der Amtszeit der beratenden Mitglieder, der Beschlussfassung in der IT-Kontrollkommission sowie der Freistellung und der Aufwandsentschädigung der Mitglieder der Kommission durch Rechtsverordnung zu regeln. [2]Der Senat kann die Ermächtigung durch Rechtsverordnung auf die zuständige Behörde weiter übertragen. [3]Bei Erlass oder Änderungen der Verordnung nach Satz 1 sind die Leitungen der Gerichte und die Staatsanwaltschaften sowie die IT-Kontrollkommission zu beteiligen.

§ 7 Kontrollrechte der IT-Kontrollkommission

(1) [1]Die IT-Kontrollkommission kann sowohl anlassbezogen als auch verdachtsunabhängig, zur Aufdeckung von Verstößen und Missbrauch oder vorbeugend, Einsicht in alle Datenverarbeitungsvorgänge gemäß §§ 4 und 5 nehmen und alle dabei anfallenden Daten zur Erfüllung ihrer Aufgaben nach diesem Gesetz verarbeiten. [2]Sie kann ferner Einsicht in alle die IT betreffenden Verträge und Konzepte nehmen sowie auch Inaugenscheinnahmen der IT-Einrichtungen vornehmen. [3]Soweit erforderlich kann sie auch Auskünfte von den datenverarbeitenden Stellen einholen. [4]Einsichtnahmen in geschützte Daten und Prozesse im Sinne des § 3 Absatz 2 Nummer 1 und Absatz 3 Satz 2 sind unbeschadet des § 5 Absatz 1 nur gestattet, soweit sie zur Aufgabenerfüllung geboten sind. [5]Die Rechte nach den Sätzen 1 bis 3 stehen auch einer Minderheit von mindestens zwei stimmberechtigten Mitgliedern zu.

---

1) Die Ermächtigung wird gemäß VO auf die Justizbehörde übertragen. Die Übertragung der Ermächtigung erfolgt mit der Maßgabe, dass die Justizbehörde zum Erlass der Rechtsverordnungen des Einvernehmens mit der Senatskanzlei bedarf.

(2) Die Ergebnisse der Überprüfungen nach § 4 Absatz 4 Satz 2 sind der IT-Kontrollkommission auf Verlangen zugänglich zu machen.

(3) [1]Soweit dies zur ordnungsgemäßen Erfüllung ihrer Aufgaben erforderlich ist, kann die IT-Kontrollkommission sachkundige Dritte, auch aus den Gerichtsverwaltungen oder der zuständigen Behörde, hinzuziehen. [2]Soweit die Hinzuziehung externer Sachverständiger im Einzelfall erforderlich ist, vergibt die zuständige Behörde unter Beteiligung der IT-Kontrollkommission die Aufträge und trägt die Kosten; Rückgriffsforderungen nach sonstigen Vorschriften bleiben unbenommen.

(4) [1]Stellt die IT-Kontrollkommission Verstöße gegen die Bestimmungen dieses Gesetzes fest, so unterrichtet sie die zuständige Behörde, die betroffene Dienststelle sowie gegebenenfalls den jeweiligen IT-Dienstleister und, sofern sie das für geboten erachtet, die Betroffenen. [2]Ferner fordert sie die verantwortlichen Stellen unter Setzung einer angemessenen Frist zur Beseitigung auf. [3]Handelt es sich um einen erheblichen Verstoß oder erfolgt keine fristgerechte Beseitigung, so spricht die IT-Kontrollkommission eine Beanstandung aus. [4]Die zuständige Behörde ist verpflichtet, auf Beanstandungen im Rahmen ihrer Zuständigkeit angemessen zu reagieren und die IT-Kontrollkommission sowie die Leitungen der Gerichte und Staatsanwaltschaften über ergriffene Maßnahmen zu unterrichten.

(5) Einzelne geschützte Amtsträgerinnen und Amtsträger, die Leitungen der Gerichte und Staatsanwaltschaften sowie Richter- und Personalräte haben das Recht, sich in Verdachtsfällen oder mit konkreten Beschwerden an die IT-Kontrollkommission zu wenden.

(6) Außerhalb der bei den Gerichten im Rahmen ihrer justitiellen Tätigkeit vorgenommenen Datenverarbeitung wird die IT-Kontrollkommission zum Schutz personenbezogener Daten nicht tätig.

§ 8 Berichte

(1) [1]Die IT-Kontrollkommission erstellt jährlich zum 31. Oktober einen Bericht über die Organisation und den Einsatz der IT in den Gerichten und Staatsanwaltschaften. [2]Der Bericht enthält auch eine Darstellung zur Gewährleistung der Ziele dieses Gesetzes. [3]Die IT-Sicherheit und die Rechte Einzelner sind bei der Erstellung des Berichtes zu beachten.

(2) Der Bericht ist den Richter- und Personalvertretungen, den Leitungen der Gerichte und Staatsanwaltschaften sowie der zuständigen Behörde unverzüglich zuzuleiten.

(3) Besteht nach Auffassung der zuständigen Behörde, der Leitung eines Gerichts, der Leitung einer Staatsanwaltschaft oder eines zuständigen Richter- oder Personalrates die Besorgnis einer über einen Einzelfall hinausgehenden Verletzung der in § 1 Absatz 1 genannten Schutzgüter, so ist auch außerhalb der Frist nach Absatz 1 zu berichten.

§ 9 Verhältnis zu anderen Regelungen, Übergangsregelungen, Evaluation

(1) Die Vorschriften des Hamburgischen Richtergesetzes und des Hamburgischen Personalvertretungsgesetzes zur Mitbestimmung, diejenigen des Hamburgischen Beamtengesetzes zur Verbändebeteiligung sowie der Dataport-Staatsvertrag vom 27. August 2003 (HmbGVBl. S. 590), zuletzt geändert vom 6. August 2013 bis 27. September 2013 (HmbGVBl. 2014 S. 52), bleiben unberührt.

(2) Spätestens vier Jahre nach seinem Inkrafttreten überprüft der Senat dieses Gesetz im Hinblick auf seine Anwendung und Auswirkungen, berücksichtigt dabei die Berichte der IT-Kontrollkommission und berichtet der Bürgerschaft über das Ergebnis.

(3) [1]Ist zum Zeitpunkt des Erlasses oder der Änderung einer Verordnung nach § 4 Absatz 7 Satz 1, § 5 Absatz 6 Satz 1 und § 6 Absatz 7 Satz 1 eine IT-Kontrollkommission noch nicht gebildet, so treten an ihre Stelle die Richter- und Personalräte der Gerichte sowie der Personalrat der Staatsanwaltschaften. [2]Gleiches gilt für die Zulassung von Eingriffen nach § 5 Absatz 2 Satz 2.

(4) Soweit zum Zeitpunkt des Inkrafttretens dieses Gesetzes Vorgaben wegen bestehender technischer Gegebenheiten noch nicht vollständig verwirklicht werden können, wirken die jeweiligen datenverarbeitenden Stellen auf die möglichst baldige Umsetzung hin.

Verordnung
über die elektronische Aktenführung in der Hamburger Justiz (HmbEAktFVO)

Vom 17. Dezember 2019 (HmbGVBl. S. 531)

(BS Hbg 300-11)

zuletzt geändert durch Zweite ÄndVO zur VO über die elektronische Aktenführung Justiz vom 7. April 2021 (HmbGVBl. S. 187)

Auf Grund von

– § 135 Absatz 2 Satz 2 und § 140 Absatz 1 Satz 3 der Grundbuchordnung in der Fassung vom 26. Mai 1994 (BGBl. I S. 1115), zuletzt geändert am 30. November 2019 (BGBl. I S. 1942, 1947), sowie § 96 Absatz 3 Satz 3 und § 101 Satz 1 der Grundbuchverfügung in der Fassung vom 24. Januar 1995 (BGBl. I S. 115), zuletzt geändert am 20. November 2019 (BGBl. I S. 1724, 1737), in Verbindung mit Nummer 9 bis 11 des Einzigen Paragraphen der Weiterübertragungsverordnung-Grundbuchwesen vom 21. März 1995 (HmbGVBl. S. 65), zuletzt geändert am 11. Juni 2019 (HmbGVBl. S. 196),

– § 94 Absatz 2 Satz 2 der Schiffsregisterordnung in der Fassung vom 26. Mai 1994 (BGBl. I S. 1134), zuletzt geändert am 20. November 2017 (BGBl. I S. 1724, 1737), sowie § 73i Satz 1 in Verbindung mit § 73c Absatz 3 Satz 3 der Verordnung zur Durchführung der Schiffsregisterordnung in der Fassung vom 30. November 1994 (BGBl. 1994 I S. 3632, 1995 I S. 249), zuletzt geändert am 20. November 2019 (BGBl. I S. 1724, 1738), in Verbindung mit Nummern 6 und 8 des Einzigen Paragraphen der Weiterübertragungsverordnung-Schiffsregister vom 22. Mai 2018 (HmbGVBl. S. 194),

– § 298a Absatz 1 Sätze 2 und 4 der Zivilprozessordnung in der Fassung vom 5. Dezember 2005 (BGBl. 2005 I S. 3205, 2006 I S. 431, 2007 I S. 1781), zuletzt geändert am 20. November 2019 (BGBl. I S. 1724, 1732), in Verbindung mit § 1 Nummer 1 der Weiterübertragungsverordnung-elektronischer Rechtsverkehr bei Gerichten und der Staatsanwaltschaft vom 1. August 2006 (HmbGVBl. S. 455), zuletzt geändert am 22. Mai 2018 (HmbGVBl. S. 194),

– § 14 Absatz 4 Sätze 1, 2 und 4 des Gesetzes über das Verfahren in Familiensachen und in den Angelegenheiten der freiwilligen Gerichtsbarkeit vom 17. Dezember 2008 (BGBl. I S. 2586, 2587), zuletzt geändert am 15. August 2019 (BGBl. I S. 1294, 1302), in Verbindung mit § 1 Nummer 2 der Weiterübertragungsverordnung-elektronischer Rechtsverkehr bei Gerichten und der Staatsanwaltsschaft,

– § 46e Absatz 1 Sätze 2 und 4 des Arbeitsgerichtsgesetzes in der Fassung vom 2. Juli 1979 (BGBl. I S. 854, 1036), zuletzt geändert am 30. November 2019 (BGBl. I S. 1948, 1952), in Verbindung mit § 1 Nummer 7 der Weiterübertragungsverordnung-elektronischer Rechtsverkehr bei Gerichten und der Staatsanwaltsschaft,

– § 55b Absatz 1 Sätze 2, 3 und 5 der Verwaltungsgerichtsordnung in der Fassung vom 19. März 1991 (BGBl. I S. 687), zuletzt geändert am 15. August 2019 (BGBl. I S. 1294, 1303), in Verbindung mit § 1 Nummer 9 der Weiterübertragungsverordnung-elektronischer Rechtsverkehr bei Gerichten und der Staatsanwaltsschaft,

– § 65b Absatz 1 Sätze 2, 3 und 5 des Sozialgerichtsgesetzes in der Fassung vom 23. September 1975 (BGBl. I S. 2536), zuletzt geändert am 6. Mai 2019 (BGBl. I S. 646, 682), in Verbindung mit § 1 Nummer 8 der Weiterübertragungsverordnung-elektronischer Rechtsverkehr bei Gerichten und der Staatsanwaltsschaft,

– § 52b Absatz 1 Sätze 2, 3 und 5 der Finanzgerichtsordnung in der Fassung vom 28. März 2001 (BGBl. 2001 I S. 443, 2262, 2002 I S. 679), zuletzt geändert am 12. Juli 2018 (BGBl. I S. 1151, 1154), in Verbindung mit § 1 Nummer 10 der Weiterübertragungsverordnung-elektronischer Rechtsverkehr bei Gerichten und der Staatsanwaltschaft

wird verordnet:

§ 1 Anordnung der Führung elektronischer Akten

(1) [1]Bei den in Anlage 1 bezeichneten Gerichten werden die Akten in den durch Verwaltungsvorschrift bekannt zu machenden Verfahren ab dem dort angegebenen Zeitpunkt elektronisch geführt, sofern nicht in den Absätzen 2 bis 4 Abweichendes geregelt ist. [2]Die Bekanntmachung erfolgt durch Allgemeine Verfügung im Amtlichen Anzeiger. [3]Akten, die ab dem angegebenen Zeitpunkt neu angelegt werden, werden in der Instanz im Ganzen elektronisch geführt; § 3 Absatz 1 Sätze 2 und 3 und § 4 Satz 2 bleiben unberührt. [4]Akten, die zum angegebenen Zeitpunkt bereits in Papierform angelegt sind, werden in der Instanz im Ganzen in Papierform geführt, sofern nicht in der Verwaltungsvorschrift etwas anderes bestimmt ist. [5]Dies gilt auch für von anderen Gerichten oder Spruchkörpern abgegebene oder verwiesene Verfahren, soweit die Akten dort bereits in Papierform angelegt wurden. [6]In Papier angelegte Akten werden bei dem Gericht höherer Instanz elektronisch weitergeführt, wenn dort für das übermittelte Verfahren bereits die elektronische Aktenführung angeordnet ist; nach Rücksendung der Akten erfolgt die Aktenführung in der Vorinstanz unverändert nach Maßgabe des Satzes 4. [7]Sind aufgrund gesetzlicher Vorschriften zwei Dokumente untrennbar miteinander zu verbinden, hat die Verbindung in Papierform zu erfolgen, wenn nicht beide Dokumente Teil der elektronischen Akte sind.

(2) [1]Abweichend von Absatz 1 Sätze 1 und 2 werden die Akten in Beschwerdeverfahren nach dem Vierten Abschnitt der Grundbuchordnung sowie in Beschwerdeverfahren nach dem Sechsten Abschnitt der Schiffsregisterordnung einschließlich der diese Sachen betreffenden Beschwerden und Erinnerungen in Kostensachen bei den in der Anlage 2 bezeichneten Senaten des Hanseatischen Oberlandesgerichts ab dem in der Anlage 2 genannten Zeitpunkt elektronisch geführt. [2]Absatz 1 Sätze 3 bis 7 gilt sinngemäß mit der Maßgabe, dass an die Stelle der Verwaltungsvorschrift nach Absatz 1 Satz 4 die Anlage 2 tritt.

(3) [1]Bei den in der Anlage 3 bezeichneten Grundbuchämtern werden die Grundakten ab dem dort angegebenen Zeitpunkt elektronisch geführt. [2]Soweit in der Anlage 3 angegeben, können bei den Grundbuchämtern auch nur Teile der Grundaktenbestände elektronisch geführt werden. [3]Entscheidungen und Verfügungen von Grundbuchämtern, deren Grundakten elektronisch geführt werden, sind ab dem in der Anlage 3 angegebenen Zeitpunkt elektronisch zu erlassen. [4]Soweit in der Anlage 3 angegeben, ist der zu dem dort genannten Zeitpunkt bereits in Papierform vorliegende Inhalt der Grundakten gemäß § 3 in die elektronische Form zu übertragen; im Übrigen bleibt § 96 Absatz 3 Satz 1 der Grundbuchverfügung unberührt.

(4) [1]Bei dem in der Anlage 3 bezeichneten Registergericht werden die Schiffsregisterakten ab dem dort angegebenen Zeitpunkt elektronisch geführt. [2]Absatz 3 Sätze 2 bis 4 gilt sinngemäß mit der Maßgabe, dass im Übrigen § 73c Absatz 3 Satz 1 der Verordnung zur Durchführung der Schiffsregisterordnung unberührt bleibt.

§ 2 Bildung elektronischer Akten

(1) Elektronische Dokumente, die dieselbe Angelegenheit betreffen, sind zu elektronisch geführten Akten zusammenzufassen.

(2) Liegen zu einer elektronisch geführten Akte Beiakten in Papierform vor, muss die elektronische Akte einen Hinweis auf diese enthalten.

(3) Elektronisch geführte Akten sind so zu strukturieren, dass sie die gerichtsinterne Bearbeitung sowie den Aktenaustausch unterstützen.

§ 3 Übertragung von Papierdokumenten

(1) [1]Schriftstücke und sonstige Unterlagen, die zu einer elektronisch geführten Akte oder zu einem elektronisch geführten Teil einer Grund- oder Schiffsregisterakte in Papierform vorliegen (Papierdokumente), sind in elektronische Dokumente zu übertragen und in dieser Form zur Akte zu nehmen. [2]Ausgenommen sind in Papierform geführte Akten beziehungsweise Aktenbände anderer Instanzen und Beiakten sowie Schriftstücke und sonstige Unterlagen, die als Beweismittel eingereicht werden. [3]Ausgenommen sind ferner Papierdokumente, deren Übertragung wegen ihres Umfangs oder ihrer sonstigen Beschaffenheit einen unvertretbaren Aufwand verursacht.

(2) [1]Es ist sicherzustellen, dass das elektronische Dokument mit den vorliegenden Papierdokumenten bildlich und inhaltlich übereinstimmt. [2]Die Übertragung hat nach dem Stand der Technik zu erfolgen. [3]Dies ist insbesondere der Fall, wenn den Anforderungen der Technischen Richtlinie 03138 Ersetzendes Scannen (RESISCAN) des Bundesamtes für Sicherheit in der Informationstechnik in der zum Zeit-

punkt der Übertragung aktuellen Fassung genügt wird. [4]Eingescannte Leerseiten werden nicht gespeichert.

(3) [1]Enthält eine elektronisch geführte Akte sowohl elektronische als auch in Papierform beibehaltene Bestandteile, so muss jeder der Teile einen Hinweis auf den jeweils anderen Teil enthalten. [2]Dies gilt auch für in Papierform vorliegende Akten beziehungsweise Aktenbände anderer Instanzen.

(4) [1]Die in Papierform vorliegenden und zur Ersetzung der Urschrift in die elektronische Form übertragenen Schriftstücke und sonstigen Unterlagen dürfen frühestens sechs Monate nach der Übertragung vernichtet werden, sofern sie nicht rückgabepflichtig sind oder die Aufbewahrung, etwa aufgrund ihrer fortbestehenden Beweiserheblichkeit, im Einzelfall von der oder dem Vorsitzenden angeordnet wurde. [2]Die Leitung des Gerichts trifft nähere Regelungen zu den Aufbewahrungsfristen. [3]§ 138 Absatz 1 Satz 2 der Grundbuchordnung, auch in Verbindung mit § 94 Absatz 5 der Schiffsregisterordnung, bleibt unberührt.

§ 4 Übermittlung elektronischer Akten
[1]Eine Überführung einer Papierakte in die elektronische Form oder der Ausdruck einer elektronischen Akte nur zum Zwecke der Übermittlung der Akte wird nicht vorgenommen. [2]Elektronisch angelegte Akten werden bei einem Gericht oder bei einem Spruchkörper nur elektronisch weitergeführt, wenn dort für das übermittelte Verfahren bereits die elektronische Aktenführung angeordnet ist.

§ 5 Ersatzmaßnahmen
[1]Die Leitung des Gerichts kann für den Fall technischer Störungen beim Betrieb der elektronischen Akte für die von den Störungen betroffenen Sachgebiete anordnen, dass eine Ersatzakte in Papierform geführt wird. [2]Diese ist in die elektronische Form umzuwandeln, sobald die Störung behoben ist. [3]§ 3 Absatz 1 Sätze 2 und 3 gilt entsprechend.

Anlage 1

Nummer	Gericht
1.	Amtsgericht Hamburg
2.	Amtsgericht Hamburg-Altona
3.	Amtsgericht Hamburg-Barmbek
4.	Amtsgericht Hamburg-Bergedorf
5.	Amtsgericht Hamburg-Blankenese
6.	Amtsgericht Hamburg-Harburg
7.	Amtsgericht Hamburg-St. Georg
8.	Amtsgericht Hamburg-Wandsbek
9.	Landgericht Hamburg
10.	Hanseatisches Oberlandesgericht
11.	Verwaltungsgericht Hamburg
12.	Hamburgisches Oberverwaltungsgericht
13.	Sozialgericht Hamburg
14.	Landessozialgericht Hamburg
15.	Arbeitsgericht Hamburg
16.	Landesarbeitsgericht Hamburg
17.	Finanzgericht Hamburg

Anlage 2

Nummer	Senat des Hamburgischen Oberlandesgerichts	Verfahren	Datum
1.	13. Zivilsenat	Beschwerden gegen die Entscheidungen des Grundbuchamts nach dem Vierten Abschnitt der Grundbuchordnung sowie Beschwerden gegen Entscheidungen des Registergerichts nach dem Sechsten Abschnitt der Schiffsregisterordnung einschließlich der diese Sachen betreffenden Beschwerden und Erinnerungen in Kostensachen. Dies betrifft auch die von anderen Gerichten oder Spruchkörpern ab diesem Zeitpunkt eingehenden abgegebenen oder verwiesenen Verfahren.	21. April 2021

Anlage 3

Nummer	Grundbuchamt/Registergericht	Zeitpunkt	Umfang	Umfang der Übertragung des bereits in Papierform vorliegenden Inhalts der Grundakten/Registerakten in die elektronische Form
1.	bleibt frei	bleibt frei	bleibt frei	

Hamburgisches Juristenausbildungsgesetz (HmbJAG)

Vom 11. Juni 2003 (HmbGVBl. S. 156)
(BS Hbg 3011-1)
zuletzt geändert durch Art. 3 G zur Änd. von Vorschriften zur digitalen Fortentwicklung der Hochschulen vom 17. Juni 2021 (HmbGVBl. S. 468)

Der Senat verkündet das nachstehende von der Bürgerschaft beschlossene Gesetz:

Inhaltsübersicht

Teil 1
Allgemeine Vorschriften

§ 1 Aufgaben der juristischen Ausbildung

(1) Die juristische Ausbildung dient der Vorbereitung auf alle juristischen Berufe.

(2) [1]Die Ausbildung soll gründliche Kenntnisse der rechtlichen Regelungen, ihrer Entstehung und ihrer systematischen Zusammenhänge sowie den Gebrauch rechtswissenschaftlicher Methoden vermitteln. [2]Die Ausbildung berücksichtigt die rechtsprechende, verwaltende, rechtsberatende und rechtsgestaltende Praxis einschließlich der hierfür erforderlichen Schlüsselqualifikationen wie Verhandlungsmanagement, Gesprächsführung, Rhetorik, Streitschlichtung, Mediation, Vernehmungslehre und Kommunikationsfähigkeit.

(3) Die Erfordernisse der fortschreitenden europäischen Einigung und der wachsenden Bedeutung des internationalen Rechtsverkehrs sind zu berücksichtigen.

§ 2 Ausbildungsgang und Prüfungen

(1) Die juristische Ausbildung gliedert sich in ein Hochschulstudium und den Vorbereitungsdienst.

(2) [1]Das Hochschulstudium wird mit der ersten Prüfung abgeschlossen. [2]Sie besteht aus einer universitären Schwerpunktbereichsprüfung und einer staatlichen Pflichtfachprüfung.

(3) [1]Die Ausbildung im Vorbereitungsdienst wird mit der zweiten Staatsprüfung abgeschlossen. [2]Durch das Bestehen der zweiten Staatsprüfung wird das Recht erworben, die Bezeichnung „Assessorin" bzw. „Assessor" zu führen.

(4) Das Hochschulstudium und der Vorbereitungsdienst berücksichtigen einander wechselseitig in ihrem Inhalt und ihrer Arbeitsweise.

Teil 2
Studium und erste Prüfung

Erster Abschnitt
Allgemeine Vorschriften

§ 3 Studienzeiten

(1) [1]Die Studienzeit beträgt vier Jahre; diese Zeit kann unterschritten werden, sofern die für die Zulassung zur universitären Schwerpunktbereichsprüfung und zur staatlichen Pflichtfachprüfung erforderlichen Leistungen nachgewiesen sind. [2]Mindestens zwei Jahre müssen auf ein Studium an einer Hochschule im Geltungsbereich des Deutschen Richtergesetzes entfallen.

(2) [1]Auf die Studienzeit kann ein erfolgreich abgeschlossener Vorbereitungsdienst, der die Befähigung für das erste Einstiegsamt der Laufbahngruppe 2 in der Fachrichtung Justiz oder in einer anderen förderlichen Laufbahnfachrichtung vermittelt, bis zur Dauer von einem Jahr angerechnet werden. [2]Der Antrag ist mit den entsprechenden Nachweisen spätestens mit dem Antrag auf Zulassung zur staatlichen Pflichtfachprüfung nach § 14 bei dem Prüfungsamt (§ 8 Absatz 1) zu stellen. [3]Dieses entscheidet über die Anrechnung und deren Umfang unter Berücksichtigung der von dem Prüfling in der anrechenbaren Ausbildung, einer darauf bezogenen Berufstätigkeit und im Studium erbrachten Leistungen. [4]Mit der Anrechnung wird entschieden, ob die praktischen Studienzeiten nach § 5 ganz oder teilweise erlassen werden.

(3) Die Regelstudienzeit einschließlich aller Prüfungsleistungen beträgt neun Semester oder dreizehneinhalb Trimester.

§ 4 Zwischenprüfung

(1) [1]Durch die Zwischenprüfung wird festgestellt, ob die für die weitere Ausbildung erforderliche fachliche Qualifikation besteht. [2]Die Zwischenprüfung wird nach einer Prüfungsordnung der Hochschule abgelegt, die im Rahmen der Absätze 2 bis 5 ergeht und abweichend von § 108 Absatz 1 Satz 3 des Hamburgischen Hochschulgesetzes (HmbHG) der Genehmigung durch die zuständige Behörde bedarf. [3]Die Genehmigung ist zu erteilen, wenn die Prüfungsordnung nicht gegen Vorschriften dieses Gesetzes oder andere Rechtsvorschriften verstößt.

(2) Die Gegenstände der Zwischenprüfung sind unter Berücksichtigung des jeweiligen Studienstandes den Pflichtfächern der staatlichen Pflichtfachprüfung nach § 12 zu entnehmen.

(3) Die Zwischenprüfung wird studienbegleitend abgenommen.

(4) [1]Die Zwischenprüfung hat bestanden, wer in einer bestimmten Anzahl der in den ersten beiden Studienjahren in jedem der drei Pflichtfächer nach den Absätzen 2 und 3 angebotenen Leistungsnachweise jeweils mindestens die Punktzahl 4,0 nach § 7 erreicht. [2]Die zu erbringende Anzahl an Leistungsnachweisen bestimmt die Hochschule unter Berücksichtigung von Absatz 5.

(5) [1]Abweichend von § 65 Absatz 1 Satz 1 und Absatz 3 HmbHG stellt die Hochschule sicher, dass je Pflichtfach doppelt so viele Möglichkeiten zum Erwerb eines Leistungsnachweises angeboten werden, wie nach Absatz 4 Satz 1 zu erbringen sind. [2]Dabei bietet die Hochschule für Studierende, die bis zum Ende des zweiten Studienjahres nicht die nach Absatz 4 Satz 1 erforderliche Anzahl an Leistungsnachweisen erworben haben, im fünften Semester beziehungsweise siebten Trimester in jedem der Pflichtfächer die Möglichkeit zum Erwerb eines Leistungsnachweises an, der sich auf Lehrinhalte des zweiten Studienjahres bezieht.

(6) Wer die geforderten Leistungsnachweise ohne wichtigen Grund bis zum Ende des fünften Semesters oder siebten Trimesters nicht erbracht hat, hat die Zwischenprüfung endgültig nicht bestanden.

§ 5 Praktische Studienzeiten

(1) Die Studierenden haben in der vorlesungsfreien Zeit insgesamt drei Monate an praktischen Studienzeiten im In- oder Ausland teilzunehmen; mindestens ein Monat soll bei einer Ausbildungsstelle in der Freien und Hansestadt Hamburg absolviert werden.

(2) [1]Die praktischen Studienzeiten können bei einem Gericht, einer Staatsanwaltschaft, einer Verwaltungsbehörde, einer Rechtsanwältin, einem Rechtsanwalt, einer Notarin, einem Notar oder bei einem Unternehmen, einem Verband oder jeder anderen Stelle absolviert werden, die geeignet sind, eine Anschauung von praktischer Rechtsanwendung zu vermitteln und bei denen eine Betreuung durch eine Juristin oder einen Juristen erfolgt. [2]Die praktischen Studienzeiten haben sich auf mindestens zwei der Bereiche Bürgerliches Recht, Strafrecht und Öffentliches Recht zu beziehen.

(3) Zu Beginn der praktischen Studienzeiten werden die Studierenden nach Maßgabe des Verpflichtungsgesetzes vom 2. März 1974 (BGBl. I S. 469, 547), geändert am 15. August 1974 (BGBl. I S. 1942), zur Verschwiegenheit verpflichtet.

(4) [1]Die Ausbildungsstelle erteilt den Studierenden eine Bescheinigung über die Ableistung der praktischen Studienzeit, die den Zeitraum der praktischen Studienzeit und das Rechtsgebiet nach Absatz 2 Satz 2 ausweist. [2]Das Nähere regelt das Prüfungsamt.

§ 6 Zweck der ersten Prüfung

[1]Die erste Prüfung hat den Zweck festzustellen, ob der Prüfling das rechtswissenschaftliche Studienziel erreicht hat und damit für den Vorbereitungsdienst fachlich geeignet ist. [2]Das ist der Fall, wenn der Prüfling das Recht mit Verständnis erfassen und anwenden kann und über die hierzu erforderlichen Kenntnisse in den Prüfungsfächern verfügt.

§ 7 Bewertung der Prüfungsleistungen

Die Bewertung der schriftlichen und mündlichen Prüfungsleistungen der Zwischenprüfung und der ersten Prüfung richtet sich nach der Verordnung über eine Noten- und Punkteskala für die erste und zweite juristische Prüfung vom 3. Dezember 1981 (BGBl. I S. 1243) in der jeweils geltenden Fassung.

§ 8 Durchführung der ersten Prüfung

(1) Die staatliche Pflichtfachprüfung wird von dem Justizprüfungsamt für die staatliche Pflichtfachprüfung (Prüfungsamt) abgenommen.

(2) Die universitäre Schwerpunktbereichsprüfung wird von der Hochschule abgenommen.

Zweiter Abschnitt
Die staatliche Pflichtfachprüfung

§ 9 Leitung des Prüfungsamtes

[1]Eine Leiterin oder ein Leiter führt die Geschäfte des Prüfungsamtes. [2]Sie oder er wirkt in Inhalt und Verfahren der die staatliche Pflichtfachprüfung betreffenden Fragen auf einen möglichst umfassenden Meinungsaustausch mit den Angehörigen der zuständigen Lehrkörper hin.

§ 10 Mitglieder des Prüfungsamtes

(1) Das Prüfungsamt besteht neben der Leiterin oder dem Leiter aus der erforderlichen Anzahl von Stellvertreterinnen oder Stellvertretern und weiteren Mitgliedern.

(2) [1]Die Leiterin oder der Leiter des Prüfungsamtes wird durch die zuständige Behörde ernannt. [2]Die übrigen Mitglieder werden durch die Leiterin oder den Leiter des Prüfungsamtes in ihr Amt berufen.

(3) Als Mitglied des Prüfungsamtes kann nur berufen werden, wer die Befähigung zum Richteramt besitzt.

(4) [1]Die Mitglieder des Prüfungsamtes sind in der Ausübung ihrer Prüfungstätigkeit unabhängig. [2]Sie werden als Prüferin oder Prüfer tätig, soweit sie mit dem Gebiet des Prüfungsgegenstandes vertraut sind.

(5) Die Prüferinnen und Prüfer erhalten für ihre Tätigkeit eine Vergütung; der Senat wird ermächtigt, durch Rechtsverordnung das Nähere zu regeln; er kann die Ermächtigung durch Rechtsverordnung auf die zuständige Behörde weiter übertragen.

§ 11 Dauer der Berufung

(1) [1]Die Berufung in das Prüfungsamt erfolgt jeweils für die Dauer von fünf Jahren und erstreckt sich gegebenenfalls auch darüber hinaus bis zum Abschluss eines innerhalb dieses Zeitraumes begonnenen Prüfungsverfahrens. [2]Eine mehrmalige Berufung ist zulässig.

(2) [1]Außer durch Zeitablauf endet die Mitgliedschaft im Prüfungsamt mit Vollendung des 65. Lebensjahres oder bei Richterinnen oder Richtern und Beamtinnen oder Beamten mit dem Ausscheiden aus dem Hauptamt, bei Hochschulangehörigen mit der Entpflichtung oder ihrem Ausscheiden aus dem Lehrkörper, dem sie bei ihrer Berufung angehört haben, bei Rechtsanwältinnen oder Rechtsanwälten mit dem Erlöschen oder der Rücknahme der Zulassung zur Rechtsanwaltschaft sowie bei Notarinnen und Notaren mit ihrer Entlassung aus dem Amt. [2]Die Leiterin oder der Leiter des Prüfungsamtes kann die Mitgliedschaft im Einzelfall bis zum Ablauf des Berufungszeitraums (Absatz 1 Satz 1) verlängern und die Berufung trotz Vorliegens der Voraussetzungen nach Satz 1 einmal erneuern.

§ 12 Prüfungsgegenstände

(1) [1]Der Senat erlässt durch Rechtsverordnung Vorschriften über die Prüfungsgegenstände der staatlichen Pflichtfachprüfung nach Maßgabe der nachfolgenden Grundsätze. [2]Er kann die Ermächtigung durch Rechtsverordnung auf die zuständige Behörde weiter übertragen.

(2) [1]Die staatliche Pflichtfachprüfung bezieht sich auf die Pflichtfächer. [2]Pflichtfächer sind die Kernbereiche des Bürgerlichen Rechts, des Strafrechts, des Öffentlichen Rechts einschließlich des Verfahrensrechts, der europa- und völkerrechtlichen Bezüge, der rechtswissenschaftlichen Methoden und Grundlagen, der philosophischen, geschichtlichen und gesellschaftlichen Grundlagen sowie der Methoden der rechtsberatenden und rechtsgestaltenden Praxis.

(3) Andere als die in Absatz 2 genannten Rechtsgebiete dürfen im Zusammenhang mit den Pflichtfächern zum Gegenstand der Prüfung gemacht werden, soweit lediglich Verständnis und Arbeitsmethode festgestellt werden sollen und Einzelwissen nicht vorausgesetzt wird.

§ 13 Zulassungsvoraussetzungen

(1) Zur staatlichen Pflichtfachprüfung wird zugelassen, wer

1. die Studienzeit nach § 3 Absatz 1 absolviert hat,
2. in dem Studienjahr, das der Zulassung zur Prüfung vorausging, in der Freien und Hansestadt Hamburg an einer Hochschule im Studiengang Rechtswissenschaft eingeschrieben war,
3. an den praktischen Studienzeiten nach § 5 teilgenommen hat und
4. die Zwischenprüfung nach § 4 bestanden hat.

(2) [1]Die Zulassung setzt ferner die erfolgreiche Teilnahme voraus an

1. einer Lehrveranstaltung, in der die Methoden der Rechtsanwendung, rechtsphilosophische und rechtstheoretische Grundlagen oder die geschichtlichen und gesellschaftlichen Grundlagen des Rechts oder die Grundlagen des (Staats-) Kirchenrechts behandelt werden,
2. einer fremdsprachigen rechtswissenschaftlichen Veranstaltung oder einem rechtswissenschaftlich ausgerichteten Sprachkurs,
3. einer Lehrveranstaltung, in der aus Sicht der rechtsberatenden und rechtsgestaltenden Praxis der Lehrstoff exemplarisch aufbereitet wird oder einer Lehrveranstaltung zur exemplarischen Vermittlung der in § 1 Absatz 2 Satz 2 genannten Schlüsselqualifikationen und
4. je einer auf die Leistungsnachweise der Zwischenprüfung aufbauenden Lehrveranstaltung im Bürgerlichen Recht, im Strafrecht und im Öffentlichen Recht.

[2]Die erfolgreiche Teilnahme ist durch mindestens eine schriftliche oder mündliche Leistung nachzuweisen; im Fall des Satzes 1 Nummer 2 ist der Nachweis in der Fremdsprache zu erbringen. [3]In den Lehrveranstaltungen nach Satz 1 Nummer 4 sind jeweils mindestens eine häusliche Arbeit und eine Aufsichtsarbeit zu fertigen. [4]Leistungen müssen jeweils mindestens mit der Note „ausreichend" nach § 7 bewertet worden sein.

(3) Sofern die in Absatz 1 Nummer 2 benannte Hochschule in der von ihr gemäß § 30 Absatz 3 Satz 1 erlassenen Prüfungsordnung die vorherige Ablegung der Schwerpunktbereichsprüfung vorsieht, setzt die Zulassung ferner voraus, dass der Prüfling die universitäre Schwerpunktbereichsprüfung nach § 8 Absatz 2 bestanden hat.

(4) Die erfolgreiche Teilnahme an einer Veranstaltung oder einem Sprachkurs nach Absatz 2 Satz 1 Nummer 2 kann durch einen mindestens ein Semester dauernden Studienaufenthalt an einer ausländischen fremdsprachigen rechtswissenschaftlichen Fakultät ersetzt werden.

(5) Die erfolgreiche Teilnahme an einer Lehrveranstaltung nach Absatz 2 Satz 1 Nummern 1 und 3 kann durch die erfolgreiche Teilnahme an einer Veranstaltung einer ausländischen rechtswissenschaftlichen Fakultät ersetzt werden, sofern die Veranstaltung auf Antrag des Prüflings durch das Prüfungsamt als gleichwertig anerkannt worden ist.

(6) [1]Die erfolgreiche Teilnahme an einer Veranstaltung nach Absatz 2 Satz 1 Nummer 3 kann durch die Teilnahme an einer Verfahrenssimulation oder an einem Programm zur ehrenamtlichen Rechtsberatung ersetzt werden, sofern diese die Voraussetzungen des § 26 Absatz 2 Satz 1 Nummer 6 oder 7 erfüllen. [2]Die erfolgreiche Teilnahme an einer Veranstaltung oder einem Sprachkurs nach Absatz 2 Satz 1 Nummer 2 kann durch die Teilnahme an einer Verfahrenssimulation ersetzt werden, sofern diese die Voraussetzungen des § 26 Absatz 2 Satz 1 Nummer 6 erfüllt.

(7) Das Prüfungsamt kann aus wichtigem Grund Ausnahmen von den Erfordernissen des Absatzes 1 Nummern 3 und 4 sowie dem Absatz 2 zulassen.

§ 14 Zulassungsantrag

(1) Der Antrag auf Zulassung zur staatlichen Pflichtfachprüfung ist bei dem Prüfungsamt zu stellen.

(2) [1]Dem Antrag sind beizufügen

1. Bescheinigungen einer Hochschule über die Erfüllung der in § 13 Absatz 1 Nummern 1, 2 und 4 und Absatz 2 genannten Voraussetzungen,

2. Bescheinigungen über die Teilnahme an den praktischen Studienzeiten nach § 5 Absatz 4,

3. eine mit einem Lichtbild versehene tabellarische Darstellung des Lebenslaufes,

4. die Erklärung, dass der Prüfling bisher bei keinem anderen Prüfungsamt die Zulassung beantragt hat, oder die Angabe, wann und wo dies geschehen ist und

5. in den Fällen des § 13 Absatz 3 die Prüfbescheinigung nach § 34 Absatz 1 oder ein vergleichbarer Nachweis.

[2]Dem Antrag können sonstige Zeugnisse und Unterlagen beigefügt werden, die sich auf die fachliche Qualifikation des Prüflings beziehen.

(3) Wenn der Prüfling die erforderlichen Unterlagen nicht vorlegen kann, kann der Nachweis ihres Inhalts auf andere Weise erbracht werden.

§ 15 Aufsichtsarbeiten

(1) [1]Der schriftliche Teil besteht aus sechs Aufsichtsarbeiten, in denen der Prüfling zeigen soll, dass er in der Lage ist, eine Aufgabe zu lösen und ein Ergebnis sachgerecht zu begründen. [2]Dem Prüfling stehen für jede Aufsichtsarbeit, die an je einem Tag zu bearbeiten ist, fünf Stunden zur Verfügung. [3]Das Prüfungsamt kann Prüflingen mit Behinderungen eine angemessene Verlängerungszeit einräumen.

(2) [1]Die Aufgaben sind unter Berücksichtigung des § 12 zu entnehmen:

1. drei aus dem Bereich des Bürgerlichen Rechts,

2. zwei aus dem Bereich des Öffentlichen Rechts und

3. eine aus dem Bereich des Strafrechts.

[2]Die Aufsichtsarbeiten können auch rechtsberatende oder rechtsgestaltende Fragestellungen enthalten. [3]In diesen Fällen sollen sie einen rechtlich und tatsächlich einfachen Fall betreffen, der dem Prüfling Gelegenheit gibt, seine Fähigkeiten zur Erörterung von Rechtsfragen darzutun.

(3) [1]Das Prüfungsamt bestimmt die Aufgaben, den Zeitpunkt und die Reihenfolge der Aufsichtsarbeiten. [2]Es gewährleistet, dass regelmäßig Aufsichtsarbeiten parallel mit anderen Ländern geschrieben werden. [3]Die Aufgaben sind in ihrem Schwierigkeitsgrad auf die Bearbeitungszeit und die zugelassenen Hilfsmittel abzustimmen. [4]Das Prüfungsamt bestimmt zugleich die zulässigen Hilfsmittel, die der Prüfling selbst zu stellen hat. [5]Handkommentare sind nicht zugelassen.

§ 16 Anfertigung der Aufsichtsarbeiten

(1) Die Präsidentin oder der Präsident des Hanseatischen Oberlandesgerichts bestimmt die bei der Anfertigung der Aufsichtsarbeiten Aufsicht führenden Personen.

(2) [1]Der Prüfling hat die Aufsichtsarbeit spätestens bei Ablauf der Bearbeitungszeit an die Aufsichtführende oder den Aufsichtführenden abzugeben. [2]Er versieht sie mit der ihm vom Prüfungsamt zugeteilten Kennzahl; die Aufsichtsarbeit darf keinen sonstigen Hinweis auf seine Person enthalten.

(3) [1]Die oder der Aufsichtführende fertigt eine Niederschrift an und vermerkt in ihr jede Unregelmäßigkeit. [2]In den Fällen eines Ordnungsverstoßes oder eines Täuschungsversuches nach § 24 Absatz 1 fertigt die oder der Aufsichtführende über das Vorkommnis einen gesonderten Vermerk, den sie oder er nach Abschluss der jeweiligen Arbeit unverzüglich dem Prüfungsamt zur Entscheidung vorlegt.

§ 17 Bewertung der Aufsichtsarbeiten

(1) Erscheint ein Prüfling zur Anfertigung einer Aufsichtsarbeit nicht oder liefert er eine Aufsichtsarbeit nicht ab, ohne dass die Prüfung aus wichtigem Grund nach § 25 Absatz 2 Satz 1 unterbrochen ist, so wird die Aufsichtsarbeit mit der Note „ungenügend" nach § 7 gewertet.

(2) [1]Jede Aufsichtsarbeit wird durch zwei Mitglieder des Prüfungsamtes begutachtet und nach § 7 bewertet. [2]Die Leiterin oder der Leiter des Prüfungsamtes oder ein von ihr oder ihm bestimmtes Mitglied des Prüfungsamtes bestimmt die beiden Mitglieder und legt fest, welches Mitglied das Erstvotum und welches das Zweitvotum anfertigt. [3]Mindestens eine Bewertung aller Aufsichtsarbeiten derselben Aufgabe wird durch ein Mitglied vorgenommen; werden mehr als vierzig solcher Arbeiten abgeliefert, muss ein Mitglied wenigstens zwanzig von ihnen bewerten.

(3) [1]Weichen die Bewertungen einer Aufsichtsarbeit um nicht mehr als drei Punkte voneinander ab, so gilt der auf die zweite Dezimalstelle nach dem Komma errechnete Durchschnitt als Punktzahl. [2]Bei größeren Abweichungen sind die Prüferinnen und Prüfer gehalten, ihre Bewertungen gemeinsam zu überprüfen. [3]Einigen sich die Prüferinnen und Prüfer nicht auf eine einheitliche Punktzahl, so setzt die Leiterin oder der Leiter des Prüfungsamtes oder ein von ihr oder ihm bestimmtes Mitglied des Prüfungsamtes die Punktzahl mit einer der von den Prüferinnen und Prüfern erteilten Punktzahlen oder einer dazwischen liegenden Punktzahl fest.

(4) [1]Mitteilungen über die Identität des Prüflings dürfen den seine Leistungen bewertenden Mitgliedern des Prüfungsamtes, Mitteilungen über die Identität dieser Mitglieder dürfen dem Prüfling erst nach Abschluss aller Bewertungen seiner Aufsichtsarbeiten gemacht werden. [2]Kenntnisse über die Identität des Prüflings, die ein Mitglied des Prüfungsamtes durch seine Tätigkeit bei der verwaltungsmäßigen Durchführung des Prüfungsverfahrens erlangt hat, stehen seiner Mitwirkung nicht entgegen.

§ 18 Zulassung zur mündlichen Prüfung

(1) Zur mündlichen Prüfung wird zugelassen, wer

1. in den Aufsichtsarbeiten eine durchschnittliche Punktzahl nach § 7 von mindestens 3,8 und in mindestens drei Aufsichtsarbeiten mindestens die Punktzahl 4,0 erreicht hat und

2. die universitäre Schwerpunktbereichsprüfung bestanden hat; dies weist der Prüfling binnen einer Frist von zwölf Monaten beginnend mit dem Tag der letzten schriftlichen Aufsichtsarbeit nach § 15 durch die Prüfungsbescheinigung nach § 34 Absatz 1 oder einem vergleichbaren Nachweis gegenüber dem Prüfungsamt nach; die Frist beträgt 18 Monate, wenn der Prüfling den Antrag auf Zulassung zur staatlichen Pflichtfachprüfung wenigstens sechs Monate vor dem nach § 26 maßgeblichen Termin gestellt hat.

(2) Erfüllt der Prüfling die Voraussetzungen nach Absatz 1 nicht oder nicht fristgemäß, so hat er die staatliche Pflichtfachprüfung nicht bestanden.

(3) [1]Die Frist nach Absatz 1 Nummer 2 wird auf Antrag um bis zu sechs Monate verlängert, wenn der Prüfling aus wichtigem Grund an dem fristgemäßen Nachweis der bestandenen universitären Schwerpunktprüfung gehindert war. [2]Ein wichtiger Grund liegt insbesondere dann vor, wenn

1. der Prüfling nach den Maßstäben der jeweiligen Prüfungsordnung nach § 30 Absatz 3 an der Erbringung einer Prüfungsleistung aus wichtigem Grund gehindert war,

2. die jeweilige Hochschule in dem gewählten Schwerpunktbereich einen Prüfungsbestandteil seit Fristbeginn nicht in der Weise angeboten hat, dass die reguläre Abgabe oder Einreichungszeit mindestens zwölf Wochen vor Fristablauf lag,

3. die Bewertung einer schriftlichen Prüfungsleistung bei Fristablauf nicht vorliegt obwohl seit der Einreichung oder Abgabe der Prüfungsleistung zwölf Wochen vergangen sind oder

4. der Prüfling eine Prüfungsleistung abgelegt hat und hinsichtlich dieser nach der Prüfungsordnung der Hochschule zur Wiederholung berechtigt ist, sofern der Prüfling die übrigen Prüfungsleistungen mit Erfolg erbracht hat, es sei denn auch hinsichtlich dieser Prüfungsleistungen liegen die Gründe des ersten Halbsatzes oder der Nummern 1 bis 3 vor. [3]Über die Voraussetzungen des Satzes 2 erteilt die Hochschule auf Antrag des Prüflings eine Bescheinigung, die dem Antrag auf Verlängerung der Frist beizufügen ist. [4]Über die Verlängerung der Frist entscheidet das Prüfungsamt. [5]Die Frist kann mehrfach verlängert werden.

§ 19 Allgemeine Vorschriften zur mündlichen Prüfung

(1) Die mündliche Prüfung schließt sich an die Aufsichtsarbeiten an.

(2) Dem Prüfling werden in angemessener Frist, spätestens jedoch zwei Wochen vor der mündlichen Prüfung, die Ergebnisse der Aufsichtsarbeiten sowie die Namen der Prüferinnen und Prüfer für die mündliche Prüfung schriftlich mitgeteilt.

(3) Die mündliche Prüfung wird von einer einschließlich der oder des Vorsitzenden aus drei Prüferinnen und Prüfern bestehenden Prüfungskommission abgenommen.

(4) Zu einer Prüfung werden nicht mehr als vier Prüflinge geladen.

(5) [1]Rechtzeitig vor der mündlichen Prüfung werden den Mitgliedern der Prüfungskommission die Namen der Prüflinge, die Ergebnisse ihrer Aufsichtsarbeiten sowie die Endpunktzahl ihrer universitären Schwerpunktbereichsprüfung mitgeteilt. [2]Jedes Mitglied der Prüfungskommission hat das Recht, die Aufsichtsarbeiten der Prüflinge sowie die Bewertungen einzusehen.

§ 20 Inhalt und Gang der mündlichen Prüfung

(1) [1]Die mündliche Prüfung ist in erster Linie eine Verständnisprüfung. [2]Sie bezieht sich auf die Prüfungsgegenstände nach § 12. [3]Die mündliche Prüfung besteht aus einem Vortrag und einem Prüfungsgespräch. [4]Den Prüflingen werden die erforderlichen Gesetzestexte zur Verfügung gestellt.

(2) [1]Durch den Vortrag, mit dem die mündliche Prüfung beginnt, werden insbesondere die Schlüsselqualifikationen geprüft. [2]Die Aufgabenstellung für den Vortrag ist dem Prüfling am Prüfungstag zu übergeben. [3]Die Vorbereitungszeit beträgt eine Stunde; Prüflingen mit Behinderungen kann die Zeit auf Antrag verlängert werden. [4]Die Dauer des Vortrages darf 10 Minuten nicht überschreiten; anschließende Rückfragen sind möglich. [5]Das Nähere regelt das Prüfungsamt.

(3) [1]Das Prüfungsgespräch besteht aus je einem Abschnitt, der sich auf die drei Pflichtfächer nach § 12 Absatz 2 Satz 2 bezieht. [2]Es soll für jeden Prüfling insgesamt nicht weniger als 30 Minuten dauern und ist durch mindestens eine angemessene Pause zu unterbrechen.

(4) [1]Die oder der Vorsitzende der Prüfungskommission leitet die mündliche Prüfung, achtet darauf, dass ein sachgerechtes Prüfungsgespräch geführt wird und beteiligt sich an diesem. [2]Ihr oder ihm obliegt die Aufrechterhaltung der Ordnung.

(5) [1]Die mündliche Prüfung ist für Studierende der Rechtswissenschaft und andere Personen, die ein berechtigtes Interesse haben, öffentlich. [2]Die oder der Vorsitzende der Prüfungskommission kann die Öffentlichkeit ganz oder teilweise ausschließen, wenn ein wichtiger Grund vorliegt.

§ 21 Bewertung der mündlichen Prüfung

(1) [1]Im Anschluss an die mündliche Prüfung berät die Prüfungskommission über die Bewertung der mündlichen Leistungen. [2]Die Beratung ist nicht öffentlich.

(2) [1]Für jeden der vier Prüfungsabschnitte wird eine Punktzahl nach § 7 festgesetzt. [2]Findet für einen Prüfungsabschnitt keine der von den Mitgliedern der Prüfungskommission vorgeschlagenen Punktzahlen eine absolute Mehrheit, so wird sie in entsprechender Anwendung des § 196 Absatz 2 des Gerichtsverfassungsgesetzes bestimmt. [3]Dabei zählt die Stimme des jeweiligen Fachprüfers wie zwei Stimmen.

§ 22 Staatliche Endnote

(1) [1]Im Anschluss an die Bewertung der mündlichen Leistungen berät die Prüfungskommission über das Ergebnis der staatlichen Pflichtfachprüfung und setzt die Endpunktzahl sowie die Endnote der staatlichen Pflichtfachprüfung (staatliche Endnote) nach § 7 fest. [2]Die staatliche Pflichtfachprüfung ist bestanden, wenn der Prüfling mindestens die staatliche Endnote „ausreichend" nach § 7 erreicht hat.

(2) [1]Im Rahmen der staatlichen Endnote wird der schriftliche Prüfungsteil mit 75 vom Hundert, der mündliche mit 25 vom Hundert gewichtet. [2]Bezogen auf die staatliche Endnote wird jede der sechs Aufsichtsarbeiten mit 12,5 vom Hundert gewichtet. [3]Jeder der vier Abschnitte der mündlichen Prüfung fließt mit 6,25 vom Hundert in die staatliche Endnote ein. [4]Dabei sind die Punktzahlen der Einzelleistungen in der schriftlichen und mündlichen Prüfung jeweils ohne Rundung mit zwei Dezimalstellen nach dem Komma zu Grunde zu legen. [5]Die Punktzahl der staatlichen Endnote ist ohne Rundung auf zwei Dezimalstellen nach dem Komma zu errechnen.

(3) [1]Die Prüfungskommission kann bei der Entscheidung über das Ergebnis der staatlichen Pflichtfachprüfung von dem rechnerisch ermittelten Gesamtergebnis abweichen, wenn die Abweichung auf das Bestehen keinen Einfluss hat und auf Grund des Gesamteindrucks der Mehrheit der Mitglieder den Leistungsstand des Prüflings besser kennzeichnet; dabei sind insbesondere die aktenkundigen Leistungen des Prüflings entsprechend ihrem Aussagewert für die juristische Befähigung oder der Gesamteindruck der Prüfungsleistungen zu berücksichtigen. [2]Die Abweichung darf ein Drittel des durchschnittlichen Umfangs einer Notenstufe nicht überschreiten.

(4) Im Anschluss an die Beratung der Prüfungskommission werden die Einzelergebnisse der mündlichen Prüfung, das Ergebnis der staatlichen Pflichtfachprüfung sowie das Gesamtergebnis der ersten Prüfung den Prüflingen in Abwesenheit der Öffentlichkeit verkündet und auf Wunsch des Prüflings durch die Vorsitzende oder den Vorsitzenden der Prüfungskommission mündlich begründet.

(5) Hat der Prüfling die Prüfung nicht bestanden, so teilt das Prüfungsamt dies dem Prüfling unverzüglich schriftlich mit.

§ 23 Niederschrift

(1) Über den Hergang der mündlichen Prüfung und der Beratungen nach den §§ 21 und 22 ist eine Niederschrift anzufertigen, in der
1. die Einzelergebnisse der mündlichen Prüfung,
2. die Einzelergebnisse der Aufsichtsarbeiten,
3. die Berechnungen nach § 22 Absatz 2,
4. die Entscheidung nach § 22 Absatz 3 und
5. die Feststellung der staatlichen Endnote nach § 22 Absatz 1 Satz 1
festgehalten werden.

(2) Die Niederschrift ist von der oder dem Vorsitzenden der Prüfungskommission zu unterschreiben.

§ 24 Täuschung

(1) [1]Stört ein Prüfling während der Anfertigung einer Aufsichtsarbeit andere Prüflinge, so kann er von der oder dem Aufsichtführenden von der Fortsetzung der Aufsichtsarbeit ausgeschlossen werden, wenn er sein störendes Verhalten trotz Abmahnung nicht einstellt. [2]Ein Prüfling, der einen Täuschungsversuch unternimmt, kann die Aufsichtsarbeit fortsetzen.

(2) Stört ein Prüfling in der mündlichen Prüfung das Prüfungsgespräch, so kann er von der Prüfungskommission von der weiteren Prüfung ausgeschlossen werden, wenn er sein störendes Verhalten trotz Abmahnung nicht einstellt.

(3) [1]Ist ein Prüfling von der Fortsetzung einer Aufsichtsarbeit nach Absatz 1 Satz 1 ausgeschlossen worden, so wird diese Arbeit als ungenügend bewertet. [2]Ist er von der weiteren mündlichen Prüfung nach Absatz 2 ausgeschlossen worden, sind seine Leistungen in der mündlichen Prüfung als ungenügend zu bewerten. [3]§ 7 findet Anwendung.

(4) [1]Versucht der Prüfling, das Ergebnis der Prüfung durch Täuschung zu beeinflussen, so ist die von dem Versuch betroffene Prüfungsleistung mit der Note „ungenügend" nach § 7 zu bewerten. [2]In schweren Fällen, insbesondere bei Benutzung nicht zugelassener Hilfsmittel, ist die Prüfung für nicht bestanden zu erklären.

(5) [1]Über die Folgen eines in der mündlichen Prüfung begangenen Täuschungsversuchs entscheidet die Prüfungskommission, in den übrigen Fällen die Leiterin oder der Leiter des Prüfungsamtes. [2]Vor der Entscheidung ist dem Prüfling Gelegenheit zur Äußerung zu geben.

(6) [1]Wird eine Täuschungshandlung erst nach Aushändigung des Zeugnisses über das Bestehen der Prüfung bekannt, so kann das Prüfungsamt innerhalb von fünf Jahren seit dem Tage der mündlichen Prüfung, jedoch nicht mehr nach Bestehen der zweiten Staatsprüfung, die Prüfung für nicht bestanden erklären. [2]Das Prüfungszeugnis ist einzuziehen. [3]Absatz 5 Satz 2 gilt entsprechend.

§ 25 Rücktritt

(1) [1]Tritt ein Prüfling nach Zulassung zur Prüfung von der Prüfung zurück, so gilt die Prüfung als nicht bestanden. [2]Bleibt ein Prüfling der schriftlichen Prüfung insgesamt fern oder gibt er weniger als drei Aufsichtsarbeiten nach § 15 Absatz 1 oder keine Aufsichtsarbeit nach § 15 Absatz 2 Satz 1 Nummer 1 ab, so gilt dies als Rücktritt von der Prüfung.

(2) [1]Aus wichtigem Grund ist auf Antrag des Prüflings die Prüfung zu unterbrechen. [2]Der Antrag ist auch dann abzulehnen, wenn der Antrag nicht unverzüglich nach Eintritt des wichtigen Grundes gestellt wird.

(3) [1]Krankheit gilt nur dann als wichtiger Grund, wenn die Prüfungsunfähigkeit begründet und unverzüglich durch ein amtsärztliches Zeugnis nachgewiesen wird. [2]Das Prüfungsamt kann auf die Vorlage des ärztlichen Zeugnisses verzichten, wenn offensichtlich ist, dass der Prüfling prüfungsunfähig ist.

(4) [1]Erfolgt die Unterbrechung während der Anfertigung der Aufsichtsarbeiten, so nimmt der Prüfling nach Wegfall des wichtigen Grundes im nächsten Prüfungstermin erneut an sämtlichen Aufsichtsarbeiten teil. [2]Erfolgt die Unterbrechung während der mündlichen Prüfung, so nimmt der Prüfling nach Wegfall des wichtigen Grundes im nächsten Prüfungstermin an einer vollständigen neuen mündlichen Prüfung teil.

(5) [1]Wird der Antrag nach Absatz 2 abgelehnt, so kann die Prüfung, wenn die Voraussetzungen für die Zulassung zur mündlichen Prüfung nach § 18 Absatz 1 erfüllt oder noch erfüllbar sind, auf Antrag des Prüflings fortgesetzt werden. [2]Andernfalls ist die Prüfung nicht bestanden.

(6) Die Entscheidung über eine Unterbrechung trifft das Prüfungsamt.

§ 26 Freiversuch

(1) [1]Hat ein Prüfling nach ununterbrochenem Studium der Rechtswissenschaft seinen Antrag auf Zulassung zur staatlichen Pflichtfachprüfung spätestens einen Monat vor Ende des achten Semesters oder einen Monat vor Ende des zwölften Trimesters an das Prüfungsamt gerichtet, so gilt die Prüfung im Falle des Nichtbestehens als nicht unternommen (Freiversuch). [2]§ 25 findet Anwendung. [3]Für die folgende Prüfung gilt § 28 Absatz 3 entsprechend.

(2) [1]Bei der Berechnung der Semester- beziehungsweise Trimesterzahl nach Absatz 1 bleiben unberücksichtigt

1. bis zu zwei Semester oder bis zu drei Trimester, in denen der Prüfling an einer rechtswissenschaftlichen Fakultät im fremdsprachigen Ausland nachweislich ausländisches Recht studiert und in denen er mindestens einen Leistungsnachweis im ausländischen Recht erworben hat,

2. Zeiten, in denen der Prüfling aus wichtigem Grund, insbesondere wegen einer amtsärztlich nachgewiesenen schweren Erkrankung, an der Ausübung seines Studiums gehindert war; über das Vorliegen eines wichtigen Grundes entscheidet das Prüfungsamt,

3. bis zu zwei Semester oder bis zu drei Trimester, wenn der Prüfling wegen einer Schwerbehinderung (§ 2 Absatz 2 des Neunten Buches Sozialgesetzbuch – SGB IX) im Studienfortschritt erheblich beeinträchtigt war; die Schwerbehinderung ist grundsätzlich durch einen Ausweis gemäß § 152 Absatz 5 SGB IX, Art und Umfang der körperlichen Behinderung sowie Dauer der dadurch verursachten Verzögerung im Studienfortschritt sind durch ein Zeugnis einer Amtsärztin oder eines Amtsarztes nachzuweisen,

4. Zeiten des Mutterschutzes und der Elternzeit im Sinne des Mutterschutzgesetzes und Bundeselterngeld- und Elternzeitgesetzes in der jeweils geltenden Fassung, auch wenn Teilleistungen erbracht werden,

5. bis zu zwei Semester oder bis zu drei Trimester, wenn der Prüfling ein Jahr oder länger als gewähltes Mitglied in gesetzlich vorgesehenen Gremien oder satzungsmäßigen Organen der Hochschule tätig war, wobei der Zeitraum vom 1. April 2020 bis zum 30. September 2020 unberücksichtigt bleibt, sofern auf den Prüfling für diesen Zeitraum Nummer 9 angewendet wird,

6. vier bis sechs Monate, wenn der Prüfling an einer internationalen fremdsprachigen Verfahrenssimulation im Rahmen des Studiums an einer deutschen Hochschule teilgenommen hat, sofern eine Hochschule im Geltungsbereich dieses Gesetzes bescheinigt oder bestätigt, dass die Verfahrenssimulation den deutlich überwiegenden Teil des Studienaufwandes des Prüflings während dieses Zeitraums dargestellt hat und weder die Verfahrenssimulation noch Teile hiervon in anderer Weise als nach § 13 Absatz 6 zur Erfüllung von Zulassungsvoraussetzungen der ersten juristischen

Prüfung oder als Prüfungsbestandteile verwendet werden; die Entscheidung über die Anrechnungsfreiheit trifft das Prüfungsamt,

7. bis zu sechs Monate, wenn der Prüfling mindestens ein Jahr an einem Programm einer Hochschule im Geltungsbereich dieses Gesetzes zur vertieften praxisorientierten Aus- und Fortbildung für eine ehrenamtliche Rechtsberatung teilgenommen sowie in diesem Rahmen mindestens über ein Semester ehrenamtliche Rechtsberatung geleistet hat, sofern die Hochschule bescheinigt, dass die Teilnahme an diesem Programm einen erheblichen Teil des Studienaufwands des Prüflings während dieses Zeitraums dargestellt hat und weder die Teilnahme an dem Programm noch Teile hiervon in anderer Weise als nach § 13 Absatz 6 Satz 1 zur Erfüllung von Zulassungsvoraussetzungen der ersten juristischen Staatsprüfung oder als Prüfungsbestandteile verwendet werden; die Entscheidung über die Anrechnungsfreiheit trifft das Prüfungsamt; Inhalt und Umfang von Programmen im Sinne des ersten Halbsatzes bedürfen der Genehmigung des Prüfungsamtes und werden der zuständigen Behörde bekannt gegeben und

8. ein Semester oder einneinhalb Trimester, wenn der Prüfling die universitäre Schwerpunktbereichsprüfung bereits bestanden hat,

9. die Zeit zwischen dem 1. April 2020 und dem 30. September 2020 für Studierende, die während dieses Zeitraums an einer staatlichen oder privaten Hochschule im Bundesgebiet im Studiengang Rechtswissenschaft eingeschrieben waren, auch wenn Teilleistungen erbracht wurden; dies gilt nicht, soweit der genannte Zeitraum zugleich gemäß den Nummern 1, 2, 4, 6 oder 7 unberücksichtigt bleibt, oder wenn am 1. April 2020 unter Berücksichtigung der Nummern 1 bis 8 die Voraussetzungen des Absatzes 1 Satz 1 nicht vorlagen.

²Mit Ausnahme der Zeiten nach Satz 1 Nummern 2, 3, 4 und 9 sowie einer Fristverlängerung nach Satz 1 Nummer 8 können insgesamt nicht mehr als vier Semester oder sechs Trimester unberücksichtigt bleiben.

§ 27 Notenverbesserung

(1) ¹Wer die Prüfung unter den Voraussetzungen des § 26 bestanden hat, darf sie auf Antrag zur Verbesserung der staatlichen Endnote einmal wiederholen (Notenverbesserung). ²Der Antrag muss spätestens vier Monate nach dem mündlichen Prüfungstermin der ersten Ablegung an das Prüfungsamt gerichtet werden. ³Die Frist für den Antrag nach Satz 2 beträgt zehn Monate, wenn die Anmeldung zur Prüfung nach Satz 1 vor dem 13. März 2020 erfolgt ist und die Prüfung anschließend abgelegt wurde. ⁴§ 13 Absatz 7 gilt entsprechend. ⁵Die Prüfung ist vollständig zu wiederholen. ⁶§ 25 findet Anwendung. ⁷Erreicht der Prüfling in der Notenverbesserungsprüfung eine höhere Punktzahl, so erteilt das Prüfungsamt hierüber ein neues Zeugnis. ⁸Das Zeugnis der zuerst bestandenen Prüfung wird eingezogen; die Rechtswirkungen der zuerst abgelegten Prüfung gelten fort.

(2) ¹Ist der Prüfling in den Vorbereitungsdienst aufgenommen worden, so ist die Notenverbesserung ausgeschlossen. ²Eine begonnene Notenverbesserungsprüfung wird in diesem Fall nicht fortgesetzt. ³Dies gilt nicht, wenn der schriftliche Teil der Notenverbesserungsprüfung abgeschlossen wurde, bevor der Prüfling in den Vorbereitungsdienst aufgenommen wird.

§ 28 Wiederholung der nicht bestandenen Prüfung

(1) Hat der Prüfling die staatliche Pflichtfachprüfung nicht bestanden, so darf er sie einmal wiederholen.

(2) Wer die Prüfung in einem anderen Land nicht bestanden hat, kann zur Wiederholung in der Freien und Hansestadt Hamburg zugelassen werden, wenn ein wichtiger Grund den Wechsel rechtfertigt und das Prüfungsamt des anderen Landes dem Wechsel zustimmt.

(3) Wer der Prüfungskommission der nicht bestandenen Prüfung angehört hat, wird in der mündlichen Prüfung der Wiederholungsprüfung nicht eingesetzt.

§ 29 Einsicht in die Prüfungsakten

(1) Nach Abschluss des Prüfungsverfahrens ist dem Prüfling auf Antrag Einsicht in seine Aufsichtsarbeiten, die darauf bezogenen Gutachten und in die Prüfungsniederschriften zu gewähren.

(2) ¹Der Antrag ist binnen eines Monats nach Bekanntgabe der abschließenden Entscheidung beim Prüfungsamt einzureichen. ²§ 60 der Verwaltungsgerichtsordnung gilt entsprechend.

(3) Die Einsicht erfolgt unter Aufsicht des Prüfungsamtes.

Dritter Abschnitt
Die universitäre Schwerpunktbereichsprüfung

§ 30 Allgemeine Vorschriften zur Schwerpunktbereichsprüfung

(1) Die Hochschule hat die Einheitlichkeit der Prüfungsanforderungen und der Leistungsbewertung sowohl im Verhältnis der einzelnen Schwerpunktbereiche untereinander als auch im Verhältnis der Schwerpunktbereichsprüfung zur staatlichen Pflichtfachprüfung zu gewährleisten.

(2) Falls die Hochschule von der Möglichkeit nach § 13 Absatz 3 keinen Gebrauch macht, stellt sie sicher, dass in jedem Semester beziehungsweise in jeden zwei aufeinanderfolgenden Trimestern in jedem angebotenen Schwerpunktbereich sämtliche erforderlichen Prüfungsleistungen erbracht werden können.

(3) ¹Die Hochschule erlässt eine Prüfungsordnung für die Schwerpunktbereichsprüfung. ²Sie bedarf abweichend von § 108 Absatz 1 Satz 3 HmbHG der Genehmigung durch die zuständige Behörde. ³Die Genehmigung ist zu versagen, wenn die Prüfungsordnung insgesamt oder in Teilen

1. gegen Rechtsvorschriften verstößt oder
2. die im Hochschulbereich erforderliche Einheitlichkeit oder Gleichwertigkeit der Ausbildung oder Abschlüsse nicht gewährleistet.

§ 31 Schwerpunktbereiche

(1) ¹Die Schwerpunktbereiche dienen der Ergänzung des Studiums, der Vertiefung der mit ihnen zusammenhängenden Pflichtfächer sowie der Vermittlung interdisziplinärer und internationaler Bezüge des Rechts. ²Sie werden von der Hochschule gebildet und eingerichtet und von den Studierenden gewählt.

(2) ¹Jeder Schwerpunktbereich umfasst Lehrveranstaltungen im Umfang von *[bis 31.12.2021:* mindestens sechzehn*//ab 1.1.2022: vierzehn]* Semesterwochenstunden. ²Die Schwerpunktbereiche sollen auf Grund ihres Stoffzuschnitts einen Überblick über einen wesentlichen Teilbereich der Rechtswissenschaft ermöglichen.

(3) In geeigneten Schwerpunktbereichen können Lehrveranstaltungen in englischer Sprache abgehalten werden.

§ 32 Prüfungsleistungen

(1) *[Satz 1 bis 31.12.2021:]* ¹Es sind mindestens drei Prüfungsleistungen, davon eine Aufsichtsarbeit und eine mündliche Prüfung, zu erbringen. *[Satz 1 ab 1.1.2022:]* ¹Es sind drei Prüfungsleistungen, davon höchstens eine mündliche Prüfungsleistung zu erbringen. ²Die weiteren Prüfungsleistungen bestimmt die Hochschule; sie können aus mehreren studienbegleitenden Aufsichtsarbeiten bestehen. ³In rechtsgebietsübergreifenden Schwerpunktbereichen müssen die Prüfungsleistungen in ihrer Gesamtheit alle Rechtsgebiete des Schwerpunktbereichs abdecken. ⁴In Fällen des § 31 Absatz 3 können Prüfungsleistungen auch in englischer Sprache abgenommen werden.

(1a) ¹Die Hochschule kann in einer Prüfungsordnung nach § 30 Absatz 3 Satz 1 für die mündliche Schwerpunktbereichsprüfung festlegen, dass einzelne Prüferinnen und Prüfer beziehungsweise Studentinnen oder Studenten, bei denen es sich um Personen mit einem sehr hohen oder hohen Risiko für einen schweren oder tödlichen Krankheitsverlauf nach einer Infektion mit dem Coronavirus SARS-CoV-2 handelt, digital zu einer mündlichen Prüfung zugeschaltet werden können, sofern dies zur Aufrechterhaltung des Prüfungsbetriebs erforderlich ist und kein Prüfling der Zuschaltung widerspricht. ²Je Prüfung darf nur eine Teilnehmerin oder ein Teilnehmer digital zugeschaltet werden; Studentinnen oder Studenten dürfen nur aus kontrollierten Räumlichkeiten innerhalb der Hochschule zugeschaltet werden. ³Das erhöhte Gesundheitsrisiko ist durch ein amtsärztliches Attest nachzuweisen. ⁴Näheres regelt die Prüfungsordnung.

(2) Die universitäre Schwerpunktbereichsprüfung kann abweichend von § 65 Absatz 1 Satz 1 HmbHG nur einmal wiederholt werden.

§ 33 Universitäre Endnote

(1) ¹Die Hochschule setzt die Endpunktzahl sowie die Endnote der universitären Schwerpunktbereichsprüfung (universitäre Endnote) nach § 7 fest. ²Die universitäre Schwerpunktbereichsprüfung ist bestanden, wenn der Prüfling mindestens die universitäre Endnote „ausreichend" erreicht hat.

(2) ¹Die Gewichtung der Prüfungsleistungen bestimmt die Hochschule. ²Dabei dürfen die Leistungen aus Aufsichtsarbeiten für die Bildung der Gesamtnote das Gewicht einer staatlichen Aufsichtsarbeit nach § 22 Absatz 2 Satz 2 nicht unterschreiten und die Leistungen aus der mündlichen Prüfung ein Drittel des Gewichts der universitären Endnote nicht überschreiten. ³Bestimmt die Hochschule, dass die zu erbringenden Prüfungsleistungen nur eine Aufsichtsarbeit nach § 32 Absatz 1 Satz 1 umfassen, muss diese im Umfang einer staatlichen Aufsichtsarbeit nach § 15 Absatz 1 Satz 2 und im Gewicht für die Bildung der Gesamtnote mindestens dem einer staatlichen Aufsichtsarbeit nach § 22 Absatz 2 Satz 2 entsprechen. ⁴§ 22 Absatz 2 Sätze 4 und 5 gelten entsprechend.

§ 34 Prüfungsbescheinigung

(1) Wer die universitäre Schwerpunktbereichsprüfung bestanden hat, erhält von der Hochschule eine Bescheinigung, die

1. die Hochschule, an der die universitäre Schwerpunktbereichsprüfung abgelegt wurde,
2. die Endpunktzahl und universitäre Endnote nach § 33 Absatz 1,
3. die Bezeichnung des gewählten Schwerpunktbereiches und
4. die Art der universitären Prüfungsleistungen, die jeweils erzielten Einzelpunktzahlen und ihre Gewichtung bezogen auf die Gesamtnote der ersten Prüfung

ausweist.

(2) Hat der Prüfling die Prüfung nicht bestanden, teilt dies die Hochschule dem Prüfling unverzüglich schriftlich mit.

Vierter Abschnitt
Gesamtnote der ersten Prüfung

§ 35 Zeugnis

(1) ¹Die erste Prüfung hat bestanden, wer die universitäre Schwerpunktbereichsprüfung und die staatliche Pflichtfachprüfung bestanden hat. ²Wer die staatliche Pflichtfachprüfung oder die universitäre Schwerpunktbereichsprüfung endgültig nicht bestanden hat, hat die erste Prüfung nicht bestanden.

(2) ¹Aus den Endpunktzahlen der staatlichen Pflichtfachprüfung nach § 22 Absatz 1 sowie der universitären Schwerpunktbereichsprüfung nach § 33 Absatz 1 wird die Gesamtpunktzahl der ersten Prüfung errechnet. ²Die Gesamtpunktzahl wird aus der Summe der Endpunktzahl der staatlichen Pflichtfachprüfung zu 70 vom Hundert und der universitären Schwerpunktbereichsprüfung zu 30 vom Hundert gebildet. ³Aus der Gesamtpunktzahl ergibt sich die Gesamtnote der ersten Prüfung nach § 7.

(3) Das Zeugnis über die erste Prüfung weist für die staatliche Pflichtfachprüfung die Angaben nach § 22 Absatz 1, für die universitäre Schwerpunktbereichsprüfung die Angaben nach § 34 Absatz 1 Nummern 1 und 2 sowie für die erste Prüfung die Gesamtpunktzahl und die Gesamtnote nach Absatz 2 Satz 3 aus.

(4) ¹Das Prüfungsamt berechnet die Gesamtnote nach Absatz 2 und erstellt das Zeugnis nach Absatz 3, wenn die staatliche Pflichtfachprüfung in der Freien und Hansestadt Hamburg bestanden wurde. ²In diesem Fall setzt das Prüfungsamt auf Grund der Endpunktzahl nach § 22 Absatz 1 für jeden Prüfling desselben Prüfungstermins eine Platznummer fest, die dem Prüfling auf Antrag in einer gesonderten Bescheinigung mitgeteilt wird. ³Die Bescheinigung weist aus, wie viele Prüflinge desselben Prüfungstermins an der Prüfung teilgenommen haben und wie viele Prüflinge die Prüfung bestanden haben. ⁴Haben mehrere Prüflinge die gleiche Endpunktzahl, so erhalten sie die gleiche Platznummer.

Teil 3
Vorbereitungsdienst

§ 36 Aufnahme

(1) ¹Die Präsidentin oder der Präsident des Hanseatischen Oberlandesgerichts nimmt auf Antrag erfolgreiche Absolventinnen und Absolventen der ersten Prüfung in den Vorbereitungsdienst auf und beruft sie in ein öffentlich-rechtliches Ausbildungsverhältnis. ²Sie führen die Bezeichnung „Referendarin" oder „Referendar".

(2) ¹Der Antrag ist abzulehnen, wenn die Bewerberin oder der Bewerber für den Vorbereitungsdienst ungeeignet ist. ²Dies ist insbesondere der Fall, wenn die Bewerberin oder der Bewerber

1. in einem Strafverfahren durch Urteil eines deutschen Gerichts wegen einer vorsätzlich begangenen Straftat rechtskräftig zu Freiheitsstrafe von mindestens einem Jahr verurteilt und die Strafe noch nicht getilgt worden ist,
2. einer Betreuung unterstellt ist,
3. bereits in einem anderen Land den Vorbereitungsdienst vollständig durchlaufen hat oder von ihm ausgeschlossen worden ist oder
4. sich bereits in einem anderen Land in dem Vorbereitungsdienst befindet.

(3) [1]Die Aufnahme in den Vorbereitungsdienst ist zurückzustellen, wenn die Zahl der die Aufnahmevoraussetzungen erfüllenden Bewerberinnen und Bewerber die Zahl der zur Verfügung stehenden Ausbildungsplätze übersteigt. [2]Das Nähere zum Aufnahmeverfahren bestimmt der Senat durch Rechtsverordnung insbesondere unter Beachtung der Auswahlkriterien der Leistung, der Wartezeit und der Fälle, in denen eine besondere Härte besteht. [3]Er kann die Ermächtigung durch Rechtsverordnung auf die zuständige Behörde weiter übertragen.

§ 37 Öffentlich-rechtliches Ausbildungsverhältnis

(1) Die für Beamte auf Widerruf geltenden Bestimmungen mit Ausnahme des § 4 Absätze 3, 4 und 7 sowie der §§ 47 und 80 des Hamburgischen Beamtengesetzes (HmbBG) vom 15. Dezember 2009 (HmbGVBl. S. 405), zuletzt geändert am 20. Dezember 2016 (HmbGVBl. S. 570, 571), in der jeweils geltenden Fassung finden für Referendarinnen und Referendare entsprechende Anwendung, sofern dieses Gesetz nichts anderes bestimmt.

(2) [1]Referendarinnen und Referendare erhalten eine monatliche Unterhaltsbeihilfe. [2]Die Unterhaltsbeihilfe dient der Hilfe zur Bestreitung des Lebensunterhalts. [3]Das Entgeltfortzahlungsgesetz vom 26. Mai 1994 (BGBl. I S. 1014, 1065), zuletzt geändert am 16. Juli 2015 (BGBl. I S. 1211, 1240), in der jeweils geltenden Fassung findet Anwendung, wobei die Entgeltfortzahlung an Feiertagen und im Krankheitsfall abweichend von § 4 Absätze 1 bis 3 des Entgeltfortzahlungsgesetzes in voller Höhe der Unterhaltsbeihilfe erfolgt. [4]Der Senat wird ermächtigt, durch Rechtsverordnung das Nähere zu regeln und dabei eine Anrechnung von anderweitigem Einkommen vorzusehen; eine Anrechnung von Leistungen an die Mitglieder der Bürgerschaft nach dem Hamburgischen Abgeordnetengesetz findet nicht statt. [5]Er kann die Ermächtigung durch Rechtsverordnung auf die zuständige Behörde weiter übertragen und vorsehen, dass diese zum Erlass der Rechtsverordnung der Zustimmung der für die Finanzen zuständigen Behörde bedarf. [6]Referendarinnen und Referendaren wird nach beamtenrechtlichen Vorschriften eine Anwartschaft auf Versorgung bei verminderter Erwerbsfähigkeit und im Alter sowie auf Hinterbliebenenversorgung gewährt.

§ 37a Nebentätigkeit

(1) [1]Die Referendarinnen und Referendare haben Nebentätigkeiten schriftlich anzuzeigen. [2]Die Anzeige soll mindestens einen Monat vor Aufnahme der Nebentätigkeit erfolgen.

(2) [1]Die Anzeige nach Absatz 1 muss Angaben über Gegenstand, Auftraggeberin bzw. Auftraggeber und zeitlichen Umfang der Nebentätigkeit (Stundenzahl in der Woche) sowie darüber enthalten, ob und in welchem Umfang Einrichtungen, Personal oder Material des Dienstherrn für die Nebentätigkeit in Anspruch genommen werden. [2]Bei Nebentätigkeiten für Stellen im Sinne von § 41 Absatz 1 Nummer 4 und § 42 Absatz 2 ist darüber hinaus eine schriftliche Vereinbarung mit der Auftraggeberin bzw. dem Auftraggeber vorzulegen, aus der hervorgeht, dass die Nebentätigkeit für die Auftrag gebende Stelle außerhalb der Ausbildung ausgeübt wird und von dieser klar abgrenzbar ist; werden diese Vorgaben nicht eingehalten, ist von einer Zuweisung zu der besagten Ausbildungsstelle abzusehen.

(3) Eine Nebentätigkeit ist zu untersagen oder einzuschränken, sofern sie mit dem Vorbereitungsdienst und dessen Ausbildungszweck nicht vereinbar ist.

(4) Die Voraussetzung nach Absatz 3 gilt in der Regel als erfüllt, wenn die durchschnittliche zeitliche Beanspruchung durch eine oder mehrere Nebentätigkeiten 19,5 Stunden in der Woche überschreitet.

(5) [1]Unterhaltsbeihilfe und eine Vergütung für eine Nebentätigkeit im Sinne des Absatzes 2 Satz 2 in angemessener Höhe können nebeneinander bestehen. [2]Für die Ausgestaltung der Nebentätigkeit und die Beachtung der sozialversicherungs- und steuerrechtlichen Vorgaben sind allein die Parteien des Nebentätigkeitsverhältnisses verantwortlich. [3]Die beamtenrechtlichen Vorschriften über die Annahme von Belohnungen und Geschenken gemäß § 42 des Beamtenstatusgesetzes vom 17. Juni 2008

(BGBl. I S. 1010), geändert am 5. Februar 2009 (BGBl. I S. 160, 262), in der jeweils geltenden Fassung und § 49 HmbBG sind zu beachten.

§ 38 Ziele und Grundsätze

(1) [1]Während des Vorbereitungsdienstes sollen die Referendarinnen und Referendare ihre im Studium erworbenen Kenntnisse und Fähigkeiten in der praktischen Tätigkeit vertiefen und in der beruflichen Praxis anwenden lernen. [2]Dabei sollen sie insbesondere lernen, entscheidungserhebliche Tatsachen festzustellen, zu strukturieren und darauf aufbauend zu beraten, zu schlichten, zu verhandeln und zu entscheiden.

(2) [1]Den Referendarinnen und Referendaren ist in möglichst weitem Umfang die eigenverantwortliche Tätigkeit zu ermöglichen. [2]Der Ausbildungszweck bestimmt Art und Umfang der ihnen zu übertragenden Arbeiten.

(3) In den Pflichtstationen nach § 41 sollen die Referendarinnen und Referendare lernen, die richterlichen und staatsanwaltlichen Aufgaben, sowie die Aufgaben des höheren allgemeinen Verwaltungsdienstes und der Anwaltschaft eigenverantwortlich wahrzunehmen.

(4) Die Ausbildung in den Wahlstationen nach § 42 dient der Vertiefung und der Ergänzung der Ausbildung sowie der Berufsfindung und der Vorbereitung auf die besonderen Anforderungen der beruflichen Tätigkeit, die die Referendarin oder der Referendar anstrebt.

§ 39 Leitung der Ausbildung

(1) Die Ausbildung der Referendarinnen und Referendare im Vorbereitungsdienst leitet die Präsidentin oder der Präsident des Hanseatischen Oberlandesgerichts.

(2) Die Leitung der Ausbildung umfasst insbesondere

1. den Erlass von Richtlinien für die Stationsausbildung sowie die Ausbildung in den Arbeitsgemeinschaften nach § 46 Absätze 1 und 2,
2. die Ausgestaltung der Schwerpunktbereiche nach § 42 Absatz 3,
3. die Zuweisung der Referendarinnen und Referendare zu den Ausbildungsstellen nach § 44 Absatz 1 Satz 1,
4. die Zulassung von Ausnahmen nach § 43 Absatz 2 Sätze 3 und 4,
5. die Gewährung von Urlaub nach § 44 Absatz 3 und
6. die Einrichtung von Arbeitsgemeinschaften nach § 46 Absätze 1 und 2.

(3) Die Präsidentin oder der Präsident des Hanseatischen Oberlandesgerichts richtet einen Ausbildungsausschuss ein, der bei der inhaltlichen und organisatorischen Gestaltung des Vorbereitungsdienstes mitwirkt.

§ 40 Dauer und Einteilung

(1) [1]Der Vorbereitungsdienst dauert zwei Jahre. [2]Er ist in Pflichtstationen nach § 41 mit einer Gesamtdauer von 18 Monaten und zwei Wahlstationen nach § 42 mit einer Dauer von jeweils drei Monaten eingeteilt. [3]Der Vorbereitungsdienst endet mit der Bekanntgabe der Entscheidung über das Bestehen der zweiten Staatsprüfung oder das Nichtbestehen der ersten Wiederholungsprüfung. [4]Zum gleichen Zeitpunkt endet das öffentlich-rechtliche Ausbildungsverhältnis.

(2) [1]Die regelmäßige Präsenzzeit der Referendarinnen und Referendare innerhalb der von ihnen abzuleistenden Ausbildungsstationen soll wöchentlich im Durchschnitt eines Jahres 28,5 Stunden nicht überschreiten. [2]Die Pflicht zur Teilnahme an Arbeitsgemeinschaften sowie die individuellen Vor- und Nachbereitungszeiten bleiben hiervon unberührt. [3]Im Übrigen ist es Angelegenheit der Referendarin bzw. des Referendars, sich in geeigneter Weise auf die Abschlussprüfungen vorzubereiten.

(3) [1]Die Präsidentin oder der Präsident des Hanseatischen Oberlandesgerichts verlängert den jeweiligen Ausbildungsabschnitt und damit die Gesamtdauer des Vorbereitungsdienstes um die Zeit der Erkrankung der Referendarin oder des Referendars, wenn diese innerhalb des Ausbildungsabschnitts insgesamt länger als drei Wochen dauert. [2]Die Zeit nach Satz 1 kann jedoch ganz oder teilweise auf den Vorbereitungsdienst angerechnet werden, wenn dadurch der Erfolg der Ausbildung nicht gefährdet wird. [3]Die Sätze 1 und 2 gelten entsprechend bei Erkrankung des eigenen Kindes der Referendarin oder des Referendars, wenn keine andere Person das Kind betreuen kann und das Kind das zwölfte Lebensjahr noch nicht vollendet hat oder behindert ist; insoweit findet Absatz 4 keine Anwendung. [4]Auf Antrag der Referendarin oder des Referendars ist eine Verlängerung des Vorbereitungsdienstes um zwei Monate durch die Präsidentin oder den Präsidenten des Hanseatischen Oberlandesgerichts

auch möglich als Ausgleich für eine Mitgliedschaft im Personalrat der Referendarinnen und Referendare.

(3a) Absatz 3 Satz 3 ist auch anzuwenden, wenn von der zuständigen Behörde zur Verhinderung der Verbreitung von Infektionen oder übertragbaren Krankheiten aufgrund des Infektionsschutzgesetzes

1. Einrichtungen zur Betreuung von Kindern, insbesondere Schulen und Kindertagesstätten, vorübergehend geschlossen werden,
2. die Präsenzpflicht in einer Schule aufgehoben wird,
3. der Zugang zum Kinderbetreuungsangebot eingeschränkt wird oder
4. das Kind aufgrund einer behördlichen Empfehlung oder Anordnung die Einrichtungen nach Nummern 1 bis 3 nicht besuchen kann.

(4) Erholungsurlaub und anderer unter Fortzahlung der Unterhaltsbeihilfe gewährter Urlaub werden auf die jeweilige Station angerechnet.

(5) ¹Eine erfolgreich abgeschlossene Ausbildung für den gehobenen Justizdienst oder für den gehobenen nichttechnischen Verwaltungsdienst kann auf Antrag bis zur Dauer von sechs Monaten auf den Vorbereitungsdienst angerechnet werden. ²Der Antrag ist mit den entsprechenden Nachweisen mit dem Antrag auf Aufnahme in den Vorbereitungsdienst zu stellen. ³Über Gewährung und Umfang der Anrechnung entscheidet die Präsidentin oder der Präsident des Hanseatischen Oberlandesgerichts insbesondere unter Berücksichtigung der von der Antragstellerin oder dem Antragsteller in der ersten Prüfung erbrachten Leistungen. ⁴Dabei wird zugleich bestimmt, auf welchen oder welche der Ausbildungsabschnitte die Anrechnung erfolgt.

§ 40a Ergänzungsvorbereitungsdienst

(1) Hat die Referendarin oder der Referendar die zweite Staatsprüfung beim ersten Versuch nicht bestanden, findet ein Ergänzungsvorbereitungsdienst nach Maßgabe der Absätze 2 und 3 statt.

(2) ¹Ist die Referendarin oder der Referendar bereits von der mündlichen Prüfung ausgeschlossen, wird die laufende Ausbildung mit der Bekanntgabe der Entscheidung über den Ausschluss unterbrochen und der Vorbereitungsdienst als Ergänzungsvorbereitungsdienst zur Vorbereitung auf die Wiederholungsprüfung fortgesetzt. ²Der Ergänzungsvorbereitungsdienst dauert mindestens drei Monate und längstens bis zum Beginn des nächstmöglichen Prüfungstermins nach Ablauf der dreimonatigen Ausbildung. ³Im Ergänzungsvorbereitungsdienst ist ein auf drei Monate berechnetes besonderes Ausbildungsprogramm zu absolvieren; eine Stationsausbildung findet nicht statt. ⁴Die Referendarin oder der Referendar hat an dem nächstmöglichen Prüfungstermin nach Ablauf der dreimonatigen Ausbildung teilzunehmen. ⁵Im Anschluss an die Fertigung der Aufsichtsarbeiten wird die zuvor unterbrochene Ausbildung im Vorbereitungsdienst fortgesetzt; eine zuvor unterbrochene Stationsausbildung im Ausland kann auch im Inland fortgesetzt werden.

(3) ¹Hat die Referendarin oder der Referendar die zweite Staatsprüfung im Ergebnis der mündlichen Prüfung nicht bestanden, so hat sie oder er an dem übernächsten Prüfungstermin teilzunehmen. ²Bis zu diesem Termin findet ein Ergänzungsvorbereitungsdienst zur Vorbereitung auf die Wiederholungsprüfung statt. ³In ihm ist ein besonderes Ausbildungsprogramm zu absolvieren; eine Stationsausbildung findet nicht statt. ⁴Im Anschluss an die Fertigung der Aufsichtsarbeiten wird der Vorbereitungsdienst bis zur Bekanntgabe des Ergebnisses der Wiederholungsprüfung fortgesetzt.

(4) Der Ergänzungsvorbereitungsdienst nach den Absätzen 2 und 3 kann auf Antrag der Referendarin oder des Referendars durch die Präsidentin oder den Präsidenten des Hanseatischen Oberlandesgerichts verkürzt werden.

(5) Die Präsidentin oder der Präsident des Hanseatischen Oberlandesgerichts erlässt Richtlinien für die Ausbildung im Ergänzungsvorbereitungsdienst und die Ausbildung im Vorbereitungsdienst nach einem Ergänzungsvorbereitungsdienst.

(6) Referendarinnen oder Referendare, die die zweite Staatsprüfung auch in der ersten Wiederholungsprüfung nicht bestanden haben, werden nicht mehr in einen Vorbereitungsdienst oder Ergänzungsvorbereitungsdienst und in ein öffentlich-rechtliches Ausbildungsverhältnis aufgenommen, auch wenn sie eine zweite Wiederholung der Prüfung unternehmen.

(7) ¹Der Ergänzungsvorbereitungsdienst findet auch dann nach den Maßgaben der Absätze 1 bis 6 statt, wenn die Referendarin oder der Referendar gegen die Entscheidung des Prüfungsamtes Widerspruch eingelegt hat. ²Widerspruch und Anfechtungsklage haben insoweit keine aufschiebende Wirkung.

§ 41 Pflichtstationen

(1) Während der Pflichtstationen werden die Referendarinnen und Referendare bei folgenden Stellen ausgebildet:

1. drei Monate bei einer Staatsanwaltschaft oder einem Gericht in Strafsachen (Strafstation),
2. drei Monate bei einem Amts- oder Landgericht in Zivilsachen (Zivilstation),
3. drei Monate bei einer Verwaltungsbehörde (Verwaltungsstation) und
4. neun Monate bei einer Rechtsanwältin oder einem Rechtsanwalt (Rechtsanwaltsstation).

(2) Die Ausbildung nach Absatz 1 Nummer 4 kann mit einer Dauer von drei Monaten bei einer Notarin, einem Notar stattfinden oder bei einem Unternehmen, einem Verband oder einer sonstigen Ausbildungsstelle, bei denen eine sachgerechte rechtsberatende Ausbildung gewährleistet ist.

(3) Die Ausbildung an der Deutschen Hochschule für Verwaltungswissenschaften Speyer kann teilweise oder vollständig auf die Pflichtstation nach Absatz 1 Nummer 4 angerechnet werden, wenn sie im Rahmen der Wahlstation I nach § 42 Absatz 1 nicht ermöglicht werden kann.

(4) Von der Ausbildung nach Absatz 1 Nummer 4 und nach Absatz 2 können höchstens insgesamt sechs Monate bei überstaatlichen, zwischenstaatlichen oder ausländischen Ausbildungsstellen oder ausländischen Rechtsanwältinnen oder Rechtsanwälten stattfinden.

§ 42 Wahlstationen und Schwerpunktbereich

(1) [1]Die Referendarinnen und Referendare werden nach ihrer Wahl drei Monate bei einer der in § 41 Absatz 1 Nummern 1 bis 3 genannten Ausbildungsstellen, bei einem sonstigen nationalen Gericht oder an der Deutschen Hochschule für Verwaltungswissenschaften Speyer ausgebildet (Wahlstation I). [2]Die Ausbildung bei einer Verwaltungsbehörde (§ 41 Absatz 1 Nummer 3) kann bei überstaatlichen, zwischenstaatlichen oder ausländischen Ausbildungsstellen stattfinden.

(2) [1]Die Referendarinnen und Referendare ergänzen und vertiefen ihre Ausbildung in einer weiteren, drei Monate dauernden Wahlstation bei einer Ausbildungsstelle, die eine sachgerechte Ausbildung gewährleistet (Wahlstation II). [2]Die Ausbildung kann bei überstaatlichen, zwischenstaatlichen oder ausländischen Ausbildungsstellen oder ausländischen Rechtsanwältinnen bzw. Rechtsanwälten stattfinden.

(3) [1]Die Ausbildung im Rahmen einer der beiden Wahlstationen berücksichtigt einen Schwerpunkt, der an den juristischen Tätigkeitsfeldern auszurichten ist. [2]Schwerpunktbereiche sind insbesondere die Gebiete der ordentlichen Gerichtsbarkeit, der Verwaltungs-, der Finanz-, der Arbeits- und der Sozialgerichtsbarkeit, die Verwaltung und die rechtsberatende Praxis. [3]Die Ausbildung berücksichtigt auch die jeweiligen Bezüge zum internationalen Recht sowie dem Recht der Europäischen Gemeinschaften und der Europäischen Union.

§ 43 Stationsfolge

(1) Die Referendarinnen und Referendare bestimmen die zeitliche Abfolge der Pflicht- und Wahlstationen nach Maßgabe der Absätze 2 und 3.

(2) [1]Die Ausbildung beginnt mit der Strafstation, an die sich die Zivilstation anschließt. [2]Die Verwaltungsstation darf nicht unmittelbar vor der Wahlstation II liegen, die vom 22. bis zum 24. Ausbildungsmonat stattfindet. [3]Eine abweichende Reihenfolge der Ausbildungsstationen kann in begründeten Ausnahmefällen zugelassen werden. [4]Eine Unterbrechung der Rechtsanwaltstation kann zugelassen werden, wenn eine Ausbildung bei der Europäischen Kommission oder anderen internationalen Organisationen im Rahmen der Wahlstationen sonst nicht ermöglicht werden kann.

(3) Die Ausbildung bei derselben Ausbildungsstelle soll nicht weniger als drei Monate betragen.

§ 44 Zuweisung zu den Ausbildungsstellen

(1) [1]Die Zuweisung zu den Ausbildungsstellen erfolgt auf Antrag der Referendarin oder des Referendars, der spätestens sechs Wochen vor Beginn der Station zu stellen ist. [2]Die Zuweisung bedarf im Fall der Verwaltungsstation stets und im Fall der Wahlstation I und Wahlstation II dann der Zustimmung der zuständigen Behörde, wenn sie an eine Behörde der Bundes- oder Landesverwaltung oder an eine öffentlich-rechtliche Körperschaft erfolgt. [3]In dem Antrag auf Zuweisung zu der Wahlstation I oder Wahlstation II ist der gewählte Schwerpunkt anzugeben.

(2) Dem Antrag muss ein sachgerechter Ausbildungsplan zugrunde liegen.

(3) Urlaub wird auf Antrag der Referendarin oder des Referendars gewährt; dabei ist eine sachgerechte Ausbildung sicherzustellen.

§ 45 Ausbildung in anderen Bezirken

Die Referendarin oder der Referendar kann mit Zustimmung der beteiligten Oberlandesgerichtspräsidentinnen oder -präsidenten als Gast in einem anderen Oberlandesgerichtsbezirk in Deutschland ausgebildet werden.

§ 46 Arbeitsgemeinschaften

(1) [1]Während der Pflichtstationen nimmt die Referendarin oder der Referendar an Arbeitsgemeinschaften teil, die jeweils im Zusammenhang mit den Stationen nach § 41 Absatz 1 Nummern 1 bis 4 stehen (Pflichtarbeitsgemeinschaften). [2]Die Pflichtarbeitsgemeinschaften dienen in erster Linie der Einführung in die Praxisausbildung und ihrer Vertiefung, ferner der Vorbereitung auf die zweite Staatsprüfung. [3]Sie können als Block- oder als Begleitkurse ausgestaltet sein.

(2) [1]Die Referendarin oder der Referendar nimmt ferner an mindestens einer Wahlpflichtarbeitsgemeinschaft teil, die in der Regel als Begleitkurs ausgestaltet ist. [2]Die Wahlpflichtarbeitsgemeinschaften dienen der Vertiefung der Kenntnisse in einem gewählten Schwerpunktbereich unter Einschluss der Vermittlung und Übung praktischer Fähigkeiten der Rechtsanwendung und Rechtsgestaltung.

(3) [1]Die Arbeitsgemeinschaften sollen nicht mehr als fünfundzwanzig Referendarinnen oder Referendare umfassen. [2]Die Teilnahme an den Arbeitsgemeinschaften ist Pflicht und geht jedem anderen Dienst vor. [3]Über Ausnahmen von Satz 2 entscheidet die Präsidentin oder der Präsident des Hanseatischen Oberlandesgerichts im Einzelfall.

(4) Die Leiterinnen und Leiter der Arbeitsgemeinschaften werden – auf dem Gebiet der rechtsberatenden Tätigkeit auf Vorschlag der Hanseatischen Rechtsanwaltskammer oder der Hamburgischen Notarkammer, auf dem Gebiet der Verwaltung auf Vorschlag der zuständigen Behörde – von der Präsidentin oder dem Präsidenten des Hanseatischen Oberlandesgerichts ernannt.

§ 47 Ausbildungslehrgänge

In der Pflichtstation nach § 41 Absatz 1 Nummer 4 sowie in den Wahlstationen nach § 42 Absätze 1 und 2 kann die Teilnahme an Ausbildungslehrgängen bis zu einer Dauer von insgesamt drei Monaten gestattet werden.

§ 48 Stationszeugnisse

(1) Für jede Ausbildungsstelle ist ein Zeugnis über den Inhalt der Ausbildung sowie die Fähigkeiten und Leistungen der Referendarin oder des Referendars gemessen an den Zielen und Grundsätzen der Ausbildung nach § 38 zu erstellen.

(2) In dem Zeugnis ist die Gesamtleistung der Referendarin oder des Referendars mit einer Punktzahl und der entsprechenden Note nach § 7 zu bewerten.

(3) Bei Streitigkeiten, die sich aus der Vergabe der Stationszeugnisse ergeben, entscheidet die Präsidentin oder der Präsident des Hanseatischen Oberlandesgerichts.

Teil 4
Schlussvorschriften

§ 49 Übergangsregelungen

(1) [1]Für Studierende, die das Studium vor Inkrafttreten dieses Gesetzes aufgenommen und sich bis zum 1. Juli 2006 zur ersten Staatsprüfung gemeldet haben, finden die bis zum Inkrafttreten dieses Gesetzes geltenden Vorschriften der Juristenausbildungsordnung (JAO) vom 10. Juli 1972 (HmbGVBl. S. 133, 148, 151), zuletzt geändert am 3. Juli 2002 (HmbGVBl. S. 122, 176), zum Studium und zur ersten juristischen Staatsprüfung Anwendung. [2]Abweichend von Satz 1 findet § 12 Absatz 3 Satz 3 JAO nur bis zum 30. Juni 2004 Anwendung. [3]Bei Wiederholungs- und Verbesserungsprüfungen ist das beim ersten Prüfungsversuch geltende Recht anzuwenden; dies gilt auf Antrag auch, wenn die Prüfung als nicht unternommen gilt. [4]Satz 3 gilt nicht, wenn die erneute Meldung bis zum 1. Juli 2008 erfolgt. [5]Für Studierende, die vor Inkrafttreten dieses Gesetzes ihr Studium aufgenommen haben und sich nicht bis zum 1. Juli 2006 zur ersten juristischen Staatsprüfung gemeldet haben, finden § 4 und § 13 Absatz 1 Nummer 4 keine Anwendung. [6]Das Landesjustizprüfungsamt nach den Vorschriften der Juristenausbildungsordnung nimmt bis zur Bildung des Prüfungsamtes nach diesem Gesetz, längstens bis zum 30. Juni 2004, dessen Aufgaben wahr.

(2) [1]Für Referendarinnen und Referendare, die den Vorbereitungsdienst nach dem Inkrafttreten dieses Gesetzes aufnehmen, gelten die Vorschriften dieses Gesetzes. [2]Referendarinnen und Referendare, die

den Vorbereitungsdienst vor Inkrafttreten dieses Gesetzes aufgenommen haben, können ihn nach dem bisherigen Recht zum Inhalt und Ablauf des Vorbereitungsdienstes beenden, wenn sie bis zum 30. Juni 2006 die Prüfung begonnen haben. [3]Können sie nach dem bisherigen Recht nicht mehr sachgerecht ausgebildet werden, kann die Präsidentin oder der Präsident des Hanseatischen Oberlandesgerichts die Ausbildung im Einzelfall regeln.

(3) Die Verordnung über die Prüfungsgegenstände der Ersten Juristischen Staatsprüfung vom 5. Oktober 1993 (HmbGVBl. S. 273), die Verordnung über die Unterhaltsbeihilfe für Rechtsreferendare vom 30. Juli 2002 (HmbGVBl. S. 216) und die Weiterübertragungsverordnung-Juristenausbildung vom 30. Juli 2002 (HmbGVBl. S. 216) gelten als auf Grund dieses Gesetzes erlassen.

§ 50 Inkrafttreten

(1) Dieses Gesetz tritt am 1. Juli 2003 in Kraft.

(2) Zum selben Zeitpunkt tritt die Juristenausbildungsordnung vom 10. Juli 1972 (HmbGVBl. S. 133, 148, 151) in der geltenden Fassung außer Kraft.

Verordnung
über die Prüfungsgegenstände der staatlichen Pflichtfachprüfung im Rahmen der ersten Prüfung
(Prüfungsgegenständeverordnung)

Vom 24. Januar 2020 (HmbGVBl. S. 83)
(BS Hbg 3011-1-1)

Auf Grund von § 12 Absatz 1 Satz 1 des Hamburgischen Juristenausbildungsgesetzes vom 11. Juni 2003 (HmbGVBl. S. 156), zuletzt geändert am 18. September 2019 (HmbGVBl. S. 322), in Verbindung mit Absatz 1 Nummer 1 der Weiterübertragungsverordnung-Juristenausbildung vom 2. Dezember 2003 (HmbGVBl. 2004 S. 1, 4), zuletzt geändert am 29. September 2015 (HmbGVBl. S. 250, 253), wird verordnet:

§ 1 Pflichtfächer
(1) Die Gegenstände des Pflichtfaches Bürgerliches Recht sind:
1. Grundlagen des Privatrechts,
2. aus dem Bürgerlichen Gesetzbuch (BGB):
   a) aus dem Buch 1 (Allgemeiner Teil):
      aa) aus dem Abschnitt 1 (Personen): Titel 1 (Natürliche Personen, Verbraucher, Unternehmer), Titel 2 (Juristische Personen) ohne Stiftungen,
      bb) Abschnitte 2 bis 7 (Sachen und Tiere, Rechtsgeschäfte, Fristen, Termine, Verjährung, Ausübung der Rechte, Selbstverteidigung, Selbsthilfe, Sicherheitsleistung),
   b) aus dem Buch 2 (Recht der Schuldverhältnisse):
      aa) Abschnitte 1 bis 7 (Inhalt der Schuldverhältnisse, Gestaltung rechtsgeschäftlicher Schuldverhältnisse durch Allgemeine Geschäftsbedingungen, Schuldverhältnisse aus Verträgen, Erlöschen der Schuldverhältnisse, Übertragung einer Forderung, Schuldübernahme, Mehrheit von Schuldnern und Gläubigern) ohne Draufgabe, §§ 336 bis 338,
      bb) Abschnitt 8 (Einzelne Schuldverhältnisse) ohne Titel 2 (Teilzeit-Wohnrechteverträge, Verträge über langfristige Urlaubsprodukte, Vermittlungsverträge und Tauschsystemverträge), Titel 3 Untertitel 2 bis 4 (Finanzierungshilfen zwischen einem Unternehmer und einem Verbraucher, Ratenlieferungsverträge zwischen einem Unternehmer und einem Verbraucher, Beratungsleistungen bei Immobiliar-Verbraucherdarlehensverträgen), Titel 5 Untertitel 5 (Landpachtvertrag), Titel 7 (Sachdarlehensvertrag), Titel 8 Untertitel 2 (Behandlungsvertrag), Titel 9 Untertitel 2 (Reisevertrag), Titel 11 (Auslobung), Titel 12 Untertitel 3 (Zahlungsdienste), Titel 15 (Einbringung von Sachen bei Gastwirten), Titel 18 (Leibrente), Titel 19 (unvollkommene Verbindlichkeiten) und Titel 25 (Vorlegung von Sachen),
   c) Buch 3 (Sachenrecht) ohne Abschnitt 5 (Vorkaufsrecht), Abschnitt 6 (Reallasten), Abschnitt 7 Titel 2 Untertitel 2 (Rentenschuld) und Abschnitt 8 Titel 2 (Pfandrecht an Rechten),
   d) Aus dem Buch 4 (Familienrecht) im Überblick:
      aa) Abschnitt 1 (Bürgerliche Ehe) Titel 5 (Wirkungen der Ehe im Allgemeinen) ohne die Vorschriften zum Getrenntleben, aus Titel 6 (Eheliches Güterrecht) Untertitel 1 (Gesetzliches Güterrecht) allgemeine Vorschriften zur Gütertrennung und Gütergemeinschaft,
      bb) Abschnitt 2 (Verwandtschaft) Titel 1 (Allgemeine Vorschriften) sowie aus Titel 5 (Elterliche Sorge) die Vorschriften zur Vertretung des Kindes (§§ 1626, 1626a, 1629 und 1643) und zur Beschränkung der elterlichen Haftung (§ 1664),
   e) aus dem Buch 5 (Erbrecht) im Überblick:
      aa) Abschnitt 1 (Erbfolge),
      bb) Abschnitt 2 Titel 1 § 1943 (Annahme und Ausschlagung der Erbschaft), Titel 2 Untertitel 1 (Nachlassverbindlichkeiten), Titel 3 (Erbschaftsanspruch), Titel 4 (Mehrheit von Erben) ohne die §§ 2061 bis 2063,
      cc) Abschnitt 3 (Testament) ohne Titel 6 (Testamentsvollstrecker),

dd) Abschnitt 4 (Erbvertrag),

ee) Abschnitt 5 (Pflichtteil) und

ff) aus Abschnitt 8 (Erbschein) Wirkungen des Erbscheins,

3. aus dem Arbeitsrecht im Überblick: Begründung, Beendigung und Inhalt des Arbeitsverhältnisses auch unter Einbeziehung des Allgemeinen Gleichbehandlungsgesetzes sowie Leistungsstörungen und Haftung im Arbeitsverhältnis,

4. aus dem Straßenverkehrsgesetz: der Zweite Abschnitt (Haftpflicht),

5. das Produkthaftungsgesetz im Überblick,

6. aus dem Handelsgesetzbuch im Überblick:

   a) aus dem Ersten Buch (Handelsstand):

      aa) der Erste Abschnitt (Kaufleute),

      bb) aus dem Zweiten Abschnitt (Handelsregister) die Publizität des Handelsregisters,

      cc) der Dritte Abschnitt (Handelsfirma) ohne Registerverfahren,

      dd) der Fünfte Abschnitt (Prokura und Handlungsvollmacht),

   b) aus dem Vierten Buch (Handelsgeschäfte):

      aa) der Erste Abschnitt (Allgemeine Vorschriften ohne Kontokorrent und Kaufmännische Orderpapiere),

      bb) der Zweite Abschnitt (Handelskauf),

7. aus dem Gesellschaftsrecht:

   a) aus dem Zweiten Buch des Handelsgesetzbuchs (Handelsgesellschaften und Stille Gesellschaft):

      aa) der Erste Abschnitt (Offene Handelsgesellschaft),

      bb) der Zweite Abschnitt (Kommanditgesellschaft),

   b) das Partnerschaftsgesellschaftsgesetz,

   c) aus dem Gesetz betreffend die Gesellschaften mit beschränkter Haftung im Überblick:

      aa) der Erste Abschnitt (Errichtung der Gesellschaft),

      bb) der Dritte Abschnitt (Vertretung und Geschäftsführung),

8. aus dem Internationalen Privatrecht im Überblick:

   a) aus der Verordnung (EU) Nr. 1215/2012 des Europäischen Parlaments und des Rates vom 12. Dezember 2012 über die gerichtliche Zuständigkeit und die Anerkennung und Vollstreckung von Entscheidungen in Zivil- und Handelssachen (EuGVVO/Brüssel-Ia-VO):

      aa) Kapitel I (Anwendungsbereich und Begriffsbestimmungen),

      bb) aus dem Kapitel II (Zuständigkeit): Abschnitte 1 und 2 (Allgemeine Bestimmungen und Besondere Zuständigkeiten), Abschnitt 4 (Zuständigkeit bei Verbrauchersachen), Abschnitte 6 und 7 (Ausschließliche Zuständigkeiten, Vereinbarung über die Zuständigkeit),

   b) aus der Verordnung (EG) Nr. 593/2008 des Europäischen Parlaments und des Rates vom 17. Juni 2008 über das auf vertragliche Schuldverhältnisse anzuwendende Recht (Rom I):

      aa) Kapitel I (Anwendungsbereich),

      bb) aus dem Kapitel II (Einheitliche Kollisionsnormen): Artikel 3 (Freie Rechtswahl), Artikel 4 (Mangels Rechtswahl anzuwendendes Recht) und Artikel 6 (Verbraucherverträge),

      cc) aus dem Kapitel III (Sonstige Vorschriften): Artikel 19 bis 21 (Gewöhnlicher Aufenthalt, Ausschluss der Rück- und Weiterverweisung und die Öffentliche Ordnung im Staat des angerufenen Gerichts),

   c) aus der Verordnung (EG) Nr. 864/2007 des Europäischen Parlaments und des Rates vom 11. Juli 2007 über das auf außervertragliche Schuldverhältnisse anzuwendende Recht (Rom II):

      aa) Kapitel I (Anwendungsbereich),

      bb) aus Kapitel II (Unerlaubte Handlungen) Artikel 4 (Allgemeine Kollisionsnorm),

      cc) Kapitel III (Ungerechtfertigte Bereicherung, Geschäftsführung ohne Auftrag und Verschulden bei Vertragsverhandlungen) ohne Artikel 13,

      dd) Kapitel IV (Freie Rechtswahl),

ee) aus Kapitel VI (Sonstige Vorschriften) die Artikel 23 (Gewöhnlicher Aufenthalt), Artikel 24 (Ausschluss der Rück- und Weiterverweisung) und Artikel 26 (Öffentliche Ordnung im Staat des angerufenen Gerichts),

9. aus dem Zivilverfahrensrecht im Überblick:

a) aus dem Erkenntnisverfahren: gerichtsverfassungsrechtliche Grundlagen einschließlich des Instanzenzugs, Verfahrensgrundsätze, Verfahren im ersten Rechtszug insbesondere Prozessvoraussetzungen, Arten und Wirkungen von Klagen und gerichtlichen Entscheidungen, Beweisgrundsätze und vorläufiger Rechtsschutz,

b) aus dem Vollstreckungsverfahren: allgemeine Vollstreckungsvoraussetzungen, Arten der Zwangsvollstreckung, von den Rechtsbehelfen der Zwangsvollstreckung die Vollstreckungsabwehrklage und die Drittwiderspruchsklage (§§ 767 und 771 der Zivilprozessordnung).

(2) Die Gegenstände des Pflichtfaches Strafrecht sind:

1. aus dem Strafgesetzbuch:

a) aus dem Allgemeinen Teil:

aa) der Erste Abschnitt (Das Strafgesetz),

bb) der Zweite Abschnitt (Die Tat),

cc) aus dem Dritten Abschnitt (Rechtsfolgen der Tat) der Erste Titel (Strafen) ohne Nebenfolgen, aus dem Dritten Titel (Strafbemessung bei mehreren Gesetzesverletzungen) die Tateinheit und die Tatmehrheit,

dd) der Vierte Abschnitt (Strafantrag, Ermächtigung, Strafverlangen) im Überblick,

b) aus dem Besonderen Teil:

aa) aus dem Sechsten Abschnitt (Widerstand gegen die Staatsgewalt): Widerstand gegen Vollstreckungsbeamte, Tätlicher Angriff auf Vollstreckungsbeamte und Widerstand gegen oder tätlicher Angriff auf Personen, die Vollstreckungsbeamten gleichstehen,

bb) aus dem Siebenten Abschnitt (Straftaten gegen die öffentliche Ordnung): Hausfriedensbruch, Unerlaubtes Entfernen vom Unfallort, Vortäuschen einer Straftat,

cc) aus dem Zehnten Abschnitt (Falsche Verdächtigung): Falsche Verdächtigung,

dd) der Vierzehnte Abschnitt (Beleidigung),

ee) aus dem Sechzehnten Abschnitt (Straftaten gegen das Leben): Mord, Totschlag, Minder schwerer Fall des Totschlags, Tötung auf Verlangen, Aussetzung, Fahrlässige Tötung,

ff) der Siebzehnte Abschnitt (Straftaten gegen die körperliche Unversehrtheit),

gg) aus dem Achtzehnten Abschnitt (Straftaten gegen die persönliche Freiheit): Freiheitsberaubung, erpresserischer Menschenraub, Geiselnahme, Nötigung, Bedrohung,

hh) der Neunzehnte Abschnitt (Diebstahl und Unterschlagung) ohne Entziehung elektrischer Energie,

ii) der Zwanzigste Abschnitt (Raub und Erpressung),

jj) aus dem Einundzwanzigsten Abschnitt (Begünstigung und Hehlerei): Begünstigung, Strafvereitelung, Strafvereitelung im Amt, Hehlerei,

kk) aus dem Zweiundzwanzigsten Abschnitt (Betrug und Untreue): Betrug, Computerbetrug, Versicherungsmissbrauch, Erschleichen von Leistungen, Untreue, Missbrauch von Scheck- und Kreditkarten,

ll) aus dem Dreiundzwanzigsten Abschnitt (Urkundenfälschung): Urkundenfälschung, Fälschung technischer Aufzeichnungen, Fälschung beweiserheblicher Daten, Täuschung im Rechtsverkehr bei Datenverarbeitung, Mittelbare Falschbeurkundung, Urkundenunterdrückung,

mm) aus dem Siebenundzwanzigsten Abschnitt (Sachbeschädigung): Sachbeschädigung, Gemeinschädliche Sachbeschädigung,

nn) aus dem Achtundzwanzigsten Abschnitt (Gemeingefährliche Straftaten): Brandstiftung, Schwere Brandstiftung, Besonders schwere Brandstiftung, Brandstiftung mit Todesfolge, Fahrlässige Brandstiftung, Tätige Reue, Gefährliche Eingriffe in den Straßenverkehr, Gefährdung des Straßenverkehrs, Verbotene Kraftfahrzeugrennen, Schienenbahnen im Straßenverkehr, Einziehung, Trunkenheit im Verkehr, Räuberischer Angriff auf Kraftfahrer, Vollrausch, Unterlassene Hilfeleistung, Behinderung von hilfeleistenden Personen,

2. aus dem Strafverfahrensrecht im Überblick: Gerichtsverfassungsrechtliche Grundlagen einschließlich des Instanzenzugs, Verfahrensgrundsätze, Gang des Ermittlungs- und Strafverfahrens, Rechtsstellung und Aufgaben der wesentlichen Verfahrensbeteiligten, Untersuchungshaft, Vorläufige Festnahme, Körperliche Untersuchung, Beschlagnahme, Durchsuchung, Aufklärungspflicht, Beweisaufnahme, Arten der Beweismittel und Beweisverbote.

(3) Die Gegenstände des Pflichtfaches Öffentliches Recht sind:

1. Staats- und Verfassungsrecht ohne Finanzverfassung, Verteidigungsfall, Notstandsverfassung,

2. das allgemeine Verwaltungsrecht und das Verwaltungsverfahrensrecht einschließlich Verwaltungszustellungsgesetz ohne Besondere Verfahrensarten (Teil V des Verwaltungsverfahrensgesetzes), im Überblick: Das Recht der öffentlichen Ersatzleistungen und das Verwaltungsvollstreckungsrecht außer der Beitreibung von Geldforderungen (Teil 3 des Hamburgischen Verwaltungsvollstreckungsgesetzes),

3. aus dem besonderen Verwaltungsrecht:
   a) Polizei- und Ordnungsrecht, im Überblick: Versammlungsrecht,
   b) aus dem Baurecht im Überblick:
      aa) das Bauordnungsrecht,
      bb) aus dem Bauplanungsrecht: Bauleitplanung (§§ 1 bis 13a des Baugesetzbuchs), Veränderungssperre und Zurückstellung von Baugesuchen (§§ 14 bis 18 des Baugesetzbuchs), Zulässigkeit von Vorhaben (§§ 29 bis 38 des Baugesetzbuchs) einschließlich der Baunutzungsverordnung, die Vorschriften über die Planerhaltung (§§ 214 bis 216 des Baugesetzbuchs),
   c) im Überblick: Umweltrecht (Allgemeine Grundlagen, Immissionsschutzrecht),

4. aus dem Verfahrensrecht:
   a) aus dem Verfassungsprozessrecht im Überblick: die Verfassungsbeschwerde, die abstrakte und die konkrete Normenkontrolle, Organstreitverfahren, die Bund-Länder-Streitigkeit, das Verfahren des einstweiligen Rechtsschutzes,
   b) aus dem Verwaltungsprozessrecht: Verfahrensgrundsätze, die Zulässigkeit des Verwaltungsrechtswegs, Prozess- (Sachentscheidungs-) voraussetzungen, Arten und Wirkungen von Klagen und gerichtlichen Entscheidungen, Instanzenzug und Arten der Rechtsmittel, Vorläufiger Rechtsschutz, Vorverfahren,

5. aus dem Europarecht (Primärrecht) im Überblick: die Entwicklung, Organe und Kompetenzen, Handlungsformen der Europäischen Union, Rechtsquellen, das Verhältnis zum mitgliedstaatlichen Recht, die Umsetzung des Unionsrechts in mitgliedstaatliches Recht, Grundfreiheiten, Grundrechte und rechtsstaatliche Verfahrensgarantien, aus dem Rechtsschutzsystem das Vorabentscheidungsverfahren und das Vertragsverletzungsverfahren.

§ 2 Bezüge der Pflichtfächer

(1) ¹Die Pflichtfächer schließen die europa- und völkerrechtlichen Bezüge ein. ²Die staatliche Pflichtfachprüfung berücksichtigt ferner die rechtswissenschaftlichen Methoden und Grundlagen, die philosophischen, geschichtlichen und gesellschaftlichen Grundlagen sowie die Methoden der rechtsberatenden und rechtsgestaltenden Praxis.

(2) Andere als die in § 1 genannten Rechtsgebiete dürfen im Zusammenhang mit den Pflichtfächern zum Gegenstand der Prüfung gemacht werden, soweit lediglich Verständnis und Arbeitsmethode festgestellt werden sollen und Einzelwissen nicht vorausgesetzt wird.

§ 3 Überblick

Soweit Rechtsgebiete nur im Überblick Gegenstand des Prüfungsstoffs sind, wird lediglich die Kenntnis der gesetzlichen Systematik, der wesentlichen Normen und Rechtsinstitute ohne vertiefte Kenntnisse von Rechtsprechung und Literatur verlangt.

§ 4 Inkrafttreten, Übergangsvorschrift

(1) ¹Diese Verordnung tritt am 1. Februar 2020 in Kraft. ²Zum selben Zeitpunkt tritt die Prüfungsgegenständeverordnung vom 23. Dezember 2003 (HmbGVBl. 2004 S. 1) in der geltenden Fassung außer Kraft.

(2) ¹Diese Verordnung gilt für Studierende, die ab dem Jahr 2024 an der schriftlichen Pflichtfachprüfung teilnehmen. ²Im Übrigen ist die Prüfungsgegenständeverordnung vom 23. Dezember 2003

(HmbGVBl. 2004 S. 1) in der bis zum Inkrafttreten dieser Verordnung geltenden Fassung weiter anzuwenden.

Verordnung
über die Aufnahme in den juristischen Vorbereitungsdienst (Aufnahmeverordnung)[1])

Vom 27. Januar 2004 (HmbGVBl. S. 35)
(BS Hbg 3011-1-4)
zuletzt geändert durch Zweite ÄndVO vom 21. Juni 2012 (HmbGVBl. S. 269)

Auf Grund von § 36 Absatz 3 Satz 2 des Hamburgischen Juristenausbildungsgesetzes (HmbJAG) vom 11. Juni 2003 (HmbGVBl. S. 156) wird verordnet:

§ 1 Geltungsbereich
Diese Verordnung regelt das Bewerbungs- und Aufnahmeverfahren für den juristischen Vorbereitungsdienst.

§ 2 Ausbildungskapazität
Die Zahl der für den Vorbereitungsdienst zur Verfügung stehenden Ausbildungsplätze bestimmt sich nach der Anzahl der durch den Haushaltsplan bereitgestellten Stellen.

§ 3 Allgemeine Vorschriften für das Bewerbungs- und Aufnahmeverfahren
(1) Einstellungen werden zum Beginn der Monate Februar, April, Juni, August, Oktober und Dezember vorgenommen.

(2) [1]Mit der Bewerbung sind einzureichen:
1. Lebenslauf,
2. ausgefüllter Personalbogen,
3. Kopie der Geburtsurkunde,
4. Kopie des Zeugnisses über das Bestehen der ersten Prüfung,
5. Nachweise für das Vorliegen der Umstände nach § 5 Absatz 2 Nummern 1 bis 3.

[2]Die Bewerbungsunterlagen nach Satz 1 Nummern 3 bis 5 sind in beglaubigter Form im Sinne von § 33 des Hamburgischen Verwaltungsverfahrensgesetzes vom 9. November 1977 (HmbGVBl. S. 333, 402), zuletzt geändert am 18. November 2003 (HmbGVBl. S. 537), einzureichen. [3]Vor der Einstellung ist ein Führungszeugnis nach § 30 Absatz 5 des Bundeszentralregistergesetzes in der Fassung vom 21. September 1984 (BGBl. 1984 I S. 1230, 1985 I S. 195), zuletzt geändert am 14. März 2003 (BGBl. I S. 345, 350), das nicht älter als sechs Monate sein darf, einzureichen.

(3) [1]Bewerbungen werden zu einem Einstellungstermin erstmalig berücksichtigt, wenn sie nach Bestehen der ersten Prüfung und mindestens zwei Monate vor dem gewünschten Einstellungstermin bei der Präsidentin oder dem Präsidenten des Hanseatischen Oberlandesgerichts in der vorgeschriebenen Form eingegangen sind und mindestens die Unterlagen nach Absatz 2 Satz 1 Nummern 1 bis 4 umfassen. [2]Mit der Eingangsbestätigung sind die Bewerberinnen und Bewerber auf die erkennbare Unvollständigkeit der eingereichten Unterlagen, die Nichteinhaltung der durch Absatz 2 Satz 2 vorgeschriebenen Form sowie auf ihre Obliegenheiten nach dieser Verordnung und die Folgen ihrer Nichtbeachtung hinzuweisen.

(4) [1]Bewerberinnen und Bewerber, die einen angebotenen Ausbildungsplatz nicht binnen der ihnen gesetzten Frist von zehn Tagen annehmen, bleiben zu dem anstehenden Einstellungstermin unberücksichtigt. [2]Bewerberinnen und Bewerber, die einen angebotenen Ausbildungsplatz zum zweiten Mal nicht annehmen, werden aus dem laufenden Aufnahmeverfahren ausgeschlossen. [3]Begehren sie weiterhin Aufnahme in den Vorbereitungsdienst, müssen sie sich neu bewerben. [4]Die nicht in Anspruch genommenen Ausbildungsplätze werden nach Fristablauf im Nachrückverfahren an die nächst anstehenden Bewerberinnen und Bewerber vergeben.

(5) [1]Bewerberinnen und Bewerber, die noch keinen Ausbildungsplatz erhalten haben, müssen jeweils im Laufe des Monats Januar und des Monats Juli eines Jahres schriftlich mitteilen, ob sie die Bewerbung aufrechterhalten. [2]Bewerberinnen und Bewerber, die ihrer Mitteilungsobliegenheit nicht nachkommen, werden aus dem laufenden Aufnahmeverfahren ausgeschlossen. [3]Begehren sie weiterhin Aufnahme in den Vorbereitungsdienst, müssen sie sich neu bewerben.

---

1) Verkündet als Art. 1 der VO v. 27.1.2004 (HmbGVBl. S. 35).

(6) ¹Auf Antrag können Bewerberinnen und Bewerber bis zu drei Mal für einen bestimmten Zeitraum von der Aufnahme in den Vorbereitungsdienst zurückgestellt werden. ²Der Antrag ist jeweils spätestens zwei Monate vor dem Einstellungstermin zu stellen. ³Die Gesamtdauer der Zurückstellung soll 36 Monate nicht überschreiten. ⁴Die Mitteilungsobliegenheit nach Absatz 5 entfällt in der Zeit der Zurückstellung.

(7) ¹Tritt eine Bewerberin oder ein Bewerber eine angebotene Stelle trotz vorheriger Annahme nicht an oder nimmt eine Bewerberin oder ein Bewerber weniger als zwei Wochen vor dem beabsichtigten Einstellungstermin die Bewerbung zurück, so besteht für eine erneute Bewerbung eine Sperrfrist von sechs Monaten beginnend mit dem nicht wahrgenommenen Einstellungstermin. ²In Härtefällen kann die Bewerbung vor Ablauf der Frist angenommen werden.

§ 4 Aufnahmegrundsätze
Die Aufnahme der Bewerberinnen und Bewerber richtet sich nach der gewichteten Bewerbungsliste nach § 5.

§ 5 Gewichtete Bewerbungsliste
(1) ¹Die Bewerberinnen und Bewerber werden in eine gewichtete Bewerbungsliste aufgenommen. ²Grundlage für die Aufnahme ist die von ihnen erzielte Gesamtpunktzahl in der ersten Prüfung nach § 2 Absatz 1 der Verordnung über eine Noten- und Punkteskala für die erste und zweite juristische Prüfung vom 3. Dezember 1981 (BGBl. I S. 1243) in der jeweils geltenden Fassung, sofern sie die Gesamtnote „befriedigend" oder besser erreicht haben. ³Bei den übrigen Bewerberinnen und Bewerbern wird die Punktzahl 6,49 zugrunde gelegt. ⁴Die Punktzahl wird bei Vorliegen besonderer Umstände nach Absatz 2 angehoben.

(2) Als besondere Umstände werden mit je einem Punkt berücksichtigt:
1. Erfüllung einer Dienstpflicht nach Artikel 12a Absatz 1 oder 2 des Grundgesetzes, Tätigkeit von mindestens zwei Jahren im Entwicklungsdienst nach dem Entwicklungshelfer-Gesetz, Ableistung eines freiwilligen sozialen Jahres nach dem Gesetz zur Förderung eines freiwilligen sozialen Jahres in der bis zum 1. Juni 2008 geltenden Fassung oder nach dem Jugendfreiwilligendienstegesetz, eines freiwilligen ökologischen Jahres nach dem Gesetz zur Förderung eines freiwilligen ökologischen Jahres in der bis zum 1. Juni 2008 geltenden Fassung oder nach dem Jugendfreiwilligendienstegesetz oder eines Bundesfreiwilligendienstes nach dem Bundesfreiwilligendienstgesetz,
2. familiäre Lebensgemeinschaft mit einem Kind oder mehreren Kindern, für das oder die die Bewerberin oder der Bewerber das Sorgerecht hat, wenn die Bewerberin oder der Bewerber die erste Prüfung in der Freien und Hansestadt Hamburg abgelegt hat,
3. Schwerbehinderung im Sinne des § 2 Absatz 2 des Neunten Buches Sozialgesetzbuch (SGB IX) vom 19. Juni 2001 (BGBl. I S. 1046, 1047), zuletzt geändert am 3. April 2003 (BGBl. I S. 462), oder eine der Schwerbehinderung gleichgestellte Behinderung im Sinne des § 2 Absatz 3 SGB IX, wenn die Bewerberin oder der Bewerber die erste Prüfung in der Freien und Hansestadt Hamburg abgelegt hat,
4. Ablegung der ersten Prüfung in der Freien und Hansestadt Hamburg,
5. je sechs Monate Wartezeit seit der Bewerbung nach § 3 Absatz 3 Satz 1.

(3) Die Wartezeit nach Absatz 2 Nummer 5 beginnt im Falle einer erfolgreichen Wiederholung der staatlichen Pflichtfachprüfung zur Notenverbesserung nach § 27 HmbJAG oder nach einer entsprechenden Vorschrift anderen Landesrechts mit der erforderlichen erneuten Bewerbung nach § 3 Absatz 3 Satz 1.

(4) ¹Umstände nach Absatz 2 Nummern 1 bis 3, die nicht bereits Bestandteil der Bewerbung nach § 3 Absatz 2 waren, werden erstmalig berücksichtigt, wenn sie mindestens zwei Monate vor dem Einstellungstermin in beglaubigter Form nachgewiesen worden sind. ²Wartezeitpunkte nach Absatz 2 Nummer 5 werden berücksichtigt, wenn sie zwei Monate vor dem Einstellungstermin erreicht worden sind.

§ 6 Ranggleichheit
(1) Haben Bewerberinnen oder Bewerber denselben Rang, entscheidet für die Auswahl die Gesamtpunktzahl in der ersten Prüfung nach § 2 Absatz 1 der Verordnung über eine Noten- und Punkteskala für die erste und zweite juristische Prüfung.

(2) ¹Verbleiben nach Anwendung des Absatzes 1 gleichstehende Bewerberinnen oder Bewerber, so entscheidet unter ihnen das höhere Lebensalter. ²Sind sie gleich alt, entscheidet das Los.

§ 7 Härtefälle

[1]Bewerberinnen und Bewerber, für die die Aufnahme in den Vorbereitungsdienst der Freien und Hansestadt Hamburg erst zu dem Einstellungstermin, der ihnen nach ihrem Rang in der gewichteten Bewerbungsliste zusteht, bei Anwendung eines strengen Maßstabes infolge von Umständen, die nicht bereits nach § 5 Absatz 2 Berücksichtigung finden, eine besondere, unzumutbare Härte bedeuten würde, können auf Antrag auf Grund einer Entscheidung der Präsidentin oder des Präsidenten des Hanseatischen Oberlandesgerichts zu einem früheren Termin in den Vorbereitungsdienst aufgenommen werden. [2]Die zur Begründung des Antrags dienenden Tatsachen werden grundsätzlich nur berücksichtigt, wenn sie mindestens zwei Monate vor dem Einstellungstermin in beglaubigter Form nachgewiesen worden sind. [3]Werden Bewerberinnen oder Bewerber auf Grund einer Entscheidung nach Satz 1 aufgenommen, verringert sich die Zahl der nach § 5 für den Einstellungstermin zu berücksichtigenden Bewerberinnen oder Bewerber.

§ 8 Übergangsregelung

(1) Die Verordnung findet auf Bewerberinnen und Bewerber, die die erste juristische Staatsprüfung abgelegt haben, entsprechende Anwendung.

(2) [1]Bewerberinnen und Bewerber, deren nach Maßgabe der zu diesem Zeitpunkt geltenden Bestimmungen vollständige Bewerbung vor dem 2. März 2004 bei der Präsidentin oder dem Präsidenten des Hanseatischen Oberlandesgerichts eingegangen ist und die nach § 3 Absatz 1 Satz 1 Nummer 2 oder 3 der Verordnung über die Zulassung zum juristischen Vorbereitungsdienst vom 29. März 1988 (HmbGVBl. S. 38), geändert am 7. Dezember 1993 (HmbGVBl. S. 321), zu berücksichtigen waren, werden in einer ab dem 2. März 2004 geschlossenen Liste „Wartezeit nach altem Recht" oder „Härtefälle nach altem Recht" geführt. [2]Diese Bewerberinnen und Bewerber werden außerdem ohne Berücksichtigung der bisherigen Wartezeit in die gewichtete Bewerbungsliste nach § 5 aufgenommen. [3]Ihnen ist unter Hinweis auf ihre Obliegenheiten nach dieser Verordnung und die Folgen ihrer Nichtbeachtung unverzüglich Gelegenheit zu geben, die Unterlagen nach § 3 Absatz 2 Satz 1 Nummer 5 in beglaubigter Form einzureichen; im Übrigen gilt § 5 Absatz 4 Satz 1 entsprechend.

(3) Bewerberinnen und Bewerber, deren Bewerbung erstmals nach § 3 Absatz 3 Satz 1 dieser Verordnung berücksichtigt wird, werden ausschließlich nach dieser Verordnung in den Vorbereitungsdienst aufgenommen.

(4) Die Bewerberinnen und Bewerber werden in der Übergangszeit abweichend von § 4 ausgewählt
1. für 65 vom Hundert der Ausbildungsplätze nach der Wartezeitliste nach altem Recht,
2. für 5 vom Hundert der Ausbildungsplätze nach der Härtefallliste nach altem Recht,
3. für 30 vom Hundert der Ausbildungsplätze nach dieser Verordnung.

(5) Sobald alle Bewerberinnen und Bewerber, die nach Absatz 4 Nummer 2 zu berücksichtigen sind, in den Vorbereitungsdienst aufgenommen worden sind, beziehungsweise soweit die Zahl der Ausbildungsplätze nach Absatz 4 Nummer 1 oder 2 nicht voll in Anspruch genommen wird, werden die verbleibenden Ausbildungsplätze nach Absatz 4 Nummer 3 vergeben.

(6) Die Auswahl nach der Übergangsregelung endet, sobald alle nach Absatz 4 Nummern 1 und 2 zu berücksichtigenden Bewerberinnen und Bewerber in den Vorbereitungsdienst aufgenommen worden sind.

§ 9 Inkrafttreten

[1]§ 3 dieser Verordnung tritt am 2. März 2004 in Kraft. [2]Im Übrigen tritt die Verordnung am 2. April 2004 in Kraft.

Gesetz
zu der Übereinkunft der Länder Freie Hansestadt Bremen, Freie und Hansestadt Hamburg und Schleswig-Holstein über ein Gemeinsames Prüfungsamt und die Prüfungsordnung für die Große Juristische Staatsprüfung

Vom 26. Juni 1972 (HmbGVBl. S. 119)
(BS Hbg 3011-3)

Der Senat verkündet das nachstehende von der Bürgerschaft beschlossene Gesetz:

Artikel 1 [Zustimmung]
Der nachstehenden Übereinkunft der Länder Freie Hansestadt Bremen, Freie und Hansestadt Hamburg und Schleswig-Holstein über ein Gemeinsames Prüfungsamt und die Prüfungsordnung für die Große Juristische Staatsprüfung vom 4. Mai 1972 wird zugestimmt.

Artikel 2 [Veröffentlichung]
Die Übereinkunft wird nachstehend mit Gesetzeskraft veröffentlicht.

Artikel 3 [Inkrafttreten]
Nach ihrem § 28 Absatz 3 tritt die Übereinkunft am 16. Juni 1972 in Kraft.

Übereinkunft
der Länder Freie Hansestadt Bremen, Freie und Hansestadt Hamburg und Schleswig-Holstein
über ein Gemeinsames Prüfungsamt und die Prüfungsordnung für die zweite Staatsprüfung für Juristen

Vom 26. Juni 1972 (HmbGVBl. S. 119)
(BS Hbg 3011-3)

zuletzt geändert durch Staatsvertrag vom 15. - 21. November 2007 (HmbGVBl. 2008 S. 71)

Die Freie Hansestadt Bremen,
vertreten durch den Herrn Senator für
Rechtspflege und Strafvollzug Kahrs,
die Freie und Hansestadt Hamburg,
vertreten durch den Senat,
das Land Schleswig-Holstein,
vertreten durch den Herrn Ministerpräsidenten,
dieser vertreten durch den Herrn Justizminister Dr. Schwarz,
vereinbaren
vorbehaltlich der Zustimmung ihrer Landesparlamente:

§ 1 Das Gemeinsame Prüfungsamt

(1) [1]Die zweite Staatsprüfung wird vor dem bei dem Hanseatischen Oberlandesgericht in Hamburg errichteten Gemeinsamen Prüfungsamt der Länder Freie Hansestadt Bremen, Freie und Hansestadt Hamburg und Schleswig-Holstein abgelegt.

§ 2 Mitglieder des Gemeinsamen Prüfungsamtes

(1) [1]Das Gemeinsame Prüfungsamt besteht aus dem Präsidenten und der erforderlichen Anzahl von Stellvertretern und weiteren Mitgliedern.

(2) [1]Der Präsident des Gemeinsamen Prüfungsamtes ist der jeweilige Präsident des Hanseatischen Oberlandesgerichts in Hamburg. [2]Er führt die Aufsicht über den Geschäftsbetrieb des Gemeinsamen Prüfungsamtes.

(3) [1]Zu Mitgliedern des Gemeinsamen Prüfungsamtes können berufen werden:
1. Professoren des Rechts an einer Hochschule im Geltungsbereich des Deutschen Richtergesetzes,
2. Richter, Staatsanwälte, Rechtsanwälte und andere Personen, die die Befähigung zum Richteramt oder zum höheren Verwaltungsdienst besitzen.

(4) [1]Die Mitglieder einschließlich der Stellvertreter des Präsidenten werden durch die zuständige Behörde der Freien und Hansestadt Hamburg im Einvernehmen mit den beteiligten Landesjustizverwaltungen berufen. [2]Die Berufung erfolgt jeweils für die Dauer von fünf Jahren und erstreckt sich gegebenenfalls auch darüber hinaus bis zum Abschluss eines innerhalb dieser Frist begonnenen Prüfungsverfahrens. [3]Eine mehrmalige Berufung ist zulässig.

(5) [1]Außer durch Zeitablauf endet die Mitgliedschaft im Gemeinsamen Prüfungsamt bei Richtern und Beamten mit dem Ausscheiden aus dem Hauptamt, bei Hochschullehrern mit der Entpflichtung oder ihrem Ausscheiden aus den Hochschulen im Bereich der am Gemeinsamen Prüfungsamt beteiligten Länder, bei Rechtsanwälten mit dem Erlöschen oder der Rücknahme der Zulassung zur Rechtsanwaltschaft sowie bei Notaren mit dem Erlöschen ihres Amtes oder ihrer Entlassung aus dem Amt. [2]Die zuständige Behörde der Freien und Hansestadt Hamburg kann im Einvernehmen mit den beteiligten Landesjustizverwaltungen die Mitgliedschaft im Einzelfall bis zum Ablauf des Berufungszeitraums (Absatz 4 Satz 2) verlängern.

(6) [1]Die Mitglieder des Gemeinsamen Prüfungsamtes sind in der Beurteilung von Prüfungsleistungen unabhängig.

§ 3 (aufgehoben)

§ 4 Zweck der Prüfung

(1) [1]Die zweite Staatsprüfung hat die Aufgabe festzustellen, ob der Referendar zu selbständiger eigenverantwortlicher Tätigkeit in allen Bereichen der Rechts- und Verwaltungspraxis fähig ist.

(2) [1]Demgemäß soll geprüft werden, ob der Referendar zur Erfassung von Sachverhalten mit ihren rechtlichen, sozialen und wirtschaftlichen Grundlagen im Stande ist, und ob er Aufgaben der beurteilenden und gestaltenden Rechtsanwendung methodisch bearbeiten und seine Ergebnisse sachgerecht begründen kann.

§ 5 Zulassung zur Prüfung

(1) [1]Rechtzeitig vor Beginn der Aufsichtsarbeiten stellt der Oberlandesgerichtspräsident des Bezirks, in dem der Referendar ausgebildet worden ist, den Referendar dem Präsidenten des Gemeinsamen Prüfungsamtes vor und übersendet gleichzeitig die Personalakten. [2]Das Vorstellungsschreiben enthält folgende Daten:

1. Vor- und Familienname,
2. Tag und Ort der Geburt,
3. gegenwärtige Anschrift (gegebenenfalls mit Telefonnummer),
4. Datum, Ort und Note der ersten Prüfung oder der ersten Staatsprüfung,
5. Beginn des Vorbereitungsdienstes,
6. Beginn und Ende der bisherigen Pflicht- und Wahlstationen mit Angabe der Ausbildungsstellen,
7. Zeitpunkt des voraussichtlichen Abschlusses der letzten Station mit Angabe der Ausbildungsstelle.

[3]Die in Satz 2 genannten Daten können dem Gemeinsamen Prüfungsamt nach Absprache mit diesem auf maschinell verwertbaren Datenträgern übermittelt werden.

(2) [1]Ist der Referendar nicht im Bezirk eines der in den vertragschließenden Ländern belegenen Oberlandesgerichte ausgebildet worden, so kann der Oberlandesgerichtspräsident des Bezirks, in dem er seinen Wohnsitz oder ständigen Aufenthalt hat, ihn zur Prüfung vorstellen, wenn wichtige Gründe die Zulassung rechtfertigen.

(3) [1]Spätestens zur Vorstellung nach Absatz 1 Satz 1 gibt der Referendar den von ihm gewählten Schwerpunktbereich an.

(4) [1]Der Präsident des Gemeinsamen Prüfungsamtes entscheidet über die Zulassung des Referendars zur Staatsprüfung.

(5) [1]Der Referendar steht während des Prüfungsverfahrens unter der Dienstaufsicht des Oberlandesgerichtspräsidenten, der ihn zur Prüfung vorgestellt hat.

§ 6 Die Prüfung im Allgemeinen

(1) [1]Die Prüfung beginnt mit der Bekanntgabe der Zulassung.

(2) [1]Die Prüfung besteht aus acht Aufsichtsarbeiten und der abschließenden mündlichen Prüfung.

(3) [1]Die Auswahl und Zuteilung von Prüfungsaufgaben erfolgt durch den Präsidenten des Gemeinsamen Prüfungsamtes oder durch ein von ihm beauftragtes Mitglied.

(4) [1]Die Aufsichtsarbeiten werden nach Maßgabe des vom Präsidenten des Gemeinsamen Prüfungsamtes festgesetzten Termins zwischen dem 19. und dem 21. Ausbildungsmonat geschrieben.

(5) [1]Beeinträchtigungen des Prüfungsablaufs sind unverzüglich zu rügen. [2]Die Rüge ist spätestens nach Bekanntgabe des Prüfungsergebnisses unbeachtlich, es sei denn, der Referendar hat die Verspätung der Rüge nicht zu vertreten.

§ 7 Prüfungsgegenstände

(1) [1]Der Präsident des Gemeinsamen Prüfungsamtes bestimmt im Einvernehmen mit den beteiligten Landesjustizverwaltungen nach Maßgabe der nachfolgenden Grundsätze die Prüfungsgegenstände der zweiten Staatsprüfung.

(2) [1]Die Prüfung bezieht sich auf die Pflichtfächer und einen von dem Referendar gewählten Schwerpunktbereich. [2]Pflichtfächer sind die Kernbereiche des Bürgerlichen Rechts, des Strafrechts und des Öffentlichen Rechts einschließlich des Verfahrensrechts, der europarechtlichen Bezüge sowie der Methoden der gerichtlichen, staatsanwaltschaftlichen, verwaltenden, rechtsberatenden und rechtsgestaltenden Praxis.

(3) [1]Andere als die in Absatz 2 genannten Rechtsgebiete dürfen im Zusammenhang mit den Pflichtfächern zum Gegenstand der Prüfung gemacht werden, soweit lediglich Verständnis und Arbeitsmethode festgestellt werden sollen und Einzelwissen nicht vorausgesetzt wird.

§ 8 Aufsichtsarbeiten

(1) [1]Für jede der acht an je einem Tag zu bearbeitenden Aufgaben stehen dem Referendar fünf Stunden zur Verfügung. [2]Der Präsident des Gemeinsamen Prüfungsamtes verlängert auf Antrag behinderten Referendaren die Bearbeitungszeit und ordnet die nach Art und Umfang der Behinderung angemessenen Erleichterungen an, soweit dies zum Ausgleich der Behinderung notwendig ist.

(2) [1]Die Aufgaben beziehen sich auf die Ausbildung in den Pflichtstationen. [2]Sie sind zu entnehmen:

1. drei dem Bürgerlichen Recht ohne das Handels- und Gesellschaftsrecht,
2. eine dem Bürgerlichen Recht mit Schwerpunkt im Handels-, Gesellschafts- oder Zivilprozessrecht,
3. zwei dem Strafrecht und
4. zwei dem Öffentlichen Recht.

(3) [1]Die Aufgaben sollen nach Möglichkeit auch Fragen des Verfahrensrechts enthalten. [2]Bis zu vier Aufsichtsarbeiten können Fragestellungen aus dem Tätigkeitsbereich der rechtsberatenden Berufe zum Gegenstand haben. [3]Der Referendar hat die in der jeweiligen Verfahrenssituation erforderliche Entscheidung oder Entschließung zu entwerfen. [4]Wenn eine Begründung der Entscheidung oder Entschließung weder erforderlich noch üblich ist, sind die Gründe in einem Gutachten darzulegen.

(4) [1]Der Präsident des Gemeinsamen Prüfungsamtes bestimmt die Hilfsmittel, die für die Anfertigung der Aufsichtsarbeiten benutzt werden dürfen. [2]Die Benutzung anderer Hilfsmittel ist verboten.

§ 9 Anfertigung der Aufsichtsarbeiten

(1) [1]Der Präsident des jeweiligen Oberlandesgerichts bestimmt den Aufsichtführenden für die Anfertigung der Aufsichtsarbeiten.

(2) [1]Der Referendar hat die Arbeit und den Aufgabentext spätestens mit Ablauf der Bearbeitungsfrist bei dem Aufsichtführenden abzugeben. [2]Er versieht beides mit der ihm zugeteilten Kennzahl; die Arbeit darf keinen sonstigen Hinweis auf seine Person enthalten.

(3) [1]Der Aufsichtführende fertigt eine Niederschrift an und vermerkt in ihr jede Unregelmäßigkeit.

(4) [1]Ein Referendar, der sich eines andere Referendare störenden Ordnungsverstoßes schuldig macht, kann vom Aufsichtführenden von der Fortsetzung der Arbeit ausgeschlossen werden, wenn er sein störendes Verhalten trotz Ermahnung nicht einstellt.

(5) [1]Unternimmt ein Referendar einen Täuschungsversuch, so wird er unbeschadet der Vorschrift in Absatz 4 von der Fortsetzung der Arbeit nicht ausgeschlossen.

(6) [1]In den Fällen der Absätze 4 und 5 fertigt der Aufsichtführende über das Vorkommnis einen gesonderten Vermerk, den er nach Abschluss der jeweiligen Arbeit unverzüglich dem Präsidenten des Gemeinsamen Prüfungsamtes zur Entscheidung übermittelt.

(7) [1]Erscheint ein Referendar zur Anfertigung einer Arbeit nicht oder liefert er eine Arbeit nicht ab, ohne dass er die Prüfung aus wichtigem Grunde nach § 22 unterbricht, so wird die Arbeit als ungenügend gewertet.

§ 10 (aufgehoben)

§ 11 Bewertung der Aufsichtsarbeiten

(1) [1]Jede Aufsichtsarbeit wird durch zwei Mitglieder des Gemeinsamen Prüfungsamtes begutachtet und bewertet. [2]Mindestens eine Beurteilung aller Aufsichtsarbeiten derselben Aufgabe wird durch dasselbe Mitglied vorgenommen; werden mehr als vierzig solcher Arbeiten abgeliefert, muss dasselbe Mitglied wenigstens zwanzig von ihnen beurteilen.

(2) [1]Die Mitglieder und die Reihenfolge der Beurteilungen bestimmt der Präsident des Gemeinsamen Prüfungsamtes. [2]Die Mitglieder müssen mit dem Gebiet, das die Aufgabe nach ihrem Schwerpunkt betrifft, besonders vertraut sein.

(3) [1]Weichen die Bewertungen einer Arbeit um nicht mehr als drei Punkte voneinander ab, so gilt das arithmetische Mittel als Punktzahl der Aufsichtsarbeit. [2]Bei größeren Abweichungen versuchen die Prüfer zunächst, ihre Bewertungen bis auf mindestens drei Punkte anzunähern. [3]Gelingt dies nicht, so wird durch den Präsidenten des Gemeinsamen Prüfungsamtes oder einen von ihm bestimmten Stell-

vertreter die Arbeit beurteilt und die Punktzahl auf eine von den Prüfern erteilte Punktzahl oder eine dazwischen liegende Punktzahl festgesetzt.

§ 12 Leistungsbewertung

[1]Für die Bewertung der Aufsichtsarbeiten nach § 11 und der mündlichen Prüfungsleistungen nach § 17 Absatz 1 sowie für die Bildung der Gesamtnote nach § 17 Absatz 2 gelten die Vorschriften der Verordnung über eine Noten- und Punkteskala für die erste und zweite juristische Prüfung vom 3. Dezember 1981 (Bundesgesetzblatt I Seite 1243) in der jeweils geltenden Fassung.

§ 13 Bekanntgabe der Ergebnisse der Aufsichtsarbeiten

[1]Dem Referendar werden die Ergebnisse der Aufsichtsarbeiten in angemessener Frist, spätestens jedoch eine Woche vor der mündlichen Prüfung schriftlich mitgeteilt.

§ 14 Anonymität

(1) [1]Mitteilungen über die Person des Referendars dürfen den Prüfern, Mitteilungen über die Personen der Prüfer dürfen dem Referendar erst nach Abschluss der Bewertung seiner Aufsichtsarbeiten gemacht werden. [2]Kenntnisse über die Person des Referendars, die ein Prüfer vorher durch seine Tätigkeit bei der verwaltungsmäßigen Durchführung des Prüfungsverfahrens erlangt, stehen seiner Mitwirkung nicht entgegen.

(2) [1]Die Namen der Mitglieder des Prüfungsausschusses werden dem Referendar in der Frist des § 13 schriftlich mitgeteilt.

§ 15 Ausschluss von der mündlichen Prüfung

(1) [1]Von der mündlichen Prüfung ist ausgeschlossen, wer in den Aufsichtsarbeiten nicht eine durchschnittliche Punktzahl von mindestens 3,75 und in mindestens vier Aufsichtsarbeiten, von denen eine aus dem Bürgerlichen Recht stammen muss, nicht mindestens die Punktzahl 4,0 erreicht hat. [2]Satz 1 gilt nicht, wenn der Referendar in mindestens sechs Aufsichtsarbeiten, von denen jeweils eine aus dem Bürgerlichen Recht, Strafrecht und Öffentlichen Recht stammen muss, mindestens die Punktzahl 4,0 erreicht hat.

(2) [1]Der nach Absatz 1 von der mündlichen Prüfung ausgeschlossene Referendar hat die Prüfung nicht bestanden. [2]Der Präsident des Gemeinsamen Prüfungsamtes teilt das dem Referendar schriftlich mit.

§ 16 Die mündliche Prüfung

(1) [1]Die mündliche Prüfung wird von einem einschließlich des Vorsitzenden aus vier Prüfern bestehenden Prüfungsausschuss abgenommen. [2]Die Prüfer werden vom Präsidenten des Gemeinsamen Prüfungsamtes aus den Mitgliedern dieses Amtes bestimmt. [3]Nach Möglichkeit sollte mindestens ein Prüfer dem rechtsberatenden oder rechtsgestaltenden Tätigkeitsfeld entstammen. [4]Vorsitzender des Ausschusses ist der Präsident des Gemeinsamen Prüfungsamtes oder einer seiner Stellvertreter.

(2) [1]Rechtzeitig vor der mündlichen Prüfung werden den Mitgliedern des Prüfungsausschusses die Namen der Referendare, die Ergebnisse ihrer Aufsichtsarbeiten und der von ihnen gewählte Schwerpunktbereich mitgeteilt.

(3) [1]Die mündliche Prüfung besteht aus einem Aktenvortrag und einem Prüfungsgespräch. [2]Zu einer Prüfung sollen nicht mehr als fünf Referendare geladen werden. [3]Auf Antrag des Referendars soll eine Einzelprüfung durchgeführt werden, sofern dafür Prüfer in ausreichender Zahl zur Verfügung stehen. [4]Der Antrag ist spätestens vier Wochen vor Ende der Gesamtausbildung zu stellen.

(4) [1]Die mündliche Prüfung beginnt mit dem in freier Rede gehaltenen Aktenvortrag. [2]Der Vortrag ist dem Schwerpunktbereich zu entnehmen. [3]Zur Vorbereitung des Vortrags unter Aufsicht werden dem Referendar die Akten eineinhalb Stunden vor Beginn des Vortrags ausgehändigt. [4]Der Präsident des Gemeinsamen Prüfungsamtes bestimmt den Aufsichtführenden für die Vorbereitung des Vortrages. [5]Die Dauer des Vortrages soll zehn Minuten nicht überschreiten; anschließende Rückfragen sind zulässig. [6]§ 8 Absatz 1 Satz 2 und Absatz 4 gilt entsprechend.

(5) [1]Das Prüfungsgespräch besteht aus je einem Abschnitt, der sich auf die drei Pflichtfächer sowie den Schwerpunktbereich nach § 7 Absatz 2 bezieht. [2]Das Prüfungsgespräch soll für jeden Referendar nicht weniger als 40 Minuten dauern und ist durch mindestens eine angemessene Pause zu unterbrechen.

(6) ¹Der Vorsitzende des Prüfungsausschusses leitet die mündliche Prüfung. ²Er hat darauf zu achten, dass ein sachgerechtes Prüfungsgespräch geführt wird. ³Er beteiligt sich selbst an der Prüfung. ⁴Ihm obliegt die Aufrechterhaltung der Ordnung.

(7) ¹Die mündliche Prüfung ist für Referendare und andere Personen, die ein berechtigtes Interesse haben, öffentlich. ²Der Vorsitzende des Prüfungsausschusses kann die Öffentlichkeit ganz oder teilweise ausschließen, wenn ein wichtiger Grund vorliegt.

(8) ¹Beauftragte Vertreter der zuständigen Behörde der Freien und Hansestadt Hamburg und der beteiligten Landesjustizverwaltungen können den Prüfungen jederzeit beiwohnen.

§ 17 Schlussberatung

(1) ¹Im Anschluss an die mündliche Prüfung berät der Prüfungsausschuss über die Bewertung der mündlichen Prüfungsleistungen nach § 12. ²§ 196 des Gerichtsverfassungsgesetzes gilt entsprechend. ³Bei Stimmengleichheit gibt die Stimme des Vorsitzenden den Ausschlag.

(2) ¹Sodann ermittelt der Prüfungsausschuss aus den Bewertungen der schriftlichen und mündlichen Prüfungsleistungen die Punktzahl der Gesamtnote, die ohne Rundung auf zwei Dezimalstellen nach dem Komma errechnet wird. ²Für die Bildung der Gesamtnote werden die schriftlichen Prüfungsleistungen mit 70 vom Hundert und die mündlichen Prüfungsleistungen mit 30 vom Hundert gewichtet. ³Dabei sind zu berücksichtigen die jeweiligen Einzelbewertungen mit einem Anteil von 8,75 vom Hundert für jede Aufsichtsarbeit, von 8 vom Hundert für den Aktenvortrag und von 5,5 vom Hundert für jeden Abschnitt des Prüfungsgespräches.

(3) ¹Der Prüfungsausschuss kann bei seiner Entscheidung über das Ergebnis der Prüfung von der rechnerisch ermittelten Gesamtnote abweichen, wenn dies auf Grund des Gesamteindrucks den Leistungsstand des Referendars besser kennzeichnet und die Abweichung auf das Bestehen der Prüfung keinen Einfluss hat; hierbei sind auch die Leistungen im Vorbereitungsdienst zu berücksichtigen. ²Die Abweichung darf ein Drittel des durchschnittlichen Umfangs einer Notenstufe nicht übersteigen. ³Eine rechnerisch ermittelte Anrechnung von im Vorbereitungsdienst erteilten Noten auf die Gesamtnote der Prüfung ist ausgeschlossen.

§ 18 Schlussentscheidung

(1) ¹Die Prüfung ist bestanden, wenn die Punktzahl der Gesamtnote mindestens vier Punkte beträgt.

(2) ¹Im Anschluss an die Beratung des Prüfungsausschusses wird die Gesamtnote einschließlich der in die Prüfungsnote eingegangenen Einzelnoten in Abwesenheit der Zuhörer dem Referendar verkündet und auf seinen Wunsch durch den Vorsitzenden des Prüfungsausschusses mündlich begründet.

(3) ¹Wer die Prüfung bestanden hat, erhält darüber ein Zeugnis mit der Notenbezeichnung und der bis auf zwei Dezimalstellen ohne Auf- oder Abrundung errechneten Punktzahl der Gesamtnote.

§ 19 Prüfungsniederschrift

¹Über die mündliche Prüfung ist eine vom Vorsitzenden des Prüfungsausschusses zu unterzeichnende Niederschrift aufzunehmen, in der die Gegenstände und die Einzelbewertungen der mündlichen Prüfung, die Entscheidung nach § 17 Absatz 3, die Prüfungsnote und die Schlussentscheidung des Prüfungsausschusses mit der Gesamtnote festgestellt werden. ²Neben den Noten sind dabei auch die festgesetzten Punktzahlen niederzulegen.

§ 20 Ablehnung eines Prüfers

(1) ¹Der Referendar kann ein Mitglied des Prüfungsausschusses für die mündliche Prüfung ablehnen, wenn einer der in § 41 Nummern 2 und 3 der Zivilprozessordnung genannten Gründe oder sonst ein Grund vorliegt, der geeignet ist, Misstrauen gegen die Unvoreingenommenheit des Prüfers zu rechtfertigen. ²Hat die Ablehnung Erfolg, nimmt der Referendar an einer anderen mündlichen Prüfung teil.

(2) ¹Der Referendar hat das Ablehnungsgesuch schriftlich zu begründen und unverzüglich nach Bekanntwerden des Ablehnungsgrundes bei dem Gemeinsamen Prüfungsamt anzubringen.

(3) ¹Über das Ablehnungsgesuch entscheidet der Präsident des Gemeinsamen Prüfungsamtes, ist er selbst von der Ablehnung betroffen, entscheidet einer seiner Stellvertreter. ²Vor der Entscheidung ist der betroffene Prüfer zu hören. ³Einer Entscheidung bedarf es nicht, wenn der Prüfer das Ablehnungsgesuch für begründet hält.

§ 21 Ordnungsverstoß, Täuschungsversuch

(1) [1]Ist ein Referendar gemäß § 9 Absatz 4 von der Fortsetzung einer Aufsichtsarbeit ausgeschlossen worden, so wird diese Arbeit als ungenügend gewertet. [2]Macht sich ein Referendar in der mündlichen Prüfung eines das Prüfungsgespräch störenden Ordnungsverstoßes schuldig, so kann er von der weiteren Prüfung ausgeschlossen werden, wenn er sein störendes Verhalten trotz Abmahnung fortsetzt. [3]In diesem Fall sind seine Leistungen in der mündlichen Prüfung als ungenügend zu werten.

(2) [1]Unternimmt es ein Referendar, das Ergebnis der Prüfung durch Täuschung zu beeinflussen, so ist die davon betroffene Prüfungsleistung als ungenügend zu werten. [2]Das Gleiche gilt, wenn ein Referendar nicht zugelassene Hilfsmittel benutzt oder mit sich führt. [3]In schweren Fällen ist die Prüfung für nicht bestanden zu erklären.

(3) [1]Über die Folgen eines in der mündlichen Prüfung begangenen Ordnungsverstoßes oder Täuschungsversuchs entscheidet der Prüfungsausschuss, in den übrigen Fällen der Präsident des Gemeinsamen Prüfungsamtes. [2]Vor der Entscheidung ist dem Referendar Gelegenheit zur Äußerung zu geben.

(4) [1]Wird erst nach Aushändigung des Zeugnisses über das Bestehen der Prüfung bekannt, dass die Voraussetzungen des Absatzes 2 vorgelegen haben, so kann der Präsident des Gemeinsamen Prüfungsamtes innerhalb von fünf Jahren seit dem Tage der mündlichen Prüfung die Prüfung für nicht bestanden erklären. [2]Das Prüfungszeugnis ist einzuziehen. [3]Absatz 3 Satz 2 gilt entsprechend.

§ 22 Unterbrechung der Prüfung

(1) [1]Der Referendar kann aus wichtigem Grund die Prüfung unterbrechen, ohne dass dadurch die bis dahin erbrachten Leistungen eines abgeschlossenen Prüfungsabschnitts berührt werden.

(2) [1]Unterbricht er die Prüfung während der Anfertigung der Aufsichtsarbeiten, so nimmt er nach Wegfall des wichtigen Grundes zum nächstmöglichen Termin erneut an sämtlichen Aufsichtsarbeiten teil. [2]Unterbricht er sie während der mündlichen Prüfung, so nimmt er nach Wegfall des wichtigen Grundes an einer vollständigen mündlichen Prüfung einschließlich des Aktenvortrags teil.

(3) [1]Die Entscheidung über das Vorliegen des wichtigen Grundes trifft der Präsident des Gemeinsamen Prüfungsamtes. [2]Krankheit gilt nur dann als wichtiger Grund, wenn sie unverzüglich durch ein amts- oder personalärztliches Zeugnis nachgewiesen wird. [3]Der Präsident des Gemeinsamen Prüfungsamtes kann auf die Vorlage des ärztlichen Zeugnisses verzichten, wenn offensichtlich ist, dass der Referendar erkrankt ist.

(4) [1]Unterbricht der Referendar die Prüfung, ohne dass ein wichtiger Grund vorliegt, so ist die Prüfung nicht bestanden.

§ 23 Wiederholung der Prüfung

(1) [1]Hat der Referendar die Prüfung nicht bestanden, so darf er sie einmal wiederholen.

(2) [1]Die Regelung einer Zurückverweisung in den Vorbereitungsdienst (Ergänzungsvorbereitungs- dienst) und der Vorbereitung auf die Wiederholungsprüfung bleibt den vertragschließenden Ländern vorbehalten. [2]Ist der Referendar bereits von der mündlichen Prüfung ausgeschlossen, ist ein Ergän- zungsvorbereitungsdienst vorzusehen.

(3) [1]Wer dem Prüfungsausschuss der nicht bestandenen Prüfung angehört hat, wird in der mündlichen Prüfung der Wiederholungsprüfung nicht eingesetzt.

(4) [1]Der Präsident des Gemeinsamen Prüfungsamtes kann auf Antrag eine zweite Wiederholung der Prüfung gestatten. [2]Der Antrag ist über den Oberlandesgerichtspräsidenten einzureichen, in dessen Bezirk der Referendar zuletzt ausgebildet worden ist. [3]Bei Gestattung der zweiten Wiederholung der Prüfung bestimmt der Präsident des Gemeinsamen Prüfungsamtes etwaige weitere Auflagen; ein Er- gänzungsvorbereitungsdienst kann nicht angeordnet werden.

(5) [1]Eine Anrechnung früherer Prüfungsleistungen findet nicht statt.

§ 23a Notenverbesserung

(1) [1]Wer die Prüfung bei erstmaliger Ablegung vor dem Gemeinsamen Prüfungsamt bestanden hat, kann sie zur Verbesserung der Prüfungsnote auf Antrag einmal wiederholen (Notenverbesserung). [2]Der Antrag muss spätestens vier Monate nach dem mündlichen Prüfungstermin der ersten Ablegung schriftlich an das Gemeinsame Prüfungsamt gerichtet werden.

(2) [1]Die Prüfung ist vollständig zu wiederholen. [2]§ 22 findet entsprechende Anwendung. [3]Eine An- rechnung früherer Prüfungsleistungen findet nicht statt.

(3) [1]Für die Abnahme der Prüfung nach Absatz 1 erhebt das Gemeinsame Prüfungsamt eine aufwandbezogene und kostendeckende Gebühr. [2]Die Gebühr ist mit Stellung des Antrags nach Absatz 1 zu entrichten. [3]Die Gebühr wird nach Maßgabe einer Gebührenordnung für das Gemeinsame Prüfungsamt erhoben. [4]Ergänzend gilt das Gebührengesetz vom 5. März 1986 (HmbGVBl. S. 37), zuletzt geändert am 11. Juli 2007 (HmbGVBl. S. 236), der Freien und Hansestadt Hamburg in der jeweils geltenden Fassung.

§ 24 Einsicht in die Prüfungsakten

(1) [1]Nach Abschluss des Prüfungsverfahrens ist dem Referendar auf Antrag Einsicht in seine Aufsichtsarbeiten, die darauf bezogenen Gutachten der Prüfer und in die Prüfungsniederschriften zu gewähren, soweit er ein berechtigtes Interesse nachweist.

(2) [1]Der Antrag ist binnen eines Monats nach Bekanntgabe der abschließenden Entscheidung beim Gemeinsamen Prüfungsamt einzureichen. [2]§ 60 der Verwaltungsgerichtsordnung gilt entsprechend.

(3) [1]Die Einsicht soll in der Geschäftsstelle des Gemeinsamen Prüfungsamtes genommen werden.

§ 25 Verfahren bei Widersprüchen

[1]Über Widersprüche gegen Entscheidungen des Gemeinsamen Prüfungsamtes und seines Präsidenten entscheidet sein Präsident. [2]Soweit ein Widerspruchsverfahren erfolglos ist, werden Gebühren nach Maßgabe des Gebührengesetzes vom 5. März 1986 (HmbGVBl. S. 37) der Freien und Hansestadt Hamburg in der jeweils geltenden Fassung erhoben.

§ 26 Zahl der Stellen des Gemeinsamen Prüfungsamtes

(1) [1]Die Zahl der Stellen des Gemeinsamen Prüfungsamtes beträgt nach dem derzeitigen Stellenplan
1. im höheren Dienst 4,
2. im gehobenen Dienst 0,15,
3. im mittleren Dienst 3,05,
4. im einfachen Dienst 1 und
5. im Angestelltenverhältnis 1,75.

(2) [1]Die Zahl der Stellen darf nur nach vorheriger Zustimmung der vertragschließenden Länder verändert werden.

§ 27 Umlagefähige Kosten

(1) [1]Die ab dem Jahr 1998 umlagefähigen Kosten des Gemeinsamen Prüfungsamtes setzen sich zusammen aus
1. den Personalkosten der Richter, Beamten und Angestellten auf der Basis der jeweils aktuellen Werte der hamburgischen Personalkostentabelle einschließlich des Versorgungszuschlags (Budgetwert),
2. den sächlichen Kosten (ausschließlich Geschäftsbedarf, Kopierkosten, Druckereikosten, Geräte und Ausstattungen, Post- und Fernmeldegebühren, Miete, Bewirtschaftung und Unterhaltung der gemieteten Räume, Reisekosten, Prozesskosten, Fortbildung der Prüfer, Prüfungsvergütungen) sowie
3. einem Verwaltungsgemeinkostenzuschlag.

(2) [1]Der Verwaltungsgemeinkostenzuschlag beträgt 12,5 vom Hundert des Budgetwerts. [2]Eine Änderung bedarf des Einvernehmens der vertragschließenden Länder und wird erst mit Wirkung vom übernächsten auf den Festsetzungszeitpunkt folgenden Haushaltsjahr zur Abrechnungsgrundlage.

§ 28 Umlageschlüssel und Umlageverfahren

(1) [1]Die nach § 27 Absatz 1 umlagefähigen Kosten des Gemeinsamen Prüfungsamtes werden auf die vertragschließenden Länder nach dem Verhältnis der aus diesen Ländern kommenden Prüflinge umgelegt.

(2) [1]Nach Abschluss eines Kalenderjahres wird die Freie und Hansestadt Hamburg den Ländern Freie Hansestadt Bremen und Schleswig-Holstein eine Berechnung über die Gesamtkosten des Gemeinsamen Prüfungsamtes zur Erstattung des auf sie entfallenden Anteils übersenden. [2]Diese geben zuvor der Freien und Hansestadt Hamburg unmittelbar nach Abschluss des Rechnungsjahres, spätestens aber am 30. Januar des folgenden Kalenderjahres die Reisekosten auf, die den aus ihren Ländern kommenden Prüfern im vorangegangenen Rechnungsjahr ausgezahlt wurden. [3]Zu den erstattungsfähigen Rei-

sekosten gehören Bahnfahrten in der 2. Klasse und Übernachtungskosten; diese jedoch nur, wenn eine Anreise vom Wohnort am Morgen des Prüfungstages unzumutbar ist.

§ 29 Kündigung der Übereinkunft

(1) [1]Diese Übereinkunft kann von jedem der vertragschließenden Länder auf den Schluss eines Kalenderjahres unter Einhaltung einer Kündigungsfrist von sechs Monaten gekündigt werden.

(2) [1]Durch das Ausscheiden eines Landes wird die Wirksamkeit der Übereinkunft unter den übrigen Ländern nicht berührt.

§ 30 Personenbezeichnungen

[1]Werden in der Länderübereinkunft für Personen Bezeichnungen in der männlichen Form verwendet, so gelten diese Bezeichnungen für Frauen in der weiblichen Form.

§ 31 Ratifikation, Inkrafttreten der Übereinkunft

(1) [1]Die Übereinkunft bedarf der Ratifikation.

(2) [1]Die Ratifikationsurkunden sollen tunlichst bis zum 16. Juni 1972 bei der Senatskanzlei der Freien und Hansestadt Hamburg hinterlegt werden.

(3) [1]Die Übereinkunft tritt am 16. Juni 1972 in Kraft. [2]Zum gleichen Zeitpunkt wird die Übereinkunft der Länder Freie Hansestadt Bremen, Hansestadt Hamburg und Schleswig-Holstein über ein gemeinsames Prüfungsamt und die Prüfungsordnung für die Große Juristische Staatsprüfung vom 20./24./27. Februar 1950, zuletzt geändert durch Zusatzvereinbarung vom 18. Februar 1971, aufgehoben.

Hamburgisches Pressegesetz

Vom 29. Januar 1965 (HmbGVBl. S. 15)
(BS Hbg 2250-1)
zuletzt geändert durch § 1 Viertes ÄndG vom 18. Mai 2018 (HmbGVBl. S. 184)

Der Senat verkündet das nachstehende von der Bürgerschaft beschlossene Gesetz:

Inhaltsübersicht

§ 1 Freiheit der Presse

(1) [1]Die Presse ist frei. [2]Sie soll der freiheitlichen demokratischen Grundordnung dienen.

(2) Die Freiheit der Presse unterliegt nur den Beschränkungen, die durch das Grundgesetz und in seinem Rahmen durch dieses Gesetz zugelassen sind.

(3) Sondermaßnahmen jeder Art, die die Pressefreiheit beeinträchtigen, sind verboten.

(4) Berufsorganisationen der Presse mit Zwangsmitgliedschaft und eine mit hoheitlicher Gewalt ausgestattete Standesgerichtsbarkeit der Presse sind unzulässig.

(5) Gesetzen, die für jedermann gelten, ist auch die Presse unterworfen.

§ 2 Zulassungsfreiheit

Die Pressetätigkeit einschließlich der Errichtung eines Verlagsunternehmens oder eines sonstigen Betriebes des Pressegewerbes bedarf keiner Zulassung.

§ 3 Öffentliche Aufgabe der Presse

Die Presse erfüllt eine öffentliche Aufgabe insbesondere dadurch, dass sie Nachrichten beschafft und verbreitet, Stellung nimmt, Kritik übt, in anderer Weise an der Meinungsbildung mitwirkt oder der Bildung dient.

§ 4 Informationsrecht

(1) Die Behörden sind verpflichtet, den Vertretern der Presse und des Rundfunks die der Erfüllung ihrer öffentlichen Aufgabe dienenden Auskünfte zu erteilen.

(2) Auskünfte können verweigert werden, soweit

1. hierdurch die sachgemäße Durchführung eines schwebenden Gerichtsverfahrens, Bußgeldverfahrens oder Disziplinarverfahrens beeinträchtigt oder gefährdet werden könnte oder
2. Vorschriften über die Geheimhaltung oder die Amtsverschwiegenheit entgegenstehen oder
3. sonst ein überwiegendes öffentliches oder schutzwürdiges privates Interesse verletzt würde.

(3) Allgemeine Anordnungen, die einer Behörde Auskünfte an die Presse verbieten, sind unzulässig.

(4) Der Verleger eines periodischen Druckwerks kann von den Behörden verlangen, dass ihm deren amtliche Bekanntmachungen nicht später als seinen Mitbewerbern zur Verwendung zugeleitet werden.

§ 5 (aufgehoben)

§ 6 Sorgfaltspflicht der Presse

[1]Die Presse hat alle Nachrichten vor ihrer Verbreitung mit der nach den Umständen gebotenen Sorgfalt auf Wahrheit, Inhalt und Herkunft zu prüfen. [2]Die Verpflichtung, Druckwerke von strafbarem Inhalt freizuhalten (§ 19), bleibt unberührt.

§ 7 Druckwerke

(1) Druckwerke im Sinne dieses Gesetzes sind alle mittels der Buchdruckerpresse oder eines sonstigen zur Massenherstellung geeigneten Vervielfältigungsverfahrens hergestellten und zur Verbreitung bestimmten Schriften, besprochenen Tonträger, bildlichen Darstellungen mit und ohne Schrift und Musikalien mit Text oder Erläuterungen.

(2) ^{1}Zu den Druckwerken gehören auch die vervielfältigten Mitteilungen, mit denen Nachrichtenagenturen, Pressekorrespondenzen, Materndienste und ähnliche Unternehmungen die Presse mit Beiträgen in Wort, Bild oder ähnlicher Weise versorgen. ^{2}Als Druckwerke gelten ferner die von einem presseredaktionellen Hilfsunternehmen gelieferten Mitteilungen ohne Rücksicht auf die technische Form, in der sie geliefert werden, sowie Wochenschauen.

(3) Den Bestimmungen dieses Gesetzes über Druckwerke unterliegen nicht
1. amtliche Druckwerke, soweit sie ausschließlich amtliche Mitteilungen enthalten,
2. Druckwerke, die nur Zwecken des Gewerbes und Verkehrs, des häuslichen und geselligen Lebens dienen, wie Formulare, Preislisten, Werbedrucksachen, Familienanzeigen, Geschäfts-, Jahres- und Verwaltungsberichte und dergleichen, sowie Stimmzettel für Wahlen.

(4) Periodische Druckwerke sind Zeitungen, Zeitschriften und andere in ständiger, wenn auch unregelmäßiger Folge und im Abstand von nicht mehr als sechs Monaten erscheinende Druckwerke.

§ 8 Impressum

(1) Auf jedem in der Freien und Hansestadt Hamburg erscheinenden Druckwerk müssen Name oder Firma und Anschrift des Druckers und des Verlegers, beim Selbstverlag die des Verfassers oder des Herausgebers genannt sein.

(2) ^{1}Auf den periodischen Druckwerken sind ferner Name und Anschrift des verantwortlichen Redakteurs anzugeben. ^{2}Sind mehrere Redakteure verantwortlich, so muss das Impressum die geforderten Angaben für jeden von ihnen enthalten. ^{3}Hierbei ist kenntlich zu machen, für welchen Teil oder sachlichen Bereich des Druckwerks jeder einzelne verantwortlich ist. ^{4}Für den Anzeigenteil ist ein Verantwortlicher zu benennen; für diesen gelten die Vorschriften über den verantwortlichen Redakteur entsprechend.

(3) Zeitungen und Anschlusszeitungen, die regelmäßig wesentliche Teile fertig übernehmen, haben im Impressum auch den für den übernommenen Teil verantwortlichen Redakteur und den Verleger des anderen Druckwerkes zu benennen.

§ 9 Persönliche Anforderungen an den verantwortlichen Redakteur

(1) Als verantwortlicher Redakteur kann nicht tätig sein und beschäftigt werden, wer
1. seinen ständigen Aufenthalt nicht innerhalb eines Mitgliedstaates der Europäischen Union oder eines anderen Vertragsstaates des Abkommens über den Europäischen Wirtschaftsraum hat,
2. infolge Richterspruchs die Fähigkeit zur Bekleidung öffentlicher Ämter, die Fähigkeit, Rechte aus öffentlichen Wahlen zu erlangen, oder das Recht, in öffentlichen Angelegenheiten zu wählen oder zu stimmen, nicht besitzt,
3. das 18. Lebensjahr nicht vollendet hat,
4. nicht unbeschränkt geschäftsfähig ist.

(2) Die Vorschriften des Absatzes 1 Nummern 3 und 4 gelten nicht für Druckwerke, die von Jugendlichen für Jugendliche herausgegeben werden.

(3) Von der Voraussetzung des Absatzes 1 Nummer 1 kann die zuständige Behörde in besonderen Fällen auf Antrag Befreiung erteilen.

§ 10 Kennzeichnung entgeltlicher Veröffentlichungen

Hat der Verleger eines periodischen Druckwerks für eine Veröffentlichung ein Entgelt erhalten, gefordert oder sich versprechen lassen, so hat er diese Veröffentlichung deutlich mit dem Wort „Anzeige" zu bezeichnen, soweit sie nicht schon durch Anordnung und Gestaltung allgemein als Anzeige zu erkennen ist.

§ 11 Gegendarstellung

(1) ^{1}Der verantwortliche Redakteur und der Verleger eines periodischen Druckwerks sind verpflichtet, eine Gegendarstellung der Person oder Stelle zum Abdruck zu bringen, die durch eine in dem Druckwerk aufgestellte Tatsachenbehauptung betroffen ist. ^{2}Die Verpflichtung erstreckt sich auf alle Nebenausgaben des Druckwerks, in denen die Tatsachenbehauptung erschienen ist.

(2) ¹Die Pflicht zum Abdruck einer Gegendarstellung besteht nicht, wenn die Gegendarstellung ihrem Umfang nach nicht angemessen ist. ²Überschreitet die Gegendarstellung nicht den Umfang des beanstandeten Textes, so gilt sie als angemessen. ³Die Gegendarstellung muss sich auf tatsächliche Angaben beschränken und darf keinen strafbaren Inhalt haben. ⁴Sie bedarf der Schriftform und muss von dem Betroffenen oder seinem gesetzlichen Vertreter unterzeichnet sein. ⁵Der Betroffene oder sein Vertreter kann den Abdruck nur verlangen, wenn die Gegendarstellung dem verantwortlichen Redakteur oder dem Verleger unverzüglich, spätestens innerhalb von drei Monaten nach der Veröffentlichung, zugeht.

(3) ¹Die Gegendarstellung muss in der nach Empfang der Einsendung nächstfolgenden, für den Druck nicht abgeschlossenen Nummer in dem gleichen Teil des Druckwerks und mit gleicher Schrift wie der beanstandete Text ohne Einschaltungen und Weglassungen abgedruckt werden. ²Sie darf nicht in Form eines Leserbriefes erscheinen. ³Der Abdruck ist kostenfrei, es sei denn, der beanstandete Text ist als Anzeige abgedruckt worden. ⁴Wer sich zu der Gegendarstellung in derselben Nummer äußert, muss sich auf tatsächliche Angaben beschränken.

(4) ¹Für die Durchsetzung des Gegendarstellungsanspruchs ist der ordentliche Rechtsweg gegeben. ²Auf Antrag des Betroffenen kann das Gericht anordnen, dass der verantwortliche Redakteur und der Verleger in der Form des Absatzes 3 eine Gegendarstellung veröffentlichen. ³Auf dieses Verfahren sind die Vorschriften der Zivilprozessordnung über das Verfahren auf Erlass einer einstweiligen Verfügung entsprechend anzuwenden. ⁴Eine Gefährdung des Anspruchs braucht nicht glaubhaft gemacht zu werden.

(5) Die Absätze 1 bis 4 gelten nicht für wahrheitsgetreue Berichte über öffentliche Sitzungen der gesetzgebenden oder beschließenden Organe des Bundes, der Länder und der Gemeinden (Gemeindeverbände) sowie der Gerichte.

§ 11a Datenverarbeitung zu journalistischen Zwecken, Medienprivileg

Soweit Unternehmen der Presse sowie Hilfs- und Beteiligungsunternehmen der Presse personenbezogene Daten zu journalistischen oder literarischen Zwecken verarbeiten, gilt § 37 Absätze 1 bis 3 des Medienstaatsvertrages HSH vom 13. Juni 2006 (HmbGVBl. 2007 S. 48), zuletzt geändert am 7. Dezember und 13. Dezember 2017 (HmbGVBl. 2018 S. 142), in der jeweils geltenden Fassung.

§§ 12–18 (aufgehoben)

§ 19 Strafrechtliche Verantwortung

(1) Die Verantwortlichkeit für Straftaten, die mittels eines Druckwerkes begangen werden, bestimmt sich nach den allgemeinen Strafgesetzen.

(2) Ist mittels eines Druckwerkes eine rechtswidrige Tat begangen worden, die den Tatbestand eines Strafgesetzes verwirklicht, so wird, soweit er nicht wegen dieser Tat schon nach Absatz 1 als Täter oder Teilnehmer strafbar ist, mit Freiheitsstrafe bis zu einem Jahr oder mit Geldstrafe bestraft

1. bei periodischen Druckwerken der verantwortliche Redakteur, wenn er vorsätzlich oder fahrlässig seine Verpflichtung verletzt hat, Druckwerke von strafbarem Inhalt freizuhalten, und die rechtswidrige Tat hierauf beruht,

2. bei sonstigen Druckwerken der Verleger, wenn er vorsätzlich oder fahrlässig seine Aufsichtspflicht verletzt hat und die rechtswidrige Tat hierauf beruht.

§ 20 Strafbare Verletzung der Presseordnung

Mit Freiheitsstrafe bis zu einem Jahr oder mit Geldstrafe wird bestraft, wer

1. als Verleger eine Person zum verantwortlichen Redakteur bestellt, die nicht den Anforderungen des § 9 entspricht,

2. als verantwortlicher Redakteur zeichnet, obwohl er die Voraussetzungen des § 9 nicht erfüllt,

3. als verantwortlicher Redakteur oder Verleger – beim Selbstverlag als Verfasser oder Herausgeber – bei einem Druckwerk strafbaren Inhalts den Vorschriften über das Impressum (§ 8) zuwiderhandelt.

§ 21 Ordnungswidrigkeiten

(1) Ordnungswidrig handelt, wer vorsätzlich oder fahrlässig

1. als verantwortlicher Redakteur oder Verleger – beim Selbstverlag als Verfasser oder Herausgeber – den Vorschriften über das Impressum (§ 8) zuwiderhandelt oder als Unternehmer Druckwerke verbreitet, in denen das Impressum ganz oder teilweise fehlt,

2. als Verleger oder als Verantwortlicher für den Anzeigenteil (§ 8 Absatz 2 Satz 4) eine Veröffentlichung gegen Entgelt nicht als Anzeige kenntlich macht oder kenntlich machen lässt (§ 10).

(2) Ordnungswidrig handelt, wer fahrlässig einen der in § 20 genannten Tatbestände verwirklicht.

(3) Die Ordnungswidrigkeit kann, wenn sie vorsätzlich begangen worden ist, mit einer Geldbuße bis zu 5 000 Euro, wenn sie fahrlässig begangen worden ist, mit einer Geldbuße bis zu 2 500 Euro geahndet werden.

§ 22 (aufgehoben)

§ 23 Verjährung

(1) ¹Die Verfolgung von Straftaten nach diesem Gesetz oder von Straftaten, die mittels eines Druckwerkes begangen werden, verjährt bei Verbrechen in einem Jahr, bei Vergehen in sechs Monaten. ²Bei Vergehen nach §§ 86, 86a, § 130 Absätze 2 und 5, § 131 sowie nach § 184a, § 184b Absätze 1 bis 3, jeweils auch in Verbindung mit § 184c des Strafgesetzbuches gelten insoweit die Vorschriften des Strafgesetzbuches über die Verfolgungsverjährung.

(2) Die Verfolgung der in § 21 genannten Ordnungswidrigkeiten verjährt in drei Monaten.

(3) ¹Die Verjährung beginnt mit der Veröffentlichung oder Verbreitung des Druckwerks. ²Wird das Druckwerk in Teilen veröffentlicht oder verbreitet oder wird es neu aufgelegt, so beginnt die Verjährung erneut mit der Veröffentlichung oder Verbreitung der weiteren Teile oder Auflagen.

(4) Absätze 1 und 3 gelten für Hörfunk und Fernsehen entsprechend.

§ 24 Inkrafttreten

(1) ¹Dies Gesetz tritt mit Ausnahme des § 23 am 1. April 1965 in Kraft. ²§ 23 tritt am 1. Oktober 1965 in Kraft.

(2) Gleichzeitig tritt das Reichsgesetz über die Presse vom 7. Mai 1874 (Reichsgesetzblatt Seite 65) außer Kraft.

(3) Das Gesetz, betreffend den Staatsvertrag über den Norddeutschen Rundfunk, vom 10. Juni 1955 (Hamburgisches Gesetz- und Verordnungsblatt Seite 197) bleibt unberührt.

Gesetz
zum Staatsvertrag über das Medienrecht in Hamburg und Schleswig-Holstein
(Medienstaatsvertrag HSH)

Vom 6. Februar 2007 (HmbGVBl. S. 47)
(2251-4)

Der Senat verkündet das nachstehende von der Bürgerschaft beschlossene Gesetz:

Artikel 1 [Zustimmung]
Dem von den Ländern Hamburg und Schleswig-Holstein am 13. Juni 2006 unterzeichneten Staatsvertrag über das Medienrecht in Hamburg und Schleswig-Holstein wird zugestimmt.

Artikel 2 [Veröffentlichung]
Der Staatsvertrag wird nachstehend mit Gesetzeskraft veröffentlicht.

Artikel 3 [Bekanntgabe]
Der Tag, an dem der Staatsvertrag nach seinem § 61 in Kraft tritt, ist im Hamburgischen Gesetz- und Verordnungsblatt bekannt zu geben[1].

---

1) Inkrafttreten am 1.3.2007, siehe Bek. v. 28.2.2007 (HmbGVBl. S. 84).

Staatsvertrag
über das Medienrecht in Hamburg und Schleswig-Holstein
(Medienstaatsvertrag HSH)

Vom 13. Juni 2006

zuletzt geändert durch Art. 1 Achter Medienänderungsstaatsvertrag HSH vom 2. Dezember 2020
(HmbGVBl. S. 133, 144 und GVOBl. Schl.-H. S. 305, 507)

Die Freie und Hansestadt Hamburg und das Land Schleswig-Holstein – zusammen in diesem Staatsvertrag „die Länder" genannt – schließen nachstehenden Staatsvertrag:

Inhaltsverzeichnis

Erster Abschnitt
Allgemeine Vorschriften

§ 1   Geltungsbereich

(1) [1]Dieser Staatsvertrag gilt für die Veranstaltung und das Angebot, die Verbreitung und die Zugänglichmachung von Rundfunk durch private Rundfunkveranstalter und Telemedienanbieter, sowie für die Anbieter von Medienplattformen und Benutzeroberflächen, den Bürger- und Ausbildungskanal in Hamburg und den Offenen Kanal in Schleswig-Holstein. [2]Er gilt ebenfalls für Modellversuche sowie für die Finanzierung besonderer Aufgaben nach § 112 des Medienstaatsvertrages. [3]Die Bestimmungen des Jugendmedienschutz-Staatsvertrages über unzulässige Angebote finden Anwendung.

(2) Für bundesweit verbreitete private Angebote gilt anstelle der Bestimmung

1.   über die Programmaufgabe nach § 3 Absatz 1 sowie über die Programmgrundsätze nach § 4 Absätze 1 bis 3 die Bestimmung in § 51 des Medienstaatsvertrages,

2.   über die besonderen Sendezeiten nach § 13 die Bestimmung in § 68 des Medienstaatsvertrages,

3.   über die Sicherung der Meinungsvielfalt in § 19 die Bestimmungen in den §§ 50, 59 bis 67 sowie 106 bis 109 des Medienstaatsvertrages,

4.   über die Zulassung von Rundfunkprogrammen nach § 20 Absatz 1 Sätze 1 und 2 und Absatz 2 die Bestimmungen in den §§ 53 bis 58 des Medienstaatsvertrages,

5.   über die ordnungswidrigen Handlungen nach § 51 die Bestimmung in § 115 des Medienstaatsvertrages sowie in § 24 des Jugendmedienschutz-Staatsvertrages,

6.   über Straftaten nach § 52 die Bestimmung in § 23 des Jugendmedienschutz-Staatsvertrages.

(3) Für die Zuweisung von Übertragungskapazitäten für bundesweite Versorgungsbedarfe einschließlich deren Rücknahme und Widerruf gelten die Vorschriften des § 105 Absatz 1 Satz 1 Nr. 13 in Verbindung mit §§ 102, 108 Absatz 1 Nr. 2, Absatz 2 Nr. 2 sowie § 107 Absatz 2 des Medienstaatsvertrages.

(4) Für die Zuordnung von drahtlosen Übertragungskapazitäten für bundesweite Versorgungsbedarfe sowie deren Widerruf gilt die Vorschrift des § 101 Absatz 2 bis 6 des Medienstaatsvertrages.

(5) Für Teleshoppingkanäle gelten anstelle der Bestimmungen des Zweiten Abschnitts die Bestimmungen des I., II. und IV. Abschnitts des Medienstaatsvertrages, soweit dies dort ausdrücklich bestimmt ist.

(6) Für Hörfunkprogramme, die ausschließlich im Internet verbreitet werden, gelten die §§ 52 bis 58 des Medienstaatsvertrages, für solche die vor dem 7. November 2020 angezeigt wurden, gilt § 54 Absatz 3 des Medienstaatsvertrages.

(7) Der Staatsvertrag gilt für Telemedienanbieter gemäß § 1 Absatz 7 und 8 des Medienstaatsvertrages.

(8) Für öffentlich-rechtliche Rundfunkanstalten findet dieser Staatsvertrag nur Anwendung, soweit dies ausdrücklich bestimmt ist.

§ 2 Begriffsbestimmungen

(1) [1]Die Begriffsbestimmungen und Regelungen in § 2 des Rundfunkstaatsvertrages gelten auch für die Anwendung dieses Staatsvertrages. [2]Für unzulässige Angebote und Jugendschutz gelten die Begriffsbestimmungen des § 3 des Jugendmedienschutz-Staatsvertrages.

(2) [1]Landesprogramme sind Programme mit dem inhaltlichen Schwerpunkt Hamburg oder Schleswig-Holstein. [2]Länderprogramme sind Programme, deren inhaltlicher Schwerpunkt sich auf beide Länder bezieht; sie sind nicht länderübergreifende Angebote im Sinne von § 13 des Jugendmedienschutz-Staatsvertrages.

(3) Anstalt ist die Medienanstalt Hamburg/Schleswig-Holstein (MA HSH).

Zweiter Abschnitt
Allgemeine Vorschriften für die Veranstaltung von privatem Rundfunk

§ 3 Programmaufgabe

(1) [1]Rundfunkprogramme nach diesem Staatsvertrag sollen in ihrer Gesamtheit und als Teil des dualen Rundfunksystems zur Information und Meinungsbildung beitragen, der Bildung, Beratung und Unterhaltung dienen und dadurch dem kulturellen Auftrag des Rundfunks entsprechen. [2]Rundfunkveranstalter erfüllen dadurch eine öffentliche Aufgabe, dass sie Nachrichten beschaffen und verbreiten, Stellung nehmen und Kritik üben. [3]Die Sendungen dürfen nicht einseitig einer Partei, einem Bekenntnis, einer Weltanschauung oder einer sonstigen Gruppe dienen. [4]Die Erfüllung der Programmaufgabe erfolgt in eigener Verantwortung des Rundfunkveranstalters.

(2) [1]Die Rundfunkveranstalter können untereinander, mit den öffentlich-rechtlichen Rundfunkanstalten und mit sonstigen Einrichtungen und Unternehmen Vereinbarungen über eine Zusammenarbeit in allen Aufgabenbereichen einschließlich gemeinsamer Programmgestaltung, Programmübernahme sowie Programmzulieferung durch Dritte abschließen und dabei auch unmittelbare oder mittelbare Beteiligungen eingehen. [2]§ 19 bleibt unberührt.

§ 4 Programmgrundsätze, Meinungsumfragen

(1) [1]Die Rundfunkveranstalter haben in ihren Rundfunkprogrammen die verfassungsmäßige Ordnung einzuhalten. [2]Sie dürfen sich nicht gegen die freiheitliche demokratische Grundordnung richten.

(2) [1]Die Rundfunkveranstalter haben in ihren Rundfunkprogrammen die Würde des Menschen sowie die sittlichen, religiösen und weltanschaulichen Überzeugungen anderer zu achten. [2]Sie sollen auf ein diskriminierungsfreies Miteinander hinwirken, zu sozialer Gerechtigkeit und zur Verwirklichung der Gleichberechtigung von Frauen und Männern beitragen sowie die Achtung vor Leben, Freiheit und körperlicher Unversehrtheit anderer stärken und zur Förderung von Minderheiten beitragen.

(3) Die Vorschriften der allgemeinen Gesetze und die gesetzlichen Bestimmungen zum Schutze der Jugend und des Rechts der persönlichen Ehre sind einzuhalten.

(4) Meinungsumfragen, die von Rundfunkveranstaltern durchgeführt werden, richten sich nach § 10 Abs. 2 des Rundfunkstaatsvertrages.

§ 5 Unzulässige Angebote, Jugendschutz

(1) [1]Für unzulässige Angebote und Jugendschutz in Rundfunk und Telemedien gelten die Bestimmungen des Jugendmedienschutz-Staatsvertrages. [2]§ 13 des Jugendmedienschutz-Staatsvertrages bleibt unberührt.

(2) ¹Bei nicht länderübergreifenden Angeboten soll die Anstalt gemäß § 14 Abs. 2 Satz 3 des Jugend-medienschutz-Staatsvertrages einen Antrag auf gutachterliche Befassung bei der Kommission für Jugendmedienschutz (KJM) stellen. ²Ist der Rundfunkveranstalter eines nicht länderübergreifenden Angebotes einer anerkannten Einrichtung der Freiwilligen Selbstkontrolle nach § 19 Abs. 2 des Jugend-medienschutz-Staatsvertrages angeschlossen, verfährt die Anstalt bei der Aufsicht entsprechend § 20 des Jugendmedienschutz-Staatsvertrages. ³§ 21 des Jugendmedienschutz-Staatsvertrages gilt entsprechend.

§ 6 Berichterstattung, Informationssendungen
Die Berichterstattung und Informationssendungen richten sich nach § 10 Abs. 1 des Rundfunkstaatsvertrages.

§ 7 Kurzberichterstattung und Übertragung von Großereignissen im Fernsehen
¹Das Recht auf unentgeltliche Kurzberichterstattung im Fernsehen über Veranstaltungen und Ereignisse, die öffentlich zugänglich und von allgemeinem Informationsinteresse sind, richtet sich nach § 5 des Rundfunkstaatsvertrages. ²Für die Übertragung von Großereignissen gilt § 4 des Rundfunkstaatsvertrages.

§ 8 Verantwortlichkeit, Auskunftspflicht und Beschwerden
(1) ¹Der Rundfunkveranstalter ist für den Inhalt des Rundfunkprogramms verantwortlich. ²Ein Rundfunkveranstalter, der nicht eine natürliche Person ist, muss der Anstalt Namen und Anschrift mindestens einer für den Inhalt des Rundfunkprogramms verantwortlichen Person benennen, die neben dem Rundfunkveranstalter für die Erfüllung der sich aus diesem Staatsvertrag ergebenden Verpflichtungen verantwortlich ist.

(2) Als verantwortliche Person darf nur benannt werden, wer unbeschränkt geschäftsfähig ist, unbeschränkt gerichtlich verfolgt werden kann, nicht infolge Richterspruchs die Fähigkeit zur Bekleidung öffentlicher Ämter verloren hat und einen Sitz im Versorgungsgebiet des Rundfunkprogramms oder im Fall des lokalen terrestrischen Hörfunks nach § 28a im Geltungsbereich dieses Staatsvertrags hat.

(3) Die Anstalt teilt auf Verlangen Namen und Anschrift des Rundfunkveranstalters oder des für den Inhalt des Programms Verantwortlichen mit.

(4) Beschwerden können an die Anstalt gerichtet werden.

§ 9 Aufzeichnungspflicht und Einsichtnahme
(1) ¹Sendungen sind vom Rundfunkveranstalter vollständig aufzuzeichnen und aufzubewahren. ²Bei der Verbreitung einer Aufzeichnung oder eines Films kann abweichend von Satz 1 die Aufzeichnung oder der Film aufbewahrt oder die Wiederbeschaffung sichergestellt werden.

(2) ¹Die Pflicht zur Aufbewahrung nach Absatz 1 endet sechs Wochen nach dem Tag der Verbreitung. ²Wird innerhalb dieser Frist eine Sendung beanstandet, endet die Pflicht erst, wenn die Beanstandung durch rechtskräftige gerichtliche Entscheidung oder auf andere Weise erledigt ist.

(3) Die Anstalt kann innerhalb der Frist nach Absatz 2 jederzeit Aufzeichnungen und Filme einsehen oder deren unentgeltliche Übersendung verlangen.

(4) ¹Wer schriftlich glaubhaft macht, in seinen Rechten berührt zu sein, kann vom Rundfunkveranstalter innerhalb der Frist nach Absatz 2 Satz 1 Einsicht in die Aufzeichnungen und Filme verlangen. ²Auf Antrag sind ihm gegen Erstattung der Selbstkosten Ausfertigungen, Abzüge oder Abschriften von der Aufzeichnung oder dem Film zu übersenden.

§ 10 Gegendarstellung
(1) ¹Der Rundfunkveranstalter ist verpflichtet, eine Gegendarstellung der Person, Gruppe oder Stelle zu verbreiten, die durch eine in seiner Sendung aufgestellte Tatsachenbehauptung betroffen ist. ²Diese Pflicht besteht nicht, wenn die betroffene Person, Gruppe oder Stelle kein berechtigtes Interesse an der Verbreitung hat oder wenn die Gegendarstellung ihrem Umfang nach nicht angemessen ist. ³Überschreitet die Gegendarstellung nicht den Umfang des beanstandeten Teils der Sendung, gilt sie als angemessen.

(2) ¹Die Gegendarstellung muss unverzüglich schriftlich verlangt werden und von dem Betroffenen oder seinem gesetzlichen Vertreter unterzeichnet sein. ²Sie muss die beanstandete Sendung und Tatsachenbehauptung bezeichnen, sich auf tatsächliche Angaben beschränken und darf keinen strafbaren Inhalt haben.

(3) [1]Die Gegendarstellung muss unverzüglich in dem gleichen Bereich zu einer Sendezeit verbreitet werden, die der Zeit der Sendung gleichwertig ist. [2]Die Verbreitung hat in einer der beanstandeten Sendung entsprechenden audiovisuellen Gestaltung zu erfolgen. [3]Die Gegendarstellung muss ohne Einschaltungen und Weglassungen verbreitet werden. [4]Eine Erwiderung auf die verbreitete Gegendarstellung darf nicht in unmittelbarem Zusammenhang mit dieser gesendet werden und muss sich auf tatsächliche Angaben beschränken.

(4) Die Gegendarstellung wird kostenlos verbreitet.

(5) [1]Wird die Verbreitung einer Gegendarstellung verweigert, entscheiden auf Antrag des Betroffenen die ordentlichen Gerichte. [2]Für die Geltendmachung des Anspruchs finden die Vorschriften der Zivilprozessordnung über das Verfahren auf Erlass einer einstweiligen Verfügung entsprechende Anwendung. [3]Eine Gefährdung des Anspruchs braucht nicht glaubhaft gemacht werden. [4]Ein Verfahren in der Hauptsache findet nicht statt.

(6) Die vorstehenden Bestimmungen gelten nicht für wahrheitsgetreue Berichte über öffentliche Sitzungen der gesetzgebenden und beschließenden Organe des Bundes, der Länder und der Gemeinden (Gemeindeverbände) sowie der Gerichte.

(7) Für Anbieter von Telemedien mit journalistisch-redaktionell gestalteten Angeboten gilt hinsichtlich der Gegendarstellung § 56 des Rundfunkstaatsvertrages entsprechend.

§ 11 Europäische Produktionen, Eigen-, Auftrags- und Gemeinschaftsproduktionen im Fernsehen

Für europäische Produktionen, für Eigen-, Auftrags- und Gemeinschaftsproduktionen im Fernsehen gilt § 6 des Rundfunkstaatsvertrages.

§ 12 Informationspflicht

Die Informationspflicht gemäß Artikel 6 Abs. 2 des Europäischen Übereinkommens über das grenzüberschreitende Fernsehen richtet sich nach § 9 Abs. 1 Sätze 2 und 3 des Rundfunkstaatsvertrages; die rechtsverbindlichen Berichtspflichten zum Rundfunk gegenüber zwischenstaatlichen Einrichtungen oder internationalen Organisationen richten sich nach § 9 Abs. 3 des Rundfunkstaatsvertrages.

§ 13 Besondere Sendezeiten

(1) [1]Der Rundfunkveranstalter eines Landesvollprogramms oder eines Ländervollprogramms oder eines entsprechenden Programmteils hat Parteien und Vereinigungen, für die in seinem Sendegebiet ein Wahlvorschlag zum jeweiligen Landesparlament, zum Deutschen Bundestag oder zum Europäischen Parlament zugelassen worden ist, angemessene Sendezeiten entsprechend § 5 Abs. 1 des Parteiengesetzes zur Vorbereitung der Wahlen einzuräumen. [2]Für Landesvollprogramme mit dem Schwerpunkt Schleswig-Holstein und für Ländervollprogramme oder entsprechende Programmteile gelten diese Bestimmungen entsprechend bei Gemeinde- und Kreiswahlen für Parteien und Vereinigungen, die im Landtag vertreten sind oder für die in der Mehrzahl der Kreise und kreisfreien Städte Wahlvorschläge zu den Kreis- und Stadtvertretungen zugelassen worden sind; dieses Erfordernis gilt nicht für die Parteien der dänischen Minderheit. [3]Andere Sendungen einschließlich Werbesendungen dürfen nicht der Wahlvorbereitung oder Öffentlichkeitsarbeit einzelner Parteien und Vereinigungen dienen.

(2) [1]Von dem Rundfunkveranstalter eines Landesvollprogramms oder eines Ländervollprogramms sind der Nordelbischen Evangelisch-Lutherischen Kirche, der Katholischen Kirche und der Jüdischen Gemeinde auf Wunsch angemessene Sendezeiten zur Übertragung religiöser Sendungen einzuräumen. [2]Andere in den Ländern verbreitete Religionsgemeinschaften des öffentlichen Rechts können angemessen berücksichtigt werden.

(3) [1]Die Vorschriften der allgemeinen Gesetze und die gesetzlichen Bestimmungen zum Schutze der Jugend und des Rechts der persönlichen Ehre sind einzuhalten. [2]Für Inhalt und Gestaltung der Sendungen ist derjenige verantwortlich, dem die Sendezeit eingeräumt worden ist.

(4) In den Fällen der Absätze 1 und 2 kann der Veranstalter die Erstattung seiner Selbstkosten verlangen.

§ 14 Verlautbarungen

[1]Der Rundfunkveranstalter hat der Bundesregierung und den Regierungen der Länder für amtliche Verlautbarungen angemessene Sendezeiten unverzüglich und unentgeltlich einzuräumen. [2]Für Inhalt und Gestaltung der Sendungen ist derjenige verantwortlich, dem die Sendezeit eingeräumt worden ist.

Dritter Abschnitt
Finanzierung des privaten Rundfunks

§ 15 Finanzierung
Für die Finanzierung von Rundfunkprogrammen gilt § 43 des Rundfunkstaatsvertrages.

§ 16 Werbung, Sponsoring, Teleshopping
(1) [1]Werbung, Sponsoring und Teleshopping richten sich nach den §§ 7 bis 8, 44 bis 45a und 63 des Rundfunkstaatsvertrages; § 33 bleibt unberührt. [2]§ 6 des Jugendmedienschutz-Staatsvertrages findet Anwendung.

(2) Auf Fernsehprogramme nach § 2 Abs. 2 finden §§ 7 Abs. 4 Satz 2, 7a Abs. 3 und 45 Abs. 1 Satz 1 des Rundfunkstaatsvertrages keine Anwendung.

(3) Für Hörfunkprogramme nach § 2 Abs. 2 gilt § 7 Abs. 8 des Rundfunkstaatsvertrages entsprechend.

§ 16a Gewinnspiele
(1) [1]Gewinnspielsendungen und Gewinnspiele im Rundfunk und vergleichbaren Telemedien gemäß § 58 Abs. 4 des Rundfunkstaatsvertrages sind zulässig. [2]Sie unterliegen dem Gebot der Transparenz und des Teilnehmerschutzes. [3]Sie dürfen nicht irreführen und den Interessen der Teilnehmer nicht schaden. [4]Insbesondere ist im Programm über die Kosten der Teilnahme, die Teilnahmeberechtigung, die Spielgestaltung sowie über die Auflösung der gestellten Aufgabe zu informieren. [5]Die Belange des Jugendschutzes sind zu wahren. [6]Für die Teilnahme darf nur ein Entgelt bis zu 0,50 Euro verlangt werden; § 13 Abs. 1 Satz 3 des Rundfunkstaatsvertrages bleibt unberührt.

(2) Der Veranstalter hat der Anstalt auf Verlangen alle Unterlagen vorzulegen und Auskünfte zu erteilen, die zur Überprüfung der ordnungsgemäßen Durchführung der Gewinnspiele erforderlich sind.

Vierter Abschnitt
Zulassung privater Rundfunkveranstalter

§ 17 Zulassung
(1) [1]Private Rundfunkveranstalter bedürfen einer Zulassung durch die Anstalt; § 20 Abs. 2 des Rundfunkstaatsvertrages bleibt unberührt. [2]Die Zulassung wird für die beantragte Programmart (Hörfunk oder Fernsehen), Programmkategorie (Vollprogramm oder Spartenprogramm) und das beantragte Versorgungsgebiet, das in Schleswig-Holstein im Rahmen der technischen Möglichkeiten mindestens landesweit sein soll, erteilt. [3]§ 28a bleibt unberührt. [4]Die Zulassung gilt für die beantragte Zeit, längstens jedoch für zehn Jahre. [5]Eine Verlängerung ist zulässig. [6]Die Zulassung erlischt, wenn der Rundfunkveranstalter nicht binnen drei Jahren nach Erteilung von ihr Gebrauch macht. [7]Anbietern von Regionalfensterprogrammen sind gesonderte Zulassungen zu erteilen. [8]Hierfür gilt § 28 Abs. 2 und 3 entsprechend.

(2) [1]Absatz 1 gilt nicht, wenn ein Rundfunkveranstalter nach Artikel 2 der Richtlinie des Rates der Europäischen Gemeinschaften zur Koordinierung bestimmter Rechts- und Verwaltungsvorschriften der Mitgliedstaaten über die Ausübung der Fernsehtätigkeit der Rechtshoheit eines anderen Mitgliedstaates der Europäischen Union oder eines Vertragsstaates des Abkommens über den europäischen Wirtschaftsraum unterliegt. [2]Absatz 1 gilt ebenfalls nicht für die Veranstaltung von Angeboten des Sechsten Abschnitts.

(3) [1]Die Zulassung ist nicht übertragbar. [2]Die Anstalt kann die Übertragung der Zulassung jedoch ausnahmsweise genehmigen, wenn dies den Erfordernissen der Meinungsvielfalt und der Ausgewogenheit im Rahmen der Zulassung nicht widerspricht und die Kontinuität des Gesamtprogramms und des Sendebetriebs gesichert ist. [3]Eine Übertragung liegt vor, wenn während einer Zulassungsperiode innerhalb eines Zeitraums von drei Jahren mehr als 50 vom Hundert der Kapital- oder Stimmrechtsanteile auf andere Gesellschafter oder Dritte übertragen werden.

§ 18 Zulassungsvoraussetzungen
(1) Eine Zulassung darf nur an eine natürliche oder juristische Person oder eine auf Dauer angelegte, nichtrechtsfähige Personenvereinigung erteilt werden, die
1. unbeschränkt geschäftsfähig ist,
2. die Fähigkeit, öffentliche Ämter zu bekleiden, nicht durch Richterspruch verloren hat,

3. das Grundrecht der freien Meinungsäußerung nicht nach Artikel 18 des Grundgesetzes verwirkt hat,
4. als Vereinigung nicht verboten ist,
5. ihren Wohnsitz oder Sitz in der Bundesrepublik Deutschland, einem sonstigen Mitgliedstaat der Europäischen Union oder einem anderen Vertragsstaat des Abkommens über den Europäischen Wirtschaftsraum hat und gerichtlich verfolgt werden kann,
6. die Gewähr dafür bietet, dass sie unter Beachtung der gesetzlichen Vorschriften und der auf dieser Grundlage erlassenen Verwaltungsakte Rundfunk veranstaltet.

(2) ¹Die Voraussetzungen nach Absatz 1 Nr. 1 bis 3 und 6 müssen bei juristischen Personen oder nicht rechtsfähigen Personenvereinigungen von den gesetzlichen oder satzungsmäßigen Vertretern erfüllt sein. ²Einem Veranstalter in der Rechtsform einer Aktiengesellschaft darf nur dann eine Zulassung erteilt werden, wenn in der Satzung der Aktiengesellschaft bestimmt ist, dass die Aktien nur als Namensaktien oder stimmrechtslose Vorzugsaktien ausgegeben werden dürfen.

(3) ¹Eine Zulassung darf nicht erteilt werden an juristische Personen des öffentlichen Rechts mit Ausnahme von Kirchen und Hochschulen sowie Einrichtungen der Medienausbildung, an deren gesetzliche Vertreter und leitende Bedienstete sowie an politische Parteien und Wählervereinigungen. ²Gleiches gilt für Unternehmen, die im Verhältnis eines verbundenen Unternehmens im Sinne des § 15 des Aktiengesetzes zu den in Satz 1 Genannten stehen. ³Die Sätze 1 und 2 gelten für ausländische öffentliche oder staatliche Stellen entsprechend.

§ 19 Sicherung der Meinungsvielfalt

(1) ¹Ein Antragsteller darf im Hörfunk und im Fernsehen jeweils ein analoges Rundfunkprogramm mit einer unmittelbaren oder mittelbaren Beteiligung von mehr als 50 vom Hundert der Kapital- oder Stimmrechte veranstalten. ²Zusätzlich darf er sich jeweils an einem analogen Programm mit bis zu 50 sowie jeweils an einem weiteren analogen Programm mit bis zu 25 vom Hundert der Kapital- oder Stimmrechte unmittelbar oder mittelbar beteiligen. ³Dabei sind Fensterprogramme im Sinne von § 25 Abs. 4 des Rundfunkstaatsvertrages und andere lokale oder regionale Programme nicht einzubeziehen. ⁴Für die Zurechenbarkeit von Programmen gilt § 28 des Rundfunkstaatsvertrages entsprechend. ⁵Ein Antragsteller, der eine Veranstaltergemeinschaft ist, die aus mindestens drei voneinander unabhängigen Beteiligten besteht, von denen keiner 50 vom Hundert oder mehr der Kapital- oder Stimmrechte innehat oder sonst einen vergleichbaren vorherrschenden Einfluss ausübt, darf, ohne die Beschränkungen nach den Sätzen 1 und 2, im Hörfunk und im Fernsehen jeweils bis zu drei analoge Rundfunkprogramme veranstalten.

(2) ¹Ein Antragsteller, der bei Tageszeitungen im Versorgungsgebiet des Rundfunkprogramms eine marktbeherrschende Stellung hat, darf als Einzelanbieter oder im Rahmen einer Beteiligung von mehr als 50 vom Hundert der Kapital- oder Stimmrechtsanteile nur mit der Auflage vielfaltsichernder Maßnahmen zugelassen werden. ²Absatz 1 Satz 3 gilt entsprechend. ³Für die vielfaltsichernden Maßnahmen gelten die §§ 30 bis 32 des Rundfunkstaatsvertrages entsprechend.

(3) Von den Bestimmungen der Absätze 1 und 2 kann die Anstalt Ausnahmen zulassen, wenn durch geeignete Auflagen die Sicherung der Meinungsvielfalt gewährleistet wird.

(4) Soweit Anhaltspunkte dafür vorliegen, dass ein Antragsteller durch die Verbreitung digitaler Rundfunkprogramme eine vorherrschende Meinungsmacht erlangt hat, kann die Anstalt geeignete Maßnahmen in entsprechender Anwendung von § 26 Abs. 3 und 4 des Rundfunkstaatsvertrages ergreifen.

§ 20 Zulassungsverfahren, Mitwirkungspflicht

(1) ¹Der Antragsteller hat der Anstalt alle Angaben zur Prüfung der Bestimmungen in den §§ 17 bis 19 zu machen, zusätzlich Namen und Anschrift des für das Veranstaltungsunternehmen und des für das Programm Verantwortlichen mitzuteilen. ²Weist der Antragsteller diese Angaben nach, erteilt die Anstalt die Zulassung. ³Die Zulassung erfolgt unbeschadet telekommunikationsrechtlicher Erfordernisse, der Zuweisung terrestrischer Übertragungskapazitäten sowie von Vereinbarungen zur Nutzung von Kabelanlagen.

(2) ¹Änderungen, die vor oder nach der Entscheidung über den Antrag eintreten und die für die Zulassung von Bedeutung sind, sowie jede Änderung der Beteiligungsverhältnisse hat der Antragsteller oder der Rundfunkveranstalter unverzüglich der Anstalt mitzuteilen. ²Die Änderungen dürfen nur dann

von der Anstalt als unbedenklich bestätigt werden, wenn unter den veränderten Voraussetzungen eine Zulassung erteilt werden könnte.

§ 21 Rücknahme, Widerruf

(1) Die Zulassung wird zurückgenommen, wenn eine Zulassungsvoraussetzung gemäß § 18 nicht gegeben war oder eine Zulassungsbeschränkung gemäß § 19 nicht berücksichtigt wurde und innerhalb eines von der Anstalt bestimmten Zeitraums keine Abhilfe erfolgt.

(2) Die Zulassung wird widerrufen, wenn

1. nachträglich eine Zulassungsvoraussetzung gemäß § 18 entfällt oder eine Zulassungsbeschränkung gemäß § 19 eintritt und innerhalb des von der Anstalt bestimmten angemessenen Zeitraums keine Abhilfe erfolgt oder

2. der Rundfunkveranstalter gegen seine Verpflichtungen auf Grund dieses Staatsvertrages wiederholt schwerwiegend verstoßen und die Anweisungen der Anstalt innerhalb des von ihr bestimmten Zeitraums nicht befolgt hat.

(3) [1]Der Rundfunkveranstalter wird für einen Vermögensnachteil, der durch die Rücknahme oder den Widerruf nach den Absätzen 1 und 2 eintritt, nicht entschädigt. [2]Im Übrigen gelten für die Rücknahme und den Widerruf die gesetzlichen Bestimmungen des allgemeinen Verwaltungsrechts des Sitzlandes der Anstalt.

§ 21a Anwendung des Medienstaatsvertrages

Für Telemedien gelten die Bestimmungen des Medienstaatsvertrages in seiner jeweiligen Fassung.

Fünfter Abschnitt
Plattformen und Übertragungskapazitäten

1. Unterabschnitt
Zuordnung von terrestrischen Übertragungskapazitäten

§ 22 Zuordnung von analogen terrestrischen Übertragungskapazitäten für die Verbreitung von Rundfunk und Telemedien

(1) [1]Stehen in Hamburg oder Schleswig-Holstein terrestrische (nicht leitungsgebundene) Übertragungskapazitäten für Rundfunkzwecke und Telemedien zur Verfügung, gibt die zuständige Landesregierung dies den betroffenen öffentlich-rechtlichen Rundfunkanstalten des Landesrechts sowie der Anstalt bekannt. [2]Die zuständigen Landesregierungen fordern die öffentlich-rechtlichen Rundfunkanstalten und die Anstalt auf, sich über eine sachgerechte Zuordnung zu verständigen. [3]Die Anstalt gibt den von ihr zugelassenen Rundfunkveranstaltern zuvor Gelegenheit zur Stellungnahme. [4]Wird eine Verständigung erreicht, ordnet die zuständige Landesregierung die Übertragungskapazitäten entsprechend zu.

(2) [1]Kommt eine Verständigung nach Absatz 1 innerhalb von drei Monaten nach der Bekanntgabe gemäß Absatz 1 Satz 1 nicht zustande, wird ein Schiedsverfahren durchgeführt. [2]Der Schiedsstelle gehören je zwei Vertreter der betroffenen öffentlich-rechtlichen Rundfunkanstalten des Landesrechts sowie die gleiche Anzahl von Vertretern der Anstalt an. [3]Erklärt die Anstalt, dass Interessen des privaten Rundfunks nicht betroffen sind, entsendet sie keine Vertreter. [4]Die Mitglieder der Schiedsstelle sind der Landesregierung auf Aufforderung zu benennen. [5]Die Schiedsstelle wählt mit einer Mehrheit von drei Viertel der Stimmen der Mitglieder ein vorsitzendes Mitglied, das bisher nicht Mitglied der Schiedsstelle ist. [6]Können sich die Mitglieder der Schiedsstelle nicht auf ein vorsitzendes Mitglied verständigen, so wird dieses von der Präsidentin oder dem Präsidenten des Oberverwaltungsgerichts des jeweiligen Landes bestimmt. [7]Die jeweils zuständige Landesregierung beruft die Sitzungen der Schiedsstelle in Abstimmung mit dem Vorsitzenden Mitglied ein. [8]An den Sitzungen der Schiedsstelle ist die jeweils zuständige Landesregierung mit beratender Stimme beteiligt. [9]Die Schiedsstelle ist beschlussfähig, wenn mindestens drei Viertel der Mitglieder anwesend sind. [10]Die Zahl der anwesenden Mitglieder ist für die Beschlussfähigkeit ohne Bedeutung, wenn die Schiedsstelle wegen Beschlussunfähigkeit zum zweiten Male zur Behandlung desselben Gegenstands einberufen ist; bei der zweiten Einberufung ist hierauf ausdrücklich hinzuweisen. [11]Die Schiedsstelle macht der zuständigen Landesregierung einen begründeten Vorschlag über die Zuteilung der technischen Übertragungskapazitäten mit der Mehrheit der abgegebenen Stimmen. [12]Bei Stimmengleichheit gibt die Stimme des vorsitzen-

den Mitglieds den Ausschlag. [13]Der Vorschlag über die Zuordnung von Übertragungskapazitäten soll dabei folgende Kriterien berücksichtigen:

1. Sicherung der Grundversorgung mit Rundfunk,
2. Sicherung einer gleichwertigen Vielfalt der privaten Rundfunkprogramme,
3. programmliche Berücksichtigung landesweiter oder hamburgischer lokaler Belange,
4. Schließung von Versorgungslücken,
5. Berücksichtigung von programmlichen Interessen von Minderheiten,
6. Teilnahme des Rundfunks an der weiteren Entwicklung in sendetechnischer und programmlicher Hinsicht.

[14]Bei der Zuordnungsentscheidung hat die Sicherstellung der Grundversorgung Vorrang; im Übrigen sind öffentlich-rechtlicher und privater Rundfunk gleichgestellt.

(3) Die Träger der Bürgermedien nach dem Sechsten Abschnitt sind berechtigt, die Übertragungskapazitäten weiter zu nutzen, die ihnen am 28. Februar 2007 zur Verfügung standen.

(4) [1]Soweit Übertragungskapazitäten nicht vollständig für die Nutzung nach Absatz 1 Satz 4 oder Absatz 2 benötigt werden, ordnet die jeweils zuständige Landesregierung die benötigten Kapazitäten zu. [2]Der Netzbetreiber ist berechtigt, die nicht für die Nutzung nach Absatz 1 Satz 4 oder Absatz 2 benötigten Übertragungskapazitäten nach Anzeige durch die jeweils zuständige Landesregierung für die Dauer der Rundfunknutzung für Telemedien zu verwenden. [3]Werden die Übertragungskapazitäten insgesamt nicht für Nutzungen nach Absatz 1 Satz 4 oder Absatz 2 benötigt, ist der Netzbetreiber berechtigt, sie nach Anzeige durch die zuständige Landesregierung für die Dauer von bis zu fünf Jahren für Telemedien zu verwenden. [4]Im Falle der Mitbenutzung durch Telemedien nach Satz 2 hat der Nutzer die Übertragungskapazitäten innerhalb von drei Monaten nach Beendigung der Rundfunknutzung freizumachen. [5]Eine Entschädigung findet nicht statt.

§ 23 Zuordnung von digitalen terrestrischen Übertragungskapazitäten für die Verbreitung von Rundfunk und Telemedien

[1]Für die Zuordnung digitaler terrestrischer Übertragungskapazitäten gilt § 22 Abs. 1 und 2 entsprechend. [2]Telemedien sind angemessen zu berücksichtigen; dabei sollen verschiedene Anbieter und vielfältige Angebote Berücksichtigung finden.

§ 24 Widerruf der Zuordnungsentscheidung

[1]Wird eine Übertragungskapazität nach Ablauf von zwölf Monaten nach einer Entscheidung nach den §§ 22 und 23 nicht für die Übertragung von Rundfunkprogrammen oder Telemedien genutzt, kann die zuständige Landesregierung die Zuordnungsentscheidung widerrufen und die Übertragungskapazität der Bundesnetzagentur für Elektrizität, Gas, Telekommunikation, Post und Eisenbahnen zurückgeben. [2]Im Falle des Widerrufs einer Zuordnungsentscheidung findet eine Entschädigung nicht statt. [3]Auf Antrag des Zuordnungsempfängers kann die zuständige Landesregierung die Frist verlängern.

§ 24a Grenzüberschreitende Nutzung von Übertragungskapazitäten

(1) [1]Die terrestrische Übertragung von Rundfunkprogrammen, deren Rundfunkveranstalter in Hamburg oder Schleswig-Holstein terrestrische Übertragungskapazitäten zugewiesen sind und deren technische Reichweite bei voller Ausnutzung der ihnen jeweils zustehenden Übertragungskapazitäten über die Landesgrenze des jeweils anderen Landes hinausgehen, ist gegenseitig zulässig. [2]Auf das jeweils andere Land gerichtete Programminhalte einschließlich Werbung sind bei grenzüberschreitender Verbreitung von Rundfunkprogrammen gegenseitig zulässig.

(2) Zur ergänzenden Versorgung der Bevölkerung im südlichen Holstein mit der 1. und 2. in Schleswig-Holstein zugelassenen, landesweiten Hörfunkkette nutzt Schleswig-Holstein

1. vom Standort Hamburg/Heinrich-Hertz-Turm aus mit westlicher Ausstrahlungsrichtung die UKW-Frequenzen 93,4 MHz (2 KW) und 100,0 MHz (2 KW),
2. vom Standort Hamburg/Lohbrügge aus mit nordöstlicher Ausstrahlungsrichtung die UKW-Frequenzen 102,0 MHz (100 W) und 107,7 MHz (100 W).

(3) Bei Wegfall der Voraussetzungen nach Absatz 2 können die dann jeweils nicht mehr genutzten Frequenzen zur ergänzenden Versorgung des Hamburger Sendegebiets von in Hamburg zugelassenen Rundfunkveranstaltern genutzt werden.

(4) [1]Zur Verbesserung der Reichweiten bestehender Versorgungen oder Sendernetze von in Hamburg oder Schleswig-Holstein zugelassenen Hörfunkveranstaltern werden die UKW-Frequenzen 105,8

MHz am Standort Ahrensburg (500 W), 101,6 MHz am Standort Wedel (100 W) sowie 93,7 MHz am Standort Hamburg-Bergedorf (25 W) der Anstalt zugeordnet. [2]Der Ausschluss von lokalem und regionalem terrestrischen Rundfunk in Schleswig-Holstein (§ 17 Abs. 1 Satz 2) bleibt unberührt.

§ 25 Vereinbarungen

[1]Die Regierungen der Länder werden ermächtigt, zur besseren Nutzung bestehender und zur Schaffung zusätzlich nutzbarer Übertragungskapazitäten Vereinbarungen miteinander oder mit anderen Landesregierungen über grenzüberschreitende Frequenznutzungen und -koordinierungen, Frequenzverlagerungen und über die Einräumung von Standortnutzungen zu treffen. [2]Die betroffenen öffentlich-rechtlichen Rundfunkanstalten und die Anstalt sind vor Abschluss der Vereinbarung zu beteiligen.

2. Unterabschnitt
Zuweisung von terrestrischen Übertragungskapazitäten

§ 26 Zuweisung von terrestrischen Übertragungskapazitäten für privaten Rundfunk und Telemedien

(1) Wird der Anstalt eine neue terrestrische Übertragungskapazität gemäß § 22 zugeordnet oder stehen ihr weitere analoge Übertragungskapazitäten zur Verfügung, gelten die Bestimmungen der Absätze 3 bis 10 und §§ 27 und 28.

(2) Wird der Anstalt eine neue digitale terrestrische Übertragungskapazität gemäß § 23 zugeordnet oder stehen ihr weitere digitale Übertragungskapazitäten zur Verfügung, kann die Anstalt sie privaten Rundfunkveranstaltern, dem Hamburgischen Bürger- und Ausbildungskanal, dem Offenen Kanal in Schleswig-Holstein, Anbietern von Telemedien oder Plattformanbietern zuweisen.

(3) [1]Werden der Anstalt terrestrische Übertragungskapazitäten zugeordnet oder stehen ihr weitere Übertragungskapazitäten zur Verfügung, bestimmt sie unverzüglich Beginn und Ende einer Ausschlussfrist, innerhalb der schriftliche Anträge auf Zuweisung von Übertragungskapazitäten gestellt werden können. [2]Die Anstalt bestimmt das Verfahren und die wesentlichen Anforderungen an die Antragstellung, insbesondere wie den Anforderungen dieses Staatsvertrages zur Sicherung der Meinungsvielfalt genügt werden kann; die Anforderungen sind in geeigneter Weise zu veröffentlichen (Ausschreibung).

(4) [1]Kann nicht allen Anträgen auf Zuweisung von Übertragungskapazitäten entsprochen werden, wirkt die Anstalt auf eine Verständigung zwischen den Antragstellern hin. [2]Kommt eine Verständigung zustande, legt sie diese ihrer Entscheidung über die Aufteilung der Übertragungskapazitäten zu Grunde, wenn nach den vorgelegten Unterlagen erwartet werden kann, dass in der Gesamtheit der Angebote die Vielfalt der Meinungen und Angebote zum Ausdruck kommt.

(5) [1]Die Zuweisung darf nicht erteilt werden, wenn bei Berücksichtigung medienrelevanter verwandter Märkte eine vorherrschende Meinungsmacht entstünde. [2]Für Veranstalter von Landesprogrammen oder Länderprogrammen gelten die Voraussetzungen des § 19 entsprechend.

(6) [1]Lässt sich innerhalb der bestimmten Frist keine Einigung erzielen oder entspricht die vorgesehene Aufteilung voraussichtlich nicht dem Gebot der Meinungsvielfalt und der Angebotsvielfalt, weist die Anstalt dem Antragsteller die Übertragungskapazität zu, der am ehesten erwarten lässt, dass sein Angebot

1. die Meinungsvielfalt und Angebotsvielfalt fördert,
2. auch das öffentliche Geschehen, die politischen Ereignisse sowie das kulturelle Leben in den Ländern und Regionen darstellt und
3. bedeutsame politische, weltanschauliche und gesellschaftliche Gruppen zu Wort kommen lässt.

[2]Teleshoppingkanäle können berücksichtigt werden. [3]In die Auswahlentscheidung ist ferner einzubeziehen, ob das Angebot wirtschaftlich tragfähig erscheint sowie Nutzerinteressen und -akzeptanz hinreichend berücksichtigt. [4]Außerdem kann berücksichtigt werden, inwieweit Finanzierungsgrundlage, Professionalität sowie infrastrukturelle Voraussetzungen für die Programmerstellung gesichert sind. [5]Für den Fall, dass die Übertragungskapazität einem Anbieter einer Plattform zugewiesen werden soll, ist des Weiteren zu berücksichtigen, ob das betreffende Angebot den Zugang von Fernseh- und Hörfunkveranstaltern sowie Anbietern von vergleichbaren Telemedien einschließlich elektronischer Programmführer zu angemessenen Bedingungen ermöglicht und den Zugang chancengleich und diskriminierungsfrei gewährt. [6]In bundesweit verbreitete Fernsehprogramme sollen regionale Fensterpro-

gramme nach § 25 Abs. 4 des Rundfunkstaatsvertrages aufgenommen werden. [7]In Schleswig-Holstein sollen Hörfunk-Vollprogramme, die als Landesprogramme verbreitet werden, zwei Stunden der täglichen Sendezeit regionale Fensterprogramme enthalten oder auf andere Weise einen Beitrag zur regionalen Berichterstattung leisten.

(7) [1]Die Zuweisung ist nicht übertragbar und erfolgt für die Dauer von zehn Jahren. [2]Sie kann einmalig um längstens zehn Jahre verlängert werden. [3]Nach Ablauf der Verlängerung ist die Erteilung einer neuen Zuweisung nach Absatz 2 Satz 1 zulässig. [4]Die Zuweisung ist sofort vollziehbar. [5]§ 17 Abs. 3 Satz 2 gilt entsprechend. [6]Der schriftliche Antrag auf Verlängerung der Zuweisung soll spätestens 18 Monate vor Ablauf der Geltungsdauer bei der Anstalt eingegangen sein und von dieser innerhalb von spätestens sechs Monaten beschieden werden.

(8) [1]Abweichend von Absatz 7 Sätze 1 und 2 erfolgt die Zuweisung der 2. in Schleswig-Holstein zugelassenen, landesweiten UKW-Kette nach Auslauf der bestehenden Zuweisung einmalig für die Dauer von drei Jahren. [2]Bei der Ausschreibung gemäß Absatz 3 ist auf diese Besonderheit ausdrücklich hinzuweisen.

(9) [1]Mit der Zuweisung hat der Rundfunkveranstalter im Rahmen der verfügbaren technischen Möglichkeiten sicherzustellen, dass das jeweilige Versorgungsgebiet mit dem Programm vollständig und gleichwertig versorgt wird. [2]Der Rundfunkveranstalter hat die festgelegte Programmdauer und das der Zuweisung zugrunde liegende Programmschema einzuhalten. [3]Wesentliche Änderungen bedürfen der Einwilligung der Anstalt. [4]Die Anstalt kann angemessene Übergangsfristen einräumen.

(10) Die Zuweisung umfasst auch das Recht des Rundfunkveranstalters, die Leerzeilen seines Fernsehsignals für Fernsehtext und den Datenkanal seines Hörfunkkanals für Radiotext zu nutzen.

(11) Änderungen, die vor oder nach der Entscheidung über den Antrag eintreten und die für die Zuweisung von Bedeutung sind, hat der Antragsteller oder der Rundfunkveranstalter unverzüglich der Anstalt mitzuteilen.

§ 27 Rücknahme, Widerruf

(1) Die Zuweisung wird zurückgenommen, wenn die Vorgaben gemäß § 26 Abs. 6 nicht berücksichtigt wurden und innerhalb eines von der Anstalt bestimmten Zeitraums keine Abhilfe erfolgt.

(2) Die Zuweisung wird widerrufen, wenn

1. nachträglich wesentliche Veränderungen des Angebots eingetreten und vom Anbieter zu vertreten sind, nach denen das Angebot den Anforderungen des § 26 Abs. 6 nicht mehr genügt und innerhalb des von der Anstalt bestimmten Zeitraums keine Abhilfe erfolgt oder

2. das Angebot aus Gründen, die vom Anbieter zu vertreten sind, innerhalb des dafür vorgesehenen Zeitraums nicht oder nicht mit der festgesetzten Dauer begonnen oder fortgesetzt wird.

(3) [1]Der Anbieter wird für einen Vermögensnachteil, der durch die Rücknahme oder den Widerruf nach den Absätzen 1 oder 2 eintritt, nicht entschädigt. [2]Im Übrigen gilt für die Rücknahme und den Widerruf das Verwaltungsverfahrensgesetz des Sitzlandes der Anstalt.

§ 28 Zuweisung von Sendekapazität für Regionalfensterprogramme

(1) In den beiden bundesweit verbreiteten reichweitenstärksten Fernsehvollprogrammen sind mindestens im zeitlichen und regional differenzierten Umfang der Programmaktivitäten zum 1. Juli 2002 Fensterprogramme zur aktuellen und authentischen Darstellung der Ereignisse des politischen, wirtschaftlichen, sozialen und kulturellen Lebens in Hamburg und Schleswig-Holstein aufzunehmen.

(2) [1]Der Hauptprogrammveranstalter hat organisatorisch sicherzustellen, dass die redaktionelle Unabhängigkeit des Fensterprogrammveranstalters gewährleistet ist. [2]Fensterprogrammveranstalter und Hauptprogrammveranstalter sollen in der Regel zueinander nicht im Verhältnis eines verbundenen Unternehmens nach § 28 des Rundfunkstaatsvertrages stehen, es sei denn, der Hauptprogrammveranstalter gewährleistet durch organisatorische Maßnahmen die Unabhängigkeit der Berichterstattung. [3]Mit der Organisation der Fensterprogramme ist zugleich deren Finanzierung durch den Hauptprogrammveranstalter sicherzustellen.

(3) [1]Dem Fensterprogrammveranstalter ist eine gesonderte Zuweisung der erforderlichen Sendekapazität zu erteilen. [2]Das Regionalfensterprogramm ist nach Anhörung des Hauptprogrammveranstalters getrennt auszuschreiben. [3]Die Anstalt überprüft die eingehenden Anträge und teilt dem Hauptprogrammveranstalter die berücksichtigungsfähigen Anträge mit. [4]Sie erörtert mit dem Hauptprogrammveranstalter diese Anträge mit dem Ziel, eine einvernehmliche Auswahl zu treffen. [5]Kommt eine Ei-

nigung nicht zustande, wählt die Anstalt den Bewerber aus, dessen Programm die Erfüllung der Anforderungen nach Absatz 1 am besten erwarten lässt.

3. Unterabschnitt
Lokaler Hörfunk in Schleswig-Holstein

§ 28a   Lokaler Hörfunk in Schleswig-Holstein

(1) [1]Zur ergänzenden Versorgung der Bevölkerung insbesondere mit lokalen Informationen kann die Anstalt nach Maßgabe der folgenden Absätze für bis zu fünf Versorgungsgebiete in Schleswig-Holstein abweichend von § 17 Absatz 1 Satz 2 lokalen terrestrischen Hörfunk zulassen. [2]Auf der Grundlage jeweiliger Marktanalysen entscheidet die Anstalt, dass bis zu zwei dieser lokalen Hörfunkprogramme kommerziell und die Übrigen nichtkommerziell veranstaltet werden. [3]In den Regionen, in denen Regional- oder Minderheitensprachen beheimatet sind, ist die jeweilige Regional- oder Minderheitensprache in Sendungen und Beiträgen angemessen zu berücksichtigen.

(2) [1]Für die Zuweisung an die lokalen Hörfunkveranstalter nach Absatz 1 werden der Anstalt UKW-Übertragungskapazitäten für folgende Versorgungsgebiete zugeordnet:

1. Region Sylt, Niebüll, Leck, Bredstedt,
2. Region Flensburg, Glücksburg, Tastrup,
3. Region Lübeck, Bad Schwartau, Krummesse, Ratzeburg,
4. Region Neumünster, Bordesholm, Nortorf, Padenstedt,
5. Region Rendsburg, Schleswig, Eckernförde.

[2]Für die Zuweisung der Übertragungskapazitäten gilt das Verfahren nach § 26.

(3) [1]Eine Zulassung und Zuweisung darf nur an einen Antragsteller mit einem redaktionellen Sitz im Geltungsbereich dieses Staatsvertrags erteilt werden, der nicht bereits Veranstalter eines auch terrestrisch verbreiteten Länder- oder Landesprogramms ist. [2]Jeder Antragsteller darf nur eine Zulassung und eine Zuweisung für ein lokales terrestrisches Hörfunkprogramm erhalten oder sich abweichend von § 19 unabhängig vom Umfang der Kapital- und Stimmrechtsanteile nur an einem Programm beteiligen. [3]Mit einer späteren Zulassung als Veranstalter eines Länder- oder Landesprogramms erlöschen die Zulassung und Zuweisung für lokalen terrestrischen Hörfunk; eine Entschädigung für Vermögensnachteile wird nicht gewährt.

(4) [1]Eine Zusammenarbeit lokaler Hörfunkveranstalter entsprechend § 3 Absatz 2 ist mit der Maßgabe zulässig, dass die Übernahme fremder Programmteile sich nicht nachteilig auf die aktuelle und authentische Darstellung des Ereignisse des politischen, wirtschaftlichen, sozialen und kulturellen Lebens in der jeweiligen Region des eigenen Gesamtangebotes auswirkt. [2]Im Übrigen gelten die Vorschriften dieses Staatsvertrags und des Rundfunkstaatsvertrags sinngemäß.

(5) Im lokalen nichtkommerziellen Hörfunk in Schleswig-Holstein ist Werbung und Sponsoring unzulässig.

4. Unterabschnitt
Weiterverbreitung

§ 29   Unveränderte Weiterverbreitung

(1) Für die unveränderte Weiterverbreitung von Rundfunkprogrammen gilt § 103 des Medienstaatsvertrages.

(2) Anbieter von Rundfunkprogrammen und Medienplattformen werden für einen Vermögensnachteil, der durch die Untersagung nach § 109 Absatz 1 des Medienstaatsvertrages eintritt, nicht entschädigt.

§ 30   *[aufgehoben]*

§ 31   Medienplattformen und Benutzeroberflächen

Für Anbieter von Medienplattformen und Benutzeroberflächen auf allen technischen Übertragungskapazitäten gelten die Regelungen des Medienstaatsvertrages in seiner jeweiligen Fassung.

§§ 32–32g   *[aufgehoben]*

Sechster Abschnitt
Bürgermedien

1. Unterabschnitt
Hamburgischer Bürger- und Ausbildungskanal

§ 33 Hamburgischer Bürger- und Ausbildungskanal

(1) [1]Für Hamburg kann im Hörfunk und im Fernsehen je ein Kanal für Projekte der Kinder- und Jugendarbeit, der Integration und der Stadtteil- und Regionalkultur sowie zur Ausbildung im Medienbereich betrieben werden, dessen Beiträge über Kabelanlagen oder terrestrisch verbreitet werden (Hamburgischer Bürger- und Ausbildungskanal). [2]Der Kanal kann im Rahmen seiner Aufgaben nach Satz 1 auch Telemedien veranstalten. [3]Werbung ist unzulässig. [4]Von Nutzern oder der Trägerin produzierte oder verantwortete Sendungen können gesponsert werden; für das Sponsoring gilt § 8 des Rundfunkstaatsvertrages entsprechend. [5]Beiträge staatlicher Stellen und Beiträge, die der Wahlvorbereitung oder Öffentlichkeitsarbeit einzelner Parteien oder an Wahlen beteiligter Vereinigungen dienen, sind nicht zulässig.

(2) [1]Der Träger des Kanals, der die Voraussetzungen des § 18 erfüllen muss, legt die Zugangs- und Nutzungsbedingungen sowie das Nähere zur Durchführung des Kanals einschließlich der vom Träger zu gewährleistenden Bürgerbeteiligung fest. [2]Die Anstalt ist darüber zu informieren und nimmt dazu innerhalb einer Frist von sechs Wochen Stellung.

(3) [1]Der Träger kann Dritten Aufgaben des Kanals für Projekte der Kinder- und Jugendarbeit, der Integration und der Stadtteilkultur gemäß Absatz 1 ganz oder teilweise für einen Zeitraum von bis zu fünf Jahren übertragen. [2]Die Verlängerung der Übertragung ist zulässig.

(4) Der Träger ist für den Inhalt der Angebote des Hamburgischen Bürger- und Ausbildungskanals verantwortlich; §§ 8 bis 10 gelten entsprechend.

(5) [1]Der Träger ist berechtigt, im Einvernehmen mit der Anstalt Übertragungskapazitäten, die nicht für Aufgaben nach Absatz 1 benötigt werden, auch für Programme anderer Veranstalter befristet zur Verfügung zu stellen. [2]Die Anstalt stellt dabei die Berücksichtigung der Kriterien zur Förderung der Programmvielfalt sicher. [3]Es ist sicherzustellen, dass die Mitnutzung innerhalb von sechs Monaten beendet werden kann; in diesem Fall findet eine Entschädigung nicht statt.

§ 34 Trägerschaft

(1) [1]Trägerin des Hamburgischen Bürger- und Ausbildungskanals ist die Hamburg Media School. [2]Sie legt alle zwei Jahre, nächstmalig zum 31. Dezember 2009, der Anstalt einen Bericht über die Erfüllung ihres Auftrags vor, auf dessen Grundlage über die Fortführung der Trägerschaft zu entscheiden ist.

(2) [1]Die Anstalt überwacht die ordnungsgemäße Mittelverwendung und die Beachtung des Grundsatzes der Wirtschaftlichkeit und Sparsamkeit. [2]Eine neue Trägerschaft kann nur im Einvernehmen mit dem Senat der Freien und Hansestadt Hamburg bestimmt werden.

2. Unterabschnitt
Offener Kanal in Schleswig-Holstein

§ 35 Offener Kanal in Schleswig-Holstein

(1) [1]In Schleswig-Holstein werden im terrestrischen Hörfunk in den Bereichen Westküste, Lübeck und Kiel sowie im Kabelfernsehen in den Bereichen Flensburg und Kiel jeweils ein Offener Kanal für regionalen Bürgerfunk und zur Förderung der Medienkompetenz unterhalten. [2]Der Offene Kanal gibt Gruppen und Personen, die nicht Rundfunkveranstalter sind (Nutzer), Gelegenheit, eigene Beiträge im Hörfunk oder Fernsehen regional zu verbreiten.

(2) Näheres regelt Schleswig-Holstein durch Gesetz.

(3) Die Rechtsaufsicht über den Offenen Kanal in Schleswig-Holstein führt der Direktor der Anstalt.

3. Unterabschnitt
Zusammenarbeit der Bürgermedien

§ 36 Zusammenarbeit

(1) [1]Der Hamburgische Bürger- und Ausbildungskanal und der Offene Kanal in Schleswig-Holstein arbeiten bei der Erfüllung ihres Auftrages zusammen. [2]Näheres regeln diese Einrichtungen durch Vereinbarung. [3]Sie legen der Anstalt alle zwei Jahre einen Bericht über den Stand und die Perspektiven engerer Zusammenarbeit vor.

(2) Der Hamburgische Bürger- und Ausbildungskanal und der Offene Kanal in Schleswig-Holstein sind Einrichtungen im Sinne von § 5 Absatz 6 Nummer 1 des Rundfunkbeitragsstaatsvertrages.

Siebter Abschnitt
Datenschutz

§ 37 Datenverarbeitung zu journalistischen Zwecken, Medienprivileg, Datenschutzaufsicht

(1) [1]Soweit mit den in § 57 Rundfunkstaatsvertrag genannten Stellen vergleichbare Anbieter personenbezogene Daten zu journalistischen Zwecken verarbeiten, ist es den hiermit befassten Personen untersagt, diese personenbezogenen Daten zu anderen Zwecken zu verarbeiten (Datengeheimnis). [2]Diese Personen sind bei der Aufnahme ihrer Tätigkeit auf das Datengeheimnis zu verpflichten. [3]Das Datengeheimnis besteht auch nach Beendigung ihrer Tätigkeit fort. [4]Im Übrigen finden für die Datenverarbeitung zu journalistischen Zwecken von der Verordnung (EU) 2016/679 des Europäischen Parlaments und des Rates vom 27. April 2016 zum Schutz der natürlichen Personen bei der Verarbeitung personenbezogener Daten, zum freien Datenverkehr und zur Aufhebung der Richtlinie 95/46/EG (Datenschutz-Grundverordnung) (ABl. L 119/1 von 4. Mai 2016, S. 1; L 314 vom 22. November 2016, S. 72) außer den Kapiteln I, VIII, X und XI nur die Artikel 5 Absatz 1 Buchstabe f in Verbindung mit Absatz 2, Artikel 24, und Artikel 32 Anwendung. [5]Artikel 82 und 83 der Verordnung (EU) 2016/679 gelten mit der Maßgabe, dass nur für eine Verletzung des Datengeheimnisses gemäß Sätze 1 bis 3 sowie für unzureichende Maßnahmen nach Artikel 5 Absatz 1 Buchstabe f, Artikel 24 und 32 der Verordnung (EU) 2016/679 gehaftet wird. [6]Kapitel VIII der Verordnung (EU) 2016/679 findet keine Anwendung soweit Unternehmen, Hilfs- und Beteiligungsunternehmen der Presse der Selbstregulierung durch den Pressekodex und der Beschwerdeordnung des Deutschen Presserates unterliegen. [7]Die Sätze 1 bis 5 gelten entsprechend für die zu den in Satz 1 genannten Stellen gehörenden Hilfs- und Beteiligungsunternehmen. [8]Berufsverbände und andere Vereinigungen, die bestimmte Gruppen von verantwortlichen Stellen vertreten, können sich einen Verhaltenskodex geben, der in einem transparenten Verfahren erlassen und veröffentlicht wird. [9]Den betroffenen Personen stehen nur die in Absätzen 2 und 3 genannten Rechte zu.

(2) Führt die journalistische Verarbeitung personenbezogener Daten zur Verbreitung von Gegendarstellungen der betroffenen Person oder zu Verpflichtungserklärungen, Beschlüssen oder Urteilen über die Unterlassung der Verbreitung oder über den Widerruf des Inhalts der Daten, so sind diese Gegendarstellungen, Verpflichtungserklärungen und Widerrufe zu den gespeicherten Daten zu nehmen und dort für dieselbe Zeitdauer aufzubewahren wie die Daten selbst sowie bei einer Übermittlung der Daten gemeinsam mit diesen zu übermitteln.

(3) [1]Werden personenbezogene Daten von einem Anbieter nach Absatz 1 zu journalistischen Zwecken gespeichert, verändert, übermittelt, gesperrt oder gelöscht und wird die betroffene Person dadurch in ihrem Persönlichkeitsrecht beeinträchtigt, kann sie Auskunft über die zugrunde liegenden, zu ihrer Person gespeicherten Daten verlangen. [2]Die Auskunft kann nach Abwägung der schutzwürdigen Interessen der Beteiligten verweigert werden, soweit

1. aus den Daten auf Personen, die bei der Vorbereitung, Herstellung oder Verbreitung mitgewirkt haben, geschlossen werden kann, oder

2. aus den Daten auf die Person des Einsenders oder des Gewährsträgers von Beiträgen, Unterlagen und Mitteilungen für den redaktionellen Teil geschlossen werden kann oder

3. durch die Mitteilung der recherchierten oder sonst erlangten Daten die journalistische Aufgabe des Anbieters durch Ausforschung des Informationsbestandes beeinträchtigt würde.

[3]Die betroffene Person kann die unverzügliche Berichtigung unrichtiger personenbezogener Daten im Datensatz oder die Hinzufügung einer eigenen Darstellung von angemessenem Umfang verlangen.

[4]Die weitere Speicherung der personenbezogenen Daten ist rechtmäßig, wenn dies für die Ausübung des Rechts auf freie Meinungsäußerung und Information oder zur Wahrnehmung berechtigter Interessen erforderlich ist. [5]Die Sätze 1 bis 3 gelten nicht für Angebote von Unternehmen und Hilfsunternehmen der Presse, soweit diese der Selbstregulierung durch den Pressekodex und der Beschwerdeordnung des Deutschen Presserates unterliegen.

(4) [1]Der Datenschutzbeauftragte des Sitzlandes der Anstalt ist die zuständige Aufsichtsbehörde im Sinne des Artikels 51 der Verordnung (EU) 2016/679. [2]Der Datenschutzbeauftragte überwacht die Einhaltung der Datenschutzvorschriften dieses Staatsvertrags, der Verordnung (EU) 2016/679 und anderer Vorschriften über den Datenschutz. [3]Eine Aufsicht erfolgt, soweit Unternehmen, Hilfs- und Beteiligungsunternehmen der Presse nicht der Selbstregulierung durch den Pressekodex und der Beschwerdeordnung des Deutschen Presserates unterliegen. [4]Der Datenschutzbeauftragte hat die Aufgaben und Befugnisse entsprechend der Artikel 57 und 58 Absatz 1 bis 5 der Verordnung (EU) 2016/679. [5]Bei dieser Tätigkeit stellt er das Benehmen mit dem Datenschutzbeauftragten des anderen Landes her. [6]Bei der Zusammenarbeit mit anderen Aufsichtsbehörden hat er, soweit die Datenverarbeitung zu journalistischen Zwecken betroffen ist, den Informantenschutz zu wahren.

(5) [1]Stellt der Datenschutzbeauftragte einen Verstoß gegen die Datenschutzbestimmungen fest, weist er den Anbieter nach Absatz 1 darauf hin. [2]Wird der Verstoß anschließend nicht innerhalb einer von dem Datenschutzbeauftragten gesetzten Frist behoben, beanstandet der Datenschutzbeauftragte den Verstoß.

Achter Abschnitt
Anstalt

§ 38 Aufgabe, Rechtsform und Organe

(1) [1]Die Aufgaben nach diesem Staatsvertrag werden von der Anstalt als rechtsfähiger Anstalt des öffentlichen Rechts mit Sitz in Norderstedt wahrgenommen, soweit nicht etwas anderes bestimmt ist. [2]Der Anstalt obliegt ferner die Aufsicht über unzulässige Angebote und den Jugendschutz nach dem Jugendmedienschutz-Staatsvertrag. [3]Sie ist die nach Landesrecht für private Anbieter zuständige Stelle im Sinne des Medienstaatsvertrages und des Jugendmedienschutz-Staatsvertrages (Landesmedienanstalt). [4]Die Zuständigkeit der Anstalt für bundesweite Sachverhalte richtet sich nach dem VII. Abschnitt des Medienstaatsvertrages.

(2) [1]Die Anstalt vertritt die Interessen der Allgemeinheit im Hinblick auf die in Absatz 1 genannten Aufgaben. [2]Vorrangig obliegen ihr
1. die Beurteilung und Kontrolle der Programme, insbesondere hinsichtlich ihres Beitrages zur Förderung der Programmvielfalt,
2. die Beratung der Rundfunkveranstalter und anderer Inhalteanbieter sowie ihrer Dienstleister unter den Bedingungen der Konvergenz, insbesondere beim Analog-Digital-Umstieg,
3. die Mitwirkung bei der Fortentwicklung des dualen Rundfunksystems und des Medienstandortes Hamburg und Schleswig-Holstein,
4. die Mitwirkung bei der Umstellung von der analogen auf die digitale Übertragungstechnik, einschließlich der entsprechenden Beratung der Rundfunkveranstalter und Rundfunkteilnehmer,
5. die Zusammenarbeit mit den anderen Landesmedienanstalten. Im Rahmen ihrer Aufgaben und zur gemeinsamen Aufgabenerledigung mit anderen Landesmedienanstalten kann die Anstalt Verwaltungsabkommen abschließen.

[3]Sie soll ferner im Rahmen ihrer haushaltsmäßigen Möglichkeiten,
1. an den Förderungen aus Mitteln nach § 55 Absatz 4 Satz 5 für die danach vorgesehenen Zwecke im Rahmen einer Gesellschafterstellung in der Medienstiftung HSH mitwirken,
2. Aufträge zur Medienforschung vergeben,
3. Nutzer von audiovisuellen Angeboten beraten.

[4]Die Anstalt kann im Rahmen ihrer haushaltsmäßigen Möglichkeiten Projekte der auditiven und audiovisuellen Medienkompetenz und Medienpädagogik fördern, die Dritte durchführen. [5]Die Anstalt kann ferner Förderungen zur Unterstützung des privaten Rundfunks aus Bundes- und Landesfördermitteln vornehmen.

(3) [1]Die Anstalt hat das Recht der Selbstverwaltung. [2]Sie hat Dienstherrnfähigkeit und wendet das Dienstrecht, das Gleichstellungsrecht sowie das Mitbestimmungsrecht ihres Sitzlandes an. [3]Angelegenheiten, die nicht unmittelbar der Erfüllung der Aufgaben der Anstalt dienen, können gegen Kostenerstattung von den zuständigen Behörden in Hamburg oder Schleswig-Holstein wahrgenommen werden.

(4) [1]Organe der Anstalt sind

1. der Medienrat,
2. der Direktor.

[2]Als weitere Organe dienen der Anstalt nach Maßgabe der Vorschriften des Rundfunkstaatsvertrages und des Jugendmedienschutz-Staatsvertrages die Kommission für Zulassung und Aufsicht (ZAK), die Gremienvorsitzendenkonferenz (GVK), die Kommission zur Ermittlung der Konzentration im Medienbereich (KEK) und die Kommission für Jugendmedienschutz (KJM).

(5) [1]Die Anstalt gibt sich eine Satzung. [2]Diese regelt Einzelheiten der Aufgaben des Medienrats und des Direktors, soweit die Angelegenheiten nicht im Einzelnen in diesem Staatsvertrag bestimmt sind.

(6) [1]Die Anstalt ist Aufsichtsbehörde über Telemedien gemäß § 104 Absatz 1 und § 106 Absatz 1 des Medienstaatsvertrages sowie zuständig für die Verfolgung und Ahndung von Ordnungswidrigkeiten nach § 16 Absatz 1 und Absatz 2 Nr. 2 des Telemediengesetzes vom 26. Februar 2007 (BGBl. I S. 179), zuletzt geändert durch Gesetz vom 19. November 2020 (BGBl. I S. 2456). [2]Die von ihr für Ordnungswidrigkeiten verhängten Bußgelder stehen der Anstalt zu.

(7) [1]Die Anstalt ist zuständige Behörde gemäß § 2 Nr. 5 des EG-Verbraucherschutzdurchsetzungsgesetzes (VSchDG) vom 21. Dezember 2006 (BGBl. I S. 3367) bei Verdacht eines innergemeinschaftlichen Verstoßes privater Anbieter gegen Rechtsvorschriften, die zur Umsetzung oder Durchführung des in Nr. 4 des Anhangs der Verordnung (EG) Nr. 2006/2004 genannten Rechtsaktes (EG-Fernsehrichtlinie) erlassen worden sind. [2]Sie ist im Rahmen dieser Zuständigkeit auch zuständig für die Verfolgung und Ahndung von Ordnungswidrigkeiten nach § 9 Abs. 1 VSchDG.

§ 39 Aufgaben des Medienrats

(1) Der Medienrat überwacht die Einhaltung dieses Staatsvertrages und der für die privaten Rundfunkveranstalter geltenden Bestimmungen des Rundfunkstaatsvertrages.

(2) [1]Der Medienrat nimmt die Aufgaben der Anstalt wahr, soweit sie nicht gemäß § 47 dem Direktor übertragen sind. [2]Der Medienrat hat insbesondere folgende Aufgaben:

1. Erteilung, Rücknahme oder Widerruf der Zulassung,
2. Bestätigung der Zulassungsfreiheit von Rundfunkprogrammen auf Antrag durch Unbedenklichkeitsbescheinigung gem. § 54 Absatz 1 Medienstaatsvertrag,
3. Feststellung von Verstößen gegen die Anforderungen dieses Staatsvertrages, wobei die Aufsicht über die Programmaufgabe unter Beachtung des Beurteilungsspielraums gemäß § 3 Abs. 1 Satz 3 erfolgt,
4. Entscheidungen über Anerkennungen sowie Aufsichtsmaßnahmen gemäß § 5 Abs. 2 dieses Staatsvertrages in Verbindung mit § 19 Abs. 4 und § 20 Abs. 1 des Jugendmedienschutz-Staatsvertrages,
5. Entscheidung über die Zuweisung von Übertragungskapazitäten,
6. Entscheidung über die Untersagung der Weiterverbreitung,
7. Entscheidung über die Rangfolge in Kabelanlagen,
8. Feststellung des Haushaltsplans und Genehmigung des Jahresabschlusses der Anstalt sowie Entlastung des Direktors,
9. Feststellung eines jährlichen Rechenschaftsberichts,
10. Wahl und Abberufung des Direktors sowie Abschluss und Auflösung seines Dienstvertrages,
11. Zustimmung zur Einstellung, Eingruppierung und Entlassung der Bediensteten der Anstalt in den vom Medienrat vorbehaltenen Fällen,
12. Erlass von Satzungen und Richtlinien sowie Entscheidung über den Erlass von Satzungen oder Richtlinien der Landesmedienanstalten; Satzungen sind bekannt zu machen,
13. Zustimmung zu Rechtsgeschäften, bei denen Verpflichtungen im Werte von mehr als 100 000 Euro eingegangen werden,

14. Entscheidungen über Aufsichtsmaßnahmen über Telemedien nach § 38 Abs. 6 Satz 1, 1. Halbsatz und über Ordnungswidrigkeiten gemäß § 51 sowie über die Verwendung der Einnahmen aus Bußgeldern,

15. Entscheidung über die Anerkennung einer Einrichtung als Einrichtung der Freiwilligen Selbstkontrolle, den Widerruf, die Aufhebung und die Beanstandung einer solchen Anerkennung gem. § 19 Absatz 5, 6, 8 Medienstaatsvertrag,

16. Entscheidung über die Förderung nach § 38 Absatz 2 Satz 4 und § 55 Absatz 2 Satz 2 und über diesbezügliche Förderrichtlinien, sowie über die Förderung nach § 38 Absatz 2 Satz 5,

17. Bestätigung der Unbedenklichkeit von Medienplattformen auf Antrag durch Unbedenklichkeitsbescheinigung gem. § 87 Medienstaatsvertrag.

(3) In Zweifelsfällen hinsichtlich der Aufgabenverteilung zwischen dem Medienrat und dem Direktor entscheidet der Medienrat.

§ 40 Aufsicht

(1) ¹Der Medienrat kann feststellen, dass durch ein Rundfunkprogramm, durch einzelne Sendungen und Beiträge, durch die Weiterverbreitung von Rundfunkprogrammen, durch Inhalte von Telemedien oder sonst gegen diesen Staatsvertrag, den Rundfunkstaatsvertrag, den Jugendmedienschutz-Staatsvertrag, die Zulassung oder die Zuweisung verstoßen wird und Maßnahmen oder Unterlassungen vorsehen; § 5 bleibt unberührt. ²Die Aufsicht über die Programmaufgabe erfolgt unter Beachtung des Beurteilungsspielraums gemäß § 3 Abs. 1 Satz 3 (Missbrauchsaufsicht).

(2) Bei einem Verstoß weist der Direktor den Anbieter, den für das Rundfunkprogramm, die Sendung oder den Beitrag Verantwortlichen oder den Betreiber der Kabelanlage an, den Rechtsverstoß durch die vom Medienrat oder von ihm vorgesehenen Maßnahmen oder Unterlassungen zu beseitigen; bei einem Widerspruch erlässt er den Widerspruchsbescheid nach Vorgabe des Medienrats.

(3) ¹Hat die Anstalt bereits einen Rechtsverstoß nach Absatz 1 beanstandet, so kann sie bei Fortdauer des Rechtsverstoßes oder bei einem weiteren Rechtsverstoß zusammen mit der Anweisung nach Absatz 2 das Ruhen der Zulassung bis zu vier Wochen anordnen. ²In schwerwiegenden Fällen kann die Anstalt die Zulassung entziehen. ³Eine Entschädigung findet nicht statt.

(4) ¹Der Rundfunkveranstalter, der für das Rundfunkprogramm, die Sendung oder den Beitrag Verantwortliche und der Betreiber der Kabelanlage haben der Anstalt die zur Wahrnehmung der Aufsicht erforderlichen Auskünfte zu erteilen und entsprechende Unterlagen vorzulegen. ²Der Auskunftspflichtige kann die Auskunft auf solche Fragen verweigern, deren Beantwortung ihn selbst oder einen der in § 383 Abs. 1 Nr. 1 bis 3 der Zivilprozessordnung bezeichneten Angehörigen der Gefahr strafrechtlicher Verfolgung oder eines Verfahrens nach dem Gesetz über Ordnungswidrigkeiten aussetzen würde.

§ 41 Zusammensetzung des Medienrats

(1) ¹Der Medienrat besteht aus vierzehn Mitgliedern. ²Sie sollen als Sachverständige besondere Eignung auf dem Gebiet der Medienpädagogik, Medienwissenschaft, des Journalismus, der Rundfunktechnik, der Medienwirtschaft oder sonstiger Medienbereiche nachweisen. ³Zwei Mitglieder müssen die Befähigung zum Richteramt haben. ⁴Frauen sind angemessen zu berücksichtigen.

(2) ¹Solange und soweit Mitglieder in den Medienrat nicht gewählt worden sind, verringert sich die Zahl der gesetzlichen Mitglieder nach Absatz 1 entsprechend. ²Dasselbe gilt bei vorzeitigem Ausscheiden von Mitgliedern aus dem Medienrat, soweit und solange ein Ersatzmitglied nach Absatz 3 nicht zur Verfügung steht.

(3) ¹In den Ländern werden jeweils ein erstes und ein zweites Ersatzmitglied gewählt. ²Scheidet ein Mitglied vorzeitig aus, folgt das erste Ersatzmitglied des jeweils betroffenen Landes für den Rest der Amtszeit nach und wird Mitglied des Medienrates. ³Das zweite Ersatzmitglied tritt dann an die Stelle des ersten Ersatzmitgliedes.

§ 42 Wahl des Medienrats

(1) ¹Sieben Mitglieder des Medienrats sowie zwei Ersatzmitglieder werden in Hamburg durch die Bürgerschaft und sieben Mitglieder sowie zwei Ersatzmitglieder in Schleswig-Holstein durch den Landtag gewählt; eine einmalige Wiederwahl ist zulässig.

(2) ¹Für die Wahl der Mitglieder des Medienrats ist jeweils jede gesellschaftlich relevante Gruppe, Organisation oder Vereinigung mit Sitz im jeweiligen Land vorschlagsberechtigt. ²Jeder Vorschlag

muss eine Frau und einen Mann benennen. [3]Diese Anforderung entfällt nur dann, wenn der Gruppe, Organisation oder Vereinigung auf Grund ihrer Zusammensetzung die Benennung einer Frau oder eines Mannes regelmäßig oder im Einzelfall nicht möglich ist; dies ist im Vorschlag schriftlich zu begründen.

(3) [1]Die Präsidenten der Landesparlamente geben den Zeitpunkt für die Einreichung von Vorschlägen spätestens sechs Monate vor Ablauf der Amtszeit des bisherigen Medienrates im jeweiligen amtlichen Verkündungsblatt bekannt. [2]Die Vorschläge sind bis spätestens drei Monate vor Ablauf der Amtszeit des bisherigen Medienrats für die hamburgischen Mitglieder bei der Bürgerschaft oder für die schleswig-holsteinischen Mitglieder beim Landtag einzureichen. [3]Bei einer Überschreitung dieser Frist findet eine Wiedereinsetzung in den vorigen Stand nicht statt. [4]In dem Vorschlag ist darzulegen, dass die Vorgeschlagenen die Eignung nach § 41 haben und dass keine Unvereinbarkeit nach § 43 besteht.

(4) [1]In Hamburg erfolgt die Wahl auf Grund von Wahlvorschlägen der Fraktionen im Wege der Blockwahl. [2]Das Bestimmungsrecht der Fraktionen für die Wahlvorschläge wird in der Weise ausgeübt, dass jeder Fraktion in der Reihenfolge der Fraktionsstärken zunächst das Vorschlagsrecht für ein Mitglied zusteht. [3]Im Übrigen ist das Stärkeverhältnis der Fraktionen nach dem Hare/Niemeyer-Verfahren maßgebend.

(5) In Schleswig-Holstein erfolgt die Wahl durch den Landtag mit einer Mehrheit von zwei Dritteln seiner Mitglieder.

(6) Gruppen, Organisationen oder Vereinigungen, die einen Vorschlag eingereicht haben, dürfen je Land nur jeweils mit einer Person im Medienrat vertreten sein.

(7) [1]Scheidet ein Mitglied vorzeitig aus, teilt der Medienrat dies dem jeweiligen Präsidenten des Landesparlamentes mit und informiert dabei über das Nachrücken der Ersatzmitglieder. [2]Das jeweilige Landesparlament wählt für den Rest der Amtszeit einen Nachfolger für das zweite Ersatzmitglied. [3]Absätze 2 bis 6 und § 41 gelten entsprechend; für die Einreichung von Nachbesetzungsvorschlägen gilt eine Frist von acht Wochen.

§ 43 Persönliche Voraussetzungen

[1]Mitglied des Medienrats kann nicht sein, wer
1. den gesetzgebenden oder beschließenden Organen der Europäischen Gemeinschaften, des Europarates, des Bundes oder eines der Länder angehört oder Bediensteter einer obersten Bundes- oder Landesbehörde oder einer Gebietskörperschaft ist,
2. Mitglied eines Organs, Bediensteter, ständiger freier Mitarbeiter einer öffentlich-rechtlichen Rundfunkanstalt ist,
3. Rundfunkveranstalter oder Betreiber einer Kabelanlage oder einer anderen technischen Übertragungseinrichtung ist, zu ihnen in einem Dienst- oder Arbeitsverhältnis steht, von ihnen auf sonstige Weise wirtschaftlich abhängig oder an ihnen mehrheitlich beteiligt ist,
4. wirtschaftliche oder sonstige Interessen hat, welche die Erfüllung der Aufgaben als Mitglied des Medienrats gefährden.

[2]Die Präsidenten der Landesparlamente stellen jeweils fest, ob einer der nach Satz 1 mit einer Mitgliedschaft unvereinbaren Gründe vorliegt; tritt ein Hinderungsgrund während der Amtszeit ein oder wird er erst während der Amtszeit bekannt, so endet die Mitgliedschaft mit der entsprechenden Feststellung durch den Präsidenten des jeweiligen Landesparlaments.

§ 44 Amtszeit, Rechtsstellung und Vorsitz

(1) [1]Die Amtszeit des Medienrats beträgt fünf Jahre und beginnt mit seinem ersten Zusammentritt. [2]Nach Ablauf der Amtszeit führt der Medienrat die Geschäfte bis zum Zusammentritt des neuen Medienrats weiter.

(2) [1]Die Mitglieder des Medienrats sind ehrenamtlich tätig. [2]Sie sind an Aufträge und Weisungen nicht gebunden. [3]Sie erhalten ein Sitzungsgeld, das die Anstalt durch Satzung festlegt; die Satzung bedarf der Genehmigung der für die Genehmigung des Haushaltsplans zuständigen Behörde. [4]Die Reisekostenerstattung erfolgt unter Berücksichtigung des Bundesreisekostenrechts.

(3) [1]Der Medienrat wählt seinen Vorsitzenden und dessen Stellvertreter. [2]Der Medienrat kann seinen Vorsitzenden und dessen Stellvertreter abberufen. [3]Nach Beendigung der Amtszeit des Vorsitzenden und bis zur Neuwahl nimmt das älteste Mitglied des Medienrats die Aufgaben des Vorsitzenden wahr.

§ 45 Sitzungen

(1) [1]Der Medienrat tritt mindestens einmal im Vierteljahr zu einer ordentlichen Sitzung zusammen. [2]Auf Verlangen von drei Mitgliedern ist eine außerordentliche Sitzung einzuberufen. [3]Die Sitzungen sind nicht öffentlich. [4]Der Direktor und sein Stellvertreter nehmen an den Sitzungen des Medienrates teil.

(2) [1]Die Regierungen der Länder sind berechtigt, zu den Sitzungen des Medienrates und seiner Ausschüsse Vertreter zu entsenden. [2]Diese Vertreter sind jederzeit zu hören.

§ 46 Beschlüsse

(1) Der Medienrat ist beschlussfähig, wenn alle Mitglieder ordnungsgemäß geladen worden sind und mindestens neun Mitglieder anwesend sind.

(2) [1]Der Medienrat fasst seine Beschlüsse grundsätzlich mit der einfachen Mehrheit seiner Mitglieder. [2]Für Beschlüsse nach § 39 Absatz 2 Satz 2 Nummern 1, 5, 8 bis 10 und 11 sowie § 44 Absatz 3 Sätze 1 und 2 ist die Mehrheit von zwei Dritteln der Mitglieder des Medienrates erforderlich. [3]Entscheidet der Medienrat über einen Widerspruch, ist die für die Ausgangsentscheidung vorgeschriebene Mehrheit erforderlich.

(3) [1]Beschlussvorlagen sind den Mitgliedern und der für die Rechtsaufsicht zuständigen Behörde mindestens eine Woche vor der Sitzung vorzulegen. [2]Maßgeblich ist der tatsächliche Eingang der Unterlagen. [3]Die Unterlagen gelten am dritten Tag nach der Aufgabe zur Post als zugegangen, es sei denn, dass diese nicht oder zu einem späteren Zeitpunkt zugegangen sind. [4]Der Tag der Aufgabe zur Post ist in den Akten zu vermerken. [5]In besonders dringenden Fällen kann der Medienrat mit der Mehrheit gemäß Absatz 2 Satz 2 Ausnahmen beschließen.

(4) [1]Der Medienrat kann den Vorsitzenden und dessen Stellvertreter mit den für die jeweiligen Beschlüsse geltenden Mehrheiten ermächtigen, gemeinsam in dringenden Angelegenheiten, in denen ein Beschluss des Medienrates nicht kurzfristig herbeigeführt werden kann, Beschlüsse für den Medienrat zu fassen. [2]Der Medienrat ist in seiner nächsten Sitzung über die Beschlüsse zu unterrichten; er kann sie mit der einfachen Mehrheit der abgegebenen Stimmen aufheben.

(5) Das Nähere regelt die Satzung.

§ 47 Direktor

(1) [1]Der Medienrat wählt den Direktor auf die Dauer von fünf Jahren. [2]Nach Ablauf der Amtszeit führt der Direktor die Geschäfte bis zum Amtsantritt des Nachfolgers weiter. [3]Der Medienrat kann den Direktor aus wichtigem Grund abberufen.

(2) [1]Für den Direktor findet § 43 entsprechende Anwendung. [2]Er darf dem Medienrat nicht angehören und soll die Befähigung zum Richteramt haben.

(3) [1]Der Direktor vertritt die Anstalt gerichtlich und außergerichtlich. [2]Die Satzung regelt die Vertretungsbefugnis. [3]In der Satzung werden auch die Fälle bestimmt, in denen der Direktor zur Vertretung der Mitzeichnung bedarf.

(4) [1]Der Direktor führt die laufenden Geschäfte der Anstalt. [2]Er hat vor allem folgende Aufgaben:

1. Vorbereitung und Ausführung der Beschlüsse des Medienrates,
2. Überprüfung der Einhaltung der Zulassungs- und Zuweisungsbescheide einschließlich der Beteiligung bei späteren Änderungen,
3. Festsetzung und Einziehung der Gebühren, Auslagen und Abgaben,
4. Wahrnehmung der ihm durch Satzung übertragenen Aufgaben,
5. Aufstellung des Haushaltsplans und Feststellung des Jahresabschlusses der Anstalt,
6. Erstellung eines jährlichen Rechenschaftsberichts und dessen Veröffentlichung,
7. Einstellung, Eingruppierung und Entlassung der Bediensteten der Anstalt und Wahrnehmung der Befugnisse des Arbeitgebers,
8. Zusammenarbeit mit anderen Landesmedienanstalten,
9. Ausübung der Auskunftsrechte und Ermittlungsbefugnisse zur Sicherung der Meinungsvielfalt (§ 1 Abs. 2 Nr. 3 dieses Staatsvertrages in Verbindung mit § 22 Abs. 1 des Rundfunkstaatsvertrages),
10. Hinwirken auf eine sachgerechte Lösung bei Anrufung wegen Uneinigkeit über die Aufnahme eines Angebots in eine Medienplattform oder die Bedingungen der Aufnahme gem. § 83 Absatz 3 Medienstaatsvertrag,

11. Ausführung der Beschlüsse von ZAK, KJM und GVK einschließlich der Ausführung der Entscheidungen über Ordnungswidrigkeiten,

12. Verfolgung und Ahndung von Ordnungswidrigkeiten gemäß § 16 Abs. 1 und Abs. 2 Nr. 1 des Telemediengesetzes. [3]Er ist gesetzlicher Vertreter im Sinne von § 35 Abs. 3 und 5 Nr. 2 sowie § 37 Abs. 1 des Rundfunkstaatsvertrages.

(5) Der Direktor ist oberste Dienstbehörde und Dienstvorgesetzter der Beamten der Anstalt.

(6) Ständiger Vertreter im Sinne von § 35 Abs. 3 des Rundfunkstaatsvertrages ist der Stellvertreter des Direktors.

§ 48 Finanzierung der Anstalt

(1) [1]Die Anstalt trägt alle zur Erfüllung ihrer Aufgaben erforderlichen Kosten. [2]Sie finanziert sich aus eigenen Einnahmen (Gebühren, Auslagen) sowie aus einem Anteil an dem Rundfunkbeitrag gemäß § 55. [3]Das Verwaltungskostengesetz des Sitzlandes gilt entsprechend.

(2) [1]Für Amtshandlungen gegenüber einem Antragsteller, einem Rundfunkveranstalter, einem Plattformanbieter oder einem Betreiber einer Kabelanlage erhebt die Anstalt Verwaltungsgebühren und Auslagen. [2]Die Einzelheiten über die Gebühren einschließlich der Gebührentatbestände und Gebührensätze sowie über die Auslagen werden durch Satzung der Anstalt festgestellt.

(3) Die Satzung bedarf der Zustimmung der für die Genehmigung des Haushaltsplans zuständigen Behörde.

§ 49 Haushaltswesen

(1) [1]Für die Anstalt gelten die §§ 105 bis 107 und 109 bis 111 der Landeshaushaltsordnung des Landes Schleswig-Holstein entsprechend. [2]Der Haushaltsplan bedarf der Genehmigung der Behörde nach § 50 Abs. 1. [3]Er ist spätestens zwei Monate vor Ablauf des Haushaltsjahres vorzulegen.

(2) Das Nähere zur Aufstellung des Haushaltsplanes und der Jahresabrechnung sowie zur vorläufigen Haushalts- und Wirtschaftsführung regelt die Anstalt durch Satzung, die der Genehmigung der Behörde nach § 50 Abs. 1 bedarf.

(3) [1]Zur Sicherung der Haushaltswirtschaft kann die Anstalt Rücklagen für besondere mittelfristige Projekte und Investitionen bilden, soweit dies für die stetige Erfüllung ihrer Aufgaben notwendig ist. [2]Die jährliche Zuführung auf Rücklagen darf insgesamt fünf vom Hundert der jährlichen Einnahmen nicht übersteigen. [3]Grund, Höhe und Zeitraum jeder Rücklage sind im Haushaltsplan zu begründen.

(4) Die Rechnungshöfe der Länder prüfen die Haushalts- und Wirtschaftsführung der Anstalt gemeinsam.

§ 50 Rechtsaufsicht

(1) [1]Die Regierungen der Länder führen die Aufsicht über die Einhaltung der Bestimmungen dieses Staatsvertrages und der allgemeinen Rechtsvorschriften durch die Anstalt. [2]Sie nehmen diese Aufgabe durch die Regierung eines der Länder im Wechsel von 15 Monaten wahr. [3]Der Wechsel erfolgt in der Reihenfolge Hamburg - Schleswig-Holstein. [4]Die jeweils Aufsicht führende Regierung beteiligt die andere Regierung vor Einleitung von Maßnahmen und bemüht sich um ein Einvernehmen. [5]Die Anstalt hat die zur Vorbereitung der Rechtsaufsicht erforderlichen Auskünfte zu erteilen und Unterlagen vorzulegen.

(2) [1]Die Rechtsaufsicht ist berechtigt, den Medienrat oder den Direktor schriftlich auf Maßnahmen oder Unterlassungen der Anstalt hinzuweisen, die diesen Staatsvertrag oder die allgemeinen Rechtsvorschriften verletzen, und sie aufzufordern, die Rechtsverletzung zu beseitigen. [2]Wird die Rechtsverletzung nicht innerhalb eines von der Rechtsaufsicht bestimmten angemessenen Zeitraums behoben, weist sie den Medienrat oder den Direktor an, im Einzelnen festgelegte Maßnahmen auf Kosten der Anstalt durchzuführen. [3]In Programmangelegenheiten sind Weisungen ausgeschlossen.

Neunter Abschnitt
Ordnungswidrigkeiten, Strafbestimmung

§ 51 Ordnungswidrige Handlungen
(1) Ordnungswidrig handelt, wer vorsätzlich oder fahrlässig
1. als Veranstalter von Rundfunk nach § 2 Abs. 2 die Tatbestände des § 49 Abs. 1 Satz 1 Nr. 1 bis 15 und Nr. 19 bis 24 sowie Satz 2 Nr. 1 bis 4 des Rundfunkstaatsvertrages erfüllt oder Sendungen für Kinder durch Werbung oder Teleshopping unterbricht,
2. als Betreiber oder Anbieter die Tatbestände des § 49 Abs. 1 Satz 2 Nr. 5 bis 16 des Rundfunkstaatsvertrages erfüllt,
3. als Anbieter von nicht länderübergreifenden Angeboten gegen Bestimmungen des § 24 des Jugendmedienschutz-Staatsvertrages verstößt.
(2) Die Ordnungswidrigkeit kann mit einer Geldbuße bis zu 500 000 Euro geahndet werden.
(3) [1]Die Anstalt ist zuständige Verwaltungsbehörde im Sinne des § 36 Abs. 1 Nr. 1 des Gesetzes über Ordnungswidrigkeiten für die Ordnungswidrigkeiten gemäß Absatz 1 Nr. 1 bis 4. [2]Bei bundesweit verbreiteten Programmen hat die Anstalt die übrigen Landesmedienanstalten unverzüglich zu unterrichten. [3]Die für Ordnungswidrigkeiten nach Satz 1 verhängten Bußgelder stehen der Anstalt zu.
(4) [1]Die Verfolgung der in Absatz 1 genannten Ordnungswidrigkeiten verjährt in sechs Monaten. [2]Der Lauf der Frist beginnt mit der Sendung. [3]Mit der Wiederholung der Sendung beginnt die Frist von neuem.

§ 52 Strafbestimmung
[1]Mit Freiheitsstrafe bis zu einem Jahr oder Geldstrafe wird bestraft, wer entgegen § 5 Abs. 1 in Verbindung mit § 4 Abs. 2 Satz 1 Nr. 3 und Satz 2 des Jugendmedienschutz-Staatsvertrages Angebote verbreitet oder zugänglich macht, die offensichtlich geeignet sind, die Entwicklung von Kindern und Jugendlichen oder ihre Erziehung zu einer eigenverantwortlichen und gemeinschaftsfähigen Persönlichkeit unter Berücksichtigung der besonderen Wirkungsform des Verbreitungsmediums schwer zu gefährden. [2]Handelt der Täter fahrlässig, so ist die Freiheitsstrafe bis zu sechs Monate oder die Geldstrafe bis zu 180 Tagessätze.

Zehnter Abschnitt
Modellversuche, Veranstaltungsrundfunk

§ 53 Modellversuche
(1) [1]Um neue Rundfunktechniken, -programmformen und -dienste zu erproben, kann die Anstalt befristete Modellversuche für die Dauer von bis zu drei Jahren zulassen oder im Benehmen mit dem Netzbetreiber durchführen. [2]Dabei können auch multimediale Angebote berücksichtigt werden. [3]In begründeten Fällen ist eine Verlängerung der Versuchsdauer zulässig.
(2) [1]Für Modellversuche gelten die Vorschriften dieses Staatsvertrages sinngemäß. [2]Die Anstalt kann von ihnen abweichende und ergänzende Regelungen treffen, soweit der Versuchszweck dies erfordert; gleiche Zugangschancen sowie eine Vielfalt der Versuchsformen sind zu gewährleisten. [3]Soweit erforderlich, kann die Anstalt auch Regelungen zur Nutzung der für Modellversuche zur Verfügung stehenden Übertragungskapazitäten treffen.
(3) Das Nähere zur Ausgestaltung eines Modellversuchs legt die Anstalt in der Ausschreibung und in der Zulassung fest.

§ 54 Veranstaltungsrundfunk, Sendungen in Gebäuden
(1) Die Anstalt weist zur Verfügung stehende Übertragungskapazitäten ohne Ausschreibung zu, wenn Sendungen
1. im örtlichen Bereich einer öffentlichen Veranstaltung und im zeitlichen Zusammenhang damit veranstaltet und verbreitet werden oder
2. für eine Mehrzahl von Einrichtungen angeboten werden, wenn diese für gleiche Zwecke genutzt und die Sendungen nur dort empfangen werden können und im funktionellen Zusammenhang mit den in diesen Einrichtungen zu erfüllenden Aufgaben stehen.
(2) Beschränken sich Sendungen auf ein Gebäude oder einen zusammengehörenden Gebäudekomplex, können die Sendungen ohne Zulassung durchgeführt werden.

(3) Die Einzelheiten zu den Absätzen 1 und 2 regelt die Anstalt durch Satzung, die der Genehmigung der Behörde nach § 50 Abs. 1 bedarf.

Elfter Abschnitt
Finanzierung besonderer Aufgaben

§ 55 Finanzierung besonderer Aufgaben gemäß § 40 des Rundfunkstaatsvertrages
(1) Der sich in den Ländern nach § 40 Absatz 1 des Rundfunkstaatsvertrages in Verbindung mit § 10 Absatz 4 des Rundfunkbeitragsstaatsvertrages ergebende Nettobetrag des Rundfunkbeitragsanteils wird auf der Grundlage der nachstehenden Absätze 2 bis 4 in den Ländern gemeinsam verwendet.
(2) [1]Der Anstalt stehen unbeschadet des Absatzes 4 Satz 2 für die Erfüllung ihrer Aufgaben 32,0 vom Hundert des Rundfunkbeitragsanteils nach Absatz 1 zu. [2]Davon soll sie bis zu 3,2 vom Hundert für die finanzielle Unterstützung der nichtkommerziellen terrestrischen Veranstaltung von Rundfunk verwenden.
(3) Den Trägern der Bürgermedien nach dem Sechsten Abschnitt stehen 34,9 vom Hundert des Rundfunkbeitragsanteils nach Absatz 1 zu, und zwar 10,8 vom Hundert dem Hamburgischen Bürger- und Ausbildungskanal und 24,1 vom Hundert dem Offenen Kanal in Schleswig-Holstein.
(4) [1]Dem Norddeutschen Rundfunk stehen 33,1 vom Hundert des Rundfunkbeitragsanteils nach Absatz 1 zu. [2]Ferner stehen ihm die Mittel zu, die von der Anstalt nach Absatz 2 und den Trägern der Bürgermedien nach Absatz 3 nicht in Anspruch genommen werden. [3]Er verwendet die Mittel nach Satz 1 für die Förderung des Medienstandortes Hamburg und Schleswig-Holstein, davon
1.   4,6 vom Hundert jährlich zur Förderung der Hamburg Media School,
2.   3,1 vom Hundert jährlich zur Förderung des Hans-Bredow-Instituts,
3.   25,4 vom Hundert zur Unterstützung der Filmförderung Hamburg/Schleswig-Holstein GmbH, und zwar davon
     a)   22,3 vom Hundert jährlich für die Förderung von Film- und Fernsehproduktionen und die Beratung von Produktionsunternehmen und
     b)   3,1 vom Hundert jährlich für ihre Filmwerkstatt in Kiel und für die Förderung von Filmfestivals in Schleswig-Holstein.
[4]Die Mittel nach Satz 2 verwendet der Norddeutsche Rundfunk für Zwecke der Aus- und Weiterbildung im Medienbereich, insbesondere für die Unterstützung von Projekten der Zusammenarbeit von schleswig-holsteinischen und hamburgischen Ausbildungseinrichtungen im Medienbereich. [5]Beim Norddeutschen Rundfunk bei Inkrafttreten des Sechsten Medienänderungsstaatsvertrages HSH bestehende Rücklagenmittel aus dem Aufkommen nach Absatz 1 sollen auslaufend verwendet werden für Maßnahmen nach Satz 4 und für die finanzielle Unterstützung von Projekten der Medienkompetenzförderung, die Dritte durchführen, sowie für die Bearbeitung der Förderungen. [6]Eine Förderung von kommerziellen Rundfunkveranstaltern aus den Mitteln nach Absatz 1 ist ausgeschlossen.

Zwölfter Abschnitt
Übergangs- und Schlussbestimmungen

§ 56 Kündigung
(1) [1]Dieser Staatsvertrag kann von den Ländern erstmals zum 1. Januar 2012 gekündigt werden. [2]Die Kündigungsfrist beträgt zwei Jahre. [3]Wird der Staatsvertrag nicht gekündigt, verlängert er sich stillschweigend um jeweils fünf Jahre. [4]Im Falle der Kündigung tritt der Staatsvertrag nach Ablauf der Kündigungsfrist außer Kraft und die Anstalt ist aufgelöst.
(2) Nach der Kündigung oder Auflösung der Anstalt durch Vereinbarung schließen die Länder einen Staatsvertrag über die Auseinandersetzung.
(3) [1]Für den Fall, dass ein Staatsvertrag über die Auseinandersetzung nicht innerhalb eines Jahres abgeschlossen wird, entscheidet ein Schiedsgericht über die Auseinandersetzung. [2]Das Schiedsgericht kann auch eine einstweilige Regelung treffen.
(4) [1]Einigen sich die Länder nicht über die Zusammensetzung des Schiedsgerichts, ernennen die Präsidenten der Oberverwaltungsgerichte der Länder gemeinsam ein aus vier Mitgliedern bestehendes Schiedsgericht. [2]Die Schiedsrichter müssen die Befähigung zum Richteramt besitzen.

§ 57 Beitritt

[1]Andere Länder können diesem Staatsvertrag beitreten. [2]Der Beitritt bedarf eines Staatsvertrages der beteiligten Länder.

§ 58 Übergangsbestimmungen für die Landesmedienanstalten

(1) [1]Mit Inkrafttreten dieses Staatsvertrages gehen sämtliche Rechte, Verbindlichkeiten und Pflichten, insbesondere auch Personal und Sach- sowie Finanzmittel, im Wege der Gesamtrechtsnachfolge von der Hamburgischen Anstalt für neue Medien (HAM) und der schleswig-holsteinischen Landesanstalt für Rundfunk und neue Medien (ULR) auf die neue Anstalt über. [2]Mit Inkrafttreten dieses Staatsvertrages sind HAM und ULR aufgelöst.

(2) [1]Die Gesamtrechtsnachfolge nach Absatz 1 schließt ein, dass sämtliche Rechte und Pflichten aus den zum Zeitpunkt des Inkrafttretens dieses Staatsvertrages bestehenden Arbeitsverhältnissen von der Anstalt übernommen werden; im Übrigen gilt § 613a Abs. 1 Sätze 2 und 3 des Bürgerlichen Gesetzbuches entsprechend. [2]Zur Absicherung der von der ULR bei der Versorgungsausgleichkasse der Kommunalverbände in Schleswig-Holstein (VAK) angemeldeten Beschäftigten, denen die ULR Anwartschaft auf Versorgung nach beamtenrechtlichen Vorschriften oder Grundsätzen gewährleistet, stellt die Anstalt sicher, dass die nach der Satzung der VAK geforderten tatsächlichen und rechtlichen Voraussetzungen für eine freiwillige Mitgliedschaft der Anstalt erhalten bleiben oder geschaffen werden. [3]Versorgungsabreden der HAM mit beurlaubten Beamtinnen oder Beamten der Freien und Hansestadt Hamburg gehen auf die Anstalt über; Entsprechendes gilt für insoweit getroffene Verwaltungsvereinbarungen zwischen der HAM und der Freien und Hansestadt Hamburg.

§ 59 Bestehende Satzungen, Zulassungen und Zuweisungen

(1) Bei Inkrafttreten dieses Staatsvertrages geltende Satzungen, Richtlinien und sonstige Festlegungen der HAM und der ULR bleiben so lange im jeweiligen Land gültig, bis an deren Stelle entsprechende Satzungen, Richtlinien und sonstige Entscheidungen der neuen Anstalt in Kraft getreten sind.

(2) [1]In den Ländern bei Inkrafttreten dieses Staatsvertrages bestehende Zulassungen und Zuweisungen bleiben unberührt. [2]Eine einmalige Verlängerung bestehender Zuweisungen gemäß § 26 Abs. 7 Satz 2 ist zulässig.

§ 60 Inkrafttreten

[1]Dieser Staatsvertrag tritt am 1. März 2007 in Kraft. [2]Sind bis zum 28. Februar 2007 nicht die Ratifikationsurkunden bei der Senatskanzlei des Landes Hamburg hinterlegt, wird der Staatsvertrag gegenstandslos.

Verordnung
über den Betrieb von Gaststätten
(Gaststättenverordnung – GastVO)

Vom 27. April 1971 (HmbGVBl. S. 81)
(BS Hbg 7130-1)
zuletzt geändert durch Art. 8 EU-Dienstleistungsrichtlinie-UmsetzungsVO vom 21. Dezember 2010 (HmbGVBl. S. 655)

Auf Grund von § 4 Absatz 3, § 21 Absatz 2 und § 30 des Gaststättengesetzes vom 5. Mai 1970 (Bundesgesetzblatt I Seite 465) sowie von § 1 des Gesetzes zum Schutz der öffentlichen Sicherheit und Ordnung vom 14. März 1966 mit der Änderung vom 2. März 1970 (Hamburgisches Gesetz- und Verordnungsblatt 1966 Seite 77, 1970 Seite 90) wird verordnet:

§ 1 Antrag
(1) Der Antrag auf Erteilung einer Erlaubnis nach § 2 Absatz 1, einer Stellvertretungserlaubnis nach § 9, einer vorläufigen Erlaubnis nach § 11 Absatz 1, einer vorläufigen Stellvertretungserlaubnis nach § 11 Absatz 2 oder einer Gestattung nach § 12 Absatz 1 des Gaststättengesetzes ist in Textform einzureichen.

(2) [1]Der Antragsteller hat die Angaben zu machen und die Unterlagen beizubringen, die für die Bearbeitung und Beurteilung des Antrags von Bedeutung sein können. [2]Erforderlich sind insbesondere Angaben und Unterlagen über

1. die Person des Antragstellers,
2. die Betriebsart,
3. die zum Betrieb des Gewerbes einschließlich der zum Aufenthalt der Beschäftigten bestimmten Räume.

[3]Die zuständige Behörde kann Besitznachweise und Bauvorlagen verlangen.

(3) Bei dem Antrag auf Erteilung einer Stellvertretungserlaubnis sind Angaben über die Person des Antragstellers und des Stellvertreters zu machen.

§ 2 Allgemeine Mindestanforderungen an Räume
Die zum Betrieb des Gewerbes und zum Aufenthalt der Beschäftigten bestimmten Räume müssen mindestens den allgemeinen Vorschriften, insbesondere den bau-, immissionsschutz-, hygiene- und arbeitsschutzrechtlichen Vorschriften entsprechen, soweit im Folgenden keine weitergehenden Anforderungen gestellt werden.

§ 3 Zugang zu den Betriebsräumen
[1]Die dem Betrieb des Gewerbes dienenden Räume müssen von öffentlichen Wegen leicht zugänglich sein. [2]Sie dürfen während der Betriebszeit nicht verschlossen sein.

§ 4 Feuersicherheit
(1) Dekorationen, Vorhänge, Gardinen und ähnliche Ausstattungen in den für den Aufenthalt der Gäste bestimmten Räumen von Schank- und Speisewirtschaften sowie Beherbergungsbetrieben müssen schwer entflammbar sein.

(2) [1]Die Rettungswege, insbesondere Treppen, Flure und Gänge, in und außerhalb von Gebäuden dürfen durch Einbauten oder abgestellte bewegliche Gegenstände nicht eingeengt werden; Absatz 1 findet auf Rettungswege entsprechende Anwendung. [2]Im Rettungsweg liegende Türen müssen nach außen aufschlagen. [3]Die Türen der Notausgänge müssen auch von Gästen schnell zu öffnen sein.

§ 5 Beleuchtung
Dem gemeinsamen Aufenthalt der Gäste dienende Räume sowie Treppen und Flure sind, soweit das Tageslicht nicht genügt, ausreichend zu beleuchten.

§ 6 Beherbergungsräume
(1) [1]Die Schlafräume für die Gäste dürfen nicht innerhalb der Wohnung des Gewerbetreibenden oder Dritter liegen. [2]Jeder Beherbergungsraum muß einen eigenen Zugang vom Flur haben. [3]Die Zugangstüren müssen durch fortlaufende Nummern gekennzeichnet und von innen und außen abschließbar sein.

(2) [1]Einbettzimmer müssen mindestens 8 m² groß sein; bei Mehrbettzimmern ist eine zusätzliche Grundfläche von mindestens 4 m² für jedes weitere Bett erforderlich. [2]Nebenräume (insbesondere Bäder und Aborte) werden nicht angerechnet.

§ 7 Abortanlagen für Gäste
(1) [1]In Schank- und Speisewirtschaften müssen folgende Abortanlagen vorhanden sein:

Schank-/Speise-raumfläche, m²	für Frauen Spülaborte	für Männer Spülaborte	Standbecken Stück	Oder Rinne lfd. m
bis 50	Ein Spülabort			
über 50-100	2	1	3	2
über 100-150	2	2	3	2,5
über 150-200	3	2	4	3
über 200	Festsetzung im Einzelfall			

[2]Bei Schank- und Speisewirtschaften mit einer Schank- oder Speiseraumfläche bis einschließlich 50 m² kann die nach Satz 1 bestehende Pflicht zur Einrichtung eines Spülaborts durch Gestattung der Mitbenutzung der Personaltoilette erfüllt werden, sofern nicht arbeitsschutzrechtliche Bestimmungen entgegenstehen.

(2) Aborte dürfen nicht ausnahmslos durch Münzautomaten oder ähnliche Einrichtungen versperrt oder nur gegen Entgelt zugänglich sein.

(3) Soweit nach baurechtlichen Vorschriften über Abortanlagen besondere Anforderungen gestellt werden, gehen diese baurechtlichen Vorschriften den Absätzen 1 und 2 vor.

§ 8 Küchen
Die Einrichtung von Küchen richtet sich nach den betrieblichen Verhältnissen.

§ 9 Räume für die Beschäftigten
[1]Die Anzahl der Schlafräume für die Beschäftigten ist so zu bemessen, daß eine ausreichende und nach Geschlechtern getrennte Unterbringung möglich ist. [2]Die Schlafräume dürfen nicht in unmittelbarer Nähe von Schank- oder Speiseräumen liegen und müssen von den Schlafräumen oder sonstigen Aufenthaltsräumen der Gäste getrennt sein. [3]Jeder Schlafraum muß einen eigenen Zugang vom Flur haben; die Zugangstüren müssen von innen und außen abschließbar sein. [4]Die Vorschriften des § 6 Absatz 2 finden entsprechende Anwendung.

§ 10 Abweichungen und Befreiungen
(1) Von der Erfüllung einzelner Mindestanforderungen der §§ 3 bis 9 kann abgesehen werden, soweit die Abweichung mit den in § 4 Absatz 1 Nummer 2 des Gaststättengesetzes geschützten Belangen vereinbar ist, bei Betrieben,
1. die vor dem Inkrafttreten dieser Verordnung befugt errichtet worden sind und ohne wesentliche Änderungen weitergeführt werden sollen,
2. deren Umfang durch die Betriebsart oder die Art der zugelassenen Getränke oder zubereiteten Speisen beschränkt werden soll,
3. die auf See- oder Binnenschiffen oder in Kraftfahrzeugen errichtet und in denen Gäste bewirtet oder beherbergt werden sollen.

(2) Von den in Absatz 1 genannten Mindestanforderungen kann auf Antrag Befreiung erteilt werden, wenn Gründe des Allgemeinwohls dies erfordern oder die Einhaltung der Vorschrift im Einzelfall zu einer unbilligen Härte führen würde.

§ 10a Verfahren über den Einheitlichen Ansprechpartner Hamburg
[1]Die Verfahren nach dieser Verordnung können über den Einheitlichen Ansprechpartner Hamburg abgewickelt werden. [2]Es gelten die Bestimmungen zum Verfahren über die einheitliche Stelle nach den §§ 71a bis 71e des Hamburgischen Verwaltungsverfahrensgesetzes vom 9. November 1977 (HmbGVBl. S. 333, 402), zuletzt geändert am 15. Dezember 2009 (HmbGVBl. S. 444, 449), in der jeweils geltenden Fassung.

§ 11 Ordnungswidrigkeiten
[1]Ordnungswidrig nach § 1 Absatz 2 des Gesetzes zum Schutz der öffentlichen Sicherheit und Ordnung handelt, wer vorsätzlich oder fahrlässig entgegen § 4 Absatz 2 Rettungswege einengt oder nicht dafür

sorgt, dass die Türen der Notausgänge auch von Gästen schnell zu öffnen sind. [2]Die Ordnungswidrigkeit kann mit einer Geldbuße bis zu fünftausend Euro geahndet werden.

§ 12 Inkrafttreten

(1) Diese Verordnung tritt am 10. Mai 1971 in Kraft.

(2) Gleichzeitig tritt die Verordnung über den Betrieb von Gaststätten vom 25. Oktober 1957 (Sammlung des bereinigten hamburgischen Landesrechts I 7103–b) in der geltenden Fassung außer Kraft.

Hamburgisches Gesetz
zur Regelung der Ladenöffnungszeiten
(Ladenöffnungsgesetz)

Vom 22. Dezember 2006 (HmbGVBl. S. 611)

(BS Hbg 8050-20-1)

zuletzt geändert durch Art. 18 G zur Umsetzung der Europäischen DienstleistungsRL
vom 15. Dezember 2009 (HmbGVBl. S. 444)

Der Senat verkündet das nachstehende von der Bürgerschaft beschlossene Gesetz:

§ 1 Geltungsbereich
Dieses Gesetz gilt für die Öffnung von Verkaufsstellen und das gewerbliche Feilhalten von Waren
außerhalb von Verkaufsstellen.

§ 2 Begriffsbestimmungen
(1) Verkaufsstellen im Sinne dieses Gesetzes sind insbesondere
1. Ladengeschäfte aller Art, Apotheken, Tankstellen und Bahnhofsverkaufsstellen,
2. sonstige Verkaufsstände und -buden, Kioske, Basare und ähnliche Einrichtungen gewerblicher
    Art, falls in ihnen ebenfalls von einer festen Stelle aus ständig Waren zum Verkauf an jedermann
    feilgehalten werden. Dem Feilhalten steht das Zeigen von Mustern, Proben und ähnlichem gleich,
    wenn Warenbestellungen in der Einrichtung entgegengenommen werden.
(2) Feiertage im Sinne dieses Gesetzes sind die gesetzlichen Feiertage.
(3) Reisebedarf im Sinne dieses Gesetzes sind die den Bedürfnissen der Reisenden dienenden Waren
wie insbesondere Zeitungen, Zeitschriften, Straßenkarten, Stadtpläne, Reiselektüre, Schreibmateria-
lien, Tabakwaren, Blumen, Reisetoilettenartikel, Bild-, Ton- und Datenträger, Bedarf für Reiseapo-
theken, Reiseandenken und Spielzeug geringeren Wertes, Lebens- und Genussmittel in kleineren
Mengen sowie ausländische Geldsorten.

§ 3 Allgemeine Ladenöffnungszeiten
(1) Verkaufsstellen dürfen an allen Werktagen für den geschäftlichen Verkehr mit Kunden unbeschränkt geöffnet sein, sofern in diesem Gesetz nicht etwas anderes geregelt ist.
(2) Verkaufsstellen müssen vorbehaltlich nachstehender Vorschriften für den geschäftlichen Verkehr
mit Kunden geschlossen sein:
1. an Sonn- und Feiertagen,
2. am 24. Dezember, wenn dieser Tag auf einen Werktag fällt, ab 14.00 Uhr.
(3) [1]Während der Ladenschlusszeiten nach Absatz 2 ist auch das gewerbliche Feilhalten von Waren
zum Verkauf an Jedermann außerhalb von Verkaufsstellen verboten. [2]Soweit für Verkaufsstellen nach
diesem Gesetz Abweichungen von den Ladenschlusszeiten des Absatzes 2 zugelassen sind, gelten
diese Voraussetzungen und Bedingungen auch für das gewerbliche Feilhalten außerhalb von Verkaufsstellen.
(4) Ist eine Verkaufsstelle an Sonn- und Feiertagen geöffnet, so hat der Inhaber an der Verkaufsstelle
gut sichtbar auf die Öffnungszeiten an Sonn- und Feiertagen hinzuweisen.
(5) Die beim Ladenschluss anwesenden Kunden dürfen noch bedient werden.

§ 4 Verkaufsstellen in oder auf Verkehrsanlagen
(1) Verkaufsstellen dürfen an Sonn- und Feiertagen unbeschränkt, am 24. Dezember nur bis 17.00
Uhr, geöffnet sein für die Abgabe von Reisebedarf
1. auf Flughäfen, auf Personenbahnhöfen des Schienenverkehrs oder zentralen Terminals des über-
    regionalen Busfernverkehrs, oder unmittelbar an Anlegestellen des Schiffsverkehrs sowie
2. innerhalb einer dazu dienenden baulichen Anlage, die Verkehrsanlagen nach Nummer 1 mit einem
    Verkehrsknotenpunkt verbindet.
(2) [1]Der Senat wird ermächtigt, durch Rechtsverordnung abweichend von Absatz 1 zu bestimmen,
dass Verkaufsstellen auf internationalen Verkehrsflughäfen, unmittelbar an Schiffsanlegestellen der
internationalen Fähr- oder Kreuzschifffahrt und auf Personenbahnhöfen des Schienenfernverkehrs von
überregionaler Bedeutung Waren des täglichen Ge- und Verbrauchs sowie Geschenkartikel auch zur

Versorgung der Berufspendler sowie an andere Personen als an Reisende abgeben dürfen. [2]Dabei ist vorzuschreiben, dass die Größe der Verkaufsstellen nicht über das für diese Zwecke und Bedürfnisse des Reiseverkehrs geforderte Maß hinausgeht.

(3) Für Apotheken in oder auf Verkehrsanlagen gilt § 6 Absatz 1.

§ 5 Verkaufsstellen auf Tankstellen

Verkaufsstellen auf Tankstellen dürfen an Sonn- und Feiertagen sowie am 24. Dezember unbeschränkt geöffnet sein für die Abgabe von Betriebsstoffen, Autozubehör und Ersatzteilen, soweit dies für die Erhaltung oder Wiederherstellung der Funktionsbereitschaft von Fahrzeugen notwendig ist, sowie für die Abgabe von Reisebedarf.

§ 6 Verkauf bestimmter Waren an Sonn- und Feiertagen

(1) Apotheken dürfen an Sonn- und Feiertagen sowie am 24. Dezember unbeschränkt geöffnet sein für die Abgabe von Arznei-, Krankenpflege-, Säuglingspflege- und Säuglingsnährmitteln, hygienischen Artikeln sowie Desinfektionsmitteln; die Regelungen nach Apothekenrecht bleiben unberührt.

(2) [1]Verkaufsstellen dürfen an Sonn- und Feiertagen in der Zeit von 7.00 Uhr bis 16.00 Uhr für höchstens fünf Stunden für die Abgabe von Bäcker- oder Konditorwaren, Milch und Milcherzeugnissen, Blumen und Pflanzen sowie Zeitungen und Zeitschriften geöffnet sein, sofern diese Waren in der Verkaufsstelle das Hauptsortiment darstellen. [2]Eine Ladenöffnung am Oster- oder Pfingstmontag oder Zweiten Weihnachtsfeiertag ist – außer für Zeitungen und Zeitschriften – nicht zugelassen.

(3) Wenn der 24. Dezember auf einen Sonntag fällt, dürfen für höchstens drei Stunden bis längstens 14.00 Uhr geöffnet sein:

1. Verkaufsstellen nach Absatz 2,
2. Verkaufsstellen, die überwiegend Lebens- und Genussmittel feilhalten,
3. Verkaufsstellen für die Abgabe von Weihnachtsbäumen.

(4) Abweichend von § 3 Absatz 2 und den Absätzen 2 und 3 kann der Senat oder die von ihm bestimmte Stelle durch Rechtsverordnung festlegen, dass und wie lange die Offenhaltung von Verkaufsstellen oder das Feilhalten für bestimmte Arten von Waren ausnahmsweise wegen eines spezifischen saisonalen oder traditionellen Bedürfnisses zugelassen wird.

§ 7 Verkaufsstellen in bestimmten Gebieten

(1) [1]Verkaufsstellen in Ausflugs- oder Erholungsgebieten mit besonders starkem Fremdenverkehr dürfen zur Abgabe von Badegegenständen, Süßwaren, frischen Früchten, alkoholfreien Getränken, Tabakwaren, Blumen, Zeitschriften und Zeitungen sowie Waren, die für diese Orte kennzeichnend sind, geöffnet sein an jährlich höchstens 40 Sonn- und Feiertagen bis zur Dauer von acht Stunden. [2]Der Senat oder die von ihm bestimmte Stelle legt die Gebiete durch Rechtsverordnung fest. [3]Bei den Öffnungszeiten der Verkaufsstellen ist Rücksicht auf die Zeit des Hauptgottesdienstes zu nehmen. [4]Der Inhaber der Verkaufsstelle ist verpflichtet, Aufzeichnungen über die Anzahl der genutzten Sonn- und Feiertage zu führen und bei Verlangen der zuständigen Behörde bereitzustellen.

(2) [1]Der Senat oder die von ihm bestimmte Stelle kann durch Rechtsverordnung abweichend von Absatz 1 die Anzahl der Sonn- und Feiertage und die Lage der Öffnungszeiten zur Wahrung gewichtiger Bedürfnisse des Besucher- und Fremdenverkehrs ausnahmsweise festlegen. [2]Dabei können zu dem zu diesem Zweck erforderlichen Maß der Umfang der Verkaufsfläche beschränkt oder bestimmte Waren nach Absatz 1 näher bestimmt werden. [3]Sind die zugelassenen Verkaufszeiten auf Grund einer Rechtsverordnung näher geregelt, sind sie an der Verkaufsstelle durch einen deutlich sichtbaren Aushang bekannt zu geben. [4]Eine Offenhaltung am Oster- oder Pfingstmontag oder Zweiten Weihnachtsfeiertag soll nicht zugelassen werden.

§ 8 Ausnahmen aus besonderem Grund

(1) [1]Verkaufsstellen dürfen aus Anlass von besonderen Ereignissen an jährlich höchstens vier Sonntagen geöffnet sein. [2]Diese Tage werden vom Senat oder den von ihm bestimmten Stellen durch Rechtsverordnung freigegeben. [3]Bei der Freigabe kann die Offenhaltung auf bestimmte Gebietsteile und Handelszweige beschränkt werden. [4]Der Zeitraum, während dessen die Verkaufsstellen geöffnet sein dürfen, ist anzugeben. [5]Er darf fünf zusammenhängende Stunden nicht überschreiten, muss spätestens um 18.00 Uhr enden und soll außerhalb der Zeit des Hauptgottesdienstes liegen. [6]Sonntage im Dezember, Adventssonntage, Ostersonntag, Pfingstsonntag, Volkstrauertag, Totensonntag sowie Feiertage im Sinne des § 2 Absatz 2 dürfen nicht freigegeben werden. [7]In Gebieten, für die eine Regelung

nach § 7 getroffen ist, dürfen Sonntage durch den Inhaber der Verkaufsstelle nur genutzt werden, soweit die Zahl dieser Tage zusammen mit den nach § 7 Absatz 1 freigegebenen Sonn- und Feiertagen insgesamt 40 Tage nicht überschreitet.

(2) [1]Die zuständige Behörde kann in Einzelfällen aus wichtigem Grund im öffentlichen Interesse befristete Ausnahmen von den Vorschriften der §§ 3 bis 7 bewilligen. [2]Die Bewilligung kann jederzeit widerrufen werden.

§ 9 Arbeitszeiten an Sonn- und Feiertagen; Beschäftigtenschutzregelungen

(1) [1]In Verkaufsstellen dürfen Beschäftigte an Sonn- und Feiertagen nur während der ausnahmsweise zugelassenen Öffnungszeiten (§§ 4 bis 8 und der hierauf gestützten Vorschriften) beschäftigt werden. [2]Zur Erledigung von unerlässlichen Vorbereitungs- und Abschlussarbeiten dürfen sie während insgesamt weiterer 30 Minuten beschäftigt werden.

(2) Die Dauer der Beschäftigungszeit des einzelnen Beschäftigten an Sonn- und Feiertagen darf acht Stunden nicht überschreiten.

(3) In Verkaufsstellen, die nach § 7 oder den hierauf gestützten Vorschriften an Sonn- und Feiertagen geöffnet sein dürfen, dürfen Beschäftigte an jährlich 22 Sonn- und Feiertagen eingesetzt werden, wobei ihre Arbeitszeit an Sonn- und Feiertagen vier Stunden nicht überschreiten darf.

(4) [1]Die zuständige Behörde kann in begründeten Einzelfällen Ausnahmen von den Vorschriften der Absätze 1 bis 3 bewilligen, wobei mindestens 15 freie Sonntage für die Beschäftigten erhalten bleiben müssen. [2]Die Bewilligung kann jederzeit widerrufen werden.

(5) [1]Werden Beschäftigte an einem Sonntag eingesetzt, müssen sie einen Ersatzruhetag erhalten, der innerhalb eines den Beschäftigungstag einschließenden Zeitraums von zwei Wochen zu gewähren ist. [2]Werden Beschäftigte an einem Feiertag beschäftigt, der auf einen Werktag fällt, müssen sie einen Ersatzruhetag erhalten, der innerhalb eines den Beschäftigungstag einschließenden Zeitraumes von acht Wochen zu gewähren ist.

(6) [1]Beschäftigte in Verkaufsstellen können verlangen, in jedem Kalendermonat an einem Samstag von der Beschäftigung freigestellt zu werden. [2]Bei der Häufigkeit der Arbeitseinsätze an den Werktagen ab 20.00 Uhr und an den Sonn- und Feiertagen soll auf die sozialen Belange der Beschäftigten Rücksicht genommen werden.

(7) Die Vorschriften der Absätze 1 bis 6 finden auf pharmazeutisch vorgebildete Beschäftigte in Apotheken keine Anwendung.

§ 10 Aufsicht und Auskunft

(1) Die Inhaber von Verkaufsstellen sowie Gewerbetreibende und sonstige Personen, die Waren im Sinne von § 3 Absatz 3 feilhalten, sind verpflichtet, den zuständigen Behörden auf Verlangen die zur Erfüllung der Aufgaben erforderlichen Angaben vollständig und unentgeltlich zugänglich zu machen.

(2) Die Auskunftspflicht nach Absatz 1 obliegt auch den in Verkaufsstellen oder beim Feilhalten gemäß § 3 Absatz 3 beschäftigten Arbeitnehmern.

§ 10a Verfahren über eine Einheitliche Stelle; Genehmigungsfiktion

[1]Verwaltungsverfahren nach § 8 Absatz 2 und § 9 Absatz 4 können über den Einheitlichen Ansprechpartner Hamburg abgewickelt werden. [2]Es gelten die Bestimmungen zum Verfahren über die einheitliche Stelle nach §§ 71a bis 71e des Hamburgischen Verwaltungsverfahrensgesetzes (HmbVwVfG) vom 9. November 1977 (HmbGVBl. S. 333, 402), zuletzt geändert am 15. Dezember 2009 (HmbGVBl. S. 444, 449), in der jeweils geltenden Fassung, sowie über die Genehmigungsfiktion nach § 42a HmbVwVfG.

§ 11 Ordnungswidrigkeiten

(1) Ordnungswidrig handelt, wer vorsätzlich oder fahrlässig als Inhaber einer Verkaufsstelle oder als Gewerbetreibender im Sinne des § 3 Absatz 3

1. entgegen § 3 Absatz 2 Verkaufsstellen offen hält oder Waren feilhält,
2. entgegen § 3 Absatz 4 nicht auf die jeweiligen Öffnungszeiten hinweist,
3. entgegen §§ 4 bis 8 und der darauf gestützten Rechtsverordnungen außerhalb der zugelassenen Öffnungszeiten Waren abgibt oder feilhält,
4. entgegen § 7 Absatz 1 Aufzeichnungen nicht führt oder nicht bereitstellt,

5. entgegen § 9 Beschäftigte an Sonn- und Feiertagen einsetzt oder den Pflichten nach § 9 Absätze 1, 2, 3, 5 oder 6 Satz 1 nicht nachkommt oder
6. entgegen § 10 die Auskünfte nicht erteilt.

(2) Die Ordnungswidrigkeit kann mit einer Geldbuße bis zu 5.000 Euro geahndet werden.

§ 12 Inkrafttreten; Schlussbestimmungen

(1) Dieses Gesetz tritt am 1. Januar 2007 in Kraft.

(2) Die Verordnung zur Durchführung des Gesetzes über den Ladenschluss vom 12. Mai 1998 (HmbGVBl. S. 68), zuletzt geändert am 19. Oktober 2004 (HmbGVBl. S. 386), gilt als auf Grund der §§ 4, 6 und 7 dieses Gesetzes erlassen.

(3) Die Verordnung zur Weiterübertragung der Ermächtigung zum Erlass von Rechtsverordnungen über die Erweiterung der Verkaufszeiten aus Anlass von Märkten, Messen und ähnlichen Veranstaltungen (Weiterübertragungsverordnung-Verkaufszeiten) vom 11. Juni 2002 (HmbGVBl. S. 92), geändert am 23. September 2003 (HmbGVBl. S. 477), gilt als auf Grund von § 8 dieses Gesetzes erlassen.

(4) Dieses Gesetz ersetzt gemäß Artikel 125a Absatz 1 des Grundgesetzes in seinem Geltungsbereich das Gesetz über den Ladenschluss in der Fassung vom 2. Juni 2003 (BGBl. I S. 745) in der geltenden Fassung.

Stichwortverzeichnis
Die **fetten** Zahlen verweisen auf die laufenden Nummern der Gesetze (vgl. Inhaltsverzeichnis), die **mageren** auf die Artikel, Paragraphen und Nummern.

Das Studienbuch zum Landesrecht

Landesrecht Hamburg

Hamburgisches Staats-
und Verwaltungsrecht

Studienbuch

Herausgegeben von RiBVerfG a.D. Prof.
Dr Wolfgang Hoffmann-Riem, LL.M., und
RiOVG a.D. Prof. Dr. Hans-Joachim Koch
4. Auflage 2020, 400 S., brosch., 28,90 €
ISBN 978-3-8487-5633-9

Erfahrene Hochschullehrer und Verwaltungspraktiker der Freien und Hansestadt Hamburg erläutern in dem Studienbuch alle wesentlichen landesrechtlichen Kernmaterien, wie sie nicht nur typischerweise Gegenstand der Schwerpunktprüfungen und juristischen Staatsexamen in Hamburg sind, sondern wie sie auch die Verwaltungspraxis in dem Bundesland widerspiegeln.

Das Werk behandelt das aktuelle Verfassungsrecht der Freien und Hansestadt Hamburg und die wichtigsten Rechtsgebiete des Landes, wie z.B. Polizei- und Ordnungsrecht, das Recht der Verwaltungsorganisation, das Recht der öffentlichen Sachen und das Umweltrecht sowie das Schul-, Hochschul-, Medien- und Hafenrecht.

Die Neuauflage wurde grundlegend und teilweise neu bearbeitet.

nomos-elibrary.de

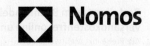

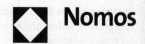